注册制下企业IPO法律实务

问题分析与操作指南

魏杰 著

法律出版社 LAW PRESS·CHINA
——北京——

图书在版编目(CIP)数据

注册制下企业IPO法律实务:问题分析与操作指南 / 魏杰著. -- 北京:法律出版社,2021
ISBN 978 -7 -5197 -5737 -3

Ⅰ.①注… Ⅱ.①魏… Ⅲ.①上市公司-公司法-研究-中国 Ⅳ.①D922.291.914

中国版本图书馆CIP数据核字(2021)第129782号

注册制下企业IPO法律实务:问题分析与操作指南
ZHUCE ZHI XIA QIYE IPO FALÜ SHIWU:
WENTI FENXI YU CAOZUO ZHINAN

魏 杰 著

责任编辑 张 珺 田 浩
装帧设计 马 帅

出版发行 法律出版社
编辑统筹 法商出版分社
责任校对 晁明慧
责任印制 胡晓雅
经 销 新华书店

开本 710毫米×1000毫米 1/16
印张 56.5 **字数** 1059千
版本 2021年10月第1版
印次 2021年10月第1次印刷
印刷 三河市龙大印装有限公司

地址:北京市丰台区莲花池西里7号(100073)
网址:www.lawpress.com.cn
投稿邮箱:info@lawpress.com.cn
举报盗版邮箱:jbwq@lawpress.com.cn
销售电话:010-83938349
客服电话:010-83938350
咨询电话:010-63939796

书号:ISBN 978-7-5197-5737-3
定价:228.00元
凡购买本社图书,如有印装错误,我社负责退换。电话:010-83938349

序

2019年7月22日，科创板以注册制的模式开板。2020年4月27日发布的《创业板改革并试点注册制总体实施方案》，正式拉开创业板注册制改革的大幕，明确板块新定位，优化发行上市条件。2020年8月4日，美畅股份、锋尚文化发行上市，创业板的发行上市正式从核准制改革成注册制。

注册制以信息披露为中心的原则，虽也采取事前形式审核的方式，但更以严厉的违规事后惩治，倒逼发行申请人依法充分有效地完成申请阶段的信息披露工作。相比核准制，注册制后续强大的执法与惩治措施，对企业首次公开发行申请过程的造假欺诈行为更能形成震慑。发行审核有了新的变化，对发行上市企业或从事发行上市业务的律师或其他中介机构来说，也应该随之应变。

鉴于此，萌发了写作此书的念头。本书是对截至2020年12月31日过会的科创板和创业板案例，进行收集、分析、整理，将发审委问询频率较高的法律问题进行提炼，归纳出56个核心问题。每个问题举4个或5个案例进行说明，给出解决思路，并附以相应的法律法规及规范性文件，旨在让读者在遇到问题时，翻阅此书，便可以找到相同的问题和相应的对策，有的放矢，节约时间。

本书的案例部分，内容比较翔实，为的是能让读者有所借鉴。在写作过程中，遇到证监会出台新的规范性文件，书中的相应内容也进行及时的更新。

将自己的执业经验与人分享，一直是我的心愿，今日终于成书，深感欣慰。

“虽限山川，常怀梦想。”梦想总是美好的，儿时的梦想就想成为作家。曾经写过一部三十多万字的小说，发表在起点文学。但没想到，我的第一本纸质版的，飘着墨香的书，竟是一本法律专业书。

感谢孙雨佳、林哲欢、董霄、陈旸、蒋雨君帮我收集与整理资料；感谢家人对我的支持；感谢出版社田浩、张珺等编辑的辛勤付出；更感谢一路走来，给我关心和支持的朋友们！

本书不尽完善之处，恳请各位读者不吝批评指正。

释 义

《公司法》	《中华人民共和国公司法（2018 修正）》
《证券法》	《中华人民共和国证券法（2019 修订）》（主席令第三十七号）
《专利法》	《中华人民共和国专利法（2020 修订）》
《社会保险法》	《中华人民共和国社会保险法（2018 修正）》
《劳动法》	《中华人民共和国劳动法（2018 修正）》
《劳动合同法》	《中华人民共和国劳动合同法（2012 修正）》
《土地管理法》	《中华人民共和国土地管理法（2019 修正）》
《反不正当竞争法》	《中华人民共和国反不正当竞争法（2019 修正）》
《物权法》	《中华人民共和国物权法》，已被《中华人民共和国民法典》（2020 年 5 月 28 日发布；2021 年 1 月 1 日实施）废止
《科创板审核问答》/《科创板审核问答（一）》	《上海证券交易所科创板股票发行上市审核问答》（上证发〔2019〕29 号）
《科创板审核问答（二）》	《上海证券交易所科创板股票发行上市审核科创板审核问答（二）》（上证发〔2019〕36 号）
《创业板审核问答》	《深圳证券交易所创业板股票首次公开发行上市审核问答》（深证上〔2020〕510 号）
《上市规则》/《科创板股票上市规则》	《上海证券交易所科创板股票上市规则（2020 年 12 月修订）》（上证发〔2020〕101 号）

续表

《上市规则》/《创业板股票上市规则》	《深圳证券交易所创业板股票上市规则（2020 年 12 月修订）》（深证上〔2020〕1292 号）
《科创板首发办法》	《科创板首次公开发行股票注册管理办法（试行）（2020 修正）》
《注册办法》/《注册管理办法》	《创业板首次公开发行股票注册管理办法（试行）》（中国证券监督管理委员会令第 167 号）
《监管规则适用指引》	《监管规则适用指引——关于申请首发上市企业股东信息披露》
《招股说明书准则》	《公开发行证券的公司信息披露内容与格式准则第 41 号—科创板公司招股说明书》（证监会公告〔2019〕6 号）
《证券期货法律适用意见第 1 号》	《〈首次公开发行股票并上市管理办法〉第十二条“实际控制人没有发生变更”的理解和适用——证券期货法律适用意见第 1 号》（证监法律字〔2007〕15 号）
《存托凭证若干意见》	《国务院办公厅转发证监会关于开展创新企业境内发行股票或存托凭证试点若干意见的通知》（国办发〔2018〕21 号）
《存托凭证管理办法》	《存托凭证发行与交易管理办法（试行）》（中国证券监督管理委员会令第 143 号）
《编报规则第 12 号》	《公开发行证券公司信息披露的编报规则第 12 号—公开发行证券的法律意见书和律师工作报告》（证监发〔2001〕37 号）
《房屋租赁司法解释》	《最高人民法院关于审理城镇房屋租赁合同纠纷案件具体应用法律若干问题的解释（2020 修正）》
《企业所得税法》及其《实施条例》	《中华人民共和国企业所得税法（2018 修正）》及《中华人民共和国企业所得税法实施条例（2019 修订）》

目 录

第一章 CHAPTER 01

概 述

001 第一节 资本市场发行制度的演变
004 第二节 科创板发行注册条件
006 第三节 创业板发行注册条件

第二章 CHAPTER 02

发行人的设立

008 第一节 股改基准日净利润为负
016 第二节 无形资产出资

第三章 CHAPTER 03

发行人和股东（实际控制人）

027 第一节 单一实际控制人认定
039 第二节 无控股股东或实际控制人
053 第三节 共同实际控制人认定
072 第四节 一致行动人协议

084 第五节 三类股东
093 第六节 申报前一年新增股东
107 第七节 历史沿革涉及较多自然人股东变动

第四章 CHAPTER 04
发行人的股本及其演变

121 第一节 国资股权变动瑕疵
136 第二节 红筹企业
160 第三节 股权代持
181 第四节 报告期内历次增资及股份转让
195 第五节 历次股权转让作价差距大
207 第六节 对赌协议
228 第七节 员工持股平台
239 第八节 股份支付

第五章 CHAPTER 05
发行人的业务

252 第一节 报告期内注销或转让子公司
266 第二节 境外子公司
283 第三节 业务资质
302 第四节 客户集中度高
322 第五节 涉及供应商的相关问题
338 第六节 经销商模式
360 第七节 外协加工
377 第八节 关联交易
397 第九节 同业竞争

第六章 CHAPTER 06

发行人的主要财产

410 第一节 房屋租赁瑕疵
426 第二节 土地使用权与房屋所有权
443 第三节 共有专利
456 第四节 受让专利
469 第五节 商标
481 第六节 商号、字号

第七章 CHAPTER 07

发行人的市场竞争力

501 第一节 核心技术先进性
512 第二节 合作研发
525 第三节 市场地位的表述问题
543 第四节 重大合同
553 第五节 重大偿债风险

第八章 CHAPTER 08

发行人的董事、监事、高级管理人员与核心技术人员

565 第一节 董事、监事、高级管理人员与核心技术人员重大不利变化
579 第二节 董事、监事、高级管理人员兼职
596 第三节 董事、监事、高级管理人员薪酬
610 第四节 独立董事
627 第五节 核心技术人员认定
640 第六节 核心技术人员竞业禁止

第九章 CHAPTER 09

发行人的规范运行

659 第一节 改制、历次股权转让、未分配利润转增股本时缴纳个税情况
672 第二节 高新技术企业认定及税收优惠
692 第三节 政府补助
718 第四节 环保合规
733 第五节 质量控制与安全生产
748 第六节 劳务派遣与外包
774 第七节 社会保险金与住房公积金
794 第八节 诉讼或仲裁事项
811 第九节 行政处罚

第十章 CHAPTER 10

其他问题

824 第一节 政策动态与国际形势
842 第二节 募投项目相关问题
860 第三节 引用数据真实性
874 第四节 科创板定位

第一章

概　述

中国证券市场经历了从无到有，从小到大，从无序到有序，三十年峥嵘岁月，资本市场的发展历程也成了中国经济快速发展的珍贵缩影。

截至 2021 年 4 月 30 日，中国资本市场 A 股上市公司共 4302 家，其中，深圳证券交易所（以下简称深交所）上市公司 2423 家，上海证券交易所（以下简称上交所）上市公司 1879 家，总市值约 80 万亿元，覆盖 19 大类行业；科创板上市公司 268 家，总市值约 35,378.8 亿元，创业板上市公司 947 家，总市值约 112,840.93 亿元。

第一节　资本市场发行制度的演变

2019 年《中华人民共和国证券法》（以下简称《证券法》）的修订，使得注册制有了法律依据，中国资本市场的发行制度也因此发生新的变化。

一、注册制与核准制

注册制，主要依据信息披露规则要求进行形式审查，原则上不对公司的盈利、管理等实质性内容设置门槛，即仅关注公司“是否披露了所有投资者关心的信息”。各交易所的上市审核原则主要是根据各自的上市条件对拟上市公司加以遴选。选择什么样的股票在证券交易所上市交易，要兼顾交易安全与交易活跃。

核准制，则由政府直接对出售证券的品质做出投资价值判断，在发行上市环节即进行相应筛选，更大程度地保护中小投资者权益。

注册制改革并非全盘否定实质审核。由于资本市场并非完美的有效市场，注册制与核准制在审核主体、披露要求、中介责任等监管总量方面并无重大实质性差别，区别只在于监管分权不同。注册制改革只是发行权、上市权、定价权的重新划分，本质上是监管者、自律机构和市场的归位尽责，强化自律力量，激发市场活力。核准制强调的是对企业公开发行申请的实质审核把关，将公司内在质量审核权交给发审委员审核。注册制着眼于证券市场的发展，核准制侧重于保护投资者权益（见表1）：

表1 注册制与核准制比较

	注册制	核准制
核心理念	在真实、准确地信息披露基础上，企业证券发行的自由权利应受到尊重和保护	证券发行与公众利益密切相关，须经相应行政机关授权
审核内容	实质性审查的主体多元化，除监管机构、交易所，券商、会计师、律师均在事实上承担了部分实质审核工作	实质性审查的主体相对单一，对所披露信息的真实性、完整性、合规性等判断多由证券监管部门完成
审核程序	股票发行由市场机制决定	股票发行由证券监管机构决定，易出现权力“寻租”现象，破坏资本市场运行秩序

注册制虽也采取事前形式审核的方式，但通过实施严格的违规事后惩治，来倒逼发行申请人依法充分有效地完成申请阶段的信息披露工作。相比核准制，注册制强大的后续执法与惩治，对企业首次公开发行申请过程的造假欺诈行为更能形成震慑。

注册制对于培养和锻炼投资者对发行申请人实际质量与价值的判断能力，引导投资者正确和合理地投资，促进成熟投资者群体的形成有着重要意义，成熟的投资者群体相应的能够起到弱化股市投机和平抑IPO泡沫的重要作用。

二、股票发行由核准制向注册制演变

2019年7月22日，科创板以注册制的模式开板。随后，2020年4月27日通过的《创业板改革并试点注册制总体实施方案》，正式拉开创业板注册制改革的大幕，明确板块新定位，优化发行上市条件。实施以信息披露为核心的股票发行注册制，提高透明度和真实性，由投资者自主进行价值判断，真正把选择权交给市场。

2020年6月12日，证监会[1]发布了《创业板首次公开发行股票注册管理办法（试行）》、《创业板上市公司证券发行注册管理办法（试行）》、《创业板上市公司持续监管办法（试行）》和《证券发行上市保荐业务管理办法》。与此同时，证监会、深交所、中国结算、[2]中国证券业协会等发布了相关配套规则。

创业板注册制以信息披露为中心的原则，精简优化了创业板股票首次公开发行的条件，取消了原先创业板发行条件中关于盈利业绩、不存在未弥补亏损、主营业务唯

〔1〕 中国证券监督管理委员会，下同。

〔2〕 中国证券登记结算有限责任公司，下同。

一等方面的要求。

自 2020 年 8 月 4 日以来，美畅股份、锋尚文化发行上市，创业板发行上市正式从核准制改革成注册制。创业板注册制的落地是市场成熟的一种体现，将会更加激发市场活力，对推动资本市场全面注册制改革进程有相当积极意义。

至此，中国资本市场，发行制度由核准制和注册制两种形式并存。

2020 年 10 月 31 日，国务院副总理刘鹤主持召开金融稳定发展委员会专题会议，传达学习党的十九届五中全会精神，研究部署金融系统贯彻落实工作。会议指出，全面实行股票发行注册制，建立常态化退市机制，提高直接融资比重。

由此，业内普遍认为，注册制有望全面推开，整体将会借鉴科创板和创业板的相关制度安排，全市场的涨跌幅也有望放宽至 20%。

三、注册制的首次公开发行流程

根据证监会及交易所相关规定，注册制的首次发行流程如下：

发行人董事会应当依法就发行股票的具体方案、募集资金使用的可行性及其他必须明确的事项作出决议，并提请股东大会批准。发行股票时发行人股东公开发售股份的，发行人董事会还应当依法合理制定股东公开发售股份的具体方案并提请股东大会批准。

发行人股东大会应当就该次发行股票作出决议，决议至少应当包括股票的种类和数量、发行对象、定价方式、募集资金用途、发行前滚存利润的分配方案、决议的有效期、对董事会办理本次发行具体事宜的授权等。

发行人应当按照规定聘请保荐人进行保荐，并委托保荐人通过交易所发行上市审核业务系统报送下列证券发行上市申请文件：（1）募集说明书；（2）发行保荐书及相关文件；（3）上市保荐书；（4）法律意见书、审计报告等证券服务机构出具的文件；（5）中国证监会或者交易所要求的其他文件。

交易所收到申请文件后，于 5 个工作日内作出是否受理的决定，申请受理后，发行上市审核机构对发行人的申请文件进行初审，出具审核报告；如申请文件不符要求，发行人应根据补正通知进行补正，补正时限最长不超过 30 个工作日。

交易所应在自申请文件受理之日起 3 个月内，依法对发行人的发行申请作出予以核准、中止审核、终止审核、不予核准的决定，并出具相关文件。发行人根据要求补充、修改发行申请文件的时间不计算在内，且上市公司及其保荐人、证券服务机构回复审核问询的时间总计不超过 3 个月。

交易所同意发行人股票公开发行并上市的，将审核意见、发行人注册申请文件及相关审核资料报送中国证监会履行发行注册程序；不同意发行人股票公开发行并上市的，作出终止发行上市审核决定。

证监会收到交易所报送的审核意见、发行人注册申请文件及相关审核资料后，履行发行注册程序。证监会在20个工作日内对发行人的注册申请作出同意注册或者不予注册的决定。证监会同意注册的决定自作出之日起1年内有效，发行人应当在注册决定有效期内发行股票，发行时点由发行人自主选择。

发行人首次公开发行股票经证监会同意注册并完成股份公开发行后，向交易所提出股票上市申请的，交易所应在收到发行人上市申请文件后5个交易日内，作出是否同意上市的决定。股票发行申请未获核准的，发行人可自证监会作出不予核准决定之日起6个月后再次提出股票发行申请。

第二节　科创板发行注册条件

注册制并不意味着不进行审核，而是其所采用的审核规则较改革前更加公开化、透明化，上市的时间具有可预期性也是审核方面的重要变化。

科创板发行上市主要分为发行上市审核（上交所）、发行注册（证监会）两大核心流程。

一、科创板上市对行业领域的要求

申报科创板发行上市的发行人，应当属于下列行业领域的高新技术产业和战略性新兴产业：

（1）新一代信息技术领域，主要包括半导体和集成电路、电子信息、下一代信息网络、人工智能、大数据、云计算、软件、互联网、物联网和智能硬件等；

（2）高端装备领域，主要包括智能制造、航空航天、先进轨道交通、海洋工程装备及相关服务等；

（3）新材料领域，主要包括先进钢铁材料、先进有色金属材料、先进石化化工新材料、先进无机非金属材料、高性能复合材料、前沿新材料及相关服务等；

（4）新能源领域，主要包括先进核电、大型风电、高效光电光热、高效储能及相关服务等；

（5）节能环保领域，主要包括高效节能产品及设备、先进环保技术装备、先进环保产品、资源循环利用、新能源汽车整车、新能源汽车关键零部件、动力电池及相关服务等；

（6）生物医药领域，主要包括生物制品、高端化学药、高端医疗设备与器械及相关服务等；

（7）符合科创板定位的其他领域。

二、科创板上市的一般条件

（1）符合证监会规定的上市条件；

（2）发行后股本总额不低于人民币 3000 万元；

（3）首次公开发行的股份达到公司股份总股数 25% 以上，公司股本总额超过 4 亿元，首次公开发行股份的比例为 10% 以上；

（4）市值及财务指标符合本规则规定的标准；

（5）本所规定的其他上市条件。

三、科创板上市的财务指标（同时还应符合下列标准之一）

（1）预计市值不低于人民币 10 亿元，最近两年净利润均为正且累计净利润不低于人民币 5000 万元，或者预计市值不低于人民币 10 亿元，最近一年净利润为正且营业收入不低于人民币 1 亿元；

（2）预计市值不低于人民币 15 亿元，最近一年营业收入不低于人民币 2 亿元，且最近三年累计研发投入占最近三年累计营业收入的比例不低于 15%；

（3）预计市值不低于人民币 20 亿元，最近一年营业收入不低于人民币 3 亿元，且最近三年经营活动产生的现金流量净额累计不低于人民币 1 亿元；

（4）预计市值不低于人民币 30 亿元，且最近一年营业收入不低于人民币 3 亿元；

（5）预计市值不低于人民币 40 亿元，主要业务或产品需经国家有关部门批准，市场空间大，目前已取得阶段性成果。医药行业企业需至少有一项核心产品获准开展二期临床试验，其他符合科创板定位的企业需具备明显的技术优势并满足相应条件。

四、科创板科创属性认定标准

（1）《科创属性评价指引（试行）》（以下简称《指引》），《上海证券交易所科创板企业发行上市申报及推荐暂行规定》（以下简称《申报及推荐暂行规定》）规定，企业科创属性认定应采用以下标准：

最近 3 年累计研发投入占最近 3 年累计营业收入比例 5% 以上，或者最近 3 年研发投入金额累计在 6000 万元以上；其中，软件企业最近 3 年累计研发投入占最近 3 年累计营业收入比例 10% 以上；

形成主营业务收入的发明专利（含国防专利）5 项以上，软件企业除外；

最近 3 年营业收入复合增长率达到 20%，或者最近一年营业收入金额达到 3 亿元。

采用《上海证券交易所科创板股票发行上市审核规则》第二十二条第二款第（五）项上市标准申报科创板发行上市的发行人除外。

（2）符合《指引》《申报及推荐暂行规定》规定的五项例外指标，具备下列情形之一，科技创新能力突出的发行人，不受前条规定的科创属性指标的限制：

拥有的核心技术经国家主管部门认定具有国际领先、引领作用或者对于国家战略具有重大意义；

作为主要参与单位或者核心技术人员作为主要参与人员，获得国家自然科学奖、国家科技进步奖、国家技术发明奖，并将相关技术运用于主营业务；

独立或者牵头承担与主营业务和核心技术相关的国家重大科技专项项目；

依靠核心技术形成的主要产品（服务），属于国家鼓励、支持和推动的关键设备、关键产品、关键零部件、关键材料等，并实现了进口替代；

形成核心技术和主营业务收入相关的发明专利（含国防专利）合计50项以上。

同时满足上述四项常规指标，或满足五项例外条款中任意一项，即可认定企业具有科创属性。

而实务中，对于例外条款的审核通常会从严把握。上交所表示，设置“常规指标”和“例外情形”，从不同角度评价企业的科创属性，是为了更好地坚持和把握好科创板定位。“常规指标”普遍适应于具有技术先进性、科创属性强的科创企业；而“例外情形”特别适用于科技创新能力突出的科创企业，是对科创板“优先支持符合国家战略，拥有关键核心技术，科技创新能力突出的企业到科创板发行上市”等要求的具体化，也有助于克服“常规指标”相对刚性而可能产生的不适应性。

此外，《指引》《申报及推荐暂行规定》明确限制金融科技、模式创新企业在科创板发行上市；禁止房地产和主要从事金融、投资类业务的企业在科创板发行上市。

截至2020年12月31日，科创板过会率为97.84%（上会324家，过会317家），仅3家企业未过会，分别是北京国科环宇科技股份有限公司、博拉网络股份有限公司、精英数智科技股份有限公司，64家企业终止IPO进程。

第三节　创业板发行注册条件

在创业板上市首先应当符合创业板定位。《深圳证券交易所创业板企业发行上市申报及推荐暂行规定》认为，创业板定位于深入贯彻创新驱动发展战略，适应发展更多依靠创新、创造、创意的大趋势，主要服务成长型创新创业企业，并支持传统产业与新技术、新产业、新业态、新模式深度融合。[1]

〔1〕《深圳证券交易所创业板企业发行上市申报及推荐暂行规定》第二条。

一、创业板上市对行业领域的要求

属于证监会公布的《上市公司行业分类指引（2012 年修订）》中下列行业的企业，原则上不支持其申报在创业板发行上市，但与互联网、大数据、云计算、自动化、人工智能、新能源等新技术、新产业、新业态、新模式深度融合的创新创业企业除外：

（1）农林牧渔业；（2）采矿业；（3）酒、饮料和精制茶制造业；（4）纺织业；（5）黑色金属冶炼和压延加工业；（6）电力、热力、燃气及水生产和供应业；（7）建筑业；（8）交通运输、仓储和邮政业；（9）住宿和餐饮业；（10）金融业；（11）房地产业；（12）居民服务、修理和其他服务业。

二、创业板上市的一般条件

（1）发行人是依法设立且持续经营 3 年以上的股份有限公司，具备健全且运行良好的组织机构，相关机构和人员能够依法履行职责；

（2）会计基础工作规范，内控制度健全有效；

（3）发行人业务完整，具有直接面向市场独立持续经营的能力；

（4）发行人生产经营符合法律、行政法规的规定，符合国家产业政策。

三、创业板上市的财务指标

发行人申请在创业板上市应在上述基础上符合发行后股本总额不低于 3000 万元；公开发行的股份达到公司股份总数的 25% 以上；公司股本总额超过 4 亿元的，公开发行股份的比例为 10% 以上且市值及财务指标符合该规则规定的标准等条件。[1]

发行人为境内企业且不存在表决权差异安排的，市值及财务指标应当至少符合下列标准中的一项：

（1）最近两年净利润均为正，且累计净利润不低于 5000 万元；

（2）预计市值不低于 10 亿元，最近一年净利润为正且营业收入不低于 1 亿元；

（3）预计市值不低于 50 亿元，且最近一年营业收入不低于 3 亿元。[2]

创业板上市条件相对更为宽松，在净利润足够情况下不再对市值作出具体要求，而在没有利润的情况下，只考察市值和收入，无须考察研发投入、经营现金流，该种要求显得更为务实，更加符合注册制的精神。

截至 2020 年 12 月 31 日，创业板上市委受理 IPO 申请 403 例，其中 169 家企业中止申请，3 家企业撤回申请，1 家暂缓审议，上会企业共 93 家，均顺利过会，42 家已注册生效。

---

〔1〕 参见《深圳证券交易所创业板股票上市规则》第 2.1.1 条规定。

〔2〕 参见《深圳证券交易所创业板股票上市规则》第 2.1.2 条规定。

第二章

发行人的设立

第一节 股改基准日净利润为负

有限责任公司整体变更为股份有限公司前，部分科创企业因前期技术研发、市场培育等方面投入较大，往往会存在股改基准日未分配利润为负，存在累计未弥补亏损的情形。整体变更时存在累计未弥补亏损一定程度上反映了企业盈利能力的不足。随着注册制改革的深入推进，监管机构审查方式由“实质审查”向“形式审查”转变，该情形虽不构成企业上市的实质性障碍，但仍备受发审委[1]的关注。

截至2020年12月31日，过会的企业中存在上述问题的有微芯生物、芯源股份、睿创微纳、三生国健、瀚川智能、金博股份、成都先导、埃夫特、南新制药、派能科技、建龙微纳、瀚川智能等十余家企业。

一、典型案例

睿创微纳（688002）

烟台睿创微纳技术股份有限公司（以下简称发行人）2019年3月22日提交的招股说明书（申报稿）中披露：2016年6月15日，华普天健会计师事务所（特殊普通合伙）出具《审计报告》（会审字〔2016〕3913号）。根据该审计报告，以2016年4月30日为审计基准日，烟台睿创微纳技术有限公司（发行人前身，以下简称睿创有限）经审计的净资产为31,106.69万元，未分配利润为–4282.31万元。经信永中和复核，调减股改基准日未分配利润854.44万元。

针对上述情形，发审委要求发行人对下列事项进行说明，并要求保荐机构、发行

〔1〕 中国证券监督管理委员会发行审核委员会，下同。

人律师核查并发表明确意见：整体变更相关事项是否经董事会、股东会表决通过，相关程序是否合法合规，改制中是否存在侵害债权人合法权益情形，是否与债权人存在纠纷，是否已完成工商登记注册和税务登记相关程序，整体变更相关事项是否符合法律法规规定等。

根据招股说明书及发行人律师出具的补充法律意见书披露显示：[1]

睿创有限整体变更为发行人履行程序如下：

1. 整体变更事项经董事会、股东会审议通过

2016 年 6 月 15 日，睿创有限召开董事会，批准将企业变更为股份有限公司。2016 年 6 月 16 日，睿创有限召开股东会，同意以净资产折股的方式将睿创有限整体变更为股份有限公司。2016 年 6 月 18 日，发行人召开创立大会暨第一次临时股东大会，创立大会审议通过了关于发行人通过睿创有限整体变更设立的相关议案。

2. 整体变更过程中履行其他程序

2016 年 6 月 15 日，华普天健出具了《审计报告》（会审字〔2016〕3913 号），根据该《审计报告》，确认截至 2016 年 4 月 30 日，睿创有限的净资产为 311,066,931.47 元，未分配利润为 –42,823,068.53 元。

根据信永中和针对发行人在股改基准日的净资产情况出具的《专项复核报告》内容，信永中和确认调减睿创有限 2016 年 4 月 30 日的未分配利润 854.44 万元，调整后，股改时点净资产为 30,511.86 万元，并确认"上述事项对股改时出资情况未产生出资不实的影响"。2018 年 9 月 10 日，发行人召开 2018 年第三次临时股东大会，本次会议审议通过了《关于调整公司整体变更设立方案的议案》，批准按照《专项复核报告》确认的净资产对发行人设立方案进行调整。

2016 年 6 月 16 日，睿创有限全体股东签署了《发起协议书》，同意共同作为发起人，将睿创有限整体变更为股份有限公司。2016 年 6 月 21 日，华普天健出具《验资报告》（会验字〔2016〕4213 号），验证各发起人认缴的发行人股本已足额缴纳。2016 年 6 月 23 日，原烟台市工商行政管理局批准发行人设立，并核发了营业执照。

睿创有限整体变更为发行人过程中不存在因改制导致的侵犯睿创有限债权人合法权益的情形，且不存在债权人因睿创有限改制引发与发行人存在纠纷和争议的情形。

---

〔1〕《北京市中银律师事务所关于烟台睿创微纳技术股份有限公司首次公开发行人民币普通股股票并在科创板上市的补充法律意见书》，载上海证券交易所网，http：//static.sse.com.cn/stock/information/c/201904/ec966e3743914bb1851ef18d63847d57.pdf，最后访问日期：2021 年 5 月 8 日。

金博股份（688598）

湖南金博碳素股份有限公司（以下简称发行人）2019 年 10 月 12 日提交的招股说明书中披露：2015 年 11 月，经股东会审议通过，湖南金博碳素有限公司（发行人前身，以下简称金博有限）由全体股东作为发起人，以截至 2015 年 9 月 30 日经审计的净资产 11,651.26 万元为基数，折合股本 5000 万股，整体变更为湖南金博碳素股份有限公司。2019 年 5 月，公司召开 2018 年年度股东大会，审议通过了《关于调整公司整体变更为股份有限公司净资产折股比例的议案》，调整后，截至 2015 年 9 月 30 日，公司净资产为 10,256.08 万元，未分配利润为 –784.05 万元，与 2015 年 11 月股改时经审计的净资产 11,651.26 万元存在差异。

针对上述情形，发审委要求保荐机构和发行人律师按照《科创板审核问答》第 13 条的要求进行核查并发表明确核查意见。

根据发行人律师出具的补充法律意见书披露显示：[1]

1. 整体变更相关事项经董事会、股东会表决通过，相关程序合法合规

2015 年 11 月 13 日，金博有限股东会同意：变更公司形式，公司依法整体变更为股份有限公司，股份有限公司的名称为“湖南金博碳素股份有限公司”，公司以截至 2015 年 9 月 30 日经审计的净资产 116,512,619.43 元为基数，折为股份有限公司的股本 5000 万股。

2015 年 11 月 27 日，发行人召开发起人会议暨 2015 年第一次临时股东大会审议通过了《关于湖南金博复合材料科技有限公司整体变更为湖南金博碳素股份有限公司（筹）方案的议案》《关于湖南金博碳素股份有限公司（筹）〈章程〉的议案》等议案。

2019 年 5 月 10 日，发行人召开了第二届董事会第二次会议。2019 年 5 月 31 日，发行人召开了 2018 年年度股东大会，审议通过了《关于调整公司整体变更为股份有限公司净资产折股比例的议案》。调整后，截至 2015 年 9 月 30 日，发行人净资产为 102,560,811.09 元，未分配利润为 –7,840,487.02 元，整体变更时折股比例调整为 1∶0.48752，注册资本仍为 5000 万元，各股东的股权比例不变。

2. 改制中不存在侵害债权人合法权益情形，与债权人不存在纠纷

发行人系通过整体变更方式设立的股份公司，整体变更后，发行人的注册资本为 5000 万元，不高于金博有限经审计的净资产额 102,560,811.09 元；且金博有限全部债

〔1〕《湖南启元律师事务所关于湖南金博碳素股份有限公司首次公开发行股票并在科创板上市的补充法律意见书（一）》，载上海证券交易所网，http：//static.sse.com.cn/stock/information/c/201911/7ee642d7b5cd4f7d9b687d9d99ec6b9e.pdf，最后访问日期：2021 年 5 月 8 日。

权、债务均由整体变更后的发行人承继，不存在通过自身资产的调整或者企业间资产转移等行为侵害债权人合法利益的情形，与债权人不存在纠纷或潜在纠纷。

3. 已完成工商登记注册和税务登记相关程序

2015 年 12 月 2 日，发行人取得益阳市工商局核发的注册号为 91430900774485857L 的营业执照，名称为湖南金博碳素股份有限公司；住所为益阳市迎宾西路 2 号；法定代表人为王冰泉；注册资本 5000 万元；公司类型为股份有限公司（非上市）；经营范围为碳纤维材料及先进复合材料和粉末冶金材料的研制、开发、生产和销售及服务；本企业所需原材料的进出口业务及本企业生产产品的出口业务（国家限制进出口的除外）。根据《国务院办公厅关于加快推进“三证合一”登记制度改革的意见》（国办发〔2015〕50 号）相关规定，工商行政管理、质量技术监督、税务三个部门分别核发不同证照，改为由工商行政管理部门核发一个加载法人和其他组织统一社会信用代码的营业执照，即“一照一码”登记模式，发行人无须单独办理税务登记。

4. 整体变更相关事项符合《公司法》等法律法规规定

（1）发起人符合法定人数

根据发起人签署的《发起人协议》，发起人发起设立时共 19 名，且半数以上的发起人在中国境内有住所，符合《公司法》第七十六条第（一）项、第七十八条之规定。

（2）全体发起人认购的股本总额法律规定

根据发行人整体变更时制定的公司章程、发起人签署的《发起人协议》，全体发起人认购股本总额为 5000 万元。2015 年 11 月 27 日，天职国际出具天职业字〔2015〕14910 号《验资报告》，经审验，截至 2015 年 11 月 27 日，已收到全体股东以其拥有的金博有限的净资产折合的股本人民币 5000 万元。发行人设立时的注册资本已经足额缴纳，符合《公司法》第七十六条第（二）项、第八十条、八十三条之规定。发行人整体变更折合的实收股本总额为 5000 万元，不高于公司净资产额，符合《公司法》第九十五条相关规定。

（3）筹办事项符合法律规定

根据全体发起人签署的《发起人协议》，发起人同意全权委托有限公司董事会负责公司设立的筹备工作，同时在《发起人协议》中明确了各发起人的权利义务，符合《公司法》第七十六条第（三）项、第七十九条之规定。

（4）发起设立时的公司章程符合法律规定

发起设立时公司起草了公司章程，并经由创立大会审议通过，公司章程载明：①公司名称和住所；②公司经营范围；③公司设立方式；④公司股份总数、每股金额和注册资本；⑤发起人的姓名或者名称、认购的股份数、出资方式和出资时间；⑥董事会的组成、职权和议事规则；⑦公司法定代表人；⑧监事会的组成、职权和议事规则；⑨公司利润分配办法；⑩公司的解散事由与清算办法；⑪ 公司的通知和公告办法；⑫ 股东大会会议认为需要规定的其他事项等。符合《公司法》第七十六条第（四）项、第八十一条之规定。

（5）发行人设立时有公司名称、住所，建立了符合股份有限公司要求的组织机构

2015 年 11 月 11 日，湖南省工商局出具（湘）登记内名预核字〔2015〕15328 号《企业名称变更核准通知书》，核准企业名称为湖南金博碳素股份有限公司。根据股份公司发起人会议暨第一次股东大会及第一届董事会第一次会议、第一届监事会第一次会议，股份公司建立完善了股东大会、董事会、监事会等规范的法人治理结构，符合《公司法》第七十六条第（五）项的规定。发起人系由金博有限整体变更设立，整体继承了金博有限的全部权利和义务，包括住所、资产和业务，具备固定的经营场所和必要的经营条件，符合《公司法》第七十六条第（六）项的规定。

二、解决思路

整体变更时存在累计未弥补亏损，可以不高于净资产金额折股，可以做减资处理。

根据审核问答的相关规定，保荐机构及发行人律师应核查:（1）整体变更相关事项是否经董事会、股东会表决通过，相关程序是否合法合规;（2）改制中是否存在侵害债权人合法权益情形，是否与债权人存在纠纷;（3）是否已完成工商登记注册和税务登记相关程序;（4）整体变更相关事项是否符合《公司法》等法律法规规定。

发行人整体变更过程中相关的事项经董事会、股东会表决通过，程序合法合规，明确改制前后债权债务的承继方式，不存在侵害债权人合法权益的情形，完成工商登记注册和税务登记相关程序。

在招股说明书中充分披露其由有限责任公司整体变更为股份有限公司的基准日未分配利润为负的形成原因，该情形是否已消除；整体变更后的变化情况和发展趋势，与报告期内盈利水平变动的匹配关系，对未来盈利能力的影响；整体变更的具体方案及相应的会计处理、整改措施（如有），并充分揭示相关风险。

按上述方式处理，股改基准日未分配利润为负，存在累计未弥补亏损的情形，通常不会构成企业上市的实质性障碍。

【具体核查要点】

1. 发行人整体变更相关事项是否经董事会、股东会表决通过、相关程序是否合法合规，包括但不限于：整体变更设立为股份有限公司的董事会、股东会的表决审议程

序是否合法合规，决议是否合法有效；发行人整体变更设立为股份有限公司的审计报告、评估报告、验资报告，关注发行人是否已履行相应审计、评估及评估结果备案、验资手续。

2. 发行人改制中是否存在侵害债权人合法权益的情形、是否与债权人存在纠纷，发行人与原有债权人之间是否存在纠纷；发行人改制前后债权债务的承继方式，是否存在通过自身资产的调整或者企业间资产转移等行为侵害债权人合法权益的情形。

3. 发行人是否已完成工商登记注册和税务登记相关程序。

4. 发行人整体变更相关事项是否符合《公司法》等法律法规规定，查阅发起人协议，重点核查发行人是否符合法定人数（《公司法》第七十八条）；全体发起人认购的股本总额是否不高于公司净资产额（《公司法》第九十五条）；筹办事项是否符合法律规定（《公司法》第七十九条）；发起设立时的公司章程是否符合法律规定（《公司法》第八十一条）；发行人设立时是否有公司名称、住所（《公司法》第七十六条）；是否建立了符合股份有限公司要求的组织机构（《公司法》第七十六条）；是否具备固定的经营场所和必要的经营条件（《公司法》第七十六条）等。

【核查方式】

1. 查阅发行人整体变更设立为股份有限公司的董事会、创立大会文件、发起人协议等全套工商登记资料；查阅税务登记相关资料。

2. 查阅发行人整体变更设立为股份有限公司的审计报告、评估报告、验资报告。

3. 查阅发行人的招股说明书。

4. 查询中国裁判文书网、全国法院被执行人信息查询系统、全国法院失信被执行人名单等。

三、参考规范

《公司法》

第七十六条　设立股份有限公司，应当具备下列条件：

（一）发起人符合法定人数；

（二）有符合公司章程规定的全体发起人认购的股本总额或者募集的实收股本总额；

（三）股份发行、筹办事项符合法律规定；

（四）发起人制订公司章程，采用募集方式设立的经创立大会通过；

（五）有公司名称，建立符合股份有限公司要求的组织机构；

（六）有公司住所。

第七十八条　设立股份有限公司，应当有二人以上二百人以下为发起人，其中须有半数以上的发起人在中国境内有住所。

第七十九条　股份有限公司发起人承担公司筹办事务。

发起人应当签订发起人协议，明确各自在公司设立过程中的权利和义务。

第八十条　股份有限公司采取发起设立方式设立的，注册资本为在公司登记机关登记的全体发起人认购的股本总额。在发起人认购的股份缴足前，不得向他人募集股份。

股份有限公司采取募集方式设立的，注册资本为在公司登记机关登记的实收股本总额。

法律、行政法规以及国务院决定对股份有限公司注册资本实缴、注册资本最低限额另有规定的，从其规定。

第八十一条　股份有限公司章程应当载明下列事项：

（一）公司名称和住所；

（二）公司经营范围；

（三）公司设立方式；

（四）公司股份总数、每股金额和注册资本；

（五）发起人的姓名或者名称、认购的股份数、出资方式和出资时间；

（六）董事会的组成、职权和议事规则；

（七）公司法定代表人；

（八）监事会的组成、职权和议事规则；

（九）公司利润分配办法；

（十）公司的解散事由与清算办法；

（十一）公司的通知和公告办法；

（十二）股东大会会议认为需要规定的其他事项。

第八十三条　以发起设立方式设立股份有限公司的，发起人应当书面认足公司章程规定其认购的股份，并按照公司章程规定缴纳出资。以非货币财产出资的，应当依法办理其财产权的转移手续。

发起人不依照前款规定缴纳出资的，应当按照发起人协议承担违约责任。

发起人认足公司章程规定的出资后，应当选举董事会和监事会，由董事会向公司登记机关报送公司章程以及法律、行政法规规定的其他文件，申请设立登记。

第九十五条　有限责任公司变更为股份有限公司时，折合的实收股本总额不得高于公司净资产额。有限责任公司变更为股份有限公司，为增加资本公开发行股份时，应当依法办理。

《上海证券交易所科创板股票发行上市审核问答》

13.发行人在有限责任公司整体变更为股份有限公司时存在累计未弥补亏损的，信息披露有哪些要求？中介机构应当如何进行核查？

答：部分科创企业因前期技术研发、市场培育等方面投入较大，在有限责任公司整体变更为股份有限公司前，存在累计未弥补亏损。此类发行人可以依照发起人协议，履行董事会、股东会等内部决策程序后，以不高于净资产金额折股，通过整体变更设立股份有限公司方式解决以前累计未弥补亏损，持续经营时间可以从有限责任公司成立之日起计算。整体变更存在累计未弥补亏损，或者因会计差错更正追溯调整报表而致使整体变更时存在累计未弥补亏损的，发行人可以在完成整体变更的工商登记注册后提交发行上市申请文件，不受运行36个月的限制。

发行人应在招股说明书中充分披露其由有限责任公司整体变更为股份有限公司的基准日未分配利润为负的形成原因，该情形是否已消除，整体变更后的变化情况和发展趋势，与报告期内盈利水平变动的匹配关系，对未来盈利能力的影响，整体变更的具体方案及相应的会计处理、整改措施（如有），并充分揭示相关风险。

保荐机构及发行人律师应对下述事项进行核查并发表核查意见：整体变更相关事项是否经董事会、股东会表决通过，相关程序是否合法合规，改制中是否存在侵害债权人合法权益情形，是否与债权人存在纠纷，是否已完成工商登记注册和税务登记相关程序，整体变更相关事项是否符合《公司法》等法律法规规定。

《深圳证券交易所创业板股票首次公开发行上市审核问答》

19.发行人在有限责任公司按原账面净资产值折股整体变更为股份有限公司时存在未弥补亏损的，或者整体变更时不存在未弥补亏损，但因会计差错更正追溯调整报表而致使整体变更时存在未弥补亏损。针对此类企业，在审核中有哪些具体要求？

答：发行人应在招股说明书中充分披露其由有限责任公司整体变更为股份有限公司的基准日未分配利润为负的形成原因，该情形是否已消除，整体变更后的变化情况和发展趋势，与报告期内盈利水平变动的匹配关系，对未来盈利能力的影响，整体变更的具体方案及相应的会计处理、整改措施（如有），并充分揭示相关风险。

保荐人及发行人律师应对下述事项进行核查并发表核查意见：整体变更相关事项是否经董事会、股东会表决通过，相关程序是否合法合规，改制中是否存在侵害债权人合法权益情形，是否与债权人存在纠纷，是否已完成工商登记注册和税务登记相关程序，整体变更相关事项是否符合《公司法》等法律法规规定。

第二节 无形资产出资

无形资产出资在科创企业中较为常见，无形资产主要包括专利权、非专利技术、商标权、著作权、土地使用权、特许权等。

截至2020年12月31日，嘉必优、交控科技、神工股份、赛诺医疗、孚能科技等近二十家企业被发审委问及无形资产出资比例是否合规、出资是否不实、是否存在潜在纠纷等问题。

一、典型案例

艾力斯（688578）

上海艾力斯医药科技股份有限公司（以下简称发行人）2020年4月17日提交的招股说明书（申报稿）披露：2004年2月艾力斯有限公司设立时，GUO JIANHUI以5项专有技术作为无形资产出资200万元，持有20%的股权。艾力斯有限董事会于2019年10月10日作出决议，同意发行人现股东JEFFREY YANG GUO（系GUO JIANHUI之子）以货币资金200万元补充支付予艾力斯有限。

针对上述情形，发审委要求发行人对下列事项进行说明，并要求保荐机构、发行人律师核查并发表明确意见：GUO JIANHUI以专有技术作为无形资产出资是否曾履行评估作价程序、是否完成相关产权变更登记，该5项专有技术当前权利状态，是否存在出资不实、以及是否受到相关处罚等情形；现股东JEFFREY YANG GUO补充200万元资金是否出于真实意思表示，是否存在纠纷或潜在纠纷；用于出资的5项技术各自当前的存续状况，在发行人核心技术、业务发展中的作用，和发行人现有核心技术之间的关系。

根据发行人律师出具的补充法律意见书披露显示：[1]

1. GUO JIANHUI以专有技术作为无形资产出资未曾履行评估作价程序、未做相关产权变更登记，该5项专有技术当前已全部终止开发，不存在出资不实的情形，也未受到相关处罚等情形；现股东JEFFREY YANG GUO补充200万元资金是出于真实

〔1〕《上海通力律师事务所关于上海艾力斯医药科技股份有限公司首次公开发行人民币普通股并在上海证券交易所科创板上市之补充法律意见书》，载上海证券交易所网，http：//static.sse.com.cn/stock/information/c/202006/1a2c4624d5a64ea98b8bc1818481c43d.pdf，最后访问日期：2021年5月8日。

意思表示，不存在纠纷或潜在纠纷

（1）GUO JIANHUI以专有技术作为无形资产出资已完成技术转移但不涉及办理产权变更登记手续

艾力斯有限系由上海扬子江和GUO JIANHUI共同出资于2004年3月22日设立的有限责任公司，艾力斯有限设立时注册资本为1000万元，其中上海扬子江以货币出资800万元，占注册资本的80%，GUO JIANHUI以专有技术作价出资200万元，占注册资本的20%。为履行各股东出资义务，上海扬子江与GUO JIANHUI于2004年2月13日签订《专有技术作价入股协议书》，双方协商一致，同意上海扬子江以货币800万元出资，GUO JIANHUI以"基因特异性抑制剂高通量快速筛选技术""抗十二指肠溃疡药新剂型（三、四类新药）""改良剂型口服胰岛素（三、四类新药）""低毒、高效抗艾滋病的核苷酸衍生物（一类新药）""抗实体性恶性肿瘤（一类新药）"5项专有技术作为无形资产作价200万元出资。

根据当时有效的《中外合资经营企业法实施条例》（2001年修订）的相关规定，以建筑物、厂房、机器设备或其他物料、工业产权、专有技术作为出资的，其作价可以由合营各方按照公平合理的原则协商确定，故前述专有技术出资当时系由股东双方协商确定其作价。尽管未履行评估作价程序，但并未违反当时有效的法律法规的规定。

因上述无形资产均属于专有技术，不涉及办理产权变更登记手续。根据发行人的确认，GUO JIANHUI已将前述专有技术所有权移交给艾力斯有限。

根据上海常宁会计师事务所于2004年5月18日出具的常会验字〔2004〕第2003号验资报告，截至2004年5月17日，艾力斯有限已收到GUO JIANHUI以无形资产所认缴的出资。

（2）该5项专有技术当前已全部终止开发，不存在出资不实的情形，未受到相关处罚

发行人创立初期，利用"抗十二指肠溃疡药新剂型（三、四类新药）"技术开展了奥美拉唑口崩片（抗胃溃疡、十二指肠溃疡药新剂型）；利用"改良剂型口服胰岛素（三、四类新药）"技术开展了促胰岛素分泌肽与突变的人血清白蛋白的融合蛋白（改良型类胰岛素）的研究；利用"基因特异性抑制剂高通量快速筛选技术"和"抗实体性恶性肿瘤（一类新药）"技术开展了第二代EGFR/HER2双靶点抑制剂艾力替尼、PI3K特异性抑制剂（开发方向为卵巢癌、乳腺癌）的研究；利用"低毒、高效抗艾滋病的核苷酸衍生物（一类新药）"技术开展了前期研发探索。综合研发成果以及市场竞争环境变化等多种因素，上述项目已全部终止开发，发行人已不再利用上述

技术开展相关研究工作。

鉴于 GUO JIANHUI 投入艾力斯有限 5 项专有技术商业化开发未达预期，艾力斯有限董事会于 2019 年 10 月 10 日作出决议，同意发行人现股东 JEFFREY YANG GUO（系 GUO JIANHUI 之子）以货币资金 200 万元补充支付予艾力斯有限。

根据市场监督主管部门网站公开查询信息，发行人未因前述专有技术出资事项受到主管部门处罚。此外，发行人已取得上海市市场监督管理局出具的合规证明，“上海艾力斯医药科技股份有限公司（社会信用码 / 注册号 91310115759595927U）自 2017 年 1 月 1 日至 2019 年 12 月 31 日，没有发现有违反市场监督管理局管辖范围内的相关法律法规的行政处罚记录”。

（3）现股东 JEFFREY YANG GUO 补充支付 200 万元资金出于真实意思表示，不存在纠纷或潜在纠纷

JEFFREY YANG GUO 出具确认文件，鉴于 JEFFREY YANG GUO 之父 GUO JIANHUI 用以向艾力斯有限出资的专有技术后续商业化未达到相应预期，JEFFREY YANG GUO 同意补充支付 200 万元予艾力斯有限，本次补充支付相应款项系出于其本人真实意思表示，不存在纠纷或潜在纠纷。

2. 用于出资的 5 项技术各自当前的存续状况，在发行人核心技术、业务发展中的作用，和发行人现有核心技术之间的关系

发行人对于 GUO JIANHUI 出资的 5 项技术进行了如下相关研发工作：

（1）2004 年至 2006 年，艾力斯有限利用“抗十二指肠溃疡药新剂型（三、四类新药）”技术开展了奥美拉唑口腔崩解片的研究，并于 2005 年 11 月申请了“一种酸敏感性药物的快速崩解片剂”的发明专利，该专利于 2008 年 11 月取得授权（授权公告号 CN100431526C）。后续由于技术指标未达预期，该项目于 2006 年停止相关研发工作。

（2）自 2006 年起，艾力斯有限利用“基因特异性抑制剂高通量快速筛选技术”和“抗实体性恶性肿瘤（一类新药）”技术开展了第二代 EGFR/HER2 双靶点抑制剂艾力替尼和 PI3K 特异性抑制剂（开发方向为卵巢癌、乳腺癌）的研究，并围绕上述产品申请了部分专利。由于 PI3K 特异性抑制剂（开发方向为卵巢癌、乳腺癌）筛选得到的化合物毒性过大、药物剂量难以控制等原因，该项目于 2012 年停止相关研发工作。同时，鉴于技术迭代的原因，第三代 EGFR–TKI 已展现出更优的疗效及安全性，艾力斯有限判断二代 EGFR–TKI 的市场前景缩减，进一步开发艾力替尼的价值已较小。因此，艾力斯有限出于战略考虑，重点推进第三代 EGFR–TKI 艾氟替尼的研发，暂停推进艾力替尼的临床工作。艾力替尼和艾氟替尼的研发基于不同技术路径，

不存在技术上的发展迭代关系。

（3）2009 年至 2011 年，艾力斯有限对“改良剂型口服胰岛素（三、四类新药）”技术进行了前期研发探索，开展了促胰岛素分泌肽与突变人血清白蛋白的融合蛋白的研究，并于 2011 年 6 月申请了“一种促胰岛素分泌肽与突变的人血清白蛋白的融合蛋白及其制备方法”的发明专利。后续由于技术路线不成熟的原因，该项目于 2012 年停止相关研发工作。

（4）由于艾滋病药物的国内市场容量较小，艾力斯有限仅利用“低毒、高效抗艾滋病的核苷酸衍生物（一类新药）”进行了前期研发探索。截至目前，发行人聚焦于肿瘤治疗领域的药物研发，无启动抗艾滋病药物相关开发的计划。

艾力斯有限在成立初期，基于股东出资的 5 项技术进行了相关研发工作，但后续均因未达到商业化开发预期而停止或暂停了持续研发投入。发行人在阿利沙坦酯和艾氟替尼的研发过程中，不断吸收、改进和整合新药发现领域的先进技术，同时也持续地引进核心人才提升研发实力，自主研发形成并掌握了应用于新药发现阶段的两大核心技术：药物分子设计和发现技术、基于代谢的药物设计与优化技术。上述 5 项专有技术与发行人现有核心技术之间不存在直接延续或者更迭关系。

热景生物（688068）

北京热景生物技术股份有限公司（以下简称发行人）2019 年 4 月 4 日提交的招股说明书中披露：2005 年 6 月，自然人周晶晶、林长青、魏红山、杨晓兰以非专利技术，共同出资设立发行人，公司注册资本为 50 万元。

针对上述情形，发审委要求发行人对下列事项进行说明，并要求保荐机构、发行人律师核查并发表明确意见：林长青等人用作出资的非专利技术（基因转殖动物研究与应用技术）的主要内容及来源，是否涉及职务发明，是否存在权属争议或潜在纠纷，是否用于商业化生产，对公司业务发展所起作用，对生产经营的影响程度。

根据发行人律师出具的补充法律意见书披露显示：[1]

1. 林长青等人用作出资的非专利技术（基因转殖动物研究与应用技术）的主要内容及来源

林长青等人用作出资的非专利技术（基因转殖动物研究与应用技术）的主要内容：包括外源基因的克隆、表达载体、蛋白纯化等，已广泛应用于医药、工业、农业、环

〔1〕《北京市康达律师事务所关于北京热景生物技术股份有限公司首次公开发行股票并在科创板上市的补充法律意见书（一）》，载上海证券交易所网，http：//static.sse.com.cn/stock/information/c/201905/79537625580a492d977e1aef68d456e4.pdf，最后访问日期：2021 年 5 月 8 日。

保、能源等领域。在体外诊断领域，主要应用为克隆病毒等的基因转入大肠杆菌进行克隆、表达、纯化，提取病毒抗原作为诊断试剂原材料，是一项常规技术。

此技术来源于林长青在厦门大学学习期间所学。林长青于 1996 年进入厦门大学肿瘤细胞工程国家专业实验室学习，1997 年毕业后继续留该实验室担任实验员。在此期间，林长青学习掌握了分子克隆基因重组技术、蛋白纯化技术、酶联免疫 EIA 技术。1998 年开始，林长青开始就职于万泰生物，但万泰生物当时并未开展分子克隆基因重组技术。

2. 不涉及职务发明，不存在权属争议或潜在纠纷

林长青在万泰生物工作期间，负责的主要工作为酶联免疫试剂，参与研发了多个酶联免疫试剂，其中参与研发项目《艾滋病毒重组抗原及第三代艾滋病毒抗体 EIA 诊断试剂盒的研制》，获得国家科技进步二等奖、中国高校科技进步一等奖。上述相关技术与基因转殖动物研究与应用技术不存在相关联系。万泰生物当时未经营基因转殖动物研究与应用技术相应的产品。

万泰生物在 2005 年之前销售的品种主要包括艾滋病 HIV 抗体血清学检测试剂盒、梅毒 TP 抗体血清学检测试剂盒、丙型肝炎 HCV 抗体血清学检测试剂盒、人类 T 淋巴细胞白血病病毒 HTLV（1+2）检测试剂盒、戊型肝炎 HEV 抗体检测试剂盒。上述相关试剂盒产品与林长青用作热景生物出资的基因转殖动物研究与应用技术不存在重叠。

林长青出具说明，其出资的非专利技术并非执行工作职务任务并利用其工作单位的物质技术条件所完成的职务发明创造成果；其转让给发行人的该非专利技术权属清晰；否则，所产生的相关责任均由其承担，由此给发行人造成的任何损失均由其及时足额赔偿。

经查询中国裁判文书网、全国法院被执行人信息查询网等公开网站，林长青、周锌未与第三方就知识产权、职务发明等问题产生任何争议和纠纷。

3. 未用于大规模商业化生产，对公司业务发展所起作用不大，对生产经营几乎无影响

由于基因转殖动物研究与应用技术属于常见技术，技术门槛较低，市场效果未达预期。热景生物后续在 2007 年 9 月停止了该项技术的进一步研发，亦未实现大规模商业化生产。因此该非专利技术（基因转殖动物研究与应用技术）对公司业务实际发展所起作用不大，对生产经营几乎无影响。因此，发行人于 2016 年 3 月召开股东会，同意林长青、周锌用现金将基因转殖动物研究与应用技术出资进行了置换，并取得了华普天健会计师出具的验资复核报告以及北京市工商局大兴分局出具的守法

证明，确认发行人报告期内不存在因违反工商行政管理法律、法规而受到任何行政处罚的情形。

发行人申报材料及对问询问题的回复披露：实际控制人曾用非专利技术出资，主要股东周晶晶（代周锌持有股份）也曾使用非专利技术出资。发行人实际控制人曾在万泰生物任职，周锌曾在同生奥翔生物、同生时代生物等多家企业任职。

针对上述情形，发审委要求发行人对下列事项进行进一步说明：注入发行人非专有技术的具体形成过程，研发时间长度，研发投入情况，是否发行人实际控制人凭借个人能力研发，如是，是否符合行业惯例；是否来自周锌及其控制的企业，是否与万泰生物存在纠纷或潜在纠纷。

根据发行人律师出具的补充法律意见书披露显示：[1]

1. 注入发行人非专有技术的具体形成过程，研发时间长度，研发投入情况，是否发行人实际控制人凭借个人能力研发，如是，是否符合行业惯例

基因转殖技术又称基因转移技术，指应用物理、化学或生物学方法将目的基因转移入受体内的过程，即通过基因转移将遗传信息从一个基因组向另一个基因组转移，使转移的遗传信息在受者生物表达。基因转殖技术自 1974 年首次发现以来，已发展成为生物技术、生物工程领域的一项常规技术，广泛应用于医药、工业、农业、环保、能源等领域。在基因工程、生物医学研究、体外诊断等细分领域，基因转殖技术主要用于克隆目标基因转入受体中（如大肠杆菌）进行克隆、表达、纯化，提取抗原作为诊断试剂原材料等。

非专利技术来源于林长青在厦门大学学习期间学习和掌握的常规技术，可直接进行非专有技术的产品研发工作，相关研发工作可在具备基础的实验条件下进行，也可以在完成相关实验设计之后委托第三方公司进行。

技术方案设计和 DNA 的体外重组；将体外重组的 DNA 质粒导入载体（如大肠杆菌）；目的基因重组子的筛选与鉴定；利用大肠杆菌进行目标蛋白（抗原）的表达；目标蛋白（抗原）的分离、纯化；最后制备成基因工程抗原，提供给相应的科研客户推广应用。

非专有技术的研发时间长度主要包括：包含目的蛋白（抗原）基因的基因体外重组菌株建立，目标蛋白（抗原）的表达、分离纯化等多个过程。上述非专有技术为林长青利用业余时间在 2005 年 1 月至 2005 年 5 月研发完成。上述非专有技术研发过程

[1]《北京市康达律师事务所关于北京热景生物技术股份有限公司首次公开发行股票并在科创板上市的补充法律意见书（二）》，载上海证券交易所网，http：//static.sse.com.cn/stock/information/c/201905/5ce49466f7794a9198e14c86b2ec8496.pdf，最后访问日期：2021 年 5 月 8 日。

中，在热景有限设立前由林长青以自有资金投入，热景有限设立后由周锌出资购买摇床、恒温箱、离心机、纯化柱等设备并提供实验室研发的资金及租金。

该技术属于常见技术，可由个人进行投资及研发，该等情形符合行业惯例。

2. 是否来自周锌及其控制的企业，是否与万泰生物存在纠纷或潜在纠纷

基因转殖动物研究与应用技术来源于林长青，周锌为该技术后续研发提供了相关物质条件。周锌当时控制的企业仅有同生奥翔，该公司设立于2001年3月28日，后同生奥翔因缺乏持续的业务机会，其经营活动逐渐停止，并于2003年10月27日被北京市工商局平谷分局吊销营业执照。同生奥翔与“基因转殖动物研究与应用技术”无关，与发行人不存在任何技术权属的争议或潜在纠纷。

根据周锌出具的说明，其在热景有限设立时投入的“基因转殖动物研究与应用技术”不涉及来自周锌或其控制的企业，不存在权属争议或潜在纠纷；否则，所产生的相关责任均由其承担，由此给发行人造成的任何损失均由其及时足额赔偿。

万泰生物在2005年前销售的品种主要包括艾滋病HIV抗体血清学检测试剂盒、梅毒TP抗体血清学检测试剂盒、丙型肝炎HCV抗体血清学检测试剂盒、人类T淋巴细胞白血病病毒HTLV（1+2）检测试剂盒、戊型肝炎HEV抗体检测试剂盒等产品。上述相关试剂盒产品相关技术与上述“基因转殖动物研究与应用技术”不存在重叠。万泰生物当时未研发、经营与“基因转殖动物研究与应用技术”相同或近似的技术或产品。上述“基因转殖动物研究与应用技术”非专利技术系林长青的个人成果，不构成职务发明。万泰生物不会就上述非专利技术主张任何权利，与林长青及热景生物之间不存在任何知识产权纠纷及其他潜在法律纠纷。

经查询发行人所在地各级人民法院网站、中国裁判文书网、中国执行信息公开网等公开网站，林长青、周锌未与第三方就知识产权、职务发明等问题产生任何争议和纠纷。

微芯生物（688321）

深圳微芯生物科技股份有限公司（以下简称发行人）2019年3月27日提交的招股说明书和律师工作报告中披露：2001年，微芯有限设立时，博奥生物以9项生物芯片专有技术的独占使用权出资，占注册资本的35.00%。2006年，博奥生物撤回原投入微芯有限的4项专有技术出资，并相应减少注册资本出资额；5项专有技术的独占使用权保留于微芯有限，上述5项专有技术的专利权人为清华大学和博奥生物；该次股权变动事项当时未在有权国资管理部门履行评估报告的备案程序，2018年实施了相应整改补救措施。2018年9月，发行人将博奥生物用于出资的无形资产评估价值

与实际出资价值之间的差额（481.8896 万元）作为对博奥生物的应付款项，截至 2018 年年末，发行人账面存在对博奥生物的其他应付款人民币 481.8896 万元。截至招股说明书签署日，博奥生物作为公司国有股东已向国有资产主管部门提交国有股权管理方案，尚需取得国有资产主管部门的批复意见。

针对上述情形，发审委要求发行人对下列事项进行披露和说明，并要求保荐机构、发行人律师核查并发表明确意见：专有技术的独占使用权的具体授权期限；用专有技术的独占使用权出资是否符合当时《公司法》等法律法规关于出资形式的规定；发行人 2018 年第二次临时股东大会作出决议，同意将博奥生物用于出资的无形资产评估价值与实际出资价值之间的差额作为对博奥生物的其他应付款。

根据发行人律师出具的补充法律意见书披露显示：[1]

1. 微芯有限与博奥生物签订《技术投资协议》后，博奥生物将用于出资的 9 项专有技术所涉及的技术资料等提供予微芯有限，以使微芯有限可以利用前述技术资料开展相关研发工作，实际享有前述专有技术的独占使用权。深圳市长城会计师事务所有限公司于 2001 年 8 月 14 日出具深长验字〔2001〕第 198 号验资报告，确认截至 2001 年 8 月 14 日，博奥生物已按照《合资经营深圳微芯生物科技有限公司合同》的约定履行合同项下的出资义务。

发行人研发团队以博奥生物投入的 5 项生物芯片专有技术为基础技术加以衍生和开发形成了“基因表达谱芯片（微阵列基因芯片）”技术，该等衍生技术的所有权归属于发行人。因此，博奥生物用以出资的专有技术的独占使用权虽然无法在行政部门进行权属登记，但发行人已实际享有相关专有技术的独占使用权并加以运用。

当时有效的《公司法》允许以非专利技术出资，当时有效地适用于中外合资经营企业的特别法《中外合资经营企业法》则允许合营企业各方用现金、实物、工业产权等进行投资，未排除专有技术使用权这种出资形式。当时有效的《关于以高新技术成果出资入股若干问题的规定》《深圳经济特区技术成果入股管理办法》进一步明确允许包括以非专利技术成果的使用权等形式出资。博奥生物用专有技术的独占使用权出资未违反当时有效的《公司法》《中外合资经营企业法》《关于以高新技术成果出资入股若干问题的规定》《深圳经济特区技术成果入股管理办法》等法律法规关于出资形式的规定。

2. 发行人国有股东博奥生物于 2018 年 4 月向其上级主管单位清华大学报送《关

〔1〕《上海通力律师事务所关于深圳微芯生物科技股份有限公司首次公开发行人民币普通股并在上海证券交易所科创板上市之补充法律意见书》，载上海证券交易所网，http：//static.sse.com.cn/stock/information/c/201904/d6b6f8362a4f4e41bfa2645e42a6a281.pdf，最后访问日期：2021 年 5 月 19 日。

于申请办理深圳微芯生物科技股份有限公司国有资产占有产权登记的请示》，就发行人历史沿革所涉国有股权变动情况进行说明。中华人民共和国教育部在审核发行人历史沿革所涉国有股权变动后，认为博奥生物用于出资的 9 项专有技术独占使用权经中华人民共和国财政部确认的评估价值为 2909 万元，实际出资金额为 2288 万港元（按当时汇率折算为 2427.1104 万元），前述评估值与计入注册资本间差额 481.8896 万元应于发行人财务报表中体现。

发行人 2018 年第二次临时股东大会作出决议，同意将博奥生物用于出资的无形资产评估价值与实际出资价值之间的差额作为对博奥生物的应付款项，并将以现金等形式最迟于博奥生物退出发行人投资时予以支付。截至 2018 年年末，发行人账面存在对博奥生物的其他应付款 481.8896 万元。

就上述情形，发行人实际控制人 XIANPING LU 于 2019 年 4 月出具了承诺函，并与发行人签署了代偿协议，约定由 XIANPING LU 实际承担对博奥生物的应付款项 481.8896 万元，并在发行人需向博奥生物支付上述款项时，先由 XIANPING LU 以现金等形式全额支付予发行人，再由发行人向博奥生物支付上述款项。发行人据此进行了账务处理，借记其他应收款，贷记资本公积，因此截至 2019 年 4 月末，发行人账面存在对博奥生物的其他应付款 481.8896 万元，存在对 XIANPING LU 的其他应收款 481.8896 万元；发行人的账面资本公积已由 2018 年年末的 17,355.62 万元调整至 2019 年 4 月末的 17,837.51 万元，与发行人股改后的资本公积金额（17,837.51 万元）一致。

上述事项不会影响发行人股改时出资和折股的合法有效性。

二、解决思路

无形资产出资问题的解决，结合拟上市公司的具体情形，可采用不同的思路。

1. 出资比例是否合规。2014 年 3 月 1 日起施行的《公司法》（2013 年修正）取消了旧《公司法》对于无形资产出资比例的限制（“全体股东的货币出资金额不得低于有限责任公司注册资本的 30%”），发行人无形资产出资发生在《公司法》（2013 年修正）实施前的，应说明无形资产出资比例是否符合当时有效的《公司法》。若不符合当时无形资产出资比例要求的，需充分披露历史出资过程及存在问题。

虽不符合当时的《公司法》规定，但符合现行有效的《公司法》规定，并取得市场监督管理部门出具的合法合规证明及对此事项不追究责任的说明，不会构成上市的实质性障碍。

2. 无形资产是否出资不实。无形资产价值被高估时，可重新评估，股东协商调低作价由原股东补足作价偏高的部分，如艾力斯。

3. 无形资产出资是否存在权属纠纷或潜在纠纷，是发审委关注的重点。实务中需注意如下问题：

（1）确认无形资产的权属清晰，不存在权属纠纷或潜在纠纷，不涉及出资人为执行前任职单位的任务或者主要是利用前任职单位的物质条件所完成的职务发明创造或其他侵犯他人知识产权的行为。

（2）出资人兜底承诺，承诺其出资的无形资产不属于职务发明创造成果，不存在侵犯他人知识产权的行为。该无形资产权属清晰，否则，所产生的相关责任均由其承担，由此给发行人造成的任何损失均由其及时足额赔偿。

4. 可由市场监督管理部门出具相关文件，证明发行人不存在违反市场监督管理部门管辖范围内的相关法律法规的行政处罚记录。

5. 发行人以无形资产出资的，检索出资时适用的有关法律法规，说明发行人的无形资产出资形式是否符合当时适用的相关法律法规、规范性文件的规定。

【具体核查要点】

1. 以专有技术、著作权、专利使用权等作为无形资产出资时是否曾履行评估作价程序，是否完成相关产权变更登记，是否符合当时《公司法》等法律法规关于出资形式的规定；该等无形资产的主要内容、来源、研发过程、取得时间、主要研发人员及当前的权利状态；是否涉及职务发明，是否存在权属争议或潜在纠纷，是否用于商业化生产，对公司业务发展所起作用，对生产经营的影响程度。

2. 无形资产出资是否存在出资不实情况。如有，相关股东弥补该瑕疵的过程是否出于真实意思表示，是否存在纠纷或潜在纠纷；是否足额弥补了出资瑕疵，公司相关的会计处理是否准确；若会计处理不准确对报告期内报表的累计影响情况，是否存在受到相关行政处罚等情形。

3. 出资人是否存在因违反前任职单位的竞业禁止义务，或因无形资产出资被提起诉讼、仲裁或与第三方产生纠纷或存在纠纷隐患的情形。

【核查方式】

1. 对发行人股东历史上使用无形资产出资时适用的法律法规进行检索，就发行人历史上的无形资产出资是否符合当时有效的法律法规进行核查；

2. 核查出资人的简历及相关学术论文，以及就出资的无形资产的研发过程的确认；

3. 登录中国裁判文书网、中国执行信息公开网、中国仲裁网等网站，就出资人是否存在因违反竞业禁止义务或因用于出资的无形资产被提起诉讼或仲裁的情形进行核查；

4. 查阅发行人历史上无形资产出资时的工商变更登记资料；

5. 查阅发行人股东历史上无形资产出资的资产评估报告及验资报告；

6. 核查用于出资的无形资产的原始取得文件和过户后的权属证书等相关文件；

7. 就历史无形资产出资涉及的相关事项对出资人、发行人相关负责人进行访谈。

三、参考规范

《公司法》

第二十七条　股东可以用货币出资，也可以用实物、知识产权、土地使用权等可以用货币估价并可以依法转让的非货币财产作价出资；但是，法律、行政法规规定不得作为出资的财产除外。

对作为出资的非货币财产应当评估作价，核实财产，不得高估或者低估作价。法律、行政法规对评估作价有规定的，从其规定。

第二十八条　股东应当按期足额缴纳公司章程中规定的各自所认缴的出资额。股东以货币出资的，应当将货币出资足额存入有限责任公司在银行开设的账户；以非货币财产出资的，应当依法办理其财产权的转移手续。

股东不按照前款规定缴纳出资的，除应当向公司足额缴纳外，还应当向已按期足额缴纳出资的股东承担违约责任。

第三十条　有限责任公司成立后，发现作为设立公司出资的非货币财产的实际价额显著低于公司章程所定价额的，应当由交付该出资的股东补足其差额；公司设立时的其他股东承担连带责任。

第三章

发行人和股东（实际控制人）

第一节 单一实际控制人认定

实际控制人在某些情况下则很难辨别，实际控制人可能是控股股东，也可能是控股股东的股东，甚至是其他自然人、法人或其他组织。实际控制人的认定影响发审委对于拟上市公司是否符合发行条件中“最近二年实际控制人没有发生变更”的判断，实际控制人的稳定性也与企业的持续经营能力息息相关。因此，为保护上市公司投资者的合法权益，维护证券市场秩序，发审委对发行人的实际控制人认定依据、认定标准，发行人控制权的稳定性等问题高度关注。

截至 2020 年 12 月 31 日，科创板过会的企业中近半数曾被发审委问询实际控制人认定问题，其中有中科新图、金山办公、杰普特、三生国健、博汇科技等企业；创业板也有如华骐环保、益海嘉里、南山智尚等企业被问询实际控制人认定相关问题。

一、典型案例

天智航（688277）

北京天智航医疗科技股份有限公司（以下简称发行人）2019 年 8 月 7 日提交的招股说明书（申报稿）中披露：发行人实际控制人张送根持有 20.09% 的股份比例，与一致行动人合计持有发行人股份 28.87% 股，持股比例相对较低。

针对上述情形，发审委要求发行人对下列事项进行说明：认定张送根为公司实际控制人的依据和理由；本次股份的发行、期权激励的实行等因素是否会对发行人控制权的稳定产生重大不利影响；并要求保荐机构、发行人律师结合《科创板审核问答（二）》问题 5 的要求核查并发表明确意见。

根据发行人律师出具的补充法律意见书披露显示：[1]

1. 认定张送根为公司实际控制人的依据和理由

（1）张送根是发行人的第一大股东

截至 2019 年 9 月 27 日，张送根直接持有公司 20.09% 的股份，为发行人第一大股东，且报告期内一直为发行人第一大股东。同时，张送根为公司第二大股东智汇合创的普通合伙人和执行事务合伙人，且双方于 2014 年 10 月 20 日签订了一致行动协议，张送根能够实际控制和支配智汇合创所持发行人 8.78% 的股份。张送根目前合计可控制发行人 28.87% 的股份。

（2）公司股权结构较为分散，其他 5% 以上股东承诺不谋求控制权

截至 2019 年 9 月 27 日，公司共有 137 名股东，股权结构较为分散。除张送根和智汇合创之外，公司其他持股 5% 以上的股东为先进制造基金持股 6.78%、京津冀基金持股 6.78%、润信鼎泰持股 5.64%，与张送根实际控制的天智航股份比例有较大差距，且上述持股 5% 以上股东均已出具书面承诺，不谋求公司的实际控制权。

（3）张送根对天智航的董事会、股东大会有重大影响

张送根自发行人设立以来一直为发行人的第一大股东，并担任发行人的董事长，对股东大会表决结果有重大影响。发行人董事会共有 9 名成员，除其本人外，徐进、肖治、邢玉柱、王广志、李焰、戴昌久共 6 名成员均由张送根提名，张送根对董事会有重大影响。报告期内，发行人全部董事会、股东大会会议表决结果与张送根行使投票权的方向一致。

（4）张送根在天智航的发展过程中起到至关重要的作用

2010 年公司设立后，张送根作为创始人，长期担任董事长和总经理，带领团队专注于骨科手术导航定位系统研发和产业化，对于产品获得 CFDA 认证并实现市场化销售起到了至关重要的作用。2018 年 10 月，张送根不再担任总经理职务并推荐徐进担任，但仍担任公司董事长，并始终对发行人的战略规划、研发方向、产品规划、重大经营及决策事项发挥重大影响。

2. 本次股份的发行、期权激励的实行等因素不会对发行人控制权的稳定产生重大不利影响

发行人本次发行前总股本为 376,542,648 股，本次拟公开发行的股票数量为不超过 4190 万股，公开发行的股份占发行后总股本的比例不低于 10%。公司拟对公司董

[1]《北京德恒律师事务所关于北京天智航医疗科技股份有限公司首次公开发行 A 股股票并在科创板上市的补充法律意见书》，载上海证券交易所网，http：//static.sse.com.cn/stock/information/c/201910/faedac0978514ed6a3b11ed2b4330ae5.pdf，最后访问日期：2021 年 5 月 20 日。

事、高级管理人员、核心技术人员、核心业务人员及其他骨干人员等110人实施员工期权激励计划，拟向激励对象授予1882万份股票期权。

本次发行和期权激励实行后，股东持股均同比例稀释，股权结构将更为分散，届时张送根合计控制发行人的股份比例变更为24.86%，仍远高于其他股东的持股比例。此外，本次发行、期权激励的实施不会影响现有董事会成员的组成，且不会改变张送根对于天智航发展的关键作用。本次发行、期权激励的实行不会对发行人控制权的稳定产生重大不利影响。

清溢光电（688138）

深圳清溢光电股份有限公司（以下简称发行人）2019年5月24日提交的招股说明书（申报稿）中披露：报告期内，公司原实际控制人为唐翔千先生，其于2018年3月去世。根据唐翔千先生遗嘱以及唐翔千先生遗产继承人唐翔千配偶唐尤淑圻女士和其四位子女的安排，我国香港特别行政区光膜股权对应的遗产受益人为唐翔千先生的四名子女唐英敏、唐英年、唐庆年、唐圣年，该股权的受益权由四名子女平分。

针对上述情形，发审委要求发行人对下列事项进行说明，并要求保荐机构、发行人律师核查并发表明确意见：结合《科创板审核问答》相关规定，说明原实际控制人去世是否对公司的持续经营和持续盈利能力造成重大不利影响，公司是否符合最近2年内实际控制人没有发生变更的发行条件，是否对本次发行上市构成法律障碍；唐翔千先生关于清溢光电遗嘱继承的相关内容，包括但不限于继承人、继承份额、执行及受托人员安排等事宜的效力，遗嘱受托人、执行人及受益人的安排及权利义务，遗嘱分割是否清晰，是否存在纠纷或者潜在纠纷，是否存在影响发行人控制权稳定的其他约定。

根据发行人律师出具的补充法律意见书披露显示：[1]

1. 原实际控制人去世未对公司的持续经营和持续盈利能力造成重大不利影响，公司符合最近2年内实际控制人没有发生变更的发行条件，对本次发行上市不构成法律障碍

（1）原实际控制人去世未对发行人的持续经营和持续盈利能力造成重大不利影响

原实际控制人唐翔千先生在世期间，于2008年12月因时年85岁高龄不再担任发行人任何职务，唐翔千先生女儿唐英敏自2008年12月起一直担任发行人的董事长、

〔1〕《上海市锦天城律师事务所关于深圳清溢光电股份有限公司首次公开发行股票并在科创板上市的补充法律意见书（二）》，载上海证券交易所网，http：//static.sse.com.cn/stock/information/c/201908/f0807b0be33a48d7a6ec0d183c8968c2.pdf，最后访问日期：2021年5月21日。

法定代表人，长期负责经营和管理，该状态持续至补充法律意见书出具日。

原实际控制人唐翔千先生于2018年3月去世后，发行人仍持续经营，主营业务未发生变化，主要管理团队及核心技术人员、董事会成员、监事会成员均未发生变更，不存在影响经营和管理稳定的事项。根据审计报告，发行人2017年度、2018年度、2019年1~6月的主营业务收入分别为30,232.66万元39,066.79万元以及20,830.29万元，2017年度、2018年度、2019年1~6月扣除非经常性损益后归属于母公司所有者净利润分别为3102.63万元、5576.84万元以及3158.69万元。原实际控制人唐翔千先生去世后，发行人主营业务收入以及净利润均保持增长，盈利能力良好。

（2）公司符合最近2年内实际控制人没有发生变更的发行条件

根据《科创板审核问答（二）》的相关规定，实际控制人为单名自然人或有亲属关系多名自然人，实际控制人去世导致股权变动，股权受让人为继承人的，通常不视为公司控制权发生变更。

发行人的原实际控制人唐翔千先生去世后，唐翔千先生的四名子女唐英年、唐圣年、唐英敏及唐庆年作为遗产继承人，享有对唐翔千先生生前持有全部发行人股份的继承权；同时，唐英敏、唐英年作为唐翔千先生的遗嘱执行及受托人持有了香港光膜100%的股权，进而共同控制发行人92.625%股份的表决权。由于遗嘱执行及受托人唐英年及唐英敏同时也是唐翔千先生的遗产继承人，故发行人虽因原实际控制人去世导致发行人的控股股东股权变更，但股份受让人为原实际控制人之继承人，属于实际控制权的法定延伸，视为发行人控制权未发生变更。

（3）原实际控制人去世对本次发行上市不构成实质性法律障碍

原实际控制人唐翔千先生去世未对发行人的持续经营和持续盈利能力造成重大不利影响，唐翔千先生生前持有的全部发行人股份均由继承人继承，不构成发行人实际控制人变更。

2. 唐翔千先生关于清溢光电遗嘱继承的相关内容，包括但不限于继承人、继承份额、执行及受托人员安排等事宜的效力，遗嘱受托人、执行人及受益人的安排及权利义务，遗嘱分割清晰，不存在纠纷或者潜在纠纷，不存在影响发行人控制权稳定的其他约定

（1）唐翔千先生关于清溢光电遗嘱继承的相关内容，包括但不限于继承人、继承份额、执行及受托人员安排等事宜的效力

①遗嘱涉及清溢光电的相关内容

唐翔千先生去世前，其通过持有高基投资股权控制了香港光膜及苏锡光膜，从而间接控制发行人92.6250%的股份表决权，唐翔千先生于2018年3月10日在香港去

世，其生前于 2012 年 1 月 20 日订立一份遗嘱。该遗嘱中并未单独就发行人股份的继承作出安排，但根据香港胡百全律师事务所出具的关于唐翔千先生遗产继承的法律意见书，遗嘱对高基投资股权以及个人持有的香港光膜股权之继承有如下安排：

根据该遗嘱第二段，唐翔千先生在遗嘱中委任唐英年及唐英敏为遗嘱的执行及受托人，该遗嘱涵盖香港及海外的资产。根据该遗嘱第七段，唐尤淑圻女士连同四名子女是高基投资股权之受益人，各占 1/5 受益权。根据该遗嘱的第八段，任何有关于高基投资的决定，包括该公司及下属公司的重组，唐尤淑圻女士连同四名子女中四位同意方可通过。根据该遗嘱第十三段及第十四段，在唐翔千先生没有明确分配方案下，遗产的受益人分别为唐翔千先生的四名子女唐英年、唐圣年、唐英敏及唐庆年，受益权由四名子女平分。

②香港光膜股权具体继承情况

香港光膜系发行人控股股东，香港光膜的股权继承与发行人的股份继承存在密切关系。唐翔千先生遗嘱中未单独提及香港光膜的股权继承方案，因此为实现唐翔千先生的遗嘱意愿并经唐尤淑圻连同四名子女唐英敏、唐英年、唐庆年、唐圣年的一致同意，香港光膜股权继承具体情况如下：

第一，在唐翔千先生没有明确分配方案下，遗产的受益人分别为其四名子女唐英年、唐圣年、唐英敏及唐庆年，唐翔千先生原持有的香港光膜 13.125% 股权属于此类，根据香港遗嘱认证于 2019 年 4 月 4 日转至遗嘱执行及受托人唐英敏、唐英年。

第二，高基投资为唐翔千先生生前持有 100% 股权的公司，唐尤淑圻连同四名子女唐英敏、唐英年、唐庆年、唐圣年共五人是高基投资股权的受益人，各占 1/5 股权。唐尤淑圻女士已签署放弃契据，根据香港地区法律不可撤回地放弃其通过高基投资所持有的香港光膜的受益权，其放弃的股权根据唐翔千先生遗嘱由唐翔千先生四名子女平分。

第三，2019 年 4 月 9 日，香港苏锡将其持有的香港光膜 56.875% 股权转让予高基投资；MEML 将其持有的香港光膜 10% 股权转让予高基投资。

第四，在完成上述第三项股权转让后，高基投资将其合计持有的香港光膜 86.875% 股权于 2019 年 4 月 9 日全部以实物分配给其唯一股东，即遗嘱执行及受托人唐英敏、唐英年。

上述股权变动完成后，唐翔千遗嘱执行及受托人唐英敏、唐英年持有香港光膜 100% 股权，香港光膜 100% 股权的受益权由唐英敏、唐英年、唐庆年、唐圣年四人平分。

（2）关于遗嘱受托人、执行人及受益人的安排及权利义务

根据香港胡百全律师事务所出具的关于唐翔千先生遗产继承的法律意见书、香港

高等法院于2018年8月21日出具的遗嘱认证证书以及英属维尔京群岛法院于2019年3月22日出具的遗嘱认证证书，唐翔千先生的遗嘱执行及受托人为唐英年及唐英敏。

根据香港胡百全律师事务所出具的关于唐翔千先生遗产继承的法律意见书，遗嘱执行及受托人唐英敏及唐英年主要的权利及义务如下：①遗嘱执行及受托人唐英敏及唐英年所控制的唐翔千先生的遗产，独立于唐英年及唐英敏的个人财产；②遗嘱执行及受托人在持有香港光膜股权时可享有其作为香港光膜股东的决策权、表决权等权益；③遗嘱执行及受托人享有上述权益的期限并无法律明确限制；④遗嘱执行及受托人须有诚信责任及在保障受益人利益的原则下行事。遗产受益人的权利主要体现为可根据遗嘱的约定由遗嘱执行及受托人分配从而获取相应遗产份额。

（3）遗嘱分割清晰，不存在纠纷或者潜在纠纷

根据香港胡百全律师事务所出具的关于唐翔千先生遗产继承的法律意见书；唐尤淑圻女士及四名子女的确认；唐尤淑圻女士签署的放弃契据；香港遗嘱认证及BVI遗嘱认证，唐翔千先生生前间接持有的全部发行人股份之权益由其四位子女唐英敏、唐英年、唐庆年、唐圣年继承，各拥有1/4的份额，唐英年及唐英敏作为遗嘱执行及受托人通过持有香港光膜的股权从而取得发行人控制权。

（4）不存在影响发行人控股权稳定的其他约定

发行人的控股股东为香港光膜，实际控制人为唐英敏、唐英年。根据香港胡百全律师事务所出具的关于唐翔千先生遗产继承的法律意见书，唐英敏及唐英年作为遗嘱执行及受托人通过持有香港光膜的股权从而取得发行人控制权，遗嘱执行及受托人享有上述权益的期限并无法律明确限制。

为了进一步保证发行人控制权的稳定，唐翔千先生的四名子女唐英敏、唐英年、唐庆年、唐圣年于2019年4月17日签署的不可撤销的承诺契据，约定在清溢光电首次公开发行股票并上市之日起5年内，唐英敏、唐英年、唐庆年、唐圣年不要求遗嘱执行及受托人向受益人分配香港光膜的股权。

根据香港胡百全律师事务所出具的法律意见书，上述承诺契据不违反香港地区法律的规定，具有法律效力。

华骐环保（300929，创业板）

安徽华骐环保科技股份有限公司（以下简称发行人）2020年6月29日提交的招股说明书（申报稿）和相关申报材料中披露：为加强公司股权控制结构的稳定性，王健等8名委托人与安工大资产签署了股份投票权委托协议和补充协议，同意在持有发行人股份的期间内将所持股份的投票权委托给安工大资产行使。

针对上述情形，发审委要求发行人对下列事项进行说明，并要求保荐机构、发行

人律师核查并发表明确意见：结合控股股东、实际控制人提名董事情况，上述8人在发行人担任的职务情况、在董事会席位占比情况，董事长人选确定情况等综合分析发行人认定安工大资产为控股股东、安徽工业大学为实际控制人的合理性。

根据发行人律师出具的补充法律意见书披露显示：[1]

1. 控股股东、实际控制人提名董事情况

发行人现有董事9人，除独立董事三人外，非独立董事六人中王健、郑俊、王爱斌、刘绍兵、刘光春5人均由发行人实际控制人安工大通过发行人控股股东安工大资产书面推荐。

2. 上述8人在发行人担任的职务情况、在董事会席位占比情况

王健等上述8名委托人现在发行人担任职务情况如表2所示：

表2 担任职务情况

序号	委托人	任职
1	王健	董事长
2	郑俊	副董事长
3	郑杰	董事、总经理
4	刘光春	董事
5	王爱斌	董事、副总经理
6	李明河	无（王健配偶）
7	胡一强	副总经理
8	兰萍	无（退休前任发行人财务总监）

发行人现有董事会席位9个（非独立董事席位6个），上述8人占其中5个。

3. 董事长人选确定情况

发行人董事长王健和副董事长郑俊由发行人董事会选举产生（全体董事一致选举该2人），该2人均由安徽工业大学通过安工大资产书面推荐担任发行人董事。

4. 认定安工大资产为控股股东、安徽工业大学为实际控制人的合理性

（1）安工大资产直接持有和受托实际支配发行人股份表决权比例合计37.07%，足以对发行人股东大会的决议产生重大影响，且发行人历次股东大会会议表决结果确

〔1〕《北京市天元律师事务所关于安徽华骐环保科技股份有限公司首次公开发行股票并在创业板上市的补充法律意见（二）》，载深圳证券交易所网，http：//reportdocs.static.szse.cn/UpFiles/rasinfodisc/RAS_00017439A681473FDD9C15A6A262E43F.pdf，最后访问日期：2021年5月19日。

均与安工大资产相关意思表示一致。

（2）安徽工业大学通过安工大资产能够支配发行人股份表决权比例合计 37.07%，足以对发行人股东大会的决议产生重大影响，且发行人历次股东大会会议表决结果确均与其控制的安工大资产相关意思表示一致；发行人全体董事超半数均由其通过安工大资产书面推荐，其中包括董事长王健、副董事长郑俊。

（3）王健等上述 8 人中王健、郑俊、王爱斌、刘绍兵、刘光春 5 人本身即由安徽工业大学通过安工大资产推荐担任发行人董事；该 8 人与安工大资产订立的《委托协议》得以被全面履行，相应的股东投票权委托关系是稳定、有效存在的；该 8 人亦已作出书面说明：不谋求对华骐环保的控制或合并控制；除与安工大资产签署《委托协议》及其补充协议之外，未与其他股东之间存在一致行动协议或安排。

吉贝尔（688566）

江苏吉贝尔药业股份有限公司（以下简称发行人）2019 年 6 月 25 日提交的招股说明书（申报稿）披露，中天投资直接持有发行人 38.8% 股份，为发行人控股股东。耿仲毅通过持有中天投资 34.94% 股份间接持有发行人 13.56% 股份，同时直接持有发行人 17.55% 股份，通过汇瑞投资间接持有发行人 19.4% 股份，合计持有发行人 50.51% 股份，为发行人实际控制人。发行人控股股东中天投资的主营业务为药品零售、医疗器械销售、项目投资、咨询服务。

针对上述情形，发审委要求发行人对下列事项进行说明，并要求保荐机构、发行人律师核查并发表明确意见：结合中天投资的公司章程及股东大会、董事会等实际运作的情况，说明耿仲毅通过持有中天投资 34.94% 股份是否能够控制中天投资持有的公司股份；中天投资的股东之间是否存在一致行动关系；自然人股东的出资来源、在发行人及其关联方的任职情况、与发行人及其关联方、主要客户和供应商、本次发行的中介机构及其项目组成员是否存在关联关系、亲属关系、委托持股或其他利益输送安排；结合上述问题，说明公司对于实际控制人认定的依据是否充分，并说明公司控股股东和受控股股东、实际控制人支配的股东所持发行人的股份是否权属清晰、最近 2 年发行人实际控制人是否发生变更；中天投资、耿仲毅及其控制的其他企业是否存在与发行人相同或相似的业务、是否存在对发行人构成重大不利影响的同业竞争。

根据发行人律师出具的补充法律意见书披露显示：[1]

---

〔1〕《北京市金杜律师事务所关于江苏吉贝尔药业股份有限公司首次公开发行股票并在上海证券交易所科创板上市的补充法律意见书（一）》，载上海证券交易所网，http://static.sse.com.cn/stock/information/c/201909/970d8d764ed94ae299a75610d2f4cce6.pdf，最后访问日期：2021 年 5 月 21 日。

1. 耿仲毅通过持有中天投资 34.94% 股份能够控制中天投资持有的公司股份

根据《公司法》第二百一十六条的规定，控股股东，是指其出资额占有限责任公司资本总额 50% 以上或者其持有的股份占股份有限公司股本总额 50% 以上的股东；出资额或者持有股份的比例虽然不足 50%，但依其出资额或者持有的股份所享有的表决权已足以对股东会、股东大会的决议产生重大影响的股东。

根据《镇江中天投资咨询有限责任公司章程》第十一条的规定，股东会会议作出修改公司章程、增加或者减少注册资本的决议，以及公司合并、分立、解散或者变更公司形式的决议，必须经代表全体股东 2/3 以上表决权的股东通过。股东会会议作出除前款以外事项的决议，须经代表全体股东 1/2 以上表决权的股东通过。

报告期内，耿仲毅始终为中天投资第一大股东，其持有中天投资 34.94% 股权，对中天投资的重大事项具有一票否决权。中天投资的其他股东股权分散，除耿仲毅之外的最大股东持股比例为 7.1765%。根据中天投资股东出具的确认函，其他股东之间不存在一致行动关系，不存在影响第一大股东控制权的约定。因此，耿仲毅能够对中天投资股东会的决议产生重大影响，是中天投资的控股股东。自中天投资设立之日起至今，耿仲毅始终担任中天投资董事长和法定代表人，在中天投资的运营过程中处于核心地位，能够实质影响中天投资的经营方针、决策。

2. 公司对于实际控制人认定的依据充分，最近2年发行人实际控制人未发生变更，公司控股股东和受控股股东、实际控制人支配的股东所持发行人的股份权属清晰

（1）公司对于实际控制人认定的依据充分，最近 2 年发行人实际控制人未发生变更

①耿仲毅控制发行人的股份比例最高

自发行人设立以来，耿仲毅控制的发行人股份的情况如下：

2014 年 9 月 7 日至 2015 年 9 月 13 日，耿仲毅直接持有发行人 15% 股份，通过控制汇瑞投资控制发行人 20% 股份，通过控制中天投资控制发行人 40% 股份，合计控制发行人 75% 股份。

2015 年 9 月 14 日至 2018 年 9 月 27 日，耿仲毅直接持有发行人 14.55% 股份，通过控制汇瑞投资控制发行人 19.4% 股份，通过控制中天投资控制发行人 38.8% 股份，合计控制发行人 72.75% 股份。

2018 年 9 月 28 日至今，耿仲毅直接持有发行人 17.55% 股份，通过控制汇瑞投资控制发行人 19.4% 股份，通过控制中天投资控制发行人 38.8% 股份，合计控制发行人 75.75% 股份。

由于耿仲毅在报告期内控制发行人股份比例始终在 70% 以上，可以被认定为拥

有发行人实际控制权。同时，耿仲毅最近两年在发行人的持股比例有所上升，其拥有的发行人实际控制权未发生变更。

②耿仲毅能够对发行人的经营决策产生重大影响

自发行人设立以来，耿仲毅始终担任发行人董事长、总经理，统筹领导发行人业务、技术、销售等各方面的工作，提名高级管理人员，任命公司内部中层管理干部。报告期内，发行人的股东大会、董事会决议中不存在会议提案被否决的情形，且发行人其他股东、董事与耿仲毅的表决意见均一致。因此，耿仲毅能够对发行人的经营管理事项、对股东大会、董事会决议产生重大影响。

（2）公司控股股东和受控股股东、实际控制人支配的股东所持发行人的股份权属清晰

控股股东中天投资和汇瑞投资出具《关于股份质押与代持的承诺》，中天投资、汇瑞投资持有的发行人股份权属清晰，不存在法律纠纷或质押、冻结或其他依法不得转让或限制权利的情形。

二、解决思路

实际控制人是拥有公司控制权的主体。在确定发行人实际控制人时，应本着实事求是的原则，根据企业的实际情况，对公司章程、协议或其他安排，股东大会的股东出席会议情况、表决过程、审议结果、董事提名和任命等，董事会的重大决策的提议和表决过程等，监事会及发行人经营管理的实际运作情况和股权投资等进行穿透性核查，予以确认。

目前，实际控制人的认定常见的情形有单一实际控制人、无实际控制人和共同实际控制人。本节重点阐述发行人单一实际控制人的认定，其他两种情形将在本章“第二节　无控股股东或实际控制人”“第三节　共同实际控制人认定”中详细论述。

认定股东为发行人单一实际控制人时，应从以下几个方面综合判断：

1. 该股东是否为发行人第一大股东。根据《上海证券交易所科创板股票发行上市审核科创板审核问答（二）》（以下简称《科创板审核问答（二）》）的相关规定，发行人股权较为分散但存在单一股东控制比例达到 30% 的情形的，若无相反的证据，原则上应将该股东认定为控股股东或实际控制人。若第一大股东持股比例未达到 30% 的，也并不一定无法被认定为实际控制人，如天智航中，虽然第一大股东持股比例相对较低，但是结合其他因素依然可将其认定为发行人的单一实际控制人。

2. 该股东对发行人的董事会、股东大会是否有重要影响。主要可以从实际控制人控制的股东大会表决权、实际控制人提名或推荐的董事人数、报告期内发行人董事

会、股东大会会议表决结果是否与实际控制人行使投票权方向一致等方面进行判断。

3. 该股东对发行人生产经营、发展是否起到关键作用。该股东为发行人的董事长、法定代表人的，在发行人的经营管理中起到关键作用，能够实质影响发行人的经营方针、重大决策的，可以作为单一实际控制人认定的因素之一。

4. 其他股东是否出具不谋求控制权承诺。在发行人股权结构较为分散的情况下，其他股东是否出具不谋求控制权承诺，不存在一致行动关系，不存在影响该股东控制权的约定。此等承诺也可作为认定单一实际控制人的因素。

【具体核查要点】

1. 实际控制人认定标准与认定依据是否合理；认定的实际控制人在公司重大决策中发挥的作用，是否对发行人存在重大影响力；报告期内发行人董事与监事的提名人或委派其任职的股东情况。

2. 与实际控制人实际可支配发行人表决权相关的所有直接和间接股东穿透到最终自然人的持股情况；发行人报告期内的历史股权变动情况、股东（大）会和董事会议表决情况、公司日常经营决策情况等。

3. 发行人的控制权在首发后的可预期期限内是否稳定，以及可能对公司经营造成的影响，重点关注表决权委托事项是否具有稳定性以及发行人实际控制人于首发后是否仍然拥有发行人的控制权。

4. 发行人实际控制人和相关股东股份锁定承诺是否符合相关规定。

5. 发行人是否符合“最近 2 年实际控制人没有发生变更”的发行条件。

【核查方式】

1. 查阅发行人及其股东的全套工商登记资料；

2. 查阅发行人股东之间签署的一致行动协议（若有）；

3. 访谈发行人持股 5% 以上的股东，核查其出具的不谋求实际控制权的承诺（若有）；

4. 查阅发行人现行有效的公司章程；

5. 查阅发行人股东大会、董事会、监事会会议资料，董事会专门委员会制度，总经理办公会会议纪要；

6. 针对发行人实施的重大项目、重大销售和采购等事宜的决策流程访谈发行人高级管理人员。

三、参考规范

《公司法》

第二百一十六条　本法下列用语的含义：

……

（三）实际控制人，是指虽不是公司的股东，但通过投资关系、协议或者其他安排，能够实际支配公司行为的人。

……

《上市公司收购管理办法》

第八十四条　有下列情形之一的，为拥有上市公司控制权：

（一）投资者为上市公司持股50%以上的控股股东；

（二）投资者可以实际支配上市公司股份表决权超过30%；

（三）投资者通过实际支配上市公司股份表决权能够决定公司董事会半数以上成员选任；

（四）投资者依其可实际支配的上市公司股份表决权足以对公司股东大会的决议产生重大影响；

（五）中国证监会认定的其他情形。

《上海证券交易所科创板股票上市规则》

15.1 本规则下列用语含义如下：

……

（十二）实际控制人，指虽不是公司的股东，但通过投资关系、协议或者其他安排，能够实际支配公司行为的人。

……

《深圳证券交易所创业板股票上市规则》

13.1 本规则下列用语具有以下含义：

……

（六）实际控制人：指通过投资关系、协议或者其他安排，能够实际支配公司行为的人。

……

《上海证券交易所科创板股票发行上市审核科创板审核问答（二）》

5.关于实际控制人的认定，发行人及中介机构应当如何把握？

答:（一）实际控制人认定的基本要求

实际控制人是拥有公司控制权的主体。在确定公司控制权归属时，应当本着实事求是的原则，尊重企业的实际情况，以发行人自身的认定为主，由发行人股东予以确认。保荐机构、发行人律师应通过对公司章程、协议或其他安排以及发行人股东大会（股东出席会议情况、表决过程、审议结果、董事提名和任命等）、董事会（重大决策的提议和表决过程等）、监事会及发行人经营管理的实际运作情况的核查对实际控制人认定发表明确意见。

发行人股权较为分散但存在单一股东控制比例达到30%的情形的，若无相反的证据，原则上应将该股东认定为控股股东或实际控制人。存在下列情形之一的，保荐机构应进一步说明是否通过实际控制人认定而规避发行条件或监管并发表专项意见：（1）公司认定存在实际控制人，但其他股东持股比例较高与实际控制人持股比例接近的，且该股东控制的企业与发行人之间存在竞争或潜在竞争的；（2）第一大股东持股接近30%，其他股东比例不高且较为分散，公司认定无实际控制人的。……

《深圳证券交易所创业板股票首次公开发行上市审核问答》

9. 发行条件规定“最近2年实际控制人没有发生变更”。关于实际控制人的认定，发行人及中介机构应如何把握？

答：（一）基本原则

实际控制人是拥有公司控制权的主体。在确定公司控制权归属时，应当本着实事求是的原则，尊重企业的实际情况，以发行人自身的认定为主，由发行人股东予以确认。保荐人、发行人律师应通过对公司章程、协议或其他安排以及发行人股东大会（股东出席会议情况、表决过程、审议结果、董事提名和任命等）、董事会（重大决策的提议和表决过程等）、监事会及发行人经营管理的实际运作情况的核查对实际控制人认定发表明确意见。

发行人股权较为分散但存在单一股东控制比例达到30%的情形的，若无相反的证据，原则上应将该股东认定为控股股东或实际控制人。存在下列情形之一的，保荐人应进一步说明是否通过实际控制人认定而规避发行条件或监管并发表专项意见：（1）公司认定存在实际控制人，但其他股东持股比例较高且与实际控制人持股比例接近的；（2）第一大股东持股接近30%，其他股东比例不高且较为分散，公司认定无实际控制人的。……

《〈首次公开发行股票并上市管理办法〉第十二条“实际控制人没有发生变更”的理解和适用——证券期货法律适用意见第1号》

六、发行人应当在招股说明书中披露公司控制权的归属、公司的股权及控制结构，并真实、准确、完整地披露公司控制权或者股权及控制结构可能存在的不稳定性及其对公司的生产、经营及盈利能力的潜在影响和风险。

第二节 无控股股东或实际控制人

科创企业，基于自身发展需要，常常选择股权融资的方式解决资金需求，以致股权被稀释而分散，乃至处于无控股股东或无实际控制人状态。

截至2020年12月31日，科创板过会的企业中有天智航、芯原股份、力合微、交控科技、中芯国际、中微公司、山石网科、安集科技、上纬新材、硅产业、神工股份等近二十家企业存在上述情形。

一、典型案例

力合微（688589）

深圳市力合微电子股份有限公司（以下简称发行人）2019年11月7日提交的招股说明书（申报稿）披露：报告期内，发行人股权结构较为分散，始终处于无实际控制人状态，不存在单一股东能控制股东大会及董事会的情形，发行人无实际控制人的情况不会影响发行人日常运营。

针对上述情形，发审委要求发行人对下列事项进行说明，并要求保荐机构、发行人律师核查并发表明确意见：结合发行人的股权结构、董事提名委派、董事会构成、高管聘任、重大事项决策等方面，说明认定无实际控制人是否符合公司实际情况；力合科创、Liu Kun、古树园投资相互之间是否存在其他协议或安排，发行人是否实际受上述主体共同控制，是否通过不认定实际控制人来规避涉及的同业竞争、股份锁定及承诺等监管要求；上市后发行人在无实际控制人的情况下对发行人经营稳定性的影响。

根据发行人律师出具的补充法律意见书披露显示：[1]

1. 认定发行人无实际控制人符合发行人的实际情况

报告期内发行人股权结构分散，无控股股东，各股东之间的持股比例较为接近，无任何单一股东所持股权比例超过20%。发行人共有37名股东，任何一名股东单独持股比例均没有绝对优势。

发行人高级管理人员均由全体董事投票选举产生。根据《公司法》和发行人现行有效的公司章程的规定，董事会作出决议，必须经全体董事的过半数通过。发行人董事会决议的表决实行一人一票。因此，任何单一股东均无法控制公司董事会。

发行人不存在单一股东控制股东大会表决情况；不存在部分董事或单一股东提名董事控制董事会表决的情况。发行人各股东均已签署股东承诺书，确认其与发行人其他股东不存在尚未披露的关联关系或者一致行动关系；在持有公司股权期间，不存在通过包括但不限于书面协议安排的方式共同扩大其或者他人所能够支配的公司表决权数量以构成一致行动事实的情况；发行人董事均已签署董事承诺书，确认担任公司董

[1]《北京市中伦律师事务所关于深圳市力合微电子股份有限公司首次公开发行股票并在科创板上市的补充法律意见书（二）》，载上海证券交易所网，http：//static.sse.com.cn/stock/information/c/202004/84e851904fa34560b17b9702b45a0f17.pdf，最后访问日期：2021年5月21日。

事期间，与其他董事不存在尚未披露的关联关系或者一致行动关系；在担任公司的董事期间，在参加的公司的历次董事会上均依据自己的意志独立发表意见，并独立行使表决权，与其他董事间不存在通过包括但不限于书面协议安排的方式共同扩大表决权以构成一致行动事实的情况。

2. 发行人不受力合科创、Liu Kun、古树园投资共同控制，不存在通过不认定实际控制人来规避涉及的同业竞争、股份锁定及承诺等监管要求的情形

古树园投资股东黄颢、黄伟明分别持有古树园投资 99% 及 1% 的股权；力合科创为上市公司深圳市通产丽星股份有限公司全资子公司。力合科创、Liu Kun、古树园投资非受同一控制下的主体。上述主体之间不存在关联关系，亦不存在历史上曾经存在关联关系的情形。

报告期内上述主体各自的代理人均出席历次股东大会会议，独立表决，不存在委托投票的情形。Liu Kun、力合科创、古树园投资出具确认函，其作为发行人股东，于发行人召开股东会 / 股东大会就各项议案进行表决前，不存在与公司其他股东对相关表决事项提前达成一致协议或意见的情形，均独立行使股东权利，在股东会 / 股东大会上按各自意愿表决投票。力合科创、Liu Kun、古树园投资签署股东承诺书，确认其与发行人其他股东不存在一致行动关系；在持有发行人股权期间，不存在通过包括但不限于书面协议安排的方式共同扩大其或者他人所能够支配的公司表决权数量以构成一致行动事实的情况。

报告期内，力合科创、古树园投资、Liu Kun 不存在直接或间接经营与发行人相同或相近似业务的情形，与发行人不存在同业竞争。上述主体均已签署避免同业竞争承诺书，承诺其与其控制的企业均未直接或间接与发行人及发行人控制的企业之间存在同业竞争；承诺将不直接或间接参与任何与发行人经营的业务有竞争或可能有竞争的业务；承诺其现有或将来成立的 100% 持股或持有 51% 股权以上的公司和其他受其控制的企业也不直接或间接从事与发行人有竞争的或可能有竞争的业务。

力合科创、古树园投资、Liu Kun 已出具《关于股份锁定的承诺函》，承诺自公司股票上市之日起 36 个月内，不转让或者委托他人管理其在公司首次公开发行前直接或间接持有的公司股份（首次公开发行时公开发售的股份除外），也不由公司回购该等股份。发行人不存在规避涉及股份锁定的监管要求的情形。

3. 无实际控制人的情况不会对发行人上市后的经营稳定性产生不利影响

发行人核心团队及股权结构稳定，已建立健全的公司法人治理结构及制定发行上市后适用的各项法人治理制度文件，以及内部控制体系。

发行人的现任高级管理人员、核心技术人员在发行人处任职时间均超过 5 年，且

均已与发行人签署无固定期限的劳动合同。发行人的管理团队及核心技术人员具有一定的稳定性。为保证公司核心团队的稳定性，发行人设立员工持股平台目标创新及志行正恒，部分核心员工及业务骨干人员通过员工持股平台间接持有公司的股份，由此增强核心团队的凝聚力，有效保证发行人经营管理的稳定性。

发行人股东均已出具《关于股份锁定的承诺函》，就其于首次公开发行前持有的发行人股份的锁定期作出承诺，该等股份锁定安排有利于稳定发行人股权结构，进而保障发行人经营的稳定。

发行人依法建立了股东大会、董事会、监事会并聘任了高级管理人员，建立了健全的公司法人治理结构。公司已制定发行上市后适用的《股东大会议事规则》《董事会议事规则》《监事会议事规则》《独立董事工作制度》《关联交易决策制度》《对外投资管理办法》等一系列法人治理制度文件，健全了内部控制体系，可以有效保证发行人于发行上市后经营的稳定性和重大决策的延续性。

复旦张江（688505）

上海复旦张江生物医药股份有限公司（以下简称发行人）2019 年 5 月 13 日提交的招股说明书（申报稿）披露：截至招股说明书签署日，持有公司 5% 以上股份的股东上海医药、新企二期、杨宗孟及王海波的持股比例分别为 22.77%、17%、8.67% 和 6.27%，公司不存在控股股东和实际控制人。

针对上述情形，发审委要求发行人对下列事项进行说明，并要求保荐机构、发行人律师核查并发表明确意见：说明认定无实际控制人的合理性，结合证券期货法律规定，逐条说明发行人是否符合关于“无实际控制人的公司其控制权没有发生变更的认定条件”；发行人主要股东是否实际控制发行人；发行人管理层是否实际控制发行人，发行人公司治理及内部控制是否有效运行；发行人第一大股东上海医药持股 22.77%，主要从事医药行业，发行人认定无实际控制人，结合《科创板审核问答（二）》问题 5 的规定，补充说明是否存在通过实际控制人认定而规避发行条件或监管要求的情形；发行人主要股东是否已作出股份锁定、稳定股价、股份回购、依法承担赔偿责任、避免同业竞争等承诺，是否能够切实有效保护投资者合法权益，是否有利于股权、控制结构及管理层稳定。

根据发行人律师出具的补充法律意见书披露显示：[1]

---

〔1〕《上海市方达律师事务所关于上海复旦张江生物医药股份有限公司首次公开发行人民币普通股（A 股）股票并在科创板上市的补充法律意见书（二）》，载上海证券交易所网，http：//static.sse.com.cn/stock/information/c/201909/f87d185506a7404ea7f0e3bada303cd4.pdf，最后访问日期：2021 年 5 月 21 日。

1.认定无实际控制人的合理性；发行人符合证券期货法律适用意见第1号关于“无实际控制人的公司其控制权没有发生变更的认定条件”

未有单一股东控制有表决权的股份数量超过公司股本总额的30%或能够决定发行人董事会半数以上成员的任免或依其控制的发行人股份表决权足以对发行人董事会、股东大会决议产生重大影响，因此，发行人不存在控股股东及实际控制人；发行人关于控股股东及实际控制人的认定符合《公司法》《上市公司收购管理办法》及上市规则的相关规定，具有合理性。

发行人符合《〈首次公开发行股票并上市管理办法〉第十二条“实际控制人没有发生变更”的理解和适用——证券期货法律适用意见第1号》中关于“无实际控制人的公司其控制权没有发生变更的认定条件”的规定，具体如下：

（1）发行人的股权及控制结构没有发生重大变化

报告期内发行人的内资股股本结构一直未发生过变化。

（2）发行人的经营管理层没有发生重大变化

发行人第五届董事会任期届满后，上海医药将其提名的董事人数由2名减少为1名；同时，出于保持董事会成员人数的稳定性以及调整董事会人员构成以增强董事会独立性与专业性的考虑，发行人董事会在换届选举时相应增加1名独立非执行董事杨春宝。

报告期内发行人董事会的主要成员未发生变化，且自2017年6月9日至今董事会成员保持稳定；报告期内发行人的高级管理人员亦未发生任何变化。

（3）发行人的主营业务没有发生变化

根据招股说明书及普华永道中天审字〔2019〕第11046号审计报告，发行人在报告期内的主营业务一直为生物医药的创新研究开发、生产制造和市场营销，主营业务稳定，在报告期内未发生变化。

（4）发行人的股权及控制结构不影响公司治理有效性

发行人已通过股东大会、董事会、监事会建立了完善的决策管理制度，并根据香港联交所关于上市公司治理的要求在董事会下设置了审核委员会、提名委员会和薪酬委员会等专门委员会，同时建立了独立董事、董事会秘书及独立监事制度。根据普华永道出具的普华永道中天特审字〔2019〕第2851号内部控制审核报告，发行人董事会、监事会和管理层之间权责分明、相互制衡，其内部控制制度运行良好。发行人的股权及控制结构未影响发行人报告期内相关经营决策的有效作出及执行，发行人报告期内不存在不能形成股东大会、董事会决议的情形。

（5）相关股东采取股份锁定等有利于公司股权及控制结构稳定措施

发行人的主要股东上海医药、新企二期、杨宗孟及王海波（合计持股比例占发行人本次发行前内资股股份总数的74.5%）均已承诺自发行人本次发行上市之日起36个月内，不转让或者委托他人管理其直接或间接持有的发行人本次发行上市前已发行的内资股股份，也不由发行人回购该部分股份。上述承诺保证了发行人本次发行上市之日起36个月内股权结构的稳定性。

2. 发行人主要股东均不能、亦未单独或共同实际控制发行人

上海医药持有发行人13,957.86万股内资股股份和7056.4万股H股股份，合计占发行人已发行股份总数的比例约为22.77%，系发行人的第一大股东。自2000年10月起，上海医药在复旦张江的持股比例一直未超过30%，其报告期内不存在单独对发行人股东大会及董事会决议产生重大影响的情况，亦不存在与发行人的其他股东达成一致行动、委托表决或其他特殊权利或利益安排的情形；自2016年1月1日起，由上海医药提名、提名委员会考察并经复旦张江股东大会选举的董事在复旦张江董事会9席中仅占2席，且于2017年6月减少为1席并一直保持至今，上海医药依其控制的有表决权的公司股份无法决定发行人董事会半数以上成员的任免。

新企二期持有发行人15,689.29万股内资股股份，占发行人本次发行前已发行股份总数的17%，其与发行人其他股东之间不存在一致行动、委托表决、一票否决等特殊安排；报告期内由新企二期提名、提名委员会考察并经复旦张江股东大会选举的董事在复旦张江董事会9席中仅占1席，且报告期内新企二期亦未能单独对发行人历次股东大会及董事会决议产生重大影响。

杨宗孟持有发行人8000万股内资股股份，占发行人本次发行前已发行股份总数的8.67%，其与发行人其他股东之间不存在一致行动、委托表决、一票否决等特殊安排，且杨宗孟未曾向发行人提名董事、监事或高级管理人员，报告期内杨宗孟亦未能单独对发行人历次股东大会及董事会决议产生重大影响。

王海波直接持有发行人57,886,430股内资股股份，占发行人本次发行前已发行股份总数的6.27%，王海波与发行人其他内资股股东之间亦不存在一致行动、委托表决、一票否决等特殊安排。报告期内，王海波担任发行人的执行董事兼董事会主席，其在发行人董事会9席中仅占1席，且报告期内王海波亦未能单独对发行人历次股东大会及董事会决议产生重大影响。

上海医药、新企二期、杨宗孟、王海波之间不存在一致行动、一票否决等特殊约定，上海医药、新企二期、杨宗孟、王海波均不能、亦未单独或共同实际控制发行人。

3. 发行人管理层未实际控制发行人，发行人公司治理及内部控制有效运行

发行人管理层的持股情况具体如表 3 所示：

表 3

序号	姓名	职务	持股情况
1	王海波	执行董事 / 董事会主席、总经理	直接持有发行人 6.27% 的股份
2	苏勇	执行董事、副总经理	直接持有发行人 2.42% 的股份
3	赵大君	执行董事、副总经理	直接持有发行人 2.09% 的股份
4	甘益民	副总经理	通过员工持股平台间接持有发行人 0.2% 的股份
5	李军	副总经理	直接及通过员工持股平台间接合计持有发行人 1.21% 的股份
6	杨小林	副总经理	通过员工持股平台间接持有发行人 0.26% 的股份
7	薛燕	财务总监、董事会秘书	作为员工持股平台的执行事务合伙人，合计控制发行人 5.9% 的股份
合计			控制发行人 17.46% 的股份

结合发行人董事会及股东大会的表决机制、报告期内发行人历次股东大会及董事会决议情况以及董事、高级管理人员的任免情况，管理层合计控制发行人 17.46% 的股份无法使其对公司股东大会或董事会的决议产生重大影响或单独决定公司的重大经营决策事项，管理层在发行人董事会 9 席中合计占有 3 席，未达到董事会成员半数以上，且管理层之间亦未就一致行动或委托表决等事项达成合意，发行人的管理层未实际控制发行人。

报告期内发行人股东大会、董事会、监事会（独立监事）、独立董事及董事会专门委员会已严格按照《公司章程》等内部制度相应行使职权；发行人已按照《公司法》《证券法》等相关法律规定制定了《信息披露指引》《交易本公司证券之必守准则》《公司规章制度的管理制度》《公司内部控制管理制度》等基本制度，并基于公司日常运营的实际需求，从财务管理，人力资源与薪酬福利，研究开发，生产制造，物资、固定资产、工程建设，合同管理，行政办公，知识产权等方面制定了具体的管理规章供公司各部门相应执行。

为保障发行人上述内部控制制度的有效执行，发行人建立了独立董事、监事会（独立监事）、内审内控部等监督机制，以对公司的经营管理进行监督，部门之间及内部建立了适当的职责分工与报告关系，以确保各项经济业务的授权、执行、记录及资产的维护与保管由不同的部门或人员实施和互相牵制监督；其中内审内控部每年至少开展一次公司全面的内部控制的内审工作，并向公司管理层及公司董事会下设之审核委员会提交公司内部控制自我评价报告。

4. 发行人不存在通过实际控制人认定而规避发行条件或监管要求的情形

上海医药在复旦张江的持股比例未超过 30%，其报告期内未单独对发行人股东大会及董事会决议产生重大影响，因此上海医药未实际控制发行人；上海医药与发行人之间不存在同业竞争。因此，发行人不存在通过实际控制人认定而规避发行条件或监管要求的情形，符合《科创板审核问答（二）》的相关审核要求。

5. 发行人主要股东已作出股份锁定、稳定股价、股份回购、依法承担赔偿责任、避免同业竞争等承诺，能够切实有效保护投资者合法权益，有利于股权、控制结构及管理层稳定

因发行人无控股股东、实际控制人，由发行人持股比例超过 5% 的主要股东上海医药、新企二期、杨宗孟及王海波根据相关规定及实际情况作出股份锁定、稳定股价、股份回购、依法承担赔偿责任、避免同业竞争等承诺，上述主要股东合计持股比例占发行人本次发行前内资股股份总数的 74.51%，占发行人本次发行前股份总数的 54.71%，股份锁定承诺有利于发行人保持股权、控制结构的稳定性，依法承担赔偿责任，强化了对发行人主要股东相关承诺事项的约束力和可执行性，上述承诺的落实和履行能够切实有效地保护投资者的合法权益。

安集科技（688019）

安集微电子科技（上海）股份有限公司（以下简称发行人）2019 年 3 月 29 日提交的招股说明书（申报稿）披露：发行人控股股东为 Anji Cayman，无实际控制人。

针对上述情形，发审委要求发行人对下列事项进行说明，并要求保荐机构、发行人律师核查并发表明确意见：发行人无实际控制人，且控股股东和控股股东的股东多数为境外机构或自然人，该治理结构如何保证公司决策的有效性，是否构成对发行人生产经营的重大不利影响，预期未来该无实际控制人的治理结构是否将会发生重大变化，发行人如何确保其公司治理和内控的有效性。

根据发行人律师出具的补充法律意见书披露显示：[1]

1. 发行人无实际控制人，且控股股东和控股股东的股东多数为境外机构或自然人，但控股股东和发行人通过治理结构和实际工作的安排，保证了公司决策的及时性和有效性，对发行人生产经营不会构成重大不利影响

（1）虽然控股股东和控股股东的股东多数为境外机构或自然人，依然通过现场或通信的方式参与 Anji Cayman 和发行人的会议，且 Anji Cayman 均安排了股东代表参与发行人每次股东会议。发行人的高级管理人员和核心技术人员 Shumin Wang（王淑敏）和 Yuchun Wang（王雨春）虽拥有境外国籍，但长期在中国境内工作，保证了公司生产经营的稳定。

（2）Anji Cayman 的董事中 Shumin Wang（王淑敏）、Steven Larry Ungar、Chris Chang Yu（俞昌）、杨磊 4 人在发行人中担任董事，能将发行人生产经营情况及时反馈到 Anji Cayman，保证了 Anji Cayman 对发行人经营决策的有效性。

（3）发行人建立了健全的公司治理结构。发行人依照《公司法》《证券法》《上市公司治理准则》等相关法律、法规和规范性文件的要求，制定了《公司章程》《股东大会议事规则》《董事会议事规则》《监事会议事规则》《独立董事工作制度》《总经理工作细则》《董事会秘书工作制度》等相关制度，建立了由股东大会、董事会及其专门委员会、监事会、高级管理人员以及独立董事、董事会秘书等组成的公司治理结构。公司自整体变更设立以来，股东大会、董事会、监事会、独立董事、董事会秘书等相关机构和人员均依法履行职责。

2. 预期发行人未来无实际控制人的治理结构不会发生重大变化

发行人控股股东 Anji Cayman 出具了《关于限售安排、自愿锁定股份的承诺函》。Anji Cayman 的全部股东出具了《不存在一致行动关系及不谋求控制权的承诺》。Anji Cayman 的全部董事出具了《不存在一致行动关系及不谋求控制权的承诺》。除 Anji Cayman 外，发行人的其他股东出具了《不存在一致行动关系及不谋求控制权的承诺函》。

3. 发行人公司治理和内控的有效性

（1）公司建立了健全的公司治理结构。自整体变更设立股份有限公司以来，发行人依照《公司法》《证券法》《上市公司治理准则》等相关法律、法规和规范性文件的要求，制定了《公司章程》《股东大会议事规则》《董事会议事规则》《监事会议事规则》

[1]《上海市锦天城律师事务所关于安集微电子科技（上海）股份有限公司首次公开发行股票并在科创板上市的补充法律意见书（一）》，载上海证券交易所网，http://static.sse.com.cn/stock/information/c/201904/075677a2f1ac4323ac27300444f7db22.pdf，最后访问日期：2021 年 5 月 21 日。

等相关制度，建立了由股东大会、董事会及其专门委员会、监事会、高级管理人员以及独立董事、董事会秘书等组成的公司治理结构。发行人自整体变更设立以来，股东大会、董事会、监事会、独立董事、董事会秘书等相关机构和人员均依法履行职责，规范运作。

考虑到上市后公众股东的利益保障，发行人还制定了《信息披露管理制度（草案）》《投资者关系管理制度（草案）》中小投资者单独计票机制实施细则（草案）等制度对投资者权利进行有效保护。

（2）公司建立了健全的内部控制制度。发行人制定了《对外担保决策制度》《重大投资和交易决策制度》《关联交易决策制度》《内部审计制度》等相关内部控制制度。根据毕马威出具的内部控制审核报告，发行人的内部控制制度健全且被有效执行，能够合理保证公司运行效率、合法合规和财务报告的可靠性。

（3）发行人通过股东承诺锁定股份的方式，保持发行人在上市后股权结构的稳定，保证股东大会作为经营决策层的稳定性。

山石网科（688030）

山石网科通信技术股份有限公司（以下简称发行人）2019 年 4 月 9 日提交的招股说明书（申报稿）披露：发行人于 2018 年 12 月整体变更设立股份公司，组建了股东大会、董事会、监事会以及董事会下辖各专门委员会治理结构，并选聘了独立董事。

针对上述情形，发审委要求发行人对下列事项进行说明，并要求保荐机构、发行人律师核查并发表明确意见：结合公司无控股股东、实际控制人，股份公司成立时间较短等情况，说明公司的治理结构是否能够平稳、有效运行。

根据发行人律师出具的补充法律意见书披露显示：[1]

1. 发行人及其前身的公司治理结构能够平稳、有效运行

2018 年 12 月 24 日，发行人以其前身山石网科有限经审计的净资产产值折股整体变更为股份有限公司，发行人不存在控股股东和实际控制人，且无实际控制人的状态最近两年内未发生变化，但发行人及其前身的公司治理结构能够平稳、有效运行。

自 2017 年 1 月 1 日至红筹架构拆除日前，发行人前身山石网科有限原为外商独资企业，山石网科有限的主要经营决策由其境外母公司开曼山石的股东会及 / 或董事会作出决策后，通过开曼山石全资子公司香港山石委派至山石网科有限的执行董事

---

〔1〕《北京市金杜律师事务所关于山石网科通信技术股份有限公司首次公开发行股票并在科创板上市的补充法律意见书》，载上海证券交易所网，http：//static.sse.com.cn/stock/information/c/201905/c1161ed126fc44b4924d40bb077bcddc.pdf，最后访问日期：2021 年 5 月 21 日。

再次作出决定后执行。根据山石网科有限的公司章程，红筹架构拆除日至山石网科有限整体变更为股份有限公司之日前，山石网科有限为中外合资企业，主要经营决策由董事会作出。根据发行人的公司章程，自山石网科有限整体变更为股份有限公司之日起，公司的最高权力机构为股东大会，发行人的主要经营决策由股东大会、董事会等决策机构根据公司章程、股东大会议事规则、董事会议事规则等制度性文件的要求分别作出。

2. 发行人已建立健全内部管理制度，以保障公司治理结构的平稳、有效运行

最近两年内，发行人及其前身的日常经营管理由罗东平及其领导的管理团队负责，发行人各持股 5% 以上股东均未直接或间接派遣任何管理人员，或要求更换任何管理团队成员，也未干涉或试图参与发行人及其前身的经营管理事务。发行人及前身每季度召开定期董事会，由管理团队向董事会汇报公司经营及重大事项；发行人及前身还就董事变更、股权转让、增加注册资本等重要事项召开相关股东会 / 股东大会、董事会。最近两年内，发行人及其前身的股东会 / 股东大会决议、董事会决议均为全体一致通过；发行人的经营管理层和主营业务亦未发生重大变化。

自股份公司成立以来，发行人设立了股东大会、董事会、监事会等决策机构，股东大会、董事会、监事会自设立以来运行规范、良好，符合《公司法》等法律法规及公司章程的相关规定。发行人还设置了董事会下辖的审计委员会、提名与薪酬委员会及战略委员会等董事会专门委员会，以强化对董事会及管理层的约束和监督。

根据发行人制定的公司章程、股东大会议事规则、董事会议事规则、监事会议事规则、总经理工作制度、董事会审计委员会议事规则、董事会提名与薪酬委员会议事规则、董事会战略委员会议事规则、独立董事工作制度各专门委员会工作制度等，发行人建立健全了相关内部管理制度，股东大会、董事会、监事会及董事会各专门委员会均根据法律法规、公司章程及各项内部管理制度履行职权。

发行人设置了财务部、IT 部、人力资源部、行政部、产品研发部、销售技术部、中国区销售部、海外事业部、商务部、采购部、生产部、总裁办、市场部、审计部等职能部门，具备健全的组织机构，并制定了较为健全有效的内部控制体系，以保障生产经营活动的有序进行。

3. 发行人股东及董事、监事、高级管理人员已作出承诺，以维持股权结构和治理结构的稳定性

发行人本次发行前持股合计 51% 的四名主要股东 Alpha Achieve、田涛、苏州元禾、国创开元已承诺采取股份锁定等有利于公司股权及控制结构稳定的措施，具体承诺内容如下："自发行人股票在上海证券交易所上市之日起三十六个月内，本人 / 本企

业 / 本公司不转让或者委托他人管理本人 / 本企业 / 本公司在发行人上市之前直接或间接持有的发行人股份，也不由发行人回购本人 / 本企业 / 本公司在发行人上市之前直接或间接持有的发行人股份。”

此外，发行人持股 5% 以上的股东已承诺仅作为财务投资人，不参与公司经营管理，无意图、实际也未通过任何方式单独或控制发行人。

发行人董事、监事、高级管理人员罗东平、尚喜鹤、曹红民、郑丹、蒋东毅、刘向明、杨庆华、欧红亮、张霞已承诺采取股份锁定等有利于公司股权及控制结构稳定的措施，具体承诺内容如下：

“自发行人股票在科创板上市之日起三十六个月内，不转让或者委托他人管理在发行人上市之前直接或间接持有的发行人股份，也不由发行人回购本人在发行人上市之前直接或间接持有的发行人股份。在担任发行人董事、监事或高级管理人员期间，如实并及时申报直接或间接持有的发行人股份及其变动情况；在上述承诺期限届满后，每年转让直接或间接持有的发行人股份不超过直接或间接持有发行人股份总数的 25%；在买入后六个月内卖出，或者在卖出后六个月内又买入，由此所得收益归发行人所有；离职后六个月内，不转让直接或间接持有的发行人股份。”

二、解决思路

目前，发审委对于无控股股东或实际控制人相关问询问题主要集中在认定理由是否合理，是否符合公司实际情况、股东之间是否存在其他协议安排、是否存在通过实际控制人认定而规避发行条件或监管要求的情形等。因此，需要注意的问题如下：

1. 认定无控股股东或实际控制人时，应有充足的理由，可结合发行人的股权结构、董事提名委派、董事会构成、高管聘任、重大事项决策等方面综合判断。如力合微，以发行人股权结构分散，各股东之间的持股比例较为接近，无任何单一股东所持股权比例超过 20%，无任何单一股东能够控制股东大会、董事会，能够对公司的经营管理产生决定性影响等理由，认定为无控股股东或实际控制人。

2. 无控股股东或实际控制人的发行人应建立规范有效的内部控制制度和决策管理制度，保障企业发行上市后在无实际控制人的情况下能够正常经营、决策。发行人报告期内不存在不能形成股东大会、董事会决议的，可通过治理结构和实际工作的安排，保证决策的及时性和有效性，具体可参考安集科技的相关回复。

3. 发行人应符合《〈首次公开发行股票并上市管理办法〉第十二条“实际控制人没有发生变更”的理解和适用——证券期货法律适用意见第 1 号》中关于“无实际控制人的公司其控制权没有发生变更的认定条件”的规定。

4. 发行人不存在通过实际控制人认定规避涉及的同业竞争、股份锁定及承诺等监管要求的情形。根据审核问答的相关规定，发行人没有或难以认定实际控制人的，为确保发行人股权结构稳定、正常生产经营不因发行人控制权发生变化而受到影响，发行人的股东应按持股比例从高到低依次承诺其所持股份自上市之日起锁定36个月，直至锁定股份的总数不低于发行前股份总数的51%（上述股东，符合下列情形之一的，不适用上述锁定36个月规定：员工持股计划；持股5%以下的股东；非发行人第一大股东且符合一定条件的创业投资基金股东）。

【具体核查要点】

1. 发行人是否存在通过实际控制人认定而规避发行条件或监管要求的情形。

2. 发行人相关股东之间的关联关系；相关股东之间是否存在一致行动、一票否决等特殊协议安排；发行人股东是否存在直接或间接经营与发行人相同或相近似业务的情形，与发行人是否存在同业竞争等。

3. 发行人是否健全内部控制体系，无实际控制人的情况是否会对发行人上市后的经营稳定性产生不利影响。

4. 发行人是否符合关于“无实际控制人的公司其控制权没有发生变更的认定条件”。

5. 发行人主要股东是否作出股份锁定、稳定股价、股份回购、依法承担赔偿责任、避免同业竞争等承诺，是否能够切实有效保护投资者合法权益。

6. 发行人未来无控股股东、实际控制人的治理结构是否会发生重大变化等。

【核查方式】

1. 查阅发行人及股东的全套工商档案及相关内部制度文件等；

2. 查阅发行人最近3年历次董事会、股东会、股东大会、监事会的会议文件、发行人的说明，发行人股东大会议事规则、董事会议事规则、监事会议事规则等各项公司治理制度；

3. 查阅发行人主要股东出具的调查表及相关承诺函、确认文件；

4. 查阅发行人的股东名册、报告期内历年年度报告；

5. 查阅发行人现行有效的公司章程、审计机构出具的审计报告和内部控制审核报告；

6. 查阅董事、高级管理人员填写的调查表；

7. 检索国家企业信用信息公示系统、企查查等网站；

8. 访谈发行人主要股东，针对发行人实施的重大项目、重大销售和采购等事宜的决策流程访谈发行人高级管理人员。

三、参考规范

《上海证券交易所科创板股票发行上市审核问答（二）》

5.关于实际控制人的认定，发行人及中介机构应当如何把握？

答:（一）实际控制人认定的基本要求

实际控制人是拥有公司控制权的主体。在确定公司控制权归属时，应当本着实事求是的原则，尊重企业的实际情况，以发行人自身的认定为主，由发行人股东予以确认。保荐机构、发行人律师应通过对公司章程、协议或其他安排以及发行人股东大会（股东出席会议情况、表决过程、审议结果、董事提名和任命等）、董事会（重大决策的提议和表决过程等）、监事会及发行人经营管理的实际运作情况的核查对实际控制人认定发表明确意见。

发行人股权较为分散但存在单一股东控制比例达到30%的情形的，若无相反的证据，原则上应将该股东认定为控股股东或实际控制人。存在下列情形之一的，保荐机构应进一步说明是否通过实际控制人认定而规避发行条件或监管并发表专项意见：（1）公司认定存在实际控制人，但其他股东持股比例较高与实际控制人持股比例接近的，且该股东控制的企业与发行人之间存在竞争或潜在竞争的;（2）第一大股东持股接近30%，其他股东比例不高且较为分散，公司认定无实际控制人的。……

6.发行人没有或难以认定实际控制人的，发行人股东所持股票的锁定期如何安排？

答：根据《上海证券交易所科创板股票上市规则》的有关规定，发行人控股股东和实际控制人所持股份自发行人股票上市之日起36个月内不得转让。对于发行人没有或难以认定实际控制人的，为确保发行人股权结构稳定、正常生产经营不因发行人控制权发生变化而受到影响，要求发行人的股东按持股比例从高到低依次承诺其所持股份自上市之日起锁定36个月，直至锁定股份的总数不低于发行前A股股份总数的51%。

位列上述应予以锁定51%股份范围的股东，符合下列情形之一的，不适用上述锁定36个月规定：员工持股计划；持股5%以下的股东；非发行人第一大股东且符合一定条件的创业投资基金股东。其中，“符合一定条件的创业投资基金股东”是指符合《私募基金监管问答——关于首发企业中创业投资基金股东的认定标准》的创业投资基金。

对于存在刻意规避股份限售期要求的，本所将按照实质重于形式的原则，要求相关股东参照控股股东、实际控制人的限售期进行股份锁定。

《深圳证券交易所创业板股票首次公开发行上市审核问答》

9.发行条件规定“最近2年实际控制人没有发生变更”。关于实际控制人的认定，发行人及中介机构应如何把握？

答：……发行人股权较为分散但存在单一股东控制比例达到30%的情形的，若无相反的证据，原则上应将该股东认定为控股股东或实际控制人。存在下列情形之一的，保荐人应进一步说明是否通过实际控制人认定而规避发行条件或监管并发表专项意见:（1）公司认定存在实际控制人，但其他股东持股比例较高且与实际控制人持股比例接近的;（2）第一大股东持股接近30%，其他股东比例不高且较为分散，公司认定无实际控制人的。……

18.发行人没有或难以认定实际控制人的，发行人股东所持股票的锁定期如何安排?

答：发行人控股股东和实际控制人所持股份自发行人股票上市之日起36个月内不得转让，控股股东和实际控制人的亲属所持股份应比照该股东本人进行锁定。

对于发行人没有或难以认定实际控制人的，为确保发行人股权结构稳定、正常生产经营不因发行人控制权发生变化而受到影响，要求发行人的股东按持股比例从高到低依次承诺其所持股份自上市之日起锁定36个月，直至锁定股份的总数不低于发行前股份总数的51%。

位列上述应予以锁定51%股份范围的股东，符合下列情形之一的，可不适用上述锁定36个月规定：员工持股计划；持股5%以下的股东；非发行人第一大股东且符合一定条件的创业投资基金股东。其中，“符合一定条件的创业投资基金股东”是指符合《私募基金监管问答——关于首发企业中创业投资基金股东的认定标准》的创业投资基金。

对于存在刻意规避股份限售期要求的，本所将按照实质重于形式的原则，要求相关股东参照控股股东、实际控制人的限售期进行股份锁定。

《〈首次公开发行股票并上市管理办法〉第十二条“实际控制人没有发生变更”的理解和适用——证券期货法律适用意见第1号》

四、发行人不存在拥有公司控制权的人或者公司控制权的归属难以判断的，如果符合以下情形，可视为公司控制权没有发生变更:（一）发行人的股权及控制结构、经营管理层和主营业务在首发前3年内没有发生重大变化;（二）发行人的股权及控制结构不影响公司治理有效性;（三）发行人及其保荐人和律师能够提供证据充分证明。

相关股东采取股份锁定等有利于公司股权及控制结构稳定措施的，发行审核部门可将该等情形作为判断公司控制权没有发生变更的重要因素。

第三节　共同实际控制人认定

不存在单一持股超过50%的股东，或股权较为分散的企业，通常会存在共同实际控制人认定问题。

截至 2020 年 12 月 31 日，过会的企业中有瑞松科技、晶晨股份、华特股份、瑞晟智能、药易购、铂力特、申联生物、开普云、天合光能、豪森股份等二十余家企业存在上述问题。

一、典型案例

奥福环保（688021）

山东奥福环保科技股份有限公司（以下简称发行人）2019 年 4 月 29 日提交的招股说明书（申报稿）披露：发行人实际控制人为潘吉庆、于发明和王建忠三人。

针对上述情形，发审委要求发行人补充披露：一致行动协议的主要内容，发生意见分歧或纠纷时的解决机制，并结合前述内容充分说明三人是否构成共同控制关系及依据。要求保荐机构和发行人律师逐项对照“证券期货法律适用意见第 1 号”，就招股说明书对发行人实际控制人的披露是否准确，发行人最近 2 年实际控制人是否发生变更发表明确意见。

根据发行人律师出具的补充法律意见书披露显示：[1]

1. 一致行动协议的主要内容

潘吉庆、于发明和王建忠于 2015 年 5 月 29 日签署了《一致行动协议》，主要内容如下：

“三方承诺并同意，在处理有关发行人经营发展且根据公司法等有关法律法规和公司章程需要由股东大会、董事会作出决议的事项时应采取一致行动。基本方式如下：三方作为奥福环保的投资方，应采取一致行动以保证三方对有关奥福环保经营发展的重大事项在股东大会上行使提案权、表决权代表了三方的共同意志；三方作为奥福环保的投资方，应采取一致行动以保证三方对有关奥福环保经营发展的重大事项在董事会上行使提案权、表决权代表了三方的共同意志。

三方中任何一方拟向股东大会 / 董事会提出议案或行使在股东大会 / 董事会相关事项的表决权之前，三方内部应先对相关议案或表决事项达成一致意见。三方应以协商一致的结果在股东大会进行表决，三方必须按照三方的一致意见在董事会上进行表决。三方同意并承诺，自本协议签订之日起五年内将避免三方合计持股比例下降影响三方共同控制之能力；在本协议有效期限内，三方的合计持股保持控股地位。《一致

[1]《江苏世纪同仁律师事务所关于山东奥福环保科技股份有限公司首次公开发行股票并在科创板上市的补充法律意见书（一）》，载上海证券交易所网，http：//static.sse.com.cn/stock/information/c/201907/26d77bf35dc74fa0ac0efe42cc993086.pdf，最后访问日期：2021 年 5 月 21 日。

行动协议》有效期自签订之日起五年内持续有效。三方相互承诺，任何一方均不得与签署《一致行动协议》之外的第三方签订与《一致行动协议》内容相同、近似的协议或合同。”

考虑到《一致行动协议》将于2020年5月到期，为保证《一致行动协议》在可遇见的期限内持续稳定、有效，潘吉庆、于发明、王建忠于2019年6月签署补充协议，约定《一致行动协议》有效期自签订之日起至发行人上市后36个月内始终有效，有效期限届满前，各方如无异议，可以续签。

2. 发生意见分歧或纠纷时的解决机制

根据《一致行动协议》及其补充协议，实际控制人之间发生意见分歧或纠纷时的解决机制为：“三方将尽最大之诚意以实现三方共同的意志，在公司董事会、股东大会召开之10日前，三方应通过协商就需要决策的事项达成一致，并在董事会、股东大会上发表该等一致意见；三方承诺并同意，若三方经过协商仍然无法就董事会及股东大会议案达成一致意见，则三方一致同意：无条件依据潘吉庆先生所持意见来决定董事会及股东大会议案事项。”

3. 招股说明书对发行人实际控制人的披露准确，发行人最近2年实际控制人未发生变更，符合《证券期货法律适用意见第1号》第三条的规定

最近两年内，潘吉庆、于发明、王建忠始终共同拥有发行人的控制权，没有发生变化，认定依据如下：

（1）发行人实际控制人最近2年拥有的发行人有表决权股份比例的变化情况（如表4所示）：

表4

时间	潘吉庆、于发明、王建忠持股比例
2015.06~2017.10	54.26%
2017.10~2017.12	52.71%
2017.12 至今	51.27%

潘吉庆、于发明、王建忠三人所持发行人股权权属清晰，不存在重大纠纷，符合《证券期货法律适用意见第1号》第三条第（一）项的相关规定。

（2）发行人整体变更为股份公司后，已按照《公司法》《证券法》《上市公司治理准则》等法律、法规和规范性文件的要求，建立健全了公司法人治理结构，制定了股东大会议事规则、董事会议事规则、监事会议事规则、独立董事工作制度、董事会秘书工作制度等相关制度，发行人上述制度健全且被有效执行；发行人根据经营管理需

要建立了各业务职能部门，拥有完整独立的研发机构、经营规划系统、销售、采购系统和管理系统，相关机构和人员能够依法履行职责。报告期内，发行人具备健全且运行良好的组织机构，符合《证券期货法律适用意见第1号》第三条第（二）项的规定。

（3）潘吉庆、于发明、王建忠三人签署的《一致行动协议》及补充协议合法有效、权利义务清晰、责任明确，潘吉庆、于发明、王建忠三人共同拥有公司控制权的情况在最近3年内且发行人上市后可预见的期限内是稳定、有效存在的，符合《证券期货法律适用意见第1号》第三条第（三）项的规定。

（4）最近2年，发行人实际控制人支配公司表决权比例情况如表5所示：

表5

时间	实际控制人姓名		
	潘吉庆	于发明	王建忠
2015.06~2017.10	19.97%	17.42%	16.87%
2017.10~2017.12	19.38%	16.93%	16.40%
2017.12 至今	18.76%	16.39%	16.12%

发行人最近2年内持有、实际支配公司股份表决权比例最高的人一直为潘吉庆、未发生变化，符合《证券期货法律适用意见第1号》第三条第（四）项的规定。

晶晨股份（688099）

晶晨半导体（上海）股份有限公司（以下简称发行人）2019年3月22日提交的招股说明书（申报稿）中披露：发行人控股股东为晶晨控股，晶晨集团持有晶晨控股100%股权，John Zhong和Yeeping Chen Zhong为夫妻关系，分别持有晶晨集团28.02%、4.41%股权，间接持有发行人11.07%、1.74%的股权。陈海涛系Yeeping Chen Zhong的父亲，通过Cowin Group、Peak Regal间接持有发行人10.29%的股权。公司的实际控制人为John Zhong和Yeeping Chen Zhong，陈海涛为公司实际控制人的一致行动人。

针对上述情形，发审委要求发行人补充披露：未将陈海涛认定为共同实际控制人的原因。陈海涛与John Zhong和Yeeping Chen Zhong签署的一致行动协议的具体内容、签订时间、相关具体安排、发生意见分歧或纠纷时的解决机制、股份锁定等相关承诺。要求保荐机构和发行人律师根据《科创板审核问答（二）》第5条的要求，通过对公司章程、协议或其他安排以及发行人股东大会（股东出席会议情况、表决过程、审议结果、董事提名和任命等）、董事会（重大决策的提议和表决过程等）、监事会及发行人经营管理的实际运作情况的核查、并结合陈海涛与实际控制人的亲属关系、陈海涛在发行人的任职情况、间接持股比例、对外投资和任职情况，对未将陈海涛认定为共同实际控制人是否合理、客观发表明确意见，并说明是否存在通过不认定为共同实际控制人来规避同业竞争认定的情形。

根据发行人律师出具的补充法律意见书披露显示：[1]

1. 未将陈海涛认定为共同实际控制人的原因

（1）报告期内，陈海涛未实际参与发行人的经营管理

报告期内，陈海涛未直接持有发行人的股份，未担任发行人的董事、监事及高级管理人员，未通过参加发行人股东大会、董事会或提名/委派发行人的董事、监事、高级管理人员形式实际参与发行人的日常业务经营及重大决策。

（2）报告期内，陈海涛未实际参与控股股东的经营管理

报告期内，晶晨控股是公司的直接控股股东，晶晨集团通过全资子公司晶晨开曼持有晶晨控股100%股权，截至本补充法律意见书出具日，晶晨开曼已经注销，晶晨集团直接持有晶晨控股100%股权。

陈海涛与发行人的实际控制人Yeeping Chen Zhong及John Zhong系父女关系、翁婿关系，陈海涛通过Cowin Group和Peak Regal合计持有晶晨集团26.02%股权。陈海涛投资晶晨集团的主要目的是支持John Zhong及Yeeping Chen Zhong创业，仅作为财务出资人，其无意愿且未实际参与晶晨集团的经营管理。

（3）陈海涛年事已高，未来无意愿参与发行人或其控股股东的经营管理

陈海涛生于1934年，至今年龄为85岁，年事已高，其以往从业经历主要为投资并持有物业管理企业，其于报告期内未实际参与发行人或晶晨集团的经营管理，未来亦无意愿参与发行人或晶晨集团的经营管理。

2. 陈海涛与John Zhong和Yeeping Chen Zhong签署的一致行动协议及相关股份锁定承诺的具体内容

（1）2018年11月20日，John Zhong、Yeeping Chen Zhong、陈海涛及其控制的Cowin Group、Peak Regal签署了《一致行动协议》，具体内容如下：

“①各方同意，该协议生效后，各方在持有晶晨集团股份期间，陈海涛及其控制的Cowin Group、Peak Regal在股东会行使股东的表决权、向董事会及股东会行使提案权，行使董事、高级管理人员候选人提名权以及修订公司章程等重大决策事项时应与

〔1〕《北京市君合律师事务所关于晶晨半导体（上海）股份有限公司首次公开发行A股股票并在科创板上市的补充法律意见书》，载上海证券交易所网，http://static.sse.com.cn/stock/information/c/201904/d6fd55b16f9044a3a56526e757c531ab.pdf，最后访问日期：2021年6月18日。

John Zhong/Yeeping Chen Zhong保持相同的意思表示，保持一致行动，不作出与John Zhong/Yeeping Chen Zhong意思表示相悖或弃权的意思表示。各方确认，在该协议生效前，自各方投资持有晶晨集团股份之日起，各方即已在上述事项上自觉地保持了相同的意思表示，保持了一致行动。

②各方同意，各方在发行人首次公开发行股票并上市前，不转让或者委托他人管理其持有晶晨集团的股权/股份。各方进一步同意，各方自发行人上市后，按照相关法律、法规、监管机构规定对其所间接所持的发行人的股票作出限售和解除限售安排。

陈海涛及其控制的Cowin Group、Peak Regal同意，在该协议有效期内，其直接或间接持有的晶晨集团股权或者股份设定质押或其权利负担，或实施其他可能导致其所持晶晨集团股权或股份之权属发生变动的行为，应事先通知并经过John Zhong、Yeeping Chen Zhong同意。该协议有效期内，各方因晶晨集团增减注册资本或股权转让导致其直接、间接持有的晶晨集团股权（份）发生变化的，各方以其变更后直接或间接控制的晶晨集团股权（份）受该协议约束。

③各方同意，自该协议生效之日起，各方认定John Zhong、Yeeping Chen Zhong依其对晶晨集团股权、经营管理控制等因素而被认定为晶晨集团的实际控制人，陈海涛及其控制的Cowin Group、Peak Regal应积极采取措施以保证和维护John Zhong、Yeeping Chen Zhong对晶晨集团享有切实的控制权。

④该协议有效期限自该协议生效之日起五年。有效期届满后，经各方协商一致，可以续展。

⑤该协议出现争议各方应通过友好协商解决，协商不成应将争议提交给上海国际经济贸易仲裁委员会（上海国际仲裁中心）按该委员会届时有效的仲裁规则仲裁。仲裁裁决是终局的，对各方均有约束力。”

（2）陈海涛已就其在本次发行前持有的发行人股份，出具如下股份锁定承诺：

“①自公司本次发行股票上市之日起三十六个月内，不转让或者委托他人管理本人于本次发行前已直接或间接持有的公司股份，也不提议由公司回购该部分股份。

②公司股票上市后六个月内，如公司股票连续二十个交易日的收盘价均低于发行价，或者公司股票上市后六个月期末（如该日不是交易日，则为该日后第一个交易日）收盘价低于发行价，则本人于本次发行前直接或间接持有公司股份的锁定期限自动延长六个月。若公司已发生派息、送股、资本公积转增股本等除权除息事项，则上述收盘价格指公司股票经调整后的价格。

③若本人所持有的公司股份在锁定期届满后两年内减持的，股份减持的价格不

低于公司首次公开发行股票的发行价。若在本人减持股份前，发行人已发生派息、送股、资本公积转增股本等除权除息事项，则本人的减持价格应不低于经相应调整后的发行价。

④本人将严格遵守法律、法规、规范性文件关于公司实际控制人的一致行动人的持股及股份变动的有关规定并同意承担并赔偿因违反上述承诺而给公司及其控制的企业造成的一切损失。

⑤在本人持股期间，若股份锁定和减持的法律、法规、规范性文件、政策及证券监管机构的要求发生变化，则本人愿意自动适用变更后的法律、法规、规范性文件、政策及证券监管机构的要求。”

3. 陈海涛与发行人不存在同业竞争，发行人不存在通过不认定陈海涛为实际控制人来规避同业竞争认定的情形

（1）陈海涛控制的企业及其经营范围如表 6 所示：

表 6

序号	企业名称	控制关系	经营范围 / 主营业务描述
1	Cowin Group	陈海涛持有其 100% 股权	控股型公司，未从事实际经营业务
2	Peak Regal	陈海涛持有其 100% 股权	控股型公司，未从事实际经营业务
3	上海申通物业咨有限公司	陈海涛持有其 100% 股权	物业管理咨询（除经纪），企业形象策划（除广告），企业管理咨询服务。建筑工程领域内技术开发、技术转让、技术咨询、技术服务（依法须经批准的项目，经相关部门批准后方可开展经营活动）
4	上海申广科技发展有限公司	陈海涛持有其 95% 股权	化工、机电、环保、医用材料、汽配专业领域内的技术开发、技术咨询、技术服务、技术转让以及新产品的研制试销；汽配、五金交电、文教用品、百货的销售，医疗器械经营（依法须经批准的项目，经相关部门批准后方可开展经营活动）
5	上海申通物业管理有限公司	陈海涛持有其 40% 股权	物业管理，企业形象策划（除广告），企业管理咨询服务，公共停车场（库）经营。建筑工程领域内技术开发、技术转让、技术咨询、技术服务（依法须经批准的项目，经相关部门批准后方可开展经营活动）

陈海涛控制的上述企业与发行人之间均不存在同业竞争。

（2）发行人实际控制人的一致行动人陈海涛出具了《关于避免同业竞争的承诺函》，承诺如下：

“1. 本人及本人所控制的、除发行人及其控股企业以外的其他企业，目前均未以任何形式从事与发行人及其控股企业的主营业务构成或可能构成直接或间接竞争关系的业务或活动。发行人的资产完整，其资产、业务、人员、财务及机构均独立于本人及本人所控制的其他企业。

2. 在发行人本次发行及上市后，本人及本人所控制的、除发行人及其控股企业以外的其他企业，也不会：

（1）以任何形式从事与发行人及其控股企业目前或今后从事的主营业务构成或可能构成直接或间接竞争关系的业务或活动；

（2）以任何形式支持发行人及其控股企业以外的其他企业从事与发行人及其控股企业目前或今后从事的主营业务构成竞争或可能构成竞争的业务或活动；

（3）以其他方式介入任何与发行人及其控股企业目前或今后从事的主营业务构成竞争或者可能构成竞争的业务或活动。

3. 如本人及本人所控制的、除发行人及其控股企业以外的其他企业将来不可避免地从事与发行人及其控股企业构成或可能构成竞争的业务或活动，本人将主动或在发行人提出异议后及时转让或终止前述业务，或促使本人所控制的、除发行人及其控股企业以外的其他企业及时转让或终止前述业务，发行人及其控股企业享有优先受让权。

4. 除前述承诺之外，本人进一步保证：

（1）将根据有关法律法规的规定确保发行人在资产、业务、人员、财务、机构方面的独立性；

（2）将采取合法、有效的措施，促使本人拥有控制权的公司、企业与其他经济组织不直接或间接从事与发行人相同或相似的业务；

（3）将不利用发行人实际控制人的地位，进行任何损害发行人及其股东权益的活动。

本人愿意对违反上述承诺及保证而给发行人及其控股企业造成的经济损失承担赔偿责任。

本人谨此确认：除非法律另有规定，自本函出具之日起，本函及本函项下之承诺在本人保持对发行人实际控制关系期间持续有效且均不可撤销；如法律另有规定，造成上述承诺的某些部分无效或不可执行时，不影响本人在本函项下的其他承诺；若上述承诺适用的法律、法规、规范性文件、政策及证券监管机构的要求发生变化，则本承诺人愿意自动适用变更后的法律、法规、规范性文件、政策及证券监管机构的要求。”

华特股份（688268）

广东华特气体股份有限公司（以下简称发行人）2019年4月12日提交的招股说明书（申报稿）披露：石平湘、石思慧父女为发行人的共同实际控制人。张穗萍与石平湘为外甥女姨父关系，与石思慧为表姐妹关系，直接持有公司股权9.52%股权，并通过其他公司间接持有公司股权。石平安系石平湘兄弟，间接持有公司股权。

针对上述情形，发审委要求发行人对下列事项进行说明，并要求保荐机构、发行人律师核查并发表明确意见：结合报告期内公司治理结构，规范运作情况，股东大会、董事会决议情况，董事、高管的提名及任免情况，说明未将张穗萍和石平安认定为共同实际控制人的理由；结合前述情况，说明张穗萍和石平安是否与实际控制人存在一致行动的情形，是否存在通过委托持股、委托表决权、签订协议或其他安排，与实际控制人共同直接或间接支配发行人表决权实现共同控制的行为或事实；如存在一致行动等情形，请披露具体内容及争议解决机制；说明最近2年实际控制人是否发生变更。请实际控制人的亲属比照实际控制人锁定期限出具股份锁定承诺。

根据发行人律师出具的补充法律意见书披露显示：[1]

1. 未将张穗萍和石平安认定为共同实际控制人的理由

（1）石平湘、石思慧为发行人实际控制人

本次发行上市前，发行人股本总额为9000万股，石平湘直接持有发行人14.12%的股份，石思慧直接持有发行人6%的股份，石平湘持有华特投资67.88%的股权，华特投资分别持有华弘投资、华和投资、华进投资1.81%、5.04%、4.27%的出资份额。华特投资为华弘投资、华和投资、华进投资的唯一普通合伙人，华特投资担任执行事务合伙人并分别委派代表执行华弘投资、华和投资、华进投资的合伙事务，可实际支配华弘投资、华和投资、华进投资所持有的华特气体的股份表决权。石平湘、石思慧父女直接与间接合计可实际支配发行人股份的表决权比例为84.99%。石平湘为发行人的创始人之一，报告期内，石平湘一直担任发行人董事长及法定代表人，石思慧担任发行人副董事长、副总经理。石平湘、石思慧父女合计持有的发行人股份所享有的表决权能够对发行人董事会及股东大会的决议、董事和高级管理人员的提名及任免拥

〔1〕《广东信达律师事务所关于广东华特气体股份有限公司首次公开发行股票并在科创板上市的补充法律意见书（一）》，载上海证券交易所网，http：//static.sse.com.cn/stock/information/c/201905/3cc516d87d9b4cc093e1526e5053b2ce.pdf，最后访问日期：2021年5月21日。

有实质影响力，能够实际支配公司的行为。

石平湘、石思慧已签署《一致行动协议》，约定对华特气体的相关重大事项保持一致行动关系，以确保华特气体持续、稳定的发展；同时确认自2013年6月至今，在行使公司的股东（大）会、董事会各项议案的表决权时，石平湘与石思慧均保持了一致；在行使股东的其他职权及参与其他重大事项决策时也保持了一致。自2013年6月至今，石平湘、石思慧存在事实上一致行动关系且共同为华特气体的实际控制人。承诺自该协议签署之日起，作为一致行动人，在公司股东大会、董事会作出决议的事项时均应采取一致行动。该协议同时对重大事项的具体情况、一致行动的决策方式、股份锁定、协议有效期等进行了具体约定。该协议自协议各方签字之日起生效，在作为发行人股东期间持续有效。

石平湘、石思慧分别签署了关于股份锁定的承诺函，承诺自发行人股票上市之日起36个月内，不转让或者委托他人管理其直接或间接持有的发行人首次公开发行股票前已发行的股份，也不由发行人回购其直接或者间接持有的发行人首次公开发行股票前已发行的股份。

（2）张穗萍、石平安不是发行人共同实际控制人

张穗萍、石平安均为实际控制人的旁系亲属；张穗萍直接持有发行人9.52%的股份，通过华特投资间接持有发行人9.87%的股份，张穗萍可实际支配的发行人股份的表决权比例为9.52%；石平安仅为华特投资有限合伙人，持有华和投资10.91%的出资份额，石平安不能实际支配发行人股份的表决权。张穗萍与石平安对发行人的股东大会均不产生实质影响力。

张穗萍目前在发行人担任行政经理，石平安目前已经离职，离职前在发行人担任人力资源部副经理，该等职务对发行人重要经营决策事务均不产生重要影响，对发行人董事会的决议、董事和高级管理人员的提名及任免均不具有实质影响力；张穗萍、石平安与发行人实际控制人石平湘、石思慧之间均未签署一致行动协议，亦未有通过公司章程、协议或者其他安排对共同控制发行人予以明确。

2. 张穗萍、石平安与石平湘、石思慧之间均不存在一致行动的情形，亦不存在通过委托持股、委托表决权、签订协议或其他安排与实际控制人共同直接或间接支配发行人表决权实现共同控制的行为或事实

张穗萍已出具承诺：“（1）本人与实际控制人之间不存在通过委托持股、委托表决权、签订协议或其他安排，与实际控制人共同直接或间接支配发行人表决权实现共同控制的行为或事实。（2）本人与实际控制人之间未曾在公司股东大会表决、人员选举、股息分红、股份变动等重大决策事项上作出过任何口头的或书面的一致行动安

排，各自均独立判断、决策。（3）在未来直接或间接持有公司股份期间，在公司股东大会表决、人员选举、股息分红、股份变动等重大决策事项上，不作出任何口头的或书面的一致行动安排，各自应独立判断、决策及行使表决权。（4）将不会寻求与实际控制人形成或在事实上形成一致行动关系；若因不可控制的因素或法律、法规规定的原因导致形成或在事实上形成上述情形中描述的关系，将及时按照相关法律、法规以及规范性法律文件以及证券交易所交易规则的规定及时进行披露。”

石平安已出具承诺：“（1）本人与实际控制人之间不存在通过委托持股、委托表决权、签订协议或其他安排，与实际控制人共同直接或间接支配发行人表决权实现共同控制的行为或事实。（2）将不会寻求与实际控制人形成或在事实上形成一致行动关系；若因不可控制的因素或法律、法规规定的原因导致形成或在事实上形成上述情形中描述的关系，将及时按照相关法律、法规以及规范性法律文件以及证券交易所交易规则的规定及时进行披露。”

3. 发行人最近 2 年实际控制人未发生变更

最近 2 年发行人股本结构及华特投资股权结构均未发生变化，华特投资一直担任华弘投资、华和投资、华进投资普通合伙人、执行事务合伙人。因此，最近 2 年石平湘、石思慧父女直接与间接合计可实际支配发行人股份的表决权比例未发生变化。

4. 实际控制人的亲属已比照实际控制人锁定期限出具股份锁定承诺

张穗萍、石平安已就股份锁定事项出具承诺：“（1）本人承诺自发行人股票上市之日起 36 个月内，不转让或者委托他人管理本人直接或间接持有的发行人首次公开发行股票前已发行的股份，也不提议由发行人回购该部分股份。（2）本人直接或间接所持有发行人股票在锁定期满后两年内减持的，减持价格不低于发行价；发行人上市后 6 个月内如发行人股票连续 20 个交易日的收盘价均低于发行价，或者上市后 6 个月期末收盘价低于发行价，本人直接或间接持有发行人股票的锁定期限将自动延长至少 6 个月。如果发行人上市后，发生派息、送股、资本公积转增股本等除权除息事项的，上述发行价将为除权除息后的价格。（3）本人将在遵守相关法律、法规、中国证监会和上海证券交易所对股份减持的各项规定的前提下，减持所持有的发行人股份；在实施减持时，将按照相关法律法规的要求进行公告，未履行相关法律法规要求的公告程序前不减持所持发行人股份。”

瑞晟智能（688215）

浙江瑞晟智能科技股份有限公司（以下简称发行人）2020 年 1 月 20 日提交的招股说明书（申报稿）披露：2019 年 11 月，袁峰将其直接持有的瑞晟智能 1,334,203 股的股份以人民币1元的价格转让给其女袁作琳。袁作琳为公司最近一年新增股东。

针对上述情形，发审委要求发行人对下列事项进行说明，并要求保荐机构、发行人律师核查并发表明确意见：袁峰将一部分股权转让给其女袁作琳的背景和原因，二人是否存在一致行动关系，未将袁作琳认定为共同实际控制人的原因。

根据发行人律师出具的补充法律意见书披露显示：[1]

1. 袁峰将部分股权转让给其女袁作琳的背景和原因

2019年11月8日，袁峰与袁作琳签订了股份转让协议，袁峰将其直接持有的瑞晟智能1,334,203股的股份以人民币1元的价格转让给袁作琳。同日，双方签署了《浙江瑞晟智能科技股份有限公司股份交割确认书》，确认股份交割完毕。袁峰将发行人的部分股份以1元价格转让给其女袁作琳的背景和原因系出于分配家族财产的目的。

2. 袁峰和袁作琳二人存在一致行动关系，不认定袁作琳为共同实际控制人

根据《上海证券交易所科创板股票上市规则》第2.4.9条的规定，一致行动人的认定适用《上市公司收购管理办法》的规定。《上市公司收购管理办法》第八十三条第一款规定："本办法所称一致行动，是指投资者通过协议、其他安排，与其他投资者共同扩大其所能够支配的一个上市公司股份表决权数量的行为或者事实。"第八十三条第二款，"在上市公司的收购及相关股份权益变动活动中有一致行动情形的投资者，互为一致行动人。如无相反证据，投资者有下列情形之一的，为一致行动人"第十项规定，"在上市公司任职的董事、监事、高级管理人员及其前项所述亲属同时持有本公司股份的，或者与其自己或者其前项所述亲属直接或者间接控制的企业同时持有本公司股份"。

袁峰与袁作琳符合《上市公司收购管理办法》第八十三条第二款第十项规定的互为一致行动人情形，且不存在第八十三条规定的相反证据，故袁峰和袁作琳存在一致行动关系。

袁作琳系在校大学生，其未与发行人及其子公司建立劳动或劳务关系。袁作琳持有的发行人股份比例仅为4.44%，未担任发行人及其子公司的董事、监事、高级管理人员，未参与发行人及其子公司的管理，亦未在发行人及其子公司的经营决策中发挥重要作用。袁作琳未与发行人实际控制人袁峰签署过有关共同控制的协议或作出其他类似安排。袁作琳对发行人的经营方针、组织机构运作及业务不具有实际控制权。故袁作琳不属于《科创板审核问答（二）》第5条规定的应认定为共同控制人的情形。

[1]《上海市嘉华律师事务所关于浙江瑞晟智能科技股份有限公司首次公开发行股票并在科创板上市的补充法律意见书》，载上海证券交易所网，http：//static.sse.com.cn/stock/information/c/202003/61c998ff5694495eb6bffa087e5e8250.pdf，最后访问日期：2021年5月21日。

药易购（300937，创业板）

四川合纵药易购医药股份有限公司（以下简称发行人）2020 年 6 月 28 日提交的招股说明书（申报稿）披露：李燕飞合计控制公司 60.77% 股权，为公司控股股东、实际控制人。李燕飞丈夫周跃武直接持有发行人 4.60% 股份，在发行人处担任董事；李燕飞胞弟李锦持有发行人 3.34% 股份，在发行人处担任董事，上述两人为李燕飞一致行动人。

针对上述情形，发审委要求发行人对下列事项进行说明，并要求保荐机构、发行人律师核查并发表明确意见：结合周跃武、李锦历史任职兼职情况、领取薪酬津贴情况、在发行人处具体职责、公司治理、日常经营管理中所起作用等，说明未将上述二人认定为共同实际控制人的原因及合理性。

根据发行人律师出具的补充法律意见书披露显示：[1]

1. 周跃武、李锦二人持有发行人股份比例均低于 5%

报告期内李燕飞持有公司股份比例一直超过 49%，李燕飞通过直接和间接方式合计控制发行人本次发行前总股本的 60.7666%，其享有的表决权足以对公司股东大会决议产生决定性影响，能够单独对发行人实施控制。周跃武为公司实际控制人李燕飞的配偶，持有发行人 4.5993% 的股份；李锦为公司实际控制人李燕飞的胞弟，持有发行人 3.3449% 的股份。周跃武及李锦持股比例均未达到 5%，且在本次发行上市后二人的持股比例将进一步降低。

2. 未将周跃武认定为发行人的共同实际控制人的具体原因

（1）周跃武历史任职兼职情况、领取薪酬津贴情况

周跃武简历：中国国籍，无永久境外居留权，1971 年 4 月出生，成都中医药大学中药学专业。2003 年，任四川圣泰农业科技有限公司执行董事兼总经理；2003 年至 2016 年，任遂宁红旗连锁有限公司董事长兼总经理；2008 年，任遂宁现代不夜城资产管理公司董事长兼总经理；2011 年至 2017 年，任四川中海鹤汇农业投资有限公司执行董事兼总经理；2011 年 5 月至 2014 年 8 月任四川合纵医药有限责任公司董事；2012 年，任遂宁中海鹤汇农特产品冷链物流有限公司董事长兼总经理；2016 年，任四川合纵医药股份有限公司董事；2017 年，任四川中海鹤汇健康管理有限公司执行董事兼总经理。现任公司董事、四川圣泰农业科技有限公司执行董事兼总经理、遂宁现

[1]《北京德恒律师事务所关于四川合纵药易购医药股份有限公司首次公开发行（A股）股票并在创业板上市的补充法律意见（六）》，载深圳证券交易所网，http：//reportdocs.static.szse.cn/UpFiles/rasinfodisc/RAS_0001762C59FA3E3FE1C5F6397A2D083F.pdf，最后访问日期：2021 年 5 月 21 日。

代不夜城资产经营管理有限公司经理、遂宁中海鹤汇农特产品冷链物流有限公司执行董事兼总经理、四川村上春农业投资有限公司经理、四川汇聚通冷链物流有限公司监事、四川中海鹤汇健康管理有限公司执行董事兼总经理。

自2017年11月起，周跃武自发行人处每月领取津贴2万元；除此之外，周跃武还在四川中海鹤汇健康管理有限公司领取薪酬。

（2）周跃武在公司的具体职责，其对发行人的经营决策不具有重大影响

周跃武与公司未签署劳动合同，不存在劳动关系，除担任公司董事及合纵中药饮片监事外，周跃武在公司及其子公司未担任其他职务。周跃武主要在发行人的战略发展、合规经营、对外投资等方面提供意见，同时协助董事长李燕飞处理政府关系等，但周跃武不是公司的高级管理人员，不参与公司具体的经营管理事务。

（3）周跃武的主要时间及精力用于自己经营的业务

除了任发行人董事、合纵中药饮片监事之外，周跃武现还担任四川圣泰农业科技有限公司的执行董事兼总经理、四川中海鹤汇健康管理有限公司的执行董事兼总经理、遂宁中海鹤汇农特产品冷链物流有限公司的执行董事兼总经理、遂宁现代不夜城物业服务有限公司的经理、四川村上春农业投资有限公司的经理、四川汇聚通冷链物流有限公司的监事。因此，周跃武的主要时间及精力用于自己经营的农产品贸易、物业管理等业务，不直接参与发行人具体的经营管理事务。

（4）周跃武没有董事席位提名权，在历次股东大会、董事会会议的表决结果均与李燕飞保持一致

2016年6月，发行人召开创立大会暨2016年第一次股东大会，经发行人实际控制人李燕飞提名，并经股东大会选举，周跃武成为第一届董事会董事；2019年6月，发行人第一届董事会届满，经发行人实际控制人李燕飞提名，并经股东大会选举，周跃武成为第二届董事会董事。李燕飞具有发行人5名非独立董事的提名权，周跃武无法对公司董事及高级管理人员任免产生重大影响。周跃武在作为公司董事期间，在历次股东大会、董事会会议的表决结果上均与李燕飞保持一致。周跃武依照《公司法》、公司章程等相关规定依法履行董事职责，认可并尊重李燕飞为发行人实际控制人的地位，且愿意就发行人各项事务与李燕飞保持一致行动。

3. 未将李锦认定为发行人的共同实际控制人的具体原因

（1）李锦不是实际控制人的直系亲属

《关于在上市公司建立独立董事制度的指导意见》第三条第一项："……在上市公司或者其附属企业任职的人员及其直系亲属、主要社会关系（直系亲属是指配偶、父母、子女等；主要社会关系是指兄弟姐妹、岳父母、儿媳女婿、兄弟姐妹的配偶、配

偶的兄弟姐妹等）……”；《深圳证券交易所独立董事备案办法（2017 修订）》（已失效）第二十六条第一项：“直系亲属，是指配偶、父母、子女”；证监会《首发业务若干问题解答》（2020 年 6 月修订）问题 15：“……（3）亲属控制的企业应如何核查认定。如果发行人控股股东或实际控制人是自然人，其夫妻双方直系亲属（包括配偶、父母、子女）控制的企业与发行人存在竞争关系的，应认定为构成同业竞争”；最高人民法院《关于贯彻执行〈中华人民共和国民法通则〉若干问题的意见（试行）》（已失效）第十二条规定，民法通则中规定的近亲属，包括配偶、父母、子女、兄弟姐妹、祖父母、外祖父母、孙子女、外孙子女。

参考上述规定，直系亲属范围包括配偶、父母、子女，不包括兄弟姐妹。李燕飞与李锦是姐弟关系，李锦不是李燕飞的直系亲属，属于李燕飞直系亲属外的其他近亲属。

（2）李锦历史任职兼职情况、领取薪酬津贴情况

李锦，中国国籍，无永久境外居留权，1975 年 5 月出生，成都中医药大学药学专业。2000 年起从事医药行业，曾就职于成都西部医药经营有限公司、四川本草堂药业有限公司，2003 年 3 月至 2006 年 10 月，任四川科伦医药贸易有限公司执行总经理。2013 年 11 月至 2015 年 1 月任四川科创医药集团有限公司监事。2007 年 4 月历任合纵有限监事、经理、董事。现任公司董事、药易达物流的执行董事、四川合时代的执行董事兼总经理、健康之家连锁的执行董事、合纵尚医的执行董事、合纵中药饮片的执行董事，以及甘孜州中海鹤汇生态农业有限责任公司执行董事。

李锦一直在合纵有限 / 发行人处领取薪酬，李锦每月领取薪酬 2.5 万元。

（3）李锦在公司的具体职责，其对发行人的经营决策不具有重大影响

李锦在发行人任职期间，一直服从公司安排，主管公司仓储、物流及信息化等基础保障性业务板块。在发行人的经营决策和经营管理上，李锦多年以来一直按照李燕飞的安排，从事具体的基础保障性工作，主要是贯彻和执行李燕飞的经营理念和经营决策，支持和配合李燕飞开展工作，其对发行人经营决策和经营管理没有施加重大影响。

（4）李锦没有董事席位提名权，在历次股东大会、董事会会议的表决结果均与李燕飞保持一致

2016 年 6 月，发行人召开创立大会暨 2016 年第一次股东大会，经发行人实际控制人李燕飞提名，并经股东大会选举，李锦成为第一届董事会董事；2019 年 6 月，发行人第一届董事会届满，经发行人实际控制人李燕飞提名，并经股东大会选举，李锦成为第二届董事会董事。李燕飞具有发行人 5 名非独立董事的提名权，李锦无法对公

司董事及高级管理人员任免产生重大影响。李锦在作为公司董事期间，在历次股东大会、董事会会议的表决结果均与李燕飞保持一致。李锦依照《公司法》、公司章程等相关规定依法履行董事职责，认可并尊重李燕飞为发行人实际控制人的地位，且愿意就发行人各项事务与李燕飞保持一致行动。

4. 李燕飞出具书面确认，其是合纵有限 / 发行人的核心创始人员和发行人唯一实际控制人，自 2015 年 9 月起均独立自主地主导公司的经营管理工作至今，从未谋求与他人共同控制公司

发行人除李燕飞以外的其他股东均出具确认函："自本人 / 本企业成为公司股东以来，李燕飞一直作为公司的实际控制人，可以单独控制公司；本人 / 本企业认可并尊重李燕飞为公司实际控制人的地位，不会单独或通过其他股东对公司的实际控制人的地位提出任何异议或造成不利影响；与李燕飞之间不存在任何有关发行人实际控制权的争议、纠纷或潜在纠纷。"

5. 作为发行人实际控制人李燕飞的一致行动人，参照李燕飞的承诺，周跃武、李锦分别作出《避免同业竞争的承诺》《股东所持股份的限售安排、自愿锁定股份、延长锁定期以及相关股东持股及减持意向的承诺》《关于稳定股价措施事宜的承诺》《关于未履行承诺事项的约束措施》《股份回购承诺》《关于填补被摊薄即期回报的承诺》等。

二、解决思路

共同实际控制人的认定问题，需要关注如下问题：

1. 发行人认定共同实际控制人时应当结合该股东对发行人股东大会、董事会决议的实质影响、对董事和高级管理人员的提名及任免所起的作用等因素进行综合分析判断。

2. 共同实际控制人应直接持有发行人股份和 / 或者间接支配发行人股份的表决权；共同实际控制人所持发行人股权清晰，不存在重大权属纠纷。

3. 认定发行人存在共同实际控制人，通常基于三种情形：

（1）基于夫妻、父母子女等家庭成员关系的认定。实际控制人的配偶、直系亲属，如其持有公司股份达到 5% 以上或者虽未超过 5% 但是担任公司董事、高级管理人员并在公司经营决策中发挥重要作用，除非有相反证据，原则上应认定为共同实际控制人。

（2）基于一致行动协议等法律文件而形成的共同控制。通过一致行动协议主张共同控制的，无合理理由的（如第一大股东为纯财务投资人），一般不能排除第一大股

东为共同控制人。

（3）基于事实的一致行动而产生的共同控制。一些公司，虽然各股东之间并无家庭成员关系，也无一致行动协议，但实务中因在公司日常经营决策中存在共同控制情形，也应谨慎将其认定为共同实际控制人。

4. 发行人认定股东为共同实际控制人，需关注公司的控制权是否稳定，是否符合“最近两年实际控制人没有发生变更”相关规定等。

（1）发行人具备健全且运行良好的组织机构，确保多人共同拥有公司控制权的情况不会影响发行人的规范运作。具体包括制定股东大会议事制度、董事会议事制度、监事会议事制度等相关制度，正常运行以上制度并发挥应有作用；建立各业务部门和管理部门，拥有完整独立的研发机构、经营系统、销售系统和管理系统等。

（2）多人共同拥有公司控制权的情况，应当通过公司章程、协议或者其他安排予以明确。有关章程、协议及安排必须合法有效、权利义务清晰、责任明确。该情况在最近 3 年内且在首发后的可预期期限内是稳定、有效存在的，共同拥有公司控制权的多人没有出现重大变更。一般情况下，发行人共同实际控制人会选择签署合法有效、权利义务清晰的一致行动协议，以保障发行人的控制权稳定性。

（3）发行人应保证最近 3 年内持有、实际支配发行人股份表决权比例最高的人未发生变化（变化前后的股东不属于同一实际控制人）或未存在重大不确定性。

5. 发行人认定股东为非共同实际控制人的，应当结合公司实际情况，充分说明未将实际控制人的配偶、直系亲属认定为共同实际控制人的原因及合理性。通常有以下几个理由：

（1）持股比例较低，未达到 5% 的；

（2）未担任发行人及其控股股东、子公司的董事、监事、高级管理人员；

（3）未实际参与、未来也无意愿参与发行人及其控股股东、子公司的日常经营管理；

（4）未与发行人实际控制人签署过有关共同控制的协议或作出其他类似安排。

6. 上述人员应比照实际控制人履行股份锁定（对于作为实际控制人亲属的股东所持的股份，应当比照实际控制人自发行人上市之日起锁定 36 个月）、避免同业竞争等承诺。

【具体核查要点】

1. 发行人是否符合《〈首次公开发行股票并上市管理办法〉第十二条“实际控制人没有发生变更”的理解和适用——证券期货法律适用意见第 1 号》规定的主张多人共同拥有公司控制权的条件。

2. 发行人是否符合最近 2 年实际控制人没有发生变更的相关规定。

3. 未认定为共同实际控制人的股东是否为发行人的直系亲属；在发行人公司的持股比例以及具体职责；是否参与发行人及其控股股东、子公司的实际经营决策；是否担任发行人的董事、监事、高级管理人员等。

4. 发行人是否存在通过不认定为共同实际控制人来规避同业竞争、股份锁定的情形；未认定为共同实际控制人的股东控制的其他企业与发行人之间是否存在同业竞争。

【核查方式】

1. 查阅发行人及其各股东的全套工商登记资料；

2. 查阅发行人公司章程、股东会 / 股东大会、董事会及监事会决议文件和决策文件、公司经营管理层的相关制度、决议、任职等文件；

3. 查阅发行人股东之间签署的一致行动人协议等其他文件；

4. 查验发行人各股东及关联人员填写的调查表；

5. 查验发行人相关股东出具的声明、承诺；

6. 走访发行人实际控制人、相关股东及其关联人员。

三、参考规范

《科创板首次公开发行股票注册管理办法（试行）》

第十二条　发行人业务完整，具有直接面向市场独立持续经营的能力：

……（二）发行人主营业务、控制权、管理团队和核心技术人员稳定，最近 2 年内主营业务和董事、高级管理人员及核心技术人员均没有发生重大不利变化；控股股东和受控股股东、实际控制人支配的股东所持发行人的股份权属清晰，最近 2 年实际控制人没有发生变更，不存在导致控制权可能变更的重大权属纠纷。……

《创业板首次公开发行股票注册管理办法（试行）》

第十二条　发行人业务完整，具有直接面向市场独立持续经营的能力：

……（二）主营业务、控制权和管理团队稳定，最近二年内主营业务和董事、高级管理人员均没有发生重大不利变化；控股股东和受控股股东、实际控制人支配的股东所持发行人的股份权属清晰，最近二年实际控制人没有发生变更，不存在导致控制权可能变更的重大权属纠纷……

《〈首次公开发行股票并上市管理办法〉第十二条“实际控制人没有发生变更”的理解和适用——证券期货法律适用意见第 1 号》

二、公司控制权是能够对股东大会的决议产生重大影响或者能够实际支配公司行为的权力，其渊源是对公司的直接或者间接的股权投资关系。因此，认定公司控制权的归属，既需要审查相应的股权投资关系，也需要根据个案的实际情况，综合对发行人股东大会、董事会决议的实质影响、对董事和高级管理人员的提名及任免所起的作用等因素进行分析判断。

三、发行人及其保荐人和律师主张多人共同拥有公司控制权的，应当符合以下条件：

（一）每人都必须直接持有公司股份和/或者间接支配公司股份的表决权；

（二）发行人公司治理结构健全、运行良好，多人共同拥有公司控制权的情况不影响发行人的规范运作；

（三）多人共同拥有公司控制权的情况，一般应当通过公司章程、协议或者其他安排予以明确，有关章程、协议及安排必须合法有效、权利义务清晰、责任明确，该情况在最近3年内且在首发后的可预期期限内是稳定、有效存在的，共同拥有公司控制权的多人没有出现重大变更；

（四）发行审核部门根据发行人的具体情况认为发行人应该符合的其他条件。

发行人及其保荐人和律师应当提供充分的事实和证据证明多人共同拥有公司控制权的真实性、合理性和稳定性，没有充分、有说服力的事实和证据证明的，其主张不予认可。相关股东采取股份锁定等有利于公司控制权稳定措施的，发行审核部门可将该等情形作为判断构成多人共同拥有公司控制权的重要因素。

如果发行人最近3年内持有、实际支配公司股份表决权比例最高的人发生变化，且变化前后的股东不属于同一实际控制人，视为公司控制权发生变更。

发行人最近3年内持有、实际支配公司股份表决权比例最高的人存在重大不确定性的，比照前款规定执行。

《上海证券交易所科创板股票发行上市审核问答（二）》

5. 关于实际控制人的认定，发行人及中介机构应当如何把握？

答：……（二）共同实际控制人

法定或约定形成的一致行动关系并不必然导致多人共同拥有公司控制权的情况，发行人及中介机构不应为扩大履行实际控制人义务的主体范围或满足发行条件而作出违背事实的认定。通过一致行动协议主张共同控制的，无合理理由的（如第一大股东为纯财务投资人），一般不能排除第一大股东为共同控制人。实际控制人的配偶、直系亲属，如其持有公司股份达到5%以上或者虽未超过5%但是担任公司董事、高级管理人员并在公司经营决策中发挥重要作用，除非有相反证据，原则上应认定为共同实际控制人。

共同实际控制人签署一致行动协议的，应当在协议中明确发生意见分歧或纠纷时的解决机制。对于作为实际控制人亲属的股东所持的股份，应当比照实际控制人自发行人上市之日起锁定36个月。保荐机构及发行人律师应重点关注最近三年内公司控制权是否发生变化，存在为满足发行条件而调整实际控制人认定范围嫌疑的，应从严把握，审慎进行核查及信息披露。……

《深圳证券交易所创业板股票首次公开发行上市审核问答》

9.发行条件规定"最近2年实际控制人没有发生变更"。关于实际控制人的认定，发行人及中介机构应如何把握？

答：……（二）共同实际控制人

法定或约定形成的一致行动关系并不必然导致多人共同拥有公司控制权的情况，发行人及中介机构不应为扩大履行实际控制人义务的主体范围或满足发行条件而作出违背事实的认定。通过一致行动协议主张共同控制的，无合理理由的（如第一大股东为纯财务投资人），一般不能排除第一大股东为共同控制人。实际控制人的配偶、直系亲属，如其持有公司股份达到5%以上或者虽未超过5%但是担任公司董事、高级管理人员并在公司经营决策中发挥重要作用，保荐人、发行人律师应说明上述主体是否为共同实际控制人。

共同控制人签署一致行动协议的，应当在协议中明确发生意见分歧或纠纷时的解决机制。对于作为实际控制人亲属的股东所持的股份，应当比照实际控制人自发行人上市之日起锁定36个月。保荐人及发行人律师应重点关注最近三年内公司控制权是否发生变化，存在为满足发行条件而调整实际控制人认定范围嫌疑的，应从严把握，审慎进行核查及信息披露。……

第四节　一致行动人协议

公司控制权往往能够决定和实质影响公司的经营方针、决策和经营管理层的任免。一旦公司控制权发生变化，公司的经营方针和决策、组织机构运作及业务运营等都可能发生重大变化，给发行人的持续发展和持续盈利能力带来重大不确定性，一致行动人协议是常见的加强和稳定公司控制权的方式。

截至2020年12月31日，航天宏图、德马科技、埃夫特、泛亚微透、云涌科技、孚能科技、三友医疗等十余家企业被发审委问询一致行动人协议相关问题。

一、典型案例

航天宏图（688066）

北京航天宏图信息技术股份有限公司（以下简称发行人）2019年4月12日提交

的招股说明书（申报稿）披露，王宇翔先生直接持有航天宏图 4.33% 的股权，另通过航星盈创控制航天宏图 20.08% 的股权；张燕女士直接持有航天宏图 27.91% 的股权。王宇翔先生与张燕女士系夫妻关系并签署了一致行动人协议。此外，发行人 6 名非独立董事中 4 名来自投资人。

针对上述情形，发审委要求发行人对下列事项进行说明，并要求保荐机构、发行人律师核查并发表明确意见：结合航星盈创的合伙协议及其他约定或安排，航星盈创持有发行人股份表决权的归属，说明认定王宇翔能够控制航星盈创的依据；说明发行人董事会中来自投资人董事占比较高的原因，并结合投资人之间是否具有一致行动关系和王宇翔控制航星盈创的情况，说明发行人的控制权是否稳定。

根据发行人律师出具的补充法律意见书披露显示：[1]

1. 结合航星盈创的合伙协议及其他约定或安排，航星盈创持有发行人股份表决权的归属，说明认定王宇翔能够控制航星盈创的依据

（1）《北京航星盈创投资管理中心（有限合伙）合伙协议》第十一条约定："执行事务合伙人对外代表企业。全体合伙人委托合伙人王宇翔为执行事务合伙人，其他合伙人不再执行合伙企业事务。"

（2）王宇翔（甲方）、张燕（乙方）与航星盈创（丙方）签订《一致行动人协议》，约定："1. 丙方向公司股东大会或董事会提出提案或临时提案，应事先征得甲方同意；未经甲方同意，丙方不得以任何方式向公司提出相关提案；2. 丙方应在公司股东大会、董事会决策中与甲方采取一致行动，作出与甲方相同的意思表示；丙方不得采取联合表决、放弃表决等方式致使与甲方的表决意见出现不一致；3. 若甲方、乙方、丙方无法就公司经营管理等事项达成一致，应当按照甲方的决定和意见执行。"

（3）经审查航星盈创入股发行人以来的历次股东（大）会会议文件，历次会议均由王宇翔代表航星盈创出席并进行表决，航星盈创的所有表决意见与王宇翔的表决意见保持一致。

王宇翔担任航星盈创的执行事务合伙人，有权代表航星盈创行使发行人股份的表决权，航星盈创在历次公司股东（大）会表决时均与王宇翔的意见保持一致并签署《一致行动人协议》，因此，王宇翔能够实际支配航星盈创所持发行人 20.08% 股份的表决权。

---

〔1〕《北京德恒律师事务所关于北京航天宏图信息技术股份有限公司首次公开发行股票并在科创板上市的补充法律意见书》，载上海证券交易所网，http：//static.sse.com.cn/stock/information/c/201905/64d4dae5e73f4eb3918d17bc9a06e0be.pdf，最后访问日期：2021 年 5 月 21 日。

2. 说明发行人董事会中来自投资人董事占比较高的原因，并结合投资人之间是否具有一致行动关系和王宇翔控制航星盈创的情况，说明发行人的控制权是否稳定

（1）发行人董事会中来自投资人董事占比较高的原因

发行人股份公司设立以来的董事会成员情况如下：

2016 年 3 月 7 日，股份公司创立大会暨 2016 年第一次临时股东大会选举王宇翔、刘澎、徐波、顾凯、王苒为公司董事，其中外部投资人董事为徐波、顾凯、王苒。2016 年 10 月 8 日，发行人 2016 年第三次临时股东大会选举外部投资人代表石军为公司董事。2017 年 5 月 15 日，发行人 2017 年第三次临时股东大会选举马永义、李艳芳、王瑛、郭田勇为公司独立董事，选举外部投资人代表王奕翔为公司董事。2019 年 3 月 11 日，发行人 2019 年第一次临时股东大会选举王宇翔、刘澎、石军、顾凯、王苒、王奕翔连任公司第二届董事会董事，马永义、李艳芳、王瑛连任公司第二届董事会独立董事。

为保障和促进业务快速发展，发行人引进多名财务投资人（截至本补充法律意见书出具日，19 名机构股东中，1 名为员工持股平台、18 名为外部机构股东），为完善公司治理结构和切实保护中小投资者股东利益，发行人实际控制人或发行人董事会提名能力较强的外部投资方代表作为公司董事，以推动公司更好地规范运作；外部股东仅作为财务投资人，委派代表担任公司董事和参与决策。

发行人董事会由 9 名董事组成，其中外部机构股东董事人数为 4 名，不足发行人全体董事人数的 1/2。根据公司章程第一百一十三条“董事会作出决议，必须经全体董事的过半数通过”的约定，外部机构股东董事对公司董事会不构成控制。报告期内发行人历次董事会均达成一致决议，不存在董事出现相反或不一致的表决意见的情况。

（2）结合投资人之间是否具有一致行动关系和王宇翔控制航星盈创的情况，说明发行人的控制权是否稳定

发行人实际控制人可实际支配的表决权足以对发行人实施稳定控制，具体原因如下：

①发行人实际控制人可实际支配的表决权比例在 50% 以上

王宇翔先生能够实际支配航星盈创所持发行人 20.08% 股份的表决权。张燕女士直接持有发行人 34,749,303 股股份、持股比例为 27.91%；其配偶王宇翔先生直接持有发行人 5,394,915 股股份、持股比例为 4.33%，并通过航星盈创间接支配发行人 20.08% 股份的表决权；因此，王宇翔先生和张燕女士能够直接、间接支配发行人合计 52.32% 的表决权。

②各股东之间不存在影响实际控制人控制权的一致行动安排

除启赋创投和新余启赋四号（合计持有发行人 9.62% 的股份），天津名轩投资、宁波天创鼎鑫、宁波龙鑫中盛与石家庄盛鑫、天津天创鼎鑫（合计持有发行人 8.11% 的股份）存在一致行动或其他关联关系外，其他外部机构股东之间均不存在任何一致行动的安排。

③发行人实际控制人对发行人经营管理具有重大影响

王宇翔先生自 2008 年 4 月至今任公司总经理，2012 年 5 月至今任公司董事长，主要负责制定公司战略发展方向、统筹管理及市场拓展，对发行人的战略方针、经营决策及重大经营管理事项（包括但不限于对发行人董事和高级管理人员的提名和任免）等均拥有重大影响。

针对发行人对首轮审核问询函的回复披露内容，发审委要求发行人对下列事项进行进一步说明：王宇翔、张燕与航星盈创三方的《一致行动人协议》的签订时间，王宇翔能够控制航星盈创的时间起点及其理由，并就此情况说明最近两年实际控制人是否发生变更。

根据发行人律师出具的补充法律意见书披露显示：[1]

1. 王宇翔先生与张燕女士作为发行人的共同控股股东，于 2019 年 4 月 24 日与航星盈创签订《一致行动人协议》。

2. 自航星盈创设立之日起，王宇翔先生即能够控制航星盈创，主要理由如下：

（1）根据《北京航星盈创投资管理中心（有限合伙）合伙协议》（以下简称《航星盈创合伙协议》）第八条、第十一条的约定，王宇翔先生自航星盈创设立以来即为普通合伙人和执行事务合伙人，执行事务合伙人对外代表合伙企业。

（2）《航星盈创合伙协议》未约定需要合伙人会议表决的事项。根据《合伙企业法》第三十一条的规定，合伙企业的下列事项应当经全体合伙人一致同意：①改变合伙企业的名称；②改变合伙企业的经营范围、主要经营场所的地点；③处分合伙企业的不动产；④转让或者处分合伙企业的知识产权和其他财产权利；⑤以合伙企业名义为他人提供担保；⑥聘任合伙人以外的人担任合伙企业的经营管理人员。前述事项主要涉及《合伙企业法》所规定的合伙企业本身的重大经营管理事项，而航星盈创作为发行人股东的表决权仍由航星盈创的执行事务合伙人王宇翔先生自主行使，未经王宇翔先生授权，航星盈创的其他合伙人不能代表航星盈创行使作为发行人股东的表决权。

〔1〕《北京德恒律师事务所关于北京航天宏图信息技术股份有限公司首次公开发行股票并在科创板上市的补充法律意见书（二）》，载上海证券交易所网，http://static.sse.com.cn/stock/information/c/201905/636647d32f8b4788a25046a18ddc7eda.pdf，最后访问日期：2021 年 5 月 21 日。

（3）根据《上市公司收购管理办法》第八十三条的规定，一致行动是指投资者通过协议、其他安排，与其他投资者共同扩大其所能够支配的一个上市公司股份表决权数量的行为或者事实。如无相反证据，投资者有下列情形之一的，为一致行动人：①投资者之间有股权控制关系；②投资者受同一主体控制；③投资者的董事、监事或者高级管理人员中的主要成员，同时在另一个投资者担任董事、监事或者高级管理人员；④投资者参股另一投资者，可以对参股公司的重大决策产生重大影响；⑤银行以外的其他法人、其他组织和自然人为投资者取得相关股份提供融资安排；⑥投资者之间存在合伙、合作、联营等其他经济利益关系……据此，王宇翔先生与航星盈创存在事实上的一致行动关系。

（4）为保证发行人控制权的持续稳定，王宇翔先生、张燕女士、航星盈创于2019年4月24日签署了《一致行动人协议》，航星盈创作为发行人股东行使参与重大决策等股东权利时与王宇翔先生保持一致。

（5）根据《航星盈创合伙协议》第十二条第三款约定："执行事务合伙人有下列情形之一的，经其他合伙人一致同意，可以决定将其除名，并推举新的执行事务合伙人：①未按期履行出资义务；②因故意或重大过失给合伙企业造成特别重大损失；③执行合伙事务时严重违背合伙协议，有不正当行为"。王宇翔先生已按期履行出资义务，并已出具书面承诺：其自公司股票上市之日起三十六个月内，不转让或者委托他人管理其持有（包括直接持有和间接持有）的发行人在本次发行前已发行股份；其会严格遵守《合伙企业法》和《航星盈创合伙协议》的约定执行合伙事务，不会因不正当行为、故意或重大过失而严重违背合伙协议或者给合伙企业造成重大损失。据此，航星盈创更换执行事务合伙人的可能性极低。

3. 最近两年发行人实际控制人未发生变更

发行人报告期内的控股股东和实际控制人一直为王宇翔先生和张燕女士，两人能够直接、间接支配发行人合计52.32%的表决权，发行人最近两年不存在实际控制人变更的情况，发行人实际控制人为保持控制权稳定已采取签署一致行动人协议等切实有效的措施，发行人的控制权稳定，符合管理办法第十二条的规定。

泛亚微透（688386）

根据江苏泛亚微透科技股份有限公司（以下简称发行人）2020年4月3日提交的招股说明书（申报稿）披露，发行人的控股股东、实际控制人为张云，持股比例37.16%。张云与发行人股东邹东伟、李建革于2019年6月10日签署了《一致行动协议》，对各方在董事会、股东大会的一致行动以及股份转让和锁定进行了约定，协议有效期为发行人上市之日起 36 个月。律师工作报告显示，协议有效期为自协议签署之日起至发行人上市之日起 36 个月。

针对上述情形，发审委要求发行人提交《一致行动协议》，并补充披露一致行动协议的主要内容，发生意见分歧或纠纷时的解决机制。

根据发行人律师出具的补充法律意见书披露显示：[1]

张云（甲方）、邹东伟（乙方）、李建革（丙方）三人于 2019 年 6 月 10 日共同签署了《一致行动协议》，2020 年 6 月 4 日共同签署了《〈一致行动协议〉之补充协议》。上述协议的主要内容，发生意见分歧或纠纷时的解决机制如下：

“第二条　各方在董事会的一致行动

各方同意，如各方在泛亚微透担任董事时，在泛亚微透的董事会层面一致行动如下：

2.1 除关联事项需要各方根据相关法律法规、规范性文件及 / 或公司章程的相关规定回避表决外，各方中担任董事的成员保证其在行使各自的董事相关权利向董事会提出议案、在董事会进行表决时均采取一致行动。

2.2 各方中担任董事的成员，应在泛亚微透董事会召开日三日前，就董事会审议事项的表决情况协商一致，并严格按照协商一致的立场行使表决权；如各方中担任董事的成员不能对董事会审议事项达成一致意见，则各方中担任董事的成员应按照本协议第五条约定的程序作出一致行动决定。

2.3 各方中担任董事的成员中任何一方如需委托其他董事出席泛亚微透的董事会及行使表决权，只能委托各方中其他担任董事的成员，并按前述协商一致的立场在授权委托书中分别对列入董事会议程的每一审议事项做赞成、反对或弃权的指示。

第三条　各方在股东大会的一致行动

各方同意，在泛亚微透的股东大会层面一致行动如下：

3.1 各方分别作为泛亚微透的股东，同意在提名董事、通过股东大会选举董事时采取一致行动。

3.2 各方一致同意，在泛亚微透股东大会就任何事项进行表决时各方将采取一致行动保持投票的一致性。各方将按泛亚微透的公司章程和本协议规定的程序和方式行使在泛亚微透股东大会的表决权。

3.3 除关联事项需要各方根据相关法律法规、规范性文件及 / 或公司章程的相关

〔1〕《关于江苏泛亚微透科技股份有限公司首次公开发行人民币普通股股票并在科创板上市之补充法律意见书（一）》，载上海证券交易所网，http：//static.sse.com.cn/stock/information/c/202006/217db136b6fa4c2193baec03552ea2e4.pdf，最后访问日期：2021 年 5 月 21 日。

规定回避表决外，各方保证其在行使各自的股东权利向股东大会提出议案、在股东大会进行表决时均采取一致行动。

3.4 各方应在泛亚微透股东大会召开日五日前，就股东大会审议事项的表决情况协商一致，并严格按照协商一致的立场行使表决权；如各方不能对股东大会审议事项达成一致意见，则各方应按照本协议第五条约定的程序作出一致行动决定。

3.5 各方中的任何一方如需委托其他人出席泛亚微透的股东大会及行使表决权，只能委托各方中的其他方，并按前述协商一致的立场在授权委托书中分别对列入股东大会议程的每一审议事项做赞成、反对或弃权的指示。

第四条　股份转让及锁定

4.1 在本协议约定的首期有效期限内（泛亚微透上市之日起 36 个月），非经各方一致同意，任何一方不得将拥有的泛亚微透的股份转让给一致行动人以外的第三人。在各方承诺的禁售期限届满后，各方一致同意在各自依法出售后剩余持有的泛亚微透股份的范围内依照本协议约定采取一致行动。

4.2 各方承诺将严格遵守和履行相关法律、法规、规范性文件及本协议规定的关于一致行动人的义务和责任。如中国证监会、证券交易所等有关部门要求各方对其持有的泛亚微透的股份履行较长期限的锁定义务，各方同意按照该等部门的要求出具并遵守相关承诺。

第五条　一致行动决定作出的程序

5.1 各方应就一致行动事项事先协商，并应尽最大努力争取通过协商作出一致行动决定。

5.2 各方中担任董事的成员拟向泛亚微透董事会提出应由董事会审议的议案时，应当事先就议案内容与担任董事的其他方进行充分的沟通和交流，如担任董事的其他方对议案内容有异议，在不违反规定的前提下担任董事的各方应尽可能在达成一致意见后，以其中一方的名义或各方的名义向泛亚微透董事会提出相关议案，并对议案作出相同的表决意见，若各方难以达成一致意见，则各方应以甲方的意见为准。该条同样适用于各方中的一方或各方拟向泛亚微透股东大会提出议案的情况。

5.3 对于非由各方中的一方或各方提出的议案，在董事会召开前担任董事的各方应当就该等议案进行充分的沟通和交流，直至担任董事的各方达成一致意见，并按照形成的一致意见在董事会会议上做出相同的表决意见。如担任董事的各方难以达成一致意见，在议案的内容符合法律法规、监管机构的规定和公司章程规定的前提下，担任董事的各方应按照甲方的表决意见进行投票。若议案的内容违反法律法规、监管机构的规定和公司章程的规定，则担任董事的各方均应对该议案投反对票。该条同样适用于各方中的一方或各方拟向泛亚微透股东大会提出议案的情况。

5.4 在实施一致行动决定时，各方应配合签署有关的文件并提供为实施该一致行动决定所需的一切支持和便利。

第六条 本协议的生效、变更及终止

6.1 本协议于文首载明的签署日经各方签字后生效，有效期至泛亚微透上市之日起 36 个月。

6.2 本协议有效期届满，如各方未变更或终止协议，本协议自动续期 3 年。

6.3 任何一方如有变更或终止提议，应在本协议有效期届满前 30 日内提出，逾期提出的视为未提出，本协议按 6.2 条的约定自动续期。

6.4 任何一方提出的变更或终止提议，应由各方协商决定，并就此达成新的书面协议。在新的书面协议达成前，本协议各条款仍然有效。

第七条 违约责任

一方对本协议任何约定的违反、未能履行或不完整履行构成违约，违约方须向守约方承担违约责任，并赔偿守约方因此所受的全部损失，其赔偿范围包括守约方因本协议本应获得的所有利益（含可得利益）、守约方为追索损失所花费的全部费用（包括但不限于律师费用、仲裁费用、差旅费）等。

第八条 争议解决

任何因本协议的签署及履行引起或与本协议有关的争议应协商解决，协商解决不成的，应将该等争议提交南京仲裁委员会按照届时有效的仲裁规则进行仲裁，仲裁裁决是终局的，对双方均具有约束力。”

云涌科技（688060）

根据江苏云涌电子科技股份有限公司（以下简称发行人）2019 年 12 月 20 日提交的招股说明书（申报稿）披露，高南和焦扶危签署一致行动协议，有效期至公司在中国境内证券市场成功上市三年内有效。根据公开信息，高南、肖相生、张奎共同设立了北京云涌。

针对上述情形，发审委要求发行人对下列事项进行说明，并要求保荐机构、发行人律师核查并发表明确意见：高南和焦扶危在发行人的运营和公司治理方面实际承担角色；双方签署一致行动协议的原因，是否符合发行人的公司治理的实际情况及依据；一致行动协议的具体约定；结合北京云涌设立背景，说明高南、肖相生、张奎之间是否存在一致行动协议或者实质上存在一致行动关系。

根据发行人律师出具的补充法律意见书披露显示：[1]

1. 高南和焦扶危在发行人的运营和公司治理方面实际承担角色

高南自发行人设立以来一直担任发行人董事长兼总经理，按照发行人公司章程、总经理工作细则等规定履行董事长以及总经理职责，全面负责发行人的生产经营活动；焦扶危自 2015 年至今一直担任发行人董事、副总经理，负责发行人的研发工作以及发行人子公司郑州云涌的运营。

2. 双方签署一致行动协议的原因，协议符合发行人的公司治理的实际情况及依据

云涌有限自设立至 2013 年 6 月，高南、焦扶危、肖相生、张奎、北京云涌、南京大本营分别持有云涌有限 40.91%、27.27%、13.64%、9.09%、6.09%、3% 股权；2013 年 6 月至今，高南、焦扶危、肖相生、张奎分别持有发行人（包括云涌有限）45%、30%、15%、10% 股份（股权）。

2012 年，高南、焦扶危、肖相生、张奎开始筹划上市事宜，鉴于云涌有限单一股东持股比例未超过 50%，股权较为分散，为使云涌有限表决权更加集中，加强决策机制有效性，高南、焦扶危于 2012 年 6 月 1 日签订了《一致行动协议》，约定双方对云涌有限的股东会表决采取一致行动以共同扩大双方所能够支配云涌有限表决权数量。

针对 2013 年 6 月云涌有限设置董事会及 2015 年 7 月云涌有限整体变更为股份公司等事项，高南与焦扶危分别签订了《一致行动协议之补充协议（一）》《一致行动协议之补充协议（二）》，约定双方将在发行人董事会、股东（大）会上采取一致行动，以进一步加强对发行人的控制。

高南、焦扶危自发行人设立至今一直担任发行人的董事、高级管理人员，在发行人公司治理以及经营决策中发挥重要作用，并在发行人公司治理以及经营决策中始终保持一致，高南、焦扶危签署一致行动协议符合发行人公司治理的实际情况。

3. 一致行动协议的具体约定

一致行动系列协议约定的内容、权利义务如下：

（1）2012 年 6 月 1 日，高南与焦扶危签署《一致行动协议》，高南持有云涌有限 40.91% 股权，焦扶危持有云涌有限 27.27% 股权，双方合计持有云涌有限 68.18% 股权。双方同意按照协议安排，在云涌有限的股东会表决时保持一致，以共同扩大双方所能够支配的云涌有限表决权数量，共同控制云涌有限。高南与焦扶危在收到云涌有

---

〔1〕《国浩律师（南京）事务所关于江苏云涌电子科技股份有限公司首次公开发行股票并在科创板上市之补充法律意见书（二）》，载上海证券交易所网，http：//static.sse.com.cn/stock/information/c/202003/3eef86732e684b2a807ba2429aaf879f.pdf，最后访问日期：2021 年 5 月 21 日。

限召开股东会通知之日起 3 日内，由高南召集双方以现场会议或通讯方式召开一致行动人会议，双方就会议通知中列明的事项进行讨论，最终以高南的表决意见作为双方共同表决意见。双方承诺，除协议另有约定以外，任何一方均不得以委托、信托等任何方式将其所持云涌有限的表决权交由他人行使。

一致行动期间内，未经另一方书面同意，一方不得向签署协议之外的第三方转让所持的云涌有限股权，不得将所持的云涌有限股权进行质押或设置其他第三方权益。任何一方违反协议约定，应就该等违约致使另一方遭受的经济损失承担赔偿责任。该协议自双方签署之日起生效，直至双方中至少有一方不再持有云涌有限股权。

（2）2013 年 5 月 25 日，云涌有限作出股东会决议，选举高南、焦扶危、肖相生、张奎为云涌有限董事。针对云涌有限设置了董事会这一事项，2013 年 6 月 10 日，高南与焦扶危签署了《一致行动协议之补充协议（一）》，约定在股东会表决采取一致行动基础上，增加一致行动事项，即高南与焦扶危在云涌有限董事会上保持一致行动。双方就云涌有限董事会提交审议的所有事项进行表决时保持投票的一致性；在收到云涌有限召开董事会的会议通知之日起 3 日内，由高南召集双方以现场会议或通信方式召开一致行动人会议，双方就会议通知中列明的事项进行讨论，最终以高南的表决意见作为双方共同表决意见。

（3）2015 年 6 月 6 日，云涌有限召开股东会，同意以云涌有限经审计的账面净资产值折股，整体变更为股份有限公司。2015 年 6 月 22 日，云涌科技召开创立大会暨 2015 年第一次临时股东大会并于 2015 年 7 月 8 日完成工商变更登记。针对云涌有限变更为股份有限公司这一事项，2015 年 8 月 1 日，高南与焦扶危签署了《一致行动协议之补充协议（二）》，约定双方仍遵守《一致行动协议》及《一致行动协议之补充协议（一）》的约定，在股份公司的董事会、股东大会表决投票时采取一致行动；一致行动系列协议有效期至股份公司在中国境内证券市场成功上市之日起满三年。综上，一致行动系列协议约定了高南、焦扶危在发行人（包括云涌有限阶段）董事会、股东（大）会表决时采取一致行动，并最终以高南的表决意见作为二人共同表决意见；一致行动系列协议有效期至发行人在中国境内证券市场成功上市之日起满三年。

4. 高南、肖相生、张奎之间不存在一致行动协议或者实质上存在一致行动关系

2004 年，高南、肖相生、张奎看中了嵌入式行业的发展背景，三人投资设立了北京云涌。2005 年 9 月，高南、焦扶危、肖相生出资设立郑州云涌，由焦扶危负责郑州云涌运营工作，进行硬件设备相关研发。至此，焦扶危加入高南、肖相生、张奎所经营的业务，高南负责市场及管理工作，焦扶危负责硬件研发工作，肖相生负责软件研发工作，张奎负责南京运营管理工作。2012 年，高南、焦扶危、肖相生、张奎

开始筹划上市事宜。经协商，最终决定以云涌有限作为上市主体，上市主体确认后，四人逐步将北京云涌、郑州云涌及江苏希望整合为云涌有限的全资子公司。北京云涌纳入发行人的管理体系中，由发行人直接对北京云涌进行管理，三人根据各自在发行人的角色分工参与到发行人的运营管理。根据四人在业务、技术上的贡献，确定四人持有云涌有限的股权比例，即高南、焦扶危、肖相生、张奎分别持有云涌有限 45%、30%、15%、10% 的股权并在云涌有限整体变更为股份公司时保持了前述股权比例。

鉴于上市筹划需要以及云涌有限单一股东持股比例未超过 50%，高南、焦扶危持股比例均超过 30%，为使云涌有限表决权更加集中，高南、焦扶危分别于 2012 年 6 月 1 日、2013 年 6 月 10 日、2015 年 8 月 1 日签署了一致行动系列协议，以达到对云涌有限以及发行人的共同控制，而高南、肖相生、张奎之间未签署一致行动协议。

高南、焦扶危、肖相生、张奎四人并无亲属关系，高南、肖相生、张奎之间并无必须签署一致行动协议或实质上保持一致行动的需要；高南、焦扶危在云涌有限股东会前、在发行人董事会召开前提前召开一致行动人会议形成一致行动决议，肖相生、张奎从未参加一致行动人会议，二人在发行人（含云涌有限阶段）董事会、股东（大）会召开前并不知悉高南、焦扶危的表决意向，同时二人并未放弃其在发行人董事会、股东（大）会的自由表决权，二人在发行人董事会、股东（大）会上按照各自的意志进行了表决，该表决系二人的真实意思表示，非因三人之间存在一致行动协议或实质上存在一致行动关系作出的决策。

二、解决思路

解决发审委提出的一致行动人协议相关问询问题，关键是充分披露股东之间的一致行动安排或协议，并确保发行人的控制权稳定。

1. 一致行动人的认定与发行人控制权稳定性密切相关，应充分披露股东之间的一致行动安排或协议。发行人股权分散，是否存在一致行动安排或协议，可以由股东出具声明与承诺。若有，则声明与承诺在公司治理过程中，行使参与重大决策时，与一致行动人始终保持一致。若无，则声明与承诺在公司治理安排和日常经营管理过程中，其始终独立行使股东权利，按个人意愿投票表决，不存在口头或书面的一致行动协议或者其他一致行动安排。

2. 一致行动协议的基本内容通常包括：参与一致行动的股东；该部分股东持股数额；签署一致行动的目的；一致行动意思表示及具体范围；签署日期；意见分歧和纠纷解决机制（决策机制）；协议期限及其解除；违约责任等。值得注意的是关于意见分歧和纠纷解决机制、协议期限及其解除的约定。

对于意见分歧和纠纷解决机制的约定，应具有可操作性。可以约定若各方内部无法达成一致意见，可以人数的简单多数原则进行表决；或以某一方意见为准；或由一方放弃表决等。条款设计时，应充分考虑协议签署的背景、公司及股东的具体情况等因素。

对于协议期限及其解除的约定，各方可根据实际情况而定，影响协议期限的因素主要包括：各方所持公司股份的锁定期、协议各方的关联关系、发行人实际控制权的稳定性、协议各方所持股份的减持安排、监管机构的要求等。协议的期限通常为协议生效后至发行人完成上市且一致行动人所持发行人股票锁定期结束之日（上市之日起36个月）止。

为稳定上市公司实际控制权，协议可约定在一致行动期限内，任何一方不得向协议之外的第三方转让所持公司的股权。如果特殊情况需要转让股权的，不得影响发行人控制权的稳定性。

【具体核查要点】

1. 一致行动协议的主要内容、发生意见分歧或纠纷时的解决机制、协议期限等具体约定；签署一致行动协议的原因，是否符合发行人的公司治理的实际情况及依据；在发行人的运营和公司治理方面实际承担角色等。

2. 发行人是否存在潜在的一致行动安排或实质上存在一致行动关系；发行人的控制权是否稳定等。

【核查方式】

1. 查阅《一致行动人协议》；

2. 查阅发行人及其前身自设立以来的历次工商档案、公司章程及历次修正案等文件；

3. 查阅发行人及其前身设立以来的历次执行董事决定 / 董事会会议文件，股东会 / 股东大会会议文件；

4. 访谈相关一致行动人及公司管理层。

三、参考规范

《上市公司收购管理办法》

第八十三条　本办法所称一致行动，是指投资者通过协议、其他安排，与其他投资者共同扩大其所能够支配的一个上市公司股份表决权数量的行为或者事实。

在上市公司的收购及相关股份权益变动活动中有一致行动情形的投资者，互为一致行动人。如无相反证据，投资者有下列情形之一的，为一致行动人：

（一）投资者之间有股权控制关系；

（二）投资者受同一主体控制；

（三）投资者的董事、监事或者高级管理人员中的主要成员，同时在另一个投资者担任董事、监事或者高级管理人员；

（四）投资者参股另一投资者，可以对参股公司的重大决策产生重大影响；

（五）银行以外的其他法人、其他组织和自然人为投资者取得相关股份提供融资安排；

（六）投资者之间存在合伙、合作、联营等其他经济利益关系；

（七）持有投资者30%以上股份的自然人，与投资者持有同一上市公司股份；

（八）在投资者任职的董事、监事及高级管理人员，与投资者持有同一上市公司股份；

（九）持有投资者30%以上股份的自然人和在投资者任职的董事、监事及高级管理人员，其父母、配偶、子女及其配偶、配偶的父母、兄弟姐妹及其配偶、配偶的兄弟姐妹及其配偶等亲属，与投资者持有同一上市公司股份；

（十）在上市公司任职的董事、监事、高级管理人员及其前项所述亲属同时持有本公司股份的，或者与其自己或者其前项所述亲属直接或者间接控制的企业同时持有本公司股份；

（十一）上市公司董事、监事、高级管理人员和员工与其所控制或者委托的法人或者其他组织持有本公司股份；

（十二）投资者之间具有其他关联关系。

一致行动人应当合并计算其所持有的股份。投资者计算其所持有的股份，应当包括登记在其名下的股份，也包括登记在其一致行动人名下的股份。

投资者认为其与他人不应被视为一致行动人的，可以向中国证监会提供相反证据。

《上海证券交易所科创板股票上市规则》

2.4.9 上市公司股东所持股份应当与其一致行动人所持股份合并计算。一致行动人的认定适用《上市公司收购管理办法》的规定。……

《深圳证券交易所创业板股票上市规则》

13.1 本规则下列用语具有以下含义：

……（二十八）一致行动人：指《上市公司收购管理办法》规定的一致行动人。

第五节　三类股东

“三类股东”是指以契约型私募基金（包括公募基金和私募基金）、资产管理计划

（包括基金子公司资产管理计划和证券公司资产管理计划）和信托计划为形式的股东。这“三类股东”都是以契约形式组成，属于没有办理工商登记的投资主体。“三类股东”虽已不构成企业上市的实质性障碍，但是发审委对“三类股东”的信息披露问题依然十分关注。

截至 2020 年 12 月 31 日，科创板过会的企业中被发审委问询“三类股东”相关问题的有 30 多家，有金宏气体、瑞松科技、阿拉丁、航天宏图、瑞联新材等企业。

一、典型案例

金宏气体（688106）

苏州金宏气体股份有限公司（以下简称发行人）2019 年 12 月 13 日提交的招股说明书（申报稿）披露：截至 2019 年 11 月 19 日，发行人不存在资产管理计划和信托计划类股东持股情况，发行人股东中契约型基金类股东共 1 名。

针对上述情形，发审委要求发行人对下列事项进行说明：自 2019 年 11 月 19 日截至本次申报停牌前，是否有新增三类股东的情形；要求发行人律师按照《科创板审核问答（二）》第九条的规定对三类股东事项进行核查，并发表明确意见。

根据发行人律师出具的补充法律意见书披露显示：[1]

1. 自 2019 年 11 月 19 日截至本次申报停牌前，新增三类股东的情形

自 2019 年 11 月 19 日至本次申报停牌前，发行人股东中原契约型基金上海游马地投资中心（有限合伙）—游马地 5 号新三板股期混合私募投资基金已退出，新增一名三类股东东锐 1 号，其持有发行人 5000 股股份，占总股本的 0.0014%。

2. 发行人“三类股东”事项符合《科创板审核问答（二）》第九条的规定

（1）公司控股股东、实际控制人、第一大股东不属于“三类股东”。

发行人控股股东、第一大股东为金向华，发行人实际控制人为金向华、金建萍。发行人公司控股股东、实际控制人、第一大股东不属于“三类股东”。

（2）发行人的“三类股东”依法设立并有效存续，已纳入国家金融监管部门有效监管，并已按照规定履行审批、备案或报告程序，其管理人也已依法注册登记。

东锐 1 号的监管、备案等情况如表 7 所示：

[1]《江苏益友天元律师事务所关于苏州金宏气体股份有限公司首次公开发行股票并在科创板上市的补充法律意见书（一）》，载上海证券交易所网，http：//static.sse.com.cn/stock/information/c/202003/4dbb9487c7a447d5b09f700735732ea4.pdf，最后访问日期：2021 年 5 月 21 日。

表 7

股东名称	类型	备案日	编号	管理人	管理人类型	管理人工商登记情况	登记备案情况
浙江东锐资产管理有限公司－东锐1号私募创业投资基金	契约型基金	2018年9月29日	SEE069	杭州东锐资产管理有限公司	私募基金管理人	成立日期：2016年3月14日 统一社会信用代码：91330109MA27X4DN66	已登记备案

东锐1号依法设立并有效存续，已纳入国家金融监管部门有效监管，并已按照规定履行审批、备案或报告程序，其管理人也已依法注册登记。

（3）“三类股东”相关过渡期安排，以及相关事项对发行人持续经营的影响。

东锐1号不存在杠杆、分级及多层嵌套的情况，不存在按照《关于规范金融机构资产管理业务的指导意见》（银发〔2018〕106号）需要整改和规范的情形，不存在影响发行人持续经营的情形。

（4）发行人控股股东、实际控制人、董事、监事、高级管理人员及其近亲属，本次发行的中介机构及其签字人员未直接或间接在“三类股东”中持有权益。

东锐1号产品投资者共两名，分别是自然人周英鸿以及法人杭州东锐资产管理有限公司。发行人的控股股东、实际控制人、董事、监事、高级管理人员及其亲属、本次发行的中介机构及其签字人员不存在直接或间接在三类股东中持有权益的情形。

（5）“三类股东”已作出合理安排，可确保符合现行锁定期和减持规则要求。

2019年12月20日，杭州东锐资产管理有限公司出具承诺函，承诺：“自发行人在证券交易所上市交易之日起12个月内，本单位不转让或者委托他人管理本次发行前持有的发行人股份，也不由发行人回购该部分股份。本单位严格遵守《上市公司股东、董监高减持股份的若干规定》（证监会公告〔2017〕9号）以及《上海证券交易所上市公司股东及董事、监事、高级管理人员减持股份实施细则》等法律、法规规定的减持规定。按照基金合同约定，如基金存续期满，但其所持有的发行人公开发行前股份仍在限售期内的，本单位将对该基金续期作出合理安排并在中国基金业协会办理展期、延长清盘等相关变更登记，保证在其所持有的发行人公开发行股票前已发行的股份限售期内该基金合法存续。”

在发行人新三板挂牌期间，东锐1号通过集合竞价方式取得发行人股份，不存在突击入股的情形；根据《公司法》第一百四十一条的规定："发起人持有的本公司股份，自公司成立之日起一年内不得转让。公司公开发行股份前已发行的股份，自公司股票在证券交易所上市交易之日起一年内不得转让。"由此，东锐1号持有发行人的股份需在发行人股票在证券交易所上市交易之日起锁定一年。

根据《上市公司股东、董监高减持股份的若干规定》第九条规定："上市公司大股东在3个月内通过证券交易所集中竞价交易减持股份的总数，不得超过公司股份总数的1%。股东通过证券交易所集中竞价交易减持其持有的公司首次公开发行前发行的股份、上市公司非公开发行的股份，应当符合前款规定的比例限制。"鉴于东锐1号持有发行人的股份比例不超过1%，即使东锐1号在锁定期满后一次性全部卖出其所持有发行人的全部股份，也不存在违反减持规则要求的情形。

八亿时空（688181）

北京八亿时空液晶科技股份有限公司（以下简称发行人）2019年5月6日提交的招股说明书（申报稿）披露：发行人于2014年1月24日至今在全国中小企业股份转让系统挂牌并公开转让。2017年6月6月，发行人增加注册资本，九泰5号计划、九泰17号计划、九泰18号计划分别以12.86元/股的价格认购发行人股份，后续未将发行人股份转让给他人。

针对上述情形，发审委要求发行人对下列事项进行说明，并要求保荐机构、发行人律师核查并发表明确意见：九泰5号计划、九泰17号计划、九泰18号计划是否属于"三类股东"，如是，应按照《科创板审核问答（二）》的要求进行核查和信息披露。

根据发行人律师出具的补充法律意见书披露显示：[1]

九泰基金－新三板5号资产管理计划（以下简称九泰5号计划）、九泰基金－新三板17号资产管理计划（以下简称九泰17号计划）、九泰基金－新三板18号资产管理计划（以下简称九泰18号计划，并与九泰5号计划、九泰17号计划合称九泰资管计划）已在报告期内转出其持有的全部发行人股份，不再为发行人股东。

1. 九泰5号计划、九泰17号计划、九泰18号计划的基本情况

根据中国证券投资基金业协会网站的公示信息，九泰资管计划为在中国证券投资基金业协会备案的资产管理计划，备案情况如表8所示：

---

〔1〕《北京市君合律师事务所关于北京八亿时空液晶科技股份有限公司首次公开发行股票并在科创板上市之补充法律意见书一》，载上海证券交易所网，http://static.sse.com.cn/stock/information/c/201907/d4060097097946e7abbf6a652e73fd3f.pdf，最后访问日期：2021年5月21日。

表 8

产品名称	产品编码	管理人名称	托管人名称	成立日期	备案日期	到期日
九泰 5 号计划	S92069	九泰基金	华泰证券股份有限公司	2015.04.29	2015.04.29	2018.04.28
九泰 17 号计划	S92040	九泰基金	华泰证券股份有限公司	2015.04.29	2015.04.29	2018.04.28
九泰 18 号计划	S92041	九泰基金	华泰证券股份有限公司	2015.04.29	2015.04.29	2018.04.28

根据九泰基金出具的《关于不再持有北京八亿时空液晶科技股份有限公司股份的说明》，九泰资管计划均已于 2018 年 4 月 28 日到期，目前正在进行清算。

2. 九泰 5 号计划、九泰 17 号计划、九泰 18 号计划持股及退出情况

2016 年 12 月，发行人以人民币 12.86 元 / 股的价格定向发行股份，九泰资管计划通过前述定向发行认购发行人股份 2,332,815 股，其中九泰 5 号计划认购 1,700,000 股、九泰 17 号计划认购 232,815 股、九泰 18 号计划认购 400,000 股。2017 年 5 月 18 日，九泰资管计划认购的股份开始在股转系统挂牌并公开转让。根据九泰基金的说明，九泰 5 号计划通过股转系统购入 115,000 股股份。

根据九泰基金（代表九泰资管计划）与丝路云和于 2017 年 9 月 20 日签署的股份转让协议，约定由九泰资管计划以 14 元 / 股的价格将其持有的共 2,447,815 股股份转让给丝路云和，其中九泰 5 号计划转让 1,815,000 股、九泰 17 号计划转让 232,815 股、九泰 18 号计划转让 400,000 股。

根据九泰基金出具的《关于不再持有北京八亿时空液晶科技股份有限公司股份的说明》以及丝路云和出具的《关于受让九泰资管计划持有的北京八亿时空液晶科技股份有限公司股份的说明》，九泰资管计划已足额收到转让价款，本次转让为双方真实的意思表示，不存在代持或其他利益安排，双方对本次转让无任何异议。本次转让完成后，九泰基金及九泰资管计划不再以任何方式持有公司股份。

综上，九泰 5 号计划、九泰 17 号计划、九泰 18 号计划属于“三类股东”，但已在报告期内转出其持有的全部发行人股份，不再为发行人股东。

瑞松科技（688090）

广州瑞松智能科技股份有限公司（以下简称发行人）2019 年 6 月 5 日提交的招股说明书（申报稿）披露：发行人股东中瑞方投资、信德产投、康远投资、粤铂星投资、横琴广金、国坤投资、华融天泽、赛富金钻为私募投资基金。

针对上述情形，发审委要求发行人对下列事项进行说明，并要求保荐机构、发行人律师核查并发表明确意见：股东中私募投资基金是否按《私募投资基金监督管理暂行办法》及《私募投资基金管理人登记和基金备案办法（试行）》等相关法律法规履行登记备案程序；相关私募投资基金设立时间和目的、股权结构变化、间接股东与发行人相关各方的关系；发行人是否存在未经核准向特定对象发行证券累计超过 200 人的情形。

根据发行人律师出具的补充法律意见书披露显示：[1]

1. 发行人股东中的私募投资基金均已按《私募投资基金监督管理暂行办法》及《私募投资基金管理人登记和基金备案办法（试行）》等相关法律法规履行登记备案程序

瑞方投资、康远投资不属于私募投资基金，发行人股东中的私募基金包括信德产投、粤铂星投资、横琴广金、国坤投资、华融天泽、赛富金钻，其于中国证券投资基金业协会备案的情况如表 9 所示：

表 9

序号	名称	备案情况	基金编号	管理人名称及登记编号
1	信德产投	已备案	S32305	广发信德投资管理有限公司（PT2600011589）
2	粤铂星投资	已备案	SX6506	广州西域股权投资管理中心（有限合伙）（P1001146）
3	横琴广金	已备案	SN4510	广州金控基金管理有限公司（P1001711）
4	国坤投资	已备案	SH8244	广东国坤财子金基金管理有限公司（P1007899）
5	华融天泽	已备案	SGP154	武汉高投睿合投资管理有限公司（P1023139）
6	赛富金钻	已备案	SX9472	厦门赛富金湾股权投资基金管理合伙企业（有限合伙）（P1065345）

此外，瑞方投资系发行人设立的员工持股平台，除持有发行人股份外，不存在其他对外投资的情况，不属于私募投资基金管理人，不存在向不特定对象公开或非公开募集资金的情形，也不存在由私募基金管理人进行管理的情形，不属于私募基金，不需要根据《证券投资基金法》、《私募投资基金监督管理暂行办法》及《私募投资基金管理人登记和基金备案办法（试行）》等法律法规规定办理登记、备案。

康远投资系广发信德投资管理有限公司员工以自有资金设立的有限合伙企业，不

〔1〕《北京市中伦律师事务所关于广州瑞松智能科技股份有限公司首次公开发行股票并在科创板上市的补充法律意见书（二）》，载上海证券交易所网，http：//static.sse.com.cn/stock/information/c/201909/9b66e2a5e88242268d5784e2b6b127ac.pdf，最后访问日期：2021 年 5 月 21 日。

属于私募基金管理人，不存在向不特定对象公开或非公开募集资金的情形，也不存在由私募基金管理人进行管理的情形，不属于私募基金，不需要根据《证券投资基金法》、《私募投资基金监督管理暂行办法》及《私募投资基金管理人登记和基金备案办法（试行）》等法律法规规定办理登记、备案。

2. 相关私募投资基金设立时间和目的、股权结构变化、间接股东与发行人相关各方的关系

除信德产投为发行人本次发行上市保荐机构广发证券的关联方外，发行人股东中的私募投资基金的间接股东与发行人控股股东、实际控制人、发行人的董事、监事和高级管理人员、本次发行上市的中介机构及其签字人员均不存在关联关系。

3. 发行人不存在未经核准向特定对象发行证券累计超过 200 人的情形

发行人共有 20 名直接股东，包括孙志强、柯希平、孙文渊、张国良、颜雪涛、刘尔彬、孙圣杰、蔡雄江、郑德伦、张伟君、陈华松共 11 名自然人，以及厦门恒兴、粤铂星投资、横琴广金、瑞方投资、赛富金钻、华融天泽、信德产投、国坤投资、康远投资共 9 名机构股东。

机构股东中，信德产投、粤铂星投资、横琴广金、国坤投资、华融天泽、赛富金钻已于中国证券投资基金业协会履行私募基金备案程序。根据《非上市公众公司监管指引第 4 号——股东人数超过 200 人的未上市股份有限公司申请行政许可有关问题的审核指引》的规定，以私募股权基金、资产管理计划以及其他金融计划进行持股的，如果该金融计划是依据相关法律法规设立并规范运作，且已经接受证券监督管理机构监管的，可不进行股份还原或转为直接持股。

因信德产投、国坤投资、华融天泽、赛富金钻已于中国证券投资基金业协会备案为私募基金，且不属于为投资发行人设立的专项股权投资基金，其应各计算为一名股东。粤铂星投资、横琴广金已于中国证券投资基金业协会备案为私募基金，但根据其合伙协议及说明，其属于为投资发行人设立的专项股权投资基金，其追溯至自然人、国资监管机构及上市公司后，粤铂星投资共有 26 名出资人，横琴广金共有 3 名出资人。

此外，厦门恒兴不属于上市公司、私募基金、资产管理计划以及其他金融计划，瑞方投资为不按照“闭环原则”运作的员工持股平台，康远投资为广发信德投资管理有限公司员工持股平台且不属于上市公司、私募基金、资产管理计划以及其他金融计划，其追溯至自然人、国资监管机构及上市公司后，厦门恒兴共有 2 名出资人，瑞方投资共有 28 名出资人，康远投资共有 50 名出资人。据此，追溯至自然人、已接受证券监督管理机构监管的金融计划、国资监管机构及上市公司后，发行人的出资人数量为 124 名。

综上，追溯至自然人、已接受证券监督管理机构监管的金融计划、国资监管机构及上市公司后，发行人认定的出资人数量为124名，未超过200名，发行人不存在未经核准向特定对象发行证券累计超过200人的情形。

二、解决思路

上交所和深交所对“三类股东”信息披露核查细则予以了明确，“三类股东”的信息披露无须达到层层穿透的要求，但必须达到足以说明股权结构清晰稳定的程度。

1. 确保股权结构明晰稳定，发行人的控股股东、实际控制人、第一大股东不属于“三类股东”。

2. 确保“三类股东”运作合法合规，发行人的“三类股东”应依法设立并有效存续，已纳入国家金融监管部门有效监管，并按照规定履行审批、备案或报告程序，管理人也已依法注册登记。

3. 根据《关于规范金融机构资产管理业务的指导意见》的相关规定披露“三类股东”过渡期安排以及对发行人持续经营的影响，确保“三类股东”平稳度过过渡期，不会对发行人的生产经营、股权稳定、实际控制人等事项产生重大影响。

4. 中介机构应对发行人控股股东、实际控制人，董事、监事、高级管理人员及其近亲属，本次发行的中介机构及其签字人员未直接或间接在“三类股东”中持有权益进行详尽核查，确认不存在利益输送的情形。

5. 满足锁定期和减持规则的要求，出具相应承诺。如阿拉丁，发行人开放式契约型基金股东未承诺在整改完成前封闭式运作，但已承诺在2020年12月31日之后将按照《关于规范金融机构资产管理业务的指导意见》全面规范。对于存续期限届满的“三类股东”，应调整存续期限以满足有关股票限售期和减持的相关规定，若无法调整存续期限，不得在限售期内对“三类股东”持有的发行人股份进行清算出售。

【具体核查要点】

按照《科创板审核问答（二）》第9条和《深圳证券交易所创业板股票首次公开发行上市审核问答》（以下简称《创业板审核问答》）第14条，逐条核查。

【核查方式】

1. 核查“三类股东”的备案文件、管理人章程及登记文件/从事资产管理业务资质文件、基金管理合同/信托合同/资产管理合同、托管合同等资料；

2. 查询国家企业信用信息公示系统、中国证券投资基金业协会网站等平台发行人“三类股东”相关披露信息；

3. 获取“三类股东”出具的契约式基金、资管计划、信托计划股东情况确认；

4. 获取“三类股东”出具的关于减持及限售期的承诺函；

5. 访谈发行人控股股东、实际控制人、董事、监事、高级管理人员；

6. 访谈本次发行的中介机构签字人员并获取承诺及声明。

三、参考规范

《上海证券交易所科创板股票发行上市审核问答（二）》

9. 发行人在全国股份转让系统挂牌期间形成契约性基金、信托计划、资产管理计划等“三类股东”的，对于相关信息的核查和披露有何要求？

答：发行人在全国股份转让系统挂牌期间形成“三类股东”持有发行人股份的，中介机构和发行人应从以下方面核查披露相关信息：

（一）核查确认公司控股股东、实际控制人、第一大股东不属于“三类股东”。

（二）中介机构应核查确认发行人的“三类股东”依法设立并有效存续，已纳入国家金融监管部门有效监管，并已按照规定履行审批、备案或报告程序，其管理人也已依法注册登记。

（三）发行人应根据《关于规范金融机构资产管理业务的指导意见》（银发〔2018〕106号）披露“三类股东”相关过渡期安排，以及相关事项对发行人持续经营的影响。中介机构应当对前述事项核查并发表明确意见。

（四）发行人应当按照要求对“三类股东”进行信息披露。保荐机构及律师应对控股股东、实际控制人，董事、监事、高级管理人员及其近亲属，本次发行的中介机构及其签字人员是否直接或间接在“三类股东”中持有权益进行核查并发表明确意见。

（五）中介机构应核查确认“三类股东”已作出合理安排，可确保符合现行锁定期和减持规则要求。

《深圳证券交易所创业板股票首次公开发行上市审核问答》

14. 发行人在新三板挂牌期间形成契约性基金、信托计划、资产管理计划等“三类股东”的，对于相关信息的核查和披露有何要求？

答：发行人在新三板挂牌期间形成三类股东持有发行人股份的，中介机构和发行人应从以下方面核查披露相关信息：

（一）中介机构应核查确认公司控股股东、实际控制人、第一大股东不属于“三类股东”。

（二）中介机构应核查确认发行人的“三类股东”依法设立并有效存续，已纳入国家金融监管部门有效监管，并已按照规定履行审批、备案或报告程序，其管理人也已依法注册登记。

（三）发行人应当按照首发信息披露准则的要求对“三类股东”进行信息披露。通过协议转让、特定事项协议转让和大宗交易方式形成的“三类股东”，中介机构应对控股股东、实际控制人，董事、监事、高级管理人员及其近亲属，本次发行的中介机构及其负责人、高级管理人员、经办人员是否直接或间接在该等“三类股东”中持有权益进行核查并发表明确意见。

（四）中介机构应核查确认“三类股东”已作出合理安排，可确保符合现行锁定期和减持规则要求。

《监管规则适用指引——关于申请首发上市企业股东信息披露》

六、私募投资基金等金融产品持有发行人股份的，发行人应当披露金融产品纳入监管情况。

其他参考规范如:《关于规范金融机构资产管理业务的指导意见》《证券期货经营机构私募资产管理业务管理办法》《私募投资基金监督管理暂行办法》《信托公司集合资金信托计划管理办法》等。

第六节 申报前一年新增股东

申报前一年新增股东（“突击入股”），通常会被发审委质疑存在 PE 腐败、员工及第三方利益输送、大股东股权代持等问题。

截至 2020 年 12 月 31 日，天准科技、睿创微纳、澜起科技、百奥泰、新光光电、明微电子、高测股份、奥来德等近五十家企业存在“突击入股”情形。

一、典型案例

阿拉丁（688179）

上海阿拉丁生化科技股份有限公司（以下简称发行人）2020 年 4 月 28 日提交的招股说明书（申报稿）中披露，发行人最近一年新增自然人股东 44 名，新增非自然人股东包括理成源煜、理成殷睿、齐银 1 号、如东理骊、游马地 2 号、粤开证券股份有限公司及上海细水投资管理有限公司。

针对上述情形，发审委要求发行人说明申报前一年的股东变动情况，并要求发行人及其中介机构按照《科创板审核问答（二）》的相关规定做好新增股东的核查、披露工作。

根据发行人律师出具的补充法律意见书披露显示：[1]

根据中国证券登记结算有限责任公司北京分公司出具的公司的《全体证券持有人

〔1〕《上海市锦天城律师事务所关于上海阿拉丁生化科技股份有限公司申请首次公开发行股票并在上海证券交易所科创板上市的补充法律意见书（一）》，载上海证券交易所网，http：//static.sse.com.cn/stock/information/c/202007/af1e70e92739411cbe05b2cff1d50860.pdf，最后访问日期：2021 年 5 月 21 日。

名册》，发行人申报前一年新增股东202名(自然人股东189名、非自然人股东13名)。发行人、保荐机构及发行人律师通过现场、微信视频等方式对其持有发行人股份数量2000股（含）以上的自然人股东110名和非自然人股东13名进行访谈。其中，110名股东（自然人股东97名、非自然人股东13名）接受了的访谈，其所持发行人股份占新增股东合计持有股份比例达到97.60%；12名股东（均为自然人股东）不接受访谈（按照《全体证券持有人名册》登记的股东联系电话取得联系后，对方明确表示不接受访谈），其所持发行人股份占新增股东合计持有股份比例为1.55%，单个股东所持发行人股份占发行人总股本比例均未超过0.1%；1名自然人股东无法取得联系（按照《全体证券持有人名册》登记的股东联系电话进行联系，联系结果为号码错误、无人接听，且发函后对方未回复），其所持发行人股份为0.0079%。

1. 发行人申报前一年新增股东产生的原因、交易价格及定价依据

发行人系股转系统挂牌公司，发行人申报前一年新增股东均系通过股转系统交易（包括二级市场集合竞价、大宗交易等方式）取得发行人的股份而成为发行人的股东，取得股份的价格为二级市场交易价格，价格均系交易双方通过交易系统确认。

2. 发行人申报前一年股份交易系双方真实意思表示，不存在争议或潜在纠纷

发行人申报前一年新增的股东均系通过股转系统交易购入发行人股票，系新增股东的真实意思表示。发行人申报前一年新增股东所持有的发行人股份不存在诉讼或受到处罚的情形，不存在争议或潜在纠纷。

3. 发行人申报前一年新增股东与发行人其他股东、董事、监事、高级管理人员、本次发行中介机构负责人及其签字人员不存在亲属关系、关联关系、委托持股、信托持股或其他利益输送安排

发行人申报前一年新增股东与控股股东、持有或控制发行人5%以上股份的股东、董事、监事、高级管理人员、核心技术人员、本次发行中介机构负责人及其签字人员不存在亲属关系、关联关系、委托持股、信托持股或其他利益输送安排。

4. 发行人申报前一年新增股东具备法律、法规规定的股东资格

发行人申报前一年新增股东均系通过股转系统交易取得发行人股份，已开立了股转系统的股票账户，均具备法律法规规定的股东资格。

派能科技（688063）

上海派能能源科技股份有限公司（以下简称发行人）2020年5月27日提交的招股说明书（申报稿）中披露：截至招股说明书签署之日，发行人有21名股东，其中自然人股东12名。最近一年，发行人新增13名股东。

针对上述情形，发审委要求保荐机构和发行人律师按照《科创板审核问答（二）》问题2进行核查并发表明确意见。

根据发行人律师出具的补充法律意见书披露显示：[1]

1. 发行人新股东的基本情况、产生新股东的原因、股权转让或增资的价格及定价依据

申报前一年，发行人新增13名股东，其中包括3名机构股东和10名自然人股东。增资及股权转让具体情况如表10所示：

表10

<table>
<tr><th>新增股东名称</th><th>持股数量/万股</th><th>持股比例</th><th>取得时间</th><th>价格/元/股</th><th>定价依据</th><th>入股方式</th><th>转让方</th><th>入股原因</th></tr>
<tr><td>新维投资</td><td>174.00</td><td>1.50%</td><td>2019年8月</td><td>2.57</td><td rowspan="3">新维投资系控股股东中兴新的员工出资设立的合伙企业，上海哲㳘、派能合伙为公司员工持股平台，股权转让及增资定价基于2018年12月31日每股净资产评估值确定</td><td>股份转让</td><td>中兴新</td><td>对中兴新投资的企业，新维投资一般会选择投资</td></tr>
<tr><td>上海哲㳘</td><td>344.90</td><td>2.97%</td><td>2019年9月</td><td>2.57</td><td>增资</td><td>—</td><td>发行人实施员工持股计划</td></tr>
<tr><td>派能合伙</td><td>155.10</td><td>1.34%</td><td>2019年9月</td><td>2.57</td><td>增资</td><td>—</td><td>发行人实施员工持股计划</td></tr>
<tr><td rowspan="2">岳红伟</td><td>321.51</td><td>2.77%</td><td>2019年9月</td><td>6.00</td><td rowspan="4">系股权转让行为，双方协商确定</td><td rowspan="4">股份转让</td><td>惟弘投资</td><td>受让方从朋友处获知投资机会</td></tr>
<tr><td>192.58</td><td>1.66%</td><td>2019年12月</td><td>8.00</td><td>猛狮科技</td><td>受让方基于派能科技的上市计划，进一步增持股份</td></tr>
<tr><td>……</td><td>……</td><td>……</td><td>……</td><td>……</td><td>……</td><td>……</td></tr>
<tr><td>恽菁</td><td>363.64</td><td>3.13%</td><td>2019年12月</td><td>9.30</td><td>融科创投</td><td>受让方了解新能源行业，在了解了发行人情况后作出投资决策</td></tr>
</table>

注：上述取得时间为历次增资或股权转让的工商系统自主公示时间。

[1]《上海市锦天城律师事务所关于上海派能能源科技股份有限公司首次公开发行股票并在科创板上市的补充法律意见书（一）》，载上海证券交易所网，http://static.sse.com.cn/stock/information/c/202007/981a310ef8134f7091b089a0c8350011.pdf，最后访问日期：2021年5月21日。

2. 有关股权变动是否是双方真实意思表示，是否存在争议或潜在纠纷

上述新增股东已确认受让或认购股份为其真实意思表示，并已出具书面声明及承诺，确认：本人/本合伙企业目前持有的派能科技的股份不存在诉讼、仲裁、纠纷或潜在纠纷；本人/本合伙企业持有的派能科技的股份不存在被冻结、查封、保全或者设定质押、其他形式的权利限制或第三人他项权利的情况。

经检索中国裁判文书网、全国法院被执行人信息查询平台及全国法院失信被执行人名单信息公布与查询平台，新增股东与发行人就有关股权变动不存在争议或潜在纠纷。因此，有关股权变动系双方真实意思表示，不存在争议或潜在纠纷。

3. 新股东与发行人其他股东、董事、监事、高级管理人员、本次发行中介机构负责人及其签字人员是否存在亲属关系、关联关系、委托持股、信托持股或其他利益输送安排

（1）新增机构股东与发行人其他股东、董事、监事、高级管理人员存在的关系如表11所示：

表11

序号	新增股东名称	关系说明
1	新维投资	新维投资与发行人控股股东中兴新已签署一致行动协议，双方构成一致行动关系；发行人董事韦在胜、翟卫东、李静及发行人监事张素芳持有新维投资的财产份额；深圳市兴维投资有限公司为新维投资的执行事务合伙人，发行人董事韦在胜、翟卫东、李静均持有深圳市兴维投资有限公司的股权并担任该公司董事，且翟卫东担任该公司总经理
2	上海哲牂	上海哲牂与发行人控股股东中兴新存在一致行动关系；上海哲牂系发行人员工持股平台，发行人董事、总经理谈文持有上海哲牂的财产份额并担任其执行事务合伙人，发行人高级管理人员宋劲鹏、叶文举、施璐、冯朝晖及发行人监事朱广焱持有上海哲牂的财产份额
3	派能合伙	派能合伙与发行人控股股东中兴新存在一致行动关系；派能合伙系发行人的员工持股平台，发行人董事、总经理谈文持有派能合伙的财产份额并担任其执行事务合伙人，发行人高级管理人员杨庆亨持有派能合伙的财产份额

新维投资、上海哲牂、派能合伙出具书面声明及承诺确认：本合伙企业不存在以委托、信托、协议或其他任何方式代他人直接或间接持有派能科技的股份或由他人代为持有派能科技的股份的情形。

（2）新增自然人股东。新增自然人股东均已确认：本人不存在以委托、信托、协议或其他任何方式代他人直接或间接持有派能科技的股份或由他人代为持有派能科技

的股份的情形。本人与发行人其他股东、董事、监事、高级管理人员、本次发行中介机构负责人及其签字人员不存在亲属关系、关联关系、委托持股、信托持股或其他利益输送安排。

（3）新股东与本次发行中介机构负责人及其签字人员根据新股东出具的书面确认，新股东与本次发行中介机构负责人及签字人员不存在亲属关系、关联关系、委托持股、信托持股或其他利益输送安排。

4. 新股东是否具备法律、法规规定的股东资格

（1）自然人股东

新增自然人股东均为具有民事权利能力的中国籍自然人，且不存在《公务员法》《关于严禁党政机关和党政干部经商、办企业的决定》等法律法规及公司章程规定的不能成为或不适宜担任公司股东的情况，具备法律、法规规定的股东资格。

（2）机构股东

新增机构股东均为有效存续的有限合伙企业，具备法律、法规规定的股东资格。

5. 发行人已在招股说明书中就最近一年的新股东情况进行了详细披露，相关披露内容符合招股说明书信息披露准则和《科创板审核问答（二）》问题 2 的规定。

6. 最近一年末资产负债表日后增资扩股引入新股东的，申报前须增加一期审计发行人不涉及在最近一年末资产负债表日后增资扩股，因此不涉及该项要求。

7. 股份锁定方面，控股股东和实际控制人持有的股份上市后锁定 3 年；申报前 6 个月内进行增资扩股的，新增股份的持有人应当承诺：新增股份自发行人完成增资扩股工商变更登记手续之日起锁定 3 年。在申报前 6 个月内从控股股东或实际控制人处受让的股份，应比照控股股东或实际控制人所持股份进行锁定。控股股东和实际控制人的亲属所持股份应比照该股东本人进行锁定

（1）控股股东及其一致行动人所持股份锁定。

发行人控股股东中兴新承诺："自派能科技首次公开发行股票并在科创板上市之日起三十六个月内，本公司不转让或者委托他人管理首次公开发行前本公司直接或间接持有的派能科技的股份，也不由派能科技回购本公司直接或间接持有的公司于首次公开发行股票前已发行的股份。"

新增股东新维投资、上海哲牂、派能合伙作为中兴新的一致行动人，承诺："自派能科技首次公开发行股票并在科创板上市之日起三十六个月内，本企业不转让或者委托他人管理首次公开发行前本企业直接或间接持有的派能科技的股份，也不由派能科技回购本企业直接或间接持有的派能科技于首次公开发行股票前已发行的股份。"

中兴新及新维投资、上海哲牂、派能合伙的上述承诺符合"控股股东和实际控制

人持有的股份上市后锁定3年”相关要求。

（2）申报前6个月，发行人未增资扩股，发行人控股股东及实际控制人未转让股份。

（3）发行人未在申报前6个月内进行增资扩股，发行人新增股东未在申报前6个月内从控股股东处受让的股份，不涉及“申报前6个月内进行增资扩股的，新增股份的持有人应当承诺：新增股份自发行人完成增资扩股工商变更登记手续之日起锁定3年。在申报前6个月内从控股股东或实际控制人处受让的股份，应比照控股股东或实际控制人所持股份进行锁定。控股股东和实际控制人的亲属所持股份应比照该股东本人进行锁定”相关要求。

方邦电子（688020）

广州方邦电子股份有限公司（以下简称发行人）2019年4月10日提交的招股说明书（申报稿）中披露：2019年1月，刘军将其持有发行人2%的股份转让给黄埔斐君，将1.91%的股份转让给嘉兴永彦。2019年3月，叶勇将其持有发行人3.33%的股份转让给小米基金。

针对上述情形，发审委要求保荐机构和发行人律师根据《科创板审核问答（二）》对新增股东进行核查并发表明确意见。

根据发行人律师出具的补充法律意见书披露显示：[1]

2019年1月，黄埔斐君、嘉兴永彦通过分别受让刘军持有的发行人2%、1.91%的股份而成为发行人的新股东，股权转让完成后，刘军不再持有发行人股份。2019年3月，小米基金通过受让叶勇持有的发行人3.33%的股份而成为发行人的新股东。除此以外，发行人在申报前一年不存在其他新增股东。

1. 产生新股东的原因、股权转让价格及定价依据、股权变动是否是双方真实意思表示、是否存在争议或潜在纠纷

刘军因经营其他产业急需筹措资金，转让其持有的发行人股份以获取资金。黄埔斐君、嘉兴永彦因看好发行人未来发展前景而通过受让刘军所持的发行人股份的方式投资发行人。

叶勇因经营其他产业急需筹措资金，转让其持有的发行人部分股份以获取资金。小米基金因看好发行人未来发展前景而通过受让叶勇所持的发行人股份的方式投资发

〔1〕《广东信达律师事务所关于广州方邦电子股份有限公司首次公开发行股票并在科创板上市的补充法律意见书（一）》，载上海证券交易所网，http://static.sse.com.cn/stock/information/c/201905/883698844e9f481a87840161c8269d58.pdf，最后访问日期：2021年5月21日。

行人。

上述股权转让价格为 25 元 / 股，对应的估值为 15 亿元，以发行人 2018 年度扣除非经常性损益后归属于母公司所有者的净利润 11,192.33 万元测算，对应的市盈率为 13.40 倍。上述股权转让的定价依据为：以公司经营状况和未来发展前景、投资市场的估值水平为基础，经转让方与受让方协商确定。上述股权转让是根据转让方与受让方的真实意思表示进行，不存在争议或潜在纠纷。

2. 新股东与发行人其他股东等相关人员是否存在亲属关系、关联关系、委托持股、信托持股或其他利益输送安排

黄埔斐君、嘉兴永彦、小米基金均为外部 PE 投资者，与发行人其他股东、董事、监事、高级管理人员、本次发行中介机构负责人及其签字人员不存在亲属关系、关联关系、委托持股、信托持股或其他利益输送安排。

3. 新股东是否具备法律、法规规定的股东资格

黄埔斐君、嘉兴永彦、小米基金均为合法设立的有限合伙企业，并办理了私募基金备案手续，不存在《公司法》等相关法律、法规规定的不适合担任公司股东的情形，具备法律、法规规定的股东资格。

4.《招股说明书》中关于新股东的信息披露符合《科创板审核问答（二）》问题 2 的要求

除满足《公开发行证券的公司信息披露内容与格式准则第 41 号——科创板公司招股说明书》中的披露要求外，发行人已在《招股说明书》中进一步补充披露了黄埔斐君、嘉兴永彦、小米基金的基本情况及其普通合伙人的基本信息。关于新股东的信息披露符合《公开发行证券的公司信息披露内容与格式准则第 41 号——科创板公司招股说明书》及《科创板审核问答（二）》问题 2 的要求。

5. 新股东黄埔斐君、嘉兴永彦、小米基金的股份锁定承诺

新股东黄埔斐君、嘉兴永彦、小米基金已作出如下股份锁定承诺：

（1）本企业自发行人股票上市之日起三十六个月内，不转让或者委托他人管理本次发行前本企业直接或间接持有的发行人股份，也不由发行人回购该部分股份。

（2）根据法律、法规、部门规章以及上海证券交易所业务规则的规定，出现不得减持股份情形时，承诺将不会减持发行人股份。锁定期满后，将按照法律、法规、部门规章以及上海证券交易所业务规则规定的方式减持，且承诺不会违反相关限制性规定。在实施减持时，将依据法律、法规、部门规章以及上海证券交易所业务规则的规定履行必要的备案、公告程序，未履行法定程序前不减持。

莱伯泰科（688056）

根据北京莱伯泰科仪器股份有限公司（以下简称发行人）2019年12月30日提交的招股说明书（申报稿）披露：2018年1月24日，发行人减资人民币3000万元，由LabTech Holdings,Inc.减少出资人民币2417.70万元。2018年4月30日，发行人增资人民币3000万元，由管理咨询公司认缴人民币2417.70万元，LabTech Holdings不参与本次增资。LabTech Holdings及管理咨询公司上层持股结构相似。根据其他申报材料，自发行人设立至2018年5月，发行人的控股股东为LabTech Holdings，持有发行人80.59%的股份。2018年5月发行人增资完成后至本申报材料出具之日，发行人的控股股东变更为管理咨询公司，持有发行人48.354%的股份。

针对上述情形，发审委要求发行人对下列事项进行说明，并要求保荐机构、发行人律师核查并发表明确意见：引入管理咨询公司作为新控股股东的原因；选择通过增、减资方式而非股权转让方式引入新控股股东的原因；实际控制人形成多层复杂架构控制发行人的原因和必要性，其控制的发行人各层股东中自然人股东是否为发行人员工，是否存在突击入股的情形。

根据发行人律师出具的补充法律意见书披露显示：[1]

1. 引入管理咨询公司作为新控股股东的原因

发行人自设立之日起至2018年4月的股本结构如表12所示：

表12

序号	股东名称	出资额/万元	股份数/万股	持股比例/%
1	LabTech Holdings	4029.50	4029.50	80.59
2	宏景浩润	550.00	550.00	11.00
3	WI Harper	370.50	370.50	7.41
4	兢业诚成	50.00	50.00	1.00
合计		5000.00	5000.00	100

胡克间接持有发行人53.62%的股份，通过LabTech Holdings实际控制发行人80.59%的股份。鉴于胡克系中国国籍，而LabTech Holdings系美国公司，为将控制权转移至境内，发行人通过下述股本变动实现控股股东由境外主体变更为境内主体：

〔1〕《北京市竞天公诚律师事务所关于北京莱伯泰科仪器股份有限公司首次公开发行股票并在科创板上市的补充法律意见书（二）》，载上海证券交易所网，http：//static.sse.com.cn/stock/information/c/202004/f86ee0ea41d44f56a6f23074faf7cb63.pdf，最后访问日期：2021年5月21日。

（1）全体股东等比例减资

2018 年 1 月 24 日，发行人召开 2018 年度第一次临时股东大会，决议通过《关于减少公司注册资本并修改公司章程的议案》，同意发行人股东 LabTech Holdings、宏景浩润、WI Harper 及兢业诚成按以下方案等比例减资：LabTech Holdings 减资 2417.70 万元，宏景浩润减资 330 万元，WI Harper 减资 222.30 万元，兢业诚成减资 30 万元，减资价格为每股 1 元。

2018 年 4 月，发行人完成上述减资程序，发行人的注册资本和实收资本由 5000 万元变更为 2000 万元，股份总额由 5000 万股变更为 2000 万股，发行人的股本结构变更为（如表 13 所示）：

表 13

序号	股东名称	出资额 / 万元	股份数 / 万股	持股比例 /%
1	LabTech Holdings	1611.80	1611.80	80.59
2	宏景浩润	220.00	220.00	11.00
3	WI Harper	148.20	148.20	7.41
4	兢业诚成	20.00	20.00	1.00
合计		2000.00	2000.00	100

（2）管理咨询公司以及除 LabTech Holdings 外的原股东共同增资

2018 年 4 月 30 日，发行人召开 2017 年度股东大会，决议通过《关于公司增资扩股并修改公司章程的议案》，同意管理咨询公司增资 2417.70 万元，宏景浩润增资 330.00 万元，兢业诚成增资 30.00 万元，WI Harper 增资 222.30 万元，现有股东 LabTech Holdings 不参与本次增资，增资价格为每股 1 元，全部计入发行人股本。

2018 年 5 月，发行人完成上述增资程序，发行人的注册资本和实收资本由 2000 万元变更为 5000 万元，股份总额由 2000 万股变更为 5000 万股，发行人的股本结构变更为（如表 14 所示）：

表 14

序号	股东名称	出资额 / 万元	股份数 / 万股	持股比例 /%
1	管理咨询公司	2417.70	2417.70	48.354
2	LabTech Holdings	1611.80	1611.80	32.236
3	宏景浩润	550.00	550.00	11.00

续表

序号	股东名称	出资额 / 万元	股份数 / 万股	持股比例 /%
4	WI Harper	370.50	370.50	7.41
5	兢业诚成	50.00	50.00	1.00
合计		5000.00	5000.00	100

发行人通过上述股本结构调整，发行人的控股股东由 LabTech Holdings 变更为管理咨询公司，实现了控制权转移至境内；同时，除 LabTech Holdings 外的原股东宏景浩润、WI Harper 及兢业诚成直接持有发行人的股份数和持股比例均与调整前一致。

最近两年内，除胡克通过兢业诚成持有管理咨询公司股权而非直接持股外（胡克持有兢业诚成 100% 的股权），管理咨询公司的股东及各股东持股比例与 LabTech Holdings 一致，具体对比如表 15 所示：

表 15

股东名称	LabTech Holdings	管理咨询公司
	持股比例 /%	持股比例 /%
胡克 / 兢业诚成	66.54	66.54
JCH	13.42	13.42
CLGL	7.20	7.20
Earl R.Lewis	7.35	7.35
Barbara D.Lewis	0.89	0.89
郭华唯	4.60	4.60
合计	100	100

因此，在上述股本结构调整前后，发行人穿透后的间接股东实际持有发行人的股份比例均保持不变。

发行人引入管理咨询公司作为新控股股东系为了优化股本结构，将控股股东由境外主体变更为境内主体，从而实现控制权转移至境内。

2. 选择通过增、减资方式而非股权转让方式引入新控股股东的原因

发行人选择通过增、减资方式而非股权转让方式引入新控股股东主要是为了减轻因股本结构调整导致的资金筹措压力。

3. 实际控制人形成多层复杂架构控制发行人的原因和必要性，其控制的发行人各

层股东中自然人股东是否为发行人员工，是否存在突击入股的情形

（1）实际控制人形成多层复杂架构控制发行人的原因和必要性

发行人的实际控制人为胡克，胡克共计间接持有发行人 54.62% 的股份，实际控制发行人 81.59% 的股份。胡克对发行人的控制路径系通过三家持股主体：LabTech Holdings、兢业诚成和管理咨询公司。该等主体与结构形成原因说明如下：

① LabTech Holdings

发行人实际控制人胡克系中国国籍（拥有美国永久居留权）。胡克通过设立 LabTech Holdings 间接持股发行人的股权结构与其海外留学及工作背景有紧密的关系，具体如下：

胡克于 1956 年生于江西南昌，1987 年赴美国攻读博士学位，并于 1992 年取得美国爱荷华州立大学（Iowa State University）分析化学专业博士学位。1993 年获得美国永久居留权。毕业后，胡克在美国热电佳尔－阿许公司（TJA）工作，历任首席研究员、产品经理、大中华区总经理等职务。2000 年初期，任 TJA 大中华区总经理的胡克看到了国内市场对于实验分析仪器的巨大需求，也认识到了国内相关技术相对落后的现状，因此萌生了在国内创业的想法，由此创办了发行人的前身莱伯泰科有限。

2003 年，胡克在美国设立 LabTech Holdings，并由 LabTech Holdings 受让莱伯泰科有限 100% 的股权，通过 LabTech Holdings 间接控制莱伯泰科有限。胡克在美国设立 LabTech Holdings 的原因系基于多年来对美国相关方面的了解和事业基础，一方面希望能够在实验室分析仪器行业最发达的美国了解行业的最新发展趋势和最新技术，从而为公司产品技术的研究和开发提供指导；另一方面也可以吸引美国的投资者通过对 LabTech Holdings 的投资间接向中国境内的莱伯泰科有限投资。

②兢业诚成

第一，胡克受让兢业诚成 100% 股权的原因。兢业诚成系由田春明于 2011 年 5 月出资设立，田春明持有兢业诚成 100% 的股权。2011 年 10 月，兢业诚成向莱伯泰科有限投资 9.32 万美元，其中 3.16 万美元计入注册资本，6.16 万美元计入资本公积，本次增资后，兢业诚成持有莱伯泰科有限 1.08% 的股权。

2014 年 11 月，田春明因个人原因辞去其在发行人及下属子公司担任的全部职务，根据其于 2011 年 5 月 25 日签署的《出资人关于个人股权转让的声明》的约定，田春明将其持有的兢业诚成 100% 的股权转让给胡克。

田春明原担任发行人的董事、副总经理、科技公司总经理，2014 年 11 月，田春明因个人原因辞去其在发行人及下属子公司担任的全部职务。

2011 年 5 月田春明设立兢业诚成并通过兢业诚成投资发行人系发行人对田春明

进行股权激励；2014 年 11 月田春明因个人原因自发行人处离职，根据前述《出资人关于个人股权转让的声明》的相关约定，田春明将兢业诚成 100% 的股权转让给胡克，从而形成胡克通过兢业诚成间接持有发行人股份的股权结构。

第二，兢业诚成出资设立管理咨询公司的原因。为实现控制权转移至境内，发行人于 2018 年调整股本结构，引入管理咨询公司作为控股股东。为保证股本结构调整前后上层股东的持股比例不变，管理咨询公司的股东及持股比例应与原控股股东 LabTech Holdings 保持不变，其中，胡克在管理咨询公司的持股比例应为 66.54%。

但是，由于管理咨询公司的性质为中外合资经营企业，根据其设立时有效的《中外合资经营企业法》（2020 年 1 月 1 日废止），胡克系中国国籍的自然人，无法直接作为中外合资经营企业的中国合营者，因此由胡克持有 100% 股权的兢业诚成出资设立管理咨询公司，并持有管理咨询公司 66.54% 的股权。

③管理咨询公司

为了优化股本结构，将控股股东由境外主体变更为境内主体，实现控制权转移至境内，发行人于 2018 年 5 月引入管理咨询公司作为新的控股股东，从而形成胡克通过管理咨询公司间接持有发行人股权的持股架构。

综上，发行人实际控制人对发行人的持股结构存在多层次、多主体的情况，主要系胡克在创业过程中对发行人持股结构调整、受让离职员工持有的激励股权、控制权转移至境内等原因形成的，具有合理性和必要性。

（2）胡克控制的发行人各层股东中自然人股东是否为发行人员工，是否存在突击入股的情形

胡克控制的发行人各层股东中自然人股东胡克和郭华唯是发行人的员工，除胡克和郭华唯外其余自然人股东在报告期内均未与发行人建立劳动关系，不是发行人的员工。LabTech Holdings、兢业诚成及管理咨询公司均于 2018 年 11 月之前入股成为发行人的股东并办理完成工商变更登记，均不存在突击入股的情形。

二、解决思路

不同于申报后新增股东，企业申报前新增股东并不会对其发行上市构成实质性障碍。需注意的是：

1. 应核查发行人新股东的基本情况，完整披露新增股东的基本信息。如新股东为法人，应披露其股权结构及实际控制人；如为自然人，应披露其基本信息；如为合伙企业，应披露合伙企业的基本情况及普通合伙人的基本信息等。

2. 新股东应具备法律、法规规定的股东资格，且新股东与发行人其他股东、董事、监事、高级管理人员、本次发行中介机构负责人及其签字人员不存在亲属关系、

关联关系、委托持股、信托持股或其他利益输送安排。

3. 新增股东的产生原因应具有合理性，股权转让或增资定价公允，是各方真实意思表示，不存在争议或潜在纠纷。如莱伯泰科，发行人在申报前引入了管理咨询公司作为新控股股东，发行人解释称申报前引入管理咨询公司作为新控股股东系为了优化股本结构，将控股股东由境外主体变更为境内主体，从而实现控制权转移至境内。发行人选择通过增、减资方式而非股权转让方式引入新控股股东，主要是为了减轻因股本结构调整导致的资金筹措压力。可见，即使新增股东为控股股东，只要能够说明产生原因和合理性，也不会构成发行的障碍。

4. 新增股东须按要求进行股份锁定。自《监管规则适用指引——关于申请首发上市企业股东信息披露》（以下简称《监管规则适用指引》）发布后，证监会对于新增股东股份锁定要求有了新的变化，根据《监管规则适用指引》的相关规定，发行人提交申请前 12 个月内新增股东的，应当承诺新增股份自取得之日起 36 个月之内不得转让，且不再区分增资扩股和老股转让。值得注意的是，由于《监管规则适用指引》发布时间为 2021 年 2 月 5 日，因此，在 2021 年 2 月 5 日前已受理的企业不适用上述股份锁定要求。

5. 最近一年末资产负债表日后增资扩股引入新股东的，申报前须增加一期审计。申报前新增股东的问题，只要发行人能够按照《科创板审核问答（二）》第 2 条以及《监管规则适用指引》的规定，全面完整地披露新增股东的基本情况，说明新增股东产生原因、交易价格及定价依据的合理性、是否具有股东资格、是否存在关联关系和利益输送等问题，并按要求进行股份锁定，通常都不会成为上市的阻碍。

【具体核查要点】

1. 发行人申报前一年新增股东是否具备法律、法规规定的股东资格；

2. 发行人申报前一年新增股东产生的原因、交易价格及定价依据；

3. 发行人申报前一年股份交易是否系双方真实意思表示，是否存在争议或潜在纠纷；

4. 发行人申报前一年新增股东与发行人其他股东、董事、监事、高级管理人员、本次发行中介机构负责人及其签字人员是否存在亲属关系、关联关系、委托持股、信托持股或其他利益输送安排；

5. 发行人申报前一年新增股东是否按要求进行股份锁定。

【核查方式】

1. 查阅发行人《全体证券持有人名册》。

2. 查阅发行人新增自然人股东的身份证明文件以及新增非自然人股东的营业执

照、公司章程或合伙协议、工商登记等资料。

3. 查阅发行人新增股东填写的调查表及承诺函。

4. 查阅申报前一年新增股东签署的股份转让协议、股份转让价款支付凭证和纳税凭证；核查申报前一年新增股东受让股份的交易情况。

5. 查阅发行人控股股东、实际控制人及董事、监事和高级管理人员提供的调查表；获取发行人董事、监事和高级管理人员出具的关于与发行人新增股东不存在关联关系的承诺；获取发行中介机构负责人及其签字人员出具的关于与发行人全体股东不存在关联关系的承诺。

6. 查阅发行人新增股东出具的股份锁定承诺函。

7. 通过国家企业信用信息公示系统、中国证券投资基金业协会官网等网站查询发行人新增非自然人股东；通过中国执行信息公开网、证券期货市场失信记录查询平台及证券期货监督管理信息公开目录等网站查询发行人新增自然人股东。

8. 访谈发行人新增股东。

三、参考规范

《监管规则适用指引——关于申请首发上市企业股东信息披露》

三、发行人提交申请前12个月内新增股东的，应当在招股说明书中充分披露新增股东的基本情况、入股原因、入股价格及定价依据，新股东与发行人其他股东、董事、监事、高级管理人员是否存在关联关系，新股东与本次发行的中介机构及其负责人、高级管理人员、经办人员是否存在关联关系，新增股东是否存在股份代持情形。

上述新增股东应当承诺所持新增股份自取得之日起36个月内不得转让。

十一、本指引自发布之日起实施。发布之日前已受理的企业不适用本指引第三项的股份锁定要求。

《上海证券交易所科创板股票发行上市审核问答（二）》

2. 发行人申报前后新增股东的，应当如何进行核查和信息披露？股份锁定如何安排？

答：（一）申报前新增股东

对IPO前通过增资或股权转让产生的股东，保荐机构、发行人律师应主要考察申报前一年新增的股东，全面核查发行人新股东的基本情况、产生新股东的原因、股权转让或增资的价格及定价依据，有关股权变动是否是双方真实意思表示，是否存在争议或潜在纠纷，新股东与发行人其他股东、董事、监事、高级管理人员、本次发行中介机构负责人及其签字人员是否存在亲属关系、关联关系、委托持股、信托持股或其他利益输送安排，新股东是否具备法律、法规规定的股东资格。发行人在招股说明书信息披露时，除满足招股说明书信息披露准则的要求外，如新股东为法人，应披露其股权结构及实际控制人;如为自然人,应披露其基本信息;如为合伙企业,应披露合伙企业的基本情况及普通合伙人的基本信息。最近一年末资产负债表日后增资扩股引入新股东的,申报前须增加一期审计。

股份锁定方面,控股股东和实际控制人持有的股份上市后锁定3年;申报前6个月内进行增资扩股的,新增股份的持有人应当承诺:新增股份自发行人完成增资扩股工商变更登记手续之日起锁定3年。在申报前6个月内从控股股东或实际控制人处受让的股份,应比照控股股东或实际控制人所持股份进行锁定。控股股东和实际控制人的亲属所持股份应比照该股东本人进行锁定。……

《深圳证券交易所创业板股票首次公开发行上市审核问答》

12.发行人申报前后新增股东的,应当如何进行核查和信息披露?股份锁定如何安排?

答:(一)申报前新增股东

对IPO前通过增资或股权转让产生的股东,保荐人、发行人律师应主要考察申报前一年新增的股东,全面核查发行人新股东的基本情况、产生新股东的原因、股权转让或增资的价格及定价依据,有关股权变动是否是双方真实意思表示,是否存在争议或潜在纠纷,新股东与发行人其他股东、董事、监事、高级管理人员、本次发行中介机构及其负责人、高级管理人员、经办人员是否存在亲属关系、关联关系、委托持股、信托持股或其他利益输送安排,新股东是否具备法律、法规规定的股东资格。发行人在招股说明书信息披露时,除满足招股说明书信息披露准则的要求外,如新股东为法人,应披露其股权结构及实际控制人;如为自然人,应披露其基本信息;如为合伙企业,应披露合伙企业的普通合伙人及其实际控制人、有限合伙人的基本信息。最近一年末资产负债表日后增资扩股引入新股东的,申报前须增加一期审计。

股份锁定方面,申报前6个月内进行增资扩股的,新增股份的持有人应当承诺:新增股份自发行人完成增资扩股工商变更登记手续之日起锁定3年。在申报前6个月内从控股股东或实际控制人处受让的股份,应比照控股股东或实际控制人所持股份进行锁定。……

第七节 历史沿革涉及较多自然人股东变动

自然人股东入股的真实性和合法性、自然人股东的身份、自然人股东所持发行人股份权属是否清晰,均是发审委关注的重点问题。

截至2020年12月31日,科创版、创业板过会的企业中有睿创微纳、莱伯泰科、步科股份、康希诺、赛特新材、科前生物、力合微、博睿数据、祥生医疗、研奥电气等十余家企业被发审委问询自然人股东相关问题。

一、典型案例

睿创微纳（688002）

烟台睿创微纳技术股份有限公司（以下简称发行人）2019年3月22日提交的招股说明书（申报稿）披露：发行人历史沿革中涉及人数较多的自然人股东。

针对上述情形，发审委要求发行人对下列事项进行说明，并要求保荐机构、发行人律师核查并发表明确意见：自然人股东入股发行人的原因，在发行人生产经营中的作用；历史上自然人股东入股、退股是否按照当时有效的法律法规履行了相应程序，入股或股权转让协议、款项收付凭证、工商登记资料等法律文件是否齐备；相关自然人股东股权变动所履行程序的合法性、相关自然人股东股权变动的真实性、是否存在纠纷或潜在纠纷风险、是否存在委托持股或信托持股等情形；对于存在争议或潜在纠纷的，潜在纠纷对发行人控股权权属清晰稳定的影响。

根据发行人律师出具的补充法律意见书披露显示：[1]

1. 自然人股东入股发行人的原因，在发行人生产经营中的作用。历史上自然人股东入股、退股已按照当时有效的法律法规履行相应程序。

发行人股权演变中涉及的自然人股东情况如表16所示：

表16

序号	姓名	入股时间	入股方式	入股数量/万元 出资额/万股	入股原因	是否在发行人任职
1	*孙仕中	2009年12月	投资	10,000.00	代持股权	否
2	*尚昌根	2009年12月	投资	5000	代持股权	否
……	……	……	……	……	……	……
84	潘原子	2018年7月	股权转让	58	投资	否
85	蔡建立	2018年7月	股权转让	58.00	投资	否

注：上表中标注*的股东目前已经不再持有发行人股份。

〔1〕《北京市中银律师事务所关于烟台睿创微纳技术股份有限公司首次公开发行人民币普通股股票并在科创板上市的补充法律意见书》，载上海证券交易所网，http：//static.sse.com.cn/stock/information/c/201904/ec966e37439l4bb1851ef18d63847d57.pdf，最后访问日期：2021年5月21日。

上述自然人股东入股原因主要：代持股权、投资、间接持股转为直接持股、资本公积转增股本、员工入股、家庭内部安排。

前述发行人股权演变过程中涉及的自然人股东的入股及退出程序均符合入股及退出当时适用的《公司法》及公司章程的有关规定，入股及退出过程中涉及的协议、股东大会（股东会）决议、章程修订案、款项收付凭证及工商登记资料等法律文件齐备。

2. 发行人股权演变过程中涉及的自然人股东的入股及退出均履行了法定的相应必备程序，相关自然人股东股权变动具备真实性，股权演变结果真实有效，不存在纠纷或潜在纠纷风险。发行人当前自然人股东所持股份清晰，不存在委托持股或信托持股等情形。

睿创有限阶段的自然人股东变动过程均签署了相关的协议，并按照当时适用的《公司法》和公司章程规定履行了相应的股东会批准程序，履行了工商机关登记程序。发行人阶段的自然人股东变动过程中，以增资方式实施的自然人入股，增资行为均已按照当时适用的《公司法》和公司章程规定履行了股东大会批准程序，并就增资事宜履行了工商机关登记程序；以转让方式实施的自然人入股均已签署了明确的转股协议。全部入股及转让结果均记载于发行人股东名册，所履行的相应程序及结果均合法有效。

经全部自然人股东确认，在其实施入股及退出过程中，相关方签署了相应的协议，且协议内容为股东自身真实意思表示。相关方均按照有关协议或其他约定完整履行了义务。发行人及股东之间，股东与股东之间均未发生因自然人股东入股或退出引发的纠纷或潜在纠纷。发行人当前自然人股东所持发行人股份权属清晰，不存在委托持股或信托持股的情形。

赛特新材（688398）

福建赛特新材股份有限公司（以下简称发行人）2019 年 7 月 18 日提交的招股说明书（申报稿）披露：2016 年 11 月 1 日，股东汪坤明与张必辉、吴松、谢振刚、陈景明、刘强、严浪基、邢兆东、李志钦、谢义英、欧婷婷共 10 名自然人签订股权转让协议，将其所持有公司 3237 万股股份中的 65 万股分别转让给上述 10 名自然人，转让价格均为 3.5 元 / 股。

针对上述情形，发审委要求发行人对下列事项进行说明，并要求保荐机构、发行人律师核查并发表明确意见：说明汪坤明将股份转让给上述 10 名自然人的原因、作价依据，上述自然人股东是否为公司员工或其近亲属，其出资来源，是否实际支付；上述自然人股东与汪坤明是否存在亲属关系、关联关系、委托持股或其他利益输送安排；前述自然人与实际控制人、发行人的供应商、客户是否存在关联；自然人股东入股是否按照当时有效的法律法规履行了相应程序，股权转让协议、款项支付凭证、工商登记资料等法律文件是否齐备，是否存在股权代持的情形，是否存在争议或潜在纠纷。

根据发行人律师出具的补充法律意见书披露显示：[1]

1. 汪坤明将股份转让给上述10名自然人的原因、作价依据，上述自然人股东是否为公司员工或其近亲属，其出资来源，是否实际支付。

（1）汪坤明将股份转让给上述10名自然人的原因、作价依据

本次股份转让的受让人均为发行人在职核心骨干，本次股份转让主要基于激励发行人核心骨干、增强凝聚力的考虑，同时，这些核心骨干也看好发行人未来长期发展，经双方协商后完成本次股份转让。

本次股份转让的价格均为3.5元/股，系以2015年经审计的每股净资产3.47元/股为依据，经转让双方协商确定。

（2）10名自然人股东均为发行人员工，出资来源均系其自有资金，相关股份转让款项均已实际支付。

2. 根据上述股份转让双方出具的确认函，10名自然人股东与汪坤明均不存在亲属关系、关联关系、委托持股或其他利益输送安排。

3. 10名自然人股东与实际控制人汪坤明、公司的供应商、客户均不存在关联。

4. 根据股份转让协议、股份转让价款支付凭证、股东名册等资料，10名自然人股东入股已按照当时有效的法律法规履行了相应程序，且股权转让协议、款项支付凭证等法律文件已齐备，不存在股权代持的情形，不存在争议或潜在纠纷。

科前生物（688526）

武汉科前生物股份有限公司（以下简称发行人）2019年3月22日提交的招股说明书（申报稿）披露：除华农资产公司、董监高、核心技术人员之外，公司存在其他自然人股东。

针对上述情形，发审委要求发行人对下列事项进行说明，并要求保荐机构、发行人律师核查并发表明确意见：说明相关人员的具体情况、工作单位、入股原因，并就其他自然人股东是否与发行人、实际控制人、华中农大、相关中介机构及其工作人员

---

〔1〕《关于福建赛特新材股份有限公司首次公开发行人民币普通股股票并在科创板上市之补充法律意见书（一）》，载上海证券交易所网，http：//static.sse.com.cn/stock/information/c/201909/afe4439ea5284a908b5b096dc44ed5a3.pdf，最后访问日期：2021年5月21日。

存在关联或亲属关系、是否存在股份代持等情形。

根据发行人律师出具的补充法律意见书披露显示：[1]

1. 相关人员的具体情况、工作单位、入股原因

除华农资产公司、董监高、核心技术人员之外，公司还存在李江华、魏燕鸣、刘正飞、曹胜波、黄青伟、周锐6名其他自然人股东，该等股东的具体入股原因情况如下：

李江华2001年进入科前生物工作，先后担任过科前生物区域经理、副总经理、总经理，2013年离开课前生物后，主要从事生猪的养殖销售工作。魏燕鸣2001年1月至2007年11月在科前生物兼任出纳，2015年6月至2018年9月在科缘生物兼任会计。黄青伟自2002年进入科前生物工作。2003年公司由于生产建设等原因需要增加注册资本，为调动上述人员积极性，公司允许其参与部分增资，其也看好科前生物的发展，同意以其自有资金向科前生物出资。

2003年公司由于生产建设等原因需要增加注册资本，刘正飞、曹胜波、周锐当时在华中农大动物科学技术学院、动物医学院任讲师，从事动物生物制品领域的研究，其研发能力受到公司的认可，为便于开展后续研发方面的合作，公司允许其参与部分增资，其本人也看好科前生物的发展，同意以自有资金向科前生物出资。

2. 其他自然人股东是否与发行人、实际控制人、华中农大、相关中介机构及其工作人员存在关联或亲属关系，是否存在股份代持等情形

根据李江华、魏燕鸣、刘正飞、曹胜波、黄青伟、周锐6名自然人股东书面确认并经核查，除魏燕鸣、刘正飞、曹胜波、周锐仍在华中农大任职，魏燕鸣曾在科前生物和科缘生物兼职，曹胜波曾在科缘生物兼任监事，李江华曾在科前生物任职，黄青伟仍在科前生物任职外，上述自然人股东与发行人、实际控制人、华中农大、相关中介机构及其工作人员不存在其他关联或亲属关系，也不存在股份代持等情形。

许文彬2015年至2017年，为自由职业者；2017年4月至今，任上海玮斯文化传播有限公司监事；2018年2月至今，任绿碧茶园（上海）餐饮管理有限公司监事。

祥生医疗（688358）

无锡祥生医疗科技股份有限公司（以下简称发行人）2019年4月30日提交的招股说明书（申报稿）披露：发行人前身祥生有限1996年设立时，系江苏宏丰和莫善

[1]《北京市嘉源律师事务所关于武汉科前生物股份有限公司首次公开发行股票并在科创板上市的补充法律意见书（一）》，载上海证券交易所网，http：//static.sse.com.cn/stock/information/c/201905/6f741407694a4187b351968ef26b4e72.pdf，最后访问日期：2021年5月21日。

珏等8名自然人共同出资设立。其后历经多次转让，江宏等7人退出。2009年6月，祥生有限由莫善珏、莫若理父女持股100%。其中，江宏系自行离职自动取消股东资格。2019年4月，无锡市中级人民法院作出终审判决，维持原判，确认江宏不具有发行人股东资格。

针对上述情形，发审委要求发行人对下列事项进行说明，并要求保荐机构、发行人律师核查并发表明确意见：江宏等7名自然人的基本情况，参与设立祥生有限的背景和原因，在发行人处的任职时间、担任职务、负责的主要工作内容；1996年设立时，莫善珏是否代持部分股份，用于股权激励或引进人才等目的，未统一登记在其名下，相应的解除及规范情况，是否存在纠纷或潜在纠纷；江宏的出资入股情况，2002年取消其股东资格是否存在违法违规情形，莫善珏是否向江宏支付转让对价，目前是否存在纠纷或潜在纠纷。结合一审、二审判决理由、再审及改判的可能性，分析论证该事项是否影响发行人控制权属清晰，是否会构成本次发行的重大障碍；其余自然人股东的退出原因，转让价格的确定依据及其合理性和公允性，是否取得该等退出股东及其继承人的确认文件，是否存在纠纷或潜在纠纷。

根据发行人律师出具的补充法律意见书披露显示：[1]

1.除莫善珏外江宏等7名自然人的基本情况，参与设立祥生有限的背景和原因，在发行人处的任职时间、担任职务、负责的主要工作内容。

（1）江宏等7名原自然人股东基本情况如表17所示：

表17

序号	原股东	任职时间	主要职务及工作内容
1	吴荣伯	1996.1~2006.1	生产部主要负责人，兼探头总工艺师
2	赵惠东	1996.1~2010.2	历任探头质量负责人、采购部经理
……	……	……	……
7	江宏	1996.1~1997.10	副总经理，主管财务及销售工作

（2）江宏等7名自然人参与设立祥生有限的背景及原因

发行人实际控制人之一莫善珏确认，莫善珏与其他7名自然人因具有类似的技术或业务背景，且一致看好民用超声的应用与前景，经协商一致共同创业设立祥生有限。在当时硕放镇人民政府招商引资、吸引高科技专业团队的政策鼓励下，创业

〔1〕《关于无锡祥生医疗科技股份有限公司首次公开发行人民币普通股并在上海证券交易所科创板上市之补充法律意见书》，载上海证券交易所网，http://static.sse.com.cn/stock/information/c/201906/7e218235e8424edf935ae645fdd0f42e.pdf，最后访问日期：2021年5月21日。

团队最终选择在硕放创业。莫善珏与其他 7 名自然人系基于其自身意愿参与设立祥生有限。

硕放街道办事处于 2018 年 1 月 23 日出具确认函："在无锡市硕放镇人民政府招商引资、吸引高科技产业的政策鼓励下，无锡祥生由宏丰公司和莫善珏等 8 名自然人股东于 1996 年 1 月 30 日在无锡市硕放镇设立，设立时注册资本 50 万元。前述自然人中有国家级有突出贡献中青年专家、享有国务院特殊津贴的专家，以及毕业于北大、清华、南大等名校专注于软硬件、探头等领域的高科技人才，该团队在国内首屈一指……"

江宏等 7 名自然人系基于其自身意愿与莫善珏共同创业，共同出资设立祥生有限。

2.1996 年设立时，莫善珏是否代持部分股份，用于股权激励或引进人才等目的，未统一登记在其名下，相应的解除及规范情况，是否存在纠纷或潜在纠纷。

1996 年祥生有限设立时的股东均系真实持股，莫善珏不存在代持股份的情况。除已披露的江宏因被取消股东资格而产生的股权纠纷外，发行人股东持有的发行人股份不存在其他纠纷或潜在纠纷。

3. 江宏的出资入股情况，2002 年取消其股东资格是否存在违法违规情形，莫善珏是否向江宏支付转让对价，目前是否存在纠纷或潜在纠纷，结合一审、二审判决理由、再审及改判的可能性，分析论证该事项是否影响发行人控制权属清晰，是否会构成本次发行的重大障碍。

（1）江宏的出资入股情况

祥生有限由江苏宏丰以及莫善珏等 8 名自然人于 1996 年 1 月共同出资设立，设立时的注册资本为 50 万元，各股东均以货币方式出资。根据梁溪会计师事务所于 1996 年 1 月 24 日出具的锡梁会师验字〔1996〕2006 号验资报告，截至 1996 年 1 月 24 日，祥生有限的实收资本为 50 万元，其中江宏出资 3.03 万元。就设立事宜，祥生有限于 1996 年 1 月 30 日办理完成了工商登记。

（2）江宏丧失股东资格是否存在违法违规情形

①江宏与莫善珏等自然人股东于 1996 年 1 月 22 日签署《股东出资参与个人股协议》，约定：江宏未经其他个人股东集体同意不得擅自离职，如自行离职，则自动取消股东资格，并不得领取其股本、红利及风险基金。

②江宏于 1997 年 10 月自行离职。为明确江宏所持祥生有限股权的处理方式，江宏与莫善珏等自然人股东于 1997 年 10 月 25 日签署协议确认：江宏自 1997 年 10 月 11 日自行离开祥生有限；按照《股东出资参与个人股协议》第 4 条的约定，股东"自

行离职则自动取消股东资格，并不得领取其股本、红利及风险基金”；江宏同意取消其个人股东资格，其股权归其他个人股东所有，不再享有股东的任何权利。

③基于前述协议的约定，祥生有限股东会于2001年11月18日召开会议并作出决议，同意由莫善珏承接江宏所持有的祥生有限6.06%股权。祥生有限于2002年4月19日办理完成了工商变更登记。

④就前述股权承接，江宏于2017年11月向发行人发函声称未放弃股东权益。为确保发行人股权清晰及股权稳定，发行人于2018年9月向无锡市新吴区人民法院提起诉讼，请求判决确认江宏不具有发行人股东资格及权利。无锡市新吴区人民法院于2019年3月13日作出一审判决。法院认为，1996年1月22日《股东出资参与个人股协议》系由江宏起草，该协议书的签订系江宏真实意思表示；江宏签署1997年10月25日协议的事实存在；2001年11月18日股东会决议不影响江宏同意取消其股东资格。法院判决：江宏不具有发行人股东资格。

⑤江苏省无锡市中级人民法院于2019年4月26日作出二审判决，维持原判。

综上，取消江宏的股东资格符合1996年1月22日《股东出资参与个人股协议》约定，江宏在自行离职时已同意取消其股东资格并于1997年10月25日签署协议，相关事实及其法律效力已经法院生效判决确认，不存在违法违规情形。

（3）莫善珏是否向江宏支付转让对价

江宏1996年1月22日签署的《股东出资参与个人股协议》约定：若江宏自行离职则自动取消股东资格，并不得领取其股本、红利及风险基金。江宏1997年10月25日签署的协议约定：江宏同意取消个人股东资格，其股权归其他个人股东所有，不再享有股东的任何权利。综上所述，股权承接方莫善珏无须向江宏支付转让价款。

但“考虑到江宏、吴曼丽俩人的具体困难，经祥生公司全体个人股东研究，决定一次性补助江宏、吴曼丽俩人壹拾捌万元整”，江宏与其配偶吴曼丽于1997年10月25日就上述事实签字确认。上述事实亦经江苏省无锡市新吴区人民法院在（2018）苏0214民初5179号民事判决书中予以认定。

（4）目前是否存在纠纷或潜在纠纷

江宏股权纠纷案件已于2019年4月26日由江苏省无锡市中级人民法院作出终审判决并生效。前述生效判决目前不存在其他纠纷或潜在纠纷。

（5）结合一审、二审判决理由，以及再审改判的可能性，分析该事项对发行人控制权属清晰、本次发行的影响。

一审法院于2019年3月13日作出（2018）苏0214民初5179号民事判决书。根据该判决，一审法院认为本案争议焦点如下：①祥生医疗是否有权提起本案诉讼；②江宏是否具有祥生医疗股东资格。针对前述第一项争议焦点，一审法院判决祥生医疗作为原告适格，有权提起本案诉讼，主要理由是：祥生医疗提起本案诉讼符合《民事诉讼法》第一百一十九条规定的四项起诉条件，且最高人民法院《关于适用〈中华人民共和国公司法〉若干问题的规定（三）》第二十一条未禁止公司作为原告提起确认之诉。针对前述第二项争议焦点，一审法院判决“确认江宏不具有无锡祥生医疗科技股份有限公司股东资格”，主要理由是：1996 年 1 月 22 日《股东出资参与个人股协议》系由江宏起草，是江宏的真实意思表示，相关约定未违反法律、法规的禁止性规定，应属真实、合法、有效，协议各方均已按约履行，该协议对江宏具有拘束力；相关证据证明江宏签订 1997 年 10 月 25 日协议的事实存在；2001 年 11 月 18 日股东会决议不影响江宏同意取消其股东资格。

一审判决作出后，江宏向江苏省无锡市中级人民法院提起上诉。江苏省无锡市中级人民法院于 2019 年 4 月 26 日作出（2019）苏 02 民终 1581 号民事判决书，判决结果如下：“一审判决认定事实清楚，适用法律正确，该院应予维持。依据《中华人民共和国民事诉讼法》第一百七十条第一款第（一）项之规定，判决如下：驳回上诉，维持原判。”

结合本案一审、二审情况，本案提起再审并改判的可能性较低；不论本案是否再审及改判，均不影响发行人控制权属清晰，对本次发行不构成实质障碍。主要理由如下：第一，截至目前本案可提起再审的条件尚不具备。根据《民事诉讼法》第二百条的规定，仅在特定情况下当事人可提出再审申请，主要包括：出现新证据足以推翻原判决；原判决认定事实的主要证据是伪造的；原判决认定的基本事实缺乏证据；原判决程序存在重大瑕疵或适用法律确有错误的；审判人员有贪污受贿、徇私舞弊、枉法裁判行为的。根据本案一审、二审判决书内容，法院对相关当事人提供的证据进行了充分的质证，认定了相关证据的真实性和充分性，且截至目前并不存在足以推翻原判决的新证据，或者适用法律错误、审判程序或审判人员存在重大瑕疵等情形。江宏的股权纠纷再审并改判的可能性较低。第二，鉴于发行人实际控制人莫若理、莫善珏和陆坚直接及间接合计持有发行人 94.68% 的股份，即便启动再审程序作出相反判决，亦不足以影响发行人实际控制人的控制地位和控制权属。

综上，江宏股权纠纷案件已取得生效的终审判决，江宏的股权纠纷不影响发行人的控制权属清晰，亦不构成本次发行的重大障碍。

4. 其余自然人股东的退出原因，转让价格的确定依据及其合理性和公允性，是否取得该等退出股东及其继承人的确认文件，是否存在纠纷或潜在纠纷

除江宏外，发行人历史上退出的其余自然人股东共 6 名：顾爱远、王敏岐、赵惠

东、邹年军、吴荣伯、苏丽华。

（1）其余自然人股东（王敏岐、顾爱远、赵惠东、邹年军、吴荣伯、苏丽华）的退出原因、股权转让情况如下：

①王敏岐系自愿退出祥生有限，并将其所持有的祥生有限全部股权转让给吴荣伯、赵惠东、苏丽华，协议约定转让价格合计 3.03 万元，本次转让及定价系其真实意愿，转让真实。

②顾爱远系自愿退出祥生有限，并将其所持有的祥生有限全部股权转让给莫善珏，协议约定转让价格为 3.03 万元，本次转让及定价系其真实意愿，转让真实。

③邹年军系自愿退出祥生有限，并将其所持有的祥生有限全部股权转让给莫善珏，协议约定转让价格为 1.64 万元，本次转让及定价系其真实意愿，转让真实。

④因苏丽华去世，其继承人管建之、苏文惠、黄文英、苏婷依据法院判决继承相应股权。由于管建之等继承人本非祥生有限登记股东，因此，经各方协商，管建之等继承人于 2008 年 11 月与莫若理签署股权转让协议，约定将其继承的祥生有限股权全部转让予莫若理，转让价格合计 128.9043 万元。

⑤吴荣伯系自愿退出祥生有限，并将其所持有的祥生有限全部股权转让给莫若理，协议约定转让价格为 686.535 万元，本次转让及定价系其真实意愿，转让真实。吴荣伯于 2009 年 6 月 24 日出具声明："本人同意将所持无锡祥生医学影像有限责任公司（以下简称公司）22.884% 的股权全部转让给莫若理女士，上述股权转让价款为 686.535 万元人民币。"

⑥赵惠东系自愿退出祥生有限，并将其所持有的祥生有限全部股权转让给莫若理，协议约定转让价格为 488.905 万元，本次转让及定价系其真实意愿，转让真实。赵惠东于 2009 年 6 月 24 日出具声明："本人同意将所持无锡祥生医学影像有限责任公司（以下简称公司）16.297% 的股权全部转让给莫若理女士，上述股权转让价款为 488.905 万元人民币。"

除江宏以外的其余已退出自然人股东均为自愿退出祥生有限，且转让价格为各方协商确定，定价合理、公允。

（2）是否取得该等退出股东及其继承人的确认文件，是否存在纠纷或潜在纠纷

①自然人股东顾爱远、王敏岐、赵惠东、邹年军股权转让情况已确认，前述股东转让祥生有限股权均系其真实意愿，转让真实，文件是其本人真实签署，未发生纠纷。

②祥生有限原股东吴荣伯已去世。吴荣伯转让祥生有限股权不存在纠纷或潜在纠纷。

③根据江苏省无锡市北塘区人民法院于 2007 年 6 月 27 日作出的（2006）北民一初字第 1043 号民事判决书，2006 年 6 月 18 日苏丽华去世，其配偶管建之作为原告，以苏婷、苏文惠与黄文英为被告，以祥生有限等作为第三人提起诉讼。原告管建之诉称，苏丽华去世时持有祥生有限股份，请求法院明确其在祥生有限的股份份额。经法院查明，被告苏婷是苏丽华的女儿，被告苏文惠、黄文英是苏丽华的父母，原告管建之与苏丽华均系再婚。被告苏婷等对管建之的继承主体资格及应分配份额提出异议；第三人祥生有限对管建之的继承人资格亦提出异议。法院经审理后认为，苏丽华所持有祥生有限的股权属于苏丽华和管建之的夫妻共同财产。经审理，法院判决："管建之享有苏丽华在祥生公司所有股份的 58% 份额，其余 42% 归苏婷、苏文惠、黄文英所有，苏婷、苏文惠、黄文英各得 14%。"

江苏省无锡市北塘区人民法院作出（2006）北民一初字第 1043 号民事判决书后，苏婷、苏文惠、黄文英提出上诉，但经法院催交后未在规定期限内交纳案件受理费。江苏省无锡市中级人民法院于 2007 年 11 月 14 日作出（2007）锡诉字第 0235 号民事裁定书，本案作自动撤回上诉处理，原审判决即发生法律效力。

管建之等继承人于 2008 年 11 月将其继承的祥生有限全部股权转让给莫若理。祥生有限股东会于 2008 年 11 月 18 日召开会议并作出决议，同意管建之等继承人将其依据法院判决所得的祥生有限全部股权转让给莫若理，转让价款合计为 128.9043 万元。管建之等继承人于 2008 年 11 月与莫若理签署股权转让协议，就前述股权转让进行了约定，相关股权转让比例与法院判决结果一致。

莫若理已按照股权转让协议的约定向管建之等继承人足额支付了转让价款。祥生有限于 2008 年 12 月 3 日办理完成了上述股权转让的工商变更登记。

管建之等继承人原非祥生有限的登记股东，因继承苏丽华财产而取得祥生有限的股权；苏丽华继承事项已由人民法院判决确权，不存在争议；管建之等继承人与莫若理于 2008 年签署股权转让协议，莫若理已按照协议付清股权转让款，股权转让已完成所有必要的法律程序，股权转让合法有效，且转让迄今已超过诉讼时效；经受让方莫若理及发行人确认，股权转让不存在纠纷或潜在纠纷，股权转让后公司股权长期清晰稳定。

综上，管建之等继承人向莫若理转让祥生有限股权不存在纠纷或潜在纠纷。此外，上述股权转让涉及比例较低，而发行人实际控制人目前直接及间接合计持有发行人 94.68% 的股份。因此，不论上述股权转让是否存在纠纷，对本次发行均不存在实质性不利影响。

除江宏外，祥生有限其他自然人股东的股权转让不存在纠纷或潜在纠纷，对本次发行不存在实质性不利影响。

二、解决思路

对于历史沿革中发行人股权演变涉及人数较多的自然人股东，发审委会重点关注其股权变动是否存在争议或潜在纠纷，以及与相关人员是否存在关联关系等。

1. 发行人应详细披露自然人股东的基本情况、工作单位、入股原因，入股价格等，并关注：

（1）自然人股东资格是否合法。发行人自然人股东应当是具备完全民事行为能力和民事权利能力的自然人，不存在属于公务员、党政机关领导干部和职工、退（离）休国家领导干部、现役军人及军人家属等相关法律、行政法规规定的因特殊身份不能直接持股的情形，具备法律、法规规定的股东资格。

（2）自然人股东出资来源是否合法。发行人应说明自然人股东的相关出资来源，如以自有资金受让股权、未分配利润转增等。

（3）自然人股东入股原因是否合理。通常自然人股东入股原因主要有：代持股权、投资、间接持股转为直接持股、资本公积转增股本、员工入股、家庭内部安排等。

（4）自然人股东入股价格是否合理。根据《监管规则适用指引》的相关规定，发行人的自然人股东入股交易价格明显异常的，保荐机构、发行人律师应当核查自然人股东基本情况、入股背景等信息，说明是否存在股份代持、法律法规规定禁止持股的主体直接或间接持有发行人股份、发行的中介机构或其负责人、高级管理人员、经办人员直接或间接持有发行人股份、以发行人股权进行不当利益输送等情形的。

（5）自然人股东与发行人、实际控制人、控股股东、董事、监事、高管、相关中介机构等是否存在关联或亲属关系。

2. 历史上自然人股东入股、退股（含工会、职工持股会清理等事项）应按照当时有效的法律法规履行相应程序。保荐机构、发行人律师应核查入股或股权转让协议、款项收付凭证、工商登记资料等法律文件是否齐备，并抽取一定比例的股东进行访谈，就相关自然人股东股权变动的真实性、所履行程序的合法性发表明确意见。

3. 发行人自然人股东所持发行人股份权属清晰。

（1）自然人股东所持发行人股份不存在委托持股或信托持股等情形。若存在股份代持的，应当在提交申请前依法解除，并详细披露形成原因、演变情况、解除过程、是否存在纠纷或潜在纠纷等。

（2）自然人股东所持发行人股份未发生质押、司法冻结或其他权利限制情形，未发生重大权属纠纷，且不存在任何可能导致质押、司法冻结、其他权利限制或者重大权属纠纷的情形。若存在争议或潜在纠纷的，保荐机构、发行人律师应对相关纠纷对发行人股权清晰稳定的影响发表明确意见。

【具体核查要点】

1. 发行人自然人股东入股原因、入股价格是否合理；与发行人、实际控制人、控股股东、董事、监事、高管、相关中介机构等是否存在关联或亲属关系。

2. 发行人自然人股东股权变动是否真实，所履行程序是否合法。

3. 发行人自然人股东所持发行人股份是否权属清晰，是否存在委托持股或信托持股情形，是否存在争议或潜在纠纷。

【核查方式】

1. 股东为境内自然人的，查验境内自然人股东身份证复印件及本人签名，如属于发行人 5% 以上股份的主要股东或实际控制人的，应核查国籍、是否拥有永久境外居留权、身份证号码、住所。

2. 股东为外籍自然人的，查验外籍自然人股东永久居留权证书或公民卡、护照，且需经公证律师公证并经中华人民共和国驻外领事馆认证或经具有中国委托公证人资格的律师公证（在我国香港特别行政区）；如属于发行人 5% 以上股份的主要股东或实际控制人的，还需取得所在地律师出具的法律意见书，内容包括但不限于是否存在违法违规事项等。

3. 查阅发行人的工商档案资料及股东名册；查阅发行人及其子公司报告期各期末的员工名册及相关自然人股东与发行人签署的劳动合同。

4. 查阅与发行人自然人股东投资或转让股权相关的协议、收付款凭证等资料；对发行人股权演变过程中涉及的自然人股东进行访谈。

5. 核查自然人股东填写并签署的调查表、确认函。

6. 检索中国裁判文书网、人民法院公告网、中国执行信息公开网等网站的公开信息等。

7. 核查自然人股东的个人简历、调查表、银行流水等，对其对外投资和任职情况在国家企业信用信息公示系统等网络平台上进行查询。

三、参考规范

《监管规则适用指引——关于申请首发上市企业股东信息披露》

一、发行人应当真实、准确、完整地披露股东信息，发行人历史沿革中存在股份代持等情形的，应当在提交申请前依法解除，并在招股说明书中披露形成原因、演变情况、解除过程、是否存在纠纷或潜在纠纷等。

二、发行人在提交申报材料时应当出具专项承诺，说明发行人股东是否存在以下情形，并将该承诺对外披露：（一）法律法规规定禁止持股的主体直接或间接持有发行人股份;(二)本次发行的中介机构或其负责人、高级管理人员、经办人员直接或间接持有发行人股份;(三)以发行人股权进行不当利益输送。

四、发行人的自然人股东入股交易价格明显异常的，中介机构应当核查该股东基本情况、入股背景等信息，说明是否存在本指引第一项、第二项的情形。发行人应当说明该自然人股东基本情况。

五、发行人股东的股权架构为两层以上且为无实际经营业务的公司或有限合伙企业的，如该股东入股交易价格明显异常，中介机构应当对该股东层层穿透核查到最终持有人，说明是否存在本指引第一项、第二项的情形。最终持有人为自然人的，发行人应当说明自然人基本情况。

《上海证券交易所科创板股票发行上市审核问答(二)》

1.发行人历史上存在工会、职工持股会持股或者自然人股东人数较多等情形的，发行人应当如何进行规范？中介机构应当如何进行核查？

答:……(二)自然人股东人数较多的核查要求

对于历史沿革涉及较多自然人股东的发行人，保荐机构、发行人律师应当核查历史上自然人股东入股、退股(含工会、职工持股会清理等事项)是否按照当时有效的法律法规履行了相应程序，入股或股权转让协议、款项收付凭证、工商登记资料等法律文件是否齐备，并抽取一定比例的股东进行访谈，就相关自然人股东股权变动的真实性、所履行程序的合法性，是否存在委托持股或信托持股情形，是否存在争议或潜在纠纷发表明确意见。对于存在争议或潜在纠纷的，保荐机构、发行人律师应就相关纠纷对发行人控股权权属清晰稳定的影响发表明确意见。发行人以定向募集方式设立股份公司的，中介机构应以有权部门就发行人历史沿革的合规性、是否存在争议或潜在纠纷等事项的意见作为其发表意见的依据。

《深圳证券交易所创业板股票首次公开发行上市审核问答》

11.发行人历史上存在工会、职工持股会持股或者自然人股东人数较多等情形的，发行人应当如何进行规范？中介机构应当如何进行核查？

答:……(二)自然人股东人数较多的核查要求

对于历史沿革涉及较多自然人股东的发行人，保荐人、发行人律师应当核查历史上自然人股东入股、退股(含工会、职工持股会清理等事项)是否按照当时有效的法律法规履行了相应程序，入股或股权转让协议、款项收付凭证、工商登记资料等法律文件是否齐备，并抽取一定比例的股东进行访谈，就相关自然人股东股权变动的真实性、所履行程序的合法性，是否存在委托持股或信托持股情形，是否存在争议或潜在纠纷发表明确意见。对于存在争议或潜在纠纷的，保荐人、发行人律师应就相关纠纷对发行人控股权权属清晰稳定的影响发表明确意见。发行人以定向募集方式设立股份公司的，中介机构应以有权部门就发行人历史沿革的合规性、是否存在争议或潜在纠纷等事项的意见作为其发表意见的依据。

第四章

发行人的股本及其演变

第一节　国资股权变动瑕疵

国有资产，是指属于国家所有的一切财产和财产权利的总和，是国家所有权的客体。对于有国有资产投入的拟上市公司，历史沿革中往往会存在设立及国有股权变动过程中未履行国有资产评估、未按规定履行相关程序等不规范情形。

截至 2020 年 12 月 31 日，科创板、创业板过会的企业中有睿创微纳、祥生医疗、福光股份、安集科技、中控技术、中科星图、中伟股份、前沿生物、孚能科技、通源环境等近四十家企业被问及上述相关问题。

一、典型案例

睿创微纳（688002）

烟台睿创微纳技术股份有限公司（以下简称发行人）2019 年 3 月 22 日提交的招股说明书（申报稿）中披露：发行人曾经为国有控股公司，国有股东烟台开发区国资公司增资时未履行评估程序。

针对上述情形，发审委要求发行人对下列事项进行说明，并要求保荐机构、发行人律师核查并发表明确意见：国有股东的股权管理方案是否取得主管部门的批复，申报文件中是否依法对国有股东进行标识；烟台开发区国资公司对发行人增资扩股时，前两次增资均未进行评估的原因，并结合当时有效的法律法规，分析说明上述增资行为的法律依据是否充分、履行程序是否合法以及对发行人的影响；发行人历史上是否存在收购国有资产的情形，烟台开发区国资公司转让发行人股权时，是否依法履行资产评估、公开交易等程序；相关主管部门是否就上述增资程序的合法性、是否造成国有资产流失等事项出具明确意见。

根据发行人律师出具的补充法律意见书披露显示：[1]

1. 发行人设立后，共取得国有资产管理机关下发的涉及国有股权管理方案及国有股东标识的批复

（1）2016年7月14日，烟台市人民政府国有资产监督管理委员会下发《关于烟台睿创微纳技术股份有限公司国有股权管理有关事宜的批复》（烟国资〔2016〕62号），确认开发区国资公司在证券登记结算公司开立的证券账户应标注“SS”标识。

（2）2018年9月20日，山东省人民政府国有资产监督管理委员会下发《关于烟台睿创微纳技术股份有限公司国有股权管理有关事宜的批复》（鲁国资产权字〔2018〕39号），确认开发区国资公司在证券登记结算公司开立的证券账户应标注“SS”标识。

（3）2019年1月30日，烟台市人民政府国有资产监督管理委员会下发《关于烟台睿创微纳技术股份有限公司国有股权管理事项的批复》（烟国资〔2019〕10号），确认开发区国资公司在证券登记结算公司开立的证券账户应标注“SS”标识。

发行人为本次发行及上市编制的《烟台睿创微纳技术股份有限公司首次公开发行股票并在科创板上市招股说明书》中已针对上述国有股东标识事宜进行了披露。

2. 睿创有限在2010年6月增加注册资本至18,000万元，2014年11月增加注册资本至24,500万元，未履行资产评估程序。睿创有限进行上述增资过程中，开发区国资公司作为股东均批准了上述增资行为，但未参与上述新增注册资本的认缴工作

上述增资过程未实施资产评估的原因及解决措施：睿创有限在前述增资过程前一直处于企业亏损状态，企业净资产长期低于企业注册资本，因此在实施增资时未按照有关规定实施资产评估程序。为完善上述程序，睿创有限聘请烟台华信资产评估事务所有限公司分别对前述增资时点的企业净资产实施追溯性评估，并分别出具了资产评估报告书（烟华信资评字〔2016〕第041号、烟华信资评字〔2016〕第042号），烟台经济开发区国有资产管理局已针对上述资产评估进行了备案确认。

睿创有限实施上述增资的过程中已按照当时适用的《公司法》的相关规定履行了法定程序，增资行为经过睿创有限股东会批准，增资结果合法有效。在增资行为实施当时虽未按照《企业国有资产评估管理暂行办法》履行资产评估程序，但事后已实施了追溯性评估，确认增资价格不低于企业当时的净资产，且评估结果已由国有资产监督管理部门备案，符合国有资产评估的程序要求，上述情形不会对发行人本次发行及

[1]《北京市中银律师事务所关于烟台睿创微纳技术股份有限公司首次公开发行人民币普通股股票并在科创板上市的补充法律意见书》，载上海证券交易所网，http://static.sse.com.cn/stock/information/c/201904/ec966e3743914bb1851ef18d63847d57.pdf，最后访问日期：2021年5月21日。

上市构成法律障碍。

3. 发行人自设立以来除正常的生产经营活动外，不存在收购国有资产的情形。发行人股东烟台赫几收购开发区国资公司所持睿创有限股权的过程如下

（1）2015 年 6 月 8 日，烟台北诚资产评估有限公司出具《烟台睿创微纳技术有限公司股东拟股权转让涉及的股东权益评估报告》，以 2015 年 3 月 31 日为评估基准日对睿创有限的全部股东权益进行了评估。2015 年 6 月 19 日，开发区国有资局下发《关于对〈关于转让烟台睿创微纳技术有限公司国有股权的请示〉的批复》（烟开国资〔2015〕32 号），批准开发区国资公司将其持有的睿创有限 18.37% 的股权实施对外转让。

（2）2015 年 7 月 10 日，睿创有限召开股东会，批准开发区国资公司将其持有的睿创有限 4500 万股权进行公开挂牌转让。

（3）2015 年 8 月 17 日，烟台赫几通过山东产权交易中心摘牌方式获得对应股权的所有权，开发区国资公司与烟台赫几签订《产权交易合同》，约定烟台赫几以 5850 万元受让开发区国资公司持有的睿创有限 18.37% 的股权。

（4）2015 年 8 月 24 日，山东产权交易中心下发产权交易凭证（A 类）（编号：鲁产权鉴字第 993 号），确认本次股权转让行为。

（5）2015 年 8 月 28 日，烟台经济技术开发区市场监督管理局核准了此次变更。

4. 山东省国资委已针对发行人历史沿革中的相关事项出具确认意见（鲁国资产权字〔2019〕7 号），确认发行人历史上"未发现存在国有资产流失的情形"。

综上，发行人不存在因侵犯国有资产给本次发行及上市造成法律障碍的情形。

福光股份（688010）

福建福光股份有限公司（以下简称发行人）2019 年 3 月 28 日提交的招股说明书（申报稿）披露：何文波合计控制公司 37.51% 的股份，为公司的实际控制人。公司股东信息集团和福州创投为国有股东，分别持有公司 3400 万股和 163.97 万股股份，占公司股份总数的 29.62% 和 1.43%，信息集团为福建省国资委全资控股的公司。

针对上述情形，发审委要求发行人对下列事项进行说明，并要求保荐机构、发行人律师核查并发表明确意见：发行人的国有股东共同持股 31.05%，与何文波控制的股份比例较为接近，结合最近两年内，福建省国资委或国有股东在公司章程、协议或其他安排以及发行人股东大会（股东出席会议情况、表决过程、审议结果、董事提名和任命等）、董事会（重大决策的提议和表决过程等）、监事会及发行人经营管理的实际运作等方面的影响，进一步说明福建省国资委或国有股东是否具有实际控制权，何

文波是否可以实质控制发行人；何文波与信息集团，福州创投等是否存在一致行动关系或其他协议安排，该等协议安排是否对发行人实际控制权存在重大影响；国有股东的股权管理方案是否取得主管部门的批复，该国有股权的增资入股、股权转让等是否履行了资产评估、公开交易等必要程序，是否合法合规，是否存在国有资产流失的情形。

根据发行人律师出具的补充法律意见书披露显示：[1]

1. 何文波可以实际控制公司，发行人国有股东不具有实际控制权。

（1）何文波控制的中融投资为第一大股东，对股东大会特别决议事项享有一票否决权。

何文波控制的中融投资持有公司36.73%股份，为公司第一大股东，且为公司唯一的单一持股超过30%的股东。根据发行人现行章程的规定，公司发行的股份，每一股份均具有同等权利；股东以其所代表的有表决权的股份数额行使表决权，每一股份享有一票表决权，因此，发行人目前不存在任何股份数量与表决权数量不对等的表决权差异安排，在股东大会审议相关事项时，股东应按照各自持股数量行使表决权。同时，发行人现有各股东之间（包括两名国有股东之间）不存在任何有关发行人控制权的协议或其他安排，不存在任何股东签署一致行动等类似协议导致其控制的股份或表决权数额超出何文波的情形。

因此，对于有关需要发行人股东大会审议的重大事项，何文波和国有股东均应根据各自的持股数额行使表决权，而何文波的表决权数额大于国有股东且对股东大会需要2/3以上表决权同意的特别决议事项享有一票否决权。

（2）国有股东与何文波控制的股份比例较为接近，但未对股东大会的正常召开造成影响，未对何文波的实际控制权造成影响。

发行人召开股东大会审议与公司有关的重大事项，视普通决议与特别决议的不同，需分别经出席会议股东所持表决权的1/2以上或2/3以上通过。自2017年1月1日至2018年12月31日，公司共召开股东大会会议10次，何文波控制的中融投资以及国有股东信息集团均全部出席会议且对所有议案投赞成票。

（3）何文波控制的中融投资委派的董事占公司非独立董事的大多数席位。

发行人董事会由发行人2018年第五次临时股东大会选举产生，中融投资提名的董事候选人何文波、何文秋、郑秋、倪政雄，以及国有股东信息集团提名的董事候选

[1]《上海市锦天城律师事务所关于福建福光股份有限公司首次公开发行股票并在科创板上市的补充法律意见书（一）》，载上海证券交易所网，http：//static.sse.com.cn/stock/information/c/201905/bfbdd8d0753a4c8e8cb0b7857fec97b1.pdf，最后访问日期：2021年5月21日。

人宿利南、夏良毅当选第二届董事会非独立董事，与另外三名独立董事共同组成第二届董事会，其中，何文波为公司董事长。在公司现有董事会成员中，何文波控制的中融投资委派的董事为 4 名，国有股东信息集团委派的董事为 2 名。

（4）董事会重大决策的提议均由以何文波为核心的经营管理层向董事会提出。

自 2017 年 1 月 1 日至 2018 年 12 月 31 日，发行人共召开董事会会议 15 次。其中，涉及与公司经营方针、投资计划、董监事人员任免、利润分配等相关的重大决策议案，均由以何文波为核心的经营管理层向董事会提出。发行人董事均全部出席会议且对所有议案投赞成票。

（5）何文波控制的中融投资委派的监事人数与国有股东委派的监事人数相等。

发行人监事会由公司 2018 年第五次临时股东大会选举产生，中融投资提名的监事候选人唐支銮，以及国有股东信息集团提名的监事候选人李寅彦当选第二届监事会监事，与另外一名职工监事共同组成发行人第二届监事会。

自 2017 年 1 月 1 日至 2018 年 12 月 31 日，发行人共召开监事会会议 10 次，发行人监事均全部出席会议且对所有议案投赞成票。

（6）发行人经营管理层的运作由以何文波为核心的团队展开。

发行人高级管理人员为总经理何文波，副总经理何文秋、肖维军、何武强，财务总监刘笑生，董事会秘书黄健。根据发行人章程的规定以及发行人日常实际运作状况，总经理何文波对董事会负责，主持发行人的生产经营工作，组织实施董事会决议，制定发行人具体规章制度，提请董事会聘任或解聘副总经理、财务负责人，以及决定聘任或解聘董事会权限下的其他管理人员。

综上，鉴于何文波控制的中融投资为公司唯一的单一控制股份比例达到 30% 以上的股东，其表决权数额大于国有股东且对股东大会需要 2/3 以上表决权同意的特别决议事项享有一票否决权；其控制的中融投资委派的董事人数占公司非独立董事的大多数；董事会重大决策的提议均由以何文波为核心的经营管理层提出；公司经营管理层的运作由以何文波为核心的团队展开。因此，福建省国资委及 / 或其他国有股东不具有实际控制权，何文波可以实质控制公司。

2. 何文波、信息集团、福州创投不存在一致行动关系或其他协议安排。

3. 发行人国有股权的增资入股、股权转让等行为合法合规，不存在国有资产流失的情形。

福建省国资委已于 2015 年 8 月 14 日出具《关于确认福建福光股份有限公司国有股权的函》（闽国资函权〔2015〕284 号），对发行人的国有股权管理进行了批复。

福建省国资委于 2019 年 3 月 21 日出具《关于福建福光股份有限公司国有股权设

置的函》(闽国资函产权〔2019〕141 号)，认定信息集团和福州创投为发行人的国有股东。

发行人共进行 6 次增资，4 次股权转让。其中，信息集团参与的增资均为各股东同比例增资或以货币方式缴纳出资；福州创投参与 1 次股权转让，系以货币现金受让部分发行人股份。上述事项均为国有股东对外投资行为，不属于对外出售、转让国有资产，不属于《企业国有资产法》《国有资产评估管理若干问题的规定》中规定的需要履行资产评估、公开交易等程序的情形。福建省国资委于 2017 年 6 月 9 日出具《关于福建福光股份有限公司国有股权设置的函》(闽国资函产权〔2017〕256 号)，确认福光股份自 2006 年 6 月至 2015 年 12 月进行了 6 次增资，履行了相应程序，未发现损害国有股东权益的行为，实现了国有资产的保值增值。福州市财政局于 2019 年 4 月 19 日出具《福州市财政局关于福建福光股份有限公司国有股权设置的函》(榕财综函〔2019〕6 号)，确认福州创投履行了全部所需的相应程序，流程合法合规，未发现财政资金流失的情形。

安集科技(688019)

安集微电子科技(上海)股份有限公司(以下简称发行人)2019 年 3 月 29 日提交的招股说明书(申报稿)披露：2016 年 7 月，国家集成电路基金与北京集成电路基金对安集有限增资，增资价格均为 17.71 元 /1 元注册资本，本次增资前安集有限的评估价值为 5.88 亿元。

针对上述情形，发审委要求发行人对下列事项进行说明，并要求保荐机构、发行人律师核查并发表明确意见：本次增资是否履行评估备案程序等法定程序；发行人国有股东是否按照《关于进一步明确非上市股份有限公司国有股权管理有关事项的通知》、《财政部关于股份有限公司国有股权管理工作有关问题的通知》(已修改)等要求办理非上市股份有限公司的国有股权管理与设置工作，并在国有股东之后标注“SS”。

根据发行人律师出具的补充法律意见书披露显示：[1]

1. 本次增资是否履行评估备案程序等法定程序

就本次增资，国家集成电路基金聘请了北京中同华资产评估有限公司以 2015 年 9 月 30 日为基准日进行了资产评估，并于 2015 年 12 月 7 日出具了中同华评报字

〔1〕《上海市锦天城律师事务所关于安集微电子科技(上海)股份有限公司首次公开发行股票并在科创板上市的补充法律意见书(一)》，载上海证券交易所网，http：//static.sse.com.cn/stock/information/c/201904/075677a2f1ac4323ac27300444f7db22.pdf，最后访问日期：2021 年 5 月 21 日。

〔2015〕第988号评估报告。评估结论为：安集有限的股东全部权益评估价值为人民币5.88亿元，按评估基准日人民币汇率中间价折算美元为9243.39万美元。

根据国家集成电路基金出具的《有关安集项目评估备案情况的说明》，2016年1月27日国家集成电路基金履行了内部投资决策程序，同意按照9220万美元的投前估值对安集有限增资1700万美元，美元兑人民币汇率锁定为1∶6.4。国家集成电路基金在成立之初就非常关注评估备案问题，对该问题进行了多次的内部探讨，并向财政部就此事发函问询有关国资备案的履行程序问题，但一直未获得答复。为不影响投资业务开展，国家集成电路基金暂内部决定将评估和备案分开处理。2018年5月14日，国家集成电路基金收到财政部的正式来函《关于国家集成电路产业投资基金资产评估事项的函》，函中建议国家集成电路基金所投项目资产评估事项按照《国有资产评估管理办法》等普遍适用办法执行。国家集成电路基金收到此函后，对新增的资产评估事项向财政部经建司履行了完整的备案手续。

国家集成电路基金对安集有限增资进行了资产评估并履行了内部投资决策程序，其投资安集科技已取得财政部出具《财政部关于确认国家集成电路产业投资基金股份有限公司投资的安集微电子科技（上海）股份有限公司国有股权管理方案的函》（财建函〔2019〕3号）。

2. 发行人国有股东是否按照《关于进一步明确非上市股份有限公司国有股权管理有关事项的通知》《财政部关于股份有限公司国有股权管理工作有关问题的通知》等要求办理非上市股份有限公司的国有股权管理与设置工作，并在国有股东之后标注“SS”

2019年1月31日，财政部出具《财政部关于确认国家集成电路产业投资基金股份有限公司投资的安集微电子科技（上海）股份有限公司国有股权管理方案的函》（财建函〔2019〕3号），确认国家集成电路基金和张江科创为国有股东，股份性质为国有法人股。

发行人已经在招股说明书（申报稿）中在国家集成电路基金和张江科创之后标注“SS”。

发行人国有股东已按照《关于进一步明确非上市股份有限公司国有股权管理有关事项的通知》、《财政部关于股份有限公司国有股权管理工作有关问题的通知》（已修改）等要求办理非上市股份有限公司的国有股权管理与设置工作，并在国有股东之后标注“SS”。

中控技术（688777）

浙江中控技术股份有限公司（以下简称发行人）2020 年 3 月 25 日提交的招股说明书（申报稿）披露：浙大海纳的中控事业部曾主要从事自动化控制业务。1999 年 9 月，浙大海纳和褚健等 23 名自然人共同设立控股子公司海纳中控（中控信息前身），并将业务和人员转至海纳中控。2000 年，海纳中控陆续将 DCS 业务的剥离至中控技术，并不再从事自动化控制系统业务。发行人前身中控技术设立初期未实际开展业务，受让海纳中控上述 DCS 相关资产后方开始从事 DCS 业务。发行人的部分业务、资产、人员来自上市公司。

针对上述情形，发审委要求发行人对下列事项进行说明，并要求保荐机构、发行人律师核查并发表明确意见：海纳中控 2000 年下半年转让 DCS 业务相关资产的行为，除固定资产转让外，未进行评估；海纳中控将其持有的中控技术 9.09% 的股权转让给中控集团未履行评估程序；上述情形不符合《国有资产评估管理办法》（1991 年国务院令第 91 号，2020 修订）第三条规定，补充说明是否存在国有资产流失，发行人是否采取整改或补救措施。

根据发行人律师出具的补充法律意见书披露显示：[1]

1. 海纳中控 2000 年下半年转让 DCS 业务相关资产的行为

中控有限收购杭州中控等公司的股权涉及国有控股上市公司的资产交易，具体为：（1）浙大海纳（国有控股上市公司）及海纳中控（控股子公司）出售杭州中控等五家销售公司的股权至中控技术，交易金额为 315.20 万元；（2）海纳中控出售 DCS 库存原材料、半成品及固定资产至中控技术，交易金额为 1226.46 万元。

浙大海纳彼时属于浙江大学控制的上市公司（高校下属企业），因此，浙大海纳及其控股子公司均属于高校国有资产。中控有限收购杭州中控等公司股权、资产需履行国有资产转让程序。

根据财政部《国有资产评估管理办法》和《国有资产评估管理办法施行细则》（1992 年 7 月，国资办发〔1992〕36 号）的相关规定，浙大海纳作为“国有资产占有单位”，其出售资产给中控技术应进行评估但实际未进行评估。根据《国有资产评估管理办法施行细则》第十条的规定，上述资产出售未进行评估可能存在“该经济行为无效”的法律风险，但鉴于：

〔1〕《北京市金杜律师事务所关于浙江中控技术股份有限公司首次公开发行股票并在科创板上市之补充法律意见书（二）》，载上海证券交易所网，http：//static.sse.com.cn/stock/information/c/202006/b7983c6fa0ad41c3b179c6a8cfceac1d.pdf，最后访问日期：2021 年 5 月 21 日。

（1）交易的资产为处于亏损状态的轻资产销售公司以及低值易耗品，增值的可能性较小；

（2）交易价额不低于账面净资产或注册资本，定价依据合理，作价公允，未损害上市公司利益，未造成国有资产流失，未损害海纳中控和上市公司的利益；

（3）交易金额在上市公司中的整体比重较小（不足 5%），对上市公司的生产经营未造成实质性影响；

（4）交易各方的相关义务已经履行完毕，各方未因该交易发生争议或纠纷，且浙江大学已于 2020 年 3 月确认前述涉及国有的资产变动事宜情况属实，与中控技术不存在法律纠纷；

（5）前述国有资产管理规定为管理性强制规定而非效力性强制规定，未经评估不属于《合同法》第五十二条[1]规定的违反效力性强制性法律规定从而导致合同无效的情形，故未经评估不影响交易的生效及相关国有资产处置行为的有效性。

上市公司于 2000 年下半年出售相关资产存在未经评估的情况，但该交易定价依据合理，作价公允，未造成国有资产流失，且该交易已经主管单位浙江大学确认属实及不存在纠纷，因此该交易未经评估不影响交易的生效及相关国有资产处置行为的有效性，亦不会对发行人本次发行上市造成实质性影响。

关于整改或补救措施，中控技术的实际控制人和高级管理人员出具承诺："中控技术的历史沿革过程中曾涉及国有股权及资产的转让事宜，该些事项转让履行了相关程序，符合当时工作实际，至今未发生纠纷或诉讼情况。若后续因该些事项出现利益纠纷或诉讼，本人负责做好相关利益纠纷及诉讼的处置工作。"

2. 海纳中控将其持有的中控技术 9.09% 的股权转让给中控集团

2002 年 7 月，按照当时浙大海纳内部决策权限，海纳中控召开董事会，同意将其持有的中控技术 9.09% 的股权（对应 300 万元出资额）以总计 360 万元的价格转让给中控集团。上述股权交易金额 360 万元占浙大海纳 2001 年年底净资产的 0.98%，占浙大海纳 2002 年 6 月 30 日净资产 0.96%。全体董事包括上市公司委派的代表在相应的决议上签字确认。同日，海纳中控和中控集团签署股权转让协议。2002 年 8 月 6 日，浙大海纳召开董事会决议时，董事长将海纳中控转让发行人股权的事宜向浙大海纳全体董事进行通报，并确认此事项为海纳中控董事会权限内事项，浙大海纳董事均无异议并在董事会会议记录中备案。该事项已在浙大海纳 2002 年度报告中披露。

浙大海纳彼时属于浙江大学控制的上市公司（高校下属企业），其控股子公司海纳中控出售中控技术的股权应当适用国有资产的相关规定。根据财政部《国有资产评

[1]《合同法》已失效，现对应法律为我国《民法典》合同编。全书同。

估管理办法》和《国有资产评估管理办法施行细则》的相关规定，浙大海纳作为“国有资产占有单位”，其控股子公司对外转让股权应进行评估但实际未进行评估。根据《国有资产评估管理办法施行细则》第十条的规定，上述股权转让未进行评估可能存在着“该经济行为无效”的法律风险，但鉴于：

（1）股权交易价格高于净资产，定价依据合理，作价公允，未损害上市公司利益，未造成国有资产流失，未损害海纳中控和上市公司的利益；

（2）股权交易价格在上市公司中的占比很小（不足 1%），对上市公司的生产经营未造成实质性影响；

（3）交易各方的相关义务已经履行完毕，各方未因该交易发生争议或纠纷，且浙江大学已于 2020 年 3 月确认前述涉及国有的股权变动事宜情况属实，与中控技术不存在法律纠纷；

（4）前述国有资产管理规定为管理性强制规定而非效力性强制规定，未经评估不属于《合同法》第五十二条规定的违反效力性强制性法律规定从而导致合同无效的情形，故未经评估不影响交易的生效及相关国有资产处置行为的有效性。

因此，海纳中控转让发行人股权存在未经评估的情况，但该交易定价依据合理，作价公允，未造成国有资产流失，且该交易已经主管单位浙江大学确认属实及不存在纠纷，因此该交易未经评估不影响交易的生效及相关国有资产处置行为的有效性，亦不会对发行人本次发行上市造成实质性影响。

关于整改或补救措施，中控技术的实际控制人和高级管理人员出具承诺：“中控技术的历史沿革过程中曾涉及国有股权及资产的转让事宜，该些事项转让履行了相关程序，符合当时工作实际，至今未发生纠纷或诉讼情况。若后续因该些事项出现利益纠纷或诉讼，本人负责做好相关利益纠纷及诉讼的处置工作。”

中伟股份（300919，创业板）

中伟新材料股份有限公司（以下简称发行人）2020 年 6 月 24 日提交的招股说明书（申报稿）未对相关国资问题进行披露。

针对上述情形，发审委要求发行人根据有关资产评估、投资审批等国有资产管理规定，补充披露关于 2019 年 4 月国有股东增资入股发行人的合规性。

根据发行人律师出具的补充法律意见书披露显示：[1]

---

〔1〕《湖南启元律师事务所关于中伟新材料股份有限公司首次公开发行股票并在创业板上市的补充法律意见书（三）》，载深圳证券交易所网，http：//reportdocs.static.szse.cn/UpFiles/rasinfodisc/RAS_000174C088A9E93FD81642E04D5EC23F.pdf，最后访问日期：2021 年 5 月 21 日。

1. 国有股东增资入股发行人履行的投资审批程序

（1）贵州高投

贵州高投为私募股权投资基金，根据《贵州省高新技术产业发展基金管理办法》规定，直接投资项目由基金公司（贵州高投）受理后，报出资人核准立项，基金管理公司尽职调查，基金投资决策委员会在基金管理公司完成项目尽职调查的基础上，对直接投资项目进行全面评议并进行决策。2019 年 3 月 7 日，贵州高投投资决策委员会会议作出决议，同意投资中伟新材料 8000 万元。

（2）中比基金

中比基金为私募股权投资基金，根据其公司章程约定，中比基金选择海富产业投资基金管理有限公司（以下简称海富产业）作为基金管理人。根据中比基金与海富产业于 2005 年 1 月签订的《基金资产委托管理协议》及附件授权书，海富产业对每单个投资额 500 万欧元或以内的目标项目进行投资、退出并对中比基金的资产进行管理。根据中比基金与海富产业于 2013 年 7 月签订的《基金资产委托管理协议之补充协议》及附件授权书，上述投资金额限额提高到 8000 万元。2019 年 2 月 1 日，海富产业投资决策委员会会议作出决议，同意中比基金对发行人增资不超过 5004.20 万元。中比基金投资发行人的金额在海富产业投资权限内。

（3）大龙扶贫

大龙扶贫系贵州大龙经济开发区财政局持有 100% 股权的国有独资公司，其履行出资人职责的机构为贵州大龙经济开发区财政局。2019 年 3 月 19 日，贵州大龙经济开发区管理委员会（贵州大龙经济开发区财政局上级单位）出具《关于参与中伟新材料 A 轮股权融资的批复》，同意大龙扶贫以人民币 2999.90 万元认购发行人 229 万元注册资本。

（4）梵投集团

2019 年 3 月 29 日，铜仁市国有资产监督管理局出具《关于投资中伟新材料有限公司有关事宜请示的回复》，确认根据《关于加强和改进全市国资国企监管工作的意见》（铜政办发〔2018〕47 号）文件规定，国有监管机构不再审核或备案企业投资项目，请梵投集团按照《公司法》公司章程及相关规定办理。2019 年 3 月 30 日，梵投集团股东会审议通过，同意梵投集团认购发行人 229 万元注册资本，投资金额 2999.90 万元。

贵州高投、中比基金、大龙扶贫、梵投集团增资入股发行人时，均已依据相关法律法规及其各自的内部制度等履行了相应的决策审批程序。

2. 国有股东依据市场化估值原则投资发行人，未进行资产评估，增资行为合法有效

根据贵州高投及其主管单位贵州金融控股集团有限责任公司（贵州贵民投资集团有限责任公司）、中比基金、大龙扶贫及其主管单位贵州大龙经济开发区财政局、梵投集团及其主管单位铜仁市国有资产监督管理局出具的说明，由投资主体自主确定是否聘请专业机构对拟投资企业进行资产评估，本次投资发行人依法履行了必要的法律程序，符合国有资产监督管理法律法规的规定，相关经济行为合法有效。《企业国有资产交易监督管理办法》《国有资产评估管理若干问题的规定》《企业国有资产评估管理暂行办法》未明确要求国有企业以现金方式对非国有企业增资需履行评估程序，且贵州高投及其主管部门、中比基金、大龙扶贫及其主管部门、梵投集团及其主管部门分别出具说明，确认其增资入股发行人依据市场化估值原则，履行了必要的法律程序，符合国有资产监督管理规定。

据此，贵州高投、中比基金、大龙扶贫、梵投集团依据市场化估值原则以现金增资入股发行人未进行资产评估不违反相关法律法规及其内部制度的规定，该增资行为合法有效。

3. 国有股东已取得主管单位关于确认国有股东身份及持股比例的批复

2020 年 3 月，贵州高投主管部门贵州省财政厅下发《关于确认中伟新材料股份有限公司国有股权的函》（黔财金函〔2020〕4 号），确认了贵州高投、中比基金、大龙扶贫、梵投集团的国有股东身份以及持股比例。

相关主管单位已对贵州高投、中比基金、大龙扶贫、梵投集团持有的发行人股份及股份比例进行了认定，相关经济行为合法有效。

二、解决思路

国资股权变动瑕疵问题的主要解决思路：公司针对存在的瑕疵予以整改并取得主管部门的确认，历史沿革中涉及的国有产权变动事项不存在国有资产流失的情形。

1. 发行人国有股权变动在履行相应评估、审批、备案等程序上存在瑕疵。发行人未按要求履行评估手续的，应在事后进行追溯性评估，聘请评估机构对股权转让当时的企业价值进行补充评估，出具追溯性资产评估报告书，在相关国有资产监督管理部门备案；针对评估差异问题，需制定相应的整改方案，经由国资部门审批同意，相关方按其持股比例对差额进行补缴。必要时可由发行人实际控制人、高级管理人员作出承诺，若后续因该事项出现纠纷或诉讼，其本人将承担全部责任。

2. 国资股权退出时未履行公开挂牌转让程序。鉴于该未进场交易程序已无法追

溯，可由相关主管部门就上述国有产权交易价格的公允，定价环节中未造成国有资产流失或损害国家利益的情形等事项予以确认。

3. 发行人国有股东的国有股权管理方案应取得主管部门审批，申报文件中应对国有股东进行标识。发行人国有股东应按照《关于进一步明确非上市股份有限公司国有股权管理有关事项的通知》、《财政部关于股份有限公司国有股权管理工作有关问题的通知》（已修改）等相关文件的要求办理非上市股份有限公司的国有股权管理与设置工作，并在招股说明书（申报稿）中在国有股东之后标注“SS”。

【具体核查要点】

1. 发行人国有股权变动资产评估、公开交易等程序是否合规；未实施资产评估的原因及解决措施；该交易定价依据是否合理，作价是否公允；未按要求履行评估手续、公开挂牌交易是否造成国有资产流失。

2. 发行人是否按照要求办理国有股权管理工作；是否在申报文件中对国有股东进行标识。

【核查方式】

1. 查阅发行人的工商登记资料和发行人设立后取得的历次国有股权管理方案。

2. 查阅发行人现行有效的公司章程。

3. 查阅发行人股权转让履行国有产权交易程序的相关文件；查阅公司股东大会、董事会、监事会的相关内部资料、各级股东就国有股权管理向各主管部门请示以及主管部门批复等相关文件以及是否需履行相关程序的书面说明。

4. 取得发行人实际控制人和高级管理人员对历史沿革过程中曾涉国有股权及资产转让事宜的承诺，及发行人出具的审计报告、验资报告、评估报告和相关说明函。

5. 对发行人相关负责人进行访谈。

6. 查阅国资管理机构对历史沿革相关事项出具的确认文件、批复文件以及相关说明。

7. 查阅现行国有资产监管、国有企业股权投资关于国有企业资产评估、投资审批的相关法律法规。

三、参考规范

《企业国有资产法》

第五十三条　国有资产转让由履行出资人职责的机构决定。履行出资人职责的机构决定转让全部国有资产的，或者转让部分国有资产致使国家对该企业不再具有控股地位的，应当报请本级人民政府批准。

《上市公司国有股权监督管理办法》

第三条　本办法所称国有股东是指符合以下情形之一的企业和单位，其证券账户标注“SS”：

（一）政府部门、机构、事业单位、境内国有独资或全资企业；

（二）第一款中所述单位或企业独家持股比例超过50%，或合计持股比例超过50%，且其中之一为第一大股东的境内企业；

（三）第二款中所述企业直接或间接持股的各级境内独资或全资企业。

《企业国有资产监督管理暂行条例》

第二十一条　国有资产监督管理机构依照法定程序决定其所出资企业中的国有独资企业、国有独资公司的分立、合并、破产、解散、增减资本、发行公司债券等重大事项。其中，重要的国有独资企业、国有独资公司分立、合并、破产、解散的，应当由国有资产监督管理机构审核后，报本级人民政府批准。

国有资产监督管理机构依照法定程序审核、决定国防科技工业领域其所出资企业中的国有独资企业、国有独资公司的有关重大事项时，按照国家有关法律、规定执行。

《企业国有资产评估管理暂行办法》

第六条　企业有下列行为之一的，应当对相关资产进行评估：

（一）整体或者部分改建为有限责任公司或者股份有限公司；

（二）以非货币资产对外投资；

（三）合并、分立、破产、解散；

（四）非上市公司国有股东股权比例变动；

（五）产权转让；

（六）资产转让、置换；

（七）整体资产或者部分资产租赁给非国有单位；

（八）以非货币资产偿还债务；

（九）资产涉讼；

（十）收购非国有单位的资产；

（十一）接受非国有单位以非货币资产出资；

（十二）接受非国有单位以非货币资产抵债；

（十三）法律、行政法规规定的其他需要进行资产评估的事项。

《国有资产评估管理办法》

第三条　国有资产占有单位（以下简称占有单位）有下列情形之一的，应当进行资产评估：

（一）资产拍卖、转让；

（二）企业兼并、出售、联营、股份经营；

（三）与外国公司、企业和其他经济组织或者个人开办外商投资企业；

（四）企业清算；

（五）依照国家有关规定需要进行资产评估的其他情形。

《国有资产评估管理办法施行细则》

第六条 《办法》第三条所说的情形中：

（一）资产转让是指国有资产占有单位有偿转让超过百万元或占全部固定资产原值百分之二十以上的非整体性资产的经济行为。

（二）企业兼并是指一个企业以承担债务、购买、股份化和控股等形式有偿接收其他企业的产权，使被兼并方丧失法人资格或改变法人实体。

（三）企业出售是指独立核算的企业或企业内部的分厂、车间及其他整体性资产的出售。

（四）企业联营是指国内企业、单位之间以固定资产、流动资产、无形资产和其他资产投入组成的各种形式的联合经营。

（五）股份经营是指企业实行股份制，包括法人持股企业、内部职工持股企业，向社会公开发行股票（不上市）企业和股票上市交易的企业。

联营、股份经营的企业进行资产评估时，应对联营及合股各方投入的资产进行全面评估。

（六）企业清算是指依据中华人民共和国企业破产法的规定，宣告企业破产，并进行清算；或依照国家有关规定对改组、合并、撤销法人资格的企业资产进行的清算；或企业按照合同、契约、协议规定终止经济活动的结业清算。

《关于进一步明确非上市股份有限公司国有股权管理有关事项的通知》

一、国有及国有控股、实际控制企业转让所持非上市股份有限公司股权，或者其控股、实际控制的非上市股份有限公司进行增资，按照《企业国有资产交易监督管理办法》（国资委 财政部令第 32 号）的规定执行。

二、非上市股份有限公司的国有股权无偿划转，参照《关于印发〈企业国有产权无偿划转管理暂行办法〉的通知》（国资发产权〔2005〕239 号）等规定执行。

三、非上市股份有限公司拟首次在证券交易所申请发行股票并上市，其股东符合《上市公司国有股权监督管理办法》（国资委 财政部 证监会令第 36 号）第三条和第七十四条所规定情形的，由国有资产监督管理机构进行标识管理。

《上海证券交易所科创板股票发行上市审核问答（二）》

3. 发行人历史上存在出资瑕疵或者改制瑕疵的，中介机构核查应当重点关注哪些方面？

答：保荐机构和发行人律师应关注发行人是否存在股东未全面履行出资义务、抽逃出资、出资方式等存在瑕疵，或者发行人历史上涉及国有企业、集体企业改制存在瑕疵的情形。

……（二）历史上存在改制瑕疵

对于发行人是国有企业、集体企业改制而来的或历史上存在挂靠集体组织经营的企业，若改制过程中法律依据不明确、相关程序存在瑕疵或与有关法律法规存在明显冲突，原则上发行人应在招股说明书中披露有权部门关于改制程序的合法性、是否造成国有或集体资产流失的意见。国有企业、集体企业改制过程不存在上述情况的，保荐机构、发行人律师应结合当时有效的法律法规等，分析说明有关改制行为是否经有权机关批准、法律依据是否充分、履行的程序是否合法以及对发行人的影响等。发行人应在招股说明书中披露相关中介机构的核查意见。

《深圳证券交易所创业板股票首次公开发行上市审核问答》

2.发行条件规定“发行人是依法设立且持续经营3年以上的股份有限公司”。发行人历史上存在出资瑕疵或者改制瑕疵的，中介机构核查应当重点关注哪些方面？

答：保荐人和发行人律师应关注发行人是否存在股东未全面履行出资义务、抽逃出资、出资方式等存在瑕疵，或者发行人历史上涉及国有企业、集体企业改制存在瑕疵的情形。

……（二）历史上存在改制瑕疵

对于发行人是国有企业、集体企业改制而来的或历史上存在挂靠集体组织经营的企业，若改制过程中法律依据不明确、相关程序存在瑕疵或与有关法律法规存在明显冲突，原则上发行人应在招股说明书中披露有权部门关于改制程序的合法性、是否造成国有或集体资产流失的意见。国有企业、集体企业改制过程不存在上述情况的，保荐人、发行人律师应结合当时有效的法律法规等，分析说明有关改制行为是否经有权机关批准、法律依据是否充分、履行的程序是否合法以及对发行人的影响等。发行人应在招股说明书中披露相关中介机构的核查意见。

其他参考法规:《企业国有资产交易监督管理办法》等。

第二节　红筹企业

红筹企业，是指注册地在境外，主要经营活动在境内的企业。[1]红筹架构，是指中国境内的公司（不包含港澳台）在境外设立离岸公司，然后将境内公司的资产注入或转移至境外公司，实现境外控股公司海外上市融资目的的结构。要将境内公司的

〔1〕参见《上海证券交易所科创板股票上市规则》。

资产注入或转移至境外公司，一般可采用两种方式实现：一种是通过境外公司对境内公司直接的股权控制（以下简称股权控制模式），另一种则是通过协议控制（所谓的VIE模式）。VIE模式是红筹企业最常见的公司结构，许多国内的科创企业都是以这种模式实现了在海外的间接上市。根据目前的科创板上市规则，符合规定的红筹企业可以申请IPO或发行CDR（中国存托凭证）并在科创板上市。

截至2020年12月31日，中微公司、长阳科技、CRM、悦康药业、龙腾光电、紫金存储、金山办公、山石网科、华熙生物等二十余家企业涉及上述情形。

一、典型案例

悦康药业（688658）

悦康药业集团股份有限公司（以下简称发行人）2020年4月29日提交的招股说明书（申报稿）中披露，发行人曾搭建红筹架构，在境外融资并拆除红筹架构。2012年5月，Ihealth（BVI）及Youcare（Cayman）、Youcare（BVI）、广信达、意泰博越、于伟仕、悦康有限及悦康创展等与红杉资本签署《可转债认购协议》，协议约定红杉资本合计以4000万美元的对价认购Ihealth（BVI）发行的可转债，约定赎回时需按照11%利率给予红杉资本利息，截至2018年已偿还全部本息共5254.37万美元。2017年11月，悦康润泰投资将所持有的悦康有限全部股权转让给于伟仕夫妇及其近亲属设立的15个企业受让方。部分受让方取得股权后，即以60亿元整体估值，向机构投资者转让合伙份额，共计转让发行人股权比例为14.33%，金额为8.6亿元。

针对上述情形，发审委要求保荐机构、发行人律师对红筹架构搭建、运行及拆除过程中有关外汇管理、税收管理事项，红筹架构拆除是否符合法律法规有关规定进行核查，并发表明确意见。

根据发行人律师出具的补充法律意见书披露显示：[1]

1. 红筹架构搭建、运行及拆除过程中涉及外汇管理的合法合规性

（1）红筹架构的搭建过程涉及外汇管理的合法合规性

红筹架构的搭建过程涉及于伟仕个人境外投资。根据当时有效的《个人外汇管理办法实施细则》（已修改）的规定："境内个人对外直接投资应按国家有关规定办理。所需外汇经所在地外汇局核准后，可以购汇或以自有外汇汇出，并办理相应的境外投

[1]《上海市瑛明律师事务所关于悦康药业集团股份有限公司首次公开发行人民币普通股股票并在科创板上市之补充法律意见书（一）》，载上海证券交易所网，http：//static.sse.com.cn/stock/information/c/202007/e7309342cec14e06a526290996265de9.pdf，最后访问日期：2021年5月21日。

资外汇登记手续。境内个人及因经济利益关系在中国境内习惯性居住的境外个人，在境外设立或控制特殊目的公司并返程投资的，所涉外汇收支按《国家外汇管理局关于境内居民通过境外特殊目的公司融资及返程投资外汇管理有关问题的通知》（汇发〔2005〕75号文，已失效）等有关规定办理。”

根据汇发〔2005〕75号文，“特殊目的公司”是指境内居民法人或境内居民自然人以其持有的境内企业资产或权益在境外进行股权融资（包括可转换债融资）为目的而直接设立或间接控制的境外企业。境内居民设立或控制境外特殊目的公司之前，应当先向外汇管理局申请外汇登记。根据《关于境内居民通过特殊目的公司境外投融资及返程投资外汇管理有关问题的通知》（汇发〔2014〕37号），“返程投资”是指境内居民直接或间接通过特殊目的公司对境内开展的直接投资活动，即通过新设、并购等方式在境内设立外商投资企业或项目，并取得所有权、控制权、经营管理权等权益的行为。境内居民未按规定办理境外投资外汇登记的，境内居民向应向外汇局办理补登记。

鉴于，（1）Ihealth Limited、Youcare Pharmaceutical 及 Youcare Limited 设立时发行股数均为1股；（2）于伟仕受让广信达股权时为零对价受让，未发生跨境外汇流出；（3）Youcare Limited 收购广信达的股权对价为零；（4）委任的秘书公司设立及维护境外相关主体的服务费用较低；上述主体的设立及运营维持费用均来源于实际控制人个人现金出资，不属于于伟仕个人“以其持有的境内企业资产或权益在境外进行股权融资（包括可转换债融资）为目的而直接设立或间接控制的境外企业”或“以其合法持有的境内企业资产或权益，或者以其合法持有的境外资产或权益，在境外直接设立或间接控制的境外企业”。

为审慎起见，于伟仕仍基于上述规定，拟向北京外汇管理局提出办理外汇补登记手续，但未获得北京外汇管理局接受。为进一步明确于伟仕是否需要办理外汇补登记，发行人律师赴国家外汇管理局北京外汇管理部资本市场监管处对相关负责人进行访谈，获悉以下情况：（1）现金出资形式不符合汇发〔2014〕37号文规定的境内居民个人境外投资外汇登记事项，无须办理外汇补登记；（2）于伟仕受让广信达股权时为零对价受让，没有发生跨境资金流动，不具有外汇登记的基础。

上述情况不属于汇发〔2014〕37号文规定的境内居民个人境外投资外汇登记事项，无需办理外汇补登记手续。于伟仕及发行人均不存在因上述事项被国家外汇管理局及北京外汇管理部处罚的情形。

此外，由于红筹架构于2017年11月已拆除，红筹架构涉及的境外主体 Ihealth Limited、Youcare Pharmaceutical 及 Youcare Limited 已完成注销，广信达也正在办理注销手续，于伟仕不再通过境外主体持有悦康有限的股权，已不属于需要办理特殊目的公司外汇登记的情形。

（2）红筹架构的运行过程涉及外汇管理的合法合规性

在红筹架构运行过程中，意泰博越未向境外股东分红，于伟仕个人、悦康药业及其子公司均未发生涉及红筹架构的外汇跨境流出，不涉及外汇的合法合规性问题。

（3）红筹架构的拆除过程涉及外汇管理的合法合规性

红筹架构拆除时，意泰博越与发行人实际控制人及其家族成员设立的公司 / 企业之间发生的股权转让价款支付不涉及外汇支付，不涉及外汇的合法合规性问题。

2. 发行人在红筹架构搭建、运行及拆除过程中涉及税收管理的合法合规性

（1）红筹架构的搭建过程涉及税收管理的合法合规性

红筹架构搭建过程中涉及境内的事项如下：

① 2012 年 3 月 12 日，于伟仕将持有的广信达 100% 的股权转让给 Youcare Limited，间接转让了广信达持有的意泰博越 100% 的股权。因广信达和 Youcare Limited 均受于伟仕个人控制，且当时广信达处于资不抵债状态，于伟仕转让所持广信达 100% 股权的价格为 0 元，该次股权变动不涉及个人所得税的缴纳。

② 2012 年 4 月，于伟仕及其长子于圣臣分别将其持有的悦康有限 77.22% 的股权及 22.78% 的股权转让给实际控制人已控制的意泰博越。鉴于悦康有限截至 2011 年 12 月 31 日的净资产值低于注册资本，各方约定上述悦康有限 100% 股权按照悦康有限当时的注册资本作价进行转让。于伟仕及于圣臣均未产生股权转让所得，本次转让不涉及缴纳个人所得税。

（2）红筹架构的运行过程涉及税收管理的合法合规性

在红筹架构运行期间，除厚德成长于 2017 年 1 月向悦康有限进行增资外，悦康有限和意泰博越的股权未发生变动；此外，意泰博越亦未向境外股东广信达进行利润分配。红筹架构运行过程中，发行人及其子公司均未通过该架构向境外分红，亦未发生其他与红筹架构相关的应纳税事项。红筹架构运行期间，意泰博越及悦康有限不涉及与红筹架构有关税费的缴纳。

（3）红筹架构的拆除过程涉及税收管理的合法合规性

2017 年 12 月，意泰博越将其持有的悦康有限 96.0137% 的股权以 11,180 万元的价格分别转让给发行人实际控制人及其家族成员设立的公司或合伙企业，该次转让系为拆除红筹架构并在家族内部分配股权之目的进行。因此，各方以该等转让股权对应的注册资本出资额作为定价依据，转让方未产生转让所得，不涉及缴纳企业所得税。意泰博越在报告期内，不存在因违反税收法律法规而遭到行政处罚的情形。

3. 红筹架构拆除符合法律法规有关规定

悦康药业红筹架构已拆除，拆除涉及的悦康有限工商变更登记已经完成，且意泰博越已依法变更登记为内资企业，相关程序符合法律法规的有关规定；涉及的境外主体 Ihealth Limited、Youcare Pharmaceutical 及 Youcare Limited 已完成注销，广信达正在办理注销手续，拆除程序符合相关法律法规的有关规定，不存在纠纷或潜在纠纷。

发行人的实际控制人于伟仕、马桂英已出具承诺："悦康药业前身悦康有限在红筹架构搭建、运行和拆除过程中不存在因违反外汇、外商投资、税务等相关法律法规的规定而受到行政处罚的情形。如果悦康药业未来因不符合外汇、外商投资、税务等相关规定而受到主管部门的行政处罚或导致的任何责任或经济损失，该等损失将由本人全额承担，并放弃对悦康药业进行追偿。"

CRM（688396）

根据华润微电子有限公司（以下简称发行人或 CRM）2019 年 6 月 26 日提交的招股说明书（申报稿）披露：发行人属于红筹架构企业，系依据开曼群岛法律在开曼群岛设立的有限公司，每股面值为 1 港元。发行人本次发行股票种类为人民币普通股（A 股），每股面值 1 港元。发行人原系香港联交所上市公司，并于 2011 年 11 月 2 日通过私有化方式退市。公司的部分业务和资产也位于中国境外。

针对上述情形，发审委要求发行人对下列事项进行说明，并要求保荐机构、发行人律师核查并发表明确意见：在境内上市是否依法履行有关程序；本次发行以港元作为面值是否符合《证券法》及《关于在上海证券交易所设立科创板并试点注册制的实施意见》等相关规定，本次发行前，股票是否需要在中国证券登记结算有限公司集中存管；发行人私有化退市是否履行了法定程序，私有化过程中与相关股东是否存在纠纷或潜在纠纷；发行人实际控制人及控股股东能否持续遵守股份锁定、减持限售、稳定股价、避免同业竞争、及时履行股权变动相关信息披露义务等法定义务和监管要求，相关风险是否已充分披露；历次境外融资、股权转让、分红的外汇资金跨境调动情况，是否属于返程投资并办理外汇登记及变更登记等必备手续，是否符合外汇管理法律法规。

根据发行人律师出具的补充法律意见书披露显示：[1]

---

〔1〕《北京市环球律师事务所关于 China Resources Microelectronics Limited（华润微电子有限公司）首次公开发行股票并在科创板上市之补充法律意见书（二）》，载上海证券交易所网，http://static.sse.com.cn/stock/information/c/201909/7fffe69e783242e2a6c096ba9db5aeb2.pdf，最后访问日期：2021 年 5 月 21 日。

1. 发行人在境内上市是否依法履行有关程序；本次发行以港元作为面值是否符合《证券法》及《关于在上海证券交易所设立科创板并试点注册制的实施意见》等相关规定，本次发行前，股票是否需要在中国证券登记结算有限公司集中存管

（1）发行人在境内上市是否依法履行有关程序

就本次发行上市，发行人已履行如下程序：

① 2019 年 3 月 17 日，CRH（华润集团）董事会审议通过《关于华润微电子启动科创板上市的议案》。

② 2019 年 4 月 30 日，发行人召开第一届董事会第一次会议，审议通过了《关于公司申请首次公开发行人民币普通股（A 股）股票并在科创板上市的议案》《关于公司首次公开发行人民币普通股（A 股）股票并在科创板上市募集资金投资项目及其可行性研究报告的议案》等相关议案，并同意将前述相关议案提交公司股东大会审议。

③ 2019 年 5 月 16 日，发行人召开股东大会，审议通过了《关于公司申请首次公开发行人民币普通股（A 股）股票并在科创板上市的议案》《关于公司首次公开发行人民币普通股（A 股）股票并在科创板上市募集资金投资项目及其可行性研究报告的议案》等相关议案。

④根据开曼律师 Conyers Dill&Pearman 出具的法律意见，发行人本次发行上市无需取得开曼群岛政府、公共机构或当局的任何批准或授权。

综上，发行人在境内上市已依法履行现阶段所必需的有关程序。另外，2019 年 8 月 1 日，国务院国有资产监督管理委员会（以下简称国务院国资委）出具了《关于华润微电子有限公司国有股东标识有关问题的批复》，就发行人国有股东标识有关问题作出批复。

（2）本次发行以港元作为面值是否符合《证券法》及《关于在上海证券交易所设立科创板并试点注册制的实施意见》等相关规定，本次发行前股票是否需要在中国证券登记结算有限公司集中存管

①本次发行以港元作为面值是否符合《证券法》及《关于在上海证券交易所设立科创板并试点注册制的实施意见》等相关规定

第一，我国现行法律、行政法规并未禁止股票面值以人民币以外的货币作为计量单位

我国《证券法》《关于在上海证券交易所设立科创板并试点注册制的实施意见》等法律、行政法规并未规定公司发行的股票必须以人民币标明面值。《证券法》中，涉及股票面值的规定仅为“要求向不特定对象发行的证券票面总值超过人民币五千万元的，应当由承销团承销”。除此之外，并无其他关于股票面值计量货币币种的规定。

第二，现行规则允许红筹企业根据自身实际情况选择股票面值币种

根据国务院《国务院办公厅转发证监会关于开展创新企业境内发行股票或有托凭证试点若干意见的通知》以及《上海证券交易所科创板股票上市规则》的规定，红筹企业在境内发行股票或者存托凭证并在科创板上市，股权结构、公司治理、运行规范等事项适用境外注册地公司法等法律法规的，其投资者权益保护水平，包括资产收益、参与重大决策、剩余财产分配等权益，总体上应不低于境内法律法规规定的要求。因此，发行人作为红筹企业，在满足中国证监会关于信息披露及投资人权益保护要求的前提下，可根据自身实际情况选择股票面值币种。

根据开曼律师 Conyers Dill & Pearman 出具的境外法律意见，开曼群岛不存在任何外汇管制，发行人可根据《开曼群岛公司法》选择港元作为股票面值币种。与此同时，本次发行上市选择港元作为股票面值的计量单位有利于维持公司股本结构的稳定性及保护债权人的权益，与发行人现有章程所体现的“规范运行”“保护投资者”等精神内核保持高度契合。因此，以港元作为股票面值符合境外注册地公司法等法律法规，且并未导致投资者权益保护水平总体上低于境内法律法规规定的要求。

综上，我国现行的法律以及行政法规并未对在境内发行的股票面值币种作出强制性或禁止性规定，发行人作为红筹企业以港元作为本次股票发行的面值币种不存在违反我国法律、行政法规规定的情形。

②本次发行前，股票是否需要在中国证券登记结算有限公司集中存管

目前，中国证券登记结算有限公司尚未就科创板红筹企业的首发前，股份是否应当在境内证券登记结算机构进行登记存管作出明确规定。根据《中国证券登记结算有限责任公司上海分公司科创板股票登记结算业务指南》的规定，在上海证券交易所上市和已发行拟上市的科创板股票的账户管理、登记存管、清算交收、公司行为、风险管理等业务，适用本指南。本指南未规定的，原则上按照中国证券登记结算有限责任公司上海分公司关于沪市人民币普通股票的相关规定，本公司另有规定的除外。

根据《中国证券登记结算有限责任公司上海分公司证券发行人业务指南》及《沪市上市公司股票首次公开发行登记业务（电子申请）操作手册》的规定，在上海证券交易所主板进行首次公开发行股票的发行人须将其首次公开发行前的原始股东持有的股份在中国证券登记结算有限责任公司上海分公司进行电子化登记，登记时须填报 IPO 前总股本（原始股东持有股数合计）。

发行人为一家注册于开曼群岛的公司，受开曼群岛法律管辖，其首次公开发行股票前，股份已登记于公司股东名册，并于开曼群岛公司登记处备案。根据公司章程的规定，发行人在本次发行前已发行的股份可按照《开曼群岛公司法》的规定，由股东

以签署经董事会批准的一般或任何形式的文件或其他方式转让其持有的股份。本次发行上市后，除受到相关股份锁定承诺和减持安排承诺的限制，并应根据科创板上市公司相关规则履行信息披露义务及须遵守国资监管的规定外，发行人控股股东转让首发前股份无须履行中国境内的任何审批、备案程序。

综上，为落实科创板相关规则中关于上市公司控股股东限售、减持安排的相关规定，便利境内证券监管机构对发行人控股股东关于限售、减持安排的承诺履行情况的监管，进一步强化上市公司信息披露，保护境内中小投资者的权益，在法律法规允许的前提下，发行人控股股东在本次发行前所持有的发行人股份需要在中国证券登记结算有限责任公司上海分公司进行登记与存管。

2. 发行人私有化退市是否履行了法定程序，私有化过程中与相关股东是否存在纠纷或潜在纠纷

发行人于 2011 年的私有化退市履行了如下程序：

（1）2011 年 9 月 5 日，CRH（Micro）与发行人发布通函，计划以协议方式对发行人实施私有化。根据该通函，发行人的全体股东可以选择现金对价（0.48 港元 / 股）或股份对价［每一股发行人股份对应一股 CRH（Micro）股份］。

（2）2011 年 9 月 28 日，开曼群岛大法院举行了法院会议，上述私有化计划在法院会议上获得批准，并于同日举行的发行人特别股东大会上获得股东批准。

（3）2011 年 10 月 7 日，香港联交所出具书面确认文件，发行人将根据其本次私有化相关的协议安排于 2011 年 11 月 2 日从香港联交所退市。

（4）2011 年 10 月 28 日，开曼群岛大法院批准发行人私有化计划。根据境外律师刘大潜律师行及 Conyers Dill&Pearman 出具的关于发行人的境外法律意见，发行人在退市时已履行相应的法定程序，发行人私有化过程中与相关股东不存在纠纷及潜在纠纷。

综上，发行人私有化退市已经履行了必要的法定程序，私有化过程中不存在纠纷和潜在纠纷。

3. 发行人实际控制人及控股股东能否持续遵守股份锁定、减持限售、稳定股价、避免同业竞争、及时履行股权变动相关信息披露义务等法定义务和监管要求，相关风险是否已充分披露

（1）发行人实际控制人及控股股东可持续遵守股份锁定、减持限售、稳定股价、避免同业竞争，发行人实际控制人为中国华润，中国华润由国务院国资委全资持有，系国家出资企业。发行人控股股东 CRH（Micro）由中国华润间接持有其全部权益。根据开曼律师Conyers Dill & Pearman出具的法律意见，发行人控股股东目前有效存续；

发行人实际控制人目前有效存续。

发行人控股股东及实际控制人在履行内部决策程序的前提下已分别就股份锁定、减持限售、稳定股价、避免同业竞争等事宜出具承诺函，并出具了《关于未履行承诺时的约束措施的承诺》，承诺："1. 如本公司承诺未能履行、确已无法履行或无法按期履行的（因相关法律法规、政策变化、自然灾害及其他不可抗力等本公司无法控制的客观原因导致的除外），本公司将采取以下措施：（1）通过发行人及时、充分披露本公司承诺未能履行、无法履行或无法按期履行的具体原因；（2）向发行人及其投资者提出补充承诺或替代承诺，以尽可能保护发行人及其投资者的权益；（3）将上述补充承诺或替代承诺提交发行人股东大会审议；（4）本公司违反本公司承诺所得收益将归属于发行人，因此，给发行人或投资者造成损失的，将依法对发行人或投资者进行赔偿。2. 如因相关法律法规、政策变化、自然灾害及其他不可抗力等本公司无法控制的客观原因导致本公司承诺未能履行、确已无法履行或无法按期履行的，本公司将采取以下措施：（1）通过发行人及时、充分披露本公司承诺未能履行、无法履行或无法按期履行的具体原因；（2）向发行人及其投资者提出补充承诺或替代承诺，以尽可能保护发行人及其投资者的权益。"

（2）发行人及时履行股权变动相关信息披露义务等法定义务和监管要求，为确保发行人及时履行股权变动相关信息披露的法定义务并符合信息披露的监管要求，发行人控股股东及实际控制人在已履行内部决策程序的基础上补充出具《关于履行信息披露义务承诺函》，承诺："（1）本公司已按照《上海证券交易所科创板股票上市规则》等法律法规的要求如实披露其当前的持股情况，不存在任何隐瞒或应披露未披露事项；（2）本公司承诺将严格按照科创板信息披露规则的要求持续遵守相关信息披露义务等法定义务及监管要求。"

发行人实际控制人及控股股东出具的承诺系严格依照中国证监会及上海证券交易所的相关规定制定。

境外律师 Conyers Dill & Pearman 出具境外法律意见确认发行人控股股东出具的承诺函内容与注册地法律不存在冲突，且发行人控股股东已就该等承诺函的出具履行了必要的内部程序，该等承诺函对发行人控股股东具备约束力。

发行人律师确认发行人实际控制人出具的承诺函内容与中国现行法律法规不存在冲突，且发行人实际控制人已就该等承诺函的出具履行了必要的内部程序，该等承诺函对发行人实际控制人具备约束力。

此外，发行人若未能履行《关于履行信息披露义务承诺函》，亦将适用《关于未履行承诺时的约束措施的承诺》项下的所有条款。

发行人已在《招股说明书（申报稿）》中补充披露："（六）本公司履行承诺相关的风险。本公司是一家注册在开曼群岛的公司，本公司的控股股东 CRH（Micro）为一家注册在 BVI 的公司。本公司及控股股东就股份锁定、减持限售、稳定股价、避免同业竞争、履行信息披露义务等事宜作出了一系列重要承诺。其中，稳定股价承诺的具体措施包括本公司回购公司股票及控股股东增持公司股票。鉴于本公司和控股股东均为境外公司，在执行股票回购、增持等稳定股价措施时可能涉及资金跨境流动，因此，须遵守中国外汇管理的相关规定。任何现有和未来的换汇限制均可能限制本公司及控股股东通过回购、增持等方式稳定股价的能力。"

4. 历次境外融资、股权转让、分红的外汇资金跨境调动情况，是否属于返程投资并办理外汇登记及变更登记等必备手续，是否符合外汇管理法律法规

（1）境外融资资金的使用情况

自设立以来，发行人境外股权融资及资金跨境使用情况如表 18 所示：

表 18

序号	时间	境外股权融资事项	资金跨境使用情况
1	2003 年 9 月	为进行 A 轮融资，CSMC-Tech 向 Crown Crystal Investments Limited 等 A 轮投资人以及 Faithway 共发行 4020 万股 A 轮优先股（1 美元 / 股）	通过资本金增资及外债方式投入境内生产运营主体
2	2003 年 11 月	为进行 B 轮融资，CSMC-Tech 向 DBS Nominees Pte. Ltd 等 B 轮投资人共发行 1200 万股 B 轮优先股，并向 Faithway 和 Stockside 分别发行 260 万股和 250 万股普通股（1 美元 / 股）	通过资本金增资及外债方式投入境内生产运营主体
……	……	……	……
6	2009 年 8 月	CRM 按每 2 股获配 1 股的比例向全体股东配股，共计配发 2,929,447,319 股（0.15 港元 / 股）	通过外债方式投入境内生产运营主体

发行人上述股权融资资金入境主要方式：①分批通过资本金增资的方式进入无锡华润上华及北京华润上华半导体有限公司（发行人报告期内的子公司，2015 年 12 月更名为北京信成半导体有限公司，现已注销），合计金额 6880 万美元，前述主体就该等增资通过了董事会决议，进行了验资，并在注册地外汇主管部门办理了外汇登记；②分批通过外债方式进入无锡华润上华、无锡华润半导体及北京华润上华半导体有限公司，前述主体就该等外债办理了外债登记。国家外汇管理局无锡市中心支局确认，前述无锡地区主体不存在外汇违规记录。

自设立以来，发行人境外债务融资及资金跨境使用情况如表 19 所示：

表 19

序号	时间	境外债务融资事项	资金跨境使用情况
1	2008 年 5 月	向交通银行股份有限公司香港分行借款 2 亿港元	通过外债方式全部投入境内使用
2	2008 年 5 月	向恒生香港总行（恒生银行有限公司）借款 2 亿港元	通过外债方式全部投入境内使用
……	……	……	……
5	2014 年 6 月	向关联方 CRH 借款 3 亿港元	3535 万港元通过资本金增资的方式投入境内使用

发行人已就历次境外债务融资资金入境办理了相应的外汇登记手续，国家外汇管理局无锡市中心支局确认，上述主体不存在外汇违规记录，符合外汇管理的相关规定。

（2）股权转让情况

自设立以来，发行人及子公司跨境股权转让情况如表 20 所示：

表 20

序号	标的公司名称	转让比例	转让方	受让方	支付方式
1	华润半导体	100%	CRSI	华微控股	现金
2	无锡华润上华	100%	CRM HK	华微控股	股权
……	……	……	……	……	……
8	华润华晶	25%	ASL	华微控股	现金

发行人已就前述股权转让涉及的跨境资金调动办理了相应的外汇登记手续。其中，受让方华微控股就上述八项股权转让逐笔在国家外汇管理局上海市分局办理了“FDI 境内机构转股外转中”登记；华润半导体、无锡华润上华、华润芯功率、迪思微电子、华润矽威、华润安盛、华润赛美科及华润华晶就其股权转让至华微控股在其注册地外汇管理局办理了“FDI 对内义务出资”登记。经国家外汇管理局无锡市中心支局访谈确认、国家外汇管理局深圳市分局出具的合规函及国家外汇管理局上海市分局公开披露信息，上述主体不存在外汇违规记录。

（3）历次分红情况

发行人 CRM 向其股东进行分红不涉及跨境资金调动。

根据 2015 年《国家外汇管理局关于进一步简化和改进直接投资外汇管理政策的

通知》，外国投资者利润、红利汇出外汇登记事项可直接在银行办理。2017 年 9 月 30 日，华润芯功率通过董事会决议，同意向其股东 InPower 分配股利 940,183.22 元。华润芯功率后通过中国银行无锡分行汇出上述分配利润，并办理了服务贸易等项目对外支付税务备案。2018 年 11 月 17 日，华润华晶通过董事会决议，同意向其股东分配股利合计 35,330,620.87 元，其中归属境外股东 ASL 的部分为 8,832,655.22 元。华润华晶通过中国银行无锡分行汇出上述境外股东分配利润，并办理了服务贸易等项目对外支付税务备案。除上述报告期内子公司对外分红外，前述主体已就报告期外的其他历次分红履行了必要的法律程序，办理了相应的外汇登记手续。根据国家外汇管理局无锡市中心支局访谈确认，上述主体均不存在外汇违规记录。

（4）返程投资

①返程投资的相关规定及出台背景

21 世纪以来，我国政府为鼓励、支持和引导非公有制经济发展，进一步完善创业投资政策支持体系，规范境内居民通过境外特殊目的公司从事投融资活动所涉及的跨境资本交易，自 2005 年起由国家外汇管理局陆续出台了关于境内居民返程投资外汇管理的一系列规定，其中包括 2005 年出台的《国家外汇管理局关于境内居民通过境外特殊目的公司融资及返程投资外汇管理有关问题的通知》（汇发〔2005〕75 号，已失效）。

其后，为进一步简化和便利境内居民通过特殊目的公司从事投融资活动所涉及的跨境资本交易，切实服务实体经济发展，有序提高跨境资本和金融交易可兑换程度，国家外汇管理局又于 2014 年出台了《国家外汇管理局关于境内居民通过特殊目的公司境外投融资及返程投资外汇管理有关问题的通知》（汇发〔2014〕37 号），并据此废止了 75 号文。

根据 75 号文的定义，“返程投资”，是指境内居民通过特殊目的公司对境内开展的直接投资活动；“特殊目的公司”，是指境内居民法人或境内居民自然人以其持有的境内企业资产或权益在境外进行股权融资（包括可转换债融资）为目的而直接设立或间接控制的境外企业。37 号文在 75 号文的基础上调整了“特殊目的公司”以及“返程投资”的定义，“返程投资”，是指境内居民直接或间接通过特殊目的公司对境内开展的直接投资活动，即通过新设、并购等方式在境内设立外商投资企业或项目，并取得所有权、控制权、经营管理权等权益的行为；“特殊目的公司”，是指境内居民（含境内机构和境内居民个人）以投融资为目的，以其合法持有的境内企业资产或权益，或者以其合法持有的境外资产或权益，在境外直接设立或间接控制的境外企业。

②发行人不是由境内居民直接设立或间接控制的特殊目的公司

发行人的成立时间为 2003 年 1 月，彼时 75 号文尚未出台。虽然 75 号文规定，在该通知实施前，境内居民已在境外设立或控制特殊目的公司并已完成返程投资，但未按规定办理境外投资外汇登记的，应按照该通知规定于 2006 年 3 月 31 日前到所在地外汇局补办境外投资外汇登记，但由于 CSMC-Tech（发行人前身）系由 Dr.Peter CHEN Cheng-yu（陈正宇博士）等境外人士通过 Central Semiconductor 于开曼群岛设设立，不属于 75 号文中定义的境内居民在境外设立的特殊目的公司，因此，CSMC-Tech 对境内开展的投资活动不构成返程投资。

基于陈正宇博士等与 CRH 的合作安排，于 CSMC-Tech 设立后，CRH 通过下属企业 Faithway 入股 CSMC-Tech 并逐步提高了其在 CSMC 的持股比例（包括直接和间接持股），实现对 CSMC-Tech 的间接控制并维持至今。CRH 前身为 1938 年于香港成立的“联和行”，于 1982 年经外经贸部批准改制成为有限公司，并于 1983 年 7 月 8 日在香港正式注册成立，承担对下属境内外资产管理控制的实际职能；1999 年 12 月，CRH 与对外经济贸易部脱钩，列为中央管理；2003 年起，CRH 归属国务院国资委直接管理。

中国华润系经外经贸部批准于 1986 年 12 月成立，成立时间晚于 CRH。基于历史原因，CRH 与中国华润的关系如下：

第一，在国有股权管理方面，2003 年后，CRH 及下属公司受国家出资企业中国华润控制；

第二，在财务管理方面，根据财政部《关于同意华润（集团）有限公司财务关系单列的通知》（财外字〔1999〕415 号），中国华润并入 CRH 管理，财务管理由 CRH 统一负责。因此，CRH 作为在港中央企业，不属于 75 号文和 37 号文中定义的“境内居民”，发行人作为其间接控制的境外企业不属于 75 号文和 37 号文中所定义的“特殊目的公司”，发行人对境内开展的投资活动不构成返程投资。

发行人历次境外融资、股权转让及分红涉及的外汇资金跨境调动均已办理外汇登记及变更登记。发行人不存在因上述跨境资金调动受到外汇管理部门行政处罚的记录。发行人历次境外融资、股权转让及分红涉及的外汇资金跨境调动符合外汇管理法律法规的规定。

九号智能（689009）

九号有限公司（以下简称发行人或九号智能）2019 年 4 月 17 日提交的招股说明书（申报稿）披露：发行人进行 A 轮融资时搭建了 VIE 架构。现有 VIE 架构的具体情况如下：纳恩博（北京）通过 VIE 协议控制鼎力联合 100% 股权。鼎力联合及其子公司主要负责公司平衡车及滑板车的研发、生产，是公司最为重要的境内生产主体。

针对上述情形，发审委要求发行人对下列事项进行说明，并要求保荐机构、发行人律师核查并发表明确意见：采用协议控制架构的原因、必要性及合理性，发行人所属行业是否存在外资准入的限制，历史上协议控制的履行情况，境外融资对业务发展起到的实际作用；红筹企业采取协议控制架构是否符合科创板相关发行条件及审核标准等。

根据发行人律师出具的补充法律意见书披露显示：[1]

1. 采用协议控制架构的原因、必要性及合理性，发行人所属行业是否存在外资准入的限制

搭建协议控制架构时，鼎力联合计划通过微信小程序或 APP 运营智能机器人配送服务业务，即通过无人配送机器人以楼内段的机器运力为基础，为商业综合体（写字楼、购物、餐饮集中于一栋建筑物内）提供完整的楼内服务生态循环，令处于不同楼层的用户可以通过微信小程序或 APP 享用包括餐饮在内的送货上门服务。该业务属于增值电信业务，存在外商投资准入限制，因此发行人采用协议控制架构具有必要性及合理性。

根据《外商投资准入特别管理措施（负面清单）（2018 年版）》（国家发展和改革委员会、商务部令第 18 号，以下简称《外商投资负面清单》）“七、信息传输、软件和信息技术服务业”中“（十九）款电信”第 25 项规定，增值电信业务的外资股比不超过 50%（电子商务除外），基础电信业务须由中方控股。

根据《外商投资电信企业管理规定（2016 年修订）》（国务院令第 666 号）（以下简称《外商投资电信企业管理规定》），外商投资增值电信业务对外国投资者的主要限制如下：

（1）股比限制

《外商投资电信企业管理规定》第六条规定，经营增值电信业务（包括基础电信业务中的无线寻呼业务）的外商投资电信企业的外方投资者在企业中的出资比例，最终不得超过 50%。2014 年 1 月 6 日，工业和信息化部（以下简称工信部）、上海市人民政府联合颁布《关于中国（上海）自由贸易试验区进一步对外开放增值电信业务的意见》。

---

〔1〕《北京市中伦律师事务所关于 NINEBOT LIMITED 公开发行中国存托凭证并在科创板上市的补充法律意见书（二）》，载上海证券交易所网，http：//static.sse.com.cn/stock/information/c/201910/86197d77642d44568d37360932e9edcb.pdf，最后访问日期：2021 年 5 月 21 日。

根据该意见，“在线数据处理与交易处理业务（经营类电子商务）”的外资持股比例可达55%；对于已经对WTO承诺开放的“信息服务业务”中的“应用商店”业务、“存储转发类业务”，外资股比可试点突破50%；“呼叫中心业务”“国内多方通信服务业务”“因特网接入服务业务（为上网用户提供因特网接入服务）”，外资持股比例可试点突破50%；“国内因特网虚拟专用网业务”外资股比不超过50%。

2015年1月13日，工信部颁布《关于在中国（上海）自由贸易试验区放开在线数据处理与交易处理业务（经营类电子商务）外资股权比例限制的通告》，该通告进一步放开在线数据处理与交易处理业务（经营类电子商务）的外资股比至100%。

2015年6月9日，工信部颁布《关于放开在线数据处理与交易处理业务（经营类电子商务）外资股比限制的通告》，在全国范围内放开在线数据处理与交易处理业务（经营类电子商务）的外资股比限制，外资持股比例可至100%。

至此，增值电信业务中的在线数据处理与交易处理业务（经营类电子商务）的外商投资股比在全国范围内已经没有限制，可以达到100%；但增值电信业务中的其他类别，如信息服务业务，仍存在股比限制。鼎力联合拟运营的智能机器人配送服务业务涉及信息服务业务。

（2）股东资格限制

《外商投资电信企业管理规定》第十条规定：“经营增值电信业务的外商投资电信企业的外方主要投资者应当具有经营增值电信业务的良好业绩和运营经验。”实践中，通常“具有经营增值电信业务的良好业绩和运营经验”的要求较高，需要有实际运营增值电信业务的产业投资者，财务投资人基本无法满足上述要求。发行人协议控制架构内的境外主体为Ninebot Limited以及九号机器人（香港）。Ninebot Limited为发行人本次发行上市的拟上市主体，没有实际业务。九号机器人（香港）主要业务：①投资控股；②与内地供货商签署采购滑板车的采购合同后，再与其他国家或地区客户签署销售合同，由供货商直接将货物通过物流配送给海外客户（货物并不出入香港关税区或边境）。Ninebot Limited及九号机器人（香港）均不具备经营增值电信业务的业绩和运营经验。

发行人采用协议控制架构，通过鼎力联合运营智能机器人配送服务业务具有必要性及合理性。

2. 红筹企业采取协议控制架构是否符合科创板相关发行条件及审核标准

发行人采取协议控制架构符合科创板相关发行条件及审核标准。

《关于开展创新企业境内发行股票或存托凭证试点的若干意见》《存托凭证发行与交易管理办法（试行）》以及上市规则中均明确提出，红筹企业具有协议控制架构或者类似特殊安排的，应当充分、详细披露相关情况，特别是风险、公司治理等信息，以及依法落实保护投资者合法权益规定的各项措施。因此，科创板允许红筹企业采取协议控制架构上市。

发行人本次发行符合《证券法》《关于开展创新企业境内发行股票或存托凭证试点的若干意见》《存托凭证发行与交易管理办法（试行）》《上诉证券交易所科创板股票上市规则》等法律、法规和规范性文件规定的公司公开发行存托凭证并在上海证券交易所科创板上市的各项实质性条件，具体如下：

（1）发行人本次发行上市符合《证券法》规定的条件

①发行人本次发行上市符合《证券法》第十一条第一款、第四十九条第一款规定的有关公开发行实行保荐制度的证券的下列条件。根据保荐协议，发行人本次发行上市由具有保荐人资格的国泰君安担任保荐人，符合《证券法》第十一条第一款、第四十九条第一款的规定。

②发行人本次发行上市符合《证券法》第十三条规定的有关公开发行新股的下列条件：

第一，发行人已经依法设立了股东大会、董事会、独立董事、证券部及董事会秘书等组织机构，设置了相应的职能部门，并建立完善了公司治理制度和内部管理制度，组织机构健全且运行良好，符合《证券法》第十三条第一款第（一）项的规定。

第二，报告期内发行人营业收入连续增长；据此，发行人具有持续盈利能力，财务状况良好，符合《证券法》第十三条第一款第（二）项的规定。

第三，发行人财务报表在所有重大方面按照企业会计准则的规定编制，公允反映了发行人 2016 年 12 月 31 日、2017 年 12 月 31 日、2018 年 12 月 31 日、2019 年 6 月 30 日的财务状况以及 2016 年度、2017 年度、2018 年度及 2019 年 1 月 1 日至 6 月 30 日的经营成果和现金流量，发行人报告期内财务会计文件无虚假记载。根据相关政府部门出具的合规证明文件，发行人报告期内无重大违法行为，符合《证券法》第十三条第一款第（三）项的规定。

（2）发行人本次发行上市符合《关于开展创新企业境内发行股票或存托凭证试点的若干意见》规定的条件

①《关于开展创新企业境内发行股票或存托凭证试点的若干意见》第三条规定的有关主体资格的下列条件：发行人符合国家战略、掌握核心技术、市场认可度高，属于互联网、大数据、云计算、人工智能、软件和集成电路、高端装备制造、生物医药等高新技术产业和战略性新兴产业，且达到相当规模的尚未在境外上市的创新企业。

发行人营业收入快速增长，拥有自主研发、国际领先技术，同行业竞争中处于相对优势地位，符合《关于开展创新企业境内发行股票或存托凭证试点的若干意见》第三条的规定。

②发行人本次发行上市符合《关于开展创新企业境内发行股票或存托凭证试点的若干意见》第五条第二款规定的下列发行条件：

第一，发行人本次发行上市符合《证券法》关于股票发行的基本条件，符合《关于开展创新企业境内发行股票或存托凭证试点的若干意见》第五条第二款的规定。

第二，发行人关于投资者权益保护的安排总体上不低于境内法律、法规及中国证监会的要求，符合《关于开展创新企业境内发行股票或存托凭证试点的若干意见》第五条第二款的规定。

第三，发行人已在《招股说明书（申报稿）》充分、详细披露投票权差异、协议控制架构等特殊安排、存在的风险、公司治理差异等信息，以及依法落实保护投资者合法权益规定的各项措施，符合《关于开展创新企业境内发行股票或存托凭证试点的若干意见》第五条第二款的规定。

（3）发行人本次发行上市符合《存托凭证发行与交易管理办法（试行）》第五条规定的条件

①发行人符合《证券法》第十三条第（一）项至第（三）项关于股票公开发行的基本条件，符合《存托凭证发行与交易管理办法（试行）》第五条第（一）项的规定。

②发行人于 2014 年 12 月 10 日设立于开曼群岛，为合法注册并有效存续的开曼有限公司。发行人已持续经营三年以上。发行人主要资产不存在重大权属纠纷，符合《存托凭证发行与交易管理办法（试行）》第五条第（二）项的规定。

③发行人的实际控制人为高禄峰、王野，且最近三年内发行人的实际控制人未发生变更。受实际控制人高禄峰控制的股东 Putech Limited、Hctech I、Hctech III 及受实际控制人王野控制的股东 Cidwang Limited、Hctech II，持有的发行人股份不存在信托、委托持股、对赌协议或者类似安排，所持股份不存在任何权属争议，亦不存在被质押、冻结或其他权利受限制的情形。发行人符合《存托凭证发行与交易管理办法（试行）》第五条第（三）项的规定。

④境外基础证券发行人及其控股股东、实际控制人最近三年内不存在损害投资者合法权益和社会公共利益的重大违法行为。发行人符合《存托凭证发行与交易管理办法（试行）》第五条第（四）项的规定。

⑤会计基础工作规范、内部控制制度健全。发行人的财务报表在所有重大方面按照企业会计准则的规定编制，公允反映了九号机器人 2019 年 6 月 30 日、2018 年 12 月 31 日、2017 年 12 月 31 日及 2016 年 12 月 31 日的合并财务状况以及 2019 年 1 月

1 日至 6 月 30 日、2018 年度、2017 年度及 2016 年度的合并经营成果和合并现金流量。发行人于 2019 年 6 月 30 日按照《企业内部控制基本规范》的规定在所有重大方面保持了有效的财务报表内部控制。发行人符合《存托凭证发行与交易管理办法（试行）》第五条第（五）项的规定。

⑥发行人的董事和高级管理人员信誉良好，近期无重大违法失信记录。根据《开曼法律意见书》，开曼法律及公司章程对发行人董事、高级管理人员不存在任何任职要求。发行人符合《存托凭证发行与交易管理办法（试行）》第五条第（六）项的规定。

（4）发行人本次发行上市符合上市规则规定的条件

①发行人本次发行上市符合《上海证券交易所科创板股票上市规则》第 2.1.1 条规定的有关条件

第一，发行人本次发行上市符合中国证监会规定的发行条件，符合《上海证券交易所科创板股票上市规则》第 2.1.1 条第 1 款第 1 项的规定。

第二，发行人目前股本总额为 63,368,250 股，发行人本次拟发行不低于 7,040,917 股基础股票，拟公开发行不低于 70,409,170 份 CDR，本次发行后股本总额为 70,409,167 股，发行后股本总额不低于 3000 万股。同时《上海证券交易所科创板股票上市规则》第 2.1.1 条规定，上交所可以根据市场情况，经中国证监会批准，对上市条件和具体标准进行调整。待上交所审核确认，发行人可以符合《上市规则》第 2.1.1 条第 1 款第 2 项的规定。

第三，发行人目前股本总额为 63,368,250 股，发行人本次拟发行不低于 7,040,917 股基础股票，拟公开发行不低于 70,409,170 份 CDR，本次发行后股本总额为 70,409,167 股，假定全部股本转换为 CDR，CDR 总额为 704,091,670 份。《上海证券交易所科创板股票上市规则》第 2.1.1 条规定，上交所可以根据市场情况，经中国证监会批准，对上市条件和具体标准进行调整。待上交所审核确认，发行人可以符合《上海证券交易所科创板股票上市规则》第 2.1.1 条第 1 款第 3 项的规定。

第四，发行人本次发行上市的市值及财务指标符合《上海证券交易所科创板股票上市规则》的标准，符合《上海证券交易所科创板股票上市规则》第 2.1.1 条第 1 款第 4 项的规定。

②发行人本次发行上市符合《上海证券交易所科创板股票上市规则》第 2.1.3 条规定的市值及财务指标标准

发行人属于营业收入快速增长，拥有自主研发、国际领先技术，同行业竞争中处于相对优势地位的尚未在境外上市红筹企业，本次发行上市选择的具体市值及财务指标为“预计市值不低于人民币 50 亿元，且最近一年营业收入不低于人民币 5 亿元”。

发行人2018年度的营业收入高于人民币5亿元；同时根据发行人2017年9月进行的C轮融资估值情况，公司估值15.2亿美元，约人民币100亿元，超过人民币50亿元，且发行人2019年1~6月及2018年经营业绩均保持高速增长，符合《上海证券交易所科创板股票上市规则》第2.1.3条规定的市值及财务指标标准。

③发行人本次发行上市符合《上海证券交易所科创板股票上市规则》第2.1.4条第1款规定的市值及财务指标标准

发行人存在表决权差异安排。发行人预计市值不低于人民币50亿元，且最近一年营业收入不低于人民币5亿元，符合《上海证券交易所科创板股票上市规则》第2.1.4条第1款规定的市值及财务指标标准。

综上，发行人本次发行上市符合《证券法》《关于开展创新企业境内发行股票或存托凭证试点的若干意见》《存托凭证发行与交易管理办法（试行）》《上海证券交易所科创板股票上市规则》等法律、法规和规范性文件规定的公司公开发行存托凭证并在上海证券交易所科创板上市的各项实质性条件。

二、解决思路

2019年10月25日，上海证券交易所科创板股票上市委2019年第38次审议会议召开，华润微电子有限公司（CDM）首发获通过，成为科创板第一家红筹上市企业，也是中国A股市场第一家红筹上市企业，A股第一家以港元而非人民币为面值的企业，科创板第一家引入“绿鞋机制”的企业。

2020年6月12日，上海证券交易所科创板股票上市委员会2020年第42次审议会议召开，九号智能首发获通过，成为科创板第一家发行CDR的红筹企业，也是中国A股市场第一家发行CDR的红筹企业。

2020年6月19日，上海证券交易所科创板股票上市委员会2020年第47次审议会议召开，中芯国际首发获通过，成为科创板首家“A+H”股的红筹企业。自2020年6月1日中芯国际科创板申请获得受理，仅用了三周即成功过会，创下科创板乃至整个A股的通关纪录。

科创板可以说是打通了红筹企业回归A股的路径，虽然在目前政策之下，满足回归A股条件的红筹企业并不多，但是已有越来越多满足条件的红筹企业有意愿通过发行CDR或者其他形式回归A股。

从目前来看，红筹企业回归主要有以下几种方式：

1. 拆除红筹架构

除去前述CRM、九号智能等符合条件直接回归境内上市的红筹企业，大部分企业仍然采取拆除红筹架构回归境内上市的方式。对于这类公司，发审委关注的重点主要是红筹架构搭建、运行及拆除过程中有关外汇管理、税收管理事项，红筹架构拆除是否符合法律法规有关规定。

（1）发行人应当充分、详细披露相关情况，依法落实保护投资者合法权益规定的各项措施。

（2）发行人应完整披露红筹架构搭建、运行及拆除过程中每一步骤的具体情况。每一步骤均应遵守当时有效的我国关于境外投资、外商投资、返程投资、外汇管理、税收管理、并购重组等方面的法律、行政法规、部门规章以及规范性文件中的具体规定。

①境内居民外汇登记合规。根据《关于境内居民通过特殊目的公司境外投融资及返程投资外汇管理有关问题的通知》，境内居民直接或间接通过特殊目的公司对境内开展直接投资活动（返程投资）应按规定办理境外投资外汇登记。

②境内企业外汇、外商投资审批合规。发行人设立及历次股权变更应取得外商投资管理部门下发 / 颁发的批复、证书，办理相应的外汇手续。

③税务合规。发行人在红筹架构搭建、拆除过程中，应依据当时有效的中国境内法律法规履行申报纳税、缴纳税款、扣缴义务等。

④境外股东外汇使用、税务合规。搭建、拆除红筹架构过程中所涉的境外股东应履行了相应的外汇审批手续，按照相关规定进行纳税申报。

此外，红筹架构的搭建、拆除过程涉及国有股东的，国有股东的投资入股及转让（回购）退出应符合当时国资监管相关规定，不存在国有资产流失情形，必要时需取得上级有权部门的确认文件。

（3）对赌协议的处理。根据《上海证券交易所关于红筹企业申报科创板发行上市有关事项的通知》的规定，红筹企业向 PE、VC 等投资人发行带有约定赎回权等优先权利的股份或可转换债券（统称优先股），发行人和投资人应当约定并承诺在申报和发行过程中不行使优先权利，并于上市前终止优先权利、转换为普通股。发行人应当在招股说明书中披露优先股的入股和权利约定情况、转股安排及股东权利变化情况，转股对发行人股本结构、公司治理及财务报表等的影响，股份锁定安排和承诺等，并进行充分风险提示。即只要投资人承诺申报和发行过程中不行使优先权利，可以将优先股保留至上市前转换为普通股，且对转换后的股份不按突击入股对待。

2. 境外主体境内上市

红筹企业境内上市可以通过发行股票（IPO）和发行存托凭证（CDR）两种方式。

（1）充分披露企业采用协议控制架构的原因、必要性及合理性。发行人应当充分说明采取协议控制架构的原因、必要性及合理性，如九号智能，发行人所属行业存在对外国投资者股比与股东资格的限制，故而采取协议控制架构。

（2）注重保护投资者的权益。根据《上海证券交易所科创板股票上市规则》（以下简称《科创板股票上市规则》）的有关规定，红筹企业在境内发行股票或者存托凭证并在科创板上市，股权结构、公司治理、运行规范等事项适用境外注册地公司法等法律法规的，其投资者权益保护水平，包括资产收益、参与重大决策、剩余财产分配等权益，总体上应不低于境内法律法规规定的要求，并保障境内存托凭证持有人实际享有的权益与境外基础证券持有人的权益相当。

①发行人应制定利润分配制度、股东大会议事规则、董事会议事规则、独立董事工作制度、对外担保管理制度、对外投资管理制度、关联交易管理制度、关于规范与关联方资金往来管理制度等公司治理制度，采取具体措施保护中小股东权益。

②存在特别表决权安排的，应确保特别表决权安排能够保证投资者参与重大决策的权益。

③发行人实际控制人、发行人相关董事、高级管理人员出具相关承诺，对避免同业竞争及规范关联交易、不占用发行人资金和对外担保、关于利润分配政策、摊薄即期回报等事项按照相关规范要求予以承诺并明确相应保障措施。

④发行人出具承诺，保障其投资者权益保护水平（包括资产收益、参与重大决策、剩余财产分配等权益）总体上不低于境内法律法规规定的要求。

3. 股票面值及币种的确定

股票面值是股份公司在所发行的股票票面上标明的票面金额，其作用是用来表明每一张股票所包含的资本数额，以便确定股东权利及相应的发行定价。我国现行法律、行政法规并未禁止股票面值以人民币以外的货币作为计量单位，也并未规定公司发行的股票必须以人民币标明面值，现行规则亦允许红筹企业根据自身实际情况选择股票面值币种。

发行人应明确无论发行人本次发行上市的股票面值为港元或其他币种，其对境内投资者权益的保护总体上并不低于境内法律、行政法规以及中国证监会要求。

【具体核查要点】

1. 发行人红筹架构搭建、运行及拆除过程中有关外汇管理、税收管理事项是否符合法律法规有关规定；涉及的相关税费是否已依法缴纳，涉及的商务部审批程序是否已履行。

2. 发行人及其控股股东、实际控制人在红筹架构搭建、存续及拆除过程中是否存在违法违规情形，是否存在其他行政处罚及被行政处罚的风险。

3. 发行人在拆除红筹架构前的股权结构情况及各股东持股情况、持股比例是否有变化、是否涉及股份支付处理。

4. 发行人股东是否涉及返程投资并需要办理外汇登记手续，是否符合外汇管理法律法规的规定。

5. 发行人红筹架构拆除过程中相关实体的资金来源及资金支付情况，是否存在向控股股东及其关联方进行利益输送的情形。

6. 红筹架构终止后，发行人控股股东、实际控制人是否存在大额债务、是否存在质押发行人股份等影响发行人控制权稳定的事项。

7. 发行人搭建协议控制架构的原因，发行人所属行业是否存在外资准入的限制，历史上协议控制的履行情况，是否已经彻底终止，协议控制结构拆除后境内外相关主体是否注销，签约各方之间是否存在纠纷或潜在纠纷。

8. 发行人历史上红筹架构的搭建及终止对发行人的发行及上市是否构成障碍。

【核查方式】

1. 查阅发行人拆除红筹的相关工商变更登记资料；查阅境外架构公司的全套登记注册文件。

2. 查阅发行人红筹架构搭建、存续及拆除过程的核准 / 备案文件、股权转让价款支付凭证、外汇登记证、外汇业务登记凭证、完税凭证等文件。

3. 审阅报告期内各年度境外上市架构相关企业的审计报告、财务报表、设立地境外律师事务所出具的法律意见书、尽职调查报告、备忘录及相关说明文件。

4. 查阅 VIE 协议以及银行对账单、银行流水明细表等，核实相关 VIE 协议的履行情况。

5. 网络核查发行人股权是否存在纠纷。

6. 访谈发行人部分股东及境外企业部分股东，并获取相关人员出具的调查表。

7. 走访发行人所在地有管辖权的外汇主管部门、税务部门、外商投资管理部门，获取有上述部门出具的发行人生产经营涉及相关行为是否合法合规的证明。

三、参考规范

《上海证券交易所科创板股票上市规则》

2.1.1 发行人申请在本所科创板上市，应当符合下列条件：

（一）符合中国证监会规定的发行条件；

（二）发行后股本总额不低于人民币 3000 万元；

（三）公开发行的股份达到公司股份总数的 25% 以上；公司股本总额超过人民币 4 亿元的，公开发行股份的比例为 10% 以上；

（四）市值及财务指标符合本规则规定的标准；

（五）本所规定的其他上市条件。

红筹企业发行股票的，前款第二项调整为发行后的股份总数不低于3000万股，前款第三项调整为公开发行的股份达到公司股份总数的25%以上；公司股份总数超过4亿股的，公开发行股份的比例为10%以上。红筹企业发行存托凭证的，前款第二项调整为发行后的存托凭证总份数不低于3000万份，前款第三项调整为公开发行的存托凭证对应基础股份达到公司股份总数的25%以上；发行后的存托凭证总份数超过4亿份的，公开发行存托凭证对应基础股份达到公司股份总数的10%以上。

本所可以根据市场情况，经中国证监会批准，对上市条件和具体标准进行调整。

2.1.3 符合《国务院办公厅转发证监会关于开展创新企业境内发行股票或存托凭证试点若干意见的通知》（国办发〔2018〕21号）相关规定的红筹企业，可以申请发行股票或存托凭证并在科创板上市。

营业收入快速增长，拥有自主研发、国际领先技术，同行业竞争中处于相对优势地位的尚未在境外上市红筹企业，申请在科创板上市的，市值及财务指标应当至少符合下列标准之一：

（一）预计市值不低于人民币100亿元；

（二）预计市值不低于人民币50亿元，且最近一年营业收入不低于人民币5亿元。

前款所称营业收入快速增长，指符合下列标准之一：

（一）最近一年营业收入不低于人民币5亿元的，最近3年营业收入复合增长率10%以上；

（二）最近一年营业收入低于人民币5亿元的，最近3年营业收入复合增长率20%以上；

（三）受行业周期性波动等因素影响，行业整体处于下行周期的，发行人最近3年营业收入复合增长率高于同行业可比公司同期平均增长水平。

处于研发阶段的红筹企业和对国家创新驱动发展战略有重要意义的红筹企业，不适用“营业收入快速增长”上述要求。

2.1.4 发行人具有表决权差异安排的，市值及财务指标应当至少符合下列标准中的一项：

（一）预计市值不低于人民币100亿元；

（二）预计市值不低于人民币50亿元，且最近一年营业收入不低于人民币5亿元。

发行人特别表决权股份的持有人资格、公司章程关于表决权差异安排的具体规定，应当符合本规则第四章第五节的规定。

本规则所称表决权差异安排，是指发行人依照《公司法》第一百三十一条的规定，在一般规定的普通股份之外，发行拥有特别表决权的股份（以下简称特别表决权股份）。每一特别表决权股份拥有的表决权数量大于每一普通股份拥有的表决权数量，其他股东权利与普通股份相同。

《上海证券交易所科创板股票发行上市审核规则》

第二十三条　符合《国务院办公厅转发证监会关于开展创新企业境内发行股票或存托凭证试点若干意见的通知》(国办发〔2018〕21号)相关规定的红筹企业，可以申请发行股票或存托凭证并在科创板上市。

营业收入快速增长，拥有自主研发、国际领先技术，同行业竞争中处于相对优势地位的尚未在境外上市红筹企业，申请发行股票或存托凭证并在科创板上市的，市值及财务指标应当至少符合下列上市标准中的一项，发行人的招股说明书和保荐人的上市保荐书应当明确说明所选择的具体上市标准：

(一)预计市值不低于人民币100亿元；

(二)预计市值不低于人民币50亿元，且最近一年营业收入不低于人民币5亿元。

第二十四条　存在表决权差异安排的发行人申请股票或者存托凭证首次公开发行并在科创板上市的，其表决权安排等应当符合《上海证券交易所科创板股票上市规则》等规则的规定；发行人应当至少符合下列上市标准中的一项，发行人的招股说明书和保荐人的上市保荐书应当明确说明所选择的具体上市标准：

(一)预计市值不低于人民币100亿元；

(二)预计市值不低于人民币50亿元，且最近一年营业收入不低于人民币5亿元。

《上海证券交易所关于红筹企业申报科创板发行上市有关事项的通知》

一、估值调整协议中优先权利的处理

红筹企业向PE、VC等投资人发行带有约定赎回权等优先权利的股份或可转换债券(以下统称优先股)，发行人和投资人应当约定并承诺在申报和发行过程中不行使优先权利，并于上市前终止优先权利、转换为普通股。投资人按照其取得优先股的时点适用相应的锁定期要求。

发行人应当在招股说明书中披露优先股的入股和权利约定情况、转股安排及股东权利变化情况，转股对发行人股本结构、公司治理及财务报表等的影响，股份锁定安排和承诺等，并进行充分风险提示。

保荐人、发行人律师及申报会计师应当对优先股投资人入股的背景及相关权利约定进行核查，并就转股安排和转股前后股东权利的变化，转股对发行人的具体影响，相关承诺及股份锁定期是否符合要求等发表专项核查意见。

发行人获准发行上市后，应当与投资人按照约定和承诺及时终止优先权利、转换为普通股。发行人应当在向本所提交的股票或者存托凭证上市申请中，说明转股结果及其对发行人股本结构、公司治理及财务报表等的实际影响。保荐人、发行人律师及会计师应当对优先股转股完成情况及其影响进行核查并发表意见。

二、红筹企业上市条件的调整适用

《上海证券交易所科创板股票上市规则》(以下简称《上市规则》)第2.1.1条规

定了科创板首次公开发行股票的上市条件，其中涉及股本总额计算。考虑到红筹企业的公司形式、股票面值及股本要求与境内市场存在较大差异，且相关安排属于公司治理范畴，故对红筹企业特定上市条件予以调整适用。

红筹企业发行股票的，适用《上市规则》第2.1.1条第一款第二项时，调整为“发行后的股份总数不低于3000万股”；适用第2.1.1条第一款第三项时，调整为“公开发行的股份达到公司股份总数的25%以上；公司股份总数超过4亿股的，公开发行股份的比例为10%以上”。

红筹企业发行存托凭证的，适用《上市规则》第2.1.1条第一款第二项时，调整为“发行后的存托凭证总份数不低于3000万份”；适用第2.1.1条第一款第三项时，调整为“公开发行的存托凭证对应基础股份达到公司股份总数的25%以上；发行后的存托凭证总份数超过4亿份的，公开发行存托凭证对应基础股份达到公司股份总数的10%以上”。

三、适用“营业收入快速增长”要求的具体标准

尚未在境外上市红筹企业申请在科创板上市，适用《科创板股票发行上市审核规则》第二十三条第二款《上市规则》第2.1.3条有关“营业收入快速增长”的规定时，应当符合下列标准之一：

（一）最近一年营业收入不低于人民币5亿元的，最近3年营业收入复合增长率10%以上；

（二）最近一年营业收入低于人民币5亿元的，最近3年营业收入复合增长率20%以上；

（三）受行业周期性波动等因素影响，行业整体处于下行周期的，发行人最近3年营业收入复合增长率高于同行业可比公司同期平均增长水平。

处于研发阶段的红筹企业和对国家创新驱动发展战略有重要意义的红筹企业，不适用“营业收入快速增长”上述要求。

第三节　股权代持

股权代持又称委托持股、隐名投资或借名出资，是指实际出资人与他人约定，以他人名义代实际出资人履行股东权利义务的一种股权处置方式。股权代持常用于规避对公司股东的某些限制。

截至2020年12月31日，中信博、燕麦科技、圣湘生物、长阳科技、南新制药、科威尔、九号智能等四十余家企业存在股权代持情形。

一、典型案例

罗克佳华（688051）

罗克佳华科技集团股份有限公司（以下简称发行人）2019 年 5 月 9 日提交的招股说明书（申报稿）中披露：发行人的前身联华伟业设立时，工商登记在郭瑞娟及范保娴名下的 300 万元出资，实际系代李玮持有。2013 年 4 月，郭瑞娟将持有罗克有限 15% 的股权（对应出资额 150 万元）无偿转让给李玮，双方股权代持关系解除；2016 年 4 月，范保娴将持有的罗克有限 15% 的股权（对应出资额 150 万元）应李玮指示转让给共青城华云，双方股权代持关系解除。

针对上述情形，发审委要求发行人对下列事项进行披露和说明，并要求保荐机构、发行人律师核查并发表明确意见：披露股份代持设立、存续及解除的具体情况，代持协议的主要内容，被代持方是否实际履行出资义务；说明设置代持的原因，是否通过股份代持规避相关法律法规；说明清理代持是否违反相关法律法规的规定，是否符合被代持人的意愿，解除代持是否存在纠纷。

根据发行人律师出具的补充法律意见书披露显示：[1]

1. 披露股份代持设立、存续及解除的具体情况，代持协议的主要内容，以及被代持方是否实际履行出资义务情况

罗克有限设立时，由郭瑞娟、范保娴分别代李玮持有 15% 股权。

郭瑞娟代李玮持有 15% 股权情形，自 2007 年 9 月罗克有限设立时开始，存续至 2013 年 4 月郭瑞娟将其持有的罗克有限 15% 股权（对应 150 万元注册资本）转让给李玮时止。范保娴代李玮持有 15% 股权情形，自 2007 年 9 月罗克有限设立时开始，存续至 2016 年 4 月范保娴根据李玮指示将其持有的罗克有限 15% 股权（对应 150 万元注册资本）转让给共青城华云时止。

代持人与被代持人在股权代持设立时，并未签署书面的代持协议。但代持人与被代持人均已签署书面确认文件，对股权代持设立、存续及解除的情况进行了确认，并确认对此不存在纠纷及潜在纠纷，并且对发行人目前的股权结构无异议。

代持人向罗克有限已实际出资 300 万元，但该等资金实际来自被代持人李玮，即出资人已经实际履行出资义务。

---

〔1〕《北京市天元律师事务所关于罗克佳华科技集团股份有限公司首次公开发行股票并在科创板上市的补充法律意见书（一）》，载上海证券交易所网，http：//static.sse.com.cn/stock/information/c/201907/fd354583845442078a8ee5be0c32ca95.pdf，最后访问日期：2021 年 5 月 21 日。

2. 设置代持的原因，不存在通过股份代持规避相关法律法规的情形

由于罗克有限设立时新公司法颁布不久，一人有限公司在太原尚未普及，为了办理登记注册手续，李玮委托了郭瑞娟及范保娴为其代持部分股权并以三人名义共同出资设立罗克有限。

被代持人李玮当时亦系登记出资人之一。代持人郭瑞娟及范保娴，系发行人员工，郭瑞娟担任发行人副总经理职务，范保娴担任发行人董事兼副总经理职务，均间接持有发行人股份。代持人和被代持人均有向罗克有限进行出资的资格，不存在通过股份代持规避相关法律法规的情形。

3. 清理代持不违反相关法律法规的规定，符合被代持人的意愿，解除代持不存在纠纷

解除代持所签署的股权转让协议系代持人和被代持人真实意思表示，合法、自愿、有效，该次股权转让已经罗克有限股东会同意，并办理了工商变更登记。李玮、范保娴及郭瑞娟均对代持事项出具确认文件，确认不存在任何纠纷或潜在纠纷，对发行人目前的股权结构无异议。

震有科技（688418）

深圳震有科技股份有限公司（以下简称发行人）2019年11月6日提交的招股说明书（申报稿）中披露：2007年10月至2011年4月，吴闽华与雷波均为沃其丰的股东，其中，吴闽华担任沃其丰的董事兼总经理。因沃其丰与震有有限主营业务存在部分重合，基于竞业禁止的考虑，吴闽华委托王卫东持有震有有限的股权、雷波委托雷果持有震有有限股权；2009年11月和2011年12月，相关代持彻底解除。

针对上述情形，发审委要求发行人对下列事项进行说明，并要求保荐机构、发行人律师核查并发表明确意见：该等股权代持的具体情况，包括但不限于代持原因、是否签订相关协议等；沃其丰的基本情况，与发行人及其关联方间是否存在关联关系，发行人是否存在来源于沃其丰的技术成果；结合吴闽华与雷波均为沃其丰的股东，且吴闽华担任沃其丰的董事兼总经理的情形，说明在2011年12月前通过代持持有发行人股权是否违反竞业禁止协议，与沃其丰是否存在纠纷或潜在纠纷；代持期间名义股东增资具体情况、资金来源；相关代持关系解除后，吴闽华、雷波是否仍为沃其丰股东或在其中任职；结合相关银行流水、代持期间的分红款流向等，说明代持及其解除的真实性，是否是相关方真实意思表示，相关方是否出具明确承诺或确认相关股权不存在代持情形。

根据发行人律师出具的补充法律意见书披露显示：[1]

1. 该等股权代持的具体情况，包括但不限于代持原因、是否签订相关协议等；沃其丰的基本情况，与发行人及其关联方间是否存在关联关系，发行人是否存在来源于沃其丰的技术成果

（1）吴闽华于2007年10月被聘任为沃其丰总经理，于2007年11月被选举为沃其丰董事，于2008年1月受让沃其丰3%的股权。虽然沃其丰实际经营业务与震有有限并不相同，但考虑到经营范围存在一定重合，吴闽华于2008年1月将持有震有有限28%的股权转让给王卫东，委托王卫东代为持有，双方签订了股权代持协议。后王卫东因个人原因从震有有限离职，于2009年11月将其持有震有有限41%的股权（其中28%的股权为原吴闽华委托王卫东代持的股权，13%的股权为原王卫东自行持有的股权）转让给吴闽华，解除了代持。王卫东、吴闽华分别确认，两人之间历次"股权转让协议约定的义务双方/各方已履行完毕，不存在任何纠纷或潜在纠纷，本人不会就此向任何人主张任何权利"。

（2）雷波于2008年1月将持有震有有限20%的股权转让给雷果，委托雷果代为持有。因双方为兄弟关系，未签订股权代持协议。后因雷果持有股权的深圳市博瑞得科技有限公司启动融资，不便于再替雷波代持震有有限股权。雷果于2010年8月将持有震有有限16.6667%的股权（因兰光经济于2010年增资震有有限，雷波委托雷果代持的20%的股权稀释为16.6667%）转让给吴闽华，委托吴闽华代雷波持有，双方未签订股权代持协议。2011年12月，吴闽华将持有震有有限16.6667%的股权转让给麦田天使（雷波持有其99%的出资额），解除了代持。2012年9月26日，雷波不再持有沃其丰的股权。

雷波、雷果、吴闽华分别确认，三人之间历次"股权转让协议约定的义务双方/各方已履行完毕，不存在任何纠纷或潜在纠纷，本人不会就此向任何人主张任何权利"。

沃其丰成立于2003年3月27日，现持有深圳市市监局核发的统一社会信用代码为914403007488599585的营业执照，主要经营场所为深圳市南山区南山街道南光社区南山大道1110号中国石油大厦26层2608，法定代表人李小琴，主营业务为网络安全，但目前未实际开展业务。

沃其丰与发行人及其关联方间不存在关联关系，发行人与沃其丰之间主营业务不同、不存在同业竞争，发行人不存在来源于沃其丰的技术成果。

---

[1]《国浩律师（深圳）事务所关于深圳震有科技股份有限公司申请首次公开发行股票并在科创板上市之补充法律意见书（一）》，载上海证券交易所网，http：//static.sse.com.cn/stock/information/c/202002/7bba3446f32b455d9ea8b1a25b4ddf0e.pdf，最后访问日期：2021年5月21日。

2. 结合吴闽华与雷波均为沃其丰的股东，且吴闽华担任沃其丰的董事兼总经理的情形，说明在 2011 年 12 月前通过代持持有发行人股权是否违反竞业禁止协议，与沃其丰是否存在纠纷或潜在纠纷

吴闽华、雷波虽曾在沃其丰任职或持股，但未与沃其丰未签署过竞业禁止协议，吴闽华、雷波、发行人与沃其丰之间不存在纠纷或潜在纠纷。

3. 代持期间名义股东增资具体情况、资金来源；相关代持关系解除后，吴闽华、雷波是否仍为沃其丰股东或在其中任职

上述股权代持期间发行人共发生三次增资，涉及名义股东增资的二次，具体情况如表 21 所示：

表 21

增资事项	姓名	持股比例 /%	增资金额 / 万元
2008 年 10 月 20 日，第一次增资，增资至 500 万元	王卫东	41	184.5
	雷果	20	90
	张宏斌	13	58.5
	蹇昌树	13	58.5
	刘应江	13	58.5
2009 年 2 月 23 日，第二次增资，增资至 1000 万元	王卫东	41	205
	雷果	20	100
	张宏斌	13	65
	蹇昌树	13	65
	刘应江	13	65

震有有限注册资本由 50 万元增加至 500 万元、由 500 万增加至 1000 万元均由各股东同比增资。其中吴闽华委托王卫东持有的 28% 的股权应支付的增资款为 266 万元，均由王卫东以其自身名义缴纳，但资金实际来源于吴闽华；其中雷波委托雷果持有的 20% 的股权应支付的增资款为 190 万元，均由雷果以其自身名义缴纳，但资金实际来源于雷波。

股权代持关系解除后，吴闽华、雷波在沃其丰持股和任职的情况具体如下：

（1）2009 年 11 月，吴闽华解除了委托代持。2011 年 4 月 13 日，吴闽华不再担任沃其丰总经理，于 2011 年 5 月 27 日不再持有沃其丰的股权。

（2）2011 年 12 月，雷波解除了委托代持。2012 年 9 月 26 日，雷波不再持有沃

其丰的股权。

4. 结合相关银行流水、代持期间的分红款流向等，说明代持及其解除的真实性，是否是相关方真实意思表示，相关方是否出具明确承诺或确认相关股权不存在代持情形

股权代持期间发行人未进行分红。股权代持及解除均基于相关方的真实意思表示，代持期间及代持关系解除后，代持双方不存在任何纠纷或潜在纠纷；代持解除后，发行人股东不存在其他委托持股的情形。

安集科技（688019）

安集微电子科技（上海）股份有限公司（以下简称发行人）2019 年 3 月 29 日提交的招股说明书（申报稿）中披露：北极光系代 Northern Light Strategic Fund II,L.P. ; Light Venture Fund II,L.P. ; Northern Light Partners Fund II,L.P.（以下合称 NL II Funds）持有 Anji Cayman 22,737,180 股股份。

针对上述情形，发审委要求发行人对下列事项进行说明，并要求保荐机构、发行人律师核查并发表明确意见：上述代持的背景，代持是否合法有效，是否符合《科创板首次公开发行股票注册管理办法（试行）》第 12 条“控股股东和受控股股东、实际控制人支配的股东所持发行人的股份权属清晰”的有关规定。

根据发行人律师出具的补充法律意见书披露显示：[1]

北极光系代 Northern Light Strategic Fund II,L.P. ; Northern Light Venture Fund II,L.P. ; Northern Light Partners Fund II,L.P.（以下合称 NL II Funds）持有 Anji Cayman 22,737,180 股股份。

Northern Light Partners II,L.P. 为 NL II Funds 的唯一普通合伙人（以下简称 GP），持有 NL II Funds 1% 的权益，其他 40 名有限合伙人（主要为私募股权基金、其他基金、个人、金融机构和法律服务提供者）持有 NL II Funds 99% 的权益；北极光为 Northern Light Partners II,L.P. 的唯一 GP，也是 NL II Funds 的最终 GP。Feng Deng 为持有北极光 90% 股份的控股股东，Yan Ke 持有北极光 5% 股份，Jeffrey David Lee 持有北极光 5% 股份。

上述代持安排系为提高管理效率，代持各方不存在任何纠纷。根据境外律师事务所 Gunderson DettmerStough Villeneuve Franklin&Hachigian，LLP 出具的确认意见，北极光作为 NL II Funds 股份代持人，代 NL II Funds 持有 Anji Cayman 股份；股份代持人协议管辖和执行适用于美国特拉华州法律，未违反美国的法律和法规；股份代持人

〔1〕《上海市锦天城律师事务所关于安集微电子科技（上海）股份有限公司首次公开发行股票并在科创板上市的补充法律意见书（二）》，载上海证券交易所网，http：//static.sse.com.cn/stock/information/c/201905/a3567b64772e44198435becdefde2aa2.pdf，最后访问日期：2021 年 5 月 21 日。

协议明确规定 NL II Funds 是 Anji Cayman 股份的受益所有人。

根据北极光提供的情况说明文件、Travers Thorp Alberga 律师事务所出具的《Anji Cayman 尽职调查报告》和 Gunderson DettmerStough VilleneuveFranklin & Hachigian, LLP 出具的确认意见，Anji Cayman 持有发行人的股份真实有效，权属清晰，符合《科创板首次公开发行股票注册管理办法（试行）》第 12 条“控股股东和受控股股东、实际控制人支配的股东所持发行人的股份权属清晰”的有关规定。

有方科技（688159）

深圳市有方科技股份有限公司（以下简称发行人）2019 年 5 月 7 日提交的招股说明书（申报稿）及相关申请材料中披露：2009 年 12 月股权变更后，除原自然人股东祝秀华外，工商登记的自然人股东均为名义股东，代表以王慷为主的核心团队，代持人依次增加至王慷、刘毅、张楷文、贺本爽、张增国，其中张增国通过基思瑞投资持有有限公司股权；2013 年 2 月上述股权代持行为全部解除。

针对上述情形，发审委要求发行人对下列事项进行说明，并要求保荐机构、发行人律师核查并发表明确意见：上述期间历次股权转让或增资过程中，实际出资人对应的名义股东及其关系、出资额及出资比例、出资方式及代持出资的转账凭证；说明上述股权代持行为是否签订代持协议，股权代持行为的合理性和必要性，是否违反相关法律法规的规定，是否合法、有效；说明股权代持行为解除后，名义股东与实际出资人之间就股权问题是否存在权属纠纷或其他纠纷，是否对发行人实际控制人直接或间接持有公司股份的稳定性产生影响，是否构成本次发行上市的法律障碍。

根据发行人律师出具的补充法律意见书披露显示：[1]

1. 上述期间历次股权转让或增资过程中，实际出资人对应的名义股东及其关系、出资额及出资比例、出资方式及代持出资的转账凭证

（1）委托持股形成的背景

2009 年 12 月 11 日，初始股东金四化将其持有的有方有限 40% 股权转让给刘毅。自本次股权转让开始至 2013 年 2 月委托持股解除之前，除原股东祝秀华之外，工商登记中的其他股东代表为以王慷为主的核心团队。由于创业初期的不确定性，考虑到核心团队成员、创业资本金需求均可能出现持续变动，因此在创业初期，核心团队成员（委托人）选择委托少数股东代表（受托人）完成工商登记，以避免频繁的工商变更。

〔1〕《北京德恒律师事务所关于深圳市有方科技股份有限公司首次公开发行股票并在科创板上市之补充法律意见（一）》，载上海证券交易所网，http：//static.sse.com.cn/stock/information/c/201907/5322e6d4cb38469d9ef4dbc2dd340c7d.pdf，最后访问日期：2021 年 5 月 21 日。

2009 年 12 月至 2010 年 9 月，为便于内部管理及外部工商登记手续办理，核心团队成员（委托人）的股权均委托刘毅（受托人）一人登记持有；随着公司业务发展及注册资本规模增大，为降低委托持股集中的风险，截至 2012 年 9 月工商登记的股东代表（受托人）陆续增加为王慷、刘毅、张楷文、贺本爽、张增国等五名自然人及持股平台基思瑞投资。核心团队成员自 2009 年 12 月以来的历次出资均来源于其自有资金（个人或家庭积累），资金来源合法；在实际出资过程中团队成员将款项缴付至指定账户并由专人负责记录及按照内部出资比例明确每位实际出资人的出资份额，但没有刻意在实际出资人与工商登记股东之间形成一一对应的委托持股关系。

（2）委托持股演变过程

① 2009 年 12 月，有方有限股权转让

2009 年 12 月，初始股东金四化将其所持有的有方有限 40% 股权以 20 万元转让给股东代表刘毅。本次股权转让完成后，有方有限的工商登记出资情况及核心团队实际出资情况如表 22 所示：

表 22

2009 年 12 月有方有限的工商登记出资情况					
序号	工商登记股东	出资额 / 万元	出资比例 /%	实缴出资额 / 万元	是否为实际权益人
1	祝秀华	30.00	60.00	30.00	是
2	刘毅	20.00	40.00	20.00	否
合计		50.00	100.00	50.00	—
2019 年 12 月核心团队实际出资情况					
序号	实际出资人	出资额 / 万元	出资比例 /%	出资方式	与股东代表的关系
1	王慷	20.00	100.00	货币	均为核心团队成员
合计		20.00	100.00	—	—
出资的转账凭证：已取得刘毅来自王慷的本次 20 万元股权购买款的现金收据					

② 2010 年 4 月，有方有限注册资本增加至 150 万元

2010 年 4 月，有方有限进行第一次增资，注册资本及实缴资本自 50 万元增至 150 万元，核心团队委托刘毅认缴并实缴出资 100 万元。本次增资完成后，有方有限的工商登记出资情况如表 23 所示：

表 23

2010 年 4 月有方有限的工商登记出资情况					
序号	工商登记股东	出资额 / 万元	出资比例 /%	实缴出资额 / 万元	是否为实际权益人
1	刘毅	120.00	80.00	120.00	否
2	祝秀华	30.00	20.00	30.00	是
合计		150.00	100.00	150.00	—

截至 2010 年 4 月，王慷等 12 名核心成员共计出资 222.72 万元，其中 120 万元由刘毅按照各自出资金额占全体成员合计出资总额的比例代表核心成员在有方有限出资及登记，具体情况如表 24 所示：

表 24

2010 年 4 月核心团队实际出资情况							
序号	实际出资人	实际出资金额 / 万元	实际出资占比 /%	在有方有限的出资额 / 万元	内部出资比例 /%	出资方式	与股东代表的关系
1	王慷	71.00	31.88	38.25	31.88	货币	均为核心团队成员
2	张增国	36.19	16.25	19.50	16.25		
3	魏琼	34.25	15.38	18.45	15.38		
4	王政铭	18.28	8.21	9.85	8.21		
5	肖悦赏	13.81	6.20	7.44	6.20		
6	陈朋金	13.19	5.92	7.11	5.92		
7	王德强	9.90	4.45	5.33	4.45		
8	陈妮	8.81	3.96	4.75	3.96		
9	张楷文	8.01	3.60	4.32	3.60		
10	贺本爽	4.37	1.96	2.36	1.96		
11	黄丽敏	3.00	1.35	1.62	1.35		
12	刘毅	1.91	0.86	1.03	0.86		
合计		222.72	100.00	120.00	100.00	—	—
出资的转账凭证：已取得刘毅来自核心团队的本次 100 万元增资款的银行转账流水							

③ 2010 年 7 月，有方有限注册资本增加至 1000 万元，实收资本增加至 500 万元

2010 年 7 月，有方有限进行第二次增资，注册资本自 150 万元增至 1000 万元，新增资本由核心团队委托刘毅认缴 680 万元，由祝秀华认缴 170 万元。本次增资完成后，有方有限实收资本自 150 万元增至 500 万元，本期新增实收资本 350 万元全部由核心团队委托刘毅实缴。本次增资后，有方有限的工商登记出资情况如表 25 所示：

表 25

<table>
<tr><th colspan="6">2010 年 7 月有方有限的工商登记出资情况</th></tr>
<tr><th>序号</th><th>工商登记
股东</th><th>出资额
/ 万元</th><th>出资
比例 /%</th><th>实缴出资额
/ 万元</th><th>是否为
实际权益人</th></tr>
<tr><td>1</td><td>刘毅</td><td>800.00</td><td>80.00</td><td>470.00</td><td>否</td></tr>
<tr><td>2</td><td>祝秀华</td><td>200.00</td><td>20.00</td><td>30.00</td><td>是</td></tr>
<tr><td colspan="2">合计</td><td>1000.00</td><td>100.00</td><td>500.00</td><td>—</td></tr>
</table>

截至 2010 年 7 月，王慷等 14 名核心成员共计出资 500.72 万元，其中 470 万元由刘毅按照各自出资金额占全体成员合计出资总额的比例代表核心成员在有方有限出资及登记，具体情况如表 26 所示：

表 26

<table>
<tr><th colspan="8">2010 年 7 月核心团队实际出资情况</th></tr>
<tr><th>序号</th><th>实际
出资人</th><th>实际出资
金额 / 万元</th><th>实际出资
占比 /%</th><th>在有方有限的
出资额 / 万元</th><th>内部出资
比例 /%</th><th>出资
方式</th><th>与股东
代表的关系</th></tr>
<tr><td>1</td><td>王慷</td><td>151.00</td><td>30.16</td><td>141.74</td><td>30.16</td><td rowspan="5">货币</td><td rowspan="5">均为
核心
团队
成员</td></tr>
<tr><td>2</td><td>谭延凌</td><td>70.00</td><td>13.98</td><td>65.71</td><td>13.98</td></tr>
<tr><td>……</td><td>……</td><td>……</td><td>……</td><td>……</td><td>……</td></tr>
<tr><td>13</td><td>文宇祥</td><td>3.50</td><td>0.70</td><td>3.29</td><td>0.70</td></tr>
<tr><td>14</td><td>黄丽敏</td><td>3.00</td><td>0.60</td><td>2.82</td><td>0.60</td></tr>
<tr><td colspan="2">合计</td><td>500.72</td><td>100.00</td><td>470.00</td><td>100.00</td><td>—</td><td>—</td></tr>
<tr><td colspan="8">出资的转账凭证：已取得刘毅来自核心团队的本次 350 万元增资款的银行转账流水</td></tr>
</table>

④ 2010 年 9 月，有方有限股权转让，实收资本增加至 800 万元

2010 年 9 月，初始股东祝秀华因个人原因拟将其所持有的有方有限 20% 股权（实缴出资额为 30 万元）以 30 万元转让，同时为降低委托持股集中的风险，核心团队决定增加贺本爽、张楷文作为工商登记股东持有部分有方有限的股权，具体方式为：核

心团队委托张楷文受让初始股东祝秀华持有的有方有限 20% 的股权（实缴出资额为 30 万元），并支付股权转让价款 30 万元；委托贺本爽受让刘毅持有的有方有限 5% 股权（实缴出资额为 50 万元）。同时，有方有限实收资本由 500 万元增加至 800 万元，由核心团队委托张楷文实缴 170 万元注册资本、委托刘毅实缴 130 万元注册资本。自初始股东祝秀华转让其持有的有方有限全部股权后至 2013 年 2 月委托持股全部还原前，有方有限 100% 股权均由核心团队委托工商登记的股东持有。

本次工商变更完成后，有方有限的工商登记出资情况如表 27 所示：

表 27

2010 年 9 月有方有限的工商登记出资情况				
序号	工商登记股东	出资额 / 万元	出资比例 /%	实缴出资额 / 万元
1	刘毅	750.00	75.00	550.00
2	张楷文	200.00	20.00	200.00
3	贺本爽	50.00	5.00	50.00
合计		1000.00	100.00	800.00

截至 2010 年 9 月，王慷等 14 名核心成员共计出资 842.05 万元，其中 800 万元由刘毅、张楷文和贺本爽按照各自出资金额占全体成员合计出资总额的比例代表核心成员在有方有限出资及登记，具体情况如表 28 所示：

表 28

2010 年 9 月核心团队实际出资情况							
序号	实际出资人	实际出资金额 / 万元	实际出资占比 /%	在有方有限的出资额 / 万元	内部出资比例 /%	出资方式	与股东代表的关系
1	王慷	366.23	43.49	347.94	43.49	货币	均为核心团队成员
2	贺本爽	90.48	10.74	85.96	10.74		
……	……	……	……	……	……		
13	文宇祥	3.50	0.42	3.33	0.42		
14	黄丽敏	3.00	0.36	2.85	0.36		
合计		842.05	100.00	800.00	100.00	—	—
出资的转账凭证：已取得张楷文来自核心团队的 30 万元出资款的现金收据和 170 万元出资款的银行转账流水，已取得刘毅来自核心团队的 130 万元出资款的银行转账流水，刘毅向贺本爽转让股权属于股东代表之间的股权转让，并未实际支付股权转让价款							

⑤ 2011 年 6 月，有方有限股权转让

2011 年 6 月，有方有限第三次股权变更，刘毅将其所持有方有限 20% 股权（实缴出资额为 200 万元）以 200 万元转让给王慷，将其所持有方有限 36% 股权（实缴出资额为 160 万元）以 160 万元转让给基思瑞投资；张楷文将其所持有方有限 15% 股权（实缴出资额为 150 万元）以 150 万元转让给基思瑞投资。

基思瑞投资设立于 2011 年 5 月，注册资本 1000 万元，实收资本为 300 万元，王慷、刘毅、张增国分别持有基思瑞投资 56%、38%、6% 的股权。本次股权变更完成后，有方有限工商登记出资情况（如表 29 所示）：

表 29

2011 年 6 月有方有限的工商登记出资情况				
序号	工商登记股东	出资额 / 万元	出资比例 /%	实缴出资额 / 万元
1	基思瑞投资	510.00	51.00	310.00
2	王慷	200.00	20.00	200.00
3	刘毅	190.00	19.00	190.00
4	张楷文	50.00	5.00	50.00
5	贺本爽	50.00	5.00	50.00
合计		1000.00	100.00	800.00

截至 2011 年 6 月，王慷等 15 名核心成员共计出资 1091.42 万元，其中 800 万元由王慷、刘毅、张增国、张楷文和贺本爽按照各自出资金额占全体成员合计出资总额的比例代表核心成员在有方有限（直接和通过基思瑞投资间接）出资及登记。

⑥ 2012 年 9 月，有方有限实收资本变更至 1000 万元

2012 年 9 月，有方有限变更实收资本，实收资本由 800 万元增至 1000 万元，200 万元增资款全部由基思瑞投资缴纳。基思瑞投资自 2011 年 5 月设立至 2012 年 9 月股权结构未发生变更，依然为王慷、刘毅、张增国分别持有基思瑞投资 56%、38%、6% 的股权。

本次出资变更完成后，有方有限的工商登记出资情况如表 30 所示：

表 30

2011 年 6 月有方有限的工商登记出资情况				
序号	工商登记股东	出资额 / 万元	出资比例 /%	实缴出资额 / 万元
1	基思瑞投资	510.00	51.00	510.00
2	王慷	200.00	20.00	200.00
3	刘毅	190.00	19.00	190.00
4	张楷文	50.00	5.00	50.00
5	贺本爽	50.00	5.00	50.00
合计		1000.00	100.00	1000.00

截至 2012 年 9 月，王慷等 20 名核心成员共计出资 1353.17 万元，其中 1000 万元由王慷、刘毅、张增国、张楷文和贺本爽按照各自出资金额占全体成员合计出资总额的比例代表核心成员在有方有限（直接和通过基思瑞投资间接）出资及登记。本次实收资本变更完成至 2013 年 2 月委托持股解除时，有方有限、基思瑞投资及委托人实际权益情况均未发生变化。

（3）委托持股的解除情况

经过三年多的磨合，核心团队成员基本稳定（由王慷等 20 名人员构成），发行人于 2013 年初对 2009 年 12 月以来存在的委托持股进行了还原，即按照核心成员（委托人）在有方有限的实际出资情况将股东代表（受托人）名下工商登记的股权通过股权转让的形式还原为核心团队成员工商登记持股。为优化股权结构及便于团队管理，有方有限 29.60% 的股权由王慷、贺本爽、肖悦赏、刘毅和张楷文等 5 名成员直接持有，其余 70.40% 的股权由核心团队成员通过基思瑞投资和方之星有限两个持股平台间接持有。

有方有限股权具体变更方式为：刘毅将其所持有公司的 4.7116% 股权以 47.116 万元转让给肖悦赏，将其所持有公司 12.8796% 股权以 128.796 万元转让给方之星有限；王慷将其所持有公司的 3% 股权以 30 万元转让给方之星有限；张楷文将其所持有公司的 3.5164% 股权以 35.164 万元转让给方之星有限。

2013 年 2 月委托持股解除完毕后，有方有限的股权结构如表 31 所示：

表 31

序号	工商登记股东	出资额 / 万元	出资比例 /%
1	基思瑞投资	510.0000	51.00
2	方之星有限	193.9600	19.40
3	王慷	170.0000	17.00
4	贺本爽	50.0000	5.00
5	肖悦赏	47.1160	4.71
6	张楷文	14.8360	1.48
7	刘毅	14.0880	1.41
合计		1000.00	100.00

2013 年 2 月委托持股解除完毕后，团队成员在有方有限的出资情况和直接或间接持有股权情况如表 32 所示：

表 32

序号	姓名	在有方有限的出资额 / 万元	直接持有发行人的股权比例 /%	通过基思瑞投资间接持有发行人股权比例 /%	通过方之星有限间接持有发行人股权比例 /%	直接及间接合计持有发行人股权比例 /%
1	王慷	431.75	17.00	26.17	—	43.17
2	贺本爽	70.60	5.00	2.06	—	7.06
……	……	……	……	……	……	……
20	邹烟	—	—	—	0.13	0.13
合计		1000.00	29.60	51.00	19.40	100.00

发行人委托持股期间的实际出资情况与股东代表出资情况的对应关系真实、清晰。

2. 上述股权代持行为是否签订代持协议，股权代持行为的合理性和必要性，是否违反相关法律法规的规定，是否合法、有效

发行人委托持股期间，发行人实际出资人与少数股东代表未签订书面委托持股协议，鉴于股东代表用于出资的资金来源于实际出资人，且股东代表与实际出资人均认可相关的委托持股安排，委托持股行为真实有效，委托持股行为是为了避免创业不确定性造成发行人股权频繁变动而产生的，具有必要性和合理性，未违反法律法规的规定。

2009 年至 2012 年，经过三年多的公司业务初创期，发行人核心团队实际出资人逐渐发展增加并在 2013 年年初相对稳定为王慷等 20 名成员，在实际出资过程中团队成员将款项缴付至指定账户并由专人负责记录；同时，团队成员内部有着良好的信任基础且基于对公司未来发展的信心和决心，并未刻意在实际出资人与工商登记股东之间形成一一对应关系。因此，核心团队实际出资人与工商登记股东代表之间未签订书面委托持股协议。

鉴于股东代表用于出资的资金来源于实际出资人，核心团队内部有专人记录各核心成员历次出资的具体情况并由其本人签字确认，且股东代表与实际出资人均认可相关的委托持股安排等事实，委托持股行为真实客观。

3. 股权代持行为解除后，名义股东与实际出资人之间就股权问题是否存在权属纠纷或其他纠纷，是否对发行人实际控制人直接或间接持有公司股份的稳定性产生影响，是否构成本次发行上市的法律障碍

发行人股东代表与实际出资人对历史上的委托持股行为不存在任何的纠纷和潜在纠纷；该等委托持股行为解除后，股东代表与实际出资人不存在委托持股、代为持股或以信托方式持股等情形或任何其他经济利益安排，股东代表与实际出资人所持有的股权不存在任何纠纷和潜在纠纷。

针对上述委托持股解除情况，除曾经核心团队成员之一陈妮（2013 年 2 月委托持股解除后，陈妮出资 8.81 万元通过持股平台间接持有公司 0.65% 股权；2015 年 3 月陈妮离职并将其在持股平台内的股权分别转让给王慷和谭延凌）无法取得联系外，所有 19 名委托持股相关人员均签署了确认函，确认并承诺如下主要内容："1. 截至 2013 年 2 月，上述委托持股关系已全部解除，本人与核心团队历史上的委托持股不存在任何的纠纷和潜在纠纷；2. 本人历次股权转让和 / 或增资（含委托代他人持股和 / 或受托为他人持股及解除代持）均系本人真实意思表示，不存在受到欺诈、胁迫、重大误解、显失公平等不当方式的影响，该等股权转让及增资合法、合规、真实、有效；3.2013 年 2 月有方科技、基思瑞投资股份还原后，本人在有方科技和 / 或基思瑞投资和 / 或方之星有限拥有的相应股权，与本人实际出资金额份额完全一致，不存在任何争议；4. 前述委托持股解除后，本人不存在委托持股、代为持股或以信托方式持股等代持情形或任何其他经济利益安排，本人所持有的股权不存在任何纠纷和潜在纠纷。"

2013 年 2 月上述委托持股还原后，发行人的控股股东及实际控制人未发生变化，一直为基思瑞投资及王慷。

中控技术（688777）

浙江中控技术股份有限公司（以下简称发行人）2020 年 3 月 25 日提交的招股说明书（申报稿）中披露：2012 年 10 月，原控股股东中控集团将股份转让给褚健等 7 位自然人。随后，褚健将股份转让给 6 位自然人。实际控制人股权委托持股关系建立。2017 年 9 月，中控技术股东大会审议通过《关于提请确认褚健先生为浙江中控技术股份有限公司股东的议案》。2018 年 12 月 19 日，中国国际经济贸易仲裁委员会于出具裁决书，裁决代持股东将对应股份过户给褚健，并于裁决后完成工商备案手续。

针对上述情形，发审委要求发行人对下列事项进行说明，并要求保荐机构、发行人律师核查并发表明确意见：实际控制人褚健历史上曾存在股权代持的原因，代持关系是否真实，请提供支持性证据；发行人采用仲裁方式解除股权代持的原因及合理性，是否存在纠纷或潜在纠纷。

根据发行人律师出具的补充法律意见书披露显示：[1]

1. 该股权代持基于各方的互相信任和协商一致而建立，为各方的真实意思表示，不存在争议或纠纷，股权代持情况真实存在

2012 年 10 月，褚健将其持有的公司股份名义上转让给金建祥、裘峰等自然人形成委托持股关系。该委托持股关系基于时任浙江大学副校长职务的褚健因身份原因不便直接持股而产生。

基于对被代持人的了解和信任，褚健与各代持人之间并未在代持行为发生时签署代持协议；2017 年 3 月，褚健与 8 名代持人共同签署的《代持股协议（合并）》正式以书面形式共同表明代持关系，确认金建祥等 8 名自然人所持有的 28.3194% 股份（11,186.175 万股）系替褚健持有，褚健系该股份的实际出资人。

2017 年 9 月 13 日，发行人股东大会审议通过了《关于提请确认褚健先生为浙江中控技术股份有限公司股东的议案》，确认褚健的公司股东身份和持股比例。至此，虽未进行工商变更，但鉴于褚健的持股比例为第一大股东（持股比例 28.3194%），该次股东大会公开确立了褚健的显名股东身份和实际控制人地位。自此，褚健实际履行股东权利。

2018 年 12 月，褚健和金建祥等 8 人通过仲裁裁决的方式，进一步确认金建祥等 8 人名下持有的中控技术 11,186.175 万股股份实际由褚健所有，金建祥等 8 人终止与褚健之间的代持法律关系，并同意将代为持有的股份过户至褚健名下。同月，发行人

〔1〕《北京市金杜律师事务所关于浙江中控技术股份有限公司首次公开发行股票并在科创板上市之补充法律意见书（一）》，载上海证券交易所网，http：//static.sse.com.cn/stock/information/c/202005/bc662d8956d2449bb2cd06258f357417.pdf，最后访问日期：2021 年 5 月 21 日。

在浙江省市场监督管理局完成工商备案手续。

2. 发行人采用仲裁方式解除股权代持具有合理性，不存在纠纷或潜在纠纷

自发行人2017年9月13日的股东大会确立实际控制人的身份和地位以后，褚健和代持人着手进行股权还原的工商变更登记。鉴于部分代持人为发行人的董事或高级管理人员，其直接进行股权还原会受到当时有效的《公司法》第141条规定的公司董事、监事、高级管理人员在任职期间每年转让的股份不得超过其所持有本公司股份总数的百分之二十五之限制，采取仲裁方式办理转让股份的过户登记不会受到上述股权转让比例的限制。2018年12月底，褚健的股权还原在浙江省市场监督管理局已经完成工商变更登记。

各方之间就代持的建立和清理不存在纠纷或潜在纠纷。

天秦装备（300922，创业板）

秦皇岛天秦装备制造股份有限公司（以下简称发行人）2020年6月22日提交的招股说明书（申报稿）中披露：2015年，潘建辉配偶和毕毅君配偶认购发行人35万股、15万股。潘建辉（发行人现董事）、毕毅君（曾任发行人董事、现任发行人监事）持股天津丽彩100%股权，天津丽彩主要产品为广告户内外喷绘写真机、数码印花打印机、喷绘写真机配件、打印耗材等。

针对上述情形，发审委要求发行人对下列事项进行说明，并要求保荐机构、发行人律师核查并发表明确意见：潘建辉配偶和毕毅君配偶股权认购款的支付情况、资金的具体来源及合法合规性，认购价格、定价依据及公允性；实际控制人、潘建辉、毕毅君及各自配偶持有发行人股权是否存在代持或其他特殊利益安排等情形。

根据发行人律师出具的补充法律意见书披露显示：[1]

1. 潘建辉配偶侯健用于认购发行人35万股股票的262.50万元资金来源为夫妻共同财产，包括夫妻二人多年的工资收入、企业经营收入和股票投资等收入积累，以及侯健退休后与他人合伙做小生意的收入积累；毕毅君配偶庞广才用于认购发行人15万股股票的112.50万元资金来源为夫妻共同财产，包括夫妻二人多年的工资收入和股票投资等收入积累。该二人上述认购发行人股票的资金均是在缴款之前从各自的证券账户转入个人的银行账户。

发行人2014年经审计的基本每股收益为0.55元/股，归属于挂牌公司股东的每

〔1〕《北京市中伦律师事务所北京中伦（成都）律师事务所关于秦皇岛天秦装备制造股份有限公司首次公开发行股票并在创业板上市的补充法律意见书（四）》，载深圳证券交易所网，http://reportdocs.static.szse.cn/UpFiles/rasinfodisc/RAS_00017548CF063B3FCB73851694FAFC3F.pdf，最后访问日期：2021年5月21日。

股净资产为 1.99 元 / 股。根据本次发行方案，本次发行的定价系综合考虑了发行人所处行业、成长性及资产等多种因素，并与投资者沟通后最终确定。

潘建辉配偶、毕毅君配偶均已足额缴纳了本次发行的股份认购款，该二人的出资来源合法合规；本次发行的定价公允。

2. 根据发行人实际控制人宋金锁以及潘建辉、毕毅君出具的承诺文件，宋金锁、潘建辉、毕毅君及各自配偶持有发行人股权不存在代持或其他特殊利益安排等情形。

二、解决思路

"股权结构清晰"是证监会对于企业上市的基本要求，由于股权代持协议不能对抗第三人，所以拟上市公司中存在股权代持，通常会被认为股权不够清晰。2021 年 2 月 5 日，证监会公布《监管规则适用指引——关于申请首发上市企业股东信息披露》（以下简称《监管规则适用指引》），对发行人股东的股权代持、突击入股等问题，提出了更为具体、针对性的信息披露要求。针对代持行为，《监管规则适用指引》明确要求发行人应当在申报前依法解除股权代持。

《监管规则适用指引》出台前，尽管证监会并未明确发行人在申报前必须清理股权代持，但为了防止股权代持行为引发不必要的纠纷，大部分企业在申报前会对股权代持进行清理。但也有例外，如安集科技就是一家带着股权代持过会的企业。安集科技未被要求清理可能有以下几个原因：（1）代持协议管辖与执行均适用特拉华州法律，未违反美国的法律法规，境外律师事务所亦出具确认意见；（2）代持的股份系发行人股东的股份，并非发行人的股份，不影响发行人的股份权属清晰，亦不影响发行人控股股东的认定；（3）名义股东北极光系被代持人 NL II Funds（Northern Light Strategic Fund II,L.P.；Light Venture Fund II,L.P.；Northern Light Partners Fund II,L.P. 的合称）的最终 GP，代持安排系为提高管理效率，代持原因具有合理性。即便如此，安集科技依然是个例，不具有可复制性。尤其在新规出台后，企业还是应当在申报前对股权代持进行彻底清除。

1. 发行人历史沿革中存在股权代持等情形的，应当在提交申请前彻底清除。

股权代持清理通常采取股权转让方式，就此签署的股权转让协议应是代持人与被代持人真实意思表示，合法有效。发行人律师可对股权代持双方进行访谈并签署访谈笔录以及相关承诺说明，确认股份代持、解除情况以及双方无争议。

中控技术采用仲裁的方式解除股权代持，也属例外。是基于部分代持人为发行人的董事或高级管理人员，受当时《公司法》公司董事、监事、高级管理人员在任职期间每年转让的股份不得超过其所持有本公司股份总数的百分之二十五规定的限制，而采取的仲裁方式。

2. 股权代持原因应具有合理性，不存在通过股权代持规避相关法律法规的情形。

需要核查被代持人身份和资格，是否存在公务人员、军人、国有企业领导干部、违背竞业禁止规定的人员以及外籍人士或机构受限于法律法规而不能成为股东的情形。

与外商投资相关的代持，如境外主体委托境内主体持股，需要核查所投资主体所经营的相关业务是否属于外商投资允许或鼓励类产业。如属于该等类型的产业，需要注意，在通过股权转让方式进行股权还原时，被代持人应依据《关于外国投资者并购境内企业的规定》的规定，就股权并购事宜取得有权商务部门的核准，并对拟收购股权进行评估；如属于限制或禁止外商投资的产业，则存在重大法律风险。

3. 股权代持未签订书面协议的，发行人应说明未签订书面股权代持协议的合理性。建议代持人出具关于所持股权实际归属情况的说明，明确所代持股权的实际归属，并声明对其代持的股权并无异议。发行人律师可结合股东出资的资金来源，采取访谈、书面确认等方式确认双方之间代持关系设立、存续及解除的情况，并通过核查相关银行流水、款项支付凭证等，与代持行为进行印证。如如虹科技，发行人解释该等股权代持主要发生在发行人实际控制权变更前后及报告期初，因初始投资金额较小、实际权益人与相关代持方间的信任关系及相关意识较为薄弱，所以未签订书面股权代持协议。

4. 明确代持股权的出资来源。若被代持人未实际履行出资义务，可能会导致股权代持双方因股东出资义务产生纠纷。须查明股东出资资金的实际来源，确认股权代持双方不存在纠纷或潜在纠纷。同理，股权代持期间，公司存在分红的，也应说明分红款去向，确保股权代持双方不存在纠纷或潜在纠纷。

5. 由发行人现有股东出具书面承诺，确认其为公司实际股东和最终持有人，所持公司股份权属完整，没有质押、冻结、重大权属纠纷或其他限制性第三人权利，股东权利行使没有障碍和特别限制，不存在委托持股、信托持股或其他类似安排的情形。

【具体核查要点】

1. 股权代持设立、存续及解除的具体情况，代持协议的主要内容，被代持方是否实际履行出资义务；

2. 设置代持的原因，是否通过股权代持规避相关法律法规；

3. 说明清理代持是否违反相关法律法规的规定，是否符合被代持人的意愿，解除代持是否存在纠纷；

4. 发行人目前是否还存在其他代持情况、股权是否清晰，是否就股权问题存在权属纠纷或其他纠纷。

【核查方式】

1. 查阅委托持股期间历次股权转让及增资的工商变更登记资料（含股东会决议、

股权转让协议等)。

2. 查阅委托持股期间历次股权转让支付凭证、银行流水。

3. 查阅实际出资人实际出资的凭证、银行流水。

4. 查阅股权代持双方签署的股权转让协议、股权转让价款支付凭证、银行流水等。

5. 查阅股权代持双方的营业执照、公司章程或合伙协议。

6. 检索国家企业信用信息公示系统、中国裁判文书网、中国执行信息公开网、信用中国等网站。

7. 查阅股东调查表以及发行人关于股本演变情况的确认函。

8. 访谈股权代持双方以及发行人主要股东，必要时对访谈过程进行公证。无法访谈的，应以笔迹鉴定、第三方查证或其他替代方法等方式对股权转让时文件签字真实性、交易价格合理性以及款项支付的真实性进行核查。

9. 走访相关公安局或派出所、法院等政府部门、被代持人的原（现）任职单位及主管单位的。

三、参考规范

《监管规则适用指引——关于申请首发上市企业股东信息披露》

一、发行人应当真实、准确、完整地披露股东信息，发行人历史沿革中存在股份代持等情形的，应当在提交申请前依法解除，并在招股说明书中披露形成原因、演变情况、解除过程、是否存在纠纷或潜在纠纷等。

《最高人民法院关于适用〈中华人民共和国公司法〉若干问题的规定（三）》

第二十四条　有限责任公司的实际出资人与名义出资人订立合同，约定由实际出资人出资并享有投资权益，以名义出资人为名义股东，实际出资人与名义股东对该合同效力发生争议的，如无法律规定的无效情形，人民法院应当认定该合同有效。

前款规定的实际出资人与名义股东因投资权益的归属发生争议，实际出资人以其实际履行了出资义务为由向名义股东主张权利的，人民法院应予支持。名义股东以公司股东名册记载、公司登记机关登记为由否认实际出资人权利的，人民法院不予支持。

实际出资人未经公司其他股东半数以上同意，请求公司变更股东、签发出资证明书、记载于股东名册、记载于公司章程并办理公司登记机关登记的，人民法院不予支持。

第二十五条　名义股东将登记于其名下的股权转让、质押或者以其他方式处分，实际出资人以其对于股权享有实际权利为由，请求认定处分股权行为无效的，人民法院可以参照民法典第三百一十一条的规定处理。

名义股东处分股权造成实际出资人损失，实际出资人请求名义股东承担赔偿责任的，人民法院应予支持。

第二十六条　公司债权人以登记于公司登记机关的股东未履行出资义务为由，请求其对公司债务不能清偿的部分在未出资本息范围内承担补充赔偿责任，股东以其仅为名义股东而非实际出资人为由进行抗辩的，人民法院不予支持。

名义股东根据前款规定承担赔偿责任后，向实际出资人追偿的，人民法院应予支持。

《首次公开发行股票并上市管理办法》

第十三条　发行人的股权清晰，控股股东和受控股股东、实际控制人支配的股东持有的发行人股份不存在重大权属纠纷。

《科创板首次公开发行股票注册管理办法（试行）》

第十二条　发行人业务完整，具有直接面向市场独立持续经营的能力：

……（二）发行人主营业务、控制权、管理团队和核心技术人员稳定，最近2年内主营业务和董事、高级管理人员及核心技术人员均没有发生重大不利变化；控股股东和受控股股东、实际控制人支配的股东所持发行人的股份权属清晰，最近2年实际控制人没有发生变更，不存在导致控制权可能变更的重大权属纠纷。……

《创业板首次公开发行股票注册管理办法（试行）》

第十二条　发行人业务完整，具有直接面向市场独立持续经营的能力：

……（二）主营业务、控制权和管理团队稳定，最近二年内主营业务和董事、高级管理人员均没有发生重大不利变化；控股股东和受控股股东、实际控制人支配的股东所持发行人的股份权属清晰，最近二年实际控制人没有发生变更，不存在导致控制权可能变更的重大权属纠纷……

《上海证券交易所科创板股票发行上市审核问答（二）》

5.关于实际控制人的认定，发行人及中介机构应当如何把握？

……（四）实际控制人认定中涉及股权代持情形的处理

实际控制人认定中涉及股权代持情况的，发行人、相关股东应说明存在代持的原因，并提供支持性证据。对于存在代持关系但不影响发行条件的，发行人应在招股说明书中如实披露，保荐机构、发行人律师应出具明确的核查意见。如经查实，股东之间知晓代持关系的存在，且对代持关系没有异议、代持的股东之间没有纠纷和争议，则应将代持股份还原至实际持有人。发行人及中介机构通常不应以股东间存在代持关系为由，认定公司控制权未发生变动。对于以表决权让与协议、一致行动协议等方式认定实际控制人的，比照代持关系进行处理。

《深圳证券交易所创业板股票首次公开发行上市审核问答》

9.发行条件规定“最近2年实际控制人没有发生变更”。关于实际控制人的认定，发行人及中介机构应如何把握？

……（三）实际控制人变动

……实际控制人认定中涉及股权代持情况的，发行人、相关股东应说明存在代持的原因，并提供支持性证据。对于存在代持关系但不影响发行条件的，发行人应在招股说明书中如实披露，保荐人、发行人律师应出具明确的核查意见。如经查实，股东之间知晓代持关系的存在，且对代持关系没有异议、代持的股东之间没有纠纷和争议，则应将代持股份还原至实际持有人。

发行人及中介机构通常不应以股东间存在代持关系、表决权让与协议、一致行动协议等为由，认定公司控制权未发生变动。

第四节　报告期内历次增资及股份转让

报告期内历次增资及股份转让，审核重点关注的是该增资和股权转让是否真实，是否合法合规，是否为双方真实意愿的表达，是否有履行相关程序，是否存在纠纷或潜在纠纷等。

截至 2020 年 12 月 31 日，金宏气体、瑞松科技、阿拉丁、航天宏图、瑞联新材、奥特维、石头科技等三十多家企业被发审委问询上述相关问题。

一、典型案例

震有科技（688418）

深圳震有科技股份有限公司（以下简称发行人）2019 年 11 月 6 日提交的招股说明书（申报稿）披露：2005 年 4 月，发行人前身双馨科技是何开勇、蒋毅、陈阳（雷果的曾用名）出资 50 万元设立。2006 年 8 月，上述股东将公司全部股权以 1 万元价格转让给吴闽华、雷波等人。发行人成立以来存在多次增资和股权转让，最近一年新增股东较多。

针对上述情形，发审委要求发行人对下列事项进行说明，并要求保荐机构、发行人律师核查并发表明确意见：2006 年 8 月，发行人前身双馨科技的相关股东将全部股权以 1 万元转让的原因及合理性，定价依据及公允性，相关股东之间、发行人与原股东之间是否存在纠纷或潜在纠纷；报告期内历次增资及股权转让的背景及合理性、价格确定依据及公允性、款项实际支付情况，相关资金来源及其合规性。

根据发行人律师出具的补充法律意见书披露显示：[1]

〔1〕《国浩律师（深圳）事务所关于深圳震有科技股份有限公司申请首次公开发行股票并在科创板上市之补充法律意见书（一）》，载上海证券交易所网，http：//static.sse.com.cn/stock/information/c/202002/7bba3446f32b455d9ea8b1a25b4ddf0e.pdf，最后访问日期：2021 年 5 月 21 日。

1.2006年8月31日，何开勇将其持有深圳市双馨科技有限公司（以下简称双馨科技）28%的股权以2800元的价格转让给吴闽华，将其持有双馨科技20%的股权以2000元的价格转让给雷波，将其持有双馨科技2%的股权以200元的价格转让给张宏斌；蒋毅将其持有双馨科技11%的股权以1100元的价格转让给张宏斌，将其持有双馨科技13%的股权以1300元的价格转让给王卫东，将其持有双馨科技6%的股权以600元的价格转让给刘应江；陈阳将其持有双馨科技7%的股权以700元的价格转让给刘应江，将其持有双馨科技13%的股权以1300元的价格转让给蹇昌树。

双馨科技设立之目的系为与广东移动开展业务合作，后合作未成功，业务发展亦不顺利，原股东拟注销双馨科技；而吴闽华、雷波等人有设立公司的计划，雷波系双馨科技原股东雷果（曾用名陈阳）之兄弟，从而了解到双馨科技情况，故各方达成合意，由双馨科技原股东将持有双馨科技的全部股权转让给吴闽华、雷波等人。考虑到其时双馨科技业务发展不顺利，经转让各方协商最终以全部股权1万元的价格转让。

本次股权转让系各方真实意思表示，定价合理、公允，各方已就股权转让签订了转让协议，合法有效，已支付股权转让款并办理完毕工商变更登记手续，转让各方之间、发行人与原股东之间就本次股权转让不存在纠纷或潜在纠纷。

2. 报告期内发行人历次增资及股份转让具体情况。

关于报告期内发行人历次增资及股份转让具体情况见表33。

表33

序号	事项	增资或股转的背景	定价依据	转让款支付情况	资金来源	对应公司估值/亿元	估值原因
1	2018年7月26日，曹亮发将持有的2.4463%股份转让给陈清云	曹亮发基于个人资金的需求故转让股份；陈清云看好公司发展前景故受让股份	在综合考虑公司经营现状及发展前景等多方面因素的基础上，经双方协商确定6元/股	已支付	自有资金	约8.19	根据公司盈利状况，结合公司未来发展前景等因素协商确定

续表

序号	事项	增资或股转的背景	定价依据	转让款支付情况	资金来源	对应公司估值/亿元	估值原因
2	2018 年 9 月 14 日，弘德和顺将其持有的 2.9652% 股份转让给华胜鼎成	弘德和顺基金到了退出期故转让股份；华胜鼎成看好公司发展前景故受让股份	参照市场行情以投资金额为基础按照年单利 8.5% 区间核算，同时综合考虑公司经营现状及发展前景等多方面因素，经双方协商确定 6.1376 元/股	已支付	自有资金	约 8.38	根据公司盈利状况，结合公司未来发展前景等因素协商确定
……	……	……	……	……	……	……	
10	2019 年 4 月 3 日，刘选将其持有的 0.3444% 股份转让给刘园	刘选具有境外永久居留权，担心对发行人业务经营造成不利影响故转让股份；刘园看好公司发展故受让股份	刘选与刘园系兄妹关系，故经双方协商确定按转让方原入股震有科技时的价格 10 元/股转让	已支付	自有资金	约 14.52	
11	2019 年 5 月 16 日，锐云投资分别将其持有的 1.6463%、3.2975% 股份转让给黄玉玉、姚伟容	锐云投资部分股东欲退出，部分股东拟由间接持股变更为直接持股，因此原股东毕颖将股权、债权转让给姚伟容，原股东杨素云将其持有的股权转让给黄玉玉	参考锐云投资入股震有科技时的价格 4.98 元/股转让	黄玉玉已向杨素云之子高嘉宁支付转让款，其他各方债权债务抵销后无须另行支付转让款	自有资金	约 7.23	股东结构调整，未按市场行情考虑估值问题

续表

序号	事项	增资或股转的背景	定价依据	转让款支付情况	资金来源	对应公司估值/亿元	估值原因
12	2019年5月16日，姚伟容分别将持有的1.3774%、0.6887%股份转让给俱成秋实、健和成至	姚伟容基于个人资金需求故转让股份；俱成秋实、健和成至看好公司发展前景故受让股份	参考公司前一次的股份转让价格，并考虑转让方的入股成本，经双方协商确定9元/股	已支付	自有资金	约13.07	根据公司盈利状况，结合公司未来发展前景等因素协商确定
13	2019年5月24日，麦田天使分别将其持有的0.5510%、0.2755%股份转让给俱成秋实、瑞金拓展；陈清云将其持有的1.0331%股份转让给华胜鼎成	麦田天使投资人、陈清云基于资金需求，且价格合理故转让股份；俱成秋实、瑞金拓展、华胜鼎成增持股份愿望强烈故受让股份	参考公司前一次股份转让价格，在综合考虑公司经营现状及发展前景等多方面因素的基础上，经双方协商确定10元/股	已支付	俱成秋实、瑞金拓展：自有资金；华胜鼎成：借款	约14.52	
14	2019年10月18日，黄玉玉分别将其持有的0.8264%、0.8198%股份转让给苏州同创、宁波博信	黄玉玉因个人原因故转让股份；苏州同创、宁波博信看好公司发展前景故受让股份	参考公司前一次股份转让价格，在综合考虑公司经营现状及发展前景等多方面因素的基础上，经双方协商确定10.3元/股	已支付	自有资金	约14.96	根据公司盈利状况，结合公司未来发展前景等因素协商确定

发行人报告期内历次增资及股份转让系各方真实意思表示，具备合理性；各方已就股份转让或增资签订了股份转让协议或增资入股协议，合法有效；股份转让款或增资款已支付，定价公允，资金来源合法合规，估值变动具备合理性，工商变更登记手续已经办理完毕，各方之间就股份转让、增资不存在纠纷或潜在纠纷。

光云科技（688365）

杭州光云科技股份有限公司（以下简称发行人）2019 年 6 月 11 日提交的招股说明书（申报稿）披露：发行人设立以来存在多次增资和股权转让。

针对上述情形，发审委要求发行人对下列事项进行说明，并要求保荐机构、发行人律师核查并发表明确意见：历次增资及股权转让的背景、原因、价格确定依据及公允性、款项实际支付情况；历次股权转让及整体变更时发行人股东履行纳税义务情况，是否存在违法违规情形。

根据发行人律师出具的补充法律意见书披露显示：[1]

1. 光云有限 2013 年 8 月 29 日设立，设立时注册资本为 50 万元，光云软件持有其 100% 股权。光云有限自设立后历次增资及股权转让的背景、原因、价格确定依据及公允性、款项实际支付情况如下：

（1）2013 年 12 月，光云有限第一次股权转让。2013 年 12 月，光云软件将其持有的光云有限 82% 的股权（对应注册资本出资额 41 万元）、18% 的股权（对应注册资本出资额 9 万元）分别作价 41 万元、9 万元转让给谭光华、姜兴。

本次股权转让为股东持股方式调整，谭光华、姜兴从通过光云软件间接持有光云有限股权变更为直接持有光云有限股权；股权转让价格按照对应的光云有限注册资本出资额确定，即 1 元 /1 元注册资本出资额，具有公允性；本次股权转让价款已经支付完毕，不存在纠纷或潜在纠纷。

（2）2014 年 11 月，光云有限第二次股权转让。2014 年 11 月，谭光华、姜兴分别将其持有的光云有限 82% 的股权（对应注册资本出资额 41 万元）、18% 的股权（对应注册资本出资额 9 万元）作价 41 万元、9 万元转让给光云投资。光云投资系于 2014 年 10 月 31 日注册成立的有限责任公司，本次股权转让时，光云投资的注册资本为 1000 万元，汇光投资（谭光华及其父亲谭智生合计持有汇光投资 100% 的股权）

〔1〕《上海市瑛明律师事务所关于杭州光云科技股份有限公司首次公开发行人民币普通股股票并在科创板上市的补充法律意见书（一）》，载上海证券交易所网，http：//static.sse.com.cn/stock/information/c/201909/f15c5a582af148439f5dd2e9b6e3ae34.pdf，最后访问日期：2021 年 5 月 21 日。

持有光云投资 82% 的股权，好约网络（姜兴及其配偶马征合计持有好约网络 100% 的股权）持有光云投资 18% 的股权。

本次股权转让为股东持股方式调整，谭光华、姜兴从直接持有光云有限股权变更为间接持有光云有限股权，股权转让价格按照对应的光云有限注册资本出资额确定，即 1 元 /1 元注册资本出资额，具有公允性；本次股权转让价款已经支付完毕，不存在纠纷或潜在纠纷。

（3）2015 年 7 月，光云有限第一次增资。2015 年 7 月，光云有限注册资本由 50 万元增加至 100 万元，新增注册资本 50 万元由光云投资以货币方式认缴。

本次增资系为满足公司经营需要，由原股东增资，增资价格为 1 元 /1 元注册资本出资额，具有公允性；光云有限本次增资业经立信于 2015 年 10 月 16 日出具的信会师报字〔2015〕第 610730 号验资报告验证确认。

（4）2015 年 10 月，光云有限第二次增资。2015 年 10 月，光云有限注册资本由 100 万元增加至 149.5739 万元，新增注册资本 49.5739 万元分别由好约网络、华营投资、华彩投资、兴龙杰投资按照如下方式认缴（见表 34）：

表 34

单位：万元

序号	股东名称	投资总额	认缴注册资本出资额	计入资本公积金额
1	好约网络	472.5480	23.6274	448.9206
2	华盈投资	320.5160	16.0258	304.4902
3	华彩投资	152.6260	7.6313	144.9947
4	兴龙杰投资	45.7880	2.2894	43.4986
合计		991.4780	49.5739	941.9041

本次增资的增资价格 20 元 /1 元注册资本出资额，系参照光云有限截至 2015 年 7 月 31 日的净资产值 1716.38 万元（未经审计）为基础并经各方协商确定，具有公允性；光云有限本次增资业经立信于 2015 年 10 月 19 日出具的信会师报字〔2015〕第 610731 号验资报告验证确认。

发行人、好约网络、华营投资、华彩投资、兴龙杰投资分别出具确认函：

①光云有限本次增资的原因为优化股东持股结构、实施股权激励及引进外部投资者。

②好约网络系由姜兴、马征夫妇共同投资控制的企业，好约网络本次向光云有限增资系为实现姜兴、马征原通过光云投资持股转为通过好约网络持股之目的，优化持股方式。

③华营投资、华彩投资为发行人及其下属公司中高层管理及骨干员工的持股平台，华营投资、华彩投资本次向光云有限增资的原因系为实施股权激励。

④兴龙杰投资实际控制人张杰西与发行人实际控制人谭光华系朋友关系（张杰西之父亲与姜兴曾系同事，二人经姜兴介绍认识），光云有限及股东均同意引进兴龙杰投资作为投资者。

⑤新增股东向光云有限出资的资金来源均为自有资金 / 自有经营资金，资金来源合法；该等股东持有的光云有限股权均为其自身真实持有，不存在受托或委托他人持有光云有限股权的情况。

（5）2015 年 11 月，光云有限第三次股权转让。2015 年 11 月，光云投资将其持有的光云有限 15.3061% 的股权（对应注册资本出资额 22.8940 万元）作价 22.8940 万元转让给谭光华、将其持有的光云有限 1.0204% 的股权（对应注册资本出资额 1.5262 万元）作价 30.5240 万元转让给真奇投资；好约网络将其持有的光云有限 1.0204% 的股权（对应注册资本出资额 1.5263 万元）作价 30.5260 万元转让给真奇投资、将其持有的光云有限 14.7761% 的股权（对应注册资本出资额为 22.1011 万元）作价 442.0220 万元转让给祺御投资。

本次股权转让时，光云投资系由谭光华控制的企业（谭光华及其父亲谭智生通过汇光投资间接持有光云投资 100% 的股权），谭光华受让光云投资 15.3061% 股权的原因为谭光华调整持有光云有限部分股权的方式，由通过光云投资间接持股调整为直接持股及通过光云投资间接持股。

好约网络及祺御投资均为由姜兴、马征夫妇投资并控制的企业，姜兴、马征夫妇合计持有该两家企业 100% 的股权 / 合伙份额，祺御投资受让好约网络持有的光云有限股权系为在不影响最终权益归属的情况下调整持股主体，实施税务筹划。

真奇投资系由谭光华与姜兴、马征夫妇共同投资的企业，谭光华持有真奇投资 50% 的合伙份额，姜兴、马征夫妇合计持有真奇投资 50% 的合伙份额，马征为真奇投资的执行事务合伙人。根据发行人律师对谭光华、姜兴、马征的访谈，真奇投资分别受让光云投资、好约网络持有的光云有限 1.0204% 股权的原因为：谭光华及姜兴因个人资金需求，拟转让持有的光云有限部分股权，并与部分投资者进行了初步接触，为税务筹划，光云投资、好约网络分别将其持有的光云有限 1.0204% 的股权转让给真奇投资。

光云投资与谭光华之间的股权转让价格按照对应的光云有限注册资本额确定；光云投资、好约网络与真奇投资之间、好约网络与祺御投资之间的股权转让价格均系参考光云有限其时的未经审计的净资产值为基础并经各方协商确定，具有公允性；本次股权转让价款已经支付完毕，不存在纠纷或潜在纠纷。

（6）2015 年 11 月，光云有限第三次增资。2015 年 11 月，光云有限注册资本由 149.5739 万元增加至 152.6264 万元，新增注册资本 3.0525 万元由南海成长出资 3360 万元认缴，溢价部分出资 3356.9475 万元计入公司资本公积。

本次增资原因系通过引进外部投资者优化股权结构，并解决光云有限业务发展所需资金；根据《杭州光云科技有限公司增资扩股之补充协议》的约定，本次增资公司的估值为 168,000 万元、增资价格约为 1100.74 元 /1 元注册资本出资额，系在光云有限 2016 年度利润预测及保证的基础上由各方协商确定，具有公允性；光云有限本次增资业经立信于 2015 年 11 月 26 日出具的信会师报字〔2015〕第 610736 号验资报告验证确认。

（7）2015 年 11 月，光云有限第四次股权转让。2015 年 11 月，真奇投资将其持有的光云有限 1% 的股权（对应注册资本出资额 1.5262 万元）作价 1680 万元转让给蓝江飞龙；其持有的光云有限 1% 的股权（对应注册资本出资额 1.5263 万元）作价 1680 万元转让给林天翼。

本次股权转让的原因及背景为：在光云有限引进南海成长作为外部投资者的过程中，蓝江飞龙及林天翼亦对光云有限的发展比较看好，并有意投资光云有限；同时，由于股东谭光华、姜兴有资金需求，经谭光华、姜兴与蓝江飞龙、林天翼协商，由谭光华及姜兴、马征夫妇共同控制的真奇投资分别向蓝江飞龙、林天翼转让持有的光云有限 1% 的股权，股权转让价格参照南海成长的增资价格确定为约 1100.74 元 /1 元注册资本出资额，具有公允性；本次股权转让价款已经支付完毕，不存在纠纷或潜在纠纷。

（8）2016 年 1 月，光云有限第五次股权转让。2016 年 1 月，谭光华将其持有的光云有限 1% 的股权（对应注册资本出资额 1.5262 万元）作价 1950 万元转让给置展投资。

本次股权转让的原因系置展投资比较看好公司未来发展并有意投资取得公司股权，同时谭光华个人有资金需求，双方经协商后同意本次股权转让；根据《关于杭州光云科技有限公司股权转让协议之补充协议》的约定，本次股权转让对光云有限的估值为195,000万元，转让价格约为1277.68元/1元注册资本出资额，系在光云有限2016年度利润预测及保证的基础上由各方协商确定，具有公允性；本次股权转让价款已经支付完毕，不存在纠纷或潜在纠纷。

（9）2017年1月，光云科技第四次增资。2016年4月，光云有限整体变更为股份有限公司，变更后股份公司的股本总额为6000万元。2017年1月，光云科技注册资本由6000万元增至6476.7309万元，新增注册资本476.7309万元分别由云锋新呈、南海成长和多牛沄沣出资认购，具体出资认购情况如表35所示：

表35

单位：万元

序号	股东名称	投资总额	认缴注册资本出资额	计入资本公积金额
1	好约网络	472.5480	23.6274	448.9206
2	华盈投资	320.5160	16.0258	304.4902
3	华彩投资	152.6260	7.6313	144.9947
4	兴龙杰投资	45.7880	2.2894	43.4986
合计		991.4780	49.5739	941.9041

本次增资的原因为进一步完善公司股东结构；根据《杭州光云科技股份有限公司增资扩股协议之补充协议》的约定，本次增资公司的估值为210,494.00万元，增资价格约为32.50元/股。本次估值及本次增资定价系在原有估值并结合公司2016年度盈利状况基础上由各方协商确定，具有公允性；光云科技本次增资业经立信于2017年3月1日出具的信会师报字〔2017〕第ZF10708号验资报告验证确认。

（10）2017年5月，光云科技第五次增资。2017年5月，公司注册资本由6476.7309万元增至6810.4426万元，新增注册资本333.7117万元由阿里创投出资10,845.6303万元认缴，溢价部分10,511.9186万元计入公司资本公积。

本次增资的原因为进一步完善公司股东结构；本次增资公司的估值系参照前次投资者于2017年1月增资时的公司估值确定为210,494.00万元，增资价格约为32.50

元 / 股，具有公允性；光云科技本次增资业经立信于 2017 年 5 月 9 日出具的信会师报字〔2017〕第 ZF10709 号验资报告验证确认。

（11）2017 年 6 月，光云科技第六次增资。2017 年 6 月，公司注册资本由 6810.4426 万元增至 6948.9042 万元，新增注册资本 138.4616 万元由深圳赛富、浙江恒峰分别以 2250 万元的价款认购 50%，溢价部分 4361.5384 万元全部计入公司的资本公积。

本次增资的原因为进一步完善公司股东结构；本次增资公司的估值系参照前次投资者于 2017 年 5 月增资时的公司估值确定为 210,494.00 万元，增资价格约为 32.50 元 / 股，具有公允性；光云科技本次增资业经立信于 2017 年 6 月 20 日出具的信会师报字〔2017〕第 ZF10710 号验资报告验证确认。

（12）2017 年 8 月，光云科技第七次增资。2017 年 8 月，公司注册资本由 6948.9042 万元增至 36,090 万元，新增注册资本以公司截至 2017 年 6 月 30 日的资本公积金 37,741.008589 万元（未经审计）中的 29,141.0958 万元进行转增，转增股本由各股东按其所持公司股份的比例分享。

本次增资原因系为满足公司上市发行 10% 股票、股本最低不得低于 4 亿元的要求；本次增资为全体股东以其所享有的股份对应的资本公积金同比例转增，增资价格为 1 元 /1 元注册资本出资额，具有公允性；光云科技本次增资业经立信于 2017 年 8 月 15 日出具的信会师报字〔2017〕第 ZF10732 号验资报告验证确认。

发行人不存在其他增资和股权转让的行为。

2. 历次股权转让时发行人股东履行纳税义务情况如表 36 所示：

表 36

时间	主要内容	纳税情况
2013 年 12 月	光云软件将其持有的光云有限 82% 的股权（对应注册资本出资额 41 万元）、18% 的股权（对应注册资本出资额 9 万元）分别作价 41 万元、9 万元转让给谭光华、姜兴	平价转让，未产生收益，无须缴纳所得税
2014 年 11 月	谭光华、姜兴分别将其持有的光云有限 82% 的股权（对应注册资本出资额 41 万元）、18% 的股权（对应注册资本出资额 9 万元）作价 41 万元、9 万元转让给光云投资	平价转让，未产生收益，无须缴纳所得税

续表

时间	主要内容	纳税情况
2015 年 11 月	光云投资将其持有的光云有限 15.3061% 的股权（对应注册资本出资额 22.8940 万元）作价 22.8940 万元转让给谭光华、将其持有的光云有限 1.0204% 的股权（对应注册资本出资额 1.5262 万元）作价 30.5240 万元转让给真奇投资；好约网络将其持有的光云有限 1.0204% 的股权（对应注册资本出资额 1.5263 万元）作价 30.5260 万元转让给真奇投资、将其持有的光云有限 14.7761% 的股权（对应注册资本出资额 22.1011 万元）作价 442.0220 万元转让给祺御投资	除平价转让未产生收益无须缴纳所得税部分外，光云投资为有限责任公司，其本次股权转让的溢价部分的企业所得税由该公司进行年度汇算清缴
2015 年 11 月	真奇投资将其持有的光云有限 1% 的股权（对应注册资本出资额 1.5262 万元）作价 1680 万元转让给蓝江飞龙、其持有的光云有限 1% 的股权(对应注册资本出资额 1.5263 万元）作价 1680 万元转让给林天翼	根据江西省樟树市地方税务局于 2015 年 11 月 26 日出具的《税收完税证明》，本次股权转让涉及的个人所得税已缴纳完毕
2016 年 1 月	谭光华将其持有的光云有限 1% 的股权（对应注册资本出资额 1.5262 万元）作价 1950 万元转让给置展投资	根据杭州市地方税务局高新（滨江）税务分局于 2016 年 1 月 26 日出具的《税收缴款书》，本次股权转让涉及的个人所得税已由谭光华缴纳完毕

发行人整体变更时发行人股东履行纳税义务情况如下：

2016 年 4 月 18 日，光云有限整体变更为股份公司。光云有限以截至 2016 年 1 月 31 日光云有限经审计的净资产值 67,482,664.65 元，按 1∶0.8891 的比例折成股份公司的股份总额 6000 万股，每股面值 1 元，股份公司的注册资本（股本总额）为 6000 万元，净资产折股后超出股份公司注册资本部分 7,482,664.65 元计入股份公司的资本公积。各发起人缴纳所得税情况如表 37 所示：

表 37

<table>
<tr><th>序号</th><th>股东姓名 / 名称</th><th>整体变更前注册资本出资额 / 万元</th><th>整体变更后股本 / 万元</th><th>缴纳所得税情况</th></tr>
<tr><td>1</td><td>光云投资</td><td>75.5798</td><td>2971.17</td><td rowspan="2">无缴纳所得税义务</td></tr>
<tr><td>2</td><td>祺御投资</td><td>22.1011</td><td>868.83</td></tr>
<tr><td>3</td><td>谭光华</td><td>21.3678</td><td>840.00</td><td>根据杭州市地方税务局高新（滨江）税务分局于 2017 年 3 月 1 日出具的《税收缴款书》，自然人股东谭光华已缴纳本次股改涉及的个人所得税</td></tr>
<tr><td>4</td><td>华营投资</td><td>16.0258</td><td>630.00</td><td rowspan="5">无缴纳所得税义务</td></tr>
<tr><td>5</td><td>华彩投资</td><td>7.6313</td><td>300.00</td></tr>
<tr><td>6</td><td>南海成长</td><td>3.0525</td><td>120.00</td></tr>
<tr><td>7</td><td>兴龙杰投资</td><td>2.2894</td><td>90.00</td></tr>
<tr><td>8</td><td>蓝江飞龙</td><td>1.5262</td><td>60.00</td></tr>
<tr><td>9</td><td>林天翼</td><td>1.5263</td><td>60.00</td><td>林天翼因其投资成本高于本次股改后其享有的公司股份所对应的净资产值，无须缴纳个人所得税</td></tr>
<tr><td>10</td><td>置展投资</td><td>1.5262</td><td>60.00</td><td>无缴纳所得税义务</td></tr>
<tr><td colspan="2">合计</td><td>152.6264</td><td>6000.00</td><td>—</td></tr>
</table>

根据《企业所得税法》的有关规定，符合条件的居民企业之间的股息、红利等权益性投资收益为企业的免税收入。因此，企业类型为有限公司的光云投资和兴龙杰投资在发行人整体变更过程中无缴纳相关所得税的义务。

财政部、国家税务总局《关于合伙企业合伙人所得税问题的通知》（财税〔2008〕159 号）规定："合伙企业以每一个合伙人为纳税义务人。合伙企业合伙人是自然人的，缴纳个人所得税；合伙人是法人和其他组织的，缴纳企业所得税""合伙企业生产经营所得和其他所得采取'先分后税'的原则。前款所称生产经营所得和其他所得，包括合伙企业分配给所有合伙人的所得和企业当年留存的所得（利润）"。根据上述规定，企业类型为合伙企业的发行人股东祺御投资、华营投资、华彩投资、南海成长、蓝江飞龙、置展投资本身在发行人整体变更过程中无须缴纳企业所得税。

除上述无须履行纳税义务的情形外，发行人历次股权转让及整体变更时发行人股东已经履行了相应的纳税义务，不存在违法违规情形。

二、解决思路

发行人历史上存在多次增资和股权转让的，应注意以下问题：

1. 核查和完整披露报告期内历次增资及股权转让的背景、定价依据、款项实际支付情况，相关资金来源、合理性等。发行人历次增资及股权转让定价应当公允，增资方、受让方出资或受让股份的资金来源应当合法，款项应当已实际支付，不存在出资瑕疵情况，相关手续及程序应当履行完毕，股权转让不存在纠纷或者潜在纠纷、合法合规。

2. 发行人历次增资及股权转让应为交易相对方的真实意思表示，不存在委托持股、信托持股、股权代持、利益输送或其他利益安排，亦不存在纠纷及潜在纠纷。

若存在委托持股等情形的，应当说明委托持股的原因和合理性，并在申报前通过还原、转让退出等方式解除，确保不存在影响发行人股权稳定性的纠纷或潜在纠纷。委托持股的解决方案详见本章“第三节　股权代持”。

3. 历次增资及股权转让时，股东应依法足额缴税。核查完税凭证，查询发行人股东所在地主管税务机关的公示信息，确认发行人股东是否存在因未履行发行人历次股权转让、变更设立涉及的纳税义务而受到行政处罚情形；并由相关税务主管部门出具证明，证明报告期内发行人不存在违反税收相关法律法规受行政处罚的情形；如存在未缴纳相应税款情形的，发行人股东出具承诺函，承诺将以自有资金依法履行纳税义务，如因未依法纳税导致发行人受到处罚的，其将依法承担相应责任。

【具体核查要点】

1. 历次增资及股权转让的背景及原因；定价依据及公允性，增资方、受让方出资或受让股份的资金来源，款项实际支付情况，是否存在出资瑕疵情况，相关手续及程序是否履行完毕，股权转让是否存在纠纷或者潜在纠纷、是否合法合规。

2. 历次增资及股权转让是否为股东真实意思表示；是否签署相关协议以及相关协议是否合法合规。

3. 历次股权转让及整体变更时发行人股东履行纳税义务情况，是否存在违法违规情形。

4. 发行人历次增资及股权转让是否合法合规、历次增资及股权转让是否存在委托持股、利益输送或其他利益安排等事项。

【核查方式】

1. 查阅发行人设立后历次增资及股权变动的股东会决议文件等内部决策文件、营业执照、修改后的公司章程（或章程修正案）、验资报告、审计报告、资产评估报告、股东 / 出资人名册（若有）、发行人股权 / 出资变动后向股东 / 出资人签发的出资证明书（若有）以及相关管理部门的批准文件、国有资产管理部门关于股权变动的批准文件。

2. 访谈发行人历史上的股东，了解发行人报告期内历次增资及股份转让的背景、原因，核查报告期内历次增资及股份转让定价依据，增资款及股份转让款支付情况及相应资金来源，股份转让双方是否存在纠纷或潜在纠纷。

3. 查阅发行人现有股东出具的确认文件及填写的问卷调查表，核查发行人现有股东是否具备法律、法规规定的股东资格，是否存在违反法律法规的情形，与发行人其他股东、董事、监事、高级管理人员、本次发行中介机构负责人及其签字人员之间是否存在亲属关系、关联关系、委托持股、信托持股或其他利益输送安排。

4. 查阅发行人增资时与股东签署的投资协议书，核查增资的价格、价款支付方式及是否存在对赌及其他特殊利益安排。

5. 查阅发行人报告期内增资的验资报告、增资或股份转让的银行支付凭证、交易记录；增资方对作为出资投入发行人的资产具有合法来源和完全所有权权属的证明文件；增资方作为出资投入发行人的资产所有权已过户（转移）至发行人名下的权属文件。

6. 查阅中国裁判文书网、中国执行信息公开网、信用中国官方网站、中国市场监管行政处罚文书网等公开信息。

7. 查阅发行人增资或股份转让的税收缴付凭证，核查相关股东是否履行纳税义务。

三、参考规范

《上海证券交易所科创板股票发行上市审核问答（二）》

3. 发行人历史上存在出资瑕疵或者改制瑕疵的，中介机构核查应当重点关注哪些方面？

答：保荐机构和发行人律师应关注发行人是否存在股东未全面履行出资义务、抽逃出资、出资方式等存在瑕疵，或者发行人历史上涉及国有企业、集体企业改制存在瑕疵的情形。

（一）历史上存在出资瑕疵

历史上存在出资瑕疵的，应当在申报前依法采取补救措施。保荐机构和发行人律师应当对出资瑕疵事项的影响及发行人或相关股东是否因出资瑕疵受到过行政处罚、是否构成重大违法行为及本次发行的法律障碍，是否存在纠纷或潜在纠纷进行核查并发表明确意见。发行人应当充分披露存在的出资瑕疵事项、采取的补救措施，以及中介机构的核查意见。……

《深圳证券交易所创业板股票首次公开发行上市审核问答》

2. 发行条件规定“发行人是依法设立且持续经营3年以上的股份有限公司”。发行人历史上存在出资瑕疵或者改制瑕疵的，中介机构核查应当重点关注哪些方面？

答：保荐人和发行人律师应关注发行人是否存在股东未全面履行出资义务、抽逃出资、出资方式等存在瑕疵，或者发行人历史上涉及国有企业、集体企业改制存在瑕疵的情形。

（一）历史上存在出资瑕疵

历史上存在出资瑕疵的，应当在申报前依法采取补救措施。

保荐人和发行人律师应当对出资瑕疵事项的影响及发行人或相关股东是否因出资瑕疵受到过行政处罚、是否构成重大违法行为及本次发行的法律障碍，是否存在纠纷或潜在纠纷进行核查并发表明确意见。发行人应当充分披露存在的出资瑕疵事项、采取的补救措施，以及中介机构的核查意见。……

第五节　历次股权转让作价差距大

虽然法律并未对股权转让价格作明确规定，但是发行人历次股权转让作价差异较大，尤其是短期内差异较大的，通常会引起发审委的关注。

截至2020年12月31日，乐鑫科技、申联生物、杰普特、大地熊、金山办公、佰仁医疗、前沿生物、昊海生科等二十余家企业存在上述情形。

一、典型案例

乐鑫科技（688018）

乐鑫信息科技（上海）股份有限公司（以下简称发行人）2019年4月3日提交的招股说明书（申报稿）披露：2016年，亚东北辰、金米投资、唐斌对发行人进行增资，海尔赛富、金米投资、美的投资、people better通过受让取得发行人股权。2018年，芯动能投资、英特尔投资、卓灏投资、金米投资、赛富皓海、中建恒泰、王景阳通过受让取得发行人股权，上述作价差异较大。此外，2011年，王景阳以37.055万美元取得发行人子公司Esp Inc11.11%的持股比例（15,000股B类普通股和110,000股C类优先股），2013年，Eastgate以309.8万美元取得发行人Esp Inc 10%股权，2013年，王景阳以50万美元取得Esp Inc19，068股C类优先股。

针对上述情形，发审委要求发行人对下列事项进行说明，并要求保荐机构、发行人律师核查并发表明确意见：发行人增资及历次股权转让的定价依据及其公允性，发行人股东历次股权转让作价差距较大的原因，增资方、受让方资金来源，王景阳 2011、2013 年取得 Esp Inc 股份作价差异较大、王景阳与 Eastgate 取得 Esp Inc 股份作价差异较大的原因。

根据发行人律师出具的补充法律意见书披露显示：[1]

发行人历次增资和股权转让的作价方式具有商业合理性，定价公允，且前述增资及股权转让价格均已得到相关交易主体的认可。增资方和相关股权的受让方的资金来源合法合规。

王景阳是发行人的天使投资人，因其曾在集成电路行业任职，对 Teo Swee Ann 在行业内的口碑以及研发能力有充分了解，在 Teo Swee Ann 设立乐鑫有限后即关注该项目，故在得知 Teo Swee Ann 拟在境外设立新平台后决定进行投资，并分别于 2010 年 6 月和 2010 年 8 月与 Teo Swee Ann 及其全资控股的 LX 签署了两份投资协议。根据投资协议，王景阳合计向 ESP Inc 投入 803,077.64 美元。其中 303,077.64 美元是王景阳于 2010 年 8 月支付给 LX，并由 LX 在 ESP Inc 设立后转给 ESP Inc；其余 500,000 美元是王景阳于 2012 年直接支付给 ESP Inc 的。鉴于 2010 年 ESP Inc 尚未成立，整体估值较低，王景阳系根据相关投资协议的约定于 2011 年取得 ESP Inc 15,000 股 B 类普通股和 110,000 股 C 类优先股。在王景阳于 2012 年支付第二笔投资款时，ESP Inc 的估值已基于其业务发展大幅提升，故王景阳于 2013 年根据当时 ESP Inc 的估值取得 ESP Inc 19,068 股 C 类优先股。王景阳对相关投资价格及其在 ESP Inc 取得的股份数量均无异议。

Eastgate 作为 A 轮投资人，其投资价格系根据其与 Teo5 Swee Ann、ESP Inc、乐鑫有限、琪鑫瑞于 2012 年共同签署之《关于 ESPRESSIF INCORPORATED、ESPRESSIF SYSTEMS（SHANGHAI）PTE LTD 和 ESPRESSIF MICROELECTRONICS WUXI PTE LTD 的股份认购及股东协议》确定的。其投资时间晚于王景阳支付第一笔投资款的时间，与王景阳支付第二笔投资款的时间相近，因此 Eastgate 的投资价格与王景阳的投资价格有所差异。

杰普特（688025）

深圳市杰普特光电股份有限公司（以下简称发行人）2019 年 4 月 4 日提交的招股说明书（申报稿）披露：2016 年 3 月 14 日，杰普特有限股东转让价格为 34.77 元 /

---

〔1〕《上海市锦天城律师事务所关于乐鑫信息科技（上海）股份有限公司首次公开发行股票并在科创板上市的补充法律意见书（一）》，载上海证券交易所网，http：//static.sse.com.cn/stock/information/c/201905/43d6a4903ae54689ab1686a7bcb7c07f.pdf，最后访问日期：2021 年 5 月 21 日。

注册资本；2017 年 4 月 6 日，发行人增资价格为 19.67 元 / 股；2017 年 5 月 24 日，股份转让价格为 15.74 元 / 股；2018 年 5 月 23 日，发行人增资价格为 45.91 元 / 股；2018 年 9 月 5 日，股份转让价格为 38.73 元 / 股；2018 年 9 月 25 日，增资价格为 46.60 元 / 股；2018 年 11 月，股份转让价格为 45.91 元 / 股。

针对上述问题，发审委要求发行人说明短期内股权增资或转让价格差异较大的合理性，是否具有充分依据。

根据发行人律师出具的补充法律意见书披露显示：[1]

发行人报告期内增资及股权转让的定价依据及差异原因如表 38 所示：

表 38

序号	基本情况	增资 / 转让价格	定价依据	差异原因
1	2016 年 3 月，黄治家、刘健与张义民签订股权转让协议，黄治家及刘健分别将其持有的杰普特有限 3.50% 及 0.50% 股权转让给张义民	34.77 元 / 注册资本	本次股权转让价格系各方在预估杰普特有限 2016 年主营业务利润及公司发展前景的基础上，经各方协商确定，对应公司整体估值为 4.4 亿元	—
2	2017 年 5 月，发行人向深创投、西藏翰信、赣州和泰、紫金港、宁波澹朴及清源时代增发股份共计 5,338,983 股，增发后发行人股本变更为 65,338,983 元	19.67 元 / 股	本次增资价格系各方在预估发行人 2017 年主营业务利润及未来预期盈利状况的基础上，经各方协商确定，对应公司整体估值为 12.85 亿元	随着公司产品结构的不断优化，公司更高功率的光纤激光器和各类高端智能装备的不断成熟，产品档次不断提升。发行人逐步进入快速发展期，因此市值大幅提升。因公司于 2016 年 4 月由杰普特有限整体变更为股份有限公司，股本总额大幅提升，因此在公司估值大幅提升的情况下，每股增资价格有所下降

[1]《北京金诚同达律师事务所关于深圳市杰普特光电股份有限公司首次公开发行股票并在上海证券交易所科创板上市的补充法律意见书》，载上海证券交易所网，http://static.sse.com.cn/stock/information/c/201905/11d80f06726a4f62aafad4687b0ab3e1.pdf，最后访问日期：2021 年 5 月 21 日。

续表

序号	基本情况	增资/转让价格	定价依据	差异原因
3	2017 年 6 月，前海瑞莱（代表前海瑞莱新三板 1 号基金）将持有的 731,700 股股份转让给瑞莱欣茂	15.736 元/股	本次股份转让价格系双方在考虑公司发展前景基础上参考 2017 年 5 月其他投资者对发行人的增资价格，经双方协商确定	本次股份转让价格较同期增资价格略有降低，系因当时前海瑞莱新三板 1 号基金、东海专项资管计划对发行人的股权投资回报已达到预期且希望尽快通过出让发行人股份以实现相应收益
4	2017 年 6 月，东海瑞京（代表东海专项资管计划）将持有的 731,700 股股份转让给无锡清源	15.74 元/股	本次股份转让价格系双方在考虑公司发展前景基础上参考 2017 年 5 月其他投资者对发行人的增资价格，经双方协商确定	
5	2018 年 9 月，发行人向人才一号、松禾成长、深创投、北京澹朴、瑞莱乐融、苏州新麟、杭州紫洲及紫金港三号增发股份共计 2,881,449 股，增发后发行人股本变更为 68,220,432 元	45.91 元/股	本次增资价格系在瑞华会计师出具的《深圳市杰普特光电股份有限公司审计报告》（瑞华审字〔2018〕48490001 号）经审验的发行人截至 2017 年 12 月 31 日的净资产、净利润基础上，预估发行人 2018 年主营业务利润及未来预期盈利状况，经各方协商确定，对应公司整体估值约为 30 亿元	本次增资价格较 2017 年 5 月增资价格大幅提高，系因公司产品结构的不断优化，且发行人 2017 年主营业务收入较 2016 年主营业务收入有大幅提升，因此公司估值较 2017 年 5 月有较大提升
6	2018 年 9 月，上海清源将其持有的 653,452 股股份以 30,000,000 元的价格转让给厦门中南，瑞莱欣茂将其持有的 731,700 股股份转让给厦门中南	45.91 元/股	本次股份转让价格系双方在考虑公司发展前景基础上参考 2018 年 9 月其他投资者对发行人的增资价格，经双方协商确定，对应公司整体估值约为 30 亿元	本次股份转让价格系转让双方参考前次增资价格经协商一致确定，与前次增资价格一致

续表

序号	基本情况	增资 / 转让价格	定价依据	差异原因
7	2018年10月，张义民将其持有的2,400,000股股份转让给中电中金	38.73元 / 股	本次股份转让价格系以发行人2018年9月增资前估值30亿元的84.35%为基础，经双方协商定价	本次股份转让价格较2018年9月上海清源及瑞莱欣茂向厦门中南转让股份的价格略有降低，系因当时张义民个人资金需要，在参考前次股份转让价格的基础上经转让双方协商确定
8	2018年10月，发行人向中电中金增发股份共计1,056,000股，增发后发行人股本变更为69,276,432元	46.60元 / 股	本次增资价格系以公司投前估值31.79亿元为基础，并综合考虑发行人2018年主营业务利润及未来预期盈利状况，经双方协商确定	本次增资价格略高于2018年9月增资价格，系因2018年9月增资对象为发行人老股东及其关联机构，价格略有优惠，且中电中金持续看好发行人的未来发展，经双方协商确定增资价格
9	2018年11月，西藏翰信将其持有的508,475股股份转让给日照龙萨，赣州和泰将其持有的381,356股股份转让给日照龙萨	45.91元 / 股	本次股份转让价格系双方在考虑公司发展前景基础上参考2018年9月其他投资者对发行人的增资价格，经双方协商确定，对应公司整体估值约为30亿元	本次转让价格较2018年10月增资价格略有降低，系因西藏翰信、赣州和泰早于2018年7月开始与日照龙萨就转让发行人股份事宜进行接洽，转让双方在发行人2018年9月增资价格的基础上，综合考虑公司经营业务发展情况以及未来预期盈利状况协商定价
10	2019年1月，黄治家将其持有的3,150,000股股份转让给黄淮	0.20元 / 股	本次股份转让为近亲属间转让，转让定价主要基于黄治家于发行人整体变更时承担的个人所得税成本（转增股本）	—

尽管发行人报告期内增资及股份转让价格存在一定差异，但该等差异合理，具有充分依据。

前沿生物（688221）

前沿生物药业（南京）股份有限公司（以下简称发行人）2019年8月13日提交的招股说明书（申报稿）披露：报告期内发行人存在增资、股份转让等多次股权变动。

针对上述情形，发审委要求发行人对下列事项进行说明，并要求保荐机构、发行人律师核查并发表明确意见：报告期内历次股权变动的原因、股权变动的价格和价格存在差异的原因；2018年、2019年的股权转让交易中均存在以0元对价转让未实缴出资的股份的情况，存在上述情况的原因，目前发行人的股东是否仍存在未实缴出资或出资不到位的情况。

根据发行人律师出具的补充法律意见书披露显示：[1]

1. 报告期内历次股权变动的原因、股权变动的价格和价格存在差异的原因

报告期内，除整体变更外发行人历次股权变动的基本信息如表39所示：

表39

时间	股权变更类型	转让/认购价格	价格差异较大情况	股权变动的原因
2016年4月	增资	1.21	—	投资人看好发行人发展前景
2016年12月	增资	14.00	因2016年5月14日取得国家药监局《药品注册申请受理通知书》，增强投资者对企业未来发展的信心，估值大幅提升	投资人看好发行人发展前景
2017年8月	转让	0.07	因持股主体调整，以成本价格转让	持股主体调整
2017年12月	转让	8.01	经江苏银信评估房地产估价有限公司评估并报江宁区国有资产监督管理办公室备案，转让价格为8.01元/股	江宁科创决定退出
2018年4月	转让	8.01	对核心员工进行激励	对核心员工进行激励

〔1〕《国浩律师（南京）事务所关于前沿生物药业（南京）股份有限公司首次公开发行股票并在科创板上市之补充法律意见书（一）》，载上海证券交易所网，http：//static.sse.com.cn/stock/information/c/201910/8269b9c8a7ee4037b98689ace09d413b.pdf，最后访问日期：2021年5月21日。

续表

时间	股权变更类型	转让 / 认购价格	价格差异较大情况	股权变动的原因
2018 年 5 月	增资	16.00	—	北京瑞丰看好发行人发展前景，其他投资人不希望被稀释股权，因此管理团队转让部分股权
2018 年 8 月	增资	3.00	实施员工持股	实施员工持股
2018 年 8 月	增资	20.00	—	投资人看好发行人发展前景
2018 年 8 月	转让	19.65	—	因南京晟功持股时间较长，希望实现部分投资退出，并且菏泽艾宁看好发行人发展前景
2018 年 12 月	转让	0	该部分股份对应的出资当时未实际缴纳	因 Efung、华金创盈投资策略发生变化，决定退出
2019 年 3 月	转让	0	该部分股份对应的出资当时未实际缴纳	辽宁三生看好发行人发展前景
2019 年 4 月	转让	20.00	—	齐河众鑫、北京仁华、友财汇赢看好发行人发展前景，其他投资人不希望被稀释股权，因此管理团队转让部分股权

2. 2018 年、2019 年的股权转让交易中均存在以 0 元对价转让未实缴出资的股份的情况，说明存在上述情况的原因，目前发行人的股东是否仍存在未实缴出资或出资不到位的情况

2018 年 12 月 25 日，Efung 及华金创盈分别与恒昌商务签订股份转让协议，约定分别将所持公司 100 万股、250 万股股份转让给恒昌商务。因该部分标的股份均未实缴出资，因而转让对价均为 0 元。

2019 年 3 月 27 日，恒昌商务、香港建木与辽宁三生签订股份转让协议，约定恒昌商务将所持公司未实缴的 350 万股股份转让给辽宁三生，转让价款为 0 元，由辽宁三生履行实缴出资义务。2019 年 3 月 29 日，恒昌商务与辽宁三生签订股权转让补充

协议，约定恒昌商务于2019年3月29日前代辽宁三生实缴出资7000万元至前沿生物。恒昌商务于2019年3月29日实缴出资7000万元至前沿生物。2019年4月4日，辽宁三生已向恒昌商务偿还上述7000万元。

上述0元转让未实缴出资的背景系因Efung、华金创盈投资策略发生变化，决定转让该等未实缴出资的股份，实际控制人为配合其转让股份需求，决定以恒昌商务承接该部分发行人股份。因当时该部分股份尚未缴付出资，因而以0元对价转让。此后，辽宁三生因看好发行人发展前景，愿意受让该部分股份。经与恒昌商务协商一致，以0元对价受让该部分股份，并以20元/股的价格履行该部分股份的实缴出资义务。

申报会计师已于2019年6月28日出具验资报告（毕马威华振验字第1900325号）对发行人2018年8月的两次增资进行验资。发行人的股东不存在未实缴出资或出资不到位的情况。

虹软科技（688088）

虹软科技股份有限公司（以下简称发行人）2019年3月27日提交的招股说明书（申报稿）披露：发行人自设立以来存在多次增资及股权转让，且存在同时段增资价格、股权转让价格存在差异的情形。

针对上述情形，发审委要求发行人对下列事项进行说明，并要求保荐机构、发行人律师核查并发表明确意见：历次增资及股权转让的背景及原因；增资及股权转让的定价依据及其公允性，同时段增资价格、股权转让价格存在差异的原因。

根据发行人律师出具的补充法律意见书披露显示：[1]

1. 发行人自成立至今历次增资及股权转让的原因、定价依据及公允性情况如表40所示：

表 40

事项	变动原因	每股价格	定价依据
2003年5月，虹软有限成立	成立虹软有限	1美元/注册资本	依据注册资本
2011年12月，第一次增资	增加注册资本，扩大经营	1美元/注册资本	依据注册资本

〔1〕《上海市方达律师事务所关于虹软科技股份有限公司首次公开发行人民币普通股（A股）股票并在科创板上市之补充法律意见书》，载上海证券交易所网，http://static.sse.com.cn/stock/information/c/201904/636f36d79a75438a91f99125e7d721c9.pdf，最后访问日期：2021年5月21日。

续表

事项	变动原因	每股价格	定价依据
2017 年 9 月，第一次股权转让	实施股权转让，使境外股东下翻至虹软有限层面	2.97 美元 / 注册资本	以评估值作价进行股权转让
2017 年 9 月，第二次增资	引入财务投资者，使虹软有限有足够的资金完成对境外主体的收购，以保证上市主体业务的完整性	274.29 元人民币 / 注册资本	交易各方根据市场情况、公司业务状况、未来发展前景等，协商确定
2018 年 2 月，第三次增资	实现境外 ESOP 的境内置换并落地	按每个股权激励平台内被激励对象行权时的价格乘以行权股数的累计数来对虹软有限增资	依据授予被激励对象 ESOP 时的行权价格及行权股数来确定
2018 年 5 月，第四次增资	增加注册资本，扩大经营	1169.74 元人民币 / 注册资本	交易各方根据市场情况、公司业务状况、未来发展前景等，协商确定
2018 年 6 月，第二次股权转让	股东自身资金需求	1169.75 元人民币 / 注册资本	本次股权转让价格系参考了 2018 年 5 月的增资价格确定
2018 年 9 月，第三次股权转让	股东自身资金需求	本次股权转让有 3 个交易价格，分别为 1107 元人民币 / 注册资本、1169 元人民币 / 注册资本、1286 元人民币 / 注册资本	本次股权转让价格系由各股权出让方与各股权受让方在参考了 2018 年 6 月股权转让价格的基础上，各自独立协商确定
2018 年 11 月，第四次股权转让	优化控股股东持股结构，本次转让系 Hui Deng（邓晖）将其持有的股权转让给由 Hui Deng（邓晖）全资持有的控股公司 HomeRun	102.07 元人民币 / 注册资本	本次股权转让为同一控制下的股权转让，转让价格系参考了虹软有限 2018 年 10 月末净资产金额

2. 发行人同时段增资价格、股权转让价格存在差异的原因

（1）2017 年 9 月第一次股权转让价格与 2017 年 9 月第二次增资价格差异较大的原因

2017 年 9 月，Homerun、HKR 及 TND 以 2.97 美元 / 注册资本从 e-Image Holdings 受让虹软有限 100.00% 股权；同月，华泰新产业、华泰瑞麟、江苏润和、南京瑞森、西藏泰亚、宁波攀越及舟山瑞联以 274.29 元人民币 / 注册资本对虹软有限增资。

2017 年 9 月的股权转让与增资价格存在较大差异的具体原因如下：

2017 年 9 月，ArcSoft US 与 Imaging Inc. 完成吸收合并后，境外股东为搭建境内上市架构，将股权下翻至境内主体层面，Homerun、HKR 及 TND 收购 ArcSoft US 的下属全资子公司虹软有限。根据杭州金孚资产评估有限公司于 2017 年 8 月 28 日出具的资产评估报告书（杭金资评字〔2017〕第 185 号），截至 2017 年 6 月 30 日，虹软有限股东全部权益价值的评估值为人民币 69,700,000 元。2017 年 9 月，Homerun、HKR 及 TND 参考上述评估价格，向 e-Image Holdings 受让了虹软有限 100.00% 股权。本次股权转让价格主要系参照虹软有限的单体估值。

2017 年 9 月，为保证虹软有限未来上市业务的完整性，虹软有限引入外部财务投资者华泰新产业、华泰瑞麟、江苏润和、南京瑞森、西藏泰亚、宁波攀越及舟山瑞联对其增资，以使虹软有限有足够的资金来实施对境外主体的收购。本次估值是财务投资者假设虹软有限完成对境外主体（Wavelet 及其下属所有子公司）的收购后，对其业务结构、经营情况、研发能力及未来发展前景等因素给出的综合价值判断，本次财务投资者对入股虹软有限的估值价格确定为 274.29 元人民币 / 每一元注册资本。本次增资系为财务投资人看好虹软有限及境外主体的整体业务发展，增资价格系假设发行人境内外业务并入虹软有限后的整体估值。

由于虹软有限在进行股权转让与增资交易时的股东性质、交易目的、考量因素、评估范围等均存在较大差异，导致 2017 年 9 月两次交易价格差异较大。

（2）2018 年 2 月第三次增资价格与 2017 年 9 月第二次增资差异较大的原因

2017 年 9 月对虹软有限增资的股东均为外部财务投资人，该等股东系看好虹软有限业务的发展前景，而对虹软有限作出的投资决策。而 2018 年 2 月对虹软有限增资的股东系为发行人的股权激励平台及实际控制人 Hui Deng（邓晖），本次增资的目的主要系为了实现将“股票期权计划”落地，增资价格由“股票期权计划”约定的行权价格与行权股数确定。

虹软有限 2018 年 2 月增资价格与 2017 年 9 月增资价格不具有可比性，但均具有合理性。

（3）2018 年 2 月第三次增资价格与 2018 年 5 月增资第四次增资价格差异较大的原因

2018 年 5 月对虹软有限增资的股东均为外部财务投资人，该等股东系看好虹软有限业务的发展前景，而对虹软有限作出的投资决策。而 2018 年 2 月对虹软有限增资的股东系为发行人的股权激励平台及实际控制人 Hui Deng（邓晖），本次增资的目的主要系为了实现将“股票期权计划”落地，增资价格由“股票期权计划”约定的行权价格与行权股数确定。

虹软有限 2018 年 2 月增资价格与 2018 年 5 月增资价格不具有可比性，但均具有合理性。

（4）2018 年 11 月第四次股权转让价格与 2018 年 9 月第三次股权转让价格差异较大的原因

2018 年 9 月股权转让系为交易双方市场化协商确定的价格；而 2018 年 11 月股权转让系为同控下的股权转让，由 Hui Deng（邓晖）将其持有的虹软有限 4.57% 股份转让予由其 100.00% 控股的主体 HomeRun，最终股东未发生变更，本次股权转让价格系参考了 2018 年 10 月末虹软有限的净资产金额。

由于两次股权转让的目的不同，虹软有限 2018 年 11 月股权转让价格与 2018 年 9 月的股权转让价格不具有可比性。

铜牛信息（300895，创业板）

北京铜牛信息科技股份有限公司（以下简称发行人）2020 年 6 月 22 日提交的招股说明书（申报稿）披露：2019 年 9 月，北京铜牛集团有限公司（以下简称铜牛集团）将金坛大厦房产土地及附属设备设施以增资扩股方式整体注入发行人，交易价格为 41,528.52 万元，其中房屋建筑物 615.58 万元，土地使用权 39,330.53 万元，增资价格 17.49 元 / 股。2018 年 12 月，发行人股东北京高鸿投资管理中心（有限合伙）转让发行人股份给其合伙人的价格为 12.50 元 / 股，2019 年 7 月广发资管将发行人股份转让给皮纪梅的价格为 40.00 元 / 股。

针对上述情形，发审委要求发行人说明上述股权交易价格变动较大的原因，铜牛集团以 17.49 元 / 股作价向发行人注入资产是否侵害其他股东的利益。

根据发行人律师出具的补充法律意见书披露显示：[1]

发行人 2018 年 12 月、2019 年 7 月、2019 年 9 月三次的股权交易的情况如下：

1. 2018 年 12 月，股权转让

因发行人拟首次公开发行股票，为了更好地调动高鸿投资合伙人的积极性，变间接持股为直接持股，全体合伙人同意，以 12.5 元 / 股的价格，按照间接持有发行人股份数额将高鸿投资所持发行人股份对应转让给各个合伙人。

定价依据：参考 2018 年股票发行和本次转让前 2018 年 6 月至 9 月的转让价格 12.5 元 / 股，确认本次转让价格。

〔1〕《北京海润天睿律师事务所关于北京铜牛信息科技股份有限公司首次公开发行股票并在创业板上市的补充法律意见书（一）》，载深圳证券交易所网，http://reportdocs.static.szse.cn/UpFiles/rasinfodisc/RAS_000173B694D1683FECAAA76EB3A7F53F.pdf，最后访问日期：2021 年 5 月 21 日。

2. 2019 年 7 月，股权转让

2019 年 7 月 10 日，广发资管与在册股东皮纪梅签署股份转让协议，经协商，广发资管将其持有的发行人全部 3000 股股份，以 40 元 / 股的价格转让给皮纪梅。

定价依据：广发资管属于“三类股东”，无法穿透核查且有意退出；皮纪梅具有增持意向，经双方协商确定，本次股权转让价格为 40 元 / 股。

3. 2019 年 9 月，增资

为提升发行人核心资产的完整性，同时减少关联交易，铜牛集团将其所属的金坛大厦土地、房产及附属设备设施以增资的方式投入到发行人。

本次增资标的资产金坛大厦房产土地及附属设备设施的交易价格为 41,528.52 万元，发行人股东全部权益价值的评估结果为 85,614.30 万元，增资价格为经评估的每股净资产值，计算结果保留两位小数，最终确认增资价格为 17.49 元 / 股，增资扩股数量为 23,744,150 股，标的资产金坛大厦房产土地及附属设备设施剩余的 16.50 元计入发行人的资本公积。

发行人 2019 年第三次临时股东大会审议通过了《关于批准本次增资扩股相关评估结果的议案》《关于本次增资扩股方案的议案》，同意本次增资价格为 17.49 元 / 股。

定价依据：以 2019 年 5 月 31 日为评估基准日，铜牛集团和发行人分别聘请评估机构对金坛大厦房屋土地及附属设备设施和发行人股东全部权益价值进行了评估。2019 年 9 月 19 日，北京市国资委出具就本次增资评估的核准批复（京国资产权〔2019〕92 号、京国资产权〔2019〕93 号），经核准，金坛大厦房产土地及附属设备设施的评估结果为 41,528.52 万元；发行人股东全部权益价值的评估结果为 85,614.30 万元，增资价格为经评估的每股净资产值，计算结果保留两位小数，最终确认增资价格为 17.49 元 / 股。

发行人 2019 年 7 月的股权转让价格 40 元 / 股较 2018 年 12 月的股权转让价格和 2019 年 9 月的增资价格差异较大，系因解决“三类股东”问题，由转让方和受让方经协商确认的交易价格。2019 年 9 月，发行人增资价格系根据北京市国资委核准的每股净资产评估值确定，并经发行人股东大会审议通过。

综上，铜牛集团以 17.49 元 / 股作价向发行人注入资产未侵害其他股东的利益。

二、解决思路

发行人历次的股权转让价格往往存在一定差异，针对差异较大的，尤其是短期、同时段内价格差异较大的情形，发审委通常要求发行人针对作价差距大的原因、转让程序是否合法合规、是否存在纠纷或潜在纠纷等问题进行说明。

1. 发行人应完整披露历次股权转让价格的定价依据，说明历次股权转让作价差距较大的原因及合理性。

2. 发行人在说明股权转让作价差异较大的原因时，可以从股东性质、交易目的、考量因素、评估范围等多个角度展开。尤其是同时段股权转让价格存在差异的，更应详细说明原因。如虹软科技，发行人同时段增资价格、股权转让价格存在重大差异，发行人解释称系因两次增资性质不同，目的不同，一次是外部财务投资人增资，一次是发行人股权激励平台、实际控制人增资，两次增资价格不具有可比性。

3. 应详细核查发行人报告期内历次股权转让是否存在纠纷或潜在纠纷。尤其是股权转让涉及部分员工离职股权回购等事项的，若存在部分员工离职时未按照相关约定回购股份的，应当说明原因，是否为员工真实意思表示，是否存在争议或潜在纠纷等。

【具体核查要点】

1. 发行人历次股权转让的定价依据及价格公允性；

2. 历次股权变动的原因以及股权转让价格差异较大的合理性，是否具有充分依据；

3. 发行人报告期内历次股份转让是否存在纠纷或潜在纠纷。

【核查方式】

1. 核查发行人相关股权转让的交易文件、内部决议文件、验资文件；

2. 核查相关股权转让的纳税凭证、股权转让款的支付凭证；

3. 对发行人历次增资及股权转让涉及的主体进行访谈，取得相关主体签署的调查表及其出具的确认；

4. 核查发行人股东的工商档案或公司登记资料、现行有效的营业执照、股东名册；

5. 核查发行人报告期内历次股权变更的股东大会、董事会、监事会会议文件；

6. 核查报告期内发行人历次股权变动涉及的审计报告、评估报告、评估备案表、国资监管部门的批复等材料。

第六节　对赌协议

对赌协议，又称“估值调整协议”，是指投资方与融资方在达成股权性融资协议时，为解决交易双方对目标公司未来发展的不确定性、信息不对称以及代理成本而设计的包含了股权回购、金钱补偿等对未来目标公司的估值进行调整的协议。

截至 2020 年 12 月 31 日，天合光能、开普云、热景生物、兰剑智能、艾迪药业、路德环境、泛亚微透、艾力斯等六十余家企业存在上述情形。

一、典型案例

热景生物（688068）

北京热景生物技术股份有限公司（以下简称发行人）2019 年 4 月 4 日提交的招股说明书（申报稿）披露：发行人多次引入投资机构。

针对上述情形，发审委要求发行人对下列事项进行说明，并要求保荐机构、发行人律师核查并发表明确意见：公司及其实际控制人是否与投资机构或相关自然人签署过对赌协议及其主要内容、履约及清理情况，是否存在争议或潜在纠纷，是否对本次发行上市构成重大影响。

根据发行人律师出具的补充法律意见书披露显示：[1]

1. 发行人及其实际控制人、相关股东等曾与达晨创恒、达晨创泰、达晨创瑞、绿河嘉和、海达睿盈、浙江大健康、高特佳睿安及王海蛟签署过对赌协议。

在发行人于 2019 年 3 月 31 日向上交所递交本次发行申请文件之前，发行人及其实际控制人、相关股东等与达晨创恒、达晨创泰、达晨创瑞、绿河嘉和、海达睿盈、浙江大健康、高特佳睿安及王海蛟签署的对赌协议，均已通过签署补充协议的方式进行了清理，相关特殊条款均已经被终止或中止执行。除发行人及其实际控制人、相关股东等与海达睿盈签署的上述补充协议中已终止有关对赌协议或类似安排外，发行人及其实际控制人、相关股东等与达晨创恒、达晨创泰、达晨创瑞、绿河嘉和、浙江大健康、高特佳睿安及王海蛟签署的上述补充协议中，各方同意中止有关对赌协议或类似安排，但亦约定如出现发行人中止或放弃上市计划，或者上市申请被否决，或者上市申报材料被撤回等情形的，则该等投资人基于对赌协议或类似安排享有的股东优先权自动恢复执行并视为自始有效，即投资人有权继续享有该等条款规定的股东优先权。

尽管上述包含投资人特别股东权利条款已在本次发行上市申报前被终止 / 中止执行，且发行人合格上市的，上述终止 / 中止执行的优先股东权利不会被恢复执行，但

---

〔1〕《北京市康达律师事务所关于北京热景生物技术股份有限公司首次公开发行股票并在科创板上市的补充法律意见书（三）》，载上海证券交易所网，http：//static.sse.com.cn/stock/information/c/201906/401c48dd8fef4850ac367b36a9e59475.pdf，最后访问日期：2021 年 5 月 21 日。

为避免因前述附条件恢复的约定和安排可能对发行人造成的不利影响，发行人对相关对赌协议进行了进一步清理。

发行人及相关股东分别与相关投资人签署协议终止了股东特殊权利的附条件恢复的约定和安排，对赌协议均已彻底终止，发行人股东与发行人及其子公司、发行人实际控制人，以及发行人各股东之间均不存在任何正在履行中的对赌协议、替代性利益安排，除法律规定和公司章程所述的股东权利外，不存在特殊权利安排。

2. 达晨创恒、达晨创泰、达晨创瑞、绿河嘉和、海达睿盈、浙江大健康、高特佳睿安、王海蛟均已出具确认函，确认与热景生物及其相关股东曾经签署的对赌协议和类似安排均已终止履行，不存在任何现有或潜在纠纷或争议；与热景生物及其曾经 / 现有股东之间不存在其他对赌协议和类似安排，不存在任何现有或潜在纠纷或争议。

3. 发行人已通过签署补充协议的方式对相关对赌协议或类似安排进行了进一步清理，鉴于前述对赌协议或类似安排已被彻底终止，不存在发行人作为对赌协议当事人的情形，不存在对赌协议可能导致发行人控制权变化的约定，不存在对赌协议与市值挂钩的情形，不存在对赌协议严重影响发行人持续经营能力或其他严重影响投资者权益的情形，符合《科创板审核问答（二）》第 10 条的规定。

兰剑智能（688557）

兰剑智能科技股份有限公司（以下简称发行人或公司）2020 年 4 月 24 日提交的招股说明书（申报稿）披露：2019 年 7 月，控股股东吴耀华、投资方中以英飞、顺德英飞、英飞善实与公司及公司除控股股东外的全体股东签订《〈增资扩股协议〉之补充协议》，涉及对赌性质的条款。2020 年 3 月 13 日，控股股东吴耀华、投资方中以英飞、顺德英飞、英飞善实与发行人签署《〈增资扩股协议〉之补充协议（二）》，终止股份回购条款和反稀释条款，但仍保留效力恢复条款。

针对上述情形，发审委要求发行人对下列事项进行说明，并要求保荐机构、发行人律师核查并发表明确意见：对赌协议是否完全清理，是否符合《科创板审核问答（二）》第 10 条的规定，对赌各方是否存在纠纷或潜在纠纷，是否存在应当披露的其他利益安排。

根据发行人律师出具的补充法律意见书披露显示：[1]

〔1〕《上海市锦天城律师事务所关于兰剑智能科技股份有限公司首次公开发行股票并在科创板上市之补充法律意见（一）》，载上海证券交易所网，http：//static.sse.com.cn/stock/information/c/202007/86facd88e8534a6895808fbf844e034e.pdf，最后访问日期：2021 年 5 月 21 日。

2020 年 3 月 13 日，发行人控股股东吴耀华（甲方）、投资方中以英飞、英飞正奇、英飞善实与兰剑智能（丙方）在原有协议的基础上补充签订了《增资扩股协议之补充协议（二）》，终止《增资扩股协议之补充协议》中关于股份回购及反稀释的相关约定，但如丙方撤回 IPO 申请材料；其 IPO 申请被上海证券交易所决定不予受理；其 IPO 被中国证券监督管理机构决定不予注册；其 IPO 申请被终止审查时，上述被终止的约定应立即恢复效力，并视同从未失效。根据前述《增资扩股协议之补充协议（二）》，中以英飞、英飞正奇、英飞善实与发行人、发行人实际控制人之间的股份回购及反稀释约定已终止，而恢复条款主要针对发行人最终未能注册并发行上市后的安排，如发行人未来能够注册并发行上市，前述条款将不会得以履行。该恢复条款对发行人本次发行并上市不构成实质性障碍。

出于谨慎考虑，2020 年 6 月 11 日，发行人控股股东吴耀华（甲方）、投资方中以英飞、英飞正奇、英飞善实与兰剑智能（丙方）等各方在原有补充协议的基础上补充签订了《增资扩股协议之补充协议（三）》，彻底终止《增资扩股协议之补充协议》中关于股份回购及反稀释的相关约定，上述该等被确认无效 / 不再生效的条款不再恢复，且视为从来不曾约定过。

2020 年 6 月 11 日，投资方中以英飞、英飞正奇、英飞善实出具书面确认函，确认投资方及其关联方与发行人、发行人控股股东、实际控制人吴耀华未签署任何含有股份回购、反稀释等对赌性质条款的特别约定、安排或做出任何承诺。

天臣医疗（688013）

天臣国际医疗科技股份有限公司（以下简称发行人）2020 年 4 月 17 日提交的招股说明书（申报稿）中披露：多个外部投资者增资入股或受让发行人股权时曾签订含特殊权利条款的协议；且根据当时约定的上市时间，对赌条款存在触发情形。

针对上述情形，发审委要求发行人对下列事项进行说明，并要求保荐机构、发行人律师核查并发表明确意见：对赌条款的简要内容，对赌条款触发生效的情况，对赌条款触发生效后的执行情况、各方就不执行已生效对赌条款的具体约定情况；对赌条款清理的时间，对赌条款清理相关协议的主要条款内容；发行人所有对赌协议或对赌条款是否已彻底清理；对赌各方是否存在纠纷或潜在纠纷。

根据发行人律师出具的补充法律意见书披露显示：[1]

---

〔1〕《国浩律师（上海）事务所关于天臣医疗科技股份有限公司首次公开发行股票并在科创板上市之补充法律意见书（一）》，载上海证券交易所网，http：//static.sse.com.cn/stock/information/c/202006/a04a70e64cca412d91ee1662450a3954.pdf，最后访问日期：2021 年 5 月 21 日。

1. 对赌条款的简要内容

关于对赌条款的简要内容如表 41 所示：

表 41

序号	文件	签署时间	对赌条款的简要内容
1	增资协议、补充协议	2010 年 12 月 29 日	对赌权利人：盛泉创投 触发条件： 1. 有限公司在 2014 年 12 月 31 日前未能在境内或境外资本市场上市； 2. 有限公司 2012 年主营业务收入低于 4000 万元人民币； 3. 上市前主要股东或公司管理层出现重大诚信问题； 4. 反稀释：新的投资主体增资时，公司估值不应当低于本次估值，新的投资主体出资的对价（所得股权 / 出资总额）或原股东增资对价较本次增资对价更高； 5. 股权变动：在发行人上市前且投资人仍持有公司股权期间，主要股东或主要股东之一所持有股权的发生转让； 6. 优先分配权：在有限公司上市前，天臣有限因为任何原因而需要清算 对赌内容： 1. 在发生上述第 1 条对赌条款触发生效情形后，投资人有权要求公司或者主要股东回购投资人持有的股权，发行人或主要股东应在投资人提出回购要求后的六个月内赎回其持有的发行人股权； 2. 在发生上述第 2、3 条对赌条款触发生效情形后，投资人有权要求公司、主要股东回购投资人持有的全部或部分股权，公司或主要股东应在投资人提出回购要求后的六个月内赎回其持有的发行人股权； 3. 在发生上述第 4 条对赌条款触发生效情形后，投资人的持股比例将以当次出资额计，按照新的对价条件作相应调整增加，主要股东的持股比例应当相对地降低； 4. 在发生上述第 5 条对赌条款触发生效情形后，必须得到投资人的同意，并且投资人拥有优先购买权和共同出售权； 5. 在发生上述第 6 条对赌条款触发生效情形后，投资人有权优先于主要股东从公司剩余财产中获得与其全部投资本金相当的财产收益

续表

序号	文件	签署时间	对赌条款的简要内容
2	《关于追加增资的协议》	2011年3月28日	对赌权利人为盛泉创投，触发条件及对赌内容与2010年12月29日签署的增资协议、补充协议一致
3	投资协议书	2013年10月8日	对赌权利人：昆山分享 触发条件： 1. 上市前发行人、主要股东或公司管理层出现重大虚假信息或刻意隐瞒重要信息、重大诚信问题； 2. 控股股东失去对公司的控股权； 3. 发行人或控股股东发生显著不利于其上市的重大事项； 4. 发行人与关联公司进行有损于投资方/目标公司的交易或担保行为； 5. 发行人满足IPO条件，而发行人或控股股东决议进行否决； 6. 发行人及/或控股股东未能履行当次投资协议下的承诺和义务； 7. 公司被托管或进入破产清算程序； 8. 发行人未能在2018年11月1日前实现上市。 对赌内容： 投资人有权要求公司或控股股东回购投资人持有的全部或部分股权，发行人应在投资人发出股权回购书面通知后的三个月内赎回其持有的发行人股权。 发行人有再次融资或控股股东向第三方转让股权（员工激励除外）时，公司估值不应当低于本次投后估值，否则发行人和控股股东应于交易对价到位后三个月内对投资方进行投资方选择的现金或股权方式补偿
4	增资协议书	2014年1月20日	对赌权利人为盛泉万泽、昆山分享，触发条件及对赌内容与2013年10月8日签署的投资协议书一致
5	《关于苏州天臣国际医疗科技有限公司之投资框架协议》	2014年9月19日	对赌权利人：盛泉创投、昆山分享、盛泉万泽、英杰医疗 触发条件： 1. 发行人未能在2018年12月31日前在投资人认可的证券交易市场实现上市； 2. 上市前发行人、主要股东或公司管理层出现重大虚假信息或刻意隐瞒重要信息、重大诚信问题； 3. 控股股东失去对公司的控股权； 4. 发行人或控股股东发生显著不利于其上市的重大事项；

续表

序号	文件	签署时间	对赌条款的简要内容
5	《关于苏州天臣国际医疗科技有限公司之投资框架协议》	2014 年 9 月 19 日	5. 发行人与关联公司进行有损于投资方 / 目标公司的交易或担保行为； 6. 发行人满足 IPO 条件，而发行人或控股股东决议进行否决； 7. 发行人及 / 或控股股东未能履行当次投资协议下的承诺和义务； 8. 公司被托管或进入破产清算程序 对赌内容： 投资人有权要求公司或控股股东回购投资人持有的全部或部分股权，发行人应在投资人发出股权回购书面通知后的六个月内一次性支付赎回其持有的发行人股权 反稀释：发行人有再融资事件时，公司估值不应当低于本次投后估值，否则发行人和控股股东应于再融资发生后三个月内对投资方进行投资方选择的现金或股权方式补偿
6	《关于苏州天臣国际医疗科技有限公司股权转让协议》	2014 年 12 月 1 日、23 日	对赌权利人：英杰医疗、盛泉海成，触发条件及对赌内容与 2014 年 9 月 19 日签署的《关于苏州天臣国际医疗科技有限公司之投资框架协议》一致
7	股权转让协议书、补充协议	2019 年 8 月 26 日	对赌权利人：盛泉海成 触发条件： 1. 发行人保证 2021 年 12 月 31 日前完成 IPO； 2. 上市前发行人、主要股东或公司管理层出现重大虚假信息或刻意隐瞒重要信息而误导投资人决策，控股股东或管理层出现重大违法行为或严重违反诚实信用原则； 3. 控股股东失去对公司的控股权； 4. 发行人或控股股东发生显著不利于其上市的重大事项； 5. 发行人满足 IPO 条件，而发行人或控股股东决议进行否决； 6. 公司被托管或进入破产清算程序 对赌内容： 在发生上述各项对赌条款触发生效情形后，发行人应在投资人提出回购书面通知之日起的六个月内一次性支付回购投资人持有的发行人部分或全部股权

2. 对赌条款的执行情况

关于对赌条款的执行情况如表 42 所示：

表 42

序号	文件	触发生效情况	执行情况	不执行已生效对赌条款的约定
1	增资协议及补充协议	有限公司在 2014 年 12 月 31 日前未能在境内或境外资本市场上市，已触发对赌条款	投资方已放弃执行	全部对赌条款均已终止
2	《关于追加增资的协议》	有限公司在 2014 年 12 月 31 日前未能在境内或境外资本市场上市，已触发对赌条款	投资方已放弃执行	全部对赌条款均已终止
3	投资协议书	发行人未能在 2018 年 11 月 1 日前实现上市，已触发对赌条款	投资方已放弃执行	全部对赌条款均已终止
4	增资协议书	发行人未能在 2018 年 11 月 1 日前实现上市，已触发对赌条款	投资方已放弃执行	全部对赌条款均已终止
5	《关于苏州天臣国际医疗科技有限公司之投资框架协议》	发行人未能在 2018 年 12 月 31 日前在投资人认可的证券交易市场实现上市，已触发对赌条款	投资方已放弃执行	全部对赌条款均已终止
6	《关于苏州天臣国际医疗科技有限公司股权转让协议》	发行人未能在 2018 年 12 月 31 日前在投资人认可的证券交易市场实现上市，已触发对赌条款	投资方已放弃执行	全部对赌条款均已终止
7	股权转让协议书、补充协议	对赌条款未触发	—	全部对赌条款均已终止

注：2020 年 5 月 21 日，英杰医疗、盛泉海成、盛泉万泽、昆山分享分别出具声明，对上述协议中已触发生效但尚未执行的条款的请求履行之权利予以放弃，且对已触发生效但尚未执行的条款所涉及的任何事项均不存在任何纠纷或潜在纠纷。

3. 对赌条款的清理情况

英杰医疗、盛泉海成、盛泉万泽、昆山分享分别于 2020 年 3 月 9 日签署声明，就投资协议项下任何可能被确认构成公司合格首次公开发行并上市的法律障碍或对公司合格首次公开发行并上市造成不利影响的条款追溯至声明出具之日起终止生效，各股东就终止条款项下所享有的任何权利均同时予以终止，具体情况如表 43 所示：

表 43 对赌条款的清理

序号	声明方	对赌条款清理相关协议的主要条款内容
1	盛泉海成	终止条款的具体包括但不限于如下条款 / 协议： （一）2010 年 12 月，天臣有限、陈望宇、陈望东、与盛泉创投签署的《苏州天臣国际医疗科技有限公司增资协议》项下“第八章 业绩约定和补偿”“第九章 反稀释条款”“第十章 股权变动”“第十三章 优先分配权”； （二）2014 年 9 月，陈望宇、陈望东刘伟、盛泉万泽、盛泉海成、盛泉创投、英杰医疗、和昆山分享公司签署的投资框架协议项下“第七条 公司治理”“第八条 优先认购权、优先购买权、共同出售权”“第九条 反稀释权”“第十条 分红权”“第十一条 赎回权”； （三）2014 年 12 月，盛泉创投与盛泉海成签署的《关于苏州天臣国际医疗科技有限公司股权转让协议》； （四）2014 年 12 月，公司、陈望宇、陈望东、刘伟、昆山分享、盛泉万泽、英杰医疗与盛泉海成签署的协议书项下“第 2.1 条”“第 2.2 条”“第 2.3 条”； （五）2019 年 8 月，盛泉海成与陈望宇、陈望东签署的《苏州天臣国际医疗科技有限公司之股权转让协议之补充协议》项下“第二条 赎回权”； 本企业确认，对于投资文件项下已触发但尚未执行的条款，均于声明出具之日起终止生效，本企业放弃对相关条款予以执行的请求权
2	盛泉万泽	终止条款的具体包括但不限于如下条款 / 协议： （一）2014 年 1 月，天臣有限、陈望宇、陈望东与盛泉万泽签署的《苏州天臣国际医疗科技有限公司增资协议书》项下“第 3 条：除以下第 4 条及第 5 条另有约定外，昆山分享股权投资企业（有限合伙）于 2013 年 10 月 8 日与天臣国际、陈望宇、陈望东先生所签订的投资协议书中，昆山分享股权投资企业（有限合伙）因增资并成为天臣国际股东而享有的权利和义务——包括但不限于投资协议书中之
2	盛泉万泽	“‘3. 投资方股东权利’等，盛泉万泽均同等享有和遵守；投资协议书中对投资方的权利和义务，天臣国际、陈望宇和陈望东先生对盛泉万泽同等享有和遵守”； （二）2014 年 9 月，陈望宇、陈望东刘伟、盛泉万泽、盛泉海成、盛泉创投、英杰医疗、和昆山分享公司签署的投资框架协议项下“第七条 公司治理”“第八条 优先认购权、优先购买权、共同出售权”“第九条 反稀释权”“第十条 分红权”“第十一条 赎回权”。 本企业确认，对于投资文件项下已触发但尚未执行的条款，均于声明出具之日起终止生效，本企业放弃对相关条款予以执行的请求权

续表

序号	声明方	对赌条款清理相关协议的主要条款内容
3	昆山分享	终止条款的具体包括但不限于如下条款 / 协议： （一）投资协议项下的“第 3.1 条　优先购买权和优先投资权”“第 3.2 条　随同转让与优先转让权”“第 3.3 条　转让的豁免”“第 3.4 条　优先清算权”“第 3.5 条　估值保障及反稀释”“第 3.6 条　分红”“第 3.7 条　退出机制”“第 3.10 条　最惠方待遇原则”“第 3.11 条　特别豁免事项”； （二）2014 年 9 月，陈望宇、陈望东刘伟、盛泉万泽、盛泉海成、盛泉创投、英杰医疗、和昆山分享公司签署的投资框架协议项下“第七条　公司治理”“第八条　优先认购权、优先购买权、共同出售权”“第九条　反稀释权”“第十条　分红权”“第十一条　赎回权”。 本企业确认，对于投资文件项下已触发但尚未执行的条款，均于声明出具之日起终止生效，本企业放弃对相关条款予以执行的请求权
4	英杰医疗	终止条款的具体包括但不限于如下条款 / 协议： （一）2010 年 12 月，天臣有限、陈望宇、陈望东、与盛泉创投签署的《苏州天臣国际医疗科技有限公司增资协议》项下“第八章　业绩约定和补偿”“第九章　反稀释条款”“第十章　股权变动”“第十三章　优先分配权”； （二）2014 年 9 月，陈望宇、陈望东刘伟、盛泉万泽、盛泉海成、盛泉创投、英杰医疗、和昆山分享公司签署的投资框架协议项下“第七条　公司治理”“第八条　优先认购权、优先购买权、共同出售权”“第九条　反稀释权”“第十条　分红权”“第十一条　赎回权”； （三）2014 年 12 月，盛泉创投与英杰医疗签署的《关于苏州天臣国际医疗科技有限公司股权转让协议》； （四）2014 年 12 月，公司、陈望宇、陈望东、刘伟、昆山分享、盛泉万泽、盛泉海成、英杰医疗签署了协议书项下“第 2.1 条”“第 2.2 条”“第 2.3 条”； 本企业确认，对于投资文件项下已触发但尚未执行的条款，均于声明出具之日起终止生效，本企业放弃对相关条款予以执行的请求权

4. 各方是否存在纠纷或潜在纠纷

英杰医疗、盛泉海成、盛泉万泽、昆山分享分别于 2020 年 3 月 9 日签署声明，截至声明出具之日，就投资文件项下终止条款不存在任何争议，各相关股东之间不存在任何债权债务纠纷或潜在争议。2020 年 5 月 21 日，各机构股东对上述声明内容补充了已触发生效条款的处理情况，各方就上述终止条款中已触发生效但尚未执行的条款的请求履行之权利予以放弃，且对已触发生效但尚未执行的条款所涉及的任何事项均不存在任何纠纷或潜在纠纷。

综上，发行人包含已触发但未执行的对赌条款在内的所有对赌协议或对赌条款均已彻底清理；对赌各方不存在纠纷或潜在纠纷。

针对上述情形，发审委要求发行人对下列事项进行进一步说明：各方未通过协议方式清理对赌条款的原因、单方声明的法律效力，按照《科创板审核问答（二）》的要求，采取合理方式清理对赌等相关协议内容。

根据发行人律师出具的补充法律意见书披露显示：[1]

1. 各方未通过协议方式清理对赌条款的原因

新冠疫情期间，出于疫情防控的需求，英杰医疗、盛泉海成、盛泉万泽、昆山分享与发行人、陈望宇、陈望东等对赌条款相对方经协商达成一致，采用出具单方面声明的方式清理对赌等相关协议内容。

2. 单方声明的法律效力

对赌条款权利人与对赌条款相对方分别于2020年3月9日签署声明，截至声明出具之日，就投资文件项下终止条款终止生效，对赌条款权利人就终止条款项下所享有的任何权利均同时予以终止，对终止条款不存在任何纠纷或潜在纠纷，各相关主体之间不存在任何债权债务纠纷或潜在争议。2020年5月21日，各机构股东对上述声明内容补充了已触发生效条款的处理情况，各方就上述终止条款中已触发生效但尚未执行的条款的请求履行之权利予以放弃，且对已触发生效但尚未执行的条款所涉及的任何事项均不存在任何纠纷或潜在纠纷。

据《合同法》（已失效）第七十七条之规定，当事人协商一致，可以变更合同。因此，包括已触发但尚未执行的条款在内的对赌条款均属于可由当事人协商一致进行变更的内容。同时，终止条款系专为当事人一方的利益而约定设立的，当事人可以放弃自己应得的利益。对于终止条款，当事人作出单方面的声明对可为其带来利益的权利予以放弃也可视为变更合同。单方面声明与补充协议均为清理对赌条款的形式手段，对赌条款权利人与对赌条款相对方出于疫情防控的需求，采取了更为便捷有效的单方面声明。并且，对赌条款权利人签署的单方面声明不包含恢复条款，对赌权利人与对赌条款相对方不存在又通过单方面声明的方式恢复相关条款。

3. 对赌条款相对方与对赌条款权利人已经就对赌条款的解除签署补充协议

《科创板审核问答（二）》中的要求，仅对发行人在申报前清理对赌条款作出了原则性规定，但未就清理的具体方式予以明确规定。对赌条款相对方与对赌条款权利人已经就对赌条款的解除签署补充协议。

〔1〕《国浩律师（上海）事务所关于天臣国际医疗科技股份有限公司首次公开发行股票并在科创板上市之补充法律意见书（四）》，载上海证券交易所网，http：//static.sse.com.cn/stock/information/c/202009/ecd038986dad4dfd864226403f13b1b9.pdf，最后访问日期：2021年5月21日。

赛诺医疗（688108）

赛诺医疗科学技术股份有限公司（以下简称发行人）2019年3月29日提交的问询回复中披露：赛诺有限、孙箭华与机构投资者签订股权投资协议，约定有优先购买权、共同出售权、优先认购权、反摊薄权、同等待遇、合格上市、托售权、并购估值的限制、特别分红权、自动终止及恢复等条款，其中托售权约定除创始人股东、员工持股平台及与创始人股东一致行动的目标公司股东外，有目标公司剩余股权超过半数的股东同意将目标公司以超过人民币40亿元的价格整体转让给第三方，创始人股东应同意并促使其他原股东同意整体转让。

针对上述情形，发审委要求发行人对下列事项进行说明，并要求保荐机构、发行人律师核查并发表明确意见：结合《科创板审核问答（二）》问题10的规定，补充说明上述对赌协议是否仍未解除，发行人是否为对赌协议的当事人，对赌协议中有关拖售权的约定等是否可能导致公司控制权变化，是否构成市值预期，上述自动中止的特殊条款在合格上市后是否仍旧持续；对赌协议是否存在严重影响发行人持续经营能力或者其他严重影响投资者权益的情形。

根据发行人律师出具的补充法律意见书披露显示：[1]

1. 相关投资协议变更情形

（1）杭州先锋、济宁先锋、无锡润信、中安润信、达安京汉、宏远财丰、金石翊康、中信投资、咸淳久珊已于2019年5月27日与赛诺医疗、孙箭华签订股权投资协议之补充协议，就股权投资协议中约定的投资方特殊权利的履行与终止补充约定如下：

①各方一致同意并确认，将股权投资协议第8.17条“本《协议》第8.3条规定的优先购买权、第8.4条规定的共同出售权、第8.5条规定的优先认购权、第8.7条规定的反摊薄权、第8.10条规定的拖售权、第8.12条规定的特别分红权或其他不符合股份公司股东同股同权设置或可能导致目标公司股权变动的优先股东权利应在合格上市申报日中止执行或投资方不再持有目标公司任何股权之日终止，但如前述申报因任何原因被撤回、退回或撤销或不予批准，则该等条款的规定的股东优先权自动恢复执行并视为自始有效，即投资方有权继续享有该等条款规定的股东优先权”。

修改为：“本《协议》第8.3条规定的优先购买权、第8.4条规定的共同出售权、第8.5条规定的优先认购权、第8.7条规定的反摊薄权、第8.9条规定的合格上市、

[1]《北京市中伦律师事务所关于赛诺医疗科学技术股份有限公司首次公开发行股票并在科创板上市的补充法律意见书（二）》，载上海证券交易所网，http：//static.sse.com.cn/stock/information/c/201905/317181480bee4f209b07f2d35dc9721f.pdf，最后访问日期：2021年5月21日。

第 8.10 条规定的拖售权、第 8.11 条规定的并购估值的限制、第 8.12 条规定的特别分红权或其他不符合股份公司股东同股同权设置或可能导致目标公司股权变动的优先股东权利应在合格上市申报日终止执行，但如前述申报因任何原因被撤回、退回或撤销或不予批准，则该等条款的规定的股东优先权自动恢复执行并视为自始有效，即投资方有权继续享有该等条款规定的股东优先权。为免歧义，各方一致同意，如公司合格上市，上述被终止执行的优先股东权利在任何情况下均不会被任一方以任何形式要求恢复执行或视为自动恢复执行。”

②各方一致同意并确认，截至股权投资协议之补充协议签署日，除上述股权投资协议约定的投资方特殊权利外，不存在其他对赌、回购、估值调整等导致赛诺医疗股权可能发生变动进而影响公司股权结构稳定性的条款或未履行权利，亦未在其他的协议、安排或者备忘录中与公司或实际控制人达成过对赌、回购、估值调整或类似条款。

（2）Champ Star 与赛诺医疗、孙箭华于 2019 年 5 月 27 日签署《关于特别股东权利条款之变更协议》，LYFE Capital、CAI HONG 与赛诺医疗、孙箭华于 2019 年 5 月 27 日签署《关于特别股东权利条款之变更协议》，就 2017 年 Champ Star 以及 LYFE Capital、CAI HONG 分别与赛诺有限、孙箭华签订的股权转让协议中约定 Champ Star、LYFE Capital 以及 CAI HONG 拥有优先购买权、共同出售权、优先认购权、反摊薄权、同等待遇、拖售权、并购估值限制、特别分红权等投资方特别股东权利条款的履行及终止进行变更：

①各方一致同意并确认股权转让协议中第 8.3 条规定的优先购买权、第 8.4 条规定的共同出售权、第 8.5 条规定的优先认购权、第 8.7 条规定的反摊薄权、第 8.9 条规定的合格上市、第 8.10 条规定的拖售权、第 8.11 条规定的并购估值的限制、第 8.12 条规定的特别分红权或其他不符合股份公司股东同股同权设置或可能导致目标公司股权变动的优先股东权利应在合格上市申报日终止执行，但如前述申报因任何原因被撤回、退回或撤销或不予批准，则该等条款的规定的股东优先权自动恢复执行并视为自始有效，即投资方有权继续享有该等条款规定的股东优先权。为免歧义，各方一致同意，如公司合格上市，上述被终止执行的优先股东权利在任何情况下均不会被任一方以任何形式要求恢复执行或视为自动恢复执行。

②鉴于特别股东条款对于股权转让协议的转让方不产生约束力，各方一致同意并确认，不将转让方作为《关于特别股东权利条款之变更协议》的一方。

③截至《关于特别股东权利条款之变更协议》签署日，除上述股权转让协议中的特别股东权利条款外，不存在其他对赌、回购、估值调整等导致赛诺医疗股权可能发生变动进而影响公司股权结构稳定性的条款或未履行权利，亦未在其他的协议、安排

或者备忘录中与公司或实际控制人达成过对赌、回购、估值调整或类似条款。

综上，上述包含投资方特别股东权利条款已在本次发行上市申报日终止执行，如公司合格上市，上述被终止执行的优先股东权利在任何情况下均不会被任一方以任何形式要求恢复执行或视为自动恢复执行。

2. 结合《科创板审核问答（二）》问题 10 的规定说明对赌协议是否存在严重影响发行人持续经营能力或者其他严重影响投资者权益的情形

包含对赌条款的股权投资协议和股权转让协议虽尚未解除，但根据相关合同当事方的补充约定，对赌协议中优先购买权、共同出售权、优先认购权、反摊薄权、同等待遇、拖售权、合格上市、并购估值限制、特别分红权等投资方特殊股东权利或其他不符合股份公司股东同股同权设置或可能导致目标公司股权变动的优先股东权利均已追溯确认在合格上市申报日终止执行，不再对包括发行人在内的合同当事方产生效力，有关拖售权的约定亦已终止执行不会导致公司控制权变化、不构成市值预期，一旦公司合格上市，上述被终止执行的优先股东权利在任何情况下均不会被任一方以任何形式要求恢复执行或视为自动恢复执行。

针对上述情形，发审委进一步要求发行人按照《科创板审核问答（一）》的相关要求，对对赌协议进行规范，并要求保荐机构和发行人律师发表核查意见。

根据发行人律师出具的补充法律意见书披露显示：[1]

1. 投资协议之补充协议重新签署终止对赌条款

杭州先锋、济宁先锋、无锡润信、中安润信、达安京汉、宏远财丰、金石翊康、中信投资、咸淳久珊已于 2019 年 7 月 22 日与赛诺医疗、孙箭华重新签订投资协议之补充协议，就投资协议中约定的投资方特殊权利的履行与终止补充重新约定如下：

（1）各方一致同意，新补充协议替代 2019 年 5 月 27 日所有合同当事方签署的投资协议之补充协议（以下简称原补充协议），原补充协议自本协议签订之日起终止履行，投资协议中的特别股东权利条款及自动恢复条款的变更以新补充协议为准。

（2）各方一致同意并确认，将投资协议第 8.17 条"本《协议》第 8.3 条规定的优先购买权、第 8.4 条规定的共同出售权、第 8.5 条规定的优先认购权、第 8.7 条规定的反摊薄权、第 8.10 条规定的拖售权、第 8.12 条规定的特别分红权或其他不符合股份公司股东同股同权设置或可能导致目标公司股权变动的优先股东权利应在合格上市申报日中止执行或投资方不再持有目标公司任何股权之日终止，但如前述申报因任何

[1]《北京市中伦律师事务所关于赛诺医疗科学技术股份有限公司首次公开发行股票并在科创板上市的补充法律意见书（五）》，载上海证券交易所网，http：//static.sse.com.cn/stock/information/c/201907/4331245b0b1d405a8983a9d2367f34ad.pdf，最后访问日期：2021 年 5 月 21 日。

原因被撤回、退回或撤销或不予批准，则该等条款的规定的股东优先权自动恢复执行并视为自始有效，即投资方有权继续享有该等条款规定的股东优先权”。修改为：“本《协议》第 8.3 条规定的优先购买权、第 8.4 条规定的共同出售权、第 8.5 条规定的优先认购权、第 8.7 条规定的反摊薄权、第 8.9 条规定的合格上市、第 8.10 条规定的拖售权、第 8.11 条规定的并购估值的限制、第 8.12 条规定的特别分红权或其他不符合股份公司股东同股同权设置或可能导致目标公司股权变动的优先股东权利应在合格上市申报日终止执行。为免歧义，各方一致同意，无论公司是否实现合格上市，上述被终止执行的优先股东权利在任何情况下均不会被任一方以任何形式要求恢复执行或视为自动恢复执行。”

（3）各方一致同意并确认，截至新补充协议签署日，除上述投资协议约定的投资方特殊权利外，不存在其他对赌、回购、估值调整等导致赛诺医疗股权可能发生变动进而影响公司股权结构稳定性的条款或未履行权利，亦未在其他的协议、安排或者备忘录中与公司或实际控制人达成过对赌、回购、估值调整或类似条款。

2.《关于特别股东权利条款之变更协议》重新签署终止对赌条款

Champ Star 与赛诺医疗、孙箭华于 2019 年 7 月 22 日签署《关于特别股东权利条款之变更协议》、LYFE Capital、CAI HONG 与赛诺医疗、孙箭华于 2019 年 7 月 21 日重新签署《关于特别股东权利条款之变更协议》（以下简称新变更协议），就 2017 年 Champ Star 以及 LYFE Capital、CAI HONG 分别与赛诺有限、孙箭华签订的股权转让协议中约定 Champ Star、LYFE Capital 以及 CAI HONG 拥有优先购买权、共同出售权、优先认购权、反摊薄权、同等待遇、拖售权、并购估值限制、特别分红权等投资方特别股东权利条款的履行及终止重新进行变更：

（1）各方一致同意，新变更协议替代 2019 年 5 月 27 日所有合同当事方签署的《关于特别股东权利条款之变更协议》，原变更协议自本协议签订之日起终止履行，投资协议中的特别股东权利条款及自动恢复条款的变更以新变更协议为准。

（2）各方一致同意并确认转让协议中第 8.3 条规定的优先购买权、第 8.4 条规定的共同出售权、第 8.5 条规定的优先认购权、第 8.7 条规定的反摊薄权、第 8.9 条规定的合格上市、第 8.10 条规定的拖售权、第 8.11 条规定的并购估值的限制、第 8.12 条规定的特别分红权或其他不符合股份公司股东同股同权设置或可能导致目标公司股权变动的优先股东权利应在合格上市申报日终止执行。为免歧义，各方一致同意，无论公司是否实现合格上市，上述被终止执行的优先股东权利在任何情况下均不会被任一方以任何形式要求恢复执行或视为自动恢复执行。

（3）鉴于特别股东条款对于股权转让协议的转让方不产生约束力，各方一致同意并确认，不将转让方作为《关于特别股东权利条款之变更协议》的一方。

（4）截至新变更协议签署日，除上述转让协议中的特别股东权利条款外，不存在其他对赌、回购、估值调整等导致赛诺医疗股权可能发生变动进而影响公司股权结构稳定性的条款或未履行权利，亦未在其他的协议、安排或者备忘录中与公司或实际控制人达成过对赌、回购、估值调整或类似条款。

综上，对赌协议中包含的投资方特别股东权利条款均已在本次发行上市申报日终止执行，而且后续无论公司是否实现合格上市，上述被终止执行的优先股东权利在任何情况下均不会被任一方以任何形式要求恢复执行或视为自动恢复执行，上述条款不再对包括发行人在内的合同当事方产生效力，发行人已按照《科创板审核问答》的相关要求，对对赌协议完成规范。

凯龙高科（300912，创业板）

凯龙高科技股份有限公司（以下简称发行人）2020年6月29日提交的招股说明书（申报稿）披露：发行人部分对赌协议带恢复条款，且部分对赌协议中发行人为股权回购主体。

针对上述情形，发审委要求发行人说明相关对赌协议是否属于无须清理的情形，并要求保荐机构、发行人律师核查并发表明确意见。

根据发行人律师出具的补充法律意见书披露显示：[1]

1.发行人存在如下对赌协议情况并涉及相应股东如表44所示：

表44

情形	对赌协议类型	涉及股东
第一种情形	实际控制人臧志成及其女儿臧梦蝶是股权回购方，发行人是合同签署主体，但发行人不作为对赌协议当事人	天津力创、常州力华、新麟创业、北京嘉华、无锡力创（已退出）、招商科技（已退出）
第二种情形	实际控制人臧志成是股权回购方，发行人是合同签署主体，但发行人不作为对赌协议当事人	冠亚投资、深圳力创、常州力华、无锡力清、新麟创业、中国风投、山南汇鑫、新麟二期（已退出）、苏州敦行、新联科、无锡清创、常州清创、安徽安华、深圳晟大、无锡清科、吉林融发、常州厚生、无锡金控

〔1〕《北京国枫律师事务所关于凯龙高科技股份有限公司申请首次公开发行股票并在创业板上市的补充法律意见书之四》，载深圳证券交易所网，http：//reportdocs.static.szse.cn/UpFiles/rasinfodisc/RAS_000174DCFDF34C3FEE5418A96724593F.pdf，最后访问日期：2021年5月21日。

续表

情形	对赌协议类型	涉及股东
第三种情形	实际控制人臧志成或发行人是股权回购方，发行人是合同签署主体，发行人作为对赌协议当事人	无锡金投

发行人存在的三种对赌协议类型中，第三种情形的对赌协议涉及发行人作为股权回购一方，应当在申报前进行清理。

2. 发行人及其控股股东存在的对赌协议清理情况

（1）对于第一种情形和第二种情形对赌协议的解除情况

①发行人、臧志成、臧梦蝶与天津力创、常州力华、无锡力创、招商科技、新麟创业、北京嘉华的对赌协议解除情况

2016 年 1 月，招商科技已转让其所持有的发行人股份并明确放弃了相关对赌条款之权利；涉及招商科技与发行人的对赌协议已真实、有效终止，无对赌恢复条款，不存在纠纷或潜在纠纷，符合《首发业务若干问题解答》的要求。

2017 年 3 月，无锡力创已转让其所持有的发行人股份且无锡力创业已注销，其作为相关协议及对赌条款的法律主体资格已终止；涉及无锡力创与发行人的对赌协议已真实、有效终止，无对赌恢复条款，不存在纠纷或潜在纠纷，符合《首发业务若干问题解答》的要求。

2019 年 5 月 15 日，发行人作为甲方、天津力创、常州力华、新麟创业、北京嘉华作为乙方、臧志成作为丙方、臧梦蝶作为丁方签署《关于〈无锡凯龙补充协议书〉的补充协议之三》，相关对赌条款自发行人向中国证监会上报本次发行申请材料之日起已无条件地自动终止并不再执行，且各方无须另行签署解除或终止协议；若发行人本次发行上市之申请最终未能通过中国证监会审核的，自相关审核公告之日起相关对赌约定方恢复执行。上述协议均已生效，对协议各方具有法律约束力，约定之事项系协议各方真实意思之表示，且不存在违反法律法规被认定为无效或可撤销之情形。上述对赌条款已经真实、有效自动终止并不再执行，符合《首发业务若干问题解答》的要求；在恢复执行条款约定的或有的前提条件（即发行人本次发行上市之申请最终未能通过证监会审核）成就前不会恢复执行。

②发行人、臧志成与冠亚投资、深圳力创、常州力华、新麟创业、无锡力清、中国风投、曲水汇鑫的对赌协议解除情况

2019 年 5 月 15 日，发行人作为甲方、臧志成作为乙方、冠亚投资、深圳力创、常州力华、新麟创业、无锡力清、中国风投、曲水汇鑫作为丙方签署《凯龙高科技股

份有限公司增资扩股补充协议之三》，相关对赌条款自发行人向证监会上报本次发行申请材料之日起已无条件地自动终止并不再执行，且各方无须另行签署解除或终止协议；若发行人本次发行上市之申请最终未能通过证监会审核的，自相关审核公告之日起相关对赌约定方恢复执行。上述协议均已生效，对协议各方具有法律约束力，约定之事项系协议各方真实意思之表示，且不存在违反法律法规被认定为无效或可撤销之情形。上述对赌条款已经真实、有效自动终止并不再执行，符合《首发业务若干问题解答》的要求；在恢复执行条款约定的或有的前提条件（发行人本次发行上市之申请最终未能通过中国证监会审核）成就前不会恢复执行。

③发行人、臧志成与新麟二期的对赌协议解除情况

2018 年 12 月，新麟二期已转让其所持有的发行人股份，涉及新麟二期与发行人的对赌协议已真实、有效终止，无对赌恢复条款，不存在纠纷或潜在纠纷，符合《首发业务若干问题解答》的要求。

④发行人、臧志成与吉林融发、苏州敦行、新联科、无锡清创、常州清创、安徽安华、深圳晟大、无锡清科的对赌协议解除情况

2018 年 9 月 20 日，发行人、臧志成、吉林融发、苏州敦行、新联科、无锡清创、常州清创、安徽安华、深圳晟大、无锡清科签署的《凯龙高科技股份有限公司增资扩股补充协议》，相关对赌条款自发行人向证监会上报本次发行申请材料之日起已无条件自动终止并不再执行，且各方无须另行签署解除或终止协议；若发行人本次发行上市之申请最终未能通过证监会审核的，自相关审核公告之日起相关对赌约定方恢复执行。上述协议均已生效，对协议各方具有法律约束力，约定之事项系协议各方真实意思之表示，且不存在违反法律法规被认定为无效或可撤销之情形。上述对赌条款已经真实、有效自动终止并不再执行，符合《首发业务若干问题解答》的要求；在恢复执行条款约定的或有的前提条件（发行人本次发行上市之申请最终未能通过证监会审核）成就前不会恢复执行。

⑤发行人、臧志成与常州厚生的对赌协议解除情况

2018 年 10 月 24 日，发行人、臧志成、常州厚生签署的《凯龙高科技股份有限公司增资扩股补充协议》，相关对赌条款自发行人向证监会上报本次发行申请材料之日起已无条件自动终止并不再执行，且各方无须另行签署解除或终止协议；若发行人本次发行上市之申请最终未能通过证监会审核的，自相关审核公告之日起相关对赌约定方恢复执行。上述协议均已生效，对协议各方具有法律约束力，约定之事项系协议各方真实意思之表示，且不存在违反法律法规被认定为无效或可撤销之情形。上述对赌条款已经真实、有效自动终止并不再执行，符合《首发业务若干问题解答》的要求；

在恢复执行条款约定的或有的前提条件（发行人本次发行上市之申请最终未能通过证监会审核）成就前不会恢复执行。

⑥发行人、臧志成与无锡金控的对赌协议解除情况

2018年12月24日，发行人、臧志成、无锡金控签署的《凯龙高科技股份有限公司股份转让协议之补充协议》，相关对赌条款自发行人向证监会上报本次发行申请材料之日起自动终止，且各方无须仅就终止的约定另行签署解除或终止协议；若发行人本次发行上市之申请最终未能通过证监会审核的，自相关审核公告之日起相关对赌约定方恢复执行。上述协议均已生效，对协议各方具有法律约束力，约定之事项系协议各方真实意思之表示，且不存在违反法律法规被认定为无效或可撤销之情形。上述对赌条款已经真实、有效自动终止，符合《首发业务若干问题解答》的要求；在恢复执行条款约定的或有的前提条件（发行人本次发行上市之申请最终未能通过证监会审核）成就前不会恢复执行。

（2）对于第三种情形对赌协议的清理情况

2019年5月15日，发行人作为甲方、臧志成作为乙方、无锡金投作为丙方签署《凯龙高科技股份有限公司股份转让协议之补充协议之二》，相关对赌条款自发行人向中国证监会上报本次发行申请材料之日起已无条件地自动终止并不再执行，且各方无须另行签署解除或终止协议；若发行人本次发行上市之申请最终未能通过证监会审核的，自相关审核公告之日起相关对赌约定方恢复执行。上述协议均已生效，对协议各方具有法律约束力，约定之事项系协议各方真实意思之表示，且不存在违反法律法规被认定为无效或可撤销之情形。上述对赌条款已经真实、有效自动终止并不再执行；在恢复执行条款约定的或有的前提条件（发行人本次发行上市之申请最终未能通过证监会审核）成就前不会恢复执行。

同时，由于上述《凯龙高科技股份有限公司股份转让协议之补充协议之二》附带恢复条款，2020年9月24日，发行人作为甲方、臧志成作为乙方、无锡金投作为丙方签署《凯龙高科技股份有限公司股份转让协议之补充协议之三》，约定如下："一、各方一致同意：自本协议签署之日起，《凯龙高科技股份有限公司股权转让协议之补充协议》《凯龙高科技股份有限公司股权转让协议之补充协议的补充协议》《凯龙高科技股份有限公司股权转让协议之补充协议之二》无条件终止并不再执行，且不具有恢复执行之效力。

二、丙方无条件放弃追究甲方、乙方就《凯龙高科技股份有限公司股权转让协议之补充协议》《凯龙高科技股份有限公司股权转让协议之补充协议的补充协议》《凯龙高科技股份有限公司股权转让协议之补充协议之二》的约定而产生的相关责任。

三、各方一致确认：截至本协议签署之日，各方之间就《凯龙高科技股份有限公司股权转让协议之补充协议》《凯龙高科技股份有限公司股权转让协议之补充协议的补充协议》《凯龙高科技股份有限公司股权转让协议之补充协议之二》等相关协议/文件签署、执行、效力在内的相关事项未产生过任何争议、纠纷或潜在纠纷；各方之间亦不存在其他任何争议、纠纷或潜在纠纷。

四、各方一致确认并承诺：截至本协议签署之日，除《凯龙高科技股份有限公司股权转让协议之补充协议》《凯龙高科技股份有限公司股权转让协议之补充协议的补充协议》《凯龙高科技股份有限公司股权转让协议之补充协议之二》等协议外，丙方与甲方及乙方之间不存在其他任何涉及对赌、股权回购、估值调整、利益补偿或其他特殊协议、约定、安排。"

综上，发行人涉及的对赌协议类型中，发行人及其控股股东臧志成与无锡金投之间的对赌协议应当在发行人申报前清理，发行人及其控股股东臧志成与无锡金投之间已通过《凯龙高科技股份有限公司股权转让协议之补充协议之二》对对赌协议的情况进行清理，并通过《凯龙高科技股份有限公司股权转让协议之补充协议之三》确认了对赌等相关协议不再具有恢复执行之效力。发行人与无锡金投之间签署的对赌协议、恢复条款已彻底清理。

二、解决思路

1. 原则上，发行人应在申报前清理对赌协议。清理对赌协议时发行人可采取签署补充协议的方式，极个别案例如发行人天臣医疗出于疫情防控的需求，与各对赌协议相对方采用出具单方面声明的方式清理对赌协议，但仍在《发行注册环节反馈意见落实函》中被要求采取合理方式清理对赌协议。可见，虽然审核问答中并未对清理对赌协议的方式做明确规定，但出于谨慎考虑，发行人清理对赌协议时应尽量采取签署补充协议的方式。

补充协议应确保相关特殊权利条款已经被终止执行。在补充协议中约定恢复条款的，例如"如出现发行人中止或放弃上市计划，或者上市申请被否决，或者上市申报材料被撤回等情形的，则该等投资人基于对赌协议或类似安排享有的股东优先权自动恢复执行并视为自始有效"，是否会对发行上市构成障碍，目前存在争议。为了避免因附条件恢复的约定和安排可能对发行上市造成的不利影响，建议发行人彻底清理对赌协议，终止所有关于股东特殊权利以及附条件恢复的约定和安排。

2. 根据审核问答的相关要求，同时满足以下要求的对赌协议可以不清理：

（1）发行人不作为对赌协议当事人；此处的对赌协议当事人应理解为对赌协议的

"义务方"，即发行人无须承担对赌协议的相关义务。如道通科技，发行人虽然作为对赌协议的签署方，但是义务方系公司的实际控制人，在公司的实际控制人不具备履约能力时，公司无须承担业绩对赌及回购条款的义务，此种情形也可认定发行人非对赌协议当事人。（2）对赌协议不存在可能导致公司控制权变化的约定。（3）对赌协议不与市值挂钩。（4）对赌协议不存在严重影响发行人持续经营能力或者其他严重影响投资者权益的情形。

3. 发行人应当在招股说明书中披露对赌协议的具体内容、对发行人可能存在的影响等，并进行风险提示。

【具体核查要点】

1. 发行人是否存在对赌协议，发行人是否已经采取合理方式清理对赌等相关协议的内容，发行人所有对赌协议或对赌条款是否已彻底清理，对赌各方是否存在纠纷或潜在纠纷；

2. 发行人仍存在对赌协议的，是否满足审核问答关于"可以不清理的对赌协议"的相关要求。

【核查方式】

1. 查阅发行人工商变更登记资料（含股东会决议、股权转让协议等）；

2. 查阅发行人相关会议记录如股东会记录，董事会记录，监事会记录等；

3. 查阅发行人历次股权变更相关的增资协议，股权转让协议；

4. 查阅相关方签署的股权转让协议书、合作投资协议等相关内容的协议；

5. 查阅对赌各方就终止执行或者中止执行对于协议条款签署的补充协议书等相关文件；

6. 检索国家企业信用信息公示系统、中国裁判文书网、中国执行信息公开网、信用中国等网站；

7. 访谈发行人实际控制人等公司有关人员；

8. 查阅发行人股东的调查问卷，承诺函；取得发行人的说明确认。

三、参考规范

《上海证券交易所科创板股票发行上市审核问答（二）》

10. 部分投资机构在投资时约定有估值调整机制（对赌协议），发行人及中介机构应当如何把握？

答：PE、VC 等机构在投资时约定估值调整机制（一般称为对赌协议）情形的，原则上要求发行人在申报前清理对赌协议，但同时满足以下要求的对赌协议可以不清理：一是发行人不作为对赌协议当事人；二是对赌协议不存在可能导致公司控制权变化的约定；三是对赌协议不与市值挂钩；四是对赌协议不存在严重影响发行人持续经营能力或者其他严重影响投资者权益的情形。保荐人及发行人律师应当就对赌协议是否符合上述要求发表专项核查意见。

发行人应当在招股说明书中披露对赌协议的具体内容、对发行人可能存在的影响等，并进行风险提示。

《深圳证券交易所创业板股票首次公开发行上市审核问答》

13. 部分投资机构在投资发行人时约定对赌协议等类似安排的，发行人及中介机构应当如何把握？红筹企业的对赌协议中存在优先权利安排的，应如何进行处理和信息披露？

答:（一）对赌协议的一般规定

投资机构在投资发行人时约定对赌协议等类似安排的，原则上要求发行人在申报前清理，但同时满足以下要求的可以不清理：一是发行人不作为对赌协议当事人；二是对赌协议不存在可能导致公司控制权变化的约定；三是对赌协议不与市值挂钩；四是对赌协议不存在严重影响发行人持续经营能力或者其他严重影响投资者权益的情形。保荐人及发行人律师应当就对赌协议是否符合上述要求发表明确核查意见。

发行人应当在招股说明书中披露对赌协议的具体内容、对发行人可能存在的影响等，并进行风险提示。……

第七节　员工持股平台

多数拟上市公司通过建立员工持股平台的方式进行股权激励，增强企业的凝聚力和员工对企业的归属感，吸引和留住人才。这是出于满足IPO审核要求、公司管理灵活性及税负成本等因素的考虑。

截至2020年12月31日，成都先导、杰特生物、优刻得、金宏气体、山大地纬、赛特新材、天智航等四十余家企业被发审委问询员工持股平台相关问题。

一、典型案例

成都先导（688222）

成都先导药物开发股份有限公司（以下简称发行人或成都先导）2019年7月9日提交的招股说明书（申报稿）中披露，聚智科创为公司员工持股平台，分二批实施股权激励计划，激励对象在获授激励份额后的服务期限为5年，实际控制人Jin Li(李进）为聚智科创普通合伙人。

针对上述情形，发审委要求发行人对下列事项进行说明，并要求保荐机构、发行人律师核查并发表明确意见：员工持股平台的成立和运作是否合法合规，是否严格按照法律、法规、规章及规范性文件要求履行决策程序，合伙人的出资形式、出资来源是否合法，参与员工是否与其他投资者权益平等，是否存在代持或其他特殊利益安排，内部流转、退出机制、股权管理机制的具体安排，设立以来的退出情况，是否存在纠纷或潜在纠纷。

根据发行人律师出具的补充法律意见书披露显示：[1]

1. 发行人员工持股平台的成立和运作合法合规，已严格按照法律、法规、规章及规范性文件要求履行决策程序

成都市工商局于 2015 年 11 月 5 日核发《外商投资合伙企业名称预先核准通知书》（天府新区名称预核外〔2015〕第 000012 号），预先核准企业名称为“成都聚智科创生物科技合伙企业（有限合伙）”。JIN LI（李进）、万金桥于 2015 年 11 月 6 日签署《成都聚智科创生物科技合伙企业（有限合伙）合伙协议》，同意共同出资设立聚智科创。

成都市工商局于 2015 年 11 月 6 日向聚智科创核发营业执照（统一社会信用代码：91510100MA61REFG0M），聚智科创完成合伙企业设立的工商登记。聚智科创为发行人的员工持股平台，除直接持有发行人股份外，未实际经营任何业务。

自设立以来，聚智科创的合伙人变动均已按照法律、法规、规章及规范性文件要求履行其内部决策程序，并履行了相关工商变更登记手续。

2. 员工持股平台合伙人的出资形式、出资来源合法，参与员工与其他投资者权益平等，不存在代持或其他特殊利益安排

员工入股持股平台的出资方式均为现金出资。根据发行人员工持股平台的员工提供的调查问卷，该等资金来源为自有及 / 或合法借贷资金，出资资金来源合法。根据员工持股平台最新有效的合伙协议，员工持股平台与发行人的其他股东权益平等，不存在特殊或优先权利，也不存在侵害其他投资者合法权益的情形。员工持股平台的有限合伙人之间权益平等，员工通过员工持股平台投资发行人需按照实际出资比例分享利润、共担风险，不存在任何的保底安排，与其他投资者权益平等、盈亏自负、风险自担，不存在侵害其他投资者合法权益的情形。根据员工持股平台各员工的书面确

〔1〕《北京市君合律师事务所关于成都先导药物开发股份有限公司首次公开发行股票并在科创板上市之补充法律意见书（一）》，载上海证券交易所网，http：//static.sse.com.cn/stock/information/c/201909/7480f06cbfc6463ca2b330ff2067190b.pdf，最后访问日期：2021 年 5 月 21 日。

认，员工通过员工持股平台间接持有的发行人股份均为其自行持有，不存在通过代持、委托持股、信托持股等代他人持有员工持股平台的出资份额的情形，亦不存在他人代为持有员工持股平台的出资份额的情形；不存在与其他任何第三方就其持有的出资份额进行任何特殊约定的情形，亦不存在与其他任何第三方就其持有的出资份额有任何纠纷、争议或潜在纠纷、争议的情形。

3. 内部流转、退出机制、股权管理机制的具体安排，设立以来的退出情况

（1）根据《成都先导药物开发有限公司股权激励计划第一批实施方案》《成都先导药物开发股份有限公司股权激励计划第二批实施方案》《关于成都先导药物开发有限公司激励计划协议》及其补充协议及聚智科创的合伙协议：

①激励对象在获授激励份额后的服务期限为 5 年，自授予日起，激励对象所持有的激励份额在服务期限内未经执行事务合伙人同意不得转让、用于担保、偿还债务或设置任何第三方权益。

自授予日起届满 5 年（包括 5 年），激励对象有权转让其持有的激励份额。激励对象如进行转让，则需将所持激励份额部分或全部转让给执行事务合伙人或其指定的第三方（因此而产生的相关税费由激励对象承担）；或者要求合伙企业转让激励对象所间接持有的公司股份数额，将相应的转让价款扣除相关税费后支付至激励对象，并相应减少激励对象在合伙企业中的出资份额，转让价格均为公司股份公允的市场价。激励对象拟进行激励份额转让的，应至少提前两个月或在执行事务合伙人同意的其他期限内以书面方式通知执行事务合伙人。

授予日起 5 年内，激励对象拟全部或部分转让激励份额的，经执行事务合伙人同意后方可转让，且仅可转让至执行事务合伙人或其指定的第三方，转让价格为初始成本（激励对象获得激励份额所支付的出资份额转让价款与激励对象就此已缴纳的相关税费之和）扣减激励对象已获得的收益（如有）。因该等转让产生的相关税费（如有）最终由执行事务合伙人或其指定的第三方承担。如激励对象持有的份额为不同批次股权激励获授，转让时按照“先进先出”的原则计算转让单价。激励对象拟进行激励份额转让的，应至少提前两个月在执行事务合伙人同意的其他期限内以书面方式通知执行事务合伙人。

②激励对象须保有激励资格，当激励对象丧失激励资格时，激励对象应根据不同的情形将其届时所持有的激励份额转让给执行事务合伙人或其指定的第三方。除上述激励份额管理规定外，聚智科创的合伙协议还约定了员工持股合伙企业的利润分配和亏损分担、有限合伙人和普通合伙人相互转变及其权利义务、合伙事务的执行、入伙与退伙、合伙企业的清算与解散等条款。

（2）设立以来的退出情况，是否存在纠纷或潜在纠纷

聚智科创自设立以来未发生过合伙人退伙的情形，各合伙人与员工持股平台的其他合伙人之间不存在纠纷或潜在纠纷。

容百科技（688005）

宁波容百新能源科技股份有限公司（以下简称发行人）2019年3月22日提交的招股说明书（申报稿）中披露，容诚合伙、容科合伙、容光合伙为发行人的员工持股平台。发行人实际控制人白厚善在容诚合伙、容科合伙中持有份额。第一期股权激励实施过程中，容诚合伙、容科合伙尚未成立，拟实施的激励计划的对象通过容百控股进行出资。

针对上述情形，发审委要求发行人对下列事项进行说明，并要求保荐机构、发行人律师核查并发表明确意见：穿透后股东人数是否超过200人，持股平台的锁定期是否符合规定，容诚合伙、容科合伙的成立及运行是否合规，第一次股权激励的实施过程是否合规。

根据发行人律师出具的补充法律意见书披露显示：[1]

1. 发行人股东人数穿透计算合计151人，未超过200人。

2. 持股平台的锁定期符合中国证监会及上交所的有关规定。

根据员工持股平台容诚合伙、容科合伙及容光合伙的合伙协议约定，有限合伙人不执行合伙企业事务，不得对外代表有限合伙企业，普通合伙人作为执行事务合伙人，执行全部合伙事务。白厚善作为员工持股平台的有限合伙人，无法控制该等员工持股平台。根据容诚合伙、容科合伙及容光合伙出具的股份锁定承诺函，自公司股票上市之日起12个月内，其不转让或者委托他人管理各股东直接和间接持有的公司首次公开发行股票前已发行股份，也不由公司回购该部分股份。

3. 容诚合伙、容科合伙的成立及运行合规，第一次股权激励的实施过程合规。

容诚合伙、容科合伙的成立及历次合伙份额转让均履行了内部程序，签署了相关转让协议，并完成了工商（变更）登记手续，成立及运行合规。

发行人于2016年11月召开董事会和股东会，审议通过了《宁波金和锂电材料有限公司股权激励计划》，即履行了公司第一期股权激励方案的有效批准程序。在公司审议通过第一期股权激励方案后，由于具体的员工持股平台尚未设立，激励员工先将

〔1〕《国浩律师（上海）事务所关于宁波容百新能源科技股份有限公司首次公开发行股票并在科创板上市之补充法律意见书（一）》，载上海证券交易所网，http：//static.sse.com.cn/stock/information/c/201905/b3e90c0931ee4c0b8907b86364465a20.pdf，最后访问日期：2021年5月21日。

出资款项交予容百控股，由后者通过联合其他投资者出资设立容百咨询，参与取得2016年10~12月上海容百与公司的拍卖股权。由此，公司第一期股权激励对象在容百控股参与上述股权拍卖的过程中已履行了出资。

2017年4月，公司员工持股平台容诚合伙、容科合伙设立。同月，上海容百及其合伙人、容百咨询及其合伙人签署《有关宁波金和锂电材料有限公司之股权调整协议》，约定上海容百将持有对应激励股权转予员工持股平台容诚合伙与容科合伙；同时，公司召开股东会审议了上海容百向容诚合伙、容科合伙转让公司股权的股权激励落实方案，签署股权转让协议，并于2017年5月17日完成了股权转让的工商变更登记。由上述股权激励批准程序、股权转让过程及工商变更程序可知，发行人第一期股权激励方案履行了董事会、股东会的有效决策程序，并在落实还原过程中，签署了股权调整协议、股权转让协议，办理完成了工商变更登记。

博汇科技（688004）

北京市博汇科技股份有限公司（以下简称发行人）2019年11月4日提交的招股说明书（申报稿）中披露，博聚睿智为发行人员工持股平台，持有发行人325万股股份，占发行人总股本的7.63%。另外，2018年4月，股东数码科技将其持有股份公司60万股股份转让予博聚睿智。

针对上述情形，发审委要求发行人对下列事项进行说明，并要求保荐机构、发行人律师核查并发表明确意见：员工持股平台是否按照《私募投资基金监督管理暂行办法》和《私募投资基金管理人登记和基金备案办法（试行）》的规定办理了备案手续；发行人员工持股计划是否符合《科创板审核问答》的“闭环原则”，是否存在向不特定对象发行股份超过二百人的情形；结合员工持股计划的章程或有关协议约定及最终持有人情况，穿透核查最终持有人是否均为公司员工，是否存在代持股份的情形，如最终持有人存在部分非员工，是否符合《科创板审核问答》要求；员工入股的出资方式，是否按照约定及时足额缴纳出资或办理财产权转移手续；发行人是否建立健全了持股在平台内部的流转、退出机制，以及股权管理机制。

根据发行人律师出具的补充法律意见书披露显示：[1]

1. 博聚睿智为股份公司员工持股平台，设立资金来源于各合伙人认缴的出资，其除对股份公司股份外，无其他投资或从事其他经营活动，不存在以基金的名义向其他

〔1〕《北京海润天睿律师事务所关于北京市博汇科技股份有限公司首次公开发行股票并在科创板上市的补充法律意见书》，载上海证券交易所网，http：//static.sse.com.cn/stock/information/c/202001/d343db7f6e8c4c2a98dd19c9768419f8.pdf，最后访问日期：2021年5月21日。

投资者募集资金的情形，不属于《私募投资基金监督管理暂行办法》《私募投资基金管理人登记和基金备案版（试行）》所指的私募投资基金或私募投资基金管理人，无须进行相关备案登记。

2. 发行人员工持股计划符合《科创板审核问答》的"闭环原则"，不存在向不特定对象发行股份超过二百人的情形。

（1）博聚睿智作为发行人员工持股平台，其不在股份公司本次首次公开发行股票时转让股份，并承诺自股份公司股票上市之日起三十六个月内，不转让或者委托他人管理本次发行前其持有股份公司的股份，也不以任何理由要求股份公司回购该部分股份。根据博聚睿智工商登记资料和现行合伙协议，成为博聚睿智合伙人资格的为博汇科技员工；郭忠武为博聚睿智的普通合伙人，有限合伙人退伙时，由普通合伙人受让其在有限合伙中的全部财产份额和相关权益；有限合伙人转让其持有的有限合伙财产份额和相关权益时，由普通合伙人全部受让，即博聚睿智有限合伙人的财产份额只能转让予普通合伙人。

股份公司的员工持股计划符合《科创板审核问答》的"闭环原则"。

（2）博聚睿智共有36名合伙人，且均为股份公司的员工，不存在向不特定对象发行股份超过二百人的情形。

3. 有博聚睿智合伙人资格的为股份公司员工；当股份公司解除、终止与有限合伙人之间的劳动关系、劳务关系或上述法律关系期满终止造成丧失合伙人资格时，合伙人当然退伙；有限合伙人转让其持有的有限合伙财产份额和相关权益时，由普通合伙人全部受让。

博聚睿智目前36名合伙人均为股份公司的员工。36名合伙人持有博聚睿智出资均为其本人真实持有，不存在代持股份的情形。

4. 员工入股博聚睿智的出资方式均为货币，均按照约定及时足额缴纳出资。

5. 股份公司建立健全了持股在平台内部的流转、退出机制，以及股权管理机制，合伙协议具体内容如下："第五条　合伙目的：繁荣市场经济，通过合法经营实现资产增值；通过对博汇科技（以下简称被投资公司）的投资，为合伙企业获取经济效益，为合伙人获取长期投资收益。

第二十四条　全体合伙人同意并授权普通合伙人有权独立决定接纳新有限合伙人入伙。新合伙人入伙时，经全体合伙人同意，并依法订立书面协议。订立书面协议时，原合伙人向新合伙人告知合伙企业的经营状况和财务状况。有限合伙存续期间，除非普通合伙人按照本协议的约定转让其持有的有限合伙财产份额，否则有限合伙人不接纳其他普通合伙人入伙。新合伙人与原合伙人享有同等权利，承担同等责任。新入伙的普通合伙人对入伙前合伙企业债务承担无限连带责任，新入伙的有限合伙人对入伙前合伙企业债务，以其认缴的出资额为限承担责任。

第二十五条 合伙协议约定合伙期限的，在合伙企业存续期间，有以下情形之一的，合伙人可以退伙：（一）合伙协议约定的退伙事由出现；（二）经三分之二以上合伙人同意退伙；（三）发生合伙人难以继续参加合伙的事由；（四）其他合伙人严重违反合伙协议约定的义务。

合伙人在不给和合伙企业事务执行造成不利影响的情况下，可以退伙，但应当提前三十日通知其他合伙人。

第二十七条 合伙人有下列情形之一的，当然退伙：（一）作为合伙人的自然人死亡或者被依法宣告死亡；（二）个人丧失偿债能力；（三）作为合伙人的法人或者其他组织依法被吊销营业执照、责令关闭、撤销，或者被宣告破产；（四）法律规定或者合伙协议约定合伙人必须具有相关资格而丧失该资格；（五）合伙人在合伙企业中的全部财产份额被人民法院强制执行；（六）在有限合伙的财产份额全部合法转让；（七）未经普通合伙人和全体有限合伙人事先书面同意，擅自投资与有限合伙投资的被投资公司经营同类业务经济组织的；（八）因被投资公司解除其与有限合伙人之间的劳动关系、劳务关系或上述法律关系期满终止造成丧失合伙人资格的；（九）因主动离职造成丧失合伙人资格的；（十）因严重违反被投资公司规章制度或有限合伙协议、章程或严重失职，营私舞弊，给用人单位造成重大损害或同时与其他经济组织建立劳动关系，对完成被投资公司的工作任务造成严重影响，且拒不改正的；被依法追究刑事责任等情形，被开除、辞退等原因被投资公司除名造成丧失合伙人资格的。

合伙人被依法认定为无民事行为能力人或者限制民事行为能力人的，经其他合伙人一致同意，可以依法转为有限合伙人。其他合伙人未能一致同意的，该无民事行为能力或者限制民事行为能力的合伙人退伙。

退伙事由实际发生之日为退伙生效日。

第三十一条 普通合伙人退伙后，对基于其退伙前的原因发生的合伙企业债务，承担无限连带责任；退伙时，合伙企业财产少于合伙企业债务的，该退伙人应当依照本协议第十二条的规定分担亏损。有限合伙人退伙后，对基于其退伙前的原因发生的有限合伙企业债务，以其退伙时从有限合伙企业中取回的财产承担责任。

全体合伙人同意，有限合伙人退伙时，由普通合伙人受让其在有限合伙中的全部财产份额和相关权益。有限合伙人因死亡或者被宣告死亡、宣告失踪而退伙的，普通合伙人将受让价款支付给该有限合伙人的继承人或财产管理人。有限合伙人因被依法宣告无民事行为能力或限制民事行为能力人而退伙的，普通合伙人将受让价款支付给该有限合伙人的监护人或财产管理人。其他合伙人应积极配合。全体合伙人同意，普通合伙人受让退伙合伙人财产份额和相关权益时，受让价格按退伙有限合伙人为取得该财产份额和相关权益所支付的实缴出资或实际支付的对价作价。

第三十九条　合伙人资格：被投资公司的员工

第四十二条　财产份额转让

（一）财产份额转让

（1）普通合伙人有权转让其持有的有限合伙财产份额和相关权益，其他合伙人应积极配合。

（2）全体合伙人同意，有限合伙人转让其持有的有限合伙财产份额和相关权益时，由普通合伙人全部受让。转让时，有限合伙人应向普通合伙人提交书面申请，载明转让的财产份额。当事有限合伙人承诺不向其他有限合伙人或有限合伙企业义务的其他方转让部分或全部财产份额和相关权益。全体合伙人同意，发生上述情形时，普通合伙人的受让价格按该有限合伙人为取得该财产份额和相关权益所支付的实缴出资或实际支付的作价。

（二）如法律法规对合伙人转让财产份额和相关权益有强制性或禁止性规定的，应优先适用有关规定。”

博聚睿智现行的合伙协议对合伙人资格、退伙、入股、财产份额转让等予以明确规定，股份公司建立健全了持股在平台内部的流转、退出机制，以及股权管理机制。

二、解决思路

发行人实施员工持股计划，可以通过公司制企业、合伙制企业、资产管理计划等持股平台间接持股。目前，多数拟上市公司采取的是有限合伙的“合伙制”形式的员工持股平台。发审委对员工持股平台的关注主要集中在员工持股平台的成立运作是否合规、出资来源是否合法、是否遵循闭环原则等。为此，应注意以下问题：

1. 完整披露员工持股平台的设立背景、具体人员构成、价格公允性、员工出资情况、员工减持承诺情况、规范运行情况及备案情况。重点关注员工持股平台运作是否合法合规，是否存在损害发行人利益的情形。员工入股应主要以货币出资，并按约定及时足额缴纳；员工以科技成果出资入股的，应提供所有权属证明并依法评估作价，及时办理财产权转移手续。

2. 员工持股计划应当严格按照法律、法规、规章及规范性文件要求履行决策程序，并遵循自主决定、员工自愿参加的原则，不得以摊派、强行分配等方式强制实施员工持股计划。员工入股出资形式和来源合法。参与持股计划的员工，与其他投资者权益平等，盈亏自负，风险自担，不得利用知悉公司相关信息的优势，侵害其他投资者合法权益。不存在代持或其他特殊利益安排。

3. 员工持股平台遵循“闭环原则”的，或虽不遵循闭环原则，但符合《科创板审核问答》第 11 条“由公司员工持有，依法设立、规范运行，且已经在基金业协会依法依规备案的”要求的，无须穿透计算发行人股东。否则，应当穿透计算发行人股东，不得存在规避《证券法》第九条“未经核准向特定对象发行证券累计超过二百人”的情形，发行人穿透后的最终股份持有方不得超过二百人。

4. 员工持股平台对持有股份锁定的承诺。员工持股计划遵循“闭环原则”的，应当锁定 36 个月。若员工持股平台为实际控制人控制，也应比照实际控制人直接持有的公司股份锁定（一般情况为 36 个月）。如成都先导，实际控制人为持股平台普通合伙人，该员工持股平台的锁定期为 36 个月。

5. 员工持股平台属于《私募投资基金监督管理暂行办法》《私募投资基金管理人登记和基金备案办法》所指私募投资基金或私募投资基金管理人的，应当按照要求进行相关备案登记。

【具体核查要点】

1. 员工持股计划的设立背景、具体人员构成、价格公允性、员工持股计划章程或协议约定情况、员工减持承诺情况、规范运行情况及备案情况、员工持股计划实施是否合法合规，是否存在损害发行人利益的情形；设立以来的退出情况，是否存在纠纷或潜在纠纷。

2. 发行人员工持股计划是否符合“闭环原则”，是否存在向不特定对象发行股份超过二百人的情形；结合员工持股计划的章程或有关协议约定及最终持有人情况，穿透核查最终持有人是否均为公司员工，是否存在代持股份的情形，如最终持有人存在部分非员工，是否符合审核问答的相关要求。

3. 员工入股方式，是否按照约定及时足额缴纳出资或办理财产权转移手续。

4. 发行人是否建立健全员工持股平台内部的流转、退出机制，以及股权管理机制。

5. 员工持股平台是否需按照《私募投资基金监督管理暂行办法》和《私募投资基金管理人登记和基金备案办法》的规定办理备案手续。

【核查方式】

1. 查阅发行人提供的员工持股平台各合伙人名单、任职情况说明；

2. 查阅员工持股平台各合伙人的调查问卷；

3. 查验员工持股平台设立至今的工商登记资料、营业执照、合伙协议、激励计划和激励方案，以及员工持股平台投资入股发行人的增资协议/股权转让协议；

4. 核查员工持股平台各合伙人的身份证件、劳动合同、简历、出资及转让价款汇款凭证；

5. 查阅员工持股平台及相关合伙人出具的股份锁定的承诺函和股份减持意向的承诺函；

6. 访谈员工持股平台的合伙人、公司股东、员工。

三、参考规范

《上海证券交易所科创板股票发行上市审核问答》

11. 发行人在首发申报前实施员工持股计划的，信息披露有哪些要求？中介机构应当如何进行核查？

答：（一）首发申报前实施员工持股计划应当符合的要求

发行人首发申报前实施员工持股计划的应当体现增强公司凝聚力、维护公司长期稳定发展的导向，建立健全激励约束长效机制，有利于兼顾员工与公司长远利益，为公司持续发展夯实基础。原则上应当符合下列要求：

1. 发行人实施员工持股计划，应当严格按照法律、法规、规章及规范性文件要求履行决策程序，并遵循公司自主决定、员工自愿参加的原则，不得以摊派、强行分配等方式强制实施员工持股计划。

2. 参与持股计划的员工，与其他投资者权益平等，盈亏自负，风险自担，不得利用知悉公司相关信息的优势，侵害其他投资者合法权益。

员工入股应主要以货币出资，并按约定及时足额缴纳。按照国家有关法律法规，员工以科技成果出资入股的，应提供所有权属证明并依法评估作价，及时办理财产权转移手续。

3. 发行人实施员工持股计划，可以通过公司、合伙企业、资产管理计划等持股平台间接持股，并建立健全持股在平台内部的流转、退出机制，以及股权管理机制。

参与持股计划的员工因离职、退休、死亡等原因离开公司的，其间接所持股份权益应当按照员工持股计划的章程或相关协议约定的方式处置。

（二）员工持股计划穿透计算的“闭环原则”

员工持股计划符合以下要求之一的，在计算公司股东人数时，按一名股东计算；不符合下列要求的，在计算公司股东人数时，穿透计算持股计划的权益持有人数。

1. 员工持股计划遵循“闭环原则”。员工持股计划不在公司首次公开发行股票时转让股份，并承诺自上市之日起至少 36 个月的锁定期。发行人上市前及上市后的锁定期内，员工所持相关权益拟转让退出的，只能向员工持股计划内员工或其他符合条件的员工转让。锁定期后，员工所持相关权益拟转让退出的，按照员工持股计划章程或有关协议的约定处理。

2. 员工持股计划未按照“闭环原则”运行的，员工持股计划应由公司员工持有，依法设立、规范运行，且已经在基金业协会依法依规备案。

（三）发行人信息披露要求

发行人应在招股说明书中充分披露员工持股计划的人员构成、是否遵循“闭环原则”、是否履行登记备案程序、股份锁定期等内容。

（四）中介机构核查要求

保荐机构及发行人律师应当对员工持股计划是否遵循“闭环原则”、具体人员构成、员工减持承诺情况、规范运行情况及备案情况进行充分核查，并发表明确核查意见。

《深圳证券交易所创业板股票首次公开发行上市审核问答》

22. 新证券法实施后，发行人在首发申报前实施员工持股计划的，信息披露有哪些要求？中介机构应当如何进行核查？

答:（一）首发申报前实施员工持股计划应当符合的要求

发行人首发申报前实施员工持股计划的，原则上应当全部由公司员工构成，体现增强公司凝聚力、维护公司长期稳定发展的导向，建立健全激励约束长效机制，有利于兼顾员工与公司长远利益，为公司持续发展夯实基础。

员工持股计划应当符合下列要求：

1. 发行人实施员工持股计划，应当严格按照法律、法规、规章及规范性文件要求履行决策程序，并遵循公司自主决定、员工自愿参加的原则，不得以摊派、强行分配等方式强制实施员工持股计划。

2. 参与持股计划的员工，与其他投资者权益平等，盈亏自负，风险自担，不得利用知悉公司相关信息的优势，侵害其他投资者合法权益。员工入股应主要以货币出资，并按约定及时足额缴纳。按照国家有关法律法规，员工以科技成果出资入股的，应提供所有权属证明并依法评估作价，及时办理财产转移手续。

3. 发行人实施员工持股计划，可以通过公司制企业、合伙制企业、资产管理计划等持股平台间接持股，并建立健全持股在平台内部的流转、退出机制，以及所持发行人股权的管理机制。

参与持股计划的员工因离职、退休、死亡等原因离开公司的，其间接所持股份权益应当按照员工持股计划章程或协议约定的方式处置。

（二）员工持股计划计算股东人数的原则

1. 依法以公司制企业、合伙制企业、资产管理计划等持股平台实施的员工持股计划，在计算公司股东人数时，按一名股东计算。

2. 参与员工持股计划时为公司员工，离职后按照员工持股计划章程或协议约定等仍持有员工持股计划权益的人员，可不视为外部人员。

3. 新《证券法》施行之前（2020 年 3 月 1 日之前）设立的员工持股计划，参与人包括少量外部人员的，可不做清理，在计算公司股东人数时，公司员工部分按照一名股东计算，外部人员按实际人数穿透计算。

（三）发行人信息披露要求

发行人应在招股说明书中充分披露员工持股计划的人员构成、人员离职后的股份处理、股份锁定期等内容。

（四）中介机构核查要求

保荐人及发行人律师应当对员工持股计划的设立背景、具体人员构成、价格公允性、员工持股计划章程或协议约定情况、员工减持承诺情况、规范运行情况及备案情况进行充分核查，并就员工持股计划实施是否合法合规，是否存在损害发行人利益的情形发表明确意见。

第八节　股份支付

股份支付，是指企业为获取职工和其他方提供服务而授予权益工具或者承担以权益工具为基础确定的负债的交易，可分为以权益结算的股份支付和以现金结算的股份支付。[1]

截至 2020 年 12 月 31 日，海尔生物、三生国健、中信博、兴图新科、敏芯股份等企业被发审委问询相关问题。

一、典型案例

中控技术（688777）

浙江中控技术股份有限公司（以下简称发行人）2020 年 3 月 25 日提交的招股说明书（申报稿）未对股份支付相关问题披露完全。

针对上述情形，发审委要求发行人对下列事项进行说明，并要求保荐机构、发行人律师核查并发表明确意见：员工持股计划中退出人员退出时转让的是股份还是员工持股计划份额，转让的权益具体由谁持有，回购的资金由谁承担，持有待分配权益的实体是否符合相关规定，是否涉及股份支付、是否有合约或制度安排。

根据发行人律师出具的补充法律意见书披露显示：[2]

〔1〕 参见《企业会计准则第 11 号——股份支付》。

〔2〕《北京市金杜律师事务所关于浙江中控技术股份有限公司首次公开发行股票并在科创板上市之补充法律意见书（二）》，载上海证券交易所网，http：//static.sse.com.cn/stock/information/c/202006/b7983c6fa0ad41c3b179c6a8cfceac1d.pdf，最后访问日期：2021 年 5 月 21 日。

1. 根据员工持股计划结构，公司设立员工持股计划，员工出资认购其份额，员工持股计划整体作为单一委托人设立单一资产管理计划，资产管理计划投资中控技术并直接持有中控技术股份，员工通过持有员工持股计划的份额，间接享有中控技术的股份权益。员工退出时，收回的系员工持股计划份额，不涉及资管计划所持发行人股份的变动。

对于员工退出持股计划，持股计划方案中的规定如下：

（1）持有人自愿退出员工持股计划份额或因被取消参与员工持股计划的资格而强制收回份额的，管理委员会将其持有的本次员工持股计划权益收回。持有人所得价款（扣除公司应代扣代缴税费后），由员工持股计划支付。若员工持股计划无法支付的，可以由实际控制人先行垫付。

（2）收回的份额由管理委员会定期转让给符合员工持股计划参与条件的受让人，具体转让时间和转让价格由管理委员会另行确定。员工以自愿的原则受让。受让方支付价款至管理委员会指定账户。

据此，员工持股计划中退出人员退出时转让的是持股计划份额，转让的权益暂时先由持股计划持有，后续会定期转让给符合员工持股计划参与条件的受让人，回购的资金由持股计划的财产承担，或者由实际控制人先行垫付。

2. 持有待分配权益的实体是否符合相关规定，是否涉及股份支付、是否有合约或制度安排。

根据员工退出持股计划方案及管理办法的规定，持有待分配权益的实体为员工持股计划，其已在基金业协会获得备案，符合《科创板审核问答》问题 11 中“发行人实施员工持股计划，可以通过公司、合伙企业、资产管理计划等持股平台间接持股，并建立健全持股在平台内部的流转、退出机制，以及股权管理机制”之规定。

根据员工退出持股计划方案及管理办法的规定，待分配权益收回时并不涉及股份支付，授予给符合员工持股计划参与条件的受让人时才会涉及股份支付，具体股份支付费用金额主要根据授予的价格和届时的公允价格而定。

回购的资金由持股计划财产支付，在持股计划前期无法支付时由实际控制人先行垫付。此项交易系实际控制人以无息借款形式提供员工持股计划资金，并非企业为获取职工服务而以股份或其他权益工具为代价，或承担以股份或其他权益工具为基础计算的交付现金或其他资产的义务，不涉及股份支付。

佰仁医疗（688198）

北京佰仁医疗科技股份有限公司（以下简称发行人）2019 年 4 月 15 日提交的招

股说明书（申报稿）未对股份支付相关问题披露完全。

针对上述情形，发审委要求发行人对下列事项进行披露和说明，并要求保荐机构、发行人律师核查并发表明确意见：结合同行业公司近期增资或股份转让的估值情况进一步披露员工持股计划增资时的公允价值，分析是否需要按照《企业会计准则》的相关要求确认股份支付费用，测算确认相关股份支付费用对净利润的影响，是否符合所选择的科创板上市标准。

根据发行人律师出具的补充法律意见书披露显示：[1]

发行人员工持股平台增资的公允价值及股份支付情况如下：

1. 发行人在并购市场的同行业市盈率水平

2018 年至 2019 年 3 月部分 A 股上市公司并购新三板医药制造业及专用设备制造业的市盈率情况如表 45 所示：

表 45

<table>
<tr><th colspan="6">A 股上市公司并购新三板医药制造业及专用设备制造业的市盈率情况</th></tr>
<tr><th>收购方</th><th>标的公司</th><th>标的公司行业</th><th>标的金额 / 万元</th><th>实施状态</th><th>收购市盈率 / 倍</th></tr>
<tr><td>振德医疗
603301.SH</td><td>美迪斯
836841.OC</td><td>医药制造业</td><td>10,416</td><td>实施完成</td><td>3.70</td></tr>
<tr><td>八菱科技
002592.SZ</td><td>弘天生物
832979.OC</td><td>医药制造业</td><td>90,775.32</td><td>股东大会通过</td><td>15.22</td></tr>
<tr><td>众生药业
002317.SZ</td><td>逸舒制药
832796.OC</td><td>医药制造业</td><td>2172.17</td><td>实施完成</td><td>11.61</td></tr>
<tr><td>蓝黛传动
002765.SZ</td><td>台冠科技
837903.OC</td><td>专用设备制造业</td><td>71,472.17</td><td>实施完成</td><td>14.46</td></tr>
<tr><td colspan="2">平均</td><td>—</td><td>—</td><td>—</td><td>11.25</td></tr>
<tr><td rowspan="2">佰仁医疗</td><td>申报时间</td><td colspan="2" rowspan="2">预计市值分析报告预计市盈率区间：
［29.72，58.35］</td><td>增资时间</td><td>申报前增资市盈率</td></tr>
<tr><td>2019 年 4 月 15 日</td><td>2018 年 11 月 21 日</td><td>（静态）9.06
（动态）8.21</td></tr>
</table>

资料来源：上市公司公开披露文件、Choice 金融终端。

[1]《北京海润天睿律师事务所关于北京佰仁医疗科技股份有限公司首次公开发行股票并在科创板上市的补充法律意见书（三）》，载上海证券交易所网，http：//static.sse.com.cn/stock/information/c/201906/0d30707f469041b3baa902704712438e.pdf，最后访问日期：2021 年 5 月 21 日。

根据表 45 可知，发行人股份方式增资时估值的市盈率 9.06 倍与上市公司并购新三板医药制造业及专用设备制造业的平均市盈率 11.25 倍无重大差异。考虑到上表中标的公司美迪斯主要产品为医用敷料产品及体育防护用品，属于第一类医疗器械，其对应 3.70 倍市盈率相对其他企业偏低，可比性较小，因此剔除该异常值，计算平均收购市盈率为 13.76 倍。为了便于投资者分析比较，依据谨慎性原则，股份公司管理层根据平均市盈率 13.76 倍确定本次增资时公司的公允价值。据此，发行人根据《企业会计准则第 11 号——股份支付》的规定确认股份支付费用。

2. 测算股份支付对净利润的影响

根据 13.76 倍市盈率确定本次增资时股份公司的公允价值，则 2018 年确认的股份支付费用测算如表 46 所示：

表 46

项目	过程	金额 \ 市盈率 \ 占比
2017 年度归属于母公司股东的净利润（扣非后孰低）	1	42,201,460.30 元
A 股上市公司并购新三板医药制造业及专用设备制造业的市场平均市盈率	2	13.76 倍
公司股东全部权益估值	3=1×2	580,692,093.73
扣除实际控制人占员工持股平台份额后员工持股平台持股比例	4	8.26%
用于股权激励的权益工具公允价值	5=3×4	47,987,749.41 元
员工持股平台增资支付对价（授予价格）	6	31,535,000.00 元
股份支付费用	7=5−6	16,452,749.41 元
对净利润的影响	8	16,452,749.41 元

3. 是否符合所选择的科创板上市标准

根据预计市值的分析报告，发行人在申报科创板时选择《科创板股票上市规则》第 2.1.2 条第 1 项的规定："预计市值不低于人民币 10 亿元，最近两年净利润均为正且累计净利润不低于人民币 5000 万元，或者预计市值不低于人民币 10 亿元，最近一年净利润为正且营业收入不低于人民币 1 亿元。"

结合上述测算，根据发行人 2017 年扣非后孰低净利润并按 13.76 倍市盈率确定公允价值时，2018 年测算计入 1645.27 万元股份支付费用，2017 年及 2018 年归属于母公司扣非前后孰低的净利润分别为 4220.15 万元和 3339.97 万元，均为正数且合计超过5000万元，符合《科创板股票上市规则》第2.1.2条第1项的规定："预计市值不低于人民币10亿元，最近两年净利润均为正且累计净利润不低于人民币5000万元，或者预计市值不低于人民币10亿元，最近一年净利润为正且营业收入不低于人民币1亿元。"

4. 本次员工持股平台增资所履行的相关程序

2018年10月31日、2018年11月16日，发行人分别召开第一届董事会第六次会议、2018年第四次临时股东大会，审议通过了《关于公司增资的议案》，同意佰奥企业管理以5.3元/股的价格认缴佰仁医疗新增600万股股份。

5. 是否符合《企业会计准则》的要求

根据《企业会计准则第11号——股份支付》及其应用指南的相关规定："以权益结算的股份支付换取职工提供服务的，应当以授予职工权益工具的公允价值计量。权益工具的公允价值，应当按照《企业会计准则第22号——金融工具确认和计量》确定。"公司对于授予的不存在活跃市场的限制性股票，可采用授予日同期外部投资者认购价格或合理的方法进行估值确定限制性股票的公允价值，由于没有同期外部投资者进行认购，故发行人采用其他合理方法确认公允价值。方法如下：

（1）发行人根据《企业会计准则第11号——股份支付》及其应用指南的规定，在确定公允价值时，参考《首发业务若干问题解答》中"合理考虑入股时间阶段、业绩基础与变动预期、市场环境变化、行业特点、同行业并购重组市盈率水平、股份支付实施或发生当年市盈率与市净率指标等因素的影响，采用恰当的估值技术确定公允价值"的要求，以评估价值作为定价主要参考依据。发行人最早于2017年年初启动上市计划时即开始筹划引入员工入股，主要考虑部分老员工长期服务于公司，为发行人核心人力资源，引入其入股有助于加强利益一致性、实现更好发展。2017年1月19日，用于核心员工持股的平台佰奥企业管理正式设立。2018年2月8日，发行人聘请的咨询机构慧聪书院提供了主体员工持股计划。同日，佰仁有限整体变更为股份有限公司。2018年3月2日，发行人召开上市中介协调会，讨论员工持股计划，经发行人实际控制人与参与人员协商拟定以4.5元/股价格增资，对应股份公司估值为32,400万元。为保证作价公允，2018年7月30日，发行人聘请的中水致远出具评估报告（中水致远评报字〔2018〕第010149号），采用收益法和资产评估基础法两种方法评估，其中收益法评估值为36,272.75万元，资产评估基础法评估值为15,041.83万元，采用收益法的评估结果作为最终评估结论，即截至评估基准日2018年6月30日公司股东全部权益评估价值为36,272.75万元。发行人增资时估值参考该评估报告确定为38,160万元。佰奥企业管理取得发行人股权支付的对价参照评估报告确定的权益工具公允价值，因此未确认股份支付费用。

（2）根据《北京佰奥企业管理中心（有限合伙）合伙协议》，发行人员工于 2018 年 9 月 25 日认缴佰奥企业管理的份额。截至 2018 年 10 月底，员工投入佰奥企业管理的出资已基本到位。发行人根据谨慎性原则，采用近期 A 股上市公司并购新三板医药制造业及专用设备制造业的市场平均市盈率的方法确定权益工具公允价值（按 13.76 倍平均市盈率），使用 2017 年度归属于母公司股东的净利润（扣非孰低）作为基数进行测算，佰奥企业管理取得发行人股权支付的对价小于权益工具公允价值，按照企业会计准则的相关规定，需确认股份支付费用 1645.27 万元。具体计算过程及对净利润的影响详见“2. 测算股份支付对净利润的影响”。

基于上述判断过程，发行人管理层认为，将该并购市场的平均市盈率定为公允价值更为谨慎，鉴于此，发行人就上述员工持股平台增资事项，确认股份支付费用 1645.27 万元，符合《企业会计准则第 11 号——股份支付》的规定。

综上，发行人 2018 年确认 1645.27 万元为股份支付费用后，2017 年及 2018 年归属于母公司扣非前后孰低的净利润分别为 4220.15 万元和 3339.97 万元，均为正数且合计超过 5000 万元，发行人符合《科创板股票上市规则》第 2.1.2 条第 1 项的规定。

苏州敏芯（688286）

苏州敏芯微电子技术股份有限公司（以下简称发行人）2019 年 11 月 1 日提交的招股说明书（申报稿）披露：2013 年 5 月李刚分别向胡维、梅嘉欣、张辰良以低于出资额的价格转让股权；2015 年 7 月 10 日，发行人实际控制人李刚将其持有敏芯有限股权对应出资额的 24.1059 万元和 86.7224 万元分别以 24.1059 万元及 86.7224 万元的价格转让给张辰良及苏州昶恒，上述股权转让价格均为 1 元每注册资本，2017 年 1 月朱潇挺及发行人员工入伙苏州昶恒；2018 年 5 月 10 日，实际控制人李刚和苏州昶众分别以 716.431 万元和 1559.2910 万元的价格对敏芯有限进行增资，增资的股权对应出资额的 85 万元和 185 万元，增资价格为 8.43 元每注册资本；苏州昶恒和苏州昶众为发行人员工持股平台。

针对上述情形，发审委要求发行人对下列事项进行说明，并要求保荐机构、发行人律师核查并发表明确意见：报告期内股份支付的形成原因、股份支付费用的公允价值及确认方法以及对发行人财务报表的影响；结合发行人历史沿革及历次股权或增资转让价格、对应发行人的注册资本或股份，根据《企业会计准则第 11 号——股份支付》的相关规定，说明发行人是否存在其他须按照股份支付进行会计处理及对报告期各期的财务报表的具体影响；结合相关决策程序的审议日期和股权转让协议的签订日期等，说明授予日及其确认依据，如存在服务期等约定或与所有权或收益权等相关限制性条件的，进行详细说明。

根据发行人律师出具的补充法律意见书披露显示：[1]

1. 股份支付的形成原因、股份支付费用的公允价值及确认方法以及对发行人财务报表的影响

（1）报告期内，发行人股份支付的形成原因如下：

① 2017 年度股份支付

苏州昶恒系公司员工持股平台，2015 年 7 月成立，认缴出资额 20 万元，其中，李刚出资 19 万元，占认缴出资额的 95%；梅嘉欣出资 1 万元，占认缴出资额的 5%。2015 年 8 月，李刚将其所持公司 2.95% 的股权（注册资本 86.7224 万元）以 86.7224 万元的价格转让给苏州昶恒。2015 年 12 月，公司整体改制变更为股份有限公司后苏州昶恒持有公司注册资本 93.863 万元，占比 2.68%。

2017 年 1 月，李刚将其对苏州昶恒 88.7598% 的出资份额（17.75195 万元）转让给梅嘉欣等公司员工，转让价格为 17.75195 万元。

② 2018 年度股份支付

苏州昶众系公司员工持股平台，2017 年 7 月成立，截至 2018 年 5 月，认缴出资额 185.00 万元，其中李刚出资 184.95 万元，占认缴出资额的 99.97%；胡维出资 0.05 万元，占认缴出资额的 0.03%。

2018 年 6 月，李刚将其对苏州昶众 66.59% 的出资份额（123.1997 万元）转让给钱祺凤等公司员工，转让价格为 123.1997 万元。

③ 2019 年 1~6 月股份支付

2019 年 4 月，李刚将其对苏州昶众 0.8903% 的出资份额（1.647 万元）转让给荣根兰和童书栋 2 位自然人股东，转让价格为 1.647 万元。

2019 年 4 月，黄自夫将其对苏州昶众 0.6677% 的出资份额（1.2353 万元）转让给自然人钱祺凤，转让价格为 1.2353 万元。该出资份额系 2018 年 6 月黄自夫在苏州昶众获取的股权激励，因其 2019 年 3 月离职，其出资份额按实际出资额被收回并指定转让给钱祺凤。

上述出资份额转让价格低于同期市场公允价格，根据会计准则相关规定，2017 年、2018 年和 2019 年 1~6 月公司分别确认股份支付费用 465.46 万元、915.57 万元和

---

〔1〕《浙江天册律师事务所关于苏州敏芯微电子技术股份有限公司首次公开发行 A 股股票并在科创板上市的补充法律意见书（一）》，载上海证券交易所网，http://static.sse.com.cn/stock/information/c/202001/59b067695894421e9aa6770047e6b53a.pdf，最后访问日期：2021 年 5 月 21 日。

119.44 万元。

（2）股份支付费用的公允价值及确认方法，股份支付的具体构成及计算过程

对于 2017 年 1 月和 2018 年 6 月授予员工的股份，其股份支付费用的公允价值，采用经评估机构评估的公司价值进行计量，分别为 20,300.00 万元和 29,500.00 万元。对于 2019 年 4 月授予员工的股份，其股份支付费用的公允价值，采用最近一次即 2019 年 6 月外部投资者对公司增资时的公司价值进行计量，为 160,000.00 万元。

（3）报告期内股份支付对发行人财务报表的影响如表 47 所示：

表 47

单位：万元

项目	2019 年 1~6 月	2018 年度	2017 年度	2016 年度
管理费用影响金额	119.44	915.57	465.46	—
资本公积影响金额	119.44	915.57	465.46	—
利润总额	2907.64	5778.38	1390.64	559.28
影响金额占利润总额的比例	4.11%	15.84%	33.47%	—

2. 发行人涉及股份支付的股权转让未做股份支付会计处理不对申报期财务报表产生影响

发行人历次股权激励不存在服务期约定，在授予日一次性确认股份支付费用。涉及股份支付的股权转让未做股份支付会计处理的金额为 354.34 万元，且均系整体变更设立股份有限公司前产生。母公司截至 2015 年 8 月 31 日整体变更设立股份有限公司时未分配利润为 –4046.86 万元，考虑未确认的股份支付费用的影响后，未分配利润为 –4401.30 万元。2015 年 9~12 月至 2018 年度母公司净利润分别为 284.48 万元、542.69 万元、1280.77 万元和 5135.96 万元，前述未弥补亏损在 2018 年已弥补完毕。

3. 授予日及其确认依据

依据《企业会计准则第 11 号——股份支付》第五条，授予后立即可行权的换取职工服务的以权益结算的股份支付，应当在授予日按照权益工具的公允价值计入相关成本或费用，相应增加资本公积。授予日，是指股份支付协议获得批准的日期。

根据合伙企业的合伙协议，上述股份支付对应的有权批准机构为合伙企业的合伙人会议。发行人报告期内历次股权激励的合伙人会议签署日期、出资份额转让协议签署日期、工商变更登记日期如表 48 所示：

表 48

序号	持股平台	交易日期	合伙人会议签署日期	出资份额转让协议签订日期	工商变更登记日	授予日
1	苏州昶恒	2017 年 1 月	2016 年 12 月 19 日	2016 年 12 月 19 日	2017 年 1 月 17 日	2017 年 1 月 17 日
2	苏州昶众	2018 年 6 月	2018 年 6 月 5 日	2018 年 6 月 5 日	2018 年 6 月 27 日	2018 年 6 月 27 日
3	苏州昶众	2019 年 4 月	2019 年 3 月 20 日	2019 年 3 月 20 日	2019 年 4 月 19 日	2019 年 4 月 19 日

发行人历次的股权激励没有书面的股权激励计划，发行人在确定激励人员名单、数量、金额后直接办理出资份额变更。通过持股平台转让出资份额，合伙企业（苏州昶恒和苏州昶众）先进行合伙人会议，通过后转让双方立即签署出资份额转让协议，随即办理工商登记变更。故发行人在没有书面股权激励计划情况下，选择出资份额变更日，即合伙人会议决议通过并完成工商变更日期作为股份支付授予日。

员工持股平台苏州昶恒合伙协议和苏州昶众合伙协议中关于合伙权益转让、入伙及退伙的相关约定："未经普通合伙人书面同意，有限合伙人不得将其在本合伙企业中的财产份额出质；有限合伙人可以向其他合伙人转让其在本合伙企业中的全部或者部分权益，但应当提前通知全体合伙人，并得到普通合伙人的书面同意；有限合伙人可以向合伙人以外的人转让其在本合伙企业中的全部或部分权益，但应当提前三十个自然日通知全体合伙人，并得到普通合伙人的书面同意。"

发行人与苏州昶恒和苏州昶众合伙人签订的承诺函规定，发行人实现 IPO 前，合伙人与公司或其控股子公司解除劳动关系的，实际控制人有权要求合伙人将持有的全部激励财产份额立即并一次性转让给实际控制人（或实际控制人指定的第三人）。

除上述约定之外，员工持股平台的合伙协议及承诺书均未对激励员工设定服务期限、合伙份额所有权或收益权限制性条款等约定，发行人确认股份支付不涉及服务期等约定或与所有权或收益权等相关的限制性条件。

前沿生物（688221）

前沿生物药业（南京）股份有限公司（以下简称发行人）2019 年 8 月 13 日提交的招股说明书（申报稿）披露：2018 年 5 月 24 日，DONG XIE（谢东）向 FAME EMINET LIMITED 转让其持有的香港建木股份，FAME EMINET LIMITED 以人民币 4,235,000 元取得香港建木 4.96% 的股份。FAME EMINET LIMITED 由公司一名时任董事关系密切的家庭成员控制。该转让完成后，FAME EMINET LIMITED 间接持有公司 3,500,000 股股份。

针对上述情形，发审委要求发行人对下列事项进行说明，并要求保荐机构、发行人律师核查并发表明确意见：上述股权转让的交易价格和定价依据，交易价款实际支付情况，上述交易是否构成股份支付。

发行人律师出具的补充法律意见书披露显示：[1]

2018 年 5 月 24 日，FAME EMINENT LIMITED 与 DONG XIE（谢东）约定以增资入股方式对香港建木进行投资，增资完成后 FAME EMINENT LIMITED 取得香港建木 2607 股股票，占增资后香港建木的股权比例为 4.96%。2018 年 12 月 11 日，香港建木收到增资款项 62 万美元，折合人民币约 423.50 万元。香港建木直接持有发行人 7063.88 万股股票，按比例穿透计算 FAME EMINENT LIMITED 增资间接取得发行人的股票价格为 1.21 元 / 股。考虑到唐柯对于公司在长远业务发展上的贡献，且邀请唐柯入股事宜从 2016 年年初即开始与唐柯磋商，该增资价格主要参考 2015 年 12 月南京建木转让股份给公司核心技术人员 CHANGJIN WANG（王昌进）和 RONGJIAN LU（陆荣健）所定，也与 2016 年 4 月外部第三方南京晟功和倚锋太和增资入股价格一致。

以上交易系发行人为获取董事提供的服务而授予权益工具的交易，因此以上交易作为股份支付处理。该股份支付的计算是参考第三方投资者北京瑞丰于 2018 年 5 月 29 日受让南京医桥的股份转让价格，16 元 / 股为公允价格，并将其与认股价格 1.21 元 / 股的差额，结合 FAME EMINENT LIMITED 所间接持有公司的股份数，一次性记入 2018 年度费用。

二、解决思路

股份支付交易的对价或其定价与企业自身权益工具的价值密切相关，是股份支付交易与企业跟其员工间其他类型交易的最大不同。股份支付的确认和计量，应当以真实、完整、有效的股份支付协议为基础。发审委对于股份支付相关问题的问询主要集中在股权变动是否构成股份支付及股份支付的会计处理是否符合会计准则的规定等。

1. 涉及股份支付的股权转让应做股份支付会计处理。认定股权变动情形是否属于股份支付，应确认增资、受让股份的对象是否与公司产生经济活动行为，如提供劳动、采购销售行为等，获取的股份是否低于公允价值。如增资受让股份者以公允价值获得股份，则不存在通过获得股份间接取得公司利益的情形，不必计提股份支付费

[1]《国浩律师（南京）事务所关于前沿生物药业（南京）股份有限公司首次公开发行股票并在科创板上市之补充法律意见书（一）》，载上海证券交易所网，http：//static.sse.com.cn/stock/information/c/201910/8269b9c8a7ee4037b98689ace09d413b.pdf，最后访问日期：2021 年 5 月 21 日。

用。涉及股份支付的股权转让未做会计处理的，应当披露未确认的股份支付费用对报告期各期财务报表的影响。

2. 股份支付的会计处理应符合会计准则要求。发审委在问询中关注内容包括但不限于相关股权的公允价值及确定依据、相关费用的计算过程等，故股份支付的会计处理应依照相应规范要求进行处理。

（1）在确定公允价值时，应综合考虑入股时间阶段、业绩基础与变动预期、市场环境变化；行业特点、同行业并购重组市盈率水平；股份支付实施或发生当年市盈率、市净率等指标的影响等因素，合理确定股份支付相关权益工具的公允价值，充分论证相关权益工具公允价值的合理性。

（2）在明确需要计提股份支付及对应总金额条件下，应关注增资、受让股份的对象是否同时被设定服务期限等限制条件。如无相应限制，应一次性全部计提股份支付计入当期损益，并作为偶发事项计入非经常性损益；若存在部分限制条件，则可采用恰当的方法在服务期内进行分摊确认损益，并计入经常性损益。

3. 发行人应说明股份支付的授予日及其确认依据。根据会计准则的相关要求，授予日指股份支付协议获得批准的日期。认定授予日时应结合相关决策程序的审议日期和股权转让协议的签订日期等因素综合判断。如苏州敏芯，在没有书面股权激励计划的情况下，选择出资份额变更日，即合伙人会议决议通过并完成工商变更日期作为股份支付授予日。

【具体核查要点】

1. 报告期内股份支付的形成原因，发行人增资或股份转让的估值是否公允价值，是否需要按照《企业会计准则》的相关要求确认股份支付费用，测算确认相关股份支付费用对净利润的影响，是否符合所选择的科创板上市标准；

2. 授予日及其确认依据，是否存在服务期等约定或与所有权或收益权等相关限制性条件。

【核查方式】

1. 查阅发行人员工持股计划方案、历次增资扩股或股份转让协议及补充协议、股份转让支付凭证；

2. 对发行人报告期内历次股份转让涉及的自然人股东等就上述增资、股权转让的背景、原因、定价情况、付款情况、股权安排情况进行访谈；

3. 查验发行人确认股份支付成本时所选取的公允价值依据，查阅同期投资者增资或转让协议内容；

4. 查阅发行人的审计报告，就发行人的财务情况访谈相关负责人。

三、参考规范

《企业会计准则第 11 号——股份支付》

第二条　股份支付，是指企业为获取职工和其他方提供服务而授予权益工具或者承担以权益工具为基础确定的负债的交易。

股份支付分为以权益结算的股份支付和以现金结算的股份支付。

以权益结算的股份支付，是指企业为获取服务以股份或其他权益工具作为对价进行结算的交易。

以现金结算的股份支付，是指企业为获取服务承担以股份或其他权益工具为基础计算确定的交付现金或其他资产义务的交易。

本准则所指的权益工具是企业自身权益工具。

第五条　授予后立即可行权的换取职工服务的以权益结算的股份支付，应当在授予日按照权益工具的公允价值计入相关成本或费用，相应增加资本公积。

授予日，是指股份支付协议获得批准的日期。

《首发业务若干问题解答》

问题 26、基于企业发展考虑，部分首发企业上市前通过增资或转让股份等形式实现高管或核心技术人员、员工、主要业务伙伴持股。首发企业股份支付成因复杂，公允价值难以计量，与上市公司实施股权激励相比存在较大不同。对此，首发企业及中介机构需重点关注哪些方面？

答：发行人报告期内为获取职工和其他方提供服务而授予股份的交易，在编制申报会计报表时，应按照《企业会计准则第 11 号——股份支付》相关规定进行处理。

（1）具体适用情形

对于报告期内发行人向职工（含持股平台）、客户、供应商等新增股份，以及主要股东及其关联方向职工（含持股平台）、客户、供应商等转让股份，均应考虑是否适用《企业会计准则第 11 号——股份支付》。对于报告期前的股份支付事项，如对期初未分配利润造成重大影响，也应考虑是否适用《企业会计准则第 11 号——股份支付》。有充分证据支持属于同一次股权激励方案、决策程序、相关协议而实施的股份支付事项的，原则上一并考虑适用。

通常情况下，解决股份代持等规范措施导致股份变动，家族内部财产分割、继承、赠与等非交易行为导致股权变动，资产重组、业务并购、持股方式转换、向老股东同比例配售新股等导致股权变动等，在有充分证据支持相关股份获取与发行人获得其服务无关的情况下，一般无须作为股份支付处理。

对于为发行人提供服务的实际控制人/老股东以低于股份公允价值的价格增资入股事宜，如果根据增资协议，并非所有股东均有权按各自原持股比例获得新增股份，对于实际控制人/老股东超过其原持股比例而获得的新增股份，应属于股份支付；如果增资协议约定，所有股东均有权按各自原持股比例获得新增股份，但股东之间转让新增股份受让权且构成集团内股份支付，导致实际控制人/老股东超过其原持股比例获得的新增股份，也属于股份支付。对于实际控制人/老股东原持股比例，应按照相关股东直接持有与穿透控股平台后间接持有的股份比例合并计算。

（2）确定公允价值

存在股份支付事项的，发行人及申报会计师应按照企业会计准则规定的原则确定权益工具的公允价值。在确定公允价值时，应综合考虑如下因素：①入股时间阶段、业绩基础与变动预期、市场环境变化；②行业特点、同行业并购重组市盈率水平；③股份支付实施或发生当年市盈率、市净率等指标因素的影响；④熟悉情况并按公平原则自愿交易的各方最近达成的入股价格或相似股权价格确定公允价值，如近期合理的PE入股价，但要避免采用难以证明公允性的外部投资者入股价；⑤采用恰当的估值技术确定公允价值，但要避免采取有争议的、结果显失公平的估值技术或公允价值确定方法，如明显增长预期下按照成本法评估的每股净资产价值或账面净资产。发行人及申报会计师应在综合分析上述因素的基础上，合理确定股份支付相关权益工具的公允价值，充分论证相关权益工具公允价值的合理性。

（3）计量方式

确认股份支付费用时，对增资或受让的股份立即授予或转让完成且没有明确约定服务期等限制条件的，原则上应当一次性计入发生当期，并作为偶发事项计入非经常性损益。对设定服务期的股份支付，股份支付费用应采用恰当的方法在服务期内进行分摊，并计入经常性损益，发行人及中介机构应结合股权激励方案及相关决议、入股协议、服务合同等有关服务期的条款约定，充分论证服务期认定的依据及合理性。

（4）披露与核查

发行人应在招股说明书及报表附注中披露股份支付的形成原因、具体对象、权益工具的数量及确定依据、权益工具的公允价值及确认方法。保荐机构及申报会计师应对首发企业报告期内发生的股份变动是否适用《企业会计准则第11号——股份支付》进行核查，并对以下问题发表明确意见：股份支付相关权益工具公允价值的计量方法及结果是否合理，与同期可比公司估值是否存在重大差异及原因；对于存在与股权所有权或收益权等相关的限制性条件的，相关条件是否真实、可行，服务期的判断是否准确，服务期各年/期确认的员工服务成本或费用是否准确；发行人报告期内股份支付相关会计处理是否符合《企业会计准则》相关规定。

第五章

发行人的业务

第一节　报告期内注销或转让子公司

报告期内注销、转让子公司的拟上市公司通常会被发审委问询子公司注销或转让的原因，是否存在子公司因重大违法违规而注销或转让的情况，是否履行了相应的决策程序，注销或转让对发行人生产经营是否产生重大不利影响等。

截至2020年12月31日，瑞松科技、普元信息、中芯国际、国盛智科、罗克佳华、龙腾光电、安恒信息等四十余家企业被问询相关问题。

一、典型案例

瑞松科技（688090）

广州瑞松智能科技股份有限公司（以下简称发行人）2019年6月5日提交的招股说明书（申报稿）披露：报告期内发行人注销子公司上海瑞北。

针对上述情形，发审委要求发行人对下列事项进行说明，并要求保荐机构、发行人律师核查并发表明确意见：子公司注销或转让原因，与发行人的业务衔接，是否存在子公司因重大违法违规而注销或转让的情况，是否履行了相应的决策程序，注销或转让对发行人生产经营是否产生重大不利影响；上海瑞北注销后资产、人员的处置或安置情况、是否存在纠纷或潜在纠纷。

根据发行人律师出具的补充法律意见书披露显示：[1]

〔1〕《北京市中伦律师事务所关于广州瑞松智能科技股份有限公司首次公开发行股票并在科创板上市的补充法律意见书（二）》，载上海证券交易所网，http：//static.sse.com.cn/stock/information/c/201909/9b66e2a5e88242268d5784e2b6b127ac.pdf，最后访问日期：2021年5月21日。

1. 发行人不存在子公司因重大违法违规而注销或转让的情况，上海瑞北的注销履行了相应的决策程序，该等注销或转让对发行人生产经营不会产生重大不利影响

（1）2017 年 7 月 13 日，上海瑞北通过股东会决议，同意注销上海瑞北，并于 2017 年 7 月 14 日在《上海科技报》上刊登公告。2017 年 9 月 21 日，经上海市宝山区市场监督管理局审查，上海瑞北注销登记材料齐全，符合法定形式，准予注销登记。

上海瑞北是广州瑞北于 2016 年 3 月成立的子公司，目的主要是计划拓展华东地区业务。上海瑞北只设置了办公室，无生产厂房。2016 年及 2017 年，发行人在华南、华中领域的业务发展较快。因此，公司决定调整经营战略，进一步集中资源并收缩战略布局，将人员、资源重点配置于华南、华中等优势区域，并注销了上海瑞北。

发行人注销上海瑞北，系基于自身业务经营和发展的实际情况所进行的战略调整，上海瑞北未实质性开展经营活动，故不存在业务衔接的情况。

（2）上海瑞北在存续期间不存在重大违法违规行为。上海瑞北未实质性展开经营活动，注销上海瑞北不会对公司生产经营产生重大不利影响。发行人注销上海瑞北系真实发生，注销背景具有商业合理性，不存在上海瑞北因重大违法违规而注销的情况。注销事项履行了相应的决策程序，注销上海瑞北对发行人生产经营不会产生重大不利影响。

2. 上海瑞北注销后资产、人员的处置或安置情况

上海瑞北自设立至注销期间并未实质开展经营活动，无相关人员需要处置或安置的情况，注销后上海瑞北资产已按清算方案进行了处理，剩余财产人民币 499.37 万元向广州瑞北进行了分配。

普元信息（688118）

普元信息技术股份有限公司（以下简称发行人）2019 年 6 月 3 日提交的招股说明书（申报稿）披露：发行人子公司较多，发行人子公司普云投资已于 2017 年 3 月 24 日注销。

针对上述情形，发审委要求发行人对下列事项进行说明，并要求保荐机构、发行人律师核查并发表明确意见：发行人与各子公司之间的业务分工安排；普云投资报告期内的经营情况，主要财务数据（总资产、净资产、收入、利润总额、净利润）；普云投资注销的原因，注销前是否存在违法违规事项，注销所履行的程序及合法合规性，注销后资产、人员的处置或安置情况，是否存在纠纷或潜在纠纷。

根据发行人律师出具的补充法律意见书披露显示：[1]

1. 发行人与各子公司之间的业务分工安排

发行人共有6家全资子公司。普元信息为发行人业务经营的核心主体，各子公司主要为普元信息提供研发和技术服务及持有房产，发行人与各子公司之间业务分工安排如表49所示：

表49

主体名称	业务定位
普元信息	软件基础平台的研发与销售
普元智慧	主要为发行人实施研发及技术服务
普齐信息	持有位于广州市天河区体育西路191号B塔2907、2908、2909、2910房的房产，该房产由发行人使用
西安普云	主要为发行人实施研发及技术服务
普元金融	主要为发行人实施研发及技术服务
普元天津	于2019年1月设立，尚未对外开展经营活动
苏州普元	于2019年5月设立，尚未对外开展经营活动

2. 普云投资报告期内的经营情况，主要财务数据

发行人全资子公司普云投资已于2017年3月注销。发行人设立该子公司主要为持有美国子公司Primeton Software,Inc. 股权。报告期内，普云投资除曾于2016年度承担发行人部分项目实施及技术服务工作，不存在其他经营活动。

报告期内，普云投资的主要财务数据如表50所示：

表50

单位：万元

项目	2016年—2016年12月31日	2017年—2017年12月31日
总资产	3.20	3.01
净资产	3.20	3.01
营业收入	8.78	—

[1]《北京市君合律师事务所关于普元信息技术股份有限公司首次公开发行A股股票并在科创板上市的补充法律意见书之一》，载上海证券交易所网，http：//static.sse.com.cn/stock/information/c/201908/3b38c096cb004a198b9a74747631bd08.pdf，最后访问日期：2021年5月21日。

续表

项目	2016年—2016年12月31日	2017年—2017年12月31日
利润总额	3.58	–0.19
净利润	3.58	–0.19

3. 普云投资注销的原因，注销前是否存在违法违规事项，注销所履行的程序及合法合规性，注销后资产、人员的处置或安置情况，是否存在纠纷或潜在纠纷

（1）普云投资注销原因

普云投资主要为持有美国子公司 Primeton Software,Inc. 股权而设立。普云投资全资境外子公司 Primeton Software,Inc. 主营业务为普元信息平台软件在美国市场的拓展及软件的英文版开发，因业务发展未达预期，已于 2015 年 10 月注销。Primeton Software,Inc. 注销后，发行人根据业务需要，决定相应注销普云投资。

（2）普云投资注销前不存在重大违法违规事项

根据中国（上海）自由贸易试验区市场监督管理局于 2016 年 3 月 14 日及 9 月 23 日分别出具的证明，普云投资自 2014 年 1 月 11 日（设立之日）起至 2016 年 9 月 19 日，没有因违反工商行政管理法律法规的违法行为而受到工商机关行政处罚的记录。

根据上海市浦东新区国家税务局保税区税务分局及上海市浦东新区地方税务局保税区分局分别于 2016 年 3 月 1 日及 2017 年 1 月 10 日分别出具的税务证明，普云投资自 2014 年 1 月 11 日（设立之日）起至 2015 年 6 月 30 日无涉税事项，自 2015 年 7 月 1 日至 2016 年 12 月 31 日，能按税法规定按期办理纳税申报，暂未发现欠税、偷逃税款和重大违反税收管理法规的情形。

（3）普云投资的注销已经履行了内部决策、税务及工商注销登记手续

普元信息于 2016 年 8 月 1 日作出的 2016 年第一次股东决定，普云投资决定成立公司清算组，编制清算报告供股东会审议。普元信息于 2017 年 3 月 20 日作出的 2017 年第一次股东决定，决定注销普云投资，并审议通过公司清算组出具的清算报告。

根据上海市浦东新区国家税务局保税区税务分局于 2017 年 3 月 17 日出具的税务事项通知书（沪国税浦保税通〔2017〕1581 号）以及上海市浦东新区地方税务局保税区分局于同日出具的税务事项通知书（沪地税浦保税通〔2017〕233 号），普云投资已完成税务注销登记。

根据中国（上海）自由贸易试验区市场监督管理局于 2017 年 3 月 24 日出具的准予注销登记通知书（NO.41000001201703200048），普云投资办理完成了工商注销登记手续。

（4）注销后资产、人员的处置或安置情况

普云投资清算后剩余财产在普云投资注销后均向股东普元信息分配；相关人员均与普云投资解除劳动关系。普云投资注销后资产及人员处置不存在纠纷或潜在纠纷。

国盛智科（688558）

南通国盛智能科技集团股份有限公司（以下简称发行人）2019 年 11 月 5 日提交的招股说明书（申报稿）披露：公司共有 4 家全资子公司、2 家控股子公司、1 家孙公司、1 家参股公司，此外，发行人子公司国盛钣金于 2016 年 8 月注销，主营业务为精密钣金产品的研发、生产和销售。发行人另一子公司传承钣金成立于 2014 年 6 月 18 日，主要从事精密钣焊件的研发、生产和销售。

针对上述情形，发审委要求发行人对下列事项进行说明，并要求保荐机构、发行人律师核查并发表明确意见：国盛钣金注销的原因及其主营业务，主营业务是否为公司重要一环，注销前与发行人的业务及资金往来，是否存在为发行人承担成本、费用等，注销后资产、人员的情况，是否存在重大违法违规行为；同时成立 2 家子公司从事同种业务的原因，国盛钣金与传承钣金之间的关系，是否存在资产及人员承接。

根据发行人律师出具的补充法律意见书披露显示：[1]

1. 国盛钣金注销的原因及其主营业务，主营业务是否为公司重要一环，注销前与发行人的业务及资金往来，是否存在为发行人承担成本、费用等，注销后资产、人员的情况，是否存在重大违法违规行为。

（1）国盛钣金注销的原因

国盛钣金成立于 2002 年，2005 年发行人通过增资入股成为国盛钣金的控股股东，将其纳入发行人体系。国盛钣金自成立起至 2016 年注销期间，主要从事精密钣焊件的生产加工和销售。

国盛钣金厂区位于南通市港闸区陈桥街道，建筑面积为 13,020.90 m^2。随着业务规模扩大，国盛钣金原有产能难以满足精密钣焊件增长需求，厂房面积小、产能受限的问题越发突出。为解决精密钣焊件产能受限问题，发行人综合考虑土地成本、交通便利性等因素，2010 年 4 月最终确定在南通市通州区设立精密机械并购置土地建设新的精密钣焊件生产基地，逐步取代国盛钣金。

精密机械注册成立后，随即着手推进新生产基地建设。2012 年 5 月，精密机械

〔1〕《江苏世纪同仁律师事务所关于南通国盛智能科技集团股份有限公司首次公开发行股票并在科创板上市的补充法律意见书（一）》，载上海证券交易所网，http：//static.sse.com.cn/stock/information/c/202001/893b08611cf04ceea2ae8ddffc85051a.pdf，最后访问日期：2021 年 5 月 21 日。

厂区建设完成，厂房建筑面积达 59,702.80 m^2。自 2012 年精密机械厂区建设完成后，国盛钣金通过经营性资产转让，人员与精密机械签订劳动合同转移就业等方式，将可用设备、存货及人员等逐步转移至精密机械。精密机械逐步承接了国盛钣金的资产、人员、业务，直至 2015 年年末，国盛钣金可用的机器设备、人员均已转移至精密机械，不再从事经营活动，亦无经营人员，后经股东一致决定予以注销。2016 年 8 月，国盛钣金完成工商注销手续。

（2）国盛钣金主营业务

国盛钣金自成立至注销期间，主要从事精密钣焊件的生产、研发和销售，既配套发行人的数控机床，也对外销售。

国盛钣金开展精密钣焊件业务，既是配套发行人整机业务、降本增效的需要，也是当时重要的营业收入来源，构成发行人主营业务的重要一环，直至精密机械建成投产完全取代国盛钣金。

（3）注销前与发行人的业务及资金往来

2012 年精密机械厂房建设基本完成起，国盛钣金逐步将经营性资产、业务、人员向精密机械转移，直至 2015 年年底停止经营。国盛钣金注销前系发行人持股 93.24% 的控股子公司。2015 年年底停止经营业务之前，国盛钣金配套发行人生产精密钣焊件部件。2016 年年初至 2016 年 8 月注销，国盛钣金与发行人及其子公司的往来主要系向精密机械出售固定资产、存货，不再配套供货。

截至 2015 年年末，国盛钣金已不再从事生产经营，无生产经营人员。剩余资产主要为厂房车间、办公楼、不便拆卸的单梁起重机以及移动升降平台、叉车、配电设备等购置时间 5 年以上账面净值较低的陈旧设备。

国盛钣金 2015 年经审计的基本财务数据如表 51 所示：

表 51

单位：万元

项目	2015 年 12 月 30 日
资产总额	1064.20
净资产	1050.00
项目	2015 年度
营业收入	14.15
净利润	40.37

2016年年初至2016年8月注销，国盛钣金未再从事生产经营活动，并纳入发行人合并报表，不存在为发行人承担成本、费用的情形。

（4）注销后资产、人员的情况

2015年年底，国盛钣金已不再从事生产经营活动，注销前生产经营人员基本转移至精密机械。国盛钣金注销前，存货以及可用设备等有效资产均已转让至精密机械。为便于尽快办理注销手续，无法搬迁的厂房以及使用价值低、不易拆卸搬迁的陈旧机器、办公设备按照评估值转让给国盛钣金的其他股东张桂英。张桂英系实际控制人潘卫国母亲。该等资产根据南通大众资产评估有限公司于2015年12月16日出具的通大众评报字〔2015〕第1137号《资产评估报告书》，主要涉及房屋建筑物、办公及机器设备，转让资产中房屋建筑物评估价值282.62万元，合计建筑面积13,020.90 m^2，主要为厂房车间、办公楼及辅助用房；办公及机器设备评估价值58.41万元，主要为安装在车间不便拆卸的单梁起重机，移动升降平台、叉车、配电设备等购置时间5年以上，账面净值较低的陈旧设备。

国盛钣金转让给张桂英的资产除主车间及其附带的单梁起重机租赁给无关联关系第三方使用外，其他资产均处于闲置状态，张桂英未利用从国盛钣金购买的房屋建筑物以及其他资产进行经营活动，与发行人不存在关联交易以及同业竞争的情形。

2. 同时成立2家子公司从事同种业务的原因；国盛钣金与传承钣金之间的关系，是否存在资产及人员承接。

发行人曾有3家子公司从事精密钣焊业务，分别为国盛钣金、精密机械和传承钣金。

国盛钣金成立于2002年12月，2005年成为发行人控股子公司，并入合并报表范围，国盛钣金为发行人原精密钣焊件生产基地；精密机械成立于2010年4月，发行人为了解决国盛钣金厂房面积小、产能受限的问题，从而在南通市通州地区设立精密机械建设精密钣焊件新生产基地。

两家子公司于2010年4月（精密机械注册成立）至2016年8月（国盛钣金注销）间同时存在。其中，2010年4月至2012年5月，精密机械处于厂房建设期；2012年5月至2015年年末，国盛钣金向精密机械转移资产、人员、业务；2015年年末开始国盛钣金便无实际经营。

精密机械成立于2010年4月，传承钣金为精密机械的全资子公司，成立于2014年6月，精密机械成立传承钣金的原因为精密钣金业务双品牌有利于满足不同层次市场需求，传承钣金成立后，与精密机械共用场地，从事精密钣焊件的生产和销售。

传承钣金为发行人子公司精密机械于2014年6月设立的全资子公司，与国盛钣金之间不存在资产及人员承接关系。

罗克佳华（688051）

罗克佳华科技集团股份有限公司（以下简称发行人）2019 年 5 月 9 日提交的招股说明书（申报稿）披露：发行人全资子公司太罗工业的全资子公司太罗能源、济南罗克、山西罗克均在进行注销公告。

针对上述情形，发审委要求发行人对下列事项进行说明：注销相关孙子公司的原因；结合前述孙子公司的经营情况说明注销对发行人生产经营的影响；说明前述孙子公司是否存在因受到行政处罚或存在重大违法违规被注销的情形，例如，说明发行人董事、监事、高级管理人员是否存在《公司法》第一百四十六条规定的任职限制；说明前述孙子公司是否存在经营不善的情形，是否存在为发行人承担成本或费用、调节利润的情形。

根据发行人律师出具的补充法律意见书披露显示：[1]

1. 注销相关孙子公司的原因，注销对发行人生产经营的影响

（1）注销孙子公司的基本情况及注销原因

太罗能源成立于 2011 年 3 月 22 日，主要经营节能减排技术应用与技术服务；节能及环保项目的设计、施工及运营管理；合同能源管理服务；能源管理咨询服务等业务。太罗能源已于 2019 年 5 月 20 日注销。

济南罗克成立于 2013 年 7 月 19 日，主要营经营软件开发、信息系统集成服务、电子工程安装服务等业务。济南罗克已于 2019 年 6 月 21 日注销。

山西罗克成立于 2007 年 2 月 15 日，主要经营环保技术开发、环保工程技术服务等业务。山西罗克已于 2019 年 5 月 27 日注销。

最近一年及一期，除济南罗克 2018 年度有少量营业收入（系源于与发行人合并报表范围内主体的内部交易）外，上述孙子公司均无营业收入。上述孙子公司在注销前实际均无对外经营业务，注销上述孙子公司系为精简公司架构，使公司更好地专注于主营业务。

（2）对发行人生产经营的影响

发行人上述孙子公司在注销前已未实际对外经营业务，其注销系出于公司业务整合及精简管理的需要，对发行人合并口径的净利润影响较小，并且，上述孙子公司不

[1]《北京市天元律师事务所关于罗克佳华科技集团股份有限公司首次公开发行股票并在科创板上市的补充法律意见书（一）》，载上海证券交易所网，http：//static.sse.com.cn/stock/information/c/201907/fd354583845442078a8ee5be0c32ca95.pdf，最后访问日期：2021 年 5 月 21 日。

存在实质影响发行人日常生产经营的资质证照。注销上述孙子公司对发行人生产经营不存在重大不利影响。

2. 前述孙子公司是否存在因受到行政处罚或存在重大违法违规被注销的情形，如是，发行人董事、监事、高级管理人员是否存在《公司法》第一百四十六条规定的任职限制

太罗能源、济南罗克、山西罗克均不存在受到行政处罚或存在重大违法违规被注销的情形。

3. 前述孙子公司是否存在经营不善的情形，是否存在为发行人承担成本或费用、调节利润的情形

太罗能源、济南罗克、山西罗克在注销时均未实际对外经营业务，出现亏损是因日常开支导致，不存在经营不善的情形。太罗能源、济南罗克、山西罗克在注销前均为纳入发行人合并财务报表范围的子公司，其财务状况已体现在发行人合并财务报表当中，不存在为发行人承担成本或费用、调节利润的情形。

龙腾光电（688055）

昆山龙腾光电股份有限公司（以下简称发行人）2020 年 1 月 9 日提交的招股说明书（申报稿）披露：报告期内发行人持有彩优微电子 51% 股份且列为发行人联营企业；发行 2014 年与奇景光电协议约定将其原持有的 89% 彩优微电子的股权全部转让予奇景光电，分两阶段实施，第一阶段转让彩优微电子 38% 的股权已于 2015 年 3 月完成交割，第二阶段转让彩优微电子 51% 的股权事宜应根据双方另行协商时间完成转让及交割手续，且该交割时点将于 2020 年 12 月 31 日前完成。报告期内，发行人向彩优微电子的全资子公司彩优科技采购驱动芯片。

针对上述情形，发审委要求发行人对下列事项进行说明，并要求保荐机构、发行人律师核查并发表明确意见：奇景光电的入股彩优微电子的原因；发行人分两阶段将彩优微电子股份全部转让的原因，前述股权转让价格的定价依据、公允性及实际支付情况；转让后原业务的转移情况；未将彩优微电子列入公司合并报表范围是否符合会计准则的规定。

根据发行人律师出具的补充法律意见书披露显示：[1]

---

〔1〕《北京德恒律师事务所关于昆山龙腾光电股份有限公司首次公开发行股票并在科创板上市的补充法律意见书（一）》，载上海证券交易所网，http：//static.sse.com.cn/stock/information/c/202004/2d59ad0149c941768be7b13111bc98b0.pdf，最后访问日期：2021 年 5 月 21 日。

1. 奇景光电入股彩优微电子的原因

彩优微电子主要从事液晶面板配套驱动芯片的研发和销售，并提供相关技术咨询和技术服务。奇景光电认为，中国面板产业在全球具有重要地位且仍在持续投入建设新产线，面板产业发展迅速对 IC 需求巨大，且中国政府大力支持扶持集成电路产业发展，鼓励面板原材料国产化。奇景光电基于自身发展及拓展中国市场及就近服务中国客户的需要，希望投资中国 IC 设计公司。彩优微电子已经深耕 IC 设计业务多年，具有一定的客户基础和研发运营实力，且发行人因实施中小尺寸转型策略有意出让彩优微电子股权，奇景光电与发行人协商一致由奇景光电收购彩优微电子股权。

2. 发行人分两阶段将彩优微电子股份全部转让的原因，前述股权转让价格的定价依据、公允性及实际支付情况

（1）发行人分两阶段将彩优微电子股份全部转让的原因

彩优微电子的“液晶电视显示屏驱动芯片研发及产业化扩建项目”及“高分辨率面板驱动芯片的研发及产业化项目”分别于 2012 年及 2014 年获得国家发展和改革委员会 500 万元及 1000 万元的中央预算内补贴，上述项目完成后需江苏省发展和改革委员会组织验收，但因江苏省内待验收项目较多等原因，江苏省发展和改革委员会尚未组织对上述两个项目进行验收。奇景光电认为上述补贴款为彩优微电子股权转让价格的影响因素，故与龙腾光电协商将彩优微电子股份分两阶段全部转让。

（2）前述股权转让价格的定价依据、公允性及实际支付情况

①第一阶段股权转让价格的定价依据、公允性及支付情况

2014 年 1 月 21 日，昆山公信会计师事务所（特殊普通合伙）出具昆公信专审〔2014〕第 018 号审计报告，经其审验截至审计基准日即 2013 年 12 月 31 日，彩优微电子的净资产为 3651.89 万元。2014 年 2 月 20 日，昆山众信资产评估事务所出具昆众信评〔2014〕第 028 号资产评估报告，截至评估基准日 2013 年 12 月 31 日，彩优微电子的净资产评估值为 3667.51 万元。2014 年 9 月 22 日昆山国资办对上述资产评估结果予以备案。

2014 年 11 月 28 日，苏州产权交易所发布的〔2014〕04 号《彩优微电子（昆山）有限公司股权公开转让公告》，发行人公开转让持有的彩优微电子 38% 股权，转让参考价格 2071 万元。最终奇景光电以 2092.4244 万元价格摘牌。根据发行人提供的银行收款业务回单及苏州产权交易所〔2015〕第 009 号成交确认书，奇景光电已于 2015 年 3 月 5 日将相关股权转让价款 2092.4244 万元支付完毕。

彩优微电子第一阶段股权转让价格系以昆山国资办备案的彩优微电子净资产评估值为基础，通过公开挂牌转让的方式确定，转让成交价格高于评估值，具有公允性，

且奇景光电已经支付第一阶段的股权转让价款。

②第二阶段股权转让价格的定价依据、公允性及支付情况

根据奇景光电与发行人签署的《投资者权益转让协议》《投资者权益转让协议书之增补协议书》《投资者权益转让协议书之增补修正协议书之编号壹》《投资者权益转让协议书之增补修正协议书之编号贰》的相关约定，彩优微电子第二阶段股权转让暂定价格为459万美元，奇景光电将前述暂定价格换算为人民币对应款项存入奇景光电选定并经发行人同意的银行办理定期存款，存款利息由发行人享有。转让方在具体实施第二阶段股权转让时，应当履行聘请资产评估机构评估、将评估结果报昆山国资办备案及并依法进行公开挂牌转让等程序。例如第二阶段经昆山国资办备案评估值增加，则增加部分由发行人享有。双方同意第二阶段股权转让应当于2020年12月31日前完成。奇景光电如需推迟第二阶段股权转让交割时点，则应经发行人书面同意可适当推迟。

第二阶段股权转让尚未实施。奇景光电已将上述第二阶段转让对应暂定价格换算为人民币对应款项存入奇景光电选定并经发行人同意的银行账户。发行人与奇景光电约定彩优微电子第二阶段股权转让价格仍将以经昆山国资办备案的评估值为基础，通过公开挂牌转让的方式确定。

发行人与奇景光电约定彩优微电子第二阶段股权转让价格仍将以经昆山国资办备案的彩优微电子净资产评估值为基础，通过公开挂牌转让的方式确定，届时按照前述方式确定的转让价格具有公允性。

3. 未将彩优微电子列入公司合并报表范围是否符合会计准则的规定

根据《企业会计准则第33号——合并财务报表》（已失效）第七条规定，合并财务报表的合并范围应当以控制为基础予以确定。控制，是指投资方拥有对被投资方的权力，通过参与被投资方的相关活动而享有可变回报，并且有能力运用对被投资方的权力影响其回报金额。本准则所称相关活动，是指对被投资方的回报产生重大影响的活动。被投资方的相关活动应当根据具体情况进行判断，通常包括商品或劳务的销售和购买、金融资产的管理、资产的购买和处置、研究与开发活动以及融资活动等。

根据《彩优微电子（昆山）有限公司说明函》《彩优微电子（昆山）有限公司章程》《投资者权益转让协议书之增补协议书》《投资者权益转让协议书之增补修正协议书之编号贰》，第一阶段股权转让完成后，发行人完全尊重并同意奇景光电关于彩优微电子的正常经营决策，总经理人员由奇景光电于董事会提名，发行人同意彩优微电子总经理由奇景光电提名之人担任，发行人完全尊重其任何高阶人事任用。彩优微电子为中外合资企业，不设股东会，董事会为最高决策机构，彩优微电子董事会共设4席董

事，发行人与奇景光电各委派 2 名董事，其中董事长由奇景光电委派的董事担任。

发行人所持彩优微电子剩余 51% 股权未来转让时点明确，且发行人与奇景光电在协议中约定发行人不干预彩优微电子的经营事项，发行人亦未参与彩优微电子的实际经营管理，故发行人不能控制彩优微电子，未将彩优微电子列入公司合并报表范围符合会计准则的规定。

安恒信息（688023）

杭州安恒信息技术股份有限公司（以下简称发行人）2019 年 4 月 9 日提交的招股说明书（申报稿）披露：发行人共有 13 家控股子公司，绝大部分子公司处于亏损状态。报告期内，注销 5 家子公司。

针对上述情形，发审委要求发行人对下列事项进行说明，并要求保荐机构、发行人律师核查并发表明确意见：相关子公司亏损的原因；报告期内注销 5 家子公司的原因，注销前实际从事的业务，是否存在重大违法违规行为，是否存在争议或潜在纠纷。

根据发行人律师出具的补充法律意见书披露显示：[1]

1. 相关子公司亏损的原因

发行人处于亏损状态的子公司较多，但子公司亏损额度较小，对发行人持续经营无实质影响。以 2018 年度为例，发行人共有 11 家子公司产生亏损，相关子公司亏损原因如表 52 所示：

表 52

子公司名称	报告期内亏损原因
湖北安恒	子公司设立时间较短，未开展业务或业务开展较缓慢
浙江军盾	
北京安恒网安	子公司系费用中心，订单由母公司直接签订
郑州安而又恒	
北京神州安恒	
易安乾坤	主要开展网络安全新媒体业务，该业务投入较大，收入较少，故亏损

[1]《国浩律师（杭州）事务所关于杭州安恒信息技术股份有限公司首次公开发行股票并在科创板上市之补充法律意见书（一）》，载上海证券交易所网，http://static.sse.com.cn/stock/information/c/201905/1243be9641bd464bacd57fc11132e2f9.pdf，最后访问日期：2021 年 5 月 21 日。

续表

<table>
<tr><th>子公司名称</th><th>报告期内亏损原因</th></tr>
<tr><td>江苏安乂恒</td><td rowspan="3">因投标资质等原因，子公司承揽的部分客户直接与母公司签约，但相关销售费用由子公司承担。母公司与子公司结算服务费与回款率挂钩，有一定滞后性，故亏损</td></tr>
<tr><td>武汉安恒</td></tr>
<tr><td>广州安而乂恒</td></tr>
<tr><td>成都安恒</td><td rowspan="2">公司研发基地之一，研发投入较大导致亏损</td></tr>
<tr><td>安乂晟信息</td></tr>
</table>

2. 注销子公司的原因、注销前从事业务及合规性

上海四星安恒成立于2011年2月21日，系发行人曾经的全资子公司，注销前未实际开展业务。发行人原计划从事上海地区的涉密业务，后由于公司涉密业务线调整，故决定注销上海四星安恒。上海四星安恒存续期间不存在重大违法违规情形。

南京网客安成立于2012年10月18日，系发行人曾经的全资子公司，注销前的主营业务为无线安全产品的研发。发行人曾进行无线安全产品的研发工作，由于研发过程有不确定性，产品市场化不顺利，终止了该产品线开发工作，故决定将其注销。南京网客安存续期间不存在重大违法违规情形。

丽水安恒成立于2014年5月30日，系发行人曾经的全资子公司，注销前的主营业务为安恒信息相关网络信息安全产品的销售。发行人曾在丽水地区进行业务拓展，但由于丽水地区市场容量较小，单独设立子公司投入产出比较低，故决定将其注销。丽水安恒存续期间不存在重大违法违规情形。

贵州安恒成立于2015年4月16日，系发行人曾经的控股子公司，注销前的主营业务为安恒信息相关网络信息安全产品的销售。发行人曾在贵州地区进行业务拓展，但由于贵州地区市场开拓情况不甚理想，故决定将其注销。贵州安恒存续期间不存在重大违法违规情形。

桐乡网信之光成立于2016年9月6日，系发行人之全资子公司易安乾坤曾经的全资子公司，注销前未实际开展业务。发行人原计划开展新媒体方面业务，后由于公司集中力量专注主业，缩小新媒体业务规模，故决定将其注销。桐乡网信之光存续期间不存在重大违法违规情形。

综上所述，上海四星安恒、南京网客安、丽水安恒、贵州安恒以及桐乡网信之光已根据《公司法》及公司章程的规定完成公司注销的工商、税务等相关手续，其注销程序合法有效，不存在争议或法律纠纷。

二、解决思路

发行人在报告期内注销或转让子公司的，发审委通常会要求发行人说明注销或转让子公司的基本情况及其原因、相关程序是否合法合规、是否存在纠纷或潜在纠纷等问题。解决此类问题，需注意以下问题：

1. 发行人应详尽披露被注销、转让子公司的相关情况，包括但不限于历史沿革、主营业务及业务演变情况、经营业绩、报告期内与发行人的业务往来和资金往来，交易公允性，是否存在为发行人承担成本费用或其他输送利益的情形等。尤其应当关注子公司在报告期内是否存在行政处罚或重大违法违规行为，可由相关主管部门出具证明文件，证明子公司在报告期内不存在违反相关法律法规的情形。

2. 注销、转让子公司程序合法合规。注销程序一般包括内部决策、税务注销、工商登记注销等。发行人应妥善处理涉及的资产、人员、债权债务以及业务衔接的相关情况，确保注销、转让后资产及人员处置不存在纠纷或潜在纠纷。

3. 注销、转让子公司原因应具有合理性。例如：发行人改变经营战略导致子公司不再实际开展业务；基于自身业务经营和发展的实际情况调整战略；精简公司架构从而使公司更好地专注于主营业务等，且不存在因重大违法违规而注销的情况。

4. 注销、转让行为未对发行人生产经营产生重大不利影响。子公司实际开展经营的，发行人应披露注销子公司对发行人合并后净利润的影响，由此判断是否存在不利影响；未实质开展经营的，一般不会对发行人生产经营产生重大不利影响。

【具体核查要点】

1. 报告期内注销或转让子公司的原因，是否存在子公司因重大违法违规而注销或转让的情况，是否属于破产清算或吊销营业执照的情形；注销或转让程序是否合法合规，资产、人员的处置或安置情况，是否存在纠纷或潜在纠纷，注销或转让对发行人生产经营是否产生重大不利影响。

2. 报告期内上述子公司与发行人的业务和资金往来，交易价格的公允性，是否存在为发行人承担成本费用或其他输送利益的情况。

【核查方式】

1. 查阅发行人及子公司工商档案资料以及注销或转让的全套资料，包括但不限于注销的债权人通知及公告、通知送达的相关证明文件（送达回执）、注销核准通知书、企业员工安置方案及相关管理部门的必要的批复文件；

2. 查阅工商主管部门、税务主管部门及劳动主管部门出具的合规证明文件；

3. 查阅报告期内注销或转让子公司的纳税申报表、审计报告、财务报表；

4. 查阅中国裁判文书网、全国法院失信被执行人查询系统网站、信用中国网、人民法院公告网等网站公开信息；

5. 访谈发行人注销或转让子公司法定代表人、董事、监事、高级管理人员；

6. 查阅发行人转让子公司股权转让款的相关凭证；

7. 查阅发行人出具的书面情况说明文件。

三、参考规范

《首发业务若干问题解答》

问题11《证券法》(2005年修订)将最近3年无重大违法行为作为公开发行新股的条件之一。对发行人及其控股股东、实际控制人的合规性，发行人和中介机构应如何把握？

答：……(2)发行人合并报表范围内的各级子公司，若对发行人主营业务收入或净利润不具有重要影响(占比不超过5%)，其违法行为可不视为发行人本身存在相关情形，但其违法行为导致严重环境污染、重大人员伤亡或社会影响恶劣的除外。……

第二节　境外子公司

境外子公司，是指由境内母公司投入资本在境外设立的或者收购的公司。它虽然受母公司控制，但在法律上具有独立的法人资格。发审委针对境外子公司的问询主要集中在境外经营是否符合当地规定；境外子公司核准、审批手续是否合规；发行人对境外子公司能否形成有效控制，采取怎样的控制手段等。

截至2020年12月31日，泽达易盛、芯原股份、罗克佳华、震有科技、传音控股、福昕软件等三十余家企业被问询上述问题。

一、典型案例

罗克佳华(688051)

罗克佳华科技集团股份有限公司(以下简称发行人)2019年5月9日提交的招股说明书(申报稿)中披露：报告期内的股权转让款余额是报告期前香港罗克收购JOINTFAR所持太罗工业39.00%股权形成。鉴于JOINTFAR目前已解散，且JOINTFAR对太罗工业的出资来源于李玮经营JOINTFAR所得及筹集的资金，经JOINTFAR唯一股东李琳同意，该笔款项由李玮收取。公司已经将该笔资金支付给李玮。

针对上述情形，发审委要求发行人对下列事项进行说明，并要求保荐机构、发行人律师核查并发表明确意见：JOINTFAR 的基本情况，解散的原因，履行的相关程序，说明香港罗克收购 JOINTFAR 所持太罗工业 39.00% 股权的时点、原因、定价依据及其公允性；说明截至 2019 年 3 月 31 日没有支付股权转让款的原因，是否构成关联方资金拆借，由李玮收取相关金额是否存在相关法律、财务风险。

根据发行人律师出具的补充法律意见书披露显示：[1]

1. 披露 Jointfar 的基本情况，解散的原因，履行的相关程序，香港罗克收购 Jointfar 所持太罗工业 39.00% 股权的时点、原因、定价依据及其公允性。

（1）披露 Jointfar 的基本情况，解散的原因，履行的相关程序。

根据美国律师出具的法律意见及 Jointfar 注册登记档案文件，Jointfar 已于 2016 年 1 月解散，其解散前的基本情况如表 53 所示：

表 53

公司名称	JOINT FAR INTL INDUSTRY（USA）INC
公司编号	C1764087
法定股本	1,000,000 股
已发行股份	1,000,000 股
成立日期	1995 年 5 月 23 日
董事	李琳
股东	李琳持股 100%

Jointfar 解散原因系其当时无实际经营业务。截至 2016 年 1 月 4 日，Jointfar 已停止所有业务并向美国加州州务卿处递交清算决议证明（Certificate of Election to Wind Up and Dissolve）和清算证明（Certificate of Dissolution），Jointfar 解散。

（2）香港罗克收购 Jointfar 所持太罗工业 39.00% 股权的时点、原因、定价依据及其公允性

2008 年 1 月 25 日，Jointfar 与香港罗克签署股权转让协议，Jointfar 将其持有的太罗工业计 3000 万元注册资本的股权以 3291 万元的价格转让给香港罗克。

李玮自 1998 年开始实际经营 Jointfar，Jointfar 经营收益全部来自李玮经营的业务，

〔1〕《北京市天元律师事务所关于罗克佳华科技集团股份有限公司首次公开发行股票并在科创板上市的补充法律意见书（一）》，载上海证券交易所网，http://static.sse.com.cn/stock/information/c/201907/fd354583845442078a8ee5be0c32ca95.pdf，最后访问日期：2021 年 5 月 21 日。

Jointfar 对太罗工业的出资均源于李玮经营 Jointfar 所得及筹集的资金，且上述股权转让时李玮为香港罗克唯一股东，本次股权转让原因系因股权架构调整需要而进行的李玮控制下企业之间的股权转让。

本次股权转让约定对价 3291 万元系参考山西大正资产评估有限责任公司于 2007 年 10 月 25 日出具的《太原市自来水公司拟转让所持有的太原罗克佳华工业有限公司 40% 的股权项目评估报告书》（晋大正评〔2007〕第 0061 号）评估值并经双方协商确定，与当时太原市自来水公司转让所持有的太罗工业 40% 的股权作价依据相同，本次股权转让定价公允。

鉴于 Jointfar 向香港罗克转让的太罗工业 3000 万元注册资本中含专有技术使用权出资 974 万元，罗克有限在 2008 年 12 月以现金方式另行向太罗工业缴付了 974 万元出资，补充了原来由 Jointfar 缴纳的专有技术使用权出资，因此，经各方协商一致，香港罗克仅需支付 2317 万元，即原股权转让对价 3291 万元扣除了上述罗克有限以现金补充出资的 974 万元后的余额。

2. 截至 2019 年 3 月 31 日没有支付股权转让款的原因，是否构成关联方资金拆借，由李玮收取相关金额是否存在相关法律风险

（1）截至 2019 年 3 月 31 日没有支付股权转让款的原因，是否构成关联方资金拆借

鉴于香港罗克系香港绿叶全资子公司，香港绿叶系发行人全资子公司，香港绿叶、香港罗克自身资金均无法支付全部转让价款，需要发行人由境内股东对子公司香港绿叶、香港罗克进行增资从而提供资金，由于发行人增资境外子公司，发改委、商委及外汇审批程序复杂，截至 2019 年 3 月 31 日，发行人尚在办理外汇汇出的登记备案手续，因此未能支付股权转让款。2019 年 4 月 26 日，发行人办理完毕相关外汇汇出的登记备案手续，向香港绿叶支付投资款 2317 万元，2019 年 4 月 28 日，香港绿叶向香港罗克支付投资款 2317 万元，2019 年 5 月 6 日，香港罗克向李玮支付股权转让价款 2317 万元。

由于该笔款项系股权转让而形成，未能支付的原因系相关外部手续办理延迟而造成，因此股权转让款未支付情形不构成关联方资金拆借。

（2）由李玮收取相关金额是否存在相关法律风险

鉴于 Jointfar 目前已解散，且 Jointfar 对太罗工业的出资来源于李玮经营 Jointfar 所得及筹集的资金，经 Jointfar 唯一登记股东李琳同意，该笔款项由李玮收取并归其所有，李琳已出具确认函，确认对上述股权转让、价款数额及支付方式均无异议且不存在争议与纠纷。李玮收取相关金额的款项不存在相关法律风险。

针对上述情形，发审委要求发行人对下列事项进行进一步说明：说明山西大正资产评估有限责任公司是否有证券业评估资格，相关评估报告股权比例与实际股权比例差异的原因；说明相关股权转让决议的过程，是否履行相应的程序，在香港绿叶、香港罗克自身资金均无法支付全部转让价款的情况下进行股权转让的原因，是否有商业逻辑；说明发行人开始办理外汇汇出的登记备案手续的时间，构成发行人付款障碍的具体流程，因程序原因从 2008 年到 2019 年一直未能支付是否合理；结合发行人报告期内曾向实际控制人资金拆入、发行人长期占用该笔 2317 万元的资金、增资境外子公司的相关程序，说明该笔资金是否应当属于资金拆借。

根据发行人律师出具的补充法律意见书披露显示：[1]

1. 山西大正资产评估有限责任公司是否有证券业评估资格，相关评估报告股权比例与实际股权比例差异的原因

山西大正资产评估有限责任公司 2007 年 10 月 25 日出具《太原市自来水公司拟转让所持有的太原罗克佳华工业有限公司 40% 的股权项目评估报告书》（晋大正评〔2007〕第 0061 号）时具有中华人民共和国财政部颁发的资产评估资格证书，但不具有证券业评估资格。

2008 年 1 月，太原市自来水公司与罗克有限签署交易合同，太原市自来水公司将其持有的太罗工业 40% 股权转让给罗克有限。对于本次股权转让，太原市自来水公司委托山西大正资产评估有限责任公司于 2007 年 10 月 25 日出具了《太原市自来水公司拟转让所持有的太原罗克佳华工业有限公司 40% 的股权项目评估报告书》（晋大正评〔2007〕第 0061 号），为太原市自来水公司拟有偿转让太罗工业 40% 的股权提供价值参考依据。

上述股权转让的同时，Jointfar 将其持有的太罗工业 60% 股权转让给了香港罗克。Jointfar 转让太罗工业股权未单独评估，转让价格参考太原市自来水公司委托山西大正资产评估有限责任公司出具的上述评估报告，并经双方协商确定。

上述评估报告所针对的评估标的是太原市自来水公司持有的太罗工业 40% 股权，而非 Jointfar 持有的太罗工业 60% 股权。

2. 相关股权转让决议的过程，是否履行相应的程序，在香港绿叶、香港罗克自身资金均无法支付全部转让价款的情况下进行股权转让的原因，是否有商业逻辑

（1）Jointfar 将其持有的太罗工业 60% 股权转让给了香港罗克决议的过程、履行

〔1〕《北京市天元律师事务所关于罗克佳华科技集团股份有限公司首次公开发行股票并在科创板上市的补充法律意见书（二）》，载上海证券交易所网，http://static.sse.com.cn/stock/information/c/201909/dc81f0630f6d49b9a19255899f8186ea.pdf，最后访问日期：2021 年 5 月 21 日。

的相应程序如下：

2008 年 1 月 24 日，太罗工业召开董事会并作出决议，同意 Jointfar 将其持有的太罗工业计 3000 万元注册资本的股权以 3291 万元的价格转让给香港罗克。2008 年 1 月 25 日，Jointfar 与香港罗克签署股权转让协议，Jointfar 将其持有的太罗工业计 3000 万元注册资本的股权以 3291 万元的价格转让给香港罗克。2008 年 2 月 13 日，太原市自来水公司出具《关于放弃优先购买权的承诺》，同意上述股权转让行为，并承诺放弃对上述转让股权的优先购买权。2008 年 2 月，罗克有限、香港罗克签署了太罗工业新的公司章程和合资合同。2008 年 2 月 14 日，山西省商务厅核发《关于对太原罗克佳华工业有限公司股权变更的批复》（晋商资函〔2008〕51 号），同意上述股权转让。2008 年 2 月 15 日，山西省人民政府核发《中华人民共和国台港澳侨投资企业批准证书》（商外资晋字〔2003〕0078 号）。2008 年 2 月 21 日，山西省太原市工商行政管理局向太罗工业核发了企业法人营业执照。

Jointfar 将其持有的太罗工业计 3000 万元注册资本的股权以 3291 万元的价格转让给香港罗克的过程完备，已履行相应程序。

（2）在香港绿叶、香港罗克自身资金均无法支付全部转让价款的情况下进行股权转让的原因，是否有商业逻辑

关于 Jointfar 将其持有的太罗工业股权转让给香港罗克事项，鉴于 Jointfar、香港罗克均系李玮控制企业，股权转让系因股权架构调整需要而进行的李玮控制下企业之间的股权转让，系李玮间接持有的该部分股权的境外持股主体的变更。

香港罗克自设立以来除持股太罗工业外，无实际经营业务，自身资金无法支付全部转让价款，拟通过境内股东以人民币汇出的方式对其进行增资从而提供资金。

2016 年 7 月，李玮将其持有的香港罗克 100% 股权转让给发行人全资子公司香港绿叶。香港罗克偿付 Jointfar 股权转让价款的资金来源变更为发行人对子公司香港绿叶、香港罗克进行的增资。香港绿叶、香港罗克虽然当时自身资金不足，但上述股权转让原因具有商业逻辑。

3. 发行人开始办理外汇汇出的登记备案手续的时间，构成发行人付款障碍的具体流程，因程序原因从 2008 年到 2019 年一直未能支付是否合理

自香港罗克受让 Jointfar 持有的太罗工业股权以来，经李玮与当地有关部门沟通咨询，李玮作为境内个人增资香港罗克，而境内个人境外非特殊目的公司投资及外汇审批备案的相关具体规定并不明确，当地管理部门未能予以办理。因此，该增资行为被搁置。直至 2016 年 7 月，李玮将其持有的香港罗克 100% 股权转让给发行人全资子公司香港绿叶。

发行人于2016年4月设立香港绿叶并拟收购香港罗克，于2016年5月取得北京市商务委员会核发的企业境外投资证书及北京市发展和改革委员会核发的《关于北京罗克佳华信息技术有限公司在香港投资设立全资子公司项目备案的通知》。发行人完成发改委、商委审批备案手续后开始向相关银行申请办理外汇登记手续，但一直未能获得相应的核准。因此，后续增资手续也未能完成，相关资金一直没有汇出。作为北京市首批拟申报科创板的企业，受益于当地政府部门对拟申报科创板企业的支持，发行人于2019年4月完成相关发改委、商委及外汇审批程序。上述股权转让款未能支付的原因具有合理性。

4. 结合发行人报告期内曾向实际控制人资金拆入、发行人长期占用该笔2317万元的资金、增资境外子公司的相关程序，说明该笔资金是否应当属于资金拆借

报告期内，发行人存在对实际控制人的资金拆借情况，并相应支付了拆借利息。发行人增资境外子公司履行的程序如下：

2019年3月12日，发行人召开董事会并作出决议，同意向香港绿叶增资2317万元。2019年3月28日，北京市发展和改革委员会核发项目备案通知书[京发改（备）〔2019〕132号]，对发行人增资香港绿叶、再投资香港罗克项目予以备案。2019年4月2日，北京市商务局向发行人核发《企业境外投资证书》（境外投资证第N1100201900201号），载明发行人对香港绿叶的投资总额为2317万元。中国银行股份有限公司北京通州支行已就此向公司核发业务登记凭证（业务编号：35110000201904229904）。2019年4月26日，发行人向香港绿叶支付投资款2317万元。

鉴于该股权转让价款未能支付的原因系相关外部手续办理延迟而造成，发行人完成相关发改委、商委及外汇登记手续后即向收款人支付该笔款项，因此不构成关联方资金拆借。

震有科技（688418）

深圳震有科技股份有限公司（以下简称发行人）2019年11月6日提交的招股说明书（申报稿）中披露：发行人共有四家境外子公司，分别为香港震有、菲律宾震有、日本震有和印度震有，且部分子公司非全资子公司。

针对上述情形，发审委要求发行人对下列事项进行说明，并要求保荐机构、发行人律师核查并发表明确意见：上述境外子公司的设立及历次增资是否按照《境外投资管理办法》、《企业境外投资管理办法》、《境外投资项目核准和备案管理办法》（已失效）等规定，履行了发改委、商务部、外汇等手续，如未办理，相关法律后果及对本次发行上市的影响，是否属于重大违法违规行为从而构成本次发行上市的障碍；非全资子公司中的少数股东基本情况，入股发行人子公司的原因及商业合理性，是否存

在利益输送情形；境外子公司的主要职能，在发行人体系中的定位，子公司净资产为负或亏损的主要原因，向母公司分红的制度安排，外汇汇回是否存在限制。

根据发行人律师出具的补充法律意见书披露显示：[1]

1. 上述境外子公司的设立及历次增资是否按照《境外投资管理办法》《企业境外投资管理办法》《境外投资项目核准和备案管理办法》等规定，履行了发改委、商务部、外汇管理等手续，如未办理，相关法律后果及对本次发行上市的影响，是否属于重大违法违规行为从而构成本次发行上市的障碍。

发行人在中国内地以外拥有全资子公司香港震有和控股子公司菲律宾震有，香港震有拥有控股子公司日本震有、印度震有，发行人就设立该等境外子公司取得的境内相关审批 / 备案手续详情如表 54 所示：

表 54

公司名称	项目	商务审批	外汇审批	发改审批
香港震有	设立	商境外投资证第4403201300099号企业境外投资证书	设立时未实际出资	—
	投资总额增加至30万美元	境外投资证第N4403201500213号企业境外投资证书	已办理	—
	投资总额增加至145万美元	境外投资证第N4403201600078号企业境外投资证书	已办理	—
	投资总额增加至175万美元	境外投资证第N4403201600107号企业境外投资证书	已办理	—
菲律宾震有	设立	境外投资证第N4403201600366号企业境外投资证书	—	—
	投资总额增加至31.187405万美元	境外投资证第N4403201700015号企业境外投资证书	已办理	深发改函〔2017〕322号项目备案通知书

〔1〕《国浩律师（深圳）事务所关于深圳震有科技股份有限公司申请首次公开发行股票并在科创板上市之补充法律意见书（一）》，载上海证券交易所网，http://static.sse.com.cn/stock/information/c/202002/7bba3446f32b455d9ea8b1a25b4ddf0e.pdf，最后访问日期：2021 年 5 月 21 日。

续表

公司名称	项目	商务审批	外汇审批	发改审批
日本震有	收购 20 万股股份	201974580 号境外中资企业再投资报告表	香港震有以境外自有资金支付，无须办理外汇备案手续	—
	收购 21 万股股份			—
印度震有	设立	201974379 号境外中资企业再投资报告表	香港震有以境外自有资金支付，无须办理外汇备案手续	根据《企业境外投资管理办法》及国家发展和改革委员《境外投资常见问题解答》(2018 年)，无须办理发改备案手续
	投资总额增加至 59.4657 万美元	201975584 号境外中资企业再投资报告表		

（1）未履行发改核准 / 备案手续

发行人设立境外子公司存在部分未履行发改委备案手续的情况。依据当时有效的《境外投资项目核准暂行管理办法》(已失效)、《境外投资项目核准和备案管理办法》(已失效）相关规定，发行人设立 / 增资香港震有、设立菲律宾震有及收购日本震有股份未履行前述核准或备案程序不符合法律规定，存在外汇管理、海关、税务等部门不予办理相关手续，被发改部门会同有关部门责令其停止项目实施，并提请或者移交有关机关依法追究有关责任人的法律和行政责任的风险。

目前，发行人不存在因未履行前述境外投资审批 / 备案手续而被处罚的情形。经发行人律师电话咨询深圳发改委，其工作人员答复，对之前境外投资项目未履行发改审批 / 备案的目前不予补办、也不予处罚，且不影响继续经营。同时，发行人控股股东和实际控制人吴闽华承诺，发行人如因未履行前述境外投资审批程序而受到处罚的，其将向发行人承担赔偿责任。发行人未履行前述发改核准 / 备案程序不构成本次发行上市的实质障碍。

（2）未履行外汇登记手续

发行人设立菲律宾震有时未向外汇管理部门履行外汇登记程序。依据《境内机构境外直接投资外汇管理规定》《外汇管理条例》，发行人设立菲律宾震有未履行外汇审批手续不符合法律规定，存在被外汇管理机关处以责令改正、给予警告、30 万元以下的罚款处罚的风险。

中国人民银行深圳市中心支行、国家外汇管理局深圳市分局于2017年1月18日出具深人银便函〔2017〕47号《关于深圳震有科技股份有限公司有关情况的函》，证明自2014年1月1日至2016年12月31日，未发现发行人因违反人民银行及外汇管理相关法律法规、规章及规范性文件而受到该行（该分局）处罚的记录。中国人民银行深圳市中心支行办公室分别于2017年8月15日、2018年4月25日和2019年3月18日出具了2017—0162号、2018—0294号、2019—0249号《企业无违法违规记录查询证明》，证明自2017年1月1日至2018年12月31日，未发现发行人因违反人民银行及外汇管理相关法律法规、规章及规范性文件而受到中国人民银行深圳市中心支行及国家外汇管理局深圳市分局行政处罚的记录。

目前，发行人不存在因未履行外汇登记程序而被处罚的情况。经发行人律师电话咨询国家外汇管理局深圳市分局，其工作人员答复，对之前境外投资项目未履行资本项目核准备案手续的不予处罚，且不影响继续经营。同时，发行人控股股东和实际控制人吴闽华承诺，发行人如因未履行前述境外投资审批手续而受到处罚的，其将向发行人承担赔偿责任。发行人未履行办理前述外汇审批程序不构成本次发行上市的实质障碍。

2. 非全资子公司中的少数股东基本情况，入股发行人子公司的原因及商业合理性，是否存在利益输送情形。

发行人非全资境外子公司少数股东基本情况、入股子公司原因如表55所示：

表55

子公司名称	少数股东姓名/名称	持股比例	基本情况	入股原因
日本震有	Monelle Management Limited（MML）	48.15%	—	MML及其股东丁伟在日本当地有运营通信业务的市场资源，与其合作有利于日本震有业务的顺利开展，因而双方协商共同运营日本震有
	KATO SHINTATSU	1.23%	男，1954年出生，日本籍，日本震有代表董事	KATO SHINTATSU在日本当地从事通信业务多年，具有丰富的项目经验，且系我国台湾地区居民，目前已取得日本国籍，从日本震有管理及有效沟通角度出发，决定与其合作共同运营日本震有

续表

子公司名称	少数股东姓名 / 名称	持股比例	基本情况	入股原因
菲律宾震有	Renante Reyes	0.002%	男，1975 年出生，菲律宾籍，菲律宾震有员工，现任菲律宾震有董事	依据菲律宾震有设立时的公司法及菲律宾震有公司章程，菲律宾震有的董事必须至少持有 1 股股份，且大部分董事必须为菲律宾居民；考虑到 Renante Reyes 为菲律宾当地重要员工，从菲律宾震有管理角度出发，决定让 Renante Reyes 担任董事，因而需持有 1 股股份
	Joyce G. Jucutan	0.002%	女，1989 年出生，菲律宾籍，现任菲律宾震有董事、公司秘书，任职于 Tiongco siao bello 律师事务所	依据菲律宾震有设立时的公司法，菲律宾震有的董事必须至少持有 1 股股份，且大部分董事必须为菲律宾居民。基于法律要求并结合菲律宾当地的操作习惯，决定由为其提供法律服务的律师事务所工作人员担任其董事，因而该等人员需持有其 1 股股份，该等操作符合菲律宾法律规定
	Francisco C Laiz III	0.002%	男，1989 年出生，菲律宾籍，现任菲律宾震有董事，任职于 Tiongco siao bello 律师事务所	
	Kristoffer Laidan	0.002%	男，1988 年出生，菲律宾籍，现任菲律宾震有董事、总裁，任职于 Tiongco siao bello 律师事务所	
	张振华	0.002%	男，1987 年出生，中国籍，震有科技员工，现任菲律宾震有董事，系发行人董事、副总经理张中华的弟弟	基于上述，张振华因负责菲律宾市场开拓而长期在当地工作，从增加对境外子公司管理角度出发，决定让其担任菲律宾震有董事，因而需持有 1 股股份

续表

子公司名称	少数股东姓名 / 名称	持股比例	基本情况	入股原因
印度震有	GURUDAS PAL	0.0000125%	男，1960年出生，印度籍，印度震有员工，现任印度震有董事	根据印度法律，在印度设立公司必须要有一名印度董事和至少两名股东。GURUDAS PAL 在印度当地从事通信业务多年，具有丰富的项目经营及技术支持能力，从印度震有有效管理角度考虑，决定与其合作共同运营印度震有

发行人控股子公司中的小股东入股的原因均系从商业角度及当地法律合规角度考虑，具备合理性，不存在利益输送情形。

3. 境外子公司的主要职能，在发行人体系中的定位，子公司净资产为负或亏损的主要原因，向母公司分红的制度安排，外汇汇回是否存在限制。

（1）境外子公司的主要职能，在发行人体系中的定位，子公司净资产为负或亏损的主要原因。

发行人境外子公司的基本情况如表 56 所示：

表 56

序号	公司名称	主要职能及业务定位	截至 2019 年 6 月 30 日的净资产	净资产为负或亏损的主要原因
1	香港震有	主要负责震有科技海外市场的销售及售后服务	净资产：1520.76 万元	—
2	菲律宾震有	主要负责开发菲律宾的通信市场及开展售后服务	净资产：-542.93 万元	尚处于市场开拓阶段，暂未形成大额收入，未能覆盖前期投入成本，导致亏损
3	日本震有	主要负责开发日本市场和开展售后服务	净资产：323.07 万元	—
4	印度震有	主要负责印度等南亚市场的开发及售后服务	净资产：452.36 万元	—

（2）向母公司分红制度的安排，外汇汇回是否存在限制。

发行人境外子公司分红制度安排如下：

①香港震有公司章程约定：公司每年的净利润应用于或用于形成一笔或多于一笔的储备金，或用于或应用于支付经公司股东大会批准且经董事指示的股息和红利。除

非公司有盈利，否则不得分派股息，亦均不能因该等股息而向公司索取利息。对于股息公布后一年内无人领取的股息，董事可用于投资或为公司利益而使用，直至有人领取股息。根据香港律师的邮件回复，香港特别行政区法律对于在香港成立的公司向内地地区股东汇出利润没有限制性规定，不受外汇管制。

②日本震有公司章程约定：公司应当按照年末股东名册上记载的股东信息对可分配利润进行分红。分配的股利自分配之日起三年内未被股东领取的，公司有权不再支付。根据日本律师的邮件回复，日本震有应该按照股东名册上记载的股东信息对可分配利润进行分红并经股东大会决议，没有其他限制日本震有将利润分配给香港震有的规定。

③菲律宾震有公司章程约定，根据法律与适用法规，在通常情况下及在董事会可能决定的时间，股利应当被公布并不从受限制的留存收益中以现金形式支付，且不得低于可分配留存收益的50%。此外，只要有可供分配的留存收益，每年均应发布公告，该等分配公告由董事会酌情决定。根据菲律宾律师的邮件回复，菲律宾法律对于菲律宾震有向中国股东汇出利润没有限制性规定。

④印度震有章程约定：公司可在股东大会上宣布股息，但股息不得超过董事会建议数额。董事会可依据相关规定在公司利润合理时向股东支付中期股息。根据印度律师的邮件回复，只要公司存在可以派发的利润，印度法律对于印度震有向股东香港震有汇出利润没有限制性规定。

综上所述，发行人境外子公司不存在外汇汇回的限制。

福昕软件（688095）

福建福昕软件开发股份有限公司（以下简称发行人）2020年3月23日提交的招股说明书（申报稿）中披露发行人设立和收购了多家境外子公司。

针对上述情形，发审委要求发行人对下列事项进行说明，并要求保荐机构、发行人律师核查并发表明确意见：境外子公司的设立或收购是否按照《境外投资管理办法》《企业境外投资管理办法》《境外投资项目核准和备案管理办法》等规定，履行了发改委、商务部、外汇管理等手续，如未办理，相关法律后果及对本次发行上市的影响。

根据发行人律师出具的补充法律意见书披露显示：[1]

1. 发行人拥有8家境外控股子公司，其设立或收购该等境外控股子公司时所办理

〔1〕《北京市竞天公诚律师事务所关于福建福昕软件开发股份有限公司首次公开发行人民币普通股股票并在科创板上市的补充法律意见书（二）》，载上海证券交易所网，http：//static.sse.com.cn/stock/information/c/202006/ae0826efc44c4e139d84e7fe20cd7a3f.pdf，最后访问日期：2021年5月21日。

的境外投资手续如表 57 所示：

表 57

序号	公司名称	项目	商务部门手续	发改部门手续	外汇手续
1	福昕美国	发行人收购福昕美国	商境外投资证第3500201300004 号企业境外投资证书	未办理	业务编号为35350000201304171295
2	福昕欧洲	福昕美国收购福昕欧洲	境外投资证第N3500201600090 号企业境外投资证书	闽发改外经备〔2016〕11 号项目备案通知书	发行人未直接向标的公司出资，不涉及
3	福昕澳洲	发行人收购福昕澳洲	境外投资证第N3500201600045 号企业境外投资证书	闽发改外经备〔2017〕38 号项目备案通知书	业务编号为35350000201603243580
4	Sumilux US	福昕美国首次增资 Sumilux US	境外投资证第N3500201500071 号企业境外投资证书	未办理	发行人未直接向标的公司出资，不涉及
		福昕美国收购 Sumilux US 剩余股份	已整改	未办理	发行人未直接向标的公司出资，不涉及
5	CVision	福昕美国收购 CVision	境外投资证第N3500201700025 号企业境外投资证书	闽发改外经备〔2017〕37 号项目备案通知书	业务编号为35350000201707316196
6	福昕日本	在发行人收购福昕美国前，福昕日本已经是福昕美国的子公司，因此不涉及相关审批 / 备案手续			
7	LTUS	在福昕美国收购福昕欧洲前，LTUS 已经是福昕欧洲的子公司，因此不涉及相关审批 / 备案手续			
8	香港米乐	在福昕美国收购 Sumilux US 前，香港米乐已经是 Sumilux US 的子公司，因此不涉及相关审批 / 备案手续			

2. 未办理境外投资手续的情况说明

发行人未就其收购福昕美国以及福昕美国收购 Sumilux US 办理发改委境外投资手续，未及时就福昕美国收购 Sumilux US 剩余股份办理商务境外投资手续。对于上述情形，发行人、保荐机构和发行人律师对福建省发改委和福建省商务厅进行了访谈并取得了确认函，具体情况如下：

（1）于 2019 年 12 月 10 日与福建省发改委进行访谈，福建省发改委确认，其回复历史上没有对福昕软件进行处罚或采取相关措施或追究其责任，福昕软件当时未办理发改委备案不会对福昕软件的业务开展造成重大不利影响，未曾收到过第三方针对福昕软件在境外投资管理方面的投诉，也不会因为企业历史上境外投资备案是否存在瑕疵而影响境外投资备案手续的办理。

（2）于 2019 年 12 月 10 日与福建省商务厅进行访谈，其回复未曾对福昕软件处以行政处罚或行政措施，未收到过第三方针对福昕软件在境外投资管理方面的投诉。

（3）于 2020 年 1 月 22 日取得了福建省金融工作办公室转递的福建省发改委出具的《关于反馈福昕软件境外投资项目合规情况的函》，确认：经福建省发改委核查，所列 10 个福昕软件境外投资项目均发生于《企业境外投资管理办法》（2017 年国家发展改革委令第 11 号）实施以前，尚未发现发行人违反《境外投资项目核准和备案管理办法》（2014 年国家发展改革委员会第 9 号）的情况，福建省发改委未因境外投资事项对发行人实施过行政处罚。

（4）于 2020 年 2 月 4 日取得了福建省商务厅出具的《福建省商务厅关于福建福昕软件开发股份有限公司境外投资有关情况的函》，确认：米乐网络科技有限公司（“Sumilux US”）未在规定时间内到驻东道国使（领）馆经商处办理报到登记手续，检查结果不合格，其于 2019 年 11 月办理了境外报到登记手续，按要求完成整改，除以上情况，福建省商务厅未发现发行人 6 家境外投资企业在备案管理方面有违法违规行为。

综上所述，发行人未就其收购福昕美国以及福昕美国收购 Sumilux US 办理发改委境外投资手续，未及时就福昕美国收购 Sumilux US 剩余股份办理商务境外投资手续不构成重大违法违规，不构成本次发行上市的实质性法律障碍。

二、解决思路

拟上市公司存在境外子公司的，应注意：

1. 发行人设立、收购境外子公司，应按照《境外投资管理办法》《企业境外投资管理办法》等规定，向发改委、商务部、外汇管理等部门办理审批或备案等手续，例如：向发改委申请项目备案通知书或核准文件，向商务委员会申请境外投资证，向外汇管理部门申请境外直接投资外汇登记凭证等。

未办理相关境外投资手续的，首先，应说明原因；其次，由相关主管部门出具确认函，确认发行人是否因前述瑕疵而被行政处罚或被采取其他措施，当时未办理境外投资手续是否会对发行的业务开展造成重大不利影响，是否曾收到过第三方针对发行人在境外投资管理方面的投诉，未来是否会因为前述瑕疵对发行人进行处罚或影响境外投资备案手续的办理等；最后，由实际控制人出具承诺，若因发行人未履行境外投资相关程序收到处罚的，其将承担赔偿责任。

2. 境外业务真实、可持续，财务数据真实、准确。完整披露：发行人设立境外子公司的目的，对境外业务的发展思路以及未来发展规划；境外子公司的主要职能，在发行人体系中的定位；海外业务拓展过程，境外客户的开发方式、交易背景，有关大额合同订单的签订依据、执行过程，与境内主体在产品生产、销售方面的关系；境外主要客户是否与发行人存在关联关系；非全资境外子公司少数股东的基本情况以及入股的原因；向母公司分红的制度安排，发行人境外子公司的分红以及外汇汇回是否存在其他限制等。

3. 报告期内注销境外子公司的，应披露已注销的子公司的基本情况，注销前的主要财务数据，注销的原因等。

4. 境外子公司经营、运作应当符合境外相关法律规定，并取得生产经营资质。境外子公司的经营不超出章程记载与法律规定的范围；与主要客户、供应商的交易真实，合法有效，不存在交叉任职和交叉持股等情况，不存在资金等利益关系；与员工的雇佣关系实际存在，按规定缴纳社保费用，依法纳税等。发行人应取得境外律师事务所对于境外子公司合规情况出具的法律意见书。

5. 发行人对于境外子公司应当实施有效控制。发行人应制定海外资金管理制度 、海外存货管理制度等制度，加强对于海外现金、票据、银行存款和其他货币资金的管理，强化公司资金的内部控制和管理，保证货币资金安全、提高资金使用效率。

【具体核查要点】

1. 发行人设立、收购境外子公司是否履行必要的审批程序及外汇登记手续；如否，相关法律后果是否影响本次发行上市，是否属于重大违法违规行为，是否构成本次发行上市的法律障碍。

2. 发行人入股境外子公司的原因、背景；境外子公司在境外经营是否合法合规，是否取得了经营所必要的许可、认证，是否存在违法违规行为，是否受到行政处罚等。

3. 境外子公司报告期内的股权结构，主营业务，财务状况，是否已经注销，注销前是否有违规行为；注销的真实原因，是否履行了必要的注销程序，注销后的资产，人员安置情况，是否有风险与潜在风险等，是否存在纠纷或者潜在纠纷，存续期间是否有重大违规事项的发生。

4. 发行人对于境外子公司是否实施有效控制，境外子公司注册资本以及实缴情况、治理结构以及董事，监事，高级管理人员的选任情况，境外子公司外汇汇回是否存在限制。

5. 境外子公司需缴纳的主要税种、税率、报告期内的纳税情况；报告期内是否存在与母公司的交易，产品定价是否公允，是否存在因转移定价安排避税的情形，而受到当地税务机关处罚的风险；境外子公司是否存在因替母公司分担成本费用而被当地主管税务机关处罚的风险，是否存在刻意的税务安排从而达到减少纳税增加利润的目的。

6. 汇率波动、政治风险、境外贸易政策和壁垒、海外经营风险对发行人持续盈利能力的影响，以及应对措施。

【核查方式】

1. 查阅境外子公司的相关设立及历次股权变更的文件（包括但不限于公司章程、股东会决议、企业档案、转让协议、定价依据、对价收付凭证、境外投资审批备案相关文件等）；

2. 登录相关网站，如国家市场监督管理总局、国家发展和改革委员会、商务部、国家外汇管理局、国家税务总局、中国人民银行、海关总署等，查询是否存在违规记录；

3. 取得外汇管理局、中国人民银行等主管部门、相关机构出具的证明文件；

4. 查阅经境外公证、认证程序的境外子公司良好存续证明（注册机构签发）及股东、董事情况证明书(注册代理机构签发）等类似文件；查阅境外子公司章程、规章、相关股东会、董事会、监事会决议等；

5. 委托境外专业中介机构，比如律师事务所，会计师等针对子公司出具法律尽职调查报告，法律意见书，财务报表等，查阅子公司的主营业务以及经营状况；

6. 检索国家企业信用信息公示系统、中国裁判文书网、中国执行信息公开网、信用中国等网站；

7. 抽查发行人境外子公司报告期内的业务合同，了解发行人境外子公司主营业务；必要时，就发行人境外子公司的经营状况进行实地查验，并制作查验记录；

8. 访谈发行人董事长、总经理、相关业务人员、财务人员，并取得境外子公司设立、经营、注销（原因，资产、人员、财务处置等）的书面说明。访谈发行人的控股股东、实际控制人、公司财务负责人、董事、监事、高级管理人员等，了解发行人境外子公司主营业务、经营状况及在发行人体系中的定位，取得境外子公司设立、经营、注销（原因，资产、人员、财务处置等）的书面说明。

三、参考规范

《境外投资管理办法》

第六条　商务部和省级商务主管部门按照企业境外投资的不同情形，分别实行备案和核准管理。

企业境外投资涉及敏感国家和地区、敏感行业的，实行核准管理。

企业其他情形的境外投资，实行备案管理。

第八条　商务部和省级商务主管部门应当依法办理备案和核准，提高办事效率，提供优质服务。

商务部和省级商务主管部门通过"境外投资管理系统"（以下简称"管理系统"）对企业境外投资进行管理，并向获得备案或核准的企业颁发《企业境外投资证书》（以下简称《证书》，样式见附件1）。《证书》由商务部和省级商务主管部门分别印制并盖章，实行统一编码管理。

《证书》是企业境外投资获得备案或核准的凭证，按照境外投资最终目的地颁发。

《企业境外投资管理办法》

第六条　国家发展和改革委员会（以下简称"国家发展改革委"）在国务院规定的职责范围内，履行境外投资主管部门职责，根据维护我国国家利益和国家安全的需要，对境外投资进行宏观指导、综合服务和全程监管。

第十三条　实行核准管理的范围是投资主体直接或通过其控制的境外企业开展的敏感类项目。核准机关是国家发展改革委。

本办法所称敏感类项目包括：

（一）涉及敏感国家和地区的项目；

（二）涉及敏感行业的项目。

本办法所称敏感国家和地区包括：

（一）与我国未建交的国家和地区；

（二）发生战争、内乱的国家和地区；

（三）根据我国缔结或参加的国际条约、协定等，需要限制企业对其投资的国家和地区；

（四）其他敏感国家和地区。

本办法所称敏感行业包括：

（一）武器装备的研制生产维修；

（二）跨境水资源开发利用；

（三）新闻传媒；

（四）根据我国法律法规和有关调控政策，需要限制企业境外投资的行业。

敏感行业目录由国家发展改革委发布。

第十四条　实行备案管理的范围是投资主体直接开展的非敏感类项目，也即涉及投资主体直接投入资产、权益或提供融资、担保的非敏感类项目。

实行备案管理的项目中，投资主体是中央管理企业（含中央管理金融企业、国务院或国务院所属机构直接管理的企业，下同）的，备案机关是国家发展改革委；投资主体是地方企业，且中方投资额3亿美元及以上的，备案机关是国家发展改革委；投资主体是地方企业，且中方投资额3亿美元以下的，备案机关是投资主体注册地的省级政府发展改革部门。

本办法所称非敏感类项目，是指不涉及敏感国家和地区且不涉及敏感行业的项目。

本办法所称中方投资额，是指投资主体直接以及通过其控制的境外企业为项目投入的货币、证券、实物、技术、知识产权、股权、债权等资产、权益以及提供融资、担保的总额。

本办法所称省级政府发展改革部门，包括各省、自治区、直辖市及计划单列市人民政府发展改革部门和新疆生产建设兵团发展改革部门。

第三十二条　属于核准、备案管理范围的项目，投资主体应当在项目实施前取得项目核准文件或备案通知书。

本办法所称项目实施前，是指投资主体或其控制的境外企业为项目投入资产、权益（已按照本办法第十七条办理核准、备案的项目前期费用除外）或提供融资、担保之前。

第三十三条　属于核准、备案管理范围的项目，投资主体未取得有效核准文件或备案通知书的，外汇管理、海关等有关部门依法不予办理相关手续，金融企业依法不予办理相关资金结算和融资业务。

其他参考规范:《关于印发〈对外投资备案（核准）报告暂行办法〉的通知》《对外投资备案（核准）报告实施规程》《境内机构境外直接投资外汇管理规定》《中华人民共和国外汇管理条例》等。

第三节　业务资质

业务资质，可以理解为企业在从事某种生产经营活动时，应具有的资格以及与此资格相适应的质量等级标准。

截至2020年12月31日，新光光电、当虹科技、龙软科技、金科环境、天臣医疗、金宏气体、艾力斯、前沿生物、科兴制药、云涌科技等百余家企业，被发审委问询业务资质相关问题。

一、典型案例

新光光电（688011）

哈尔滨新光光电科技股份有限公司（以下简称“发行人”或“新光光电”）2019

年3月29日提交的招股说明书（申报稿）披露，发行人部分资质证书正在办理持有人由新光有限变更至股份公司的手续。

针对上述情形，发审委要求发行人对下列事项进行说明，并要求保荐机构、发行人律师核查并发表明确意见：相关业务资质的审批主体、资质内容及其有效期，发行人的生产经营业务范围是否超过资质范围，发行人是否合法取得并维持相关资质。

根据发行人律师出具的补充法律意见书披露显示：[1]

发行人的经营范围为从事光机电一体化产品、工业自动化控制系统装置、光学仪器、光学材料、光学镜头、光学监控设备、投影设备的技术开发、生产、销售及技术咨询、技术转让、技术服务；安防工程设计、施工、安装、维修；计算机软件的开发、技术咨询、技术转让、技术服务；货物进出口、技术进出口（涉及许可经营的项目，经审批机关批准并经工商行政管理机关登记注册后方可经营）。发行人主营业务为专注于提供光学目标与场景仿真、光学制导、光电专用测试和激光对抗等方向的高精尖组件、装置、系统和解决方案，并衍生出多类先进的民用智能光电产品。公司产品按产品性质分类，可以分为批产产品和研发产品。其中，批产产品最终用户为军方，军方与总体单位（十二大集团为主）签订采购合同后，总体单位（十二大集团为主）再将采购任务逐级分解；研发产品直接消费群体主要为军工集团科研院所及企事业单位。从发行人的客户结构来看，发行人主要客户包括中国航天科工集团所属单位、中国航天科技集团所属单位、中国航空工业集团所属单位和中国电子科技集团所属单位等。

综上所述，发行人已取得从事军品生产和销售所需要的相关资质。发行人已获得所从事业务内容所必需的全部业务资质，公司生产经营业务范围未超过资质范围，发行人合法取得并维持上述资质。关于上述涉军业务资质的审批主体、资质内容及其有效期等信息，发行人已取得国防科工局关于公司上市特殊财务信息豁免披露有关事项的批复，豁免披露相关信息。

百奥泰（688177）

针对百奥泰生物制药股份有限公司（以下简称“发行人”或“百奥泰”）2019年7月8日提交的招股说明书（申报稿）披露内容，发审委要求发行人说明是否具备开展生产经营所需的全部资质，相关资质取得过程是否合法合规。

---

〔1〕《北京市康达律师事务所关于哈尔滨新光光电科技股份有限公司首次公开发行股票并在科创板上市的补充法律意见书（一）》，载上海证券交易所网，http://static.sse.com.cn/stock/information/c/201904/fcca1537c2cc4d0ba488df6bb4bbe77c.pdf，最后访问日期：2021年5月21日。

根据发行人律师出具的补充法律意见书披露显示：[1]

发行人的主营业务为创新药和生物类似药的研发、生产，报告期内开展的业务为创新药和生物类似药的研发。发行人已取得在中国境内从事生产经营所需取得的全部资质，主要包括广东省药品监督管理局核发的药品生产许可证，药品监管部门核发的于中国境内开展药物临床试验活动的药物临床试验批准文件，中华人民共和国黄埔海关核发的海关进出口货物收发货人备案回执等。发行人报告期内实际开展的业务均在上述资质所载的范围之内，不存在超越上述许可范围从事生产经营的情形。

根据广州市黄埔区市场和质量监督管理局出具的合规证明，发行人自 2016 年 1 月 1 日至 2019 年 3 月 31 日期间不存在被该局辖区工商部门和质量技术监督部门行政处罚、列入经营异常名录和严重违法失信企业名单的记录。根据广东省药品监督管理局出具的合规证明，自 2016 年 1 月 1 日至 2019 年 3 月 31 日，发行人没有因违法违规受到广东省药品监督管理局的行政处罚。根据中华人民共和国黄埔海关驻广州经济技术开发区办事处、中华人民共和国穗东海关出具的合规证明，发行人自 2016 年 1 月 1 日至 2018 年 12 月 31 日在该关辖区进出口活动中不存在违反海关法律法规规定的情形。

综上所述，发行人已具备在中国境内开展生产经营所需的全部资质，相关中国境内资质取得过程合法合规。

成都先导（688222）

针对成都先导药物开发股份有限公司（以下简称“发行人”或“成都先导”）2019 年 7 月 9 日提交的招股说明书（申报稿）披露内容，发审委要求保荐机构、发行人律师对发行人是否具备生产经营相关的所有资质、认证、许可、备案等发表明确意见。

根据发行人律师出具的补充法律意见书披露显示：[2]

根据成都高新区市场和质量监督管理局于 2019 年 6 月 6 日向发行人核发的营业执照（统一社会信用代码：91510100590230753C），发行人的经营范围为“药物研发并提供技术咨询、技术转让、技术服务（依法须经批准的项目，经相关部门批准后方

〔1〕《北京市君合律师事务所关于百奥泰生物制药股份有限公司在中国境内首次公开发行人民币普通股股票并在科创板上市的补充法律意见（一）》，载上海证券交易所网，http：//static.sse.com.cn/stock/information/c/201909/77a62f3297d9452e944c0d7f1259bdb7.pdf，最后访问日期：2021 年 5 月 21 日。

〔2〕《北京市君合律师事务所关于成都先导药物开发股份有限公司首次公开发行股票并在科创板上市之补充法律意见书（一）》，载上海证券交易所网，http：//static.sse.com.cn/stock/information/c/201909/7480f06cbfc6463ca2b330ff2067190b.pdf，最后访问日期：2021 年 5 月 21 日。

可开展经营活动）”。

发行人目前主营业务为利用其核心技术——DEL 技术提供药物早期发现阶段的研发服务以及新药研发项目转让。具体业务包括：DEL 筛选服务、DEL 库定制服务、化学合成服务、新药研发项目转让等。发行人目前实际从事的主要业务均在发行人营业执照所载的经营范围之内，发行人开展的经营活动与其经批准的经营范围相一致。

发行人及其控股子公司根据其自身业务需要取得并拥有的与其主营业务相关的经营资质证书如下：

1. 报关单位注册登记证书

2018 年 6 月 27 日，成都海关向先导有限核发了报关单位注册登记证书，企业经营类别为进出口货物收发货人，有效期为长期。

2. 出入境检验检疫报检企业备案表

2018 年 6 月 27 日，成都海关向先导有限核发了出入境检验检疫报检企业备案表，备案类别为自理报检企业。

3. 实验动物使用许可证

2019 年 1 月 7 日，四川省实验动物管理委员会向先导有限核发了实验动物使用许可证，适用范围为大鼠、小鼠，有效期为 5 年。

4. 可感染人类病原微生物二级生物安全实验室备案登记书

2019 年 5 月 13 日，成都市卫生和计划生育委员会向成都先导核发了四川省可感染人类病原微生物二级生物安全实验室备案登记书，实验室名称为细胞实验室，拟开展的病原微生物种类、实验活动类别为三类病原微生物；部分二类病原微生物样本检测，有效期为 5 年。

5. 安全生产标准化证书

2019 年 4 月 24 日，成都市应急管理局向成都先导核发了安全生产标准化证书，成都先导为安全生产标准化三级企业，有效期至 2020 年 11 月。

6. 药品临床试验批件

2018 年 4 月 12 日，国家食品药品监督管理总局（国家药品监督管理局前身）向先导有限核发了药物临床试验批件，药品名称为 HG146 胶囊，规格为 10mg，注册分类为化学药品第 1 类，有效期限为批准之日起 3 年。2018 年 6 月 19 日，国家药品监督管理局向先导有限核发了药物临床试验批件，药品名称为 HG146 胶囊，规格为 5mg，注册分类为化学药品第 1 类，有效期限为批准之日起 3 年。

7. 易制毒、易制爆危险化学品使用备案

发行人在研发过程中涉及使用三氯甲烷试剂、乙醚试剂、甲苯试剂、丙酮试剂、盐酸试剂、甲基乙基酮试剂等第二、第三类易制毒化学品，为购买该等第二、第三类易制毒化学品，发行人已多次取得第二类、第三类易制毒化学品购买备案证明。发行人在研发过程中涉及使用金属钠、乙二胺、硼氢化钠、硝酸、无砷锌粒、硝酸镁、镁条、甲胺醇溶液等易制爆危险化学品，发行人已取得易制爆危险化学品从业单位备案证明，并在购买相关易制爆危险化学品时填写了购买易制爆危险化学品流向信息备案表和易制爆危险化学品单位备案登记表。

光云科技（688365）

针对杭州光云科技股份有限公司（以下简称发行人或光云科技）2019年6月11日提交的招股说明书（申报稿）披露内容，发审委要求发行人披露：发行人及其子公司是否已取得业务开展所需的相关资质及业务资质许可的具体内容，是否符合国家相关法律法规及行业标准规定，报告期内是否存在违反相关规定超出资质规定范围开展业务的情形，是否受到相关行政处罚；相关产品和服务认证到期是否可以续期；若无法续期，是否对发行人生产经营产生重大不利影响。

根据发行人律师出具的补充法律意见书披露显示：[1]

1. 发行人及其子公司是否已取得业务开展所需的相关资质及业务资质许可的具体内容，是否符合国家相关法律法规及行业标准规定，报告期内是否存在违反相关规定超出资质规定范围开展业务的情形，是否受到相关行政处罚

（1）发行人及其子公司已取得业务开展所需的资质及业务资质许可的具体内容如下：

①增值电信业务经营许可证

2016年8月15日，浙江省通信管理局向麦家科技颁发了增值电信业务经营许可证，准许麦家科技在网站域名为“maijia.com”“kuaimai.la”经营业务种类为“第二类增值电信业务中的信息服务业务（仅限互联网信息服务）”，业务覆盖范围（服务项目）为“不含信息搜索查询服务、信息即时交互服务（依法须经批准的项目，经相关部门批准后方可开展相应经营活动）”，有效期至2021年8月14日。2018年12月18日，中国工业和信息化部向光云科技颁发了增值电信业务经营许可证，准许光云科技在全国范围经营“信息服务业务（不含互联网信息服务）”，有效期至2023年12月18日。

〔1〕《上海市瑛明律师事务所关于杭州光云科技股份有限公司首次公开发行人民币普通股股票并在科创板上市的补充法律意见书（一）》，载上海证券交易所网，http：//static.sse.com.cn/stock/information/c/201909/f15c5a582af148439f5dd2e9b6e3ae34.pdf，最后访问日期：2021年5月21日。

②广播电视节目制作经营许可证

2019年4月1日，浙江省广播电视局向麦家科技颁发了广播电视节目制作经营许可证，准许麦家科技在经营范围为“制作、发行广播电视节目（时政、新闻及同类专题、专栏除外）”的范围内开展业务，有效期至2021年3月31日。根据《电信条例》、《互联网信息服务管理办法》（2011年修订）、《电信业务经营许可管理办法》、《广播电视节目制作经营管理规定》（国家广播电影电视总局令第34号）等国家相关法律法规及部门规章等的规定，发行人及其子公司已取得业务开展所需的相关资质许可，该等业务资质及其许可的具体内容，符合国家相关法律法规及行业标准规定。

（2）根据发行人及其子公司所在地市场监管局出具的企业无违法违规证明及发行人律师走访浙江省通信管理局、查询浙江省广播电视局网站，报告期内，发行人及其子公司不存在违反相关规定超出资质规定范围开展业务而受到相关行政处罚的情形。

2. 相关产品和服务认证到期是否可以续期；若无法续期，是否对发行人生产经营产生重大不利影响

（1）增值电信业务经营许可证

发行人及麦家科技的基本情况、资金、专业人员等方面符合增值电信业务经营许可证到期后的续期申请或重新认定条件，不存在不被核准续期的风险，也不存在不符合重新认定条件的风险。

（2）广播电视节目制作经营许可证

浙江省广播电视局已向麦家科技核发新的广播电视节目制作经营许可证。麦家科技的基本情况、专业人员、工作场所、业绩审核等方面符合广播电视节目制作经营许可证到期后的续期申请或重新认定条件，不存在不被核准续期的风险，也不存在不符合重新认定条件的风险。

财富趋势（688318）

深圳市财富趋势科技股份有限公司（以下简称发行人或财富趋势）2019年7月10日提交的招股说明书（申报稿）披露，发行人主营业务是基于互联网提供证券信息软件产品和证券信息服务，并在香港开展业务。

针对上述情形，发审委要求发行人对下列事项进行说明，并要求保荐机构、发行人律师核查并发表明确意见：是否已取得生产经营所必需的全部相关资质、牌照、许可或认证，是否取得了全部必需的批文或注册，是否满足所必需的国家、行业及地方标准规范，是否均在有效期内且合法有效，如存在资质许可即将到期的，请说明续期

办理是否存在障碍及对发行人的业务经营的影响；上述资质、牌照、许可、认证，批文或注册的取得情况，包括但不限于名称、主管部门、取得时间、编号、类别、有效期、覆盖的业务范围及其与发行人业务的具体对应关系；详细披露证监会发布的与发行人主营业务相关的法律、法规、规范性文件及主要条款，对照说明发行人是否满足上述规定要求，是否存在违规经营情形；公司主营业务包括证券分析、智能选股等，补充说明发行人是否取得证券投资咨询资质，其他从事相同或类似业务的公司是否均已取得证券投资咨询资质，发行人是否属于非法从事证券投资咨询业务；说明发行人境外经营的具体情况，是否满足相应的资质、牌照、许可或认证等要求；以列表对比的形式，补充披露发行人与同行业可比公司在业务资质、许可等方面的差异，及存在差异的原因。

根据发行人律师出具的补充法律意见书披露显示：[1]

1. 是否已取得生产经营所必需的全部相关资质、牌照、许可或认证，是否取得了全部必需的批文或注册，是否满足所必需的国家、行业及地方标准规范，是否均在有效期内且合法有效

（1）发行人的经营范围

发行人依法登记的经营范围为“电子产品、计算机软硬件技术开发、技术服务、信息咨询（不含限制项目）。增加：电子产品、计算机软硬件的销售；经营进出口业务（法律、行政法规、国务院决定禁止的项目除外，限制的项目须取得许可后方可经营）；信息技术服务。经营增值电信业务（按增值电信业务经营许可证核准业务范围经营）”。发行人是国内证券行情交易系统软件产品和证券信息服务的重要供应商，主要面向证券公司等金融机构客户提供金融软件解决方案，为证券公司等金融机构建设其投资者行情交易终端、终端用户信息系统以及客户服务系统等。同时，发行人为终端投资者客户提供专业、高效的证券信息服务。

（2）发行人已取得生产经营所必需的全部相关资质、牌照、许可或认证，以及全部必需的批文或注册

①营业执照

截至2019年3月31日，发行人合法持有深圳市市场监督管理局核发的营业执照，为合法设立且有效存续的股份有限公司，不存在依据有关法律法规、规范性文件及公司章程规定的应当终止的情况。

---

〔1〕《关于深圳市财富趋势科技股份有限公司首次公开发行股票并在科创板上市的补充法律意见书（一）》，载上海证券交易所网，http：//static.sse.com.cn/stock/information/c/201909/95b4c7ee97a74d179ab874066c69137d.pdf，最后访问日期：2021年5月21日。

②增值电信业务经营许可证

发行人在向证券基金经营机构提供信息技术服务的过程中不涉及对客户直接提供信息服务，发行人经营此业务无须取得增值电信业务经营许可证。发行人为个人投资者提供行情揭示软件服务的过程中，存在少量为投资者提供短信提醒业务的服务内容。根据《电信业务分类目录》的规定，该服务内容属于 B25（不含互联网）分类内容，发行人经营该业务应具有第二类增值电信业务经营许可证。

③商用密码产品生产定点单位证书、商用密码产品型号证书

发行人的通达信 SSL 数据加密通信系统（服务端、客户端）的网上交易系统中有信息保密功能。根据《商用密码管理条例》（国务院令第 273 号），发行人就该部分业务需取得国家密码管理机构的批准。

④对外贸易经营者备案登记表

发行人在境外开展业务需根据《对外贸易法》与《对外贸易经营者备案登记办法》的规定取得对外贸易经营者备案登记表。

（3）发行人满足所必需的国家、行业及地方标准规范

①根据发行人持有的商用密码产品型号证书，发行人的通达信 SSL 数据加密系统（服务端）产品与通达信 SSL 数据加密通信系统（客户端）产品符合 G/MT 0024–2014《SSL VPN 技术规范》相关要求，符合 G/MT 00 28–2014《密码模块安全技术要求》、G/MT 0039–2015《密码模块安全检测要求》等级第二级相关要求。

②根据发行人持有的软件企业认定证书，发行人符合《进一步鼓励软件产业和集成电路产业发展的若干政策》和《软件产业评估》（T/SIA002—2017）的相关规定。

（4）生产经营所必需的全部相关资质、牌照、许可或认证的到期情况

根据《国务院关于取消一批行政许可事项的决定》（国发〔2017〕46 号）的规定，自 2017 年 9 月 22 日起，不再审批颁发商用密码产品生产定点单位证书。根据《关于做好商用密码产品生产单位审批等 4 项行政许可取消后相关管理政策衔接工作的通知》（国密局字〔2017〕336 号）的规定，已颁发的商用密码产品生产定点单位证书到期自然失效。发行人现持有的商用密码产品生产定点单位证书将于 2020 年 6 月 18 日到期自然失效，后续无需再取得该项证书。根据发行人申请对外贸易经营者备案登记表时作出的保证，该登记表上填写的任何事项发生变化之日起，30 日内到原备案登记机关办理该登记表的变更手续。因发行人注册地址 2019 年 6 月 25 日变更，对外贸易经营者备案登记表需要办理变更手续，发行人正在办理相关手续。

除对外贸易经营者备案登记表正在办理注册地址变更事项之外，发行人不存在即将到期的资质、牌照、许可或认证。

2. 上述资质、牌照、许可、认证，批文或注册的取得情况

（1）截至 2019 年 3 月 31 日，发行人上述依法登记的资质、牌照、认证，批文或注册的取得情况如表 58 所示：

表 58

序号	名称	主管部门	取得时间	编号	类别	有效期	覆盖的业务范围	发行人业务
1	营业执照	深圳市市场监督管理局	2019/6/25	91440300797975760B	—	无固定期限	电子产品、计算机软硬件技术开发、技术服务、信息咨询（不含限制项目）。增加：电子产品、计算机软硬件的销售；经营进出口业务（法律、行政法规、国务院决定禁止的项目除外，限制的项目须取得许可后方可经营）；信息技术服务。经营增值电信业务（按增值电信业务经营许可证核准业务范围经营）	证券信息软件的研发和服务
2	增值电信业务经营许可证	工业和信息化部	2016/12/13	B2-20110213	第二类增值电信业务中的信息服务业务（不含互联网信息服务）	至2021/9/20	第二类增值电信业务中的信息服务业务（不含互联网信息服务）	个人版软件中的短信电信通知功能
3	商用密码产品生产定点单位证书	国家密码管理局	2017/6/19	国密局产字 SSX 2124 号	—	2017/6/19至2020/6/18（到期自然失效）	经国家密码管理机构批准的商用密码产品开发、生产	发行人产品网上交易系统产品中的信息保密功能
……	……	……	……	……	……	……	……	……

续表

序号	名称	主管部门	取得时间	编号	类别	有效期	覆盖的业务范围	发行人业务
7	对外贸易经营者备案登记表	深圳市经济贸易和信息化委员会（原深圳市贸易工业局）	2016/8/18	02041780	股份有限公司	不适用	—	发行人经营境外业务

（2）发行人取得的信息使用许可情况

截至2019年3月31日，发行人通过其正在履行及将要履行的信息使用许可合同取得的信息许可使用情况如表59所示：

表59

序号	供应商	相关法律法规及行业规定
1	上证所信息网络有限公司	《合同法》《证券法》《证券交易所管理办法》《上海证券交易所交易规则》等
2	深圳证券信息有限公司	《合同法》《证券法》《证券交易所管理办法》《深圳证券交易所交易规则》《深圳证券交易所会员管理规则》《深圳证券交易所信息管理暂行办法》《深交所网络版增强行情信息商审计管理暂行办法》等
3	大连飞创信息技术有限公司	《合同法》《期货交易管理条例》《大连商品交易所交易规则》《大连商品交易所信息管理办法》等
4	郑州易盛信息技术有限公司上海分公司	《合同法》《期货交易管理条例》《郑州商品交易所交易规则》《郑州商品交易所违规处理办法》等
5	上海金融期货信息技术有限公司	《合同法》《期货交易管理条例》《期货交易所管理办法》《中国金融期货交易所交易规则》《中国金融期货交易所信息管理办法》《中国金融期货交易所违规违约处理办法》等

续表

序号	供应商	相关法律法规及行业规定
6	上海期货交易所	《合同法》《期货交易管理条例》《上海期货交易所交易规则》《上海期货交易所交易细则》等
7	上海国际能源交易中心股份有限公司	《合同法》《期货交易管理条例》《上海国际能源交易中心交易规则》《上海国际能源交易中心违规处理实施细则》《上海国际能源交易中心信息管理细则》等
8	全国中小企业股份转让系统有限责任公司	《合同法》《证券法》《全国中小企业股份转让系统有限责任公司管理暂行办法》《全国中小企业股份转让系统业务规则（试行）》《全国中小企业份转让系统行情信息许可使用业务办理流程》等
9	HKEx INFORMATION SERVIC ES LIMITED	协议适用香港特别行政区法律
10	The NASDAQ OMX Group, In c	协议适用美国 1934 年证券交易法等美国法律
11	北京港经通经济信息咨询服务有限公司上海分公司	《合同法》等
12	深圳市融聚汇信息科技有限公司	《合同法》等

上述信息许可使用对应的发行人业务为行情数据展示。

3. 证监会发布的与发行人主营业务相关的法律、法规、规范性文件及主要条款，对照说明发行人是否满足上述规定要求，是否存在违规经营情形。

证监会发布的与发行人主营业务相关的《证券基金经营机构信息技术管理办法》《证券公司交易信息系统外部接入管理暂行规定（征求意见稿）》《关于新设公募基金管理人证券交易模式转换有关事项的通知》中与发行人主营业务的相关条款以及发行人满足上述条款的具体情况如表 60 所示：

表 60

证监会文件	主要业务相关条款	满足情况
《证券基金经营机构信息技术管理办法》	第四十四条规定：证券公司应当选择符合本办法第四十七条所列条件的信息技术服务机构开展合作。 第四十七条规定：为基金管理公司提供信息技术服务的机构（以下简称基金信息技术服务机构）应当符合下列条件并向中国证监会备案：（一）近三年未因从事非法金融活动，违反金融监管部门有关规定展业，为非法金融活动提供信息发布服务等情形受到监管部门行政处罚或重大监管措施；（二）信息技术服务机构及其控股股东、实际控制人、实际控制人控制的其他信息技术服务机构最近一年内不存在证券期货重大违法违规记录；（三）具备安全、稳定的信息技术服务能力；（四）具备及时、高效的应急响应能力；（五）熟悉相关证券基金业务，具备持续评估信息技术产品及服务是否符合监管要求的能力；（六）中国证监会规定的其他情形	发行人对该条规定要求的满足情况如下： （一）发行人近三年未因从事非法金融活动，违反金融监管部门有关规定展业，为非法金融活动提供信息发布服务等情形受到监管部门行政处罚或重大监管措施； （二）发行人及其控股股东、实际控制人最近一年内不存在证券期货重大违法违规记录；如《律师工作报告》披露，不存在实际控制人控制的其他信息技术服务机构； （三）发行人具备安全、稳定的信息技术服务能力； （四）发行人具备及时、高效的应急响应能力； （五）发行人熟悉相关证券基金业务，根据发行人提供的内部组织结构设置，发行人成立了专门的合规部持续学习监管要求，并进行产品和服务的评估，具备持续评估信息技术产品及服务是否符合监管要求的能力
《证券基金经营机构信息技术管理办法》	第四十五条规定：证券基金经营机构应当与信息技术服务机构签订服务协议和保密协议，明确各方权利、义务和责任，约定质量考核标准、持续监控机制、异常处理机制、服务变更或者终止的处置流程以及现场服务人员保密要求等内容，并持续监督信息技术服务机构及相关人员落实服务协议和保密协议的情况	发行人对该条规定要求的满足情况如下： 经查发行人目前与证券基金经营机构已签订的合同，与部分证券基金经营机构已签订服务协议和保密协议；与部分证券基金经营机构仅签订服务协议未签订保密协议，但该等协议中已约定保密条款；所签订的服务协议中均以甲乙方权利义务条款与违约责任条款的形式明确了各方权利、义务和责任；部分所签订的服务协议中约定了质量考核标准、持续监控机制、异常处理机制、服务变更或者终止的处置流程以及现场服务人员保密要求等内容。 存在上述差异的原因是发行人作为产品与服务的提供方，所签订的服务协议基于证券基金经营机构提供的服务协议版本，不同证券基金经营机构提供的服务协议差异较大。《管理办法》于2019年6月1日起实施，发行人自《管理办法》实施起，已严格按照相关的要求签订服务协议

续表

证监会文件	主要业务相关条款	满足情况
《证券基金经营机构信息技术管理办法》	第四十九条规定：为证券公司、证券投资咨询机构提供信息技术服务的机构可以自愿接受中证信息业务指导，并遵守相关业务规则	发行人自《管理办法》实施前即接受中证信息业务指导，并遵守相关业务规则
	第五十条规定：信息技术服务机构应当健全内部质量控制机制，定期监测相关产品或服务，在提供服务过程中出现明显质量问题的，应当立即核实有关情况，采取必要的处理措施，明确修复完成时限，及时完成修复工作	发行人有健全的内部质量控制机制。发行人定期对产品进行测试，形成相应的测试报告，如果检测到质量问题的，会立即核实有关情况，以邮件的形式通知证券公司。进一步的修复工作与证券公司配合进行，修复所需要的时间根据证券公司的配合程度而不同。 发行人在产品安装部署完成后与证券公司一同对产品进行测试，测试中发现质量问题的，对产品进行修复排除故障。发行人定期对产品使用情况进行调研与抽样反馈，如发现不满足软件系统运行维护要求的，会向相应的证券公司发出通知，要求其按技术说明对发行人的产品进行操作，以免因操作不规范产生问题。 此外，若证券公司在日常使用软件过程中发现问题的，由公司技术人员根据合同要求进行修复与维护
	第五十一条规定：信息技术服务机构为证券基金业务活动提供信息技术服务，不得有下列行为：（一）参与证券基金经营机构向客户提供业务服务的任何环节或向投资者、社会公众等发布可能引发其从事证券基金业务误解的信息；（二）截取、存储、转发和使用证券基金业务活动相关经营数据和客户信息；（三）在服务对象不知情的情况下，转委托第三方提供信息技术服务；（四）提供的产品或服务相关功能、操作流程、系统权限及参数配置违反现行法律法规	发行人对该条规定要求的满足情况如下： （一）发行人在向证券公司提供证券信息软件及维护对业务中不直接接触投资者，并不存在参与证券基金业务活动及导向公众误解公司具备证券基金业务资格的情况。 发行人的个人版业务中，发行人向投资者提供增强行情信息展示、证券统计分析工具等功能。发行人从未提供荐股、行情预测、投资建议服务，并未据此开展证券基金业务活动，或误导公众其具备证券基金业务资格的情况。 （二）发行人提供的交易软件产品、供软件产品运行的服务器都由证券公司独立部署，发行人无法获取经营数据和客户信息。 （三）发行人从未在服务对象不知情的情况下，转委托第三方提供信息技术服务。

续表

证监会文件	主要业务相关条款	满足情况
《证券基金经营机构信息技术管理办法》		（四）发行人提供的产品或服务相关功能、操作流程、系统权限及参数配置需证券公司授权才能进行，发行人不具备随意访问和变更的权限，无法进行违规操作。 （五）关闭系统接口或设置技术壁垒需证券公司的授权才能进行，发行人不具备随意访问和变更的权限，无法进行违规操作。发行人开发环境与证券公司运营、生产环境相隔离，发行人不具备随意访问和变更证券公司运营、生产环境的权限。系统接口作为证券公司系统机房的运作部分，位于证券公司内部，发行人不具备关闭系统接口的客观条件。发行人无设置技术壁垒的行为。 （六）发行人无法取得证券基金经营机构提供其压力测试数据；通过互联网查询，发行人未进行过相关信息披露
《证券公司交易信息系统外部接入管理暂行规定（征求意见稿）》	第七条规定：证券公司应当采取有效措施防范协议破解、外挂依附、文件交换等其他变相方式违规接入	发行人未提供外部接入管理软件产品。 该规定的监管对象为从事交易信息系统外部接入活动的证券公司，发行人并非该规定的监管对象。但由于发行人向证券公司提供软件产品与服务，如证券公司需要，发行人将根据该规定的要求提供相应的软件产品与服务。 根据发行人的说明，发行人自2015年以来已积极开展和研发防范协议破解、外挂依附、文件交换等其他变相方式违规接入的软件产品。公司具备协助证券公司开展违规接入清理和防御的技术和能力
《关于新设公募基金管理人证券交易模式转换有关事项的通知》	第六条规定：证券公司应当严格执行信息隔离墙的相关规定，对基金产品相关敏感信息严格保护，采取系统隔离、专岗设置、权限控制、信息脱敏、访问留痕保密承诺等方式，防止敏感信息的不当接触、使用及传递	发行人并无新设公募基金管理人证券交易的业务

4. 公司主营业务包括证券分析、智能选股等，补充说明发行人是否取得证券投资咨询资质，其他从事相同或类似业务的公司是否均已取得证券投资咨询资质，发行人是否属于非法从事证券投资咨询业务

（1）证券分析与智能选股的业务与证券投资咨询无关，发行人不存在非法从事证券投资咨询业务的情形

发行人的主要产品及服务中包括证券行情交易系统软件及维护服务和证券信息服务。证券分析和智能选股是公司按照证券公司的业务需求开发出来的作为证券公司向投资者提供的行情交易软件中的功能模块。从后台看，该部分是作为独立的插件安装部署到发行人产品中的；从前端看，该部分属于发行人产品中的一个功能。具体而言，证券分析功能为对证券实时行情和历史数据进行揭示和统计，例如现价、换手率、市盈率等数据；智能选股功能为对证券实时行情、历史数据和统计数据进行条件筛选，软件智能识别自然语言并输出结果，例如输入条件“流通市值大于 1000 万的 A 股”，可输出满足对应条件的所有股票。该两项功能均通过对公开数据信息、历史数据中的客观特征进行识别而实现。设置该两项功能的目的在于帮助用户进行快速搜索，为用户深入了解行情状态提供客观工具，仅具备证券信息汇总或者证券投资品种历史数据统计的作用。

发行人面向个人投资者的软件产品中，类似的选股功能的实现与提供给证券公司的版本相同，仅具备证券信息汇总或者证券投资品种历史数据统计的作用，与证券投资咨询无关。

通达信 PC 端证券行情交易系统软件的主要模块为行情功能、市场功能、资讯功能、发现功能等。其中，行情功能提供行情报价信息；市场功能提供市场指数信息等；资讯功能提供个股、行业、券商、F10 等基础资讯；发现功能提供新股上市、个股停复牌、增发等信息汇总。通达信移动平台证券系统软件中的主要功能与 PC 端证券行情交易系统软件的主要模块相似，提供行情功能、资讯功能等。证券分析和智能选股应用于上述行情功能模块和资讯功能模块，与证券投资咨询无关。发行人不存在违反证券投资咨询业务相关规定的情况。

（2）其他从事相同或类似业务的公司证券投资资质取得情况

与发行人从事相同或类似业务的公司为大智慧与同花顺。

根据大智慧的招股说明书，在上市当时（2011 年），大智慧的子公司上海大智慧投资咨询有限公司（现已更名为上海大智慧基金销售有限公司）持有中国证监会颁发的证券投资咨询业务资格证书（编号：zx0062），证书类别为 A 证券投资咨询。大智慧及其子公司上海大智慧基金销售有限公司目前未取得证券投资咨询资质。

根据同花顺的招股说明书，在上市当时（2009年），同花顺及其子公司未取得证券投资咨询资质。同花顺的子公司浙江同花顺云软件有限公司（由浙江国金投资咨询有限公司于2010年5月变更而来）目前持有证券投资咨询资质（编号：zx0050）。

5. 发行人境外经营的具体情况，是否满足相应的资质、牌照、许可或认证等要求

（1）发行人境外经营的具体情况

截至2019年3月31日，发行人已与国信证券（香港）金融控股有限公司、招商证券（香港）有限公司、中信证券国际有限公司等金融机构建立了业务往来。根据众环出具的《审计报告》，报告期内，发行人境外业务收入分别为384.10万元、448.82万元、430.55万元和64.94万元，境外业务收入占公司营业收入的比例较小。

（2）境外经营的资质、牌照、许可或认证等要求

发行人已取得对外贸易经营者备案（备案登记号：02041780），符合《对外贸易法》与《对外贸易经营者备案登记办法》等相关法律法规的规定，满足其开展境外经营所需资质、牌照、许可或认证等要求。

根据《软件出口管理和统计办法》（外经贸技发〔2001〕604号）规定，经行业主管部门认定的软件企业，凡注册资金达到100万元人民币的，均可享有自营出口经营资格，应按属地原则到各省、自治区、直辖市和计划单列市外经贸厅（委、局）进行登记。同时，根据该文件的规定，通过“网上传输方式”软件出口的，不需要到海关办理出口报关手续，通过网上传输的软件出口，软件出口企业收汇后持软件出口合同登记证书和生效的软件出口合同（正本）直接到外汇指定银行办理收汇手续，发行人正在办理软件出口合同登记证书。发行人不存在外汇行政处罚违规记录；发行人境外客户无对其经营业务的资质、牌照、许可或认证等要求。

6. 发行人与同行业可比公司在业务资质、许可等方面的差异，及存在差异的原因

（1）发行人与同行业可比公司的资质许可差异如表61所示：

表61

相关资质	发行人	同花顺	大智慧
增值电信业务经营许可证（不含互联网信息服务）	编号：B2-20110213 业务种类：第二类增值电信业务中的信息服务业务（不含互联网信息服务）	编号：B2-20090237 业务种类：第二类增值电信业务中的信息服务业务（不含互联网信息服务）	编号：B2-20100128 业务种类：第二类增值电信业务中的国内呼叫中心业务、信息服务业务（不含互联网信息服务）

续表

相关资质	发行人	同花顺	大智慧
增值电信业务经营许可证（仅限互联网信息服务）	—	编号：浙B2-20110184 业务种类：信息服务业务（仅限互联网信息服务）	编号：沪 B2-2006014 1 业务种类：第二类增值电信业务中的国内呼叫中心业务、信息服务业务（仅限互联网信息服务）
证券投资咨询服务资质	—	同花顺的子公司浙江同花顺云软件有限公司持有该证书（证书编号：ZX0050）证券期货业务范围：证券投资咨询	—
网络文化经营许可证	—	—	沪网文〔2014〕0338-088 号经营范围：游戏产品运营；网络游戏虚拟货币发行
信息网络传播视听节目许可证	—	—	许可证号：0910546 业务类别：1. 第二类互联网视听节目服务中的第三项：文艺、娱乐、科技、财经、体育、教育等专业类视听节目的制作（不含采访），播出服务。2. 第四类互联网视听节目服务中的第一项：转播广播电视节目频道的服务
广播电视节目制作经营许可证	—	—	编号：（沪）字第 407 号经营范围：制作、发行广播电视节目（时政、新闻及同类专题、专栏除外）
出版物经营许可证	—	—	编号：新出发沪批字第 U4435 号核准经营范围：电子出版物批发、零售
商用密码产品生产定点单位证书	编号：国密局产字 SSX2 124 号业务范围：经国家密码管理机构批准的商用密码产品开发、生产	—	—

（2）存在差异的原因

发行人与同行业可比公司的资质许可存在差异的原因是各公司经营范围不同，各公司经营范围如表 62 所示：

表 62

发行人	同花顺	大智慧
一般经营项目：电子产品、计算机软硬件技术开发、技术服务、信息咨询（不含限制项目）。增加：电子产品、计算机软硬件的销售；经营进出口业务（法律、行政法规、国务院决定禁止的项目除外，限制的项目须取得许可后方可经营）；信息技术服务。许可经营项目：经营增值电信业务（按增值电信业务经营许可证核准业务范围经营）	第二类增值电信业务中的信息服务业务（凭有效的增值电信业务经营许可证经营）。计算机、电子产品的技术开发、技术服务、成果转让，计算机软硬件的销售，设计、制作、发布、代理国内各类广告	计算机软件服务，第二类增值电信业务中的信息服务业务（不含固定网电话信息服务），互联网证券期货讯息类视听节目，计算机系统服务，数据处理，计算机、软件及辅助设备的零售，网络测试、网络运行维护，房地产咨询（不得从事经纪），自有房屋租赁，会议服务、创意服务、动漫设计，设计、制作各类广告，利用自有媒体发布广告，网络科技（不得从事科技中介），投资咨询，企业策划设计，电视节目制作、发行；游戏产品运营，网络游戏虚拟货币发行。【依法须经批准的项目，经相关部门批准后方可开展经营活动】

具体说明如下：

①增值电信业务许可证差异的原因

大智慧持有两个增值业务经营许可证：一个为上海市通信管理局颁发的增值业务经营许可证，核准的业务种类为第二类增值电信业务中的国内呼叫中心业务、信息服务业务（仅限互联网信息服务）。另一个为工信部颁发的增值电信业务许可证，核准的业务种类为第二类增值电信业务中的国内呼叫中心业务、信息服务业务（不含互联网信息服务）。

同花顺持有两个增值业务经营许可证：一个为浙江省通信管理局颁发的增值业务经营许可证，核准的业务种类为信息服务业务（仅限互联网信息服务）。另一个为工信部颁发的增值电信业务许可证，核准的业务种类为第二类增值电信业务中的信息服务业务（不含互联网信息服务）。

发行人持有工信部颁发的增值电信业务经营许可证，核准的业务种类为第二类增值电信业务中的信息服务业务（不含互联网信息服务）。

发行人在向证券基金经营机构提供信息技术服务的过程中，不涉及向投资者直接提供信息服务；发行人为个人投资者提供的行情揭示软件服务，存在少量为投资者提供短信提醒业务的服务内容，该部分服务内容属于工业和信息化部《电信业务分类目录》中的B25（不含互联网）分类内容，发行人业务中不包含互联网信息服务，因此发行人根据业务需要申请了第二类增值电信业务中的信息服务业务（不含互联网信息服务）的许可证。

②发行人未持有证券投资咨询服务、网络文化经营许可证、信息网络传播视听节目许可证、广播电视节目制作经营许可证、出版物经营许可证的原因

发行人不从事该等资质许可对应的业务，因此未申请该等资质许可。

综上所述，发行人已取得开展现阶段业务所需的业务资质、许可和认证，相关资质、许可和认证均在有效期内且合法有效。发行人满足证监会发布的与发行人主营业务相关的法律、法规、规范性文件的规定要求，不存在违规经营情形。发行人未从事投资咨询业务，无须取得证券投资咨询资质。发行人境外经营符合相应的资质、牌照、许可或认证等要求。

二、解决思路

发审委通常会关注发行人是否取得从事生产经营所需的资质，解决思路就是取得生产经营必需的资质并如实披露。

1. 发行人详细披露公司从事生产经营所需取得的全部相关资质、牌照、许可或认证，发行人取得全部必需的批文或注册，满足所必需的国家、行业及地方标准规范。

2. 发行人报告期内持续符合拥有该等资质、许可、认证所需的条件。发行人存在资质许可即将到期的，应当说明续期办理是否存在障碍及对发行人的业务经营的影响。发行人已取得的资质、许可、认证，均应在有效期内依据相关规定定期复核，发行人应承诺将持续符合其各项续期条件及要求，积极办理相关资质、许可、认证的续期手续。

3. 发行人不存在超越许可范围从事生产经营的情形。报告期内发行人及子公司在经营活动中不存在违反相关法律法规的情形，也不存在因违反法律法规而受到行政处罚的情形。必要时，应由相关主管部门出具证明。

4. 与同行业可比公司获得资质的具体情况进行对比，除因市场公开渠道无法查询的部分资质外，发行人取得资质情况应与上述公司大致相同，不存在发行人未取得生产相关资质、许可、认证的情况；存在差异的，应披露差异原因。

【具体核查要点】

1. 发行人是否已取得生产经营所必需的相关许可、资质、认证，产品是否取得了全部必需的批文，是否满足所必需的国家、行业及地方标准规范，是否在有效期内，生产经营业务范围是否超过资质范围。

2. 发行人部分即将到期的资质许可是否存在续期障碍，是否会对发行人的业务经营产生不利影响。

3. 发行人境外经营是否满足相应的资质、认证、标准规范等要求。

4. 发行人报告期内是否因未取得生产经营所必需的相关许可、资质、认证受到主管机关处罚、警告或调查，是否存在产品质量纠纷或其他潜在纠纷。

5. 发行人与同行业可比公司在业务资质、许可等方面的差异，及存在差异的原因。

【核查方式】

1. 核查发行人现行有效的营业执照、生产相关资质、许可、认证文件；查验发行人取得的许可事项及许可内容是否符合相关法律、法规及规范性文件的规定。

2. 查阅发行人及子公司所在地的市场监督管理部门、税务管理部门等出具的证明。

3. 核查发行人对相关资质、许可、认证定期复核的相关资料。

4. 核查发行人关于资质续期相关事宜的承诺。

5. 通过可比公司公开披露的信息查询其所需获得的资质情况，核查发行人的业务资质是否完备。

6. 就发行人业务资质相关情况访谈发行人高级管理人员、相关负责人。

第四节　客户集中度高

客户集中度高对发行人持续盈利能力、抗风险能力，甚至发行人独立性会产生不利影响，故发审委对此问题通常持较为谨慎的态度。

截至 2020 年 12 月 31 日，江苏北人、复洁环保、敏芯股份、艾迪药业、罗克佳华、兰剑智能等企业被发审委问询客户集中度高相关问题。

一、典型案例

复洁环保（688335）

上海复洁环保科技股份有限公司（以下简称发行人）2020 年 1 月 20 日提交的招股说明书（申报稿）披露：发行人 2018 年签订合同订单金额较 2017 年大幅度减少。发行人及其子公司将已履行和正在履行的对报告期经营活动、财务状况或未来发展等具有重要影响且合同金额在1000万元以上合同认定为重大销售合同，其中2017年、2018年、2019年1~11月发行人重大销售合同总金额持续下降，2019年1~11月废气净化设备未签订新的重大销售合同。

针对上述情形，发审委要求保荐机构、发行人律师按照《科创板审核问答（二）》第十二、十三条的相关要求，就发行人客户集中度高的合理性、客户的稳定性和业务的持续性，发行人是否符合《科创板首发办法》第十二条的相关规定核查并发表明确核查意见。

根据发行人律师出具的补充法律意见书披露显示：[1]

1. 发行人符合《科创板审核问答（二）》第十二条的规定

（1）发行人下游行业属于公用事业，主体集中度高，区域性特征明显，具有行业集中的特殊性；不存在下游行业较为分散而发行人自身客户较为集中的情况；同行业可比公司中持股份、奥福环保、梅思泰克前五大客户集中度较高，接近或超过50%。

（2）发行人客户主要包括地方水务公司为代表的地方国有企业和设计院等大型承包商，处于行业领先地位，主要通过招投标的方式发布项目信息；发行人主要客户本身业务不存在重大不确定性。

（3）从历史合作上看，发行人与同一家客户已经陆续在多个项目上展开合作，发行人与主要客户具有长期稳定的合作关系，发行人在客户持续性、稳定性方面没有重大风险；相关交易主要采用招投标方式，定价公允，体现了发行人较强的市场竞争优势。

（4）发行人与主要客户不存在关联关系；发行人超过83%的收入源于招投标，以竞争性的方式充分参与市场竞争，定价公允，具有独立面向市场获取业务的能力。

综上所述，发行人客户集中不对持续经营能力构成重大不利影响，发行人已充分披露了上述情况，充分揭示了客户集中度较高可能带来的风险，符合《科创板审核问答（二）》第十二条的规定。

2. 发行人符合《科创板审核问答（二）》第十三条的规定

（1）发行人客户所集中地域相继出台的环保政策与规划，为污泥脱水干化减量释放了巨大市场空间，且发行人自主研发的低温干化一体化设备具备先进性，低温真空脱水干化一体化技术装备先后被列入科技部国家重点新产品项目；环保部

[1]《北京大成律师事务所关于上海复洁环保科技股份有限公司首次公开发行股票并在科创板上市之补充法律意见书（一）》，载上海证券交易所网，http：//static.sse.com.cn/stock/information/c/202004/94d67c7820fa49f6aa9088cc8765009a.pdf，最后访问日期：2021年5月21日。

《2015年国家鼓励发展的环境保护技术目录（水污染治理领域）》二十三项推广应用的技术之一（污泥脱水干化领域唯一入选技术）；生态环境部《2019年国家先进污染防治技术目录（水污染防治领域）》二十六项推广或示范的技术之一（污泥脱水干化领域唯一入选技术）；工信部、科技部《国家鼓励发展的重大环保技术装备目录（2017年版）》推广的四项固体废物处理技术装备之一（污泥脱水干化领域唯一入选技术装备）。因此，不存在所处行业受国家政策限制或国际贸易条件影响存在重大不利变化风险。

（2）根据《"十三五"国家战略性新兴产业发展规划》《"十三五"全国城镇污水处理及再生利用设施建设规划》等，不存在发行人所处行业出现周期性衰退、产能过剩、市场容量骤减、增长停滞等情况。

（3）发行人所处行业门槛较高，相比竞争对手发行人在技术上具有明显的独特性和优势。

（4）不存在发行人所处行业上下游供求关系发生重大变化，导致原材料采购价格或产品售价出现重大不利变化的情形。

（5）发行人不存在因业务转型的情形。

（6）发行人重要客户均处于行业领先地位，其本身业务的持续性、稳定性良好，不存在重大不利变化，对发行人业务的稳定性和持续性不存在重大不利影响。

（7）发行人处于稳健快速发展阶段，规模较小，低于同行业上市公司，不存在发行人由于工艺过时、产品落后、技术更迭、研发失败等原因导致市场占有率持续下降、重要资产或主要生产线出现重大减值风险、主要业务停滞或萎缩的情形。

（8）发行人业务数据和财务指标健康，不存在多项业务数据和财务指标呈现恶化趋势，短期内没有好转迹象的情形。

（9）对发行人业务经营或收入实现有重大影响的商标、专利、专有技术以及特许经营权等重要资产或技术不存在重大纠纷或诉讼，未对发行人财务状况或经营成果产生重大影响。

（10）不存在其他明显影响或丧失持续经营能力的情形。

综上所述，发行人持续经营能力不存在重大不利影响，发行人上述披露真实、准确、完整，符合《科创板审核问答（二）》第十三条的规定。

3. 发行人符合《科创板首发办法》第十二条的规定

（1）发行人的资产完整，业务及人员、财务、机构独立，与控股股东、实际控制人及其控制的其他企业间不存在对发行人构成重大不利影响的同业竞争，不存在严重影响独立性或者显失公平的关联交易，符合《科创板首发办法》第十二条第一款第

（一）项的规定。

（2）发行人主营业务、控制权、管理团队和核心技术人员稳定，最近两年内主营业务和董事、高级管理人员及核心技术人员均没有发生重大不利变化；控股股东和受控股股东、实际控制人支配的股东所持发行人的股份权属清晰，最近两年实际控制人没有发生变更，不存在导致控制权可能变更的重大权属纠纷，符合《科创板首发办法》第十二条第一款第（二）项的规定。

（3）发行人不存在主要资产、核心技术、商标等的重大权属纠纷，重大偿债风险，重大担保、诉讼、仲裁等或有事项，经营环境已经或者将要发生重大变化等对持续经营有重大不利影响的事项，符合《科创板首发办法》第十二条第一款第（三）项的规定。

迪威尔（688377）

南京迪威尔高端制造股份有限公司（以下简称发行人）2019年10月9日提交的招股说明书（申报稿）披露：报告期各期公司前五大客户销售金额占当期主营业务收入的比例分别为78.64%、73.89%、71.33%和71.01%。

针对上述情形，发审委要求发行人对下列事项进行披露和说明：补充披露报告期各期前五名客户的基本情况，报告期内主要交易产品、数量、金额、占比情况，并分析主要客户变动情况及其原因；结合相关合同条款披露公司同主要客户交易的可持续性，公司和主要客户的角色定位和重要性；结合同行业可比公司情况，说明客户集中度较高是否与行业特性相符，是否存在下游行业较为分散而发行人自身客户较为集中的情况及其原因；结合报告期内新增客户、主要产品市场占有率的变化情况，说明发行人是否具备独立面向市场获取业务的能力。并要求保荐机构、发行人律师和申报会计师结合对上述事项的核查情况，就公司是否具备持续经营能力发表明确核查意见。

根据发行人律师出具的补充法律意见书披露显示：[1]

1. 报告期各期前五名客户的基本情况，报告期内主要交易产品、数量、金额、占比情况，主要客户变动情况及其原因

（1）报告期各期前五名客户的基本情况

关于报告期各期前五名客户的基本情况如表63所示。

〔1〕《国浩律师（南京）事务所关于南京迪威尔高端制造股份有限公司首次公开发行股票并在科创板上市之补充法律意见书（一）》，载上海证券交易所网，http：//static.sse.com.cn/stock/information/c/201912/91b92a0eb3cf483d85430f09141d6d5b.pdf，最后访问日期：2021年5月21日。

表 63

序号	客户名称	基本情况
2019 年 1~6 月		
1	Schlumberger Limited	公司成立于 1926 年，在纽约证券交易所上市，公司总部位于纽约、巴黎和海牙，在全球 140 多个国家设有分支机构，是全球最大的油田技术服务公司之一，主营业务涵盖了整个传统油田服务行业及其衍生的信息技术服务。其于 2013 年与 Cameron 合资成立专注于深海油气设备的 OneSubsea，于 2015 年 8 月吸收合并卡麦龙国际 Cameron International Corp.。2018 年，Schlumberger Limited 营业收入 328.15 亿美元，深海和陆上井口设备市场份额分别为 13% 和 27%
2	TechnipFMC plc	TechnipFMC plc 在纽约证券交易所上市，公司总部位于伦敦、休斯顿和巴黎，是全球能源产业技术解决方案供应商，主要为石油和天然气行业提供深海生产和处理系统、地表井口生产系统和高压流体控制设备等。公司于 2017 年 1 月由 FMC Technologies，Inc. 和 Technip S.A. 合并。2018 年，TechnipFMC plc 营业收入 125.53 亿美元，深海和陆上井口设备市场份额分别为 45% 和 21%
3	烟台杰瑞石油服务集团股份有限公司	烟台杰瑞石油服务集团股份有限公司成立于 1999 年 12 月，注册资本 957,853,992 元，在深圳证券交易所上市，是一家专业从事油气田钻采设备、油井服务设备、完井设备、天然气输送设备、天然气液化设备的研发制造、油田工程技术服务于一体的国际化综合性上市企业集团，业务遍及 70 余个国家和地区。2018 年，烟台杰瑞石油服务集团股份有限公司营业收入为 45.97 亿元
4	Aker Solutions ASA	Aker Solutions ASA 总部位于挪威，是全球领先的石油石化服务公司之一，为油田提供全方位解决方案，油气设备制造是其重要的分部。2014 年 9 月拆分为专注于快速增长的深水和海底石油服务市场的新 Aker Solutions ASA 和负责其他油田服务的 Akastor。2018 年，Aker Solutions ASA 营业收入 28.78 亿美元，深海设备市场份额为 13%
5	Baker Hughes	Baker Hughes 原名为 BHGE（Baker Hughes，a GE company），总部位于美国休斯敦和英国伦敦，由 GE 旗下石油天然气板块及贝克休斯于 2017 年 7 月合并组建，成为仅次于斯伦贝谢的全球第二大油服公司，2019 年 10 月 17 日重新更名为 Baker Hughes。是陆上井口、深海油气设备行业的重要参与者，2018 年深海和陆上井口设备市场份额分别为 9% 和 10%。在美国纽约证券交易所上市。2018 年营业收入为 228.77 亿美元
2018 年		
1	TechnipFMC plc	见本表 2019 年 1~6 月 TechnipFMC plc 基本情况

续表

序号	客户名称	基本情况
2	Schlumberger Limited	见本表 2019 年 1~6 月 Schlumberger Limited 基本情况
3	Baker Hughes	见本表 2019 年 1~6 月 Baker Hughes 基本情况
4	美钻石油钻采系统工程（上海）有限公司	美钻石油钻采系统工程（上海）有限公司成立于 2003 年 7 月，注册资本为 2005.33 万美元，系美钻石油钻采系统有限公司之全资子公司，是国内领先的石油钻采成套设备供应商。其主要通过下属公司美钻石油钻采系统（南京）有限公司与迪威尔股份开展业务往来。美钻石油钻采系统（南京）有限公司成立于 1999 年 12 月，注册资本为 9,029.648 万元，系美钻石油钻采系统工程（上海）有限公司之全资子公司
5	Downing Wellhead Equipment，LLC	Downing Wellhead Equipment，LLC 成立于 1980 年，公司总部位于俄克拉荷马市，其产品主要包括井口设备、压裂设备
2017 年		
1	TechnipFMC plc	见本表 2019 年 1~6 月 TechnipFMC plc 基本情况
2	Schlumberger Limited	见本表 2019 年 1~6 月 Schlumberger Limited 基本情况
3	Baker Hughes	见本表 2019 年 1~6 月 Baker Hughes 基本情况
4	山东科瑞石油装备有限公司	山东科瑞石油装备有限公司系山东科瑞控股集团有限公司之全资子公司，成立于 2004 年 6 月 16 日，注册资本 36,200 万元。山东科瑞控股集团有限公司成立于 2004 年 6 月，注册资本 36,200.00 万元，是一家集石油装备研发制造、油田一体化工程技术服务、油田 EPC 工程总承包三位一体的综合性公司，是国内主要的油气设备生产和服务提供商之一，总部位于山东省东营市，2018 年营业收入超过 100 亿元
5	The Weir Group PLC	The Weir Group PLC 成立于 1871 年，总部位于伦敦，在伦敦证券交易所上市，是矿业、石油天然气和电力领域全球领先的工程解决方案提供商，是油气设备制造和服务行业的重要参与者。2018 年，The Weir Group PLC 营业收入 30.97 亿美元，陆上井口设备的市场份额为 7%，油气设备零部件及装置（主要是压力泵）的市场份额为 15%

续表

序号	客户名称	基本情况
2016 年		
1	TechnipFMC plc	见本表 2019 年 1~6 月 TechnipFMC plc 基本情况
2	Schlumberger Limited	见本表 2019 年 1~6 月 Schlumberger Limited 基本情况
3	Baker Hughes	见本表 2019 年 1~6 月 Baker Hughes 基本情况
4	山东科瑞石油装备有限公司	见本表 2017 年山东科瑞石油装备有限公司基本情况
5	WETCO Wellhead	WETCO Wellhead 成立于 2001 年，总部位于伊朗德黑兰，是井口设备生产和服务商，主要业务包括深海分级离心泵及电机的维修、销售和相关工程服务

（2）报告期内前五名客户主要交易产品、数量、金额、占比情况

关于报告期前五名客户主要交易产品、数量、金额、占比情况如表 64 所示：

表 64

序号	客户名称	交易产品	数量/件	交易金额/万元	占营业收入比重/%
2019 年 1~6 月					
1	Schlumberger Limited	井口及采油树专用件	3479	4687.23	13.60
		深海设备专用件	1276	3800.90	11.03
		小计	4755	8488.14	24.62
……	……	……	……	……	……
4	Aker Solutions ASA	深海设备专用件	845	2705.01	7.85
5	Baker Hughes	井口及采油树专用件	1337	1615.98	4.69
		深海设备专用件	162	269.25	0.78
		其他	4	3.11	0.01
		小计	1503	1888.34	5.48
合计			14,509	24,480.20	71.01

续表

序号	客户名称	交易产品	数量/件	交易金额/万元	占营业收入比重/%
2018 年					
1	TechnipFMC plc	井口及采油树专用件	19,124	14,637.45	29.13
		压裂设备专用件	1918	2769.03	5.51
		深海设备专用件	1230	1919.07	3.82
		小计	22,272	19,325.55	38.46
……	……	……	……	……	……
5	Downing Wellhead Equipment, LLC	井口及采油树专用件	2411	1698.95	3.38
合计			41,086	35,839.70	71.33
2017 年					
1	TechnipFMC plc	井口及采油树专用件	18,368	9299.60	27.34
		压裂设备专用件	181	486.72	1.43
		深海设备专用件	442	297.76	0.88
		小计	18,991	10,084.08	29.65
……	……	……	……	……	……
5	The Weir Group PLC	压裂设备专用件	179	1198.91	3.52
		井口及采油树专用件	724	603.74	1.78
		其他	117	96.26	0.28
		小计	1020	1898.91	5.59
合计			44,173	25,128.13	73.89
2016 年					
1	TechnipFMC plc	井口及采油树专用件	22,852	7211.17	35.92
		压裂设备专用件	206	57.63	0.29
		深海设备专用件	1	2.22	0.01
		小计	23,059	7271.03	36.21

续表

序号	客户名称	交易产品	数量/件	交易金额/万元	占营业收入比重/%
……	……	……	……	……	……
5	WETCO Wellhead	井口及采油树专用件	643	754.88	3.76
合计			42,177	42,177	78.64

注：将同一客户主体及其全球分（子）公司销售额合并计算

（3）主要客户变动情况及其原因

发行人主要客户为国内外油气技术服务行业的优质企业或上市公司，包括TechnipFMC plc、Schlumberger Limited、Baker Hughes、Aker Solutions ASA、烟台杰瑞石油服务集团股份有限公司等。发行人为下游客户提供井口及采油树专用件、深海设备专用件、压裂设备专用件及钻采设备专用件为主的四大系列产品，与主要客户建立了稳定的合作关系。报告期内，发行人向 Schlumberger Limited、TechnipFMC plc 和 Baker Hughes 三家主要客户销售的金额及占比保持稳定，其余客户有所变化主要是由于同一客户各年度的需求有所差异，导致前五大客户中部分客户呈现变动的趋势。

报告期内，发行人主要客户的变动情况及原因如表 65 所示：

表 65

序号	客户变动情况	原因
1	WETCO Wellhead 2017 年后销售金额减少	由于地缘政治因素，伊朗受到来自美国的新一轮制裁，公司为规避风险，从 2017 年年初开始逐步减少并最终暂停同 WETCO Wellhead 的业务合作
2	The Weir Group PLC 2017 年销售金额增长、2018 年后逐渐减少	北美压裂市场在 2017 年开始复苏，The Weir Group PLC 对于压裂设备专用件的需求迅速增加，随着北美压裂市场需求 2018 年后逐步放缓，The Weir Group PLC 订单相应减少
3	美钻石油钻采系统工程（上海）有限公司 2018 年销售金额增长、2019 年销售金额减少	美钻石油钻采系统工程（上海）有限公司在 2017 年获得来自伊朗和伊拉克的批量陆上井口和采油树设备项目订单，公司作为最终客户批准的国内唯一专用件供应商，配套美钻石油钻采系统工程（上海）有限公司提供项目产品专用件的生产，产品集中在 2018 年形成销售。但由于美钻石油钻采系统工程（上海）有限公司回款周期较长，公司为控制风险，在 2019 年逐渐减少同美钻石油钻采系统工程（上海）有限公司的业务合作规模

续表

序号	客户变动情况	原因
4	Downing Wellhead Equipment,LLC 2018 年销售金额增长	公司 2017 年同 Downing Wellhead Equipment,LLC 加强业务合作关系，2017 年 11 月与其签署年度采购订单，2018 年完成交货并确认收入
5	Aker Solutions ASA 2019 年销售金额增长	公司于 2018 年获得来自 Aker Solutions ASA 马来西亚工厂批量项目订单，订单产品于 2019 年完成交货并确认收入
6	烟台杰瑞石油服务集团股份有限公司 2019 年销售金额增长	随着 2019 年国内加大油气勘探和开发投入，油气公司对于页岩气开采压裂设备需求增长迅速。国内页岩气开采工况条件复杂，烟台杰瑞石油服务集团股份有限公司作为国内领先的压裂设备制造企业，需要优质供应商满足其高品质压裂部件的需求。公司与烟台杰瑞石油服务集团股份有限公司于 2019 年 2 月签署框架合作协议，双方合作关系进一步加深，公司获得烟台杰瑞石油服务集团股份有限公司订单快速增长

2. 发行人同主要客户交易的可持续性，发行人和主要客户的角色定位和重要性

（1）发行人主要提供定制化的产品，通过具体订单的形式与主要客户订立合同

在发行人与主要客户的业务往来中，主要客户通常根据产品需求采购高度定制化的油气设备专用件，产品规格型号众多，并匹配有相应的、明确的技术参数需求。因此，非标准化产品的特点决定公司无法通过与客户签署长期合作合同条款的方式来约定未来合作计划，只能通过具体订单的形式与主要客户订立合同。

（2）发行人和主要客户的角色定位和重要性为双方合作的可持续性提供了保障

①发行人产品的最终用户是石油公司，应用于油气的勘探开发。由于油气开采过程中一旦发生泄漏、井喷等事故，将对生态环境造成严重的破坏，造成数以百亿的巨大损失，因此设备质量的稳定性至关重要，是其选择供应商的首要考虑要素。另外，油气勘探开发需要经历多个环节，每个环节需要不同种类设备，供应商遍布全球，如果单个供应商的交货期延迟，将可能影响整个油气勘探开发的进度，造成巨大的潜在损失。

因此在符合产品性能要求的前提下，对产品交货的准时性要求较高。因此，主要客户在供应商的选取上都有很严格的规范要求，均建立了严格的合格供应商资质认证体系壁垒。对于具备较高技术实力及量产能力的供应商，发行人客户通常会与其建立长期、稳定的合作关系，以确保其产品生产的可靠性、稳定性和及时性。发行人具备为下游客户提供高抗腐蚀性、高承压性、高环境适应性油气设备专用件的资质和能

力，已获得客户的合格供应商资质认证。在油气设备专用件生产领域具有领先的行业地位，能够保障主要客户对供应商可靠性、稳定性和及时性的需要。

②发行人与主要客户建立了稳定、互信的合作关系，获得了主要客户的认可，为主要客户提供了性能可靠稳定的油气设备专用件产品。经过长期合作，发行人与主要客户建立了稳定、互信的合作关系，发行人主要产品与服务得到了主要客户的一致认可，在行业内建立了良好的口碑。报告期内公司向 TechnipFMC plc、Schlumberger Limited、Baker Hughes 等主要客户的销售金额整体呈上升趋势。

③随着国际大型油气技术服务公司逐步退出竞争优势不明显的制造领域，向后端产品集成和技术服务等领域转型的趋势提速，要求油气设备产品制造公司具备更加完善的产业链及更高效的生产能力。

发行人在出色的基础材料加工处理能力的基础上，通过不断完善产业链，油气设备专用件精密加工能力、产品组装交付能力得到了大幅度提升，在高端油气设备专用件加工领域已形成客户与发行人更加紧密的协作关系，发行人与主要客户之间的合作相互依存的。

3. 发行人客户集中度情况与行业特性相符，不存在下游行业较为分散而发行人自身客户较为集中的情况

2016 年、2017 年、2018 年和 2019 年 1~6 月，发行人对前五大客户的销售额占营业收入的比重分别为 78.64%、73.89%、71.33% 和 71.01%。根据发行人同行业可比公司苏州道森钻采设备股份有限公司（以下简称道森股份）披露的年报数据，2016 年、2017 年、2018 年道森股份前五名客户销售额占年度销售总额的比例分别为 76.84%、66.15%、60.14%。发行人客户集中度情况与行业特性相符。

国际油服行业市场化程度较高，经过多年的发展，已形成较为稳态的竞争格局和较高的市场集中度，形成了一批寡头型油气技术服务企业。全球领先的油气技术服务企业以其全面的产品线、领先的技术、完备的成套解决方案占据了全球油服市场大部分的市场份额。根据市场 Spears&Associates 的统计数据，2018 年度公司客户 TechnipFMC plc、Schlumberger Limited、Baker Hughes、Aker Solutions ASA、The Weir Group PLC 等合计占深海设备和陆上井口设备的市场份额分别为 81% 和 71%。

4. 发行人具备独立面向市场获取业务的能力

发行人下游油气技术服务公司所处行业集中度高，客户体量大，对供应商资质认证非常严格，成为其正式的合格供应商，至少需要 1 年至 2 年时间，针对高等级产品审核认证经历的时间更长。

报告期内，发行人根据自身发展战略积极拓展新业务、新客户，每年均有新增

客户，但主要客户基本保持稳定。发行人报告期各期前五大客户均与公司开展业务多年，合作关系稳定。

报告期内，随着发行人主要产品的订单需求持续上升，发行人在井口及采油树专用件、深海设备专用件、压裂设备专用件细分市场的市场占有率保持上升趋势。

发行人自成立以来即专注于油气设备专用件的研发、生产和销售，在工艺设计、锻造、热处理、超声波探伤等各个生产环节掌握了先进的技术工艺，是国内较早进入国际大型油气设备公司全球采购体系的专用件生产商之一。发行人主营业务突出，拥有独立完整的研发、采购、生产和销售业务体系，通过自身技术积累和生产经验，与下游国内外大型油气技术服务公司建立合作关系并通过其供应商资质认证，业务获取方式公平公正，不存在依赖股东及其他关联方的情况。

5. 发行人具备持续经营能力

（1）发行人报告期内向 Schlumberger Limited、TechnipFMC plc 和 Baker Hughes 三家主要客户销售的金额及占比保持稳定，其余客户有所变化，但无重大不利变动情况；

（2）发行人报告期内获取主要客户的方式为目标客户主动拜访、行业展会及合作客户推荐等；发行人大部分主要客户均建立了合格供应商认证制度，发行人已经取得主要客户的供应商认证；截至 2019 年 10 月 31 日，发行人共有在手订单 23,353.52 万元（未经审计），业务发展态势良好，主要客户当前阶段对发行人产品的需求将保持相对稳定；

（3）发行人具备持续的技术研发和丰富的制造经验、优良的产品质量、高效的运营管理体系及主要客户的供应商认证，并与主要客户签订框架协议，维持订单稳定，与现有主要客户建立了稳定的合作关系，在行业供应商资质认证壁垒较高的情况下，被替代的风险较低；

（4）发行人通过签订框架协议的方式与重点客户约定主要条款，并通过订单予以明确具体内容，来维持与主要客户之间的交易的可持续性；

（5）发行人客户集中度较高符合行业特性，不存在下游行业较为分散而发行人自身客户较为集中的情况；

（6）未来宏观经济波动以及行业政策变化可能会对发行人主要客户的经营和产销量产生一定的负面影响，但是不存在重大不确定性风险；

（7）报告期内，发行人的主要客户基本保持稳定。发行人自成立以来即专注于油气设备专用件的研发、生产和销售，是国内较早进入国际大型油气设备公司全球采购体系的专用件生产商之一，且主营业务突出，拥有独立完整的研发、采购、生产和销售业务体系，与下游国内外大型油气技术服务公司建立合作关系并通过其供应商资质认证，不存在依赖股东及其他关联方的情况，发行人具备独立面向市场获取业务的能力。

兰剑智能（688557）

兰剑智能科技股份有限公司（以下简称发行人）2020年4月24日提交的招股说明书（申报稿）披露：报告期内，前五大客户销售金额占比分别为70.87%、75.55%和60.27%。前五大客户集中度较高，但招股说明书并未披露向前五大客户销售的主要内容。

针对上述情形，发审委要求保荐机构、申报会计师和发行人律师按照《科创板审核问答（二）》问题12、13的相关要求，就发行人客户集中度高的合理性、客户的稳定性和业务的持续性，发行人是否符合《科创板首发办法》第十二条的相关规定核查并发表明确核查意见。

根据发行人律师出具的补充法律意见书披露显示：[1]

1. 发行人客户集中度高，符合产品自身及其所属行业的特征

基于智能仓储物流自动化系统自身能够实现的功能、优点以及投资强度高的行业特征，业务量大、效益高的大型客户更具备引进智能仓储物流自动化系统的资金实力，其使用智能仓储物流自动化系统的成本规模效益也更加显著。因此，大客户对智能仓储物流自动化系统认可程度更高，发行人也将资源主要用于满足优质行业和优质客户的需求，从而导致大客户和大合同贡献了发行人的主要收入来源，对发行人经营业绩产生了重要影响，该情形符合发行人产品自身及其所属行业的特征。

报告期各年度内，发行人前五大客户的收入占发行人总收入的比重分别60.27%、75.55%、70.87%，而与发行人收入构成基本一致的同行业上市公司今天国际（股票代码：300532）前五大客户销售占比分别为69.54%、66.73%、68.55%，发行人客户集中度高的特点与同行业基本一致。

2. 主要大客户采购频次相对较高，客户粘性不断增强

智能仓储物流自动化系统由于具有投资规模大、使用期限长的特点，从单一客户主体来看短期内不存在重复大规模购买仓储物流自动化系统的情况，但发行人主要客户为在全球/全国范围内具有众多生产配送中心的大型企业，且当前市场需求持续增

[1]《上海市锦天城律师事务所关于兰剑智能科技股份有限公司首次公开发行股票并在科创板上市的补充法律意见书（一）》，载上海证券交易所网，http：//static.sse.com.cn/stock/information/c/202007/86facd88e8534a6895808fbf844e034e.pdf，最后访问日期：2021年5月21日。

长。因此，从客户所属集团公司的范围来看，发行人与大客户的交易具有稳定性和可持续性。

发行人凭借着既全面覆盖又有专精特长的产品链、持续的研发创新和丰富的项目实施经验等优势，在规模零售（快速消费品）、电子商务、烟草、医药等众多行业积累了大量全球知名客户。从集团公司范围角度看，如烟草公司、唯品会和美国宝洁（P&G）等客户通过招投标或商业谈判的方式，多次购买发行人的智能仓储物流自动化系统。因此，发行人具有较强的客户粘性。此外，发行人通过长期为客户提供售后运营维护、零配件维修更换和系统升级改造等服务，与客户保持了长期的友好合作关系，客户黏性也因此不断增强。

3. 发行人在手订单逐年增长，具备持续获取大客户的核心竞争能力，不存在重大不确定性风险

为适应企业高效、准确、低成本的仓储作业要求，仓储物流自动化系统行业不断发展壮大，已在烟草、医药、电子商务、规模零售等众多行业中得以推广和应用。此外，国家也出台了一系列支持行业发展的产业政策，为行业发展创造了良好的外部环境，提振了市场需求。在以上因素的推动下，智能仓储物流自动化系统市场需求保持较快的增长。发行人产品在拣选系统装备领域具有技术优势：在料箱级密集仓储拣选（立体货到人）一体化系统领域，发行人是国内率先研究该系统的企业之一；在其核心设备穿梭车方面，发行人在亚洲国际物流技术与运输系统展览会发布了第四代物联网穿梭车，实现了关键技术的突破，因此，发行人具备持续获取大客户的核心竞争能力。

报告期各期末，发行人在手订单金额分别为 33,063.14 万元、37,771.76 万元、43,427.86 万元（不包含售后服务销售额和唯品会代运营服务销售额，如参考 2019 年度业绩，预计其不含税年销售额分别为 930 万元和 3937 万元）。因此，发行人在手订单充足，持续经营能力强，不存在重大不确定性风险。

4. 发行人获取订单方式独立，具备独立面向市场获取业务的能力，与主要客户不存在关联关系

发行人下游客户主要是国内外知名企业，客户业务规模大、信誉高。客户一般采用公开招标或邀请招标的方式进行采购，交易定价公平、公开，定价公允。发行人获取订单方式独立，具备独立面向市场获取业务的能力，与主要客户不存在控制关系或其他关联关系。

综上所述，报告期内发行人客户集中度较高，符合产品自身及其所属行业的特征，具有合理性；同时，发行人营收以及在手订单持续增长，具有可持续性和稳定性，不存在对持续经营能力产生重大疑虑的事项或情况。

路德环境（688156）

路德环境科技股份有限公司（以下简称发行人）2019年10月30日提交的招股说明书（申报稿）披露：报告期各期发行人向前五名客户销售金额占营业收入的比例分别为90.02%、82.77%、69.91%和75.44%，向绍兴市柯桥区水利投资开发有限公司及其同一控制下的多家公司销售占比分别为75.88%、54.67%、44.56%和18.68%。

针对上述情形，发审委要求发行人对下列事项进行说明：结合同行业可比公司情况，说明客户集中度较高是否与行业特性相符，是否存在下游行业较为分散而发行人自身客户较为集中的情况及其原因；说明前五大客户在其行业中的地位、市场占有率及经营状况，未来宏观经济波动以及行业政策变化对其业务开展的影响，是否存在重大不确定性风险；结合报告期内新增客户、主要产品/服务市场占有率的变化情况，说明发行人是否具备独立面向市场获取业务的能力。并要求保荐机构、发行人律师和申报会计师结合上述事项对公司的独立持续经营能力进行核查，并发表意见。

根据发行人律师出具的补充法律意见书披露显示：[1]

1. 客户集中度较高是否与行业特性相符，是否存在下游行业较为分散而发行人自身客户较为集中的情况及其原因

发行人同行业可比公司的客户集中度与发行人的对比情况如表66所示：

表66

单位：%

公司简称	2019年度	2018年度	2017年度
兴源环境	—	27.85	21.33
国祯环保	—	19.08	21.49
维尔利	—	21.19	25.90
中电环保	—	32.48	39.79
瀚蓝环境	—	15.39	19.81
上海环境	—	45.78	50.91
发行人	60.60	69.91	82.77

注：集中度系指当年前五名客户销售收入占当年营业收入的比重；同行业可比公司2019年年报暂未披露。

〔1〕《北京德恒律师事务所关于路德环境科技股份有限公司首次公开发行股票并在科创板上市的补充法律意见（二）》，载上海证券交易所网，http：//static.sse.com.cn/stock/information/c/202004/c878ec05dc2248d18752367dbca9e216.pdf，最后访问日期：2021年5月21日。

与同行业可比公司相比，发行人的客户集中度相对较高，具有以下原因：

（1）发行人河湖淤泥处理服务业务在主营业务收入构成中占比较高，而该业务具有单个合同体量大等特点，容易形成一定的客户集中度。

（2）虽然近几年公司的业务快速增长，业务规模不断扩大，但因发行人尚未上市，融资渠道相对有限，资本实力相对较弱，对发行人的业务拓展和规模扩张形成制约。因此，发行人在报告期内承接的项目相对有限。

（3）发行人所处行业尚处于发展初期，由于相关标准、规范和政策仍在逐渐制定、完善，相关技术仍处于产业化过程中，近 80.00% 的环保疏浚淤泥直接采用自然晾晒，没有得到有效的减量化、无害化、稳定化处理，限制了公司的业务拓展。

发行人的下游行业主要包括水环境治理、城市建设行业等，客户类型大多系政府下属平台或大型国企，集中度相对较高。因此，发行人不存在下游行业较为分散而公司自身客户较为集中的情况。

2. 前五大客户在其行业中的地位、市场占有率及经营状况，未来宏观经济波动以及行业政策变化对其业务开展的影响，是否存在重大不确定性风险

公司的前五大客户大多为政府下属平台或大型国企，均在行业中具有较高的地位、稳定的市场占有率和经营状况，一般受未来宏观经济波动以及行业政策变化的影响较小，不存在重大不确定性风险。

3. 发行人是否具备独立面向市场获取业务的能力

发行人在报告期内的新增客户主要包括武钢绿色城市建设发展有限公司、中建三局集团有限公司、江苏广亚建设集团有限公司等，该等客户主要系通过招投标方式获取，结合发行人报告期内的中标率，发行人在市场竞争中具有较高的竞争力，业务规模整体上呈增长的趋势。

发行人拥有自主开发的技术体系和独立的业务开拓能力，对主要客户不存在依赖，具备独立面向市场获取业务的能力。

4. 发行人的独立持续经营能力

（1）发行人拥有相对独特的技术和在行业中积累多年的专业经验优势，产品和服务具备竞争优势，被替代的风险较低；

（2）发行人经营状况良好，经营环境未发生重大不利变化，所处行业发展前景广阔；

（3）发行人拥有自主开发的技术体系和独立的业务开拓能力，对主要客户不存在依赖，具备独立面向市场获取业务的能力；

（4）发行人资产完整，业务及人员、财务、机构独立，与控股股东、实际控制人

及其控制的其他企业间不存在对发行人构成重大不利影响的同业竞争，以及严重影响独立性或者显失公平的关联交易；

（5）发行人最近 2 年内主营业务和董事、高级管理人员及核心技术人员均未发生重大不利变化；发行人最近 2 年内控股股东和实际控制人为季光明先生，均未发生变更，且控股股东和受控股股东、实际控制人支配的股东所持发行人的股份权属清晰，不存在导致控制权可能变更的重大权属纠纷；

（6）发行人不存在主要资产、核心技术、商标等重大权属纠纷，不存在重大偿债风险，不存在重大担保、诉讼、仲裁等或有事项，亦不存在经营环境已经或者将要发生重大变化等对持续经营有重大不利影响的事项。

综上所述，发行人业务完整，具有直接面向市场独立持续经营的能力。

二、解决思路

客户集中度高或单一客户依赖的情形并不构成企业上市的实质性障碍，关键在于综合判断发行人是否具备持续盈利能力和独立性。

1. 充分说明客户集中度高的合理性、客户的稳定性和业务的持续性。

（1）对于非因行业特殊性、行业普遍性导致客户集中度偏高的，应充分考虑该单一大客户是否为关联方或者存在重大不确定性客户；该集中是否可能导致其未来持续经营能力存在重大不确定性。发行人可对其与客户的合作渊源进行详细说明，包括该等客户的取得方式、合作历史、合作金额、主要产品等。

（2）对于发行人由于下游客户的行业分布集中而导致的客户集中具备合理性的特殊行业（如电力、电网、电信、石油、银行、军工等行业），发行人应与同行业可比上市公司进行比较，充分说明客户集中是否符合行业特性，发行人与客户的合作关系是否具有一定的历史基础，是否有充分的证据表明发行人采用公开、公平的手段或方式独立获取业务，相关的业务是否具有稳定性以及可持续性。

2. 阐明客户集中度高不会对发行人持续经营能力构成重大不利影响。说明发行人与客户已建立了长期稳定的合作关系，客户本身不存在重大不确定性等。在招股说明书中充分披露上述情况，并揭示客户集中度较高可能带来的风险。

3. 在招股说明书中充分披露前五大客户相关信息，包括但不限于成立时间、注册资本、股权结构、实际控制人、主营业务情况、财务状况及其主要客户等；与前五大客户的交易情况，对公司与其客户签订的销售合同内容、交易金额、合同履行情况、结算方式以及期末欠款等进行详细披露，如有必要，甚至可对所销售产品的终端客户予以披露。

4. 采取措施，降低对重大客户的依赖程度，尤其是单一客户。可采取措施开发新客户，优化客户结构；或拓展新产品线，开发新市场，提高公司综合盈利能力和抗风险能力，最好在报告期内对重大客户的依赖比例呈逐年下降趋势。

【具体核查要点】

1. 发行人主要客户集中的原因，与行业经营特点是否一致，是否存在下游行业较为分散而发行人自身客户较为集中的情况及其合理性；

2. 发行人主要客户在其行业中的地位、透明度与经营状况，是否存在重大不确定性风险；

3. 发行人与主要客户合作的历史、业务稳定性及可持续性，相关交易的定价原则及公允性；

4. 发行人与重大客户是否存在关联关系，发行人的业务获取方式是否影响独立性，发行人是否具备独立面向市场获取业务的能力；

5. 客户集中度高是否会对发行人持续经营能力构成重大不利影响。

【核查方式】

1. 查阅可比上市公司的年度报告和招股说明书、行业研究报告、公告。

2. 查阅发行人所处行业及下游行业的研究报告。

3. 实地走访发行人报告期内主要客户，查阅发行人报告期内主要客户的工商资料、所签订主要合同及合同中关于相关资质条款、招投标文件；通过公开网络搜索主要客户的公开披露信息及所处行业信息，了解公司主要客户销售的主要内容、主要情况、营业范围、客户获取和维护的方式、合作历史、客户市场地位、客户所需资质情况等。

4. 查阅发行人主要客户销售明细情况，向主要客户的收入情况及应收账款情况实施函证程序；查阅主要客户的销售合同、合同销售内容、完工进度确认单或售后服务单；检查客户名称、各期收入确认金额和入账时间是否与销售合同、记账凭证一致；检查公司成本明细表；获取公司合同台账，根据完工情况，对发行人的在手订单情况、客户增减情况及客户变动情况进行核查。

5. 查阅发行人持股 5% 以上股东、董监高、核心技术人员的《自然人调查表》，并核对主要客户与发行人关联方；核查发行人实际控制人、主要股东、高级管理人员、核心技术人员的银行流水；对主要客户进行实地走访或访谈。

6. 获取主要客户对于与发行人合作情况的确认函，确认发行人销售金额占客户同类采购的比重。

7. 访谈发行人高级管理人员、主要业务部门负责人，了解主要客户与发行人合作的相关情况。

三、参考规范

《科创板首次公开发行股票注册管理办法（试行）》

第十二条　发行人业务完整，具有直接面向市场独立持续经营的能力：

（一）资产完整，业务及人员、财务、机构独立，与控股股东、实际控制人及其控制的其他企业间不存在对发行人构成重大不利影响的同业竞争，不存在严重影响独立性或者显失公平的关联交易。

（二）发行人主营业务、控制权、管理团队和核心技术人员稳定，最近2年内主营业务和董事、高级管理人员及核心技术人员均没有发生重大不利变化；控股股东和受控股股东、实际控制人支配的股东所持发行人的股份权属清晰，最近2年实际控制人没有发生变更，不存在导致控制权可能变更的重大权属纠纷。

（三）发行人不存在主要资产、核心技术、商标等的重大权属纠纷，重大偿债风险，重大担保、诉讼、仲裁等或有事项，经营环境已经或者将要发生重大变化等对持续经营有重大不利影响的事项。

《上海证券交易所科创板股票发行上市审核问答（二）》

12.发行人客户集中度较高，中介机构应当重点关注哪些方面？

答：发行人存在客户集中度较高情形的，保荐机构应重点关注该情形的合理性、客户的稳定性和业务的持续性，督促发行人做好信息披露和风险揭示。

对于非因行业特殊性、行业普遍性导致客户集中度偏高的，保荐机构在执业过程中，应充分考虑该单一大客户是否为关联方或者存在重大不确定性客户；该集中是否可能导致其未来持续经营能力存在重大不确定性。

对于发行人由于下游客户的行业分布集中而导致的客户集中具备合理性的特殊行业（如电力、电网、电信、石油、银行、军工等行业），发行人应与同行业可比上市公司进行比较，充分说明客户集中是否符合行业特性，发行人与客户的合作关系是否具有一定的历史基础，是否有充分的证据表明发行人采用公开、公平的手段或方式独立获取业务，相关的业务是否具有稳定性以及可持续性，并予以充分的信息披露。

针对因上述特殊行业分布或行业产业链关系导致发行人客户集中情况，保荐机构应当综合分析考量以下因素的影响：一是发行人客户集中的原因，与行业经营特点是否一致，是否存在下游行业较为分散而发行人自身客户较为集中的情况及其合理性。二是发行人客户在其行业中的地位、透明度与经营状况，是否存在重大不确定性风险。三是发行人与客户合作的历史、业务稳定性及可持续性，相关交易的定价原则及公允性。四是发行人与重大客户是否存在关联关系，发行人的业务获取方式是否影响独立性，发行人是否具备独立面向市场获取业务的能力。

保荐机构如发表意见认为发行人客户集中不对持续经营能力构成重大不利影响

的，应当提供充分的依据说明上述客户本身不存在重大不确定性，发行人已与其建立长期稳定的合作关系，客户集中具有行业普遍性，发行人在客户稳定性与业务持续性方面没有重大风险。发行人应在招股说明书中披露上述情况，充分揭示客户集中度较高可能带来的风险。

13.影响发行人持续经营能力的重要情形有哪些？中介机构应当如何进行核查？

答：发行人存在以下情形的，保荐机构和申报会计师应重点关注是否影响发行人持续经营能力，具体包括：

……（六）发行人重要客户本身发生重大不利变化，进而对发行人业务的稳定性和持续性产生重大不利影响……

保荐机构和申报会计师应详细分析和评估上述情形的具体表现、影响程度和预期结果，综合判断是否对发行人持续经营能力构成重大不利影响，审慎发表明确核查意见，并督促发行人充分披露可能存在的持续经营风险。

《深圳证券交易所创业板股票首次公开发行上市审核问答》

4.发行条件规定发行人“具有直接面向市场独立持续经营的能力”。影响发行人持续经营能力的重要情形有哪些？中介机构应当如何进行核查？

答：如发行人存在以下情形，中介机构应重点关注该情形是否影响发行人持续经营能力：

……（六）发行人重要客户本身发生重大不利变化，进而对发行人业务的稳定性和持续性产生重大不利影响……

中介机构应详细分析和评估上述情形的具体表现、影响程度和预期结果，综合判断上述情形是否对发行人持续经营能力构成重大不利影响，审慎发表明确意见，并督促发行人充分披露可能存在的持续经营风险。

7.发行人客户集中度较高，中介机构应当重点关注哪些方面？

答：发行人存在客户集中度较高情形的，保荐人应重点关注该情形的合理性、客户的稳定性和业务的持续性，督促发行人做好信息披露和风险揭示。

对于非因行业特殊性、行业普遍性导致客户集中度偏高的，保荐人在执业过程中，应充分考虑该单一大客户是否为关联方或者存在重大不确定性客户；该集中是否可能导致其未来持续经营能力存在重大不确定性。

对于发行人由于下游客户的行业分布集中而导致的客户集中具备合理性的特殊行业（如电力、电网、电信、石油、银行、军工等行业），发行人应与同行业可比上市公司进行比较，充分说明客户集中是否符合行业特性，发行人与客户的合作关系是否具有一定的历史基础，是否有充分的证据表明发行人采用公开、公平的手段或方式独立获取业务，相关的业务是否具有稳定性以及可持续性，并予以充分的信息披露。

针对因上述特殊行业分布或行业产业链关系导致发行人客户集中情况，保荐人应当综合分析考量以下因素的影响：一是发行人客户集中的原因，与行业经营特点是否一致，是否存在下游行业较为分散而发行人自身客户较为集中的情况及其合理性。二是发行人客户在其行业中的地位、透明度与经营状况，是否存在重大不确定性风险。三是发行人与客户合作的历史、业务稳定性及可持续性，相关交易的定价原则及公允性。四是发行人与重大客户是否存在关联关系，发行人的业务获取方式是否影响独立性，发行人是否具备独立面向市场获取业务的能力。

保荐人如发表意见认为发行人客户集中不对持续经营能力构成重大不利影响的，应当提供充分的依据说明上述客户本身不存在重大不确定性，发行人已与其建立长期稳定的合作关系，客户集中具有行业普遍性，发行人在客户稳定性与业务持续性方面没有重大风险。发行人应在招股说明书中披露上述情况，充分揭示客户集中度较高可能带来的风险。

第五节　涉及供应商的相关问题

供应商是向企业及其竞争对手供应各种所需资源的企业和个人，包括提供原材料、设备、能源、劳务等。供应商与发行人及其关联方是否存在关联关系，有无业务、资金往来等，发行人是否存在供应商重大依赖都是发审委关注的重点问题。

截至2020年12月31日，南新制药、阿拉丁、海目星、华光新材、敏芯股份、震有科技、上纬新材、福立旺、苑东生物、高测股份、力合微等四十余家企业被问询供应商相关问题。

一、典型案例

海目星（688559）

深圳市海目星激光智能装备股份有限公司（以下简称海目星或发行人）2019年12月31日提交的招股说明书（申报稿）披露，发行人主要核心技术包括激光器光学及控制技术及与激光系统相配套的自动化技术。

针对上述情形，发审委要求发行人对下列事项进行说明，并要求保荐机构、发行人律师核查并发表明确意见：核心技术应用到发行人具体产品的形式、过程以及成果，并且结合发行人采购的主要原材料以及设备的类型和用途说明上述技术的实现路径，说明发行人是否主要依赖采购材料，发行人具体优势如何体现，发行人是否存在外部供应商依赖。

根据发行人律师出具的补充法律意见书披露显示：[1]

1. 发行人具备的核心技术包含两大类：激光光学及控制技术及与激光系统相配套的自动化技术。核心技术运用到设计、生产过程中的形式，以及所达到的效果具体情况如表 67 所示：

表 67

序号	核心技术名称	核心技术运用的形式、过程	运用核心技术达到的效果、成果
1	激光谐振腔光学设计技术	该技术运用于纳秒系列激光器生产；该技术通过对有源谐振腔腔长，反射镜曲率，工作物质增益大小进行设计实验，是海目星激光器生产的关键环节，对于激光器谐振腔内产生的激光光束稳定性，功率一致性等有着非常重要的影响	该技术使激光输出功率波动小，光斑圆度好；对应产品的功率波动 <1.5%，光斑圆度 >95%
2	皮秒激光器技术	该技术应用于海目星全系列皮秒激光器的设计与生产，是海目星皮秒激光器生产的关键环节，采用激光脉冲的环形腔放大装置或激光双程两级放大装置，对毫瓦量级的皮秒激光进行高能量放大，且保证激光器多级放大后功率的稳定以及解决激光器的单脉冲能量光束圆度不佳的问题，相比传统皮秒放大装置的放大效率提高 30%	该技术使激光输出脉冲宽度窄，光束质量好，光斑圆度好；对应产品的脉冲宽度 <10ps，M2<1.3，光斑圆度 >92%
3	倍频晶体高精度温控技术	该技术应用于海目星全系列激光器的温度控制与反馈，保证激光器开机的迅速性和在长时间运转过程中的温度稳定性，是海目星激光器生产的关键环节。当温度发生突然改变时，温控系统能迅速反应，调整制冷制热功率，使温度在短时间内恢复稳态	该技术使激光器开机时间短，可大大提升客户的生产效率。对应产品的倍频晶体温度可调节精度为 0.01℃，激光器冷开始时间 <10 分钟，热开机 <2 分钟
4	仿真散热腔体设计技术	该技术应用于海目星全系列风冷激光器光路设计与生产；通过在散热鳍片内部增加微通道，并优化微通道的结构尺寸和数量，使散热效率得到大幅度提高，提升激光器的散热效率，保证激光器的稳定。相较于水冷激光器，风冷激光器成本低、易维护，运输方便，功耗低	该技术使激光器仅需风冷，无须配置水冷机，从而节约能耗和空间，风冷比水冷功耗低 30% 以上。对应产品的纳秒紫外风冷激光器可实现大于 12w 激光功率输出

[1]《北京市金杜律师事务所关于深圳市海目星激光智能装备股份有限公司首次公开发行股票并在科创板上市的补充法律意见书（一）》，载上海证券交易所网，http：//static.sse.com.cn/stock/information/c/202004/e022db45a16c4de2aa71fb38c2ae6a9f.pdf，最后访问日期：2021 年 5 月 21 日。

续表

序号	核心技术名称	核心技术运用的形式、过程	运用核心技术达到的效果、成果
5	高能量激光切割技术	该技术应用于高功率/大幅面/管材激光切割设备，其实现主要是基于光机电软等核心技术的综合应用，使高功率激光作用于金属表面进行切割，运用光机电软的综合技术解决高功率、高速、高质量的切割工艺问题，是相关设备核心的、综合性的技术	可切割厚度更大、幅面更大的板材；最大加工幅面 24m × 3m；重复定位精度 ±3μm；最大移动速度 140m/min；实现钣金加工柔性生产，充分保证钣金加工高质量、高效率、节约人力成本
……	……	……	……
17	结构强度仿真技术	该技术应用于结构设计的强度、变形、疲劳等性能评估，是自动化设备设计的关键辅助技术。利用专业结构力学仿真工具，输入机械结构的重量、负载、材料、受力等基础数据，输出结构的变形、震动、疲劳等，根据仿真结果中的薄弱位置，分析其原因，进行有针对性的结构加强等优化设计	根据仿真结构显示的结构薄弱位置，进行有针对性的结构加强，在设计阶段即可避免设备强度失效、寿命不足等潜在风险

2. 结合发行人采购的主要原材料以及设备的类型和用途说明上述技术的实现路径，说明发行人是否主要依赖采购材料，发行人具体优势如何体现，发行人是否存在外部供应商依赖

（1）发行人采购的主要原材料及设备的类型和用途说明上述技术的实现路径

报告期内，发行人采购的主要原材料情况如表 68 所示：

表 68

类别	2019 年度		2018 年度		2017 年度		2016 年度	
	金额/万元	占比/%	金额/万元	占比/%	金额/万元	占比/%	金额/万元	占比/%
激光光学类	19,222.30	25.07	19,401.48	33.70	18,607.84	36.90	6990.71	27.81
机加钣金类	16,203.19	21.13	14,503.00	25.19	9432.85	18.71	6447.21	25.64

续表

类别	2019 年度		2018 年度		2017 年度		2016 年度	
	金额 / 万元	占比 /%	金额 / 万元	占比 /%	金额 / 万元	占比 /%	金额 / 万元	占比 /%
设备仪器类	14,291.45	18.64	4877.99	8.47	5687.29	11.28	3934.09	15.65
……	……	……	……	……	……	……	……	……
辅料及包材类	3322.35	4.33	2331.63	4.05	2952.32	5.85	1490.58	5.93
合计	76,689.54	100.00	57,570.45	100.00	50,424.41	100.00	25,141.52	100.00

报告期内，发行人采购的各类原材料中，激光光学类、机加钣金类及设备仪器类金额占比较高，三者合计采购金额占采购总额比例分别为 69.10%、67.37%、66.89% 及 64.83%，占比较高。

激光光学类原材料主要包括激光器、激光模块、焊接头、切割头、振镜、场镜、扩束镜、镜片、光源等，由于公司生产激光及自动化设备使用的激光器部分来自外采，部分自产，故采购的原材料中既包含激光器整机，同时也包含激光器零部件。机加钣金类原材料主要是构成设备主体框架的原材料，此外，设备的很多机械机构件都属于机加钣金类原材料，主要包括机架、大板、铝型材外罩、PC 板、亚克力板、辊类、普通机加件、精密机加件等。公司为客户提供成套的激光及自动化综合解决方案，很多订单都是成套的生产线，整个生产线由多道加工工序构成，涉及多种加工设备，其中部分标准化程度较高、涉及其他行业领域或附加值较低的设备，公司通过直接采购获得，主要包括：各类型测试仪、机器人、机器人轨道、冷水机、工业空调、烟雾净化器、碎料机、真空泵等。

发行人通过分析市场和客户需求，对关键技术和关键工艺进行研发，突破技术难点，形成可销售的产品，在该过程中逐渐积累并形成了当前的技术体系。对于客户定制化的系统，核心技术的运用涵盖了前端方案设计、关键加工环节的工艺及控制、关键模组的设计及选用，通过结构设计、方案设计来实现对各个加工环节关键指标的高精度控制，以达到预计的质量要求。

激光器及其部件、机加钣金件、设备仪器等原材料只是核心技术的作用介质，原材料是运用核心技术制定解决方案的具体实现载体。

（2）发行人是否主要依赖采购材料，具体优势如何体现，是否存在外部供应商依赖

①发行人充分借助上游产业链充沛的优质资源，择优选择供应商，不存在对供应商的依赖

随着发行人业务规模逐步扩大，发行人的供应链体系逐渐完善，已具备丰富的采购渠道。发行人生产经营需采购的原材料都具备充分的市场供给，同质或可替代产品较多，不存在供不应求的情况。针对每类原材料，发行人与多个合格供应商进行合作，具体原材料的采购均经过性能、价格的评选，再确定最终的供应商，不存在对具体某个外部供应商的依赖。

②发行人多年聚焦在业务的核心环节，竞争优势不断巩固

发行人凭借多年的行业积累和技术研发工作，已具备较为全面且成熟的激光光学控制技术、与激光系统相配套的自动化技术，凭借发行人对两类核心技术的掌握，发行人在激光加工过程的质量控制、稳定性控制以及效率提升方面，部分关键指标已达到或超过行业领先水平。通过对业务关键环节重要技术的持续研发，发行人不断积累新的技术及工艺，使激光加工及自动化有机结合的优势不断得以巩固和增强。

③发行人核心技术具体优势不依赖于原材料

发行人核心技术的具体优势以及使用原材料的具体情况如表 69 所示：

表 69

序号	核心技术名称	核心技术优势的具体表征	使用原材料情况
1	激光谐振腔光学设计技术	该技术使激光输出功率波动小，光斑圆度好；对应产品的功率波动 <1.5%；光斑圆度 >95%；美国 Lumentum 公司的 Q-Series 激光功率波动 <+2%，光斑圆度 >85%；美国相干公司的 MATRIX355 激光功率波动 <2%，光斑圆度 >90%	涉及原材料：激光晶体，激光泵浦源，镜片；该技术涉及使用的原材料参数都是自主设计，定制化采购，不存在外部依赖
2	皮秒激光器技术	该技术使激光输出脉冲宽度窄，光束质量好，光斑圆度好；对应产品的脉冲宽度 <10ps，M2<1.3，光斑圆度 >92%；美国 Lumentum 公司的 PicoBlade 系列皮秒激光器 M2<1.3，脉冲宽度 10ps。美国相干公司的 HyerRapid 皮秒激光器 M2 在 1.3~1.4 间，脉冲宽度 <15ps，光斑圆度 >85%	涉及原材料：激光晶体，激光泵浦源，镜片；该技术涉及使用的原材料参数都是自主设计，定制化采购，不存在外部依赖

续表

序号	核心技术名称	核心技术优势的具体表征	使用原材料情况
3	倍频晶体高精度温控技术	该技术使激光器开机时间短，可大大提升客户的生产效率。对应产品的倍频晶体温度可调节精度为 0.01℃，激光器冷开始时间 <10 分钟，热开机 <2 分钟；美国 Lumentum 公司的 Q-Series 激光器冷开始时间 <20 分钟，热开机 <10 分钟；美国相干公司的 MATRIX 激光器冷开始时间 <20 分钟，热开机 <5 分钟	涉及原材料：电子元器件；算法程序为自主编写，电路控制板为自主设计，定制化采购，不存在外部依赖
4	仿真散热腔体设计技术	运用该技术的纳秒紫外风冷激光器可实现较大激光功率输出（>12W），美国相干公司的 MATRIX355 紫外风冷激光器输出激光功率最高为 8W	涉及原材料：机械加工件；机械图纸参数都是自主设计，定制化采购，不存在外部依赖
……	……	……	……
17	结构强度仿真技术	结构仿真技术作为预防结构破坏、指导结构优化的技术，并不直接体现在设备参数上，公司大量应用结构仿真技术，作为结构设计特别是关键零部件设计的辅助技术，预估并提高设备抗变形、震动、疲劳等能力，是公司所有设备保持技术领先的关键支撑技术之一，处于国内先进水平	采用外购专业仿真软件，仿真建模过程中的材料参数、结构模型、边界条件等均为自主设计

发行人核心技术的价值体现在凭借对各个加工环节的深入理解，结合多学科的技术与工艺，提出定制化设计方案，以原材料为载体，达到客户要求的加工精度、效率、良率等要求。在核心技术的实现过程中，不存在主要依赖原材料的情形，且发行人采购的原材料部分为定制化的加工材料、部分为标准产品，且普遍具有较为充分的供应市场，不存在对外部供应商较大依赖。

敏芯股份（688286）

针对苏州敏芯微电子技术股份有限公司（以下简称发行人）2019 年 11 月 1 日提交的招股说明书（申报稿）披露内容，发审委要求发行人对下列事项进行说明：与供应商之间是否存在关联关系、有无非交易性资金往来或其他不正当利益关系等事宜。

根据发行人律师出具的补充法律意见书披露显示：[1]

〔1〕《浙江天册律师事务所关于苏州敏芯微电子技术股份有限公司首次公开发行 A 股股票并在科创板上市的补充法律意见书（一）》，载上海证券交易所网，http：//static.sse.com.cn/stock/information/c/202001/59b067695894421e9aa6770047e6b53a.pdf，最后访问日期：2021 年 5 月 21 日。

发行人供应商博技光电为发行人报告期内存续的过往关联方，报告期内，发行人曾持有搏技光电20%股权；2018年12月，发行人将其原持有的搏技光电股权转让给该公司其他股东，自此双方不再具有关联关系。发行人向搏技光电购买测试机等专用设备、研发和生产用治具、耗材等产品，以及采购委外加工服务，采购价格系以市场价格为基础，经双方协商一致确定。

除上述情况外，发行人与其报告期内的主要供应商之间不存在其他应披露而未披露关联关系，发行人报告期内的主要供应商与发行人实际控制人、高级管理人员、核心技术人员及实际控制人控制的其他企业之间不存在非交易性资金往来或其他不正当利益关系。

震有科技（688416）

深圳震有科技股份有限公司（以下简称震有科技或发行人）2019年11月6日提交的招股说明书（申报稿）披露，报告期内发行人向前五大供应商采购金额占当期采购金额比例分别为47.21%、36.18%、33.60%和34.87%。报告期内发行人前五大供应商的变动较大，其中采购内容包括技术服务；公司原材料采购同质化程度较低，采购价格存在差异。

针对上述情形，发审委要求发行人对下列事项进行说明，并要求保荐机构、发行人律师核查并发表明确意见：前五大供应商基本情况，包括供应商成立时间、注册资本、实际控制人或控股股东、主营业务及规模、公司采购金额占其营业收入比例、合作历史，报告期内采购金额发生变动的原因；发生采购技术服务的具体情况，是否涉及发行人的核心技术，发生采购的原因及合理性；发行人是否与主要供应商签署长期有效的合作合同或框架协议，主要供应商的变动与可比公司相比是否具有行业普遍性。

根据发行人律师出具的补充法律意见书披露显示：[1]

1. 前五大供应商基本情况，包括供应商成立时间、注册资本、实际控制人或控股股东、主营业务及规模、公司采购金额占其营业收入比例、合作历史，报告期内采购金额发生变动的原因。

（1）前五大供应商基本情况，如表70所示。

---

〔1〕《国浩律师（深圳）事务所关于深圳震有科技股份有限公司申请首次公开发行股票并在科创板上市之补充法律意见书（一）》，载上海证券交易所网，http：//static.sse.com.cn/stock/information/c/202002/7bba3446f32b455d9ea8b1a25b4ddf0e.pdf，最后访问日期：2021年5月21日。

表 70

序号	供应商	基本情况	主营业务	公司采购金额占其营业收入比例	合作历史
1	深圳市世纪通供应链股份有限公司	成立于2008年10月30日；注册资本10,000万元人民币；第一大股东为张宗学	公司是运用先进的管理手段和信息技术平台的专业供应链服务商	5%以下	2014年开始合作
2	辽宁智慧云信息科技有限公司	成立于2017年6月21日；注册资本500万元人民币；第一大股东为祝国彦	公司是从事软件开发、计算机数据处理及物联网解决方案提供的高新技术企业	50%以下	2018年开始合作
3	新疆华域卓信科技股份有限公司	成立于2010年9月25日；注册资本3000万元人民币；第一大股东为鹿凤琴	公司是专业从事计算机软件研发、系统集成以及移动通信行业信息化、移动增值业务的应用及开发的高新技术企业	20%以下	2018年开始合作
……	……	……	……	……	……
14	SKS GLOBAL LTD	未公开披露	公司为电信级Wi-Fi产品及解决方案提供商	—	2015年开始合作

（2）报告期内主要供应商采购金额发生变动的情况如表 71 所示。

表 71

单位：万元

序号	供应商	2019年1~6月	2018年	2017年	2016年	采购金额变动原因
1	深圳市世纪通供应链股份有限公司	695.87	2181.80	3915.97	407.09	发行人主要向其采购原材料及报关服务，2017年年底印度BSNL三期项目供应商确定为发行人后，发行人备货导致当期采购金额上升

续表

序号	供应商	2019年1~6月	2018年	2017年	2016年	采购金额变动原因
2	辽宁智慧云信息科技有限公司	506.3	—	—	—	2018年新增供应商，采购主要内容为智慧城市集成配套产品。主要原因为2018年大连庄河智慧城市项目采购
3	新疆华域卓信科技股份有限公司	498.43	—	—	—	2018年新增供应商，主要原因为2018年吐鲁番智慧城市项目采购
……	……	……	……	……	……	……
14	SKS GLOBAL LTD.	—	—	—	841.16	2016年主要针对与日本软银项目进行合作

发行人报告期内供应商采购金额变动系因客户项目需求所致，具备合理性。

2. 发生采购技术服务的具体情况，是否涉及发行人的核心技术，发生采购的原因及合理性。

发行人采购技术服务的主要供应商为GES Japan LTD.、SKS GLOBAL LTD. 两家公司。其中，GES Japan为发行人提供对日本软银维保服务的基础维护人员。运营商的维保业务涉及密集的人力支持，发行人考虑到境内员工出差成本较高，决定在当地寻找业务经验熟练的公司提供基础维护人员，该类人员主要执行技术含量较低的重复性工作，技术含量较高的指导工作由发行人远程指导或派遣少量技术骨干到现场对基础维护人员进行技术指导。发行人采购的该类技术服务不涉及发行人核心技术。

发行人向SKS GLOBAL采购技术服务的主要内容为软件服务，采购主要原因为：2016年发行人通过Uniadex为日本软银提供集中式局端系统，SKS GLOBAL自身为日本软银提供无线接入网络认证、管理平台等软件系统，而发行人为日本软银提供的集中式局端系统中的宽带接入部分需要与无线接入系统对接。综合整体业务架构考虑，终端客户日本软银将该项目交由发行人进行总包，发行人将无线接入软件部分交由SKS GLOBAL，故发行人采购其软件服务。发行人采购该服务主要为了使总体项目更具一体化，不存在采购核心技术的情形。

3. 发行人是否与主要供应商签署长期有效的合作合同或框架协议，主要供应商的变动与可比公司相比是否具有行业普遍性。

发行人针对供应商选择制定了严格的管理机制，与主要合作的原材料供应商及外协厂商皆签订长期合作协议，其余原材料根据项目、实施进度等选择合格供应商产品，主要供应商变动是根据项目配套设备所决定，报告期内有一定变动，同行业公司如上海翰讯等亦有相似情况，具有行业普遍性。

伟思医疗（688580）

南京伟思医疗科技股份有限公司（以下简称发行人）2019年12月19日提交的招股说明书（申报稿）披露，发行人报告期内向第一大供应商苏美达采购金额分别为1094.75万元、1484.86万元、1761.01万元和1320.69万元，占同期采购总金额比例分别为43.80%、36.64%、30.04%和28.02%，主要为向TT公司及其他公司进口零部件。发行人是TT公司在中国地区的独家业务合作伙伴，同时发行人与TT公司于2019年1月签署新的供应合同，合同期限自2019年至2023年。报告期内，TT公司为发行人最大的终端供应商。

针对上述情形，发审委要求发行人对下列事项进行说明："发行人是TT公司在中国地区的独家业务合作伙伴"的依据；报告期内发行人与TT公司的协议约定情况，2019年1月签署新的供应合同的具体协议内容约定，结合协议内容披露发行人与TT合作的具体模式，发行人是否为TT公司中国区的经销商；报告期内发行人向TT采购的具体商品内容和金额，与TT公司协议中约定的经销商品的对应情况。要求保荐机构、发行人律师就发行人与TT公司的协议约定情况、报告期内采购情况、发行人产品和核心技术对TT公司是否有依赖、是否有可替代的原材料或供应商进行核查，并发表明确意见。

根据发行人律师出具的补充法律意见书披露显示：[1]

1."发行人是TT公司在中国地区的独家业务合作伙伴"的依据

除合作协议外，TT公司报告期每年均会向发行人签发授权函，明确授权发行人为TT公司产品的排他性独家代理商，覆盖领域涵盖中华人民共和国境内的医疗、科研和特殊人群。

TT公司最新的授权函于2020年1月1日签发，有效期至2020年12月31日。

2.发行人与TT公司的协议约定情况，2019年1月签署新的供应合同的具体协议内容约定，发行人是否为TT公司中国区的经销商。

报告期内发行人与TT公司均签署合作协议及相关声明约定双方权利和义务，2014年签署的合作协议有效期为2014年10月1日至2018年12月31日；2019年签署的合作协议有效期为2019年1月1日至2023年12月31日；2020年3月签署合作声明，以上相关文件主要约定内容如表72所示。

〔1〕《江苏世纪同仁律师事务所关于南京伟思医疗科技股份有限公司首次公开发行股票并在科创板上市的补充法律意见书（一）》，载上海证券交易所网，http：//static.sse.com.cn/stock/information/c/202004/f23e32ffce9b48d0b18898f1a1ab715d.pdf，最后访问日期：2021年5月21日。

表 72

序号	事项	具体内容
1	合作模式	1. 委托与代理关系 双方在 TT 公司生产的生物刺激反馈仪（MyoTrac Infiniti System）和表面肌电分析系统（FlexComp Infiniti System）两个产品中的合作关系属于委托与代理的关系，两个产品均是以TT公司的名义在中国进行注册，发行人负责在中国进行产品的推广与销售。 2. 供应商与客户关系 除前条所约定的两个产品外，双方在 TT 公司生产的生物反馈系列产品（ProComp2，ProComp5，ProComp Infiniti 和 FlexComp Infiniti）和康复系列产品（MyoTrac Infiniti 和 MyOnyx）中的合作关系属于供应商与客户的关系，以上产品均被用作发行人的产品部件，相应形成的最终产品在中国以发行人的名义进行注册、生产、推广与销售
2	定价	TT 执行全球统一的价格政策，这也同样适用于发行人，其中所有 MyoTrac Infiniti 和 MyOnyx 系列及配件执行 40% 的折扣，生物反馈及表面肌电系列（P2、P5、PI、FI）及配件执行 50% 的特别折扣
3	区域	本协议中使用的术语“区域”指附件 B 中规定的国家或地理区域（附件 B，授权经销商在以下地区销售产品：中国，不包括我国港澳台地区）。经销商不得在区域外促销或招揽订单或其他委托人产品
4	产品	本协议中使用的术语“产品”指附件 C 中定义的产品（附件 C，产品编号：T9810C 和 T9830C，授权经销商担任区域内 MyoTrac Infiniti 家庭和 MyoTrac Infiniti 临床产品的独家经销商，其他产品：FlexComp Infiniti、ProComp Infiniti、ProComp2、BioNeuro、传感器和配件）。经销商不得促销或招揽本协议未涵盖的订单或其他委托人产品
5	付款	经销商应于产品抵达经销商仓库之前，根据委托人发票价格，向 TT 付款
6	其他产品的分销	委托人理解并承认，经销商也是制造商，并可能开发与委托人产品产生冲突的产品。因此，经销商和委托人同意尽最大努力合作和协调新产品的开发，使经销商和委托人的新产品不存在相互冲突的细分市场和市场定位，从而不妨碍委托人产品的销售；在本协议有效期内，经销商同意不在协议区域内销售、分销或以其他方式处理第三方制造商提供的任何竞争性产品；“竞争产品”应指类似于委托人产品的任何产品、类似或相同用途的产品，也可以是与产品存在竞争或阻碍销售的产品

注：其中 1、2 项约定出自 2020 年 3 月签署的合作声明；其中 3~6 项约定出自 2019 年签署的合作协议。

发行人与 TT 公司有两种合作模式，一种是作为经销商，采购 TT 公司的整套产品，增加电脑、推车、打印机等周边非医疗配件，然后以进口医疗器械注册证产品进行销售，包括 SA9800 生物刺激反馈仪及表面肌电分析系统两类产品及相关配件；另一种是作为客户采购 TT 的部件，根据发行人自身的研发设计要求，与发行人自主研发和生产的其他部件如软件、电极等进行组合，形成自身的医疗 / 非医疗器械产品，取得国产医疗器械注册证 / 国产非医疗产品备案后进行销售，包括 MyoTrac 系列产品及多参数生物反馈仪两类产品。

根据合同约定，发行人是 TT 公司在中国区的经销商和客户。

3. 发行人向 TT 采购的具体商品内容和金额，与 TT 公司协议中约定的经销商品的对应情况

发行人自 2003 年与 TT 公司签署合作协议开始业务合作，业务一直持续至今。

发行人向 TT 公司采购的原材料零部件不仅用于以进口证销售的 SA9800 生物刺激反馈仪和表面肌电分析系统两类产品，还用于公司 MyoTrac 系列及多参数生物反馈仪两类产品，这两类产品属于公司的核心技术产品。采购金额及占比如表 73 所示。

表 73

序号	项目名称，括号内名称为对应协议中约定经销商品的名称	2019 年度		2018 年度		2017 年度	
		金额 / 万元	占比 /%	金额 / 万元	占比 /%	金额 / 万元	占比 /%
1	AMI Extended（MyOnyx）	19.12	0.79	16.43	0.93	—	—
2	MyoTrac Infiniti 编码器整包（T9810C）	1132.31	46.95	775.79	44.05	606.50	44.00
3	MyoTrac Infiniti 编码器整包（T9830C）	690.68	28.64	599.49	34.04	460.40	33.40
4	4 通道信号处理器（ProComp2）整包	26.28	1.09	9.99	0.57	14.90	1.08
5	通道信号处理器（ProComp Infiniti）整包	148.93	6.18	109.50	6.22	90.74	6.58
6	10 通道信号处理器主机（FlexComp Infiniti）整包	114.97	4.77	76.82	4.36	70.10	5.09
7	其他配件	279.28	11.58	173.00	9.82	135.85	9.85
合计		2411.56	100.00	1761.01	100.00	1378.49	100.00

其中：序号 1，用于公司 AMI 产品的编码器，相关产品仍在研发中，未正式投入销售；序号 2、3，是 TT 公司的 SA9800 生物刺激反馈仪整套产品以及用于公司 MyoTrac 系列产品的编码器，即有代理产品、有自产产品；序号 4、5，用于公司多参数生物反馈仪产品的信号处理器，用于自产产品；序号 6，是 TT 公司的表面肌电分析系统，用于代理产品。

4. 对发行人产品和核心技术对TT公司是否有依赖、是否有可替代的原材料或供应商

（1）发行人向TT公司采购的零部件有其他境内外的供应商可以提供

发行人向TT公司采购的部件主要是编码器和信号处理器，编码器和信号处理器系常见配件，主要功能是采集患者的脑电、肌电、皮温、皮电、心电、心率变异性、呼吸、血容量搏动等生理信号，然后将模拟信号转换成数字信号发送到计算机软件中，或者执行计算机软件发出的电刺激指令，通过编码器输出电流到电极，进而作用到人体。境内外有多家供应商均可提供该等功能配件，具体包括英国BTL、深圳讯丰通、荷兰Spirit、意大利BTS等厂商。

发行人已掌握多项电刺激及电生理方面的核心技术，发行人的瑞翼系列生物刺激反馈仪、生物反馈仪、盆底肌电生物反馈仪等产品采用了完全自主研发的主机，包括信号处理器、编码器和/或显示于一体。从核心技术能力和指标方面看，发行人自主研发的主机产品完全能够替代TT公司的编码器和信号处理器。但囿于产品线配合和研发资源分配等因素，发行人仍采取沿用已有合作渠道的方式。

（2）向TT公司的采购具有较强的替代性

一方面，向TT公司采购的编码器和信号处理器等原材料有较强的替代性；另一方面，代理TT的产品及使用TT部件的自产产品也有一定的替代性。

发行人自主研发的瑞翼系列产品与TT公司产品工作原理相同，但是在通道数、采样位数、采样率、通频带、刺激频率、脉冲宽度、电刺激模式以及使用友好度等多个方面都优于TT产品以及主机部件采购自TT的MyoTrac系列产品。因此，发行人自研瑞翼系列产品可以对SA9800生物刺激反馈仪和MyoTrac系列产品形成技术替代，不存在进口依赖。

（3）发行人向TT公司的采购金额占比逐年降低，整体呈下降趋势

报告期内，发行人向TT公司的采购情况如表74所示：

表74

项目	2019年度	2018年度	2017年度
采购金额/万元	2411.56	1761.01	1378.49
占总采购比例/%	26.09	30.04	34.02

发行人向TT公司采购的零部件主要包括编码器、信息处理器、传感器等，不同年份采购单价稳定，差异较小，采购金额的增加主要系采购数量增加所致。发行人向TT公司的采购金额逐步提高，主要原因为发行人报告期内业务发展较快，收入快速

增长，对零部件需求增长，带动采购金额逐年增加。

报告期内，发行人向TT公司采购金额占总采购金额的比例分别为34.02%、30.04%和26.09%，占比逐年降低，主要原因为发行人近年各条业务线均发展较快，采购更加多元化，总采购金额增长速度高于向TT公司采购金额的增长速度。

（4）发行人自身技术的先进性

发行人完全自主研发的电刺激产品瑞翼系列生物反馈仪，相比代理TT公司的SA9800生物刺激反馈仪性能更优。另外，发行人经过多年的积累和发展，业已搭建起了电刺激、磁刺激、电生理等先进技术平台，并掌握了具有自主知识产权的相关核心技术，凭借技术平台的优势，发行人得以围绕具体的细分市场应用领域，不断快速推出适用的新产品和升级技术，保持产品较强的市场竞争力和快速的市场响应能力。另外，发行人同时涵盖电刺激、磁刺激、电生理等多平台技术积累，也保障了发行人能够针对同一细分市场提供多元化的产品解决方案，进一步提升产品的市场竞争力。公司建立有完善的设计开发流程。截至2019年12月31日，公司拥有研发人员85名，占公司员工总数的17.67%，形成了一支多学科、多层次、结构合理的研发和技术团队，从源头上保证公司的自主研发实力。因此，发行人拥有自主的核心技术，不存在核心原材料受制于竞争对手的情况。

二、解决思路

涉及供应商的问询问题主要集中在供应商采购价格的定价依据及定价公允性，对供应商是否存在重大依赖，供应商与发行人及其关联方是否存在关联关系，有无业务、资金往来等。

1. 正确判断发行人对供应商是否存在重大依赖。供应商依赖一般存在两种情形，一种是对具体供应商的依赖，另一种是对原材料品种的依赖。存在单一原材料向单个或少数供应商采购的情况不代表一定存在单一供应商依赖。例如，金宏气体，江苏安德福化工贸易有限公司为发行人液氨的唯一供应商，但由于氨气通用原材料，供应商众多，市场供应充足，发行人对该等供应商不存在依赖情形。发行人对单一供应商或某种原材料存在一定程度的依赖时，只要阐明解决方案和充分揭示风险，不会构成发行上市的实质性障碍。

2. 为避免利益输送，供应商与发行人及其实际控制人、高级管理人员、核心技术人员及实际控制人控制的其他企业应尽可能不存在关联关系、资金往来或其他利益安排。如果有，要详尽披露，并说明理由。

3. 采购定价公允。发行人向供应商的采购价格一般由双方根据市场原则协商确定，应符合市场化定价原则，定价公允。可通过对比产品市场价格或第三方可比价格，论证说明发行人向其供应商采购价格的公允性。

【具体核查要点】

1. 向单一供应商采购的零部件是否有其他境内外的供应商可以提供；发行人向单一供应商的采购金额占比是否逐年降低，整体呈下降趋势；是否存在核心原材料受制于他人；是否存在供应商重大依赖。

2. 发行人采购定价是否公允；供应商与发行人及其实际控制人、高级管理人员、核心技术人员及实际控制人控制的其他企业是否存在关联关系、资金往来或其他利益安排；发行人是否与主要供应商签署长期有效的合作合同或框架协议，主要供应商的变动与可比公司相比是否具有行业普遍性。

【核查方式】

1. 查阅发行人与主要供应商签订的采购合同，尤其核心条款。

2. 走访主要供应商，了解发行人与其交易情况；询问是否属于关联方、是否知悉发行人存在对其盈利能力产生不利影响的信息等。

3. 查阅主要供应商的工商资料，与公司员工花名册、公司关联方清单进行核对，并通过网络核查的方式对公司报告期内主要供应商工商登记资料查询。

4. 查阅发行人的采购制度。

5. 审阅发行人及控股股东、实际控制人、高级管理人员、核心技术人员出具的关于与供应商不存在关联关系、资金往来或其他利益安排的说明。

6. 访谈发行人供应链负责人、财务总监等，对比发行人向供应商采购定价的公允性。

7. 查询国家企业信用信息系统网站，了解供应商的股东登记信息等。

三、参考规范

《上海证券交易所科创板股票上市规则》

8.2.4 上市公司发生下列重大风险事项的，应当及时披露其对公司核心竞争力和持续经营能力的具体影响：

……（二）原材料采购价格、产品售价或市场容量出现重大不利变化，或者供销渠道、重要供应商或客户发生重大不利变化；……

《深圳证券交易所创业板股票上市规则》

8.6.4 上市公司出现下列情形之一的，应当及时披露：

……（九）生产经营情况、外部条件或者生产环境发生重大变化（包括主要产品价格或市场容量、原材料采购、销售方式、重要供应商或者客户发生重大变化等）；……

《公开发行证券的公司信息披露内容与格式准则第41号——科创板公司招股说明书》

第五十二条　发行人应披露采购情况和主要供应商，包括：

（一）报告期内采购产品、原材料、能源或接受服务的情况，相关价格变动趋势；

（二）报告期内各期向前五名供应商合计的采购额占当期采购总额的百分比，向单个供应商的采购比例超过总额的50%的、前五名供应商中存在新增供应商的或严重依赖于少数供应商的，应披露其名称或姓名、采购比例。受同一实际控制人控制的供应商，应合并计算采购额。

《公开发行证券的公司信息披露内容与格式准则第28号——创业板公司招股说明书》

第五十二条　发行人应披露采购情况和主要供应商，包括：

（一）报告期内采购产品、原材料、能源或接受服务的情况，相关价格变动趋势；

（二）报告期内各期向前五名供应商合计的采购额占当期采购总额的百分比，向单个供应商的采购比例超过总额的百分之五十的、前五名供应商中存在新增供应商的或严重依赖于少数供应商的，应披露其名称或姓名、采购比例。受同一实际控制人控制的供应商，应合并计算采购额。

《上海证券交易所科创板股票发行上市审核问答（二）》

14. 发行人报告期存在财务内控不规范情形，应当如何进行规范？中介机构核查应当重点关注哪些方面？

答：部分企业在提交申报材料的审计截止日前存在财务内控不规范情形，主要包括：为满足贷款银行受托支付要求，在无真实业务支持情况下，通过供应商等取得银行贷款或为客户提供银行贷款资金走账通道（简称“转贷”行为）；……

《深圳证券交易所创业板股票首次公开发行上市审核问答》

25. 发行条件规定“发行人内部控制制度健全且被有效执行”。如首发企业报告期存在财务内控不规范情形，应如何把握？

答：部分首发企业在提交申报材料的审计截止日前存在财务内控不规范情形，如为满足贷款银行受托支付要求，在无真实业务支持情况下，通过供应商等取得银行贷款或为客户提供银行贷款资金走账通道（简称“转贷”行为）；……

第六节　经销商模式

经销商模式广泛存在于服装、建材、家居用品等行业，企业充分利用经销商的渠道优势，帮助其实现快速销售和市场覆盖。经销商作为发行人的销售渠道，与发行人合作紧密，存在经销商突击采购、压货等配合财务造假的可能，经销商模式是证监会关注和审核的重点。

截至 2020 年 12 月 31 日，惠泰医疗、国盛智科、志远互联、敏芯股份、硕世生物、安必平、伟思医疗、赛诺医疗、三生国健、佰仁医疗等二十余家企业被发审委问询经销商相关问题。

一、典型案例

安必平（688393）

广州安必平医药科技股份有限公司（以下简称公司或发行人）2019 年 12 月 27 日提交的招股说明书（申报稿）披露，发行人拥有医疗器械注册证 22 项，医疗器械产品备案证 463 项，建立了涵盖产品整个生命周期的质量控制体系。

针对上述情形，发审委要求发行人对下列事项进行说明，并要求保荐机构、发行人律师核查并发表明确意见：按直销模式和经销模式客户说明采购和销售公司产品是否具备相关资质，公司对经销商资质的管理制度，是否存在部分经销商无经营资质的情形；行业主管部门对公司产品全流程追溯的具体要求，公司相关追溯制度的建立及执行情况。

根据发行人律师出具的补充法律意见书披露显示：[1]

1. 采购和销售公司产品是否具备相关资质，公司对经销商资质的管理制度，是否存在部分经销商无经营资质的情形

截至 2019 年 12 月 31 日，与发行人存在合作关系的直销客户均具备采购发行人相关产品所必须的资质，与发行人存在合作关系的经销客户均具备经销发行人相关产品所必需的资质。

〔1〕《广东信达律师事务所关于广州安必平医药科技股份有限公司首次公开发行股票并在科创板上市的补充法律意见书（一）》，载上海证券交易所网，http：//static.sse.com.cn/stock/information/c/202004/7f244f9a4fbd4cb2b4b9cdb434c22c9c.pdf，最后访问日期：2021 年 5 月 21 日。

根据《医疗器械监督管理条例》（2017 修订）的相关规定，从事第二类医疗器械经营的，由经营企业向所在地设区的市级人民政府食品药品监督管理部门备案；从事第三类医疗器械经营的，经营企业应当向所在地设区的市级人民政府食品药品监督管理部门申请经营许可。

发行人制定了经销商审核管理规程，要求如购货单位为医疗器械经营企业的，应当查验其加盖公章的相关医疗器械经营许可证或第二类医疗器械经营备案凭证复印件等资料。

2. 行业主管部门对公司产品全流程追溯的具体要求，公司相关追溯制度的建立及执行情况

（1）医疗器械产品追溯方面的主要监管规定如表 75 所示：

表 75

序号	适用主体	主要法律法规	相关规定
1	医疗器械生产企业	《医疗器械生产质量管理规范》（2014 年第 64 号）	第六十二条　企业应当建立产品销售记录，并满足可追溯的要求。销售记录至少包括医疗器械的名称、规格、型号、数量；生产批号、有效期、销售日期、购货单位名称、地址、联系方式等内容
2	医疗器械经营企业 / 医疗器械使用单位	《医疗器械监督管理条例》（2017 修订）	第三十二条　医疗器械经营企业、使用单位购进医疗器械，应当查验供货者的资质和医疗器械的合格证明文件，建立进货查验记录制度。从事第二类、第三类医疗器械批发业务以及第三类医疗器械零售业务的经营企业，还应当建立销售记录制度。记录事项包括：（一）医疗器械的名称、型号、规格、数量；（二）医疗器械的生产批号、有效期、销售日期；（三）生产企业的名称；（四）供货者或者购货者的名称、地址及联系方式；（五）相关许可证明文件编号等。进货查验记录和销售记录应当真实，并按照国务院食品药品监督管理部门规定的期限予以保存。国家鼓励采用先进技术手段进行记录
3	医疗器械使用单位	《医疗器械监督管理条例》（2017 年修订）	第三十七条　医疗器械使用单位应当妥善保存购入第三类医疗器械的原始资料，并确保信息具有可追溯性

（2）发行人有关产品追溯的内部控制制度及其执行

发行人依据相关法律、法规对于医疗器械产品追溯的规定制定了相关内部控制制度，并采取相应措施确保相关制度的切实执行，具体如下：

发行人制定有销售管理制度、销售下单操作流程等相关制度，并采用符合医疗器械质量管理要求的计算机信息管理系统进行记录，生成销售出库单，记录包括医疗器械的名称、规格、型号、数量、生产批号、有效期、销售日期、购货单位名称、地址、联系方式等内容。

发行人制定有首营企业及首营品种质量审核标准操作规程、供应商（经营）审核标准操作规程、医疗器械（经营）采购标准操作规程、医疗器械产品（经营）质量验收管理规程等相关制度，发行人在购进医疗器械前，将对供应商及所购入的医疗器械的相关资质进行审核，建立合格供应商档案。购进医疗器械后保存采购记录、收料记录、采购订单、验收记录等文件。发行人采用相关计算机信息管理系统进行记录，以确保医疗器械产品追溯。

发行人子公司安必平检验所作为医疗器械使用单位，制定了检验所采购及验收管理制度、医疗器械质量验收管理规定、医疗器械追踪溯源管理制度等制度，指定专人负责采购医疗器械，保存购入的第三类医疗器械的相关原始资料，并采用相关计算机信息管理系统进行记录，确保根据医疗器械的产品名称、型号（或规格）、批号（或编号）、生产日期及有效期、医疗器械收料记录及验收记录，可追溯产品的入库、验收情况及医疗器械供应商等情况。

国盛智科（688558）

根据南通国盛智能科技集团股份有限公司（以下简称公司或发行人）2019 年 11 月 5 日提交的招股说明书（申报稿）披露经销商福晟机电实际控制人为国盛机电的总经理，发行人表示其为客户的员工。

针对上述情形，发审委要求发行人对下列事项进行说明，并要求保荐机构、发行人律师核查并发表明确意见：发行人重要经销商之间是否存在关联关系，如股权交叉持股、人员任职等应当说明的关系；发行人重大经销商是否曾为发行人员工，发行人持股平台是否有经销商或其关联方。

根据发行人律师出具的补充法律意见书披露显示：[1]

〔1〕《江苏世纪同仁律师事务所关于南通国盛智能科技集团股份有限公司首次公开发行股票并在科创板上市的补充法律意见书（三）》，载上海证券交易所网，http：//static.sse.com.cn/stock/information/c/202004/36a99dfa8d964974a5bf61ff0be64b8a.pdf，最后访问日期：2021 年 5 月 21 日。

1.“经销商福晟机电实际控制人为国盛机电的总经理，发行人表示其为客户的员工”的相关情况

（1）经销商福晟机电实际控制人胡帅纵未在发行人处任职，与发行人不存在关联关系

发行人自 1999 年 8 月设立至今的执行董事 / 董事长、总经理一直为潘卫国，未发生变化。

胡帅纵的简历如下：1984 年 9 月出生，2003 年至 2014 年在宁波恒威机械有限公司任职，2015 年至今在河南福晟智能装备有限公司（曾用名：郑州福晟机电设备有限公司）任职，胡帅纵从未在发行人处任职，不是发行人的员工，胡帅纵的近亲属也不存在在发行人处任职的情况。

（2）经销商福晟机电原网站有关与发行人关系的表述有误，系根据宣传市场推广需要撰写，已更正

福晟机电的实际控制人胡帅纵曾在其公司网站或对外宣传名片中将联系人胡帅纵标注为“国盛机电总经理”。因机床一般属于企业固定资产消费，购机客户比较看中生产厂家的实力、荣誉及配套服务能力，福晟机电系国盛集团在河南地区的经销商，出于销售宣传的目的，福晟机电在其公司网站上借用国盛集团的相关介绍，并存在“河南福晟智能装备有限公司是国盛集团成立的销售应用服务 4S 店”“国盛机电总经理”等宣传内容，上述宣传内容均不符合实际情况。福晟机电现已在其公司网站将“国盛机电总经理”修改“胡经理”；将“河南福晟智能装备有限公司是国盛集团成立的销售应用服务 4S 店”修改为“河南福晟智能装备有限公司是国盛集团在河南地区授权的独家销售服务中心”。

综上所述，经销商福晟机电实际控制人胡帅纵未在发行人处任职，与发行人不存在关联关系。该公司处于销售宣传角度，在其公司网站原发布与发行人不相符合的内容，内容不实，已更正。

2. 发行人重要经销商之间不存在股权交叉持股、人员任职等关联关系或其他应当说明的关系。

3. 发行人经销商东莞名图的实际控制人丁雷曾在发行人关联方苏州中谷科技有限公司（现更名为苏州中谷信息咨询有限公司）任职，发行人重大经销商的实际控制人、主要管理人员不曾在发行人处任职，不属于发行人前员工。发行人员工持股平台的合伙人均 / 曾为发行人的员工，发行人的重大经销商或其关联方不在发行人员工持股平台持股。

伟思医疗（688580）

南京伟思医疗科技股份有限公司（以下简称发行人）2019年12月19日提交的招股说明书（申报稿）披露，报告期内发行人经销收入占主营业务收入的比例分别为89.75%、95.71%、99.48%和98.85%。发行人对经销商均采取买断式销售模式，原则上采取先款后货的结算方式，同时根据客户的采购规模及品类、历史回款情况和合作时间等因素，给予部分客户一定预收货款的比例折扣。项目组对报告期各期发行人主要客户，执行了包括调阅客户工商资料、收入及应收账款的函证、销售抽凭测试、收入回款测试、收入截止性测试等核查程序。

针对上述情形，发审委要求发行人对下列事项进行披露和说明，并要求保荐机构、发行人律师核查并发表明确意见：发行人销售给经销商到经销商实现终端销售平均所用时间，安装验收阶段平均所用时间，经销商是否根据终端需求向发行人下订单，经销商是否存在囤货情形，期末经销商的库存情况及其合理性；与经销商的合作模式，是否有长期框架协议，是否有长期稳定合作关系，市场推广方式，市场推广费等费用的承担方式，经销商的遴选标准、层级设置情况，是否存在地域划分，是否存在不同层级经销商互相转售的情形；产品定价方式（包括发行人向经销商销售、终端销售价格），是否附有退换货条款，关于产品的质保约定，报告期内实际退换货情况；发行人对经销商是否存在年度业绩考核指标，是否存在与业绩相关的奖励措施、返利政策，发行人对经销商的各期返利金额，返利的会计核算方法；发行人关于经销商销售过程是否采取一定的合规管理措施；医用耗材实施“两票制”政策可能对发行人销售的具体影响，包括但不限于受影响的产品类别、终端客户的类别等。

根据发行人律师出具的补充法律意见书披露显示：[1]

1. 发行人销售给经销商到经销商实现终端销售平均所用时间，安装验收阶段平均所用时间，经销商是否根据终端需求向发行人下订单，经销商是否存在囤货情形，期末经销商的库存情况及其合理性。

报告期内，发行人产品按产品性质以及是否需要安装验收分为装机产品、不装机产品和耗材及配件三类。其中，装机产品以取得终端客户的验收报告作为收入确认的时点，不装机产品、耗材及配件以经销商或经销商指定的终端客户等签收的时点作为收入确认的时点。报告期内，发行人装机产品、不装机产品、耗材及配件的销售收入

[1]《江苏世纪同仁律师事务所关于南京伟思医疗科技股份有限公司首次公开发行股票并在科创板上市的补充法律意见书（一）》，载上海证券交易所网，http：//static.sse.com.cn/stock/information/c/202004/f23e32ffce9b48d0b18898f1a1ab715d.pdf，最后访问日期：2021年5月21日。

及占比情况如表 76 所示：

表 76

项目	2019 年度		2018 年度		2017 年度	
	金额 / 万元	占比 /%	金额 / 万元	占比 /%	金额 / 万元	占比 /%
装机产品	21,439.18	67.63	14,587.03	70.75	9587.93	66.95
不装机产品	4830.71	15.24	2840.90	13.78	2451.25	17.12
耗材及配件	5432.69	17.14	3190.83	15.48	2281.82	15.93
合计	31,702.58	100.00	20,618.76	100.00	14,321.00	100.00

注：装机产品、不装机产品不含耗材以及配件。

报告期内，发行人装机产品、不装机产品、耗材及配件的销售周期、期末经销商库存等情况如下：

（1）装机产品。报告期内，发行人装机产品从发货到终端客户验收一般在 2 个月内完成，发行人售后工程师现场安装验收平均所用时间为 1~3 天。报告期内，发行人装机产品以取得终端客户的验收报告作为收入确认的依据，已发货未验收的装机产品在发行人发出商品科目反映。

报告期各期末，如将发行人账面发出商品中的未装机产品视为经销商的库存，则报告期各期末，发行人装机产品期末经销商库存数量占年度发货数量的比例分别为 14.44%、18.24% 和 22.59%，期末经销商库存金额占年度发货金额的比例分别为 15.26%、20.54% 和 24.12%，占比相对较低。报告期内，经销商一般结合终端客户需求和自身资金实力等因素综合考虑进行备货，不存在囤货的情形。报告期内，发行人装机产品以取得终端客户的验收报告作为收入确认的依据，不存在向经销商突击压货增加收入的情形。

（2）不装机产品。报告期内，发行人不装机产品以经销商或经销商指定的终端等签收的时点作为收入确认的时点，从发货到签收的平均所用时间为 1 周以内。

2019 年，发行人前五大不装机产品经销商一般根据终端客户的需求、自身资金实力和销售计划等因素综合考虑进行备货，实现终端销售平均所用时间为 1.4 个月。2019 年年末，发行人前五大不装机产品经销商的平均库存占当期销售数量的比例为 12.46%，占比较低，库存合理。

（3）耗材及配件报告期内，耗材及配件无须安装验收，以经销商或经销商指定的终端等签收的时点作为收入确认的时点，从发货到签收的平均所用时间为 1 周以内。2019 年发行人前五大耗材及配件经销商一般根据终端客户的需求、自身资金实力和销售计划等因素综合考虑进行备货，实现终端销售平均所用时间为 2.6 个月。2019 年年末，发行人前五大耗材及配件经销商的平均库存占当期销售数量的比例为 14.84%，占比较低，库存合理。

2. 与经销商的合作模式，是否有长期框架协议，是否有长期稳定合作关系，市场推广方式，市场推广费等费用的承担方式，经销商的遴选标准、层级设置情况，是否存在地域划分，是否存在不同层级经销商互相转售的情形。

（1）经销模式类型。报告期内，发行人采取买断式经销模式，即发行人将产品销售给经销商，再由经销商自主对外销售至下游或终端客户。报告期内，发行人一般与授权经销商签订年度经销协议，而非签订长期框架协议。报告期内，发行人与主要经销商建立了相对稳定的合作关系，报告期内持续与发行人交易的经销商的数量为 209 家，收入占比均在 55% 以上；近 2 年持续与发行人交易的经销商的数量为 362 家，收入占比均在 75% 以上。

（2）市场推广模式。报告期内，发行人市场推广方式主要包括学术推广和品牌推广。发行人学术推广包括学术培训和临床研究两类，主要目的是培育市场，促进终端客户了解产品的使用价值并产生购买意愿，其中，学术培训包括专题工作坊、学术沙龙和科室会，主要是为了促进医生、治疗师及其他人员对公司产品原理、使用方法及应用效果的理解，提高相关人员对产品的规范化应用；临床研究主要是参与国内指南和专家共识的编写，协助开展多中心的临床研究、协助翻译国外的专著和文献等；公司品牌推广主要是发行人通过经销商培训会、区域会议、展览会、网络推广等形式进行市场推广。

报告期内，发行人市场推广费由学术推广费和品牌推广费组成，其中，学术推广费用主要为学术培训费；品牌推广费主要包括会议费、展览费、业务宣传费和技术服务费等，均由发行人承担。

（3）经销商的遴选标准。发行人经销商销售医疗器械产品需要具备《医疗器械经营企业许可证》或Ⅱ类医疗器械经营备案凭证，经营范围需覆盖公司产品，同时，发行人还结合经销商的销售团队、资金实力、企业信用及合作意愿等因素考核其是否有资质成为发行人的经销商。

（4）经销商的层级及地域划分。报告期内，发行人区别不同产品类别，按是否授予经销区域、是否承担销售任务等将经销商分为授权经销商和一般经销商两个级别，同一层级下不再设置层级进行管理，但授权经销商和一般经销商可自行发展二级经销商。报告期内，授权经销商和一般经销商可以向二级经销商销售产品，除此之外不存在不同层级经销商互相转售的情形。

对于授权经销商，发行人一般通过签订经销协议的方式，约定其授权经销区域，授权经销商仅可在授权范围内销售；对于一般经销商，发行人未约定其授权经销区域。

报告期内，发行人授权经销商与一般经销商的主要区别如表 77 所示：

表 77

项目	授权经销商	一般经销商
框架协议	年度经销协议	无年度经销协议
销售任务	有销售任务要求	无销售任务要求
区域保护	有区域保护	无区域保护
保证金	有保证金	无保证金
是否考核	有考核	不考核
价格政策	授权价格	高于授权价格
	或在授权价格基础上，根据采购金额、产品型号、数量、付款方式及当地市场竞争情况，协商确定	根据采购金额、产品型号、数量、付款方式及当地市场竞争情况，协商确定
返利政策	有返利政策	无返利政策
市场推广政策	1. 主要包括学术推广和品牌推广 2. 学术推广：采用专题工作坊、学术沙龙、科室会等贴近终端客户的方式进行推广及培训 3. 品牌推广：通过经销商培训会、区域会议、展览会等品牌推广方式助力经销商	1. 主要包括学术推广和品牌推广 2. 学术推广：采用专题工作坊、学术沙龙、科室会等贴近终端客户的方式进行推广及培训 3. 品牌推广：通过经销商培训会、展览会等品牌推广方式助力经销商

3. 产品定价方式（包括发行人向经销商销售、终端销售价格），是否附有退换货条款，关于产品的质保约定，报告期内实际退换货情况。

（1）产品定价方式。发行人对经销商采取市场化的定价原则进行产品定价，主要依据产品的研发周期、技术壁垒、生产成本、销售管理成本以及售后维护成本等维度对产品定价，并根据国家关于医疗器械采购相关政策、产品成交价格变化以及竞争对手定价等进行相应的调整。

在前述产品定价的基础上，发行人给予经销商一定的利润空间，同时参考产品终端销售价格，制定产品的终端指导价格。

（2）退换货情况。发行人与经销商采用买断式销售模式，双方签订的经销协议、购销合同或销售订单中不附有退换货条款，主要产品的核心部件的保修期一般为1年，其他配件保修3个月。报告期内，发行人存在个别客户因机型变更、客户选错型号，或因运输导致产品损坏等原因而发生退换货情况。报告期各期，发行人退换货情况如表78所示：

表78

项目	2019年度	2018年度	2017年度
退货金额/万元	123.47	99.33	58.40
换货金额/万元	189.97	183.23	116.50
退换货金额/万元	313.44	282.56	174.89
营业收入/万元	31,887.32	20,778.15	14,449.51
退换货比率/%	0.98	1.36	1.21

4.发行人对经销商是否存在年度业绩考核指标，是否存在与业绩相关的奖励措施、返利政策，发行人对经销商的各期返利金额，返利的会计核算方法。

（1）业绩考核。报告期内，发行人一般通过与授权经销商签订经销协议的形式，约定年度业绩考核指标，每年度终了，发行人对经销商的年度业绩指标完成情况、市场开拓情况以及是否合法经营，履行协议约定条款等方面进行考核。报告期内，授权经销商完成年度任务且到达目标采购金额，会获得采购金额一定比例的返利。

（2）销售返利。报告期内，发行人主要根据销售任务、授权经营区域保护等情况给予经销商一定金额的销售返利，用于抵减经销商以后采购产品的货款如表79所示。

表79

类别	具体政策
销售任务	完成年度任务且达到目标采购金额，会获得采购金额一定比例的返利
	未完成季度考核任务，采购价格上浮，全年完成任务，返还上浮价格部分
	部分产品累计销售达到一定数量，享受一定价格优惠，返还实际采购价格与优惠价格的差额部分；部分大单享受一定金额的返利
授权经销区域保护	其他经销商在已授权经销区域内，直接向公司采购产品，其他经销商采购产品价格高于授权经销商采购价格的差价部分由授权经销商享有，公司以返利的形式返还

报告期各期，发行人销售返利的具体情况如表 80 所示：

表 80

单位：万元

项目	2019 年度	2018 年度	2017 年度
本期计提经销商返利金额	357.87	143.85	195.89
其中：销售任务	352.47	4.75	50.40
授权经销区域保护	5.40	139.10	145.49
经销商本期使用返利金额	288.81	193.70	167.61
返利金额对当期损益影响金额	–69.06	49.85	–28.28

5. 发行人关于经销商销售过程是否采取一定的合规管理措施。

发行人主要通过合同条款约束，同时结合培训讲座的方式对经销商销售过程给予一定的合规管理。

发行人在与经销商进行买卖销售时，均会在双方签订的购销合同中明确要求各经销商：需依法依规开展商业活动。在销售公司产品过程中，不得以任何形式向监管部门、医疗机构、医务人员等相关人员输送不正当利益。在医疗器械产品涉及的原料采购、批发零售、广告宣传、招投标过程中，不得通过不正当手段获取商业机会或商业利益，不得进行《反不正当竞争法》《关于禁止商业贿赂行为的暂行规定》等法律、司法解释、法规和规章中以列举、概括方式界定的其他商业贿赂行为。

发行人定期或不定期开展针对经销商的业务与产品类培训讲座，在培训中，发行人会对行业中较为典型的不合规销售案例进行剖析与讲解，并强调相关不合规事项可能会造成的潜在危害和法律风险；同时，发行人还会敦促相关经销商合法经营，完善相关内控制度，加强职业操守，不断提升自身的合规与风控意识。

6. 医用耗材实施“两票制”政策可能对发行人销售的具体影响，包括但不限于受影响的产品类别、终端客户的类别等。

“两票制”指药品、医药耗材从生产企业到流通企业开一次发票，流通企业到医疗机构开一次发票。目前，“两票制”改革主要集中在药品流通领域，医疗器械领域的“两票制”主要针对高值医用耗材，尚未延伸至设备类产品领域。

报告期内，发行人医用耗材“两票制”仅在陕西省等少数地区实施，受影响的耗材主要为阴道电极、盆底肌肉康复器等。报告期各期，发行人受“两票制”影响的耗材收入金额分别为 19.77 万元、89.04 万元和 49.79 万元，金额较小。

若医用耗材“两票制”改革继续在更多的地区推进，将主要影响医用耗材流通环节，压缩医用耗材生产企业至终端医院的流通层级，不具备直接对接厂商和终端客户能力的小规模经销商将被逐步淘汰，具备终端渠道优势、资金优势和服务优势的经销商将取得优势地位，但对产品的终端市场需求不会产生较大影响。报告期内，发行人医用耗材的终端客户主要为采购发行人设备的医疗机构。目前，医疗设备尚不受“两票制”的影响，医用耗材实施“两票制”政策对发行人终端客户的类别无重大影响。

发行人将关注医用耗材“两票制”的推进计划，支持和鼓励经销商做大做强，提前选择市场影响力较大的经销商加强合作、提前布局，保障产品的正常销售。同时，发行人将加强对内部营销人员的培训力度，适时扩充营销队伍。

赛诺医疗（688108）

针对赛诺医疗科学技术股份有限公司（以下简称或发行人）2019 年 3 月 29 日提交的招股说明书（申报稿）披露内容，发审委要求发行人对下列事项进行说明，并要求保荐机构、发行人律师核查并发表明确意见：与经销商在业务经营过程中，是否存在不正当竞争、商业贿赂等违法违规情形，发行人或其工作人员是否存在因商业贿赂行为被立案调查、处罚或媒体报道的情况；发行人是否制定了防范商业贿赂的内部管理制度和有效措施及其执行情况。

根据发行人律师出具的补充法律意见书披露显示：[1]

1. 报告期内发行人及经销商在业务经营过程中，不存在不正当竞争、商业贿赂等违法违规情形

发行人高管人员在报告期内不存在涉及商业贿赂的重大违法和违规行为，且承诺严格遵守国家、公司反商业贿赂的相关法律、法规、制度，并保证不进行各种涉及商业贿赂的违法、违纪不良行为。发行人销售人员签署反贿赂承诺书，该等销售人员承诺：在职期间严格遵守《反不正当竞争法》等有关禁止商业贿赂行为的国家相关法律、法规以及《商业道德和行为准则》及《反腐败政策和程序》等相关公司内部制度、程序或文件的规定。

报告期内发行人在业务经营过程中不存在不正当竞争、商业贿赂等违法违规情形，发行人或发行人主要销售人员也不存在因商业贿赂行为被立案调查、处罚或媒体

[1]《北京市中伦律师事务所关于赛诺医疗科学技术股份有限公司首次公开发行股票并在科创板上市的补充法律意见书（一）》，载上海证券交易所网，http：//static.sse.com.cn/stock/information/c/201905/e6c4f4b53a77462f9513aef93843ffc3.pdf，最后访问日期：2021 年 5 月 21 日。

报道的情况；通过公开渠道进行检索，发行人的经销商亦不存在在因商业贿赂行为被立案调查、处罚或媒体报道的情况。

2. 发行人制定了防范商业贿赂的内部管理制度和有效措施

发行人针对自身营销模式的特点，建立了符合法律法规规定的财务内控制度，并在经营过程中得到了有效的执行。在防范商业贿赂方面，发行人制定并有效实施了以下管理举措：

（1）建立反商业贿赂机制

发行人倡导诚信正直的企业文化，要求各级管理人员和普通员工（包括但不限于：采购人员、市场营销人员、临床管理人员、财务人员等）不可接受贿赂、贿赂他人，或暗地接受佣金及其他个人利益，同时要求员工应向客户、供应商、商业合作伙伴及其他任何第三方通报公司的商业道德准则。发行人制定的制度内容中包括了反商业贿赂举报及责任追究的管理制度，如员工发现任何潜在的不合法或不道德的行为可通过发行人公布的诚信邮箱举报，发行人将进行调查及处理。

（2）合规制度管理

发行人在办公系统平台上发布内部管理制度，所有员工均可实时登录查询商业道德准则、反贿赂相关的制度。

（3）雇前背景调查

发行人对拟聘用的人员进行背景调查，如其存在商业贿赂行为则不予录用。背景调查过程有正式的文字记录，并保存在员工档案中。

（4）反贿赂承诺

发行人的主要销售人员签署了反贿赂承诺书，承诺不向供应商、合作方、承包方等第三方的单位或个人收受回扣、索取贿赂及其他经济利益，不采用财物或者其他手段贿赂交易相对方的工作人员、受交易相对方委托办理相关事务的单位或者个人、利用职权或者影响力影响交易的单位或者个人。

（5）全面宣传贯彻合规意识

发行人通过持续的宣传教育培养公司员工远离商业贿赂的意识。发行人定期聘请外部机构或指派公司内审人员对市场营销人员、临床管理人员、财务人员进行合规培训，旨在促进相关各级员工熟练掌握公司合规制度的要求，帮助员工识别合法与违法、诚信道德与非诚信道德的行为，从而在日常工作中遵纪守法和从事遵守诚信道德的行为、正确处理工作中发生的利益冲突、不当利益诱惑。

（6）费用审核控制

发行人各部门根据实际业务需求提出年度预算申请，按公司审批程序审核后下发至各相关部门遵照执行。发行人严格审查并控制费用支出，对营销人员一般不予办理借款预支，禁止报销与公司正常生产经营业务无关的费用；费用支出历经各部门负责人或大区经理初审、主管副总复审、财务部门审核；对于单次费用在10,000元以上的业务招待费，要求经公司总经理事先批准。发行人禁止没有实际业务的、合同/单据/发票不完整的费用支付，防止以商业贿赂目的的各种费用报销和对外付款。

（7）内部审计监督

发行人内审部门负责对内部控制的有效性进行监督检查，在反贿赂方面主要对已入账的业务招待费、专项会议费等费用支出项目进行定期抽查，检查发现公司业务真实发生、费用审批流程及凭证符合公司制度要求、不存在任何违法违规的情形。

立信会计师事务所出具的《内部控制鉴证报告》对公司内部控制制度的结论性评价意见为：发行人按照《企业内部控制基本规范》及相关规定于2018年12月31日在所有重大方面保持了与财务报表相关的有效的内部控制。

硕世生物（688399）

根据江苏硕世生物科技股份有限公司（以下简称发行人）2019年4月22日提交的招股说明书（申报稿）披露：报告期内，发行人通过员工曾持股或任职经销商的销售额分别为720.59万元、1046.76万元、1204.58万元、449.91万元，占当期营业收入的比例分别为5.58%、5.59%、5.23%、4.78%。部分员工在经销商处持股或任职的情形，发行人系2019年6月首次得知。

针对上述情形，发审委要求发行人对下列事项进行说明，并要求保荐机构、发行人律师核查并发表明确意见：公司经销商准入管理的制度，对于经销商与公司员工、控股股东及实际控制人之间存在关联关系的，公司相关的控制措施，所需履行的决策程序；报告期内，关联经销商的最终销售去向、销售回款及销售回款的资金来源。

根据发行人律师出具的补充法律意见书披露显示：[1]

1. 公司经销商准入管理的制度，对于经销商与公司员工、控股股东及实际控制人之间存在关联关系的，公司相关的控制措施，所需履行的决策程序

（1）发行人经销商准入管理相关的制度规范主要情况如表81所示：

---

〔1〕《关于江苏硕世生物科技股份有限公司首次公开发行人民币普通股并在上海证券交易所科创板上市之补充法律意见书（五）》，载上海证券交易所网，http://static.sse.com.cn/stock/information/c/201909/51ec28c60f34443b9c671ff217f3d7bc.pdf，最后访问日期：2021年5月21日。

表 81

<table>
<tr><th>序号</th><th>制度规范的主要内容</th><th>制度文件</th><th>相关规定</th></tr>
<tr><td rowspan="2">1</td><td rowspan="2">经销商资信核查</td><td>经销商管理制度</td><td>该制度第 4.1 条规定，经销商应当具备合法的工商注册手续、独立法人资格及相关的经营资质。该制度第 5.1.2 条规定，经销商应当提供合法的营业执照、税务登记证、组织机构代码或三证合一的证件和开票信息；提供符合经营发行人产品范围的医疗器械经营许可证和二类经营备案凭证等资料；上述文件提供副本的需要加盖经销商公章</td></tr>
<tr><td>经销商管理规范</td><td>该制度第 2 条规定，经销商需具备营业执照等证明企业为企业法人单位的资质证明，临床系统的单位还需具备医疗器械经营许可证、相关医疗器械经营备案文件等资质，并且经营范围必须包含拟经营的产品。该制度第 3.3 条规定，通常情况下，销售人员须对此经销商做深入的调查与研究方可授权</td></tr>
<tr><td>2</td><td>经销商反商业贿赂核查</td><td>经销商管理制度</td><td>该制度第 8.2 条规定，在销售过程中，不得有欺诈和违法行为（如经销商有违反国家法律法规的行为和商业贿赂行为等不正当行为）</td></tr>
<tr><td>2</td><td>经销商反商业贿赂核查</td><td>《反商业贿赂管理办法》</td><td>该办法第 9 条规定，发行人应及时处理预防商业贿赂工作中发现的问题；发行人各部门在开展预防商业贿赂工作中，对发现存在的违纪违规问题，须及时制止或处理并向有关部门通报，涉嫌犯罪的应当移送司法机关处理。
该办法第 10 条规定，发行人各部门应加强对相关岗位的监督管理，并将其执行情况作为考察、考核的重要内容和任免的重要依据</td></tr>
<tr><td rowspan="2">3</td><td rowspan="2">经销商利益冲突核查</td><td>人事管理制度</td><td>该制度第 8.4.4 条规定，员工在经销商处持股或任职的，发行人有权辞退该等员工</td></tr>
<tr><td>关联交易管理制度</td><td>该制度第 5 条第 2 项规定，发行人应采取有效措施防止关联方通过关联交易垄断发行人的采购和销售业务渠道、干预发行人的经营、损害发行人利益</td></tr>
</table>

（2）对于经销商与发行人员工、控股股东及实际控制人之间存在关联关系的，发行人相关的控制措施，所需履行的决策程序

发行人相关的控制措施主要分为事前预防措施及事后处置措施，相关情况如表 82 所示：

表 82

<table>
<tr><th>序号</th><th>控制措施类型</th><th colspan="2">措施规范对象</th><th>所履行的相关措施、决策程序</th></tr>
<tr><td rowspan="3">1</td><td rowspan="3">事前预防措施</td><td colspan="2">控股股东及实际控制人</td><td>（1）控股股东及实际控制人需要定期提供其对外投资或对外任职的情况调查表；
（2）发行人相关部门定期通过网络方式复核控股股东及实际控制人对外投资或对外任职的情况；
（3）控股股东及实际控制人须签署与发行人客户、供应商无关联关系的确认函及维护发行人独立性的承诺函，并明确其违反前述承诺时将承担相应的法律责任；
（4）如拟发生关联交易，需根据发行人章程及《关联交易管理制度》规定获得内部决策机构审议通过后方可实施</td></tr>
<tr><td rowspan="2">发行人员工</td><td>担任董事、监事、高级管理人员的员工</td><td>（1）担任董事、监事、高级管理人员的员工需要定期提供其对外投资或对外任职的情况调查表；
（2）发行人相关部门定期通过网络方式复核担任董事、监事、高级管理人员的员工对外投资或对外任职的情况；
（3）担任董事、监事、高级管理人员的员工须签署与发行人客户、供应商无关联关系的确认函及维护发行人独立性的承诺函，并明确其违反前述承诺时将承担相应的法律责任；
（4）担任董事、监事、高级管理人员的员工须遵守发行人章程等发行人规章制度的要求，积极履行忠实义务；
（5）对担任董事、监事、高级管理人员的员工进行防范利益冲突的教育培训，明确告知其若于发行人经销商处持股或任职，一经发现后，发行人有权依照员工管理制度对该等员工予以辞退；
（6）如拟发生关联交易，需根据发行人章程及关联交易管理制度规定获得内部决策机构审议通过后方可实施</td></tr>
<tr><td>核心技术人员</td><td>（1）核心技术人员需要定期提供其对外投资或对外任职的情况调查表；
（2）发行人相关部门定期通过网络方式复核核心技术人员对外投资或对外任职的情况；
（3）核心技术人员须签署不会损害发行人利益的承诺函，并明确其违反前述承诺时将承担相应的法律责任；
（4）对核心技术人员进行防范利益冲突的教育培训，明确告知其若于发行人经销商处持股或任职，一经发现后，发行人有权依照员工管理制度对该等员工予以辞退</td></tr>
</table>

续表

<table>
<tr><th>序号</th><th>控制措施类型</th><th colspan="2">措施规范对象</th><th>所履行的相关措施、决策程序</th></tr>
<tr><td rowspan="2">1</td><td rowspan="2">事前预防措施</td><td>发行人员工</td><td>其他员工</td><td>（1）对发行人员工进行防范利益冲突的教育培训，明确告知其若于发行人经销商处持股或任职，一经发现后，发行人有权依照员工管理制度对该等员工予以辞退；
（2）2019 年 6 月起，发行人将根据内审工作安排对一定比例的经销商的股东、主要人员信息进行网络查询，核查前述股东、主要人员姓名是否存在与发行人员工姓名相同的情形</td></tr>
<tr><td colspan="2">经销商</td><td>发行人相关部门对经销商的销售价格执行严格的审批程序，就经销商订单申请的产品价格出现显著高于或低于同类经销商的情形，及时上报予发行人管理层，并开展对该经销商的背景调查，确认销售价格出现前述情形的原因</td></tr>
<tr><td>2</td><td>事后处置措施</td><td colspan="2">在经销商处任职或持股的员工</td><td>发行人管理层结合该等员工的诚信程度、经销商向发行人的采购规模、是否存在对接发行人投标的情形等，分别作出辞退该等员工、要求该等员工清理于经销商处的任职 / 将所持股权转让予无关联关系第三方、要求将经销商的业务转为由发行人直销等处理方式</td></tr>
</table>

发行人与关联方之间的交易如达到前述规定的金额标准的，均需获得内部决策机构审议通过后方可实施，发行人如与关联经销商之间发生交易的，亦需按照前述规定履行相关内部审议程序。发行人在日常经营管理过程中原则上均要求其控股股东、实际控制人、董事、监事及高级管理人员不得在发行人经销商处持股或任职；报告期内发行人经销商与发行人及发行人控股股东、实际控制人、董事、监事和高级管理人员之间均不存在会计准则、上市规则和《公司法》中所规定的关联关系。

2. 报告期内，关联经销商的最终销售去向、销售回款及销售回款的资金来源

关于报告期内，关联经销商的最终销售去向、销售回款及销售回款的资金来源如表 83 所示：

表 83

单位：万元

序号	经销商名称	称销售最终去向	期末应收账款余额			
			2019 年 6 月 30 日	2018 年 12 月 31 日	2017 年 12 月 31 日	2016 年 12 月 31 日
1	康硕生物	省市级疾病预防控制中心	1.16	24.53	1.75	—
2	合肥中虹 / 江苏广德进	省市级疾病预防控制中心	—	48.49	—	—

续表

序号	经销商名称	称销售最终去向	期末应收账款余额			
			2019年6月30日	2018年12月31日	2017年12月31日	2016年12月31日
3	河北坤达	河北省人民医院等	—	—	—	—
4	江西华悦泓实业有限公司	江西省妇幼保健院等	—	—	—	—
5	陕西越泰生物科技有限公司	省市级疾病预防控制中心	—	—	—	—
6	深圳市美源医疗器械有限公司	河源市连平县妇幼保健院等	—	—	—	—

3. 针对关联或类似关联经销商所履行的核查方法和核查程序，相关核查程序和核查方法是否能充分佐证发行人关于关联经销商信息披露的真实、准确、完整

发行人经销商数量众多，且总体而言发行人经销商销售量较为分散，发行人律师对主要经销商是否与发行人存在关联或类似关联关系采取的主要核查方法和核查程序如表84所示：

表84

序号	取得的证据材料	核查方法	核查内容	核查结果
1	报告期内发行人的经销商清单及销售明细	文件审阅	根据报告期各期发行人对经销商的销售情况，明确主要经销商范围	
2	国家企业信用信息公示系统、天眼查或企查查等第三方系统的查询记录	网络查询	核查主要经销商的股东、主要人员情况；核查发行人实际控制人、持股5%以上自然人股东、董事、监事、高级管理人员的对外投资及任职情况	发行人实际控制人、持股5%以上自然人股东、董事、监事、高级管理人员未在发行人主要经销商处持股或任职；明确发行人主要经销商的股东、主要人员情况
3	发行人控股股东、实际控制人、5%以上股东、董事、监事、高级管理人员的填写并签署的调查问卷	文件审阅	经审阅调查问卷，核查发行人实际控制人、持股5%以上自然人股东、董事、监事、高级管理人员的对外投资及对外任职等情况	
4	委托独立第三方机构天眼查调取发行人报告期内经销商的股东、主要人员查询情况表	外部查询、文件审阅	核查主要经销商的股东、主要人员情况	

续表

序号	取得的证据材料	核查方法	核查内容	核查结果
5	发行人律师与保荐机构、立信会计师现场走访发行人报告期内的部分经销商，并制作访谈笔录；受访经销商出具与发行人不存在关联关系的书面确认	实地走访、文件审阅	通过现场实地走访及访谈，查看经销商的经营场地、资产、经营情况等，核查经销商是否与发行人存在关联关系等	发行人主要经销商与发行人之间不存在关联关系
6	发行人截至2019年8月底的在职员工名册及2016年1月至2019年8月已离职员名册	文件审阅	与主要经销商股东、主要人员名单进行比对，核查是否与主要经销商的股东、主要人员存在重合	经核查，发行人存在部分在职/已离职员工姓名形式上与主要经销商部分股东、主要人员姓名相同的情形
7	2019年6月，发行人当时全部在职员工出具其未在发行人经销商处持股或任职的确认函并进行视频见证；2019年9月，发行人6~8月全部新入职员工补充出具其未在发行人经销商处持股或任职的确认函并进行视频见证	文件审阅	核查姓名相同的原因	发行人实际控制人、持股5%以上自然人股东、董事、监事、高级管理人员未在发行人主要经销商处持股或任职；明确发行人主要经销商的股东、主要人员情况
8	如存在姓名形式上相同情形的，由相关员工出具专项说明并由涉及之经销商出具书面说明；如该等经销商出具说明确有困难的，调取相关经销商的工商登记资料或通过网络查询手段（如中国裁判文书网等）确认相关信息	文件审阅、外部调档、网络查询		
9	与发行人业务、人事部门负责人访谈	人员访谈		

二、解决思路

发审委针对经销商模式的问询主要集中在采取经销商模式的必要性、经销商与发行人及相关人员是否存在关联关系、交易是否真实、经销商是否具有生产经营的相应资质等。

1. 发行人采取经销商销售模式的，应说明经销商具体业务模式及采取经销商模式的必要性，经销商模式下收入确认是否符合企业会计准则的规定，经销商选取标准、日常管理、定价机制（包括营销、运输费用承担和补贴等）、物流（是否直接发货给终端客户）、退换货机制、销售存货信息系统等方面的内控是否健全并有效执行，对经销商的信用政策是否合理等。

2. 厘清发行人经销商的组织形式、交易方式、结算方式。发行人主要经销商为个人的，应尽可能要求经销商成立公司、规范运作；以代理为主的经销商只是一种销售渠道，真实销售对象是终端客户，收入确认不能比照购销关系。发行人在结算方式上应采取各项措施尽量提高通过银行系统收付款的比例，减少现金交易比例，现金交易特别巨大、通过核查仍无法确定风险的，应考虑延期申报。

3. 应谨慎选择返利支付方式。支付返利应基于生产商与经销商的真实合作和交易，只要取得合法合理的原始凭证，会计和税务上都可以如实确认。返利金额计算及支付操作的时间差可能导致不同期间营业收入、毛利率等指标大幅波动从而影响公司持续经营能力。更有人为操作定价以控制收入、毛利率等数据或指标进行盈余管理的嫌疑。

实务中，有以公司销售费用方式支付的，应符合会计法上对原始凭证的要求，保证票据的合法性；有以公司员工发放工资或奖金的方式支付，应考虑劳动合同关系、社会保险费、个人所得税等问题；有采用经销商入股方式的，虽然不构成发行障碍，但还需谨慎。

4. 详细核查经销商的存货结存和最终销售实现情况，排除发行人以此短期内粉饰报表的嫌疑。买断交易的经销商模式，作为采购方的经销商的存货结存情况和销售情况本与作为销售方的生产商没有关系，但经销商期末渠道压货、突击进货等均能影响发行人的财务指标。

5. 发行人经销商应具备销售相关产品所必须的资质。发行人应当建立完善的经销商资质审查机制，如建立经销商审核管理规程等。

6. 发行人及经销商在业务经营过程中，不存在不正当竞争、商业贿赂等违法违规行为。可由高级管理人员与销售业务人员签署廉洁声明；发行人应制定防范商业贿赂的内部管理制度，并确保相关制度得到有效执行。

7. 为避免利益输送，经销商与发行人及其实际控制人、高级管理人员、核心技术人员及实际控制人控制的其他企业不存在关联关系、资金往来或其他利益安排；经销商涉及发行人前员工的，应说明相关人员与发行人主要股东以及董事、监事以及核心技术人员是否存在关联关系及优惠待遇。

【具体核查要点】

1. 发行人前十大经销商的基本情况（包括但不限于成立时间、注册资本、注册及经营地、经营规模、股权结构、主营业务、主要财务指标等）、最终销售情况（核查从大到小经销商金额累计占百分之七十的最终销售实现情况）。

2. 发行人对于经销商的选取标准、销售定价（最终定价）、销售区域划分、串货管理、销售推广支持、考核制度、奖励政策（具体标准）、退出要求等制度。

3. 经销商与发行人及相关人员是否存在关联关系，交易是否真实、交易价格是否公允性，经销商是否曾为发行人员工，发行人持股平台是否有经销商或其关联方等。

4. 发行人经销模式的占比、经销商的数量以及变动情况、经销商的区域分布是否合理、经销商的注册资本以及经营资产是否与业务合作相匹配。

5. 发行人同行业可比上市公司采用经销商模式的情况；发行人通过经销商模式实现的销售比例和毛利是否显著大于同行业可比上市公司；经销商是否专门销售发行人产品；经销商的终端销售及期末存货情况；经销商是否存在大量个人等非法人实体；经销商回款是否存在大量现金和第三方回款等。

6. 发行人经销模式与直销模式在信用政策、会计处理等方面是否存在差异，两种模式在毛利率方面是否存在重大差异。

7. 与经销商之间的合作模式、结算模式、退换货条款、各期实际退换货情况及主要原因、会计处理；报告期各期经销商进入、退出及存续情况，报告期内与发行人持续存在业务往来的经销商数量及销售收入、发行人是否存在期末新增加经销商的情形、发行人对单个经销商的收入分布情况。

8. 经销商是否具有生产经营的相应资质，是否存在不正当竞争、商业贿赂等违法违规行为，发行人是否制定了防范商业贿赂的内部管理制度及其执行情况。

9. 销售收入确认的具体流程、具体标志、结算依据，收入确认与相关合同约定的条件或行业惯例是否相符，以判断销售收入中是否存在水分，是否存在通过关联方虚增收入和利润的可能。

【核查方式】

1. 发行人与主要经销商签订的经销商协议、合同、订单，查阅其核心条款；

2. 实地走访主要经销商，了解发行人与其交易情况，经销商存货进销存情况、退换货情况；

3. 查阅主要经销商的工商资料，与公司员工花名册、公司关联方清单进行核对，取得高管近五年工作简历，并通过网络核查的方式对公司报告期内主要经销商工商登记资料查询；

4. 查阅公司签署的廉洁声明，承诺在业务开展过程中不会从事不正当竞争或者商业贿赂的行为，查阅相关市场监督管理部门对公司出具的无重大违法违规证明以及公司董事、监事、高级管理人员的无相关违法犯罪记录证明；

5. 审阅发行人及控股股东、实际控制人、高级管理人员、核心技术人员出具的关于与经销商不存在关联关系、资金往来或其他利益安排的说明；

6. 访谈发行人供应链负责人、财务总监等，核查发行人向经销商采购定价的公允性；

7. 登录相关行业的政府主管部门查阅违法记录，登录国家企业信用信息公示系统等网站查询经销商的基本信息；

8. 走访海关（海外经销商）、税务部门、银行等部门，核查报关、纳税、银行流水记录等。

三、参考规范

《首发业务若干问题解答》

问题 46　关于首发企业经销商模式下的收入确认，发行人及中介机构应关注哪些方面？答：发行人采取经销商销售模式的，中介机构应重点关注其收入实现的真实性，详细核查经销商具体业务模式及采取经销商模式的必要性，经销商模式下收入确认是否符合企业会计准则的规定，经销商选取标准、日常管理、定价机制（包括营销、运输费用承担和补贴等）、物流（是否直接发货给终端客户）、退换货机制、销售存货信息系统等方面的内控是否健全并有效执行，经销商是否与发行人存在关联关系，对经销商的信用政策是否合理等。

发行人应就经销商模式的相关情况进行充分披露，主要包括：经销商和发行人是否存在实质和潜在关联关系；发行人同行业可比上市公司采用经销商模式的情况；发行人通过经销商模式实现的销售比例和毛利是否显著大于同行业可比上市公司；经销商是否专门销售发行人产品；经销商的终端销售及期末存货情况；报告期内经销商是否存在较多新增与退出情况；经销商是否存在大量个人等非法人实体；经销商回款是否存在大量现金和第三方回款。

出现下述情况时，发行人应充分披露相关情况：发行人通过经销商模式实现的销售毛利率和其他销售模式实现的毛利率的差异较大；给予经销商的信用政策显著宽松于其他销售方式，对经销商的应收账款显著增大；海外经销商毛利率与国内经销商毛利率差异较大。

保荐机构、律师和申报会计师应对经销商业务进行充分核查，并说明发行人经销商销售模式、占比等情况与同行业上市公司是否存在显著差异及原因，对经销商业务的核查方式、核查标准、核查比例、核查证据等应足以支持核查结论。

保荐机构、律师及申报会计师应当合理利用电话访谈、合同调查、实地走访、发询证函等多种核查方法进行综合判断，核查发行人报告期内经销商模式下的收入确认原则、费用承担原则及给经销商的补贴或返利情况、经销商的主体资格及资信能力，核查关联关系，结合经销商模式检查与发行人的交易记录及银行流水记录、经销商存货进销存情况、经销商退换货情况。保荐人、律师和申报会计师应对经销商模式下收入的真实性发表明确意见。

《深圳证券交易所创业板股票首次公开发行上市审核问答》

29.关于首发企业经销商模式下的收入确认，发行人及中介机构应关注哪些方面？

答：发行人采取经销商销售模式的，中介机构应重点关注其收入实现的真实性，详细核查经销商具体业务模式及采取经销商模式的必要性，经销商模式下收入确认是否符合企业会计准则的规定，经销商选取标准、日常管理、定价机制（包括营销、运输费用承担和补贴等）、物流（是否直接发货给终端客户）、退换货机制、销售存货信息系统等方面的内控是否健全并有效执行，经销商是否与发行人存在关联关系，对经销商的信用政策是否合理等。

发行人应就经销商模式的相关情况进行充分披露，主要包括：经销商和发行人是否存在实质和潜在关联关系；发行人同行业可比上市公司采用经销商模式的情况；发行人通过经销商模式实现的销售比例和毛利是否显著大于同行业可比上市公司；经销商是否专门销售发行人产品；经销商的终端销售及期末存货情况；报告期内经销商是否存在较多新增与退出情况；经销商是否存在大量个人等非法人实体；经销商回款是否存在大量现金和第三方回款。

出现下述情况时，发行人应充分披露相关情况：发行人通过经销商模式实现的销售毛利率和其他销售模式实现的毛利率的差异较大；给予经销商的信用政策显著宽松于其他销售方式，对经销商的应收账款显著增大；海外经销商毛利率与国内经销商毛利率差异较大。

保荐人、发行人律师和申报会计师应对经销商业务进行充分核查，并说明发行人经销商销售模式、占比等情况与同行业上市公司是否存在显著差异及原因，对经销商业务的核查方式、核查标准、核查比例、核查证据等应足以支持核查结论。

保荐人、发行人律师及申报会计师应当综合利用电话访谈、合同调查、实地走访、发询证函等多种核查方法，核查发行人报告期内经销商模式下的收入确认原则、费用承担原则及给经销商的补贴或返利情况、经销商的主体资格及资信能力，核查关联关系，结合经销商模式检查与发行人的交易记录及银行流水记录、经销商存货进销存情况、经销商退换货情况。保荐人、发行人律师和申报会计师应对经销商模式下收入的真实性发表明确意见。

第七节 外协加工

外协加工，是指本单位因为设备或技术上的不足，独立完成某项整体制造加工任务有困难，或者达到相同质量要求所需费用更高，为了确保任务按时完成，及降低成本，充分利用社会存量资源，向外地或外单位订购或订做部分零部件或半成品。

截至2020年12月31日，西部超导、德马科技、合肥江航、奥特维、三友医疗、芯源股份、中国电器、三旺通信等企业被问询外协加工相关问题。

一、典型案例

西部超导（688122）

西部超导材料科技股份有限公司（以下简称发行人或西部超导）2019年4月15日提交的招股说明书（申报稿）披露，报告期内发行人对于产品生产过程中锯切打磨等工序采用委外方式。

针对上述情形，发审委要求发行人对下列事项进行说明：外协加工的业务模式、外协加工环节，是否涉及关键工序或关键技术，外协加工数量，与自产数量、自有产能进行对比，是否具有必要性，是否存在对外协厂商的严重依赖，发行人对外协业务的质量控制措施；主要外协厂商名称、交易金额、占外协厂商收入的比例、合作历史、交易价格是否公允、是否与公司存在关联关系。要求发行人保荐机构、申报会计师及发行人律师结合与市场公允价格对比或比较自产成本和外协成本说明定价的合理性，有无利益输送。

根据发行人律师出具的补充法律意见书披露显示：[1]

1. 外协加工的业务模式、外协加工环节，是否涉及关键工序或关键技术，外协加工数量，与自产数量、自有产能进行对比，是否具有必要性，是否存在对外协厂商的严重依赖，发行人对外协业务的质量控制措施

（1）外协加工的业务模式及环节

发行人产品涉及的主要生产工序包括混料、电极压制、电极焊接、熔炼、剥皮、

〔1〕《国浩律师（上海）事务所关于西部超导材料科技股份有限公司首次公开发行股票并在科创板上市之补充法律意见书（一）》，载上海证券交易所网，http：//static.sse.com.cn/stock/information/c/201905/133cd488b3984a16b0b7c894923b4a8b.pdf，最后访问日期：2021年5月21日。

锯切、锻造、打磨、精锻、组装、拉伸（含拉拔、盘拉、拉丝）、镶嵌和编织等环节。其中，对于部分剥皮、锯切、锻造（仅限于少量民品）、打磨、精锻（仅限部分规格）等非关键工序，由于技术含量不高且技术较为成熟，在充分考虑成本效益、发挥公司专业优势并提高生产效率的情况下，发行人对于相关非核心生产环节采取部分外协的生产模式。

报告期内，发行人涉及外协的主要工序情况如表 85 所示：

表 85

外协工序	工序内容	是否涉及关键工序	是否涉及关键技术
剥皮	用车、铣、刨等机加工方法把表面有缺陷的一层金属去掉，也叫扒皮	否	否
锯切	通过锯床对钛合金锭、棒、锻坯和锻件进行切分的一种加工方法	否	否
锻造（仅限民品）①	锻造指自由锻造，目的是改变钛合金产品所需形状、组织均匀性和机械性能	否	否
打磨	在钛合金生产领域，打磨主要是对钛合金热加工完成后，通过砂轮机对其表面氧化层和裂纹去除的一种手段	否	否
精锻（仅限部分规格）②	在钛合金领域，其作用是配合自由锻完成后续的整形加工，主要作用是使钛合金产品外形、尺寸公差、表面质量等指标超过普通锻造，且后续机械加工余量和道次可以得到减少的加工工序，从而提高成品率、降低生产成本。精锻对钛合金的组织均匀性和产品性能改善作用较小	否	否

注：①公司所有军用钛合金产品的锻造加工均在公司内部完成，部分民用（包括出口）钛合金产品的锻造会通过外协加工完成，但公司所选锻造外协厂商均具有一定规模，且均在从事我国军工产品加工，其过程控制、质量管理、安全管理及环境控制均符合公司管理要求；另外，外协锻造所有工艺及质量控制要求，均按公司规定进行，外协锻造质量可控。

②报告期内，公司制造二厂后续整形加工过程中，存在将部分规格钛合金（民用产品 70mm<Φ<205mm 和军品 70mm<Φ<130mm）精锻工序外协的情况，该外协精锻系制造三厂生产工序的前道工序，属非关键工序，由于该工序固定资产投入大，市场化程度较高，公司出于成本控制的考虑，选择通过外协方式完成。

报告期各期，发行人外协加工成本占主营业务成本的情况如表 86 所示：

表 86

项目	2018 年度	2017 年度	2016 年度
外协加工费用 / 万元	5849.18	3627.50	4678.19
主营业务成本 / 万元	66,799.06	57,510.22	55,344.59
外协费用占比 /%	8.76	6.31	8.45

报告期内，发行人涉及外协加工的工序均为生产过程中的非关键工序，不涉及公司关键技术，各期外协费用占主营业务成本的比重亦较低。其中，2017 年度发行人外协加工费用占主营业务成本的比例在报告期内相对较低，主要原因系市场需求变化带来产品结构调整导致外协加工的数量低于可比年度所致。

（2）外协加工的必要性、占比及依赖程度

发行人掌握全制程的生产技术，但在订单量大、交期较为集中或考虑成本效益的情况下，为提升生产能力以更好地满足客户需求，存在将部分非关键工序外协加工的情形，主要原因及外协加工与自身产量对比情况如下：

①剥皮、锯切、打磨三个工序

发行人的产品大多数为非标准化产品，具有品种规格多、工序复杂、生产工期紧迫的特点。公司的剥皮、锯切、打磨等非关键工序，属于劳动密集型行业，能够提供相关环节加工的外协厂商较多，市场竞争较为充分，若公司全部自行加工，不具有成本优势且会降低公司的整体生产效率。发行人对于上述环节采用部分外协的加工方式，将重点放在技术含量高、附加值高的关键环节，做精做强，有利于公司集中精力保持市场竞争优势。

报告期内，发行人自身的剥皮工序按工时计算，锯切工序按次数计算，而外协加工时分别按重量、面积计算，导致外协和自产二者之间不具有可比性。报告期内，发行人打磨工序中外协加工的数量占总加工量的比例均不超过 20%（按重量计算）。提供该等工序的供应商较为分散，不存在对外协供应商的重大依赖。

②锻造（仅限民品）及精锻（仅限部分规格）

发行人地处的西安地区及周边有大量的军工企业和大型机加工企业，有较完整的装备制造业体系，机械加工能力强，对于少量民品锻造，发行人通过外协加工可以弥补公司在较短期限内的产能不足；对于部分规格的精锻，发行人通过外协加工可以充分利用专业化协作分工机制，减少固定资产投入，提高资金使用效率，降低财务成本。报告期内发行人锻造工序中外协加工数量占总加工数量的比例不超过 1.50%（按重量计算），占比较低。发行人与宝鸡拓普达钛业有限公司、西安宝信金属科技有限公司、齐鲁特钢有限公司及西安西工大超晶科技发展有限责任公司等外协供应商建立了长期合作关系，不存在对单一供应商的重大依赖。

发行人外协加工主要系受行业生产工序长、设备投资高、产品非标准化等行业特性所致，委外加工具有必要性，符合所在行业的特征。

（3）委托加工的质量控制措施

发行人高度重视产品的质量和性能，为控制外协加工产品质量，发行人制定了严格的外协加工供应商管理制度，从外协加工供应商的准入、过程管理和业绩评价等方面进行全方位的管理。

①外协加工供应商准入条件

发行人建立了完善的供应商认证体系，在引入新的外协供应商之前，发行人根据制定的委外加工合格供方选择评价程序，对新增供应商从资质、加工能力、试制要求、试制数量、阶段性评价、准入的审批等方面进行全方位的资质检查和综合评估，确保新增供应商满足发行人外协加工的质量控制要求。

②外协供应商的过程管理

为了加强对外协供应商的过程管理，发行人制定了《外委加工过程控制细则》，对外协加工的发起、过程控制、过程管理、质量验收等方面提出了明确的要求，并通过定期现场审核和临时现场审核相结合的方式对其进行监督审核，以保证外协业务质量。

③外协供应商的业绩评价

发行人根据交货时效、质量状况、质量改进、安全环境和过程管理等方面对外协供应商进行季度和年度业绩评价，并根据考评结果得分高低依次评级，该评级将直接影响外协供应商后续的订单量。针对评级较低的外协供应商，发行人将采取要求整改纠正、减少订单份额等措施予以惩戒，并在后续外协生产过程中重点加强现场监管力度；针对评级不合格的外协厂商，发行人将直接取消其合格供应商资格。

2. 主要外协厂商名称、交易金额、占外协厂商收入的比例、合作历史、交易价格是否公允、是否与公司存在关联关系

（1）主要外协厂商名称、交易金额、占外协厂商收入的比例

关于主要外协厂商名称、交易金额、占外协厂商收入的比例如表 87 所示：

表 87

报告期	序号	外协厂商名称	金额/万元	占当期外协加工费用的比重/%	占外协厂商收入的比重/%
2018年度	1	陕西华山金属材料科技有限公司	841.86	14.39	73.50
	2	西安西工大超晶科技发展有限责任公司	561.30	9.60	3.29
	3	宝鸡拓普达钛业有限公司	559.15	9.56	6.02
	4	西安航辉机电科技有限公司	523.23	8.95	91.07
	5	宝鸡威尔钛业有限公司	312.34	5.34	18.97
	合计		2797.88	47.83	—
2017年度	1	陕西华山金属材料科技有限公司	555.42	15.31	69.56
	……	……	……	……	……
	5	西安德高宇泰工贸有限公司	228.88	6.31	73.63
	合计		1924.37	53.05	—
2016年度	1	西安三角防务股份有限公司	690.50	14.76	2.32
	……	……	……	……	……
	5	宝鸡拓普达钛业有限公司	296.79	6.34	3.46
	合计		2218.04	47.41	—

注：南通市申海工业技术科技有限公司现已更名为南通申海工业科技有限公司，系 ITER 中心指定的 ITER 用超导线材的电镀厂商。

报告期内，发行人向陕西华山金属材料科技有限公司、西安航辉机电科技有限公司、陕西华山金属材料科技有限公司、西安宝信金属科技有限公司和西安德高宇泰工贸有限公司等外协厂商的外协采购金额占该等外协厂商当期收入的比重较大，主要原因在于公司下游客户主要为军工客户，对产品质量要求较高，交货周期较紧，为保障产品品质及交货周期，发行人选择工艺较为成熟、质量较为稳定的外协厂商进行长期合作，外协厂商会在生产排期上优先满足公司交货周期需求。报告期内发行人对单一外协厂商的采购占当期外协加工费用的比例较为分散，不存在对单一外协厂商的重大依赖。

（2）主要外协厂商合作历史、交易价格是否公允、是否存在关联关系

①主要外协厂商合作历史、是否存在关联关系

公司与主要外协厂商的开始合作年份及关联情况如表 88 所示：

表 88

序号	外协厂商名称	开始合作年份 / 年	是否存在关联关系
1	陕西华山金属材料科技有限公司	2006	否
2	西安西工大超晶科技发展有限责任公司	2007	否
3	宝鸡拓普达钛业有限公司	2014	否
4	西安航辉机电科技有限公司	2015	否
5	宝鸡威尔钛业有限公司	2016	否
6	西安宝信金属科技有限公司	2009	否
7	西安德高宇泰工贸有限公司	2011	否
8	西安三角防务股份有限公司	2014	否
9	南通市申海工业技术科技有限公司	2009	否

发行人与主要外协加工单位建立了长期稳定的合作关系，有利于稳定生产规模、提高产品质量、保证产品交货期。公司及其实际控制人、公司董事、监事、高级管理人员、主要关联方或持有公司 5% 以上股份的股东均不拥有主要外协厂商的权益，与主要外协厂商不存在关联方关系或其他利益安排。

②外协加工的公允性

报告期内，发行人主要外协厂商相同工序价格对比情况如表 89 所示：

表 89

工序	外协厂商	价格区间
剥皮	西安德高宇泰工贸有限公司	90mm<Φ ≤ 120mm 2.5 元 / 公斤 120mm<Φ ≤ 150mm 2.00 元 / 公斤 150mm<Φ ≤ 200mm 1.50 元 / 公斤 Φ>200 mm 0.9~1.2 元 / 公斤
	西安宇和机械有限公司	90mm<Φ ≤ 120mm 2.5 元 / 公斤 120mm<Φ ≤ 150mm 2.00 元 / 公斤 150mm<Φ ≤ 200mm 1.50 元 / 公斤 Φ>200 mm 0.9~1.2 元 / 公斤

续表

工序	外协厂商	价格区间
剥皮	陕西盛博瑞机械制造有限公司	90mm<Φ ≤ 120mm 2.5 元 / 公斤 120mm<Φ ≤ 150mm 2.00 元 / 公斤 150mm<Φ ≤ 200mm 1.50 元 / 公斤 Φ>200 mm 0.9~1.2 元 / 公斤
	宝鸡威尔钛业有限公司	4mm<Φ<9.5mm 3.0 元 / 公斤
锯切	西安德高宇泰工贸有限公司	方（30–200）×（500~800）690 元 / 锯 方（30–200）×（801~1000）850 元 / 锯 方（30–200）×（1001~1200）1100 元 / 锯 方（30–200）×（1201~1500）1400 元 / 锯
	西安市文荣机械加工有限公司	方（30–200）×（500~800）900 元 / 锯 方（30–200）×（801~1000）1100 元 / 锯 方（30–200）×（1001~1200）1200 元 / 锯 方（30–200）×（1201~1500）1400 元 / 锯
	西安市文荣机械加工有限公司	方（30–200）×（500~800）690 元 / 锯 方（30–200）×（801~1000）850 元 / 锯 方（30–200）×（1001~1200）1100 元 / 锯 方（30–200）×（1201~1500）1400 元 / 锯
打磨	陕西华山金属材料科技有限公司	Φ ≤ 150mm 2.75 元 / 公斤 150mm<Φ ≤ 300mm 2.70 元 / 公斤 Φ>300mm 2.35 元 / 公斤
	西安航辉机电科技有限公司	Φ ≤ 300mm 2.65 元 / 公斤 Φ>300mm 2.35 元 / 公斤 大料 3.33 元 / 公斤
	陕西军杰众鑫机械制造有限公司	Φ ≤ 300mm 2.65 元 / 公斤 Φ>300mm 2.35 元 / 公斤
精锻	宝鸡拓普达钛业有限公司	精锻 7.45 元 / 公斤；方棒成品精锻 10 元 / 公斤
	西安宝信金属科技有限公司	精锻 7.9 元 / 公斤；精锻矫直 8.9 元 / 公斤
	齐鲁特钢有限公司	精锻 7.0 元 / 公斤
锻造	西安西工大超晶科技发展有限责任公司	加热锻造 7 元 / 火次 × 公斤
	西安三角防务股份有限公司	胚料每火次锻造 8 元 / 公斤

发行人打磨、剥皮、精锻、锻造等外协工序采用市场化原则定价，具体定价流程如下：发行人综合考虑所需要的外协加工的种类、规模、加工能力、质量水平、地理

位置等因素后，一般选取两家以上符合要求的外协加工商以后进行询价比价，然后选取综合素质较佳的进行议价并确定交易价格。同时发行人通过增加参与询价的供应商数量，主动了解市场行情的波动情况来确保外协加工价格的合理性。

外协加工商的报价主要是加工成本加上一定的利润定价，外协加工商对发行人的定价方式与其他客户的一致。发行人与主要外协加工商的定价系双方在合作中自愿、平等协商确定，交易定价合理，交易定价具有公允性。

奥特维（688516）

无锡奥特维科技股份有限公司（以下简称发行人或奥特维）2019 年 6 月 27 日提交的招股说明书（申报稿）披露，公司将部分电气装配工序进行委外加工。电气装配加工费金额分别 995.02 万元、1530.72 万元、1387.73 万元。

针对上述情形，发审委要求发行人对下列事项进行说明，并要求保荐机构、发行人律师核查并发表明确意见：外协加工的业务模式、外协加工环节，是否涉及关键工序或关键技术，外协加工数量，与自产数量、自有产能进行对比，是否具有必要性，是否存在对外协厂商的严重依赖，发行人对外协业务的质量控制措施；主要外协厂商报告期内是否规范运行，发行人是否通过外协加工方式规避社保、环保等方面的监管。

根据发行人律师出具的补充法律意见书披露显示：[1]

1. 外协加工的业务模式、外协加工环节，是否涉及关键工序或关键技术，外协加工数量，与自产数量、自有产能进行对比，是否具有必要性，是否存在对外协厂商的严重依赖，发行人对外协业务的质量控制措施

（1）发行人外协加工的业务模式、外协加工环节

发行人外协加工环节是发行人产品电气部件的接线和装配，其具体模式为：外协厂商根据发行人的作业要求，使用发行人提供的主要电气原材料及少量自购辅料，装配成发行人所需要的状态。该等外协加工业务主要是重复性操作工作，不属于关键工序或关键技术。

（2）发行人外协加工数量以及与自产数量、自有产能的对比情况

报告期内，发行人光伏设备的电气装配环节均通过外协加工方式完成，其中主要光伏设备产品的电气装配外协加工数量如表 90 所示：

---

〔1〕《国浩律师（上海）事务所关于无锡奥特维科技股份有限公司首次公开发行股票并在科创板上市之补充法律意见书（二）》，载上海证券交易所网，http：//static.sse.com.cn/stock/information/c/201909/cec5009ac4804e9eb9e8657bd0327737.pdf，最后访问日期：2021 年 5 月 21 日。

表 90

单位：套

外协	2019 年 1~6 月	2018 年度	2017 年度	2016 年度
常规串焊机电气装配	157	272	392	271
多主栅串焊机电气装配	150	49	25	—
贴膜机电气装配	388	508	712	396
激光划片机电气装配	90	47	2	—
硅片分选机电气装配	—	121	31	—

注：上表统计数据以外协加工完成，入库为口径。

发行人 2016 年锂电设备的电气装配均是通过外协加工实施，考虑到锂电设备定制化程度高，其自 2017 年开始自主加工，报告期内锂电设备的外协加工产量情况如表 91 所示：

表 91

单位：套

	2019 年 1~6 月	2018 年度	2017 年度	2016 年度
外协加工	—	—	1	1
自主加工	4	6	4	—

注：上述统计数据以完工入库为口径（含模组 PACK 线、圆柱电芯外观分选机等）。

报告期内，发行人的锂电模组 PACK 线定制化程度高，不同产品完成电气装配的工时相差甚大，无法计算统一的产能数据。

（3）发行人将电气装配环节采用外协加工的必要性

发行人光伏设备产品电气装配工序主要是对电气元器件、线缆进行接线和装配，主要是重复性操作工作，而且标准化程度较高，便于外协加工。通过将电气装配工序委托给外协厂商，发行人可以专注核心环节，同时更灵活地进行生产计划安排，提高生产效率。

（4）发行人不存在对外协厂商的严重依赖

发行人自主研发相关产品电气设计和解决方案，外协厂商完全依据发行人的要求进行装配，该等外协工序不属于关键工序和技术。发行人将电气装配工序委托外协厂商进行系出于专注核心环节、提高生产效率的考虑，且该电气装配加工费占发行人营业成本比重低。同时，发行人所处无锡及周边地区相关产业链成熟，可供发行人选择的潜在外协厂商较多。

（5）发行人对外协业务的质量控制措施

发行人建立了严密的控制制度、流程以控制外协业务质量，主要包括：严格筛选外协厂商、建立合格供应商名录，控制外协加工原材料（主要原材料由发行人采购，辅料耗材由发行人指定供应商），明确外协加工技术要求、对外协厂商进行技术指导，对外协加工过程、结果进行检测，对出现质量问题的外协厂商进行处罚等。

2. 主要外协厂商报告期内是否规范运行，发行人是否通过外协加工方式规避社保、环保等方面的监管

报告期内发行人主要外协厂商不存在受到工商、税务、社保、环保、质监等方面行政处罚的情形，能够规范运行。发行人外协加工费占各期生产成本比例均小于 5%，占比较小，发行人将该部分工序委外系为了专注核心环节，同时更灵活地进行生产计划安排，并非出于利用外协厂商规避社保、环保方面监管等原因。

针对上述情形，发审委要求发行人对下列事项进行进一步说明：是否通过外协加工方式规避社保、环保等方面的监管。

为此，发行人律师回复意见如下：[1]

1. 发行人主要外协厂商不存在社保欠费欠缴的情形

根据无锡市社会保险基金管理中心出具的证明，发行人主要外协厂商报告期内为职工缴存社会保险基金（养老、医疗、失业、生育、工伤），按月缴纳，不存在欠费欠缴的情形。

2. 发行人主要外协厂商已履行相关环保手续

发行人外协加工环节系发行人产品电气部件的接线和装配，根据《环境影响评价法》（2018 修正）、《建设项目环境影响评价分类管理名录〔2017〕》（环境保护部令第 44 号，已失效）的规定，发行人主要外协厂商为发行人提供的外协加工环节，属于“78、电气机械及器材制造（仅组装的）”，对环境影响很小，不需要进行环境影响评价，仅需填报环境影响登记表。

根据《固定污染源排污许可分类管理名录（2017 年版）》（环境保护部令第 45 号，已失效）的规定，发行人主要外协厂商为发行人提供的外协加工环节不属于需要取得排污许可证的情形。发行人主要外协厂商均已办理环境影响登记备案手续。

---

〔1〕《国浩律师（上海）事务所关于无锡奥特维科技股份有限公司首次公开发行股票并在科创板上市之补充法律意见书（三）》，载上海证券交易所网，http：//static.sse.com.cn/stock/information/c/201911/caab513f928948ebaa769c1540a310ba.pdf，最后访问日期：2021 年 5 月 21 日。

3. 发行人不存在通过外协加工方式规避社保、环保方面的监管

发行人采用外协加工方式主要是为专注核心环节，并灵活安排生产。报告期内，发行人外协加工工序主要是对电器元器件、线缆进行接线和装配，主要是重复性操作工作，而且标准化程度较高，便于外协加工。通过将电气装配工序委托给外协厂商，发行人可以专注核心环节，同时更灵活地进行生产计划安排，提高生产效率。

发行人及主要外协厂商报告期内均遵守了社保、环保等方面的监管规定。报告期内，发行人不存在环保、社保方面的行政处罚。发行人主要外协厂商报告期内不存在社保欠费欠缴的情形，履行了环境影响登记备案手续，亦不存在受到工商、税务、社保、环保等方面行政处罚的情形。

三友医疗（688085）

上海三友医疗器械股份有限公司（以下简称发行人或三友医疗）2019 年 6 月 26 日提交的招股说明书（申报稿）披露，公司外协加工主要集中于部分基础钉棒类产品的机加工车削工序、部分植入物产品的阳极氧化工序和手术工具的机加工车削、抛光工序。报告期各年外协加工费用占采购总额的比例分别为 21.53%、21.74% 和 27.46%。

针对上述情形，发审委要求发行人对下列事项进行说明，并要求保荐机构、发行人律师核查并发表明确意见：外协加工的具体环节，该环节是否为发行人产品生产的必要及核心环节，与发行人发生交易是否符合其正常业务需求，分析外协加工的必要性和合理性，发行人是否具有完整的生产能力；发行人对外协生产质量管理制度及执行情况；外协合作方的选择标准，与发行人发生交易是否符合其正常业务需求以及外协加工费的公允性；发行人外协加工采购比例较大，外协部分是否属于关键工序和技术，未来发行人是否存在将外协环节纳入自产的计划，发行人是否具备相关能力，是否对发行人独立性和业务完整性构成影响；未来发行人是否存在将外协环节纳入自产的计划；发行人外协生产中的技术保密措施及实际效果；本次募集资金项目实施后，发行人生产模式的变化情况及对发行人主营业务、经营管理、技术运用的影响；公司与外协方关于产品质量责任分摊的具体安排。

根据发行人律师出具的补充法律意见书披露显示：[1]

1. 外协加工的具体环节，该环节是否为发行人产品生产的必要及核心环节，与发

〔1〕《北京市嘉源律师事务所关于上海三友医疗器械股份有限公司首次公开发行股票并在科创板上市之补充法律意见书（二）》，载上海证券交易所网，http：//static.sse.com.cn/stock/information/c/201910/19696ddd095143429e77b4e0e7d3af32.pdf，最后访问日期：2021 年 5 月 21 日。

行人发生交易是否符合其正常业务需求，分析外协加工的必要性和合理性，发行人是否具有完整的生产能力。

（1）外协加工环节为发行人产品的必要而非核心环节

公司主要产品工序包括机加工、研磨、喷砂、清洗、氧化、刻字包装等环节。其中，根据现有产能及成本控制考虑，公司将部分基础钉棒类产品的机加工车削工序、植入物产品的阳极氧化工序和部分手术工具的机加工车削、抛光等工序交由外协厂商完成。公司向外协厂商提供原材料或半成品，由外协厂商分别完成前述工序，经公司检验合格后进入后续工序。

基础钉棒类产品机加工车削工序、植入物产品的阳极氧化工序、手术器械产品的机加工车削和抛光工序，属于流程性加工工序，标准化程度较高，技术含量较低，可从事该工作的外协厂商较多，公司更换外协厂商较为容易，是发行人产品生产的必要而非核心环节。

（2）与发行人发生交易符合外协厂商正常业务需求，发行人外协加工具备必要性与合理性，发行人具备完整的生产能力

发行人拥有完整的研发、采购、生产、销售业务体系，为了高效利用发行人现有设备，发行人核心关键工艺工序即产品设计、技术要求高或有保密要求的生产加工环节由发行人自行完成，并在产能不足的情况下将部分标准化程度较高的基础钉棒类产品和手术工具的机加工、阳极氧化工序交由专业外协单位加工，可以使发行人专注于核心工艺技术的设计、关键的生产和制造环节，有效提高发行人的经济利益，因此发行人外协加工具备必要性与合理性。

此外，相关外协工序技术含量相对较低，可从事该工作的外协厂商较多，发行人更换外协厂商也较为容易，因此产品的外协不会对发行人的业务完整性构成实质性不利影响。

2. 发行人对外协生产质量管理制度及执行情况。

发行人执行严格的质量管理制度，建立了完备的质量管理和控制体系，制定了《合格供方评价控制程序》《生产和服务提供控制程序》等制度，并配备相应的质量检测设备，如影像仪、扭矩测试仪、电子万能测试仪、维氏硬度计、洛氏硬度计、千分尺、游标卡尺、电子金相显微镜等。发行人质管部负责对外协厂商下达质量目标，包括产品的质量体系标准、工艺标准、质量检测标准等质量标准。在外协产品加工前，发行人工艺部、质管部对打样产品进行检测，主要包括外观检测、尺寸检测、性能测试等。发行人质管部对外协加工产品进行关键指标全数检验，一般指标抽样检验的方式，主要包括外观检测、尺寸检测等，确保产品质量符合发行人标准。报告期内，发

行人严格执行上述对外协生产质量管理的相关制度，未出现因外协生产质量问题而导致发行人相关产品质量不合格的情况。

3. 外协合作方的选择标准，与发行人发生交易是否符合其正常业务需求以及外协加工费的公允性。

（1）外协合作方的选取标准

针对生产外协，发行人已经制定了《合格供方评价控制程序》《生产和服务提供控制程序》等相关制度，对发行人外协厂商选择标准、外协厂商评价及对外协产品和服务的质量要求进行了明确约定。发行人根据对产品生产的不同影响，将采购物资分为A、B、C三类，并对质量要求相对严格的A类物质编制了相应的技术要求，以此作为采购的质量依据。具体分类情况如下：

A类物资：植入人体的，或与植入物长时间接触的物资，主要包括；植入物产品的原材料，产品直接接触的内包装材料；

B类物资：与人体短暂接触；或不接触，与植入物或植入物工具配合使用，不植入人体的物资，主要包括：工具产品的原材料；

C类物资：非直接用于产品本身的起辅助作用的物资，主要包括：加工用刀具、工装材料、外包装袋、酸洗液、五金等。

针对A类及B类物资的采购，采购部门根据采购物资技术标准和生产需要，选择符合技术条件要求的厂家作为供应商调查对象，并从供货能力、质保能力、资金实力和信誉度等方面对供应商进行综合评估。经初步调查合格的供应商，运营部通知其发送样品进行检验（A类物资需小批试用）。质管部按检验规程对样品或试制品进行检验，确认产品检验结果。若样品验证连续两次不合格或试用不合格则终止对其继续评价。样品验证或试用均合格的供应商由运营部组织相关部门进行评价，评价合格后经运营总监批准列入合格供应商名录，并与供应商签订采购合同或质量协议，同时运营部负责建立合格供方档案。

针对外协厂商，除按照A、B类物资供方进行评价之外，发行人还需要在其所加工的产品试加工连续三批检验合格后，方可申请列为合格供方。

（2）与发行人发生交易是否符合其正常业务需求以及外协加工费的公允性

发行人存在外协的情形主要原因系发行人现有产能不能及时满足全部订单生产需求，2016年至2019年1~6月骨科植入物产品产能利用率分别为79.57%、127.85%、113.87%和120.94%，基本达到满负荷水平，故根据产品的生产周期、加工工艺将非核心工艺进行外协加工；发行人对外协产品可能产生的成本进行测算，编制外协定价机制参考，大部分外协成本按照工序的难易度、加工件的工时确定机加工件的加工费用。

报告期内，发行人外协加工不存在公开市场报价，发行人与外协厂商均通过市场化谈判协商定价，在确定外协厂商前听取多家同类厂商的报价并择优选择，外协加工费定价具有公允性。

4. 发行人外协加工采购比例较大，外协部分是否属于关键工序和技术，未来发行人是否存在将外协环节纳入自产的计划，发行人是否具备相关能力，是否对发行人独立性和业务完整性构成影响。

发行人外协加工环节不涉及关键工序和技术，对发行人的独立性和业务完整性不构成重大不利影响。

5. 未来发行人是否存在将外协环节纳入自产的计划，发行人是否具备相关能力。

发行人已制订将机加工车削和加工中心环节逐步纳入自产的计划。“骨科植入物扩产项目”为发行人本次募集资金项目之一，该项目建成投产后，将年新增 808,453 件脊柱类植入医疗器械，354,725 件创伤类植入医疗器械的生产规模，2019 年下半年至今，发行人已经新购置 9 台加工中心。

此外，针对氧化、抛光、钝化等环节，目前不存在实质业务经营壁垒，发行人未来将综合考虑效益和生产效率等因素后，合理安排自产和外协的比例。

6. 发行人外协生产中的技术保密措施及实际效果。

根据发行人报告期内与主要外协厂商签订的《合作保密协议》，保密协议约定：

“……（3）外协方不得通过任何途径将发行人商业秘密泄露，私自使用或允许外部人员或内部非本职工作人员使用，并有义务采取措施确保相关责任方内部互相监督，实行保密义务，否则，给发行人造成损失的，由外协方单位及相关责任方互相承担连带责任；（4）合作终止时，外协方应将所接收的发行人的商业秘密资讯、文件资料或职务信息完全移交给发行人或发行人指定人员，不得以任何形式私自占有及带出发行人；（5）……”

前述保密措施实际执行效果良好，报告期内未出现技术泄密的情况。

7. 本次募集资金项目实施后，发行人生产模式的变化情况及对发行人主营业务、经营管理、技术运用的影响。

本次发行及上市的募集资金扣除发行费用后，将投资于“骨科植入物扩产项目”“骨科产品研发中心建设项目”“营销网络建设项目”“补充流动资金”。

（1）募投项目对发行人生产模式的影响

“骨科植入物扩充项目”为发行人本次募投项目之一，该项目建成投产后，发行人将年新增 808,453 件脊柱类植入医疗器械，354,725 件创伤类植入医疗器械的生产规模。骨科植入物产能的提高能有效缓解发行人产能出现瓶颈的现状。相应地，发行人的外协金额将大幅下降，自产比例则大幅上升。

（2）募投项目对发行人主营业务的影响

发行人本次募集资金投资项目均围绕主营业务进行，助力发行人主营业务的发展，提高发行人骨科植入物产品的市场占有率，提升研发能力，拓宽销售能力。

（3）募投项目对发行人经营管理的影响

募投项目将丰富发行人的产品线，提升产品的服务质量，增强发行人的技术力量，进一步提升发行人的知名度和市场影响力，不影响发行人当前的经营管理模式。发行人收入主要来源仍为骨科植入物产品的销售，募投项目实施后发行人的经营管理不会发生变化。

（4）募投项目对发行人技术运用的影响

募投项目的实施将增强发行人的技术力量，加快消化吸收国际国内各种新技术，提速自主研发的进程，为发行人提供充足的新产品新技术储备，有利于发行人进一步提升核心竞争力，促进发行人持续稳定的发展。

8. 发行人与外协方关于产品质量责任分摊的具体安排。

发行人对外协生产质量的控制措施主要为：发行人与外协厂签订质量保证协议，外协过程中生产运营部门对外协厂商的生产进行持续跟踪，保证外协厂的生产符合相关标准，并满足发行人的产品要求。外协厂产品生产完成后，发行人的质检部门对外协厂的产品质量进行检验，确保产品质量满足验收标准后入库。

根据相关外协协议，关于产品质量责任分摊的具体安排为：外协生产过程中由发行人提供材料导致外协产品出现质量问题，由发行人承担质量责任；外协生产过程中由于外协厂生产环节导致外协产品出现质量问题，由外协厂承担质量责任。

二、解决思路

发审委对于拟上市公司的外协加工问题，关注的重点是外协加工的业务模式、外协加工环节，是否涉及关键工序或关键技术，是否具有必要性，是否存在对外协厂商的严重依赖，发行人对外协业务的质量控制措施，交易价格是否公允、是否与发行人存在关联关系等。

1. 发行人应避免对外协厂商存在依赖。

（1）发行人涉及外协加工的工序应为生产过程中的非关键工序，不涉及发行人关键技术，以避免对外协厂商的技术依赖，保持发行人核心技术的独立性。

（2）发行人应详细披露报告期内向前五大外协厂商的采购金额、占当期外协加工费用的比重及占该等外协厂商收入的比重情况，发行人对单一外协厂商的采购占当期外协加工费用的比例不宜过高，避免出现对单一外协厂商的重大依赖。

（3）发行人各期外协费用占主营业务成本的比重不宜过高。

2. 外协加工的必要性。发行人应充分说明采取外协加工方式的理由，例如，全部自行加工不具有成本优势且会降低发行人的整体生产效率；通过委托外协厂商，发行人可以专注核心环节，同时更灵活地进行生产计划安排，提高生产效率等。

3. 发行人应制定对外协业务的质量控制措施，如外协加工供应商管理制度等，从外协加工供应商的准入、过程管理和业绩评价等方面进行全方位的管理，严格筛选外协厂商、建立合格供应商名录，控制外协加工原材料（主要原材料由发行人采购，辅料耗材由发行人指定供应商），明确外协加工技术要求、对外协厂商进行技术指导，对外协加工过程、结果进行检测，对出现质量问题的外协厂商进行处罚等。

4. 重点说明外协交易定价公允。从加工工时、加工复杂程度等因素，结合市场可比价格，说明外协定价的公允性。发行人律师应对外协厂商是否与公司存在关联关系或其他可能导致利益输送和转移成本的特殊关系发表明确意见，若存在关联关系，还需对关联交易相关内容进行充分披露。

5. 发行人不存在通过外协加工方式规避社保、环保等方面的监管的情形。外协厂商在报告期内生产经营运行规范，不存在社保欠费欠缴的情形，不存在受到工商、税务、社保、环保等方面行政处罚的情形。

6. 发行人与外协厂商在报告期内不存在重大纠纷。

【具体核查要点】

1. 外协加工的业务模式、外协加工环节，是否涉及关键工序或关键技术，外协加工数量，与自产数量、自有产能进行对比，发行人对外协业务的质量控制措施；

2. 外协加工是否具有必要性，是否存在对外协厂商的严重依赖，是否对发行人独立性和业务完整性构成影响；

3. 主要外协厂商名称、交易金额、占外协厂商收入的比例、合作历史、交易价格是否公允、是否与公司存在关联关系或其他可能导致利益输送的特殊关系；

4. 主要外协厂商报告期内是否规范运行，发行人是否通过外协加工方式规避社保、环保等方面的监管等。

【核查方式】

1. 访谈发行人采购、生产及技术等相关人员，实地走访报告期内主要外协厂商，了解发行人与外协厂商的合作历史、外协加工的业务模式、外协加工环节及其重要性、价格形成机制及价格变动区间，发行人外协加工业务相关的内部控制。

2. 函证主要外协厂商的采购额及往来余额，检查外协采购相关明细账，获取发行人与外协厂商签订的相关合同、发票和银行资金流水记录等资料并与账面进行核对。

3. 通过国家企业信用信息查询系统、启信宝等公开系统查询外协厂商股东、成立时间、注册资本等情况；核查发行人实际控制人、董监高个人主要银行流水，对发行人实际控制人、主要股东、董监高、其他核心人员进行访谈，了解其主要社会关系和关联方情况，核查其与发行人主要外协厂商是否存在关联关系及利益输送。

4. 查阅外协厂商的报价单并与发行人的自产价格对比，检查外协厂商的定价基准，核查外协加工交易价格的公允性。

5. 核查发行人主要外协厂商提供的调查问卷及承诺函、营业执照、员工名册、社保合规证明、关于社会保险缴纳事宜的声明、环评备案文件等附件材料。

6. 登录国家企业信用信息公示系统、信用中国、全国法院失信被执行人名单信息公布与查询平台、全国法院被执行人信息查询网站，以及外协厂商所在地生态环境部门、社会保险部门等政府主管部门网站对外协厂商规范运行情况进行核查。

三、参考规范

《首发业务若干问题解答》

问题 32　部分首发企业由客户提供或指定原材料供应，生产加工后向客户销售；部分首发企业向加工商提供原材料，加工后再予以购回。在实务中，前述业务是按照受托加工或委托加工业务，还是按照独立购销业务处理，如何区分？

答：通常来讲，委托加工是指由委托方提供原材料和主要材料，受托方按照委托方的要求制造货物并收取加工费和代垫部分辅助材料加工的业务。从形式上看，双方一般签订委托加工合同，合同价款表现为加工费，且加工费与受托方持有的主要材料价格变动无关。

实务中，发行人由客户提供或指定原材料供应，或向加工商提供原材料，加工后予以购回，应根据其交易业务实质区别于受托 / 委托加工业务进行会计处理。两者区别主要体现在以下方面：

（1）双方签订合同的属性类别，合同中主要条款，如价款确定基础和定价方式、物料转移风险归属的具体规定；

（2）生产加工方是否完全或主要承担了原材料生产加工中的保管和灭失、价格波动等风险；

（3）生产加工方是否具备对最终产品的完整销售定价权；

（4）生产加工方是否承担了最终产品销售对应账款的信用风险；

（5）生产加工方对原材料加工的复杂程度，加工物料在形态、功能等方面变化程度等。

对于由发行人将原材料提供给加工商之后，加工商仅进行简单的加工工序，物料的形态和功用方面并没有发生本质性的变化，并且发行人向加工商提供的原材料的销售价格由发行人确定，加工商不承担原材料价格波动的风险。对于此类交易，通常按照委托加工业务处理，发行人按照原材料销售和回购的差额确认加工费，对于提供给加工商的原材料不应确认销售收入。

由客户提供或指定供应商的原材料采购价格由双方协商确定且与市场价格基本一致，购买和销售业务相对独立，双方约定所有权转移条款，公司对存货进行后续管理和核算，该客户没有保留原材料的继续管理权，产品销售时，公司与客户签订销售合同，销售价格包括主要材料、辅料、加工费、利润在内的全额销售价格，对于此类交易，通常应当按照实质重于形式原则，以控制权转移认定是否为购销业务处理，从而确定是以总额法确认加工后成品的销售收入，还是仅将加工费确认为销售收入。

第八节　关联交易

关联交易是企业发行上市过程中绕不开的问题，因无法对“关联交易”进行合理说明被否的案例也不在少数。如何在合法合规的前提下，合理处理关联方、关联交易问题，更好地满足监管要求，为客户服务是中介机构应当思考的问题。

截至 2020 年 12 月 31 日，华兴创元、美迪西、瑞联新材、中国电器、当虹科技、开普云、方邦电子、澜起科技等企业被发审委问询关联交易相关问题。

一、典型案例

奥特维（688516）

无锡奥特维科技股份有限公司（以下简称发行人）2019 年 6 月 27 日提交的招股说明书（申报稿）披露：报告期内关联交易主要为公司向关联方高佳太阳能销售硅片分选机，高佳太阳能的董事会秘书许国强于 2018 年 8 月成为公司董事，及向比照关联方南通春天、通州区兴仁镇炎云机械厂采购安装板、主动辊筒、运输底板等机加工件，向南通春天购买机加工相关资产。

针对上述情形，发审委要求发行人对下列事项进行说明，并要求保荐机构、发行人律师核查并发表明确意见：发行人是否依照相关规定完整披露关联方及关联交易；报告期内关联交易及比照披露的交易发生的必要性及商业逻辑、定价依据及公允性，是否均已履行必要、规范的决策程序，公司是否已制定并实施减少关联交易的有效措施；报告期内关联企业注销后资产、业务、人员的去向，存续期间是否存在重大违法违规，是否影响发行人董监高任职资格；报告期内是否存在关联交易非关联化的情形；发行人的内部控制制度是否健全且被有效执行。

根据发行人律师出具的补充法律意见书披露显示：[1]

1. 发行人的关联方及关联交易

根据《公司法》《编报规则第 12 号》《上市公司信息披露管理办法》和上市规则，并参照《企业会计准则第 36 号——关联方披露》的相关规定，发行人的关联方情况如表 92 所示：

表 92

<table>
<tr><th>序号</th><th>关联方</th><th colspan="2">关联关系</th></tr>
<tr><td>1</td><td>葛志勇</td><td>发行人的实际控制人之一，直接持有发行人 28.52% 股份，且作为无锡奥创、无锡奥利的执行事务合伙人间接控制无锡奥创、无锡奥利分别持有的发行人 6.08%、3.00% 股份对应的表决权，葛志勇合计控制发行人 37.60% 股份对应的表决权，并担任发行人董事长、总经理</td><td rowspan="2">葛志勇、李文合计控制发行人 63.20% 的股份对应的表决权</td></tr>
<tr><td>2</td><td>李文</td><td>发行人的实际控制人之一，直接持有发行人 25.61% 股份，并担任发行人董事、副总经理</td></tr>
<tr><td>3</td><td>无锡华信</td><td>直接持有发行人 13.74% 股份</td><td rowspan="2">林健为无锡华信第一大股东，持有无锡华信 40.40% 股权并担任其董事长兼总经理，无锡华信及林健合计持有发行人 17.92% 股份</td></tr>
<tr><td>4</td><td>林健</td><td>直接持有发行人 4.18% 股份，通过无锡华信间接持有发行人 5.55% 股份，合计持有发行人 9.73% 股份</td></tr>
<tr><td>5</td><td>无锡奥创</td><td>直接持有发行人 6.08% 股份</td><td></td></tr>
<tr><td>……</td><td>……</td><td>……</td><td>……</td></tr>
<tr><td>33</td><td>深圳国人通信股份有限公司</td><td>发行人独立董事张志宏担任其独立董事</td><td></td></tr>
<tr><td>34</td><td>周六福珠宝股份有限公司</td><td>发行人独立董事张志宏担任其独立董事</td><td></td></tr>
<tr><td>……</td><td>……</td><td>……</td><td>……</td></tr>
</table>

〔1〕《国浩律师（上海）事务所关于无锡奥特维科技股份有限公司首次公开发行股票并在科创板上市之补充法律意见书（二）》，载上海证券交易所网，http://static.sse.com.cn/stock/information/c/201909/cec5009ac4804e9eb9e8657bd0327737.pdf，最后访问日期：2021 年 5 月 21 日。

发行人已依照《上市公司信息披露管理办法》将独立董事担任董事或高级管理人员的除发行人之外的法人或其他组织认定为关联方，发行人已依照相关规定完整披露了报告期内的关联方及关联交易。

2. 发行人报告期内关联交易及比照披露的交易发生的必要性及商业逻辑、定价依据及公允性，是否均已履行必要、规范的决策程序，发行人是否已制定并实施减少关联交易的有效措施

（1）发行人报告期内关联交易及比照披露的交易发生均具有必要性及商业逻辑。

发行人独立董事对报告期内发生的关联交易事项发表了独立意见，认为发行人报告期内发生的关联交易具有必要性及合理性。

（2）发行人报告期内关联交易及比照披露的交易定价依据及公允性具体如下：

①发行人关联交易定价依据及公允性

第一，向无锡华信采购劳保用品

报告期内，发行人向无锡华信采购产品主要为安全凉鞋、安全鞋等，采购金额分别为 29.79 万元、35.24 万元、6.10 万元和 4.77 万元。其销售价格根据市场情况，双方协商确定。发行人关联采购交易价格与无锡华信向其他非关联方销售产品价格对比如表 93 所示：

表 93

单位：元 / 双

2016 年度价格公允性对比情况					
交易内容	规格型号	无锡华信销售给发行人		无锡华信销售给其他非关联方	
		合同日期	单价	合同日期	单价
安全鞋	WB750W	2016 年	255.00	2016 年	255.00
安全鞋	其他型号	2016 年	80.00~110.00	2016 年	102.00
安全凉鞋	WB7175	2016 年	99.00	2016 年	99.24
2017 年度价格公允性对比情况					
交易内容	规格型号	无锡华信销售给发行人		无锡华信销售给其他非关联方	
		合同日期	单价	合同日期	单价

续表

2017年度价格公允性对比情况					
安全鞋	WB705P	2017年	110.00~111.00	2017年	112.00
安全鞋	X5115S-KA	2017年	138.00	2017年	146.00
安全鞋	WB718P	2017年	109.50	2017年	112.00
安全凉鞋	WB7175	2017年	99.50	2017年	102.00
2018年度价格公允性对比情况					
交易内容	规格型号	无锡华信销售给发行人		无锡华信销售给其他非关联方	
		合同日期	单价	合同日期	单价
安全凉鞋	—	2018年	98.65	2018年	103.74
2019年1~6月价格公允性对比情况					
交易内容	规格型号	无锡华信销售给发行人		无锡华信销售给其他非关联方	
		合同日期	单价	合同日期	单价
安全鞋	—	2019年1~6月	98.65	2019年1~6月	108.00

注：上述金额为含税金额。

报告期内无锡华信对发行人销售劳保用品的价格与非关联方不存在重大差异，关联交易定价公允，且交易金额相对较小，不会对发行人独立性产生重大不利影响。……

第二，向关键管理人员支付薪酬

发行人关键管理人员包括董事、监事和高级管理人员，上述人员的薪酬依据发行人董事会薪酬与考核委员会工作细则、奥特维薪酬福利管理制度、高级管理人员薪酬管理制度的具体规定确定并实施。发行人向关键管理人员支付薪酬定价公允。

第三，关联拆借与资金占用

报告期内，发行人与关联方资金拆借的时间较短，且主要关联方根据同等期间银行贷款基准利率支付了资金占用费。关联方资金拆借事项具有公允性。

第四，关联担保

报告期内，关联方为发行人融资提供担保事项不涉及支付对价，符合商业惯例，不涉及价格公允性。

第五，向关联方收购其持有的智能装备公司股权

发行人向关联方恒道丰、张志强、无锡华信、殷哲收购其持有智能装备公司的股权，交易价格以立信会计师事务所（特殊普通合伙）出具的截至 2016 年 6 月 30 日的《审计报告》净资产值，结合审计基准日后智能装备公司原股东补缴未实缴出资额 430.00 万元为依据。根据无锡长江资产评估咨询事务所有限公司出具的评估报告（苏锡长所综评〔2017〕第 03003 号），智能装备公司截至 2016 年 6 月 30 日的净资产评估价值为 1398.30 万元，增值率 0.46%。发行人向关联方收购其持有的智能装备公司的股权交易价格公允。

②发行人比照披露的交易定价依据及公允性

第一，向南通春天采购原材料

报告期内，发行人向南通春天采购机加工件，价格根据市场情况，双方协商确定。机加工件种类较多，不同规格型号机加工件价格差异较大。将从南通春天采购相同规格型号的机加工件与从其他供应商采购相同规格型号的机加工件平均价格进行对比，对比金额占 2016 年至 2017 年当期从南通春天采购金额比例分别为 75.46%%、45.93%，经对比，价格基本一致。发行人向南通春天采购原材料的价格公允。……

第二，通过南通春天转贷

报告期内，发行人通过南通春天转贷金额为 880 万元，除 2016 年 10 月 18 日转贷 300 万元，于 2016 年 10 月 22 日转回之外，其余 580 万元，均于当日转回。该等转贷无商业实质，不涉及价格公允性。

报告期内，发行人与比照披露的企业之间的交易价格根据市场情况，协商定价，交易价格公允。

③报告期内发行人关联交易及比照披露的交易决策程序履行情况

发行人报告期内与比照关联方之间的交易不属于关联交易，未达到相关标准，无须履行董事会或股东大会审议程序。

发行人报告期内就上述关联交易均已履行必要的、规范的决策程序，具体如下：

第一，发行人已于 2016 年 4 月 5 日召开的第一届董事会第四次会议审议通过了《关于公司追认 2015 年 10 月 ~2016 年 3 月关联交易的议案》，主要对向无锡华信采购劳保用品事项予以追认，并经 2016 年 4 月 25 日召开的 2016 年第一次临时股东大会决议通过。

第二，发行人已于 2016 年 4 月 10 日召开的第一届董事会第五次会议审议通过了《关于预计 2016 年度日常性关联交易总额的议案》，对 2016 年度拟向关联方无锡华信

购买包括安全鞋、安全帽、防护手套等在内的劳动防护用品的日常性关联交易进行预计，并经2016年5月19日召开的2015年年度股东大会决议通过。……

根据《独立董事关于公司关联交易的独立意见》，发行人独立董事就发行人2016年度至2018年度发生的关联交易情况进行审核，并发表独立意见。

根据《独立董事关于预计公司2019年度日常性关联交易的独立意见》，发行人独立董事就发行人2019年度预计日常性关联交易发表独立意见如下：

"公司2019年预计发生的日常关联交易系因公司正常业务经营需要而发生的，遵循了公开、公平、公正的原则，交易的价格、定价方式符合市场定价原则，不存在损害公司及公司全体股东利益的情况，不会对公司本期及未来的财务状况产生不利影响，亦不会影响公司的独立性。以上议案的审议、表决程序符合法律、法规及规范性文件以及《公司章程》及三会议事规则的规定，表决结果合法、有效。"

（3）发行人是否已制定并实施减少关联交易的有效措施

发行人制定了公司章程、股东大会议事规则、董事会议事规则、独立董事制度、关联交易管理办法等规章制度，减少和规范发行人的关联交易；发行人通过收购南通春天持有的机加工相关资产、成立供应链公司等商业措施，减少了与比照关联方之间的交易；发行人实际控制人及发行人持股5%以上的股东均出具了《关于减少和规范关联交易的承诺函》，有助于减少和规范发行人的关联交易。

通过上述措施，发行人规范了与关联方之间的必要交易，清理了不规范的偶发性交易（如关联拆借），减少了比照披露的交易。

3. 报告期内关联企业注销后资产、业务、人员的去向，存续期间是否存在重大违法违规，是否影响发行人董监高任职资格

报告期内发行人已注销的关联企业注销后资产、业务、人员的去向如表94所示：

表94

序号	企业名称	企业注销后资产、业务、人员的去向
1	恒道丰	注销前未实际开展业务，不存在资产、业务、人员
2	无锡市冲浪计算机有限公司	注销前未实际开展业务，不存在资产、业务、人员
3	无锡昌明投资管理有限公司	注销前未实际开展业务，不存在资产、业务、人员
4	安徽韦博通用设备有限公司	根据其注销时的账面资产总额，清算后按投资比例归还投资人；员工已依法解除劳动合同

续表

序号	企业名称	企业注销后资产、业务、人员的去向
5	无锡欢沁堂茶业有限公司	根据其注销时的账面资产总额，清算后按投资比例归还投资人；员工已依法解除劳动合同
6	上海泽英机电科技有限公司	注销前未实际开展业务，不存在资产、业务、人员
7	北京毕派克技术服务有限公司	注销前未实际开展业务，不存在资产、业务、人员
8	江苏奥特维	除研发成果转入发行人之外，其余资产根据其注销时的账面资产总额，清算后按投资比例归还投资人；部分员工已依法解除劳动合同，剩余人员已妥善安置，交由发行人及其子公司就业，不存在纠纷或潜在纠纷
9	上海阁文	除研发成果转入发行人之外；其资产根据其注销时的账面资产总额，清算后按投资比例归还投资人；部分员工已依法解除劳动合同，剩余人员已妥善安置，交由发行人及其子公司就业，不存在纠纷或潜在纠纷

上述企业在发行人报告期内的存续期间，不存在重大违法违规情况，且均已依法完成了注销登记程序。上述企业在存续期间未发生重大违法违规行为，不存在影响发行人董事、监事以及高级管理人员任职资格的情况。

4. 发行人报告期内是否存在关联交易非关联化的情形

除已注销的关联企业之外，因股权转让而不再属于发行人关联方的企业情况如表95所示：

表 95

序号	企业名称	原关联因素	不再认定为关联方事项
1	无锡天仓仁得科技有限公司	发行人董事林健之母赵梅凤曾持有其70.00%股权，并曾担任其执行董事兼总经理	赵梅凤已于2017年9月将其所持股权转让并不再担任执行董事兼总经理
2	无锡蓝湾资源再生科技有限公司	发行人董事林健之兄林超曾持有其80.00%股权；发行人董事林健之兄林超配偶顾月石曾持有其12.00%股权，并曾担任其执行董事兼总经理	林超已于2018年1月将其所持股权转让；顾月石已于2018年1月将所持股权转让并不再担任执行董事兼总经理
3	无锡新洲文化发展有限公司	发行人董事林健之兄林超配偶顾月石曾持有其30.00%股权，并曾担任其执行董事兼总经理	顾月石已于2018年1月将所持股权转让并不再担任执行董事兼总经理

上述已转让的关联企业不再认定为发行人关联方系因真实的股权转让所致，在转让前后与发行人均未发生交易。发行人报告期内不存在关联交易非关联化的情形。

5. 发行人的内部控制制度是否健全且被有效执行，并发表明确核查意见

发行人根据相关法律法规、公司章程及相关规则，结合自身业务情况，不断建立和完善公司治理结构和业务管理制度，目前已建立了公司章程、股东大会议事规则、董事会议事规则、独立董事制度、关联交易管理办法等制度以及关联交易管理办法、对外投资管理办法、对外担保管理办法、利润分配管理制度、内部审计制度等业务制度，已形成符合发行人需要的健全的内部控制制度。发行人报告期内的关联交易均履行了必要、规范的决策程序，相关内部控制制度得到了有效执行。

立信中联会计师事务所对发行人报告期内的财务报告进行审计，并出具了标准无保留意见的审计报告，且立信中联会计师事务所同时出具的内控鉴证报告认为：发行人按照财政部等五部委颁发的企业内部控制基本规范及相关规定于2019年6月30日在所有重大方面保持了与财务报表相关的有效的内部控制。发行人的内部控制制度能够合理保证财务报告的可靠性。

澜起科技（688008）

澜起科技股份有限公司（以下简称发行人）2019年4月1日提交的招股说明书（申报稿）披露：2018年11月，Intcl、SVIC在发行人申报前进行增资，分别取得发行人10%、1.111%的股份，发行人与Intel之间的关联交易预计持续发生，2017年，发行人同Intel签署合作协议，由Intel向发行人提供研发支持。

针对招股说明书未将与三星公司的交易认定为关联交易的情形，发审委要求发行人说明：是否严格按照《公司法》、企业会计准则及中国证监会有关规定披露关联方，三星公司是否应当认定为发行人的关联方。并要求保荐机构及发行人律师基于谨慎性原则进行核查，并对发行人是否存在严重影响独立性或显失公平的关联交易发表明确意见。

根据发行人律师出具的补充法律意见书披露显示：[1]

招股说明书已严格按照《公司法》、企业会计准则及中国证监会有关规定披露关联方，三星公司的关联方SVIC No.28 New Technology Business Investment L.L.P.持股比例为1.111%，根据关联方的认定规则，三星公司不属于发行人的关联方。

---

〔1〕《国浩律师（上海）事务所关于澜起科技股份有限公司首次公开发行股票并在科创板上市的补充法律意见（一）》，载上海证券交易所网，http://static.sse.com.cn/stock/information/c/201905/63377d1600a74aa68b91cc33b52ed1fc.pdf，最后访问日期：2021年5月21日。

报告期内，三星电子一直是发行人的前五大客户，但发行人来自于三星电子的销售占公司营业收入的比例均不超过30%，且三星电子不属于发行人的关联方，相关销售均按照正常的商业条件进行交易，不影响发行人的经营独立性、发行人对三星电子不构成重大依赖。三星电子不属于发行人的关联方，相关销售均按照正常的商业条件进行交易，不影响发行人的经营独立性、发行人对三星电子不构成重大依赖。

综上所述，上述交易不影响发行人的经营独立性、发行人对该等客户不存在重大依赖，不存在通过该等交易调节发行人收入利润或成本费用、不存在对发行人利益输送的情形。

芯原股份（688521）

芯原微电子（上海）股份有限公司（以下简称发行人）2019年9月20日提交的招股说明书（申报稿）披露：报告期内发行人已注销或正在注销的关联方较多，同时存在较多的关联交易。发行人关键管理人员报酬在报告期内分别为851.09万元、990.88万元、1265.57万元、933.99万元。发行人与相关方之间存在较多往来款项。

针对上述情形，发审委要求发行人对下列事项进行说明，并要求保荐机构、发行人律师核查并发表明确意见：报告期内相关关联方注销的原因、合法合规性、资产处置情况，是否存在争议或潜在纠纷，报告期内是否存在重大违法行为，是否存在为发行人承担成本费用或其他输送利益的情况。

根据发行人律师出具的补充法律意见书披露显示：[1]

报告期内已注销关联方的关联关系及注销原因如表96所示：

表96

序号	已注销关联方名称	关联关系	注销原因
1	集鑫（苏州）投资有限公司	发行人的主要股东大基金报告期内的全资子企业	股东决议解散
2	广州维欣贵隆生物医药有限公司	前董事龚虹嘉配偶陈春梅控制的广州功臣创业投资企业（有限合伙）报告期内出资95%的企业	长期未开展经营业务，股东决议解散
3	北京恒通巨振通信科技有限公司	前董事龚虹嘉配偶陈春梅报告期内间接控制的企业	市场环境发生变化，股东决议解散

〔1〕《上海市方达律师事务所关于芯原微电子（上海）股份有限公司首次公开发行人民币普通股（A股）股票并在科创板上市的补充法律意见（一）》，载上海证券交易所网，http：//static.sse.com.cn/stock/information/c/201912/6a5a1a8bf89d46eca0ff0960b6de491a.pdf，最后访问日期：2021年5月21日。

续表

序号	已注销关联方名称	关联关系	注销原因
4	成都创新谷商务服务有限公司	前董事龚虹嘉的兄弟龚传军控制的深圳创新谷投资管理有限公司报告期内出资 100% 的企业	市场环境发生变化，股东决议解散
5	襄阳圣美奥建筑工程有限公司	董事陈晓飞的兄弟姐妹陈晓路报告期内出资 100% 并担任执行董事兼总经理的企业	战略布局调整，股东决议解散
6	武汉市武昌凤凰商务有限公司	董事陈晓飞及其关系密切的家庭成员合计出资 100% 的企业	战略布局调整，股东决议解散
7	上海发尧商务咨询事务所	监事 Zhiwei Wang（王志伟）的配偶马洪文报告期内出资 100% 的企业	业务规划方向调整，投资人决议解散
8	北京天之骄教育服务中心	副总裁汪洋的兄弟姐妹汪锟报告期内担任总经理的企业	被吊销营业执照

已注销关联方的资产已做出适当处置。

除武汉市武昌凤凰商务有限公司、北京天之骄教育服务中心被吊销营业执照之外，注销程序不存在重大违法情形；未因注销事宜产生重大争议；除集鑫（苏州）投资有限公司曾于 2017 年 7~12 月被列入经营异常名录、武汉市武昌凤凰商务有限公司和北京天之骄教育服务中心被吊销营业执照外，在 2016 年 1 月 1 日至其注销之日不存在重大违法行为；报告期内，不存在为发行人承担成本费用或其他输送利益的情况。

艾力斯（688578）

上海艾力斯医药科技股份有限公司（以下简称发行人）2020 年 4 月 17 日提交的招股说明书（申报稿）披露：上海扬子江向公司提供短期借款用于日常经营，借款利率为 5.22%，2018 年 6 月至 12 月，上海扬子江向公司提供短期借款 8164.61 万元用于日常经营。公司于 2018 年偿还借款和利息（含 6% 增值税）2006.96 万元，于 2019 年偿还借款和利息（含 6% 增值税）6442.25 万元。

发行人报告期内拆借给杜锦豪（实际控制人，亦为上海扬子江实际控制人）资金较大，截至 2017 年年末，公司应收杜锦豪借款余额 5777.76 万元。2018 年 9 月至 11 月，杜锦豪向公司借款 2973.13 万元。2018 年 11 月至 12 月，杜锦豪向公司偿还借款 8498.13 万元，其中自行偿还 5201.50 万元，上海扬子江代杜锦豪偿还 2835.39 万元，上海扬子江以应收股利代杜锦豪偿还 461.23 万元。

针对上述情形，发审委要求发行人对下列事项进行说明，并要求保荐机构、发行人律师核查并发表明确意见：2018年发生较大经营借款的合理原因，公司日常经营是否依赖于上海扬子江；公司在大额借入上海扬子江资金的同时，又将大量资金拆借给杜锦豪的必要性与合理性；上述拆借是否履行内部决策程序，是否经董事会、股东大会表决，关联股东或董事在审议相关交易时是否回避，独立董事和监事会成员是否发表不同意见；发行人相关内控制度是否健全有效并得到执行。

根据发行人律师出具的补充法律意见书披露显示：[1]

1. 2018年发生较大经营借款的合理原因，发行人日常经营是否依赖于上海扬子江

艾力斯有限于2018年从上海扬子江借款主要系由于艾力斯有限日常运营中出现资金需求，其在需要资金时从上海扬子江借入资金，于资金较为充裕时偿还本金和利息。2018年6月，艾力斯有限与上海扬子江签订借款协议，上海扬子江向艾力斯有限提供短期借款用于日常经营，借款期限不超过一年半，借款利率按照同期银行贷款基准利率（4.35%）上浮20%。艾力斯有限向上海扬子江借款和偿还的具体情况如表97所示：

表97

单位：万元

序号	借款金额	借款日期	偿还日期
1	2000.00	2018年6月	2019年9月
2	2000.00	2018年7月	2018年9月
3	1000.00	2018年7月	2019年1月
4	1000.00	2018年11月	2019年9月
5	1164.61	2018年12月	2019年1月
6	1000.00	2018年12月	2019年9月
合计	8164.61	—	—

报告期内，艾力斯有限从上海扬子江借款占艾力斯有限筹资现金总流入的分析如表98所示：

[1]《通力律师事务所关于上海艾力斯医药科技股份有限公司首次公开发行人民币普通股并在上海证券交易所科创板上市之补充法律意见书》，载上海证券交易所网，http://static.sse.com.cn/stock/information/c/202006/1a2c4624d5a64ea98b8bc1818481c43d.pdf，最后访问日期：2021年5月21日。

表 98

项目	2019 年	2018 年	2017 年
吸收投资收到的现金 / 元	1,390,800,000.00	—	—
取得银行借款收到的现金 / 元	20,000,000.00	125,000,000.00	60,000,000.00
收到上海扬子江借款的现金 / 元	—	81,646,065.82	—
筹资活动现金流入小计 / 元	1,410,800,000.00	206,646,065.82	60,000,000.00
取得上海扬子江借款占筹资活动现金流入金额比例 /%	—	39.51	—
取得上海扬子江借款占报告期内筹资活动现金流入累计金额比例 /%	4.87		

报告期内，艾力斯有限从上海扬子江借款占艾力斯有限筹资现金总流入的 4.87%，占比较小。除从上海扬子江借款之外，艾力斯有限还存在其他融资渠道，包括股权融资、银行借款等，艾力斯有限具备一定的外部融资能力，艾力斯有限的日常经营不依赖于上海扬子江的借款。

2. 发行人在大额借入上海扬子江资金的同时，又将大量资金拆借给杜锦豪的必要性与合理性

2018 年 9 月至 12 月，杜锦豪因个人短期资金周转先后从艾力斯有限借款 2973.13 万元（如表 99 所示）：

表 99

单位：万元

序号	借款金额	借款日期	偿还日期
1	102.57	2018 年 9 月	2018 年 12 月
2	2070.56	2018 年 11 月	2018 年 12 月
3	800.00	2018 年 12 月	2018 年 12 月
合计	2973.13	—	—

2018 年 12 月，杜锦豪集中偿还了上述借款，并按照一年期银行贷款利率支付了相应的资金使用费，价格公允，不存在损害发行人利益的情形，此后未再发生资金拆借行为。

2018 年艾力斯有限在借入上海扬子江资金的同时，又将资金拆借给杜锦豪的主要原因为，艾力斯有限当时尚未建立完善的资金管理和关联交易管理制度，且其当时

的股东为上海扬子江和 Jeffrey Yang Guo，杜锦豪因个人短期资金周转需要，在艾力斯有限资金较为充裕且不影响其正常经营的情况下，从艾力斯有限借取部分资金。

3. 上述资金拆借的内部决策程序

有限公司阶段，发行人未建立完善的资金拆借内部控制制度，上述资金拆借未履行内部决策程序。发行人改制为股份有限公司后，发行人于 2020 年 3 月 11 日召开第一届董事会第三次会议并于 2020 年 3 月 27 日召开 2020 年第二次临时股东大会，审议通过了《关于确认公司最近三年关联交易情况的议案》，已就发行人报告期内所发生包括上述资金拆借在内各项关联交易之公允性予以确认。上述董事会和股东大会在进行表决时，关联董事和关联股东均进行了回避。发行人独立董事于 2020 年 3 月对发行人 2017 年至 2019 年关联交易事项发表了独立意见，认为发行人前述期间发生的关联交易事项价格公允，未损害发行人及其股东的权益。

发行人于 2020 年 3 月 11 日召开第一届监事会第三次会议，审议通过了《关于确认公司最近三年关联交易情况的议案》，就发行人报告期内所发生包括前述资金拆借在内各项关联交易之公允性予以确认。

4. 发行人建立健全了有效的关联方资金拆借内控制度，并得到有效执行

为规范关联方资金拆借行为，防范关联方资金占用行为，进一步规范和落实发行人内部决策程序，保护发行人及中小股东的权益，发行人建立健全了各项内控制度，具体包括：

（1）自艾力斯有限改制为股份有限公司后，发行人在公司章程、股东大会议事规则、董事会议事规则中对关联交易的表决程序及批准权限等作出了规定；在《关联交易管理制度》中对关联方界定、关联交易批准权限、关联交易审议程序、关联方回避表决等作出了具体规定；在对外担保管理制度、防范控股股东、实际控制人及其关联方占用公司资金的制度中对资金拆借或资金占用的情况进行规定，明确了责任认定，完善了相关监督机制。

（2）为了保障中小股东的合法权益，完善关联交易的决策程序，发行人在独立董事工作制度中赋予独立董事如下职权："重大关联交易（是指关联交易事项达到或超过需由董事会审议的标准）应由独立董事认可后，提交董事会讨论。独立董事做出判断前，可聘请中介机构出具独立财务顾问报告，作为其判断依据"。

（3）艾力斯有限改制为股份有限公司后，发行人建立了董事会审计委员会和审计部，并聘任了相关专职人员，对发行人的日常经营进行独立的监督和管理。董事会审计委员会在董事会的领导下，主要负责监督评估外部审计机构的工作、指导内部审计的工作、审阅发行人的财务信息、评估内部控制的有效性、协调管理层、内部审计部

门及相关部门与外部审计机构的沟通和发行人董事会授权的其他事宜等。发行人审计部在董事会审计委员会指导下独立开展审计工作，对发行人财务管理、内部控制制度建立和执行情况进行内部审计监督。

发行人已建立健全有效的关联方资金拆借内控制度，并已得到有效执行。

二、解决思路

为保护投资者特别是中小投资者的利益，避免上市公司与关联方之间进行有失公允或者利益倾斜的关联交易，监管部门对交易及其披露情况较为关注，对关联交易的披露标准和要求也较为严苛。但这并不意味着上市公司不允许存在关联交易，只要关联交易是必要、公允且合理的，并履行相关决策程序和尽到相应披露义务即可。

关联交易关系到发行人的业务独立性，主要涉及关联方的认定和关联交易的合规性。

1. 准确认定关联方并完整披露关联方及关联交易。发行人应严格按照《公司法》《企业会计准则第 36 号——关联方披露》《上市公司信息披露管理办法》《科创板股票上市规则》《创业板股票上市规则》等规范文件的规定披露关联方和关联交易。

应注意:《科创板股票上市规则》和《创业板股票上市规则》中均明确将独董相关企业排除在关联法人认定的范畴，但在排除范围和认定标准上存在区别。根据《创业板股票上市规则》，关联自然人担任独立董事的企业不被列为关联法人；根据《科创板股票上市规则》，独立董事担任董事、高级管理人员的法人或其他组织不再列为关联法人。

2. 发行人报告期内已注销或正在注销的关联方较多的，应说明注销原因、是否存在重大违法行为，注销程序是否合法，已注销关联方的资产是否做出适当处置，是否存在争议或潜在纠纷等。

根据《公司法》第一百四十六条规定，有下列情形之一的，不得担任公司的董事、监事、高级管理人员：……担任破产清算的公司、企业的董事或者厂长、经理，对该公司、企业的破产负有个人责任的，自该公司、企业破产清算完结之日起未逾三年；……担任因违法被吊销营业执照、责令关闭的公司、企业的法定代表人，并负有个人责任的，自该公司、企业被吊销营业执照之日起未逾三年。

故，应注意关联企业的注销是否会影响发行人现任董事、监事、高级管理人员的任职资格。

3. 关联交易应符合公允性、合规性、必要性、合理性要求。报告期内的关联交易并不当然对公司发行上市构成实质性障碍，但如果发行人对关联方存在较大依赖，又无法说明关联交易定价的公允性，则可能会对发行上市产生阻碍。应重点关注：

（1）关联交易应具有真实的交易背景和合理的商业理由。

（2）关联交易定价公允，不存在显失公平的情形。发行人应披露交易定价机制，交易价格以市场价格为基础，经充分协商确定，交易价格合理、公允，与关联方的定价应与其他无关联第三方一致。

（3）关注关联交易余额、避免关联方资金占用。报告期内存在关联交易余额的，应披露发生背景、是否具有商业实质。关联交易往来余额应当是基于真实商业背景发生的交易，系公司正常经营活动所致，具有真实商业实质，不存在关联方资金占用情形。

（4）不存在关联方依赖、利益输送等其他影响发行人独立性的情形。发行人经常性关联交易占比不宜过高，否则可能会被质疑存在关联方重大依赖；偶发性关联交易应参考资产评估价格、市场价值或同期市场价格，具有公允性，不存在通过关联交易调节发行人收入、利润或成本费用、对发行人利益输送的情形。

（5）关联交易决策程序应符合法律和公司章程规定。关联交易经相关董事会、股东大会表决时，应注意相关关联董事、关联股东是否回避表决，确保关联交易不存在损害发行人及股东尤其是非关联股东利益的情况。关联交易内部决策程序缺失时，可参考艾力斯的解决方案，召开临时股东大会及监事会会议对关联交易之公允性进行补充确认，并由独立董事发表独立意见，确认前述关联交易事项价格公允，未损害发行人及股东的权益。

（6）发行人应建立健全有效的关联交易内控制度，包括但不限于健全公司章程、股东大会议事规则、董事会议事规则、独立董事制度、关联交易管理办法等制度对关联交易事宜予以规范、设立董事会审计委员会对发行人日常经营进行独立的监督和管理、发挥独立董事作用、完善相关监督机制等。

（7）发行人应制定并实施减少关联交易的有效措施。包括但不限于制定相关制度减少和规范发行人的关联交易；由实际控制人及持股 5% 以上的股东出具关于减少和规范关联交易的承诺函，减少和规范发行人的关联交易等。

（8）不存在关联交易非关联化的情形。报告期内关联方转让股权的，应披露股权转让的原因，理由应当充分、合理，股权转让应为双方真实意思表示，转让价格公允，价款已支付完毕，不存在委托持股、受托持股、回购安排或其他特殊安排。转让后的交易情况也应重点关注。

【具体核查要点】

1. 是否严格按照《公司法》、企业会计准则及中国证监会有关规定披露关联方及关联交易；

2. 报告期内关联交易及比照披露的交易发生的必要性及商业逻辑、定价依据及公允性，是否均已履行必要、规范的决策程序；

3. 发行人是否已制定并实施减少关联交易的有效措施；

4. 报告期内相关关联方注销的原因、合法合规性、资产处置情况，是否存在争议或潜在纠纷，报告期内是否存在重大违法行为，是否存在为发行人承担成本费用或其他输送利益的情况；

5. 报告期内是否存在关联交易非关联化的情形；

6. 发行人的关联交易内部控制制度是否健全且被有效执行。

【核查方式】

1. 查验发行人提供的关联方清单；通过企查查、天眼查、国家企业信用信息系统等网站及手机 APP 进行关联方检索。

2. 查验发行人股东、董事、监事、高级管理人员、核心技术人员自行填写的调查表。

3. 访谈发行人董事、监事、高级管理人员及财务负责人等，查阅发行人及其控股股东或实际控制人的股权结构图和组织结构图、公司章程、发行人重要会议记录、重要合同及工商登记、审计报告等文件资料。

4. 查验与发行人共同出资设立发行人子公司的股东与发行人间是否存在关联关系、关联交易及其他协议安排的说明；查验发行人主要股东、董事、监事、高级管理人员、核心技术人员及财务人员是否在发行人及发行人控股股东、实际控制人控制的其他企业、单位任职、或领薪情况的说明。

5. 查验发行人主要关联方的工商登记资料、发行人控股股东、实际控制人控制或有重要影响的其他企业、单位或组织的工商资料（包括但不限于营业执照、公司章程）。

6. 查验发行人及发行上市有关中介机构及承办人员是否存在直接或间接的股权关系或其他利益安排、代持股权关系等情况的书面说明；查验发行人主要股东、董事、监事、高级管理人员及核心技术人员与发行人主要供应商、客户是否存在关联关系的情况说明。

7. 发行人近三年由关联方转变为非关联方的，查验相关单位的工商变更登记资料、相关关联协议及发行人就上述转变对发行人造成影响的书面说明；查验其他发行人存在的有特殊关联关系或特殊安排情况的书面说明。

8. 查阅报告期内的审计报告、相关合同、公司章程、会议记录、独立董事意见，调查发行人最近 3 年的经常性关联交易和偶发性关联交易情况，关联交易的内容、数量、金额。

9. 查验发行人及子公司制定并通过的关联交易决策管理制度及其他与发行人关联交易有关的制度；查验与发行人所涉关联交易相关审议程序（包括但不限于股东会、董事会会议）资料，应包含关联方就关联交易回避表决的有关资料（如有），调查关联交易是否按照公司章程及公司内部批准程序履行了必要的批准或授权程序。

10. 查验发行人与关联方签署的关联交易协议及协议履行情况，核查关联交易协议是否合法、有效；协议价款支付凭证，发行人就关联交易实施中是否存在纠纷或潜在纠纷的书面说明（如存在纠纷的，应说明对发行人业务经营的影响及解决措施），查阅关联交易履行中涉及的相关付款凭证、货物验收确认等文件。

11. 抽查不同时点的关联销售合同，协同其他中介机构分析不同时点销售价格的变动，并与同类产品当时市场公允价格比较；调查上述关联销售合同中，产品最终实现销售的情况。如果存在异常，分析其对收入的影响，分析关联销售定价是否合理，是否存在大股东与发行人之间的利润输送或资金转移现象。

12. 查验发行人就关联交易在发行人销售或采购中的占比及关联交易对发行人经营独立性、持续性、资产完整性的影响说明；查验发行人就关联交易发生的原因、必要性、合理性、真实性的说明、就关联交易定价依据及定价是否公允的说明。

13. 查验发行人与关联方的关联交易价格与市场同类交易价格的对比分析及定价说明；如无市场同类产品交易价格的，应提供成本确定依据及定价说明；调查关联交易定价原则及其他相关协议条款是否明显不利于发行人，必要时可以采取向相关机构咨询或第三方询价等方式调查关联交易价格是否公允、合理等方式，判断相关关联交易是否公允，是否存在显失公平的关联交易。

14. 查验是否存在关联交易非关联化的情况。对于缺乏明显商业理由的交易，实质与形式明显不符的交易，交易价格、条件、形式等明显异常或显失公允的交易，与曾经的关联方持续发生的交易，与非正常业务关系单位或个人发生的偶发性或重大交易等，应当予以重点关注，分析是否为虚构的交易、是否实质上是关联交易，调查交易背后是否还有其他安排。

15. 查验发行人独立董事就发行人近三年关联交易发表的独立意见、监事会就发行人近三年关联交易的监事会工作报告及监事意见，走访发行人相关独立董事、相关监事。

16. 查验发行人及发行人控股股东、实际控制人关于减少关联交易的措施及实施效果的承诺及说明；查阅发行人关联方减少及规范关联交易承诺函；查阅发行人股东会、董事会通过的关于减少及规范关联交易的有关制度及实际执行情况的说明。

三、参考规范

《公司法》

第二百一十六条　本法下列用语的含义：

……（四）关联关系，是指公司控股股东、实际控制人、董事、监事、高级管理人员与其直接或者间接控制的企业之间的关系，以及可能导致公司利益转移的其他关系。但是，国家控股的企业之间不仅因为同受国家控股而具有关联关系。

《企业会计准则第36号——关联方披露》

第三条　一方控制、共同控制另一方或对另一方施加重大影响，以及两方或两方以上同受一方控制、共同控制或重大影响的，构成关联方。

控制，是指有权决定一个企业的财务和经营政策，并能据以从该企业的经营活动中获取利益。

共同控制，是指按照合同约定对某项经济活动所共有的控制，仅在与该项经济活动相关的重要财务和经营决策需要分享控制权的投资方一致同意时存在。

重大影响，是指对一个企业的财务和经营政策有参与决策的权力，但并不能够控制或者与其他方一起共同控制这些政策的制定。

第七条　关联方交易，是指关联方之间转移资源、劳务或义务的行为，而不论是否收取价款。

《上市公司信息披露管理办法》

第六十二条　本办法下列用语的含义：

……（四）上市公司的关联交易，是指上市公司或者其控股子公司与上市公司关联人之间发生的转移资源或者义务的事项。

关联人包括关联法人（或者其他组织）和关联自然人。

具有以下情形之一的法人（或者其他组织），为上市公司的关联法人（或者其他组织）：

1.直接或者间接地控制上市公司的法人（或者其他组织）；

2.由前项所述法人（或者其他组织）直接或者间接控制的除上市公司及其控股子公司以外的法人（或者其他组织）；

3.关联自然人直接或者间接控制的、或者担任董事、高级管理人员的，除上市公司及其控股子公司以外的法人（或者其他组织）；

4.持有上市公司百分之五以上股份的法人（或者其他组织）及其一致行动人；

5.在过去十二个月内或者根据相关协议安排在未来十二月内，存在上述情形之一的；

6.中国证监会、证券交易所或者上市公司根据实质重于形式的原则认定的其他与上市公司有特殊关系，可能或者已经造成上市公司对其利益倾斜的法人（或者其他组织）。

具有以下情形之一的自然人，为上市公司的关联自然人：

1. 直接或者间接持有上市公司百分之五以上股份的自然人；

2. 上市公司董事、监事及高级管理人员；

3. 直接或者间接地控制上市公司的法人的董事、监事及高级管理人员；

4. 上述第1、2项所述人士的关系密切的家庭成员，包括配偶、父母、年满十八周岁的子女及其配偶、兄弟姐妹及其配偶，配偶的父母、兄弟姐妹，子女配偶的父母；

5. 在过去十二个月内或者根据相关协议安排在未来十二个月内，存在上述情形之一的；

6. 中国证监会、证券交易所或者上市公司根据实质重于形式的原则认定的其他与上市公司有特殊关系，可能或者已经造成上市公司对其利益倾斜的自然人。

《上海证券交易所科创板股票上市规则》

15.1 本规则下列用语含义如下：

……（十四）上市公司的关联人，指具有下列情形之一的自然人、法人或其他组织：

1. 直接或者间接控制上市公司的自然人、法人或其他组织；

2. 直接或间接持有上市公司5%以上股份的自然人；

3. 上市公司董事、监事或高级管理人员；

4. 与本项第1目、第2目和第3目所述关联自然人关系密切的家庭成员，包括配偶、年满18周岁的子女及其配偶、父母及配偶的父母、兄弟姐妹及其配偶、配偶的兄弟姐妹、子女配偶的父母；

5. 直接持有上市公司5%以上股份的法人或其他组织；

6. 直接或间接控制上市公司的法人或其他组织的董事、监事、高级管理人员或其他主要负责人；

7. 由本项第1目至第6目所列关联法人或关联自然人直接或者间接控制的，或者由前述关联自然人（独立董事除外）担任董事、高级管理人员的法人或其他组织，但上市公司及其控股子公司除外；

8. 间接持有上市公司5%以上股份的法人或其他组织；

9. 中国证监会、本所或者上市公司根据实质重于形式原则认定的其他与上市公司有特殊关系，可能导致上市公司利益对其倾斜的自然人、法人或其他组织。

在交易发生之日前12个月内，或相关交易协议生效或安排实施后12个月内，具有前述所列情形之一的法人、其他组织或自然人，视同上市公司的关联方。

上市公司与本项第1目所列法人或其他组织直接或间接控制的法人或其他组织受同一国有资产监督管理机构控制的，不因此而形成关联关系，但该法人或其他组织的法定代表人、总经理、负责人或者半数以上董事兼任上市公司董事、监事或者高级管理人员的除外。……

《深圳证券交易所创业板股票上市规则》

7.2.2 上市公司的关联人包括关联法人和关联自然人。

7.2.3 具有下列情形之一的法人或者其他组织，为上市公司的关联法人：

（一）直接或者间接控制上市公司的法人或者其他组织；

（二）由前项所述法人直接或者间接控制的除上市公司及其控股子公司以外的法人或者其他组织；

（三）由本规则第7.2.5条所列上市公司的关联自然人直接或者间接控制的，或者担任董事（独立董事除外）、高级管理人员的，除上市公司及其控股子公司以外的法人或者其他组织；

（四）持有上市公司5%以上股份的法人或者一致行动人；

（五）中国证监会、本所或者上市公司根据实质重于形式的原则认定的其他与上市公司有特殊关系，可能造成上市公司对其利益倾斜的法人或者其他组织。

7.2.4 上市公司与本规则第7.2.3条第二项所列法人受同一国有资产管理机构控制而形成第7.2.3条第二项所述情形的，不因此构成关联关系，但该法人的董事长、经理或者半数以上的董事属于本规则第7.2.5条第二项所列情形者除外。

7.2.5 具有下列情形之一的自然人，为上市公司的关联自然人：

（一）直接或者间接持有上市公司5%以上股份的自然人；

（二）上市公司董事、监事及高级管理人员；

（三）直接或者间接控制上市公司的法人或者其他组织的董事、监事及高级管理人员；

（四）本条第一项至第三项所述人士的关系密切的家庭成员，包括配偶、父母、配偶的父母、兄弟姐妹及其配偶、年满十八周岁的子女及其配偶、配偶的兄弟姐妹和子女配偶的父母；

（五）中国证监会、本所或者上市公司根据实质重于形式的原则认定的其他与上市公司有特殊关系，可能造成上市公司对其利益倾斜的自然人。

7.2.6 具有下列情形之一的法人或者自然人，视同为上市公司的关联人：

（一）因与上市公司或者其关联人签署协议或者作出安排，在协议或者安排生效后，或者在未来十二个月内，具有本规则第7.2.3条或者第7.2.5条规定情形之一的；

（二）过去十二个月内，曾经具有第7.2.3条或者第7.2.5条规定情形之一的。

《首发业务若干问题解答》

问题16 首发企业报告期内普遍存在一定比例的关联交易，请问作为拟上市企业，应从哪些方面说明关联交易情况，如何完善关联交易的信息披露？中介机构核查应注意哪些方面？

答：中介机构在尽职调查过程中，应当尊重企业合法合理、正常公允且确实有必要的经营行为，如存在关联交易的，应就交易的合法性、必要性、合理性及公允性，以及关联方认定，关联交易履行的程序等事项，基于谨慎原则进行核查，同时请发行人予以充分信息披露，具体如下：

（1）关于关联方认定。发行人应当按照《公司法》《企业会计准则》和中国证监会的相关规定认定并披露关联方。

（2）关于关联交易的必要性、合理性和公允性。发行人应披露关联交易的交易内容、交易金额、交易背景以及相关交易与发行人主营业务之间的关系；还应结合可比市场公允价格、第三方市场价格、关联方与其他交易方的价格等，说明并摘要披露关联交易的公允性，是否存在对发行人或关联方的利益输送。

对于控股股东、实际控制人与发行人之间关联交易对应的收入、成本费用或利润总额占发行人相应指标的比例较高（如达到30%）的，发行人应结合相关关联方的财务状况和经营情况、关联交易产生的收入、利润总额合理性等，充分说明并摘要披露关联交易是否影响发行人的经营独立性、是否构成对控股股东或实际控制人的依赖，是否存在通过关联交易调节发行人收入利润或成本费用、对发行人利益输送的情形；此外，发行人还应披露未来减少与控股股东、实际控制人发生关联交易的具体措施。

（3）关于关联交易的决策程序。发行人应当披露章程对关联交易决策程序的规定，已发生关联交易的决策过程是否与章程相符，关联股东或董事在审议相关交易时是否回避，以及独立董事和监事会成员是否发表不同意见等。

（4）关于关联方和关联交易的核查。保荐机构及发行人律师应对发行人的关联方认定，发行人关联交易信息披露的完整性，关联交易的必要性、合理性和公允性，关联交易是否影响发行人的独立性、是否可能对发行人产生重大不利影响，以及是否已履行关联交易决策程序等进行充分核查并发表意见。

第九节 同业竞争

同业竞争，是指发行人所从事的业务与其控股股东、实际控制人及其近亲属所控制的企业所从事的业务相同或近似，双方构成或可能构成直接或间接的竞争关系。同业竞争关乎发行人的独立性与持续经营能力，尽管发行条件中并未明确禁止同业竞争，但若是发行人不能对同业竞争作出合理解释，说明不构成重大不利影响，可能会成为发行上市的实质障碍。

截至2020年12月31日，有西部超导、联赢激光、前沿生物、奇安信、豪森股份、金山办公、益海嘉里等近百家企业被问及与同业竞争相关的问题。

一、典型案例

西部超导（688122）

西部超导材料科技股份有限公司（以下简称发行人）2019年4月5日提交的招股说明书（申报稿）披露：西北院控制的其他企业中，部分企业从事钛或钛制品相关业务或以钛为原材料，涉及企业主要包括西部钛业、西安赛特等9家。

针对上述情形，发审委要求保荐机构、发行人律师对下列事项进行核查并发表明确意见：结合相关主体的历史沿革、资产、人员、经营范围、主营业务（包括但不限于产品服务的具体特点、技术、商标商号、客户、供应商等）等方面与发行人的关系，以及业务是否有替代性、竞争性、是否有利益冲突等，判断是否对发行人构成竞争。

根据发行人律师出具的补充法律意见书披露显示：[1]

西北院及其控制的企业与发行人之间不构成重大不利影响的同业竞争，具体情况如下：

1. 从发行人的业务沿革来看，公司的主营产品与西北院控制的其他公司原有业务相比均属于开创性的产品和市场领域

发行人主要产品高端钛合金的技术源于ITER计划用NbTi超导线材的产业化和新型战机用钛合金的需求。

作为目前全球规模最大、影响最深远的国际科研合作项目之一，ITER计划需要采用NbTi和Nb3Sn超导线材制造超导磁体，线材制造任务由各参与国承担。2003年2月28日，超导有限正式成立，开始了ITER计划用NbTi和Nb3Sn超导线材的产业化，主要技术涉及合金熔炼、自由锻造、线材拉伸及热处理等。

由于NbTi线材中超导芯丝最终要被拉伸至5微米，且Nb和Ti的熔点相差较大，NbTi合金成分和组织均匀性要求远高于常规钛合金。因此，发行人从2005年开始在所掌握的NbTi合金制备技术的基础上，开展了新型战机用高性能结构钛合金的研制并取得突破，成功为若干新型号战机提供结构钛合金。

---

〔1〕《国浩律师（上海）事务所关于西部超导材料科技股份有限公司首次公开发行股票并在科创板上市之补充法律意见书（一）》，载上海证券交易所网，http：//static.sse.com.cn/stock/information/c/201905/133cd488b3984a16b0b7c894923b4a8b.pdf，最后访问日期：2021年5月21日。

为了打破国外对我国高温合金产业的技术封锁，实现航空发动机、燃气轮机等高端领域中高温合金材料的国产化，也为发行人的航空、航天客户提供更多、更好的解决方案，发行人从 2014 年开始开展高性能高温合金的工程化研究。发行人经过多年市场调研和技术储备，以航空、航天用高端钛合金完善的生产、研发、质量体系为依托，在西安经济技术开发区泾渭新城特种材料产业园内投资建设了"两机"重大专项用高性能镍基高温合金项目，其主要产品为 GH4169、GH4738、GH4698 等镍基高温合金棒材和 FGH4097 等高温合金母合金，主要用于制造航空发动机和燃气轮机压气机、涡轮等盘类锻件以及叶片等转动部件。

综上所述，从发行人的业务发展沿革来看，发行人的现有产品与西北院控制的其他公司的产品有较大差异，在西北院控制的公司中均属于新开拓的工程化项目及新开发的市场领域。

2. 发行人的历史沿革演变过程与西北院控制的其他企业之间不存在股权交叉情形

发行人前身超导有限是由西北院和超导国际于 2003 年 2 月 28 日共同出资设立的一家中外合资经营企业。2012 年 6 月 21 日，超导有限通过临时股东会决议，同意超导有限整体变更为股份有限公司，2012 年 7 月 6 日，西部超导召开股份公司创立大会暨第一次股东大会，并取得西安市工商行政管理局核发的企业法人营业执照。

2014 年 12 月 31 日，西部超导在全国中小企业股份转让系统正式挂牌，并于 2015 年 9 月 16 日、2016 年 11 月 11 日完成两次定向发行股票。

发行人的历史沿革演变过程与西北院控制的其他企业之间不存在股权交叉情形。

3. 西北院控制的其他企业的生产设备及生产线与发行人的对比情况

西部超导的高端钛合金产品为钛合金棒材、丝材和锻坯，其生产线主要围绕上述产品建设，核心设备是真空自耗电弧炉、快锻机、精锻机、拉丝机，上述从事钛或钛制品相关业务或以钛为原材料的企业生产设备及生产线方面与发行人存在较大差异。

4. 发行人研发团队实力雄厚，研发体系独立，与西北院及其控制的其他企业之间人员独立

人力资源是公司的第一资源，发行人从成立开始，一直将人才战略放在首要位置，已拥有一支实力雄厚的研发团队。截至 2018 年年末，发行人在职员工 771 人，其中博士 30 人、硕士 169 人，硕士及以上学历占比 25.81%；发行人研发人员 164 人，研发人员占比 21.27%。

发行人与西北院及其控制的其他企业之间研发体系独立。发行人从成立起即与西北院及其控制的其他企业之间人员独立，核心技术人员均在发行人工作较长年限，部分核心技术人员自发行人创立之初即在发行人任职。发行人研发形成的钛合金棒丝

材、锻坯相关专利均单独归属于发行人。

5. 西北院控制的其他企业的经营范围与发行人存在重合，但不构成同业竞争

发行人经营范围为低温超导材料、高温超导材料、钛及钛合金材料、高温合金材料、铪材料、机电设备（小轿车除外）及部件的生产、开发、销售和技术咨询；自有房屋租赁；货物及技术的进出口业务（国家禁止或限制进出口的货物、技术除外）。

西北院及其控制的其他企业中，经营范围中涉及钛及钛合金材料的企业为西部钛业、西安欧中、西安赛特持股 54.55% 的西安赛特思迈钛业有限公司和西安赛特持股 52.94% 的西安思维金属材料有限公司。其中，西部钛业主要产品为钛合金板、管材，两者在生产工艺和核心设备、产品的形态和用途、下游客户、技术储备、业务定位和发展方向等方面均存在较大差异，两家公司之间不存在实质性竞争关系；西安欧中经营范围为钛及钛合金的精深加工，其业务涉及采购钛合金进行球形粉末制作，与发行人业务存在较大差别，两家公司之间不存在竞争关系。

豪森股份（688529）

大连豪森设备制造股份有限公司（以下简称发行人）2020 年 4 月 16 日提交的招股说明书（申报稿）披露：科瑞米特、今日自动化系发行人实际控制人控制的其他企业。科瑞米特、今日自动化与发行人存在各种形式的关联交易，包括采购商品、出售商品、房屋租赁、关联担保、资金拆借与非经营性资金往来等。

针对上述情形，发审委要求发行人对下列事项进行说明，并要求保荐机构、发行人律师核查并发表明确意见：今日自动化主营业务与发行人主营业务具有一定相关性，详细说明今日自动化是否与发行人从事相同或相似业务，未将今日自动化纳入上市主体的原因及合理性，是否会导致发行人与竞争方之间的非公平竞争、是否会导致发行人与竞争方之间存在利益输送、是否会导致发行人与竞争方之间相互或者单方让渡商业机会情形，及对未来发展的潜在影响，发行人不应简单以财务指标对比论证不属于构成重大不利影响的同业竞争。

根据发行人律师出具的补充法律意见书披露显示：[1]

1. 今日自动化与发行人业务之间的关系。

（1）发行人与今日自动化的主要产品应用领域存在较大区别

发行人的产品主要为应用于汽车领域的智能生产线，其中：在传统燃油车领域，

〔1〕《上海市锦天城律师事务所关于大连豪森设备制造股份有限公司首次公开发行股票并在科创板上市的补充法律意见书（一）》，载上海证券交易所网，http：//static.sse.com.cn/stock/information/c/202006/71383d406d2e4714ad2242dad0e0194f.pdf，最后访问日期：2021 年 5 月 21 日。

产品主要包括发动机智能装配线、变速箱智能装配线和白车身焊装智能生产线；在新能源汽车领域，产品主要包括混合动力变速箱智能装配线、动力锂电池智能生产线、氢燃料电池智能生产线和新能源汽车驱动电机智能生产线等。今日自动化的产品主要为应用在空调压缩机、传感器等电子电器行业及轮毂、水泵等汽车零部件及其他行业的生产线和自动化设备。

在发行人前述的主要产品应用领域中，仅在新能源汽车驱动电机智能生产线领域，今日自动化有2条驱动电机装配线项目与发行人存在相同或相似情形。

在豪森有限整体变更为股份有限公司之前，今日自动化通过其自有销售渠道承揽了前述两条驱动电机装配线业务。豪森有限启动改制工作后，对拟上市公司体系和今日自动化的业务进行了全面梳理，由拟上市公司全面开展新能源汽车领域与驱动电机智能生产线相关的业务，此后今日自动化不再从事驱动电机装配线的相关业务。

（2）今日自动化于2020年6月3日出具《大连豪森今日自动化有限公司关于避免与大连豪森设备制造股份有限公司同业竞争的承诺函》，载明："①本公司的主营业务及主要产品为面向电子行业和部分简单汽车零部件的生产线及组装设备，与豪森股份的主营业务定位及主要产品的用途存在区别。豪森有限整体变更为股份有限公司之前，本公司利用本公司的市场资源独立承揽2条新能源汽车驱动电机装配线项目，客户分别为浙江方正电机股份有限公司、零跑汽车有限公司。前述驱动电机装配线项目与发行人的新能源汽车驱动电机智能生产线业务存在相同或相似的情形，但发行人具备整体承揽驱动电机定子生产线、转子生产线和总成装配线的能力，本公司受制于技术水平和整体实力仅能承揽驱动电机生产线中的总成装配线部分。

②豪森有限启动改制工作后，对拟上市公司体系和今日自动化的业务进行了全面梳理，由拟上市公司全面开展新能源汽车领域与驱动电机智能生产线相关的业务，本公司不再承揽驱动电机装配线业务，亦不再直接或间接发展、经营或协助经营或参与或从事与豪森股份业务相竞争的任何活动。

③本公司已停止对新能源汽车驱动电机装配线领域的市场开发，今后将专注于电子行业和部分简单汽车零部件相关业务的开展，不存在与豪森股份及其子公司之间的非公平竞争或单方让渡商业机会的情形。

④本公司目前没有在中国境内任何地方或中国境外，直接或间接发展、经营、协助经营或参与与豪森股份业务存在竞争的任何活动，亦没有在任何与豪森股份业务有直接或间接竞争的企业拥有任何权益（不论直接或间接）。"

今日自动化今后将不再承接或从事与发行人相同或相似的业务。

2. 未将今日自动化纳入上市主体的原因及合理性，不会导致发行人与竞争方之间的非公平竞争、不会导致发行人与竞争方之间存在利益输送、不会导致发行人与竞争方之间相互或者单方让渡商业机会情形，及对未来发展的潜在影响。

（1）未将今日自动化纳入上市主体的原因及合理性

今日自动化的主营业务与发行人主营业务及产品存在较大差距，且由于今日自动化生产经营规模较小，报告期各期的净利润均为负值，纳入上市主体将对发行人的利润规模造成不利影响，不利于保护中小投资者利益。为保护发行人及未来潜在中小股东利益，未将今日自动化纳入上市主体。

（2）未将今日自动化纳入上市主体不会导致发行人与竞争方之间的非公平竞争

从两者主要客户情况分析，发行人客户和今日自动化客户区分度大，主要客户无重叠；虽然今日自动化报告期内承揽了 2 条驱动电机装配线业务，但与发行人的主要产品定子、转子生产线在用途、技术含量及产品金额上存在较大区别，且今日自动化该条装配线的客户非发行人客户。因此今日自动化与发行人之间不存在直接发生竞争的情形。

今日自动化已出具承诺函，承诺将不再承揽驱动电机装配线业务，亦不再直接或间接发展、经营或协助经营或参与或从事与豪森股份业务相竞争的任何活动。

（3）未将今日自动化纳入上市主体不会导致发行人与竞争方之间存在利益输送

发行人客户和今日自动化客户区分度大，主要客户无重叠；发行人与今日自动化虽有部分供应商重叠，但其原因主要是发行人与今日自动化主营业务和主要产品均涉及工业自动化领域，而一些通用标准的外购件等，如工业控制系统，市场高度集中于西门子等跨国公司。

发行人报告期内主要供应商出具《确认函》，报告期内今日自动化不存在代豪森股份支付采购费用的情形，不存在代豪森股份承担费用或成本的情形，亦不存在通过以不公允的采购价格或其他任何方式向豪森股份及其子公司进行利益输送的情形，今后亦不会通过重合供应商以不公允的交易价格进行利益输送，或通过替发行人支付货款、承担成本费用等方式为发行人进行利益输送。

（4）未将今日自动化纳入上市主体不会导致发行人与竞争方之间相互或者单方让渡商业机会情形

主要产品层面，发行人与今日自动化之间不存在相同或相似的情形。今日自动化已出具承诺函，今日自动化未来将不再承揽驱动电机装配线业务，亦不再直接或间接发展、经营或协助经营或参与或从事与豪森股份业务相竞争的任何活动。

益海嘉里（300999，创业板）

益海嘉里金龙鱼粮油食品股份有限公司（以下简称发行人）2020年6月22日提交的招股说明书（申报稿）披露：丰益国际为新加坡上市公司，依次通过WCL控股、丰益中国、丰益中国(百慕达）间接持有Bathos100%权益。截至2019年12月31日，除发行人外，WCL控股、丰益中国及丰益中国（百慕达）控制的其他中国境内企业主要从事房地产开发相关业务，不存在与发行人同业竞争的情况。

针对上述情形，发审委要求保荐机构、发行人律师对照《创业板首次公开发行股票注册管理办法（试行）》《创业板审核问答》的相关内容，核查丰益国际及其关联方是否存在对发行人构成重大不利影响的同业竞争。

根据发行人律师出具的补充法律意见书披露显示：[1]

1. 报告期内的同业竞争情况及规范措施

（1）益海嘉里自成立以来主要从事厨房食品、饲料原料及油脂科技产品的研发、生产与销售，报告期内发行人主营业务未发生重大变化。丰益国际以棕榈油贸易业务起家，逐步涵盖棕榈树种植、棕榈油压榨、精炼及油脂化工等全产业链业务。目前，丰益国际的主要业务已拓展为棕榈及月桂酸油、油籽及谷物、糖及其他业务四大板块。

丰益国际于中国境内控制的部分经营实体与发行人主营业务存在一定重叠，构成同业竞争。针对前述同业竞争情况，发行人已于报告期内采取多种方式予以规范，截至报告期末，发行人与丰益国际之间的同业竞争问题已得到有效解决。

（2）为解决丰益国际及其关联方与发行人之间的同业竞争，报告期内各方先后采取了如下措施：

2017~2018年，丰益国际先后将中国境内粮油业务相关经营实体分批注入益海嘉里并由益海嘉里独立运营。资产注入完成后，丰益国际在中国境内控制的除益海嘉里及其下属企业外的其他经营实体均不存在从事与益海嘉里相同或类似业务的情况。

最近三年，发行人96%以上营业收入来自中国境内，同期丰益国际（剔除益海嘉里后）96%以上营业收入来自中国境外，发行人和丰益国际分别侧重中国境内、中国境外，两者的主要业务地域分布不同。

2019年5月，发行人与丰益国际及控股股东Bathos签署《避免同业竞争协议》，协议主要约定：基于粮油产品的运输半径、消费者消费习惯等因素，益海嘉里与丰益

[1]《北京市天元律师事务所关于益海嘉里金龙鱼粮油食品股份有限公司首次公开发行股票并在创业板上市的补充法律意见（三）》，载上海证券交易所网，http：//reportdocs.static.szse.cn/UpFiles/rasinfodisc/RAS_0001737BE494793FC331AE08BEE7483F.pdf，最后访问日期：2021年5月21日。

国际在事实上已形成了较为明确的业务区域划分，即益海嘉里专注中国境内市场，丰益国际主要负责中国境外市场。自 2019 年 1 月 1 日起益海嘉里独占中国境内市场，并代理丰益国际及其控制的其他主体在中国境内少量难以消除的销售业务。

2020 年，丰益国际、Bathos 与益海嘉里签署了避免同业竞争协议之补充协议（以下简称补充协议），补充协议约定："益海嘉里向中国境外客户的销售应排他性的通过丰益国际或其控股子公司进行，即益海嘉里及其控制的其他主体向中国境外任何客户销售与丰益国际或其控股子公司存在同业竞争的产品均应首先销售给丰益国际或其控股子公司，再由丰益国际或其控股子公司销售给最终客户"。

依据上述避免同业竞争协议及补充协议，自 2019 年 1 月 1 日起，益海嘉里独占中国境内市场，并代理丰益国际及其控制的其他主体在中国境内少量销售业务；同时，益海嘉里的境外销售需通过丰益国际或其控股子公司进行。上述协议对报告期内已形成的境内外市场划分格局予以进一步明确，丰益国际与益海嘉里形成了较为明确的经营地域区分。

控股股东 Bathos 已出具避免同业竞争承诺函，承诺："1. 承诺人及承诺人控股、实际控制的其他企业将来不会在中国境内以任何形式直接或间接地从事与发行人从事的厨房食品、饲料原料及油脂科技产品的研发、生产及销售业务构成实质性竞争的业务；2. 不通过发行人控股股东的持股关系谋求不正当利益，进而损害发行人其他股东的利益。如因违反上述声明与承诺而导致发行人的权益受到损害的，则向发行人承担损害赔偿责任。"

丰益国际已出具避免同业竞争承诺函，承诺："1. 承诺人及承诺人控股、实际控制的其他企业将来不会在中国境内以任何形式直接或间接地从事与发行人从事的厨房食品、饲料原料及油脂科技产品的研发、生产及销售业务构成实质性竞争的业务；2. 不通过发行人控股股东的持股关系谋求不正当利益，进而损害发行人其他股东的利益。如因违反上述声明与承诺而导致发行人的权益受到损害的，则向发行人承担损害赔偿责任。"

2. 避免同业竞争措施的执行情况

报告期内的同一控制下资产重组完成后，丰益国际控制的中国境内粮油相关资产已全部注入益海嘉里。前述资产注入完成至今，丰益国际不存在于中国境内新设、入股其他实际控制并与发行人存在同业竞争企业的情况。

根据避免同业竞争协议，自 2019 年 1 月 1 日起，丰益国际及其控制的其他主体在中国境内市场已不存在直接销售与发行人相同或类似产品的情况。

2019 年度，除向益海嘉里及其子公司进行的销售外，丰益国际共向中国境内第三方累计销售各类产品 / 服务 3306.03 万美元，其中 87.85 万美元为茶叶，1169.79 万美元为国际船运服务，益海嘉里报告期内未从事该等业务，该等销售符合避免同业竞争协议的约定，不构成与益海嘉里的同业竞争；剩余 2048.39 万美元为棕榈油销售，系于 2019 上半年对此前年度已签署合同的继续履行，不属于 2019 年 1 月 1 日后新增销售。自 2019 年 1 月 1 日起，丰益国际与前述棕榈油客户已停止签署新的销售合同，相关客户后续接洽及业务机会亦已转由发行人承接，丰益国际上述棕榈油销售业务未违反避免同业竞争协议的相关规定。

二、解决思路

涉及同业竞争的问询问题，发行人首先应准确判断是否构成同业竞争，若存在，需根据审核问答的相关规定，论证是否符合发行条件“与控股股东、实际控制人及其控制的其他企业间不存在对发行人构成重大不利影响的同业竞争”。

1. 准确认定是否构成同业竞争或潜在同业竞争。认定是否存在同业竞争或潜在同业竞争时，应遵循实质重于形式的原则，结合发行人控股股东、实际控制人及其控制的企业实际从事业务，历史沿革、资产、人员、主营业务等方面与发行人的关系，以及业务是否有替代性、竞争性、是否有利益冲突等来判断是否属于相同或近似业务，不能简单依据经营范围、产品销售地域不同、产品的档次不同等认定不构成同业竞争或潜在同业竞争。重点注意以下几点：

（1）同业竞争的主体认定。发行人控股股东、实际控制人及控制的其他企业；如果发行人或实际控制人是自然人，其夫妻双方直系亲属（包括配偶、父母、子女）控制的企业，与发行人存在竞争关系的；其他近亲属（兄弟姐妹、祖父母、外祖父母、孙子女、外孙子女）及其控制的企业与发行人发生竞争关系的，原则上认定为构成同业竞争的主体。发行人能够充分证明与前述相关企业在历史沿革、资产、人员、业务、技术、财务等基本独立且在报告期少有交集的，销售渠道、主要客户、供应商等少有重叠的除外。

（2）“同业”的判断。同业竞争的“同业”是指竞争方从事与发行人主营业务相同或相似业务。

（3）“竞争”的判断。核查认定该相同或相似的业务是否与发行人构成“竞争”时应按照实质重于形式的原则，从供应商与客户是否相同、产品或劳务是否存在可替代性、生产工艺和核心技术是否相同或相近、销售渠道是否重叠等方面综合分析判断。应结合下列因素：

①相关企业历史沿革、资产、人员、主营业务（包括但不限于产品服务的具体特点、技术、商标商号、客户、供应商等）等方面与发行人的关系；

②业务是否有替代性、竞争性、是否有利益冲突、是否在同一市场范围内销售等。

2. 发行人存在同业竞争的，需论证不构成重大不利影响。根据审核问答的规定，应结合竞争方与发行人的经营地域、产品或服务的定位，同业竞争是否会导致发行人与竞争方之间的非公平竞争、是否会导致发行人与竞争方之间存在利益输送、是否会导致发行人与竞争方之间相互或者单方让渡商业机会情形，对未来发展的潜在影响等方面进行综合判断。具体如下：

（1）判断是否会导致发行人与竞争方之间的非公平竞争、存在利益输送、相互或者单方让渡商业机会的情形。应关注竞争方历史背景、技术路线、业务发展方向等与发行人是否存在根本性差异，双方是否完全独立经营，是否各自根据自有技术体系发展相关业务领域，是否分别建立了完整、独立的销售和采购业务体系；以及关注其未来业务发展方向等。

（2）判断对发行人未来发展的潜在影响，是否构成重大不利影响。应对比竞争方同类相关业务与发行人相关业务的收入及毛利占比。竞争方的同类收入或毛利占发行人该类业务收入或毛利的比例达 30% 以上的，如无充分相反证据，原则上应认定为构成重大不利影响。

3. 发行人存在同业竞争的，应针对同业竞争采取相应规范措施，包括但不限于改变竞争企业经营范围，不再从事相关业务；将竞争企业纳入上市主体；通过股权转让方式将竞争业务转让给无关联的第三方；与竞争方通过协议约定、市场划分等其他手段防范同业竞争；由发行人控股股东、实际控制人及其近亲属、重要股东和董监高出具避免同业竞争的承诺等。

通过股权转让方式将竞争业务转让给第三方的（参考博瑞医药），中介机构应重点核查是否存在股权代持，同业竞争是否已彻底消除。

【具体核查要点】

1. 发行人是否符合“业务独立，与控股股东、实际控制人及其控制的其他企业间不存在对发行人构成重大不利影响的同业竞争”的发行条件；

2. 发行人控股股东或实际控制人及其近亲属全资或控股的企业；

3. 相关企业的历史沿革、资产、人员、业务和技术等方面与发行人的关系，供应商与客户是否相同，产品或劳务是否存在可替代性，生产工艺和核心技术是否相同或相近，销售渠道是否重叠等，是否影响发行人的独立性；

4. 存在同业竞争是否会导致非公平竞争、利益输送、相互或者单方让渡商业机会的情形，是否对发行人构成重大不利影响；

5. 是否制定消除潜在同业竞争的措施，措施是否切实可行等。

【核查方式】

1. 查验发行人及发行人控股股东、实际控制人及其控制的其他企业、持有发行人5% 以上股份股东及其控制的其他企业主营业务情况的说明。

2. 查阅发行人改制方案、发起人协议或重组方案、营业执照、公司章程、发展规划、控股股东、实际控制人及其控制的企业营业执照和审计报告。

3. 通过与发行人及其控股股东、实际控制人高级管理人员、财务部门、生产或销售部门及相关业务部门负责人的访谈、问卷调查等方式，核查发行人及发行人控股股东、实际控制人及其控制的其他企业、持有发行人 5% 以上股份股东及其控制的其他企业包括业务、产品、技术方面是否相同或相似的情形，是否存在上下游关系，供应商和客户是否存在重叠等。

4. 查验相关主体调整变更主营业务（包括但不限于企业法人营业执照变更、公司章程变更、避免同业竞争的相关股东会、董事会决议等），业务渠道整体转让、业务剥离、停产转产等情况。

5. 查验发行人为避免同业竞争采取的措施，包括但不限于资产转让、股权转让的相关协议、价款支付情况、转让标的实际登记、交接情况、发行人控股股东、实际控制人变更及其出资结构调整等情况。

6. 查验发行人控股股东、实际控制人、董事、高级管理人员、持有发行人 5% 以上股份股东关于避免同业竞争所签署的协议、所出具的书面承诺或声明；访谈以上人员，制作访谈笔录；查验发行人就同业竞争情况对发行人业务经营影响的书面说明。

7. 查验发行人控股股东或实际控制人及其控制的其他企业近三年一期的审计报告；查验发行人控股股东、实际控制人、持有发行人 5% 以上股份股东关于避免同业竞争的承诺函或避免同业竞争协议。

三、参考规范

《公司法》

第一百四十八条　董事、高级管理人员不得有下列行为：

……（五）未经股东会或者股东大会同意，利用职务便利为自己或者他人谋取属于公司的商业机会，自营或者为他人经营与所任职公司同类的业务；……

董事、高级管理人员违反前款规定所得的收入应当归公司所有。

《公开发行证券的公司信息披露内容与格式准则第 41 号——科创板公司招股说明书》

第六十三条　发行人应披露是否存在与控股股东、实际控制人及其控制的其他企业从事相同、相似业务的情况。如存在，应对不存在对发行人构成重大不利影响的同业竞争作出合理解释，并披露发行人防范利益输送、利益冲突及保持独立性的具体安排等。

发行人应披露控股股东、实际控制人作出的避免新增同业竞争的承诺。

《上海证券交易所科创板股票发行上市审核问答》

4. 对发行条件发行人“与控股股东、实际控制人及其控制的其他企业间不存在对发行人构成重大不利影响的同业竞争”中的“重大不利影响”，应当如何理解？

答：申请在科创板上市的企业，如存在同业竞争情形，认定同业竞争是否构成重大不利影响时，保荐机构及发行人律师应结合竞争方与发行人的经营地域、产品或服务的定位，同业竞争是否会导致发行人与竞争方之间的非公平竞争、是否会导致发行人与竞争方之间存在利益输送、是否会导致发行人与竞争方之间相互或者单方让渡商业机会情形，对未来发展的潜在影响等方面，核查并出具明确意见。竞争方的同类收入或毛利占发行人该类业务收入或毛利的比例达30%以上的，如无充分相反证据，原则上应认定为构成重大不利影响。

发行人应在招股说明书中，披露以下内容：一是竞争方与发行人存在同业竞争的情况，二是保荐机构及发行人律师针对同业竞争是否对发行人构成重大不利影响的核查意见和认定依据。

《深圳证券交易所创业板股票首次公开发行上市审核问答》

5. 对发行条件发行人“与控股股东、实际控制人及其控制的其他企业间不存在对发行人构成重大不利影响的同业竞争”中的“重大不利影响”，应当如何理解？

答：申请在创业板上市的企业，如存在同业竞争情形认定同业竞争是否构成重大不利影响时，保荐人及发行人律师应结合竞争方与发行人的经营地域、产品或服务的定位，同业竞争是否会导致发行人与竞争方之间的非公平竞争，是否会导致发行人与竞争方之间存在利益输送、是否会导致发行人与竞争方之间相互或者单方让渡商业机会情形，对未来发展的潜在影响等方面，核查并出具明确意见。竞争方的同类收入或毛利占发行人主营业务收入或毛利的比例达30%以上的，如无充分相反证据，原则上应认定为构成重大不利影响。

发行人应当结合目前经营情况、未来发展战略等，在招股说明书中充分披露未来对上述构成同业竞争的资产、业务的安排，以及避免上市后出现重大不利影响同业竞争的措施。

《首发业务若干问题解答》

问题15、发行上市监管对同业竞争行为作出了限制性规定，发行人及中介机构在核查判断同业竞争事项时，应当主要关注哪些方面？

答:（1）核查范围。中介机构应当针对发行人控股股东（或实际控制人）及其近亲属全资或控股的企业进行核查。

（2）判断原则。同业竞争的“同业”是指竞争方从事与发行人主营业务相同或相似业务。核查认定该相同或相似的业务是否与发行人构成“竞争”时，应按照实质重于形式的原则，结合相关企业历史沿革、资产、人员、主营业务（包括但不限于产品服务的具体特点、技术、商标商号、客户、供应商等）等方面与发行人的关系，以及业务是否有替代性、竞争性、是否有利益冲突、是否在同一市场范围内销售等，论证是否与发行人构成竞争；不能简单以产品销售地域不同、产品的档次不同等认定不构成同业竞争。

对于控股股东、实际控制人控制的与发行人从事相同或相似业务的公司，发行人还应当结合目前自身业务和关联方业务的经营情况、未来发展战略等，在招股说明书中披露未来对于相关资产、业务的安排，以及避免上市后出现同业竞争的措施。

（3）亲属控制的企业应如何核查认定。如果发行人控股股东或实际控制人是自然人，其夫妻双方直系亲属（包括配偶、父母、子女）控制的企业与发行人存在竞争关系的，应认定为构成同业竞争。

发行人控股股东、实际控制人的其他亲属及其控制的企业与发行人存在竞争关系的，应当充分披露前述相关企业在历史沿革、资产、人员、业务、技术、财务等方面对发行人独立性的影响，报告期内交易或资金往来，销售渠道、主要客户及供应商重叠等情况，以及发行人未来有无收购安排。

《科创板首次公开发行股票注册管理办法（试行）》

第十二条　发行人业务完整，具有直接面向市场独立持续经营的能力：

（一）资产完整，业务及人员、财务、机构独立，与控股股东、实际控制人及其控制的其他企业间不存在对发行人构成重大不利影响的同业竞争，不存在严重影响独立性或者显失公平的关联交易。……

第六章

发行人的主要财产

第一节　房屋租赁瑕疵

目前过会企业中，发审委关注拟上市公司的房屋租赁问题，主要集中在房屋租赁的合规性方面，具体包括租赁房屋的权属、租赁合同效力、租赁续期、关联交易、资产完整性，及对公司持续经营的影响等。

截至 2020 年 12 月 31 日，杭可科技、中国通号、前沿生物、利扬芯片、开普云、芯原股份、赛特新材、海尔生物等企业被问及上述问题。

一、典型案例

杭可科技（688006）

浙江杭可科技股份有限公司（以下简称公司或发行人）2019 年 4 月 15 日提交的招股说明书（申报稿）披露，发行人及其子公司在全国多地租赁房屋 45 处，其中 1 处为生产办公用地（截至 2019 年 3 月 31 日已不再租赁），其余 44 处为外地办事处或客户售后及维修人员的宿舍。公司购买的员工宿舍的房产的产权证书尚在办理中。

针对上述情形，发审委要求发行人对下列事项进行说明，并要求保荐机构、发行人律师核查并发表明确意见：上述 1 处生产办公用地的具体用途，对发行人生产经营的重要程度，2019 年 3 月 31 日以后不再租赁的原因，发行人下一步的应对措施；上述员工宿舍房产证书的办理进度，预计办理完毕的时间，是否存在不能办理的实质障碍。

根据发行人律师出具的补充法律意见书披露显示：[1]

〔1〕《北京市金杜律师事务所关于浙江杭可科技股份有限公司首次公开发行股票并在科创板上市的补充法律意见书（一）》，载上海证券交易所网，http：//static.sse.com.cn/stock/information/c/201905/05e24e8e54b947a7b6058ba2e61bd210.pdf，最后访问日期：2021 年 5 月 21 日。

1. 1 处生产办公用地的具体用途，对发行人生产经营的重要程度，2019 年 3 月 31 日以后不再租赁的原因，发行人下一步的应对措施

上述生产办公用地的出租人为通测通信，租赁房产坐落于浙江省杭州市萧山经济开发区桥南鸿达路 157 号，租赁面积为 32,124 平方米，租金为 321,240 元 / 月，租赁用途为生产、研发及办公，租赁期限为 2019 年 1 月 1 日至 3 月 31 日，产权证书编号为杭房权证（萧）字第 00131280 号，土地性质为工业用地。

发行人的新建厂房可用生产及办公面积将超过 10 万平方米，足够覆盖向通测通讯租赁的 3.21 万平方米厂房面积。鉴于部分新建厂房已于 2019 年年初达到可使用状态，为减少关联交易，增强资产独立性，发行人已于 2019 年 3 月底整体搬迁至新厂房，不再租赁相关房产。

2. 员工宿舍房产证书的办理进度，预计办理完毕的时间，是否存在不能办理的实质障碍

杭州市规划和自然资源局已于 2019 年 4 月 26 日受理发行人递交的办理房屋不动产权登记的申请文件，上述员工宿舍房产对应的权属证书正在办理中。杭州市宅基地使用权及房屋所有权登记（首次登记）的法定时限为 30 个工作日，承诺期限为 15 个工作日，发行人办理房屋不动产权登记的申请已被受理，不存在权证无法办理的实质障碍。

中国通号（688009）

中国铁路通信信号股份有限公司（以下简称发行人）2019 年 4 月 16 日提交的招股说明书（申报稿）披露，截至 2018 年 12 月 31 日，发行人建筑面积合计约 392,332.66 平方米的房屋尚未取得所有权证，占自有房屋总面积的 37.89%，其中建筑面积合计约 10,142.93 平方米（占比 0.98%）的房屋办理权属证书存在障碍；租赁房屋中建筑面积合计约 80,899.21 平方米（占 1000 平方米以上的租赁房屋总面积的 46.71%）的房屋，出租方未能提供有效的房屋所有权证；面积合计约 370,631 平方米（占土地总面积的 16.25%）的 3 宗土地为划拨地。

针对上述情形，发审委要求发行人对下列事项进行说明，并要求保荐机构、发行人律师核查并发表明确意见：发行人所租赁房屋的权属是否存在纠纷，是否办理租赁备案手续、相关租赁合同是否合法有效，是否存在不能续租的风险；该等租赁的出租方与发行人股东、董监高及主要客户、供应商是否存在关联关系，租赁价格是否公允；发行人是否存在搬迁计划，对正常生产经营是否存在不利影响。

根据发行人律师出具的补充法律意见书披露显示：[1]

1. 发行人所租赁房屋的权属是否存在纠纷，是否办理租赁备案手续、相关租赁合同是否合法有效，是否存在不能续租的风险

出租方未能提供部分租赁房屋的房屋所有权证、建设手续，也未提供其有权出租该等房屋的证明文件，如出租方无权出租该等房屋且第三人主张权利，则会影响发行人及其控股子公司对该等房屋的租赁使用。目前，尚未出现第三方就该等租赁提出异议的情形。除上述情形外，发行人及其控股子公司租赁房屋的权属清晰，不存在纠纷。

除部分租赁房屋已办理租赁备案手续外，其他租赁房屋未办理租赁备案手续。发行人及其控股子公司与出租人签署的相关房屋租赁合同系双方真实意思表示，合同内容不违反相关法律法规的规定，不存在争议、纠纷或潜在纠纷。根据最高人民法院《关于审理城镇房屋租赁合同纠纷案件具体应用法律若干问题的解释》规定："当事人以房屋租赁合同未按照法律、行政法规规定办理登记备案手续为由，请求确认合同无效的，人民法院不予支持。当事人约定以办理登记备案手续为房屋租赁合同生效条件的，从其约定。"房屋租赁合同中未约定以办理登记备案手续作为租赁合同的生效条件，不因尚未履行租赁备案登记手续而无效，发行人及其控股子公司能够依据租赁合同取得租赁房屋的使用权。

发行人及其控股子公司的部分房屋租赁存在一定的法律瑕疵，但该等瑕疵不会对发行人及其控股子公司的生产经营产生重大不利影响，不构成本次发行的法律障碍。

发行人及其控股子公司部分租赁房屋到期后根据实际经营情况不再续租，该等租赁房屋的用途主要为办公等辅助类用途，均非直接生产用房，可替代性较强，其他租赁房屋不存在不能续租的风险。

2. 该等租赁的出租方与发行人股东、董监高及主要客户、供应商是否存在关联关系，租赁价格是否公允

除北京铁路通信信号成套设备有限公司为发行人关联方外，其他出租方与发行人股东、董监高及主要客户、供应商之间不存在关联关系。

根据发行人与通号集团签署的《物业租赁框架协议》以及于2019年3月28日公告的《截至2018年12月31日止年度之业绩公告》，该协议根据一般商业条款订立，双方在定价过程中应确保定价的公平合理。发行人已于第三届董事会第八次会议审议通过了《关于确认报告期内关联交易的议案》，确认关联交易价格参照市场价格确定，

[1]《北京市中伦律师事务所关于中国铁路通信信号股份有限公司首次公开发行股票并在科创板上市的补充法律意见书（一）》，载上海证券交易所网，http：//static.sse.com.cn/stock/information/c/201905/2fbc198abf474fc7bb5db72be6e75f16.pdf，最后访问日期：2021年5月21日。

严格遵守相关法律法规、公司章程等公司制度中规定的决策权限和批准程序，符合公司整体利益，未损害公司及非关联股东的利益，不会对公司的独立性产生影响。独立非执行董事就发行人报告期关联交易发表独立意见，认为发行人报告期内关联交易价格或定价方法公允合理，不存在损害公司及非关联股东、特别是中小股东利益的情形。发行人控股子公司与北京铁路通信信号成套设备有限公司之间的租赁价格依市场定价原则确定，租赁价格公允，租赁价格与相近位置租赁房屋的租赁价格不存在重大差异，且已按照发行人当时有效的公司章程及决策程序履行了相关审批程序，不存在损害发行人及其他非关联股东利益的情形。

3. 发行人是否存在搬迁计划，对正常生产经营是否存在不利影响

发行人及其控股子公司目前不存在因自有房产建设手续瑕疵暂未取得权属证书的原因产生搬迁或变更经营场所的计划；在房屋租赁合同到期后，发行人及其控股子公司会根据实际经营情况选择是否续期，且该等租赁房屋的用途主要为办公等辅助类用途，均非直接生产用房，可替代性较强；上述情形不会对发行人的正常生产经营产生实质性不利影响。

前沿生物（688221）

前沿生物药业（南京）股份有限公司（以下简称发行人）2019 年 8 月 13 日提交的招股说明书（申报稿）披露，发行人无自有房产，发行人及其子公司向第三方承租房产，部分房屋租赁存在的未办理登记备案或租赁房产未取得房屋所有权证的情形。

针对上述情形，发审委要求发行人对下列事项进行说明，并要求保荐机构、发行人律师核查并发表明确意见：所租赁的房屋权属是否存在纠纷，租赁用房是否为合法建筑，相关土地使用权的取得和使用是否合法；发行人使用租赁用房是否合法，是否存在不能续租的风险；发行人如需更换租赁房产，可能对发行人生产经营和业绩造成的影响；租赁房产的出租方与发行人股东、董监高及客户是否存在关联关系，租赁价格是否公允、程序是否合法合规；租赁房产是否影响发行人资产完整性。

根据发行人律师出具的补充法律意见书披露显示：[1]

1. 所租赁的房屋权属是否存在纠纷，租赁用房是否为合法建筑，相关土地使用权的取得和使用是否合法；发行人使用租赁用房是否合法，是否存在不能续租的风险；发行人如需更换租赁房产，可能对发行人生产经营和业绩造成的影响

发行人及控股子公司向第三方租赁房产的权属情况等信息如表 100 所示：

---

〔1〕《国浩律师（南京）事务所关于前沿生物药业（南京）股份有限公司首次公开发行股票并在科创板上市之补充法律意见书（一）》，载上海证券交易所网，http：//static.sse.com.cn/stock/information/c/201910/8269b9c8a7ee4037b98689ace09d413b.pdf，最后访问日期：2021 年 5 月 21 日。

表 100

序号	承租方	出租方	产权人/所有权人	位置	租赁期限	权属证书	权属证书
1	北京前沿	北京安贞大厦物业管理有限责任公司	北京三侨物业管理有限责任公司	北京市东城区安定门外大街 2 号安贞大厦第 18 层 8 号	2016.11.17~2019.11.16	京房权证东字第 D0226 号	未办理
2				北京市东城区安定门外大街 2 号安贞大厦第 24 层 8 号	2018.10.22~2019.10.28		未办理
3	前沿生物	江宁科创	南京江宁科学园发展有限公司	南京市江宁科学园乾德路 2 号第 7 号楼第 2 层	2019.1.10~2022.1.9	宁房权证江初字第 JN00486370 号	宁房租（江）字第 201903152 号
4				南京市江宁科学园乾德路 2 号 3 号楼	2018.6.1~2021.5.31	宁房权证江初字第 JN00486368 号	宁房租（江）字第 201903222 号
5				南京市江宁科学园乾德路 2 号的第 7 号厂房北侧两幢建筑	2018.5.1~2021.4.30	暂未办理房产证	未办理
6		王曦	王曦	雨花台区南京南站路西片区绿地之窗商务广场 C-2 幢 617-620 室	2017.4.7~2020.6.10	出租方已签署《房屋预售合同》，并全额支付购房款，未办理房产证屋预售合同》，并全额支付购房款，未办理房产证	宁房租（雨）字第 201997845 号
7				雨花台区南京南站路西片区绿地之窗商务广场 C-2 幢 607-616 室	2017.4.7~2020.6.10		宁房租（雨）字第 201997844 号
8				雨花台区南京南站路西片区绿地之窗商务广场 C-2 幢 603、604 室	2019.03.11~2020.06.10		宁房租（雨）字第 201909114 号
9		广州大厦	广州大厦	广州市越秀区北京路 374 号 901 自编 911 室	2019.03.18~2020.03.17	粤房地权证穗字第 0150077822 号	穗租备 2019B0401201010 号

（1）所租赁的房屋权属是否存在纠纷，租赁用房是否为合法建筑，相关土地使用权的取得和使用是否合法

①关于上述第 5 项房屋，取得了该处房屋的土地使用权证书，未办理房屋所有权证。

南京江宁科学园发展有限公司委托江宁科创运营管理南京市江宁区乾德路生命科学加速带厂区；乾德路 2 号第 7 号厂房北侧 2 幢建筑位于该生命科学加速带厂区内；该 2 幢建筑的房产证正在办理过程中。虽然出租方未办理房屋所有权证，所租赁的房屋权属不存在纠纷。

②上述第 6、7、8 项房屋未取得房屋所有权证。

开发商取得了上述第 6、7、8 项房屋的商品房预售许可证，出租人已与开发商（预售人，即绿地集团南京宝地置业有限公司）签署了商品房预售合同，并全额支付了购房款，且上述房屋均办理了租赁登记备案证明；该等房屋是合法建筑，属于出租人的财产。发行人所租赁的房屋权属不存在纠纷。

发行人实际控制人已作出承诺：若公司和 / 或其控股子公司因房屋租赁未办理备案登记或存在其他瑕疵而受到行政处罚或影响公司和 / 或其控股子公司的实际经营，DONG XIE（谢东）将对公司和 / 或其控股子公司因此而遭受的各项损失，包括但不限于合法租赁或新建该等房产的替代性房产所支出的费用、合法租赁或新建期间对公司和 / 或其控股子公司生产经营造成的实际损失或额外费用等，予以全额补偿。

（2）发行人使用租赁用房是否合法，是否存在不能续租的风险

①上表第 1、2 项房屋，系发行人子公司北京前沿用作办公使用，未办理租赁登记备案证明。根据最高人民法院《关于审理城镇房屋租赁合同纠纷案件司法解释的理解与适用》第四条，“当事人以房屋租赁合同未按照法律、行政法规规定办理登记备案手续为由，请求确认合同无效的，人民法院不予支持”的规定。该等租赁合同未办理租赁备案手续并不影响租赁合同的效力，发行人使用上述租赁房屋合法合规。

北京前沿已着手续租表 99 第 1、2 项房屋，续租该等房屋不存在障碍。

②关于上述第 3、4 项房屋，系发行人用于生产的厂房，江宁科创取得了房屋所有权证和土地所有权证，当事人办理了租赁备案，发行人使用该等房屋合法合规。上述两项房屋将分别于 2022 年 1 月和 2021 年 5 月到期，江宁科创与发行人在承租期间按照租赁合同的约定正常使用租赁房产并按期缴纳房租，不存在违约情形；出租方未要求终止续租，目前不存在续租风险。此外，“1000 万支注射用 HIV 融合抑制剂项目”一期建设项目为发行人在南京市江宁区国家高新技术产业开发区生命科学创新中心新建的研发生产基地，将主要用于药品的生产、研发及中试，主要产品为艾可宁和其他

在研产品。该研发生产基地的建成将有效降低若因不能续租而更换厂房的影响。

③上述第 5 项房屋，系发行人用作仓库使用；出租方未取得房屋所有权证。该 2 幢建筑的房产证正在办理过程中，不属于违章建筑；发行人使用房屋没有超出合同约定用途，合法合规。该 2 幢房屋将于 2021 年 4 月到期。在租赁期间，江宁科创与发行人按照租赁合同的约定正常使用租赁房产并按期缴纳房租，不存在违约情形，江宁科创未要求终止续租，目前不存在续租风险。

④上述第 6、7、8 项房屋，系发行人用作办公使用，出租方未取得房屋所有权证。出租人已与开发商（预售人，即绿地集团南京宝地置业有限公司）签署了商品房预售合同，并全额支付了购房款，且上述房屋均办理了租赁登记备案证明，该出租人有权出租上述房产，其与前沿生物签订的房屋租赁合同合法、有效。上述房屋将于 2020 年 6 月到期。发行人按照租赁合同的约定正常使用租赁房产并按期缴纳房租，不存在违约的情形，出租方未要求终止续租，目前不存在续租风险。此外，发行人已与绿地集团南京峰创置业有限公司签署了房屋预售合同。该等房屋将用作发行人办公使用，将有效降低若因上述房屋不能续租而更换办公场所的影响。

⑤上述第 9 项房屋，系发行人用作办公使用，出租方取得了房屋所有权证，当事人办理了租赁备案，发行人使用该房屋合法合规。该处房屋将于 2020 年 3 月到期。发行人按照租赁合同的约定正常使用租赁房产并按期缴纳房租，不存在违约的情形，出租方未要求终止续租，目前不存在续租风险。

（3）发行人如需更换租赁房产，可能对发行人生产经营和业绩造成的影响

发行人上述 9 项租赁房产目前不存在续租风险，目前不存在需要更换租赁房产的情形，不会对发行人生产经营和业绩造成重大影响。

此外，“1000 万支注射用 HIV 融合抑制剂项目”一期建设项目为发行人在南京市江宁区国家高新技术产业开发区生命科学创新中心新建的研发生产基地，将主要用于药品的生产、研发及中试，主要产品为艾可宁和其他在研产品。该研发生产基地的建成将有效降低若因不能续租第 3、4 项房屋而更换厂房的影响。

发行人已与绿地集团南京峰创置业有限公司签署了房屋预售合同。该等房屋将用作发行人办公使用，将有效降低若因上述第 6、7、8 项房屋不能续租而更换办公场所的影响。

2. 租赁房产的出租方与发行人股东、董监高及客户是否存在关联关系，租赁价格是否公允、程序是否合法合规

除江宁科创曾经为发行人关联方外，上述租赁的出租方与发行人股东、董事、监事、高级管理人员及客户不存在关联关系。

关于江宁科创租赁给前沿生物上述第 3、4、5 项房屋，发行人租赁房屋的价格与租赁房屋所在地周边房屋租赁价格接近，价格合理、公允。

发行人于 2019 年 5 月 10 日召开第二届董事会第三次会议，于 2019 年 6 月 2 日召开 2019 年第三次临时股东大会，审议通过了《关于确认公司 2016 年度至 2019 年 3 月关联交易情况的议案》，对公司报告期内的关联交易进行确认，独立董事发表独立意见。

3. 租赁房产是否影响发行人资产完整性

发行人及其控股子公司租赁使用上述房屋合法合规，租赁房产不存在权属纠纷，出租方与承租方不存在纠纷。发行人具备与生产经营有关的主要生产系统、辅助生产系统和配套设施，合法拥有与生产经营有关的主要土地、厂房、机器设备以及商标、专利、非专利技术的所有权或者使用权，具有独立的原料采购和产品销售系统。租赁房产不影响发行人资产完整性。

利扬芯片（688135）

广东利扬芯片测试股份有限公司（以下简称公司或发行人）2020 年 4 月 17 日提交的招股说明书（申报稿）披露：发行人承租作为东莞厂房和办公场所的土地所有权为万江区莫屋社区集体所有，郭汝福受万兴汽配委托，与发行人签订了租赁合同，其中万兴汽配为房屋实际权利人，所涉土地所有权为万江区莫屋社区集体所有；东莞市万江街道办事处莫屋社区居民委员会、东莞市万江区莫屋股份经济联合社就租赁事宜进行了确认。此外，郭汝福为发行人关联方。

针对上述情形，发审委要求发行人对下列事项进行说明，并要求保荐机构、发行人律师核查并发表明确意见：实际权利人是否为所有权人，如否请说明所有权人的情况；合同签署方为郭汝福而非万兴汽配的原因，租赁合同是否对房屋实际所有权人有效，是否存在无效风险；东莞市万江街道办事处、莫屋社区居民委员会、万江区莫屋股份经济联合社是否有权就土地、房屋权属进行确认及就是否拆除拆迁进行说明；结合当地房屋租赁的可比价格说明租赁合同交易公允性，是否存在利益输送。

根据发行人律师出具的补充法律意见书披露显示：[1]

1. 实际权利人是否为所有权人

发行人承租房屋项下的土地所有权为莫屋社区集体所有，万兴汽配向莫屋社区租

〔1〕《北京德恒律师事务所关于广东利扬芯片测试股份有限公司首次公开发行股票并在科创板上市的补充法律意见书（一）》，载上海证券交易所网，http：//static.sse.com.cn/stock/information/c/202006/11dcd033f3274bd2b38beb5c9edac154.pdf，最后访问日期：2021 年 5 月 21 日。

赁该等土地，并在土地上自建房屋，万兴汽配为该等房屋的建造人，实际享有该等房屋的占有、使用及收益权。

根据《物权法》第三十条规定，因合法建造、拆除房屋等事实行为设立或者消灭物权的，自事实行为成就时发生效力。

由于万兴汽配在房屋建造过程中并未取得主管部门出具的建设相关的许可证书，该等房屋并非合法建造。因此，该房屋系万兴汽配建造，但因未经规划许可，根据《不动产登记暂行条例》的规定，无法被登记为所有权人。

2. 合同签署方为郭汝福而非万兴汽配的原因，租赁合同是否对房屋实际所有权人有效，是否存在无效风险

发行人承租房屋为万兴汽配建造，其实际享有该等房屋的占有、使用及收益权。

万兴汽配及郭汝福出具确认函，合同签署方为郭汝福而非万兴汽配的原因为：万兴汽配委托郭汝福出租其拥有的房屋，发行人配合万兴汽配此等安排，就承租房屋与郭汝福签署租赁合同。

根据《合同法》第四百零二条规定，受托人以自己的名义，在委托人的授权范围内与第三人订立的合同，第三人在订立合同时知道受托人与委托人之间的代理关系的，该合同直接约束委托人和第三人，但有确切证据证明该合同只约束受托人和第三人的除外。

发行人承租的房屋系万兴汽配委托郭汝福以郭汝福名义负责对外出租，授权期限为长期，且在租赁合同有效期内，万兴汽配不会解除对郭汝福的授权。因此，发行人与郭汝福签订的租赁合同对万兴汽配亦有效，不存在无效风险。

3. 东莞市万江街道办事处、莫屋社区居民委员会、万江区莫屋股份经济联合社是否有权就土地、房屋权属进行确认及就是否拆除拆迁进行说明

东莞市并未下设区，而是设立了街道、镇，街道办事处、镇人民政府为东莞市人民政府之下一级人民政府。东莞市万江街道办事处的职能主要为：宣传、落实好党的路线、方针、政策和国家的法律、法规；稳定辖区基本经济制度。其内设机构住房规划建设局的职能包括：负责住房保障、旧城改造、房屋拆迁等工作。莫屋社区居民委员会为莫屋社区的自治组织，万江区莫屋股份经济联合社为莫屋社区设立的经济实体，代表莫屋社区从事经济活动。

东莞市万江街道办事处、莫屋社区居民委员会、万江区莫屋股份经济联合社有权或实际能够就土地、房屋权属进行确认及就是否拆除拆迁进行说明。原因如下：

东莞市万江街道办事处是在东莞市自然资源局万江分局于 2019 年 5 月 7 日根据土地利用总体规划图判断土地权属为万江区莫屋股份经济联合社所有的基础上，证明

发行人承租房屋项下土地的所有权及使用权归莫屋社区所有，东莞市万江街道办事处作为东莞市人民政府之下一级人民政府有权作出该等确认；莫屋社区为发行人承租房屋项下土地的所有权人，有权就该等土地的所有权，以及土地租赁给万兴汽配的事项进行确认。

东莞市万江街道办事处内设机构住房规划建设局的职能包括：负责住房保障、旧城改造、房屋拆迁等工作。因此，东莞市万江街道办事处作为东莞市人民政府之下一级人民政府有权就辖区内房屋是否拆除拆迁进行说明。

根据莫屋社区居民委员会、万江区莫屋股份经济联合社出具的确认函，莫屋社区居民委员会作为莫屋社区的自治组织，万江区莫屋股份经济联合社作为莫屋社区设立的经济组织，政府主管部门在拆除莫屋社区内的房屋，一般会提前告知莫屋社区，故莫屋社区居民委员会、万江区莫屋股份经济联合社有权就其所知，确认近期无对发行人承租房屋拆除拆迁的计划。

根据东莞市人民政府于2020年6月5日出具的确认函确认："东莞市万江街道办事处于2019年5月28日为广东利扬芯片测试股份有限公司出具的关于'广东利扬芯片测试股份有限公司土地所有权及土地使用权归莫屋村民委员会所有，土地权属清晰，不存在争议纠纷或潜在争议纠纷；该物业未列入清拆范围，最近五年无拆迁计划'相关证明内容真实有效。"

4. 租赁合同交易公允性，是否存在利益输送

该等房屋租赁价格等基本信息如表101所示：

表101

项目	租赁合同签订时间	租赁地点	目前租赁单价/元/平方米/月
合同一	2019年5月14日	莫屋第二工业区2号厂房	13.00
合同二	2017年8月10日	莫屋社区莫新村北基地第二工业区B座	12.00–13.80
合同三	2016年12月5日	莫屋社区莫屋旧村沙窝区（图兴路25号）	9.80
合同四	2016年7月26日	莫屋新村工业区新丰东一路B1号	11.55
合同五	2016年1月28日	莫屋新村第二工业区新丰大路高地路段厂房A座（新丰路A1号）	10.50

续表

项目	租赁合同签订时间	租赁地点	目前租赁单价/元/平方米/月
合同六	2015 年 11 月 27 日	莫屋社区新村第二工业区 A 号（致富路 5 号）	12.15
合同七	2015 年 11 月 17 日	莫屋社区莫屋旧村横丫区（图兴路 2 号）	10.70
合同八	2015 年 6 月 17 日	莫屋新村新丰路农丰路段 1 号（新丰东一路 B7 号）	10.10
合同九	2014 年 3 月 12 日	莫屋新村新丰路高地段（新丰路 A2 号）厂房	9.70
合同十	2013 年 2 月 27 日	莫屋社区莫新村西二路 B1 座	10.30
合同十一	2007 年 12 月 15 日	莫屋第二工业区 6 号厂	9.68

根据表 100 显示的周边房屋租赁的价格，房屋租赁单价自 9.68 元/平方米/月至 13.8 元/平方米/月不等，发行人承租房屋的租赁价格约为 11.8 元/平方米/月，较市场价不存在畸高或畸低情形，价格公允。

发行人、发行人实际控制人黄江以及万兴汽配、出租方郭汝福已确认，发行人与郭汝福之间租赁房屋的租赁价格公允，郭汝福与发行人之前不存在利益输送情形。

赛特新材（688398）

福建赛特新材股份有限公司（以下简称公司或发行人）2019 年 7 月 18 日提交的招股说明书（申报稿）披露，公司对外承租房屋共计 13 处，部分房屋租赁合同即将到期。

针对上述情形，发审委要求发行人对下列事项进行说明，并要求保荐机构、发行人律师核查并发表明确意见：对目前承租房屋是否有续期安排；若无法续租，短时间内有无替代的房屋，对生产经营有何影响，是否有应对措施；是否进行相应的租赁备案登记，如否，相关风险及应对措施。

根据发行人律师出具的补充法律意见书披露显示：[1]

1. 发行人对目前承租房屋的续期安排如表 102 所示：

〔1〕《北京市中瑞律师事务所关于福建赛特新材股份有限公司首次公开发行人民币普通股股票并在科创板上市之补充法律意见书（一）》，载上海证券交易所网，http：//static.sse.com.cn/stock/information/c/201909/afe4439ea5284a908b5b096dc44ed5a3.pdf，最后访问日期：2021 年 5 月 21 日。

表 102

序号	承租方	出租方	租赁地址	用途	面积/平方米	租金/元/月	合同期限	续期安排
1	集美分公司	厦门产业技术研究院	福建省厦门市集美大道 1300 号的创新大厦 13、14 层	办公	2829.00	42,435.00	2019.01.01~12.31	公司将根据实际需求，在租赁期限届满前与出租方协商续租事宜
2	赛特新材	赛特新材	龙岩市连城县工业园区 FA1-1、FA1-2 厂房	仓库	2000.00	16,000.00	2019.03.05~2020.03.04	约定优先续租权及自动延期条款（不定期）
3	赛特新材	连城县弘源投资管理有限公司	福建连城工业园区龙冠园公寓五、六层部分	住宅	2022.48	14,157.00	2019.04.30~2022.04.29	约定优先续租权
……	……	……	……	……	……	……	……	……
13	赛特新材	中国外运长江有限公司扬州分公司	扬州市经济开发区鸿扬路 22-2 号院内 A 幢厂房内一楼区域	仓库	300.00	6000.00	2019.03.12~2020.03.11	公司将根据实际需求，在租赁期限届满前与出租方协商续租事宜

综上所述，发行人目前承租房屋均在有效期内，除 1、4、9、12、13 项发行人将根据实际需求，在租赁期限届满前与出租房协商续租事宜外，其余租赁房屋均已签署续租合同或在租赁合同中约定自动延期条款或优先续租条款。

2. 若无法续租，短时间内有无替代的房屋，对生产经营有何影响，是否有应对措施

发行人承租的房产主要用于仓储、办公或公司员工的住宿，对于房屋结构并无特殊要求，可替代性较强，可以在较短时间内寻找符合要求的可替代租赁房产，即使该等房屋无法续租也不会对公司正常的生产经营造成重大不利影响。若届时无法续租的，发行人将积极采取搬迁等措施保障公司的日常经营不受影响。

3. 是否进行相应的租赁备案登记，如否，相关风险及应对措施

发行人对外承租房屋共计 13 项，除 1、2、4 项办理了房屋租赁备案登记外，其余均未办理，不符合《商品房屋租赁管理办法》的规定，存在法律瑕疵。根据《合同法》及最高人民法院《关于审理城镇房屋租赁合同纠纷案件具体应用法律若干问题的解释》等有关规定，租赁合同不因未履行租赁备案登记手续而无效。因此，发行人及分公司签署的部分房屋租赁合同虽未经备案登记，但并不影响该等租赁合同的法律效力。

发行人控股股东、实际控制人汪坤明出具承诺函，如因公司及 / 或其分公司承租的上述第三方房屋未办理租赁备案而使公司及 / 或其分公司遭受损失，或公司及 / 或其分公司因承租使用上述第三方房屋而受到相关主管部门行政处罚的，公司实际控制人汪坤明承担公司及 / 或其分公司因此遭受的相关损失或处罚金额。

二、解决思路

房屋租赁存在瑕疵的，发行人应重点说明租赁瑕疵事项是否会对发行人的资产完整性和独立持续经营能力产生影响，从而构成发行上市的实质性法律障碍。

1. 租赁房屋无相关的土地房产权属。

（1）客观阐述租赁土地房屋的实际情况，论证被清拆的风险大小，可由相关政府部门出具权属确认文件和证明该等房屋在较长一段时间内不会被清理拆除。

（2）由实际控制人出具兜底承诺，若发行人及其控股子公司因房屋租赁瑕疵而受到行政处罚或影响发行人的实际经营，实际控制人将对发行人及其控股子公司因此遭受的损失，包括但不限于合法租赁或新建该等替代性房产所支出的费用、合法租赁或新建期间对发行人及其控股子公司生产经营造成的实际损失或额外费用等，予以全额补偿。

（3）披露可替代方案包括但不限于未来搬迁计划，未来生产基地的安排等。可结合发行人生产线的搬迁成本、时间、对生产的影响等，量化分析重新租赁及搬迁对发行人正常生产经营、持续经营能力的影响。

2. 未办理租赁房屋备案手续。未办理房屋租赁备案手续一般不会构成发行上市的实质性法律障碍。

注意：前述案例中所引用的 2019 年出台的最高人民法院《关于审理城镇房屋租赁合同纠纷案件具体应用法律若干问题的解释》（以下简称房屋租赁司法解释）第四条，“当事人以房屋租赁合同未按照法律、行政法规规定办理登记备案手续为由，请求确认合同无效的，人民法院不予支持。当事人约定以办理登记备案手续为房屋租赁合同生效条件的，从其约定”，已于 2020 年被修正，新的房屋租赁司法解释明确

了房屋租赁备案的法律效力，其中第五条规定："出租人就同一房屋订立数份租赁合同，在合同均有效的情况下，承租人均主张履行合同的，人民法院按照下列顺序确定履行合同的承租人：（一）已经合法占有租赁房屋的；（二）已经办理登记备案手续的；（三）合同成立在先的。"

另外，根据《商品房屋租赁管理办法》的有关规定，房屋租赁当事人未按照相关规定办理租赁房屋备案的，由房地产管理部门责令限期改正，逾期不改正的，处以一千元以上一万元以下罚款。根据该规定，发行人未就租赁房屋办理备案手续可能导致受到行政处罚。

故有条件的情况下，发行人应及时办理租赁房屋备案手续，以避免不必要的损失和纠纷。

3. 租赁房屋法定用途与实际用途不一致。

《商品房屋租赁管理办法》第六条的规定："有下列情形之一的房屋不得出租：……③违反规定改变房屋使用性质的……"《商品房屋租赁管理办法》第二十一条的规定："违反本办法第六条规定的，由直辖市、市、县人民政府建设（房地产）主管部门责令限期改正，对没有违法所得的，可处以五千元以下罚款；对有违法所得的，可以处以违法所得一倍以上三倍以下，但不超过三万元的罚款"。对于存在房屋租赁用途不符合其法定用途的情形，处罚对象为出租人，发行人作为承租人，不存在被处罚风险。

4. 核查出租方与发行人股东、董监高及主要客户、供应商是否存在关联关系，租赁价格是否公允。若为关联方，应比照关联交易进行披露，并履行必要的决策程序，详见第五章第八节"关联交易"。

5. 其他房屋租赁相关问题。

（1）租赁合同续期问题，发行人可在房屋租赁合同中加入优先续租或自动续租等条款。租赁期限届满的，应披露该租赁房屋的主要用途，是否为发行人主要生产经营用房，是否具有可替代性，能否在较短时间内寻找符合要求的可替代租赁房产。若无法续租的，发行人应采取积极措施保障日常经营不受影响。

（2）无自有土地、房产的问题。应结合发行人的经营模式、租赁房屋用途等综合判断发行人无自有土地、房产是否对发行人的资产完整性构成重大不利影响。如聚辰股份，发行人只从事集成电路产业链中的芯片设计和销售环节，其余环节委托给晶圆制造企业、封装测试企业代工完成，租赁房屋用途为办公，对房屋结构无特殊要求，同类型房屋也较为常见，具有较高可替代性，经营所需的硬件设备主要为一般办公设施，不存在搬迁困难。发行人若有搬迁的需要，亦能够在较短时间内完成搬迁，不会对持续经营产生重大不利影响。

（3）从控股股东、实际控制人处租赁房产。根据审核问答的相关规定，生产型企业的发行人其生产经营所必需的主要厂房系向控股股东、实际控制人租赁使用的，应结合相关资产的具体用途、对发行人的重要程度、未投入发行人的原因、租赁或授权使用费用的公允性、是否能确保发行人长期使用、今后的处置方案等，充分论证该等情况是否对发行人资产完整和独立性构成重大不利影响。

【具体核查要点】

1. 租赁房产的权属信息、证载用途或规划用途、用地性质，租赁房屋的权属是否清晰，是否办理租赁备案手续，是否存在不能续租的风险等；

2. 发行人租赁尚未取得权属证书的房产是否存在纠纷或潜在纠纷，如果搬迁对公司持续经营的影响及相关补救措施；

3. 未办理租赁备案登记手续对相关租赁合同效力的影响，是否存在行政处罚风险；

4. 租赁的出租方与发行人股东、董监高及主要客户、供应商是否存在关联关系，租赁价格是否公允；

5. 租赁房屋的实际用途与其法定用途是否相符，是否存在因违法违规被行政处罚的风险；

6. 发行人无自有土地、房产或从控股股东、实际控制人处租赁房产是否对发行人的资产完整性构成重大不利影响。

【核查方式】

1. 核查发行人及子公司与相关房产的出租人签署的租赁合同、相关房产对应的产权权属证明、租赁备案登记相关文件；房产在出租之前已被设定抵押的，取得抵押权人有关同意该房产出租的同意函。

2. 核查报告期内发行人及子公司支付租金的相关凭证。

3. 访谈出租人并取得出租人就租赁房产产权权属确认的书面文件。

4. 查阅发行人控股股东及实际控制人就租赁相关事项出具的承诺函。

5. 查询国家企业信用公示系统，核查相关法人出租方的基本信息，核查自然人出租方的身份证明文件、访谈发行人相关负责人，对相关出租方的身份进行了确认；将相关法人出租方及其股东，自然人出租方与发行人股东名册、董监高及主要客户、供应商名单进行比对，核查是否存在关联关系。

6. 查询房天下、安居客、58 同城等网站公布的相同区域可比房屋租赁价格，将其与发行人租赁房屋的价格进行对比。

7. 实地走访租赁房产、当地土地、房屋相关政府主管部门。

三、参考规范

《商品房屋租赁管理办法》

第十四条　房屋租赁合同订立后 30 日内，房屋租赁当事人应当到租赁房屋所在地直辖市、市、县人民政府建设（房地产）主管部门办理房屋租赁登记备案。

房屋租赁当事人可以书面委托他人办理房屋租赁登记备案。

第二十三条　违反本办法第十四条第一款、第十九条规定的，由直辖市、市、县人民政府建设（房地产）主管部门责令限期改正；个人逾期不改正的，处以 1000 元以下罚款；单位逾期不改正的，处以 1000 元以上 1 万元以下罚款。

《上海证券交易所科创板股票发行上市审核问答（二）》

7. 发行人租赁控股股东、实际控制人房产或者商标、专利、主要技术来自于控股股东、实际控制人的授权使用，中介机构核查应当注意哪些方面？

答：发行人存在从控股股东、实际控制人租赁或授权使用资产的，中介机构应当予以关注。存在以下两种情况的：一是生产型企业的发行人，其生产经营所必需的主要厂房、机器设备等固定资产系向控股股东、实际控制人租赁使用；二是发行人的核心商标、专利、主要技术等无形资产是由控股股东、实际控制人授权使用，中介机构应结合相关资产的具体用途、对发行人的重要程度、未投入发行人的原因、租赁或授权使用费用的公允性、是否能确保发行人长期使用、今后的处置方案等，充分论证该等情况是否对发行人资产完整和独立性构成重大不利影响，督促发行人做好信息披露和风险揭示，并就发行人是否符合科创板发行条件审慎发表意见。

《深圳证券交易所创业板股票首次公开发行上市审核问答》

3. 发行条件规定发行人“资产完整，业务及人员、财务、机构独立”。发行人租赁控股股东、实际控制人房产或者商标、专利、主要技术来自于控股股东、实际控制人的授权使用，中介机构核查应当注意哪些方面？

答：保荐人和发行人律师通常应关注并核查以下方面：相关资产的具体用途、对发行人的重要程度、未投入发行人的原因、租赁或授权使用费用的公允性、是否能确保发行人长期使用、今后的处置方案等，并就该等情况是否对发行人资产完整和独立性构成重大不利影响发表明确意见。

如发行人存在以下情形之一的，保荐人及发行人律师应当重点关注、充分核查论证并发表意见：一是生产型企业的发行人，其生产经营所必需的主要厂房、机器设备等固定资产系向控股股东、实际控制人租赁使用；二是发行人的核心商标、专利、主要技术等无形资产是由控股股东、实际控制人授权使用。

《最高人民法院关于审理城镇房屋租赁合同纠纷案件具体应用法律若干问题的解释》

第五条　出租人就同一房屋订立数份租赁合同，在合同均有效的情况下，承租人均主张履行合同的，人民法院按照下列顺序确定履行合同的承租人：

（一）已经合法占有租赁房屋的；

（二）已经办理登记备案手续的；

（三）合同成立在先的。

不能取得租赁房屋的承租人请求解除合同、赔偿损失的，依照民法典的有关规定处理。其他参考规范：《中华人民共和国土地管理法》《中华人民共和国城市房地产管理法》《中华人民共和国建筑法》《城市房地产开发经营管理条例》《中华人民共和国民法典》等。

第二节　土地使用权与房屋所有权

目前，过会企业中被发审委关注的土地使用权、房屋所有权问题主要集中在房屋未取得权属证书、土地使用权抵押、国有土地使用权合规性等方面。

截至 2020 年 12 月 31 日，佰仁医疗、安集科技、凯赛生物、交控科技、百奥泰、九号智能、有方科技、奥特维、泽璟制药等企业被问询上述问题。

一、典型案例

佰仁医疗（688198）

北京佰仁医疗科技股份有限公司（以下简称佰仁医疗或发行人）2019 年 4 月 15 日提交的招股说明书（申报稿）披露，发行人子公司长春佰奥在长春市绿园区绿园经济开发区先进机械进制造园区拥有一处自建的房屋，尚未取得房屋产权证书。

针对上述情形，发审委要求发行人对下列事项进行说明，并要求保荐机构、发行人律师核查并发表明确意见：上述房产未取得产权证书的原因，所使用土地的性质，预计能够取得产权证书的时间，上述产权瑕疵是否对发行人生产经营形成重大不利影响；相关征地项目的进展，对发行人生产经营的影响。

根据发行人律师出具的补充法律意见书披露显示：[1]

〔1〕《北京海润天睿律师事务所关于北京佰仁医疗科技股份有限公司首次公开发行股票并在科创板上市的补充法律意见书》，载上海证券交易所网，http：//static.sse.com.cn/stock/information/c/201905/eeea42b6b0cf4ad0a432c7faf729e479.pdf，最后访问日期：2021 年 5 月 21 日。

1. 上述房产未取得产权证书的原因，所使用土地的性质，预计能够取得产权证书的时间，上述产权瑕疵是否对发行人生产经营形成重大不利影响

长春绿园经济开发区管理委员会 2019 年 4 月 29 日出具证明，发行人子公司长春佰奥在长春市绿园区绿园经济开发区先进机械进制造园区拥有一处自建的房屋属于合法建筑，前述房屋纳入当地政府拆迁范围。长春绿园经济开发区停止对征用范围内的房屋权属证书的协调办理。

长春佰奥就前述房屋所使用的土地取得长春市人民政府颁发的长国用〔2012〕第061100090 号国有土地使用权证，取得方式为“出让”，土地性质为“工业用地”。该处房屋已经履行完毕如下手续：

2012 年 6 月 29 日，长春佰奥取得长春市规划局核发的编号为地字第220000201200208 号的建设用地规划许可证，用地项目名称：厂房，用地位置：绿园经济开发区，用地性质：工业，用地面积：10,015 平方米。

2013 年 10 月 23 日，长春佰奥取得长春市规划局核发的建字第 220000201300478 号建设工程规划许可证，建设项目名称：综合生产车间、门卫，建设位置：绿园经济开发区，规划总建筑面积为：11,030.3 平方米

2018 年 9 月 21 日，长春佰奥取得长春市规划局核发的建字第 220000201800323 号建设工程规划许可证，建设项目名称：综合生产车间，建设位置：绿园经济开发区，建设规模：466.37 平方米。

2014 年 8 月 25 日，长春佰奥取得长春市城乡建设委员会核发的编号为长建工字〔2014〕第 0656 号的建筑工程施工许可证，工程名称：长春佰奥辅仁科技有限公司综合生产车间，建设规模：10,975.5 平方米。

2016 年 12 月 10 日，长春众和消防检测有限公司出具长众建消检字〔2016〕第16945 号《建筑消防设施检测报告》，经检测，长春佰奥的生物材料生产基地消防工程的建筑消防设施合格。

2016 年 12 月 16 日，长春市公安消防支队出具建设工程竣工验收消防备案受理凭证，该消防支队对长春佰奥综合生产车间工程竣工验收消防予以备案。

2019 年 4 月 29 日，长春绿园经济开发区管理委员会出具证明，确认长春佰奥拥有的上述房屋属于合法建筑，长春佰奥将根据相关征拆办法及相关规定对其被征拆的房屋得到补偿。

长春佰奥自建的上述房屋已经按照法律规定履行必要的建设用地规划、建设工程规划、建设工程施工、竣工验收等手续，现被纳入当地政府拆迁范围，长春佰奥尚未取得上述房屋权属证书，长春佰奥将根据相关征拆办法及相关规定取得其被征拆房屋

的补偿。长春佰奥拥有上述房产真实、合法、有效，上述房产未取得房产证及该等房屋被征拆对发行人生产经营不会造成重大不利影响。

2. 相关征地项目的进展，对发行人生产经营的影响

长春市绿园区合心镇人民政府现在核查征用范围内的房屋面积，并进行征拆工作。长春佰奥自建房屋目前的征用情况如下：

2017 年 10 月 27 日，根据长春市人民政府作出长府拟征函〔2017〕134 号长春市人民政府拟征地通知书，长春市政府决定对绿园区合心镇新立村部分集体土地实施征收，征收面积约 42 公顷，具体范围是东至宏海街，南至长白公路，西至福泉街，北至西景路。2017 年 11 月 1 日，长春市绿园区人民政府作出《长春市绿园区人民政府关于合心镇柴家棚户区改造项目合心镇污水管网工程项目土地及地上房屋等附着物的征拆补偿安置方案》，对前述拆迁范围内的土地及地上建筑物的征拆安置补偿办法等内容予以确定。

2019 年 4 月 29 日，长春绿园经济开发区管理委员会出具证明，确认长春佰奥拥有的位于长春市绿园区绿园经济开发区先进机械进制造园区房屋纳入拆迁范围内，长春市绿园区合心镇人民政府现在核查征用范围内的房屋面积，并进行征拆工作，长春佰奥将根据相关征拆办法及相关规定取得其被征拆房屋的补偿。

长春佰奥在报告期内的主营业务为受股份公司委托从事牛心包、牛颈静脉采集，并进行清洗、初步筛选等预处理工作，长春佰奥自建房屋停止使用后，长春佰奥可以通过租赁方式解决前述业务用房，房屋征拆事宜对发行人生产经营不会造成重大不利影响。

凯赛生物（688065）

上海凯赛生物技术股份有限公司（以下简称凯赛生物或发行人）2019 年 12 月 10 日提交的招股说明书（申报稿）披露，公司购置了自有办公用房蔡伦路 1690 号（张江创业园南区）5 幢，因建设项目与证照所载的土地用途 / 性质不一致，未通过土地核验，至今未能办理产证。乌苏材料与乌苏技术厂房的房屋产权证书正在办理过程中。乌苏技术拥有的新〔2017〕乌苏市不动产第 000644 号及新〔2017〕乌苏市不动产第 000643 号土地已设立抵押。金乡凯赛厂区内存在合计约 2.47 万平方米的两个地块为历史遗留的农用地，尚未取得土地使用权证。

针对上述情形，发审委要求发行人对下列事项进行说明：上述土地、房屋在发行人生产经营中的作用，其面积占发行人全部土地或房产面积的比例，使用上述土地及房屋产生的收入、毛利、利润占比情况；设立抵押的土地是否存在变卖的风险；上述土地及房屋取得相关证照是否存在实质法律障碍，出具证明文件的机关是否为有权机关。要求发行人披露如因土地问题被处罚的责任承担主体、搬迁的费用及承担主体、

有无下一步解决措施等，并对该等事项做重大风险提示。并要求保荐机构、发行人律师对下列事项进行核查并发表明确意见：发行人存在农用地及其上建造的房产等情形，是否符合《土地管理法》等法律法规的规定，是否可能被行政处罚，是否构成重大违法行为；尚未取得相关证照及已抵押土地房屋对于发行人的重要性，是否对发行人持续经营能力构成重大不利影响；发行人生产经营用房及相关土地使用权是否均已办理权属登记，实际用途与证载用途或规划用途是否相符，是否存在违法违规情形。

根据发行人律师出具的补充法律意见书披露显示：[1]

1. 上述土地、房屋在发行人生产经营中的作用，其面积占发行人全部土地或房产面积的比例，使用上述土地及房屋产生的收入、毛利、利润占比情况

发行人及其子公司未取得产证的土地、房屋的相关信息统计如表 103 所示：

表 103

土地 / 房屋	作用定位	面积占比 ①	收入占比	毛利占比	利润占比
上海办公楼	办公及研发	1.93%	0.23%	0.54%	不适用 ②
乌苏房屋	办公楼、生产用房、仓库	67.58%	乌苏材料截至 2019 年 9 月 30 日尚未投产，其试生产产生的收入成本冲减或计入在建工程，收入和毛利为 0；乌苏技术主要收入为合并范围内关联方的收入，对外部客户的销售收入较小，发生的期间费用等无法与收入对应，暂不计算其收入毛利及利润占比		
金乡两块土地	地块一为厂区内道路及污水池构筑物；地块二上设置少量储罐、蒸馏塔设施	1.46%	两块土地上目前仅有部分生产辅助装置，如烷烃分离装置、储罐、污水池等，占公司收入或利润的比重无法单独核算，并非公司的核心生产设施		

注：①发行人及其子公司使用土地的总面积约为 169.43 万平方米，使用房屋的总建筑面积约为 22.78 万平方米。

②发行人母公司报表扣除子公司分红后的净利润为负，故不予计算。根据表 102，发行人及其子公司部分土地、房屋未取得产证的情形，对发行人生产经营不会产生重大不利影响。

〔1〕《上海市锦天城律师事务所关于上海凯赛生物技术股份有限公司首次公开发行股票并在科创板上市的补充法律意见书（一）》，载上海证券交易所网，http：//static.sse.com.cn/stock/information/c/202003/ed130de484d244ceb6a9cfc89a372e0f.pdf，最后访问日期：2021 年 5 月 21 日。

2. 设立抵押的土地是否存在变卖的风险

2019年6月，中国进出口银行新疆维吾尔自治区分行与乌苏技术签署《借款合同（促进境内对外开放贷款—固定资产类）》（合同编号：2200015022019111626），向乌苏技术提供最高不超过3亿元促进境内对外开放贷款，贷款期限60个月。乌苏技术以其拥有的新〔2017〕乌苏市不动产第000644号及新〔2017〕乌苏市不动产第000643号土地为上述借款提供抵押担保。

鉴于土地抵押的主合同为政策性贷款，贷款期限较长，且发行人财务状况良好，具有较强的盈利能力。截至2019年9月30日，流动比率2.46倍，资产负债率23.66%，2019年1~9月实现营业收入158,640.20万元，实现净利润37,258.24万元，发行人偿债能力良好，设立抵押的土地不存在变卖的风险。

3. 上述土地及房屋取得相关证照是否存在实质法律障碍，出具证明文件的机关是否为有权机关

（1）关于上海办公楼产证的办理

发行人上海办公楼的开发商张江创业源于2019年8月出具《关于凯赛生物蔡伦路房产相关的情况说明》，上海办公楼暂未能办理产证系因政府相关部门就张江创业源工程建设项目颁发的"土地证""规划用地许可证""商品房预售许可证"所载的土地用途/性质不一致所致。发行人律师于2019年7月30日对上海张江高科技园区开发股份有限公司（张江创业源母公司）相关管理人员访谈，其告知该片区房产的产证办理事项正作为浦东新区及张江股份重点工作推进。

上海办公楼产证的办理事项不会对发行人的正常生产经营产生重大影响，理由如下：

①发行人能够合法、长期地使用该等房产。在房屋开发建设方面，开发商已为该房屋建设履行了报批报建手续，开发建设及预售事项取得了必要的审批许可，上海办公楼不属于违章建筑；2020年1月19日，上海推进科技创新中心建设办公室规划建设环境管理处召集浦东新区规划和自然资源局检查大队、上海市自由贸易实验区张江管理局规建处及审批处、浦东新区不动产登记事务中心、开发商张江创业源代表召开会议，并出具《会议纪要》，确认上海办公楼不属于违章建筑，凯赛生物有权持有、使用，凯赛生物与张江创业源就该等房产目前不存在争议与纠纷。在房屋购置方面，发行人与张江创业源合法签署了预售合同，为真实有效的意思表示，发行人已按约足额缴纳了购房款，未发生违约行为，双方对该等房屋的占有、使用未发生争议和纠纷，发行人有权使用该等房产。因此，发行人对上海办公楼能够合法、长期地使用。

②该房屋可替代性较强

该房屋的实际用途为研发及办公，可替代性较强，即使出现发行人无法使用该等

房屋的情形，亦可在较短时间通过租赁等方式寻找替代场所。

（2）关于金乡凯赛未取得产证的两块土地

《土地管理法》第四十四条第三款规定，在土地利用总体规划确定的城市和村庄、集镇建设用地规模范围内，为实施该规划而将农用地转为建设用地的，按土地利用年度计划分批次由原批准土地利用总体规划的机关批准。

金乡凯赛未取得产证的两块土地已经山东省人民政府批准的《金乡县土地利用总体规划（2006~2020年）》规划为工业用地，不属于基本农田，金乡凯赛的使用符合土地利用总体规划。该等地块农用地转用事项符合土地利用总体规划，尚需按照土地利用年度计划分批实施。

2019年11月6日，金乡县自然资源和规划局出具证明，该局将对金乡凯赛使用的未取得产证地块积极报批，尽快进行招标、拍卖、挂牌程序，并告知金乡凯赛参与该等土地使用权出让竞标。同日，济宁市化学工业经济技术开发区管委会出具证明，确认园区将全力配合金乡凯赛尽快取得未取得产证地块的建设用地使用权。同时，结合发行人律师实地勘察，未取得产证土地并非独立地块，其他主体参与土地出让竞标的意愿性较低。因此，金乡凯赛无法取得该等地块土地使用权的风险较低。

此外，该等地块面积相对于金乡厂区总面积的占比较小（约5%），即使最终无法取得土地使用权而被要求搬迁的，地块一上的污水池构筑物可在短期内予以搬迁，地块二上的储罐、蒸馏塔设施为生产原材料烷烃的储存和提纯装置，发行人可对其搬迁，亦可通过直接外购单体烷烃替代该等设施的使用，不会因此对正常的生产经营造成重大影响。即使无法取得产证，亦不会对本次发行产生实质性影响。

根据金乡县人民政府网站公示的职责范围，金乡县自然资源和规划局负责征地批地、城建规划等事项，为出具上述证明的有权机关。

（3）关于乌苏材料和乌苏技术的房屋所有权证办理

乌苏材料和乌苏技术的房屋建设已取得不动产权证、建设用地规划许可证、建设工程规划许可证、建筑工程施工许可证，办理了报规报建手续。乌苏市住房和城乡建设局于2019年10月17日出具证明，乌苏材料和乌苏技术位于马吉克工业园区的房屋产权证书正在办理中，不存在办理障碍。

根据乌苏市人民政府网站公示的政府机构职能，乌苏市住房和城乡建设局承担规范住房和城乡建设管理秩序等职责，负责建筑工程施工许可、建设工程竣工验收消防备案等事项，在乌苏材料和乌苏技术已取得相应地块土地使用权证的情况下，有权就房屋产权证办理是否存在实质障碍的出具相关证明。

4. 关于因土地问题被处罚的责任承担主体、搬迁的费用及承担主体

关于金乡凯赛使用未取得产证的两块土地，园区和金乡县自然资源和规划局已分别出具证明，确认金乡凯赛实际使用的未取得产证的土地已经政府征收，园区已与土地使用权方签订经镇政府鉴证的《农村土地征收合同》，并已补偿到位，不存在任何纠纷，不会影响金乡凯赛对该等土地的使用。该等未取得产证的地块系属当地政府向公司承诺提供项目用地的一部分，金乡凯赛对该等土地的使用具有合理背景，且经当地政府知晓和认可，不存在侵犯第三方权益的情形，未曾因此受到任何处罚。上述土地问题如涉及处罚，责任主体为金乡凯赛。

2020 年 2 月 3 日，发行人实际控制人 XIUCAI LIU（刘修才）出具承诺，如因金乡凯赛使用未取得产证的土地，导致被行政处罚或实施搬迁的，其将承担上述费用。

5. 发行人存在农用地及其上建造的房产等情形，是否符合《土地管理法》等法律法规的规定，是否可能被行政处罚，是否构成重大违法行为

金乡凯赛未取得产证的两块土地上存在污水池构筑物、少量储罐、蒸馏塔设施，但并未建造房产等建筑物。金乡凯赛使用农用地用于工业用途，存在法律瑕疵，但不存在因此被有关部门处罚的情形，不属于重大违法违规行为。

（1）所涉地块已经山东省人民政府批准的《金乡县土地利用总体规划（2006~2020年）》规划为工业用地，不属于基本农田，金乡凯赛的使用符合土地利用总体规划；

（2）园区和金乡县自然资源和规划局已分别出具证明，确认金乡凯赛实际使用的未取得产证的土地已经政府征收，园区已与土地使用权方签订经镇政府鉴证的《农村土地征收合同》，并已补偿到位，不存在任何纠纷，不会影响金乡凯赛对该等土地的使用。该等未取得产证的地块系属当地政府向公司承诺提供项目用地的一部分，金乡凯赛对该等土地的使用具有合理背景，且经当地政府知晓和认可，不存在侵犯第三方权益的情形，未曾因此受到任何处罚；

（3）金乡县自然资源和规划局已就金乡凯赛报告期内遵守土地管理法规的合法合规情况出具守法证明，并就使用未取得产证地块事宜专项出具证明，确认其不属于重大违法违规行为，同时承诺将对上述地块积极报批，尽快进行招标、拍卖、挂牌程序，并告知金乡凯赛参与该等土地使用权出让竞标。

6. 尚未取得相关证照及已抵押土地房屋对于发行人的重要性，是否对发行人持续经营能力构成重大不利影响

设立抵押的土地不存在变卖的风险，不会对发行人持续经营能力构成重大不利影响。

（1）上海办公楼为办公及研发用房，可替代性较强；（2）金乡凯赛未取得产证的

两块土地总面积的占比较小，非核心生产区域，可通过搬迁或直接外购单体烷烃替代其上设置；（3）乌苏材料和乌苏技术的房产系自建取得，已办理报规报建手续，正在办理房屋产权证书过程中，且经房屋建设主管部门确认，不存在办理障碍；（4）乌苏技术的土地抵押，系为其自身的政策性贷款所设，主合同贷款期限较长，且发行人财务状况良好，具有较强的盈利能力和偿债能力。

7. 发行人生产经营用房及相关土地使用权是否均已办理权属登记，实际用途与证载用途或规划用途是否相符，是否存在违法违规情形

除上海办公楼、金乡凯赛未取得产证的两块土地及乌苏材料和乌苏技术的自建房产外，发行人其他生产经营用房及相关土地使用权均已办理权属登记，该等土地和房屋的实际用途均为工业用途，与证载用途或规划用途相符，不存在违法违规情形。

百奥泰（688177）

百奥泰生物制药股份有限公司（以下简称百奥泰或发行人）2019 年 7 月 8 日提交的招股说明书（申报稿）披露，发行人部分房产尚未取得产权证书的房屋。

针对上述情形，发审委要求发行人对下列事项进行说明，并要求保荐机构、发行人律师核查并发表明确意见：尚未取得产权证书的房屋目前具体使用情况，是否为发行人主要生产经营用房；尚未取得产权证书对发行人生产经营的影响。

根据发行人律师出具的补充法律意见书披露显示：[1]

1. 尚未取得产权证书的房屋目前具体使用情况，是否为发行人主要生产经营用房

发行人就其位于广州开发区永和区摇田河大街以北、新业路以东 YH-I2-1 地块（以下简称永和地块）上的部分房产尚未取得产权证书，包括研发大楼、质检大楼、危险品库、动力中心、液氧站、污水处理及垃圾站、门房一、门房二（以下简称永和工厂二期）。其中，研发大楼、质检大楼未来投入使用后将成为主要经营用房；危险品库、动力中心、液氧站、污水处理及垃圾站、门房一、门房二将作为配套用房。发行人已就永和地块土地使用权和地上部分房产所有权取得权属证书，就永和工厂二期已经办理消防、质量、环保等单项验收，预计近期将完成规划验收。发行人未将前述永和工厂二期房产用作主要生产经营用房，仅开始试用部分配套用房。

2. 尚未取得产权证书对发行人生产经营的影响

发行人已就永和地块土地使用权和该地块上的制剂车间、单抗车间、多肽、生化

〔1〕《北京市君合律师事务所关于百奥泰生物制药股份有限公司在中国境内首次公开发行人民币普通股股票并在科创板上市的补充法律意见（一）》，载上海证券交易所网，http：//static.sse.com.cn/stock/information/c/201909/77a62f3297d9452e944c0d7f1259bdb7.pdf，最后访问日期：2021 年 5 月 21 日。

车间（以下简称永和工厂一期）取得权属证书，就永和工厂二期办理建设用地规划、建设工程规划、建筑工程施工等报建手续，并已办理消防、质量、环保等单项验收，预计近期将完成规划验收。

根据全国人民代表大会常务委员会于2019年4月23日发布、自同日起施行的《建筑法》第六十一条的规定，建筑工程竣工经验收合格后，方可交付使用；未经验收或者验收不合格的，不得交付使用。

根据国务院于2019年4月23日修订、自同日起施行的《建设工程质量管理条例》第五十八条的规定，建设单位未组织竣工验收而擅自交付使用的，责令改正，处工程合同价款百分之二以上百分之四以下的罚款；造成损失的，依法承担赔偿责任。

发行人控股股东、实际控制人承诺："如发行人因使用尚未完成验收手续、尚未取得房产证的自有物业而需承担任何罚款或遭受任何损失，本人/本企业将足额补偿发行人因此发生的支出或承受的损失，且毋需发行人支付任何对价。"

发行人已就永和工厂一期取得产权证书，永和工厂一期的上述车间是发行人目前的主要生产经营用房；发行人尚无产品进行商业化生产和销售，预计永和工厂二期的产权证书将于发行人开始进行商业化生产之前取得。

此外，发行人已取得国土、规划、建设、城管等主管部门出具的守法证明。

（1）广州市规划和自然资源局（原广州市国土资源和规划委员会）出具证明，发行人自2016年1月1日至2019年6月30日无因违反土地资源和规划管理法律法规受到行政处罚的记录。

（2）广州市黄埔区城市管理局、广州市黄埔区城市管理和综合执法局出具证明，除已披露的发行人在取得《建筑工程施工许可证》前进行工程施工而受到行政处罚外，未发现发行人自2016年1月1日至2019年6月30日在广州市黄埔区辖区范围内因违反该局执法职能的法律、法规而受过行政处罚的情况。

（3）广州市黄埔区住房和建设局、广州开发区建设局出具证明，自2016年1月1日至2018年12月31日，该等主管部门未对发行人作出过行政处罚。广州市黄埔区住房和城乡建设局、广州开发区建设和交通局出具证明，发行人自2019年1月1日至6月30日没有因房地产管理、工程建设、施工方面行政违法行为被该局行政处罚的记录。

综上所述，发行人尚未取得永和工厂二期产权证书对发行人生产经营不存在重大不利影响。

安集科技（688019）

安集微电子科技（上海）股份有限公司（以下简称安集科技或发行人）2019年

3月29日提交的招股说明书（申报稿）披露，发行人子公司宁波安集拥有坐落于宁波市北仑区霞浦妙峰山路东、云台山路北地块面积为18,796.00m^{2}的国有土地使用权，本次募投项目“安集集成电路材料基地项目”的实施主体为宁波安集。

针对上述情形，发审委要求发行人对下列事项进行说明，并要求保荐机构、发行人律师核查并发表明确意见：宁波安集取得国有土地使用权的所履行的法律程序，包括但不限于国有土地使用权的公开出让、国有土地使用权出让协议的签署，国有土地使用权出让金的缴纳，出让金价款是否低于国家关于最低保护地价的规定。

根据发行人律师出具的补充法律意见书披露显示：[1]

2017年9月12日，宁波市国土资源局北仑分局发布了国有建设用地使用权挂牌出让公告（甬土资告〔2017〕06010号），经宁波市人民政府批准，宁波市国土资源局北仑分局决定以挂牌方式出让相关国有建设用地使用权，其中包括了霞浦妙峰山路东、云台山路北地块（18,796平方米，出让人为宁波市国土资源局）。公告同时说明了竞买资格及要求、出让文件购买及资格申请、报名申请及竞买保证金缴纳、挂牌竞价及现场竞价等与本次挂牌出让相关的事宜。

2017年10月18日，宁波市国土资源局向宁波安集出具的《竞买通知书》，通知宁波安集挂牌报价时间、地点、现场书面竞价时间和地点、挂牌竞价号。

2017年10月20日，宁波市国土资源局和宁波安集签署了《国有建设用地使用权成交确认书》，确认宁波安集于2017年10月20日在宁波市北仑区招投标中心竞得霞浦妙峰山路东、云台山路北地块的国有建设用地使用权，该地块成交土地单价为每平方米300元，总价为5,638,800元。

2017年10月30日，宁波市国土资源局和宁波安集签署了《国有建设用地使用权出让合同》，对出让土地的交付与出让价款的缴纳、土地开发建设与利用等事项进行了约定。截至2017年11月30日，宁波安集已按时缴纳全部的土地使用权出让金5,638,800元。

2018年5月1日，宁波安集取得宁波市国土资源局出具的浙〔2018〕北仑区不动产权第0017577号不动产权证书，确认权利人为宁波安集，权利性质为出让，用途为工业用地，面积为18,796平方米，使用期限至2067年11月14日。

根据《全国工业用地出让最低价标准》（国土资发〔2006〕307号）的规定，工业用地必须采用招标拍卖挂牌方式出让，其出让底价和成交价格均不得低于所在地土

〔1〕《上海市锦天城律师事务所关于安集微电子科技（上海）股份有限公司首次公开发行股票并在科创板上市的补充法律意见书（一）》，载上海证券交易所网，http://static.sse.com.cn/stock/information/c/201904/075677a2f1ac4323ac27300444f7db22.pdf，最后访问日期：2021年5月21日。

地等别相对应的最低价标准。宁波安集取得的国有工业用地使用权位于宁波市北仑区，对应的土地等别为七等，最低价标准为每平方米288元。宁波安集取得国有工业用地使用权出让金价款为每平方米300元，不低于国家关于最低保护地价的规定。

综上所述，宁波安集取得国有土地使用权履行了相关法律程序，出让金价款不低于国家关于最低保护地价的规定。

泽璟制药（688266）

苏州泽璟生物制药股份有限公司（以下简称泽璟制药或发行人）2019年6月10日提交的招股说明书（申报稿）披露，发行人拥有两宗土地使用权，一宗系出让方式取得，仍有部分区域尚未开工建设；另一宗系转让方式取得，尚未开工建设，其上附着临时建筑未取得房屋权属证书，该临时建筑物的建筑面积约为3500平方米，系作为公司的办公和实验室用房。针对上述临时建筑物带来的风险，公司已经承诺将尽快搬离该临时建筑。

针对上述情形，发审委要求发行人对下列事项进行说明，并要求保荐机构、发行人律师核查并发表明确意见：搬离临时建筑具体的可预期、可执行的计划、办理后临时建筑的处置情况等；公司取得相应土地使用权的具体过程，支付对价及其公允性，是否履行相应程序，是否合法合规，相应土地长期未开工建设，是否违反相关规定，是否面临行政处罚或土地收回的风险；结合土地、房屋、租赁房产、临时建筑的地域分布情况，详细说明目前的用途、状态以及未来的详细规划情况。

根据发行人律师出具的补充法律意见书披露显示：[1]

1. 搬离临时建筑具体的可预期、可执行的计划、搬离后临时建筑的处置情况

针对上述临时建筑物带来的风险，发行人已经承诺将尽快搬离该临时建筑。为此，公司已与昆山俐晟绝缘材料有限公司签署了租赁合同并承租位于昆山市玉山镇晨丰路262号的房屋用于办公，已与小核酸研究所签署了租赁合同并承租位于昆山市高新区元丰路168号生物楼的研发实验室项目（生物楼四层）的房屋用于实验室研发。

发行人目前已着手准备上述新租赁房屋的装修工作，预计于2020年上半年完成相关装修，将在房屋装修完毕后搬离临时建筑。鉴于上述租赁房屋与公司主要经营场所昆山市玉山镇晨丰路209号毗邻，且临时建筑内资产主要为研发及办公设备，搬迁难度不大，可在较短时间内实现搬迁。发行人将在搬离后适时拆除该临时建筑。

---

〔1〕《北京市君合律师事务所关于苏州泽璟生物制药股份有限公司首次公开发行A股股票并在科创板上市的补充法律意见书（一）》，载上海证券交易所网，http://static.sse.com.cn/stock/information/c/201907/7d3effcb220c4e79ae198ae63cd4ce85.pdf，最后访问日期：2021年5月21日。

2. 发行人取得相关土地使用权的过程合法合规，支付对价公允，已履行相应程序

（1）宗地面积为 19,950 平方米的土地使用权的取得过程

2012 年 8 月 9 日，昆山市国土资源局发布《昆山市国土资源局挂牌出让国有建设用地使用权公告》（昆地〔2012〕工挂字第 88 号），拟将位于玉山镇晨丰路南侧、姚家港东侧地块的国有建设用地使用权公开挂牌出让，该地块土地面积为 19,950 平方米（折 29.92 亩），起始价为 336 元 / 平方米（22.4 万元 / 亩）。

2012 年 9 月 11 日，昆山市国土资源局向泽璟有限下发《国有土地使用权出让成交通知书》，确认泽璟有限以成交地块总价人民币 670.32 万元（报价 22.4 万元 / 亩）竞得该宗地块土地使用权。泽璟有限通过公开挂牌出让程序竞得该宗土地使用权，支付对价公允。

2013 年 1 月 25 日，泽璟有限与昆山市国土资源局签署《国有建设用地使用权出让合同》（合同编号：3205832013CR0034），通过出让方式取得该宗地块的土地使用权，出让年限为 50 年，出让价款为人民币 670.32 万元。泽璟有限已向昆山市国土资源局支付了全部土地出让价款。

2013 年 9 月 16 日，泽璟有限取得昆山市人民政府核发的该宗地块国有土地使用证（昆国用〔2013〕第 DW574 号）。

（2）宗地面积为 14,297.2 平方米的土地使用权的取得过程

2014 年 12 月 16 日，泽璟有限与昆山启迪签署《昆山市国有土地使用权转让合同（买卖部分）》，受让坐落于玉山镇元丰路北侧、古城路东侧的面积为 14,297.2 平方米的国有建设用地使用权，土地使用权年限终止日期为 2059 年 12 月 9 日，土地使用权转让价款为人民币 480.38592 万元。

根据《国土资源部关于发布实施〈全国工业用地出让最低价标准〉的通知》（国土资发〔2006〕307 号）的相关规定，工业用地出让底价和成交价格均不得低于所在地土地等别相对应的最低价标准，其中昆山市土地等别为七等，最低价标准为 336 元 / 平方米。参考同类工业用地的出让价格，经协商，泽璟有限与昆山启迪同意按照 336 元 / 平方米作为本次转让价格，符合《国土资源部关于发布实施〈全国工业用地出让最低价标准〉的通知》的最低价标准要求的有关规定，支付对价公允。

2015 年 5 月 11 日，昆山市国土资源局出具《国有建设用地使用权转让核准通知书》（〔2015〕转第 9 号），批准上述转让。泽璟有限已向昆山启迪支付了全部土地使用权转让价款。2015 年 7 月 9 日，泽璟有限取得昆山市人民政府核发的该宗地块《中华人民共和国国有土地使用证》（昆国用〔2015〕第 DWB158 号）。

（3）土地使用权合并

上述两宗地块已完成土地合并，发行人已取得昆山市自然资源和规划局于 2019 年 6 月 6 日核发的不动产权证书（苏〔2019〕昆山市不动产权第 3029238 号），证载：不动产坐落于昆山市玉山镇晨丰路 209 号，权利人为发行人，权利类型为国有建设用地使用权 / 房屋所有权，面积为土地使用权面积 34,247.20 平方米 / 房屋建筑面积 12,292.89 平方米（共 3 幢建筑），用途为工业用地 / 工业，权利性质为出让，使用期限至 2061 年 11 月 26 日；本宗地建设项目应在 2021 年 6 月 1 日之前开工，在 2023 年 6 月 1 日之前竣工；具体建设项目及要求须按照 3205832013CR0034 号、〔2015〕转第 9 号合同的补充协议昆地让变（延）〔2019〕第 47 号文件执行。

3. 相应土地长期未开工建设，发行人不存在面临行政处罚或土地收回的风险

发行人在面积为 34,247.20 平方米的自有土地上，已建成 12,292.89 平方米的三幢建筑，其余区域为临时建筑所在地（约 3500 平方米）及未开工建设土地，存在土地长期未开工建设的情形。

就延长开工建设期限及土地合并事宜，2019 年 5 月 5 日，发行人与昆山市自然资源和规划局、昆山高新技术产业开发区管理委员会共同签订《关于 3205832013CR0034、〔2015〕转第 9 号合同的补充协议》[昆地让变（延）〔2019〕第 47 号]（以下简称土地补充协议），约定：因两地块毗邻，两宗地统一规划整体开发，按面积加权平均调整合同项下土地使用权出让年限，终止日期调整为 2061 年 11 月 26 日止；调整该地块建设期限，发行人应于 2021 年 6 月 1 日前开工建设，2023 年 6 月 1 日前竣工；发行人应缴纳延期开发的开竣工履约保证金总计 159.5 万元。2019 年 6 月 6 日，发行人取得土地合并后的不动产权证书（苏〔2019〕昆山市不动产权第 3029238 号），证载“本宗地建设项目应在 2021 年 6 月 1 日之前开工，在 2023 年 6 月 1 日之前竣工”。

发行人将遵守上述土地补充协议的相关约定，按照协议约定的开工、竣工期限开展建设工作。发行人实际控制人 ZELIN SHENG（盛泽林）及陆惠萍已出具《关于承担不动产瑕疵相关责任的承诺函》，承诺如下：“若公司及其控制的企业 / 分支机构因其自有和 / 或租赁的土地和 / 或房屋不符合相关的法律、法规，而被有关政府主管部门要求收回土地和 / 或房屋、责令搬迁、处以任何形式的处罚或承担任何形式的法律责任，或因土地和 / 或房屋瑕疵的整改而发生的任何损失或支出，本人将对公司及其控制的企业 / 分支机构因此而导致、遭受、承担的任何损失、损害、索赔、成本和费用予以全额补偿，避免公司及其控制的企业分支机构遭受损失。”

昆山市住房和城乡建设局、昆山市自然资源和规划局出具合规证明，发行人在报告期内没有因违反国家有关建设、规划及国土方面的法律、法规受到行政处罚的情况。

综上所述，尽管发行人存在土地未按合同约定时间开工建设的情形，但发行人已经与政府主管部门达成协议延长开工竣工期限，并取得了新的不动产权证书，发行人承诺将按照土地补充协议约定的开工、竣工期限开展建设工作，发行人不存在面临行政处罚或土地收回的风险。

4. 结合土地、房屋、租赁房产、临时建筑的地域分布情况，详细说明目前的用途、状态以及未来的详细规划情况

发行人及其控股子公司拥有共计 1 处国有建设用地使用权，面积为 34,247.20 平方米，该土地上已建 3 幢自有房屋，以及 1 处临时建筑。未来发行人拟在该土地新建厂房、研发中心、办公用房、仓库等，该等建设项目属于募投项目之“新药研发生产中心二期工程建设项目”。

发行人及其控股子公司目前在用土地、房屋、租赁房产、临时建筑的地域分布情况。

目前的用途以及未来规划情况如表 104 所示：

表 104

地域分布	资产权属	坐落	面积 / 平方米	目前用途	未来规划
江苏省昆山市	自有	昆山市玉山镇晨丰路 209 号 1 号房	10,420.5	口服固体制剂车间（小分子药物片剂 / 胶囊生产车间）	不变
		昆山市玉山镇晨丰路 209 号 2 号房	1671.82	动力厂房	不变
		昆山市玉山镇晨丰路 209 号 5 号房	200.57	辅料库	不变
		昆山市玉山镇晨丰路 209 号的临时建筑	约 3500	化学药研发、生物药研发、办公	在新租赁物业装修完毕后搬离并拆除临时建筑；未来将新建厂房、研发中心、办公用房、仓库等
		昆山市玉山镇晨丰路 209 号其他区域	约 18,400	无（待开发土地）	

续表

地域分布	资产权属	坐落	面积/平方米	目前用途	未来规划
江苏省昆山市	租赁	昆山市玉山镇元丰路168号7号房（生物制药楼）	3780.97	生物制品车间（重组蛋白药物生产车间），其中第2、3层为细胞培养、蛋白质分离纯化和无菌冻干制剂生产线	第1层将在2019年下半年进行装修，装修完成后为建设注射用重组人促甲状腺激素生产线
	租赁	昆山市玉山镇元丰路168号6号房（生物楼）四层	1868.00	无（待装修）	装修完毕后，开展化学新药研发、生物新药研发
	租赁	昆山市玉山镇晨丰路262号2号房	2009.00	无（待装修）	装修完毕后，作为办公场所
上海市	租赁	上海市张江高科技园区李冰路67弄5号楼3层、4层	1109.00	化学新药研发、临床试验管理、办公	不变
美国加利福尼亚州	租赁	3537 Old Conejo Rd.Suite 104 and Suite 105，Newbury Park，CA91320	约5400.00平方英尺	创新抗体药研发、办公	不变

上述房屋除待装修的情况外，其他均处于正常使用状态中。

二、解决思路

土地使用权、房屋所有权瑕疵问题的解决思路：

1. 尚未取得土地使用权证和房屋所有权证：

（1）说明未取得土地使用权证和房屋所有权证的原因及合理性。

（2）未取得土地使用权证的土地和房屋所有权证的房屋，应具有可替代性，出现该等土地和房屋无法使用时，有相应的解决方案，且可能涉及拆除、搬迁、处罚等情况时，不会对发行人正常生产经营产生重大不利影响。

（3）充分披露权属证书的办理进展，是否存在办理障碍；保荐机构及发行人律师应核查该等权属证书的办理进展、并对发行人取得该等权属证书是否存在实质性障碍发表明确意见。

（4）该等地上建筑可由相关主管部门确认是否属于违章建筑；证明发行人是否存在因违反不动产或土地、房产管理相关法律法规而受到行政处罚的情形。

（5）实际控制人出具承诺，承诺若因发行人使用未取得权证的土地和房屋，导致被行政处罚或实施搬迁的，实际控制人将承担上述费用等。

2. 土地使用权、房屋所有权设置抵押的：

（1）详细披露土地使用权及房屋所有权用于抵押的债权相关情况，包括但不限于担保金额、担保期限、抵押权实现情形等；是否存在抵押权被行使的风险及对发行人的影响；如存在，应在风险因素中加以披露。

（2）说明抵押房屋及土地的具体用途，是否为发行人持续经营的关键性资产，是否为发行人重要的生产经营场所，取得替代性场所的难易程度；发行人募投项目中部分项目在设置抵押的土地上实施的，应当说明募投项目后续实施是否存在土地抵押权行使导致项目无法正常实施的风险或其他重大不利影响。

（3）保荐机构及发行人律师应结合相关担保合同中约定的抵押权实现情形、发行人偿债能力变动情况及发行人历史信用情况，对发行人设立抵押的土地使用权、房屋所有权是否存在变卖风险、抵押权人处置抵押物的可能性发表明确意见。

【具体核查要点】

1. 发行人及其子公司拥有的房屋建筑物是否均已办理产权证明，已有产权证明的房屋建筑物和房屋占用范围内的土地使用权是否在发行人或其子公司名下，房屋占用范围内的土地使用权性质，是否存在房产与其占用范围内的土地使用权为不同权利人所有等情况，产权证明文件记录的内容与实物是否一致等。

2. 未取得产权证书的原因，所使用土地的性质；相关土地使用权证的办理进展，是否存在实质性障碍；是否可能被行政处罚、是否构成重大违法行为；是否对发行人生产经营形成重大不利影响等。

3. 自建房屋未取得产权证的，是否已就自建的房屋建筑物取得了各建设阶段应当取得的批准或验收，建设用地是否取得了必要的批准手续，是否已经取得土地使用权证，办理房屋产权证明是否存在法律障碍。未取得产权证房屋的用途，是否为发行人主要生产经营用房，产权瑕疵是否对发行人生产经营形成重大不利影响等。

4. 土地使用权及房屋所有权抵押的基本情况，包括被担保债权情况、担保合同约定的抵押权实现情形、是否存在抵押权被行使的风险及对发行人的影响。

【核查方式】

1. 查阅发行人持有的不动产权证及相关审批文件；对于受让的房屋和土地使用权，查阅房屋买卖合同、价款支付凭证、资产评估报告、出让方合法拥有该出让房产的产权证明、房屋占用范围内的土地使用权证等相关文件。

2. 发行人自建房屋尚未取得不动产权证的，应查阅建设项目批准文件、建造房屋的建设用地规划许可证、建设工程规划许可证、建设工程施工许可证、竣工验收资料等各阶段应取得的批准或验收等文件。

3. 涉及使用农村集体土地的，应核查土地承包经营权证、土地承包经营权流转合同；涉及使用林地、草原、海域的，应核查林权证、草原所有权证、草原使用权证、海域使用权证等权属凭证，及相应的权属流转合同、登记备案凭证等。

4. 实地走访查看相关土地、房屋的相关情况。

5. 查阅发行人实际控制人的承诺函。

6. 查阅发行人出具的关于土地及房屋建设、使用相关情况的说明。

7. 查验发行人不动产权查询证明、登记证明及抵押查询证明。

8. 查验发行人土地使用权、房屋产权抵押相关主合同。

9. 访谈发行人的高级管理人员、生产部门、设备管理部门及基建部门、财务负责人等；了解发行人及其子公司房屋建筑物的范围、取得方式、用途及实际使用情况、使用期限等。

10. 走访相关主管部门，获取该等主管部门对发行人土地、房屋权属的确认，及证明发行人是否存在因违反土地、房产管理相关法律法规而受到行政处罚的书面文件。

11. 登录国家企业信用信息公示系统、信用中国等相关网站进行公开信息查询查阅房屋的立项备案、环评批复、用地规划许可证、工程规划许可证、建筑工程施工许可证及竣工验收等建设审批资料。

三、参考规范

《首发业务若干问题解答》

问题18、土地使用权是企业赖以生产发展的物质基础，对于生产型企业尤其重要。中介机构核查及发行人披露涉土地资产时，应重点把握哪些方面？

答：发行人存在使用或租赁使用集体建设用地、划拨地、农用地、耕地、基本农田及其上建造的房产等情形的，保荐机构和发行人律师应对其取得和使用是否符合《土地管理法》等法律法规的规定、是否依法办理了必要的审批或租赁备案手续、有关房产是否为合法建筑、是否可能被行政处罚、是否构成重大违法行为出具明确意见，说明具体理由和依据。

上述土地为发行人自有或虽为租赁但房产为自建的，如存在不规范情形且短期内无法整改，保荐机构和发行人律师应结合该土地或房产的面积占发行人全部土地或房产面积的比例、使用上述土地或房产产生的收入、毛利、利润情况，评估其对于发行人的重要性。如面积占比较低、对生产经营影响不大，应披露将来如因土地问题被处罚的责任承担主体、搬迁的费用及承担主体、有无下一步解决措施等，并对该等事项做重大风险提示。

发行人生产经营用的主要房产系租赁上述土地上所建房产的，如存在不规范情形，原则上不构成发行上市障碍。保荐机构和发行人律师应就其是否对发行人持续经营构成重大影响发表明确意见。发行人应披露如因土地问题被处罚的责任承担主体、搬迁的费用及承担主体、有无下一步解决措施等，并对该等事项做重大风险提示。

发行人募投用地尚未取得的，需披露募投用地的计划、取得土地的具体安排、进度等。保荐机构、发行人律师需对募投用地是否符合土地政策、城市规划、募投用地落实的风险等进行核查并发表明确意见。

其他参考规范:《土地管理法》《城市房地产管理法》《建筑法》《城市房地产开发经营管理条例》等。

第三节 共有专利

专利权共有，是指一项获得专利权的发明创造由两个以上的单位、个人或者单位与个人共同所有。实践中共有专利情形主要有依合同的约定产生的共有、协商共有、因实际合作研究行为形成的共有等。

截至 2020 年 12 月 31 日，博瑞医药、龙软科技、百奥泰、吉贝尔、中控技术、江苏北人、泽达易盛、复旦张江等企业被发审委问及共有专利相关的问题。

一、典型案例

百奥泰（688177）

百奥泰生物制药股份有限公司（以下简称发行人）2019 年 7 月 8 日提交的招股说明书（申报稿）披露：发行人与暨南大学为专利“一种快速检测重金属离子的免疫学方法与试剂盒”的共有权人。

针对上述情形，发审委要求发行人对下列事项进行说明，并要求保荐机构、发行人律师核查并发表明确意见：发行人与其他方关于共同拥有专利的具体安排，包括但不限于双方的权利义务、相关专利权的使用和利益分配等；发行人核心技术对共有专利是否存在依赖，发行人持续经营能力是否依赖于共有专利或相关单位；共有专利事项是否存在纠纷或潜在纠纷。

根据发行人律师出具的补充法律意见书披露显示：[1]

1. 发行人与其他方关于共同拥有专利的具体安排，包括但不限于双方的权利义务、相关专利权的使用和利益分配等

发行人已取得授权的专利中，仅中国境内专利“一种快速检测重金属离子的免疫学方法与试剂盒”（专利号：ZL201010539824.8）为共有专利（以下简称共有专利），由发行人与暨南大学共有。共有专利的详细情况如表105所示：

表105

序号	专利名称	专利类型	专利权人	证书号	专利号	申请日	专利权期限	取得方式	他项权利
1	一种快速检测重金属离子的免疫学方法与试剂盒	发明	暨南大学；发行人	1258544	ZL201010539824.8	2010年11月11日	20年	申请取得	无

共有专利与发行人主营业务的关联度较小，发行人不曾自行或许可他人实施共有专利，未来亦不会自行或许可他人实施共有专利。发行人和暨南大学未对共有专利所涉及的专利共有人双方的权利义务、相关专利权的享有、处分、使用和利益分配等作出过任何约定或安排，双方同意按照《专利法》及其实施细则等相关法律法规的规定行使共有专利的专利权；截至目前双方不存在任何与共有专利相关的争议或潜在争议。

《专利法》第十五条规定，专利申请权或者专利权的共有人对权利的行使有约定的，从其约定。没有约定的，共有人可以单独实施或者以普通许可方式许可他人实施该专利；许可他人实施该专利的，收取的使用费应当在共有人之间分配。除前款规定的情形外，行使共有的专利申请权或者专利权应当取得全体共有人的同意。

综上所述，发行人作为共有专利的共有人可以单独实施或者以普通许可方式许可他人实施该专利；许可他人实施该专利的，收取的使用费应当在发行人和暨南大学之间分配；除前述情形外，发行人持续经营能力是否依赖于共有专利或相关单位行人或暨南大学行使共有专利的专利权应当取得另一方的同意。同时，鉴于共有专利与发行人主营业务的关联度较小，发行人未曾自行或许可他人实施共有专利，未来亦不会自行或许可他人实施共有专利。共有专利作为发行人和暨南大学共有专利且发行人和暨南大学未对共有专利所涉及的专利共有人双方的权利义务、相关专利权的享有、处

〔1〕《北京市君合律师事务所关于百奥泰生物制药股份有限公司在中国境内首次公开发行人民币普通股股票并在科创板上市的补充法律意见（一）》，载上海证券交易所网，http：//static.sse.com.cn/stock/information/c/201909/77a62f3297d9452e944c0d7f1259bdb7.pdf，最后访问日期：2021年5月21日。

分、使用和利益分配等作出过任何约定或安排，不会对发行人、发行人本次发行上市造成重大不利影响。

2. 发行人核心技术对共有专利是否存在依赖

发行人除与暨南大学共同拥有专利"一种快速检测重金属离子的免疫学方法与试剂盒"外，不存在其他共有专利。共有专利的形成过程及具体来源如下：2008 年，暨南大学委托百奥泰有限进行抗 Pb 单克隆抗体检测试剂盒开发，由百奥泰有限的员工秦超指导当时暨南大学的硕士在读研究生包财（现为发行人的员工）在百奥泰实验室进行研究开发工作；2010 年，该研究课题完成，形成专利技术，因该专利技术由发行人和暨南大学共同研发，故由发行人和暨南大学共同于 2010 年 11 月将该研究成果申请专利；2013 年，发行人和暨南大学共同作为专利权人获得专利授权。目前发行人负责缴纳官方年费。根据发行人的说明，发行人和暨南大学未对共有专利所涉及的专利共有人双方的权利义务、相关专利权的享有、处分、使用和利益分配等作出过任何约定或安排，双方同意按照《专利法》及其实施细则等相关法律法规的规定行使共有专利的专利权。

共有专利未应用于发行人任何在研产品，发行人亦未基于共有专利产生任何其他专利或其他知识产权。发行人核心技术对共有专利不存在依赖，发行人持续经营能力不依赖于共有专利或相关单位。

3. 共有专利事项是否存在纠纷或潜在纠纷

发行人与暨南大学之间不存在任何与共有专利相关的纠纷或潜在纠纷。

泽达易盛（688555）

泽达易盛（天津）科技股份有限公司（以下简称发行人）2019 年 6 月 13 日提交的招股说明书（申报稿）披露：发行人拥有的专利中部分为与其他主体共有。

针对上述情形，发审委要求发行人对下列事项进行说明，并要求保荐机构、发行人律师核查并发表明确意见：发行人与其他方关于共同拥有专利的具体安排，包括但不限于双方的权利义务、相关专利权的使用和利益分配等；发行人核心技术对共有专利是否存在依赖，发行人持续经营能力是否依赖于共有专利或相关单位；共有专利事项是否存在纠纷或潜在纠纷。

根据发行人律师出具的补充法律意见书披露显示：[1]

---

〔1〕《北京市康达律师事务所关于泽达易盛（天津）科技股份有限公司首次公开发行股票并在科创板上市的补充法律意见（一）》，载上海证券交易所网，http：//static.sse.com.cn/stock/information/c/201909/9d29a3affdd543f9bb99f1f3b629bd17.pdf，最后访问日期：2021 年 5 月 21 日。

1. 发行人共有专利的情况

发行人存在“一种高纯度低聚体莲房原花青素制备方法”“一种中药醇沉工艺过程药液 pH 在线检测方法”两项专利与其他方共有情况，就该专利共有情况，发行人与相关方签署《专利所有权共有协议》，具体情况如下：

（1）一种中药醇沉工艺过程药液 pH 在线检测方法

苏州泽达与苏州浙远自动化工程有限公司签署的《专利所有权共有协议》约定，“一种中药醇沉工艺过程药液 pH 在线检测方法”的所有权由双方按 50∶50 的比例共同所有。一方有权不经另一方同意使用该专利，使用该专利产生的收益由各自享有；苏州泽达有权不经苏州浙远自动化工程有限公司同意将该专利授权或者转让给其他方使用，苏州浙远自动化工程有限公司将该专利授权或者转让给其他方须经苏州泽达事先同意，未经苏州泽达同意的授权或转让行为无效且苏州浙远自动化工程有限公司授权或转让产生的收益全部归苏州泽达所有，苏州泽达有其他损失的，苏州浙远自动化工程有限公司应全额予以赔偿。双方基于该专利后续改进工艺、改良方式等产生的其他新的技术，由新技术的改进方或者改良方所有。

上述专利是基于发行人制药工艺过程参数测控与知识优化技术这一核心技术开发形成的，旨在为数据采集与监视系统（SCADA）提供更加准确的数据来源，应用于苏州泽达的信息化产品，为发行人的核心技术之一。发行人有权不经其同意使用该专利，使用该专利产生的收益由发行人享有。

（2）一种高纯度低聚体莲房原花青素制备方法

苏州泽达与浙江大学苏州工业技术研究院签署的《专利所有权共有协议》约定，“一种高纯度低聚体莲房原花青素制备方法”的所有权由双方按 50∶50 的比例共同所有。一方有权不经另一方同意使用该专利，使用该专利产生的收益由各自享有；苏州泽达有权不经浙江大学苏州工业技术研究院同意将该专利授权或者转让给其他方使用，浙江大学苏州工业技术研究院将该专利授权或者转让给其他方须经苏州泽达事先同意，未经苏州泽达同意的授权或转让行为无效且浙江大学苏州工业技术研究院授权或转让产生的收益全部归苏州泽达所有，苏州泽达有其他损失的，浙江大学苏州工业技术研究院应全额予以赔偿。双方基于该专利后续改进工艺、改良方式等产生的其他新的技术，由新技术的改进方或者改良方所有。经核查，上述专利是发行人基于制药工艺过程参数测控与知识优化技术这一核心技术主导研发的莲房原花青素提纯的新工艺，具有提取纯度高、工艺稳定等优点，可替代以往相对落后的提纯工艺，主要用于为制药企业提升工艺水平，为发行人的核心技术之一。根据发行人与浙江大学苏州工业技术研究院签订的《专利所有权共有协议》，发行人有权不经其同意使用该专利，使用该专利产生的收益由发行人享有。

发行人持有的上述两项共有专利均与发行人核心技术“制药工艺过程参数测控与知识优化技术”相关，发行人与制药工艺过程参数测控与知识优化技术相关的专利合计 19 项（含两项共有专利），该项核心技术对两项共有专利不存在依赖。发行人同专利共有方签订的《专利所有权共有协议》业已对两项共有专利的权利和义务进行明确划分，发行人有权不经其同意使用该专利，使用该专利产生的收益由发行人享有，发行人持续经营能力不依赖于专利共有人。

2. 共有专利事项不存在纠纷或潜在纠纷

苏州泽达、浙江大学苏州工业技术研究院出具说明，双方对共有专利即“一种高纯度低聚体莲房原花青素制备方法”无争议，不存在纠纷或潜在纠纷。苏州泽达、苏州浙远自动化工程有限公司出具说明，双方对共有专利即“一种中药醇沉工艺过程药液 pH 在线检测方法”无争议，不存在纠纷或潜在纠纷。

中控技术（688777）

浙江中控技术股份有限公司（以下简称发行人）2020 年 3 月 25 日提交的招股说明书（申报稿）披露：发行人存在 48 项与其他方共有的专利，其中 45 项系与浙江大学共有，2 项系与浙江大学、中控集团共有，1 项系与浙江致中和实业有限公司共有。此外，公司董事金建祥、副总裁兼总工程师黄文君及副总裁俞海斌系浙江大学在职人员。

针对上述情形，发审委要求发行人对下列事项进行披露，并要求保荐机构、发行人律师核查并发表明确意见：上述共有专利形成的原因，发行人与专利共有权人关于专利使用的约定，上述专利在发行人生产经营中发挥的具体作用，是否属于核心技术；发行人与浙江大学是否存在转让专利及非专利技术、核心设备等情形，是否与浙江大学签署技术合作、业务合作等协议，是否与浙江大学存在科研成果转化的机制安排，发行人技术高管及核心技术人员是否主要来自浙江大学，发行人核心技术是否存在纠纷或潜在纠纷。

根据发行人律师出具的补充法律意见书披露显示：[1]

1. 上述共有专利形成的原因，发行人与专利共有权人关于专利使用的约定，上述专利在发行人生产经营中发挥的具体作用，是否属于核心技术。

截至 2019 年 12 月 31 日，发行人存在 51 项与其他方共有的专利，其中 46 项系

〔1〕《北京市金杜律师事务所关于浙江中控技术股份有限公司首次公开发行股票并在科创板上市之补充法律意见书（一）》，载上海证券交易所网，http：//static.sse.com.cn/stock/information/c/202005/bc662d8956d2449bb2cd06258f357417.pdf，最后访问日期：2021 年 5 月 21 日。

与浙江大学共有，2 项系与浙江大学、中控集团共有，2 项系与新能能源有限公司共有，1 项系与浙江致中和实业有限公司共有，具体情况如表 106 所示：

表 106

序号	专利权人	专利名称	专利号	专利类型	有效期限	取得方式	对应产品	应用情况	重要程度
1	中控技术、浙江大学	一种能实现网络冗余供电的以太网集线器	ZL01131996.8	发明	2001.10.22~2021.10.21	原始取得	EPA	备用	非核心
2	中控技术、浙江大学	能实现以太网通信并由网络冗余供电的变送器	ZL01132306.X	发明	2001.11.22~2021.11.21	原始取得	EPA	备用	非核心
3	中控技术、浙江大学	能实现以太网通信并由网络冗余供电的电动执行机构	ZL02110525.1	发明	2002.01.08~2022.01.07	原始取得	EPA	备用	非核心
4	中控技术、浙江大学	可插拔模件的带电插拔控制电路及其控制方法	ZL02155165.0	发明	2002.12.16~2022.12.15	原始取得	控制系统	已替代	非核心
……	……	……	……	……	……	……	……	……	……
50	新能能源有限公司、中控技术	煤催化气化安全监控系统	ZL201920502343.6	实用新型	2019.04.12~2029.04.11	原始取得	客户专用	在用	非核心
51	中控系统工程、浙江致中和实业有限公司	白酒自动化勾兑生产线中自动清理管道余酒系统	ZL201420285816.9	实用新型	2014.05.30~2024.05.29	原始取得	客户专用	在用	非核心

注：第 45、49、50 项专利分别系 2019 年 12 月 24 日、2019 年 12 月 31 日、2019 年 12 月 20 日取得证书。

（1）与浙江大学共有的专利

发行人与浙江大学共有的专利合计 48 项，其中 46 项系与浙江大学共有，2 项系与浙江大学、中控集团共有。全部专利中，一种总线高速通信的方法及接口、一种动态链接库 DLL 文件的处理方法和装置、一种计算硫元素含量的方法和系统、一种对工业领域通信过程加密的方法及数据采集设备、无纸记录仪及无纸记录仪数据存储方法和一种热能量收集的无线数据采集系统等 6 项专利系基于共同研发取得，双方共同申请专利；其余 42 项与浙江大学共有的专利系发行人于 2019 年 5 月将浙江大学增补为共同申请人或共同专利权人而形成，尽管专利发明人在公司担任职务、领取薪酬，从事公司的研发活动，但因该类专利的部分发明人当时系浙江大学老师，公司综合考虑支持学校发展和避免潜在纠纷等因素，主动将浙江大学增补为共同申请人或共同专利权人。

发行人与浙江大学不存在诉讼、仲裁，未产生过相关纠纷，亦未就上述共有专利与浙江大学进行专门约定，而系根据《专利法》（2008 修正）行使专利权。根据《专利法》，发行人和浙江大学均可以单独实施或者以普通许可方式许可他人实施该类专利（如收取许可使用费，应当与共有人进行分配），但未经发行人许可不得将该类共有专利转让给第三方。

发行人与浙江大学之间共有的 48 项专利按使用范围划分包括 EPA 相关专利、控制系统相关专利、工业软件相关专利和自动化仪表相关专利四种情形。根据共有专利在生产经营中发挥的具体作用和行业影响力，48 项共有专利可以分为两类：一是在生产经营中不发挥主要作用，且不具有较强行业影响力的专利，包括一种能实现网络冗余供电的以太网集线器等 42 项专利，其主要系研究过程中产生的备用技术、对产品贡献率较低且已被替代的技术或用户单一项目产生为推广应用的技术等。二是对应公司核心产品或具有较强的行业影响力，主要包括一种网络隔离型工业现场控制控制器及其实现方法等 6 项专利。

① EPA 相关专利

EPA 相关共有专利是发行人和浙江大学联合制订 EPA 国际标准，以及发行人承担 EPA 控制系统（EPA-100 系统）产品研发过程中产生的专利技术。EPA-100 系统占发行人营业收入的比重较小，相关专利在公司生产中的作用较小。但鉴于 EPA 标准具有较强的行业影响力，因而将其中的一种网络隔离型工业现场控制控制器及其实现方法、实现以太网确定性通信的调度方法等两项专利认定为核心专利。

②控制系统相关专利

控制系统相关专利是发行人在控制系统研发过程中产生的专利技术，控制器、多重冗余控制系统及其同步控制方法；对 IP 地址冲突进行容灾处理的方法和装置以及相应设备、基于 SNTP 的时钟同步控制方法、装置及系统等三项专利分别系对应公司 TCS-900 系统、GCSG5 系统和 ECS-700 系统应用的重要技术之一，将其认定为核心专利。但是，随着持续的研发投入和技术迭代更新，发行人已在上述三项专利技术方面储备了多套技术方案或研发了更高精度的控制技术。发行人控制系统是由数十个专利技术、潜在平台技术和行业经验综合而成，单一专利共享或第三方授权不能复制一套控制系统，不构成对发行人生产经营的重大不利影响。

③工业软件相关专利

工业软件相关专利是发行人在工业软件研发过程中产生的专利技术，一种复杂管网模拟仿真计算方法及装置专利是发行人工业软件产品应用的重要技术，将其认定为核心专利。但是，该专利技术系发行人早期版本的管网模拟软件重要技术之一，经过近几年技术积累和发展，发行人已经开发了新技术框架下功能多元的管网模拟软件技术。发行人工业软件对单一专利不存在依赖关系，单一专利共享或第三方授权不能复制一套工业软件产品，不构成对发行人生产经营的重大不利影响。

④自动化仪表相关专利

自动化仪表相关专利是发行人在自动化仪表研发过程中产生的专利技术，全部三项共有专利均未在生产过程中发挥重要作用，不涉及核心专利，其中两项系实用新型专利，一项系公司研制无纸记录仪过程中产生的备用技术，未实际应用。

综上所述，发行人全部48项共有专利中，2项专利具有较强的行业影响力，4项专利属于对应发行人主要产品的重要技术，合计占发行人全部专利数量的比重仅为2.21%，占全部发明专利数量的比重仅为3.51%，且发行人已经拥有相关的技术储备或实现了技术升级，发行人核心产品不存在对某项共有专利的依赖关系，发行人与浙江大学共有专利的重要性程度总体较小。

（2）与浙江大学、中控集团的共有专利

瓦斯系统平衡与优化调度方法、装置及系统、无纸记录仪及无纸记录仪数据存储方法两项专利系发行人与中控集团、浙江大学共有。中控集团系发行人实际控制人控制的其他企业，上述专利系发行人与中控集团共同申请取得，后于2019年5月增补浙江大学为共同专利权人。

中控集团出具确认函，发行人实施、许可或质押该类各项专利时，无须取得中控集团同意，由此所获得的归属于中控集团的利益（如有）由发行人享有；未经发行人同意，中控集团不主动实施或许可上述各项专利；发行人与中控集团就上述专利不存在诉讼、仲裁或其他纠纷。

两项专利均为非核心专利，其中，瓦斯系统平衡与优化调度方法、装置及系统为“镇海炼化瓦斯系统平衡与优化调度项目”定制，仅在该项目中使用，未推广应用；无纸记录仪及无纸记录仪数据存储方法系公司研制无纸记录仪过程中产生的备用技术，未实际应用。

（3）与新能源有限公司的共有专利

煤加氢气化安全监控系统、煤催化气化安全监控系统两项实用新型专利，系发行人与新能源有限公司共有。新能源有限公司系发行人客户，根据发行人与新能源有限公司签署的技术协议，发行人为新能源有限公司定制开发催化气化、加氢气化装置仿真系统，在项目实施过程中，双方共同申请并取得上述专利。

双方未就相关专利进行约定，煤加氢气化安全监控系统、煤催化气化安全监控系统两项专利均系实用新型专利，均为非核心专利，且均与新能源有限公司项目相关，发行人未将其应用至其他产品的生产中。

（4）与浙江致中和实业有限公司的共有专利

白酒自动化勾兑生产线中自动清理管道余酒系统实用新型专利系发行人与浙江致中和实业有限公司共有。浙江致中和实业有限公司系发行人客户，根据发行人与浙江致中和实业有限公司签署的购销合同，发行人负责浙江致中和实业有限公司莲子酒酿造车间管道安装及自动化工程项目，在项目实施过程中，双方共同申请并取得上述专利。

双方未就相关专利进行约定，白酒自动化勾兑生产线中自动清理管道余酒系统系实用新型专利，为非核心专利，与客户的设备工艺相关，发行人未将其应用至其他产品的生产中。

2. 发行人与浙江大学是否存在转让专利及非专利技术、核心设备等情形，是否与浙江大学签署技术合作、业务合作等协议，是否与浙江大学存在科研成果转化的机制安排，发行人技术高管及核心技术人员是否主要来自浙江大学。

（1）发行人与浙江大学之间转让专利及非专利技术、核心设备等情形

除增补浙江大学为共同申请人或共同专利权人以外，报告期内发行人与浙江大学不存在转让专利及非专利技术、核心设备等情形。

（2）发行人与浙江大学签署技术合作、业务合作等协议及科研成果转化的机制安排

双方约定的成果转化机制安排如表 107 所示：

表 107

序号	项目 / 课题名称	执行期间	科研成果转化的机制安排
1	面向重大工程自主可控的高性能智能控制系统研发及应用	2020.01~2022.12	本项目产生的知识产权，双方合作共同研究的部分，归双方共有；由甲方（中控技术）自行研究的部分归甲方所有，由乙方（浙江大学）自行研究的部分归乙方所有。甲方原有的知识产权归甲方所有，乙方原有的知识产权归乙方所有

续表

序号	项目 / 课题名称	执行期间	科研成果转化的机制安排
2	面向流程行业支持软件定义的网络协同制造支撑平台研发	2019.12~2022.11	本项目产生的知识产权，双方共同合作研究的部分，归双方所有；由甲方（中控技术）自行研究的部分归甲方所有，由乙方（浙江大学）自行研究的部分归乙方所有。甲方原有的知识产权归甲方所有，乙方原有的知识产权归乙方所有
3	智能工厂分布式协同控制的系统架构与服务、控制模型研究	2019.06~2022.05	本课题任务研究所产生的成果及知识产权归甲、乙双方共同享有。在知识产权未获得保护前，双方均不得以任何方式向第三方泄露
4	工业控制系统安全保护技术应用示范	2018.07~2021.06	本项目产生的知识产权，双方合作共同研究的部分归双方共有；由甲方（中控技术）自行研发的部分归甲方所有，由乙方（浙江大学）自行研究的部分归乙方所有。甲方原有的知识产权归甲方所有，乙方所有的知识产权归乙方所有，在项目执行期间，可在项目组范围内共享
5	氟化工过程设备协同管控与故障在线诊断技术研究	2018.07~2021.06	1. 独自完成的科技成果及获得的知识产权归双方独自所有，相关成果被授予的奖励归双方独自所有。双方共同完成的科技成果及其形成的知识产权归双方共有，共同享有知识产权使用权，相关成果获得的荣誉和奖励归完成双方共有。 2. 无论是独有还是共有的知识产权转让，项目各参与方有以同等条件优先受让的权利
……	……	……	……
10	腹腔镜手术自动控制装置的研制	2014.01~2017.01	甲乙双方在执行本课题之前各自所获得的知识产权及相应权益均归各自所有，不因共同执行本课题而改变；合作过程由一方独立完成的科技成果及知识产权归完成方所有，另一方享有同等条件优先受让权；双方合作完成的科技成果及知识产权归双方共有，其收益分享由双方在技术许可前另行约定
11	千瓦级微波等离子体炬光谱仪的开发和应用	2013.01~2017.12	1. 执行本项目过程中，基于甲乙双方各自独立完成的开发成果所形成的知识产权，归实际完成方所有。 2. 执行本项目过程中，基于甲乙双方合作完成的开发成果所形成的知识产权，双方共同所有。按照双方的资金、人员、技术、物质条件等投入情况，双方协商确定各自的份额，本项目的申报的资金投入表可作为参考依据。涉及对外转让或者合作投资公司时，根据当时的转让或者投资项目情况另行书面约定

（3）发行人技术高管及核心技术人员非主要来自浙江大学

发行人的技术高管为黄文君，其于1998年4月毕业于浙江大学工业自动化专业，1998年4月至今，历任浙江大学高级工程师、研究员、博士生导师。目前，任中控技术副总裁兼总工程师，其在中控技术任职已经获得浙江大学和控制科学和工程学院的同意。

发行人的4名核心技术人员分别为裘坤、陆卫军、姚杰和陈宇，其中裘坤和陈宇毕业于浙江大学，但该2名人员系发行人的全职员工，未具有浙江大学的教职员身份，也未曾具有在浙江大学的履职经历；其余2名核心技术人员陆卫军和姚杰的毕业院校和履职经历和浙江大学不存在关联关系。

吉贝尔（688566）

江苏吉贝尔药业股份有限公司（以下简称发行人）2019年6月25日提交的招股说明书（申报稿）披露：发行人共取得专利12项，其中2项与镇江圣安医药有限公司共有、1项与南京理工大学共有。

针对上述情形，发审委要求发行人对下列事项补充披露，并要求保荐机构、发行人律师核查并发表明确意见：共同持有专利的背景、关于权益分配的主要约定、是否涉及发行人主营产品或核心技术、是否存在纠纷或潜在纠纷。

根据发行人律师出具的补充法律意见书披露显示：[1]

1. 发行人与镇江圣安医药有限公司共同持有的专利

双方合作背景为看好抑郁药市场发展前景，考虑到项目的难度和风险，项目实施采用分阶段推进方式。双方关于上市阶段的权益分配约定如表108所示：

表108

上市阶段	发行人收益占比	镇江圣安收益占比
	90%	10%，上市分配期10年

注：上市阶段，镇江圣安医药有限公司收益占比10%，是指所研发药品上市后产生的利润按10%分配给镇江圣安医药有限公司，或对文号可能产生的处置收益等镇江圣安医药有限公司享有10%的收益，不包括发行人投入的厂房、设备、土地等硬件。分配期从取得该品种药品生产批件开始计算。

根据《技术开发合同》，双方为共同专利权人，发行人对该专利具有独家使用权。双方之间合同执行情况与合同约定情况一致，不存在纠纷或潜在纠纷。

---

〔1〕《北京市金杜律师事务所关于江苏吉贝尔药业股份有限公司首次公开发行股票并在上海证券交易所科创板上市的补充法律意见书（一）》，载上海证券交易所网，http://static.sse.com.cn/stock/information/c/201909/970d8d764ed94ae299a75610d2f4cce6.pdf，最后访问日期：2021年5月21日。

发行人与镇江圣安医药有限公司共同持有的专利属于公司氘代药物研发技术成果之一，主要用于研发一类新药JJH201501，其是一种新型的多受体作用机制的抗抑郁药，JJH201501已于2018年7月获得国家药物临床试验批件（批件号：2018L02861），现正在开展临床研究，尚未被应用到发行人目前的主营产品，属于发行人的核心技术。

2. 发行人与南京理工大学共同持有的专利

双方合作背景为双方希望合作开发他卡西醇和卡泊三醇合成与工艺研究项目，该项目的权益分配情况为研究技术成果归吉贝尔药业所有，南京理工大学享有发表论文、专利发明人署名的权利。双方之间合同执行情况与合同约定情况一致，不存在纠纷。

发行人的主营产品为利可君片、玉屏风胶囊、醋氯芬酸肠溶片、尼群洛尔片，主要产品涉及的核心技术为利可君工艺技术、利可君质量检测技术、玉屏风制剂工艺技术、醋氯芬酸工艺技术、尼群洛尔片生产工艺技术，同时，发行人构建了以复方制剂研发技术、氘代药物研发技术、脂质体药物研发技术为支撑的研发技术平台。

发行人与南京理工大学共同持有的专利目前未被应用到发行人目前的主营产品，不属于发行人的核心技术。

二、解决思路

发行人与相关方进行专利合作开发是较为常见的经营行为，技术成果的归属和合作双方的权利义务通常由《合作开发协议》约束，但《合作开发协议》的履行中可能会产生纠纷和潜在纠纷，对发行上市造成不利影响。

目前，发审委对于发行人共有专利的具体安排，核心技术对共有专利是否存在依赖，共有专利事项是否存在纠纷或潜在纠纷等问题较为关注。

1. 尽量取得共有专利的全部权属，可签订技术转让合同或约定由拟上市公司享有该共有专利的独占实施权。无法取得共有专利全部权属时，尽可能与共有方约定共有专利的实施、许可实施、处分、维持及保护的具体安排。

2. 核查共有专利对发行人收入和毛利贡献占比，以确认共有专利是否为发行人的核心专利和技术，以及发行人核心技术对共有专利是否存在依赖，共有专利的权利限制是否会对发行人生产经营产生重大不利影响，影响发行人持续经营能力。

3. 对于共有专利是否存在纠纷或者潜在纠纷，发行人可取得共有各方相应的声明与承诺以降低风险。

【具体核查要点】

1. 共有专利权完整性，共有专利权的来源是否合法合规；权利行使是否存在限制；是否存在不确定性等。

2. 共有专利权是否影响发行人持续经营能力，发行人核心技术是否对共有专利存在依赖；是否存在他方使用共有专利研发或生产发行人竞争产品的情形；共有专利在发行人生产经营中发挥的具体作用，是否属于发行人核心技术。

3. 共有专利形成的原因，共有专利事项是否存在纠纷或潜在纠纷等。

【核查方式】

1. 访谈发行人高级管理人员、研发人员及专利共有人，了解共有专利的取得过程、使用情况、重要程度、是否存在权属纠纷等；

2. 查验发行人专利证书、专利申请表等相关材料，核查共有专利情况；

3. 查询国家知识产权局专利局网站，了解专利状态及发行人与其他方共有专利情况；

4. 前往国家知识产权局专利局调取专利副本，核查专利法律状态；

5. 查阅发行人出具的确认函、发行人与专利共有人签署的合同等相关文件，了解共有专利的产生背景、取得过程及权属纠纷情况；

6. 核查发行人的销售单及销售收入、财务报表等。

三、参考规范

《专利法》

第八条　两个以上单位或者个人合作完成的发明创造、一个单位或者个人接受其他单位或者个人委托所完成的发明创造，除另有协议的以外，申请专利的权利属于完成或者共同完成的单位或者个人；申请被批准后，申请的单位或者个人为专利权人。

第十四条　专利申请权或者专利权的共有人对权利的行使有约定的，从其约定。没有约定的，共有人可以单独实施或者以普通许可方式许可他人实施该专利；许可他人实施该专利的，收取的使用费应当在共有人之间分配。

除前款规定的情形外，行使共有的专利申请权或者专利权应当取得全体共有人的同意。

《上海证券交易所科创板股票上市规则》

8.2.4 上市公司发生下列重大风险事项的，应当及时披露其对公司核心竞争力和持续经营能力的具体影响：

……（四）核心商标、专利、专有技术、特许经营权或者核心技术许可丧失、到期或者出现重大纠纷；……

《深圳证券交易所创业板股票上市规则》

3.2.6 上市公司出现下列使公司的核心竞争力面临重大风险情形的，保荐机构应当就相关事项对公司核心竞争力和日常经营的影响以及是否存在其他未披露重大风险发表意见并披露：

……（二）公司在用的核心商标、专利、专有技术、特许经营权等重要资产或者核心技术许可到期、出现重大纠纷、被限制使用或者发生其他重大不利变化；……

《科创板首次公开发行股票注册管理办法（试行）》

第十二条　发行人业务完整，具有直接面向市场独立持续经营的能力：

……（三）发行人不存在主要资产、核心技术、商标等的重大权属纠纷，重大偿债风险，重大担保、诉讼、仲裁等或有事项，经营环境已经或者将要发生重大变化等对持续经营有重大不利影响的事项。

第四节　受让专利

专利转让，是指专利权人将专利的所有权或使用权进行转让从而使受让者获得该专利的所有权或使用权的过程。

截至 2020 年 12 月 31 日，凯赛生物、键凯科技、新光光电、申联生物、佰仁医疗等三十余家企业被发审委问及受让专利的相关问题。

一、典型案例

凯赛生物（688065）

上海凯赛生物技术股份有限公司（以下简称发行人）2019 年 12 月 10 日提交的招股说明书（申报稿）披露：发行人部分商标与 CIB 共有，其中 37 项商标由 CIB 转让给发行人，目前正在办理转让手续。发行人及其子公司共拥有 109 项境内专利，13 项境外专利。

针对上述情形，发审委要求发行人对下列事项进行说明，并要求保荐机构、发行人律师核查并发表明确意见：受让的专利是否权属清晰，是否存在纠纷或潜在纠纷，CIB 及实际控制人是否还持有与发行人业务相关的知识产权；从 CIB 无偿受让的专利所有权、正在申请中的专利申请权以及商标的行为，从交易的经济实质上是否属于控股股东、控股股东控制的其他关联方或实际控制人的资本投入，是否应当作为权益交易；上述无偿转让行为是否需要缴纳相关税费。

根据发行人律师出具的补充法律意见书披露显示：[1]

〔1〕《上海市锦天城律师事务所关于上海凯赛生物技术股份有限公司首次公开发行股票并在科创板上市的补充法律意见书（一）》，载上海证券交易所网，http：//static.sse.com.cn/stock/information/c/202003/ed130de484d244ceb6a9cfc89a372e0f.pdf，最后访问日期：2021 年 5 月 21 日。

1. 受让的专利是否权属清晰，是否存在纠纷或潜在纠纷，CIB 及实际控制人是否还持有与发行人业务相关的知识产权

发行人受让的专利权利人均为发行人及其子公司，专利权属清晰，除关于发行人作为原告针对山东瀚霖及其相关主体一系列知识产权诉讼的主动维权行为外，不存在其他专利纠纷或潜在纠纷。CIB 及实际控制人已不持有与发行人业务相关的知识产权。

2. 从 CIB 无偿受让的专利所有权、正在申请中的专利申请权以及商标的行为，从交易的经济实质上是否属于控股股东、控股股东控制的其他关联方或实际控制人的资本投入，是否应当作为权益交易；上述无偿转让行为是否需要缴纳相关税费

（1）过去将 CIB 登记为专利、商标的权利人之一，具有合理的商业背景，CIB 实为名义持有人

发行人实际控制人曾计划以 CIB 为上市主体于境外上市，在最终确定 A 股上市计划并选择发行人作为上市主体前，CIB 及各境内主体作为企业集团统一管理运作，相关专利的研发、应用及商标设计均由境内各主体实施。为了便于 CIB 体系内其他子公司被授权使用相关专利、商标，以及境外知识产权的维权和保护，相关知识产权基本选择以境外主体 CIB 和 / 或境内业务主体作为权利人进行登记，符合知识产权管理的商业惯例。后发行人成为拟上市主体，为符合 A 股上市独立性的要求，CIB 放弃了相关专利 / 专利申请的共有权和商标所有权，操作中以权利转让的方式不再登记为知识产权权利人。

（2）在相关知识产权变更登记至凯赛生物和 / 或其子公司前，CIB 将其名下知识产权均无偿授权凯赛生物及其子公司使用的安排具备合理的商业逻辑和公允性

CIB 未实际从事经营业务，相关专利的研发、应用和设计活动均由发行人、金乡凯赛等境内主体实施，相关专利、商标的申请和维持费用亦未由 CIB 承担，CIB 成为专利共有人及部分商标的商标权人，目的是更好地保护集团的无形资产，便于集团内各子公司更好地开展业务。因此，在经济实质上，相关专利和商标是由凯赛生物及其子公司控制、维护和使用，CIB 仅为相关专利和商标的名义共有人或持有人，并未实质控制和应用相关知识产权。因此，在相关知识产权变更登记至发行人和 / 或其子公司前，CIB 将名下知识产权无偿授权发行人及其子公司使用，符合商业逻辑和公允性，不属于控股股东、控股股东控制的其他关联方或实际控制人的资本性投入。

（3）CIB 将登记其在名下的专利、专利申请和商标变更登记至发行人和 / 或其子公司的行为，系为使发行人达到 A 股上市的独立性要求，并非实质意义上的转让行为，不具有商业实质

为符合 A 股上市的独立性要求，凯赛生物及 CIB 等关联方进行了资产重组，形

式上以CIB将登记其在名下的专利、专利申请和商标变更登记至凯赛生物和/或其子公司的方式操作，并非实质意义上的转让行为。在相关知识产权变更登记至凯赛生物和/或其子公司前，凯赛生物及其子公司实际上已通过作为相关专利的共有人或获取无偿授权等方式控制了相关知识产权，该形式上的变更登记行为并未给凯赛生物及其子公司带来增量的经济利益，也未给凯赛生物及其子公司的未来现金流量在风险、时间分布或金额方面造成实质影响。因此，该变更登记行为并不具有商业实质，不属于控股股东、控股股东控制的其他关联方或实际控制人的资本性投入，不属于权益交易。

此外，该等企业集团内的资产重组未实质损害任何第三方的权益，为A股上市前重组与规范的常规操作。

因此，CIB无偿授权和转让专利、专利申请和商标等事项具备合理的商业逻辑和公允性，不属于控股股东、控股股东控制的其他关联方或实际控制人的资本性投入，亦不需要缴纳相关税费。

新光光电（688011）

针对哈尔滨新光光电科技股份有限公司（以下简称发行人）提交的招股说明书披露内容，发审委要求保荐机构和发行人律师对下列事项进行核查并发表明确意见：发行人新增5项专利的原因及具体情况；相关核心技术保护措施及其是否充分；受让专利的基本情况，包括但不限于出让方、受让价格、受让专利在发行人产品中的应用，相关受让专利是否存在权属纠纷。

根据发行人律师出具的补充法律意见书披露显示：[1]

1. 发行人新增5项专利情况及原因如表109所示：

表109

序号	专利名称	专利号	专利权人	专利类型	取得方式	授权公告日
1	一种六套DMD叠加成像的高灰度红外景象生成方法	ZL201410549854.5	新光有限	发明专利	自主研发	2019.4.26
2	薄膜式红外—雷达波束合成器	ZL200810064605.1	深圳睿诚	发明专利	受让取得	2011.3.2

〔1〕《北京市康达律师事务所关于哈尔滨新光光电科技股份有限公司首次公开发行股票并在科创板上市的补充法律意见书（二）》，载上海证券交易所网，http：//static.sse.com.cn/stock/information/c/201905/0747b7a89d3042368cefed12acc112b1.pdf，最后访问日期：2021年5月21日。

续表

序号	专利名称	专利号	专利权人	专利类型	取得方式	授权公告日
3	一种基于DMD的宽波段动态光学景象生成方法及系统	ZL200910073038.0	深圳睿诚	发明专利	受让取得	2012.1.4
4	短积分时间内实现大灰度数的红外景象生成方法及系统	ZL200910073200.9	深圳睿诚	发明专利	受让取得	2011.8.31
5	一种用于细节成像的车载可变焦全景监控系统	ZL201410082475.X	深圳睿诚	发明专利	受让取得	2017.7.4

上述五项新增专利中，第1项“一种六套DMD叠加成像的高灰度红外景象生成方法”为发行人自主研发取得。第2项至第5项新增专利产生的原因为：2018年6月8日，发行人与哈尔滨工业大学资产投资经营有限责任公司、张学如、郭鑫民、张建隆共同出资成立深圳睿诚，注册资本500.00万元，其中发行人以货币出资400.00万元，哈尔滨工业大学资产投资经营有限责任公司以知识产权出资50.00万元，张学如以知识产权出资20.00万元，郭鑫民以知识产权出资20.00万元，张建隆以知识产权出资10.00万元。

2018年11月26日，哈尔滨工业大学作出《哈尔滨工业大学使用“薄膜式红外—雷达波束合成器”等四项专利技术对外投资的决定》，同意使用无形资产“薄膜式红外—雷达波束合成器”等四项专利技术对外投资，组建深圳睿诚。深圳睿诚注册资本500.00万元人民币，上述专利技术出资额为100.00万元，其中：哈尔滨工业大学资产投资经营有限责任公司代表学校持有50.00万元，根据学校有关政策，奖励给技术团队人员张学如、郭鑫民和张建隆50.00万元。

2019年3月25日，哈尔滨信合资产评估有限公司出具《哈尔滨工业大学资产投资经营有限责任公司、张学如、郭鑫民、张建隆拟以“薄膜式红外—雷达波束合成器”等四项无形资产—发明专利所有权对外投资项目资产评估报告书》（哈信合评报字〔2019〕第033号）。2019年4月2日，完成上述评估报告的国有资产评估项目备案工作。

2. 发行人核心技术保护措施充分有效

（1）发行人已为部分核心技术申请专利。目前，公司向国家知识产权局申请并取得专利申请受理通知书的专利共计24项。

（2）发行人与研发人员均签订了员工保密协议书，约定了技术类商业秘密和经营类商业秘密的保密内容、保密范围、保密期限、脱密期限以及合同相关方的权利和义务等，研发人员在职期间所完成的研发成果、作品等除得到公司核实为非职务成果的，均为职务成果，其知识产权均属于发行人所有。

（3）发行人确立了康为民、龙夫年、杨克君、李延伟、赵云峰和徐兴奎 6 名核心技术人员，并与包括核心技术人员在内的关键研发人员分别签订了员工竞业限制协议。员工竞业限制协议中约定，关键研发人员在职期间及离职后特定期间内均需要履行竞业禁止义务。

（4）发行人制定了技术管理制度、科研制度等系列制度文件，除对生产工艺、研发流程做出详细规定外，对科研成果管理的职责、保护、申报、推广与应用、奖励等事宜进行了明确规定，有效提高公司科研技术水平，促进公司科技创新发展。同时，发行人严格限制其技术秘密尤其是核心技术秘密的接触人员范围，防止核心技术的泄露。

（5）为调动研发人员科技创新的积极性，保证公司研发人员的稳定性，发行人成立了员工持股平台哈博永新、盈新龙飞，对部分核心技术人员及关键研发人员进行股权激励。

通过上述措施，发行人可以有效保护其核心技术，防止核心技术的泄露和流失。报告期内，发行人主要产品核心技术未发生被侵犯的情况。

3. 受让专利的基本情况，相关受让专利不存在权属纠纷

发行人受让专利的基本情况如表 110 所示：

表 110

<table>
<tr><th>序号</th><th>专利名称</th><th>专利号</th><th>专利权人</th><th>专利类型</th><th>取得方式</th><th>授权公告日</th><th>出让方</th><th>受让价格/万元</th><th>是否存在纠纷</th></tr>
<tr><td>1</td><td>斜下视视觉距离可变式广角无限视景显示方法及显示系统</td><td>ZL200810064556.1</td><td>新光有限</td><td>发明专利</td><td>受让取得</td><td>2010.7.2</td><td>哈尔滨工业大学</td><td>1.00</td><td>否</td></tr>
<tr><td>2</td><td>薄膜式红外—雷达波束合成器</td><td>ZL200810064605.1</td><td>深圳睿诚</td><td>发明专利</td><td>受让取得</td><td>2011.3.2</td><td rowspan="4">哈尔滨工业大学资产经营有限责任公司、张学如、郭鑫民、张建隆</td><td rowspan="4">100.07</td><td>否</td></tr>
<tr><td>3</td><td>一种基于 DMD 的宽波段动态光学景象生成方法及系统</td><td>ZL2009100730398.0</td><td>深圳睿诚</td><td>发明专利</td><td>受让取得</td><td>2012.1.4</td><td>否</td></tr>
<tr><td>4</td><td>短积分时间内实现大灰度数的红外景象生成方法及系统</td><td>ZL200910073200.9</td><td>深圳睿诚</td><td>发明专利</td><td>受让取得</td><td>2011.8.3</td><td>否</td></tr>
<tr><td>5</td><td>一种用于细节成像的车载可变焦全景监控系统</td><td>ZL201410082475.X</td><td>深圳睿诚</td><td>发明专利</td><td>受让取得</td><td>2017.7.4</td><td>否</td></tr>
</table>

上述专利在发行人产品中的应用情况如下：

1. “斜下视视觉距离可变式广角无限视景显示方法及显示系统”属于半实物仿真技术中光学耦合成像领域，可以应用在大型仿真实验室投影成像，发行人拟将上述专利应用于后续仿真实验室建设应用及飞行模拟仿真训练当中。

2. “薄膜式红外—雷达波束合成器”属于半实物仿真技术中复合制导模拟仿真领域，其反射红外波、透射雷达波，为红外 / 雷达复合制导仿真提供双模模拟目标，仿真真实目标的红外和雷达特性，可应用于发行人相关复合制导模拟器的研发和生产。

3. “一种基于 DMD 的宽波段动态光学景象生成方法及系统”属于半实物仿真技术中红外图像生成（转换）领域，能够实现比单一光学波段更宽的多波段光学成像，可应用于多波段共口径的被测型号产品。

4. “短积分时间内实现大灰度数的红外景象生成方法及系统”属于半实物仿真技术中红外图像生成（转换）领域，可用于飞行速度快、探测器温度分辨率高、对图像灰度级要求高的被测型号产品。

5. “一种用于细节成像的车载可变焦全景监控系统”属于视频监控技术领域，该系统能够为车辆提供实时稳定的昼夜全景图像，该技术拟应用于发行人民品领域相关产品的研究和开发。

对于第 1 项受让专利，2010 年 10 月，哈尔滨工业大学与发行人签署了专利权转让合同，同意将“斜下视视觉距离可变式广角无限视景显示方法及显示系统”专利转让给发行人。2018 年 3 月 26 日，哈尔滨工业大学出具证明：“本校认定新光光电自成立至今不存在侵犯本校专利或其他知识产权的情况，且本校与新光光电自始至终不存在任何既有及潜在的知识产权纠纷”。

对于第 2 项至第 5 项受让专利，系哈尔滨工业大学资产投资经营有限责任公司、张学如、郭鑫民、张建隆履行对深圳睿诚的知识产权出资义务，依法将上述 4 项专利转让给发行人控股子公司深圳睿诚，履行了必要的法律程序，相关程序合法合规。

申联生物（688098）

申联生物医药（上海）股份有限公司（以下简称发行人）2019 年 4 月 2 日提交的招股说明书（申报稿）披露：发行人与 UBI、联亚生技 2015 年 12 月 30 日签订《关于“猪合成肽口蹄疫疫苗”及其延伸技术的技术费协议》，约定发行人 2015 年至 2019 年每年向 UBI 及联亚生技支付 985.00 万元。2019 年 1 月，发行人与 UBI 签署《专利转让协议》及《专利增加权利人以及使用范围划分协议》，UBI 将其在中国境内全部与动物口蹄疫疫苗相关的专利或专利使用范围无偿转让给申联生物。发行人从 UBI 处受让取得的人工 T 辅助细胞表位作为合成肽免疫原的免疫刺激物、用于口蹄疫的合成肽疫苗等四项发明专利将于2019年6月20日到期。

针对上述情形，发审委要求发行人对下列事项进行说明，并要求保荐机构、发行人律师核查并发表明确意见：目前相关协议中的专利是否为公司与UBI共有，UBI是否可以授权第三方使用该专利，是否需要获得发行人同意；发行人与UBI存在纠纷的核心技术相关专利是否仅限于已转让给发行人或将发行人作为共同专利权人的这五项专利，发行人与UBI的技术纠纷是否已彻底解决；发行人于2019年1月受让取得即将于2019年6月到期的专利的原因；上述专利到期后，是否可能迅速出现大量的竞争性产品，是否会对发行人经营产生重大不利影响。

根据发行人律师出具的补充法律意见书披露显示：[1]

1. 目前相关协议中的专利是否为公司与UBI共有，UBI是否可以授权第三方使用该专利，是否需要获得发行人同意

《专利转让协议》及《专利增加权利人以及使用范围划分协议》所涉专利的具体转让方式为：1. 专利"人工T辅助细胞表位作为合成肽免疫原的免疫刺激物"（专利号：99807531.0）增加发行人为共同权利人，并将该项专利的具体使用及运用范围进行划分，其中：发行人使用范围为动物口蹄疫疫苗，UBI使用范围为除上述使用范围以外的其他范围；2. "用于口蹄疫的合成肽疫苗"（专利号：99807402.0）、"用于口蹄疫的合成肽疫苗"（专利号：200710196936.6）、"用于口蹄疫的合成肽疫苗"（专利号：200810161083.7）、"针对口蹄疫（FMD）的基于合成肽的紧急疫苗"（专利号：201280071993.0）等四项专利全部转让给发行人。

2019年2月11日，上述专利或专利使用范围转让事项变更完成。

综上所述，发行人为"用于口蹄疫的合成肽疫苗"（专利号：99807402.0）、"用于口蹄疫的合成肽疫苗"（专利号：200710196936.6）、"用于口蹄疫的合成肽疫苗"（专利号：200810161083.7）、"针对口蹄疫（FMD）的基于合成肽的紧急疫苗"四项专利的唯一权利人，UBI无权授权第三方使用上述四项专利；就与UBI共有的"人工T辅助细胞表位作为合成肽免疫原的免疫刺激物"专利，在动物口蹄疫疫 苗领域，UBI无权使用，也无权授权第三方使用。

2. 发行人与UBI存在纠纷的核心技术相关专利是否仅限于已转让给发行人或将发行人作为共同专利权人的这五项专利，发行人与UBI的技术纠纷是否已彻底解决

发行人与UBI存在纠纷的核心技术相关专利仅限于已转让给发行人或将发行人作

[1]《国浩律师（上海）事务所关于申联生物医药（上海）股份有限公司首次公开发行股票并在科创板上市的补充法律意见书（一）》，载上海证券交易所网，http：//static.sse.com.cn/stock/information/c/201905/3f328cd97019447b8890ec403a54a2c0.pdf，最后访问日期：2021年5月21日。

为共同专利权人的 5 项专利，且 UBI 在中国境内与动物口蹄疫疫苗相关的专利仅为上述 5 项，发行人与 UBI 的技术纠纷已经彻底解决。

3. 发行人于 2019 年 1 月受让取得即将于 2019 年 6 月到期的专利的原因

UBI 在中国共有 5 项专利与口蹄疫领域相关，其中 4 项专利将于 2019 年 6 月到期，另 1 项将于 2032 年 11 月到期。

根据 2003 年签署的《合作合同书》、2003 年签署的《中外合资经营企业合同》及 2015 年签署的《关于“猪合成肽口蹄疫疫苗”及其延伸技术的技术费协议》，发行人已经实质性的取得了 UBI“猪合成肽口蹄疫疫苗”相关专利及技术在中国境内的永久、排他、独占使用权。发行人于 2014 年研发出三份新产品后，已拥有独立、完整的口蹄疫合成肽疫苗的知识产权，并不再需要使用 UBI“猪合成肽口蹄疫疫苗”相关专利及技术，UBI 的相关专利不会影响公司的技术独立及业务发展。基于以上原因，发行人在 2014~2015 年与 UBI 进行和解时并未要求 UBI 将该等专利进行转让。

发行人针对《关于不予核准申联生物医药（上海）股份有限公司首次公开发行股票并上市申请的决定》采取了整改措施，为了从根本上杜绝任何潜在纠纷发生的可能性，经双方进一步协商，UBI 将其在中国境内取得的与动物口蹄疫疫苗相关的五项专利 / 专利使用范围无偿转让给发行人，其中，四项专利由发行人作为唯一权利人（三项将于 2019 年 6 月到期，一项专利将于 2032 年 11 月到期），另一项专利发行人与 UBI 为共同权利人（此项专利将于 2019 年 6 月到期）。

4. 上述专利到期后，是否可能迅速出现大量的竞争性产品，是否会对发行人经营产生重大不利影响

UBI 上述专利到期后，出现大量竞争性产品的可能性较小，不会对公司经营产生重大不利影响，原因如下：

口蹄疫疫苗生产企业需根据口蹄疫病毒流行毒株的变化进行新产品的研制以保障疫苗的防疫效力，由于口蹄疫流行毒株变化情况，UBI 上述专利涉及的口蹄疫疫苗产品已无法满足市场防疫需求。

发行人目前并行生产销售的产品为猪口蹄疫 O 型合成肽疫苗（多肽 2600+2700+2800）和猪口蹄疫 O 型、A 型二价合成肽疫苗（多肽 2700+2800+MM13）均能较好满足目前口蹄疫防疫需求，上述产品均未使用 UBI 上述专利。

佰仁医疗（688198）

北京佰仁医疗科技股份有限公司（以下简称发行人）2019 年 4 月 15 日提交的招股说明书（申报稿）披露：2012 年 12 月、2013 年 12 月金磊博士分别将本人名下的 4

项专利技术转让给公司。上述专利作价8000万元，2015年相关无形资产计提减值。

针对上述情形，发审委要求发行人对下列事项进行说明，并要求保荐机构、发行人律师核查并发表明确意见：实际控制人金磊2012年12月、2013年12月向发行人转让专利的定价依据及公允性，采用的评估方法是否适当，上述关联交易履行的程序，是否合法合规，上述专利在发行人生产经营中的应用情况，相关专利交易是否侵害公司利益。

根据发行人律师出具的补充法律意见书披露显示：[1]

金磊与佰仁有限于2012年12月16日、2013年12月20日分别签署《专利转让合同》，金磊将其拥有的人工心脏瓣膜成形环（发明专利）和瓣膜成形环持环器（实用新型）、心外科用封堵器输送系统（发明专利和实用新型各一项）以8000万元的价格转让给佰仁有限，其中前两项专利转让价格为5000万元，后两项专利转让价格为3000万元。

2014年1月10日，北京昊海同方资产评估有限责任公司出具昊海评字〔2014〕第2001号《北京佰仁医疗科技有限公司"人工心脏瓣膜成形环和瓣膜成形环持环器"项目专利技术资产评估报告书》，以2013年1月25日为评估基准日，金磊拥有的"人工心脏瓣膜成形环（发明专利）和瓣膜成形环持环器（实用新型）"两项专利采用收益现值法评估值为5014万元。

2014年1月10日，北京昊海同方资产评估有限责任公司出具昊海评字〔2014〕第2004号《北京佰仁医疗科技有限公司"心外科用封堵器输送系统"项目专利技术资产评估报告书》，以2013年12月31日为评估基准日，金磊拥有的"心外科用封堵器输送系统（发明专利和实用新型各一项）两项专利采用收益现值法评估值为3007万元。

上述金磊向发行人转让专利由双方签订合同确定转让价格，系双方真实意思表示，后经评估机构对转让的专利进行评估，评估结果与转让价格一致，上述专利转让价格公允。上述关联交易发生在佰仁有限阶段，佰仁有限当时的公司章程及相关内部制度未对关联交易决策程序作出约定。上述关联交易虽然未履行关联交易回避表决的决策程序，但交易双方为金磊和金磊100%控制的佰仁有限，该等交易未损害其他第三方的利益，金磊亦依法缴纳转让专利所得税款，上述关联交易合法、合规。

根据致同会计师事务所出具的致同审字〔2019〕第110ZA3261号审计报告，报告

〔1〕《北京海润天睿律师事务所关于北京佰仁医疗科技股份有限公司首次公开发行股票并在科创板上市的补充法律意见书》，载上海证券交易所网，http://static.sse.com.cn/stock/information/c/201905/eeea42b6b0cf4ad0a432c7faf729e479.pdf，最后访问日期：2021年5月21日。

期内，发行人根据“人工心脏瓣膜成形环（发明专利）和瓣膜成形环持环器（实用新型）”两项专利技术生产“瓣膜成形环”，于2016年度、2017年度、2018年度分别取得900.92万元、1244.41万元、1559.52万元收入；根据“心外科用封堵器输送系统（发明专利、实用新型）”两项专利技术生产的产品尚未成熟，基本未取得销售收入。

“人工心脏瓣膜成形环发明专利和瓣膜成形环持环器（实用新型）”“心外科用封堵器输送系统（发明专利、实用新型）”4项专利均经评估机构评估，交易价格依据评估价值确定，交易作价公允，未损害发行人利益。

上述专利交易时，金磊直接持有佰仁有限83.43%的出资，并通过佰仁思生物间接持有佰仁有限16.40%的出资，合计持有佰仁有限99.83%的出资，李丽艳通过佰仁思生物间接持有佰仁有限0.17%的出资，双方合计持有佰仁有限100.00%的出资。李丽艳对上述专利转让事项出具说明，认为上述专利转让事项不存在侵害其利益的情况。相关专利交易未损害发行人直接和间接股东利益。

上述专利分别于2012年1月、2013年12月进行转让，转让至今已过多年，未有债权人对该事项提出异议，且发行人目前不存在对外借款的情况。相关专利交易不存在侵害发行人债权人利益的情况。

杭华股份（688571）

杭华油墨股份有限公司（以下简称发行人）2020年5月11日提交的招股说明书（申报稿）披露：发行人部分专利为受让取得，出让方为发行人控股子公司湖州杭华。

针对上述情形，发审委要求发行人对下列事项进行说明，并要求保荐机构、发行人律师核查并发表明确意见：上述受让取得专利的具体来源，与发行人所提供产品的内在联系，收入、利润贡献情况；专利权属是否存在瑕疵、纠纷和潜在纠纷；发行人的技术保护措施是否健全完善。

根据发行人律师出具的补充法律意见书披露显示：[1]

1. 上述受让取得专利的具体来源，与发行人所提供产品的内在联系，收入、利润贡献情况

（1）上述受让取得专利的具体来源

发行人拥有的如下专利系从湖州杭华受让取得（如表111所示）：

〔1〕《国浩律师（上海）事务所关于杭华油墨股份有限公司首次公开发行股票并在科创板上市之补充法律意见书（一）》，载上海证券交易所网，http：//static.sse.com.cn/stock/information/c/202007/43159df6411542bc82daee1fdd50a01d.pdf，最后访问日期：2021年5月21日。

表 111

序号	权利人	专利类型	专利名称	专利号	申请日期	发明人
1	发行人	发明专利	一种高附着力薄膜包装印刷用水性油墨及其制作方法	ZL200910154788.0	2009.12.08	林日胜、龚张水
2	发行人	发明专利	一种通用于非吸收性底材水性油墨及其制作方法	ZL201010619533.X	2010.12.22	林日胜
3	发行人	发明专利	一种可实现高速印刷的醇基液体油墨及其制作方法	ZL201110093602.2	2011.04.14	林日胜

上述专利的发明人林日胜、龚张水均为发行人员工。湖州杭华为发行人生产液体油墨的控股子公司，上述专利研发阶段的主要工作在湖州杭华开展，所有参与研发的人员隶属于发行人的研究五部，且均与发行人签订劳动合同，由发行人技术部垂直管理和指导，外派至湖州杭华进行技术工作。因统一管理的需要，发行人于 2015 年从湖州杭华受让取得 3 项发明专利。

（2）与发行人所提供产品的内在联系

发行人从湖州杭华受让取得的 3 项专利均应用于液体油墨生产，包括 WBI-HP 系列、WGT-EX 系列、OPI 系列等。相关专利通过对油墨配方的改进，提升了油墨的附着力、加快油墨干燥速度、使油墨可适应高速印刷。

（3）对发行人所提供产品的收入、利润贡献情况

发行人使用受让专利技术生产的油墨产品于报告期内的收入、利润情况及在发行人主营业务中的占比情况如表 112 所示：

表 112

年度	类别	收入	毛利
2019 年	受让专利相关油墨 / 万元	7154.12	1854.01
	主营业务 / 万元	98,984.99	24,886.05
	占比 /%	7.23	7.45
2018 年	受让专利相关油墨 / 万元	7719.63	1646.35
	主营业务 / 万元	95,421.14	22,609.96
	占比 /%	8.09	7.28

续表

年度	类别	收入	毛利
2017 年	受让专利相关油墨 / 万元	6440.02	1446.49
	主营业务 / 万元	95,110.30	24,537.84
	占比 /%	6.77	5.89

报告期内，发行人使用受让专利生产的油墨产品占主营业务收入及毛利比例较小。

2. 专利权属不存在瑕疵、纠纷和潜在纠纷

湖州杭华参股股东德清远邦知晓并同意上述专利转让事宜，确认上述专利权系由发行人员工研发形成的归属于发行人的专利权，德清远邦就上述专利权转让事宜不存在任何异议，与发行人不存在任何有关专利转让的争议或纠纷。

上述专利目前的权利人为发行人，专利状态为专利权维持，专利权属不存在瑕疵，上述专利不存在被抵押或设定担保的情形，亦不存在纠纷或潜在纠纷。

3. 发行人的技术保护措施健全、完善

（1）发行人已与所有技术研发人员签订了保密协议，并与核心技术人员签订了竞业限制协议，通过约定机密信息的范围、保密期限、保密义务、离职后的竞业限制等对发行人技术研发人员进行约束。

（2）发行人对生产经营过程中的重要产品的配方、原材料构成等隐去原商品名，并对其设定特殊代码，以进行技术保密管控。

（3）发行人对员工 ERP 管理系统数据权限的授予和调整，均需由部门主管领导和相关部门联合审批同意。在针对产品配方的管理上，发行人根据产品类别、系列、部门等维度设置不同的权限组别，将每一位员工的权限限定在某一个组别或某几个组别中，以便于更为准确地设置不同员工的权限。

（4）发行人的技术文档资料均由技术部指定专人和部门领导进行专项管理，技术部内部根据技术人员所在部门进行权限设置，防止技术信息资料外泄。

二、解决思路

专利的取得方式间接反映了发行人是否拥有关键核心技术，核心技术的研发是否具有稳定性和可持续性。故拟上市公司的专利受让情形，也受到发审委的关注。

1. 披露发行人拥有专利的来源，是原始取得还是受让取得；披露核心技术对应专利中的原始取得、受让取得专利占比，以判断发行人是否具备具有独立的研发能力和自主创新能力。

2. 披露受让取得专利的具体情况，包括但不限于受让取得专利的时间、原因、出让人、双方的权利义务、相关专利权的使用和利益分配等，定价依据及公允性，专利受让程序的合规性，受让专利权属是否清晰，受让专利在发行人产品中的应用，是否涉及核心技术；是否存在潜在专利权权属纠纷等。

3. 专利受让于控股股东、实际控制人的，应核查控股股东、实际控制人向发行人转让专利的定价依据及公允性，采用的评估方法是否适当，关联交易履行的程序是否合法合规，相关专利交易是否侵害发行人及其他股东权益。

【具体核查要点】

1. 受让取得专利的具体情况，包括但不限于受让时间、转让方、受让价格等。

2. 受让专利是否涉及发行人核心技术；发行人是否依靠该等专利开展生产经营，核心技术是否依赖第三方，是否具有核心技术人员，核心技术的研发是否具有稳定性和可持续性。

3. 发行人受让取得专利的原因及合理性，定价依据及公允性；专利权属是否存在瑕疵、纠纷和潜在纠纷。

【核查方式】

1. 查阅发行人的各项专利权证书。

2. 查阅专利权转让合同及价款支付凭证，查阅相关的评估报告，核查是否办理过户手续。

3. 访谈发行人高级管理人员及研发人员，了解专利的受让过程、使用情况及重要程度等。

4. 查阅中国国家知识产权局出具的证明，了解专利状态及发行人持有专利情况。

5. 访谈专利相关方，查验发行人以及专利相关方出具的确认函等证明材料。

6. 在国家知识产权局网站、中国及多国专利审查信息系统对发行人专利权状态进行核查。

7. 通过中国裁判文书网、全国法院被执行人信息查询网等公开网站查询相关受让专利是否存在权属纠纷。

三、参考规范

《专利法》

第十条 专利申请权和专利权可以转让。

中国单位或者个人向外国人、外国企业或者外国其他组织转让专利申请权或者专利权的，应当依照有关法律、行政法规的规定办理手续。

转让专利申请权或者专利权的，当事人应当订立书面合同，并向国务院专利行政部门登记，由国务院专利行政部门予以公告。专利申请权或者专利权的转让自登记之日起生效。

《专利法实施细则》

第十四条 除依照专利法第十条规定转让专利权外，专利权因其他事由发生转移的，当事人应当凭有关证明文件或者法律文书向国务院专利行政部门办理专利权转移手续。

专利权人与他人订立的专利实施许可合同，应当自合同生效之日起3个月内向国务院专利行政部门备案。

以专利权出质的，由出质人和质权人共同向国务院专利行政部门办理出质登记。

第五节 商标

商标作为知识产权的重要组成部分，正以越来越高的频率出现在经济生活中。根据《商标法》有关规定，经商标局核准注册的商标为注册商标，商标注册人享有商标专用权，受法律保护。

截至2020年12月31日，美迪西、合肥江航、伟创电气、中科星图、东来股份、瑞松科技、龙腾光电、天秦装备、凯龙高科、熊猫乳品、仲景食品等企业被发审委问询与商标相关问题。

一、典型案例

伟创电气（688698）

苏州伟创电气科技股份有限公司（以下简称发行人）2020年4月29日提交的招股说明书（申报稿）披露，2018年8月18日，深圳伟创与发行人签署《重组框架协议》，深圳伟创将其拥有的1372607号马德里商标无偿转让予发行人。目前，该商标的权利人变更为公司的手续正在办理中。发行人第20229522号商标被上海锦远食品有限公司向国家知识产权局提出无效宣告申请，发行人未收到关于争议商标被撤销或无效宣告的通知。

针对上述情形，发审委要求发行人对下列事项进行说明，并要求保荐机构、发行人律师核查并发表明确意见：1372607号马德里商标至今仍未完成权利人变更手续的原因，是否存在权属纠纷，是否存在不能变更的实质障碍；发行人第 20229522 号商标在产品销售中的作用，报告期内相关产品产生的收入、毛利及占比，是否属于发行人的核心商标；上述情况是否对发行人持续经营构成重大不利影响。

根据发行人律师出具的补充法律意见书披露显示：[1]

1. 1372607 号马德里商标至今仍未完成权利人变更手续的原因，是否存在权属纠纷，是否存在不能变更的实质障碍

虽然深圳伟创已在 2018 年 8 月 18 日与发行人签署的《重组框架协议》中约定将其拥有的 1372607 号马德里商标无偿转让予发行人，但由于经办人员个人疏忽，在办理知识产权权利人变更手续时遗漏前述马德里商标，直至 2020 年 2 月底才开始办理，马德里商标权利人变更流程烦琐，正常情况下需 4~6 个月完成，加之新冠肺炎疫情影响，因此，办理进度较慢。马德里商标不存在权属纠纷，不存在不能变更的实质障碍。

2. 发行人第 20229522 号商标在产品销售中的作用，报告期内相关产品产生的收入、毛利及占比，是否属于发行人的核心商标

（1）发行人第 20229522 号商标在产品销售中的作用，报告期内相关产品产生的收入、毛利及占比

发行人第 20229522 号商标核定使用商品 / 服务项目为第 35 类，即可用于“广告宣传；为零售目的在通讯媒体上展示商品；商业管理和组织咨询；商业信息；为商品和服务的买卖双方提供在线市场；计算机数据库信息系统化；商业中介服务；进出口代理；替他人推销；市场营销”。

根据《类似商品和服务区分表》（第十一版）对第 35 类商标的注释，该类商标主要包括由个人或组织提供的服务，其主要目的在于：①对商业企业的经营或管理进行帮助；②对工商企业的业务活动或者商业职能的管理进行帮助；以及由广告部门为各种商品或服务提供的服务，旨在通过各种传播方式向公众进行广告宣传。本类尤其包括：为他人将各种商品（运输除外）归类，以便顾客浏览和购买；这种服务可由零售商店、批发商店、自动售货机、邮购目录或借助电子媒介提供，如通过网站或电视购物节目。

争议商标主要为服务类商标，即为他人提供广告服务、贸易代理等服务。发行人为产供销一体的生产类企业，不属于广告公司或贸易代理类服务公司，也不存在为

[1]《北京市康达律师事务所关于苏州伟创电气科技股份有限公司首次公开发行股票并在科创板上市的补充法律意见书（一）》，载上海证券交易所网，http：//static.sse.com.cn/stock/information/c/202007/38c5d897b2574ad6901d30b2a9f68f1a.pdf，最后访问日期：2021 年 5 月 21 日。

他人提供广告设计、宣传服务或货物代理、推广等第35类商标许可范围内的服务；因第35类商标中包含“替他人推销”这一内容，基于注册商标的习惯及发行人防御和规避风险的目的，发行人注册第35类商标主要为防止第三方抢注商标进行贸易活动。

发行人未使用争议商标，争议商标在发行人产品销售中未实际发生作用，报告期内未产生收入及利润。

（2）是否属于发行人的核心商标

发行人主营业务为变频器、伺服系统与运动控制器等工业自动化控制产品的研发、生产和销售，发行人已在其主营业务范围内注册了商标，已覆盖发行人主要产品及服务类别，其中第20229392号及第20229791号商标为发行人核心商标。争议商标未实际使用，不属于发行人核心商标。

3. 上述情况是否对发行人持续经营构成重大不利影响

申请发行人第20229522号商标无效的申请人锦远食品曾于2019年6月申请注册第30类、第43类、第35类“VEICHI”商标，但均已被驳回。

早在2008年6月2日，深圳伟创就已在主营业务类别第9类申请注册了“VEICHI”商标，深圳伟创通过与发行人进行资产重组于2018年年底将其拥有的前述商标转让予发行人，深圳伟创及发行人一直公开、真实、合法使用“VEICHI”商标，该等商标已具备识别商品来源的作用，不存在无明显特征的情形以及恶意抢注他人商标的意图，锦远食品申请争议商标无效得到国家知识产权局商标评审委员会支持的概率较小。发行人尚未收到关于争议商标被撤销或无效宣告的通知。

中科星图（688568）

针对中科星图股份有限公司（以下简称中科星图或发行人）2019年3月29日提交的招股说明书披露内容，发审委要求发行人补充披露是否拥有“中科星图”商标，如否，请说明原因，并披露对生产经营的影响。

根据发行人律师出具的补充法律意见书披露显示：[1]

1. 发行人未取得“中科星图”商标的原因及影响

（1）发行人未取得“中科星图”商标的原因

发行人曾向国家知识产权局商标局提交“中科星图”相关商标的申请，但由于该

〔1〕《北京市君合律师事务所关于中科星图股份有限公司首次公开发行股票并在科创板上市之补充法律意见书（一）》，载上海证券交易所网，http://static.sse.com.cn/stock/information/c/201905/c5c1ac6929fc4460800a47e744fa1d02.pdf，最后访问日期：2021年5月21日。

等申请商标与其他已获注册或申请在先的商标近似，未能获得商标局同意注册。

（2）未取得“中科星图”商标对发行人的影响

发行人主要产品及服务包括GEOVIS数字地球基础平台产品、GEOVIS数字地球应用平台产品及GEOVIS数字地球技术开发服务，其在业务经营过程中主要使用“GEOVIS”相关的注册商标（如注册号为20471986的“GEOVIS”注册商标），发行人目前已取得其生产经营所必需的注册商标；“中科星图”目前主要作为企业商号进行使用，未以商标形式用于发行人提供的产品及服务。据此，发行人的产品与服务不依赖于取得“中科星图”相关商标，发行人目前未取得“中科星图”相关商标不会实质性影响发行人的生产经营。

2. 发行人正在积极申请“中科星图”相关的商标

发行人已向国家知识产权局商标局提交了“GEOVIS+中科星图”或“GEOVIS+航天星图”等与“中科星图”相关的商标注册申请文件，并取得了国家知识产权局商标局出具的受理通知书。

龙腾光电（688055）

昆山龙腾光电股份有限公司（以下简称发行人）2020年1月9日提交的招股说明书（申报稿）披露，发行人拥有的我国台湾地区注册号01764271的注册商标被维沃通信移动有限公司申请撤销。

针对上述情形，发审委要求发行人对下列事项进行说明，并要求保荐机构、发行人律师核查并发表明确意见：该项注册商标被申请撤销的原因以及目前的进展状况，结合该商标对发行人的作用分析商标撤销对发行人的影响。

根据发行人律师出具的补充法律意见书披露显示：[1]

发行人拥有的我国台湾地区注册号01764271的注册商标被申请撤销的原因以及进展状况如下：

2016年7月13日，步步高通信科技有限公司向我国台湾地区“经济部智慧财产局”提交《异议申请书》，就发行人2016年4月16日于我国台湾地区核准注册的第01764271号商标提出异议。步步高通信科技有限公司提出异议的主要理由系发行人拥有的第01764271号商标“IVO”与其已注册的商标“VIVO”等构成近似。

2018年8月31日，我国台湾地区“经济部智慧财产局”出具（107）智商40075

---

〔1〕《北京德恒律师事务所关于昆山龙腾光电股份有限公司首次公开发行股票并在科创板上市的补充法律意见书（一）》，载上海证券交易所网，http：//static.sse.com.cn/stock/information/c/202004/2d59ad0149c941768be7b13111bc98b0.pdf，最后访问日期：2021年5月21日。

字第 10780493720 号《商标异议审定书》，经审理后确认步步高通信科技有限公司提出的异议不成立。

2018 年 12 月 12 日，维沃移动通信有限公司（步步高通信科技有限公司全资子公司）再次就注册号 01764271 的商标“IVO”向我国台湾地区“经济部智慧财产局”提出无效宣告请求，要求无效后撤销前述商标注册。

维沃移动通信有限公司、发行人已分别向我国台湾地区“经济部智慧财产局”提交了无效理由请求及无效答辩回复。案件仍在审理中，发行人于我国台湾地区核准注册的第 01764271 号商标未被撤销，发行人仍合法拥有该注册商标。

上海博邦知识产权服务有限公司出具《关于台湾商标 01764271（类别 9）无效宣告问题的说明》，我国台湾地区“经济部智慧财产局”继续支持发行人商标注册可能性更大。即使该商标注册被撤销，发行人仍可以在我国台湾地区提起行政诉讼寻求救济。

发行人在 2008 年 12 月 28 日（已续展注册有效期至 2028 年 12 月 27 日）就以“IVO”图样在中国境内注册商标（注册号 5056396），我国台湾地区注册号 01764271 的注册商标系发行人为进一步扩展品牌影响力而在我国台湾地区注册。因发行人的客户均为行业内的企业客户，发行人的产品不针对大众消费者，发行人的面板产品仅是最终成品手机、笔记本电脑等商品的零部件，其业务开展对注册商标的依赖性较小，且该注册商标的效力范围限于我国台湾地区，因此，即使该注册商标最终被无效后撤销也不会对发行人的生产经营产生实质不利影响。

道通科技（688208）

深圳市道通科技股份有限公司（以下简称发行人）2019 年 6 月 27 日提交的招股说明书（申报稿）披露，发行人的软件著作权中涉及使用车企品牌，如通用、丰田、宝马、路虎、保时捷等。

针对上述情形，发审委要求发行人对下列事项进行说明，并要求保荐机构、发行人律师核查并发表明确意见：出现前述情况的原因，是否存在构成商标侵权的法律风险，是否存在或潜在商标使用权纠纷；披露与各车企之间是否存在授权或许可等相关协议安排，如何确保发行人提供的产品与服务的合法性。

根据发行人律师出具的补充法律意见书披露显示：[1]

---

〔1〕《北京市中伦律师事务所关于深圳市道通科技股份有限公司首次公开发行股票并在科创板上市的补充法律意见书（二）》，载上海证券交易所网，http：//static.sse.com.cn/stock/information/c/201908/6256133a4a7e48179e508042fcebf6f4.pdf，最后访问日期：2021 年 5 月 21 日。

1. 出现前述情况的原因，是否存在构成商标侵权的法律风险，是否存在或潜在商标使用权纠纷

发行人产品中涉及使用车企品牌名称，主要是为了便于发行人的汽车智能诊断、检测分析系统和产品对各车系有具体针对性的识别与管理。由于发行人的汽车诊断仪是集合型产品，需要指示使用产品的维修人员进入各车系的具体诊断、检测功能页面，故发行人在其产品中不可避免地使用各车企名称，属于合理使用的范畴。

发行人已加强风险控制并在知识产权专业律师的指导下搭建防侵权体系，发行人已制定《知识产权管理办法》等内部管理规定，以防止商标等知识产权的侵权风险，发行人在为描述或解释性目的使用各车企名称时，已采用公司统一风格自行设计的标识而不使用各车企的商标，同时，在使用汽车厂家的名称时，在各车企名称前增加"for"或"用于/适用于"等表达作为指示性用途。

通过上述措施，确保发行人使用各车企的名称是为了说明产品用途和使用范围而不是用于指示产品来源，不会导致其与各车企形成混淆以误导消费者，从而保证发行人的产品能够满足法律法规中对于商标指示性的使用要求，商标侵权法律风险和潜在纠纷可控，发行人当前不存在商标使用权纠纷。

2. 与各车企之间是否存在授权或许可等相关协议安排，如何确保发行人提供的产品与服务的合法性

判定是否构成商标侵权的主要因素是对于他人商标的使用是否构成商品或者服务来源上的混淆，如果在商品或者服务中突出地、显著地使用他人商标，让消费者无法辨别商品或者服务的真正提供者，或者形成混淆、误认，则构成商标侵权的风险较大。

就发行人产品本身而言，使用各车企名称之目的并非用于表明商品或服务的来源，不会导致其与各车企形成混淆以误导消费者，而是为说明产品用途和使用范围，以指示使用产品的维修人员进入各车系具体诊断、检测功能页面，属于合理使用的范畴。

发行人与各车企之间未签订品牌授权或许可等相关协议安排。发行人已在产品与功能中采用统一风格自行设计的标识，采用圆框黑底白字的显示方式，而不使用各车企的商标，且发行人在其相关产品适用的汽车厂家名称前增加"for"或"用于/适用于"等表达作为指示性用途，避免与各车企造成混淆，从而有效降低商标侵权风险，以确保发行人提供的产品与服务的合法性。

仲景食品（300908，创业板）

仲景食品股份有限公司（以下简称发行人）2020年6月22日提交的招股说明书（申报稿）披露，发行人实际控制人孙耀志控制其他企业宛西制药及张仲景大药房拥有较多“仲景”方面的无形资产。

针对上述情形，发审委要求发行人对下列事项进行说明，并要求保荐机构、发行人律师核查并发表明确意见：孙耀志控制的仲景宛西制药股份有限公司拥有的“仲景”商标与发行人持有的“仲景”商标的比较区别情况；结合商标法及其他工商相关规定，披露关联方与发行人分别在药品、食品方面使用同一字样商标的合法性等。

根据发行人律师出具的补充法律意见书披露显示：[1]

1. 孙耀志控制的仲景宛西制药股份有限公司拥有的“仲景”商标与发行人持有的“仲景”商标的比较区别情况

根据《商标法》等相关法律法规的规定，注册商标的专用权，以核准注册的商标和核定使用的商品为限。作为权利人享有注册商标专用权的凭证，商标注册证通常记载商标图样、注册人、商标注册类别、商品项目、有效期限、注册证编号等事项。在不会误导公众的情况下，不同的经营者可以将相同或近似的注册商标标识应用于在功能、用途、所用原料、销售渠道、消费对象等方面具有明显区分、不会导致混淆的商品上。

（1）发行人持有的“仲景”图样商标与宛西制药持有的“仲景”图样商标在商标图样、商标注册类别、核定使用的商品项目等方面存在区别

发行人拥有的“仲景”图样商标共计6项，宛西制药（包含子公司河南张仲景大药房股份有限公司，下同）拥有的“仲景”图样商标共计39项。经比对，发行人拥有的“仲景”图样商标与宛西制药拥有的“仲景”图样商标的区别如下：

发行人持有的第6527582号商标与宛西制药持有的“仲景”图样商标的图样相同，但核定使用的商品项目不同；发行人持有的第18472368号商标与宛西制药持有的第36999383号商标的图样相同，但商标注册类别及核定使用的商品项目不同；发行人持有的第17317076号、第17317077号、第4864196号商标与宛西制药持有的第4007272号商标的图样相似，但商标注册类别及核定使用的商品项目不同；发行人持有的第1127140号商标与宛西制药持有的“仲景”商标在图样方面有显著的区别，在

[1]《北京市普华律师事务所关于仲景食品股份有限公司首次公开发行股票并在创业板上市的补充法律意见书（二）》，载深圳证券交易网，http://reportdocs.static.szse.cn/UpFiles/rasinfodisc/RAS_000173B30D990D3FBECDECD9A8B9F03F.pdf，最后访问日期：2021年5月21日。

核定使用的商品项目上也不同。

（2）发行人与宛西制药使用“仲景”图样商标开展的经营活动存在明显区别

发行人自设立以来主要从事调味食品和调味配料的研发、生产和销售，属于食品行业；宛西制药主要从事中成药的研发、生产和销售，属于医药行业。发行人与宛西制药使用“仲景”图样商标生产销售的商品在功能、用途、原料、销售渠道、消费对象等方面具有明显区分，不会导致相关公众产生混淆。

2. 发行人关联方与发行人分别在药品、食品方面使用同一字样商标具有合法性

根据法律规定，注册商标应在核定使用的商品上应用，未经商标注册人的许可，不得在同一种商品上使用与注册商标相同、与注册商标近似容易导致混淆的商标，不得在类似商品上使用与注册商标相同或者近似容易导致混淆的商标。在不会误导公众的情况下，不同的经营者可以将相同或近似的注册商标标识应用于在功能、用途、所用原料、销售渠道、消费对象等方面具有明显区分、不会导致混淆的商品之上。

发行人与关联方均合法持有“仲景”图样的商标，并使用注册商标在核定的商品项目范围内分别在食品、药品行业合法开展生产经营活动，所生产销售的商品在功能、用途、原料、销售渠道、消费对象等方面具有明显区分，不会导致混淆，双方自开展生产经营活动以来在注册商标方面从未产生争议或纠纷，发行人关联方与发行人分别在药品、食品方面使用同一字样商标具有合法性。

天秦装备（300922，创业板）

针对秦皇岛天秦装备制造股份有限公司（以下简称发行人）2020 年 6 月 22 日提交的招股说明书（申报稿）披露内容，发审委要求发行人说明部分商标到期的续期情况以及对发行人的影响。

根据发行人律师出具的补充法律意见书披露显示：[1]

发行人共计有 2 项注册商标存在到期的情形。发行人于 2020 年 9 月 17 日就该 2 项到期的注册商标提交了《商标续展申请书》。上述 2 项已到期注册商标的续展手续尚未办理完毕。

上述 2 项已到期商标自 2010 年 3 月首次注册至今，不存在争议与纠纷，亦不存在依法被撤销的情形，发行人本次就上述 2 项商标申请办理续展被商标主管部门不予

〔1〕《北京中伦（成都）律师事务所关于秦皇岛天秦装备制造股份有限公司首次公开发行股票并在创业板上市的补充法律意见书（四）》，载深圳证券交易所网，http://reportdocs.static.szse.cn/UpFiles/rasinfodisc/RAS_00017548CF063B3FCB73851694FAFC3F.pdf，最后访问日期：2021 年 5 月 21 日。

核准的风险很小。

此外，注册商标到期，只是影响法律对于商标持有人的排他性保护，并不影响商标持有人继续使用已到期的商标。《商标法》第五十条规定：注册商标被撤销、被宣告无效或者期满不再续展的，自撤销、宣告无效或者注销之日起一年内，商标局对与该商标相同或者近似的商标注册申请，不予核准。因此，即使本次续展不予核准，在其后一年发行人继续使用已到期商标不存在侵犯第三方注册商标的风险。

因发行人产品的终端用户以及获取订单方式的特殊性，商标对于发行人开拓市场、销售产品的影响不大；如果本次商标续展申请未被核准，发行人将另外设计其他新的商标申请注册，该情形对发行人的经营及业绩不会构成影响。

二、解决思路

商标问题可能会被质疑“发行人主要资产存在重大权属纠纷”，或因“商标取得或者使用存在重大不利变化的风险”而影响企业持续盈利能力。

1. 梳理问题，及时整改。应通过自主申请或受让取得主营业务相关商标的唯一所有权。为防止他人抢注本企业商标，可在当前涉及的类别和以后可能涉及的类别都进行申请注册，进行防御性保护。

若商标共用，应说服对方放弃使用该等商标，否则应尽早改用自己独立拥有所有权的商标；若与关联方混用商标，应清晰切割，放弃使用或公允受让，确保公司资产的独立性；若授权他人使用商标，应维护公司声誉和利益不被损害；若商标来自控股股东、实际控制人的授权使用，说明未投入发行人的原因、费用的公允性、今后的处置方案等。

2. 及时办理注册商标的续展手续，避免即将到期的注册商标对发行人持续经营产生重大不利影响。

3. 关注商标法律状态，对争议或涉诉的商标，应说明商标发生争议或涉诉的原因以及目前的进展状况，是否属于发行人的核心商标，对发行人持续经营的影响。

4. 发行人应建立健全商标使用和知识产权保护、防止侵权等方面的内控体系，并由专人负责监控市场上相同或近似的商标，一旦发现商标被侵权，及时采取商标异议、宣告无效、工商举报或者侵权诉讼等救济措施。

【具体核查要点】

1. 商标的法律状态，商标是否权属清晰，是否涉及诉讼，与他人存在争议与纠纷或潜在纠纷；主营商品或服务的商标是否存在重大不利变化，是否影响发行人的持续盈利能力。

2. 商标是否存在混同或共同使用，如有，其合理性及是否有替代方案；是否存在商标的转让，转让价格是否公允，权属是否转移；是否存在许可他人使用，其原因及合理性，协议的主要内容和有效执行情况，定价是否公允，是否涉及关联交易，参照“关联交易”核查。

3. 对于商标是否来自控股股东、实际控制人的授权使用，应核查相关资产的具体用途、对发行人的重要程度、未投入发行人的原因、租赁或授权使用费用的公允性、是否能确保发行人长期使用、今后的处置方案等，就该等情况是否对发行人资产完整和独立性构成重大不利影响。

4. 商标许可发行人使用的，如何保证发行人对该等商标使用权的稳定性和持续性；与许可方是否存在竞争或潜在竞争关系；许可费用的定价依据及公允性；若为无偿使用，无偿使用的合理性及真实性，是否存在利益补偿安排；对相关许可商标的会计处理。

5. 未注册商标的产品销售，在报告期内产生的收入、毛利及占比，该等商标是否属于发行人的核心商标，发行人在尚未注册商标的国家进行销售的风险。

6. 商标到期尚未续期的，商标续展情况以及对公司的影响，是否存在争议或纠纷、是否存在依法被撤销的情形，申请办理续展是否存在不予核准风险。

【核查方式】

1. 查阅发行人及其子公司商标证书，通过商标局网站查询发行人及其子公司拥有的商标清单；获取发行人及其子公司出具的书面确认；

2. 查阅与商标取得相关的资料，商标受理通知书、商标注册申请补正通知书（如有）、商标审查意见书（如有）、通过受让取得商标权的转让协议、转让价款支付凭证、注册商标权利人变更登记文件、商标许可协议、被许可使用的商标注册登记证、商标许可合同备案登记文件、商标公告相关文件、商标复核、复审申请书（如有）、商标登记费及年费缴纳凭证等文件；

3. 查阅发行人内部管理规定，核查发行人对相关商标使用方面的风险控制情况；

4. 查阅发行人报告期内的涉诉案件资料，走访发行人的法务人员，了解涉诉案件的情况及发行人其他相关商标使用是否存在纠纷或潜在纠纷；

5. 走访发行人相关主管部门，取得合规证明；

6. 访谈发行人行政部相关人员，现场查看发行人商标的应用情况；

7. 访谈发行人知识产权证书办理主要负责人和知识产权代理机构经办人员，核查商标是否存在权属纠纷以及其他障碍；

8. 登录中国裁判文书网、国家企业信用信息公示系统、中国执行信息公开网、浙江法院网等相关网站进行查询与检索，核查发行人在商标使用方面是否存在纠纷或潜在纠纷。

三、参考规范

《商标法》

第三十九条　注册商标的有效期为十年，自核准注册之日起计算。

第四十条　注册商标有效期满，需要继续使用的，商标注册人应当在期满前十二个月内按照规定办理续展手续；在此期间未能办理的，可以给予六个月的宽展期。每次续展注册的有效期为十年，自该商标上一届有效期满次日起计算。期满未办理续展手续的，注销其注册商标。

商标局应当对续展注册的商标予以公告。

第四十二条　转让注册商标的，转让人和受让人应当签订转让协议，并共同向商标局提出申请。受让人应当保证使用该注册商标的商品质量。

转让注册商标的，商标注册人对其在同一种商品上注册的近似的商标，或者在类似商品上注册的相同或者近似的商标，应当一并转让。

对容易导致混淆或者有其他不良影响的转让，商标局不予核准，书面通知申请人并说明理由。

转让注册商标经核准后，予以公告。受让人自公告之日起享有商标专用权。

第五十条　注册商标被撤销、被宣告无效或者期满不再续展的，自撤销、宣告无效或者注销之日起一年内，商标局对与该商标相同或者近似的商标注册申请，不予核准。

第五十七条　有下列行为之一的，均属侵犯注册商标专用权：

（一）未经商标注册人的许可，在同一种商品上使用与其注册商标相同的商标的；

（二）未经商标注册人的许可，在同一种商品上使用与其注册商标近似的商标，或者在类似商品上使用与其注册商标相同或者近似的商标，容易导致混淆的；

（三）销售侵犯注册商标专用权的商品的；

（四）伪造、擅自制造他人注册商标标识或者销售伪造、擅自制造的注册商标标识的；

（五）未经商标注册人同意，更换其注册商标并将该更换商标的商品又投入市场的；

（六）故意为侵犯他人商标专用权行为提供便利条件，帮助他人实施侵犯商标专用权行为的；

（七）给他人的注册商标专用权造成其他损害的。

《商标法实施条例》

第三十一条　转让注册商标的，转让人和受让人应当向商标局提交转让注册商标申请书。转让注册商标申请手续应当由转让人和受让人共同办理。商标局核准转让注册商标申请的，发给受让人相应证明，并予以公告。

转让注册商标，商标注册人对其在同一种或者类似商品上注册的相同或者近似的商标未一并转让的，由商标局通知其限期改正；期满未改正的，视为放弃转让该注册商标的申请，商标局应当书面通知申请人。

第七十六条　在同一种商品或者类似商品上将与他人注册商标相同或者近似的标志作为商品名称或者商品装潢使用，误导公众的，属于商标法第五十七条第二项规定的侵犯注册商标专用权的行为。

《国家知识产权局关于印发〈商标侵权判断标准〉的通知》

第九条　同一种商品是指涉嫌侵权人实际生产销售的商品名称与他人注册商标核定使用的商品名称相同的商品，或者二者商品名称不同但在功能、用途、主要原料、生产部门、消费对象、销售渠道等方面相同或者基本相同，相关公众一般认为是同种商品。

同一种服务是指涉嫌侵权人实际提供的服务名称与他人注册商标核定使用的服务名称相同的服务，或者二者服务名称不同但在服务的目的、内容、方式、提供者、对象、场所等方面相同或者基本相同，相关公众一般认为是同种服务。

核定使用的商品或者服务名称是指国家知识产权局在商标注册工作中对商品或者服务使用的名称，包括《类似商品和服务区分表》（以下简称区分表）中列出的商品或者服务名称和未在区分表中列出但在商标注册中接受的商品或者服务名称。

《上海证券交易所科创板股票上市规则》

8.2.4 上市公司发生下列重大风险事项的，应当及时披露其对公司核心竞争力和持续经营能力的具体影响：

……（四）核心商标、专利、专有技术、特许经营权或者核心技术许可丧失、到期或者出现重大纠纷……

《深圳证券交易所创业板股票上市规则》

3.2.6 上市公司出现下列使公司的核心竞争力面临重大风险情形的，保荐机构应当就相关事项对公司核心竞争力和日常经营的影响以及是否存在其他未披露重大风险发表意见并披露：

……（二）公司在用的核心商标、专利、专有技术、特许经营权等重要资产或者核心技术许可到期、出现重大纠纷、被限制使用或者发生其他重大不利变化……

《科创板首次公开发行股票注册管理办法（试行）》

第十二条　发行人业务完整，具有直接面向市场独立持续经营的能力：

……（三）发行人不存在主要资产、核心技术、商标等的重大权属纠纷，重大偿债风险，重大担保、诉讼、仲裁等或有事项，经营环境已经或者将要发生重大变化等对持续经营有重大不利影响的事项。

《上海证券交易所科创板股票发行上市审核问答（二）》

7.发行人租赁控股股东、实际控制人房产或者商标、专利、主要技术来自于控股股东、实际控制人的授权使用，中介机构核查应当注意哪些方面？

答：发行人存在从控股股东、实际控制人租赁或授权使用资产的，中介机构应当予以关注。存在以下两种情况的：一是生产型企业的发行人，其生产经营所必需的主要厂房、机器设备等固定资产系向控股股东、实际控制人租赁使用；二是发行人的核心商标、专利、主要技术等无形资产是由控股股东、实际控制人授权使用，中介机构应结合相关资产的具体用途、对发行人的重要程度、未投入发行人的原因、租赁或授权使用费用的公允性、是否能确保发行人长期使用、今后的处置方案等，充分论证该等情况是否对发行人资产完整和独立性构成重大不利影响，督促发行人做好信息披露和风险揭示，并就发行人是否符合科创板发行条件审慎发表意见。

《深圳证券交易所创业板股票首次公开发行上市审核问答》

3.发行条件规定发行人“资产完整，业务及人员、财务、机构独立”。发行人租赁控股股东、实际控制人房产或者商标、专利、主要技术来自于控股股东、实际控制人的授权使用，中介机构核查应当注意哪些方面？

答：保荐人和发行人律师通常应关注并核查以下方面：相关资产的具体用途、对发行人的重要程度、未投入发行人的原因、租赁或授权使用费用的公允性、是否能确保发行人长期使用、今后的处置方案等，并就该等情况是否对发行人资产完整和独立性构成重大不利影响发表明确意见。

如发行人存在以下情形之一的，保荐人及发行人律师应当重点关注、充分核查论证并发表意见：一是生产型企业的发行人，其生产经营所必需的主要厂房、机器设备等固定资产系向控股股东、实际控制人租赁使用；二是发行人的核心商标、专利、主要技术等无形资产是由控股股东、实际控制人授权使用。

第六节　商号、字号

商号即厂商字号，字号是企业的名称，严格意义上讲，商号不是个法律概念，与其相对应的法律术语是字号。商号是企业特定化的标志，用以区别于其他企业而彰显自己。拟上市公司与控股股东、实际控制人、经销商及其他相关企业存在使用相似商号或混用商号，通常会引起发审委的重点关注。

截至2020年12月31日，天准科技、热景生物、之江生物、晶丰明源、赛科希德、三友医疗、通用电梯、火星人厨具、法本信息、仲景食品等十余家企业被发审委问及与商号、字号相关的问题。

一、典型案例

之江生物（688317）

上海之江生物科技股份有限公司（以下简称发行人）2020年6月1日提交的招股说明书（申报稿）中披露：发行人共拥有境内专利所有权27项，其中发明专利18项，实用新型专利8项，外观设计专利1项；境外发明专利所有权2项。

针对上述情形，发审委要求发行人对下列事项进行说明，并要求保荐机构、发行人律师核查并发表明确意见：发行人控股股东、实际控制人控制的其他企业商号中含有“之江”字样，是否侵犯发行人的相关权利，是否对市场消费者产生误导。

根据发行人律师出具的补充法律意见书披露显示：[1]

发行人控股股东、实际控制人控制的其他企业中含有“之江”字号的企业情况如表113所示：

表113

企业名称	经营范围	权利人的确认
上海之江药业有限公司	从事医药科技领域内的技术开发、技术咨询、技术转让、技术服务，健康咨询（不得从事诊疗活动、心理咨询），软件开发，从事货物及技术的进出口业务。【依法须经批准的项目，经相关部门批准后方可开展经营活动】	企业名称预核准期间，发行人及其子公司之江科技出具情况说明，同意之江药业使用“之江”作为企业名称中的字号，对该名称登记无异议
上海之江医学检验所有限公司	营利性医疗机构，从事医学、检验检测科技域内的技术服务、技术转让，医疗器械经营。【依法须经批准的项目，经相关部门批准后方可开展经营活动】	企业名称预核准期间，之江药业、发行人及其子公司之江科技、之江工程出具同意使用承诺书，同意之江检验所使用“之江”作为企业名称中的字号，对该名称登记无异议

〔1〕《上海市锦天城律师事务所关于上海之江生物科技股份有限公司首次公开发行股票并在科创板上市的补充法律意见书（一）》，载上海证券交易所网，http://static.sse.com.cn/stock/information/c/202007/d1fb5fc3717e4a4a9638ef3f06b84e75.pdf，最后访问日期：2021年5月21日。

续表

企业名称	经营范围	权利人的确认
上海之江智能科技有限公司	从事智能科技、互联网科技、健康科技领域内的技术开发、技术咨询、技术转让、技术服务，应用软件开发，电信业务，营养健康咨询服务，云软件服务，工具软件服务，计算机系统集成，计算机、软件及辅助设备、电子产品、日用百货、办公用品、化妆品的销售，食品销售。【依法须经批准的项目，经相关部门批准后方可开展经营活动】	企业名称预核准期间，之江药业、之江检验所、发行人及其子公司之江科技、之江工程出具同意使用承诺书，同意之江智能使用“之江”作为企业名称中的字号，对该名称登记无异议

在之江药业、之江检验所、之江智能进行工商设立登记时，发行人及其子公司同意前述相关公司无偿使用“之江”的字号。各方之间不存在关于“之江”字号相关的纠纷或争议。

之江药业主营业务为对外投资，之江检验所主营业务为医学检验服务，之江智能主营业务为软件开发业务。为避免同业竞争，发行人控股股东之江药业、实际控制人邵俊斌均出具了《关于避免同业竞争的承诺》，依据该承诺，之江药业、之江检验所、之江智能未来将不会从事与之江生物相同或相似业务，不存在对市场消费者产生误导的情形。

之江药业、之江检验所、之江智能使用“之江”字号进行工商登记时已经取得发行人的确认，不存在侵犯发行人相关权利的情况。上述公司目前经营的业务以及未来拟从事的相关业务与发行人的主营业务存在显著差异，不存在对市场消费者产生误导的情形。

赛科希德（688338）

北京赛科希德科技股份有限公司（以下简称发行人）2019 年 12 月 27 日提交的招股说明书（申报稿）中披露：发行人前五大客户中存在与发行人共用商号的情形。

针对上述情形，发审委要求发行人对下列事项进行说明，并要求保荐机构、发行人律师核查并发表明确意见：相关情形是否存在利益冲突，是否构成关联交易非关联化，是否会对发行人生产经营产生重大影响。

根据发行人律师出具的补充法律意见书披露显示：[1]

1. 经销商使用“赛科希德”字样的情形与发行人不存在利益冲突

相关经销商使用“赛科希德”字样的情形不会对发行人的业务、商誉造成重大不

〔1〕《北京市中伦律师事务所关于北京赛科希德科技股份有限公司首次公开发行股票并在科创板上市的补充法律意见书（二）》，载上海证券交易所网，http：//static.sse.com.cn/stock/information/c/202003/69907bf824974cd3b69ccccb1f5221c2.pdf，最后访问日期：2021 年 5 月 21 日。

利影响。

（1）报告期内，发行人与上述使用“赛科希德”字样的经销商的交易金额占营业收入的占比相对较小，各经销商每年度的具体交易及其占比情况如表114所示：

表114

经销商名称	2019年度		2018年度		2017年度	
	销售金额/元	占公司营业收入比例/%	销售金额/元	占公司营业收入比例/%	销售金额/元	占公司营业收入比例/%
重庆赛科希德	1,041,884.52	0.45	1,341,923.20	0.67	1,121,168.63	0.72
南宁赛科希德	0.00	0.00	2148.39	0.00	1,644,188.32	1.05
哈尔滨赛科希德	663,415.62	0.29	2,676,682.96	1.34	2,208,544.53	1.41
天津赛科希德	4,594,310.49	2.00	5,249,196.04	2.62	4,528,339.48	2.89
合计	6,299,610.63	2.74	9,269,950.59	4.63	9,502,240.96	6.06

报告期内，发行人与上述使用“赛科希德”字样的经销商的销售政策、定价方式等合作条款与其他经销商相比并无明显差异，并不存在明显有利于发行人或上述经销商的情形。

（2）2016年，发行人分别与重庆赛科希德、南宁赛科希德及哈尔滨赛科希德签署《关于允许使用“赛科希德”字样的协议》，确认如下：为实现发行人与上述经销商的长期共同发展，认可上述经销商在企业名称中使用“赛科希德”字样；上述经销商在经营过程中，不得经销其他方生产的与公司产品具有相同名称或功能的产品，对于发行人没有生产、销售的产品，上述经销商可经销其他方的产品；上述经销商使用“赛科希德”字样仅为经销公司产品提供便利，不得将“赛科希德”字样用于其他用途；上述经销商使用“赛科希德”字样过程中，如影响发行人的声誉或公司经营或对甲方造成损失的，应无条件停止使用“赛科希德”字样、变更企业名称并赔偿给发行人带来的一切损失。

部分使用“赛科希德”字样的经销商南宁赛科希德及重庆赛科希德进一步出具承诺函，并确认如下：“截至本承诺函出具之日，我公司及其关联方（包括但不限于股东、董事、监事、高级管理人员、关键经办人员等），与赛科希德（含其下属公司）及其的股东、董事、监事、高级管理人员及核心技术人员等相关方均不存在亲属关系等关联关系，也不存在委托持股、信托持股、其他代第三方持股及可能产生不正当利益输送的其他情形。

截至本承诺函出具之日，我公司只经销赛科希德公司的相关产品，未经销其他厂家生产的与赛科希德公司名称或功能相同的产品，我公司在经销赛科希德公司的相关产品的过程中与其他赛科希德公司的代理商在销售模式、销售价格等方面并无明显异常。我公司一直以来根据与赛科希德公司签署的关于允许使用‘赛科希德’字样的协议（以下简称《字样使用协议》）的约定在销售赛科希德公司产品的过程中非独家的、合理的使用‘赛科希德’字样，从未将‘赛科希德’字样用于其他用途或授权给他人使用，也未从事任何损害赛科希德公司的业务、信誉或其他可能导致赛科希德公司遭受不利影响的事项或活动。

如因使用‘赛科希德’字样之行为导致赛科希德公司（含其下属公司）商誉贬损、遭受任何经济损失，我公司将全部予以赔偿，并根据赛科希德公司的要求依据《字样使用协议》中的约定，即刻无条件停止使用‘赛科希德’字样并变更我公司企业名称。截至本承诺函出具之日，在使用‘赛科希德’字样过程中，我公司与赛科希德公司或其他任何第三方均不存在任何争议、纠纷或潜在纠纷。”

（3）发行人与上述经销商并未因“赛科希德”字样的使用产生争议、纠纷或潜在纠纷，且上述经销商的相关情形并未对发行人的业务、商誉造成重大不利影响。发行人不存在因“赛科希德”字样使用与包括上述经销商在内的其他第三方产生争议、纠纷或潜在纠纷的诉讼记录。

2. 不构成关联交易非关联化

使用“赛科希德”字样的经销商有天津赛科希德、重庆赛科希德、南宁赛科希德及哈尔滨赛科希德。上述使用“赛科希德”字样的经销商的股东结构、董事、监事及高级管理人员与发行人均不存在重合或混同的情形。发行人与使用“赛科希德”字样的经销商天津赛科希德、重庆赛科希德、南宁赛科希德及哈尔滨赛科希德不存在委托持股、信托持股或其他特殊利益安排。

上述使用“赛科希德”字样的经销商与发行人不存在关联关系，故不存在关联交易非关联化的情形。

3. 不会对发行人生产经营产生重大影响

发行人的部分经销商名称中含有“赛科希德”字样属于经销商自身独立的商业行为，目的是有利于经销商的产品销售，该等情形并未对公司业务或商誉造成不利影响，尽管发行人已作出相应的规范措施防范因该等情形可能对公司业务或商誉造成的不利影响，但不排除由此产生的潜在风险。

由于使用“赛科希德”字样的经销商的交易金额相对较小且销售政策及定价方式等合作条款不存在明显异常，且该等经销商与发行人不存在关联关系或特殊利益安排。因此，上述经销商的相关情形不会对发行人的业务、商誉造成重大不利影响。

天准科技（688003）

苏州天准科技股份有限公司（以下简称发行人）2019 年 4 月 2 日提交的招股说明书（申报稿）中披露：发行人为加快业务发展，同意部分规模较大的经销商使用天准字号，便于其向终端客户开展经销业务，如东莞天准、上海天准、TZTEK Korea。

针对上述情形，发审委要求发行人对下列事项进行说明，并要求保荐机构、发行人律师核查并发表明确意见：同意经销商使用天准字号的具体标准，主要授权条款，终止授权情形；同意使用公司字号的经销商数量、名称、具体情况，前述经销商是否代理与发行人产品存在竞争的其他品牌产品；对字号、商标等重要无形资产的管控措施，能否避免被授权方不当行为导致公司品牌受损的风险。

根据发行人律师出具的补充法律意见书披露显示：[1]

1. 同意经销商使用天准字号的具体标准，主要授权条款，终止授权情形

发行人为加快业务发展，同意部分规模较大的经销商使用“天准”字号，便于其向终端客户开展经销业务。

发行人同意经销商使用“天准”字号的具体标准、主要授权条款及终止授权情形如表 115 所示：

表 115

同意使用字号的标准	1. 属于发行人认可的经销商； 2. 遵守发行人关于经销商的相关要求； 3. 不得代理销售与发行人产品具有竞争性或替代性的产品； 4. 不存在其他严重有违经销商管理或协议的行为
主要授权条款	1. 授权条件：满足“同意使用字号的标准”； 2. 授权期限：按年度授权，一年一授权； 3. 具体授权内容：“天准”字号（TZTEK Korea 被授权字号为“tztek”）、第 22262213 号图形商标“**TZTEK 天准**”（不包括 TZTEK Korea）； 4. 授权使用范围：字号可在企业名称中使用，商标可在宣传册、名片上使用。其他情况需要使用的，需要提出书面申请，说明使用的理由、用途、使用期限，经公司书面准许后使用
终止授权情形	1. 已不满足同意使用字号的标准； 2. 存在其他违反协议约定的情况

〔1〕《浙江六和律师事务所关于苏州天准科技股份有限公司首次公开发行股票并在科创板上市的补充法律意见书（一）》，载上海证券交易所网，http：//static.sse.com.cn/stock/information/c/201905/7b86e0abbcc248b7922d01519e555d93.pdf，最后访问日期：2021 年 5 月 21 日。

2. 同意使用公司字号的经销商数量、名称、具体情况，前述经销商是否代理与发行人产品存在竞争的其他品牌产品

经发行人同意，报告期内使用发行人字号的经销商数量共计 3 家。上述经销商均未代理与发行人产品存在竞争的其他品牌产品。

3. 对字号、商标等重要无形资产的管控措施，能否避免被授权方不当行为导致公司品牌受损的风险

发行人对经销商使用发行人字号、商标的管控措施如下：

（1）严格控制使用范围

发行人仅准许部分符合要求的经销商使用"天准"字号（TZTEK Korea 被授权字号为"tztek"），同时，对经销商在名片、宣传材料上使用的相关商标仅限第 22262213 号图形商标"TZTEK 天准"（未授权 TZTEK Korea 使用任何商标），除此以外，非经发行人书面同意，经销商不得使用发行人的商标。

（2）对使用条件进行限定

经销商仅能在与开展业务有关的活动中使用"天准"字号及商标。同时，当经销商不再符合条件时，发行人有权要求经销商停止使用"天准"字号、商标，并将未使用的含有上述字号、商标的物料销毁或交发行人保管。

（3）对使用情况进行监督

发行人要求使用"天准"字号、商标的经销商对于其使用的名片、宣传手册等向发行人进行备案，如发行人发现不妥当之处，有权要求经销商进行整改。

（4）对违反规定使用的处理

如经销商不符合使用字号、商标的条件，违规使用"天准"字号、商标或存在其他严重影响发行人品牌形象的情况，发行人有权终止其代理资格，并要求其赔偿损失。

发行人已初步建立对字号、商标等无形资产的管控措施，在经销商违规使用字号、商标的情况下，发行人有权停止其继续使用，并有停止其代理权限的权利。经销商主要依赖销售发行人产品取得收入，在此情况下经销商应当考虑其导致发行人品牌受损不当行为的后果，从一定程度上可以避免经销商做出有损发行人品牌的行为。同时，考虑到发行人的产品主要为工业用途，并非面向最终消费者的普通消费产品，对于技术的依赖程度较高，因此，发行人对经销商的下游客户有一定的了解，对于经销商部分下游客户在应经销商邀请提供技术支持的过程中有过接触，在此情况下，即使发生经销商有损天准品牌的行为，发行人亦可及时介入处理，控制影响的扩大。

法本信息（300925，创业板）

深圳市法本信息技术股份有限公司（以下简称发行人），2020年7月2日提交的招股说明书（申报稿）披露：发行人与关联企业深圳法本电子、上海法本电子、法本电子（香港）存在共用“法本”商号的情形。

针对上述情形，发审委要求发行人对下列事项进行说明，并要求保荐机构、发行人律师核查并发表明确意见：共用商号的原因、背景、合理性；发行人与关联企业商标、商号的相同点与不同点，是否与实际控制人控制的其他企业构成商号混同使用，是否侵犯其他主体的相关权利，是否存在商标和商号相关的纠纷或潜在纠纷。

根据发行人律师出具的补充法律意见书披露显示：[1]

1. 共用商号的原因、背景及合理性

严华于2003年创立上海法本电子时即开始使用“法本”商号，且经过数年的持续运营，“法本”这个商号在市场上具有了一定的知名度。严华于2010年通过企业名称变更的方式将发行人的名称从深圳巴门尼德科技有限公司变更为深圳市法本信息技术有限公司。此后，严华又以“法本”为商号设立关联方深圳法本电子和法本电子（香港）。

根据发行人更名时适用的《企业名称登记管理实施办法》第三十一条，企业名称不得与同一工商行政管理机关已核准或者登记注册的同行业企业名称相同或者近似（有投资关系的除外）。发行人与上海法本电子、法本电子（香港）分属于不同的工商行政管理机关，且发行人与共用商号的关联方分属于不同行业，因此发行人使用“法本”作为商号符合其更名时的相关法律规定。发行人使用“法本”字样的企业名称已依法获得工商登记机关的核准，有权使用“法本”作为商号。

发行人与关联企业共用商号的事实发生在实际控制人创业前期，具有客观性及合理性，该事实未违反当时有效的法律规定。

2. 发行人与关联企业商标、商号的相同点与不同点，是否与实际控制人控制的其他企业构成商号混同使用，是否侵犯其他主体的相关权利，是否存在商标和商号相关的纠纷或潜在纠纷

除了上文已披露的发行人与深圳法本电子、上海法本电子及法本电子（香港）共用“法本”作为商号的情形外，发行人不存在与其他关联方使用相同或近似商号

[1]《北京市君泽君律师事务所关于深圳市法本信息技术股份有限公司首次公开发行股票并在创业板上市的补充法律意见书（一）》，载深圳证券交易所网，http：//reportdocs.static.szse.cn/UpFiles/rasinfodisc/RAS_0001741DF308583FD3E2949CD01CC23F.pdf，最后访问日期：2021年5月21日。

的情形。

发行人与共用商号的关联方在资产、人员、财务、机构及业务等方面均相互独立，并未造成上述层面的混同。报告期内，共用商号的关联企业独立开展业务并自主进行经营决策，其在企业经营发展过程中未曾刻意宣传其与发行人之间的关联关系，亦未利用商号相同的特点误导交易对手、谋取不当利益。

在报告期内，相关各方公司的股东未曾就共用商号的合理性提出任何质疑；发行人及共用商号的关联方彼此之间未曾因共用商号问题发生任何法律纠纷；发行人或共用商号的关联方未曾因另一方滥用商号的原因遭受任何损失或被认为侵害任何第三方权利。

为了进一步避免共用商号可能带来的不利影响，发行人与共用商号的关联方共同签署了《关于商号使用之谅解备忘录》，确认共用商号的关联方仅有权以"法本"字样作为企业名称在现有的范围内继续使用，严华及共用商号的关联方不得再以"法本"作为商号设立新的关联方，也不得许可任何其他第三方将"法本"作为商号使用，无论该主体是否从事与发行人相竞争的业务或该主体是否注册在中国境内。同时，发行人及共用商号的关联方均承诺将采取各种措施维护"法本"商号的市场声誉，不实施任何可能降低商号价值或声誉受损的行为；如因任一方的使用不当导致另一方产生损失的，违约方将承担相应的赔偿责任。

仲景食品（300908，创业板）

仲景食品股份有限公司（以下简称发行人）2020 年 6 月 22 日提交的招股说明书（申报稿）披露：发行人实际控制人孙耀志控制其他企业宛西制药及张仲景大药房拥有较多"仲景"方面的无形资产。

针对上述情形，发审委要求发行人对下列事项进行说明，并要求保荐机构、发行人律师核查并发表明确意见：17 家持有"仲景"字号的关联企业与发行人"仲景"字号的比较区别情况；结合商标法及其他工商相关规定，披露关联方与发行人使用同一字样字号的合法性；结合相关法律规定，披露发行人是否可以长期合法持有"仲景"方面的商标、字号，是否存在该方面的行政处罚或诉讼纠纷，是否构成本次发行的法律障碍；结合上述内容，参照《创业板审核问答》相关要求，披露发行人是否在资产、业务方面真实完整独立于仲景宛西制药及其子公司、17 家持有"仲景"字号的关联企业。

根据发行人律师出具的补充法律意见书披露显示：[1]

1. 17家持有“仲景”字号的关联企业与发行人“仲景”字号的比较区别情况；关联方与发行人使用同一字样字号的合法性

（1）根据《企业名称登记管理规定》第七条、《企业名称登记管理实施办法》第九条的规定，企业名称由行政区划、字号、行业、组织形式依次组成。经比对，发行人的企业名称为“仲景食品股份有限公司”，与关联方企业“仲景宛西制药股份有限公司”“河南张仲景大药房股份有限公司”“郑州仲景大健康科技有限公司”等企业名称存在明显区别，且关联方企业中，没有一家企业名称中包含“食品”相关行业字样。

（2）发行人使用“仲景”相关字号的企业名称已经工商行政管理部门核准并办理了工商登记，发行人使用“仲景”相关字号合法有效

自2002年9月20日设立起，发行人先后使用了“南阳张仲景植物萃取有限责任公司”“南阳张仲景现代中药发展有限责任公司”“南阳张仲景大厨房股份有限公司”“仲景大厨房股份有限公司”“仲景食品股份有限公司”等公司名称，一直使用“仲景”相关字号。发行人使用“仲景”相关字号及企业名称“仲景食品股份有限公司”已取得工商行政管理部门的核准，并以“仲景”相关字号及上述企业名称办理了工商登记，发行人使用“仲景”相关字号合法有效。

（3）发行人与其关联方分属不同的行业，或分属不同的企业登记机关辖区，发行人与其关联方使用同一字样字号不属于企业名称相同或者近似的情形

企业名称不得与同一企业登记机关已登记注册、核准的同行业企业名称相同，亦不得与同一企业登记机关已登记注册、核准的同行业企业名称近似。发行人的主营业务为研发、生产、销售调味配料和调味食品，宛西制药等使用“仲景”相关字号的关联企业主要从事医药健康行业，未从事与发行人业务相同或类似的业务，使用“仲景”相关字号的仅有发行人一家属于食品行业。因此，发行人与使用“仲景”相关字号的关联企业分属不同的行业，或者分属不同的企业登记机关辖区，发行人与其关联方使用同一字样字号不属于企业名称相同或者近似的情形。

（4）关联方与发行人使用同一字样字号不会误导公众，或对公众造成欺骗或者误解

《商标法》第五十八条规定：“将他人注册商标、未注册的驰名商标作为企业名称中的字号使用，误导公众，构成不正当竞争行为的，依照《中华人民共和国反不正当

[1]《北京市普华律师事务所关于仲景食品股份有限公司首次公开发行股票并在创业板上市的补充法律意见书（二）》，载深圳证券交易所网，http：//reportdocs.static.szse.cn/UpFiles/rasinfodisc/RAS_000173B30D990D3FBECDECD9A8B9F03F.pdf，最后访问日期：2021年5月21日。

竞争法》处理。”

《反不正当竞争法》第六条规定，经营者不得实施下列混淆行为，引人误认为是他人商品或者与他人存在特定联系：……擅自使用他人有一定影响的企业名称（包括简称、字号等）、社会组织名称（包括简称等）、姓名（包括笔名、艺名、译名等）……

《企业名称登记管理实施办法》第四十一条规定：“已经登记注册的企业名称，在使用中对公众造成欺骗或者误解的，或者损害他人合法权益的，应当认定为不适宜的企业名称予以纠正。”

由于发行人与使用“仲景”相关字号的关联企业分属不同的行业，或者分属不同的企业登记机关辖区，发行人的企业名称“仲景食品股份有限公司”与关联方的企业名称存在明显区别，发行人与其关联方使用同一字样字号不属于企业名称相同或者近似的情形。因此，关联方与发行人使用同一字样字号不会误导公众，或对公众造成欺骗或者误解。

2. 结合相关法律规定，披露发行人是否可以长期合法持有“仲景”方面的商标、字号，是否存在该方面的行政处罚或诉讼纠纷，是否构成本次发行的法律障碍

（1）发行人持有6项“仲景”图样的商标，均系发行人按照《商标法》《商标法实施条例》规定的条件和程序自行申请注册取得或通过合法受让取得，发行人享有商标专用权并受法律保护，发行人持有上述商标不存在被商标局或商标评审委员会宣告注册商标无效、在先权利人或者利害关系人请求商标评审委员会宣告注册商标无效的情形，发行人可以长期合法持有该商标。

（2）发行人持有“仲景”方面的字号及企业名称“仲景食品股份有限公司”系发行人根据《企业名称登记管理规定》和《企业名称登记管理实施办法》的规定独立申请核准取得，发行人使用“仲景”相关字号合法有效，对企业名称享有专用权。发行人与其关联方分属不同的行业，或分属不同的企业登记机关辖区，发行人与其关联方使用同一字样字号不属于企业名称相同或者近似的情形，亦不会误导公众，或对公众造成欺骗或者误解。因此，发行人可以长期合法持有“仲景”方面的字号。

（3）西峡县市场监督管理局、南阳市场监督管理局、西峡县人民法院出具《证明》，发行人不存在“仲景”商标和字号方面的行政处罚或诉讼纠纷。

3. 发行人是否在资产、业务方面真实完整独立于仲景宛西制药及其子公司、17家持有“仲景”字号的关联企业

发行人具备与生产经营有关的生产系统、辅助生产系统和配套设施，合法拥有与生产经营有关的土地使用权、房屋所有权、机器设备以及专利等资产的所有权或者使用权。发行人独立采购、生产并销售其生产的产品，具有独立完整业务体系，发行人

在业务方面独立于关联方。发行人持有的“仲景”方面的商标系发行人独立申请注册取得或通过合法受让取得；发行人持有“仲景”方面的字号及登记的企业名称“仲景食品股份有限公司”系发行人独立向企业登记机关申请核准取得，发行人可以长期合法持有“仲景”方面的商标、字号，发行人在商标、字号资产方面独立于关联方。

发行人资产完整，业务及人员、财务、机构独立，在资产、业务方面真实完整独立于宛西制药及持有“仲景”字号的关联企业。

火星人厨具（300894，创业板）

火星人厨具股份有限公司（以下简称发行人）2020 年 7 月 2 日提交的招股说明书（申报稿）披露：报告期内存在发行人前员工持有客户股权或在客户任职的情形。发行人的经销商武汉火星人贸易有限公司使用“火星人”商号。

针对上述情形，发审委要求发行人对下列事项进行说明，并要求保荐机构、发行人律师核查并发表明确意见：报告期内是否存在其他发行人的经销商使用发行人商号的情形，相关原因、是否存在利益安排，结合现有生效判决，披露并分析使用发行人商号的经销商如涉及与消费者之间的产品质量纠纷或其他类型纠纷，发行人是否将承担相关法律责任，以及发行人的应对措施及有效性；报告期内发行人经销商是否存在滥用发行人商号的情形，是否会对相关客户、供应商或潜在消费者构成误解或混同，是否存在纠纷或潜在纠纷；发行人的商号管理制度，分析并披露其他方在相同或相似业务领域注册或使用发行人商号对发行人生产经营的影响。

根据发行人律师出具的补充法律意见书披露显示：[1]

1. 报告期内是否存在其他发行人的经销商使用发行人商号的情形，相关原因、是否存在利益安排，结合现有生效判决，披露并分析使用发行人商号的经销商如涉及与消费者之间的产品质量纠纷或其他类型纠纷，发行人是否将承担相关法律责任，以及发行人的应对措施及有效性。

（1）发行人存在其他经销商使用“火星人”作为商号的情形，报告期内使用“火星人”作为商号的经销商共 385 家，其中闭店经销商 56 家。

（2）根据《企业名称登记管理规定》第七条第一款之规定，企业名称应当由以下部分依次组成：字号（或者商号，下同）、行业或者经营特点、组织形式。根据《浙江省企业商号管理和保护规定》第三条，企业商号，即字号，是指企业名称中除行政

〔1〕《北京德恒律师事务所关于火星人厨具股份有限公司首次公开发行股票并在创业板上市的补充法律意见（三）》，载深圳证券交易所网，http：//reportdocs.static.szse.cn/UpFiles/rasinfodisc/RAS_000173EAB22D5D3FE5330219752E563F.pdf，最后访问日期：2021 年 5 月 21 日。

区划、行业或者经营特点、组织形式外显著区别于其他企业的标志性文字。

2010 年 3 月 18 日，浙江省工商行政管理局出具（浙工商）名称内〔2010〕第 048739 号企业名称预先核准通知书，根据《企业名称登记管理规定》《企业名称登记管理实施办法》等规定，同意预先核准住所设在海宁市工商行政管理局的企业名称为“浙江火星人厨具有限公司”，即发行人前身。2010 年 4 月 9 日，海宁市工商行政管理局核发了企业法人营业执照，该企业名称正式生效。

2016 年 8 月 31 日，嘉兴市市场监督管理局出具（国）名称变核内字〔2016〕第 3110 号企业名称变更核准通知书，经国家工商总局批准，浙江火星人厨具有限公司名称变更为“火星人厨具股份有限公司”，即发行人。2016 年 11 月 9 日，嘉兴市市场监督管理局核发了营业执照，该企业名称正式生效。

根据上述规定以及发行人的名称变更历史，发行人的商号为“火星人”，目前的登记机关为嘉兴市市场监督管理局。

发行人已将“火星人”在第 5 类、第 6 类、第 7 类、第 8 类、第 11 类、第 13 类、第 16 类、第 20 类、第 21 类、第 28 类、第 35 类等商品及服务上注册了商标，并依法取得了商标局核发的商标注册证，即发行人已将自己的商号注册成商标使用。根据《商标法》之规定，商标专用权在全国范围内有效。商号和商标的共同作用，都在于为发行人提供识别标记，引导消费者的选择，扩大自己的市场优势，为发行人管理和经营服务。

发行人目前采取的商业模式是商业特许经营。发行人已按照《商业特许经营管理条例》《商业特许经营备案管理办法》《商业特许经营信息披露管理办法》的要求，办理了商业特许经营备案（备案号：0330400711700013）。商业特许经营，是指拥有注册商标、企业标志、专利、专有技术等经营资源的企业，以合同形式将其拥有的经营资源许可其他经营者使用。被特许人按照合同约定在统一的经营模式下开展经营，并向特许人支付特许经营费用的经营活动。

该等经销商使用“火星人”作为商号系自主在当地工商局申请并获准使用，使用目的主要是便于其在经营过程中进行产品的推广和服务，与发行人不存在利益安排。

（3）发行人的经销商无论使用“火星人”商号与否，在发生质量纠纷时，如果质量问题是发行人原因导致，则该产品质量相关赔偿责任均由发行人承担，如果是属于经销商过错原因所致，则责任由经销商最终承担。即与消费者发生纠纷时，在对消费者责任承担问题上，发行人和经销商可能同时被要求直接对消费者承担责任，但在发行人和经销商之间责任划分上，还需依照责任产生的原因进行具体划分。

最高人民法院民二庭在《对重庆市高级人民法院〈关于特许使用企业名称的特许人应否对使用人债务承担责任适用法律问题的请示〉的复函》（〔2003〕民二他字第23号）中认为：“现行法律和行政法规对于特许经营模式下的民事责任关系问题尚未作出明确规定，亦无相应的司法解释，故不宜在个案中直接解决特许经营模式下特许人应否对被特许人的债务承担责任等抽象法律问题，而应根据本案具体情况作出相应处理。”因此，对于经销商与消费者其他类型的纠纷，发行人是否需要承担责任亦需要根据个案具体分析。

由此，使用发行人商号的经销商如涉及与消费者之间的产品质量纠纷或其他类型纠纷，发行人是否需要承担相关法律责任需根据具体个案进行判断。如果是属于产品质量相关赔偿责任且归于发行人原因的，发行人需最终承担赔偿责任；如属于经销商过错导致的，则由经销商最终承担赔偿责任。假定在具体案件中，如因经销商过错导致损害，但被认定发行人和经销商共同向消费者承担责任的，发行人在向消费者承担责任后亦有权向经销商追究责任以维护自身权益。

针对该风险，发行人的应对措施如下：加强经销商资质审核，在和新的经销商签署合作协议前，加强对其背景调查，寻求资信优质的合作方建立合作；加强经销商持续监督监管、加强培训和客诉处理工作；持续提升公司研发水平和生产控制质量，加强供应商和外协厂商的质量管理，确保产品质量符合国家标准和行业要求，从根本上降低产品质量纠纷的概率；在与经销商的《特许加盟合同》中约定了发行人“名称、商标或标识”等的使用规范，对于经销商违规使用的，将予以追责；发行人已制定《商号使用管理办法》，对公司商号的保护和管理以及经销商使用情况的管理等进行了明确安排。

报告期内发行人未曾出现因使用发行人商号的经销商涉及与消费者之间的产品质量纠纷或其他类型纠纷被判令承担责任的情形，由此发行人相关应对措施具有有效性。

2. 报告期内发行人经销商是否存在滥用发行人商号的情形，是否会对相关客户、供应商或潜在消费者构成误解或混同，是否存在纠纷或潜在纠纷。

报告期内发行人经销商不存在滥用发行人商号的情形，经销商能够依照市场监督管理部门的规定亮照经营，不会对相关客户、供应商或潜在消费者构成误解或混同，不存在纠纷或者潜在纠纷。

对于已经闭店但尚未注销工商登记的经销商，发行人的区域经理以及该区域内的新加盟商可以对其行为监督，并通过向市场监督管理部门申请处理或向人民法院起诉方式维护权利，以避免相关闭店经销商违规滥用“火星人”商号损害发行人和合作经销商利益的情形。

3. 发行人的商号管理制度，分析并披露其他方在相同或相似业务领域注册或使用发行人商号对发行人生产经营的影响。

发行人已制定《商号使用管理办法》，该办法规定了发行人商号的保护体制、责任部门以及责任部门的职能、经销商使用商号的管理，以及相关责任追究等内容。该等办法有助于发行人商号的保护管理。发行人已经将商号“火星人”申请了注册商标，可以在商号和商标两个维度共同受到法律保护。

在相同或相似业务领域注册或使用发行人商号的其他主体主要如表 116 所示：

表 116

序号	主体名称	登记机关	成立日期	经营范围
1	山东火星人电器有限公司	临沂市兰山区市场监督管理局	2019 年 7 月 5 日	销售：家用电器、集成吊顶、卫浴
2	中山市火星人电器有限公司	中山市工商行政管理局	2016 年 3 月 31 日	生产、销售：家用电器、五金配件
3	广东智能火星人厨具有限公司	中山市工商行政管理局	2019 年 3 月 22 日	销售、研发：家用电器、燃气炉具、燃气热水器、电热水器、抽油烟机、电磁炉、电压力锅、消毒柜、净水器、电蒸箱、电烤箱、洗碗机、电器配件、五金制品、家居智能设备
4	成都市火星人厨具有限公司	成都市新都区市场监督管理局	2020 年 4 月 20 日	销售日用家电；卫生洁具零售；珠宝翡翠首饰专门零售服务；水果及食用坚果零售
5	永康市火星人科技有限公司	永康市市场监督管理局	2013 年 5 月 22 日	电子产品（不含计量器具、安全技术防范产品、无线电发射设备、地面卫星接收设施）、家用电器、厨房用具研发、销售；日用五金制品、电动工具、健身器材、家居用具、日用塑料制品、按摩器材、清洁器具、户外休闲用品、五金工具、足浴盆、化妆品、净水设备、污水处理设备、空气净化设备、消毒设备、卫生用品、日用杂品（不含危险物品）、医疗器械（不含第三类医疗器械）、工艺品（不含文物）、卫浴用具销售；食品销售（具体经营范围详见食品经营许可证）；健康信息咨询服务；货物和技术进出口业务

续表

序号	主体名称	登记机关	成立日期	经营范围
6	苏州火星人电器科技有限公司	苏州国家历史文化名城保护区市场监督管理局	2018年9月17日	研发、销售：家用电器、抽油烟机、灶具、保洁碗柜、热水器、集成吊顶、厨房设备及配件、灯具、五金件、卫浴洁具、金属制品

根据《企业名称登记管理实施办法》第三十一条，企业名称有下列情形之一的，不予核准：（1）与同一工商行政管理机关核准或者登记注册的同行业企业名称字号相同，有投资关系的除外；（2）与同一工商行政管理机关核准或者登记注册符合本办法第十八条的企业名称字号相同，有投资关系的除外；（3）与其他企业变更名称未满1年的原名称相同；（4）与注销登记或者被吊销营业执照未满3年的企业名称相同；（5）其他违反法律、行政法规的。

根据国家工商行政管理局《关于〈企业名称登记管理规定〉有关问题的答复》、《企业名称登记管理规定》第六条中“不得与已登记注册的同行业企业名称相同或者近似”所述“同行业”是指该规定第七条“企业名称应当由以下部分依法组成：字号（或者商号，下同）、行业或者经营特点、组织形式”规定中“行业或者经营特点”，即企业名称中表述“行业或者经营特点”的文字内容。

上述主体与发行人分属不同的登记主管机关且亦经各登记主管机关核准登记，因此，上述主体名称中含有“火星人”没有违反《企业名称登记管理实施办法》，与发行人不存在纠纷或者潜在纠纷。

根据现行有效之《反不正当竞争法》第六条，擅自使用与他人有一定影响的商品名称、包装、装潢等相同或者近似的标识，或擅自使用他人有一定影响的企业名称（包括简称、字号等）、社会组织名称（包括简称等）、姓名（包括笔名、艺名、译名等），引人误认为是他人商品或者与他人存在特定联系的，将构成不正当竞争。

根据最高人民法院《关于审理注册商标、企业名称与在先权利冲突的民事纠纷案件若干问题的规定》（法释〔2008〕3号）第二条的规定，原告以他人企业名称与其在先的企业名称相同或者近似，足以使相关公众对其商品的来源产生混淆，违反《反不正当竞争法》为由提起诉讼，符合《民事诉讼法》第一百零八条规定的，人民法院应当受理。

综上所述，前述其他方可以在法律规定范围内依法使用其注册的商号，不会对发行人产生重大不利影响。如前述其他方违反法律规定，滥用其商号权利，则会损及发行人的利益，但发行人可以向市场监督管理部门申请处理，也可以向人民法院起诉。

对于前述其他方在相同或相似业务领域注册或使用与发行人相同商号的情形，发行人主要采取如下对策：将持续关注该等企业的公开信息和经营情况，一旦出现其超越合法权限使用其商号并损害发行人利益的情形，发行人将依法启动诉讼等程序以维护发行人合法权利；进一步通过媒体品牌宣传、经销网络推广等工作，提升品牌知名度和识别度，增强消费者识别能力。

二、解决思路

商号、字号作为企业表明身份的标志，对企业品牌形象和业务开展都具有重要的作用，商号的不当使用会影响企业的管理和收益，甚至导致各种纠纷。实务中，拟上市公司与经销商或关联方之间商号、字号混用现象较为普遍，发审委关注的是这些混用现象是否会导致各类纠纷或潜在纠纷。

1. 发行人应根据《企业名称登记管理规定》和《企业名称登记管理实施办法》的相关规定申请名称预先核准，依法取得企业相关字号，使用字号合法有效。

2. 尽量避免与经销商或关联方之间存在商号、字号混用现象。因生产经营需要，无法避免的，应该建立字号、商号使用的内控制度，规范商号、字号使用人的行为，严格控制使用范围和条件，避免因他人滥用发行人商号或字号，对发行人的业务、商誉造成重大不利影响。持续关注使用方的公开信息和经营情况，一旦出现其超越合法权限使用其商号并损害发行人利益的情形，发行人应及时采取措施终止其使用。

除此之外，发行人应披露许可经销商使用其商号的原因、背景和合理合法性，及经销商数量、名称、使用期限、使用费用、利益分配等。

3. 发行人与关联企业使用同一字样字号时，应分属不同的行业，或者分属不同的企业登记机关辖区；关联企业名称应与发行人名称存在明显区别，以免误导公众，或对公众造成欺骗或者误解。

若关联企业为发行人的控股股东、实际控制人及其近亲属所控制的企业，应避免同业竞争。可由该等企业出具承诺函，承诺未从事相同或相似业务，未来亦不会从事与发行人相同或相似业务。

4. 结合商号或字号的具体情况，发行人可将其申请为注册商标，使商号、字号得到更好的保护。

【具体核查要点】

1. 报告期内是否存在发行人的经销商使用发行人商号的情形，相关原因、是否存在利益安排；发行人商号的经销商如涉及与消费者之间的产品质量纠纷或其他类型纠纷，发行人是否将承担相关法律责任，以及发行人的应对措施及有效性。

2. 报告期内发行人经销商是否存在滥用发行人商号的情形，是否会对相关客户、供应商或潜在消费者构成误解或混同，是否存在纠纷或潜在纠纷。

3. 发行人的商号、字号等重要无形资产的管控措施是否完善，他人在相同或相似业务领域注册或使用发行人商号对发行人生产经营的影响。

4. 使用发行人字号、商号的经销商数量、名称、具体情况，前述经销商是否代理与发行人产品存在竞争的其他品牌产品。

5. 与发行人使用相同或类似商号、字号的相关主体，并明确其主体的性质及与发行人的关系。前述主体是否取得发行人商号、字号的使用许可，或是否与发行人存在业务往来，即上述主体使用发行人商号的合理性。

6. 共用或混用商号对公司业务、商誉等的潜在影响，及存在相关风险。

【核查方式】

1. 查阅发行人设立及历次变更的全套工商登记资料、员工名册、营业执照、商号管理制度等内部控制制度文件。

2. 查阅发行人及其子公司、控股股东、实际控制人、经销商等出具的相关承诺和书面说明。

3. 就发行人与关联企业共用商号事宜访谈发行人的股东、董事、监事、高级管理人员、核心技术人员及经销商的主要负责人；核查发行人、实际控制人及董监高个人银行卡资金流水及交易背景。

4. 查阅发行人与关联企业签署的关于商号使用许可的协议，与经销商签订的特许加盟合同和其他相关文件；了解发行人对于经销商日常运营表现的考核标准及实际管理情况。

5. 检索发行人报告期内违法违规情况，走访行政机关了解发行人报告期内相关处罚违规情况，由相关部门出具是否存在商号、字号相关行政处罚和诉讼纠纷的证明。

6. 在国家企业信用信息公示系统、信用中国、中国执行信息公开网、中国裁判文书网等网站查询与发行人商号、字号相关的信息。

三、参考规范

《企业名称登记管理规定》

第六条　企业名称由行政区划名称、字号、行业或者经营特点、组织形式组成。跨省、自治区、直辖市经营的企业，其名称可以不含行政区划名称；跨行业综合经营的企业，其名称可以不含行业或者经营特点。

第十七条　在同一企业登记机关，申请人拟定的企业名称中的字号不得与下列同行业或者不使用行业、经营特点表述的企业名称中的字号相同：

（一）已经登记或者在保留期内的企业名称，有投资关系的除外；

（二）已经注销或者变更登记未满1年的原企业名称，有投资关系或者受让企业名称的除外；

（三）被撤销设立登记或者被撤销变更登记未满1年的原企业名称，有投资关系的除外。

《国家工商行政管理总局关于对企业名称许可使用有关问题的答复》

一、关于企业名称许可使用问题，鉴于《中华人民共和国民法通则》将企业名称权列在人身权范畴，我局认为，企业不得许可他人使用自己的企业名称，更不得许可他人使用第三方的企业名称或未经核准登记的企业名称。

二、企业许可他人使用自己的企业名称从事经营活动的行为属于“出租自己的企业名称”。登记机关应依照《企业名称登记管理规定》第二十六条第（三）项规定对许可人予以处罚。

企业许可他人使用未经核准登记的企业名称从事经营活动的行为属于《企业名称登记管理规定》第二十六条第（一）项规定禁止的行为，登记机关应依照上述规定对许可人和被许可人一并予以处罚。

《企业名称登记管理实施办法》

第三条　企业应当依法选择自己的名称，并申请登记注册。企业自成立之日起享有名称权。

第十四条　企业名称中的字号应当由2个以上的字组成。

行政区划不得用作字号，但县以上行政区划的地名具有其他含义的除外。

第三十一条　企业名称有下列情形之一的，不予核准：

（一）与同一工商行政管理机关核准或者登记注册的同行业企业名称字号相同，有投资关系的除外；

（二）与同一工商行政管理机关核准或者登记注册符合本办法第十八条的企业名称字号相同，有投资关系的除外；

（三）与其他企业变更名称未满1年的原名称相同；

（四）与注销登记或者被吊销营业执照未满3年的企业名称相同；

（五）其他违反法律、行政法规的。

《企业名称禁限用规则》

第四条　企业名称不得与同一企业登记机关已登记注册、核准的同行业企业名称相同。

以下情形适用于本条款规定：

（一）与同一登记机关已登记、或者已核准但尚未登记且仍在有效期内、或者已申请尚未核准的同行业企业名称相同；

（二）与办理注销登记未满1年的同行业企业名称相同；

（三）与同一登记机关企业变更名称未满1年的原同行业名称相同；

（四）与被撤销设立登记和被吊销营业执照尚未办理注销登记的同行业企业名称相同。

第七章

发行人的市场竞争力

第一节　核心技术先进性

核心技术先进性是企业的立身之本。发审委对发行人核心技术的领先程度，竞争优势及其可持续性等问题较为关注，现阶段不乏因核心技术先进性被质疑，因而被否的申报发行上市案例。

截至 2020 年 12 月 31 日，中国电器、当虹科技、开普云、方邦电子、瑞联新材、建龙微纳等企业被发审委问及与此相关问题。

一、典型案例

金博股份（688598）

湖南金博碳素股份有限公司（以下简称发行人）2019 年 10 月 12 日提交的招股说明书（申报稿）披露：发行人共拥有国内专利 65 项，韩国专利 1 项，其中发明专利 29 项，实用新型专利 34 项，外观设计专利 2 项。发明专利均为 2013 年及以前年度取得。

针对上述情形，发审委要求发行人对下列事项进行说明，并要求保荐机构、发行人律师核查并发表明确意见：报告期各期研发情况、发明专利申请情况，2014 年及以后没有新申请获得发明专利的原因；结合发行人 2014 年及以后没有新申请获得发明专利及行业内的新兴技术及发展情况，说明发行人的技术有无升级迭代风险并做风险提示。

根据发行人律师出具的补充法律意见书披露显示：[1]

1. 报告期各期研发情况、发明专利申请情况，2014 年及以后没有新申请获得发明专利的原因

（1）报告期内，发行人发明专利申请情况如表 117 所示：

表 117

时间	申请的发明专利	申请号	目前申请进度
2016 年度	基于碳纤维粉的碳 / 碳复合材料胚体及成型方法和应用	201611182756.8	实质审查阶段
	基于碳纤维粉的碳 / 碳复合材料胚体成型模具	201611182757.2	实质审查阶段
	基于碳纤维的碳 / 碳复合材料电饭煲内锅制备方法	201611183435.X	实质审查阶段
2017 年度	碳基复合材料螺旋弹簧及生产方法	201710599454.9	实质审查阶段
	一种碳基复合材料螺旋弹簧及生产方法	201710599462.3	实质审查阶段
2018 年度	一种单晶炉用导流筒外屏高度的调节方法及导流筒外屏和导流筒	201811523203.3	实质审查阶段
	单晶炉用导流筒外屏高度的调节方法及导流筒外屏和导流筒 流筒外屏和导流筒	201811523237.2	实质审查阶段

（2）2014 年及以后没有新申请获得发明专利的原因

报告期内，公司已提出申请的发明专利共有 7 项，但由于发明专利审核周期较长，截至目前公司尚未获得上述 7 项已申请发明专利的正式授权（已进入实质审查阶段）。

发行人核心技术的具体内容及应用主要在产品设计开发和生产工艺流程体现，具体包括产品结构设计、关键材料的选型与配比、生产工艺参数的设定与优化、关键生产工序的选择与控制、沉积炉设备水冷系统、电气控制系统、气流控制系统的升级改造、沉积炉热场设计优化等技术领域，涉及多学科知识的综合运用。因申请专利需公开部分技术细节、技术关键点及技术具体实施方法，被公开的信息可能被竞争对手模仿，造成技术泄密，故部分核心技术未申请专利。

---

〔1〕《湖南启元律师事务所关于湖南金博碳素股份有限公司首次公开发行股票并在科创板上市的补充法律意见书（一）》，载上海证券交易所网，http：//static.sse.com.cn/stock/information/c/201911/7ee642d7b5cd4f7d9b687d9d99ec6b9e.pdf，最后访问日期：2021 年 5 月 21 日。

2. 结合发行人 2014 年及以后没有新申请获得发明专利及行业内的新兴技术及发展情况，说明发行人的技术有无升级迭代风险并做风险提示

发行人主营业务产品先进碳基复合材料热场产品与传统石墨产品比较，具有以下优点：(1) 性价比高，产品使用寿命长，可减少更换部件的次数，从而提高设备的利用率，减少维护成本；(2) 厚度更薄，从而可以利用现有设备生产直径更大的单晶产品，节约新设备投资费用；(3) 安全性高，在反复高温热震下不易产生裂纹；(4) 可设计性强，大型石墨材料成型困难，而先进碳基复合材料可以实现近净成形，在大直径单晶炉热场系统领域具有明显的优势。

发行人虽 2014 年后未取得新的发明专利，但发行人并不存在相关技术水平处于瓶颈或重大技术难题无法突破的情况。报告期内，发行人不断加大研发投入，2017 年度和 2018 年度，发行人研发投入较上一年度分别增长 99.93%、81.92%。未来发行人将继续以行业技术发展趋势及客户核心需求为导向，不断加大研发与技术投入力度。一方面公司将持续强化现有核心产品的技术优势，保持现有产品的核心竞争力，并重点加强为客户提供定制化产品与解决方案的能力；另一方面公司将加大对现有产品横向及纵向产品线的研发投入，致力于实现在光伏、半导体、密封、耐磨、耐腐蚀等多领域核心技术的优化和突破，不断增强公司的行业竞争力和市场地位。

综上所述，发行人的技术升级存在迭代风险较小，发行人已对技术升级迭代风险做了相应风险提示。

谱尼测试（300887，创业板）

针对谱尼测试集团股份有限公司（以下简称发行人）2020 年 6 月 28 日提交招股说明书（申报稿）披露内容，发审委要求发行人对下列事项进行披露和说明，并要求保荐机构、发行人律师核查并发表明确意见：结合核心技术来源及取得时间、与同行业公司相比的技术水平和领先程度、发行人政府及企业客户的具体获取方式，客户流失率情况、行业准入门槛、市场竞争、终端客户等披露发行人竞争优势及其可持续性。

根据发行人律师出具的补充法律意见书披露显示：[1]

以较为全面的技术和资质、覆盖全国主要省市的实验室布局、完善的销售和服务网络、长期严格的质量控制等多个因素为支撑的较高品牌知名度及社会公信力是发行人的核心竞争力。

首先，在我国境内从事向社会出具具有证明作用的数据和结果的活动，应当具备

〔1〕《北京德恒律师事务所关于谱尼测试集团股份有限公司首次公开发行股票并在创业板上市的补充法律意见（一）》，载深圳证券交易所网，http：//reportdocs.static.szse.cn/UpFiles/rasinfodisc/RAS_000173671C47173FD6BF7289C43A403F.pdf，最后访问日期：2021 年 5 月 21 日。

有关法律、行政法规规定的基本条件和能力，并依法经认定，即取得检验检测机构资质认定（CMA资质）后，方可在资质认定的范围（CMA资质能力附表项目）内从事检验检测活动。发行人专注检验检测行业18年，长期积累获得的技术和资质使得发行人有资格开展多领域的检验检测业务。其次，发行人在全国22个大中城市建立了26个实验基地，覆盖全国主要省市的实验室布局使发行人有能力承接大批量、高规格、多地域的检验检测任务。再次，发行人在全国建立了49家子公司及28家分公司，完善的销售和服务网络使发行人能够高效服务全国绝大部分区域的客户。最后，第三方检验检测行业作为强监管行业，政府对检验检测行业实行市场准入制度，并进行持续的事中事后监管。发行人严把质量关，良好的质量控制体系为发行人业务持续开展提供强有力的内控保障。

在我国检验检测行业整体较为分散、小微检验检测机构众多的情况下，发行人从多方面能力建设所形成的品牌知名度和社会公信力使得发行人具有较大的竞争优势，且与行业整体规范化、规模化发展的趋势相吻合，此优势预计不会在短时间内消失。

1. 较高的品牌知名度及社会公信力

发行人成立于2002年，是国内较早成立的第三方检验检测机构之一，经过18年的发展积累，发行人凭借较强的技术实力和专业的服务能力获得了政府监管部门和国内外客户的广泛认可，建立了较高的品牌知名度和社会公信力。发行人一直参与各地市场监督管理、农业农村、生态环境等部门的监督抽检和风险监测工作，长期为食品安全、环境保护、产品质量监督工作提供检测技术支持，与食品、电子、玩具、纺织、日化等多个行业的众多企业建立了紧密合作关系。

2. 综合检验检测服务能力强

发行人具备CMA、CNAS、食品复检机构、CATL、CCC、计量、认证、医疗机构执业许可证等资质。发行人能够提供的检验检测领域广、检验检测项目多，实验室和人才队伍建设完备，业务领域涵盖健康与环保、电子及安规、消费品质量鉴定和安全保障等多个领域，可为客户提供综合性、“一站式”检验检测服务，满足客户多样化的检验检测需求。较强的综合检验检测服务能力增强了客户对发行人的忠诚度和依赖度，有利于发行人业务的持续发展。

3. 规模优势明显

发行人专注于检验检测行业18年，通过持续的资金投入，加强了实验室建设和销售服务网络的布局，现已发展成为拥有集团总部（北京）、集团运营总部（上海）、华东区总部（苏州）、华中区总部（武汉）4大区域总部，已在国内主要大中城市建立了26个检验检测实验基地，配备了大量检验检测仪器设备和专业技术人员，实现了服务网络统一协调、互相支撑，各大检验检测基地业务领域各有侧重且整体发展均衡。发行人所形成的大规模检验检测能力使得发行人有能力承接大批量（如政府部门密集监督抽检）、跨地域紧急的检验检测任务，规模优势明显。

目前，我国小规模检验检测机构数量较多，专注于某一地域或领域的检验检测业务的机构众多。随着行业监管趋严，我国检验检测行业将不断规范发展，有利于大型检验检测机构发挥规模优势。

4. 成熟的技术水平和较强的研发实力

发行人自成立之初即获得高新技术企业资质，具有坚实的技术基础与科研传统，严格遵照标准 ISO/IEC17025 和 ISO/IEC17020 规范管理，始终高度重视技术创新研发工作。经过 18 年的积累，发行人掌握了较为成熟的检验检测方法和技术，截至本招股书说明书签署日，发行人及子公司已获得 250 项已授权专利，并可开展经 CMA 认定和 CNAS 认可的多项检验检测项目。为保持较强的研发创新实力，发行人在成立之初即设立了新检验检测方法研发部，建立了一支结构布局合理，具有较高学术水平、较好专业基础和丰富研发经验的研发团队，截至 2019 年 12 月 31 日，发行人共有研发人员 573 人，占发行人员工总数的 8.99%。目前发行人已获批建立博士后科研工作站分站，强大的研发团队为发行人新技术研发和现有检验检测技术的优化提供了有力保障，有利于发行人提高工作效率、降低检验检测成本，帮助发行人进行前瞻性的市场拓展。

5. 发行人竞争优势的可持续性

根据国家认监委全国检验检测服务业统计报告，我国检验检测机构呈现小、多、散的特点，即规模小、数量多、市场散，市场竞争较为激烈。发行人作为国内大型综合性的检验检测集团，竞争优势主要体现在：全面的技术能力和业务资质、较高的品牌知名度和社会公信力、较大的规模优势，其中品牌知名度和社会公信力的建立需要长时间的业务积累，技术能力和业务规模的拓展则需要大量资金和人力的投入，发行人的竞争优势将在较长时间内存在，且会在检验检测行业不断规范发展的同时，为发行人创造更大的发展空间。

当虹科技（688039）

针对杭州当虹科技股份有限公司（以下简称发行人）2019 年 3 月 29 日提交的招股说明书（申报稿）披露内容，发审委要求发行人对下列事项进行说明，并要求保荐机构、发行人律师核查并发表明确意见：发行人所在传媒文化领域的业务与国家科技发展战略契合度，进一步说明针对公司传媒文化和公共安全领域，公司的核心竞争优势和技术的独特性如何体现，主要竞争对手的研发情况、技术水平、产品质量参数等。

根据发行人律师出具的补充法律意见书披露显示：[1]

1. 发行人与国家科技发展战略的契合度及核心竞争优势、技术独特性的体现

发行人属于新一代信息技术行业，专注于智能视频技术的算法研究，是面向公司传媒文化和公共安全领域，提供智能视频解决方案和视频云服务的国家高新技术企业。发行人主营业务服务于创新驱动、超高清、媒体融合、人工智能、雪亮工程等国家战略或产业，其核心竞争优势与技术在传媒文化与公共安全领域得到有效应用与结合，助力相关战略发展。

（1）创新驱动战略

党的十八大提出实施创新驱动发展战略，强调科技创新是提高社会生产力和综合国力的战略支撑，必须摆在国家发展全局的核心位置。创新驱动战略要求发展新一代信息网络技术，增强经济社会发展的信息化基础。

视频是新一代信息网络传输的主要载体，视频处理技术是新一代信息网络的关键技术。公司的智能视频解决方案具有的高转码效率、低码率、高画质的特性，在保证安全性、稳定性的同时能有效地节约带宽成本和能源消耗，推动新一代信息技术的发展，助力创新驱动战略。

（2）超高清视频产业发展

根据工业和信息化部、国家广播电视总局和中央广播电视总台联合发布的《超高清视频产业发展行动计划（2019—2022 年）》，要求进一步加快行业的创新应用，具体行业领域包括广播电视、文教娱乐、安防监控等领域。随着 5G 与超高清视频行业的高速建设与发展，对于超高清视频的内容生产、分发与播放需求预计也将大幅提升，其中超高清视频编码设备为行业核心设备之一。

当前国内超高清产业共有国际通行的 H.265 以及中国自主知识产权的 AVS2 两种超高清视频编码标准，而根据广电总局在 2018 年 8 月颁布的《4K 超高清电视技术应用实施指南》，AVS2 为频道上星的唯一视频编码格式。公司构建的双编码核心的超高清能力平台，可对 H.265 与 AVS2 两种标准高度兼容，同时具备集成度高、适应多种应用场景的特点，推动了我国超高清视频产业的发展。

迄今为止，发行人已参与超过 100 场 4K HDR 超高清直播，处于市场前列：包括 2018 年世界杯，2019 年的欧洲五大联赛、中超、CBA，排超等 4K HDR 商业化直播，以及江苏卫视、浙江卫视 2019 年跨年晚会的 4K HDR 全景声直播等。

---

〔1〕《浙江天册律师事务所关于杭州当虹科技股份有限公司首次公开发行股票并在科创板上市的补充法律意见书（二）》，载上海证券交易所网，http：//static.sse.com.cn/stock/information/c/201905/195660407b744416bb6f828717edacb8.pdf，最后访问日期：2021 年 5 月 21 日。

（3）媒体融合

2014 年 8 月 18 日，中央深改组第四次会议审议通过《关于推动传统媒体和新兴媒体融合发展的指导意见》，文件将技术建设和内容建设摆在同等重要的位置，指出要适应新兴媒体传播特点，加强内容建设，创新采编流程，优化信息服务，以内容优势赢得发展优势。

媒体融合带来了从传统媒体到新媒体的转变，媒体内容传输形式转为以互联网传输为主，视频成为媒体内容的主要展现形式。上述转变面临视频格式、播放终端多样化，带宽条件多变等挑战，但用户对视频观看质量、流畅度提出了更高要求。发行人针对上述特点，研发出了从视频的采集、生产、传输、分发到播放全链条的视频解决方案，很好地解决了上述问题，在媒体融合进程中促进新旧媒体融合发展。

（4）人工智能

2017 年，国家发布了《新一代人工智能发展规划》和《新一代人工智能产业三年行动计划（2018—2020）》，人工智能产业已上升为国家战略。发展规划提出建设安全便捷的智能社会，发展高效智能服务，提高社会治理智能化水平，利用人工智能提升公共安全保障能力。

发行人在传媒文化领域的视频智能审核技术可以结合视频特性，提升视频内容的审核性能与效率，在公共安全尤其是技侦刑侦领域的智能人像识别可以协助相关部门提高社会治理智能化水平，利用人工智能提升公共安全保障能力。

（5）“雪亮工程”

2015 年 9 月，九部委联合印发了《关于加强公共安全视频监控建设联网应用的若干意见》，“雪亮工程”开始向全国推广。意见中提出，到 2020 年，基本实现“全域覆盖、全网共享、全时可用、全程可控”的公共安全视频监控建设联网应用，在加强治安防控、优化交通出行、服务城市管理、创新社会治理等方面取得显著成效。

发行人依靠自主研发的智能人像识别等软件，打造鹰眼人像平台等多款产品，为“雪亮工程”提供智能安防的整体解决方案。

发行人针对公共安全领域，具备多项核心技术和实战应用，并形成良好战果。其中，非配合式人脸识别通过了公安部安全与警用电子产品质量检测中心性能级别一级认证，满足公共安全领域苛刻实战环境下对人脸识别算法质量和性能的要求。实战环境下已解决如下技术难题或行业痛点：人脸提取困难，现场摄像机采集距离远，光照条件不可控，提取人脸质量较差；识别精度要求高，而比对库为（多年前的）身份证照，质量差，与实际人脸存在一定差异；存量摄像头编码格式、传输协议、厂家多样，兼容难度大。

发行人在公共安全领域的产品在实战中取得了良好的效果，助力“雪亮工程”战略的推广与实施。以广州市公安局公共交通分局为例，其部署公司 Arcvideo iFace 当虹鹰眼人像大数据实战应用平台后，日均抓拍数量 400 万人次以上，并在 2019 年 3 月 6 日至 4 月 22 日抓捕在逃人员 84 人，平台性能优越、运行稳定，算法独具优势、综合应用能力专业，为其日常巡防、联勤防控、联合抓捕提供了高效支撑。

2. 主要竞争对手的研发情况、技术水平、产品质量参数

对于发行人在传媒文化领域中的可比公司，对于同类型产品的比较，不同可比公司在进行推介或介绍的时候，较少存在通用指标或者关键参数的量化比较，而主要是提及对功能、格式的支持，以及对安全性、灵活性、稳定性、可扩展性、性能的定性描述，较少涉及识别精确度、转化速率、码率等量化指标，因此，难以量化。

发行人在公共安全领域中的可比公司多数为非上市公司，对于其研发模式、研发能力、投入总额及占比、技术水平、产品参数等数据均采取保密态度，不对外公开，发行人无法取得上述公司具体信息。根据上述公司的官网介绍以及公开信息，上述公司在经营模式、核心技术先进性、研发团队规模、研发技术产业化情况、公司估值方面对比情况如表 118 所示，数据均来自可比公司公开披露的信息。

表 118

公司名称	商业模式	核心技术先进性	研发团队规模	研发技术产业化情况	公司估值
商汤科技	商汤科技在移动互联网、安防、金融、零售、汽车等领域，向用户提供软件 SDK、3D 光学模块、AI 引擎、整体解决方案、人脸比对服务、身份验证服务、无人购物解决方案、消费者分析、货架分析、智能检测平台、驾驶员碰撞预警系统等，并收取相应软件使用费和服务费	商汤科技的核心技术包括人脸与人体分析技术、通用与专业图像识别、海量视频理解与挖掘、图像视频处理增强、SLAM 与 3D 视觉、机器人控制与传感、自动驾驶、深度学习平台、医学图像分析等，其核心技术以原创技术体系为根基，以深度学习平台为核心“大脑”，快速打通 AI 在各个垂直场景中的应用	员工约 2000 人，其中大部分为研发人员	商汤科技自主研发深度学习平台 Parrots，城市级超大规模视频分析平台 SenseFoundry，图像处理方案 SensePhoto、SenseAR，主要应用于智慧安防、智能终端、娱乐互联网等	完成 C+ 轮融资共计 6.2 亿美元，融资估值 45 亿美元

续表

公司名称	商业模式	核心技术先进性	研发团队规模	研发技术产业化情况	公司估值
旷视科技	旷视科技在移动互联网、安防、金融、零售、汽车等领域，向用户提供软件SDK、3D光学模块、AI引擎、整体解决方案、人脸比对服务、身份验证服务、无人购物解决方案、消费者分析、货架分析、智能检测平台、驾驶员碰撞预警系统等，并收取相应软件使用费和服务费	旷视科技拥有全球最大的人脸识别开放平台Face++和第三方人脸身份验证平台FaceID	员工约1400人，其中大部分为研发人员	旷视科技算法技术主要依托于人脸识别平台，成熟应用于金融、手机、安防三大行业，此外还应用于互联网、汽车、教育、零售和物流等行业	完成D轮总融资共计约7.5亿美元，融资估值或已超过40亿美元
依图科技	依图科技在安防、金融、医疗等领域，向用户提供AI引擎、整体解决方案、人脸比对服务、身份验证服务、医疗影像识别系统、病例识别系统、导诊程序等，并收取相应软件使用费和服务费	依图科技在安防领域误报率已达百亿分之一，在医疗领域主要从单病种任务层级、跨学科诊断层级、临床路径优化层级三个层级解决行业痛点	员工人数未披露	依图科技的人像、车辆大平台蜻蜓眼，医疗智能产品解决方案care.ai，深度应用于智能安防和医疗两大领域	完成C+轮融资共计3亿美元，融资后估值逾150亿元
云从科技	云从科技在安防、金融等领域，向用户提供AI引擎、整体解决方案、人脸比对服务、身份验证服务等，并收取相应软件使用费和服务费	云从科技的超大规模结构化数据针对人脸识别四大难点具有革命性突破，可以实现多角度抗干扰识别，对真实复杂场景下的人脸有着优秀的识别性能，同时云从科技具备双层异构深度神经网络，拥有3D建模、光照规整、活体验证等数十种算法模块，可根据实际应用场景快速组合	员工人数未披露	云从科技的鹰眼人脸大库检索系统、火眼人脸大数据系统、生物识别引擎、联网鉴身平台、IBIS集成生物识别系统等应用于安防领域，身份证/银行卡OCR、金融创新产品簇、全链实时信息流、智慧鉴身产品簇等智慧系统深度应用于金融领域	累计获得发展资金超过35亿元人民币，融资后估值230亿元人民币

发行人主营业务服务于创新驱动、超高清、媒体融合、人工智能、“雪亮工程”等国家战略或产业，其核心竞争优势与技术在传媒文化与公共安全领域得到有效应用与结合，助力相关国家战略发展。

二、解决思路

对于发行人核心技术先进性的论证主要可以从以下几个角度出发：

1. 具备自主知识产权的系列核心技术。发行人已基于核心技术申请多项专利，具有自主知识产权且权属清晰；已建立完善、严谨的知识产权管理机制，并构建创新激励机制。

2. 产品具备先进的性能。可将发行人主要产品核心指标与国内外竞争对手同类产品进行对比；依据科技鉴定结果，由权威性机构、鉴定委员会评定并出具鉴定证书，证明发行人的核心技术水平处于国内领先、国际先进水平。引用第三方检测数据的，应说明检测结论的客观性及权威性。

3. 为大量客户提供服务并通过承担典型项目获得验证；尤其是客户为国内外知名企业的，可以详细列举。

4. 参与多项国家级、省级标准规范的制定，并获得多项认可。注意：对起草相关标准的参与程度较低的，应修改或删除参与相关政策及标准的信息披露，避免被质疑存在虚假或误导性陈述（如奥福环保）。

5. 拥有高效的研发体系，能够保证未来发行人技术持续进步并处于领先。研发组织体系高效，分工明确；研发平台统一，沟通高效；研发流程严谨，所研究技术能够做到先进性与商业实用性并存；技术储备、在研项目丰富，技术开发安排有序、合理；研发费用占比高于行业平均水平，研发投入与目前业务规模相匹配等。

发行人应披露正在从事的研发项目、所处阶段及进展情况、相应人员、经费投入、拟达到的目标；结合行业技术发展趋势，披露相关科研项目与行业技术水平的比较；披露报告期内研发投入的构成、占营业收入的比例等。

6. 核心技术的技术含量较高，成熟程度高，能够较长时间内进行产业化应用，所处行业短期内不存在新的技术进步或技术路线，不存在被快速迭代风险。核心技术成果获得政府部门、行业机构的奖项与荣誉的，应列举主要获奖成果。为体现奖项重要性，可对比同行业主要竞争对手获得该奖项的情况。

7. 发行人市场集中度较低的，应说明市场集中度低与技术壁垒是否相关，若非相关，应说明合理性。如行业处于起步阶段，区域发展不平衡导致集中度较低；高端市场的技术壁垒较高等。

【具体核查要点】

1. 发行人核心技术先进性的披露是否真实、准确，依据是否充分；是否存在虚假记载及误导性陈述。

2. 发行人核心技术指标数据的客观性及可参考性；核心技术的各项指标与竞争对手相比的优劣势。

3. 发行人是否拥有高效的研发体系，是否具备持续创新能力。

4. 发行人的核心技术有无升级迭代风险。

【核查方式】

1. 查阅行业研究资料，了解行业发展现状，分析发行人的竞争优势及其可持续性，了解与测算发行人相关技术产品市场占有率情况。

2. 查阅相关专业杂志资料，网络检索相关技术指标公开报道情况，查阅相关学术组织相关资料，检查相关检测报告，查阅检测方相关资料，核查其核心技术的来源及先进性。

3. 查阅核心技术形成的专利技术、软件著作权等自主知识产权证书。

4. 查询、检索国际先进品牌的技术水平，与发行人产品的技术水平进行比较。

5. 访谈发行人董事，监事，高管，控股股东，实际控制人了解发行人的核心技术情况、客户获取方式及客户流失情况；取得发行人就相关事项出具的说明及确认。

6. 查阅发行人的财务报表，了解研发投入相关费用。

三、参考规范

《上海证券交易所科创板股票发行上市审核规则》

第三条　发行人申请股票首次发行上市，应当符合科创板定位，面向世界科技前沿、面向经济主战场、面向国家重大需求。优先支持符合国家战略，拥有关键核心技术，科技创新能力突出，主要依靠核心技术开展生产经营，具有稳定的商业模式，市场认可度高，社会形象良好，具有较强成长性的企业。

《科创板首次公开发行股票注册管理办法（试行）》

第三条　发行人申请首次公开发行股票并在科创板上市，应当符合科创板定位，面向世界科技前沿、面向经济主战场、面向国家重大需求。优先支持符合国家战略，拥有关键核心技术，科技创新能力突出，主要依靠核心技术开展生产经营，具有稳定的商业模式，市场认可度高，社会形象良好，具有较强成长性的企业。

第二节　合作研发

为克服研发中的高额投入和不确定性，拟上市公司会与科研院校等组织，通过契约或者隐形契约的方式，进行合作研发，规避研发风险、缩短研发周期，节约交易成本。因合作研发衍生出来的一些问题，也是发审委重点关注的问题。

截至2020年12月31日，福立旺、石头科技、百奥泰、吉贝尔、东来股份、中伟股份、长阳科技、松井新材、中国电器、圣湘生物等二十余家企业被问及与合作研发相关的问题。

一、典型案例

石头科技（688169）

北京石头世纪科技股份有限公司（以下简称发行人）2019年4月9日提交的招股说明书（申报稿）中披露：截至2018年12月31日，发行人拥有境内商标75项、境外商标71项、软件著作权4项、作品著作权11项、境内专利64项、境外专利10项、域名6个。

针对上述情形，发审委要求发行人对下列事项进行说明，并要求保荐机构、发行人律师核查并发表明确意见：发行人拥有和使用的各项知识产权、非专利技术的来源和取得过程是否符合相关法律法规的规定，是否存在合作开发的情况，是否存在利用关联方或非关联方的职务发明的情形，核心技术对小米等第三方是否存在依赖，是否存在诉讼、纠纷或其他引致权利不确定性的情况，是否影响发行人的资产完整性和独立持续经营能力。

根据发行人律师出具的补充法律意见书披露显示：[1]

1. 发行人拥有和使用的各项知识产权、非专利技术的来源和取得过程符合相关法律法规的规定，存在合作开发的情况

发行人核心技术全部来自自主研发。发行人于2014年7月初成立，创立时即确立了以基于激光测距模组（LDS）的智能扫地机器人为主要产品的发展方向。发行人

〔1〕《北京市中伦律师事务所关于北京石头世纪科技股份有限公司首次公开发行A股股票并在科创板上市的补充法律意见书》，载上海证券交易所网，http：//static.sse.com.cn/stock/information/c/201905/07d54be2926944fda6ce8791dd48cc05.pdf，最后访问日期：2021年5月21日。

创立之初只有5名员工，均有微软软件研发团队的背景。经过约2个月的开发，在2014年9月中旬，创始团队向投资人演示了同步定位与地图构建（SLAM）的原型，证明了发行人在软件上可以实现智能扫地机器人领域SLAM算法这一关键技术。2014年，在华为工作的两名硬件研发人员加入发行人，开始搭建公司硬件方面的研发部门。经创始团队与小米投资人沟通及商谈，小米决定投资公司并委托发行人开发米家智能扫地机器人。

在与小米合作研发过程中，小米的产品经理负责明确定制产品的设计目标，具体的功能实现由公司通过研发独立完成。根据发行人与小米签署的业务合作协议，在依据协议执行的小米定制产品设计、开发、生产和销售过程产生的ID（工业设计）所包含的或与其有关的权利、利益及知识产权归小米所有；产生的其他技术成果及相关知识产权（不包括小米拥有的知识产权）归小米和发行人共同所有。公司及小米均有权自行实施使用共有知识产权，无须向另一方通报及分享收益；未经另一方事先同意，任何一方不得向第三方转让或者许可共有知识产权。

发行人拥有和使用的各项知识产权、非专利技术来自自主研发，拥有和使用的各项知识产权取得了权属证书，符合相关法律法规的规定；发行人存在与小米合作开发的情况，双方已就合作形成的知识产权权属及使用进行了约定。

2. 发行人不存在利用关联方或非关联方的职务发明的情形

目前发行人拥有的各项知识产权均为发行人申请取得，发行人核心技术全部来自自主研发。发行人自设立时即具有独立的研发部门和研发团队，在业务、人员、机构、财务、资产等方面与关联方具有独立性。

3. 核心技术对小米等第三方不存在依赖

发行人具有独立的研发部门和研发团队，在业务、人员、机构、财务、资产等方面与小米具有独立性。发行人自2014年成立之初即设立了独立的核心技术研发团队，目前已经建立完整的软硬件技术小组，包括SLAM算法组、LDS组、导航算法组和运动控制组等，涵盖了智能扫地机器人软硬件研发的全部技术领域。各小组成员均是公司早期的核心技术骨干，参与了各项核心技术从零开始的研发，现在仍然在对核心技术进行迭代升级，并完整地应用到发行人最新产品中。发行人拥有的各项知识产权均为发行人申请取得，发行人核心技术全部来自自主研发。据此，发行人知识产权、非专利技术的来源和取得对小米不存在依赖。根据对发行人相关人员的访谈，公司的核心技术均以设计图纸、软件设计文档和代码等加密载体存在于公司，由公司的研发团队维护并对其不断优化，不依赖于任何第三方。除小米定制产品之外的自有品牌相关专利均为公司独立申请，不依赖于任何第三方。

4. 发行人拥有和使用的各项知识产权、非专利技术不存在诉讼、纠纷或其他引致权利不确定性的情况。

5. 发行人与小米共有专利事项不影响发行人的资产完整性和独立持续经营能力

根据《科创板首次公开发行股票注册管理办法（试行）》的规定，发行人需满足资产完整，不存在主要资产、核心技术、商标等的重大权属纠纷。

（1）发行人拥有和使用的各项知识产权、非专利技术来自自主研发，拥有和使用的各项知识产权取得了权属证书，符合相关法律法规的规定。

（2）发行人与小米共有专利系发行人在与小米合作生产定制化产品过程中形成，除小米定制产品之外的自有品牌相关专利均为发行人独立申请。发行人与小米合作之前已签署协议对权属、收益分配及使用等相关事项进行了约定，发行人及小米均有权自行实施使用共有知识产权，无须向另一方通报及分享收益，合作至今没有因知识产权共有等事项产生任何争议及纠纷。

百奥泰（688177）

百奥泰生物制药股份有限公司（以下简称发行人）2019 年 7 月 8 日提交的招股说明书（申报稿）未对合作研发相关信息进行披露。

针对上述情形，发审委要求发行人对下列事项进行说明，并要求保荐机构、发行人律师核查并发表明确意见：合作的 CRO 企业是否具备相应资质；公司及合作的 CRO 企业进行相关项目的临床试验，是否符合相关法律法规和规范要求，是否存在违反伦理道德等情况。

根据发行人律师出具的补充法律意见书披露显示：[1]

1. 合作的 CRO 企业是否具备相应资质

目前，国家药品监督管理局等主管部门并未对 CRO 的经营资质做出全面规定。

从事药学研究的 CRO 企业主要依据《药品注册管理办法》和各项目技术指导原则开展工作。从事非临床安全性评价的 CRO 企业需依据《药物非临床研究质量管理规范》取得 GLP 认证。从事动物实验的 CRO 企业需取得实验动物使用许可证。根据发行人的说明，按照行业惯例，发行人根据所需服务的要求在市场上寻找有相应业务资质的供应商提供服务。根据发行人提供的资料，并经查阅 CRO 企业的资质文件，报告期内，发行人委托从事非临床安全性评价的机构，全部取得 GLP 认证；委托从

〔1〕《北京市君合律师事务所关于百奥泰生物制药股份有限公司在中国境内首次公开发行人民币普通股股票并在科创板上市的补充法律意见（一）》，载上海证券交易所网，http：//static.sse.com.cn/stock/information/c/201909/77a62f3297d9452e944c0d7f1259bdb7.pdf，最后访问日期：2021 年 5 月 21 日。

事动物试验的机构，全部取得实验动物使用许可证；其他 CRO 公司，无须专门资质。

2. 公司及合作的 CRO 企业进行相关项目的临床试验，是否符合相关法律法规和规范要求，是否存在违反伦理道德等情况

根据国家食品药品监督管理局于 2003 年 8 月 6 日发布，并自 2003 年 9 月 1 日起施行的《药物临床试验质量管理规范》（Good Clinical Practice，GCP）的要求，在我国开展药物临床研究，必须获得国家药品监督管理局颁发的药物临床试验批件和药物临床试验伦理委员会颁发的伦理委员会批件方能实施。对于已完成或正在执行的中国境内临床试验，发行人均取得了药物临床试验批准文件以及伦理委员会批件。发行人所有境内临床研究信息均在相关临床试验启动前登记于“药物临床试验登记与信息公示平台”。发行人与 CRO 机构严格按照 GCP 的要求进行临床研究，不存在违反法律法规及伦理道德的情况。截至报告期末，对于已完成或者正在执行的境外临床试验，发行人均通过与 CRO 机构合作完成，发行人通过该等机构获得了当地监管机构对临床试验方面的许可文件并据此开展相关临床试验。

吉贝尔（688566）

江苏吉贝尔药业股份有限公司（以下简称发行人）2019 年 6 月 25 日提交的招股说明书（申报稿）披露：发行人研发项目主要采取合作研发模式，项目研发前期仅需向合作方支付基础研究经费，发行人研发的主要投入在临床研究阶段，以及产品上市后与合作方进行收益分成。

针对上述情形，发审委要求发行人律师核查并对发行人是否存在因合作方终止合作或转与第三方合作从而产生重大不利影响的风险发表意见。

根据发行人律师出具的补充法律意见书披露显示：[1]

合作研发方终止合作或转与第三方合作不会对发行人的研发及生产经营产生重大不利影响，具体原因如下：

1. 发行人拥有一支完整、高效的研发团队，制定了研发项目立项管理制度、项目实施方案管理制度、研发项目组织及实施管理制度等与研发工作相关的管理制度。发行人在研品种的核心技术主要来自自主研发，项目的选题、调研立项、成药性评价以及工艺优化和工业化生产等均由发行人负责完成。

2. 发行人在新药的研发过程中，部分试验采取与研究机构合作的方式，且开发方

〔1〕《北京市金杜律师事务所关于江苏吉贝尔药业股份有限公司首次公开发行股票并在上海证券交易所科创板上市的补充法律意见书（二）》，载上海证券交易所网，http://static.sse.com.cn/stock/information/c/201911/3b5d7f50ccda44caa476afcfb116b3be.pdf，最后访问日期：2021 年 5 月 21 日。

案由发行人审核和确认，并委派专业技术人员全程参与开发。

3. 发行人在研发过程中充分重视知识产权的保护工作，积极申请药物的发明专利、采取保密措施、明确研发成果权利归属。发行人与合作方签订的合作研发协议约定合作方不得将研发项目或研发成果转让与第三方或与第三方研究申报同一产品，该约定有效地保护了公司技术和产品的权益，防止公司的研发成果被违法侵蚀。

4. 根据发行人出具的说明及新药研发阶段的常规流程，发行人各在研品种的化合物设计和成药性初步评价工作已完成，确定了目标化合物，大部分项目的工艺路线已完成关键技术的转移，发行人已掌握各在研产品的核心技术。

发行人在研产品的合作方均出具说明函，说明在研项目的合作协议均处于正常履行中，双方合作情况良好、稳定、持续，未发生任何纠纷或潜在纠纷，亦不存在会导致双方合作终止的情况发生。

东来股份（688129）

东来涂料技术（上海）股份有限公司（以下简称发行人）2020年4月9日提交的招股说明书（申报稿）披露：公司与伊士曼（中国）投资有限公司、帝斯曼先达合成树脂（佛山）有限公司、湛新树脂（中国）有限公司、德谦（上海）化学有限公司、毕克助剂（上海）有限公司/毕克化学（铜陵）有限公司、爱色丽（上海）色彩科技有限公司、布勒（无锡）商业有限公司、鞍山七彩化学股份有限公司、福建坤彩材料科技股份有限公司等上游材料供应商签署了正式研发合作协议，并披露了“联合研发情况”表格。

针对上述情形，发审委要求发行人对下列事项进行说明，并要求保荐机构、发行人律师核查并发表明确意见：上述研发合作协议与联合研发情况是否为同一事项；合作研发协议签署情况、所处阶段及进展情况、主要协议约定、研发主要项目、合作研发权利义务相关约定、费用承担与研发成果权利归属、目前已取得的研发成果等；发行人核心技术对合作研发是否存在依赖，发行人持续经营能力是否依赖于合作研发或相关单位；合作研发事项是否存在纠纷或潜在纠纷；产品上市的收益分成约定条款及报告期内收益具体分成情况（如有）、合作研发费用的支付情况。

根据发行人律师出具的补充法律意见书披露显示：[1]

发行人与伊士曼中国、帝斯曼佛山、湛新中国、德谦上海、毕克上海及毕克铜

〔1〕《北京大成律师事务所关于东来涂料技术（上海）股份有限公司首次公开发行股票并在科创板上市之补充法律意见书（一）》，载上海证券交易所网，http：//static.sse.com.cn/stock/information/c/202006/7e93a82bcf074e9fad9d3a44466233a6.pdf，最后访问日期：2021年5月21日。

陵、爱色丽上海、布勒无锡、七彩化学、坤彩材料、三华科技上游材料供应商签署了战略合作备忘录。

1. 上述研发合作协议与联合研发情况是否为同一事项。

上述公司与数家上游供应商签署的战略合作备忘录系为联合研发所签署的，系同一事项。

2. 合作研发协议签署情况、所处阶段及进展情况、主要协议约定、研发主要项目、合作研发权利义务相关约定、费用承担与研发成果权利归属、目前已取得的研发成果等。

除上述联合研发战略合作备忘录外，双方未签署其他有关合作研发的协议。目前双方处于合作研发进行阶段，其主要研发项目、进展情况及研发成果如表 119 所示：

表 119

供应商名称	联合研发主要项目情况及研发成果
湛新中国	1.Nuplex Setalux1752 树脂改性联合研发项目。研发成果为新型特殊树脂材料。 2. 马来酸接枝改性丙烯酸树脂研发项目（A832 底漆研发）。研发成果为新的马来酸接枝改性丙烯酸树脂
伊士曼中国	solus3050 水性 CAB 树脂研发项目。研发成果为 solus 3050，该产品由发行人进行采购后用于生产
德谦上海	改性 EVA 蜡助剂研发项目。研发成果为改性 EVA 蜡助剂
毕克上海 毕克铜陵	水性 2K PU 面漆流平剂研发项目。研发成果为水性 2K PU 面漆流平剂
布勒无锡	试制成功特殊定制研磨制造机型，该设备由发行人采购后用于生产
帝斯曼佛山	快干高羟丙烯酸树脂研发项目。研发成果为在高羟值丙烯酸树脂上引入快干特性
七彩化学	特殊改性有机黄颜料 S381 研发项目。研发成果为符合环保要求和产品质量要求有机黄颜料
坤彩材料	上汽乘用车名爵 ZS 项目。研发成果为超细腻、超闪烁的红色珠光

为联合研发所签署的战略合作备忘录的主要条款如表 120 所示：

表 120

供应商名称	签署日	战略合作备忘录条款
伊士曼中国	2020 年 3 月 26 日	技术创新及合作、联合技术研讨会、联合市场趋势研讨会、管理层交流等

续表

供应商名称	签署日	战略合作备忘录条款
帝斯曼佛山	2020年	技术创新及合作、联合技术研讨会、联合市场趋势研讨会、管理层交流等
湛新中国	2020年	技术创新及合作、联合技术研讨会、联合实验室计划、安全培训、管理层交流等
德谦上海	2020年3月10日	技术创新及合作、联合技术研讨会、联合实验室计划、安全培训、管理层交流等
毕克上海、毕克铜陵	2020年3月12日	技术创新及合作、联合技术研讨会、联合实验室计划、安全培训、管理层交流等
爱色丽上海	2020年3月10日	技术创新及合作、联合技术研讨会、联合实验室计划、管理层交流等
布勒无锡	2020年3月19日	技术创新合作、联合技术研讨会、联合实验室计划、安全培训、管理层交流等
七彩化学	2020年3月10日	技术创新合作、联合技术研讨会、联合实验室计划、安全培训、管理层交流等
坤彩材料	2019年8月8日	技术创新合作、联合技术研讨会、联合实验室计划、安全培训、管理层交流等
三华科技	2019年5月8日	技术创新合作、联合技术研讨会、联合软件开发中心计划、管理层交流等

双方参与研发人员工资由双方各自承担。研发成果主要体现为发行人的供应商的相关产品的性能改进和定制化，并未形成任何专利及专有技术。

3. 发行人核心技术对合作研发是否存在依赖，发行人持续经营能力是否依赖于合作研发或相关单位；合作研发事项是否存在纠纷或潜在纠纷。

上述合作研发系针对发行人所采购的原材料、设备性能、工艺的改进或增加定制化要求，而发行人的核心技术中并无联合研发所形成的技术。发行人的核心技术均由发行人自主独立研发并单独取得专利权或申请专利权。发行人核心技术对于合作研发不存在依赖情形。

发行人主要原材料或设备采购中，普遍为多家同类供应商共同供货良性竞争，且发行人主要原材料或设备供应商多为研发能力较强的大型企业，故当市场上没有完全满足发行人要求的原材料，发行人需要与供应商进行联合研发时，发行人有多家可选择的同类供应商进行联合研发，发行人持续经营能力不存在对单一合作研发的供应商依赖的情形。

发行人与原材料或设备供应商进行联合研发，共同开发符合发行人要求的原材料或设备。联合研发完成后，发行人向其采购联合开发的原材料或设备。联合研发模式对于发行人和供应商而言为责权清晰、共同发展的双赢模式，过往合作情况良好。发行人不存在与上述合作研发有关的诉讼、仲裁或纠纷。

4. 产品上市的收益分成约定条款及报告期内收益具体分成情况（如有）、合作研发费用的支付情况。

发行人与上游原材料或设备供应商进行联合研发未对产品上市的收益分成进行约定，报告期内亦不存在收益分成的情形。发行人与其上游原材料或设备供应商进行联合研发，共同开发符合发行人要求的原材料或设备，发行人将向其采购联合研发的原材料或设备。联合研发过程中，发行人无须向上游供应商支付任何合作研发费用。

中伟股份（300919，创业板）

中伟新材料股份有限公司（以下简称发行人）2020 年 6 月 24 日提交的招股说明书（申报稿）披露：报告期内发行人与香港科技大学、贵州大学等多方开展 7 项合作研发课题。报告期各期，发行人研发费用分别为 901.67 万元、10,787.05 万元、17,547.02 万元、6512.12 万元。其中，研发项目多元素多络合剂共沉淀技术、主原料深度提纯技术、梯度结构前驱体制备技术、高致密度高孔隙度前驱体制备技术的研发预算分别为 7789.32 万元、2024.65 万元、1874.30 万元、1798.00 万元。

针对上述情形，发审委要求发行人对下列事项进行说明，并要求保荐机构、发行人律师核查并发表明确意见：披露部分合作研发课题研发成果收益分配、保密事项等关键条款尚未约定的原因；披露研发项目多元素多络合剂共沉淀技术、主原料深度提纯技术、梯度结构前驱体制备技术、高致密度高孔隙度前驱体制备技术研发预算较高、研发支出金额较大的原因。

根据发行人律师出具的补充法律意见书披露显示：[1]

1. 部分合作研发课题研发成果收益分配、保密事项等关键条款尚未约定的原因

报告期内，除自主研发外，发行人还与国内高校和科研单位等开展了 7 项合作研发项目，其中五项研发项目在协议 / 合同中明确约定了研发成果收益分配、保密事项等条款，有两项因签署的是框架合作协议，暂未约定研发成果收益分配、保密事项等

[1]《湖南启元律师事务所关于中伟新材料股份有限公司首次公开发行股票并在创业板上市的补充法律意见书（一）》，载深圳证券交易所网，http：//reportdocs.static.szse.cn/UpFiles/rasinfodisc/RAS_000173E7DDA9633FCBF4CA1885AEAC3F.pdf，最后访问日期：2021 年 5 月 21 日。

条款，具体如下：

（1）“新能源、功能材料研发”项目

发行人与中国石油大学（北京）新能源与材料学院签署的合作协议为战略合作框架协议，该协议仅约定了战略合作内容、战略合作方式、战略合作期限，并约定了在战略合作框架之下，具体的合作事宜将以具体的协议、合同等方式确定明确的目标、人员、责任、计划等。协议有效期内（2015 年 4 月 13 日至 2020 年 4 月 12 日），发行人与合作方未开展具体合作项目研发且未签署其他合作协议。

（2）“1 万吨锂离子电池三元正极材料前驱体绿色改造”项目

发行人与机械科源研究总院、贵州红星发展大龙锰业有限责任公司、昆山三一环保科技有限公司签署的合作协议实质为战略合作协议，合作目的主要为建立长期战略合作伙伴关系，协议约定成果归属以单项合作合同的约定为准。该项目亦未约定保密事项，拟后续在单项合作合同中约定。协议有效期内（2016 年 11 月 30 日至 2018 年 11 月 29 日），发行人与合作方未开展具体合作项目研发且未签署单项合作协议。

综上所述，发行人部分合作研发项目未约定研发成果收益分配或保密事项的原因为相关协议为战略合作协议，合作目的主要为建立战略合作伙伴关系，相关研发成果收益分配、保密事项拟通过具体合作协议或单项合作协议约定，因后续未实际开展项目，未签署具体合作协议或单项合作协议且相关战略合作协议已到期，故研发成果收益分配、保密事项等条款未进行约定。

2. 研发项目多元素多络合剂共沉淀技术、主原料深度提纯技术、梯度结构前驱体制备技术、高致密度高孔隙度前驱体制备技术研发预算较高、研发支出金额较大的原因

报告期内，多元素多络合剂共沉淀技术、主原料深度提纯技术、梯度结构前驱体制备技术、高致密度高孔隙度前驱体制备技术等研发项目为发行人目前在研项目中的重要项目，研发过程复杂程度较高、子项目数量及应用产品型号较多、实验数量较大，相应的研发材料、人工等研发预算较高，研发预算与研发支出金额相对较大。

（1）项目研发情况

①多元素多络合剂共沉淀技术研发项目

多元素多络合剂共沉淀技术研发项目涉及的工艺技术与产品类型较多，为发行人重要研发技术方向与重点研发项目。根据市场与客户的需求，发行人对多个型号产品运用该项前驱体制备技术进行研制试验。不同元素、不同含量的排列组合种类涉及的工艺参数较多，因此，研发方案设计极为复杂，试验量大，需要通过 DOE 试验不断反复修正方案。在不同条件与因素相互作用下进行交互探索，多批次经过小试、中

试、量试全过程试验重复稳定性验证。因验证前驱体的性能，需对将其制备成正极材料，装配成电池进行测试验证。整个研发流程涉及达数十个，研发周期长，研发过程物料消耗、人工及其他费用投入较大。该项目预算研发总额 7789.32 万元，已实际支出研发费用 3467.14 万元。该项目共 21 个子项目，项目状态为：完成小试项目 15 个、中试项目 4 个、量试项目 2 个。据此，该项目研发预算较高、研发支出较大。

②主原料深度提纯技术研发项目

发行人为改善原料供应渠道，保障原料供应安全，降低材料成本，外采粗制氢氧化钴、粗制硫酸镍、三元降级料与废料等通过冶炼与循环回收加工成硫酸镍、硫酸钴或三元混合溶液。因三元前驱体材料目前高镍化的趋势，对铁、铜、锌、钙、镁等杂质含量的控制要求较高，为降低前驱体生产原料杂质，提高前驱体反应过程稳定性，发行人于 2019 年启动主原料深度提纯技术的研发项目，向提取工艺可行性、有效性等方向研发。因原料类型与工艺技术的多样化，涉及的实验条件及因素较多，实验研发攻克的难点较多，需要结合原料不断地对工艺、设备、安全等各方面参数进行摸索验证。实验过程复杂，实验数量多，实验材料回收率较低，过程材料与人工费用耗用较大。该项目预算研发总额 2024.65 万元，已实际支出研发费用 1348.87 万元。发行人基于来料产品类品不同、含量杂质不同，对多个细分原材料进行立项，共 6 个子项目，项目状态为：完成小试项目 3 个、量试项目 3 个。据此，该项目研发预算较高、研发支出较大。

③梯度结构前驱体制备技术研发项目

目前，前驱体工艺主要包括连续式与间歇式两种。常规的连续式工艺可以实现内部无孔洞，但是无法实现外部疏松；常规的间歇式工艺可以实现外部疏松但难以做到内部密实。为了研制出复杂结构的前驱体，需要对不同的工艺方案进行结合，同时配置与工艺相适应的反应设备进行调试。研制过程中进行了数百种的多段式反应工艺控制点调试，开展了众多正交试验完成研究设备与工艺参数之间的多因素多条件的交互探索。多批次的小试、中试、量试反复试产与重复稳定性验证，涉及的实验数量多，且项目研制过程中除了大量材料投入，还进行了多次的设备改造。项目的材料消耗、人工成本、设备改造费用投入比较大。该项目预算研发总额 1874.30 万元，已实际支出研发费用 1573.60 万元。该项目共 6 个子项目，项目状态为：完成小试项目 4 个、量试项目 2 个。据此，该项目研发预算较高、研发支出较大。

④高致密度高孔隙度前驱体制备技术研发项目

该项目工艺对工艺控制的精准度要求较高。如一次粒子排列很规则，则粒子之间将缺乏空隙；如一次粒子排列很不规则，则粒子直接会存在很多的孔隙。将一次粒子做小以后，很多工艺条件会趋于极限，其排列方式将变得更加难以调控。因部分参数处于极限状态，需对工艺参数进行精细的调整。通过产品的工艺参数与环境参数的多条件与多因素交互作用，探索与验证参数的最佳范围。微调的因素、指标值组合非常多，试验量大，且需要反复试产与重复稳定性验证，项目消耗的材料、人工成本费用比较大。该项目预算研发总额1798.00万元，已实际支出研发费用1293.31万元。该项目共6个子项目，项目状态为：完成小试项目3个、中试项目1个、量试项目2个。据此，该项目研发预算较高、研发支出较大。

（2）项目研发成果

发行人多元素多络合剂共沉淀技术、梯度结构前驱体制备技术和高致密度高孔隙度前驱体制备技术等核心技术的研发，主要应用于8系、9系三元前驱体高镍产品、中镍低钴改性产品及高电压四氧化三钴产品等未来核心主流产品。在机理、工艺、设备的基础上为发行人下一批规模化量产提供深厚的技术储备，为发行人进一步优化产品结构与客户结构、提升产品竞争力提供强有力的技术保障。

发行人对主原料深度提纯技术的研发，主要应用于发行人镍、钴原料产线的湿法冶炼与回收加工，为发行人进一步优化原材料供应商结构与供应渠道，增加原材料采购的多样性，进一步加大镍钴中间品的加工比例，积极布局废旧锂电池材料回收再利用业务，降低原材料成本等方面提供技术支持与储备。

综上所述，多元素多络合剂共沉淀技术、主原料深度提纯技术、梯度结构前驱体制备技术、高致密度高孔隙度前驱体制备技术研发预算费用较高、研发支出金额较大的主要原因为研发过程复杂程度较高、子项目数量及应用产品型号较多、实验数量较大，相应的研发材料、人工等研发预算较高，具有合理性。

二、解决思路

合作研发是除了企业自主研发以外的重要研发模式。发审委在审核过程中往往会重点关注合作研发的具体内容、成果权属及合作研发技术是否涉及核心技术、是否存在技术依赖、是否存在纠纷等问题。

1. 发行人与其他单位合作研发的，应披露正在从事的研发项目、所处阶段及进展情况、相应人员、经费投入、拟达到的目标；相关科研项目与行业技术水平的比较；报告期内研发投入的构成、占营业收入的比例；合作研发协议的主要内容，权利义务划分约定及采取的保密措施；其与合作方在项目中所起的作用等。

2. 发行人应结合研发管理情况、研发团队构成及核心研发人员背景情况、研发投入情况、技术储备情况等，说明发行人主要产品中应用的核心技术是否来自合作研发。合作研发项目涉及发行人核心技术的，应重点关注核心技术对合作研发是否存在依赖、合作研发模式下公司是否仍具有独立开发能力和持续经营能力等相关问题。发行人可从合作研发模式和机构的选择、在合作方中所处的地位、发行人承担的相关工序、合作研发项目在生产经营中的占比以及核心技术的来源等方面论证发行人的核心竞争力及其对关键技术的掌握程度，以判断发行人是否具备独立研发能力，是否存在对第三方的依赖。

3. 为避免合作研发项目存在纠纷或潜在权属纠纷，发行人应与合作方在合作研发协议中，明确合作研发技术成果的归属。此外，发行人应当与合作方尽量明确研发失败的界定标准、研发费用的投入占比等易产生争议的焦点问题，避免因各方权利义务不明确而产生纠纷。

4. 合作研发模式应符合行业惯例，具备稳定性和可持续性，避免如合作研发方终止合作或转与第三方合作给发行人研发及生产经营产生不利影响。双方可在研发协议中约定合作方不得将研发项目或研发成果转让与第三方或与第三方研究申报同一产品，以保护发行人研发成果不被违法侵蚀；可由合作方出具说明函，说明在研项目的合作协议均处于正常履行中，双方合作情况良好、稳定、持续，未发生任何纠纷或潜在纠纷，亦不存在会导致双方合作终止的情况发生等。

5. 与 CRO 企业（研发外包服务机构）合作的，应披露 CRO 企业的身份、背景和运营规模，重点关注 CRO 企业是否具备相应资质、发行人对 CRO 企业是否存在依赖性、CRO 企业对产品研发的贡献程度以及发行人与合作的 CRO 企业进行相关项目的临床试验，是否符合相关法律法规和规范要求，是否存在违反伦理道德等情况。

【具体核查要点】

1. 合作研发项目的基本情况，包括但不限于研发内容、与发行人核心技术或主营产品的关系、合作方、开始时间、目前进展情况、累计研发投入等；

2. 合作研发协议签署情况、所处阶段及进展情况、主要协议约定、研发主要项目、合作研发权利义务相关约定、费用承担与研发成果权利归属、目前已取得的研发成果等；

3. 发行人与合作方在合作研发项目中所起的作用，发行人承担的相关工序；

4. 发行人主要产品中应用的核心技术来自自主研发、合作研发还是外部授权，发行人是否具备独立研发能力，发行人核心技术对合作研发是否存在依赖；

5. 发行人的合作研发模式是否符合行业惯例、是否具备稳定性和可持续性、发行人为保证合作研发项目稳定可持续所采取的主要措施；

6. 合作研发事项是否存在纠纷或潜在纠纷。

【核查方式】

1. 查阅发行人与第三方的合作研发协议和研发项目相关资料。

2. 访谈公司研发部门主要负责人、项目负责人、核心技术人员，了解主要研发项目的目标、内容、进展情况与成果以及公司核心技术及专利的形成过程；取得发行人出具的说明。

3. 查阅发行人及发行人相关高级管理人员、核心技术人员的说明文件，了解相关人员与原单位的竞业禁止协议文件相关情况。

4. 查阅发行人拥有的知识产权证书文件及专利登记簿副本，以及发行人委托办理知识产权事项的中介机构出具的专项意见（若有）。

5. 查阅发行人的知识产权管理制度和专利管理制度，以及发行人研发人员签订的劳动合同文件。

6. 查询法院公告网、裁判文书网、中国执行信息公开网、中国商标网、国家知识产权局网站、中国版权保护中心网站等公开信息。

三、参考规范

《民法典》

第八百四十五条　技术合同的内容一般包括项目的名称，标的的内容、范围和要求，履行的计划、地点和方式，技术信息和资料的保密，技术成果的归属和收益的分配办法，验收标准和方法，名词和术语的解释等条款。

与履行合同有关的技术背景资料、可行性论证和技术评价报告、项目任务书和计划书、技术标准、技术规范、原始设计和工艺文件，以及其他技术文档，按照当事人的约定可以作为合同的组成部分。

技术合同涉及专利的，应当注明发明创造的名称、专利申请人和专利权人、申请日期、申请号、专利号以及专利权的有效期限。

第八百六十条　合作开发完成的发明创造，申请专利的权利属于合作开发的当事人共有；当事人一方转让其共有的专利申请权的，其他各方享有以同等条件优先受让的权利。但是，当事人另有约定的除外。

合作开发的当事人一方声明放弃其共有的专利申请权的，除当事人另有约定外，可以由另一方单独申请或者由其他各方共同申请。申请人取得专利权的，放弃专利申请权的一方可以免费实施该专利。

合作开发的当事人一方不同意申请专利的，另一方或者其他各方不得申请专利。

第八百六十一条　委托开发或者合作开发完成的技术秘密成果的使用权、转让权以及收益的分配办法，由当事人约定；没有约定或者约定不明确，依据本法第五百一十条的规定仍不能确定的，在没有相同技术方案被授予专利权前，当事人均有使用和转让的权利。但是，委托开发的研究开发人不得在向委托人交付研究开发成果之前，将研究开发成果转让给第三人。

《专利法》

第八条 两个以上单位或者个人合作完成的发明创造、一个单位或者个人接受其他单位或者个人委托所完成的发明创造，除另有协议的以外，申请专利的权利属于完成或者共同完成的单位或者个人；申请被批准后，申请的单位或者个人为专利权人。

《公开发行证券的公司信息披露内容与格式准则第41号——科创板公司招股说明书》

第五十四条 ……发行人应披露正在从事的研发项目、所处阶段及进展情况、相应人员、经费投入、拟达到的目标；结合行业技术发展趋势，披露相关科研项目与行业技术水平的比较；披露报告期内研发投入的构成、占营业收入的比例。与其他单位合作研发的，还应披露合作协议的主要内容，权利义务划分约定及采取的保密措施等。……

第三节 市场地位的表述问题

在招股说明书中，拟上市公司对自己所处的行业及市场地位、竞争优势、技术水平等会做相应的表述，表述不当，会引起发审委的关注。

截至2020年12月31日，交控科技、赛特新材、德马科技、龙软科技、当虹科技、国盛智科、利扬芯片、赛特新材等百余家企业被发审委关注到此类问题。

一、典型案例

交控科技（688015）

交控科技股份有限公司（以下简称发行人）2019年3月29日提交的招股说明书（申报稿）披露，发行人是我国第一家掌握自主CBTC核心技术的厂商，于2010年在国内首次实现了自主CBTC技术的应用，其他公司分别在2015年、2016年和2017年实现了自主技术的工程应用。截至2018年年末，全国35个城市共开通187条线路。截至招股说明书签署之日，发行人的信号系统在8个国内城市的12条线路全线开通运营，并在为16个国内城市的21条在建线路提供信号系统。2016年至2018年，根据每年城市轨道交通正线线路公开招标的情况统计，发行人中标线路分别为1条、

7 条和 8 条，按中标线路的市场份额分别为 5.88%、23.33% 和 30.77%。市场排名的统计中，中国通号的子公司卡斯柯和通号国铁的市场份额未进行合并计算。

针对上述情形，发审委要求发行人对下列事项进行说明，并要求保荐机构、发行人律师核查并发表明确意见：披露按照全国开通及在建的总线路计算的发行人市场份额及排名，以及按照建成及中标在建的地铁里程计算的发行人建设里程及排名情况，据此全面分析发行人的市场份额及地位；披露发行人 2010 年首次实现自主 CBTC 技术应用及其后技术升级的工程应用时点，说明中标线路、市场份额、市场排名在 2017 年大幅提升的原因；结合主要竞争对手先后实现自主技术的工程应用及其技术进步的情况，披露行业竞争是否加剧，是否存在降价导致毛利率不断降低的风险，并分析发行人的技术优势、市场份额、市场排名等能否持续保持。如否，就该事项作补充风险提示。

根据发行人律师出具的补充法律意见书披露显示：[1]

1. 披露按照全国开通及在建的总线路计算的发行人市场份额及排名，以及按照建成及中标在建的地铁里程计算的发行人建设里程及排名情况，据此全面分析发行人的市场份额及地位

（1）按照开通线路条数和里程计算发行人市场份额

根据中国城市轨道交通协会发布的《城市轨道交通 2018 年度统计和分析报告》及公开信息，国内第一条城市轨道交通线路于 1969 年开通，截至 2018 年年末，全国共有 35 个城市开通了 185 条线路（包括地铁、轻轨、单轨、市域快轨、有轨电车、磁悬浮、APM 等制式），其中地铁线路 132 条。目前开通运营的地铁线路中，发行人提供服务的线路合计 14 条，按照截至 2018 年年末全国已经建成的地铁线路条数计算，发行人市场份额为 10.61%。

截至 2018 年年末，全国地铁运营里程合计 4354.30 公里。目前开通运营的地铁线路中，发行人提供服务的线路里程合计 484.94 公里。按照截至 2018 年年末全国已经建成的地铁线路里程计算，发行人市场份额为 11.14%。

由于发行人的产品于 2010 年年末首次完成工程应用，按照全国已经建成的线路计算的发行人市场份额会相对偏低。在 2010 年以前，国内的城市轨道交通线路信号系统的核心技术均由国外厂商提供，国内厂商在与国外厂商的合作中仅作为集成商或联合体牵头方。

[1]《北京市金杜律师事务所关于交控科技股份有限公司首次公开发行股票并在上海证券交易所科创板上市的补充法律意见书（一）》，载上海证券交易所网，http：//static.sse.com.cn/stock/information/c/201905/7bf5bae9a2664ddf99e871bf48f20616.pdf，最后访问日期：2021 年 5 月 21 日。

（2）按照在建线路条数和里程计算发行人市场份额

根据中国轨道交通协会《城市轨道交通 2018 年度统计和分析报告》，截至 2018 年年末，全国在建城市轨道交通线路共计 258 条（段），在建线路里程共计 6374 公里。由于行业报告中未披露在建线路明细，无法确定统计口径，因此无法按照在建条数和在建里程计算发行人市场份额。

2. 披露发行人 2010 年首次实现自主 CBTC 技术应用及其后技术升级的工程应用时点，说明中标线路、市场份额、市场排名在 2017 年大幅提升的原因

2010 年 12 月，发行人提供 CBTC 核心技术的北京地铁亦庄线开通，为发行人 CBTC 产品的首次工程化应用。此后发行人在 CBTC 技术的基础上不断开展研发，I-CBTC 和 FAO 是进行技术升级后完成的产品。

2017 年 12 月，发行人提供 FAO 系统的北京燕房线开通，是发行人 FAO 产品的首次工程化应用。发行人于 2015 年 1 月中标该项目。

2018 年 12 月，发行人提供 I-CBTC 系统的重庆环线东北段开通，是发行人 I-CBTC 产品的首次工程化应用。发行人于 2015 年 7 月中标该项目。

按照公开招标的城市轨道交通正线线路信号系统总包项目统计，2017 年共招标线路 29 条，发行人的中标线路数量为 7 条，按中标线路数量计算的市场份额修正为 24.14%，市场排名第二位，相比于 2016 年均大幅度提升。主要原因如下：

（1）全国城市轨道交通线路招标情况变化

2016 年是“十三五”计划的开端之年，2016 年全国整体线路招标数量较少，当年公开招标的城市轨道交通正线线路仅有 17 条，而 2017 年全国公开招标的城市轨道交通正线线路为 29 条，市场整体需求量接近翻倍，因此发行人的中标线路数量也有所提升。

（2）发行人的技术优势、项目经验逐步获得客户认可

城市轨道交通信号系统关系到公众的出行安全，因此客户在招投标过程中尤其注重产品应用的业绩和稳定运行情况。2013 年，发行人作为总承包商并提供核心产品的第一条线路北京 14 号线西段开通，2016 年发行人作为总承包商并提供核心产品承接的第一条北京以外的线路成都 3 号线一期开通，同时发行人作为总包商的长沙 1 号线、天津 6 号线一期、深圳 7 号线、北京 16 号线、重庆 3 号线北延伸段等线路均在 2016 年开通运营。

在上述线路开通的过程中，发行人产品的运行能力、安全性、可靠性以及发行人的项目执行能力、产品交付能力、技术服务能力逐步得到了客户的认可，也打破了发行人产品仅在北京进行过应用的区域限制。发行人开始在国内的城市轨道交通市场产

生一定的影响力，因此，2017 年发行人的市场份额和市场占有率大幅度上升，表明发行人多年来自主技术应用和项目经验积累带来了行业内客户认可度的显著提高。

3. 结合主要竞争对手先后实现自主技术的工程应用及其技术进步的情况，披露行业竞争是否加剧，是否存在降价导致毛利率不断降低的风险，并分析发行人的技术优势、市场份额、市场排名等能否持续保持。如否，就该事项作补充风险提示。

（1）行业竞争情况

截至 2018 年年末，国内已经有 6 家竞争对手实现了自主 CBTC 技术的工程应用，3 家竞争对手实现了 I–CBTC 技术的工程应用，其中 I–CBTC 的工程应用均为在参与发行人作为牵头方的重庆轨道交通互联互通示范工程中实现。在 FAO 产品方面，竞争对手虽然在进行 FAO 的研发，但均未实现自主 FAO 技术的工程应用。

（2）CBTC 和 I–CBTC 产品应用广泛，价格相对稳定

CBTC 产品在国内已经有十余年的应用历史，并且发行人 CBTC、I–CBTC 产品已经在全国各地多条线路实现了应用或正在应用，产品的安全性、可靠性、稳定性、效率性已经逐步获得客户的认可，具有一定的市场地位和竞争实力，预计未来几年发行人 CBTC 和 I–CBTC 产品毛利率水平将保持稳定。

（3）FAO 产品市场前景广阔，发行人具有先发优势

发行人的 FAO 是目前国内唯一实现工程应用的全自主 FAO 产品，相比于国内厂商有明显的先发优势。信号系统产品从研发到应用需要较长的时间，产品完成研发后首先需要完成工程应用、具备工程业绩，才能继续在其他线路进行推广应用，发行人从 2013 年开始启动 FAO 的产品研发工作，至 2017 年年末实现工程应用经历了 5 年左右的时间。因此，竞争对手在技术升级方面仍然需要一定时间的追赶。

2017 年年底，发行人 FAO 产品在北京燕房线的示范应用取得了良好效果，2018 年全国城市轨道交通正线线路公开招标共 26 条，其中 FAO 线路为 7 条，占比为 26.9%。根据中国城市轨道交通协会的统计，预计 2020 年年底，FAO 系统将在我国 12 个城市的 38 条线路、1212 公里的城市轨道交通中进行应用。FAO 产品未来市场空间良好，在发行人的 FAO 具有先发优势的基础上，预计未来几年 FAO 产品毛利率将继续保持现有水平。

（4）完善的研发机制和快速的工程应用模式是发行人持续保持领先的保障

技术领先性是发行人发展的驱动力，深入了解行业用户需求并进行持续的产品创新是发行人的核心竞争力之一。发行人秉承“应用一代、开发一代、研究一代”的持续研发机制，以研发创新为本，高度重视技术创新，通过设置内部研发部门、参与或主持国家级研究平台建设、完善内部研发流程、加强外部合作等途径建立以客户需求

为导向的研发机制，不断提升研发水平，开展 VBTC 等新一代产品的研发，保持发行人的技术创新能力。在完成技术创新后，发行人可以快速将产品转化为工程应用，具有技术创新带来的先发优势。

综上所述，发行人未将卡斯柯和通号国铁的市场份额进行合并计算具有合理性，发行人的中标线路、市场份额、市场排名在 2017 年度大幅度提升具有合理性，降价导致毛利率降低的风险较低。

德马科技（688360）

浙江德马科技股份有限公司（以下简称发行人）2019 年 6 月 27 日提交的招股说明书（申报稿）披露：发行人是国内唯一一家覆盖智能物流输送分拣装备全产业链的科技创新企业，发行人已成为国内生产规模最大的智能输送分拣装备厂商之一，市场占有率居行业前列。就同行业可比公司，发行人选取了今天国际、东杰智能、音飞储存、天奇股份、华昌达，并披露国内不存在在产品结构上与公司完全类似的上市公司。

针对上述情形，发审委要求发行人对下列事项进行说明，并要求保荐机构、发行人律师核查并发表明确意见：披露作出相关行业地位信息披露的依据；披露目前物流装备行业的竞争格局、市场化程度、进入行业的主要壁垒、行业市场供求状况及变动原因，行业利润水平的变动趋势，发行人产品的市场份额及变化情况；结合行业市场空间、发行人行业地位、技术储备等方面客观、具体地披露发行人的竞争劣势；全面核查招股说明书，就涉及行业及市场地位、竞争优势、技术水平等的定性信息披露提供明确依据。

根据发行人律师出具的补充法律意见书披露显示：[1]

1. 作出相关行业地位信息披露的依据

（1）关于“唯一一家覆盖智能物流输送分拣装备全产业链的科技创新企业”

发行人所处的物流装备行业的主要行业协会之一为中国重型机械工业协会物流与仓储机械分会，发行人为该行业协会的理事单位之一。一般的，行业协会的理事单位为该行业内技术实力领先、业务规模较大、品牌知名度较高、综合竞争力较强的企业或科研机构。发行人查阅了行业协会理事单位中各企业的主要产品，从产业链角度进行了对比，如表 121 所示：

[1]《国浩律师（杭州）事务所关于浙江德马科技股份有限公司首次公开发行股票并在科创板上市之补充法律意见书（一）》，载上海证券交易所网，http：//static.sse.com.cn/stock/information/c/201910/c34231d498524481ae7424be6d030fc2.pdf，最后访问日期：2021 年 5 月 21 日。

表 121

公司名称	主要业务情况	对比
北京起重运输机械设计研究院有限公司	主要产品为自动化物流系统集成，堆垛机系统、输送分拣机等自动化物流设备	
北京伍强科技有限公司	主要产品为自动化物流系统集成，箱式输送系统、自动分拣系统等自动化物流设备	
北自所（北京）科技发展有限公司	主要产品为堆垛机系统、输送机系统、穿梭车系统、机器人系统、自动分拣系统等物流系统及设备	
昆明昆船物流信息产业有限公司	主要产品为智能轨道车 RGV 系列产品、自动引导搬运车、堆垛机、输送分拣等物流系统及设备	
沈阳新松机器人自动化有限公司	在智能物流输送分拣细分领域，主要产品包括输送、移栽、分拣、提升等设备	
中国中元国际工程有限公司	北京起重运输机械设计研究院有限公司为其全资子公司，主要产品为自动化物流系统集成，堆垛机系统、输送分拣机等自动化物流设备	
河北滦宝装备制造有限公司	主要产品为各类型的输送设备、自动化立体仓库等	
科捷智能装备有限公司	主要产品包括存储设备、分拣设备、输送设备、AGV、软件系统等	
普天物流技术有限公司	主要产品为自动化立体仓库、生产线输送设备	
东杰智能	主要产品为智能物流成套装备	
上海睿丰自动化系统有限公司	主要产品为输送设备、分拣设备	
天奇股份	主要产品为智能装备、重工装备、循环产品等	
浙江德能物流装备科技有限公司	主要产品为托盘输送设备、箱式输送设备，不生产输送分拣核心部件产品	
湖州双力自动化科技装备有限公司	主要产品为输送核心部件、输送机、物流输送系统	该等企业不生产分拣机及分拣系统

续表

公司名称	主要业务情况	对比
上海精星仓储设备工程有限公司	主要产品为自动立体仓储货架、密集存储货架等物流系统和设备	该等企业不属于智能物流输送分拣装备细分领域
沈阳飞机工业集团物流装备有限公司	主要产品为垂直回转库、数控升降库、立体库、电动密集库等物流系统和设备	
北京康拓红外技术股份有限公司	主要产品为红外线、TFDS、自动化立体库等	
江苏六维物流设备实业有限公司	主要产品为自动化立体仓库系统、常规性货架系统、高密度存储货架系统等	该等企业不属于智能物流输送分拣装备细分领域
江苏前程工业包装有限公司	主要产品为木箱、木托盘、其他木质包装容器等	
音飞储存	主要产品为物流仓储设备	
希望森兰科技股份有限公司	主要产品为变频器、选配件、软起动器	
上海天睿物流咨询有限公司	主要从事物流规划与供应链咨询	该等企业不具备核心部件设计、关键装备制造、系统集成等能力
中邮科技有限责任公司	业务范围涉及软科学研究、烟草工业和商业项目规划设计、物流系统集成以及设备提供、信息系统集成与软件开发、邮政标准化研究与质量检测	

资料来源：根据各公司网站及公开资料整理。

从表121可知，与发行人相比，上述理事单位或是不涉及核心部件（输送辊筒、智能驱动单元等）的设计与制造；或是不生产分拣机及分拣系统；或是不属于智能物流输送分拣装备细分领域；或是仅从事咨询及规划，不具备核心部件、关键设备的设计、制造，以及系统集成等能力。因此，在我国技术实力领先、业务规模较大、品牌知名度较高、综合竞争力较强的企业中，发行人具备了完整的核心部件、关键设备的研发、设计、制造，软件的自主开发，系统集成的一体化产业链竞争优势，是覆盖智能物流输送分拣装备全产业链的科技创新企业。

为确保信息披露更加真实、准确，客观，发行人已在《招股说明书》中将“是国内唯一一家覆盖智能物流输送分拣装备全产业链的科技创新企业”修改为“是覆盖智能物流输送分拣装备全产业链的科技创新企业”。

（2）关于“国内生产规模最大的智能输送分拣装备厂商之一，市场占有率居行业前列”

发行人提供的输送分拣装备以自产居多，根据中国机械工程学会组织编写的《中国物流仓储装备产业发展研究报告（2016~2017）》，2016~2017 年度，我国物流装备行业各类型设备中，输送及分拣设备销售额分别为 60.35 亿元、81.13 亿元，同期公司实现的输送及分拣装备收入分别为 3.98 亿元、6.03 亿元，在全国输送及分拣设备销售额中占比分别为 6.60%、7.43%，可见发行人产品具有一定的市场占有率，市场份额排名位于行业前列。

为确保信息披露更加真实、准确，客观，发行人已在《招股说明书》中将“已成为国内生产规模最大的智能输送分拣装备厂商之一，市场占有率居行业前列”修改为“已成为国内主要的智能输送分拣装备厂商之一”。

2. 结合行业市场空间、发行人行业地位、技术储备等方面披露发行人的竞争劣势

与物流装备行业领先公司对比，发行人的竞争劣势如下。

（1）发行人所立足的行业市场空间有待进一步拓展

目前，发行人所研发、设计、制造、销售的物流装备和所服务的客户已涵盖物流全产业链的工厂端、流通端、消费者端等重要节点，但发行人产品主要应用于流通端领域，工厂端和消费者端的市场空间有待进一步拓展。开发更多的面向工厂端领域和消费者端领域的智能物流输送分拣装备是发行人未来产品的发展方向。

（2）规模依然偏小，行业地位有待进一步提高

报告期内，发行人营业收入和盈利能力不断增长，市场占有率具有行业前列。但与行业内国际知名企业相比，发行人营业收入和利润规模依然偏小、人均创利能力偏弱，在人才、产能方面有一定劣势，行业地位有待进一步提高。发行人需要进一步增强资本实力，做好人才储备，以进一步扩大市场占有率，提高全球市场份额，保持公司增长势头。

（3）技术实力有待进一步增强

经过近 20 年的发展，发行人已拥有了自主研发的“从核心软硬件到系统集成”的完整技术链条，关键核心技术处于国内领先、国际先进水平。然而，目前全世界先进的物流装备技术和企业仍主要集中在欧洲、美国、日本等发达国家和地区，与行业内国际知名企业相比，发行人技术实力有待进一步增强。

（4）融资渠道有限，不能满足持续增长的资金需求，与国际大型物流装备供应商相比，发行人作为国内的民营企业，融资渠道有限，不能满足持续增长的资金需求。

发行人所处的智能物流装备领域属于技术密集型行业，需要较高的研发投入，以持续研发新技术、新装备。目前，发行人主要通过自身经营积累、银行贷款、股权融资等渠道获得发展所需资金，融资渠道较为单一，不能满足发行人大量引入先进设备的资金需求，无法快速扩大业务规模，也在一定程度上制约了发行人的研发投入，不利于发行人的持续增长。发行人规划的募投项目“数字化车间建设项目”“智能化输送分拣系统产业基地改造项目”“新一代智能物流输送分拣系统研发项目”“补充流动资金”的实施，将进一步提高产能和生产效率，满足持续增长的业务需求；将进一步完善研发基础设施，加大研发投入，增强技术创新实力；将进一步提高发行人大项目的承接能力，提高发行人核心竞争力。

3. 发行人就涉及行业及市场地位、竞争优势、技术水平等的定性信息提供了明确依据，并对部分表述进行了修改

《招股说明书》中主要涉及行业及市场地位、竞争优势、技术水平等的定性信息及明确依据如下：

（1）有明确依据予以保留的定性信息（如表 122 所示）

表 122

定性信息	明确依据
国内较早从事该领域的企业之一	发行人成立于 2001 年，自成立起就从事智能物流输送分拣系统、关键设备及其核心部件的研发、设计、制造、销售和服务，国内物流装备行业，特别是输送分拣装备细分行业也是在 2000 年前后兴起、发展，公司是国内较早从事该领域的企业之一
已成长为国内物流输送分拣装备领域的领先企业	经过近 20 年的发展，发行人积累了国内领先、国际先进的智能输送分拣技术、智能驱动技术等关键核心技术，形成了核心部件设计、关键设备制造、软件开发、系统集成的一体化产业链竞争优势，可为物流装备制造商、系统集成商和终端客户提供从核心部件、关键装备到系统集成的完整解决方案，与同行业公司比，在输送分拣装备细分领域，公司具有较强的核心技术优势、产业链优势、关键设备和核心部件制造能力、系统集成能力、研发实力、全球运营能力、优质的客户资源、稳定的管理层和技术团队，发行人为国内物流输送分拣装备领域的领先企业
关键核心技术处于国内领先、国际先进水平	根据《招股说明书》，发行人选取了“辊筒输送设备最高稳定工作速度”“分拣装备最高稳定运行速度”“输送分拣最高效率（单区供包前提）”“设备运行噪声”作为智能输送分拣技术的衡量指标，选取“最高稳定运行速度”“极限搬运能力”作为智能驱动技术的衡量指标，经与可比同行业公司比较，发行人的该等指标参数高于国际领先企业或与之相同，发行人的关键核心技术处于国内领先、国际先进水平

（2）有一定依据但进行修改的定性信息（如表123所示）

表123

定性信息	依据
国内年产量最大的辊筒提供商	根据中国机械工程学会组织编写的《中国物流仓储装备产业发展研究报告（2016~2017）》，2017年我国物流装备行业各类型设备中，输送及分拣设备销售额为81.13亿元。根据估算和公开披露的信息，2017年发行人辊筒市场占有率接近20%，发行人辊筒年产量远超与发行人处于同一分层的竞争对手
国内唯一一家覆盖智能物流输送分拣装备全产业链的科技创新企业	—
已成为国内生产规模最大的智能输送分拣装备厂商之一，市场占有率居行业前列	根据中国机械工程学会组织编写的《中国物流仓储装备产业发展研究报告（2016~2017）》，2016~2017年度，我国物流装备行业各类型设备中，输送及分拣设备销售额分别为60.35亿元、81.13亿元，同期公司实现的输送及分拣装备收入分别为3.98亿元、6.03亿元，在全国输送及分拣设备销售额中占比分别为6.60%、7.43%，可见发行人产品具有一定的市场占有率，市场份额排名位于行业前列

为确保信息披露更加客观、充分，并基于谨慎性考虑，发行人在《招股说明书》中做如下修改：

（1）将“辊筒产品年产量最大提供商”表述修改为“辊筒产品年产量较大的提供商之一”。

（2）将“是国内唯一一家覆盖智能物流输送分拣装备全产业链的科技创新企业”修改为“是覆盖智能物流输送分拣装备全产业链的科技创新企业”。

（3）将“已成为国内生产规模最大的智能输送分拣装备厂商之一，市场占有率居行业前列”修正为“已成为国内主要的智能输送分拣装备厂商之一”。

东方基因（688298）

浙江东方基因生物制品股份有限公司（以下简称发行人）2019年5月9日提交的招股说明书（申报稿）披露，发行人在招股说明书中多次使用“发行人已成为国内少数几家在POCT即时诊断国际市场能够与跨国体外诊断行业巨头竞争，并在细分市场占据一定规模市场份额的中国体外诊断产品供应商之一”“发行人是具备国际认证证书最多的中国体外诊断企业之一”“产品获得广大国际客户的认可，在国际市场已具有一定的知名度”。“发行人目前已成为国内毒品系列抗原抗体种类最齐全的供应商之一”“产品数量和类别均处于行业领先地位，是国内少数几家能够为国际客户提供综合解决方案的体外诊断产品供应商”“是行业极少数掌握这些产品开发技术并且推向市场的厂家之一”等用语。

针对上述情形，发审委要求发行人对下列事项进行说明，并要求保荐机构、发行人律师核查并发表明确意见：上述用语是否属于事实描述性语言，是否符合相关信息披露要求；作出前述行业地位判断的依据并提供相关证明文件。

根据发行人律师出具的补充法律意见书披露显示：[1]

1. 发行人对相关表述已进行了校对，相关用语属于事实描述性语言，符合相关信息披露要求。

2. 作出前述行业地位判断的依据以及相关证明文件

（1）国际销售及国际地位情况

①发行人在《招股说明书》中重新披露如下："发行人已成为在 POCT 即时诊断国际市场能够与跨国体外诊断行业巨头竞争，并在细分市场占据一定规模市场份额的中国体外诊断产品供应商。"

②作出前述披露的依据

根据体外诊断行业分类，A 股上市公司中属于体外诊断行业的共有 17 家企业。与已上市的 A 股体外诊断行业公司相比，发行人 2018 年度的体外诊断产品外销收入排名第三，其中在 POCT 行业上市公司中（万孚生物、基蛋生物和明德生物）排名第二，是国内体外诊断行业主要出口商之一。国际市场上，发行人的主要境外竞争对手为 Alere、Standard Diagnostics 等跨国体外诊断行业巨头，发行人已在包括美国、巴基斯坦等多个国家与其展开直接竞争。

根据市场研究机构的 Trimark 的统计，2018 年全球的毒品 POCT 检测市场预计将达到 8.3 亿美元的市场规模,2018 年发行人的毒品检测系列产品的销售额为 1.49 亿元，据此计算发行人在全球毒品 POCT 检测市场的份额达到 2.61%（按照 2019 年 6 月 13 日中行美元折算价 6.89 元 / 美元计算），发行人的毒品检测系列产品已在国际市场占据一定规模的市场份额。

（2）国际认证证书比较

①发行人在《招股说明书》中重新披露如下："发行人拥有国际认证证书的数量较多。""截至本招股说明书签署日，发行人拥有国际认证证书的数量较多，包括

〔1〕《国浩律师（杭州）事务所关于浙江东方基因生物制品股份有限公司首次公开发行股票并在科创板上市之补充法律意见书（一）》，载上海证券交易所网，http：//static.sse.com.cn/stock/information/c/201906/bb8709b1f6544097bf2237391432a118.pdf，最后访问日期：2021 年 5 月 21 日。

CFDA 产品证书及备案凭证 66 项，FDA（510K）产品认证 31 项，欧盟 CE 产品认证 225 项，加拿大 MDL 产品 67 项，墨西哥医疗器械产品认证 3 项。”

②作出前述披露的依据

除未披露国际认证证书数量的公司，在 A 股体外诊断上市公司中，发行人获取的国际认证证书数量排名第二。

（3）国际客户情况

①发行人在《招股说明书》中披露的“产品已获得广大国际客户的认可，在国际市场已具有一定的知名度”属于事实描述性语言，符合信息披露的要求。

②作出前述披露的依据

报告期内，发行人的直接客户及终端客户包括世界五百强企业 McKesson、世界五百强企业 Henry Schein、全球最大的连锁超市 Walmart、世界五百强企业 Dollar Tree、世界五百强企业 Albertsons 等全球跨国企业，以及巴基斯坦大型医疗器械企业 Shams Scientific Traders、印度尼西亚大型医疗器械企业 PT.Bintang MONO Indonesia 等大型区域医疗器械企业，产品销往全球 100 多个国家和地区。

（4）毒品系列抗原抗体种类对比

①发行人在《招股说明书》中重新披露如下：“发行人目前的毒品系列抗原抗体种类较为齐全。”

②作出前述披露的依据在毒品检测领域，目前抗原抗体主要的供应商为国际供应商，国内供应商相对较少。目前国内较大的抗原抗体供应商为杭州隆基和北京博奥森。

发行人与上述供应商的毒品系列抗体种类情况对比如表 124 所示：

表 124

	发行人	杭州隆基	北京博奥森
毒品类抗体数量 / 款	24	27	7

（5）POCT 产品种类对比

①发行人在《招股说明书》中重新披露如下：

“POCT 产品的应用领域广泛，客户普遍对检测产品系列具有‘一站式’的采购需求，因此能够提供丰富的产品系列是体外诊断产品厂商最重要的核心竞争力。发行人拥有丰富的POCT产品线，包括毒品检测系列、传染病检测系列、优生优育检测系列、肿瘤标志物系列和心肌标志物系列，产品超过百种，是能够为国际客户提供综合解决方案的体外诊断产品供应商。”以及“同时，依托全球化的研发网络，发行人快速响应市场，已完成麦斯卡林、曲唑酮、麦角酸二乙酰胺、替利定等新型毒品的 POCT 即时诊断试剂的研发工作，能够满足国际客户多样化的需求”。

“发行人自设立初期即前瞻性地进行毒品检测领域布局，同时依托境内外的生物原料平台，目前已成为国内毒品检测产品线较为丰富的厂商。发行人不断推出新型毒品检测试剂盒，如甲卡西酮、芬太尼、曲马多、卡痛等毒品检测试剂，能够实现尿液、唾液及尿液 / 唾液二合一检测，可以为全球客户提供‘一站式、全方位’的毒品检测解决方案”。

②作出前述披露的依据

发行人在毒品检测、传染病检测、优生优育检测等应用领域的 POCT 产品线丰富；发行人拥有麦斯卡林、曲唑酮、麦角酸二乙酰胺、替利定等毒品的 POCT 即时诊断试剂，不在上述企业所披露的产品范围内，发行人在毒品检测产品数量及种类上也较为丰富。

综上所述，发行人已对《招股说明书》中相关表述进行了修改，修改后的相关依据充分，符合信息披露的要求。

孚能科技（688567）

孚能科技（赣州）股份有限公司（以下简称发行人）2019 年 9 月 16 日提交的招股说明书（申报稿）披露，公司是最早确立以三元化学体系及软包动力电池结构为动力电池研发和产业化方向的企业之一，是全球最早从事新能源汽车用锂离子动力电池开发的技术团队之一，也是中国第一批实现三元软包动力电池量产的企业。通过整合全球锂离子动力电池领域的创新资源，公司的技术能力始终保持国际领先水平，目前已成为全球三元软包动力电池的领军企业之一。在新能源乘用车领域，三元软包动力电池的市场占有率逐年提升，将成为未来主流趋势。公司产品出货量 2017 年排名全国第六，全球第十；2018 年排名全国第五，全球第九。公司产品装机量 2017 年排名全国第七，2018 年排名全国第五。在软包动力电池领域，公司产品出货量和装机量 2017 年、2018 年连续两年排名均为全球第三、全国第一。

针对上述情形，发审委要求发行人对下列事项进行披露，并要求保荐机构、发行人律师核查并发表明确意见：结合细分行业技术发展情况、可比公司相关技术情况、发行人产品市场占有率等说明作出前述行业定位判断的依据，说明关于前述“全球领军”“最早”“第一批”“未来主流趋势”等相关表述及排名的依据是否充分；说明发行人招股说明书引用行业数据的真实性、准确性和权威性，引用数据的来源，数据是否公开，补充列明无出处数据的出处，是否使用定制的或付费的报告、一般性网络文章或非公开资料等缺乏权威性的数据，主要选择GGII数据作为分析依据的原因，其他研究所数据得出的分析结果是否与GGII一致；说明在奖项中发行人的主要角色，在奖项的具体排名，是否与其他主体存在关系；从核心技术、主要专利等在具体产品中的应用、产品具体性能突破、所处产业化阶段等方面详细披露公司取得的科技成果与产业深度融合的具体情况；对招股说明书全文进行校对，使用事实描述性语言，不得使用市场推广的宣传用语。

根据发行人律师出具的补充法律意见书披露显示：[1]

1. 作出前述行业定位判断的依据，说明关于前述“全球领军”“最早”“第一批”“未来主流趋势”等相关表述及排名的依据是否充分

发行人在招股说明书中关于“全球领军”“最早”“第一批”“未来主流趋势”等相关表述及排名的依据情况如表125所示：

表125

表述	招股书披露内容	相关表述的依据
全球领军	目前已成为全球三元软包动力电池的领军企业之一	从技术和产品角度，公司三元软包动力电池产品性能优异，具有能量密度高、安全性能好、循环寿命长、充电速度快、温度适应性强等优势，公司已经量产能量密度285Wh/kg的电芯产品。从客户和市场占有率角度，公司产品出货量和装机量2017年、2018年连续两年排名均为全球第三、全国第一。公司客户涵盖国内外主流整车企业，包括戴姆勒、北汽新能源等。因此，孚能科技在三元软包动力电池领域具备领军能力，具有支撑依据
……	……	……
未来主流趋势	在新能源乘用车领域，三元软包动力电池的市场渗透率逐年提升，并将成为未来主流趋势	乘用车领域对动力电池系统相关性能要求更高，而三元软包动力电池能够很好的满足乘用车的需求。从需求端看，软包动力电池是海外车企的主流选择之一，越来越多国内外车企开始选择软包动力电池。从供给端看，多家方形、圆柱形动力电池企业，纷纷开始布局软包技术路线，建设软包动力电池产能。因此，三元软包动力电池将成为新能源乘用车领域未来主流趋势之一

发行人在招股说明书中关于“全球领军”“最早”“第一批”“未来主流趋势”等相关表述及排名存在相应的适用背景，依据充分。

[1]《北京市竞天公诚律师事务所关于孚能科技（赣州）股份有限公司首次公开发行人民币普通股股票并在科创板上市的补充法律意见书（一）》，载上海证券交易所网，http://static.sse.com.cn/stock/information/c/201912/699e6215030a465abefdfcf41abaa607.pdf，最后访问日期：2021年5月21日。

2. 发行人招股说明书引用行业数据的真实性、准确性和权威性，引用数据的来源，数据是否公开，补充列明无出处数据的出处，是否使用定制的或付费的报告、一般性网络文章或非公开资料等缺乏权威性的数据，主要选择 GGII 数据作为分析依据的原因，其他研究所数据得出的分析结果是否与 GGII 一致

（1）说明发行人招股说明书引用行业数据的真实性、准确性和权威性，引用数据的来源，数据是否公开，补充列明无出处数据的出处

招股说明书中引用行业数据情况如表 126 所示：

表 126

序号	行业数据	数据来源	真实性、准确性和权威性	是否在招股书中列明出处
1	孚能科技全球及中国市场行业地位	GGII	高工产业研究院（GGII）为深圳市高工产业研究有限公司下属研究机构，该公司系一家注册于深圳的独立第三方咨询机构，专注于锂电、新材料、新能源等领域产业研究，为巴斯夫、丰田、宝马等世界知名企业提供产业咨询服务	是
2	全球主要国家新能源乘用车销量	GGII	高工产业研究院（GGII）为深圳市高工产业研究有限公司下属研究机构，该公司系一家注册于深圳的独立第三方咨询机构，专注于锂电、新材料、新能源等领域产业研究，为巴斯夫、丰田、宝马等世界知名企业提供产业咨询服务	是
……	……	……	……	……
42	2017 年全球新能源汽车渗透率首次超过 1%	BNEF	BNEF（彭博新能源财经）是一家致力于为能源领域专业人士开拓机遇的行业研究机构。拥有一支遍布六大洲的专家团队，利用世界上最先进的数据集，创造出清晰的视角和深入的预测，勾勒出行业转型趋势和技术对金融、经济和政策的影响	否，已楷体加粗补充

发行人招股说明书引用的行业数据真实、准确、具有权威性，均有数据来源，系公开数据。发行人已在招股说明书中楷体加粗补充披露未列明出处的数据来源。

（2）是否使用定制的或付费的报告、一般性网络文章或非公开资料等缺乏权威性的数据

招股说明书引用的上述行业数据中，GGII 数据主要源于 GGII 公开数据、GGII《动力电池字段数据库》和 GGII《全球软包动力电池发展分析报告（2019~2025 年）》。其中，GGII《动力电池字段数据库》和 GGII《全球软包动力电池发展分析报告（2019~2025 年）》属于面向市场公开发布的非定制付费报告，属于持续发布的动力电池行业市场研究院专业数据和专业报告。因此，GGII《动力电池字段数据库》和 GGII《全球软包动力电池发展分析报告（2019~2025 年）》不属于发行人向 GGII 的定制报告，发行人已就使用该公开报告支付费用。其余行业数据均源于公开数据和报告。

发行人招股说明书引用的行业数据非来自一般性网络文章或非公开资料等缺乏权威性的数据，未使用定制付费报告。

（3）主要选择 GGII 数据作为分析依据的原因，其他研究所数据得出的分析结果是否与 GGII 一致

高工产业研究院（GGII）为深圳市高工产业研究有限公司下属研究机构，该公司系一家注册于深圳的独立第三方咨询机构，专注于锂电、新材料、新能源等领域产业研究，为巴斯夫、丰田、宝马等世界知名企业提供产业咨询服务。

GGII 为锂离子电池行业内权威性较高的研究机构，其调研数据主要源于产业实地调研、企业公开数据、国家机构公开数据及上下游产业信息的收集整理，并被国内金融研究机构、上市公司及上市申请企业所广泛使用。例如，锂离子电池产业上市公司宁德时代、金银河，以及锂离子电池产业科创板上市公司容百科技、杭可科技、嘉元科技、天奈科技等的招股说明书中均存在引用 GGII 行业数据的情况。GGII 每年独立发布超过百份深度细分行业市场研究报告，已建立全面的产业研究数据库，数据在行业内认可度高。

考虑到数据来源的权威性和通用性，同时便于以相同口径数据与其他同行业公司比较，发行人本次主要选择 GGII 行业数据。

锂离子电池行业其他主要研究机构还包括中国化学与物理电源行业协会、起点研究院（SPIR）等，经对比其他研究机构公开披露的行业数据，相关分析结果、行业排名等与 GGII 一致。

3. 在奖项中发行人的主要角色，在奖项的具体排名，是否与其他主体存在关系

报告期内，发行人获得的重要奖项、称号如表 127 所示：

表 127

序号	获奖名称	颁奖单位	获奖年度	发行人承担角色	奖项具体排名	是否与其他主体存在关系
1	国家智能制造示范项目	工信部	2017 年	独立获得	不涉及	否
2	国家技术创新示范企业	工信部	2017 年	独立获得	不涉及	否
3	2017 年国家智能制造试点示范项目、工业互联网应用试点示范项目	工信部	2017 年	独立获得	不涉及	是
4	国家智能制造综合标准化与新模式应用项目	工信部	2017 年	项目责任人	不涉及	否
……	……	……	……	……	……	……
17	赣州市创新型成长型企业	赣州市工信委	2018 年	独立获得	不涉及	否
18	高新科技引领奖	中国汽车技术研究中心	2018 年	独立获得	不涉及	否

上述序号 4 奖项发行人为申报主体和主要承担人，发行人与沈阳新松机器化自动化股份有限公司、用友网络科技股份有限公司、北京北方华创新能源锂电装备技术有限公司及超源精密电子设备有限公司合作开发，发行人作为责任人不存在依赖其他主体获得奖励荣誉的情况，该称号不涉及排名，发行人该项目已通过验收；其余奖项均由发行人独立获得，奖项不涉及排名，与其他主体不存在关系。

4. 公司取得的科技成果与产业深度融合的具体情况

发行人核心技术和主要核心专利已在发行人产品上实现应用，14 项核心技术已应用于量产产品或生产工艺，另外 3 项核心技术属于新一代动力电池产品开发技术，目前已处于样品评测阶段，即将进入量产产业化阶段。

关于公司核心技术在具体产品中的应用、产品具体性能突破情况以及所处产业化阶段，发行人补充披露如表 128 所示：

表 128

序号	核心技术名称	技术来源	产品应用情况	对应产品具体性能突破情况	所处产业化阶段
1	高比容量正极材料技术	自主研发	动力电池电芯	该技术使正极材料在高电压下稳定、电解液不发生分解，从而应用于高电压体系电芯中，提升能量密度	中试

续表

序号	核心技术名称	技术来源	产品应用情况	对应产品具体性能突破情况	所处产业化阶段
2	动力锂离子电池隔膜及其制备技术	自主研发	动力电池电芯	该技术创新的从隔膜角度提供提升电芯安全性能的防护方法。同时电芯具有修复功能，能够提高使用寿命	中试
……	……	……	……	……	……
16	电池生产工艺	自主研发	动力电池生产	该技术较传统软包动力电池生产方式效率提升 30% 以上，原材料损耗成本降低 30% 以上，同时通过工艺优化提高能量密度	量产
17	电池自动化生产设备	自主研发	动力电池生产设备	该技术较传统生产方式自动化程度大幅提升，人员可减少 50% 以上，并能实现精准追溯、自动检测和闭环控制	量产

5. 发行人已根据上述要求，对招股说明书全文进行校对，使用事实描述性语言，不使用市场推广宣传用语。

二、解决思路

关于发行人的市场地位，发审委主要关注的是发行人市场地位的表述是否有充分的依据。

1. 发行人涉及相关行业地位的信息披露应真实、准确、客观，各种表述应有相应的依据，应结合其产品与国内主要竞争对手在产品设计、定价策略、市场定位（高中低端）、产品体系、市场渗透率、品牌知名度等方面的差异，全面梳理并详细披露发行人产品、研发的竞争优劣势，说明发行人市场地位表述的依据。若无明确依据，尤其是发行人所处行业市占率或排名较难从权威公开数据中获取的情况下，出于谨慎性考虑应修改相应表述，可参考德马科技。

2. 发行人说明发行人的行业领先地位时，可以从以下几个角度进行展开：发行人拥有行业内知名品牌及行业领先技术；发行人产品具有较高的市场占有率；发行人具有领先的客户资源优势；发行人所处行业具有较高的技术壁垒，竞争对手难以进入，快速迭代的风险较低；发行人参与国家级、省级标准规范的制定，发行人技术水平和市场地位受到标准规范制定单位的认可；发行人承担较多高级别的科研项目等。

3. 发行人可结合获奖情况说明其市场地位，但应考量奖项获取难度、评选范围、同类公司参与及获奖情况，以及发行人及其关联方是否曾为相关组织方或主办方提供资金支持或赞助，奖项是否具有行业权威性等说明奖项对发行人市场地位、技术先进性的证明力。若非重要奖项或不具有权威性，发行人应删除或简化招股说明书中相关表述。

4. 发行人应结合行业的竞争格局、市场前景、技术发展趋势及公司实际的科研水平、市场拓展能力等，有针对性地对生产经营过程中可能存在的重大风险进行风险提示。

【具体核查要点】

1. 发行人的市场份额及地位；相关市场竞争地位的表述是否有充分依据；关于发行人市场占有率的披露是否真实、准确，依据是否充分。

2. 发行人与国内外主要竞争对手在经营情况、市场地位、技术实力、衡量核心竞争力的关键业务数据、指标等方面的比较情况；发行人是否具有相对竞争优势。

3. 未来新产品进入市场，是否会对发行人产品构成替代威胁，是否会影响发行人产品的市场竞争地位，是否有相应的应对措施。

【核查方式】

1. 查阅行业相关的期刊，行业研究报告等资料；

2. 查阅发行人定期报告，研究报告等公开披露的信息，对关键数据和指标进行核算；

3. 查阅发行人关于竞争优势、劣势的说明；

4. 查阅《招股说明书》，对涉及行业及市场地位、竞争优势、技术水平的定性信息进行核查；

5. 查阅发行人关于市场竞争地位的说明和关于未来生产经营计划的说明；

6. 访谈核心研发人员，行业内技术专家，了解行业和产品的发展趋势；

7. 通过查询同行业可比公司的公开披露信息，了解同行业可比公司的生产模式，产品工艺水平。

第四节 重大合同

重大合同，一定程度上可以反映拟上市公司的持续经营能力、期后业绩、销售模式、收入确认、业务与财务数据匹配性等方面的内容。根据信息披露要求，发行人应披露对报告期经营活动、财务状况或未来发展等具有重要影响的已履行和正在履行的合同情况，重要性水平由发行人结合自身业务特点进行判断。

截至2020年12月31日，申联生物、威胜信息、奥特维、福昕软件、开普云、复旦张江、泽璟制药等企业被发审委问及与此相关问题。

一、典型案例

威胜信息（688100）

针对威胜信息技术股份有限公司（以下简称发行人）2019年4月4日提交的招股说明书（申报稿）披露内容，发审委要求发行人根据《公开发行证券的公司信息披露内容与格式准则第41号——科创板公司招股说明书》第十二条，披露重大合同重要性水平的确定依据及其恰当性。

根据发行人律师出具的补充法律意见书披露显示：[1]

发行人报告期内签署的销售合同较多，从披露信息的重要性和简明性原则考虑，披露的重大销售合同的标准为合同金额大于公司最近一期营业利润10%，且涵盖发行人报告期内主要客户的销售合同；披露重大采购合同标准为采购金额大于发行人最近一期营业利润5%，且涵盖发行人报告期内主要供应商的采购框架合同和采购合同。

发行人最近一期的营业利润为19,973.98万元，营业利润的10%即1997.40万元，因此，招股说明书披露的重大销售合同金额设定在2000万元以上，披露的重大采购框架合同和采购合同的金额设定在1000万元以上。

综上所述，发行人根据其自身的业务特点和情况披露了重要的销售合同和采购合同，该重要性水平恰当合理，亦符合招股说明书信息披露的重要性和简明性的要求。

奥特维（688516）

针对无锡奥特维科技股份有限公司（以下简称奥特维）2019年6月27日提交的招股说明书（申报稿）披露内容，发审委要求保荐机构、发行人律师全面核查发行人重要合同的披露是否真实、准确、完整，并发表明确结论意见。

根据发行人律师出具的补充法律意见书披露显示：[2]

发行人已按照《公开发行证券的公司信息披露内容与格式准则第41号——科创

[1]《北京市金杜律师事务所关于威胜信息技术股份有限公司首次公开发行股票并在科创板上市之补充法律意见书（二）》，载上海证券交易所网，http://static.sse.com.cn/stock/information/c/201906/797fa4d847d540a3a17d6b3a2026fbaf.pdf，最后访问日期：2021年5月21日。

[2]《国浩律师（上海）事务所关于无锡奥特维科技股份有限公司首次公开发行股票并在科创板上市之补充法律意见书（二）》，载上海证券交易所网，http://static.sse.com.cn/stock/information/c/201909/cec5009ac4804e9eb9e8657bd0327737.pdf，最后访问日期：2021年5月21日。

板公司招股说明书》的要求，补充披露重要合同的当事人、合同标的、合同价款或报酬、履行期限、实际履行情况等信息。发行人重要合同的当事人、合同标的、合同价款或报酬、履行期限、实际履行情况等重要信息披露均真实、准确、完整。

开普云（688228）

针对开普云信息科技股份有限公司（以下简称发行人）2019 年 6 月 21 日提交的招股说明书（申报稿）披露内容，发审委要求发行人对下列事项进行说明，并要求保荐机构、发行人律师核查并发表明确意见：重大销售合同的确定标准，按照合同金额的范围，说明报告期内销售合同的客户名称、销售内容、合同价款、签署日期、执行情况、是否存在纠纷或潜在纠纷。

根据发行人律师出具的补充法律意见书披露显示：[1]

发行人重大销售合同的确定标准是报告期内合同金额 500 万元以上，对经营活动、财务状况或未来发展等具有重要影响的销售合同。其金额标准主要根据发行人报告期内的各金额区间的合同数量确定。

报告期内，发行人重大销售合同的情况如表 129 所示：

表 129

序号	客户名称	销售内容	合同金额 / 元	签署日期	执行情况
1	广东省工商行政管理局信息中心	广东省工商行政管理局全程电子化登记管理系统建设项目	5,010,000.00	2016.11.16	履行完毕
2	新华新媒文化传播有限公司	新华社党政客户端全国服务平台项目技术开发专项 V3.0–“新华社”客户端集群升级与扩展及服务体系建设子项	13,970,000.00	2017.01.16	履行完毕
3	东莞市长安镇政务服务中心	东莞市长安镇综合服务中心信息系统建设服务采购项目	7,546,000.00	2017.03.07	履行完毕
4	东莞市政务服务办公室	东莞市一体化政务服务平台	34,200,000.00	2018.04.08	正在履行

〔1〕《国浩律师（深圳）事务所关于开普云信息科技股份有限公司申请首次公开发行股票并在科创板上市之补充法律意见书（一）》，载上海证券交易所网，http：//static.sse.com.cn/stock/information/c/201909/490d25f3e8d148509adfe0aefbe3fb2a.pdf，最后访问日期：2021 年 5 月 21 日。

续表

序号	客户名称	销售内容	合同金额 / 元	签署日期	执行情况
……	……	……	……	……	……
11	最高人民检察院	12309 中国检查网项目	7,685,000.00	2019.02.26	正在履行
12	新华媒体文化传播有限公司	新华社媒体资源聚合共享平台——“现场云”（现场新闻服务平台）建设子项	20,732,000.00	2019.03.01	正在履行

注：2019 年 5 月 30 日，海南省党政信息中心与发行人签署《海南省政府网站集约化平台建设项目 B 包补充协议》，确认合同金额由 1160.00 万元变更为 1095.50 万元。

发行人不存在与上述重大销售合同有关的纠纷或潜在纠纷。

龙腾光电（688055）

根据昆山龙腾光电股份有限公司（以下简称发行人）提交的招股说明书（申报稿）披露内容，发行人未披露重要合同的履行情况，其中发行人与中国建设银行股份有限公司澳门分行、昆山分行的融资合同已到期。

针对上述情形，发审委要求发行人说明重要合同的认定标准、实际履行情况，到期融资合同是否已履行完毕。

根据发行人律师出具的补充法律意见书披露显示：[1]

1. 重要合同的认定标准

发行人重要合同是指对报告期经营活动、财务状况或未来发展等具有重要影响的合同，具体的认定标准如下：

销售合同：发行人通常采用与主要客户签订框架协议的方式，在框架协议中约定基本交易原则、合作方式、付款方式、交货方式及约定责任等内容。在实际销售业务中，已与发行人签订框架协议的客户向发行人发送采购订单，在采购订单中约定具体的产品规格、数量、单价等要素；未与发行人签订框架协议的客户按其采购计划向发行人发送采购订单，在采购订单中约定具体的产品规格、数量、单价等要素。重大销售合同的认定标准为：报告期内，发行人及控股子公司与年度累计销售金额前五大客户签订的框架协议或销售合同。

〔1〕《北京德恒律师事务所关于昆山龙腾光电股份有限公司首次公开发行股票并在科创板上市的补充法律意见书（一）》，载上海证券交易所网，http：//static.sse.com.cn/stock/information/c/202004/2d59ad0149c941768be7b13111bc98b0.pdf，最后访问日期：2021 年 5 月 21 日。

采购合同：发行人通常采用与主要供应商签订框架协议的方式，在框架协议中约定基本交易原则、合同期限、产品供应及违约责任等内容。在实际采购业务中，发行人向已签订框架协议的供应商发送采购订单，在采购订单中约定具体的产品规格、数量、单价等要素；对于未与发行人签订框架协议的供应商，发行人按照采购计划向其发送采购订单，在采购订单中约定具体的产品规格、数量、单价等要素。重大采购合同的认定标准为：报告期内，发行人及控股子公司与年度采购金额前五大供应商签订的框架协议或采购合同。

重大融资合同的认定标准：融资金额超过 5000 万元人民币的融资合同。

其他重大合同的认定标准：对发行人有重大影响的商标、专利、专有技术等知识产权许可使用协议；对发行人生产经营有重大影响的其他合同，包括重大施工合同、租赁协议等。

2. 发行人重大合同及其履行情况：

（1）销售合同

报告期内，发行人及控股子公司签署的重大框架协议或销售合同如表 130 所示：

表 130

序号	客户名称	名称	合同有效期	截至报告期末合同履行情况
1	HP Inc	面板	三年并连续自动续期	正在履行
2	Global Procurement Company of Panasonic Corporation	面板	2016.11.01~2017.10.3，每次到期后自动续期	正在履行
3	深圳传音控股股份有限公司	液晶显示面板	2016.10.12~2017.10.11；2017.11.24~2018.09.30	履行完毕
4	深圳传音控股股份有限公司	液晶显示面板	2018.10.01~2019.12.31	履行完毕
……	……	……	……	……
8	深圳传音控股股份有限公司	液晶显示面板	2020.01.01~2020.12.31	正在履行

（2）采购合同

报告期内，发行人及控股子公司与供应商签署的重大框架协议如表 131 所示：

表 131

序号	供应商名称	合同标的	合同有效期	合同金额	截至报告期末合同履行情况
1	电气硝子玻璃（上海）有限公司	以本合同、生效订单、双方共同签署的书面文件及其他技术数据为准	三年，到期前三十日任一方未提出异议的，协议自动延续	以具体订单为准	正在履行
2	崧虹科技股份有限公司	以本合同、生效订单、甲方制定的书面文件及其他甲方认可的技术数据为准	三年，到期前三十日任一方未提出异议的，协议自动延续	以具体订单为准	正在履行

（3）融资合同

关于融资合同的情况如表 132 所示：

表 132

序号	借款人	贷款人	合同金额/万元	期限	担保情况	截至报告期末合同履行情况
1	龙腾光电	中国建设银行股份有限公司昆山分行	USD1000.00	2019.9.27~2020.09.14	担保人国创集团提供保证担保	正在履行
2	龙腾光电	中国建设银行股份有限公司首尔分行	5000.00	2019.03.27~2020.03.26	担保人国创集团提供保证担保	正在履行
3	龙腾光电	中国邮政储蓄银行股份有限公司苏州市分行	5000.00	2019.05.05~2020.05.04	担保人国创集团提供保证担保	正在履行
4	龙腾光电	国家开发银行苏州市分行	20,000.00	2019.05.27~2020.05.27	担保人国创集团提供保证担保	正在履行
5	龙腾光电	国家开发银行苏州市分行	USD1000.00	2019.12.27~2020.02.12	招商银行股份有限公司苏州分行保函担保	正在履行
6	龙腾光电	中信银行苏州分行	USD787.35	2019.12.05~2020.03.14	—	正在履行

注：截至《补充法律意见书（一）》出具之日，表 131 中序号 2、序号 5、序号 6 的融资合同均已到期履行完毕。

（4）其他重大合同

截至报告期末，发行人与JDI、PLD签订*Patent Cross License Agreement*（专利交互授权协议）、发行人与国显光电签订《〈现有厂房租赁合同〉之第二次补充协议》均正在履行中。

3. 到期融资合同是否已履行完毕

发行人与中国建设银行股份有限公司澳门分行、昆山分行签订的融资合同已于合同到期之前偿还相应借款本息，合同已经履行完毕。

综上所述，报告期内发行人重大合同认定标准符合《公开发行证券的公司信息披露内容与格式准则第41号——科创板公司招股说明书》第九十四条的要求，重大合同的履行不存在潜在纠纷或重大法律障碍。到期融资合同已经履行完毕。

三友联众（300932，创业板）

针对三友联众集团股份有限公司（以下简称发行人）2020年7月1日提交的招股说明书（申报稿）披露：发审委要求发行人补充披露2020年上半年签署的重大境外合同的具体情况，包括但不限于合同主体、主要内容、期限、签订时间、履约情况。

根据发行人律师出具的补充法律意见书披露显示：[1]

2020年上半年，发行人海外销售收入为9114.75万元，占主营业务收入比例为16.49%，未新签署重大境外合同。

2020年上半年，发行人主营业务收入为55,276.35万元，同比增长了13.18%，主要系发行人参与国家电网中标的沙特智能电表安装项目所带来的磁保持继电器销售收入增长所致。国家电网—沙特项目系国家电网服务“一带一路”建设的重要举措之一，在疫情影响下，各供应商在政府的大力协助下，克服困难，积极应对，保证了项目按照计划如期开展。

根据中国驻沙特大使馆商务处2019年10月发布的信息，沙特电力公司将分别于2020年第一季度、2020年第三季度、2021年第一季度完成350万个、150万个、300万个智能电表的安装工作。2019年12月，国家电网新闻中心发布，其所属公司中电装备与沙特电力公司针对该项目签订总金额为11亿美元的承包合同。中电装备通过招投标方式向三星医疗（601567.SH）和华立科技等国内电能表制造商采购智能电表。

〔1〕《北京市中伦律师事务所关于三友联众集团股份有限公司首次公开发行股票并在创业板上市的补充法律意见书（三）》，载深圳证券交易所网，http：//reportdocs.static.szse.cn/UpFiles/rasinfodisc/RAS_0001744D86D57E3FE81C7FB5C1A3B43F.pdf，最后访问日期：2021年5月21日。

2020 年 1 月，三星医疗（601567.SH）发布公告，其中标“中国电力技术装备有限公司沙特智能电表项目国内第一批设备”项目，中标金额为 3.02 亿元。华立科技同样中标该项目，中标金额约 3 亿元。

发行人参与国家电网—沙特项目的方式是向三星医疗下属子公司奥克斯供应链及正冠电器（华立科技的供应商）销售磁保持继电器，由于交易对手方为境内公司，因此，发行人将该业务划分为境内销售业务。

发行人与长期合作客户先签订框架销售协议，对质量要求、运输方式、质量保证、验收方法、货款结算等方面进行约定，具体交易的产品型号、数量、价格、交付时间和地点以实际订单为准。

发行人于 2019 年 2 月和奥克斯供应链续签了框架销售合同，合同有效期三年，于 2019 年 3 月和正冠电器签订了框架销售合同，合同有效期三年。2020 年 1 月，三星医疗和华立科技中标国家电网—沙特项目后，奥克斯供应链和正冠电器向公司下达订单，发行人自 2020 年 2 月起陆续向奥克斯供应链供货，截至 2020 年 6 月 30 日，上半年订单已交付 99.76%，实现销售收入 4369.93 万元；发行人自 2020 年 1 月起陆续向正冠电器供货，截至 2020 年 6 月 30 日，上半年订单已交付 89.51%，实现销售收入 4199.65 万元。发行人与上述两家客户的销售合同在正常履行中。

发行人招股说明书中已披露上述与奥克斯供应链的销售合同，并补充披露上述与正冠电器的销售合同。

发行人 2020 年上半年未签署重大境外合同，发行人招股说明书中披露的重大销售合同情况真实、准确、完整。

二、解决思路

重要合同的披露是否真实、准确、完整，重大合同未披露的原因及合理性等是发审委重点关注的问题。

1. 发行人重要合同的披露应当真实、准确、完整。应完整披露对报告期经营活动、财务状况或未来发展等具有重要影响的已履行和正在履行的合同情况，包括销售合同、采购合同、投资合同、借款合同、担保合同、建筑工程施工合同等；以及合同当事人、合同标的、合同价款或报酬、履行期限、实际履行情况等信息。

2. 说明选取重大合同的确定标准和依据，可结合报告期内签订的合同数量及金额分布情况、重大合同占报告期各期签署的合同比例等情况综合确定。

3. 关注重大合同与业务、法律、财务的匹配关系。

4. 发行人应建立健全合同管理相关的内部控制制度，发行人不存在与重大合同有关的纠纷或潜在纠纷。

【具体核查要点】

1. 发行人将要履行、正在履行以及虽已履行完毕但可能存在潜在纠纷的重大合同的合法性、有效性，是否存在潜在风险。

2. 发行人合同管理是否有效，相关内部控制制度是否健全。

3. 重大销售合同，收入确认的时点、金额及依据，收入确认方法与业务实质是否匹配，是否符合企业会计准则的规定。

4. 报告期内，涉及大额生产设备采购、房产等修建与合作开发等事项，应关注是否严格执行合同约定相关责任条款；在建工程的会计核算是否符合会计准则要求；合作项目是否存在或潜在权属纠纷；双方各自的分工和费用结算方式，及研发费用确认。

【核查方式】

1. 查阅发行人报告期内签署的符合披露金额的采购合同、销售合同、借款合同、担保合同、资产（股权）买卖、转让合同、资产租赁合同、人财物保险合同、业务技术合作（开发）协议、劳动合同及保密协议、职务发明及专利归属、使用协议及上述合同的相关补充协议、附件；对上述合同的明细进行复核计算，根据重大性标准对重大合同进行筛选。

2. 查询发行人合同台账，核查重大合同的财务凭证，确认合同是否已经履行完毕或者正在履行，复核已经履行期间与已经履行金额，包括但不限于查阅还款凭证、补充协议、债权人书面确认文件、设定或解除担保或抵押文件、发票、物流凭证、仓储单等。

3. 查阅发行人关于重要合同的主要情况及其履行情况的说明、确认函。

4. 走访、访谈发行人部分合同相对方，获取关于合同主要情况及履行情况的确认函，查验合同相对方出具的询证函回函等。

5. 登录中国裁判文书网、人民法院公告网、中国执行信息公开网等网站，并访谈发行人法务部门相关人员。

三、参考规范

《公开发行证券的公司信息披露内容与格式准则第 41 号——科创板公司招股说明书》

第十二条　信息披露事项涉及重要性水平判断的，发行人应结合自身业务特点，披露重要性水平的确定标准和依据。

第七十八条　发行人对于偿债能力、流动性与持续经营能力的分析，一般应包括下列内容：

（一）最近一期末银行借款、关联方借款、合同承诺债务、或有负债等主要债项的金额、期限、利率及利息费用等情况；如有逾期未偿还债项应说明原因及解决措施；如存在借款费用资本化情况应说明其依据、时间及金额。发行人应分析可预见的未来需偿还的负债金额及利息金额，结合现金流、融资能力与渠道等情况，分析公司的偿债能力……

第九十四条　发行人应披露对报告期经营活动、财务状况或未来发展等具有重要影响的已履行和正在履行的合同情况，包括合同当事人、合同标的、合同价款或报酬、履行期限、实际履行情况等。与同一交易主体在一个会计年度内连续发生的相同内容或性质的合同应累计计算。

《公开发行证券的公司信息披露内容与格式准则第28号——创业板公司招股说明书（2020修订）》

第十二条　信息披露事项涉及重要性水平判断的，发行人应结合自身业务特点，披露重要性水平的确定标准和依据。

第七十八条　发行人对于偿债能力、流动性与持续经营能力的分析，一般应包括下列内容：

（一）最近一期末银行借款、关联方借款、合同承诺债务、或有负债等主要债项的金额、期限、利率及利息费用等情况；如有逾期未偿还债项应说明原因及解决措施；如存在借款费用资本化情况应说明其依据、时间及金额。发行人应分析可预见的未来需偿还的负债金额及利息金额，重点说明未来十二个月内的情况，结合现金流、融资能力与渠道等情况，分析公司的偿债能力……

第九十二条　发行人应披露对报告期经营活动、财务状况或未来发展等具有重要影响的已履行和正在履行的合同情况，包括合同当事人、合同标的、合同价款或报酬、履行期限、实际履行情况等。与同一交易主体在一个会计年度内连续发生的相同内容或性质的合同应累计计算。

《上海证券交易所科创板股票上市规则》

7.1.2 上市公司发生的交易（提供担保除外）达到下列标准之一的，应当及时披露：

（一）交易涉及的资产总额（同时存在账面值和评估值的，以高者为准）占上市公司最近一期经审计总资产的10%以上；

（二）交易的成交金额占上市公司市值的10%以上；

（三）交易标的（如股权）的最近一个会计年度资产净额占上市公司市值的10%以上；

（四）交易标的（如股权）最近一个会计年度相关的营业收入占上市公司最近一个会计年度经审计营业收入的 10% 以上，且超过 1000 万元；

（五）交易产生的利润占上市公司最近一个会计年度经审计净利润的 10% 以上，且超过 100 万元；

（六）交易标的（如股权）最近一个会计年度相关的净利润占上市公司最近一个会计年度经审计净利润的 10% 以上，且超过 100 万元。

《深圳证券交易所创业板股票上市规则》

8.6.4 上市公司出现下列情形之一的，应当及时披露：

……（十）订立重要合同，可能对公司的资产、负债、权益或者经营成果产生重大影响……

8.6.5 上市公司一次性签署与日常生产经营相关的采购、销售、工程承包或者提供劳务等合同的金额占公司最近一个会计年度经审计主营业务收入或者总资产 50% 以上，且绝对金额超过 1 亿元的，应当及时披露。

公司应当及时披露重大合同的进展情况，包括但不限于合同生效、合同履行发生重大变化或者出现重大不确定性、合同提前解除、合同终止等。

第五节 重大偿债风险

发行人是否存在重大偿债风险是判断发行人是否具备直接面向市场独立持续经营能力的重要标准。实务中，拟上市公司的土地使用权、境内房屋和建筑物存在抵押，短期借款和长期借款较多，较易引起发审委对其偿债风险的关注。拟上市公司不应存在重大偿债风险，如确有必要，可将相关债务的背景及主要内容等进行披露。

截至 2020 年 12 月 31 日，建龙微纳、海目星、京源环保、云涌科技、广大特材、大地熊等企业存在上述情形。

一、典型案例

东方基因（688298）

浙江东方基因生物制品股份有限公司（以下简称发行人）2019 年 5 月 9 日提交的招股说明书（申报稿）披露：发行人的土地使用权、境内房屋和建筑物均存在抵押。

针对上述情形，发审委要求发行人对下列事项进行说明，并要求保荐机构、发行

人律师核查并发表明确意见：上述抵押的被担保对象，是否具备后续还款能力；若无法正常还款，对发行人生产经营的影响。

根据发行人律师出具的补充法律意见书披露显示：[1]

1. 上述抵押的被担保对象，是否具备后续还款能力；

（1）发行人拥有的房屋、土地使用权抵押情况如表 133 所示：

表 133

抵押权人	抵押人	抵押标的	最高额抵押合同金额	抵押合同编号	被担保对象	担保的主债权期间
中国农业银行股份有限公司安吉县支行	发行人	浙〔2017〕安吉县不动产权第0017221号	4603万元	33100620170038679的最高额抵押合同	发行人	2017年11月15日~2022年11月14日
广发银行股份有限公司杭州西湖支行	发行人	浙〔2018〕安吉县不动产权第0002448号	5287万元	〔2019〕杭银综授额字第000014号—担保01的最高额抵押合同	发行人	2019年1月30日~2022年1月30日

2017 年 11 月 15 日，发行人与中国农业银行股份有限公司安吉县支行签订最高额抵押合同，约定发行人以权证号为浙〔2017〕安吉县不动产权第 0017221 号的国有建设用地使用权、房屋所有权作为抵押物，为中国农业银行安吉支行在 2017 年 11 月 15 日至 2022 年 11 月 14 日签订的一系列业务合同所形成的不超过人民币 4603 万元的债权提供最高额抵押担保。

2019 年 1 月 30 日，发行人与广发银行股份有限公司杭州西湖支行签订最高额抵押合同，约定发行人以权证号为浙〔2018〕安吉县不动产权第 0002448 号的房屋所有权（其占用范围内的国有土地使用权一并依法予以抵押）作为抵押物，为广发银行西湖支行与发行人于 2019 年 1 月 30 日至 2022 年 1 月 30 日所签订的一系列合同及其修订或补充（包括但不限于展期）所形成的不超过人民币 5287 万元的债权提供最高额抵押担保。

发行人上述抵押资产对应的尚未偿还的主债务合计金额为 5060.79 万元，具体情况如表 134 所示：

〔1〕《国浩律师（杭州）事务所关于浙江东方基因生物制品股份有限公司首次公开发行股票并在科创板上市的补充法律意见书（一）》，载上海证券交易所网，http：//static.sse.com.cn/stock/information/c/201906/bb8709b1f6544097bf2237391432a118.pdf，最后访问日期：2021 年 5 月 21 日。

表 134

借款人	贷款单位	借款金额 / 万元	借款到期日
发行人	中国农业银行安吉县支行	1170.00	2019 年 11 月 7 日
发行人	中国农业银行安吉县支行	999.00	2020 年 4 月 29 日
发行人	中国农业银行安吉县支行	900.00	2020 年 5 月 4 日
发行人	广发银行杭州西湖支行	996.79	2020 年 1 月 31 日
发行人	广发银行杭州西湖支行	995.00	2020 年 1 月 31 日

（2）发行人具备后续还款能力

①发行人经营状况良好，盈利能力较强

发行人上述抵押资产对应的尚未偿还的主债务合计金额为 5060.79 万元。发行人 2016 年度、2017 年度与 2018 年度实现的营业收入分别为 18,225.51 万元、22,423.74 万元及 28,589.28 万元，综合毛利率分别为 48.08%、48.12%、48.67%，报告期内发行人主营业务收入呈增长趋势，具有良好的盈利能力与持续发展能力，不存在重大偿还风险。

②发行人偿债能力不断增强

报告期内发行人流动比率、速动比率、利息保障倍数等偿债能力指标逐步优化。发行人流动比率和速动比率呈上升趋势，2018 年年末流动比率和速动比率分别上升至 2.01 和 1.39，表明发行人资产流动性质量较高，偿债能力良好。报告期内发行人利息保障倍数分别为 7.57、11.19 和 22.10，逐年均迅速增长，资产负债率逐年降低，现金流量状况良好，表明发行人偿债能力逐年稳步增强。截至 2018 年 12 月 31 日，发行人货币资金余额为 10,255.09 万元，足以支付上述抵押资产对应的尚未偿还的主债务金额 5060.79 万元。发行人对于上述房产所有权、土地使用权抵押债务具备偿还能力。

2. 若无法正常还款，对发行人生产经营的影响

若发行人无法按照既定还款计划按期偿还银行借款，且无法与借款银行就还款事宜达成解决措施，借款银行依据合同约定行使抵押权，则可能会对发行人的生产经营造成重大不利影响。报告期内发行人资信状况良好，不存在到期未清偿银行借款的情形，发行人经营及现金流状况良好，资产负债率正常，具备充足的贷款偿还能力，出现因无法正常还款而对生产经营产生影响的风险极小。

综上所述，发行人的土地使用权、房屋产权抵押系发行人为自身银行借款所做担保；发行人经营及现金流量状况良好，对于上述土地使用权、房产所有权抵押债务具

备偿还能力；在发行人及其控股子公司正常经营的情况下，出现因无法正常还款而对生产经营产生影响的风险较小。

神州细胞（688520）

北京神州细胞生物技术集团股份公司（以下简称发行人）2019 年 9 月 16 日提交的招股说明书（申报稿）披露：发行人于 2014 年向中国农业银行借款 1.5 亿元，用于抗体、疫苗、诊断试剂产业化基地项目建设。

针对上述情形，发审委要求发行人对下列事项进行说明，并要求保荐机构、发行人律师核查并发表明确意见：存续分立后的具体偿债主体和担保资产划分情况，是否存在不利于发行人的情形，是否就该事项单独履行决策程序；偿债主体变更是否经债权人确认，是否有效；提示偿债风险以及可能对发行人生产经营带来的影响。

根据发行人律师出具的补充法律意见书披露显示：[1]

1. 存续分立后的具体偿债主体和担保资产划分情况，是否存在不利于发行人的情形，是否就该事项单独履行决策程序

（1）2014 年 7 月，神州细胞有限与中国农业银行北京经济技术开发区支行签署《中国农业银行股份有限公司固定资产借款合同》，约定神州细胞有限向农业银行北京经开区支行借款 1.5 亿元，用于抗体、疫苗、诊断试剂产业化基地项目建设，借款期限为 8 年。2016 年 3 月，神州细胞有限与农业银行北京经开区支行签署《中国农业银行股份有限公司固定资产借款合同之变更协议》，将最后一笔本金 6000 万元借款的偿还时间从 2022 年 12 月 15 日变更为 2022 年 11 月 11 日。

2014 年 7 月，神州细胞有限与农业银行北京经开区支行签署《抵押合同》，神州细胞有限以抗体、疫苗、诊断试剂产业化基地项目的国有土地使用权（京技国用〔2012〕出第 00045 号）及其地上在建工程为前述借款提供抵押担保。2019 年 3 月，神州细胞有限与农业银行北京经开区支行签署《〈抵押合同〉补充协议》，约定前述借款的抵押物变更为前述土地（京技国用〔2012〕出第 00045 号）及其地上已建成的房屋（京〔2017〕开不动产权第 0028721 号）（目前已换发为京〔2019〕开不动产权第 0003142 号《不动产权证书》）。

（2）存续分立后，相关借款的偿债主体为存续分立后的神州细胞有限，担保资产亦归属于分立后的神州细胞有限；分立后的神州细胞有限和义翘科技对于分立前的神

〔1〕《北京市金杜律师事务所关于北京神州细胞生物技术集团股份公司首次公开发行股票并在科创板上市的补充法律意见书（二）》，载上海证券交易所网，http：//static.sse.com.cn/stock/information/c/201911/dac23c5c6c324c09b0871a27d35e29e5.pdf，最后访问日期：2021 年 5 月 21 日。

州细胞有限的债务承担连带责任；发行人和义翘科技对前述划分及约定无异议。

上述关于偿债主体的约定和担保财产划分符合分立方案，不存在对发行人产生重大不利影响的情形。

（3）前述银行借款的偿债主体和担保资产的划分已包含于前述分立方案（含调整方案）中，发行人已就前述银行借款的偿债主体和担保资产的划分履行决策程序。

2. 偿债主体变更是否经债权人确认，是否有效

农业银行北京经开区支行知悉上述分立方案及分立方案调整相关事宜，对于存续分立后，相关借款的偿债主体为存续分立后的神州细胞有限，担保资产归属于分立后的神州细胞有限不存在异议。发行人存续分立后该借款的偿债主体为神州细胞有限并由义翘科技承担连带责任系有效。

3. 提示偿债风险以及可能对发行人生产经营带来的影响

发行人已进行如下补充披露："为开展经营，发行人存在向商业银行或第三方进行债务融资的情况。报告期各期末，发行人资产负债率（合并）分别为 80.94%、65.53%、104.42% 和 75.67%，债务水平较高。2018 年末，资产负债率超过 100%。2019 年 9 月 30 日，发行人长期借款（含一年内到期部分）余额占负债总额的比重为 23.12%，借款比重较高；发行人未来可动用资金余额无法完全覆盖一年以内需要偿还的负债余额，存在一定的偿债风险。由于发行人研发活动需要大量资金投入，如发行人无法通过股权融资及商业化开发合作（如与石药集团商业化合作）获得资金支持，发行人未来仍可能出现负债总额超过资产总额的情形。如发行人的经营能力影响发行人及时偿还借款或发行人被要求提前偿还，发行人将面临无法清偿债务的风险，发行人的研发和生产经营可能因此受到不利影响。"

建龙微纳（688357）

洛阳建龙微纳新材料股份有限公司（以下简称发行人）2019 年 4 月 30 日提交的招股说明书（申报稿）披露：发行人存在正在履行的多项借款合同，其中存在向偃师市国有资产经营有限责任公司借款 1000 万元，借款期限为 2015 年 12 月 1 日 ~2035 年 12 月 1 日，借款利率为 1.2%，且未提供相应担保。

针对上述情形，发审委要求发行人对下列事项进行说明，并要求保荐机构、发行人律师核查并发表明确意见：该项借款合同的背景、相关借款协议的主要内容、借款条件显著低于市场借款条件的原因；要求发行人说明：公司是否存在向出借人提供其他利益对价的情形，或其他关联方代为支付利息的情形。

根据发行人律师出具的补充法律意见书披露显示：[1]

1. 该项借款合同的背景、相关借款协议的主要内容、借款条件显著低于市场借款条件的原因

（1）发行人向偃师市国有资产经营有限责任公司借款的背景

2015 年 8 月，国开发展基金有限公司通过设立专项建设基金的方式支持国家重大项目建设，中央财政按照债券利率 90% 给予贴息支持。

发行人吸附产业园项目于 2015 年 12 月由河南省偃师市申报，通过了国家发改委和国家开发银行的审核，入选了第三批专项建设基金名单。

国开发展基金有限公司通过出资 1000.00 万元的方式增资偃师市国有资产经营有限责任公司，由偃师市国有资产经营有限责任公司与建龙微纳签署 1000.00 万元的借款合同，支持发行人的吸附产业园项目。

（2）借款协议的主要内容

发行人与偃师市国有资产经营有限责任公司于 2015 年 12 月、2016 年 6 月分别签署借款合同和借款补充协议，主要内容如表 135 所示：

表 135

贷款人	借款金额 / 万元	借款期限	年利率	利息支付方式	还款方式
偃师市国有资产经营有限责任公司	1000.00	2015.12.1~2035.12.1	1.2%	1. 宽限期内（2015 年 11 月 30 日至 2017 年 11 月 30 日），每年支付固定利息，双方约定利息于每年 9 月 5 日支付。 2. 宽限期后的利息于每年 5 月 5 日支付	1. 建龙微纳于 2025 年 11 月 15 日归还借款本金 500 万元。 2. 建龙微纳于 2035 年 11 月 15 日归还借款本金 500 万元

（3）借款条件显著低于市场借款条件的原因

因发行人吸附材料产业园项目入选了国开发展基金有限公司的第三批专项建设基金名单，因此，借款利率显著低于市场利率水平。偃师市国有资产经营有限责任公司与发行人不存在关联关系，不存在为发行人输送利益的情形。

[1]《京都律师事务所关于洛阳建龙微纳新材料股份有限公司首次公开发行股票并在科创板上市之补充法律意见书（一）》，载上海证券交易所网，http://static.sse.com.cn/stock/information/c/201907/c3a3ef88e90840ba9532a7694bb2f7b9.pdf，最后访问日期：2021 年 5 月 21 日。

2. 发行人不存在向出借人提供其他利益对价的情形，或其他关联方代为支付利息的情形

该项借款为发行人由偃师市申报，通过国家发改委和国家开发银行的审核而取得，且发行人按照合同约定直接向借款人支付利息。

广大特材（688186）

张家港广大特材股份有限公司（以下简称发行人）2019 年 4 月 10 日提交的招股说明书（申报稿）披露：截至 2018 年 12 月 31 日，公司因质押、抵押担保导致权利受到限制的资产账面价值为 113,252.64 万元，占总资产的比例为 47.56%。发行人房屋及建筑物、土地使用权均已设置抵押。

针对上述情形，发审委要求发行人对下列事项进行说明：以表格形式披露发行人正在履行的借款合同金额、借款期限、借款利率、抵押物或担保人（如有）；披露发行人短期借款的金额及偿债能力，并结合前述情况，披露全部资产均用于抵押可能给生产经营造成的影响。并要求保荐机构及发行人律师核查并发表明确意见，说明发行人是否符合《科创板首次公开发行股票注册管理办法（试行）》第十二条第（三）项之“发行人不存在重大偿债风险”的规定。

根据发行人律师出具的补充法律意见书披露显示：[1]

1. 发行人正在履行的借款合同基本情况

截至 2019 年 3 月 31 日，发行人正在履行的借款合同详细情况如表 136 所示：

表 136

序号	借款人	借款银行	合同金额/万元	合同编号	借款期限	借款利率/%	抵押/质押物	保证人
1	广大有限	工商银行	10,000.00	2013 年（沙洲）字 1520 号	2013 年 12 月 28 日 ~2019 年 10 月 27 日	5.1450	土地房产	徐卫明、金鸣艳
2	广大有限	华夏银行	2000.00	NJ0215101 20160159	2016 年 4 月 19 日 ~2019 年 4 月 18 日	4.7500	机器设备	广大钢铁、鑫盛国贸、宏茂铸钢、徐卫明、金鸣艳

〔1〕《张家港广大特材股份有限公司首次公开发行股票并在科创板上市之补充法律意见书（一）》，载上海证券交易所网，http：//static.sse.com.cn/stock/information/c/201905/6cc834a4c0a14d4689bdde95a30cd216.pdf，最后访问日期：2021 年 5 月 21 日。

续表

序号	借款人	借款银行	合同金额/万元	合同编号	借款期限	借款利率/%	抵押/质押物	保证人
3	广大特材	张家港行	5000.00	农商行高流借字〔2018〕第（42295）号	2018年4月12日~2019年4月11日	5.4375	存货	广大控股、广大钢铁、鑫盛国贸、钢村回收、徐卫明、金鸣艳、徐晓辉、陈志军
4	广大特材	张家港行	3500.00	农商行高流借字〔2018〕第（25165）号	2018年7月26日~2021年7月25日	5.4375	土地、房产、存货	广大控股、广大钢铁、鑫盛国贸、钢村回收、徐卫明、金鸣艳、徐晓辉、陈志军、顾金才
……	……	……	……	……	……	……	……	……
25	宏茂重锻	如皋农商行	1000.00	皋商银〔2017〕第0918080901号	2017年9月18日~2019年8月22日	7.3950	—	广大有限
26	宏茂重锻	如皋农商行	800.00	皋商银〔2017〕第0918080903号	2017年9月18日~2019年8月22日	7.3950	机器设备	—

2. 发行人短期借款的金额及偿债能力，全部资产均用于抵押可能给生产经营造成的影响

截至2019年3月31日，发行人短期借款的金额为45,824.00万元，短期借款还款期分布于全年各月。报告期末，发行人可随时用于支付的货币资金为29,144.44万元，发行人流动资产总额为155,443.24万元，公司流动比率为1.07，利息保障倍数为3.98倍，预计发行人能够及时足额偿还到期银行借款。同时，报告期内，发行人与各商业银行保持良好的合作关系，从未发生过逾期无法偿还到期借款的情形，银行对公司授信稳定，信用额度充足。

尽管发行人用于抵押的资产比例较高，但发行人资金周转情况良好，公司货币资金充足，偿债能力较强，且报告期内发行人未发生逾期无法偿还借款的情形，用于抵押的资产比例虽较高但未对发行人生产经营产生重大影响。

3. 发行人符合《科创板首次公开发行股票注册管理办法（试行）》第十二条第（三）项之“发行人不存在重大偿债风险”的规定。

发行人资金周转情况良好，公司货币资金充足，偿债能力较强，且发行人报告期内未发生逾期无法偿还借款的情形，并且发行人银行借款到期日不存在集中到期的情况。发行人不存在重大偿债风险，符合《科创板首次公开发行股票注册管理办法（试行）》第十二条第（三）项之“发行人不存在重大偿债风险”的规定。

二、解决思路

规范公司会计运作和健全内控制度对于拟上市公司至关重要。对于存在较多借款、抵押情况的，发审委通常会关注拟上市公司偿债能力，是否存在重大偿债风险，是否符合会计制度和审核监管要求，是否已对相关风险进行完整披露等方面问题。

1. 发行人应完整披露债务及或有债务情况，如银行借款、关联方借款、合同产生的债务，或有负债等主要债项的金额、期限、利率及利息费用。若有逾期未偿还债项，说明原因及解决措施；若存在借款费用资本化情况，说明其依据、时间及金额。

2. 发行人应结合从现金流、融资能力与渠道等，阐明其偿债能力。可以从营业收入，持续盈利能力；客户的商业信誉，回款情况；与金融机构的合作关系等方面展开，说明是否存在重大偿债风险。

3. 发行人报告期内核心资产用于抵押或抵押的资产较多的，应披露净资产的抵押比例，被担保债权情况，担保合同约定的抵押权实现情形，被担保人的后续还款能力以及出现因无法正常还款而对发行人生产经营产生的影响。

4. 发行人存在流动性问题，负债总额超过资产总额的，并不必然构成发行上市的实质性障碍，但应在招股说明书中提示面临无法清偿债务的风险，披露可能对发行人生产经营造成的不利影响。如神州细胞顺利过会，就是一个很好的例子。

【具体核查要点】

1. 发行人是否符合注册管理办法关于“发行人不存在重大偿债风险”的规定。

2. 发行人最近一期末银行借款、关联方借款、合同承诺债务、或有负债等主要债项的金额、期限、利率及利息费用等情况；是否存在逾期未偿还债项以及借款费用资本化情况。

3. 发行人重要授信及借款协议中的授信 / 借款的数额，以及目前的偿还情况，对发行人的影响及是否会导致发行人的重大偿债风险。

4. 净资产的抵押比例，抵押的被担保对象，担保合同约定的抵押权实现情形，抵押权人是否有可能行使抵押权等，被担保人是否具备后续还款能力以及因无法正常还款而对生产经营产生的影响。

5. 发行人是否已在招股说明书中提示偿债风险及可能对发行人生产经营带来的影响。

【核查方式】

1. 查阅发行人与相关方签订的借款类型协议，同时核查借款合同对应的借据，抵押担保合同等。

2. 查阅发行人最近一期财务会计报告、金额较大且期限较长的其他应收应付账款明细、相关交易协议，可以采取向相关交易对方函证等方式，调查其他应收应付款、预收及预付账款产生的原因、具体内容、数额和业务背景，判断是否因正常的生产经营活动发生，相关交易协议是否合法有效，以及是否存在潜在纠纷或其他重大法律风险。

3. 查阅发行人经审计财务报表。

4. 查阅发行人出具关于偿债风险的说明。

5. 检索国家企业信用信息公示系统、信用中国、中国裁判文书网、人民法院公告网、中国执行信息公开网等网站，核查有无重大偿债风险或纠纷。

6. 走访银行、债权人，核查是否存在逾期未偿还款项等。

7. 查阅《招股说明书》。

8. 查阅发行人的人民银行征信报告。

9. 访谈发行人控股股东、实际控制人及财务负责人。

10. 查验发行人的土地、房产权属证；走访相关部门，调取土地、房产权属状况。

三、参考规范

《科创板首次公开发行股票注册管理办法（试行）》（2020年修正）

第十二条　发行人业务完整，具有直接面向市场独立持续经营的能力：

……（三）发行人不存在主要资产、核心技术、商标等的重大权属纠纷，重大偿债风险，重大担保、诉讼、仲裁等或有事项，经营环境已经或者将要发生重大变化等对持续经营有重大不利影响的事项。

《公开发行证券的公司信息披露内容与格式准则第41号——科创板公司招股说明书》

第三十三条　发行人应结合科创企业特点，披露由于重大技术、产品、政策、经营模式变化等可能导致的风险：

……（四）财务风险，包括现金流状况不佳，资产周转能力差，重大资产减值，重大担保或偿债风险等……

第六十二条　发行人应分析披露其具有直接面向市场独立持续经营的能力：

……（七）发行人不存在主要资产、核心技术、商标的重大权属纠纷，重大偿债风险，重大担保、诉讼、仲裁等或有事项，经营环境已经或将要发生的重大变化等对持续经营有重大影响的事项。

第七十五条　发行人应以管理层的视角，结合“业务与技术”中披露的业务、经营模式、技术水平、竞争力等要素披露报告期内取得经营成果的逻辑。发行人的管理层分析一般应包括发行人的经营成果，资产质量，偿债能力、流动性与持续经营能力，发行人的重大资本性支出与资产业务重组等方面。发行人应明确披露对上述方面有重大影响的关键因素及其影响程度，充分揭示对发行人经营前景具有核心意义、或其目前已经存在的趋势变化对业绩变动具有较强预示作用的财务或非财务指标。

第七十八条　发行人对于偿债能力、流动性与持续经营能力的分析，一般应包括下列内容：

（一）最近一期末银行借款、关联方借款、合同承诺债务、或有负债等主要债项的金额、期限、利率及利息费用等情况；如有逾期未偿还债项应说明原因及解决措施；如存在借款费用资本化情况应说明其依据、时间及金额。发行人应分析可预见的未来需偿还的负债金额及利息金额，结合现金流、融资能力与渠道等情况，分析公司的偿债能力；

（二）报告期股利分配的具体实施情况；

（三）报告期经营活动产生的现金流量、投资活动产生的现金流量、筹资活动产生的现金流量的基本情况、主要构成和变动原因。如报告期经营活动产生的现金流量净额为负数或者与当期净利润存在较大差异的，应分析主要影响因素；

（四）截至报告期末的重大资本性支出决议以及未来其他可预见的重大资本性支出计划和资金需求量，如涉及跨行业投资应说明其与公司未来发展战略的关系，如存在较大资金缺口应说明解决措施及其影响；

（五）结合长短期债务配置期限、影响现金流量的重要事件或承诺事项以及风险管理政策，分析披露发行人的流动性已经或可能产生的重大变化或风险趋势，以及发行人应对流动性风险的具体措施；

（六）结合公司的业务或产品定位、报告期经营策略以及未来经营计划，分析披露发行人在持续经营能力方面是否存在重大不利变化或风险因素，以及管理层自我评判的依据。

《公开发行证券的公司信息披露内容与格式准则第 28 号——创业板公司招股说明书》

第三十三条　发行人应结合企业特点，精准清晰充分地披露可能对公司经营业绩、核心竞争力、业务稳定性以及未来发展产生重大不利影响的各种风险因素：

……（五）财务风险，包括现金流状况不佳，资产周转能力差，重大资产减值，重大担保或偿债风险等……

第六十二条　发行人应分析披露其具有直接面向市场独立持续经营的能力：

……（七）发行人不存在主要资产、核心技术、商标的重大权属纠纷，重大偿债风险，重大担保、诉讼、仲裁等或有事项，经营环境已经或将要发生的重大变化等对持续经营有重大影响的事项。

第七十五条　发行人应以管理层的视角，结合“业务与技术”中披露的业务、经营模式、技术水平、竞争力等要素披露报告期内取得经营成果的逻辑。发行人的管理层分析一般应包括发行人的经营成果，资产质量，偿债能力、流动性与持续经营能力，发行人的重大资本性支出与资产业务重组等方面。发行人应明确披露对上述方面有重大影响的关键因素及其影响程度，充分揭示对发行人经营前景具有核心意义、或其目前已经存在的趋势变化对业绩变动具有较强预示作用的财务或非财务指标。

第七十八条　发行人对于偿债能力、流动性与持续经营能力的分析，一般应包括下列内容：

（一）最近一期末银行借款、关联方借款、合同承诺债务、或有负债等主要债项的金额、期限、利率及利息费用等情况；如有逾期未偿还债项应说明原因及解决措施；如存在借款费用资本化情况应说明其依据、时间及金额。发行人应分析可预见的未来需偿还的负债金额及利息金额，重点说明未来十二个月内的情况，结合现金流、融资能力与渠道等情况，分析公司的偿债能力；

（二）报告期股利分配的具体实施情况；

（三）报告期经营活动产生的现金流量、投资活动产生的现金流量、筹资活动产生的现金流量的基本情况、主要构成和变动原因。如报告期经营活动产生的现金流量净额为负数或者与当期净利润存在较大差异的，应分析主要影响因素；

（四）截至报告期末的重大资本性支出决议以及未来其他可预见的重大资本性支出计划和资金需求量，如涉及跨行业投资应说明其与公司未来发展战略的关系，如存在较大资金缺口应说明解决措施及其影响；

（五）结合长短期债务配置期限、影响现金流量的重要事件或承诺事项以及风险管理政策，分析披露发行人的流动性已经或可能产生的重大变化或风险趋势，以及发行人应对流动性风险的具体措施；

（六）结合公司的业务或产品定位、报告期经营策略以及未来经营计划，分析披露发行人在持续经营能力方面是否存在重大不利变化或风险因素，以及管理层自我评判的依据。

第八章

发行人的董事、监事、高级管理人员与核心技术人员

第一节　董事、监事、高级管理人员与核心技术人员重大不利变化

“发行人管理团队和核心技术人员稳定，董事、高级管理人员及核心技术人员没有重大不利变化”作为发行上市条件之一，既是衡量发行人业务完整、具有直接面向市场独立持续经营能力的重要标准，也是发审委关注的重点问题。

截至 2020 年 12 月 31 日，前沿生物、国盾量子、三生国健、天臣医疗、埃夫特、芯海科技、圣湘生物、伟创电气、爱博诺德等四十余家企业被问询相关问题。

一、典型案例

泽达易盛（688555）

泽达易盛（天津）科技股份有限公司（以下简称发行人）2019 年 6 月 13 日提交的招股说明书（申报稿）披露，报告期内发行人董事、高级管理人员存在变动情况。

针对上述情形，发审委要求发行人对下列事项进行说明，并要求保荐机构、发行人律师核查并发表明确意见：离任的董事、高管的具体离任原因；报告期内发行人核心技术人员是否存在变动情况；报告期内发行人董事、高管及核心技术人员变动对公司生产经营的影响。要求发行人结合报告期内董事、高管及核心技术人员的变动情况，按照《科创板审核问答》第 6 个问答的要求，说明发行人最近两年内董事、高管及核心技术人员是否发生重大不利变化。

根据发行人律师出具的补充法律意见书披露显示：[1]

1. 离任的董事、高管的具体离任原因

报告期内离任董事高管的离任情况如表 137 所示：

表 137

序号	离任时间	离任人员	离任原因
1	2016.02.29	董事兼经理史济建、董事蒋忆、董事李春昕、董事汤声涛离任	史济建因身体原因离职；汤声涛从发行人董事变更为副总经理；李春昕系因委派方昕晨投资调整委派董事；蒋忆系发行人股改时为完善治理结构进行的调整
2	2016.02.29	财务负责人王晓亮离任	公司股改时，王晓亮被发行人职工代表大会选举为发行人职工监事，为了发行人规范治理的需要，原财务负责人王晓亮离任
3	2019.03.05	副总经理汤声涛离任	汤声涛因个人原因从发行人处离职

2. 报告期内发行人核心技术人员的变动

报告期初发行人核心技术人员为张宸宇、林佳、朱锡勇，后发行人核心技术人员变更为张宸宇、朱莉、李页瑞、阮凌波、郭贝贝。

3. 报告期内发行人董事、高管及核心技术人员变动对公司生产经营的影响

（1）报告期内发行人董事、高级管理人员及核心技术人员变动情况如下。

①董事变化

报告期初有限公司阶段，易盛信息设董事会，董事会成员 5 名，分别为林应、史济建、汤声涛、蒋忆、李春昕，其中林应为易盛信息董事长。

2016 年 2 月 29 日，发行人召开创立大会选举刘雪松、林应、应岚、吴永江、聂巍为公司整体变更后的董事。发行人董事会本次变更系因发行人进行股份公司改制，为了完善公司治理结构和公司经营发展需要，同时基于委派方调整原因，发行人股东会选举新一届董事会以满足发行人规范治理的需要。

2019 年 2 月 18 日，发行人召开 2019 年第一次临时股东大会并作出决议，同意选举林应、刘雪松、应岚、吴永江、聂巍、陈冉、黄苏文、郭筹鸿、冯雁为发行人第二届董事会成员。新增董事陈冉、黄苏文、郭筹鸿以及冯雁，其中黄苏文、郭筹

〔1〕《北京市康达律师事务所关于泽达易盛（天津）科技股份有限公司首次公开发行股票并在科创板上市的补充法律意见书（一）》，载上海证券交易所网，http：//static.sse.com.cn/stock/information/c/201909/9d29a3affdd543f9bb99f1f3b629bd17.pdf，最后访问日期：2021 年 5 月 21 日。

鸿、冯雁为发行人独立董事。发行人本次董事会变更系发行人为了上市需要增设三名独立董事，同时为了使发行人董事会决议能够形成多数决议，发行人增加一名非独立董事。

报告期内发行人董事会的两次变动系为了完善公司治理结构以及公司经营发展需要，独立董事的设置及董事会人员的增加加强了公司的内部控制，完善了发行人的内部决策机制，未对公司报告期内业务和生产经营决策的连续性和稳定性造成重大不利影响。

②高级管理人员

报告期初有限公司阶段，易盛信息的总经理为史济建，副总经理为汤声涛，财务负责人为王晓亮。

2016 年 2 月 29 日，发行人第一届董事会作出决议，聘任林应为股份公司总经理，汤声涛为副总经理、应岚为公司财务总监及董事会秘书。发行人高级管理人员本次变更系因发行人进行股份公司改制，为了完善公司治理结构和公司经营发展需要，发行人实际控制人担任发行人总经理，增设副总经理职务，同时聘请应岚为发行人财务总监、董事会秘书。

2019 年 3 月 5 日，发行人召开第二届董事第一次会议并作出决议，同意任命林应为发行人总经理，任命应岚为发行人副总经理、董事会秘书、财务负责人。发行人本次高级管理人员变更系因原副总经理汤声涛从公司离职，故发行人新一届董事会未继续续聘其为发行人高级管理人员。

报告期内发行人高级管理人员变更系为了完善公司治理结构和公司经营发展需要，不影响发行人生产经营稳定。

③核心技术人员

报告期初发行人核心技术人员为张宸宇、林佳、朱锡勇，后发行人核心技术人员变更为张宸宇、朱莉、李页瑞、阮凌波、郭贝贝。

报告期初，林佳原为公司天津食药监项目的团队负责人，因个人发展原因于 2019 年年初离职；朱锡勇主要负责食药监管部门信息化业务，由于发行人近两年业务发展和布局调整，因此不再将其认定为核心技术人员，朱锡勇现在发行人处担任智慧食药事业部项目经理。

报告期内，发行人增加朱莉、李页瑞、阮凌波、郭贝贝为发行人核心技术人员。

其中，朱莉于 2015 年 11 月入职公司，历任发行人产品经理，朱莉现任发行人技术中心产品设计总监。朱莉于泽达易盛主要负责制定产品战略及平台规划，制定产品线路标规划并组织实施。组织协调新产品试运行工作，提供产品试销报告。负责产品生命周期管理，指导和监督产品的销售工作，及时发现问题并提出解决方案。组织产品市场调研、跟踪研究产品用户需求、收集和分析竞争对手发展信息、研究行业动态，定期提出公司产品优化和改进建议。朱莉先后带领产品创新团队积极探索分布式处理技术和大数据处理技术，完成了公司自主知识产权的制造执行系统（MES）软件平台、集成创新的中药生产数据采集与监视控制系统和中药全产业链质量管理追溯平台的设计、开发和产品的实施推广。

李页瑞于 2017 年 1 月入职苏州泽达，现任苏州泽达兴邦医药科技有限公司副总经理。李页瑞于苏州泽达主要从事中药制药工程关键技术研究与产业化推广工作，涉及中药新型装备与工艺、中药生产过程自动化控制技术、中药生产过程质量控制技术、中药生产信息化管理以及中药智能制造等方向。在苏州泽达任职期间，李页瑞先后参与国家和省部级项目 12 项，参与江苏康缘药业股份有限公司"中药数字化智能提取工厂"、天津红日药业股份有限公司"血必净"注射液数字化提取车间、上海凯宝药业股份有限公司"痰热清"注射液数字化提取车间等项目的设计与建设工作。

阮凌波于 2016 年 10 月入职浙江金淳，现任浙江金淳技术总监、研发经理。阮凌波于浙江金淳主要负责智慧农业行业产品研究开发、项目开发实施相关工作。负责项目重大技术问题的组织解决、各种技术引进与选型和对外技术咨询合作工作。组织统筹产品开发进度与项目任务分配，推进行业产品的项目实施落地。

郭贝贝于 2018 年 9 月入职苏州泽达，现任苏州泽达配方颗粒产品部经理。郭贝贝于苏州泽达主要负责公司配方颗粒产品研发以及相关项目实施落地工作。负责与药企科研横向项目洽谈和实施，针对企业具体品种工艺技术难题进行工艺技术优化升级及生产车间工艺设计和改造。

报告期内，除林佳外，发行人原核心技术朱锡勇仍于发行人处任职。此外，随着发行人业务发展，特别是医药信息化以及农业信息化业务的快速发展，发行人在该等业务领域的人员得到充实和人才结构进一步完善。

（2）最近两年内，发行人经营情况良好，营业收入和净利润保持持续快速增长。报告期内发行人核心技术人员变更不会对发行人生产经营造成重大不利影响。

4. 发行人最近两年内董事、高管及核心技术人员是否发生重大不利变化

最近两年内，公司董事、高级管理人员及核心技术人员人数变动情况及比例如表 138 所示：

表 138

类别	初人数 / 人	减少 / 人	增加 / 人	当前人数 / 人	变动比例 /%	仅考虑减少情况的变动比例 /%
董事	5	0	4	9	—	—
高级管理人员	3	1	0	2		
核心技术人员	3	2	4	5		
合计	11	3	8	16	68.75	18.75

根据《科创板审核问答》，董事、高级管理人员及核心技术人员是否发生重大不利变化的认定应当本着实质重于形式的原则，综合两方面因素分析：一是最近两年内的变动人数及比例，在计算人数比例时，以上述人员合计总数作为基数；二是人员离职是否对发行人生产经营产生重大不利影响。新增的人员来自原股东委派或发行人内部培养产生的，原则上不构成重大不利变化。

最近两年内，发行人原副总经理汤声涛在职时主要负责智慧食药事业部销售及日常管理工作，离职后其分管的工作已顺利交接，原核心技术人员林佳系在所负责的项目验收后离职，并已完成项目的交接工作，未对公司业务造成影响。最近两年公司新增的非独立董事系原股东提名，新增三名独立董事系为了规范公司的治理结构而增选。新增的四名核心技术人员均是随着公司业务的不断发展逐渐培养起来的核心业务的技术负责人，除郭贝贝外均于 2017 年之前入职，原核心技术人员朱锡勇仍在公司任职。因此，最近 2 年内公司董事、高级管理人员及核心技术人员不存在重大不利变化。

东方基因（688298）

浙江东方基因生物制品股份有限公司（以下简称发行人）2019 年 5 月 9 日提交的招股说明书披露，最近两年内董事、高管等存在变动情况。

针对上述情形，发审委要求发行人对下列事项进行说明，并要求保荐机构、发行人律师核查并发表明确意见：甘泽、王桦等辞职离任的具体原因；报告期内发行人董事、高管及核心技术人员变动对公司生产经营的影响；结合报告期内董事、高管及核心技术人员的变动情况，按照《科创板审核问答》第 6 个问答的要求，说明发行人最近两年内董事、高管及核心技术人员是否发生重大不利变化。

根据发行人律师出具的补充法律意见书披露显示：[1]

〔1〕《国浩律师（杭州）事务所关于浙江东方基因生物制品股份有限公司首次公开发行股票并在科创板上市之补充法律意见书（一）》，载上海证券交易所网，http：//static.sse.com.cn/stock/information/c/201906/bb8709b1f6544097bf2237391432a118.pdf，最后访问日期：2021 年 5 月 21 日。

1. 甘泽、王桦等辞职离任的具体原因

2017 年 4 月 18 日，发行人召开首次股东大会，选举方效良、方剑秋、方晓萍、甘泽、王桦（独立董事）、韩晓萍（独立董事）和林伟（独立董事）为股份公司第一届董事会成员。

2017 年 11 月，发行人独立董事王桦辞去独立董事职务。根据王桦提供的辞任说明，因其任职学校与泰国西那瓦大学校际合作项目要求，王桦需前往授课和指导，没有足够的时间和精力履行发行人独立董事的相关职责，不能保证及时出席公司各类会议，故辞去发行人独立董事职务。

2018 年 9 月，发行人董事甘泽辞去董事职务。甘泽系股东上海祥禾委派，由于上海祥禾调整了委派董事安排，甘泽辞去董事职务。

2. 报告期内发行人董事、高级管理人员及核心技术人员变动情况和影响

（1）董事变动情况和影响

报告期内有限公司阶段，东方有限设董事会，成员为 3 人，分别为方效良、方剑秋和李蓉贞，其中方效良担任董事长。2017 年 4 月 18 日，东方基因召开首次股东大会，选举方效良、方剑秋、方晓萍、甘泽、王桦（独立董事）、韩晓萍（独立董事）和林伟（独立董事）为股份公司第一届董事会成员。同日，公司召开第一届董事会第一次会议，选举方效良为公司董事长。有限公司整体变更为股份有限公司时，根据当时有效之《公司法》规定及公司章程约定，董事会的人员的调整有利于完善公司的治理结构。

2017 年 11 月，发行人独立董事王桦辞去独立董事职务；2018 年 9 月，发行人董事甘泽辞去董事职务。发行人分别召开股东大会补选程岚为独立董事、叶苏为董事。该两次董事变更系原董事因个人或委派方调整引起，发行人及时补选新任董事以保障董事会工作顺利开展，未对发行人的生产经营造成重大影响。

（2）高级管理人员变动情况和影响

报告期内有限公司阶段，方效良为东方有限总经理。2017 年 4 月 18 日，东方基因第一届董事会第一次会议聘任方效良为公司总经理，方剑秋、谭金凤、庞琦、徐发英和钟春梅为副总经理、俞锦洪为财务负责人、王晓波为董事会秘书。

发行人增加副总经理、财务负责人和董事会秘书作为公司高级管理人员，有利于完善公司治理结构。

（3）核心技术人员变动情况和影响

报告期内，发行人原有核心技术人员 7 位，分别是钟春梅、冯海英、张华、袁国亮、方少华、沈丽荔和 CHICHI LIU，未发生过核心技术人员流失的情况。同时，发

行人控股子公司杭州丹威引进了郭兴中、陈文两位核心技术人员，主要从事分子诊断领域的研发和产业化，以拓宽发行人的产业链，有利于增强发行人的分子诊断领域的研发能力及产业化程度。

发行人董事、高级管理人员的变动履行了必要的审议程序，符合法律法规的规定，发行人董事、高级管理人员的变动主要系股份公司设立时基于完善公司治理结构而进行的人员调整，未发生管理团队和核心技术人员流失的情况，未对发行人的生产经营产生不利的影响。

3. 发行人最近两年内董事、高管及核心技术人员是否发生重大不利变化

最近两年发行人董事、高级管理人员的变动主要系东方基因由东方有限整体变更而来时基于完善公司治理结构而进行的人员调整，并且除董事会秘书系新向社会招聘，独立董事系基于中国证监会对上市公司的规范要求由具有独立性的外部董事担任，1 名董事甘泽系由机构投资者股东上海祥禾委派外，其余董事、高级管理人员均为东方有限的原董事、监事和员工担任，属于内部培养产生，不构成重大不利影响。

东方基因由东方有限整体变更而来时，其董事、高级管理人员及核心技术人员的人数合计 19 名（剔除重复部分），其后，发生变动人数为 4 名。其中，离职人员甘泽为发行人机构投资者股东委派的董事，且变动后新增董事叶苏亦由同一股东上海祥禾委派，不构成对发行人生产经营有重大不利变化。除此以外，离职人员仅为独立董事王桦，占发行人全体董事的比例较小，不会对发行人的生产经营产生重大不利影响。新增核心技术人员郭兴中、陈文主要在发行人子公司杭州丹威从事分子诊断领域的研发和产业化，以拓宽发行人的产业链。

综上所述，发行人最近两年内发行人董事、高级管理人员和核心技术人员未发生重大不利变化。

光峰科技（688007）

深圳光峰科技股份有限公司（以下简称发行人）2019 年 3 月 27 日提交的招股说明书（申报稿）披露，最近两年，发行人高级管理人员变动较大，总经理和财务总监均发生了变化。

针对上述情形，发审委要求发行人对下列事项进行说明，并要求保荐机构、发行人律师核查并发表明确意见：总经理卸任、财务总监离职的具体原因，是否存在应披露未披露事项，离职前在发行人领薪、享有的股权激励等情况；现任高级管理人员加入公司前，公司原管理团队的人员组成情况；上述人员卸任或离职对发行人生产经营的影响，是否属于重大不利变化。

根据发行人律师出具的补充法律意见书披露显示：[1]

1. 总经理卸任、财务总监离职的具体原因，是否存在应披露未披露事项，离职前在发行人领薪、享有的股权激励等情况。

（1）总经理姚琳离职情况

2018 年 7 月 18 日，发行人前总经理姚琳因已达退休年龄原因辞任发行人总经理职务，不存在应披露未披露事项；姚琳辞任总经理前在发行人处领取薪水，并在发行人的员工持股平台光峰德业持有 9.885 万元合伙企业份额（出资比例为 0.69%），在光峰宏业持有 17.1150 万元合伙企业份额（出资比例为 1.0927%），目前仍以退休返聘方式担任发行人行政基建部副总监。

（2）财务部负责人李朝辉离职情况

发行人前财务部负责人李朝辉系因个人职业发展原因于 2018 年 1 月离职，不存在应披露未披露事项；李朝辉离职前在发行人处领取薪水、尚未在发行人的员工持股平台持有合伙企业份额或享有其他股权激励权益。

2. 现任高级管理人员加入公司前，公司原管理团队的人员组成情况；总经理卸任、财务总监卸任或离职对发行人生产经营的影响，是否属于重大不利变化。

（1）现任高级管理人员加入发行人前，由姚琳担任总经理、李屹实际履行总经理职务、李朝辉担任财务部负责人；其中，李屹是发行人创始人股东，2010 年 12 月至今一直担任发行人执行董事 / 董事长，同时也是发行人核心技术的发明人、研发总带头人，对发行人战略规划、经营发展、研发创新等具有决定性作用；姚琳自 2010 年 5 月入职，因出于工商行政管理便捷需要，将姚琳登记为发行人的总经理，由姚琳负责工商登记相关事项，实际履行总经理职务的为李屹，发行人由李屹主持经营管理工作，姚琳在发行人实际负责的是行政管理工作，目前担任发行人行政基建部副总监；李朝辉自 2016 年 9 月入职，自 2016 年 9 月起至 2018 年 1 月担任发行人财务部负责人，负责发行人财务部的管理事宜。

（2）在创业过程中，在以李屹为核心的管理人员的互相协作、良好配合下，发行人快速发展并取得了阶段性的成果。与此同时，发行人也认识到，管理人员大部分非职业经理人出身，在专业的经营管理、人才结构、企业文化等方面存在不足。考虑到发行人长远的发展，发行人需要引进先进的经营管理理念，完善发行人经营管理团队的人才结构，以适应发行人不断发展创新、提升发行人影响力的发展需求。

---

[1]《北京市君合律师事务所关于深圳光峰科技股份有限公司首次公开发行（A 股）股票并在科创板上市之补充法律意见书（一）》，载上海证券交易所网，http：//static.sse.com.cn/stock/information/c/201905/69ac091688744c90a0b75bbe6716fee8.pdf，最后访问日期：2021 年 5 月 21 日。

（3）2018年2月，李朝辉因个人职业发展原因辞任财务部负责人一职。为满足财务管理有序运行需求及提升财务规范和内部治理能力，发行人董事会聘任具有丰富财务管理经验的赵瑞锦为发行人财务管理部总监。赵瑞锦已取得北京大学硕士学位，曾经担任中兴通讯股份有限公司财务经理，深圳中兴力维技术有限公司财务总监、总经理助理，在财务管理方面具有丰富的经验，发行人聘任其有利于增强财务核算及财务管理水平，推动经营管理效率进一步提升。

（4）2018年7月18日，经发行人第一届董事会第一次会议决议：①发行人聘请业内具有丰富管理经验的薄连明担任总经理；薄连明是显示领域的资深专家，加入发行人前曾担任TCL集团总裁、华星光电董事长、深圳航空联合创始人兼CFO等多个重要职务，帮助TCL在全球彩电市场中成为仅次于三星、LG的出货量第三的电视制造企业，在经营管理方面具有丰富经验，有助于加强经营管理与规范运作、优化组织建设与文化建设；②发行人聘请胡飞担任发行人的首席技术官，胡飞于2010年加入绎立锐光，后升任研发副总监，随着光峰有限与绎立锐光进行业务重组，胡飞的劳动关系转入发行人，聘任为副总经理，报告期内，胡飞一直主持发行人具体研发工作，是发行人的研发带头人，以其作为专利发明人的发行人专利申请数量超过600项，是激光显示领域的资深专家，其获得奖项包括全国工商联合会科学技术进步一等奖、中国电影电视技术学会科学技术一等奖、中国专利优秀奖、广东省发明人奖等；③基于发行人境内上市规范运作的需要，董事会聘任具有董事会秘书任职资格和资本市场经验的肖杨健为发行人副总经理、董事会秘书，肖杨健曾经担任深圳市雄韬电源科技股份有限公司副总经理、董事会秘书，在资本市场运作及处理公司信息披露事项方面具有丰富经验；④正式聘请赵瑞锦为发行人财务总监。

（5）2018年10月19日，经发行人第一届董事会第四次会议决议，发行人增聘吴斌和李璐为副总经理，主要负责管理发行人工程事业部、公共事务部、行政基建部，吴斌在营销管理、行政基建管理、品牌推广等方面具有丰富的经验，目前还同时担任控股子公司厦门清光的董事长。李璐自2018年9月入职发行人，在担任发行人副总经理前曾担任TCL多媒体科技控股有限公司副总裁、中国区销售公司总经理、TCL集团股份有限公司白家电事业部总经理，在显示行业拥有丰富的销售管理经验，目前还同时担任发行人控股子公司峰米科技的董事长。

（6）2019年3月18日，经发行人第一届董事会第八次会议决议，发行人增聘曾鹿海为副总经理，任期自2019年4月至2022年4月。曾鹿海曾任中国国际金融有限公司投资银行部执行总经理、招银国际融资有限公司股本市场部董事总经理，在上市公司资本运作及战略规划方面具备丰富的知识技术及经验，增聘曾鹿海作为发行人的副总经理有助于进一步提升和规范发行人的资本运作及战略规划。

至此，上述人员构成发行人的现任管理团队。其中，李屹、胡飞入职发行人多年，对发行人的产品生产、技术研发及经营管理有深入的了解，管理团队具有持续稳定性；近两年内加入发行人的高级管理人员团队在相关经营管理、财务管理等方面均具有丰富经验，有助于提升发行人的整体经营管理水平。由于原总经理姚琳在任职期间，由李屹实际履行总经理职务，其实际负责行政管理工作，在其辞任总经理后亦未从发行人离任，继续担任其他管理职务，故其辞任总经理未对发行人造成重大不利影响；由于李朝辉辞任发行人的财务部负责人职务，发行人引入在财务管理方面具有丰富经验的赵瑞锦担任财务总监，未对发行人生产经营产生重大不利影响，前述人员卸任或离职不属于重大不利变化。

百奥泰（688177）

百奥泰生物制药股份有限公司（以下简称发行人）2019 年 7 月 8 日提交的招股说明书（申报稿）披露，最近两年发行人董事、高管及核心技术人员存在变动情况。

针对上述情形，发审委要求发行人对下列事项进行披露，并要求保荐机构、发行人律师核查并发表明确意见：存在辞职或离任的董事、高管的具体辞职或离任原因；报告期内发行人董事、高管及核心技术人员变动对公司生产经营的影响。

根据发行人律师出具的补充法律意见书披露显示：[1]

1. 存在辞职或离任的董事、高管的具体辞职或离任原因

2019 年 2 月 17 日，发行人合资各方作出关于整体变更股份公司的决议，同意于发行人股东大会选举产生董事会成员之日，免去关玉婵等人的董事职务。2019 年 3 月 5 日，发行人 2019 年第一次股东大会作出决议，选举易良昱等人为发行人第一届董事会成员。关玉婵离任董事的原因为七喜集团将其推荐的发行人董事由关玉婵变更为易良昱。

2019 年 5 月 5 日，发行人 2019 年第四次临时股东大会作出决议，同意易良昱辞去董事职务，补选 HUANG XIANMING（黄贤明）任董事。易良昱系因个人原因辞职。

发行人最近两年内辞职或离任的高级管理人员包括原经理易贤忠和原财务总监鱼丹，具体情况及原因如下：

2018 年 12 月 18 日，发行人董事会作出决议，同意免去易贤忠经理职务，聘用

〔1〕《北京市君合律师事务所关于百奥泰生物制药股份有限公司在中国境内首次公开发行人民币普通股股票并在科创板上市的补充法律意见（一）》，载上海证券交易所网，http：//static.sse.com.cn/stock/information/c/201909/77a62f3297d9452e944c0d7f1259bdb7.pdf，最后访问日期：2021 年 5 月 21 日。

LI SHENGFENG（李胜峰）为经理。易贤忠离任的原因为公司内部调整管理团队岗位，由在易贤忠之前一直担任经理的 LI SHENGFENG（李胜峰）担任经理。

2019 年 4 月 19 日，发行人第一届董事会第四次会议作出决议，同意鱼丹辞去财务总监职务，仅担任董事会秘书，并聘任占先红为财务总监。鱼丹辞去财务总监职务的原因为考虑到即将商业化在研产品，拟进一步提高公司财务管理水平，决定不再由董事会秘书兼任。

2. 报告期内发行人董事、高管及核心技术人员变动对公司生产经营的影响

（1）报告期内发行人董事变化对生产经营的影响

2016 年 1 月 1 日，发行人董事会成员为易贤忠、关玉婵和 LI SHENGFENG（李胜峰）。

2016 年 11 月 23 日，发行人股东会通过增加注册资本和增加董事席位等决议，引入吉富启恒等新股东，并增加邱俊和鱼丹为董事。本次董事变动后，董事会成员变更为易贤忠、关玉婵、LI SHENGFENG（李胜峰）、鱼丹和邱俊，其中易贤忠、关玉婵、LI SHENGFENG（李胜峰）为本次变动前的原任董事，鱼丹在本次变动前长期在发行人从事管理工作，公司治理结构未发生重大变化。本次董事变动未对发行人的生产经营造成重大不利影响。

为了完善法人治理结构、提升公司管理及业务水平，全体股东同意在公司整体变更为股份有限公司后将董事会人数变更为 9 人（含 3 名独立董事），故于 2019 年 3 月 5 日新增 3 名独立董事和 1 名非独立董事。新增的非独立董事 YU JIN-CHEN(俞金泉）为七喜集团推荐，自 2013 年加入公司后一直负责肿瘤在研药物的临床前研究，具有丰富的研发管理经验，且本次变动前的原任董事鱼丹、邱俊、LI SHENGFENG（李胜峰）继续担任董事，由七喜集团推荐的发行人董事仍占发行人非独立董事席位中的多数，公司治理结构未发生重大变化。本次董事变动未对发行人的生产经营造成重大不利影响。

2019 年 5 月 5 日，董事变动的原因为易良昱辞职因个人原因辞职、七喜集团变更推荐的董事为 HUANG XIANMING（黄贤明）。HUANG XIANMING（黄贤明）仍为七喜集团推荐的董事，公司治理结构未发生重大变化，且 HUANG XIANMING（黄贤明）具有丰富的研发管理经验。本次董事变动不会对发行人的生产经营造成重大不利影响。

（2）报告期内发行人高级管理人员变化对生产经营的影响

2016 年 1 月 1 日，发行人总经理为 LISHENGFENG（李胜峰）。

2016 年 11 月 11 日，发行人股东和董事同意经理由 LI SHENGFENG（李胜峰）

变更为易贤忠的原因为公司内部调整管理团队岗位。本次高级管理人员变动人数较少，且本次变更前易贤忠为公司实际控制人并担任公司董事长职务，本次变更后LI SHENGFENG（李胜峰）仍任董事及公司管理职务，参与公司日常工作运营以及重大事项决策，公司治理结构未发生明显变化。据此，本次高级管理人员变动不会对发行人的生产经营造成重大不利影响。

2018年12月，经理由易贤忠变更为LI SHENGFENG（李胜峰）的原因为公司内部调整管理团队岗位。本次高级管理人员变动人数较少，且本次变更前LI SHENGFENG（李胜峰）长期参与公司日常工作运营以及重大事项决策，本次变更后易贤忠仍为公司实际控制人并担任公司董事长职务，公司治理结构未发生明显变化。本次高级管理人员变动不会对发行人的生产经营造成重大不利影响。

2019年3月，公司聘任YU JIN-CHEN（俞金泉）为发行人副总经理，聘任鱼丹为董事会秘书兼任财务总监系为了完善公司治理结构、提升公司管理及业务水平。YU JIN-CHEN（俞金泉）和鱼丹均为公司内部培养产生；在担任副总经理前后，YU JIN-CHEN（俞金泉）一直主要负责肿瘤在研药物的临床前研究，包括动物模型的建立、细胞模型的建立等工作；本次高级管理人员变更前鱼丹为公司董事会秘书，被聘任为发行人董事会秘书兼任财务总监后继续履行董事会秘书职责并暂时兼任财务总监。本次新增高级管理人员均为公司内部培养产生，且负责的工作领域未发生明显变动，本次高级管理人员变动不会对发行人生产经营造成重大不利影响。

2019年4月，变更财务总监为占先红是公司考虑即将商业化在研产品，为了提高公司财务管理水平，公司决定不再由董事会秘书鱼丹兼任。本次高级管理人员变动人数占公司高级管理层总人数比例较小，变动后公司治理结构未发生明显变化。据此，本次高级管理人员变更不会对发行人生产经营造成重大不利影响。

（3）报告期内发行人核心技术人员变化对生产经营的影响

发行人的核心技术人员为LI SHENGFENG（李胜峰）、YU JIN-CHEN（俞金泉）、吴晓云、汤伟佳和包财，其中LI SHENGFENG（李胜峰）于2003年7月1日加入百奥泰，并担任科研总监等职务；YU JIN-CHEN（俞金泉）于2013年1月4日加入百奥泰，并担任高级副总裁等职务；吴晓云于2011年2月11日加入百奥泰，并担任高级研发总监等职务；汤伟佳于2006年7月10日加入百奥泰，并担任研发总监等职务；包财于2010年7月1日加入百奥泰，并担任质量部高级总监等职务。报告期内，发行人的核心技术人员未发生变化。

综上所述，报告期内核心技术人员未发生变动，报告期内发行人董事、高管的变动不会对公司的生产经营造成重大不利影响。

二、解决思路

报告期内，发行人董事、监事、高级管理人员、核心技术人员发生多次变动的，通常会引起发审委的关注。因此，发行人在报告期内应尽量减少这些人员的变动频次。

1. 报告期内存在辞职或离任的董事、监事、高级管理人员、核心技术人员的，应披露上述人员的具体辞职或离任原因。

2. 发行人董事、监事、高级管理人员的任职应合法合规，并履行相应的审议程序。发行人董事、监事和高级管理人员不得存在《公司法》第一百四十六条规定和发行人公司章程约定不得担任发行人董事、监事和高级管理人员的情形；发行人独立董事不存在已在境内五家上市公司担任独立董事的情况等。

3. 认定发行人的董事、高级管理人员及核心技术人员是否发生重大不利变化，应当本着实质重于形式的原则，综合最近两年内的变动人数及比例以及是否对发行人生产经营产生重大不利影响进行判断。实务中，尽可能做到以下几点：

（1）变动人数少，占总人数的比例低，为非核心人员，但该比例不是绝对的，只要发行人有足够的理由说明这些人员（即使是核心人员）的变动对发行人生产经营不会产生重大影响。

（2）新入职的管理人员应具备丰富的经营管理或财务管理经验，有助于提升发行人的整体经营管理水平，且对发行人的业务、产品、技术研发等方面有深入的了解。

（3）核心技术人员、重要研发人员离职的，发行人可与该等离职员工签署保密、知识产权、竞业限制协议等，约定较为严格的保密义务，以避免核心技术泄密。

（4）在上述人员变动的情况下，保持报告期内发行人经营情况良好，营业收入和净利润保持持续快速增长。

此外，变动后新增人员来自原股东委派或发行人内部培养产生的，原则上不构成重大不利变化。发行人管理层因退休、调任等原因发生岗位变化的，原则上不构成重大不利变化，但发行人应当披露相关人员变动对公司生产经营的影响。

【具体核查要点】

1. 报告期内是否存在董事、高管、核心技术人员辞职或离任等变动情况；

2. 报告期内上述人员辞职或离任的具体原因；

3. 报告期内发行人董事、高管及核心技术人员变动对公司生产经营的影响，是否构成重大不利变化。

【核查方式】

1. 查阅发行人董事、监事、高级管理人员、核心技术人员名单、任职文件、简历、人事档案资料、最高学历证明、职称证明、身份证明、户籍证明、任职资格证书、工作经历询证函、独立董事证书等；

2. 查阅董事、监事、高级管理人员出具的关于任职资格的承诺函；

3. 查阅董事、监事、高级管理人员、核心技术人员辞任的相关文件；

4. 查阅发行人报告期内涉及发行人变更董事、监事、高级管理人员的股东大会、董事会、监事会全部会议文件（包括但不限于会议通知、会议议案、会议决议、会议记录、签到表、选票等）；

5. 查阅工商管理部门关于历次董事、监事、高级管理人员变更的备案文件；

6. 查阅其他可以证明发行人董事、监事、高级管理人员、核心技术人员变化不属于重大变化，不会对本次上市构成实质障碍的书面资料。

三、参考规范

《首次公开发行股票并上市管理办法》

第十二条　发行人最近3年内主营业务和董事、高级管理人员没有发生重大变化，实际控制人没有发生变更。

《科创板首次公开发行股票注册管理办法（试行）》

第十二条　发行人业务完整，具有直接面向市场独立持续经营的能力：

……（二）发行人主营业务、控制权、管理团队和核心技术人员稳定，最近2年内主营业务和董事、高级管理人员及核心技术人员均没有发生重大不利变化；控股股东和受控股股东、实际控制人支配的股东所持发行人的股份权属清晰，最近2年实际控制人没有发生变更，不存在导致控制权可能变更的重大权属纠纷。……

《上海证券交易所科创板股票发行上市审核问答》

6. 对发行条件中发行人最近2年内“董事、高级管理人员及核心技术人员均没有发生重大不利变化”，应当如何理解？

答：申请在科创板上市的企业，应当根据企业生产经营需要和相关人员对企业生产经营发挥的实际作用，确定核心技术人员范围，并在招股说明书中披露认定情况和认定依据。原则上，核心技术人员通常包括公司技术负责人、研发负责人、研发部门主要成员、主要知识产权和非专利技术的发明人或设计人、主要技术标准的起草者等。

对发行人的董事、高级管理人员及核心技术人员是否发生重大不利变化的认定，应当本着实质重于形式的原则，综合两方面因素分析：一是最近2年内的变动人数及比例，在计算人数比例时，以上述人员合计总数作为基数；二是上述人员离职或无法正常参与发行人的生产经营是否对发行人生产经营产生重大不利影响。

变动后新增的上述人员来自原股东委派或发行人内部培养产生的，原则上不构成重大不利变化。发行人管理层因退休、调任等原因发生岗位变化的，原则上不构成重大不利变化，但发行人应当披露相关人员变动对公司生产经营的影响。

如果最近2年内发行人上述人员变动人数比例较大或上述人员中的核心人员发生变化，进而对发行人的生产经营产生重大不利影响的，应视为发生重大不利变化。

《深圳证券交易所创业板股票首次公开发行上市审核问答》

8.发行条件规定发行人“最近2年内董事、高级管理人员没有发生重大不利变化”，应当如何理解？

答：发行人应当按照要求披露董事、高级管理人员的变动情况。中介机构对发行人的董事、高级管理人员是否发生重大不利变化的认定，应当本着实质重于形式的原则，综合两方面因素分析：一是最近2年内的变动人数及比例，在计算人数比例时，以上述人员合计总数作为基数；二是上述人员离职或无法正常参与发行人的生产经营是否对发行人生产经营产生重大不利影响。

如果最近2年内发行人上述人员变动人数比例较大或上述人员中的核心人员发生变化，进而对发行人的生产经营产生重大不利影响的，应视为发生重大不利变化。

变动后新增的董事、高级管理人员来自原股东委派或发行人内部培养产生的，原则上不构成人员的重大不利变化。发行人管理层因退休、调任等原因发生岗位变化的，不轻易认定为重大不利变化，但发行人应当披露相关人员变动对公司生产经营的影响。

第二节　董事、监事、高级管理人员兼职

拟上市公司的董事、监事、高级管理人员在内外部兼职的情况非常常见，对于内部兼任，《公司法》《上市公司治理准则》等相关法律法规及公司章程一般都会明确禁止或进行限制，如《公司法》第一百一十七条第四款规定，董事、高级管理人员不得兼任监事。但是，对于外部兼职的问题则较为隐蔽，往往容易忽视。故下文主要针对拟上市公司董监高在外兼职的问题进行讨论。

截至2020年12月31日，中国通号、铂力特、嘉元科技、交控科技、泽璟制药、中芯国际、科前生物、上纬新材、兰剑智能、嘉必优、三生国健、金山办公、柏楚电子、硕世生物、新光光电、昊海生科、中科星图、航天宏图等企业被发审委问及与此相关问题。

一、典型案例

中国通号（688009）

中国铁路通信信号股份有限公司（以下简称发行人）2019年4月16日提交的招

股说明书（申报稿）披露：就发行人总裁尹刚担任控股股东总经理事宜，发行人已取得中国证监会上市公司监管部出具的《关于申请豁免中国铁路通信信号集团有限公司高级管理人员兼职限制的复函》（上市部函〔2019〕32号），对尹刚同时在通号集团及发行人担任高级管理人员职务不持异议。

针对上述情形，发审委要求保荐机构和发行人律师就上述事项是否影响公司独立性及公司治理的有效性发表明确核查意见。

根据发行人律师出具的补充法律意见书披露显示：[1]

1. 发行人总裁兼职及其豁免情况

发行人的总裁尹刚自2015年5月起担任中国通号总裁。2017年6月8日，国资委出具国资任字〔2017〕79号任命决定文件，任命尹刚为通号集团董事，提名其为通号集团总经理，2017年6月26日，通号集团第一届董事第一次会议同意聘任尹刚为通号集团总经理。除上述情况外，发行人其他高级管理人员不存在在控股股东通号集团担任除董事、监事以外其他行政职务的情况。

就发行人总裁尹刚担任控股股东总经理事宜，国资委出具《关于提请对中国铁路通信信号集团有限公司高管兼任整体上市公司高管予以豁免的函》确认："为进一步加强中央企业领导班子建设，完善公司法人治理结构和机制，更好落实全面从严治党责任，经研究，现提出中国铁路通信信号集团有限公司作为豁免对象。"中国证监会上市公司监管部出具《关于申请豁免中国铁路通信信号集团有限公司高级管理人员兼职限制的复函》（上市部函〔2019〕321号），"对尹刚同志同时在通号集团和中国通号担任高级管理人员职务不持异议"。

2. 总裁兼职对发行人不构成重大不利影响

（1）通号集团已通过发行人实现整体上市

通号集团为发行人的控股股东，通号集团持有发行人6,604,426,424股内资股股份，占发行人总股本的75.14%。

根据国务院国资委《关于中国铁路通信信号集团公司整体改制上市有关事项的批复》（国资改革〔2010〕876号），发行人系通号集团整体改制上市设立的股份公司。在发行人设立过程中，通号集团已将其主营业务及资产注入发行人。通号集团已通过发行人实现整体上市，发行人为其经营管理工作开展的主要主体，发行人与其控股股东通号集团在经营目标上具有一致性。

---

〔1〕《北京市中伦律师事务所关于中国铁路通信信号股份有限公司首次公开发行股票并在科创板上市的补充法律意见书（一）》，载上海证券交易所网，http：//static.sse.com.cn/stock/information/c/201905/2fbc198abf474fc7bb5db72be6e75f16.pdf，最后访问日期：2021年5月21日。

截至2018年12月31日，2018年度，发行人主要财务数据在通号集团的占比情况如表139所示：

表139

	总资产	营业收入	净利润
占比	95.43%	99.99%	99.45%

（2）总裁兼职对发行人独立性的影响

报告期内，发行人作为联交所上市公司，按照联交所上市规则及公司内部制度执行关联交易审议及披露程序。通号集团出具《关于规范关联交易的承诺函》，承诺："本集团及本集团控股企业将严格遵循关联交易有关的法律法规及规范性文件以及中国通号内部制度中关于关联交易的相关要求，履行关联交易决策程序，确保定价公允，及时履行信息披露义务。"发行人已经建立关联交易决策机制且通号集团已经出具承诺严格遵循关联交易制度，因此，上述高管兼职不会对发行人与通号集团关联交易产生重大不利影响。

发行人为通号集团下属的核心主业经营主体，同时也是通号集团控制的唯一上市公司，通号集团的主营业务主要通过发行人及控股子公司进行。通号集团控制的其他企业的主营业务主要包括生产零配件（如变压器、线圈、单元控制台）及提供后勤服务，以及提供物业租赁服务，与发行人的主营业务不一致且其业务与发行人业务量比较占比极低。此外，通号集团出具《关于避免同业竞争的承诺函》，承诺："本集团及本集团控股企业目前或将来不在中国境内和境外，单独或与他人，以任何形式（包括但不限于投资、并购、联营、合资、合作、合伙、承包或租赁经营、购买上市公司股票或参股）直接或间接从事或参与、协助从事或参与任何与中国通号及其控股企业目前及今后从事的主营业务构成或可能构成竞争关系的业务或活动。"

综上所述，除发行人外，通号集团及其下属其他企业业务量较低，且主要业务是为发行人生产零配件（如变压器、线圈、单元控制台）及提供后勤服务、物业租赁服务，该等关联交易已经严格履行关联交易决策程序并签署了关联交易协议。此外，通号集团已经出具了避免同业竞争的承诺，因此，发行人上述高管兼职在业务上不会对发行人业务的独立性产生重大不利影响。

除在发行人和通号集团任职外，尹刚未在其他营利性企业法人任职，无对外投资情况。报告期内，发行人与尹刚及其关系密切的家庭成员未产生关联交易，尹刚不存在违反总裁职责或未履行高管忠实、勤勉义务的情形。为避免上述兼职可能给发行人带来的不利影响，保护发行人及其中小股东的利益，尹刚已出具书面承诺：

“将严格遵守通号集团作出的避免同业竞争、规范关联交易、保证中国通号独立性的有关承诺，履行中国通号总裁职务，忠实、勤勉、尽责，处理好中国通号与通号集团之间的关系，不辜负董事会和股东信任，不因上述兼职而损害中国通号及其中小股东利益。”通号集团已出具书面承诺：“通号集团将严格按照《公司法》《证券法》及相关法律法规要求，严格约束和定期检查公司和高级管理人员行为，确保勤勉尽职，杜绝因高级管理人员兼职情形而出现分散工作精力和损害其他股东利益的行为。”

综上所述，发行人具有完整的业务体系和直接面向市场独立持续经营的能力，其资产完整，人员、财务、机构、业务独立于通号集团及其控制的其他企业。发行人总裁同时在控股股东兼任除董事、监事之外的行政职务，但通号集团的业务相比较小，且主要为发行人提供生产零配件（如变压器、线圈、单元控制台）及提供后勤服务、物业租赁服务。通号集团、尹刚已就高管勤勉尽职和不损害发行人及其中小股东利益出具书面承诺。因此，上述高管兼职对发行人的独立性不构成重大不利影响。

（3）对发行人公司治理有效性的影响

发行人已根据《公司法》《证券法》《上市公司治理准则》《上市公司章程指引》《科创板上市规则》等相关法律、法规和规范性文件的要求，制定了公司章程、股东大会议事规则、董事会议事规则、监事会议事规则、总裁工作细则等公司治理制度，建立及完善了由股东大会、董事会、监事会和经营管理层组成的法人治理结构，形成了权力机构、决策机构、监督机构和管理层之间的权责明确、运作规范的相互协调和相互制衡的机制，该等公司治理制度符合有关上市公司治理的法律、法规和规范性文件的要求。根据发行人总裁工作细则等相关治理制度，发行人实行总裁负责下的总裁办公会会议制度，对于公司日常经营管理中的重大事项，由总裁办公会集体讨论，统一决策，但法律法规、公司股票上市地证券监管规则和公司章程规定的重大交易和重要事项，需提交公司董事会和股东大会审议通过。

报告期内，发行人作为联交所上市公司，公司治理及规范运作情况良好，报告期内，发行人没有出现因为公司治理有效性被交易所采取监管措施或处罚的情形。此外，根据安永出具的内控报告，发行人在所有重大方面有效地保持了按照《企业内部控制基本规范》（财会〔2008〕7号）建立的与财务报表相关的内部控制。发行人已具备规范的公司治理结构，发行人总裁依据上述规定和治理制度规范履职，其上述兼职情况不会对发行人公司治理的有效性造成重大不利影响。

泽璟生物（688266）

苏州泽璟生物制药股份有限公司（以下简称发行人）2019年6月10日提交的招股说明书（申报稿）披露：公司副总经理、财务负责人黄刚2019年1月加入公司，现为多个合伙企业执行事务合伙人。

针对上述情形，发审委要求发行人对下列事项进行说明，并要求保荐机构、发行人律师核查并发表明确意见：黄刚对外投资合伙企业的具体情况，包括但不限于总体规模、出资结构、设立目的、对外投资项目等，是否对其在公司任职存在利益冲突；公司董事、监事、高级管理人员对外兼职、对外投资情况是否存在利益冲突，发行人是否建立完善的防范机制，是否有效运行。

根据发行人律师出具的补充法律意见书披露显示：[1]

1. 黄刚对外投资合伙企业的具体情况，包括但不限于总体规模、出资结构、设立目的、对外投资项目等，是否对其在公司任职存在利益冲突。

黄刚对外投资但不担任执行事务合伙人的企业的主营业务与发行人不同，且黄刚作为有限合伙人无合伙事务决策权，因此黄刚该等对外投资与发行人不存在竞争关系。

黄刚对外投资合伙企业中，宁波梅山保税港区亘厚投资合伙企业（有限合伙）尚未开展投资活动，淞京（上海）医疗科技合伙企业（有限合伙）目前对外投资的企业为上海溯直健康科技有限公司，其主营业务为临床医疗数据整合、标准化及数据分析应用；上海邈京医疗科技合伙企业（有限合伙）目前对外投资的企业为苏州才博医学科技有限公司，其主营业务为器官移植排异反应检测试剂研发。

发行人的主营业务为肿瘤、出血及血液疾病、肝胆疾病等多个治疗领域的创新驱动型新药研发，黄刚上述对外投资的合伙企业及该等合伙企业对外投资的企业与发行人在主营业务方面不存在竞争关系，其在发行人任职与上述对外投资不存在利益冲突，不存在违反《公司法》规定的关于公司董事、高级管理人员违规谋取属于公司的商业机会，自营或者为他人经营与所任职公司同类的业务的情形。

2. 公司董事、监事、高级管理人员对外兼职、对外投资情况是否存在利益冲突，发行人是否建立完善的防范机制，是否有效运行。

董事、监事、高级管理人员对外兼职或对外投资企业中，昆山璟奥、宁波璟晨、宁波泽奥属于发行人员工持股平台，未实际开展业务。

---

〔1〕《北京市君合律师事务所关于苏州泽璟生物制药股份有限公司首次公开发行A股股票并在科创板上市的补充法律意见书（一）》，载上海证券交易所网，http：//static.sse.com.cn/stock/information/c/201907/7d3effcb220c4e79ae198ae63cd4ce85.pdf，最后访问日期：2021年5月21日。

发行人的主营业务为肿瘤、出血及血液疾病、肝胆疾病等多个治疗领域的创新药研发。

就发行人高级管理人员黄刚在外兼职及对外投资的企业，该等企业主营业务不存在与发行人相同或相似的情形，不存在竞争关系，与发行人不存在利益冲突的情形。黄刚在外兼职及对外投资的企业不存在与发行人业务往来或其他交易行为。

就发行人董事吴艺明在外兼职及对外投资的企业，除泽朴医疗技术（苏州）有限公司及昆山新蕴达生物科技有限公司外，其他企业不涉及生物科技或医药研发。就泽朴医疗技术（苏州）有限公司及昆山新蕴达生物科技有限公司，该等企业主营业务不存在与发行人相同或相似的情形，不存在竞争关系，与发行人不存在利益冲突的情形。除小核酸研究所及昆山工研院外，吴艺明在外兼职及对外投资的其他企业不存在与发行人业务往来或其他交易行为。

就发行人董事吴萍在外兼职及对外投资的企业，除上海赫普化医药技术有限公司及苏州韬略生物科技有限公司外，其他企业不涉及生物科技或医药研发。就上海赫普化医药技术有限公司及苏州韬略生物科技有限公司，该等企业主营业务不存在与发行人相同或相似的情形，不存在竞争关系，与发行人不存在利益冲突的情形。吴萍在外兼职及对外投资的企业不存在与发行人业务往来或其他交易行为。

就发行人董事李旼在外兼职及对外投资的企业，除广西南宁灵康赛诺科生物科技有限公司及夏康亚药业股份有限公司外，其他企业不涉及生物科技或医药研发。就广西南宁灵康赛诺科生物科技有限公司及夏康亚药业股份有限公司，该等企业主营业务不存在与发行人相同或相似的情形，不存在竞争关系，与发行人不存在利益冲突的情形。李旼在外兼职及对外投资的企业不存在与发行人业务往来或其他交易行为。

就发行人董事 RUYI HE（何如意）、杨翠华、张炳辉在外兼职及对外投资的企业，该等企业主营业务不存在与发行人相同或相似的情形，不存在竞争关系，与发行人不存在利益冲突的情形。RUYI HE（何如意）、杨翠华、张炳辉在外兼职及对外投资的企业不存在与发行人业务往来或其他交易行为。

就发行人监事周毓及郑俪姮在外兼职及对外投资的企业，该等企业主营业务不存在与发行人相同或相似的情形，不存在竞争关系，与发行人不存在利益冲突的情形。且周毓及郑俪姮作为发行人监事，不参与发行人日常生产经营以及相关决策。周毓及郑俪姮兼职及对外投资的企业不存在与发行人业务往来或其他交易行为。

综上所述，上述发行人董事、监事、高级管理人员对外兼职或对外投资企业的主营业务与发行人不存在相同或相似的情形，不存在竞争关系，与发行人不存在利益冲突的情形。

为防范利益冲突，发行人已按照相关法律法规设置监事会、审计委员会，并引入独立董事，此外，发行人已经依据《公司法》《证券法》等相关法律、法规和规范性文件的要求制定了公司章程、股东大会议事规则、董事会议事规则、监事会议事规则、总经理工作细则、董事会秘书工作细则、对外担保管理制度、关联交易管理制度、对外投资管理制度等相关公司治理制度，对关联交易、对外担保等事项的决策权限及程序进行了规定。

发行人自改制设立以来严格按照各项规章制度规范运行，相关机构、董事、监事及高级管理人员均履行职责，关联交易等事项均已经董事会、股东大会审议，独立董事发表对意见并履行了相关回避制度。此外，发行人还与全体高级管理人员均签署了含有保密条款、竞业禁止条款的协议。

信永中和已于2019年4月30日出具无保留结论的《内部控制鉴证报告》（XYZH/2019CDA50159号），认为发行人内部控制制度健全且被有效执行，能够合理保证公司运行效率、合法合规和财务报告的可靠性。

综上所述，发行人已建立完善的利益冲突防范机制，明确了防范利益冲突的基本要求和管理措施，规范关联方交易及资金往来情况，防范可能产生的利益冲突。发行人各项规章制度由发行人及相关机构、董事、监事、高级管理人员严格遵守，能够有效运行。

中芯国际（688981）

中芯国际集成电路制造有限公司（以下简称发行人）2020年6月1日提交的招股说明书（申报稿）披露：发行人部分非执行董事为国有企业领导干部，保荐机构海通证券董事长周杰为发行人非执行董事。

针对上述情形，发审委要求发行人对下列事项进行说明，并要求保荐机构、发行人律师核查并发表明确意见：发行人董事、高级管理人员的聘任和股权激励安排是否符合国有企业领导干部兼职规定，相关董事是否具备法定任职资格或条件，任职和取得股票期权是否合法合规，是否履行相应的内外部审批程序；保荐机构董事长周杰担任发行人非执行董事，对保荐人及其保荐代表人公正履行保荐职责可能产生的影响，是否符合保荐承销的相关规定。

根据发行人律师出具的补充法律意见书披露显示：[1]

---

〔1〕《上海市锦天城律师事务所关于 Semiconductor Manufacturing International Corporation（中芯国际集成电路制造有限公司）首次公开发行人民币普通股（A股）股票并在科创板上市的补充法律意见书（一）》，载上海证券交易所网，http://static.sse.com.cn/stock/information/c/202006/de422663b3b44a619f2c10ac4ce35d9b.pdf，最后访问日期：2021年5月21日。

1. 发行人董事、高级管理人员聘任和股权激励安排是否符合国有企业领导干部兼职规定，相关董事是否具备法定任职资格或条件，任职和取得股票期权是否合法合规，是否履行相应的内外部审批程序。

发行人现任的14名董事（其中执行董事4名、非执行董事5名、独立非执行董事5名）和高级管理人员4名（其中联合首席执行官2名、执行副总裁兼首席财务官1名、执行副总裁1名）。前述董事和高级管理人员均由发行人根据公司章程履行了内部决策程序后选举或聘请。发行人董事、高级管理人员在发行人处任职或兼职未违反国有企业领导干部对外兼职的相关规定。发行人现任非执行董事中的童国华、陈山枝、任凯、路军均系经股东提名或推荐后获任，周杰系提名委员会提名后获任，前述人员已担任发行人非执行董事多年，以上非执行董事任职均已履行了相应程序并进行公开披露，该等人员在发行人任职多年并连任发行人非执行董事，不存在违反有关国有企业人员对外兼职等相关法律法规的情况。

根据《开曼群岛法律意见书》《香港法律意见书》，发行人董事、高级管理人员的委任未违反开曼群岛及香港联交所相关法律法规的要求以及公司章程的规定。

发行人现任董事、高级管理人员最近三年内不存在因违反香港联交所规范性法律文件而受到香港联交所纪律行动公开处罚（包括谴责、批评、市场禁入等）的情况，亦不存在因违反《证券及期货条例》及其他应受香港证监会监管的事宜而受到香港证监会执法行动处理的情况。

发行人现任董事、高级管理人员不存在最近三年内受到中国证监会行政处罚，或者因涉嫌犯罪被司法机关立案侦查或者涉嫌违法违规被中国证监会立案调查，尚未有明确结论意见等情形，其任职资格符合中国证监会、上交所相关规范性法律文件的规定。

截至报告期末，发行人存续的股权激励计划包括2004年购股权计划、2014年购股权计划及2014年以股支薪奖励计划，前述股权激励计划均已履行了相应的董事会及股东大会审议程序，并允许向符合资格的公司员工、高级行政人员等授予公司购股权。发行人向符合资格的董事、高级管理人员授予购股权符合相关适用法律法规的规定，其中，独立非执行董事参与公司股权激励计划未违反《香港上市规则》及公司注册地开曼群岛的相关法律、法规。发行人非执行董事路军、任凯、周杰任职以来均未参与发行人股权激励计划，其他非执行董事因参与发行人股权激励计划取得的收益均已按规定上交任职单位。发行人独立非执行董事因参与发行人股权激励计划行权而持有数量极少的发行人普通股股票。

2. 保荐机构董事长周杰担任发行人非执行董事对保荐人及其保荐代表人公正履行保荐职责可能产生的影响，是否符合保荐承销的相关规定。

发行人现任非执行董事周杰目前担任本次发行上市联席保荐机构（主承销商）海通证券的董事长。发行人本次聘请海通证券担任联席保荐机构（主承销商）不构成《香港上市规则》项下的关联交易。发行人本次聘请海通证券担任联席保荐机构（主承销商）并不违反《证券法》《证券发行上市保荐业务管理办法》《证券发行与承销管理办法》等法律法规的禁止性规定。

海通证券及其保荐代表人将遵守《证券法》《证券发行上市保荐业务管理办法》《证券发行与承销管理办法》等保荐承销法律法规的规定，履行保荐机构和保荐代表人的相应职责。海通证券作为发行人的联席保荐机构，其董事长周杰担任发行人非执行董事不会对保荐人及其保荐代表人公正履行保荐职责产生影响，符合《证券发行上市保荐业务管理办法》等相关规定。

上纬新材（688585）

上纬新材料科技股份有限公司（以下简称发行人）2019 年 12 月 27 日报告期内发行人重组上纬天津、上纬马来西亚、上纬江苏、购买上纬企业树脂业务，上述交易完成后，上纬投控（发行人间接控股股东）控制下高性能树脂材料业务相关专利、专业技术人员均转移至上纬有限。2018 年 11 月至 2019 年 11 月，蔡朝阳在担任发行人总经理的同时兼任发行人控股股东上纬企业总经理。目前上纬企业已在筹划进行注销，注销将于 2019 年年底完成。2018 年度，蔡朝阳同时在发行人及上纬投控领薪。

针对上述情形，发审委要求发行人对下列事项进行说明，并要求保荐机构、发行人律师核查并发表明确意见：发行人董监高在上纬投控及其所控制的企业是否存在兼职情况，结合发行人人员在控股股东处兼职及领薪等情况，说明发行人的人员独立性。

根据发行人律师出具的补充法律意见书披露显示：[1]

1. 发行人董监高在上纬投控及其控制的企业（不含发行人及其下属企业）兼职及领薪情况如表 140 所示：

---

〔1〕《国浩律师（上海）事务所关于上纬新材料科技股份有限公司首次公开发行股票并在科创板上市之补充法律意见书（二）》，载上海证券交易所网，http：//static.sse.com.cn/stock/information/c/202005/0bf4468912f945469778f40fca0b83d2.pdf，最后访问日期：2021 年 5 月 21 日。

表 140

<table>
<tr><th>序号</th><th>姓名</th><th>本公司职务</th><th>兼职企业名称</th><th>在兼职企业担任的职务</th><th>2019 年在兼职企业领薪情况</th></tr>
<tr><td rowspan="5">1</td><td rowspan="5">蔡朝阳</td><td rowspan="5">董事长、总经理、核心技术人员</td><td>上纬投控</td><td>董事长</td><td>主要为董事报酬，2020 年起仅领取董事报酬</td></tr>
<tr><td>Strategic 萨摩亚</td><td>董事</td><td>—</td></tr>
<tr><td>SWANCOR 萨摩亚</td><td>董事</td><td>—</td></tr>
<tr><td>上伟碳纤</td><td>董事长</td><td>领取董事报酬</td></tr>
<tr><td>我国台湾地区上伟碳纤</td><td>董事长</td><td>—</td></tr>
<tr><td>2</td><td>甘蜀娴</td><td>监事会主席</td><td>上纬投控</td><td>财务长</td><td>领取薪酬</td></tr>
</table>

2. 发行人人员独立

报告期内，发行人董事长、总经理蔡朝阳曾同时担任发行人间接控股股东上纬投控、上纬企业总经理，并在上纬投控、上纬企业领取薪酬。

因发行人原总经理简伯然辞职，自 2018 年 11 月起，发行人董事长蔡朝阳任发行人总经理一职，并同时辞去上纬投控总经理职务。因上纬投控筹划吸收合并上纬企业事宜，蔡朝阳未及时辞去上纬企业总经理职务。2019 年 11 月 27 日，上纬企业董事会解任蔡朝阳总经理职务，蔡朝阳未再同时担任控股股东总经理职务。

发行人董事长、总经理蔡朝阳目前在控股股东及其控制的其他企业兼任董事职务，并在上纬投控领取董事津贴。蔡朝阳兼职企业主营业务及蔡朝阳在其经营管理中所承担的角色情况如表 141 所示：

表 141

公司名称	主营业务	主要经营管理人员	蔡朝阳承担的角色
上纬投控	股权投资	我国台湾地区上市公司，主营业务为股权投资，无其他经营性业务，日常经营与管理主要由职业经理人负责	作为公司董事长及第一大股东，参加董事会及股东会，参与公司重大事项的决策
Strategic 萨摩亚	股权投资	上纬投控在境外设立的投资平台，无经营性业务	公司董事
SWANCOR 萨摩亚	股权投资	上纬投控在境外设立的投资平台，无经营性业务	公司董事

续表

公司名称	主营业务	主要经营管理人员	蔡朝阳承担的角色
上伟碳纤	碳纤维、玻璃纤维等复合材料的研发、生产及销售	主要由公司总经理洪金旭负责公司的日常经营管理	作为董事长及参加董事会，参与重大事项的决策，履行相关职责
我国台湾地区上伟碳纤	碳纤维、玻璃纤维等复合材料的研发、生产及销售	2019年9月新设成立，尚未开展实际经营	尚未实际经营

虽然蔡朝阳在上纬投控等企业任职并在上纬投控领取董事酬劳，但上述企业大多为投资平台，无经营性业务或尚未开展实际经营，蔡朝阳亦未承担上述企业的主要经营管理工作，其主要工作精力均投入发行人的经营与管理工作，兼职及领薪事项未对发行人人员独立性造成重大不利影响。

发行人建立了独立的劳动人事制度和独立的工资管理制度，独立支付工资并为员工缴纳社会保险、住房公积金。除蔡朝阳在上纬投控、上纬碳纤领取董事津贴外，发行人其他高级管理人员未在控股股东及其控制的其他企业中任职或领取薪酬；发行人的财务人员未在控股股东及其控制的其他企业中兼职。

兰剑智能（688557）

兰剑智能科技股份有限公司（以下简称发行人）2020年4月24日提交的招股说明书（申报稿）披露：吴耀华1999年9月至今就职于山东大学控制科学与工程学院，任教授、博士生导师；2001年3月至2011年7月担任公司董事兼总经理，2011年7月至今担任公司董事长。

针对上述情形，发审委要求保荐机构及发行人对吴耀华的兼职情况是否影响公司的技术独立性和资产独立性进行核查并发表明确意见。

根据发行人律师出具的补充法律意见书披露显示：[1]

发行人自成立以来，始终坚持独立自主发展，吴耀华兼职事项未影响发行人的技术独立性和资产独立性。

1. 技术创新方面

发行人具有独立自主的研发团队及知识产权，研发投入和技术创新独立于山东大学。

---

〔1〕《上海市锦天城律师事务所关于兰剑智能科技股份有限公司首次公开发行股票并在科创板上市的补充法律意见书（一）》，载上海证券交易所网，http：//static.sse.com.cn/stock/information/c/202007/86facd88e8534a6895808fbf844e034e.pdf，最后访问日期：2021年5月21日。

报告期内，发行人独立自主确定研发项目、安排研发投入，年均研发投入占营业总收入的比例达 7% 以上。根据山东大学出具的《山东大学关于吴耀华教授校外兼职期间所取得知识产权情况的说明》，自 2017 年起，吴耀华教授未向山东大学申请或使用科研项目经费，不存在将山东大学的科研经费或科研成果用于发行人及其子公司生产经营活动的情形；山东大学亦不存在为发行人承担或变相承担研发费用的情形。

吴耀华作为山东大学控制与工程学院教授、博士生导师，主要研究方向为宏观、微观物流系统规划、企业物流信息系统构建等；同时，其作为发行人实际控制人、董事长及核心技术人员，负责公司技术与设备研发工作，引导公司技术发展方向。发行人拥有独立自主的研发团队，截至 2019 年 12 月 31 日，发行人拥有研发人员共计 196 人，占员工总数的 29.97%；研发团队拥有专门的研发中心和新产品中试车间，发行人具备完整、独立的研发体系。

发行人成立了兰剑研究院，主要负责研究公司所处行业技术发展现状与未来发展趋势，指导公司研发方向，统筹协调各研发部门在项目研发中的分工合作。同时公司内部设立了产品研发部、AGV 研发部、中试车间、软件控制部、PLC 控制部等专门的研发部门，具体负责智能仓储物流自动化系统中的自动化设备和智能化软件的研发和改进。

在发行人坚持自主创新的同时，也重视产学研相结合的创新发展。报告期内，发行人与山东大学就"物流新技术研究与开发项目"开展产学研合作，并与山东大学签署《技术合同书》。吴耀华教授虽担任山东大学控制科学与工程学院教授、博士生导师，并非山东大学领导班组成员，不参与山东大学与发行人的技术合作项目的高校内部决策程序，山东大学根据其内部决策程序自行确定与发行人的合作安排。

发行人具有独立自主的研发团队及知识产权；发行人独立自主确定研发项目、安排研发投入，不存在吴耀华教授将山东大学的科研经费或科研成果用于发行人及其子公司生产经营活动中的情形，亦不存在山东大学为发行人承担或变相承担研发费用的情形；发行人的研发投入和技术创新独立于山东大学；吴耀华先生在发行人正常任职，其兼职行为未对发行人技术创新产生不利影响。

2. 生产经营方面

根据山东大学出具的《山东大学关于吴耀华教授校外兼职期间所取得知识产权情况的说明》，吴耀华教授在发行人兼职期间取得的知识产权及研发成果，系在其完成山东大学要求的教育、科研本职工作之外完成的，不存在执行山东大学的任务或利用山东大学学校经费及其他物质技术条件进行研究开发的情形，也不存在任何书面、口头及其他形式协议（包括职务发明协议、委托研发协议或共同研发协议等）约定该等成果与山东大学有任何关系，不属于职务发明，相关成果归发行人所有；吴耀华教授、发行人及下属子公司不存在任何侵犯山东大学知识产权及其他权益的情形，山东大学与发行人之间不存在任何知识产权方面的纠纷或潜在纠纷。

发行人具备与生产经营有关的生产系统、辅助生产系统和配套设施，合法拥有与生产经营有关的土地使用权、房屋所有权、机器设备、注册商标、专利权、计算机软件著作权等，具有独立的原料采购和产品生产、销售系统，其资产独立完整。

3. 业务发展方面

发行人具有独立的业务体系和直接面向市场独立经营的能力。发行人主要从事智能仓储物流自动化系统的研发、设计、生产、销售及服务，是一家智能仓储物流自动化系统解决方案提供商。发行人拥有独立完整的生产、供应、销售系统。发行人的业务独立于控股股东、实际控制人，具有完整的业务体系；发行人拥有独立的决策和执行机构，并拥有独立的业务系统；发行人独立地对外签署合同，独立采购、生产并销售其生产的产品；发行人具有面向市场的自主经营能力。

吴耀华先生长期担任发行人董事长，正常履行发行人董事长职权，其兼职事宜未对发行人业务发展产生不利影响。

4. 吴耀华教授兼职事项对发行人技术创新、生产经营、业务发展的未来影响

未来发行人将继续坚持独立自主发展，在增强技术创新能力、完善生产经营设施、扩大业务发展规模的同时，仍将适当开展产学研合作，以加强对先进技术的吸收、再创新与科技成果转化。因此，吴耀华兼职事项不会对公司未来技术创新、生产经营、业务发展产生重大不利影响或风险，亦不会对发行人的技术独立性和资产独立性产生不利影响或风险。

二、解决思路

董监高在外兼职单位最常见的是发行人的关联企业，其次还有高校、科研机构等事业单位，中介机构，国有企业等。针对不同的情形，在核查时应作出不同的应对策略。

1. 发行人应完整披露董事、监事、高级管理人员的兼职情况。

2. 发行人董监高兼职不得违反法律法规的强制性规定。主要包括：

（1）国有独资公司高管任职限制：国有独资公司的董事长、副董事长、董事、高级管理人员，未经国有资产监督管理机构同意，不得在其他有限责任公司、股份有限公司或者其他经济组织兼职。（《公司法》第六十九条）

（2）公务员任职限制：公务员不得从事或者参与营利性活动，在企业或者其他营

利性组织中兼任职务。公务员因工作需要在机关外兼职，应当经有关机关批准，并不得领取兼职报酬。(《公务员法》第四十四条、第五十九条)

（3）党政领导干部任职限制：现职和不担任现职但未办理退（离）休手续的党政领导干部不得在企业兼职（任职）；对辞去公职或者退（离）休的党政领导干部，确因工作需要到企业兼职（任职）的，应当按照干部管理权限严格审批；辞去公职或者退（离）休后三年内，不得到本人原任职务管辖的地区和业务范围内的企业兼职（任职），也不得从事与原任职务管辖业务相关的营利性活动。(《中共中央组织部关于进一步规范党政领导干部在企业兼职（任职）问题的意见》)

（4）高校党政领导干部任职限制：直属高校校级党员领导干部原则上不得在经济实体中兼职，确因工作需要在本校设立的资产管理公司兼职的，须经学校党委(常委)会研究决定，并按干部管理权限报教育部审批和驻教育部纪检组监察局备案。直属高校校级党员领导干部在社会团体等单位中兼职的，需经学校党委（常委）会研究同意后，按照干部管理权限报教育部审批。(《中共教育部党组关于进一步加强直属高校党员领导干部兼职管理的通知》)

（5）普通高校教师及职工任职限制：国家设立的研究开发机构、高等院校科技人员在履行岗位职责、完成本职工作的前提下，经征得单位同意，可以兼职到企业等从事科技成果转化活动，或者离岗创业，在原则上不超过 3 年时间内保留人事关系，从事科技成果转化活动。(国务院关于印发《实施〈中华人民共和国促进科技成果转化法〉若干规定》的通知)

3. 发行人董监高在高校任职（兼职）的，除了应当符合教育部、科技部等主管部门关于党政干部、大学教师、职工在外兼职、创业的相关规定，履行相应审批、备案或其他必要程序外，还应关注以下几方面：

（1）发行人董监高在高校任职（兼职）期间研发主要成果的权属是否存在纠纷，相关研发成果是否可能因高校任职而涉嫌认定为高校职务发明，董监高是否将所在高校的经费或成果与发行人的技术或财产混同等。一般情况下，发行人董监高在高校任职（兼职）期间执行发行人工作任务、利用发行人提供的物质技术条件完成的发明创造活动，相关专利的权利应归属于发行人。

（2）发行人对高校是否存在技术依赖。可以从高校老师作为发明人的专利数量占发行人已授权专利的比重、相关专利的申请日期、专利的重要性和对发行人生产经营的影响程度等方面综合判断发行人目前是否已组建了独立的研发团队、掌握了具有自主知识产权的核心关键技术。

4. 发行人董监高在控股股东、实际控制人及其控制的其他企业中兼职的，应说明具体情况以及对发行人独立性的影响。在条件允许的情况下，为保证发行人人员的独立性，董监高可辞去在关联企业中的相关职位。

5. 中介机构的董监高在发行人处兼职的，应关注发行人与中介机构是否具有关联关系，是否会影响中介机构的公正性（参考中芯国际）。

【具体核查要点】

1. 发行人是否完整披露董事、监事、高级管理人员的兼职情况。

2. 发行人董事、监事及高管人员是否符合相关法律法规和规范性文件的任职资格规定。

3. 发行人董监高在发行人的关联企业兼职对发行人独立性的影响，关联企业所从事的主营业务是否构成或可能构成竞争关系而导致同业竞争；关联企业的具体任职及薪酬情况；是否存在资金被关联企业占用的情况，或者为关联企业担保的情况；发行人的董监高与关联方之间是否存在资金往来。

4. 发行人董监高在国有企业任职（兼职）是否符合国有企业领导干部兼职规定，是否具备法定任职资格或条件，任职和取得股票期权是否合法合规，是否履行相应的内外部审批程序。

5. 发行人董监高在高校、科研机构等事业单位任职（兼职）是否影响发行人的独立性，是否符合相关法律法规关于大学教师、职工在外兼职的规定，是否履行了审批、备案或其他必要程序，是否存在竞业禁止和利益冲突。

6. 发行人董监高在中介机构任职（兼职）是否违反《证券法》《证券发行上市保荐业务管理办法》《证券发行与承销管理办法》等法律法规的禁止性规定，对保荐机构等中介机构公正履行保荐职责可能产生的影响。

【核查方式】

1. 查阅发行人现行有效的公司章程中关于董事、高级管理人员聘任的条款；查阅发行人各项内控制度、资金管理制度。

2. 查阅证监会、证券交易所网站等网站公开信息，检索发行人董事、监事、高级管理人员对外兼职、对外投资情况。

3. 审查董事、监事、高级管理人员银行账户资金流水和大额流水，查阅发行人董事、监事、高级管理人员就其资金往来情况的书面说明。

4. 访谈发行人董事、高级管理人员并取得其关于兼职情况的书面说明。

5. 通过包括但不限于网站在内的公开信息查询发行人董事、高级管理人员的兼职情况。

三、参考规范

《公司法》

第六十九条　国有独资公司的董事长、副董事长、董事、高级管理人员，未经国有资产监督管理机构同意，不得在其他有限责任公司、股份有限公司或者其他经济组织兼职。

第一百四十八条　董事、高级管理人员不得有下列行为：

……（五）未经股东会或者股东大会同意，利用职务便利为自己或者他人谋取属于公司的商业机会，自营或者为他人经营与所任职公司同类的业务……

《公务员法》

第四十四条　公务员因工作需要在机关外兼职，应当经有关机关批准，并不得领取兼职报酬。

第五十九条　公务员应当遵纪守法，不得有下列行为：

……（十六）违反有关规定从事或者参与营利性活动，在企业或者其他营利性组织中兼任职务……

《科技部、教育部关于充分发挥高等学校科技创新作用的若干意见》

15.……鼓励和支持高校师生兼职创业，处理好相关的知识产权、股权分配等问题，处理好兼职创业与正常教学科研的关系。

《国务院关于印发实施〈中华人民共和国促进科技成果转化法〉若干规定的通知》

（七）国家设立的研究开发机构、高等院校科技人员在履行岗位职责、完成本职工作的前提下，经征得单位同意，可以兼职到企业等从事科技成果转化活动，或者离岗创业，在原则上不超过3年时间内保留人事关系，从事科技成果转化活动。研究开发机构、高等院校应当建立制度规定或者与科技人员约定兼职、离岗从事科技成果转化活动期间和期满后的权利和义务。离岗创业期间，科技人员所承担的国家科技计划和基金项目原则上不得中止，确需中止的应当按照有关管理办法办理手续。

《人力资源和社会保障部关于支持和鼓励事业单位专业技术人员创新创业的指导意见》

二、支持和鼓励事业单位专业技术人员兼职创新或者在职创办企业

支持和鼓励事业单位专业技术人员到与本单位业务领域相近企业、科研机构、高校、社会组织等兼职，或者利用与本人从事专业相关的创业项目在职创办企业，是鼓励事业单位专业技术人员合理利用时间，挖掘创新潜力的重要举措，有助于推动科技成果加快向现实生产力转化。……

《中共中央组织部关于进一步规范党政领导干部在企业兼职（任职）问题的意见》

一、现职和不担任现职但未办理退（离）休手续的党政领导干部不得在企业兼职

（任职）。

二、对辞去公职或者退（离）休的党政领导干部到企业兼职（任职）必须从严掌握、从严把关，确因工作需要到企业兼职（任职）的，应当按照干部管理权限严格审批。

辞去公职或者退（离）休后三年内，不得到本人原任职务管辖的地区和业务范围内的企业兼职（任职），也不得从事与原任职务管辖业务相关的营利性活动。

辞去公职或者退（离）休后三年内，拟到本人原任职务管辖的地区和业务范围外的企业兼职（任职）的，必须由本人事先向其原所在单位党委（党组）报告，由拟兼职（任职）企业出具兼职（任职）理由说明材料，所在单位党委（党组）按规定审核并按照干部管理权限征得相应的组织（人事）部门同意后，方可兼职（任职）。

辞去公职或者退（离）休后三年后到企业兼职（任职）的，应由本人向其原所在单位党委（党组）报告，由拟兼职（任职）企业出具兼职（任职）理由说明材料，所在单位党委（党组）按规定审批并按照干部管理权限向相应的组织（人事）部门备案。

三、按规定经批准在企业兼职的党政领导干部，不得在企业领取薪酬、奖金、津贴等报酬，不得获取股权和其他额外利益；兼职不得超过 1 个；所兼任职务实行任期制的，任期届满拟连任必须重新审批或备案，连任不超过两届；兼职的任职年龄界限为 70 周岁。

《中共教育部党组关于进一步加强直属高校党员领导干部兼职管理的通知》

三、直属高校校级党员领导干部原则上不得在经济实体中兼职，确因工作需要在本校设立的资产管理公司兼职的，须经学校党委（常委）会研究决定，并按干部管理权限报教育部审批和驻教育部纪检组监察局备案。

四、直属高校校级党员领导干部在社会团体等单位中兼职的，需经学校党委（常委）会研究同意后，按照干部管理权限报教育部审批。

五、新提任的校级党员领导干部，应当在任职后 3 个月内辞去在经济实体中兼任的职务，确需在本校资产管理公司和社会团体等单位中兼职的，应当重新履行审批手续。

六、直属高校处级（中层）党员领导干部原则上不得在经济实体和社会团体等单位中兼职，确因工作需要兼职的，须经学校党委审批。

七、经批准在经济实体、社会团体等单位中兼职的直属高校党员领导干部，不得在兼职单位领取任何报酬。

《公开发行证券的公司信息披露内容与格式准则第 41 号——科创板公司招股说明书》

第四十三条　发行人应披露董事、监事、高级管理人员及核心技术人员的简要情况，主要包括：

……发行人应说明董事、监事、高级管理人员及核心技术人员的兼职情况及所兼职单位与发行人的关联关系，与发行人其他董事、监事、高级管理人员及核心技术人员的亲属关系。对于董事、监事，应披露其提名人。

第六十二条　发行人应分析披露其具有直接面向市场独立持续经营的能力：

……（二）人员独立方面。发行人的总经理、副总经理、财务负责人和董事会秘书等高级管理人员不在控股股东、实际控制人及其控制的其他企业中担任除董事、监事以外的其他职务，不在控股股东、实际控制人及其控制的其他企业领薪；发行人的财务人员不在控股股东、实际控制人及其控制的其他企业中兼职……

《公开发行证券的公司信息披露内容与格式准则第28号——创业板公司招股说明书》

第四十三条　发行人应披露董事、监事、高级管理人员及其他核心人员的简要情况，主要包括：

……发行人应说明董事、监事、高级管理人员及其他核心人员的兼职情况及所兼职单位与发行人的关联关系，与发行人其他董事、监事、高级管理人员及其他核心人员的亲属关系。对于董事、监事，应披露其提名人。

第六十二条　发行人应分析披露其具有直接面向市场独立持续经营的能力：

……（二）人员独立方面。发行人的总经理、副总经理、财务负责人和董事会秘书等高级管理人员不在控股股东、实际控制人及其控制的其他企业中担任除董事、监事以外的其他职务，不在控股股东、实际控制人及其控制的其他企业领薪；发行人的财务人员不在控股股东、实际控制人及其控制的其他企业中兼职……

第三节　董事、监事、高级管理人员薪酬

董事、监事和高级管理人员作为企业内部管理的主要力量，其薪酬变化不仅可以体现公司的运营情况、管理能力，一定程度上还能反映未来的发展前景。

截至2020年12月31日，东来股份、利扬芯片、有方科技、晶丰明源、天臣医疗、海融科技、安集科技、道通科技、君实生物、华特股份等企业被发审委问及与此相关的问题。

一、典型案例

东来股份（688129）

东来涂料技术（上海）股份有限公司（以下简称发行人）2020年4月9日提交的招股说明书（申报稿）中披露：报告期内，发行人董事、监事、高级管理人员、核

心技术人员平均薪酬约为年收入 23 万元左右。发行人监事会主席卫亚囡 2019 年在公司领取的薪酬为 11.64 万元，明显低于另外两位监事。

针对上述情形，发审委要求发行人对下列事项进行说明，并要求保荐机构、发行人律师核查并发表明确意见：监事会主席卫亚囡薪酬明显低于其他监事的原因；报告期内发行人的监事会履职和运作情况，是否起到监督作用，发行人相关内控制度是否得到有效执行。

根据发行人律师出具的补充法律意见书披露显示：[1]

经发行人于 2018 年 8 月 8 日召开的 2018 年第一次临时股东大会审议通过，卫亚囡自 2018 年 8 月 8 日起担任发行人的监事职务。

1. 监事会主席卫亚囡薪酬明显低于其他监事的原因

监事卫亚囡作为股东代表监事，以发行人员工身份领取岗位薪酬，不另外领取监事薪酬；卫亚囡的工作岗位为行政人事部副经理，月收入约为 1.1 万元。根据卫亚囡 2019 年度考勤记录，卫亚囡无薪请假天数为 75 个工作日，缺勤的主要事由系卫亚囡怀孕生产。人事部根据卫亚囡所签署的劳动合同及《女职工劳动保护规定》等相关中国法律法规的规定，在卫亚囡产假期间，由当地社会保障部门向其支付生育津贴并由发行人为其缴纳社会保险和住房公积金，卫亚囡 2019 年度的实际薪酬最终为 11.64 万元。

监事刘莉春以发行人员工身份领取岗位薪酬，不另外领取监事薪酬；刘莉春的工作岗位为质量与采购部经理，月收入约为 1.8 万元。根据刘莉春 2019 年度考勤记录，刘莉春无薪请假天数为 1 个工作日。刘莉春系发行人的核心技术人员，2019 年度的实际薪酬最终为 25.83 万元。

监事吴龙周作为股东代表监事，以发行人员工身份领取岗位薪酬，不另外领取监事薪酬；吴龙周的工作岗位为市场与战略客户部主管，月收入为 1.7 万元。根据吴龙周 2019 年度考勤记录，吴龙周无薪请假天数为 3 个工作日，2019 年度的实际薪酬最终为 23.42 万元。

据此，发行人的三位监事卫亚囡、刘莉春和吴龙周均未以监事身份领取薪酬，而是按照各自的工作岗位领取薪酬；相比而言，刘莉春和吴龙周在发行人的生产经营岗位任职，而刘莉春系发行人的核心技术人员，因此，刘莉春和吴龙周薪酬高于在发行人行政岗位任职的卫亚囡；同时，卫亚囡 2019 年度主要因其怀孕生产缺勤天数较多，

[1]《北京大成律师事务所关于东来涂料技术（上海）股份有限公司首次公开发行股票并在科创板上市之补充法律意见书（一）》，载上海证券交易所网，http://static.sse.com.cn/stock/information/c/202006/7e93a82bcf074e9fad9d3a44466233a6.pdf，最后访问日期：2021 年 5 月 21 日。

最终导致其2019年度实际薪酬明显低于刘莉春和吴龙周的实际薪酬数额。

2. 报告期内发行人的监事会履职和运作情况，是否起到监督作用，发行人相关内控制度是否得到有效执行

报告期内，发行人召开了如下监事会会议（如表142所示）：

表142

序号	监事会会议	出席情况
1	2017年9月19日发行人第一届监事会第一次会议	全体监事出席
2	2018年3月29日发行人第一届监事会第二次会议	全体监事出席
3	2018年7月24日发行人第一届监事会第三次会议	全体监事出席
4	2018年8月8日发行人第一届监事会第四次会议	全体监事出席
5	2018年10月26日发行人第一届监事会第五次会议	全体监事出席
6	2019年3月18日发行人第一届监事会第六次会议	全体监事出席
7	2019年5月6日发行人第一届监事会第七次会议	全体监事出席
8	2019年11月4日发行人第一届监事会第八次会议	全体监事出席
9	2020年3月9日发行人第一届监事会第九次会议	全体监事出席

发行人的监事会每6个月至少召开一次会议，监事会会议均由全体监事本人出席（包括出席现场会议或通信方式召开会议），监事会会议前各监事收悉并阅读发行人所发出的监事会会议通知所附的各项议案，各项议案议题属于监事会的职权范围，各监事基于独立判断行使表决权，正确签署相关监事会会议文件。

发行人监事出具声明，在担任公司监事期间，参加了发行人召开的历次监事会会议并审议了相关议案。对于每份需要审议的议案，各监事均在会议前收悉并进行了认真阅读，在此基础上各监事在会议上充分发表意见，独立、客观、公正、审慎地行使表决权，积极有效地履行监事的职责；在日常行使监事职权时，各监事能按照发行人的公司章程和相关法律法规的要求履职，发挥监事职能，履行忠实义务和勤勉义务，不存在利用职权收受贿赂或者其他非法收入、侵占公司财产的情形，且不存在损害公司利益的情形；发行人能充分保障监事的知情权，及时向各监事提供监事履职所必需的材料和信息，以便监事会行使职权。

此外，发行人的公司章程和监事会议事规则等公司治理制度从监事的职权义务、监事会的召集、通知、召开以及会议文件与记录等方面明确了公司监事的职权，规范监事会内部机构及运作程序，对发行人监事有效发挥监事作用提供了积极的制度保

障，能够保障公司监事对公司的积极管理作用。

监事会能够按照《公司法》、公司章程和监事会议事规则的规定履行监事会职责，不存在怠于履行职责的情形，监事会运作良好，能够起到监督作用，发行人的相关内控制度得到有效执行。

利扬芯片（688135）

广东利扬芯片测试股份有限公司（以下简称发行人或公司）2020年4月17日提交的招股说明书（申报稿）披露，2019年度，发行人董事瞿昊、监事会主席张利平、监事徐杰锋均不在发行人处领薪。

针对上述情形，发审委要求发行人对下列事项进行说明，并要求保荐机构、发行人律师核查并发表明确意见：三人不在发行人处领薪的原因和合理性，相关职责的履行及发行人的公司治理是否构成重大不利影响。

根据发行人律师出具的补充法律意见书披露显示：[1]

1. 三人未在发行人处领薪的原因和合理性、相关职责的履行

（1）根据公司制定的《董事、监事、高级管理人员薪酬管理办法》第七条"董事根据其在公司担任的具体职务领取薪酬，未在公司担任具体职务的非独立董事不另行发放津贴。未在公司担任具体职务的监事不另行发放津贴。"发行人董事瞿昊、监事会主席张利平、监事徐杰锋未在公司担任具体职务，未领取薪酬，符合公司薪酬管理制度的规定。

（2）瞿昊为公司的创始股东，持有发行人691.84万股股份，持股比例为6.76%。瞿昊自2010年2月10日利扬有限成立即成为公司股东，但一直未在公司担任具体职务。2010年2月至2015年4月瞿昊任利扬有限董事；2015年5月至今瞿昊任公司董事。自利扬有限成立至今，瞿昊作为公司董事均未在公司领取薪酬。

瞿昊在担任公司董事期间，出席了历次董事会，积极参与公司决策，勤勉尽责履行管理和监督职责。

（3）张利平为公司的创始股东，持有发行人681.84万股股份，持股比例为6.67%。张利平自2010年2月10日利扬有限成立即成为公司股东，但一直未在公司担任具体职务。2010年2月至2015年4月任利扬有限董事；2018年6月至今任公司监事。自利扬有限成立至今，无论是否任利扬有限董事或公司监事，张利平均未在公

〔1〕《北京德恒律师事务所关于广东利扬芯片测试股份有限公司首次公开发行股票并在科创板上市的补充法律意见书（一）》，载上海证券交易所网，http：//static.sse.com.cn/stock/information/c/202006/11dcd033f3274bd2b38beb5c9edac154.pdf，最后访问日期：2021年5月21日。

司领取薪酬。

张利平在担任公司监事期间，出席了历次监事会，积极参与公司决策，勤勉尽责履行监督职责。

（4）徐杰锋于2011年4月通过参与利扬有限的增资而成为发行人的股东，持有发行人385万股股份，持股比例为3.76%，但一直未在公司担任具体职务。其自2015年4月至今任公司监事。自成为公司股东至今，无论是否任公司监事，徐杰锋均未在公司领取薪酬。

徐杰锋在担任公司监事期间，出席了历次监事会，积极参与公司决策，勤勉尽责履行监督职责。

2. 三人未在发行人处领薪对发行人的公司治理是否构成重大不利影响

发行人已经依法建立健全股东大会、董事会、监事会、独立董事等制度，相关机构和人员能够依法履行职责，公司治理健全有效。瞿昊、张利平、徐杰锋未在公司担任具体职务，但该三人通过担任董事/监事职务，出席董事会/监事会并参与表决履行职责，因此该三人未在公司领取薪酬，不会对发行人的公司治理构成重大不利影响。

有方科技（688159）

深圳市有方科技股份有限公司（以下简称发行人）2019年5月7日提交的招股说明书（申报稿）中披露：报告期各期末，发行人员工人数分别为184人、304人、414人及421人，其中2017年员工人数增长较快。发行人注册地及生产经营地址均位于深圳地区，发行人部分董监高及核心技术人员工资水平较低。

针对上述情形，发审委要求发行人对下列事项进行披露和说明，并要求保荐机构、发行人律师核查并发表明确意见：补充披露报告期内除实际控制人之外，发行人董监高、核心技术人员和普通员工扣除社保、公积金的税后薪酬水平，发行人员工的薪酬水平是否有利于发行人管理和技术团队的稳定；结合当地的物价水平，分析并披露发行人平均税前人均工资水平与当地平均薪酬水平和同区域或同行业公司相比是否存在重大差异；补充披露未来三年薪酬计划、薪酬变动依据、条件及幅度，是否存在上市后大幅提高员工薪酬的计划和安排，若是，具体说明对发行人经营业绩的影响，并作风险因素披露。

根据发行人律师出具的补充法律意见书披露显示：[1]

---

〔1〕《北京德恒律师事务所关于深圳市有方科技股份有限公司首次公开发行股票并在科创板上市之补充法律意见（一）》，载上海证券交易所网，http：//static.sse.com.cn/stock/information/c/201907/5322e6d4cb38469d9ef4dbc2dd340c7d.pdf，最后访问日期：2021年5月21日。

1. 报告期内除实际控制人之外，发行人董监高、核心技术人员和普通员工扣除社保、公积金的税后薪酬水平，发行人员工的薪酬水平是否有利于发行人管理和技术团队的稳定。

报告期内，除实际控制人之外，发行人董监高、核心技术人员和普通员工扣除社保、公积金的人均年度税后薪酬水平如表 143 所示：

表 143

项目	2019 年 1~3 月		2018 年度		2017 年度		2016 年度	
	人数 / 人	人均薪酬 / 万元	人数 / 人	人均薪酬 / 万元	人数 / 人	人均薪酬 / 万元	人数 / 人	人均薪酬 / 万元
董监高 ①	6	6.40	6	22.24	7	24.83	6	21.15
核心技术人员	11	7.09	11	24.54	8	25.50	8	20.56
普通员工	404	3.24	396	13.12	288	11.91	169	12.74
所有员工	420	3.36	413	13.59	303	12.60	183	13.23

注：①人均薪酬计算不包括实际控制人及外部董事（外部董事未在公司领取薪酬）；公司核心技术人员任董监高的，其薪酬按核心技术人员统计。

报告期内，发行人除实际控制人外的所有员工税后薪酬水平整体呈上升趋势，2017 年所有员工平均薪酬较 2016 年略有下滑，系因为当期员工人数大幅增加，且增加的员工主要为应届毕业生等相对资历较浅的员工，该部分新增员工薪酬水平相对较低，导致普通员工平均薪酬下降，进而影响所有员工薪酬水平。2018 年发行人董监高平均薪酬低于 2017 年，主要系 2018 年发行人经营业绩未达预期，调整工资绩效和年终奖所致。

报告期内，发行人员工薪酬水平远高于当地平均薪酬水平及当地人均生活消费支出，发行人董事、监事、高级管理人员、核心人员及其他业务骨干通过基思瑞投资、方之星合伙、方之星公司和方金连聚间接持有公司股份，建立了核心员工与公司发展的利益分享和风险共担机制，充分调动员工的积极性和创造力，增强公司的凝聚力和竞争力。报告期内发行人核心管理人员和技术团队保持了良好的稳定性。

2. 发行人平均税前人均工资水平与当地平均薪酬水平和同区域或同行业公司相比是否存在重大差异

发行人平均税前工资水平与当地平均工资水平、同行业公司平均薪酬水平对比如下：

（1）发行人税前人均工资水平与当地平均薪酬水平对比情况（如表144所示）

表144

单位：万元

项目	2019年1~3月	2018年度	2017年度	2016年度
深圳市居民人均生活消费支出①	—	4.05	3.83	3.65
深圳市在岗职工税前人均工资①	—	11.17	10.02	8.98
公司员工税前人均工资②	4.53	18.79	16.09	16.94

注：①数据来源自深圳市统计局。

②公司员工税前人均工资＝当期支付给职工以及为职工支付的现金/加权平均员工人数。

（2）发行人税前人均工资水平与同行业公司对比情况（如表145所示）

表145

单位：万元

同行业可比公司	2019年1~3月	2018年度	2017年度	2016年度
广和通	—	23.38	19.95	20.01
移远通信	—	26.78	24.01	20.50
平均值	—	25.08	21.98	20.26
公司	4.53	18.79	16.09	16.94

注1.同行业可比公司人均工资=2×当期支付给职工以及为职工支付的现金/（当期期初员工人数＋当期期末员工人数）。

2.高新兴物联和芯讯通未查询到薪酬相关数据，故不作对比。

资料来源：同行业可比公司招股说明书或相关公告。

报告期内，发行人员工薪酬水平整体呈上升趋势，远高于当地平均薪酬水平及当地人均生活消费支出。发行人员工薪酬水平低于同行业可比公司，但不存在重大差异，主要系因为发行人当期营收规模及业绩小于可比上市公司平均水平。

3.未来三年薪酬计划、薪酬变动依据、条件及幅度，是否存在上市后大幅提高员工薪酬的计划和安排

目前发行人员工的薪酬组成以及确定情况如下：

（1）发行人董事薪酬组成

①在发行人担任董事且同时担任其他职务的董事按其在发行人的具体任职岗位领取相应报酬，不再另行领取董事津贴。

②在发行人只担任董事不担任其他职务的董事：如在发行人领取薪酬，其薪酬依据其在发行人投入时间、精力，参照高管薪酬确定；如不在发行人领取薪酬，其出席发行人董事会、股东大会（股东董事除外）等按《公司法》和公司章程相关规定行使职责所发生的合理费用由发行人承担。

③独立董事薪酬津贴标准为每年4.8万元（税前），独立董事出席发行人董事会、股东大会等按《公司法》和公司章程相关规定行使职责所发生的合理费用由发行人承担，除此之外不在公司享受其他报酬、社保待遇等。

（2）发行人监事薪酬组成

监事按其在发行人的具体任职岗位领取相应报酬，不再另行领取监事津贴。

（3）发行人高级管理人员薪酬构成

发行人高级管理人员薪酬构成：基本工资、绩效工资、各项津贴福利和年度奖金等组成，其中基本工资、绩效工资按月兑现，年度奖金按年考核，年终一次性兑现。

（4）其他人员薪酬构成

发行人除董事、监事和高级管理人员外的其他员工的薪酬由工资和奖金组成。

发行人未来三年薪酬计划将延续目前的薪酬政策，在保持稳定的基础上，根据当地平均工资水平，结合实际经营业绩、员工绩效考核进行适时调整，持续优化薪酬体系，不存在上市后大幅提高员工薪酬的计划和安排。

晶丰明源（688368）

上海晶丰明源半导体股份有限公司（以下简称发行人）2019年4月2日提交的招股说明书（申报稿）披露：董事、监事、高级管理人员及其他核心人员未按照时间顺序披露任职，上述人员的薪酬总额分别为420.60万元、841.79万元和830.33万元，2017年度和2018年度较2016年度大幅增加。

针对上述情形，发审委要求发行人对下列事项进行说明，并要求保荐机构、发行人律师核查并发表明确意见：报告期各期董事、监事、高级管理人员及其他核心人员薪酬及同行业对比情况，说明逐年大幅增加的原因。

根据发行人律师出具的补充法律意见书披露显示：[1]

〔1〕《国浩律师（杭州）事务所关于上海晶丰明源半导体股份有限公司首次公开发行股票并在科创板上市之补充法律意见书（一）》，载上海证券交易所网，http：//static.sse.com.cn/stock/information/c/201905/c0f7b62aaf6a43d0974fbdcaeb252d08.pdf，最后访问日期：2021年5月21日。

报告期内，发行人董事、监事、高级管理人员及其他核心技术人员薪酬明细情况及与同行业公司的比较情况如表146所示：

表 146

单位：万元

公司名称	姓名	职务	2018年度	2017年度	2016年度
晶丰明源	胡黎强	董事长、总经理	91.68	82.39	80.98
晶丰明源	刘洁茜	董事、副总经理	61.00	60.20	44.40
晶丰明源	夏风	董事	—	—	—
晶丰明源	苏仁宏	董事	—	—	—
晶丰明源	冯震远	独立董事	7.80	7.20	—
晶丰明源	孙文秋	独立董事	7.80	7.20	—
晶丰明源	应俊	独立董事	7.80	7.20	—
晶丰明源	张宜	监事会主席	—	65.21	48.58
晶丰明源	刘秋凤	监事会主席	34.28	—	—
晶丰明源	周占荣	监事	76.39	84.05	—
晶丰明源	李宁	监事	76.64	82.95	—
晶丰明源	孙顺根	副总经理	74.16	106.67	—
晶丰明源	汪星辰	财务负责人、董事会秘书	81.14	86.85	84.05
晶丰明源	张富强	设计总监	93.59	43.82	—
晶丰明源	毛焜	工艺开发总监兼电机产品线总监	79.68	61.30	51.94
晶丰明源	郜小茹	高级IC设计经理	78.04	70.99	74.54
晶丰明源	郁炜嘉	高级IC设计经理	86.82	72.81	81.14
晶丰明源	合计		856.82	838.84	465.63
晶丰明源	董监高人数（人/年）		10	10	4
晶丰明源	董监高平均薪酬（不含其他核心技术人员薪酬）*		51.87	58.99	64.50

续表

公司名称	姓名	职务	2018 年度	2017 年度	2016 年度
士兰微	董监高平均薪酬		43.92	49.52	42.02
圣邦股份			30.26	44.56	44.18
全志科技			74.36	38.84	95.06
上海贝岭			34.44	24.09	26.39
可比公司平均值			45.74	39.25	54.49

注：* 由于同行业可比公司未披露董监高之外的其他核心技术人员的薪酬，仅对比董事、监事及高级管理人员薪酬情况。

报告期内，发行人董事、监事及高级管理人员平均薪酬分别为 64.50 万元、58.99 万元及 51.87 万元，董监高薪酬水平与同行业上市公司相比处于中等偏上水平，董监高薪酬待遇符合行业平均水平。

报告期内，发行人董事、监事、高级管理人员及其他核心技术人员薪酬总额分别为465.63万元、838.84万元及856.82万元，2017年度和2018年度较2016年度增长较快，主要原因系公司整体变更为股份有限公司后逐步建立完善公司治理架构，领取薪酬或津贴的董事、监事及高级管理人员数量由 4 人增长至 10 人。

海融科技（300915，创业板）

上海海融食品科技股份有限公司（以下简称发行人）2020 年 6 月 30 日提交的招股说明书（申报稿）未对发行人实际控制人控制的欣融国际披露完全。

针对上述情形，发审委要求发行人对下列事项进行说明，并要求保荐机构、发行人律师核查并发表明确意见：董事长黄海晓从公司关联企业欣融实业领取薪酬，在发行人处不领薪，请补充说明该做法的原因、合理性，是否存在关联方为发行人代垫成本、代付费用等情形。

根据发行人律师出具的补充法律意见书披露显示：[1]

〔1〕《北京大成律师事务所关于上海海融食品科技股份有限公司首次公开发行人民币普通股股票并上市的补充法律意见书（四）》，载深圳证券交易所网，http：//reportdocs.static.szse.cn/UpFiles/rasinfodisc/RAS_000174DD35C4E03FB9DD417839E2083F.pdf，最后访问日期：2021 年 5 月 21 日。

黄海晓自1996年至今担任欣融实业执行董事、欣融食品执行董事；北京申欣融执行董事；广州捷洋执行董事；2015年11月10日起任发行人董事长。黄海晓在参与发行人关联企业的经营活动中，除欣融实业外，在包括公司及香港上市的欣融国际在内的所有由其控制的企业中，均负责战略决策，不实际参与公司具体管理活动，不属于实际的经营管理人员，均不领取薪酬。

黄海晓系经欣融实业依合法程序聘任。黄海晓作为欣融实业的员工，参与欣融实业的经营活动，并在与欣融实业签订的劳动合同中明确约定其领薪事宜。因此，黄海晓在欣融实业处领薪，在发行人处不领薪的程序合法，理由正当，不存在欣融实业为发行人代垫成本、代付费用等情形。

除黄海晓外，发行人的其他董事、监事、高管人员和核心技术人员均书面承诺：不存在在欣融食品及其子公司任职或领取薪水的情况。

综上所述，董事长黄海晓从发行人关联企业欣融实业领取薪酬，在发行人处不领薪做法合理，程序正当。除黄海晓外，发行人的其他董事、监事、高管人员和核心技术人员均书面承诺：不存在在欣融食品及其子公司任职或领取薪水的情况。

二、解决思路

董事、监事和高级管理人员的薪酬安排多种多样，往往会存在诸如通过薪酬调节利润的情形，发审委对发行人董监高的薪酬安排、薪酬水平、薪酬变化、是否存在薪酬垫付等情形比较关注。

1. 发行人应披露董事、监事、高级管理人员及核心技术人员的薪酬组成、确定依据、所履行的程序及报告期内薪酬总额占各期发行人利润总额的比重，最近一年从发行人及其关联企业领取收入的情况，以及所享受的其他待遇和退休金计划等。

2. 发行人应当在内控制度中对董事、监事、高级管理人员薪酬作出相应规定，制订合理明晰的薪酬计划和薪酬体系。董事、监事、高级管理人员的薪酬可根据公司董事及高级管理人员管理岗位、职责、工作范围，参照同地区、同行业或竞争对手相关岗位的薪酬水平确定。发行人应根据所在地的工资水平，结合实际经营业务、绩效考核对董事、监事、高级管理人员的薪酬进行适时调整，持续优化薪酬体系。

3. 发行人董事、监事、高级管理人员的薪酬水平应当尽量贴合行业平均水平，与同行业的其他企业之间的薪酬水平差异不应过大。董事、监事、高级管理人员的薪酬应适当高于发行人普通员工，以保障发行人核心团队的稳定性。

4. 报告期内发行人董事、监事、高级管理人员薪酬快速增长的，应阐明原因。发行人在上市后如有大幅提高员工薪酬的计划和安排的，也应当进行披露和风险揭示，说明对经营业绩的影响。

5. 董事、监事、高级管理人员之间的薪酬水平应大体持平。存在差异的，应当结合员工的贡献程度、入职年限、专业背景、学历背景、业务难度、经验和发展潜力等因素说明原因及合理性；存在明显不合理差异的，应说明是否存在特殊情形。如东来股份，监事会主席薪酬明显低于其他监事，发行人解释称系因监事会主席怀孕生产缺勤天数较多，导致实际薪酬较低。

6. 董事、监事、高级管理人员未在发行人处领薪，尤其是在发行人、实际控制人、实际控制人控制的其他企业等关联方领薪的，应当关注是否存在关联方为发行人代垫成本、代付费用等情形。发行人应说明未在发行人处领薪的原因及合理性、相关职责的履行，是否会对发行人公司治理构成重大不利影响。

【具体核查要点】

1. 发行人董事、监事、高级管理人员的薪酬组成、确定依据、所履行的程序及报告期内薪酬总额占各期发行人利润总额的比重，最近一年从发行人及其关联企业领取收入的情况等。

2. 发行人董事、监事、高级管理人员的薪酬水平，及与同行业公司的比较情况；薪酬水平是否有利于发行人管理和技术团队的稳定。

3. 发行人董事、监事、高级管理人员薪酬差异较大的原因及合理性，激励安排的合理性。

4. 发行人董事、监事、高级管理人员如不在发行人处领薪的，核查其原因和合理性，相关职责的履行及发行人的公司治理是否构成重大不利影响；是否从发行人、实际控制人、实际控制人控制的其他企业等关联方取得其他报酬或利益；是否存在关联方为发行人代垫成本、代付费用等情形；发行人实际控制人是否存在直接或间接方式向董事、监事、高级管理人员提供其他报酬或利益安排。

5. 报告期内发行人董事、监事、高级管理人员薪酬大幅增加、减少的原因及合理性。

6. 未来三年薪酬计划、薪酬变动依据、条件及幅度，发行人上市后是否存在大幅提高相关人员薪酬的安排，对发行人未来业务有何影响。

【核查方式】

1. 查阅发行人报告期内董事、监事、高级管理人员的工资表、审计报告，了解发行人董监高薪酬情况；

2. 查阅发行人的工商档案以及董事会、监事会、股东大会等相关会议文件；

3. 查阅发行人公司章程、董事会议事规则、监事会议事规则、员工手册等内部控制制度，以及董事、监事、高级管理人员薪酬管理办法等其他与员工薪酬相关的制度；

4. 查阅发行人与董事、监事、高级管理人员签订的劳动合同，核查发行人员工薪酬统计表和董事、监事、高级管理人员的相关工资发放表；

5. 查阅发行人董事、监事、高级管理人员的银行流水；

6. 查阅发行人以及公司董事、监事、高管人员出具的说明文件和承诺；

7. 查阅同行业可比上市公司、同地区上市公司等的平均薪酬水平并与发行人员工平均薪酬数据比较；

8. 访谈发行人董事、监事、高级管理人员及人事部门相关人员，了解发行人薪酬体系及执行情况；

9. 登录中国裁判文书网、中国执行信息公开网查询。

三、参考规范

《公司法》

第三十七条　股东会行使下列职权：

……（二）选举和更换非由职工代表担任的董事、监事，决定有关董事、监事的报酬事项……

第四十六条　董事会对股东会负责，行使下列职权：

……（九）决定聘任或者解聘公司经理及其报酬事项，并根据经理的提名决定聘任或者解聘公司副经理、财务负责人及其报酬事项……

《公开发行证券的公司信息披露内容与格式准则第 41 号——科创板公司招股说明书》

第四十七条　发行人应披露董事、监事、高级管理人员及核心技术人员的薪酬组成、确定依据、所履行的程序及报告期内薪酬总额占各期发行人利润总额的比重，最近一年从发行人及其关联企业领取收入的情况，以及所享受的其他待遇和退休金计划等。……

《上市公司治理准则》

第三十八条　上市公司董事会应当设立审计委员会，并可以根据需要设立战略、提名、薪酬与考核等相关专门委员会。专门委员会对董事会负责，依照公司章程和董事会授权履行职责，专门委员会的提案应当提交董事会审议决定。

专门委员会成员全部由董事组成，其中审计委员会、提名委员会、薪酬与考核委员会中独立董事应当占多数并担任召集人，审计委员会的召集人应当为会计专业人士。

第四十二条　薪酬与考核委员会的主要职责包括：

（一）研究董事与高级管理人员考核的标准，进行考核并提出建议；

（二）研究和审查董事、高级管理人员的薪酬政策与方案。

第五十六条　董事和高级管理人员的绩效评价由董事会或者其下设的薪酬与考核委员会负责组织，上市公司可以委托第三方开展绩效评价。

独立董事、监事的履职评价采取自我评价、相互评价等方式进行。

第五十七条　董事会、监事会应当向股东大会报告董事、监事履行职责的情况、绩效评价结果及其薪酬情况，并由上市公司予以披露。

第六十条　董事、监事报酬事项由股东大会决定。在董事会或者薪酬与考核委员会对董事个人进行评价或者讨论其报酬时，该董事应当回避。

高级管理人员的薪酬分配方案应当经董事会批准，向股东大会说明，并予以充分披露。

《上市公司章程指引》

第七十六条　下列事项由股东大会以普通决议通过：

……（三）董事会和监事会成员的任免及其报酬和支付方法……

第一百零七条　董事会行使下列职权：

……（十）聘任或者解聘公司经理、董事会秘书；根据经理的提名，聘任或者解聘公司副经理、财务负责人等高级管理人员，并决定其报酬事项和奖惩事项……

《关于在上市公司建立独立董事制度的指导意见》

六、独立董事应当对上市公司重大事项发表独立意见

（一）独立董事除履行上述职责外，还应当对以下事项向董事会或股东大会发表独立意见：

……3.公司董事、高级管理人员的薪酬……

《首发业务若干问题解答》

问题54、保荐机构和申报会计师在充分评估和合理保证发行人财务报表不存在重大错报风险时，对发行人相关银行账户资金流水进行核查应关注哪些方面？

……保荐机构和申报会计师在资金流水核查中，应结合重要性原则和支持核查结论需要，重点核查报告期内发生的以下事项：……（8）控股股东、实际控制人、董事、监事、高管、关键岗位人员是否从发行人获得大额现金分红款、薪酬或资产转让款、转让发行人股权获得大额股权转让款，主要资金流向或用途存在重大异常……

《上市公司监事会工作指引》

第十一条　监事的薪酬与津贴

上市公司应根据公司相关规定为专职监事发放薪酬，为兼职监事发放津贴。

监事的薪酬、津贴安排应由监事会提出，提交股东大会审议确定。……

第四节　独立董事

独立董事是指独立于公司股东且不在公司内部任职，并与公司或公司经营管理者没有重要的业务联系或专业联系，并对公司事务做出独立判断的董事。独立董事制度在我国尚处于发展阶段，其独立性与专业性在实际操作中往往无法得到充分保证，因此更需要重视与监管。

截至 2020 年 12 月 31 日，天奈科技、瑞松科技、泽达易盛、联赢激光、科威尔、鸿泉物联、华兴源创、中微公司、路德环境、久日新材等 20 余家企业被发审委问及与此相关的问题。

一、典型案例

凯龙高科（300912，创业板）

凯龙高科技股份有限公司（以下简称发行人）2020 年 6 月 29 日提交的招股说明书（申报稿）未对发行人独董的任职资格进行披露。

针对上述情形，发审委要求发行人说明袁银男任江苏省人民督学，是否具备担任独立董事的资格。

根据发行人律师出具的补充法律意见书披露显示：[1]

《教育督导条例》第六条规定，国家实行督学制度。县级以上人民政府根据教育督导工作需要，为教育督导机构配备专职督学。教育督导机构可以根据教育督导工作需要聘任兼职督学。兼职督学的任期为 3 年，可以连续任职，连续任职不得超过 3 个任期。

《督学管理暂行办法》第二条规定，督学是受教育督导机构指派实施教育督导工作的人员，包括专职督学和兼职督学。第四条规定，专职督学由县级以上人民政府按照干部人事管理权限和程序任命，兼职督学由县级以上人民政府教育督导机构根据教育督导工作需要聘任，并颁发聘书和督学证。

根据《江苏省省督学聘任管理暂行办法》第二条规定，省督学分为专职督学和兼

〔1〕《北京国枫律师事务所关于凯龙高科技股份有限公司申请首次公开发行股票并在创业板上市的补充法律意见书之四》，载深圳证券交易所网，http：//reportdocs.static.szse.cn/UpFiles/rasinfodisc/RAS_000174DCFDF34C3FEE5418A96724593F.pdf，最后访问日期：2021 年 5 月 21 日。

职督学。兼职督学以在职人员为主。第四条规定，省督学应由在教育经费保障、教育设施设备、教师队伍建设、学校教育教学和管理等方面具有业务专长的人员担任，必须符合下列基本条件:（1）坚持党的教育方针，热爱社会主义教育事业;（2）熟悉有关教育法律、法规、方针、政策，具有较强的业务能力，工作实绩突出;（3）具有较强的组织协调能力和良好的口头交流与书面表达能力;（4）品行端正，坚持原则，办事公道，廉洁自律;（5）具有大学本科以上学历或同等学力，从事教育管理或者教学、研究工作10年以上;（6）行政机关担任副处级职务及以上人员；或担任过县(市、区）教育行政部门主要负责人及相当者；或中小学特级教师;（7）具有履行省督学职责和任务的时间;（8）身体健康。

袁银男任苏州大学教授，并兼职担任江苏省人民政府督学且领取相应津贴，有效期自2018年3月至2021年2月，不属于国家公务员。

袁银男不存在《公司法》等法律、法规、规范性文件规定的不得担任董事的情形，且不存在《关于在上市公司建立独立董事制度的指导意见》规定的不得担任独立董事的情形。

综上所述，袁银男先生具备担任独立董事的资格。

瑞松科技（688090）

广州瑞松智能科技股份有限公司（以下简称发行人）2019年6月5日提交的招股说明书(申报稿）披露，发行人独立董事廖朝理先生担任多家上市公司的独立董事。

针对上述情形，发审委要求发行人对下列事项进行说明，并要求保荐机构、发行人律师核查并发表明确意见：该独立董事是否符合《关于在上市公司建立独立董事制度的指导意见》相关规定，是否存在辞职后仍继续履职的情形。

根据发行人律师出具的补充法律意见书披露显示:[1]

根据《关于在上市公司建立独立董事制度的指导意见》第一条第二款的规定，独立董事原则上最多在5家上市公司兼任独立董事。廖朝理目前在广东红墙新材料股份有限公司、星辉互动娱乐股份有限公司、广州港股份有限公司、广东潮宏基实业股份有限公司担任独立董事，并未在超过5家上市公司兼任独立董事，符合《关于在上市公司建立独立董事制度的指导意见》。

广东明珠集团股份有限公司第八届董事会任期届满，公司于2018年11月16日

〔1〕《北京市中伦律师事务所关于广州瑞松智能科技股份有限公司首次公开发行股票并在科创板上市的补充法律意见书（二）》，载上海证券交易所网，http://static.sse.com.cn/stock/information/c/201909/9b66e2a5e88242268d5784e2b6b127ac.pdf，最后访问日期：2021年5月21日。

选举了广东明珠集团股份有限公司第九届董事会成员，廖朝理不再担任广东明珠集团股份有限公司独立董事。2018 年 11 月至今，廖朝理已不在广东明珠集团股份有限公司担任任何职位，亦未领取任何薪酬，不存在为广东明珠集团股份有限公司继续履职的情况。

根据广东奔朗新材料股份有限公司董事辞职公告，廖朝理于 2019 年 3 月 12 日向广东奔朗新材料股份有限公司递交辞职报告，自 2019 年 3 月 12 日起，廖朝理不再担任广东奔朗新材料股份有限公司的独立董事。2019 年 3 月至今，廖朝理已不在广东奔朗新材料股份有限公司担任任何职位，亦未领取任何薪酬，不存在为广东奔朗新材料股份有限公司继续履职的情况。

综上所述，廖朝理不存在同时担任 5 家以上上市公司独立董事的情形，发行人独立董事廖朝理任职情况符合《关于在上市公司建立独立董事制度的指导意见》的相关规定，不存在辞职后仍继续履职的情形。

泽达易盛（688555）

泽达易盛（天津）科技股份有限公司（以下简称发行人）2019 年 6 月 13 日提交的招股说明书（申报稿）披露，2016 年公司选举林应、刘雪松夫妇，应岚、聂巍、吴永江为公司董事。2019 年 2 月公司董事会增选了 3 名独立董事。

针对上述情形，发审委要求发行人对下列事项进行说明，并要求保荐机构、发行人律师核查并发表明确意见：2016 年 3 月股份公司设立后至 2019 年 2 月增选前，发行人是否始终无独立董事；发行人独立董事的设置情况是否合法合规。

根据发行人律师出具的补充法律意见书披露显示：[1]

2016 年 3 月股份公司设立后至 2019 年 2 月增选前，发行人董事会人员中无独立董事职务设置，发行人章程中亦未设立独立董事的规定。

根据《公司法》、《证券法》、《关于在上市公司建立独立董事制度的指导意见》（证监发〔2001〕102 号）、《非上市公众公司监督管理办法》、《全国中小企业股份转让系统业务规则（试行）》、《非上市公众公司监管指引第 3 号——章程必备条款》等相关规定以及证监会、股转系统的要求，上市公司应当建立独立董事制度，对于非上市公司并未明确要求设立独立董事制度。

为进一步完善公司治理结构，发行人于 2019 年 2 月增选 3 名独立董事，同时修

〔1〕《北京市康达律师事务所关于泽达易盛（天津）科技股份有限公司首次公开发行股票并在科创板上市的补充法律意见书（一）》，载上海证券交易所网，http://static.sse.com.cn/stock/information/c/201909/9d29a3affdd543f9bb99f1f3b629bd17.pdf，最后访问日期：2021 年 5 月 21 日。

改章程相应条款。鉴于发行人非上市公司，故2016年3月股份公司设立后至2019年2月增选前未设立独立董事不违反法律法规、规范性文件的规定和证监会以及股转系统的要求。

联赢激光（688518）

深圳市联赢激光股份有限公司（以下简称发行人）2019年6月27日提交的招股说明书（申报稿）披露：发行人独立董事张庆茂持有中山镭创激光技术服务有限公司25%股权，3名独立董事均在关联企业领薪。

针对上述情形，发审委要求发行人对下列事项进行说明，并要求保荐机构、发行人律师核查并发表明确意见：说明中山镭创的基本情况，发行人与中山镭创是否存在关联关系或其他可能导致利益输送的特殊关系，报告期内是否存在交易或其他资金往来，是否影响张庆茂的独立性；补充披露独立董事在关联企业领薪的具体情况，是否影响其独立性。

根据发行人律师出具的补充法律意见书披露显示：[1]

1. 说明中山镭创的基本情况，发行人与中山镭创是否存在关联关系或其他可能导致利益输送的特殊关系，报告期内是否存在交易或其他资金往来，是否影响张庆茂的独立性。

中山镭创为发行人独立董事张庆茂参股公司。除此之外，发行人与中山镭创不存在关联关系或其他可能导致利益输送的特殊关系，报告期内发行人与中山镭创不存在交易或其他资金往来。根据《关于在上市公司建立独立董事制度的指导意见》和《上海证券交易所上市公司独立董事备案及培训工作指引》的规定，发行人独立董事张庆茂不存在上述规定中不得担任独立董事的情形，相关规定也并未规定独立董事不得参股公司，且中山镭创与发行人报告期内不存在交易或其他资金往来。该情况不会影响张庆茂的独立性。

2. 补充披露独立董事在关联企业领薪的具体情况，是否影响其独立性。

发行人独立董事除在发行人处领取独立董事津贴外未在发行人关联企业领薪，但发行人独立董事存在在其任职单位领薪的情况，但该等单位并非上市规则所规定的关联方。独立董事制度并未禁止独立董事在外任职、投资或领取薪酬，且报告期内，发行人独立董事根据相关规定、制度履行了独立董事职责。因此，独立董事在外任职、

〔1〕《北京市天元律师事务所关于深圳市联赢激光股份有限公司首次公开发行股票并在科创板上市的补充法律意见书（二）》，载上海证券交易所网，http：//static.sse.com.cn/stock/information/c/201909/9a549037931c4e4683afa85cfcbfc14c.pdf，最后访问日期：2021年5月21日。

投资或领取薪酬不会影响其独立性。

科威尔（688551）

针对合肥科威尔电源系统股份有限公司（以下简称发行人）2020年4月3日提交的招股说明书（申报稿）披露内容，发审委要求发行人披露：独立董事对关联交易履行的审议程序是否合法及交易价格是否公允的意见。

根据发行人律师出具的补充法律意见书披露显示：[1]

2020年3月5日，发行人召开第一届董事会第五次会议，审议通过了《关于审核确认公司2017年度、2018年度、2019年度关联交易事项的议案》，2020年3月25日，发行人召开2019年度股东大会，审议通过了上述议案。

发行人独立董事对公司2017年度、2018年度、2019年度关联交易事项进行审查，并发表独立意见如下：（1）2017年度、2018年度、2019年度公司与关联方之间存在关联交易，相关关联交易系公司正常生产经营活动所需。定价依据与定价方法符合公开、公平、公正原则，具备公允性，没有对公司财务状况和经营成果产生不利影响，不存在损害公司、非关联方股东及债权人利益的情形。（2）上述事项的审议程序符合《公司法》和公司章程的有关规定，没有损害公司及股东的合法权益，同意确认公司2017年度、2018年度、2019年度关联交易事项。

鸿泉物联（688288）

杭州鸿泉物联网技术股份有限公司（以下简称发行人）2019年3月28日提交的招股说明书（申报稿）披露，发行人三名独立董事均在高校任教，其中俞立现任浙江工业大学研究生院执行院长。

针对上述情形，发审委要求发行人律师对公司董事、监事及高级管理人员是否符合相关法律法规和规范性文件的任职资格规定，是否取得必要的批准或确认进行核查并发表明确意见。

根据发行人律师出具的补充法律意见书披露显示：[2]

1. 发行人董事会现有成员7人，分别为何军强、陈建青、赵胜贤、刘浩淼、辛金国、俞立、谭晶荣，其中辛金国、俞立、谭晶荣为独立董事；发行人监事会现有成员

〔1〕《安徽天禾律师事务所关于合肥科威尔电源系统股份有限公司首次公开发行股票并上市之补充法律意见书（一）》，载上海证券交易所网，http：//static.sse.com.cn/stock/information/c/202005/b2d7dfa376c3453f9c1965529bb297db.pdf，最后访问日期：2021年5月21日。

〔2〕《关于深圳市财富趋势科技股份有限公司首次公开发行股票并在科创板上市的补充法律意见书（一）》，载上海证券交易所网，http：//static.sse.com.cn/stock/information/c/201909/95b4c7ee97a74d179ab874066c69137d.pdf，最后访问日期：2021年5月21日。

3 人，分别为陈丽莎、叶小平、姚鑫；发行人高级管理人员为总经理何军强，副总经理刘浩森、李波，财务负责人姜兰，董事会秘书吕慧华。

2. 发行人董事、监事和高级管理人员的任职资格。

（1）发行人董事、监事和高级管理人员不存在《公司法》所规定的下列情形：①无民事行为能力或者限制民事行为能力；②因贪污、贿赂、侵占财产、挪用财产或者破坏社会主义市场经济秩序，被判处刑罚，执行期满未逾五年，或者因犯罪被剥夺政治权利，执行期满未逾五年；③担任破产清算的公司、企业的董事或者厂长、经理，对该公司、企业的破产负有个人责任的，自该公司、企业破产清算完结之日起未逾三年；④担任因违法被吊销营业执照、责令关闭的公司、企业的法定代表人，并负有个人责任的，自该公司、企业被吊销营业执照之日起未逾三年；⑤个人所负数额较大的债务到期未清偿的。

（2）发行人董事、监事和高级管理人员不存在《科创板首次公开发行股票注册管理办法（试行）》所规定的下列情形：最近三年内受到中国证监会行政处罚，或者因涉嫌犯罪被司法机关立案侦查或者涉嫌违法违规被中国证监会立案调查，尚未有明确结论意见等情形。

3. 发行人独立董事的任职资格。

（1）发行人独立董事为俞立、辛金国、谭晶荣。独立董事不属于《关于在上市公司建立独立董事制度的指导意见》所规定的下列人员：①在上市公司或者其附属企业任职的人员及其直系亲属、主要社会关系（直系亲属是指配偶、父母、子女等；主要社会关系是指兄弟姐妹、岳父母、儿媳女婿、兄弟姐妹的配偶、配偶的兄弟姐妹等）。②直接或间接持有上市公司已发行股份 1% 以上或者是上市公司前十名股东中的自然人股东及其直系亲属。③在直接或间接持有上市公司已发行股份 5% 以上的股东单位或者在上市公司前五名股东单位任职的人员及其直系亲属。④最近一年内曾经具有前三项所列举情形的人员。⑤为上市公司或者其附属企业提供财务、法律、咨询等服务的人员。⑥公司章程规定的其他人员。⑦中国证监会认定的其他人员。

（2）根据《印发〈关于进一步规范党政领导干部在企业兼职（任职）问题的意见〉的通知》（中组发〔2013〕18 号）、《中共教育部党组关于印发〈高等学校深化落实中央八项规定精神的若干规定〉的通知》（教党〔2016〕39 号），高校院系及内设机构领导人员兼职应当经过审批。

俞立为浙江工业大学研究生院执行院长，其担任发行人独立董事职务已经中国共产党浙江工业大学委员会组织部批准；辛金国为杭州电子科技大学会计学院教师，并兼任浙江省信息化与经济社会发展研究中心常务副主任，其担任发行人独立董事职务已经中国共产党杭州电子科技大学委员会组织部批准；谭晶荣为浙江工业大学经贸管理学院教师且未担任高校行政领导职务，其担任发行人独立董事职务无须批准。

综上所述，发行人董事、监事及高级管理人员符合相关法律法规和规范性文件的任职资格规定，相关人员已取得了必要的批准或确认。

二、解决思路

关于独立董事发审委关注的重点主要在独立董事的设置和任职是否符合相关法律法规和规范性文件的规定，以及在发行人经营活动中履行职责是否合法合规等问题。

1. 完善公司治理机制，发行人在申报前宜尽早设立独立董事制度。根据相关规定，发行人董事会成员中应当至少包括 1/3 独立董事，独立董事应至少包括一名会计专业人士。虽然现行法律法规的规定并未明确要求非上市公司设立独立董事制度，但拟上市公司改制成股份有限公司后，长期无独立董事也会引起发审委的关注。如泽达易盛，发审委要求发行人说明是否始终无独立董事、相关内控制度是否健全等问题。

2. 独立董事应具备任职资格。独立董事不存在《公司法》《科创板首次公开发行股票注册管理办法（试行）》等法律、法规、规范性文件规定的不得担任董事的情形，且不存在《关于在上市公司建立独立董事制度的指导意见》《上海证券交易所上市公司独立董事备案及培训工作指引》《深圳证券交易所上市公司信息披露指引第8号——独立董事备案》等法律、法规、规范性文件规定的不得担任独立董事的情形。任职资格主要包括：

（1）主体资格限制。

根据《关于在上市公司建立独立董事制度的指导意见》，下列人员不得担任独立董事：

①在上市公司或者其附属企业任职的人员及其直系亲属、主要社会关系（直系亲属是指配偶、父母、子女等；主要社会关系是指兄弟姐妹、岳父母、儿媳女婿、兄弟姐妹的配偶、配偶的兄弟姐妹等）。

②直接或间接持有上市公司已发行股份 1% 以上或者是上市公司前十名股东中的自然人股东及其直系亲属。

③在直接或间接持有上市公司已发行股份 5% 以上的股东单位或者在上市公司前五名股东单位任职的人员及其直系亲属。

④最近一年内曾经具有前三项所列举情形的人员。

⑤为上市公司或者其附属企业提供财务、法律、咨询等服务的人员。

⑥公司章程规定的其他人员。

⑦中国证监会认定的其他人员。

（2）具有独立董事资格，独立董事应取得独立董事资格证书。

（3）独立董事兼任。在独立董事兼任的问题上，上交所与深交所有所差异。根据上交所相关规定，已在五家境内上市公司担任独立董事的，不得再被提名为其他上市公司独立董事候选人。根据深交所相关规定，独立董事候选人最多在五家上市公司（含本次拟任职上市公司、深沪证券交易所上市公司、境外证券交易所上市公司）兼任独立董事。上交所将上市公司限制为境内上市公司；而深交所的上市公司范围则涵盖了境外证券交易所上市公司。

（4）独立董事兼职。独立董事应遵守发行人董事、监事、高级管理人员兼职的相关法律法规规定，具体详见本章第二节“董事、监事、高级管理人员兼职”。针对独立董事兼职的法律规定主要有：中央纪委、中央组织部《关于规范中管干部辞去公职或者退（离）休后担任上市公司、基金管理公司独立董事、独立监事的通知》、中国人民银行《股份制商业银行独立董事和外部监事制度指引》等。

（5）独立董事无《上海证券交易所上市公司独立董事备案及培训工作指引（2016年修订）》第十三条和《深圳证券交易所上市公司信息披露指引第 8 号——独立董事备案》第八条所列的不良记录。

3. 独立董事应当保持独立性。独立董事在行使职权时，不受公司控股股东、实际控制人或其他与公司存在利害关系的单位或个人的影响。应当重点关注发行人关联交易、对外担保、募集资金使用、并购重组、重大投融资活动、高管薪酬和利润分配等与中小股东利益密切相关的事项。独立董事在任职期间，应当忠实、勤勉尽责，审慎发表独立意见，以有效监督制约管理层的决策，防止企业整体利益受到损害。

应注意，须提交股东大会审议的关联交易，在提交董事会之前取得独立董事的认可。（《深圳证券交易所创业板上市公司规范运作指引》规定，需要提交股东大会审议的关联交易应当由独立董事认可后，提交董事会讨论。《科创板股票上市规则》规定，上市公司拟进行须提交股东大会审议的关联交易，应当在提交董事会审议前，取得独立董事事前认可意见。独立董事事前认可意见应当取得全体独立董事的半数以上同意，并在关联交易公告中披露。）

【具体核查要点】

1. 发行人独立董事的设置情况是否合法合规，相关内控制度是否健全；

2. 独立董事是否具备任职资格，是否存在《公司法》《科创板首次公开发行股票注册管理办法》《关于在上市公司建立独立董事制度的指导意见》等法律、法规、规范性文件规定的不得担任董事、独立董事的情形；

3. 发行人独立董事对关联交易所履行的审议程序及交易价格公允性是否发表独立意见。

【核查方式】

1. 查阅独立董事的简历以及其所填写并签署的调查表。

2. 查阅发行人独立董事提供的任职资格说明及出具的声明与承诺。

3. 查阅相关上市公司公告以及相关工作信息平台和官方网站等网络平台。

4. 检索中国裁判文书网、人民法院公告网、中国执行信息公开网、证券期货市场失信记录查询平台、证券交易所网站查询发行人独立董事的相关信息；检索国家企业信用信息公示系统查询发行人独立董事的对外投资、兼职信息。

5. 查阅发行人关于审议通过独立董事制度的董事会、股东大会决议；查阅发行人关于选举产生独立董事的股东大会文件，包括但不限于通知、议案、决议、会议记录、签到表、选票等；查阅历次变更独立董事时相应工商备案登记资料。

6. 查阅独立董事述职报告、需独立董事发表的独立意见、独立董事出席历次董事会的会议记录及签到证明；访谈独立董事并了解独立董事是否知悉发行人的生产经营情况、财务情况，是否按照公司章程、董事会议事规则及独立董事工作制度的规定履行职责，是否在董事会决策和发行人经营管理中实际发挥独立作用等。

三、参考规范

《深圳证券交易所创业板股票上市规则》

7.2.14　上市公司拟进行须提交股东大会审议的关联交易，应当在提交董事会审议前，取得独立董事事前认可意见。

独立董事事前认可意见应当取得全体独立董事半数以上同意，并在关联交易公告中披露。

《深圳证券交易所创业板上市公司规范运作指引》

3.5.1　独立董事应当独立公正地履行职责，不受上市公司主要股东、实际控制人或者其他与公司存在利害关系的单位和个人的影响。若发现所审议事项存在影响其独立性的情况，应当向公司申明并实行回避。任职期间出现明显影响独立性情形的，应当及时通知公司，提出解决措施，必要时应当提出辞职。

上市公司应当保证独立董事享有与其他董事同等的知情权，提供独立董事履行职责所必需的工作条件。在独立董事行使职权时，有关人员应当积极配合，不得拒绝、阻碍或者隐瞒，不得干预独立董事独立行使职权。

3.5.2　独立董事应当充分行使下列特别职权：

（一）需要提交股东大会审议的关联交易应当由独立董事认可后，提交董事会讨论。独立董事在作出判断前，可以聘请中介机构出具专项报告；

（二）向董事会提议聘用或者解聘会计师事务所；

（三）向董事会提请召开临时股东大会；

（四）征集中小股东的意见，提出利润分配和资本公积金转增股本提案，并直接提交董事会审议；

（五）提议召开董事会；

（六）独立聘请外部审计机构和咨询机构；

（七）在股东大会召开前公开向股东征集投票权，但不得采取有偿或者变相有偿方式进行征集。

独立董事行使上述职权应当取得全体独立董事的二分之一以上同意。

3.5.3 独立董事应当对上市公司下列重大事项发表独立意见：

（一）提名、任免董事；

（二）聘任、解聘高级管理人员；

（三）董事、高级管理人员的薪酬；

（四）公司现金分红政策的制定、调整、决策程序、执行情况及信息披露，以及利润分配政策是否损害中小投资者合法权益；

（五）需要披露的关联交易、提供担保（对合并报表范围内子公司提供担保除外）、委托理财、提供财务资助、募集资金使用有关事项、公司自主变更会计政策、股票及其衍生品种投资等重大事项；

（六）重大资产重组方案、股权激励计划、员工持股计划、回购股份方案；

（七）公司拟决定其股票不再在本所交易，或者转而申请在其他交易场所交易或者转让；

（八）独立董事认为有可能损害中小股东合法权益的事项；

（九）相关法律、行政法规、部门规章、规范性文件、本所业务规则及公司章程规定的其他事项。

独立董事发表的独立意见类型包括同意、保留意见及其理由、反对意见及其理由和无法发表意见及其障碍，所发表的意见应当明确、清楚。

3.5.4 独立董事对重大事项出具的独立意见至少应当包括下列内容：

（一）重大事项的基本情况；

（二）发表意见的依据，包括所履行的程序、核查的文件、现场检查的内容等；

（三）重大事项的合法合规性；

（四）对上市公司和中小股东权益的影响、可能存在的风险以及公司采取的措施是否有效；

（五）发表的结论性意见。对重大事项提出保留意见、反对意见或者无法发表意见的，相关独立董事应当明确说明理由。

独立董事应当对出具的独立意见签字确认，并将上述意见及时报告董事会，与公司相关公告同时披露。

3.5.5 独立董事发现上市公司存在下列情形之一的，应当积极主动履行尽职调查义务并及时向本所报告，必要时应当聘请中介机构进行专项核查：

（一）重要事项未按规定提交董事会审议；

（二）未及时履行信息披露义务；

（三）信息披露存在虚假记载、误导性陈述或者重大遗漏；

（四）其他涉嫌违法违规或者损害中小股东合法权益的情形。

3.5.6 除参加董事会会议外，独立董事应当保证安排合理时间，对上市公司生产经营状况、管理和内部控制等制度的建设及执行情况、董事会决议执行情况等进行现场检查。现场检查发现异常情形的，应当及时向公司董事会和本所报告。

3.5.7 独立董事应当依法履行董事义务，充分了解上市公司经营运作情况和董事会议题内容，维护公司和全体股东的利益，尤其关注中小股东的合法权益保护。

公司股东间或者董事间发生冲突、对公司经营管理造成重大影响的，独立董事应当积极主动履行职责，维护公司整体利益。

本所鼓励独立董事公布通信地址或者电子信箱与投资者进行交流，接受投资者咨询、投诉，主动调查损害公司和中小投资者合法权益的情况，并将调查结果及时回复投资者。

3.5.8 出现下列情形之一的，独立董事应当及时向本所报告：

（一）被公司免职，本人认为免职理由不当的；

（二）由于公司存在妨碍独立董事依法行使职权的情形，致使独立董事辞职的；

（三）董事会会议材料不完整或论证不充分，两名及以上独立董事书面要求延期召开董事会会议或者延期审议相关事项的提议未被采纳的；

（四）对公司或者其董事、监事、高级管理人员涉嫌违法违规行为向董事会报告后，董事会未采取有效措施的；

（五）严重妨碍独立董事履行职责的其他情形。

3.5.9 独立董事应当向上市公司年度股东大会提交述职报告并披露。述职报告应当包括以下内容：

（一）全年出席董事会方式、次数及投票情况，列席股东大会次数；

（二）发表独立意见的情况；

（三）现场检查情况；

（四）提议召开董事会、提议聘用或者解聘会计师事务所、独立聘请外部审计机构和咨询机构等情况；

（五）保护中小股东合法权益方面所做的其他工作。

3.5.10 独立董事应当对其履行职责的情况进行书面记载，本所可以根据监管需要调阅独立董事的工作档案。

3.5.11 独立董事任职期间，应当按照相关规定参加本所认可的独立董事后续培训。

《上海证券交易所科创板股票上市规则》

4.2.6 独立董事应当重点关注上市公司关联交易、对外担保、募集资金使用、并购重组、重大投融资活动、高管薪酬和利润分配等与中小股东利益密切相关的事项。

独立董事可以提议召开董事会、股东大会，以及聘请会计师事务所、律师事务所等证券服务机构对相关事项进行审计、核查或者发表意见。

7.2.9 上市公司拟进行须提交股东大会审议的关联交易，应当在提交董事会审议前，取得独立董事事前认可意见。

独立董事事前认可意见应当取得全体独立董事的半数以上同意，并在关联交易公告中披露。

《上海证券交易所上市公司独立董事备案及培训工作指引》(2016年修订)

第十条 独立董事候选人应具备上市公司运作的基本知识，熟悉相关法律、行政法规、部门规章及其他规范性文件，具有五年以上法律、经济、财务、管理或者其他履行独立董事职责所必需的工作经验，并已根据中国证监会《上市公司高级管理人员培训工作指引》及相关规定取得独立董事资格证书。

独立董事候选人在提名时未取得独立董事资格证书的，应书面承诺参加最近一次独立董事资格培训，并取得独立董事资格证书。

第十一条 独立董事候选人任职资格应符合下列法律、行政法规和部门规章的要求：

(一)《中华人民共和国公司法》关于董事任职资格的规定；

(二)《中华人民共和国公务员法》关于公务员兼任职务的规定；

(三)中央纪委、中央组织部《关于规范中管干部辞去公职或者退(离)休后担任上市公司、基金管理公司独立董事、独立监事的通知》的规定；

(四)中央纪委、教育部、监察部《关于加强高等学校反腐倡廉建设的意见》关于高校领导班子成员兼任职务的规定；

(五)中国保监会《保险公司独立董事管理暂行办法》的规定；

(六)其他法律、行政法规和部门规章规定的情形。

第十二条 独立董事候选人应具备独立性，不属于下列情形：

(一)在上市公司或者其附属企业任职的人员及其直系亲属和主要社会关系；

(二)直接或间接持有上市公司已发行股份1%以上或者是上市公司前十名股东中的自然人股东及其直系亲属；

(三)在直接或间接持有上市公司已发行股份5%以上的股东单位或者在上市公司

前五名股东单位任职的人员及其直系亲属；

（四）在上市公司实际控制人及其附属企业任职的人员；

（五）为上市公司及其控股股东或者其各自的附属企业提供财务、法律、咨询等服务的人员，包括提供服务的中介机构的项目组全体人员、各级复核人员、在报告上签字的人员、合伙人及主要负责人；

（六）在与上市公司及其控股股东或者其各自的附属企业具有重大业务往来的单位担任董事、监事或者高级管理人员，或者在该业务往来单位的控股股东单位担任董事、监事或者高级管理人员；

（七）近一年内曾经具有前六项所列举情形的人员；

（八）其他本所认定不具备独立性的情形。

第十三条　独立董事候选人应无下列不良记录：

（一）近三年曾被中国证监会行政处罚；

（二）处于被证券交易所公开认定为不适合担任上市公司董事的期间；

（三）近三年曾被证券交易所公开谴责或两次以上通报批评；

（四）曾任职独立董事期间，连续两次未出席董事会会议，或者未亲自出席董事会会议的次数占当年董事会会议次数三分之一以上；

（五）曾任职独立董事期间，发表的独立意见明显与事实不符。

第十四条　已在五家境内上市公司担任独立董事的，不得再被提名为其他上市公司独立董事候选人。

第十五条　在拟候任的上市公司连续任职独立董事已满六年的，不得再连续任职该上市公司独立董事。

第十六条　以会计专业人士身份被提名为独立董事候选人的，应具备较丰富的会计专业知识和经验，并至少符合下列条件之一：

（一）具有注册会计师执业资格；

（二）具有会计、审计或者财务管理专业的高级职称、副教授职称或者博士学位；

（三）具有经济管理方面高级职称，且在会计、审计或者财务管理等专业岗位有5年以上全职工作经验。

第十七条　上市公司独立董事任职后出现本节规定的不符合独立董事任职资格情形的，应自出现该等情形之日起30日内辞去独立董事职务。未按要求辞职的，上市公司董事会应在2日内启动决策程序免去其独立董事职务。

第十八条　因独立董事提出辞职导致独立董事占董事会全体成员的比例低于三分之一的，提出辞职的独立董事应继续履行职务至新任独立董事产生之日。该独立董事的原提名人或上市公司董事会应自该独立董事辞职之日起90日内提名新的独立董事候选人。

《深圳证券交易所上市公司信息披露指引第8号——独立董事备案》

第四条 独立董事候选人应当符合下列法律、行政法规、部门规章、规范性文件和本所业务规则有关独立董事任职资格、条件和要求的相关规定：

（一）《公司法》有关董事任职资格的规定；

（二）《中华人民共和国公务员法》的相关规定（如适用）；

（三）《指导意见》的相关规定；

（四）中共中央纪委《关于规范中管干部辞去公职或者退（离）休后担任上市公司、基金管理公司独立董事、独立监事的通知》的相关规定（如适用）；

（五）中共中央组织部《关于进一步规范党政领导干部在企业兼职（任职）问题的意见》的相关规定（如适用）；

（六）中共中央纪委、教育部、监察部《关于加强高等学校反腐倡廉建设的意见》的相关规定（如适用）；

（七）中国人民银行《股份制商业银行独立董事和外部监事制度指引》等的相关规定（如适用）；

（八）中国证监会《证券公司董事、监事和高级管理人员任职资格监管办法》等的相关规定（如适用）；

（九）中国银保监会《银行业金融机构董事（理事）和高级管理人员任职资格管理办法》《保险公司董事、监事和高级管理人员任职资格管理规定》《保险机构独立董事管理办法》等的相关规定（如适用）；

（十）本所《上市公司规范运作指引》及《创业板上市公司规范运作指引》等业务规则的相关规定；

（十一）其他法律、行政法规、部门规章和规范性文件等有关独立董事任职资格、条件和要求的规定。

第五条 独立董事候选人应当具备上市公司运作相关的基本知识，熟悉相关法律、行政法规、部门规章、规范性文件及本所业务规则，具有五年以上法律、经济、管理、会计、财务或者其他履行独立董事职责所必需的工作经验。

第六条 独立董事及拟担任独立董事的人士应当按照《指导意见》的要求，参加相关培训并取得本所认可的独立董事资格证书。

独立董事候选人在上市公司发布召开关于选举独立董事的股东大会通知公告时尚未取得独立董事资格证书的，应当书面承诺参加最近一次独立董事培训并取得本所认可的独立董事资格证书，并予以公告。

第七条 独立董事候选人应当具有独立性，下列人员不得担任独立董事：

（一）在上市公司或者其附属企业任职的人员及其直系亲属和主要社会关系；

（二）直接或间接持有上市公司已发行股份1%以上或者是上市公司前十名股东中的自然人股东及其直系亲属；

（三）在直接或间接持有上市公司已发行股份5%以上的股东单位或者在上市公司前五名股东单位任职的人员及其直系亲属；

（四）在上市公司控股股东、实际控制人及其附属企业任职的人员及其直系亲属；

（五）为上市公司及其控股股东、实际控制人或者其各自附属企业提供财务、法律、咨询等服务的人员，包括但不限于提供服务的中介机构的项目组全体人员、各级复核人员、在报告上签字的人员、合伙人及主要负责人；

（六）在与上市公司及其控股股东、实际控制人或者其各自的附属企业有重大业务往来的单位任职的人员，或者在有重大业务往来单位的控股股东单位任职的人员；

（七）最近十二个月内曾经具有前六项所列情形之一的人员；

（八）最近十二个月内，独立董事候选人、其任职及曾任职的单位存在其他影响其独立性情形的人员；

（九）本所认定不具有独立性的其他人员。

前款第（四）项、第（五）项及第（六）项中的上市公司控股股东、实际控制人的附属企业，不包括根据《股票上市规则》第10.1.4条和《创业板股票上市规则》第7.2.4条规定，与上市公司不构成关联关系的附属企业。

第八条　独立董事候选人应无下列不良记录：

（一）被中国证监会采取证券市场禁入措施，期限尚未届满的；

（二）被证券交易所公开认定不适合担任上市公司董事、监事和高级管理人员，期限尚未届满的；

（三）最近三十六个月内因证券期货违法犯罪，受到中国证监会行政处罚或者司法机关刑事处罚的；

（四）因涉嫌证券期货违法犯罪，被中国证监会立案调查或者被司法机关立案侦查，尚未有明确结论意见的；

（五）最近三十六个月内受到证券交易所公开谴责或三次以上通报批评的；

（六）作为失信惩戒对象等被国家发改委等部委认定限制担任上市公司董事职务的；

（七）在过往任职独立董事期间因连续三次未亲自出席董事会会议或者因连续两次未能亲自出席也不委托其他董事出席董事会会议被董事会提请股东大会予以撤换，未满十二个月的；

（八）本所认定的其他情形。

第九条　在同一上市公司连续任职独立董事已满六年的，自该事实发生之日起十二个月内不得被提名为该上市公司独立董事候选人。

第十条　独立董事候选人最多在五家上市公司（含本次拟任职上市公司、深沪证券交易所上市公司、境外证券交易所上市公司）兼任独立董事。

第十一条 以会计专业人士身份被提名的独立董事候选人，应当具备丰富的会计专业知识和经验，并至少符合下列条件之一：

（一）具备注册会计师资格；

（二）具有会计、审计或者财务管理专业的高级职称、副教授或以上职称、博士学位。

第十二条 独立董事提名人在提名候选人时，除遵守本指引第四条至第十一条的规定外，还应当重点关注独立董事候选人是否存在下列情形：

（一）过往任职独立董事期间，连续两次未亲自出席董事会会议或者连续十二个月未亲自出席董事会会议的次数超过期间董事会会议总数的二分之一的；

（二）过往任职独立董事期间，未按规定发表独立董事意见或发表的独立意见经证实明显与事实不符的；

（三）同时在超过五家公司担任董事、监事或高级管理人员的；

（四）过往任职独立董事任期届满前被上市公司提前免职的；

（五）最近三十六个月内受到中国证监会以外的其他有关部门处罚的；

（六）可能影响独立董事诚信勤勉和独立履职的其他情形。

独立董事候选人存在上述情形之一的，其提名人应当披露具体情形、仍提名该候选人的理由、是否对上市公司规范运作和公司治理产生影响及应对措施。

第十三条 独立董事在任职后出现不符合本指引第四条至第十一条规定的独立董事任职资格情形之一的，应当自出现该情形之日起一个月内辞去独立董事职务；未按要求辞职的，上市公司董事会应当在一个月期限到期后及时召开董事会，审议提请股东大会撤换该名独立董事事项并在两个月内完成独立董事补选工作。

《关于在上市公司建立独立董事制度的指导意见》

为进一步完善上市公司治理结构，促进上市公司规范运作，现就上市公司建立独立的外部董事（以下简称独立董事）制度提出以下指导意见：

一、上市公司应当建立独立董事制度

（一）上市公司独立董事是指不在公司担任除董事外的其他职务，并与其所受聘的上市公司及其主要股东不存在可能妨碍其进行独立客观判断的关系的董事。

（二）独立董事对上市公司及全体股东负有诚信与勤勉义务。独立董事应当按照相关法律法规、本指导意见和公司章程的要求，认真履行职责，维护公司整体利益，尤其要关注中小股东的合法权益不受损害。独立董事应当独立履行职责，不受上市公司主要股东、实际控制人，或者其他与上市公司存在利害关系的单位或个人的影响。独立董事原则上最多在5家上市公司兼任独立董事，并确保有足够的时间和精力有效地履行独立董事的职责。

（三）各境内上市公司应当按照本指导意见的要求修改公司章程，聘任适当人员担任独立董事，其中至少包括一名会计专业人士（会计专业人士是指具有高级职称或注册会计师资格的人士）。在二〇〇二年六月三十日前，董事会成员中应当至少包括2名独立董事；在二〇〇三年六月三十日前，上市公司董事会成员中应当至少包括三分之一独立董事。

（四）独立董事出现不符合独立性条件或其他不适宜履行独立董事职责的情形，由此造成上市公司独立董事达不到本《指导意见》要求的人数时，上市公司应按规定补足独立董事人数。

（五）独立董事及拟担任独立董事的人士应当按照中国证监会的要求，参加中国证监会及其授权机构所组织的培训。

二、独立董事应当具备与其行使职权相适应的任职条件

担任独立董事应当符合下列基本条件：

（一）根据法律、行政法规及其他有关规定，具备担任上市公司董事的资格；

（二）具有本《指导意见》所要求的独立性；

（三）具备上市公司运作的基本知识，熟悉相关法律、行政法规、规章及规则；

（四）具有五年以上法律、经济或者其他履行独立董事职责所必需的工作经验；

（五）公司章程规定的其他条件。

三、独立董事必须具有独立性

下列人员不得担任独立董事：

（一）在上市公司或者其附属企业任职的人员及其直系亲属、主要社会关系（直系亲属是指配偶、父母、子女等；主要社会关系是指兄弟姐妹、岳父母、儿媳女婿、兄弟姐妹的配偶、配偶的兄弟姐妹等）；

（二）直接或间接持有上市公司已发行股份1%以上或者是上市公司前十名股东中的自然人股东及其直系亲属；

（三）在直接或间接持有上市公司已发行股份5%以上的股东单位或者在上市公司前五名股东单位任职的人员及其直系亲属；

（四）最近一年内曾经具有前三项所列举情形的人员；

（五）为上市公司或者其附属企业提供财务、法律、咨询等服务的人员；

（六）公司章程规定的其他人员；

（七）中国证监会认定的其他人员。

四、独立董事的提名、选举和更换应当依法、规范地进行

（一）上市公司董事会、监事会、单独或者合并持有上市公司已发行股份1%以上的股东可以提出独立董事候选人，并经股东大会选举决定。

（二）独立董事的提名人在提名前应当征得被提名人的同意。提名人应当充分了解被提名人职业、学历、职称、详细的工作经历、全部兼职等情况，并对其担任独立董事的资格和独立性发表意见，被提名人应当就其本人与上市公司之间不存在任何影

响其独立客观判断的关系发表公开声明。

在选举独立董事的股东大会召开前，上市公司董事会应当按照规定公布上述内容。

（三）在选举独立董事的股东大会召开前，上市公司应将所有被提名人的有关材料同时报送中国证监会、公司所在地中国证监会派出机构和公司股票挂牌交易的证券交易所。上市公司董事会对被提名人的有关情况有异议的，应同时报送董事会的书面意见。

中国证监会在15个工作日内对独立董事的任职资格和独立性进行审核。对中国证监会持有异议的被提名人，可作为公司董事候选人，但不作为独立董事候选人。

在召开股东大会选举独立董事时，上市公司董事会应对独立董事候选人是否被中国证监会提出异议的情况进行说明。

对于本《指导意见》发布前已担任上市公司独立董事的人士，上市公司应将前述材料在本《指导意见》发布实施起一个月内报送中国证监会、公司所在地中国证监会派出机构和公司股票挂牌交易的证券交易所。

（四）独立董事每届任期与该上市公司其他董事任期相同，任期届满，连选可以连任，但是连任时间不得超过六年。

（五）独立董事连续3次未亲自出席董事会会议的，由董事会提请股东大会予以撤换。

除出现上述情况及《公司法》中规定的不得担任董事的情形外，独立董事任期届满前不得无故被免职。提前免职的，上市公司应将其作为特别披露事项予以披露，被免职的独立董事认为公司的免职理由不当的，可以作出公开的声明。

（六）独立董事在任期届满前可以提出辞职。独立董事辞职应向董事会提交书面辞职报告，对任何与其辞职有关或其认为有必要引起公司股东和债权人注意的情况进行说明。

如因独立董事辞职导致公司董事会中独立董事所占的比例低于本《指导意见》规定的最低要求时，该独立董事的辞职报告应当在下任独立董事填补其缺额后生效。

第五节　核心技术人员认定

核心技术人员不同于其他高级管理人员，需要具备一定的技术背景和科研能力。由于核心技术人员往往掌握企业核心技术，对企业的生产经营起关键作用，根据《科创板股票上市规则》的相关规定，还需出具股份锁定与减持承诺。因此，核心技术人员的认定已成为科创板发审委的常规问询问题。

截至2020年12月31日，思瑞浦、海目星、九号智能、华特股份、兴图新科、秦川物联、德林海、金宏气体、恒玄科技、德马科技等60余家企业被问询核心技术人员认定相关问题。

一、典型案例

杭可科技（688006）

浙江杭可科技股份有限公司（以下简称发行人）2019年4月15日提交的招股说明书（申报稿）披露，发行人现有4名核心技术人员。

针对上述情形，发审委要求发行人对下列事项进行披露和说明，并要求保荐机构、发行人律师核查并发表明确意见：根据《科创板审核问答》，披露核心技术人员的认定依据；结合公司研发部门主要成员、主要专利发明人、主要研发项目参与人、员工持股数量及变化等情况充分、恰当地认定和披露核心技术人员；披露报告期内核心技术人员的变化情况，最近2年内是否发生重大不利变化。

根据发行人律师出具的补充法律意见书披露显示：[1]

1. 核心技术人员的认定依据

根据《科创板审核问答》第6条相关规定，原则上，核心技术人员通常包括公司技术负责人、研发负责人、研发部门主要成员、主要知识产权和非专利技术的发明人或设计人、主要技术标准的起草者等。

最近两年内，发行人有4名核心技术人员，分别为曹骥、赵群武、俞平广和刘伟；上述人员均具有10年以上行业经验，曹骥为发行人实际控制人、研发项目带头人，赵群武、俞平广和刘伟为发行人研发部门主要成员、发行人研究所负责人，主持了多项核心技术的研发和专利发明的设计，对发行人核心技术的形成具有突出重大贡献。发行人的在研项目中，曹骥负责各个项目的统筹领导并主持电池生产管理系统项目的研发，赵群武作为研究所所长，具体负责新一代高速高精度控制及检测系统项目及智能设备解决方案项目的总体设计/方案策划等研发工作；俞平广作为第一电池研究所所长，具体负责第四代方型电池化成分容系统项目的总体设计/方案策划等研发工作；刘伟作为自动化研究所所长，具体负责软包/聚合物动力电池加温加压充放电系统项目的研发工作，发行人其他在研项目均在前述核心技术人员领导

[1]《北京市金杜律师事务所关于浙江杭可科技股份有限公司首次公开发行股票并在科创板上市的补充法律意见书（一）》，载上海证券交易所网，http：//static.sse.com.cn/stock/information/c/201905/05e24e8e54b947a7b6058ba2e61bd210.pdf，最后访问日期：2021年5月21日。

下实施开发。

发行人核心技术人员的认定，符合《科创板审核问答》相关规定。

2. 发行人核心技术人员的认定全面、恰当

发行人的核心技术人员曹骥、赵群武、俞平广、刘伟均为发行人研发部门主要成员及主要研发项目参与人，同时发行人拥有的专利也由上述核心技术人员或其团队的主要成员担任发明人；发行人的核心技术人员简介如下：

（1）曹骥：曹骥作为公司的总经理，负责全公司技术开发方向的战略决策、产品的研发领域和目标客户的战略选择，主持规划全自动锂离子电池后处理系统总体技术框架。曹骥组建培养了一支稳定且高素质的多专业综合型核心技术开发团队，致力于锂离子电池后处理系统相关领域的开发，使公司以自主开发的核心技术作为支撑，成功进入多家全球知名的锂电池制造商的供应商体系。

（2）赵群武：赵群武是资深的模拟电路 / 数字电路设计工程师、锂离子电池化成 / 分容系统构架师。作为研究所所长，统筹管理全公司的全自动锂离子电池后处理系统的规划和研发，并组织团队攻关充放电机核心技术并将其实现产业化。主导了线性充放电技术、开关型充放电技术、锂电池自动装夹技术、全自动校准技术等核心技术的研发工作；作为公司首席技术代表与韩国三星、韩国 LG、日本索尼（现为株式会社东北村田制作所及旗下子公司，以下简称日本村田）、比亚迪、国轩高科、力神动力、深圳市比克动力电池有限公司（以下简称比克动力）等知名锂离子电池制造商进行技术谈判。

（3）俞平广：俞平广安排、组织第一电池研究所的研发团队，紧跟行业发展趋势和技术创新要求，使公司的动力电池设备研发团队成为最早进入国内动力电池后处理系统领域的国内团队之一。俞平广在其中负责应对用户的任务要求，进行方案策划、技术研发、产品设计等工作，包括涉及方形电池的实验室、试验线、量产自动后处理线的项目，按产品制造量产化和标准化的要求，研发了各后处理工序要求的标准化、模块化产品，培养并壮大了多项技术领域的专业研发团队和项目团队。

（4）刘伟：刘伟作为自动化研究所所长，带领自动化研究所的技术团队，突破技术“瓶颈”，开发出了消费类及动力类软包电池的高温加压化成设备。刘伟指导开发了夹具机的模块化平台，解决了设备在单元不同状况下的组装、叠加工作，并主持了多项软包电池设备领域专利的发明。

2017 年年初至 2017 年 9 月，曹骥直接持有发行人 52.1156% 的股份，并通过杭可投资间接持有发行人 24.3706% 的股份；2017 年 9 月至报告期末，曹骥直接持有发行人 52.1156% 的股份，并通过杭可投资间接持有发行人 24.0621% 的股份；2017 年年

初至报告期末，赵群武直接持有发行人1.1784%的股份，并通过杭可投资间接持有发行人0.5356%的股份；2017年年初至报告期末，俞平广直接持有发行人1.1784%的股份，并通过杭可投资间接持有发行人0.2678%的股份；2017年年初至报告期末，刘伟不直接或间接持有发行人股份。

罗克佳华（688051）

罗克佳华科技集团股份有限公司（以下简称发行人）2019年5月9日提交的招股说明书（申报稿）披露，发行人的董事、监事及高级管理人员本届任期的到期日为2019年6月30日。发行人设立技术委员会为公司技术团队和技术方向进行指导，技术委员会成员包括李玮、吴晓闯、陶波、黄志龙、廖强5人。发行人核心技术人员认定为李玮、黄志龙、廖强、王耀华、吴强等7人。

针对上述情形，发审委要求发行人对下列事项进行说明，并要求保荐机构、发行人律师核查并发表明确意见：充分披露核心技术人员的认定依据及标准，结合吴晓闯、陶波在发行人处任职、领薪及在发行人生产经营中所发挥的作用，说明未将其认定为核心技术人员的原因及合理性；根据《科创板审核问答》第6条的要求进行详细核查，就发行人对核心技术人员的认定情况和认定依据是否符合公司实际情况发表明确意见。

根据发行人律师出具的补充法律意见书披露显示：[1]

1. 核心技术人员的认定依据及标准

发行人是集物联网智能制造、数据采集、数据融合、智能分析为一体的物联网大数据服务企业，拥有以自主知识产权的智能传感器、云链数据库、物联网IoT平台及人工智能AI算法为核心的技术软实力，并自主建设数据中心作为承载。

发行人根据其核心技术领域及相关人员在研发及经营过程中所发挥的突出作用，认定发行人的核心技术人员，具体认定标准如下：（1）为发行人核心技术领域的领军人物，拥有深厚且与发行人业务相匹配的资历背景和丰富的研发和技术经验；（2）在发行人研发方面承担重要工作，对发行人主要知识产权的发明与设计具有突出贡献。

根据上述标准，发行人认定核心技术人员共7人，名单及认定依据如表147所示：

---

〔1〕《北京市天元律师事务所关于罗克佳华科技集团股份有限公司首次公开发行股票并在科创板上市的补充法律意见书（一）》，载上海证券交易所网，http：//static.sse.com.cn/stock/information/c/201907/fd354583845442078a8ee5be0c32ca95.pdf，最后访问日期：2021年5月21日。

表 147

序号	姓名	理由及依据
1	李玮	（1）为发行人董事长兼总经理、发行人研发带头人，负责技术顶层设计、产品的战略规划； （2）在发行人从事研发及研发管理工作近16年，是第二批国家“千人计划”专家、国家特聘专家、北京市“海聚人才”专家、山西省“百人计划”专家、国家环境保护工业污染源监控工程技术中心主任、中国环境学会常务理事； （3）在发行人任职期间，作为第一发明人主持获得专利70余项，其中发明专利6项； （4）在发行人任职期间，主持承担国家科技支撑计划项目、首批国家物联网应用示范项目等国家专项
2	黄志龙	（1）为发行人副总经理、技术委员会委员，分管发行人嵌入式智能产品的研发、设计。 （2）在发行人从事研发及研发管理工作16年，有丰富的实践经验和管理经验。在发行人任职期间组织参与了煤炭、电力、建筑智能化，能耗监测、大气环境监测应用等物联网解决方案及大数据应用的设计和实施工作，在火电厂石灰石脱硫排污总量实时物料衡算系统合规算法和布袋除尘器运行效率等级的监测与评估算法及空气质量和气象参数实时检测与分析算法等领域取得突破。 （3）任职期间参与获得专利20余项，其中发明专利1项，研究并发表《在线环保监测系统中的大数据分析》研究论文，参加科技部重点研发计划项目《大气污染区域联防联控制度和管理技术体系研究项目》之子课题《数据驱动的大气污染区域联防联控决策平台》的研发。 （4）任职期间先后获得太原市劳动模范、五一劳动奖章、转型跨越先锋、太原市高端创新型人才，并因主持完成中国（太原）煤炭交易中心工程中的“智能建筑工程”项目获得建筑业最高奖项“中国建设工程鲁班奖”（国家优质工程）工程项目经理等荣誉
3	廖强	（1）为发行人技术总监、技术委员会委员，主要负责发行人技术核心竞争力的提升、技术路线的制定和完善、制定产品策略并进行相关研究工作，负责发行人的研发管理、科研课题的管理以确保发行人技术优势； （2）负责IoT平台和云链数据库的设计和研发，负责深度学习中分布式异构训练系统、深度学习框架等相关的研发。任职期间带领团队在发行人核心技术IoT、云链数据库等技术领域实现申请发明专利7项，获得软件著作权20余项
4	王耀华	（1）为发行人子公司佳华智联的技术总经理，带领团队负责嵌入式产品的研发、设计，并主要从事体系架构共性技术、顶层架构设计、微型智能传感器技术、传感器集成技术、数据融合技术、采集交换关键技术、“感—联—知—用—融”的基础理论与关键技术的设计、研究及参与物联网和人工智能标准制定工作；

续表

序号	姓名	理由及依据
4	王耀华	（2）在发行人从事研发及研发管理工作近 9 年，为山西省物联网和人工智能标准化技术委员会副主任委员，2018 年度山西省“三晋英才”支持计划拔尖骨干人才； （3）在发行人任职期间参与获得专利 20 余项，其中发明专利 2 项； （4）在发行人任职期间先后主持基于物联网技术的嵌入式可编程控制器（PLC）的联合开发、基于环保物联网的佳华云产品研发及产业化等多项国家项目和产品的开发
5	吴强	（1）为发行人子公司佳华物链云算法工程师，主要负责公司核心技术之云链技术、深度学习算法中核心算法的研究、开发； （2）国防科技大学计算机科学与技术专业博士研究生学历，曾任深圳商汤科技有限公司高级软件工程师、成都西纬科技有限公司算法工程师，在算法方面有着较为丰富的研发和技术经验； （3）在公司任职期间主要从事安防和环保领域相关深度学习算法和模型的设计和优化，深度学习训练和推理平台的搭建和推理引擎优化，以及视频检测算法和人脸相关算法的模型训练和 API 开发； （4）作为公司核心技术云链算法的核心研发人员，其参与研发的云链共享平台 V1.0 获得中国电子技术标准化研究院功能测试证书，表明该平台符合《区块链参考架构》中功能架构的要求
6	冯德星	（1）为发行人子公司佳华智联的副总工程师，主要负责环保物联网和智慧环保总体方案设计、环境监测仪器研发和环境监测数据质量控制； （2）中国科学技术大学环境科学专业本科毕业，在公司从事研发工作逾 10 年； （3）任职期间参与环保部《污染源排放过程（工况）监控技术指南》《环保物联网危险化学品监控系统数据采集、传输与处理技术导则》《环保物联网接入设备技术规范》《山西省空气质量网格化监测系统通用技术规范》的编制； （4）任职期间，参与公司污染源在线监测设备（CEMS、COD、氨氮等）、环保过程工况监控仪、环保网格化监控设备的技术研发与实验认证，组织建立了公司环境监测数据质量控制与质量保障体系
7	侯韶君	（1）为发行人软件中心总经理，主要负责管理及组织智慧环保、智慧城市、综合信息化、AI 技术、云链数据库、IoT 平台等多个领域的软件产品研发和项目实施工作； （2）在公司从事研发及研发管理工作 11 年，任职期间主要负责公司物联网技术支持、研发环保物联网算法模型及相关管理工作，推进并完善基于 IoT 平台、大数据和云计算的智慧环保平台的产品研发和应用体系； （3）在公司任职期间参与获得专利 2 项，主持或参与开发获得软件著作权 30 余项，其中环境质量与污染源自动监控管理系统获得第三届中国国际建设环境友好型社会成果展览会金奖、环境质量与污染源自动监控管理系统 V1.0 获得第十六届中国国际软件博览会金奖、佳华云 IaaS 平台 V1.0 获得第十七届中国国际软件博览会金奖

2. 未将吴晓闯、陶波认定为核心技术人员的原因及合理性

发行人设立技术委员会为公司技术团队和技术方向进行指导，技术委员会成员包括李玮、吴晓闯、陶波、黄志龙、廖强 5 人。其中，李玮、吴晓闯、陶波为国家“千人计划”成员。

李玮为第二批国家“千人计划”成员、国家特聘专家，在其引进下，吴晓闯博士、陶波博士分别于 2009 年和 2012 年加盟罗克佳华，吴晓闯、陶波博士被国家认定为第六批、第九批国家“千人计划”成员、国家特聘专家。

吴晓闯博士曾长期在美国通用汽车公司任职，基于对汽车智能化和无人化驾驶技术浓厚的兴趣，于 2017 年 4 月创立昆山星际舟智能科技有限公司，进行无人驾驶车辆方面的研究。吴晓闯博士目前兼任罗克佳华董事、技术委员会委员。

陶波博士家庭在美国，于 2015 年年底回到美国。陶波博士目前兼任罗克佳华技术委员会委员。

吴晓闯和陶波目前均在发行人处领取技术委员会专家薪酬。吴晓闯、陶波目前兼任罗克佳华技术委员会委员，基于对行业的理解，为公司创新研发方向提供建议。但二人均未全职在罗克佳华工作，不具体组织、管理、参与罗克佳华的技术研发工作，因此未列入核心技术人员名单。

综上所述，发行人核心技术人员的认定综合考虑了相关人员的资历背景和技术经验、在发行人研发方面承担的重要工作、对发行人主要知识产权发明或设计的贡献、发行人实际生产经营需要和其在生产经营发挥的实际作用等因素，并已包含了发行人技术负责人、研发负责人、研发部门核心成员，其认定依据及认定情况符合《科创板审核问答》第六条的要求，符合公司实际情况。

华特气体（688268）

广东华特气体股份有限公司（以下简称发行人）2019 年 4 月 12 日提交的招股说明书（申报稿）披露，发行人核心技术人员共有 4 名，分别为傅铸红、廖恒易、陈艳珊、裴友宏。

针对上述情形，发审委要求发行人对下列事项进行披露和说明，并要求保荐机构、发行人律师核查并发表明确意见：按照《科创板审核问答》的要求，披露核心技术人员的认定依据，核心技术人员在公司研发、取得专利、软件著作权、主要核心技术等方面发挥的具体作用；结合公司研发部门主要成员、主要专利发明人、主要研发项目参与人、员工持股数量及变化等情况，说明核心技术人员的认定是否恰当。

根据发行人律师出具的补充法律意见书披露显示：[1]

1. 按照《科创板审核问答》的要求，披露核心技术人员的认定依据，核心技术人员在发行人研发、取得专利、软件著作权、主要核心技术等方面发挥的具体作用。

（1）发行人系根据技术人员气体行业的经验，对气体种类以及特性的认识、担任研究课题的情况、参与制定行业标准的情况以及申请专利情况，在核心技术研发的过程中发挥的作用，对气体应用的下游领域特别是半导体行业的用气需求等因素综合认定核心技术人员。

（2）发行人核心技术人员在发行人研发、取得专利、主要核心技术等方面发挥的具体作用情况如表 148 所示：

表 148

序号	姓名	现任职务	认定核心技术人员原因	研发职责
1	傅铸红	总经理	（1）高级工程师、注册安全工程师、中国工业气体工业协会认定的“气体行业领军人才”，中国电子化工新材料产业联盟常务理事、全国半导体设备和材料标准化技术委员会气体分技术委员会副主任委员、集成电路材料产业技术创新战略联盟理事；（2）组建广东省省级企业技术中心、广东省特种气体工程技术研究开发中心，并主持承担国家重大科技专项中“高纯三氟甲烷的研发与中试”、广东省战略性新兴产业区域集聚发展试点项目“平板显示器特种气体项目”等重点科研项目；（3）主导和参与制定《电子工业用气体四氟化硅》《电子工业用气体三氟甲烷》等 10 余项国家标准；（4）发表《乙硼烷制备和纯化方法》《气体示踪剂汽水分离器的研制与应用分析》等多篇论文；（5）发行人及子公司已获授权的 20 项专利的发明人	（1）提出重大研发项目的研发目标；（2）对研发项目的可行性、方案进行评审；（3）对研发过程中出现的研发技术难点进行讨论并作出指导意见；（4）研发重点在电子气体产品在半导体产业的下一代应用

〔1〕《关于广东华特气体股份有限公司首次公开发行股票并在科创板上市的补充法律意见书（一）》，载上海证券交易所网，http://static.sse.com.cn/stock/information/c/201905/3cc516d87d9b4cc093e1526e5053b2ce.pdf，最后访问日期：2021 年 5 月 21 日。

续表

序号	姓名	现任职务	认定核心技术人员原因	研发职责
2	廖恒易	副总经理	（1）组建“广东省省级企业技术中心”“广东省特种气体工程技术研究开发中心”研发平台，并负责国家科技重大专项课题“高纯三氟甲烷的研发与中试”和广东省战略性新兴产业区域集聚发展试点项目“平板显示器特种气体”项目的实施；（2）全国气体标准化技术委员会电子气分会委员及混合气分技术委员会委员，参与《电子工业用气体八氟丙烷》《电子工业用气体六氟化硫》《电子工业用气体高纯氯》等国家标准的编制工作；（3）发行人及子公司已获授权的20余项专利的发明人	（1）提出重大研发项目的研发目标；（2）对研发项目的可行性、方案进行评审；（3）对研发过程中出现的研发技术难点进行讨论并提出指导意见；（4）研发重点在电子气体产品的技术难点突破以及生产效率的提升
3	陈艳珊	研发中心项目负责人	（1）作为主要负责人参与广东省教育部产学研结合项目“半导体材料用氟碳系列气体产品的开发与应用”、国家重大科技专项课题“高纯三氟甲烷的研发与中试”等；（2）发行人及子公司已获授权的30余项专利的发明人	（1）对研发项目进行总体统筹管理；（2）组织对研发项目的可行性、研发方案进行评审；（3）对研发过程中出现技术难点进行重点攻关
4	裴友宏	研发中心总工程师	（1）参与《电子工业用气体锗烷》等国家标准制定；（2）参与省级工程技术研发中心和省级企业中心建设、国家重大科技专项课题“高纯三氟甲烷的研发与中试”等；（3）负责“八氟环丁烷纯化项目”“高纯三氟甲烷技改项目”“锗烷生产项目”等多个研发项目；（4）发行人及子公司已获授权的6项专利的发明人	（1）对研发项目的可行性、研发方案进行评审；（2）对研发项目进行全程技术指导；（3）对研发过程中出现技术难点进行重点攻关

发行人已补充披露了核心技术人员的认定依据，核心技术人员在发行人研发、取得专利、软件著作权、主要核心技术等方面发挥的具体作用。

2. 结合发行人研发部门主要成员、主要专利发明人、主要研发项目参与人、员工持股数量及变化等情况，说明核心技术人员的认定是否恰当。

傅铸红是发行人总经理、管理发行人及其产品的未来发展方向，对于气体产品在下游半导体行业及其他行业的应用有着深刻的造诣，能根据半导体行业最新的工艺以及行业应用为发行人产品提出研发和发展方向。此外，在气体行业有 20 多年的经验，主导参与 10 个国家标准的制定，取得 20 多项专利，在国内气体行业，尤其是电子特种气体行业中有深厚的行业地位。因此，被认定为发行人的核心技术人员。

廖恒易是发行人副总经理，分管发行人研发、技术方向。在气体行业有 20 多年经验，对在合成、纯化等生产过程中的技术难点、如何保持气体质量的稳定等方面有着深厚的经验。主导参与多个国家标准的制定工作，在发行人技术研发以及技术成果转化方面有重要作用。因此，被认定为发行人的核心技术人员。

陈艳珊是研发中心项目负责人，负责统筹各研发项目顺利有序的开展。全程跟踪管理研发项目的立项、评审、技术讨论、实验、小试、中试、量产等各个阶段的研发工作。组织对研发项目的可行性、研发方案进行评审；并对研发过程中出现技术难点进行重点攻关。取得超过 30 多个国家专利，作为主要负责人参与多个重点项目的开展。因此，被认定为发行人的核心技术人员。

裴友宏是研发中心技术总监，总管各个研发项目在开展过程中遇到的技术问题的探讨和解决方案。在气体行业有近 20 年经验，能够解决气体研发过程中的各类问题，尤其涉及发行人对气体纯化方面有深刻的造诣。因此，被认定为发行人的核心技术人员。

综上所述，发行人核心技术人员认定恰当。

兴图新科（688081）

针对武汉兴图新科电子股份有限公司（以下简称发行人）2019 年 6 月 27 日提交的招股说明书（申报稿）披露内容，发审委要求发行人说明核心技术人员的认定依据。

根据发行人律师出具的补充法律意见书披露显示：[1]

1. 发行人核心技术人员的认定标准如下：

（1）在业务经历和历任工作岗位上，与公司业务匹配并积累了深厚的行业经验与技术水平；

（2）在公司技术研发部门任职 5 年以上，且担任重要职务 4 年以上，掌握公司核心技术。如公司技术总监，技术经理及研发部门高级技术人员；

（3）任职期间带领团队取得多项技术专利、软件著作权等科研成果；

[1]《北京观韬中茂律师事务所关于武汉兴图新科电子股份有限公司首次公开发行股票并在科创板上市的补充法律意见书（一）》，载上海证券交易所网，http://static.sse.com.cn/stock/information/c/201908/24f3a32d58b149bcbf64ec1935036512.pdf，最后访问日期：2021 年 5 月 21 日。

（4）任职期间在公司重大项目中承担重要任务，为公司发展作出重大贡献。

2. 发行人核心技术人员包括程家明、孔繁东、王显利、陈升亮、周志祥共5名，核心技术人员研发能力及贡献如下：

程家明先生，2004年6月创办兴图新科有限，2004年6月至2010年12月任兴图新科有限执行董事、总经理，2011年1月至今，任公司董事长、总经理。程家明先生基于对视音频、网络通信等领域的深刻理解，通过不断探索及实践，提出了视音频中间件的核心理念，定义了视音频中间件基础架构，确定了相关关键技术的技术路线，并组织基于视音频中间件设计研制了应用于国防领域的视频指挥控制系统，为视频指挥控制系统在国防领域的广泛应用打下坚实基础。

孔繁东先生，2010年10月至12月，就职于兴图新科有限，任研发中心副总工程师；2011年1月至2013年5月任发行人产品副总工程师；2013年5月至今任副总经理。孔繁东先生负责组织公司系统、终端、设备类的研制工作，负责公司核心技术团队的打造，参与了视音频中间件的架构、设计、研制等工作，主持了公司系列硬件产品的研制工作，为公司视频指挥控制系统及相关硬件在国防领域保持技术领先地位作出了重要贡献。

王显利先生，2011年4月至2013年5月任发行人副总工，2013年5月至今任副总经理。王显利先生负责公司系统、产品规划与定义工作，参与了视音频中间件的设计、研制等工作，主持了公司多个业务系统的研制工作，为公司视频指挥控制系统深度满足客户需求、高效服务客户等方面作出重要贡献。

陈升亮先生，2004年6月至2010年12月，就职于兴图新科有限，历任软件研发工程师、项目经理；2011年1月至2014年11月任部门副经理；2014年12月至2016年4月任部门经理；2016年5月至今任发行人技术总监，同时于2017年10月任平台研究部负责人。陈升亮先生任平台研究部部长、技术总监，负责公司视频指挥控制系统研制工作，参与了视音频中间件的设计、研制等工作，完成了多项核心技术攻关工作。

周志祥先生，2013年4月至2014年10月，任公司高级研发工程师；2014年11月至2016年5月，任公司网络传输部负责人；2016年至今任公司技术总监，同时，于2017年9月任发行人终端产品部负责人。周志祥先生任终端产品部部长，负责各种形态视音频终端产品设计，在网络传输领域、网络适应性领域、Web方向视音频解码显示等领域有深入的研究。

二、解决思路

根据《科创板审核问答》的相关规定，原则上，核心技术人员通常包括公司技术负责人、研发负责人、研发部门主要成员、主要知识产权和非专利技术的发明人或设计人、主要技术标准的起草者等。

发行人核心技术人员的认定依据：

1. 目前在发行人核心技术研发岗位上担任重要职务，或发挥重要作用、拥有突出贡献。

2. 主导发行人核心技术研发、核心专利申请、重要科研项目或重要客户项目，对发行人知识产权和科研成果取得作出主要贡献（可以统计专利技术、软件著作权、非专利技术的发明和设计的数据，进行量化认定）。

3. 拥有一定的学历背景和科研能力，在发行人生产经营相关的专业领域，具有丰富的从业经验和技术经验，拥有深厚且与发行人业务匹配的资历背景。另外，学术成果、行业影响、荣誉奖项、任职期限也可以作为参考依据。

发行人在申报披露核心技术人员时，应注意以下几方面：

1. 真实、准确披露核心技术人员的基本情况，包括但不限于学历背景构成，取得的专业资质及重要科研成果和获得奖项情况，对公司研发的具体贡献等。

2. 对发行人技术研发有重要影响但未被认定为核心技术人员的，应说明未认定为核心技术人员的原因，可从该人员参与具体技术研究开发过程的程度、主导的项目是否涉及发行人核心技术等方面来说明。

【具体核查要点】

1. 发行人研发部门主要成员、主要专利发明人、主要研发项目参与人、员工持股数量及变化等情况。

2. 核心技术人员的认定依据，核心技术人员在公司研发、取得专利、软件著作权、主要核心技术等方面发挥的具体作用。

3. 知识产权是否涉及核心技术人员在原单位的职务成果，核心技术人员是否违反竞业禁止的有关规定，是否存在违反保密协议的情形；报告期内核心技术人员的变动情况、核心技术人员的教育背景、学历构成、研发经历等。

4. 未被认定为核心技术人员的，是否存在规避法律法规的相关规定。

【核查方式】

1. 访谈核心技术人员，获取和查阅核心技术人员调查表、相关职称证书、学历证书，了解核心技术人员的及其在发行人研发、取得专利、软件著作权、主要核心技术等方面发挥的具体作用；

2. 查阅发行人持有的专利、软件著作权的权属文件，查阅专利发明人相关信息；

3. 查阅发行人主要研发项目、在研项目、承接的科研项目资料，查阅各主要参与人员信息；

4. 访谈发行人相关管理人员。

三、参考规范

《上海证券交易所科创板股票发行上市审核问答》

6. 对发行条件中发行人最近 2 年内“董事、高级管理人员及核心技术人员均没有发生重大不利变化”，应当如何理解？

答：申请在科创板上市的企业，应当根据企业生产经营需要和相关人员对企业生产经营发挥的实际作用，确定核心技术人员范围，并在招股说明书中披露认定情况和认定依据。原则上，核心技术人员通常包括公司技术负责人、研发负责人、研发部门主要成员、主要知识产权和非专利技术的发明人或设计人、主要技术标准的起草者等。

对发行人的董事、高级管理人员及核心技术人员是否发生重大不利变化的认定，应当本着实质重于形式的原则，综合两方面因素分析：一是最近 2 年内的变动人数及比例，在计算人数比例时，以上述人员合计总数作为基数；二是上述人员离职或无法正常参与发行人的生产经营是否对发行人生产经营产生重大不利影响。

变动后新增的上述人员来自原股东委派或发行人内部培养产生的，原则上不构成重大不利变化。发行人管理层因退休、调任等原因发生岗位变化的，原则上不构成重大不利变化，但发行人应当披露相关人员变动对公司生产经营的影响。

如果最近 2 年内发行人上述人员变动人数比例较大或上述人员中的核心人员发生变化，进而对发行人的生产经营产生重大不利影响的，应视为发生重大不利变化。

《上海证券交易所科创板股票上市规则》

2.4.3 ……公司上市时未盈利的，在公司实现盈利前，董事、监事、高级管理人员及核心技术人员自公司股票上市之日起 3 个完整会计年度内，不得减持首发前股份；在前述期间内离职的，应当继续遵守本款规定。……

2.4.5 上市公司核心技术人员减持本公司首发前股份的，应当遵守下列规定：

（一）自公司股票上市之日起 12 个月内和离职后 6 个月内不得转让本公司首发前股份；

（二）自所持首发前股份限售期满之日起 4 年内，每年转让的首发前股份不得超过上市时所持公司首发前股份总数的 25%，减持比例可以累积使用；

（三）法律法规、本规则以及本所业务规则对核心技术人员股份转让的其他规定。

《公开发行证券的公司信息披露内容与格式准则第 41 号——科创板公司招股说明书》

第四十三条 发行人应披露董事、监事、高级管理人员及核心技术人员的简要情况，主要包括：

（一）姓名、国籍及境外居留权；

（二）性别、年龄；

（三）学历及专业背景、职称；

（四）主要业务经历及实际负责的业务活动；对发行人设立、发展有重要影响的董事、监事、高级管理人员及核心技术人员，还应披露其创业或从业历程；

（五）曾经担任的重要职务及任期；

（六）现任发行人的职务及任期。

发行人应说明董事、监事、高级管理人员及核心技术人员的兼职情况及所兼职单位与发行人的关联关系，与发行人其他董事、监事、高级管理人员及核心技术人员的亲属关系。对于董事、监事，应披露其提名人。

第五十四条　……发行人应披露核心技术人员、研发人员占员工总数的比例，核心技术人员的学历背景构成，取得的专业资质及重要科研成果和获得奖项情况，对公司研发的具体贡献，发行人对核心技术人员实施的约束激励措施，报告期内核心技术人员的主要变动情况及对发行人的影响。……

《公开发行证券的公司信息披露内容与格式准则第28号——创业板公司招股说明书》

第五十四条　……发行人应披露核心技术人员、研发人员占员工总数的比例，核心技术人员的学历背景构成，取得的专业资质及重要科研成果和获得奖项情况，对公司研发的具体贡献，发行人对核心技术人员实施的约束激励措施，报告期内核心技术人员的主要变动情况及对发行人的影响。

发行人应披露保持技术不断创新的机制、技术储备及技术创新的安排等。

第六节　核心技术人员竞业禁止

对于在科创板、创业板上市的企业来说，商业秘密、知识产权等核心竞争力可谓是其确保市场份额最大的隐形资产之一。发审委对拟上市公司核心技术人员是否签订竞业禁止协议、是否存在与竞业禁止相关的纠纷等问题比较关注。

截至2020年12月31日，南亚新材、寒武纪、容百科技、万德斯、科威尔、天秦装备、祥生医疗、八亿时空、通源环境、科思科技等近二十家企业被问及与此相关的问题。

一、典型案例

南亚新材（688519）

南亚新材料科技股份有限公司（以下简称发行人）2020年3月10日提交的招股

说明书（申报稿）中披露：核心技术人员席奎东2003年3月至2009年8月任联茂电子股份有限公司东莞厂经理；2009年8月至2015年4月任南亚有限副总经理，2015年4月至2016年4月任联茂电子股份有限公司无锡厂资深处长；2016年5月至2017年1月任广东同宇新材料有限公司副总经理。2017年2月至今在公司任职，现任公司副总经理。公开信息显示，联茂电子的经营范围包括多层印制电路基材及铜箔基板及半成品、成品制造、加工及买卖。

针对上述情形，发审委要求发行人对下列事项进行说明，并要求保荐机构、发行人律师核查并发表明确意见：席奎东与原任职单位之间是否存在保密协议、竞业禁止等条款，席奎东及发行人与联茂电子、广东同宇之间是否存在法律纠纷或潜在争议。

根据发行人律师出具的补充法律意见书披露显示：[1]

由于席奎东自东莞联茂离职至今已超过10年，目前已无法与东莞联茂取得联系，根据其回忆，其与东莞联茂之间应当不存在保密协议、竞业禁止等条款的情形。

无锡联茂确认，席奎东曾与无锡联茂签订竞业禁止协议，但由于无锡联茂并未在席奎东离职后向其支付竞业禁止补偿金，根据《江苏省劳动合同条例》的规定："用人单位未按照约定给予劳动者经济补偿的，劳动者可以不履行竞业限制义务。"因此相关竞业禁止协议实际未对席奎东发生效力，该等事实情况亦已得到无锡联茂的确认。除上述事项之外，席奎东与无锡联茂未签订其他保密协议、竞业禁止等条款。

广东同宇确认，席奎东与广东同宇之间不存在保密协议、竞业禁止等条款的情形。

席奎东在发行人工作期间秉持良好的职业操守，未向任何人泄露或者授权他人使用其在东莞联茂、无锡联茂和广东同宇工作期间所知悉的保密信息、技术秘密或者商业秘密，不存在违反任何保密协议、竞业禁止等条款的情形，不存在损害东莞联茂、无锡联茂、联茂电子和广东同宇合法利益的情形。

综上所述，席奎东曾与无锡联茂签订竞业禁止协议，但由于无锡联茂并未在席奎东离职后向其支付竞业禁止补偿金，因此，相关竞业禁止协议实际未对席奎东发生效力。除上述事项外，席奎东与东莞联茂、无锡联茂和广东同宇应当不存在其他保密协议、竞业禁止等条款。席奎东及发行人与东莞联茂、无锡联茂、联茂电子和广东同宇之间就上述事项不存在法律纠纷或潜在争议。

针对上述情形，发审委要求发行人律师就席奎东与东莞联茂是否存在保密协

[1]《国浩律师（上海）事务所关于南亚新材料科技股份有限公司首次公开发行股票并在科创板上市的补充法律意见书（一）》，载上海证券交易所网，http://static.sse.com.cn/stock/information/c/202004/4035d7ca0d5a4c7e8bbc7c63c36a141b.pdf，最后访问日期：2021年5月21日。

议、竞业禁止协议，席奎东及发行人与东莞联茂是否存在法律纠纷或潜在争议发表明确意见。

根据发行人律师出具的补充法律意见书披露显示：[1]

1. 席奎东与东莞联茂是否存在保密协议、竞业禁止协议

首轮反馈阶段，发行人律师已就席奎东在东莞联茂的任职经历等事项以函证方式向东莞联茂寻求确认，但尚未取得东莞联茂的回函文件。

由于席奎东离职至今已超过10年，在首轮反馈阶段，其亦曾表示该等相关事宜已无法记清。为能够进一步还原相关事实情况，经过席奎东及发行人与多方的努力沟通，最终与时任东莞联茂人力资源科长职务的陈某取得联系。其确认：

（1）席奎东与东莞联茂曾签署保密协议和竞业禁止协议。

（2）在席奎东提出离职后，其作为人力资源科长，和法务部门的同事一起对席奎东进行了评估；经评估，决定不向席奎东支付竞业禁止补偿金，亦未限制席奎东前往其他企业工作。

（3）其于2010年已知悉席奎东于南亚有限工作。

（4）席奎东不存在任何违反保密协议或者竞业禁止协议的情形，东莞联茂也未曾因此向席奎东或者发行人提出任何异议或主张。

2. 席奎东及发行人与东莞联茂是否存在法律纠纷或潜在争议

东莞联茂原人力资源科长陈某在访谈中确认，席奎东不存在任何违反保密协议或者竞业禁止协议的情形，东莞联茂也未曾因此向席奎东或者发行人提出任何异议或主张。

席奎东在访谈中确认，其在发行人从事的工作和取得的职务发明（如有）均为执行发行人的工作任务，利用发行人的物资技术条件完成，不存在利用东莞联茂商业秘密、管理秘密、技术秘密、知识产权和资金、设备、技术资料等物资技术条件资源的情况；如因席奎东与东莞联茂间就上述事项存在纠纷导致发行人受到损失的，其将在司法机关依法作出判决后对发行人足额予以赔偿。

寒武纪（688256）

中科寒武纪科技股份有限公司（以下简称发行人）2020年3月26日提交的招股说明书（申报稿）中披露：核心技术人员梁军曾就职于华为技术有限公司、深圳市海

[1]《国浩律师（上海）事务所关于南亚新材料科技股份有限公司首次公开发行股票并在科创板上市的补充法律意见书（二）》，载上海证券交易所网，http：//static.sse.com.cn/stock/information/c/202005/3d58cc741d494e57baff75a4089f61fa.pdf，最后访问日期：2021年5月21日。

思半导体有限公司，2017 年起为发行人服务，现任公司副总经理兼首席技术官。

针对上述情形，发审委要求发行人对下列事项进行说明，并要求保荐机构、发行人律师核查并发表明确意见：梁军是否存在违反原任职单位关于竞业禁止、保密协议约定的情形，发行人核心技术、产品的研发是否涉及其原任职单位的技术成果，是否存在纠纷或潜在纠纷。

根据发行人律师出具的补充法律意见书披露显示：[1]

1. 梁军不存在违反原任职单位关于竞业禁止、保密协议约定的情形

梁军曾先后就职于华为技术有限公司、深圳市海思半导体有限公司（以下简称华为海思）。2017 年 9 月梁军自华为海思离职时，梁军曾与华为海思签订竞业限制协议，但未曾签署保密协议。根据前述竞业限制协议，梁军自华为海思离职后 12 个月内，其不得在协议中明确约定的从事同类移动终端芯片产品且与华为海思及其关联公司具有竞争关系的单位中工作，协议中已明确了上述竞业限制范围所包括的具体企业名称，但寒武纪不属于该竞业限制协议约定的限制范围。梁军自华为海思离职后 12 个月内，已按照竞业限制协议的约定定期向华为海思报备其任职情况。

梁军不存在与华为海思因竞业限制协议签订、履行而产生的诉讼纠纷。

因此，梁军自华为海思离职时曾与华为海思签订竞业限制协议但未曾签订保密协议，前述竞业限止协议并未限制梁军在寒武纪任职。梁军不存在违反原任职单位关于竞业禁止、保密协议约定的情形。

2. 发行人核心技术、产品的研发不涉及梁军原任职单位的技术成果，不存在纠纷或潜在纠纷

（1）发行人的核心技术主要集中在智能芯片技术、基础系统软件技术等人工智能处理芯片及软硬件系统领域，其核心技术均系自主研发的结果。具体如下：

发行人自设立以来始终重视创新、研发工作，2017 年、2018 年和 2019 年，发行人的研发费用分别为 2986.19 万元、24,011.18 万元和 54,304.54 万元，研发费用率分别为 380.73%、205.18% 和 122.32%。发行人的研发管理团队保持稳定并具有丰富的集成电路产品的技术研发经验，截至 2019 年 12 月 31 日，发行人的研发人员共 680 人，占员工总数比例达 79.25%。截至 2020 年 2 月 29 日，发行人已获授权的专利共 65 项。

（2）梁军在华为海思的工作内容与在寒武纪的工作内容属于芯片设计中的不同细

[1]《北京市中伦律师事务所关于中科寒武纪科技股份有限公司首次公开发行股票并在科创板上市的补充法律意见书一》，载上海证券交易所网，http://static.sse.com.cn/stock/information/c/202005/ccb785b88e8c4aa0a09d0f68b1ae6f84.pdf，最后访问日期：2021 年 5 月 21 日。

分领域，其在寒武纪任职期间未利用华为海思的技术进行研发。具体如下：

在华为海思任职期间，梁军在2012年第四季度以前从事网络芯片开发与架构设计相关工作。2012年度第四季度以后主要从事手机SoC芯片设计及手机SoC系统工程师团队管理工作，业务领域为手机SoC芯片设计，但未涉及人工智能处理器内部架构的相关技术；梁军在寒武纪工作期间，作为首席技术官，主要负责人工智能芯片的总体技术和产品研发、研发团队管理等相关工作，涉及的业务领域为人工智能芯片。手机SoC芯片一般会集成CPU、GPU、通信基带处理器、DRAM接口模块、人工智能处理器等多种芯片进行综合设计，其架构设计工作较为宏观，工作通常不会聚焦于某一个具体的处理器或模块的开发。而发行人的研发工作只聚焦于人工智能芯片的开发。梁军在华为海思任职期间承担的工作与其在寒武纪任职期间承担的工作，分属于芯片设计中不同的细分领域。梁军在发行人任职期间，不存在利用华为海思的技术进行研发的情形。

梁军在华为海思任职期间，形成的职务成果主要为从事网络芯片开发、手机SoC芯片设计工作中形成的技术成果，相关技术成果已由华为海思申请专利进行保护。梁军在发行人进行技术研发形成的技术成果，已由发行人申请相应的专利进行保护。梁军在发行人从事人工智能芯片研发工作中不存在利用其在华为海思工作期间所形成的技术成果的情况。

（3）发行人核心技术相关的专利均已申请专利权或正在申请专利权，发行人、梁军不存在因侵犯华为海思知识产权而产生的纠纷或潜在纠纷。

因此，发行人核心技术、产品的研发不涉及梁军原任职单位的技术成果，不存在纠纷或潜在纠纷。

容百科技（688005）

宁波容百新能源科技股份有限公司（以下简称发行人）2019年3月22日提交的招股说明书（申报稿）中披露：发行人实际控制人白厚善曾任北京当升材料科技股份有限公司董事、总经理；发行人董事及副总经理张慧清曾任当升科技生产厂长、总经理助理、生产总监、运营总监、副总经理等职；发行人副总经理刘德贤曾任当升科技总裁助理。当升科技为发行人2017年度前五大客户。核心技术人员陈明峰，2016年5月至2018年4月，任浙江美都海创锂电科技有限公司副总经理；2018年5月至12月，任浙江德升新能源科技有限公司副总经理。

针对上述情形，发审委要求发行人对下列事项进行说明，并要求保荐机构、发行人律师核查并发表明确意见：实际控制人、部分董事及高管、核心人员是否曾与当升科技之间签署竞业禁止协议，发行人与当升科技之间是否存在专利、技术、竞业禁止、劳动用工及其他方面的争议纠纷；陈明峰等核心技术人员是否与以前任职单位签署了竞业禁止协议，其主要成果是否涉及职务发明，是否存在侵害发行人或第三方合法权益的情形。

根据发行人律师出具的补充法律意见书披露显示：[1]

1. 实际控制人、部分董事及高管、核心人员与当升科技的竞业禁止及专利、技术、劳动用工等方面的争议纠纷情况

发行人前述人员中，白厚善、张慧清、刘德贤三人曾在当升科技任职。其中，白厚善为发行人实际控制人兼董事长，2012 年 3 月辞任当升科技总经理，2013 年 7 月辞任董事职务并从当升科技离职；张慧清任发行人董事兼副总经理，2012 年 3 月从当升科技离职；刘德贤任发行人副总经理，2004 年从当升科技离职，2017 年任职发行人，期间任职于其他企业。

白厚善、张慧清、刘德贤均未与当升科技签署过竞业禁止协议，且离职后并未收到当升科技支付的竞业禁止补偿。当升科技与发行人不存在专利、技术、竞业禁止、劳动用工及其他方面的争议纠纷。

2. 陈明峰等核心技术人员是否与以前任职单位签署了竞业禁止协议，其主要成果是否涉及职务发明，是否存在侵害发行人或第三方合法权益的情形

（1）是否与以前任职单位签署了竞业禁止协议

发行人 7 名核心技术人员中：刘相烈、李琮熙为韩国国籍，孙保国为澳大利亚国籍，该等人员以前任职单位为中国境外企业；白厚善、田光磊、袁徐俊、陈明峰为中国国籍，以前任职单位为中国境内企业。该等人员未与以前任职单位签署竞业禁止协议。

（2）其主要成果是否涉及职务发明、是否存在侵害发行人或第三方合法权益的情形

发行人核心技术人员涉及职务发明情况如下：

①白厚善为原任职单位当升科技拥有的若干项专利的发明人，该等专利为白厚善在当升科技任职期间的职务发明，相关知识产权归属于当升科技。白厚善于发行人期间无职务发明。经访谈确认及网络查询，截至目前，当升科技与白厚善不存在专利、技术、竞业禁止、劳动用工及其他方面的争议纠纷。

---

〔1〕《国浩律师（上海）事务所关于宁波容百新能源科技股份有限公司首次公开发行股票并在科创板上市之补充法律意见书（一）》，载上海证券交易所网，http：//static.sse.com.cn/stock/information/c/201905/b3e90c0931ee4c0b8907b86364465a20.pdf，最后访问日期：2021 年 5 月 21 日。

②陈明峰2016年4月从金和锂电离职，此后任职于浙江美都海创锂电科技有限公司、浙江德升新能源科技有限公司，并于2018年12月回到发行人处任职。陈明峰为浙江美都海创锂电科技有限公司、浙江德升新能源科技有限公司拥有的若干项专利发明人，相关知识产权作为职务发明归属于以前任职单位。陈明峰入职发行人后亦存在若干项职务发明，该等职务发明知识产权归属于发行人。

陈明峰原任职单位浙江德升新能源科技有限公司已确认，其与陈明峰未签署任何竞业禁止协议，与陈明峰不存在专利、技术、竞业禁止、劳动用工及其他方面的任何争议、纠纷及潜在争议与纠纷。

③田光磊为原任职单位中国计量大学拥有的若干项专利发明人，该等专利均为田光磊在中国计量大学任职期间的职务发明。田光磊自2013年起作为博士后研究人员在金和新材处工作（金和锂电设立后，该博士后科研工作站变更至发行人名下，田光磊于2017年期满出站），在站期间田光磊的劳动关系仍在中国计量大学，直至2018年2月变更至发行人。田光磊确认，其在作为发行人博士后研究人员期间存在一项职务发明，相关知识产权已归属于发行人，不存在侵害中国计量大学等第三方合法权益的情形；其在中国计量大学任职期间的主要成果主要为学术研究成果所申请的专利，知识产权归属于中国计量大学，不存在侵害发行人或第三方合法权益的情况。

④袁徐俊于2008年起即任职金和新材，为金和新材多项专利发明人，该等专利为袁徐俊在金和新材任职期间所发明创造，且已经由发行人从金和新材处受让取得。2014年9月，金和新材出资成立金和锂电后，袁徐俊劳动关系变更至金和锂电，其后不存在袁徐俊所发明的专利权归属金和新材的情形，其职务发明不存在侵害发行人或第三方合法权益的情形。

⑤李琮熙（韩籍）原任职单位均为韩国公司，其为原任职单位拥有的若干项专利的发明人，该等专利为李琮熙在原任职单位任职期间的职务发明，相关知识产权已经归属于原任职单位。李琮熙为发行人的若干韩国专利申请权的发明人。据访谈李琮熙，因中韩两国锂电池正极材料的市场环境、技术路线存在差异，其在发行人处从事的研究、开发工作与其在原韩国公司研发的专利、技术等差异较大，其在发行人的职务发明不存在侵害第三方合法权益的情形。

⑥刘相烈（韩籍）于2009年年底从原任职单位韩国L&F公司离职，此后创办了EMT株式会社，并被发行人收购。刘相烈从L&F公司离职至今已近10年。刘相烈已确认，其在以前任职单位不存在职务发明。刘相烈在发行人主要从事研发管理工作，未形成职务发明，不存在侵害第三方合法权益的情况。

⑦孙保国（澳大利亚籍）已确认，其在以前任职单位不存在职务发明，目前为发

行人一项专利申请权的发明人，相关知识产权归属发行人，不存在侵害第三方合法权益的情况。

发行人核心技术人员均确认其在以前任职单位期间执行的任务或者主要利用以前任职单位的物质技术条件所完成相关成果，相关知识产权已归属于以前任职单位；在发行人任职期间所完成相关成果的知识产权已归属于发行人，不存在争议、纠纷或者潜在争议纠纷，相关职务发明不存在侵犯发行人或者第三方合法权益的情形。

此外，发行人核心技术人员已签署相关知识产权声明，确认其本人受聘于发行人不会违反其本人对前雇主的任何竞业禁止义务，发行人不会因雇用本人而引发任何诉讼，发行人如因雇佣其本人而引发任何法律责任由其本人承担；如因其本人违反对第三方的保守商业秘密的义务而导致的任何法律责任，将由其本人承担，因此给发行人造成损失的可向其本人追偿；其本人受聘于发行人不会违反其对前雇主的任何知识产权归属协议所确定的义务，任何因本人违反该等知识产权归属协议的义务而导致的法律责任，将由其本人承担，因此给发行人造成损失的可向其本人追偿。

万德斯（688178）

南京万德斯环保科技股份有限公司（以下简称发行人）2019 年 4 月 18 日提交的招股说明书（申报稿）未对核心技术人员竞业禁止披露完全。

针对上述情形，发审委要求发行人对下列事项进行说明，并要求保荐机构、发行人律师核查并发表明确意见：明确说明创始股东、董监高和核心技术人员是否与原单位签订竞业禁止协议或承诺，是否违反；进一步说明核心技术人员在发行人任职前在原单位的任职情况，原单位与发行人是否从事同类业务，是否存在原单位的职务发明等可能导致发行人存在知识产权纠纷的情形。

根据发行人律师出具的补充法律意见书披露显示：[1]

1. 创始股东、董监高和核心技术人员是否与原单位签订竞业禁止协议或承诺，是否违反

发行人创始股东、董事、监事、高级管理人员和核心技术人员未与入职公司之前的原单位签订竞业禁止协议或承诺，亦未收到原任职单位支付的竞业禁止津贴，不存在违反竞业禁止协议或承诺的情形，也不存在因竞业禁止、知识产权等事项与原任职单位发生争议或纠纷的情形。

---

〔1〕《江苏世纪同仁律师事务所关于南京万德斯环保科技股份有限公司首次公开发行股票并在科创板上市的补充法律意见书（二）》，载上海证券交易所网，http：//static.sse.com.cn/stock/information/c/201907/15fae27281fe4d38aa2737942985c9f9.pdf，最后访问日期：2021 年 5 月 21 日。

2. 核心技术人员在发行人任职前在原单位的任职情况，原单位与发行人是否从事同类业务，是否存在原单位的职务发明等可能导致发行人存在知识产权纠纷的情形

（1）核心技术人员在发行人任职前在原单位的任职情况，原单位与发行人是否从事同类业务

发行人核心技术人员在原任职单位的任职情况、原单位主营业务情况如表149所示：

表149

核心技术人员姓名	原任职单位名称	在原单位职务	原单位主营业务情况
刘军	铁道部第一勘察设计院	工程师	工程勘察、设计业务
	南京东大能源环保工程有限公司	营销经理	电力行业脱硫、废水处理中设计及设备供货
宫建瑞	江苏省第一工业设计院	工程师	煤矿设计、建筑工程设计业务
	南京东大能源环保工程有限公司	工程师	电力行业脱硫、废水处理中设计及设备供货
戴昕	江苏省嘉庆水务发展有限公司	研发部主管	市政污水处理业务
	南京科盛环保科技有限公司	研发部经理	工业废水处理业务

注：上述原单位主营业务为发行人核心技术人员在原单位任职期间该单位的主营业务情况。

发行人主营垃圾污染削减及修复、高难度废水处理业务。核心技术人员原任职单位中，铁道部第一勘察设计院、江苏省第一工业设计院主营勘察设计业务，与发行人主营业务不相关；南京东大能源环保工程有限公司主营电力行业脱硫、废水处理中设计及设备供货业务，与发行人同属环保行业，业务部分相关；江苏省嘉庆水务发展有限公司、南京科盛环保科技有限公司主营污水、废水处理业务，与发行人主营业务之一的高难度废水处理业务属于同类业务。

（2）是否存在原单位的职务发明等可能导致发行人存在知识产权纠纷的情形

发行人核心技术人员原任职单位中，与发行人主营业务存在相关性的包括南京东大能源环保工程有限公司、江苏省嘉庆水务发展有限公司、南京科盛环保科技有限公司。发行人核心技术人员以及原任职单位出具确认情况如表150所示：

表 150

核心技术人员姓名	原单位名称	确认情况
刘军	南京东大能源环保工程有限公司	（1）南京东大能源环保工程有限公司出具书面确认函，确认：刘军不存在侵犯原单位商业秘密、专利、技术或其他权益等情形； （2）刘军出具书面确认函，确认：本人在发行人任职期间形成的专利成果均为执行发行人指派的工作任务，并利用了发行人的物质技术条件完成的，属于本人在发行人的职务发明。不存在属于完成原单位指派的工作任务或利用原单位的物质技术条件形成的专利成果。本人与原单位不存在知识产权、专利技术等事项的纠纷或潜在纠纷
宫建瑞	南京东大能源环保工程有限公司	（1）南京东大能源环保工程有限公司出具书面确认函，确认：宫建瑞不存在侵犯原单位商业秘密、专利、技术或其他权益等情形； （2）宫建瑞出具书面确认函，确认：本人在发行人任职期间形成的专利成果均为执行发行人指派的工作任务，并利用了发行人的物质技术条件完成的，属于本人在发行人的职务发明。不存在属于完成原单位指派的工作任务或利用原单位的物质技术条件形成的专利成果。本人与原单位不存在知识产权、专利技术等事项的纠纷或潜在纠纷
戴昕	江苏省嘉庆水务发展有限公司	（1）江苏省嘉庆水务发展有限公司出具书面确认函，确认：戴昕、发行人与该公司不存在知识产权、专利技术等事项的纠纷或潜在纠纷； （2）戴昕出具书面确认函，确认：本人在发行人任职期间形成的专利成果均为执行发行人指派的工作任务，并利用了发行人的物质技术条件完成的，属于本人在发行人的职务发明。不存在属于完成原单位指派的工作任务或利用原单位的物质技术条件形成的专利成果。本人与原单位不存在知识产权、专利技术等事项的纠纷或潜在纠纷
	南京科盛环保科技有限公司	（1）戴昕出具书面确认函，确认：本人在发行人任职期间形成的专利成果均为执行发行人指派的工作任务，并利用了发行人的物质技术条件完成的，属于戴昕在发行人的职务发明。不存在属于完成原单位指派的工作任务或利用原单位的物质技术条件形成的专利成果。戴昕与原单位不存在知识产权、专利技术等事项的纠纷或潜在纠纷。 （2）发行人及戴昕出具书面确认函，确认：戴昕在原单位任职期间，主要负责技术方案参数设计与优化、指导项目技术研发工作；在万德斯任职期间，主要根据刘军、宫建瑞制定的技术研究思路与方案，具体开展研发项目实验与试验验证工作。戴昕在原单位与在发行人任职期间负责的工作侧重内容不同。 （3）根据发行人专利技术的相关课题立项、研发计划、研发方案、研发输入清单、研究实验、专利申请、专利证书等相关资料，发行人核心技术人员作为发明人的专利技术相关课题立项、研发计划、研发方案、研究实验、专利申报资料及专利申请均在相关核心技术人员在发行人任职期间完成发行人指派的工作任务、利用发行人的物质技术条件形成，不属于其在原单位任职期间形成的职务发明

发行人核心技术人员不存在与原任职单位因知识产权发生争议或纠纷的情形。

发行人核心技术人员在发行人任职期间形成的专利成果均为执行发行人指派的工作任务，并利用了发行人的物质技术条件完成的，属于其在发行人的职务发明；不存在属于完成原单位指派的工作任务或利用原单位的物质技术条件形成的专利成果，不属于其在原单位任职期间形成的职务发明。发行人及其核心技术人员与原单位之间不存在知识产权、专利技术等事项的纠纷或潜在纠纷。

科威尔（688551）

合肥科威尔电源系统股份有限公司（以下简称发行人）2020年4月3日提交的招股说明书（申报稿）披露：核心技术人员彭凯、谢鹏飞等曾经在安徽颐和新能源科技股份有限公司、合肥聚能新能源科技有限公司等单位任研发总监、主任工程师等。

针对上述情形，发审委要求发行人对下列事项进行说明，并要求保荐机构、发行人律师核查并发表明确意见：结合核心技术人员的任职单位、职务、协议约定等情况，分析核心技术人员是否存在违反竞业禁止，涉及原单位职务发明等情况，是否可能导致发行人核心技术及专利存在纠纷或潜在纠纷。

根据发行人律师出具的补充法律意见书披露显示：[1]

1. 结合核心技术人员的任职单位、职务、协议约定等情况，分析核心技术人员是否存在违反竞业禁止约定的情形

核心技术人员入职发行人的时间、入职发行人前的任职等情况如表151所示：

表151

姓名	入职发行人时间	入职发行人前的工作单位	主要业务	原工作单位任职情况	离职时间	是否超过两年
唐德平	2012年8月	雅达电源科技（南京）有限公司（已注销）	主要从事高性能开关电源、通信电源、网络交换机电源、服务器电源、电脑电源生产、销售等业务	工程师	2011年11月	否
		上海贝尔股份有限公司（现名“上海诺基亚贝尔股份有限公司”）	主要从事通信、IP网络、光网络、固网以及下一代5G网络等业务	工程师	2012年7月	否

〔1〕《安徽天禾律师事务所关于合肥科威尔电源系统股份有限公司首次公开发行股票并上市之补充法律意见书（一）》，载上海证券交易所网，http：//static.sse.com.cn/stock/information/c/202005/b2d7dfa376c3453f9c1965529bb297db.pdf，最后访问日期：2021年5月21日。

续表

姓名	入职发行人时间	入职发行人前的工作单位	主要业务	原工作单位任职情况	离职时间	是否超过两年
彭凯	2016年6月	华硕科技（苏州）有限公司	研究开发笔记本电脑、平板电脑、智能手机、主机板、板卡、显示器、服务器、路由器、体感器、穿戴式电子、车用电子、电视盒、软件产品、测试仪器、电子专用产品全线3C产品及其周边产品，并提供售后服务及相关技术支持	电气工程师	2009年7月	是
		安徽颐和新能源科技股份有限公司	主要从事光伏逆变器和高压变频器产品研发、制造、销售、服务业务	研发中心副主任	2014年9月	否
		合肥聚能新能源科技有限公司	主要从事光伏电站开发、系统集成和光伏电站EPC工程，以及户用光伏离网逆变器和光伏水泵逆变器及其相关应用产品研发、生产和销售业务	新能源应用产品事业部研发总监	2016年6月	否
周玉柱	2014年5月	安徽巨一自动化装备有限公司	主要从事机械自动化装备、工业机器人成套生产线装备、新能源汽车零部件和装备；数控专机和检测设备的销售等业务	技术人员	2011年4月	是
		常州佳讯光电产业发展有限公司	主要从事研发、生产、销售各类硅塑封整流二极管、开关二极管、高效率二极管等专用二极管及其他半导体器件等业务	工程师	2014年4月	否
蔡振鸿	2019年4月	雅达电源科技（南京）有限公司（已注销）	主要从事高性能开关电源、通信电源、网络交换机电源、服务器电源、电脑电源生产、销售等业务	高级电子研发工程师	2011年12月	是

续表

姓名	入职发行人时间	入职发行人前的工作单位	主要业务	原工作单位任职情况	离职时间	是否超过两年
蔡振鸿	2019 年 4 月	上海贝尔股份有限公司（现名“上海诺基亚贝尔股份有限公司”）	主要从事通信、IP 网络、光网络、固网以及下一代 5G 网络等业务	硬件主任工程师	2017 年 5 月	否
		南京挚云电气有限公司	主要从事电子产品、机电产品的研发、生产、安装、维修、销售业务	硬件开发主管	2019 年 4 月	否
赵涛	2016 年 3 月	安徽建筑大学	学校	机械与电气学院讲师	2012 年 12 月	是
谢鹏飞	2014 年 8 月	安徽颐和新能源科技股份有限公司	主要从事光伏逆变器和高压变频器产品研发、制造、销售、服务业务	研发项目经理	2014 年 7 月	否

上述核心技术人员入职发行人前两年任职的单位均非测试电源行业，与发行人的业务和产品均不相同。

发行人核心技术人员中，彭凯和蔡振鸿与原工作单位存在签署包含竞业限制约定的相关协议。其中：彭凯曾与合肥聚能新能源科技有限公司签署过保密及竞业限制协议，根据合肥聚能新能源科技有限公司出具的确认函，合肥聚能新能源科技有限公司未向彭凯支付过竞业限制补偿金，双方确认竞业限制协议无效。蔡振鸿与南京挚云电气有限公司未签署过竞业限制协议，但劳动合同中约定了竞业限制条款，该条款未具体约定竞业限制范围、区域、期限、经济补偿金等内容。根据南京挚云电气有限公司出具的确认函，南京挚云电气有限公司未向蔡振鸿支付过竞业限制补偿金，其无须履行竞业限制义务。除彭凯、蔡振鸿外，发行人其他核心技术人员均未与原工作单位签署过含有竞业禁止约定的协议，不存在违反竞业禁止的情形。

2. 是否涉及原单位职务发明等情况，是否可能导致发行人核心技术及专利存在纠纷或潜在纠纷

发行人目前已授权及正在申请中的专利，均为与发行人业务相关的专利，均系发行人技术人员在发行人任职期间利用发行人的相关资源研发、申请的专利，与发行人核心技术人员曾任职单位及其业务不相关。发行人核心技术人员不存在侵犯原任职单位知识产权的情形。

发行人及核心技术人员不存在与原任职单位因知识产权发生争议或纠纷的情形。

安徽颐和新能源科技股份有限公司出具确认函，确认与彭凯、谢鹏飞及科威尔不存在任何纠纷；合肥聚能新能源科技有限公司出具确认函，确认与彭凯不存在任何纠纷或潜在纠纷；南京挚云电气有限公司出具确认函，确认科威尔的业务、产品、已授权及正在申请中的知识产权均不涉及蔡振鸿在南京挚云电气有限公司形成的职务发明，科威尔及蔡振鸿不存在侵犯其知识产权的情形，与蔡振鸿及科威尔不存在任何纠纷或潜在纠纷。

发行人已授权及正在申请中的专利不涉及核心技术人员在原工作单位任职期间形成的职务发明。

天秦装备（300922，创业板）

秦皇岛天秦装备制造股份有限公司（以下简称发行人）2020年6月22日提交的招股说明书（申报稿）披露：发行人2015年至2017年已向客户033发货金属类防护装置J849产品共22次，包含10个具体细分型号，发行人称2017年12月收购天津丽彩主要系弥补特种装备金属加工方面的“短板”，天津丽彩拥有一支以总经理潘建辉为核心的研发团队。

针对上述情形，发审委要求发行人对下列事项进行披露和说明，并要求保荐机构、发行人律师核查并发表明确意见：结合潘建辉等核心技术人员对发行人金属类防护装置及装备零部件研发的重要性，补充披露发行人是否已与潘建辉等核心技术人员签署服务期限、竞业禁止、保密等协议，以及其他稳定核心技术人员的措施及有效性。

根据发行人律师出具的补充法律意见书披露显示：[1]

1. 关于潘建辉等核心技术人员对发行人金属类防护装置及装备零部件研发的重要性

发行人自成立以来一直深耕装备防护领域，具备较强的研发设计能力，拥有金属类防护装置及装备零部件专业研发团队。天津丽彩被发行人收购后，共有6名核心技术人员参与发行人金属类防护装置及装备零部件的部分研发，相关人员均拥有多年的金属结构设计、加工工艺研发经历。上述核心技术人员在金属类防护装置及装备零部件的研发和生产环节起到了一定的作用，具体情况如表152所示：

---

〔1〕《北京市中伦律师事务所北京中伦（成都）律师事务所关于秦皇岛天秦装备制造股份有限公司首次公开发行股票并在创业板上市的补充法律意见书（二）》，载深圳证券交易所网，http://reportdocs.static.szse.cn/UpFiles/rasinfodisc/RAS_000173FC2B07E53FE1856E2FAAF38A3F.pdf，最后访问日期：2021年5月21日。

表 152

序号	姓名	在天津丽彩所任职务	年龄	学历	金属类防护装置及装备零部件研发 / 生产环节的主要职责
1	潘建辉	董事 总经理	59	硕士 研究生	技术主管，指导、分配、监督技术部门对研发项目的技术落实情况
2	毕磊	生产经理	41	本科	协助负责研发项目生产的统筹安排，生产工艺的设计及车间技术指导
3	康井贵	监事、机械设计工程师	39	本科	协助参与研发项目的金属机械结构设计建议
4	赵灯	电气工程师	66	本科	协助参与研发项目的金属机械结构设计建议，生产设备的设计与安装
5	闫磊	生产主管	31	本科	负责机加工车间及钣金车间的生产，研发项目产品的生产试制
6	马俊才	生产主管	52	初中	负责压制车间及前期处理的生产，研发项目产品的生产试制

2. 关于发行人与潘建辉等核心技术人员签署服务期限、竞业禁止、保密等协议的情况及有效性

发行人、天津丽彩与潘建辉等核心技术人员签署有关服务期限、竞业禁止、保密等协议的情况如下：

（1）关于服务期限协议

上述人员在天津丽彩的劳动 / 劳务期限如表 153 所示：

表 153

序号	姓名	劳动 / 劳务期限
1	潘建辉	无固定期限
2	毕磊	无固定期限
3	康井贵	5 年（2016.07.28~2021.07.27）
4	赵灯注	5 年（2016.07.10~2021.07.09）
5	闫磊	无固定期限
6	马俊才	5 年（2019.09.29~2024.09.28）

注：赵灯属于退休人员，其与天津丽彩签署的系劳务合同。

（2）关于保密协议

天津丽彩与潘建辉等 6 名核心技术人员签署保密协议，上述人员在天津丽彩工作期间以及自天津丽彩离职后均对所知悉的天津丽彩技术秘密和商业秘密承担保密义务。此外，保密协议对技术秘密和商业秘密的范围、违约责任、争议解决方式等事项进行了明确约定。

（3）关于竞业禁止协议

①发行人于 2017 年向潘建辉、毕毅君二人收购天津丽彩 100% 股权时，在《秦皇岛天秦装备制造股份有限公司与潘建辉、毕毅君发行股份及支付现金购买协议》中规定："在本次交易完成之日起十年内，非经甲方（注：发行人）及标的公司（注：天津丽彩）书面同意，乙方（注：潘建辉、毕毅君）中的任何一方不得自营或者为他人经营与标的公司同类或相似的业务，不得在他人经营的与标的公司同类或相似业务的企业中任职或担任顾问，也不得支持其亲属或第三人担任类似职务而获利。如果乙方中的任何一方违背签署承诺，致使甲方或标的公司的利益受到损害，则该违约方应就甲方或标的公司遭受的损失承担赔偿责任，实际损失难以计算的，赔偿金额应不低于违约方因其违约行为所获利的 2 倍。

自本次交易完成之日起 10 年内，乙方应持续在标的公司任职并负责生产经营，非经甲方及标的公司书面同意，乙方中的任何一方不得辞去在标的公司所任职务、不得与标的公司解除劳动 / 劳务关系。"

②因发行人 2017 年与潘建辉签署的上述协议包含有竞业禁止内容，因此，发行人在收购天津丽彩 100% 股权之后未再要求天津丽彩与潘建辉单独签署竞业禁止协议。

根据天津丽彩与毕磊等其他 5 名核心技术人员签署的竞业禁止协议，上述人员在天津丽彩工作期间以及自天津丽彩离职后的 2 年内承担竞业禁止义务。此外，竞业禁止协议对竞业禁止的内容、补偿、违约责任、争议解决方式等事项进行了明确约定。

天津丽彩与潘建辉等 6 名核心技术人员签署的劳动 / 劳务合同、保密协议、竞业禁止协议符合《劳动合同法》等法律法规的规定，上述合同、协议均合法有效；发行人 2017 年与潘建辉所签协议中关于潘建辉承担竞业禁止义务的条款合法有效。

3. 关于发行人已采取的其他稳定核心技术人员的措施及有效性

发行人及天津丽彩为实现稳定核心技术人员，已在天津丽彩实施了以下制度：

（1）薪酬管理制度、绩效考核管理办法

该等制度关于年功工资、专业技术职称或专业技术等级补贴、奖励晋级、年终绩效奖金的规定能够起到为研发创新人才的稳定和凝聚提供良好环境的作用。

（2）关于奖励员工科技创新的规定

根据该制度，参与研发并取得专利的技术人员，能够按照专利所创造经济效益的相应比例获得奖励；获得省部级以上科技成果奖、在省部级以上刊物发表论文的技术人员均能够获利相应奖励。此外，天津丽彩聘用的具有工程师、高级工程师职称的员工均可按月获得一定金额的技术津贴。上述规定能够对核心技术人员起到激励作用，从而创造尊重人才、信任与使用人才、吸引与培养人才的良好环境。

天津丽彩采取上述措施稳定核心技术人员的措施合法、有效。

二、解决思路

拟上市公司应该重视核心技术人员的竞业禁止问题，这是一个发审委高度关注的核查要点。

1. 发行人应当注意核查核心技术人员与原任职单位之间是否存在竞业禁止协议，避免存在法律纠纷或潜在争议。

（1）可由原任职单位出具说明或确认，访谈原任职单位相关人员。

（2）通过核查核心技术人员在原任职单位离职后一段时间内的银行流水以确认其是否存在竞业禁止义务的情形。原任职单位长期未支付竞业禁止经济补偿的，劳动者可以不履行竞业限制义务，如南亚新材。

2. 核心技术人员在原任职单位期间获得的技术成果，当前又成为发行人生产经营中的核心技术的，应核查该项技术成果是否涉及原任职单位的职务发明，是否可能导致发行人知识产权存在纠纷或潜在纠纷；应避免核心技术人员因披露原任职单位的商业秘密引起的纠纷或潜在纠纷。

3. 由发行人核心技术人员出具关于不违反竞业禁止，不侵犯他人商业秘密、知识产权的声明与承诺，承诺其因违反对原任职单位的竞业禁止义务，侵犯他人商业秘密、知识产权给发行人造成损失的，由其承担相应的法律责任。

4. 发行人应当与核心技术人员签署保密、竞业禁止协议，约定核心技术人员在发行人工作期间及离职后的竞业禁止义务，并对内容、补偿、违约责任、争议解决方式等事项进行明确约定，以保证发行人的核心技术和商业秘密不被泄露。

5. 申报披露时，可以结合工作内容、原任职时间等因素进行分析论证，说明不违反原任职单位的竞业禁止业务、保密义务，不存在利用原工作单位研发成果的情形。

【具体核查要点】

1. 发行人核心技术人员与原任职单位之间是否存在竞业禁止等条款，核心技术人员在发行人任职前在原单位的任职情况，原单位与发行人是否从事同类业务；是否存在侵害第三方合法权益的情形。

2. 发行人核心技术、产品的研发是否涉及其原任职单位的技术成果，是否可能导致发行人核心技术及专利存在纠纷或潜在纠纷。

3. 发行人是否已与核心技术人员签署服务期限、竞业禁止、保密等协议，以及其他稳定核心技术人员的措施及有效性。

【核查方式】

1. 查阅发行人关于核心技术人员认定标准的说明，及核心技术人员的学历学位证书、职称评定证书；

2. 查阅核心技术人员与原任职单位工资往来的个人银行卡流水、离职证明、劳动合同等资料；

3. 查阅发行人的专利证书、软件著作权证书等，发行人核心技术人员签署的知识产权声明以及国家知识产权局出具的证明文件；

4. 对发行人核心技术人员进行访谈并制作访谈记录；

5. 查阅核心技术人员填写的调查表；

6. 查阅发行人及核心技术人员原任职单位出具的说明；

7. 查验发行人以及核心技术人员的相关书面承诺；

8. 检索国家知识产权局网站、中国裁判文书网、全国法院失信被执行人信息查询平台等网站，核查发行人及相关企业公开披露信息以及是否存在纠纷。

三、参考规范

《公司法》

第一百四十八条　董事、高级管理人员不得有下列行为：

……（五）未经股东会或者股东大会同意，利用职务便利为自己或者他人谋取属于公司的商业机会，自营或者为他人经营与所任职公司同类的业务。……

《劳动合同法》

第二十三条　……对负有保密义务的劳动者，用人单位可以在劳动合同或者保密协议中与劳动者约定竞业限制条款，并约定在解除或者终止劳动合同后，在竞业限制期限内按月给予劳动者经济补偿。劳动者违反竞业限制约定的，应当按照约定向用人单位支付违约金。

第二十四条　竞业限制的人员限于用人单位的高级管理人员、高级技术人员和其他负有保密义务的人员。竞业限制的范围、地域、期限由用人单位与劳动者约定，竞业限制的约定不得违反法律、法规的规定。

在解除或者终止劳动合同后，前款规定的人员到与本单位生产或者经营同类产品、从事同类业务的有竞争关系的其他用人单位，或者自己开业生产或者经营同类产品、从事同类业务的竞业限制期限，不得超过二年。

第九十条　劳动者违反本法规定解除劳动合同，或者违反劳动合同中约定的保密义务或者竞业限制，给用人单位造成损失的，应当承担赔偿责任。

最高人民法院《关于审理劳动争议案件适用法律问题的解释（一）》

第三十六条　当事人在劳动合同或者保密协议中约定了竞业限制，但未约定解除或者终止劳动合同后给予劳动者经济补偿，劳动者履行了竞业限制义务，要求用人单位按照劳动者在劳动合同解除或者终止前十二个月平均工资的30%按月支付经济补偿的，人民法院应予支持。

前款规定的月平均工资的30%低于劳动合同履行地最低工资标准的，按照劳动合同履行地最低工资标准支付。

第三十七条　当事人在劳动合同或者保密协议中约定了竞业限制和经济补偿，当事人解除劳动合同时，除另有约定外，用人单位要求劳动者履行竞业限制义务，或者劳动者履行了竞业限制义务后要求用人单位支付经济补偿的，人民法院应予支持。

第三十八条　当事人在劳动合同或者保密协议中约定了竞业限制和经济补偿，劳动合同解除或者终止后，因用人单位的原因导致三个月未支付经济补偿，劳动者请求解除竞业限制约定的，人民法院应予支持。

第三十九条　在竞业限制期限内，用人单位请求解除竞业限制协议的，人民法院应予支持。

在解除竞业限制协议时，劳动者请求用人单位额外支付劳动者三个月的竞业限制经济补偿的，人民法院应予支持。

第四十条　劳动者违反竞业限制约定，向用人单位支付违约金后，用人单位要求劳动者按照约定继续履行竞业限制义务的，人民法院应予支持。

第九章

发行人的规范运行

第一节　改制、历次股权转让、未分配利润转增股本时缴纳个税情况

改制、历次股权转让、未分配利润转增股本时的涉税问题是拟上市公司的一道“上市必答题”。

截至2020年12月31日，睿创微纳、福光股份、嘉元科技、天奈科技、八亿时空、华特股份、金山办公、洁特生物等几十余家企业被发审委问及与此相关问题。

一、典型案例

天奈科技（688116）

针对江苏天奈科技股份有限公司（以下简称发行人）2019年3月22日提交的招股说明书（申报稿）披露内容，发审委要求发行人对下列事项进行说明，并要求保荐机构、发行人律师核查并发表明确意见：发行人改制、历次股权转让时、未分配利润转增股本时，控股股东、实际控制人是否缴纳相关个人所得税。如未缴纳的，要求在招股说明书中披露控股股东、实际控制人欠缴税款的具体情况和原因，可能导致的被追缴风险，并由控股股东、实际控制人承诺承担补缴义务及处罚责任。

根据发行人律师出具的补充法律意见书披露显示：[1]

发行人自设立起未发生未分配利润转增股本的情况，发行人于2016年11月拆除

〔1〕《北京市中伦律师事务所关于江苏天奈科技股份有限公司首次公开发行股票并在科创板上市的补充法律意见书之一》，载上海证券交易所网，http：//static.sse.com.cn/stock/information/c/201905/f19d5ec5a9b44e73b450862ee62a06c5.pdf，最后访问日期：2021年5月21日。

红筹架构时，控股股东开曼天奈转让天奈有限的股权已依法缴纳所得税并取得了相关所得税完税凭证。在此之后，发行人未发生控股股东及实际控制人转让股权的情况，控股股东及实际控制人不存在因股权转让及未分配利润转增股本而应履行纳税义务的情形。

2017 年 12 月 28 日，天奈有限整体变更为股份有限公司。本次改制以 2017 年 11 月 30 日为基准日，按公司经审计的净资产值人民币 573,228,454.31 元按 1 : 0.294258 的比例折合股份公司股本 168,676,779 元，每股面值为人民币 1 元，共计 168,676,779 股，由各发起人按照各自在天奈有限的出资比例持有相应数额的股份，其余未折股部分的净资产计入变更后股份有限公司的资本公积。

根据国家税务总局于 2010 年 11 月 30 日关于股改缴纳个人所得税的问题答复："盈余公积和未分配利润转增股本应当按'利息、股息、红利所得'项目计征个人所得税，转增资本公积不计征个人所得税。"发行人股改后股份有限公司的股本与股改前的实收资本均为 168,676,779 元，不存在使用有限公司净资产中原账面资本公积、盈余公积及未分配利润转增股本的情况。因此，发行人股改过程，自然人股东不涉及纳税义务。

综上所述，天奈有限自设立至今未发生未分配利润转增股本的情形；拆除红筹架构时，控股股东开曼天奈转让天奈有限的股权已依法缴纳所得税，除上述情形外发行人不存在控股股东及实际控制人转让股权的情形；天奈有限整体变更为股份有限公司时，变更前后的公司注册资本保持不变，不存在使用有限责任公司净资产中原账面资本公积、盈余公积及未分配利润转增股本的情况，不涉及控股股东及实际控制人就改制应缴纳相关个人所得税的情形。

金山办公（688111）

针对北京金山办公软件股份有限公司（以下简称发行人）2019 年 5 月 8 日提交的招股说明书（申报稿）披露内容，发审委要求发行人对下列事项进行说明：历次股权转让中自然人股东履行缴纳个人所得税义务的情况、缴纳金额、缴纳时间，如应缴而未缴，补充说明发行人是否具有代扣代缴义务。

根据发行人律师出具的补充法律意见书披露显示：[1]

自 2011 年金山办公有限设立至今，金山办公有限和发行人的现有、曾有股东中

〔1〕《北京市君合律师事务所关于北京金山办公软件股份有限公司首次公开发行股票并在科创板上市之补充法律意见书（一）》，载上海证券交易所网，http://static.sse.com.cn/stock/information/c/201906/af1f0cf66f7f416d97bc7941d2ca8a05.pdf，最后访问日期：2021 年 5 月 21 日。

不存在自然人股东；发行人前身金山办公有限于 2011 年设立，发行人及其前身金山办公有限发生了如表 154 所示的股权变更：

表 154

序号	日期	变更类型	变更内容
1	2011 年 12 月	设立	根据金山办公香港于 2011 年 12 月 6 日签署的《北京金山办公软件有限公司章程》，金山办公香港独资设立金山办公有限，金山办公有限投资总额为 1000 万元，注册资本为 1000 万元
2	2015 年 11 月	第一次股权转让	金山办公香港将持有的金山办公有限 76.74% 股权转让给 WPS 香港，1.08% 股权转让给奇文一维，0.55% 股权转让给奇文二维，1.37% 股权转让给奇文三维，3.58% 股权转让给奇文四维，11.18% 股权转让给奇文五维，0.53% 股权转让给奇文六维，3.14% 股权转让给奇文七维，1.83% 股权转让给奇文八维
3	2015 年 12 月	第二次股权转让	奇文八维将持有的金山办公有限 1.29% 股权转让给奇文九维，0.54% 股权转让给奇文十维
4	2016 年 3 月	第一次增加注册资本	注册资本由 10,000,000 元增加至 11,926,996 元，新增注册资本由 WPS 香港认购 376,588 元，晨兴二期认购 795,133 元，纪源 WPS 认购 397,567 元，顺为互联网认购 198,783 元，奇文四维认购 37,205 元，奇文五维认购 116,101 元，奇文十维认购 5619 元
5	2016 年 9 月	整体变更为股份有限公司	整体变更为股份有限公司“北京金山办公软件股份有限公司”，注册资本变更为人民币 36,000 万元

1. 2015 年 11 月，第一次股权转让

金山办公香港与 WPS 香港、奇文一维、奇文二维、奇文三维、奇文四维、奇文五维、奇文六维、奇文七维、奇文八维以及金山办公有限于 2015 年 11 月 13 日签署《北京金山办公软件有限公司股权转让协议》，金山办公香港以 4610.00 万元的价格出让其持有的金山办公有限 100% 的股权。根据发行人提供的价款支付凭证，截至 2016 年 1 月 28 日，各受让方已向金山办公香港支付股权转让价款合计 4610.00 万元。

本次股权转让的定价依据为天源资产评估有限公司于 2015 年 10 月 30 日出具的《北京金山办公软件有限公司股权转让所涉及的股东全部权益评估报告》（天源评报字〔2015〕第 0360 号）；根据该评估报告，截至 2015 年 9 月 30 日，金山办公有限经评估的股东全部权益价值为 4610.00 万元。

本次股权转让的各受让方已为金山办公香港向主管税务机关代扣代缴企业所得税合计 361.00 万元，适用税率为 10%。

2. 2015 年 12 月，第二次股权转让

奇文八维、奇文九维、奇文十维以及金山办公有限于 2015 年 11 月 30 日签署的《北京金山办公软件有限公司股权转让协议》，奇文八维将其持有的金山办公有限 1.29% 的股权以 595,700 元的价格转让给奇文九维，0.54% 的股权以 249,502 元的价格转让给奇文十维。就本次股权转让，截至 2016 年 2 月 18 日，奇文九维、奇文十维已向奇文八维支付股权转让价款合计 845,202 元。

本次股权转让的定价依据为天源资产评估有限公司于 2015 年 10 月 30 日出具的《北京金山办公软件有限公司股权转让所涉及的股东全部权益评估报告》（天源评报字〔2015〕第 0360 号）；根据该评估报告，截至 2015 年 9 月 30 日，金山办公有限经评估的股东全部权益价值为 4610.00 万元。且前述奇文九维、奇文十维向奇文八维合计支付的股权转让价款与奇文八维取得该等股权时所支付的价款相等，因此，本次股权转让中，奇文八维未获得收益，应税所得额为零；此外，金山办公有限已就本次股权转让办理了工商变更登记手续，相关税务主管部门并未就本次股权转让的价格及出让方的纳税事宜提出异议；并且，发行人取得了主管地税部门开具的关于其报告期内无纳税相关违法违规情形的证明。

3. 2016 年 9 月，整体变更为股份有限公司

2016 年 9 月 27 日股改时，金山办公有限的全体股东作为发起人，以所持经审计的金山办公有限的净资产折为发行人的股本，共同发起设立发行人。

根据大华于 2016 年 6 月 24 日出具的审计报告（大华审字〔2016〕006986 号），以 2016 年 4 月 30 日为基准日，金山办公有限经审计的账面净资产为人民币 640,600,764.99 元。根据中联评于 2016 年 6 月 29 日出具的《北京金山办公软件有限公司拟股份改制项目资产评估报告》（中联评报字〔2016〕第 931 号），以 2016 年 4 月 30 日为基准日，金山办公有限净资产的评估价值为人民币 716,894,300 元。

根据大华于 2016 年 10 月 28 日出具的《北京金山办公软件股份有限公司验资报告》，截至 2016 年 7 月 24 日，发行人已收到各发起人缴纳的注册资本（股本）合计人民币 360,000,000 元，均系以金山办公有限净资产折股投入，净资产折合股本后的余额 280,600,764.99 元计入发行人资本公积。

发行人股改时股东为 13 家企业，其中：9 家为合伙企业，4 家为境外有限公司。上述 13 家股东在股改时涉及税收及纳税情况具体如下：

（1）9家合伙企业（奇文一维、奇文二维、奇文三维、奇文四维、奇文五维、奇文六维、奇文七维、奇文九维以及奇文十维）

根据财政部、国家税务总局于2008年12月23日发布的《关于合伙企业合伙人所得税问题的通知》（财税〔2008〕159号）的规定，合伙企业以每一个合伙人为纳税义务人；合伙人是自然人的，缴纳个人所得税；合伙人是法人或其他组织的，缴纳企业所得税。因此，合伙企业本身无须缴纳所得税。根据上述9家合伙企业提供的由其注册地主管地方税务局四川天府新区成都管理委员会地方税务局出具的《个人所得税自行纳税申报表（A表）》及《税收完税证明》，上述9家合伙企业的全部自然人合伙人已于2018年5月17日就其在发行人股改过程中的应税所得（所得项目为股息红利）缴纳了个人所得税，共计缴纳1,126,611.41元。

（2）4家境外有限公司（WPS香港、晨兴二期、纪源WPS、顺为互联网）

根据国家税务总局于2010年2月22日发布的《关于贯彻落实企业所得税法若干税收问题的通知》（国税函〔2010〕79号）的规定，被投资企业将股权（票）溢价所形成的资本公积转为股本的，不作为投资方企业的股息、红利收入，投资方企业也不得增加该项长期投资的计税基础。根据股改验资报告及发行人的说明，其股改时是以股权溢价所形成的资本公积转增为股本；据此，股改过程中，发行人的4家境外有限公司股东未产生应税所得，其不需缴纳企业所得税。

慧辰资讯（688500）

针对北京慧辰资道资讯股份有限公司（以下简称发行人）2019年6月27日提交的招股说明书（申报稿）披露内容，发审委要求发行人说明改制、报告期内历次股权转让、未分配利润转增股本时各股东缴纳所得税的情况。

根据发行人律师出具的补充法律意见书披露显示：[1]

1. 发行人改制时各股东缴纳所得税的情况

发行人改制时有4名股东，分别为3家境内法人为良知正德、慧聪投资、湖南文旅及1家境内合伙企业为上海琢朴，不存在自然人股东。

根据《企业所得税法》及其实施条例的相关规定，良知正德、慧聪投资系境内法人，其在发行人改制当年按照规定汇算缴纳企业所得税。

根据发行人提供的相关完税证明及上海琢朴出具的说明，“本机构在慧辰资讯改

〔1〕《北京市金杜律师事务所关于北京慧辰资道资讯股份有限公司首次公开发行股票并在科创板上市的补充法律意见书（二）》，载上海证券交易所网，http://static.sse.com.cn/stock/information/c/201909/ab5bda7f5a5b43a28381b19e6f11998e.pdf，最后访问日期：2021年5月21日。

制时的合伙人均为自然人，本机构已经按照相关法律法规的要求为本机构的全体合伙人申报缴纳了相应税款。”根据湖南文旅出具的说明，“本机构在慧辰资讯改制时的合伙人均为中国境内企业法人或事业单位，本机构上述合伙人中的境内企业法人按照年度计算所得税的应纳税所得额，实施汇算清缴，本机构无需为其代扣代缴所得税，不存在违反税收管理相关法律法规的情况。”

2. 报告期内历次股权转让时各股东缴纳所得税的情况

发行人历史上不存在未分配利润转增股本的情形，发行人报告期内历次股权转让时各股东缴纳所得税的情况如下：

（1）2016 年 1 月 1 日至发行人终止新三板挂牌（2017 年 12 月 29 日）历次股权转让时各股东缴纳所得税的情况

自 2015 年 8 月 12 日至 2017 年 12 月 29 日，发行人股票在全国中小企业股份转让系统挂牌公开转让，自 2016 年 1 月 1 日 2017 年 12 月 29 日，发行人股东转让股份的情况如表 155 所示：

表 155

转让期间	转让股东姓名 / 名称	转让数量 / 股
2016 年 4 月 15 日至 7 月 15 日	西藏京通投资管理有限公司	1875,000
2016 年 8 月 15 日至 8 月 31 日	吴磊	500,000
2016 年 9 月 14 日至 9 月 30 日	吴磊	1,160,000
	北京银虎国际投资管理有限公司——银虎国际新三板 1 号基金	543,000
2016 年 10 月 14 日至 10 月 31 日	吴磊	215,000
	北京银虎国际投资管理有限公司——银虎国际新三板 1 号基金	207,000
2016 年 12 月 15 日至 12 月 30 日	慧聪投资	800,000
	上海琢朴	190,000

根据《企业所得税法》及其实施条例的相关规定，上述股份转让中涉及的境内法人股东西藏京通投资管理有限公司、慧聪投资在转让年度按照规定汇算缴纳所得税。

根据中华人民共和国财政部、国家税务总局、中国证监会于 2018 年 12 月 5 日印发的财政部、税务总局、证监会《关于个人转让全国中小企业股份转让系统挂牌公司股票有关个人所得税政策的通知》（财税〔2018〕137 号）的相关规定：“自 2018 年 11 月 1 日起，对个人转让新三板挂牌公司非原始股取得的所得，暂免征收个人所得税。该通知所称非原始股是指个人在新三板挂牌公司挂牌后取得的股票，以及由上述股票孳生的送、转股。2018 年 11 月 1 日之前，个人转让新三板公司非原始股尚未进行税收处理的，可比照上述条款规定执行。”上述股权转让中自然人吴磊持有的发行人股票为在新三板挂牌期间取得，为非原始股，其所得均暂免缴纳个人所得税。

根据发行人提供的相关完税证明及上海琢朴出具的说明，“本机构在上述股权转让是的合伙人均为自然人，本机构已经按照相关法律法规的要求为本机构的全体合伙人申报缴纳了相应税款。”上述股权转让中北京银虎国际投资管理有限公司——银虎国际新三板 1 号基金持有的发行人股票为在新三板挂牌期间取得，发行人无须为其代扣代缴股权转让所得税。

（2）发行人终止新三板挂牌（2017 年 12 月 29 日）至 2019 年 6 月 30 日历次股权转让时各股东缴纳所得税的情况

自 2017 年 12 月 29 日至 2019 年 6 月 30 日，发行人发生过两次股份转让，具体如下：

① 2019 年 1 月，慧辰资讯第一次股权转让

2018 年 12 月 2 日，上海琢朴和刘蓉蓉签署《关于北京慧辰资道资讯股份有限公司股份转让协议》，约定上海琢朴将其持有的 185,185 份慧辰资讯的股份，以每股 25.7 元的价格转让给刘蓉蓉，转让价款为 475.9254 万元。同日，上海琢朴和倪学进签署《关于北京慧辰资道资讯股份有限公司股份转让协议》，约定上海琢朴将其持有的 650,000 份慧辰资讯的股份，以每股 25.7 元的价格转让给倪学进，转让价款为 1670.5 万元。

根据发行人提供的相关完税证明及上海琢朴出具的说明：“本机构在上述股权转让时的合伙人均为自然人，本机构已经按照相关法律法规的要求为本机构的全体合伙人申报缴纳了相应税款。”

② 2019 年 2 月，慧辰资讯第二次股权转让

2019 年 2 月 18 日，上海汇兮和上海汇盼签署《关于北京慧辰资道资讯股份有限公司股份转让协议书》，约定上海汇兮将其持有的慧辰资讯的 592,537 股股份以每股 25.7 元、总价 15,228,200.9 元的价格转让给上海汇盼。

根据发行人提供的上海汇兮的工商登记档案，截至本补充法律意见书出具日，上

海汇兮已经办理完毕工商及税务注销手续。根据发行人律师对上海汇兮注销前实际控制人的访谈，上述股权转让的转让价格系上海汇兮按其取得发行人股份的价格平价转让，上海汇兮、上海汇盼为同一实际控制关系，此转让过程不涉及所得税缴纳。

有方科技（688159）

深圳市有方科技股份有限公司（以下简称发行人）2019年5月7日提交的招股说明书（申报稿）披露，发行人整体变更为股份公司时注册资本大幅增加，实际控制人多次转让公司股份。

针对上述情形，发审委要求发行人对下列事项进行说明，并要求保荐机构、发行人律师核查并发表明确意见：发行人整体变更为股份公司、历次股权转让过程中，相关主体缴纳个人所得税的情况；如果存在欠缴情形，补充说明欠缴的具体情况及原因，未申报缴纳个人所得税是否符合相关的税收政策；如果实际控制人存在未纳税情形，说明是否合法合规，是否构成重大违法违规行为，是否构成本次发行上市的法律障碍。

根据发行人律师出具的补充法律意见书披露显示：〔1〕

1. 对发行人整体变更为股份公司、历次股权转让过程中，相关主体缴纳个人所得税的情况的核查及意见

（1）有方有限整体变更设立为股份公司时，相关主体缴纳个人所得税的情况。

由于2015年8月有方有限整体变更设立为股份公司时系以未分配利润等转增股本，发起人王慷、肖悦赏、张楷文、方之星合伙因未取得现金分红，依法履行个人所得税缴纳义务存在困难，发行人于2015年11月30日向深圳市龙华新区地方税务局申请分期缴纳股东个人所得税，同时承诺"今后向转增股本的股东支付股息红利、或者向转增股本的持股员工支付年度考核奖金时，除正常扣缴应缴个人所得税外，支付剩余款项时优先补扣补缴转增股本应缴个人所得税，扣缴不足部分在以下3个时间节点中最先发生的时间节点缴清：①企业上市的次月15日内；②转增股本的个人再转让股权的次月15日内；③转增股本满3年（税款10万元以下），或者在转增股本满5年（税款10万元以上）时"。根据深圳市龙华新区地方税务局出具的税务事项通知书（深地税华大浪受执〔2015〕2241号）及税务事项通知书（深地税华大浪受执〔2015〕2243号），深圳市龙华新区地方税务局已于2015年11月30日完成对发行人

〔1〕《北京德恒律师事务所关于深圳市有方科技股份有限公司首次公开发行股票并在科创板上市之补充法律意见（一）》，载上海证券交易所网，http：//static.sse.com.cn/stock/information/c/201907/5322e6d4cb38469d9ef4dbc2dd340c7d.pdf，最后访问日期：2021年5月21日。

申请分期缴纳股东个人所得税相关材料的备案登记。

自然人股东王慷、肖悦赏、张楷文全部缴纳完毕整体变更转增股本应缴的个人所得税。

（2）发行人历次股权转让过程中，相关主体缴纳个人所得税的情况发行人历次股权转让过程中，相关主体缴纳个人所得税的情况如表 156 所示：

表 156

时间	股权转让情况	股权转让价格是否低于转让前一个会计年度末每实收资本对应净资产或每股净资产	个人所得税纳税义务人	应纳所得税金额 / 万元	纳税义务的履行情况
2009 年 12 月	金四化将所持有方有限 20 万元出资额以 20 万元转让给刘毅	否	金四化	无，转让方未实际取得收益	不涉及
2010 年 9 月	祝秀华将所持有方有限 200 万元出资额（其中已实缴出资为 30 万元）以 30 万元转让给张楷文	是，祝秀华因个人发展需要拟转让其所持公司股权，股权转让价格由双方协商确定，具备合理性	祝秀华、刘毅	无，转让方未实际取得收益	不涉及
	刘毅将所持有方有限 50 万元出资额以 50 万元转让给贺本爽	是，由于该次股权转让系名义持有人之间的转让，股权转让价格具备合理性			
2011 年 6 月	刘毅将所持有方有限 200 万元出资额以 200 万元转让给王慷	是，由于该次股权转让系名义持有人之间的转让，股权转让价格具备合理性	刘毅	无，转让方未实际取得收益	不涉及
	刘毅将所持有方有限 360 万元出资额（其中已实缴出资为 160 万元）以 160 万元转让给基思瑞投资		刘毅		
	张楷文将所持有方有限 150 万元出资额以 150 万元转让给王慷		张楷文		
……	……	……	……	……	……

续表

时间	股权转让情况	股权转让价格是否低于转让前一个会计年度末每实收资本对应净资产或每股净资产	个人所得税纳税义务人	应纳所得税金额/万元	纳税义务的履行情况
2018年9月	王慷将所持公司822,785股、902,911股股份分别以1300万元、1426.60万元转让给挚旸投资、昆石创富	否	王慷	510.8061	转让方已将应缴税款转账给公司，并已由公司代缴
	张楷文将所持公司220,250股份以347.9950万元转让给昆石创富		张楷文	65.1940	转让方已将应缴税款转账给公司，并已由公司代缴
	肖悦赏将所持公司300,000股、509,750股股份分别以474.00万元、805.4050万元转让给宁进余、昆石创富		肖悦赏	239.6860	转让方已将应缴税款转账给公司，并已由公司代缴

发行人历次股权转让过程中，涉及自然人股东溢价转让股权的，转让方已按照《个人所得税法》及其实施条例的相关规定缴纳了个人所得税，发行人不存在税务风险，原因如下：

①依据《股权转让所得个人所得税管理办法（试行）》（2015年1月1日起施行，已修改）的规定，2010年9月至2015年6月公司存在股权转让的转让价格低于股权转让完成前一季度末每元实收资本对应净资产的情形，存在被主管税务机关按净资产价格核定缴纳个人所得税的可能性，但由于公司上述股权转让均有合适正当的理由，相关风险较小，当地税务机关未对上述股权交易的计税基础提出异议。

②依据《国家税务总局关于加强股权转让所得征收个人所得税管理的通知》（国税函〔2009〕285号，2015年1月1日起废止）以及《股权转让所得个人所得税管理办法（试行）》，发行人不是前述股权转让事项的纳税义务人或扣缴义务人，不存在因上述股权转让行为被主管税务机关实施行政处罚的风险。

③发行人主管税务机关已出具证明，未发现发行人在报告期内存在税务违法记录。

发行人实际控制人王慷出具承诺函，如因未及时缴纳上述股权转让个人所得税事项，导致公司遭受任何经济上的损失，将由其补偿。

据此，发行人历次股权转让过程中，涉及自然人股东溢价转让股权的，转让方已缴纳了个人所得税，发行人不存在相应的税务风险。

2. 对如果存在欠缴情形，补充说明欠缴的具体情况及原因，未申报缴纳个人所得税是否符合相关的税收政策的核查及意见

（1）2015 年 8 月，有方有限整体变更设立为股份公司时以未分配利润等向自然人股东转增股本适用财税〔2015〕62 号文及财税〔2015〕116 号文的规定，发行人已向深圳市龙华新区地方税务局申请分期缴纳股东个人所得税并获得该局备案。

自然人股东王慷、肖悦赏、张楷文已经全部缴纳完毕整体变更转增股本应缴的个人所得税。

（2）发行人历次股权转让及增资过程中，涉及自然人股东溢价转让股权的，转让方均已缴纳了个人所得税，不存在欠缴的情形。

3. 对如果实际控制人存在未纳税情形，说明是否合法合规，是否构成重大违法违规行为，是否构成本次发行上市的法律障碍的核查及其意见

发行人实际控制人王慷不存在欠缴个人所得税的情形。

二、解决思路

改制、历次股权转让、未分配利润转增股本时涉及个税问题，解决思路如下：

1. 发行人改制、报告期内历次股权转让、未分配利润转增股本时各主体应依据相关税收政策的规定缴纳个人所得税。

（1）公司改制，有限责任公司按原账面净资产折股整体变更为股份有限公司的，持续经营时间可以从有限责任公司成立之日起计算。拟上市公司通常以净资产折股整体变更为股份有限公司的方式。因折股比例、股本变动不同，涉税问题也不同。

①按照 1∶1 比例整体折股，净资产全部折股，公司股本大于整体变更前股本的。公司将未分配利润或者将从税后利润中提取的盈余公积金（法定公积金、任意公积金）转增注册资本的，实质是该公司将未分配利润或盈余公积金以股息、红利方式向股东进行了分配，股东再以分得的股息、红利增加注册资本。

②按照 1∶0.N 比例整体折股，净资产中一部分折股，其余转入资本公积，公司股本大于整体变更前股本的。其增加了股本总额，如果存在情况 1 中所述情形，则同样是公司分配股息、红利、股东再增资的过程。

公司股本在整体变更前后未发生变化的。实质是将盈余公积和未分配利润直接转

入了资本公积，仅是公司净资产在不同会计科目间的变动，且并未形成向股东派发股息、红利等情形。目前，实际操作中不涉及个税问题。盈余公积和未分配利润直接转入了资本公积的情形，通常也只产生于有限责任公司整体变更为股份有限公司的特定条件下。

对于改制过程中，未分配利润、盈余公积转增股本的，具体可参考国家税务总局《关于进一步加强高收入者个人所得税征收管理的通知》（国税发〔2010〕54号），对以未分配利润、盈余公积和除股票溢价发行外的其他资本公积转增注册资本和股本的，要按照“利息、股息、红利所得”项目，依据现行政策规定计征个人所得税。

发行人属于高新技术企业的，可以按照《关于将国家自主创新示范区有关税收试点政策推广到全国范围实施的通知》有关规定，在不超过5个公历年度内（含）分期缴纳个人所得税。

（2）股权转让存在溢价的，根据《股权转让所得个人所得税管理办法（试行）》的相关规定，个人转让股权，以股权转让收入减除股权原值和合理费用后的余额为应纳税所得额，该“财产转让所得”缴纳个人所得税。

（3）资本公积金转增股本的，是否应缴个人所得税在实务中存在争议。根据现有法律法规的相关规定，可以明确的是，股份制企业股票溢价发行收入所形成的资本公积金，将此转增资本由个人取得的部分不作为应税所得征收个人所得税。

2. 由发行人主管税务机关出具证明，证明发行人在报告期内不存在税务违法记录。

3. 由发行人实际控制人出具承诺，如因未及时缴纳股权转让个人所得税等事项，导致发行人遭受经济损失的，将由其承担相应责任。

4. 发行人股东报告期内存在欠缴情形的，应当说明欠缴的具体情况及原因。发行人律师应当对上述欠缴行为是否构成违法违规行为，是否构成发行上市的法律障碍发表明确意见。

【具体核查要点】

1. 发行人改制、历次股权转让、未分配利润转增股本时，各股东缴纳所得税的情况。尤其是自然人股东履行缴纳个人所得税义务的情况、缴纳金额、缴纳时间，如应缴而未缴，发行人是否具有代扣代缴义务。

2. 控股股东、实际控制人是否存在欠缴税款，欠缴的具体情况和原因，可能导致的被追缴风险，是否承诺承担补缴义务及处罚责任，是否会构成上市的法律障碍。

3. 发行人是否存在涉税问题受到相关主管部门的行政处罚。

【核查方式】

1. 核查发行人的全套工商资料、改制审计报告、评估报告和验资报告等；

2. 核查发行人历次股权转让的协议、资金支付凭证、完税凭证等；

3. 核查发行人股东和实际控制人出具的承诺函；

4. 访谈发行人董事、高级管理人员、财务负责人，并制作访谈笔录；

5. 走访发行人主管税务机关，取得报告期内有无税务相关违法违规情况的证明。

三、参考规范

《个人所得税法》

第二条　下列各项个人所得，应当缴纳个人所得税：

……（六）利息、股息、红利所得……

《股权转让所得个人所得税管理办法（试行）》

第四条　个人转让股权，以股权转让收入减除股权原值和合理费用后的余额为应纳税所得额，按“财产转让所得”缴纳个人所得税。……

《国家税务总局关于进一步加强高收入者个人所得税征收管理的通知》

二、切实加强高收入者主要所得项目的征收管理

……（二）加强利息、股息、红利所得征收管理

1. 加强股息、红利所得征收管理。重点加强股份有限公司分配股息、红利时的扣缴税款管理，对在境外上市公司分配股息红利，要严格执行现行有关征免个人所得税的规定。加强企业转增注册资本和股本管理，对以未分配利润、盈余公积和除股票溢价发行外的其他资本公积转增注册资本和股本的，要按照“利息、股息、红利所得”项目，依据现行政策规定计征个人所得税。……

《关于将国家自主创新示范区有关税收试点政策推广到全国范围实施的通知》

三、关于企业转增股本个人所得税政策

1. 自 2016 年 1 月 1 日起，全国范围内的中小高新技术企业以未分配利润、盈余公积、资本公积向个人股东转增股本时，个人股东一次缴纳个人所得税确有困难的，可根据实际情况自行制定分期缴税计划，在不超过 5 个公历年度内（含）分期缴纳，并将有关资料报主管税务机关备案。

2. 个人股东获得转增的股本，应按照“利息、股息、红利所得”项目，适用 20% 税率征收个人所得税。……

5. 本通知所称中小高新技术企业，是指注册在中国境内实行查账征收的、经认定取得高新技术企业资格，且年销售额和资产总额均不超过 2 亿元、从业人数不超过 500 人的企业。……

其他参考法规:《个人所得税法实施条例》《税收征收管理法》等。

第二节　高新技术企业认定及税收优惠

根据《企业所得税法》的相关规定，国家需要重点扶持的高新技术企业，减按15%的税率征收企业所得税。高新技术企业享受税收优惠政策是否合法合规，是否具有可持续性，经营业绩是否依赖于税收优惠等都是发审委关注的重点问题。

截至2020年12月31日，天奈科技、热景生物、中国电器、金山办公、成都先导、海目星、映翰通等企业被问及与此相关的问题。

一、典型案例

力合微（688589）

深圳市力合微电子股份有限公司（以下简称发行人）2019年11月7日提交的招股说明书（申报稿）披露，发行人及子公司利普信通均于2016年11月被评为国家高新技术企业，税收优惠期限为3年。

针对上述情形，发审委要求发行人对下列事项进行披露，并要求保荐机构、发行人律师核查并发表明确意见：目前高新技术企业证书是否续期，如未续期，说明未续期的原因，是否存在不能续期的障碍；不能续期对发行人经营业绩的影响，并在风险因素中量化披露该等影响。

根据发行人律师出具的补充法律意见书披露显示：[1]

1. 目前高新技术企业证书是否续期，如未续期，说明未续期的原因，是否存在不能续期的障碍

发行人于2016年11月15日获发的高新技术企业证书有效期已于2019年11月14日届满。发行人已于2019年12月9日获发续期后的高新技术企业证书，证书编号GR201944202419，有效期3年。

发行人子公司利普信通于2016年11月21日获发高新技术企业证书，该证书已到期，且未获续期。利普信通高新技术企业证书未获续期的原因主要是因为2018年利普信通新申请知识产权较少。2019年利普信通新申请并获得授权软件著作权9项，将对2020年重新申请国家高新技术企业起到积极的影响。

[1]《北京市中伦律师事务所关于深圳市力合微电子股份有限公司首次公开发行股票并在科创板上市的补充法律意见书（二）》，载上海证券交易所网，http：//static.sse.com.cn/stock/information/c/202004/84e851904fa34560b17b9702b45a0f17.pdf，最后访问日期：2021年5月21日。

2. 不能续期对发行人经营业绩的影响，并在风险因素中量化披露该等影响

利普信通于 2013 年 7 月 31 日经深圳市经济贸易和信息化委员会认定为软件企业并获发深 R–2013–1452 号软件企业认定证书。根据《关于软件和集成电路产业企业所得税优惠政策有关问题的通知》（财税〔2016〕49 号），利普信通符合“国家规划布局内重点软件企业”的条件，具体如表 157 所示：

表 157

序号	财税〔2016〕49 号文相关规定	利普信通相关条件
1	在中国境内（不包括港、澳、台地区）依法注册的居民企业	于 2012 年 10 月 23 日注册成立，系在中国境内依法注册的居民企业
2	汇算清缴年度具有劳动合同关系且具有大学专科以上学历的职工人数占企业月平均职工总人数的比例不低于 40%，其中研究开发人员占企业月平均职工总数的比例不低于 20%	2019 年度职工人数为 36 人，其中大专以上人员为 36 人，占利普信通职工总数的 100%；研发人员 33 人，占利普信通职工总数的 91.7%
3	拥有核心关键技术，并以此为基础开展经营活动，且汇算清缴年度研究开发费用总额占企业销售（营业）收入总额的比例不低于 6%；其中，企业在中国境内发生的研究开发费用金额占研究开发费用总额的比例不低于 60%	截至 2019 年 12 月 31 日，利普信通在中国境内共取得 35 项计算机软件著作权，并以前述计算机软件著作权为基础开展经营活动。2019 年度，利普信通的销售（营业）收入为 5183.96 万元，研究开发费用为 1243.44 万元，占销售（营业）收入总额的比例为 23.99%，其中，在中国境内发生的研究开发费用总额为 1243.44 万元，占全部研究开发费用总额的比例为 100%
4	汇算清缴年度软件产品开发销售（营业）收入占企业收入总额的比例不低于 50%（嵌入式软件产品和信息系统集成［品开发销售（营业）收入占企业收入总额的比例不低于 40%），其中：软件产品自主开发销售（营业）收入占企业收入总额的比例不低于 40%（嵌入式软件产品和信息系统集成产品开发销售（营业）收入占企业收入总额的比例不低于 30%］	2019 年度，利普信通的收入总额为 5622.32 万元，以软件产品开发销售和信息系统集成产品开发销售、相关技术服务为主，软件产品开发销售（营业）收入为 5183.96 万元，占企业当年的收入总额的比例为 92.20%，其中，软件产品自主开发销售（营业）收入为 5183.96 万元，占企业当年的收入总额的比例为 92.20%
5	主营业务拥有自主知识产权	截至 2019 年 12 月 31 日，利普信通在中国境内共取得 35 项计算机软件著作权，取得方式均为原始取得

续表

序号	财税〔2016〕49 号文相关规定	利普信通相关条件
6	具有与软件开发相适应软硬件设施等开发环境（如合法的开发工具等）	利普信通是专业的计算机软件和电子信息产品的设计公司，多年的研发积累了丰富的经验，并先后成功推出了应用在智能控制、智能电网、数字电视等领域的多款软件产品，积累了领先的技术，并建立起了较为完善的开发及测试环境。研发过程中使用的主要仪器设备包括：数字示波器、数字调制信号源、频谱分析仪、码流分析仪、高清摄像头、信号发生器等
7	汇算清缴年度未发生重大安全、重大质量事故或严重环境违法行为	利普信通在 2019 年度未发生重大安全，重大质量事故或严重环境违法行为
8	在国家规定的重点软件领域内，汇算清缴年度软件产品开发销售（营业）收入不低于 5000 万元，应纳税所得额不低于 250 万元，研究开发人员占企业月平均职工总数的比例不低于 25%，企业在中国境内发生的研究开发费用金额占研究开发费用总额的比例不低于 70%	根据发改高技〔2016〕1056 号文，在国家规定的重点软件领域内，2019 年度，利普信通软件产品开发销售（营业）收入为 5183.96 万元，应纳税额所得额为 3423.52 万元，研究开发人员占企业月平均职工总数的比例不低于 91.7%，企业在中国境内发生的研究开发费用金额占研究开发费用总额的比例 100%

鉴于此，虽然利普信通高新技术企业证书未获续期，若利普信通取得了国家规划布局内重点软件企业的认定，根据《关于进一步鼓励软件产业和集成电路产业发展企业所得税政策的通知》（财税〔2012〕27 号，部分失效）的相关规定，其所得税减按 10% 的税率征收。根据审计报告，发行人截至 2019 年 12 月 31 日的净利润为 4345.61 万元，若利普信通未能取得国家规划布局内重点软件企业的认定，则其企业所得税应按 25% 的税率征收，发行人净利润为 3832.20 万元，由此会使发行人净利润较利普信通企业所得税按 10% 税率计算时减少 513.41 万元。

综上所述，利普信通高新技术企业证书未获续期的情况对发行人经营业绩不构成重大不利影响。

鉴于利普信通尚未取得国家规划布局内重点软件企业的认定，发行人已在招股说明书中增加了若利普信通未能取得国家规划布局内重点软件企业的认定的风险的相关披露。

天宜上佳（688033）

北京天宜上佳高新材料股份有限公司（以下简称发行人）2019 年 4 月 12 日提交

的招股说明书（申报稿）披露，发行人及部分下属子公司享受高新技术企业所得税优惠、研发费用加计扣除等税收优惠政策。

针对上述情形，发审委要求保荐机构、发行人律师对下列事项进行核查并发表明确意见：按照《高新技术企业认定管理办法》《高新技术企业认定管理工作指引》规定的条件逐条核查发行人及其附属企业是否符合高新技术企业认定条件，通过高新技术企业复审是否存在障碍；核查报告期内发行人享受的税收优惠是否合法合规，是否存在被追缴的风险；核查发行人经营业绩是否依赖于税收优惠。

根据发行人律师出具的补充法律意见书披露显示：[1]

1. 发行人及其附属企业是否符合高新技术企业认定条件，通过高新技术企业复审是否存在障碍

（1）报告期内，发行人及其附属企业获得高新技术企业认定的情况如表 158 所示：

表 158

序号	企业名称	发证时间	证书编号	有效期	批准机关
1	天宜上佳	2016 年 12 月 22 日	GR201611002172	三年	北京市科学技术委员会、北京市财政局、北京市国家税务局和北京市地方税务局
2	天仁道和	2017 年 10 月 25 日	GR201711001501	三年	

（2）发行人及其附属企业符合高新技术企业认定条件。

①发行人

发行人成立于 2009 年 11 月 3 日，申请认定时已注册成立一年以上，符合《认定办法》第十一条第（一）项、《工作指引》第三条第（一）项的规定。

发行人拥有对其主要产品（服务）在技术上发挥核心作用的知识产权的所有权，符合《认定办法》第十一条第（二）项、《工作指引》第三条第（二）项的规定。

发行人主要产品（服务）所属技术领域为《国家重点支持的高新技术领域》规定的技术，符合《认定办法》第十一条第（三）项、《工作指引》第三条第（三）项的规定。

发行人从事研发和相关技术创新活动的科技人员占当年员工总数的比例超过 10%，符合《认定办法》第十一条第（四）项、《工作指引》第三条第（五）项的规定。

根据北京广宏税务师事务所有限公司出具的《北京天宜上佳新材料股份有限公司 2013 年 1 月 1 日至 2015 年 12 月 31 日研究开发费用专项审计报告》（广宏审字

[1]《北京市康达律师事务所关于北京天宜上佳高新材料股份有限公司首次公开发行股票并在科创板上市的补充法律意见书》，载上海证券交易所网，http://static.sse.com.cn/stock/information/c/201905/c67fe6a2434c4a9787ee731d80df6a58.pdf，最后访问日期：2021 年 5 月 21 日。

〔2016〕第Z0266号），发行人2013年度至2015年度的研究开发费用总额为2054.27万元，2013年度至2015年度的销售收入总额为44,633.41万元，其中2015年的销售收入超过2亿元，发行人近三个会计年度的研究开发费用总额占同期销售收入总额的比例超过3%，且发行人全部研究开发费用发生在中国境内，占全部研究开发费用的100%，符合《认定办法》第十一条第（五）项、《工作指引》第三条第（六）项的规定。

根据北京广宏税务师事务所有限公司出具的《北京天宜上佳新材料股份有限公司2015年度的高新技术产品（服务）收入专项审计报告》（广宏审字〔2016〕第Z0266-1号），发行人2015年度高新技术产品（服务）收入为23,015.40万元，占同期总收入的比例超过60%，符合《认定办法》第十一条第（六）项、《工作指引》第三条第（四）项的规定。

发行人拥有对其主要产品（服务）在技术上发挥核心作用的知识产权的所有权；拥有科技成果转化能力；发行人设立了技术中心，并建立了研发组织管理制度、研发投入核算体系制度、科技奖励办法、员工培训管理制度等制度，与西南交通大学、北京科技大学等高校开展产学研合作；企业成长性良好。发行人创新能力评价符合《认定办法》第十一条第（七）项、《工作指引》第三条第（七）项的规定。

北京市海淀区安全生产监督管理局、北京市质量技术监督局出具证明，发行人申请认定前一年内未发生重大安全、重大质量事故或严重环境违法行为，符合《认定办法》第十一条第（八）项的规定。

综上所述，发行人2016年12月申请认定高新技术企业符合《认定办法》和《工作指引》的相关规定。

②天仁道和

天仁道和成立于2016年8月18日，申请认定时已注册成立一年以上，符合《认定办法》第十一条第（一）项、《工作指引》第三条第（一）项的规定。

天仁道和拥有对其主要产品（服务）在技术上发挥核心作用的知识产权的所有权，符合《认定办法》第十一条第（二）项、《工作指引》第三条第（二）项的规定。

天仁道和主要产品所属技术领域为《国家重点支持的高新技术领域》规定的技术，符合《认定办法》第十一条第（三）项、《工作指引》第三条第（三）项的规定。

天仁道和从事研发和相关技术创新活动的科技人员占当年员工总数的比例超过10%，符合《认定办法》第十一条第（四）项、《工作指引》第三条（五）项的规定。

根据北京广宏税务师事务所有限公司出具的《北京天仁道和新材料有限公司2016年8月18日至2016年12月31日研究开发费用专项审计报告》（广宏审字〔2017〕第Z0308号），天仁道和2016年度的研究开发费用为30.71万元，销售收入为11.37万元，2016年度的研究开发费用总额占同期销售收入的比例超过5%，且天仁道和全部研究开发费用发生在中国境内，占全部研究开发费用的 100%，符合《认定办法》第十一条第（五）项、《工作指引》第三条第（六）项的规定。

根据北京广宏税务师事务所有限公司出具的《北京天仁道和新材料有限公司 2016 年度高新技术产品（服务）收入专项审计报告》（广宏审字〔2017〕第 Z0308-1 号），天仁道和 2016 年度高新技术产品（服务）收入为 11.37 万元，占同期总收入的比例超过 60%，符合《认定办法》第十一条第（六）项、《工作指引》第三条第（四）项的规定。

天仁道和拥有对其主要产品（服务）在技术上发挥核心作用的知识产权的所有权，具有科技转化能力；天仁道和已制定研发组织管理制度、研发投入核算体系制度、科技奖励办法、员工培训管理等制度，并与北京科技大学开展产学研合作。天仁道和创新能力评价符合《认定办法》第十一条第（七）项、《工作指引》第三条第（七）项的规定。

天仁道和申请认定前一年内未发生重大安全、重大质量事故或严重环境违法行为，符合《认定办法》第十一条第（八）项的规定。

综上所述，天仁道和 2017 年 10 月申请认定高新技术企业符合《认定办法》和《工作指引》的相关规定。

（3）发行人及其附属企业通过高新技术企业的重新认定是否存在障碍。

根据《认定办法》第十一条的规定，认定为高新技术企业须考量申请企业近三个会计年度、最近一年、近一年的相关财务数据或指标以及申请企业从事研发和相关技术创新活动的科技人员占企业当年职工总数的比例等指标是否符合规定，并要求企业申请认定前一年内未发生重大安全、重大质量事故或严重环境违法行为。根据《工作指引》第三条的规定，前述“当年”、“最近一年”和“近一年”都是指企业申报前 1 个会计年度，“近三个会计年度”是指企业申报前的连续 3 个会计年度（不含申报年），“申请认定前一年内”是指申请前的 365 天之内（含申报年）。

①发行人

发行人目前持有的高新技术企业证书将于 2019 年 12 月 22 日到期。除因时间尚未届满、发行人申请认定前一年内是否发生重大安全、重大质量事故或严重环境违法行为之情形目前无法判断之外，发行人在其他方面均已符合《认定办法》第十一条规定的其他高新技术企业认定条件。具体情况如下：

发行人成立于 2009 年 11 月 3 日，存续至今，符合《认定办法》第十一条第（一）项、《工作指引》第三条第（一）项的规定。

发行人拥有对其主要产品（服务）在技术上发挥核心作用的知识产权的所有权，符合《认定办法》第十一条第（二）项、《工作指引》第三条第（二）项的规定。

发行人主要产品所属技术领域为《国家重点支持的高新技术领域》规定的技术，符合《认定办法》第十一条第（三）项、《工作指引》第三条第（三）项的规定。

截至2018年12月31日，发行人从事研发和相关技术创新活动的科技人员占员工总数的比例超过10%，符合《认定办法》第十一条第（四）项、《工作指引》第三条（五）项的规定。

发行人近三个会计年度的研究开发费用总额占同期销售收入总额的比例不低于3%，且发行人在中国境内发生的研究开发费用总额占全部研究开发费用总额的比例超过60%，符合《认定办法》第十一条第（五）项、《工作指引》第三条第（六）项的规定。

发行人2018年高新技术产品（服务）收入占同期总收入的比例超过60%，符合《认定办法》第十一条第（六）项、《工作指引》第三条第（四）项的规定。

发行人拥有对其主要产品（服务）在技术上发挥核心作用的知识产权的所有权；拥有科技成果转化能力；发行人设立了技术中心，并建立了研发组织管理制度、研发投入核算体系制度、科技奖励办法、员工培训管理等制度，并与国内部分高校开展产学研合作等；企业成长性良好。发行人创新能力评价符合《认定办法》及《工作指引》的要求。

北京市海淀区安全生产监督管理局、北京市海淀区质量技术监督局出具证明，发行人2018年度未发生重大安全、重大质量事故或严重环境违法行为。

②天仁道和

天仁道和目前持有的高新技术企业证书将于2020年10月25日到期。除因时间尚未届满、天仁道和申请认定前一年内是否发生重大安全、重大质量事故或严重环境违法行为之情形及其2019年度的相关财务数据和指标目前无法判断之外，天仁道和在其他方面均已符合《认定办法》第十一条规定的其他高新技术企业认定条件。具体情况如下：

天仁道和成立于2016年8月18日，存续至今，申请认定时已注册成立一年以上，符合《认定办法》第十一条第（一）项、《工作指引》第三条第（一）项的规定。

天仁道和拥有对其主要产品（服务）在技术上发挥核心作用的知识产权的所有权，符合《认定办法》第十一条第（二）项、《工作指引》第三条第（二）项的规定。

天仁道和主要产品所属技术领域为《国家重点支持的高新技术领域》规定的技术，符合《认定办法》第十一条第（三）项、《工作指引》第三条第（三）项的规定。

截至2018年12月31日，天仁道和从事研发和相关技术创新活动的科技人员占员工总数的比例超过10%，符合《认定办法》第十一条第（四）项、《工作指引》第三条（五）项的规定。

天仁道和最近三个会计年度的研究开发费用总额占同期销售收入总额的比例不低于 4%，且天仁道和在中国境内发生的研究开发费用总额占全部研究开发费用总额的比例超过 60%，符合《认定办法》第十一条第（五）项、《工作指引》第三条第（六）项的规定。

天仁道和 2018 年度高新技术产品（服务）收入占同期总收入的比例超过 60%，符合《认定办法》第十一条第（六）项、《工作指引》第三条第（四）项的规定。

天仁道和拥有对其主要产品（服务）在技术上发挥核心作用的知识产权的所有权，具有科技转化能力；天仁道和已制定研发组织管理制度、研发投入核算体系制度、科技奖励办法、员工培训管理等制度，并与北京科技大学开展产学研合作。天仁道和创新能力评价符合《认定办法》及《工作指引》的要求。

天仁道和 2018 年度未发生重大安全、重大质量事故或严重环境违法行为。

发行人、天仁道和出具说明，其将在重新申请认定前一年内（指申请前的 365 天之内）保持相关行为的合法合规性。

综上所述，在发行人、天仁道和重新申请认定前 365 天内保持相关行为合法合规性、且天仁道和 2019 年度的相关财务数据或指标符合上述相关规定要求的情形下，发行人及天仁道和在上述期限分别到期后通过高新技术企业的重新认定不存在障碍。

2. 报告期内发行人享受的税收优惠是否合法合规，是否存在被追缴的风险

（1）发行人及其合并报表范围内的子公司报告期内享受的税收优惠及其依据情况如下：

①发行人分别于 2013 年 11 月、2016 年 12 月通过高新技术企业复审 / 重新认定取得高新技术企业证书、有效期均为三年，因此 2016 年至 2018 年企业所得税减按 15% 征收；天仁道和于 2017 年 10 月被认定为高新技术企业取得高新技术企业证书、有效期三年，因此 2017 年至 2019 年企业所得税减按 15% 征收。

优惠依据：《企业所得税法》第二十八条第二款规定，国家需要重点扶持的高新技术企业，减按 15% 的税率征收企业所得税。《认定办法》第四条规定，依据该办法认定的高新技术企业，可依照《企业所得税法》及其实施条例、《税收征收管理法》及《税收征收管理法实施细则》等有关规定，申报享受税收优惠政策。

②报告期各期发行人开发新技术、新产品、新工艺发生的研究开发费用在计算应纳税所得额时加计扣除，前述加计扣除影响金额分别为 165.13 万元、212.15 万元和 251.80 万元。

优惠依据：《企业所得税法》第三十条规定：企业的下列支出，可以在计算应

纳税所得额时加计扣除：（一）开发新技术、新产品、新工艺发生的研究开发费用；（二）安置残疾人员及国家鼓励安置的其他就业人员所支付的工资。《企业所得税法实施条例》第九十五条规定，企业所得税法第三十条第（一）项所称研究开发费用的加计扣除，是指企业为开发新技术、新产品、新工艺发生的研究开发费用，未形成无形资产计入当期损益的，在按照规定据实扣除的基础上，按照研究开发费用的50%加计扣除；形成无形资产的，按照无形资产成本的150%摊销。根据《关于提高研究开发费用税前加计扣除比例的通知》（财税〔2018〕99号）的规定，企业开展研发活动中实际发生的研发费用，未形成无形资产计入当期损益的，在按规定据实扣除的基础上，在2018年1月1日至2020年12月31日期间，再按照实际发生额的75%在税前加计扣除；形成无形资产的，在上述期间按照无形资产成本的175%在税前摊销。

（2）2019年1月31日，国家税务总局北京市海淀区税务局第一税务所出具《涉税信息查询结果告知书》，确认根据税务核心系统记载，发行人在报告期内未接受过行政处罚。2017年2月28日，北京市房山区地方税务局第一税务所出具《北京市地方税务局纳税人、扣缴义务人涉税保密信息告知书》，确认根据税务核心系统记载，天仁道和于2016年8月18日至2016年12月31日未接受过行政处罚。2017年2月28日，北京市房山区国家税务局第一税务所出具涉税证明，确认未发现天仁道和2016年9月1日至2016年12月31日存在逾期申报、偷税、欠税情形，无被给予税务行政处罚或处理的记录。2019年1月31日，国家税务总局北京市房山区税务局第一税务所出具《涉税信息查询结果告知书》，确认根据税务核心系统记载，天仁道和于2016年10月20日至2018年12月31日未接受过行政处罚。

综上所述，报告期内发行人享受的前述税收优惠合法合规，不存在被追缴的风险。

3. 发行人经营业绩是否依赖于税收优惠

报告期各期发行人所享受的上述税收优惠占发行人净利润的比重相对较小，发行人的经营业绩不依赖于税收优惠。

映翰通（688080）

北京映翰通网络技术股份有限公司（以下简称发行人）2019年4月17日提交的招股说明书（申报稿）披露，发行人享受高新技术企业所得税优惠、享受增值税实际税负超过3%的部分实行即征即退政策，子公司大连碧空智能科技有限公司2017年度和2018年度符合小型微利企业条件，享受文件规定的其所得减按50%计入应纳税所得额，按20%的税率缴纳企业所得税的政策。报告期，发行人享受的税收优惠金额占净利润的比重分别为31.12%、33.87%及24.86%，报告期内税收优惠对公司经营业绩的影响较大。增值税返还金额占收入的比重分别为4.22%、4.06%及3.59%。

针对上述情形，发审委要求发行人对下列事项进行说明，并要求保荐机构、发行人律师核查并发表明确意见：按照《高新技术企业认定管理办法》《高新技术企业认定管理工作指引》规定的条件逐条核查发行人及其附属企业是否符合高新技术企业认定条件，通过高新技术企业复审是否存在障碍；结合销售地域及相关税务政策，说明发行人是否在合并范围内通过转移定价等方式规避税收缴纳义务，是否存在法律风险；核查报告期内发行人享受的税收优惠是否合法合规，是否存在被追缴的风险。

根据发行人律师出具的补充法律意见书披露显示：[1]

1. 结合《高新技术企业认定管理办法》《高新技术企业认定管理工作指引》《国家重点支持的高新技术领域》的相关规定及内容，高新技术企业适格条件与发行人具体情况比照如表159所示：

表159

序号	相关法规要求	发行人具备的条件
1	企业申请认定时须注册成立一年以上	发行人成立于2001年，符合条件
2	企业通过自主研发、受让、受赠、并购等方式，获得对其主要产品（服务）在技术上发挥核心支持作用的知识产权的所有权	发行人主要产品中所应用的核心技术对应的知识产权均为公司自主研发取得，符合条件
3	对企业主要产品（服务）发挥核心支持作用的技术属于《国家重点支持的高新技术领域》规定的范围	发行人属于《国家重点支持的高新技术领域》中“电子信息技术－嵌入式软件”领域，符合条件
4	企业从事研发和相关技术创新活动的科技人员占企业当年职工总数的比例不低于10%	发行人2018年从事研发的科技人员占企业当年职工总数的比例为46.63%，超过10%，符合条件
5	最近一年销售收入2亿元以上，企业近三个会计年度的研究开发费用总额占同期销售收入总额的比例不低于3%（母公司口径），其中，企业在中国境内发生的研究开发费用总额占全部研究开发费用总额的比例不低于60%	发行人2018年度营业收入2.9亿元，2016~2018年度，发行人研发费用总额占营业收入总额比例为7.75%（母公司口径），2016~2018年度，发行人在中国境内发生的研究开发费用总额占全部研究开发费用总额的比例为98.66%，不低于60%，符合条件

[1]《北京市隆安律师事务所关于北京映翰通网络技术股份有限公司首次公开发行股票并在科创板上市的补充法律意见书（一）》，载上海证券交易所网，http://static.sse.com.cn/stock/information/c/201906/32594e03d1524fdba0cb8513ceb8f9b2.pdf，最后访问日期：2021年5月21日。

续表

序号	相关法规要求	发行人具备的条件
6	近一年高新技术产品（服务）收入占企业同期总收入的比例不低于60%	发行人2018年高新技术产品（服务）收入占比为77.74%，超过60%，符合条件
7	企业创新能力评价应达到相应要求（综合得分70分以上），四项指标分值结构如下：知识产权≤30，科技成果转化能力≤30，研究开发组织管理水平≤20，企业成长性≤20	根据申报材料的要求，发行人自评约90分以上，符合条件
8	前一年未发生重大安全、重大责任事故或严重环境违法行为	发行人未发生重大安全、重大责任事故或严重环境违法行为，符合条件

发行人通过高新技术企业复审不存在障碍。

2. 发行人合并范围主体映翰通于2016年至2018年度享受高新技术企业税收优惠、大连碧空于2017~2018年度享受小型微利企业税收优惠。

利用合并范围内相关主体的税收优惠规避税收缴纳义务的前提为：（1）合并范围内相关主体享有不同税收优惠政策；（2）合并范围内相关主体进行大量的关联交易，以便完成纳税义务的转移。

报告期内合并范围内关联交易，仅2017年9月发行人向大连碧空销售InBox、Inpad产品，合同价格3080元，且按同类产品非关联方交易价格定价。德国映翰通一直没有实际经营。报告期内英博正能主要承担母公司的委托研发工作。英博正能与北京映翰通的委托开发费用结算，主要依据研发项目难易程度、耗用的研发人员人数及工时，采用成本加成的方式确定。佛山宜所成立于2018年，定位为智能物联网空调的关键部件的生产和研发基地，报告期内尚未与合并范围内的主体发生商业关系。2017年8月之后，生产中心转移到嘉兴映翰通，嘉兴映翰通主要定位为生产中心，与北京映翰通、美国映翰通的交易价格采用成本加成的方式确定。

发行人不存在利用合并范围内相关主体的税收优惠规避税收缴纳义务的情形。

3. 发行人及子公司报告期内享受税收优惠的情况如下：

（1）发行人

报告期内，发行人为北京市科学技术委员会、北京市财政局、北京市国家税务局、北京市地方税务局认定的高新技术企业。根据《国家税务总局关于实施高新技术企业所得税优惠有关问题的通知》（国税函〔2009〕203号，已失效）等相关规定，发行人在报告期内享受高新技术企业15%的所得税优惠税率。

根据财政部、国家税务总局《关于软件产品增值税政策的通知》（财税〔2011〕100号），自2011年1月1日起，增值税一般纳税人销售其自行开发生产的软件产品，按17%税率征收增值税后，对其增值税实际税负超过3%的部分实行即征即退政策。发行人享受软件产品增值税即征即退优惠政策。

（2）大连碧空

根据《关于扩大小型微利企业所得税优惠政策范围的通知》（已失效）、《关于进一步扩大小型微利企业所得税优惠政策范围的通知》（已失效）的规定，大连碧空2017、2018年度符合小型微利企业条件，享受文件规定的所得减按50%计入应纳税所得额，按20%的税率缴纳企业所得税。

报告期内发行人及其控股子公司享受的税收优惠合法合规，不存在被追缴的风险。

赛诺医疗（688108）

赛诺医疗科学技术股份有限公司（以下简称发行人）2019年3月29日提交的招股说明书（申报稿）披露，公司于2018年11月23日通过高新技术企业资格复审并取得天津市科学技术局、天津市财政局、国家税务总局天津市税务局联合颁发的高新技术企业证书，证书有效期为三年。

针对上述情形，发审委要求发行人对下列事项进行说明，并要求保荐机构、发行人律师核查并发表明确意见：发行人获得高新技术企业认定是否符合《高新技术企业认定管理办法》相关规定的具体内容，报告期内因此享受的优惠政策和依据、对发行人的影响以及相关优惠政策适用是否符合规定；逐项对照相关业务资质或认证的许可条件和程序，发行人是否存在丧失高新技术企业认证的风险，并就未申请续期或未获准续期对发行人的业绩影响进行分析。

根据发行人律师出具的补充法律意见书披露显示：[1]

1. 发行人获得高新技术企业认定是否符合《高新技术企业认定管理办法》相关规定的具体内容，报告期内因此享受的优惠政策和依据、对发行人的影响以及相关优惠政策适用是否符合规定

（1）发行人于2009年12月29日首次获得高新技术企业证书（GR200912000231），有效期为三年；2012年9月7日，发行人通过高新技术企业复审并获得新的高新技术

〔1〕《北京市中伦律师事务所关于赛诺医疗科学技术股份有限公司首次公开发行股票并在科创板上市的补充法律意见书（一）》，载上海证券交易所网，http://static.sse.com.cn/stock/information/c/201905/e6c4f4b53a77462f9513aef93843ffc3.pdf，最后访问日期：2021年5月21日。

企业证书（GF201212000082）；2015 年 12 月 8 日，发行人通过高新技术企业的重新认定并获得新的高新技术企业证书（GR201512000387）；2018 年 11 月 23 日，发行人通过高新技术企业的复审并获得天津市科学技术局、天津市财政局及国家税务总局天津市税务局联合批准颁发的新的高新技术企业证书（GR201812000628）。

发行人进行高新技术企业认定时系依据《高新技术企业认定管理办法》（国科发火〔2008〕172 号）相关规定进行申报，符合相关认定条件，具体如表 160 所示：

表 160

序号	高企认定条件	发行人情况
1	在中国境内（不含港、澳、台地区）注册的企业，近三年内通过自主研发、受让、受赠、并购等方式，或通过 5 年以上的独占许可方式，对其主要产品（服务）的核心技术拥有自主知识产权	发行人注册地为天津市开发区，满足在中国境内注册要求；发行人知识产权主要通过自主研发及受让等方式获得，且对其主要产品具有核心支持作用，满足认定条件
2	产品（服务）属于《国家重点支持的高新技术领域》规定的范围	发行人产品技术领域：新材料 / 生物医用材料 / 介入治疗器具材料，属于《国家重点支持的高新技术领域》中规定范围
3	具有大学专科以上学历的科技人员（截至上年年末，累计实际工作时间在 183 天以上）占企业当年职工总数的 30% 以上，其中研发人员占企业当年职工总数的 10% 以上	发行人在 2015 年进行高新技术企业重新认定时，截至 2014 年年末的职工总数为 210 人，科技人员为 99 人，研发人员为 24 人，科技人员占职工总数比例为 47.14%，研发人员占企业当年职工总数比例为 11.43%，满足认定条件
4	近三个会计年度的研究开发费用总额占销售收入总额的比例符合如下要求：（1）最近一年销售收入小于 5000 万元的企业，比例不低于 6%；（2）最近一年销售收入在 5000 万元至 2 亿元的企业，比例不低于 4%；（3）最近一年销售收入在 2 亿元以上的企业，比例不低于 3%。其中，企业在中国境内发生的研究开发费用总额占全部研究开发费用总额的比例不低于 60%	发行人在 2015 年进行高新技术企业重新认定时，依据 2015 年天津康永联合会计师事务所出具的高新技术企业专项审计报告，2012~2014 年的销售收入 34,549.36 万元，同期研发费用总额合计为 8874.29 万元，三年研发费用总额占销售收入比例为 25.69%，满足认定条件比例不低于 4% 的要求；其中 2012~2014 年在中国境内发生的研究开发费总额为 6661.29 万元，三年在中国境内发生的研发费总额占研发费用总额的比例为 75.06%，满足认定条件比例不低于 60% 的要求

续表

序号	高企认定条件	发行人情况
5	高新技术产品（服务）收入占企业当年总收入的 60% 以上	发行人在 2015 年进行高新技术企业重新认定时，依据 2015 年天津康永联合会计师事务所出具的高新技术企业专项审计报告，2014 年企业总收入为 14,938.20 万元，高新技术产品收入为 14,756.63 万元，高新技术产品收入占总收入比例为 98.78%，满足认定条件比例在 60% 以上的要求
6	企业研究开发组织管理水平、科技成果转化能力、自主知识产权数量、销售与总资产成长性等指标符合《高新技术企业认定管理工作指引》的要求，专家综合评分在 70 分以上	发行人在 2015 年进行高新技术企业重新认定时，依据《高新技术企业认定管理工作指引》（国科发火〔2008〕362 号）规定，综合得分达到 70 分以上则符合认定要求，发行人的认定结果为通过，则证明发行人已满足认定条件，具体如下：（1）知识产权：数量满足认定条件；（2）科技成果转化能力：2012~2014 年科技成果转化共计 13 项，三年内科技成果转化年平均数≥ 4 项，可划分为 A 类评分档；（3）研究开发组织管理水平：有健全的相关管理制度，可划分为 A 类评分档；（4）企业成长性：2012~2014 年总资产增长率为 12.52%，及销售收入增长率为 85.66%，成长性良好

发行人获得高新技术企业认定符合《高新技术企业认定管理办法》相关规定的具体内容。

（2）发行人报告期内享受的优惠政策和依据、对发行人的影响以及相关优惠政策适用是否符合规定。

①政策和依据

根据《企业所得税法》第二十八条、第三十条第一款、《企业所得税法实施条例》第九十三条和第九十五条及财税〔2018〕99 号《关于提高研究开发费用税前加计扣除比例的通知》第一条的规定，经认定的高新技术企业可享受减按 15% 税率征收企业所得税及符合条件的研究开发费用在计算应纳税所得额时加计扣除的税收优惠。具体政策和依据如下：

第一，《企业所得税法》第二十八条规定："符合条件的小型微利企业，减按 20% 的税率征收企业所得税。国家需要重点扶持的高新技术企业，减按 15% 的税率征收企业所得税。"第三十条规定："企业的下列支出，可以在计算应纳税所得额时加计扣除：（一）开发新技术、新产品、新工艺发生的研究开发费用……"

第二，《企业所得税法实施条例》第九十三条规定："企业所得税法第二十八条第二款所称国家需要重点扶持的高新技术企业，是指拥有核心自主知识产权，并同时符合下列条件的企业：（一）产品（服务）属于《国家重点支持的高新技术领域》规定的范围；（二）研究开发费用占销售收入的比例不低于规定比例；（三）高新技术产品（服务）收入占企业总收入的比例不低于规定比例；（四）科技人员占企业职工总数的比例不低于规定比例；（五）高新技术企业认定管理办法规定的其他条件。《国家重点支持的高新技术领域》和高新技术企业认定管理办法由国务院科技、财政、税务主管部门商国务院有关部门制订，报国务院批准后公布施行。”第九十五条规定：“企业所得税法第三十条第（一）项所称研究开发费用的加计扣除，是指企业为开发新技术、新产品、新工艺发生的研究开发费用，未形成无形资产计入当期损益的，在按照规定据实扣除的基础上，按照研究开发费用的50%加计扣除；形成无形资产的，按照无形资产成本的150%摊销。”

第三，财税〔2018〕99号《关于提高研究开发费用税前加计扣除比例的通知》规定：“一、企业开展研发活动中实际发生的研发费用，未形成无形资产计入当期损益的，在按规定据实扣除的基础上，在2018年1月1日至2020年12月31日再按照实际发生额的75%在税前加计扣除；形成无形资产的，在上述期间按照无形资产成本的175%在税前摊销。”

发行人2016~2017年在计算应纳税所得额时按照研究开发费用（符合条件的）的50%加计扣除，2018年按照研究开发费用（符合条件的）75%加计扣除；发行人报告期内减按15%的税率计算缴纳企业所得税，符合上述法律法规规定。

②上述税收优惠对发行人的影响

报告期内，发行人享受了上述高新技术企业税收优惠政策，减免税额分别为516.00万元、835.59万元和1110.71万元，占当期公司利润总额的比例分别为12.79%、10.38%、10.82%。具体情况如表161所示：

表161

项目	2018年	2017年	2016年
研发费用加计优惠（减免）税额 / 万元	194.85	93.75	190.90
企业所得税税率优惠（减免）税额 / 万元	915.87	741.84	325.11
税收优惠（减免）税额合计 / 万元	1110.71	835.59	516.00
利润总额 / 万元	10,269.74	8053.68	4035.95
税收优惠（减免）税额占利润总额的比例 /%	10.82	10.38	12.79

2. 逐项对照相关业务资质或认证的许可条件和程序，发行人是否存在丧失高新技术企业认证的风险，并就未申请续期或未获准续期对发行人的业绩影响进行分析

发行人已于 2018 年 11 月 23 日已正式获得由天津市科学技术局、天津市财政局、天津市税务总局联合颁发的高新技术企业证书。发行人符合《高新技术企业认定管理办法》（国科发火〔2016〕32 号）的要求，具体如表 162 所示：

表 162

序号	高企认定条件	发行人情况
1	企业申请认定时须注册成立一年以上	发行人成立时间为 2007 年，满足注册成立一年以上的要求
2	企业通过自主研发、受让、受赠、并购等方式，获得对其主要产品（服务）在技术上发挥核心支持作用的知识产权的所有权	发行人拥有主要产品在技术上发挥核心支持作用的知识产权的所有权，发行人拥有多项已授权发明专利
3	对企业主要产品（服务）发挥核心支持作用的技术属于《国家重点支持的高新技术领域》规定的范围	发行人产品技术领域：新材料 / 生物医用材料 / 介入治疗器具材料，属于《国家重点支持的高新技术领域》中规定范围
4	企业从事研发和相关技术创新活动的科技人员占企业当年职工总数的比例不低于 10%	发行人在 2018 年进行高新技术企业复审时，截至 2017 年年末的职工总数为 331 人，科技人员为 175 人，科技人员占职工总数比例为 52.87%，满足认定条件
5	企业近三个会计年度（实际经营期不满三年的按实际经营时间计算，下同）的研究开发费用总额占同期销售收入总额的比例符合如下要求：（1）最近一年销售收入小于 5000 万元（含）的企业，比例不低于 5%；（2）最近一年销售收入在 5000 万元至 2 亿元（含）的企业，比例不低于 4%；（3）最近一年销售收入在 2 亿元以上的企业，比例不低于 3%。其中，企业在中国境内发生的研究开发费用总额占全部研究开发费用总额的比例不低于 60%	发行人在 2018 年进行高新技术企业重新认定时，依据 2018 年天津同信有限责任会计师事务所出具的高新技术企业专项审计报告，2015~2017 年销售收入总额合计为 69,352.69 万元，同期研发费用总额合计为 23,986.31 万元，三年研发费用总额占销售收入比例为 32.15%，满足认定条件（3）比例不低于 3% 的要求；2015~2017 年在中国境内发生的研究开发费总额为 22,175.93 万元，三年在中国境内发生的研发费总额占研发费用总额的比例为 92.45%，满足认定条件比例不低于 60% 的要求

续表

序号	高企认定条件	发行人情况
6	近一年高新技术产品（服务）收入占企业同期总收入的比例不低于60%	发行人在2018年进行高新技术企业复审时，依据2018年天津同信有限责任会计师事务所出具的高新技术企业专项审计报告，2017年企业总收入为30,286.17万元，高新技术产品收入为29,816.09万元，高新技术产品收入占总收入比例为98.45%，满足认定条件比例在60%以上的要求
7	企业创新能力评价应达到相应要求企业创新能力主要从四个方面进行评价：知识产权、科技成果转化能力、研究开发组织管理水平以及企业成长性	发行人依据《高新技术企业认定管理工作指引》规定，各项指标评价如下：(1)知识产权：数量满足要求，且知识产权对主要产品在技术上发挥核心支持作用，满足认定条件；(2)科技成果转化能力：2015~2017年科技成果转化共计17项，三年内科技成果转化年平均数≥5项，可划分为A类评分档；(3)研究开发组织管理水平：有健全的相关管理制度，符合认定条件；(4)企业成长性：2015~2017年净资产增长率为56%，销售收入增长率为23%，成长性良好。企业创新能力达标
8	企业申请认定前一年内未发生重大安全、重大质量事故或严重环境违法行为	发行人至今未发生重大安全、重大质量事故或严重环境违法行为

注：高企申报材料中的科技人员定义为直接从事研发和相关技术创新活动管理和直接提供技术服务的人员。

发行人现阶段满足高新技术企业认定相关各项条件，但如高新技术企业认定要求变化或发行人未来业务发展或经营情况不符合高新技术企业认定条件，发行人可能失去高新企业认定风险。

发行人报告期内因高新技术企业相关税收优惠政策使年度净利润分别增加为516.00万元、835.59万元、1110.71万元，发行人税收优惠额占利润总额的比例分别为12.79%、10.38%、10.82%，占营业收入的比例分别为1.94%、2.59%、2.92%。如发行人未来未申请续期或未获准续期，发行人无法继续享有相关税收优惠政策，发行人存在所得税率上升的风险。

综上所述，发行人取得高新技术企业资质符合《高新技术企业认定管理办法》《高新技术企业认定管理工作指引》之规定；在《高新技术企业认定管理办法》《高新技术企业认定管理工作指引》等相关法律法规未发生重大变化，且发行人生产经营情况未发生重大不利变化的情形下，发行人高新技术企业资格到期后续期申请高新技术企业资质不存在重大法律障碍。

二、解决思路

高新技术企业、税收优惠相关问题的解决思路如下：

1. 发行人及其附属企业应符合高新技术企业认定条件。发行人律师应依照《高新技术企业认定管理办法》《高新技术企业认定管理工作指引》规定的条件逐条核查发行人及其附属企业是否符合高新技术企业认定条件，通过复审是否存在障碍。认定条件主要包括：

（1）企业申请认定时须注册成立一年以上。

（2）企业通过自主研发、受让、受赠、并购等方式，获得对其主要产品（服务）在技术上发挥核心支持作用的知识产权的所有权。

（3）对企业主要产品（服务）发挥核心支持作用的技术属于《国家重点支持的高新技术领域》规定的范围。

（4）企业从事研发和相关技术创新活动的科技人员占企业当年职工总数的比例不低于 10%。

（5）企业近三个会计年度（实际经营期不满三年的按实际经营时间计算，下同）的研究开发费用总额占同期销售收入总额的比例符合如下要求：

①最近一年销售收入小于 5000 万元（含）的企业，比例不低于 5%；

②最近一年销售收入在 5000 万元至 2 亿元（含）的企业，比例不低于 4%；

③最近一年销售收入在 2 亿元以上的企业，比例不低于 3%。

其中，企业在中国境内发生的研究开发费用总额占全部研究开发费用总额的比例不低于 60%。

（6）近一年高新技术产品（服务）收入占企业同期总收入的比例不低于 60%。

（7）企业创新能力评价应达到相应要求。

（8）企业申请认定前一年内未发生重大安全、重大质量事故或严重环境违法行为。

发行人应保证在高新技术企业证书有效期内持续满足认定条件。

2. 发行人应披露报告期内享受的税收优惠以及相应依据，税收优惠应符合相关法律法规的规定，不存在被追缴的风险。可由相关税务主管机关出具意见，确认发行人及其子公司在报告期内合法合规，未受到税务主管机关行政处罚。此外，根据《首次公开发行股票并上市管理办法》的相关规定，发行人的经营成果对税收优惠不应存在严重依赖。可通过发行人享受的税收优惠占发行人净利润的比重进行论证。

3. 发行人合并范围内相关主体享有不同税收政策的，应避免存在合并范围内通过转移定价等方式规避税收缴纳义务的情形。利用合并范围内相关主体的税收优惠规避税收缴纳义务一般表现为合并范围内享有不同税收优惠政策相关主体通过大量的关联交易以完成纳税义务的转移。

4. 发行人高新技术企业证书即将到期的，应及时续期。已到期的，应披露是否续期，未续期的，说明未续期的原因、是否存在重新认定的障碍、不能续期对发行人经营业绩的影响。对此，发行人应在风险因素中进行披露。

【具体核查要点】

1. 发行人及其附属企业是否符合《高新技术企业认定管理办法》《高新技术企业认定管理工作指引》等法律、法规、规范性文件规定的高新技术企业认定条件；通过高新技术企业复审或续期是否存在障碍。

2. 报告期内发行人享受的税收优惠是否合法合规，是否存在被追缴的风险；核查发行人经营业绩是否依赖于税收优惠。

3. 报告期内合并范围内关联交易情况、是否存在大量关联交易、交易价格是否公允、发行人以及合并范围内主体是否按照规定缴纳相应税费，是否在合并范围内通过转移定价等方式规避税收缴纳义务，是否存在法律风险。

【核查方式】

1. 核查发行人及子公司的高新技术企业证书，知识产权证书、研发人员劳动合同、工商档案等其他高新技术企业申请以及复审资料；

2. 查阅《高新技术企业认定管理办法》等高新技术企业认定相关规定，走访公司相关部门主管人员；

3. 核查发行人以及其子公司报告期内的纳税申报表、缴税凭证、税收优惠相关证明文件，查阅发行人的审计报告、纳税情况报告等；

4. 访谈发行人董事、高级管理人员、财务负责人，并制作访谈笔录；

5. 查阅发行人税务主管部门出具的证明。

三、参考规范

《首发业务若干问题解答》

问题30　对首发企业部分涉税事项，如取得的税收优惠是否属于经常性损益、税收优惠续期申请期间是否可以按照优惠税率预提预缴、外资企业转内资企业补缴所得税费用如何确认归属期间等，发行人和相关中介机构通常应如何把握？

答：发行人依法取得的税收优惠，如高新技术企业、软件企业、文化企业及西部大开发等特定性质或区域性的税收优惠，符合《公开发行证券的公司信息披露解释性公告第 1 号——非经常性损益》规定的，可以计入经常性损益。

发行人取得的税收优惠到期后，发行人、保荐机构、律师和申报会计师应对照税收优惠的相关条件和履行程序的相关规定，对拟上市公司税收优惠政策到期后是否能够继续享受优惠进行专业判断并发表明确意见：(1) 如果很可能获得相关税收优惠批复，按优惠税率预提预缴经税务部门同意，可暂按优惠税率预提并做风险提示，并说明如果未来被追缴税款，是否有大股东承诺补偿；同时，发行人应在招股说明书中披露税收优惠不确定性风险。(2) 如果获得相关税收优惠批复的可能性较小，需按照谨慎性原则按正常税率预提，未来根据实际的税收优惠批复情况进行相应调整。

外商投资企业经营期限未满 10 年转为内资企业的，按税法规定，需在转为内资企业当期，补缴之前已享受的外商投资企业所得税优惠。补缴所得税费用系因企业由外资企业转为内资企业的行为造成，属于该行为的成本费用，应全额计入补缴当期，不应追溯调整至实际享受优惠期间。

发行人补缴税款，符合会计差错更正要求的，可追溯调整至相应期间；对于缴纳罚款、滞纳金等，原则上应计入缴纳当期。

《高新技术企业认定管理办法》

第十一条　认定为高新技术企业须同时满足以下条件：

（一）企业申请认定时须注册成立一年以上；

（二）企业通过自主研发、受让、受赠、并购等方式，获得对其主要产品（服务）在技术上发挥核心支持作用的知识产权的所有权；

（三）对企业主要产品（服务）发挥核心支持作用的技术属于《国家重点支持的高新技术领域》规定的范围；

（四）企业从事研发和相关技术创新活动的科技人员占企业当年职工总数的比例不低于 10%；

（五）企业近三个会计年度（实际经营期不满三年的按实际经营时间计算，下同）的研究开发费用总额占同期销售收入总额的比例符合如下要求：

1. 最近一年销售收入小于 5000 万元（含）的企业，比例不低于 5%；

2. 最近一年销售收入在 5000 万元至 2 亿元（含）的企业，比例不低于 4%；

3. 最近一年销售收入在 2 亿元以上的企业，比例不低于 3%。

其中，企业在中国境内发生的研究开发费用总额占全部研究开发费用总额的比例不低于 60%；

（六）近一年高新技术产品（服务）收入占企业同期总收入的比例不低于 60%；

（七）企业创新能力评价应达到相应要求；

（八）企业申请认定前一年内未发生重大安全、重大质量事故或严重环境违法行为。

《首次公开发行股票并上市管理办法》

第二十七条　发行人依法纳税，各项税收优惠符合相关法律法规的规定。发行人的经营成果对税收优惠不存在严重依赖。

其他参考规范:《高新技术企业认定管理工作指引》《企业所得税法》《企业所得税法实施条例》《税收征收管理法》《税收征收管理法实施条例》等。

第三节　政府补助

政府补助，是指企业从政府无偿取得货币性资产或非货币性资产，但不包括政府作为企业所有者投入的资本。[1]正因政府补助具有无偿性，发审委较为关注相关企业申请政府补助的真实性、合理性、合法合规性以及企业利润对政府补助的依赖程度。

截至 2020 年 12 月 31 日，寒武纪、江苏北人、紫晶存储、芯原股份、CRM、中伟股份、高测股份、致远互联、国盾量子、瑞松科技等近二十家企业被问及与此相关的问题。

一、典型案例

寒武纪（688256）

中科寒武纪科技股份有限公司（以下简称发行人）2020 年 3 月 26 日提交的招股说明书（申报稿）披露，报告期内，发行人计入当期收益的政府补助金额分别为 823.69 万元、6914.01 万元和 3386.41 万元，但未说明具体项目。

针对上述情形，发审委要求发行人对下列事项进行说明，并要求保荐机构、发行人律师核查并发表明确意见：报告期各期政府补助主要项目对应的发放机关、发放时间、补助事由及具体依据，结合相关合同书、项目协议书等，核查发行人报告期内取得的政府补助是否具有明确法律依据。

根据发行人律师出具的补充法律意见书披露显示：[2]

报告期内，发行人享受政府补助的情况，具体如表 163 所示：

〔1〕参见《企业会计准则第 16 号——政府补助》。

〔2〕《北京市中伦律师事务所关于中科寒武纪科技股份有限公司首次公开发行股票并在科创板上市的补充法律意见书二》，载上海证券交易所网，http://static.sse.com.cn/stock/information/c/202005/e4d0b217f3e9467582acdb37483ce19f.pdf，最后访问日期：2021 年 5 月 21 日。

表 163

所属年度	补助项目	发放机关 / 拨款单位	发放时间	补助事由	具体依据	
					相关协议名称	相关法律或政策名称
2017~2019 年度	寒武纪智能服务器芯片	市级财政直接支付资金清算账户	2017 年 12 月 15 日	寒武纪智能服务器芯片项目专项资助	上海市人工智能创新发展专项项目协议书	《上海市产业转型升级发展专项资金管理办法》（沪经信规〔2015〕101 号）、《上海市人工智能创新发展专项支持实施细则》（沪经信法〔2017〕896 号）
2017~2019 年度	寒武纪深度学习处理器 IP 核	上海市临港地区开发建设管理委员会市级产业专项资金专户	2017 年 6 月 28 日、2018 年 12 月 19 日	寒武纪深度学习处理器 IP 核课题经费补助	临港地区智能制造产业专项项目合同	《上海市人民政府关于深化完善“双特”政策支持临港地区新一轮发展的若干意见》《关于建设国际智能制造中心的若干配套政策》《临港地区智能制造专项资金管理办法》《临港地区智能制造产业专项实施细则》
2016~2019 年度	神经网络处理器	上海市临港地区开发建设管理委员会市级产业专项资金专户	2016 年 10 月 21 日、2018 年 3 月 21 日、2019 年 11 月 7 日	神经网络处理器课题经费补助	临港地区智能制造产业专项项目合同	《上海市人民政府关于深化完善“双特”政策支持临港地区新一轮发展的若干意见》《关于建设国际智能制造中心的若干配套政策》《临港地区智能制造专项资金管理办法》《临港地区智能制造产业专项实施细则》

续表

所属年度	补助项目	发放机关 / 拨款单位	发放时间	补助事由	具体依据	
					相关协议名称	相关法律或政策名称
2018~2019年度	面向智能终端的嵌入式高能效深度学习引擎开发与产业化	工业和信息化部产业发展促进中心	2018年12月13日、2019年5月30日	面向智能终端的嵌入式高能效深度学习引擎开发与产业化课题经费补助	国家科技重大专项课题任务合同书	《关于“核心电子器件、高端通用芯片及基础软件产品”科技重大专项2018年课题立项的通知》（产发函〔2018〕963号）
		市级财政直接支付资金清算账户	2019年6月6日、2019年12月11日			
2018~2019年度	深度神经网络处理器芯片架构	科学技术部高技术研究发展中心	2018年5月31日、2018年8月28日、2019年9月27日	深度神经网络处理器芯片架构中央财政专项经费补助	国家重点研发计划项目任务书	《科技部财政部关于印发〈国家重点研发计划管理暂行办法〉的通知》（国科发资〔2017〕152号）、《财政部科技部关于印发〈国家重点研发计划资金管理办法〉》的通知》（财科教〔2016〕113号）
2018~2019年度	并行异构深度学习处理器研发及产业化	市级财政直接支付资金清算账户	2018年12月12日	并行异构深度学习处理器研发及产业化项目专项资助	上海市人工智能创新发展专项项目协议书	《上海市产业转型升级发展专项资金管理办法》（沪经信规〔2015〕101号）、《上海市人工智能创新发展专项支持实施细则》（沪经信法〔2017〕896号）

续表

所属年度	补助项目	发放机关 / 拨款单位	发放时间	补助事由	具体依据	
					相关协议名称	相关法律或政策名称
2018~2019年度	异构软硬件适配的人工智能开放平台研制与标准制订	北京市科学技术委员会	2018年8月3日	异构软硬件适配的人工智能开放平台研制与标准制订课题经费补助	北京市科技计划课题任务书	《北京市加快科技创新培育人工智能产业的指导意见》
2018~2019年度	深度学习计算机	南京市栖霞区人民政府马群办事处	2015年12月9日、2016年4月27日	深度学习计算机项目扶持资金	栖霞区入选2014年度南京“321引进计划”项目资助协议书	《南京市“321计划”人才引进专项资金管理办法》（宁财规〔2011〕7号）、《关于印发〈南京市“321计划”人才引进专项资金管理办法〉补充规定的通知》（宁财规〔2012〕1号）
2018~2019年度	海淀区企业研发费用补贴	中关村科技园区海淀园管理委员会	2018年9月29日、2019年12月17日	“海淀区企业研发费用补贴”专项支持	海淀园专项资金立项通知书	《北京市海淀区人民政府关于印发海淀区加快核心区自主创新和产业发展专项资金管理办法的通知》（海行规发〔2012〕11号）

续表

所属年度	补助项目	发放机关 / 拨款单位	发放时间	补助事由	具体依据	
					相关协议名称	相关法律或政策名称
2018~2019年度	浦东新区经济发展财政扶持资金	上海市浦东新区世博地区开发管理委员会专项资金专户	2018年12月19日、2019年12月13日	浦东新区经济发展财政扶持资金	—	《关于印发〈上海市临港地区“十三五”期间安商育商财政扶持实施办法〉的通知》（沪临地管委规范〔2018〕5号）
2019年度	北京市人工智能人才培养	北京市科学技术委员会	2019年12月25日	北京市人工智能人才培养专项工作经费补助	北京市科技专项工作任务书、专项工作任务评审专家组意见汇总表、北京市政务服务中心综合窗口材料接收通知书	《关于启动2019年度北京市人工智能人才培养项目征集工作的通知》
2019年度	横琴先进智能计算平台	珠海市财政局	2019年12月9日	横琴先进智能计算平台专项资金	—	《关于安排2019年度省科技创新战略专项资金（高水平创新研究院建设）的通知》（粤财科教〔2019〕160号）、《关于下达2019年度省科技创新战略专项资金（高水平创新研究院建设）的通知》（珠科创函〔2019〕278号）

续表

所属年度	补助项目	发放机关 / 拨款单位	发放时间	补助事由	具体依据	
					相关协议名称	相关法律或政策名称
2019 年度	智能计算系统基础软件与应用开发平台	珠海市财政局	2019 年 12 月 3 日	智能计算系统基础软件与应用开发平台专项资金	—	《关于安排 2019 年度省科技创新战略专项资金（高水平创新研究院定向委托）的通知》（粤财科教〔2019〕181 号）
2019 年度	云端深度学习处理器芯片产业化	上海市浦东新区财政局国库存款	2019 年 5 月 6 日	云端深度学习处理器芯片产业化项目中央预算内投资	—	《上海市发展改革委关于转发〈国家发展改革委关于下达“互联网 +”重大工程和人工智能创新发展工程 2018 年中央预算内投资计划的通知〉的通知》（沪发改投〔2018〕66 号）
2019 年度	雏鹰人才企业专项支持资金	中关村科技园区管理委员会	2019 年 3 月 13 日	中关村雏鹰人才企业资金支持	—	《中关村国家自主创新示范区优化创业服务促进人才发展支持资金管理办法实施细则（试行）》（中科园发〔2017〕37 号）
2019 年度	稳岗补贴	失保基金代理支付专户	2019 年 1 月 14 日	援企稳岗“护航行动”补贴	—	《关于实施失业保险援企稳岗“护航行动”的通知》（人社厅发〔2017〕129 号）
		深圳市社会保险基金管理局	2019 年 8 月 22 日	稳定岗位补贴	—	《深圳市人力资源和社会保障局深圳市财政委员会关于做好失业保险支持企业稳定岗位有关工作的通知》（深人社规〔2016〕1 号）

续表

所属年度	补助项目	发放机关 / 拨款单位	发放时间	补助事由	具体依据	
					相关协议名称	相关法律或政策名称
2018 年度	智能处理器重大协同创新平台	中关村科技园区管理委员会	2018 年 9 月 29 日	智能处理器重大协同创新平台项目支持资金	中关村国家自主创新示范区重大协同创新平台项目支持资金使用协议书	《关于精准支持中关村国家自主创新示范区重大前沿项目与创新平台建设的若干措施》(中科园发〔2017〕13 号)、《〈关于精准支持中关村国家自主创新示范区重大前沿项目与创新平台建设的若干措施〉实施办法(试行)》(中科园发〔2018〕17 号)
2017 年度	中关村科技园区前沿企业支持资金	中关村科技园区管理委员会	2017 年 9 月 22 日	中关村科技园区前沿企业支持资金	中关村科技园区前沿企业支持资金使用协议书	《中关村国家自主创新示范区提升创新能力优化创新环境支持资金管理办法》(中科园发〔2017〕11 号，已失效)

注：1. 南京艾溪信息科技有限公司于 2018 年 12 月起纳入合并范围，相关政府补助项目“深度学习计算机”纳入合并范围。

2. 广东琴智科技研究院有限公司自 2019 年 12 月起不再纳入合并范围，相关政府补助项目“横琴先进智能计算平台”“智能计算系统基础软件与应用开发平台”不再纳入合并范围。

如表 163 所述，报告期内，发行人享受的政府补助均依据相关法律、法规、规范性文件的明确规定或协议的明确约定，并取得相关主管部门签发的书面文件、协议，发行人于报告期内享受的政府补助政策合法、合规、真实、有效。发行人享受的政府补助符合国家法律法规的相关规定。

紫晶存储（688086）

广东紫晶信息存储技术股份有限公司（以下简称发行人）2019 年 4 月 3 日提交的招股说明书（申报稿）未对政府补助相关问题完全披露。

针对上述情形，发审委要求发行人对下列事项进行说明，并要求保荐机构、发行人律师核查并发表明确意见：发行人报告期内是否对政府补贴存在重大依赖，该等补贴是否具有可持续性，以及对发行人持续经营能力的影响。

根据发行人律师出具的补充法律意见书披露显示：[1]

1. 发行人报告期内是否对政府补贴存在重大依赖

报告期内，计入当期损益的政府补助占当期利润总额的比例如表 164 所示：

表 164

项目	2018 年度	2017 年度	2016 年度
计入当期损益的政府补助金额 / 万元	1039.25	1418.47	83.97
其中：增值税即征即退 / 万元	574.47	408.32	—
与资产相关的政府补助 / 万元	200.15	200.15	—
利润总额 / 万元	11,979.62	6038.07	4100.95
政府补助占当期利润总额的比例 /%	8.68	23.49	2.05
扣除增值税即征即退补助后，政府补助占当期利润总额的比例 /%	3.88	16.73	2.05

报告期内，发行人计入当期损益的政府补助金额分别为 83.97 万元、1418.47 万元、1039.25 万元，占当期利润总额的比例分别为 2.05%、23.49%、8.68%。发行人政府补助收入主要为增值税即征即退税款、大容量可记录蓝光存储光盘成套装备产业化、省级工业和信息化专项资金、省科技发展专项资金等。其中，增值税即征即退属于符合国家政策的持续性税收优惠政策，按照一定标准定额或定量持续享受的政府补助，具

[1]《广东恒益律师事务所关于广东紫晶信息存储技术股份有限公司首次公开发行股票并在科创板上市的补充法律意见书》，载上海证券交易所网，http://static.sse.com.cn/stock/information/c/201905/4e14afbde7d54c6eae91305ba95fa2bc.pdf，最后访问日期：2021 年 5 月 21 日。

有持续稳定性。扣除增值税即征即退补助后，政府补助占当期利润总额的比例分别为2.05%、16.73%、3.88%，政府补助占当期利润总额的比例相对较低，对政府补助不存在依赖。

其中，2017 年度政府补助占当期利润总额的比例较高，主要系收到了关于大容量可记录蓝光存储光盘成套装备产业化的政府补助 550 万元，该项目于 2017 年建设完成取得主管部门出具的确认函并计入损益。

综上所述，发行人不存在对政府补助依赖的情形。

2. 该等补贴是否具有可持续性，对发行人持续经营能力的影响

发行人政府补助收入主要为增值税即征即退税款、大容量可记录蓝光存储光盘成套装备产业化、省级工业和信息化专项资金、省科技发展专项资金等。其中，增值税即征即退属于符合国家政策的持续性税收优惠政策，按照一定标准定额或定量持续享受的政府补助，具有可持续性。

综上所述，政府补助占当期利润总额的比例相对较低，发行人对政府补助不存在重大依赖，政府补助不会对发行人持续经营能力造成重大不利影响。

芯原股份（688521）

芯原微电子（上海）股份有限公司（以下简称发行人）2019 年 9 月 20 日提交的招股说明书（申报稿）未对政府补助相关信息进行披露。

针对上述情形，发审委要求保荐机构和发行人律师对发行人税收优惠、政府补贴的合法合规性及其持续性，发行人的业绩是否对税收优惠和政府补助存在重大依赖等事项进行核查并发表明确意见。

根据发行人律师出具的补充法律意见书披露显示：[1]

1. 发行人报告期内享受的税收优惠、政府补贴的合法合规性

（1）发行人报告期内税收优惠的合法合规性

报告期内，发行人及境内子企业享受的主要税收优惠如下：

①发行人 2014 年 9 月 4 日，上海市科学技术委员会、上海市财政局、上海市国家税务局、上海市地方税局联合向芯原有限颁发高新技术企业证书（证号GR201431000117），有效期为 3 年。2017 年 11 月 23 日，上海市科学技术委员会、上海市财政局、上海市国家税务局、上海市地方税局联合向芯原有限颁发高新技术企业

〔1〕《上海市方达律师事务所关于芯原微电子（上海）股份有限公司首次公开发行人民币普通股（A 股）股票并在科创板上市的补充法律意见书》，载上海证券交易所网，http：//static.sse.com.cn/stock/information/c/201912/6a5a1a8bf89d46eca0ff0960b6de491a.pdf，最后访问日期：2021 年 5 月 21 日。

证书（证号 GR201731002130），有效期 3 年。

因发行人 2016 年处于亏损状态，故未申请 2016 年度的企业所得税税收优惠备案。根据国家税务总局颁布并实施《企业所得税优惠政策事项办理办法》（国家税务总局公告 2018 年第 23 号）的规定，2017 年度及以后年度“高新技术企业减按 15% 的税率征收企业所得税”的税收优惠事项采取“自行判别、申报享受、相关资料留存备查”的办理方式。

②图芯上海。2015 年 1 月 14 日，上海市科学技术委员会、上海市商务委员会、上海市财政局、上海市国家税务局、上海市地方税务局和上海市发展和改革委员会联合向图芯上海颁发技术先进型服务企业证书（证书编号：20143101150206），有效期至 2018 年 12 月 31 日。2015 年 4 月 21 日，上海市浦东新区国家税务局第六税务所向图芯上海出具《企业所得税优惠实现备案结果通知书》（浦税三十五所备〔2015〕第 1504018734 号），确认图芯上海自 2014 年 1 月 1 日至 2018 年 12 月 31 日，减按 15% 的税率征收企业所得税。

2019 年 10 月，图芯上海提交了技术先进型服务企业认定申请文件。

③芯原北京。2014 年 11 月 13 日，工业和信息化部向芯原北京颁发集成电路设计企业认定证书（编号：工信部电子认 0655—2014B）。2015 年 4 月，北京市海淀区国家税务局第五税务所向芯原北京确认《企业所得税优惠事项备案表》，芯原北京在 2014 年 1 月 1 日至 2017 年 12 月 31 日享有新办集成电路设计企业和符合条件的软件企业定期减免征收企业所得税优惠。

报告期内芯原北京纳税申报时并未实际申请享受上述集成电路设计企业减免企业所得税优惠。

④芯原成都。2016 年 2 月 29 日，成都市发展和改革委员会向芯原成都颁发《成都市发展和改革委员会关于西部地区鼓励类产业项目确认书》（成发改政务审批函〔2016〕66 号）。2017 年 3 月 9 日和 2018 年 4 月 9 日，成都市高新技术产业开发区国家税务局向芯原成都确认《企业所得税优惠事项备案表》，芯原成都 2016 年 1 月 1 日至 2017 年 12 月 31 日享受设在西部地区的鼓励类企业减按 15% 的税率征收企业所得税的优惠。

根据国家税务总局颁布并实施《企业所得税优惠政策事项办理办法》（国家税务总局公告 2018 年第 23 号）的规定并经发行人书面确认，2018 年度以后“设在西部地区的鼓励类产业企业减按 15% 的税率征收企业所得税”的税收优惠事项采取“自行判别、申报享受、相关资料留存备查”的办理方式。

发行人及其境内子企业报告期内享受的上述税收优惠具有合法依据，符合中国法律的规定。

（2）发行人报告期内享受的政府补贴的合法合规性

报告期内，发行人及境内子企业获得的补贴金额在100万元以上的政府补贴共6项，具体情况如表165所示：

表165

序号	公司名称	年度	补贴项目	金额/万元	依据
1	发行人	2018年度	2018年度软件和集成电路产业发展专项资金	400.00	《上海市经济信息化委关于下达2018年度软件和集成电路产业发展专项资金（集成电路和电子信息制造领域）（第二批）项目计划的通知》（沪经信信〔2018〕861号）
2	发行人	2018年度	上海市人工智能创新发展专项支持资金	1000.00	《上海市信息化委关于印发2018年第二批上海市人工智能创新发展专项支持项目计划表的通知》（沪经信技〔2018〕947号）
3	芯原成都	2017年度	成都政府2015~2016年度企业所得税返还款	110.00	芯原香港与成都高新技术产业开发区管理委员会签署的《投资合作协议》及《投资合作协议补充协议》
4	芯原成都	2017年度	FD-SOI生态圈项目补贴（第一期）	105.00	《关于拨付芯原微电子（成都）有限公司FD-SOI生态圈项目补贴（第一期）的函》
5	发行人	2016年度	2015年度浦东新区重点支持的硅知识产权SIP	200.00	《浦东新区人民政府关于印发浦东新区进一步鼓励软件和信息服务业发展的若干财政扶持措施的通知》（浦府〔2014〕91号）
6	发行人	2016年度	科技小巨人项目拨款	150.00	《关于印发〈上海市科技小巨人工程实施办法〉的通知》（沪科合〔2015〕8号）、《关于公布2016年度上海市科技小巨人验收评估结果并下达后补贴经费的通知》

报告期内发行人及其境内子企业所享受的上述重大政府补贴不违反相关政策的规定。

2. 发行人税收优惠、政府补贴的可持续性

报告期内芯原北京纳税申报时并未实际申请享受集成电路设计企业减免企业所得税优惠，因此，涉及该项税收优惠的《企业所得税优惠事项备案表》所确定的优惠期

限届满不会对芯原北京造成实质性不利影响。除芯原北京之外，报告期内发行人及其境内子企业所享受的上述税收优惠与其所从事的集成电路（半导体）设计业务领域或所处的地理位置相关。

报告期内发行人及其境内子企业所享受的重大政府补贴亦主要系各级政府对发行人在集成电路领域或科技创新方面取得一定成果后给予的补助或奖励。

根据《战略性新兴产业分类（2018）》的规定，集成电路（半导体）设计属于对经济社会全局和长远发展具有重大引领带动作用的战略性新兴产业，《国民经济和社会发展第十三个五年规划纲要》等政策均提出要大力推进先进半导体等新兴前沿领域创新和产业化、着力发展集成电路、新型显示、高端软件、高端服务器等核心基础产业，同时要把深入实施西部大开发战略放在优先位置，更好发挥“一带一路”建设对西部大开发的带动作用。

芯原北京《企业所得税优惠事项备案表》所确定的优惠期限届满不会对芯原北京造成实质性不利影响；如果发行人及其他境内子企业能够持续满足高新技术企业、技术先进型服务企业的资格认证条件或仍在西部地区从事鼓励类业务，其在未来享受目前的税收优惠的可持续性较高。如果发行人及其境内子企业仍从事集成电路(半导体）设计相关业务，其在未来享受类似政府补助的可持续性较高。

3. 发行人的业绩是否对税收优惠和政府补助存在重大依赖

2016 年度、2017 年度、2018 年度和 2019 年 1~6 月，发行人及其子企业享受的税收优惠和政府补贴的总金额分别为 657.04 万元、250.65 万元、406.96 万元和 629.59 万元；发行人利润总额分别为 –16,513.27 万元、–12,023.58 万元、–5830.74 万元和 1073.57 万元。

除 2017 年度之外，报告期内发行人税收优惠和政府补贴的变动情况较小，但利润提升速度却较快，报告期内发行人享受的税收优惠和政府补贴对发行人利润的影响较小，发行人的业绩对税收优惠和政府补贴不存在重大依赖。

CRM（688396）

华润微电子有限公司（以下简称发行人），2019 年 6 月 26 日提交的招股说明书（申报稿）未对政府补助相关信息进行披露。

针对上述情形，发审委要求发行人对下列事项进行说明：报告期内享受的税收优惠、收到的主要政府补助的具体内容、依据。要求保荐机构和发行人律师就发行人税收优惠、政府补贴的合法合规性及可持续性，发行人的业绩是否对税收优惠和政府补助存在重大依赖进行核查并发表明确意见。

根据发行人律师出具的补充法律意见书披露显示：[1]

1. 报告期内享受的税收优惠、收到的主要政府补助的具体内容、依据

（1）报告期内，发行人享受税收优惠情况如表166所示：

表166

单位：万元

项目	2019年1~6月	2018年度	2017年度	2016年度
高新技术企业所得税税收优惠	51.77	123.75	1184.14	1249.94

发行人报告期内所享受税收优惠的具体依据情况如下：

根据《企业所得税法》及《企业所得税法实施条例》，国家需要重点扶持的高新技术企业，减按15%的税率征收企业所得税。公司部分子公司已取得高新技术企业证书，在证书有效期内减按15%税率征收企业所得税，该等子公司持有的高新技术企业证书情况具体如表167所示：

表167

序号	公司名称	证照名称	编号	颁发单位	有效期限
1	华润安盛	高新技术企业证书	GR201732001603	江苏省科学技术厅、江苏省财政厅、江苏省国家税务局、江苏省地方税务局	2020年11月17日
2	无锡华润上华	高新技术企业证书	GR201632003308	江苏省科学技术厅、江苏省财政厅、江苏省国家税务局、江苏省地方税务局	2019年11月30日
3	华润矽科	高新技术企业证书	GR201732000450	江苏省科学技术厅、江苏省财政厅、江苏省国家税务局、江苏省地方税务局	2020年11月17日
4	华润华晶	高新技术企业证书	GR201732000136	江苏省科学技术厅、江苏省财政厅、江苏省国家税务局、江苏省地方税务局	2020年11月17日

〔1〕《北京市环球律师事务所关于China Resources Microelectronics Limited（华润微电子有限公司）首次公开发行股票并在科创板上市之补充法律意见书（二）》，载上海证券交易所网，http：//static.sse.com.cn/stock/information/c/201909/7fffe69e783242e2a6c096ba9db5aeb2.pdf，最后访问日期：2021年5月21日。

续表

序号	公司名称	证照名称	编号	颁发单位	有效期限
5	华润矽威	高新技术企业证书	GR201731000141	上海市科学技术委员会、上海市财政局、上海市国家税务局、上海市地方税务局	2020 年 10 月 23 日
6	重庆华微	高新技术企业证书	GR201751100305	重庆市科学技术委员会、重庆市财政局、重庆市国家税务局、重庆市地方税务局	2020 年 12 月 28 日
7	华润赛美科	高新技术企业证书	GR201744200604	深圳市科技创新委员会、深圳市财政委员会、深圳市国家税务局、深圳市地方税务局	2020 年 8 月 17 日
8	华润半导体	高新技术企业证书	GR201844200471	深圳市科技创新委员会、深圳市财政委员会、国家税务总局深圳市税务局	2021 年 10 月 16 日

上述企业均已就减按 15% 税率征收企业所得税事宜取得主管税务机关出具的《企业所得税优惠事项备案表》或已向主管税务机关进行申报。

（2）发行人报告期内的主要政府补助。

报告期内，发行人收到 / 确认的 50 万元以上的政府补助的具体内容、依据如表 168 所示：

表 168

序号	项目	金额 / 万元	依据文件
1	与 CMOS 兼容的 MEMS 成套模块工艺与制造平台	5053.2629	关于 02 专项 2011 年度项目立项批复的通知（ZX02〔2011〕003 号）、国家科技重大专项项目任务合同书——集成电路与传感器集成制造与生产技术项目
2	人工智能技术创新	2400.0000	重庆西永综合保税区管理委员会、华润微电子控股有限公司外延基地和研发中心项目投资协议
3	650V 硅基氮化镓功率器件设计	1520.0000	上海市静安区人民政府与华润微电子有限公司战略合作框架协议
4	2018 年第二批重庆市工业和信息化项目专项资金	500.0000	关于 2018 年第二批重庆市工业和信息化专项资金拟支持项目名单公示 – 月产 4.7 万片扩产及技术改造项目

续表

序号	项目	金额/万元	依据文件
5	典型MEMS器件规模化封装技术	418.0882	关于02专项2011年度项目立项批复的通知（ZX02〔2011〕003号）、国家科技重大专项项目任务合同书——集成电路与传感器集成制造与生产技术项目
6	传感电路设计服务平台	394.4400	关于02专项2011年度项目立项批复的通知（ZX02〔2011〕003号）、国家科技重大专项项目任务合同书——集成电路与传感器集成制造与生产技术项目
7	外延基地和研发中心人才引进扶持金	300.0000	重庆西永综合保税区管理委员会、华润微电子控股有限公司外延基地和研发中心项目投资协议
8	园区产业扶持金	300.0000	重庆西永综合保税区管理委员会、华润微电子控股有限公司外延基地和研发中心项目投资协议
9	集成电路与传感器集成制造与生产技术	248.9147	关于02专项2011年度项目立项批复的通知（ZX02〔2011〕003号）、国家科技重大专项项目任务合同书－集成电路与传感器集成制造与生产技术项目
10	8英寸线项目建设补贴	201.7997	无锡市人民政府、无锡市人民政府新区管理委员会与华润（集团）有限公司投资合作协议书、关于安排落实500万美元8英寸线项目建设补贴资金的函—无锡市人民政府办公室办文单（锡政字〔2009〕223号）
……	……	……	……

2. 发行人税收优惠、政府补贴的合法合规性及可持续性，发行人的业绩是否对税收优惠和政府补助存在重大依赖

（1）报告期内发行人及其子公司享受的上述税收优惠、政府补助合法、合规，具备可持续性。

发行人相关子公司所持高新技术企业证书真实、合法且均在有效期内，发行人报告期内享受的税收优惠符合《高新技术企业认定管理办法》《企业所得税法》和《企业所得税法实施条例》等法律法规的规定，属于符合国家政策的持续性税收优惠政策，其可持续性预计不会出现变化。

发行人报告期内收到的上述政府补助均已取得政府相关部门的批准或确认，不存在违法违规情况。报告期内，发行人计入当期损益的政府补助主要为两类，一类为发

行人由递延收益转入损益的政府补助，系从发行人因承担国家或省、市科研项目已实际收到的政府补助中转入当期损益，相关政府补助未来计入损益的期间、金额可以预见，具有可持续性；一类为发行人直接计入当期非经常性损益的政府补助，该等政府补助主要为各级政府对科技创新的补助或奖励，鉴于《国家重大科技基础设施建设中长期规划（2012—2030年）》《国家创新驱动发展战略纲要》《“十三五”国家科技创新规划》《“十三五”国家基础研究专项规划》等政策均提出要推动集成电路技术和产业发展，国家对科技创新的支持政策具有持续性，但该类政府补助的取得亦依赖于发行人技术创新活动的有效开展。

综上所述，除部分政府补助的可持续性依赖于发行人技术创新活动开展情况之外，发行人及其子公司享受的上述税收优惠及主要政府补助合法、合规，具备可持续性。

（2）发行人的业绩对税收优惠和政府补助不存在重大依赖。

发行人及其子公司于报告期内享受的税收优惠、政府补助的数额及其占发行人利润总额的情况如表169所示：

表169

单位：元

项目	2019年1~6月	2018年	2017年	2016年
税收优惠	517,676.29	1,237,500	11,841,400	12,499,400
政府补助	132,516,160.47	91,086,261.29	91,950,123.94	83,262,071.25
税收优惠及政府补助合计	133,033,836.76	92,323,761.29	103,791,523.94	95,761,471.25
利润总额	206,333,827.66	590,579,721.66	-58,533,431.58	-283,531,441.64
利润总额全额扣除税收优惠和财政补贴后余额	73,299,990.90	498,255,960.37	-162,324,955.52	-379,292,912.89

注：公司主要经营主体无锡华润上华及重庆华微存在较大金额的累计未弥补亏损，因此，报告期内公司实际享受的税收优惠金额较小。

报告期内，发行人利润总额分别为-283,531,441.64元、-58,533,431.58元、590,579,721.66元、206,333,827.66元（2019年1~6月），扣除税收优惠及政府补助

后的利润总额分别为-379,292,912.89元、-162,324,955.52元、498,255,960.37元、73,299,990.90元（2019年1~6月）。总体来看，2016年至2018年，发行人计入损益的政府补助金额总额变化较小，政府补助对公司利润总额的影响较小，发行人盈利的大幅增长对政府补助不存在重大依赖。2019年1~6月，计入损益的政府补助金额占利润总额的比例较高原因主要系2019年有三笔金额较大的政府补助转入当期损益，项目名称分别为“与CMOS兼容的MEMS成套模块工艺与制造平台”“人工智能技术创新”“650V硅基氮化镓功率器件设计”，项目补助金额分别为5053.26万元、2400.00万元、1520.00万元。

报告期内，发行人计入当期损益的政府补助以递延收益转入当期损益项目为主，该等补贴系基于发行人因承担国家或省、市科研项目已实际收到的政府补助转入，金额不存在大幅波动，计入损益的期间、金额可以预见。而发行人报告期内业绩扭亏为盈，主要由发行人业务经营带动而非税收优惠和政府补助带动。发行人的业绩对税收优惠和政府补助不存在重大依赖。

瑞松科技（688090）

广州瑞松智能科技股份有限公司（以下简称发行人）2019年6月5日提交的招股说明书（申报稿）披露：报告期内，发行人计入非经常性损益的政府补助金额分别为1172.77万元、949.60万元和2241.07万元，营业外收入和其他收益金额分别为1239.78万元、1219.02万元和2471.16万元。报告期内发行人递延收益项目余额分别为1421.89万元、4591.51万元和4470.16万元。

针对上述情形，发审委要求发行人对下列事项进行说明，并要求保荐机构、发行人律师核查并发表明确意见：发行人享受的政府补助是否存在明确的法律或政策依据，是否均已取得政府部门的批复文件，是否明确相关资金渠道、补贴权属、补贴用途等，并对相关政府补贴是否合法有效、发行人报告期内是否对政府补贴存在重大依赖、该等补贴是否具有可持续性。

根据发行人律师出具的补充法律意见书披露显示：[1]

1. 报告期内发行人及其控股子公司享受的政府补助均具备明确的法律或政策依据，且均已取得政府部门的批复文件，资金渠道、补贴权属、补贴用途等明确，相关政府补贴合法有效。如表170所示：

〔1〕《北京市中伦律师事务所关于广州瑞松智能科技股份有限公司首次公开发行股票并在科创板上市的补充法律意见书（二）》，载上海证券交易所网，http：//static.sse.com.cn/stock/information/c/201909/9b66e2a5e88242268d5784e2b6b127ac.pdf，最后访问日期：2021年5月21日。

表 170

序号	政府补助项目	金额万元	报告期内计入损益期间	法律法规或政策依据	资金渠道	补助权属	补助用途
1	瑞松科技总部研发生产基地项目	3000.00	2018 年、2019 年 1~6 月	《广东省发展和改革委员会广东省财政厅关于下达广东省重大科技成果产业化扶持专项资金第一批项目计划的通知》（粤发改产业函〔2017〕6102 号）	广州开发区财政国库集中支付中心	瑞松科技	用于总部科技园建设项目
2	智能装配机器人本体研发及产业化	800.00	2016 年至 2019 年 1~6 月	《广东省经济和信息化委广东省财政厅关于组织申报 2015 年广东省战略性新兴产业政银企合作专项资金（工业机器人制造骨干企业专题）项目的通知》（粤经信创新〔2015〕93 号）	广州开发区财政国库集中支付中心	瑞松科技	用于基建及购置设备
……	……	……	……	……	……	……	……
37	其他小额补助	21.72	—	—	—	—	—

2. 发行人报告期内是否对政府补贴存在重大依赖、该等补贴是否具有可持续性报告期内，计入当期损益的政府补助占当期利润总额的比例如表 171 所示：

表 171

项目	2019 年 1~6 月	2018 年度	2017 年度	2016 年度
计入当期损益的政府补助金额 / 万元	576.53	2471.16	1229.02	1239.78
增值税即征即退 / 万元	155.50	230.09	279.42	67.01
利润总额 / 万元	1827.66	7836.77	6570.37	3624.28
政府补助占利润总额的比例 /%	31.55	31.53	18.71	34.21
政府补助（不含增值税即征即退）占利润总额的比例 /%	23.04	28.60	14.45	32.39

在报告期内，发行人及其控股子计入其他收益、营业外收入的政府补助合计金额计入其他收益、营业外收入的政府补助分别为1239.78万元、1229.02万元、2471.16万元和576.453万元，占公司利润总额的比例分别为34.21%、18.71%、31.53%、31.55%，占比相对较大。扣除"增值税即征即退"后，政府补助分别占当年利润总额的比例分别为32.39%、14.45%、28.60%和23.04%。补助报告期内，发行人政府补贴占发行人利润总额比例较高主要是发行人所处行业机器人与智能制造业为国家大力鼓励和扶持的行业，同时，发行人重视技术研发投入，因此享受产业政策支持较多所致。发行人在最近三年内持续盈利，具有持续盈利能力，财务状况良好，对政府补贴不存在重大依赖。

发行人已在《招股说明书》中对政府补助金额较大的风险予以披露。

发行人及其控股子公司所取得的主要政府补贴的相关项目中，"增值税即征即退"属于国家的长期性税收优惠政策，具有较强的可持续性。除此之外，发行人所取得的其他项目的补助大多为产业政策下的政府补助。发行人从事机器人与智能制造领域的研发、设计、制造、应用、销售和服务，根据中国证监会《上市公司行业分类指引》（2012年修订），公司所属行业类别为"制造业"（C类）之"专用设备制造业"（C35）。根据近年来政府发布的《广州市人民政府关于加快工业和信息化产业发展的扶持意见》《广州市加快IAB产业发展五年行动计划（2018—2022年）》《增强制造业核心竞争力三年行动计划（2018—2020年）》《广东省智能制造发展规划（2015—2025年）》等相关政策，包括高端装备制造、智能制造装备、机器人等在内的发行人主营业务所在行业受到政府发布的相关政策支持，故在相关政策未变化之前，发行人所在行业属于政府鼓励发展的行业，在未来一定时期内，相关政府补贴具有一定的可持续性。

综上所述，报告期内发行人对政府补贴不存在重大依赖，该等补贴具有可持续性。

国盾量子（688027）

针对科大国盾量子技术股份有限公司（以下简称发行人）2019年3月27日提交的招股说明书（申报稿），发审委要求发行人对下列事项进行说明，并要求保荐机构、发行人律师核查并发表明确意见：相关政府补助是否合法有效、发行人报告期内是否对政府补助存在重大依赖、该等补助是否具有可持续性，对发行人持续经营能力的影响。

根据发行人律师出具的补充法律意见书披露显示：[1]

---

〔1〕《科大国盾量子技术股份有限公司首次公开发行股票并在科创板上市之补充法律意见书》，载上海证券交易所网，http://static.sse.com.cn/stock/information/c/201905/7e6169838ead434cace705dedc40e291.pdf，最后访问日期：2021年5月21日。

1. 相关政府补助是否合法有效

发行人报告期内享受的政府补助情况如表 172 所示：

表 172

项目名称	2018 年度	
	补助金额 / 万元	法律或者政策依据 / 批复文件
增值税即征即退	1025.34	财政部、国家税务总局关于软件产品增值税政策的通知——财税〔2011〕100 号
2015 年高新技术企业培育入库资金补贴	10.00	关于办理科技发展专项资金拨付手续的通知
专新特精企业补贴	60.00	关于印发《广州市科技计划项目管理办法》的通知——穗科创〔2015〕6 号
……	……	……
面向量子通信的片上光学子系统集成芯片（递延收益转入）	34.45	关于下达“量子探测雷达、面向量子通信的片上光学子系统集成芯片”项目专项资金计划的通知——济科技〔2018〕21 号
其他	46.39	—
合计	5948.26	—
项目名称	2017 年度	
	补助金额 / 万元	法律或政策依据 / 批复文件
增值税即征即退	1362.85	财政部、国家税务总局关于软件产品增值税政策的通知——财税〔2011〕100 号
2016 高新技术企业认定通过奖励资金	70.00	关于下达 2016 年度高新技术企业认定通过奖励资金（区级）的通知——穗开科资〔2017〕41 号
……	……	……
科技发展基金	10.00	中国创新创业大赛组委会荣誉证书
其他	52.93	—
合计	5413.60	—

续表

项目名称	2016 年度	
	补助金额/万元	法律或政策依据/批复文件
增值税即征即退	932.58	财政部、国家税务总局关于软件产品增值税政策的通知——财税〔2011〕100 号
2015 年高新技术企业培育入库资金补贴	10.00	广州市科技创新委员会和广州市财政局关于下达广东省 2015 年第三批高新技术企业培育库入库企业及奖补项目计划的通知——穗科创字〔2016〕162 号
……	……	……
2016 年度济南市 CMMI 电子信息产业奖励奖金	30.00	关于下达 2016 年度市电子信息产业奖励资金预算指标的通知——济财企指〔2016〕24 号
其他	42.73	—
合计	3337.41	—

发行人报告期内享受的政府补助合法、有效。

2. 发行人报告期内是否对政府补助存在重大依赖、该等补助是否具有可持续性，以及对发行人持续经营能力的影响

（1）发行人报告期内是否对政府补助存在重大依赖

2016~2018 年度，发行人计入当期损益的政府补助金额依次为 3337.41 万元、5413.60 万元、5948.26 万元，占发行人当年营业收入的比例依次为 14.69%、19.08%、22.47%。

报告期内，发行人计入当期损益的政府补助分为两类，一类是计入经常性损益的政府补助，该等政府补助是根据《财政部、国家税务总局关于软件产品增值税政策的通知》收到的软件产品增值税即征即退补贴，系因发行人销售产品而获得，报告期内各年度金额依次为 932.58 万元、1362.85 万元、1025.34 万元；另一类是计入非经常性损益的政府补助，该等政府补助主要是因发行人承担国家或省、市科研项目取得。报告期内各年度，发行人因承担国家或省、市科研项目取得的政府补助金额依次为 1656.54 万元、2178.01 万元、2596.58 万元，占同期计入非经常性损益政府补助总额的比例依次为 68.88%、53.77%、52.74%。因此，发行人获得的主要政府补助系因生产经营活动而产生。

同时，发行人因产品市场竞争力较强，具有一定的盈利能力和较强的偿债能力，即使未取得政府补助亦能够持续经营。报告期内各年度，发行人主营业务收入依次为21,029.28万元、27,248.17万元、25,690.88万元，主营业务毛利率依次为70.73%、70.58%、76.18%，扣除非经常性损益后归属于母公司的净利润依次为2986.41万元、3073.40万元、2300.23万元，资产负债率依次为28.67%、28.03%、26.49%。

报告期内，发行人主要政府补助系因生产经营活动而产生，且发行人产品市场竞争力较强，发行人具有一定的盈利能力和较强的偿债能力。因此，发行人报告期内持续经营对政府补助不存在重大依赖。

（2）该等补助是否具有可持续性

2016~2018年度，发行人计入经常性损益的政府补助金额依次为932.58万元、1362.85万元、1025.34万元，该等政府补助系根据《财政部、国家税务总局关于软件产品增值税政策的通知》享受的增值税即征即退补贴，发行人在以后年度取得该项补助具有可持续性。

2016~2018年度，发行人由递延收益转入损益的政府补助金额依次为1916.54万元、2358.02万元、2933.73万元，该等政府补助系根据资产折旧或摊销年限、相关成本费用或损失确认情况，从已实际收到的政府补助中转入当期损益，相关政府补助未来计入损益的期间、金额可以预见，具有可持续性。

2016~2018年度，发行人直接计入当期非经常性损益的政府补助金额依次为488.29万元、1692.73万元、1989.18万元，该等政府补助主要为各级政府对科技创新的补助或奖励，虽然国家对科技创新的支持政策具有持续性，且《国家重大科技基础设施建设中长期规划（2012—2030年）》《国家创新驱动发展战略纲要》《“十三五”国家科技创新规划》《“十三五”国家基础研究专项规划》等政策均提出要推动量子通信技术和产业发展，但发行人未来获得相关政府补助仍具有偶发性。

发行人政府补助中的增值税即征即退补助及递延收益待转入损益部分具有可持续性，各级政府对科技创新的补贴具有偶发性。

（3）对发行人持续经营能力的影响

发行人报告期内持续经营对政府补助不存在重大依赖，且相关政府补助中的增值税即征即退补助及递延收益待转入损益部分具有可持续性。因此，发行人政府补助情况对其持续经营能力不会产生重大不利影响。

针对上述情形，发审委要求发行人对下列事项进行进一步说明：列表说明各项资产相关政府补助金额、对应研发项目的资本化金额、累计研发支出金额，公司申报补助金额是否高于实际支出。

根据发行人律师出具的补充法律意见书披露显示：[1]

根据审计报告、非经常性损益鉴证报告、发行人出具的说明、相关项目任务书等资料，相关情况如表 173 所示：

表 173

单位：万元

资本化项目名称	政府补助金额 /a	已资本化金额	累计研发支出金额 /b	累计投入与政府补助金额差异 /b–a
合肥城域量子通信试验示范网一期	4200.00	3649.30	3649.30	–550.70
合肥城域量子通信试验示范网二期	2000.00	2779.57	2779.57	779.57
小计	6200.00	6428.86	6428.86	228.86
基于中继的远距离量子密钥分发监测管控系统技术攻关	1000.00	1773.22	1773.22	773.22
基于量子通信的高安全通信保障系统研究	1500.00	1984.06	1984.06	484.06
通用型量子通信系统关键器件	1000.00	999.64	999.64	–0.36
新一代高速量子通信终端	1000.00	1520.70	1520.70	520.70
城域光纤量子网络的系统技术集成与应用演示	957.00	961.52	961.52	4.52
密钥提取系统集成开发	678.00	673.25	673.25	–4.75
密钥路由中继控制系统研制	60.00	60.00	60.00	—
面向复杂信道的量子保密通信装备关键技术公关及应用研究	400.00	1652.03	1857.26	1457.26
量子通信设备芯片集成化关键技术攻关	600.00	726.14	999.09	399.09

表 173 中，合肥城域量子通信试验示范网分为一期项目和二期项目，项目主管部门合肥市科技局、财政局一次性核定政府补助金额，并分期拨付，其中：一期项目

〔1〕《科大国盾量子技术股份有限公司首次公开发行股票并在科创板上市之补充法律意见书》，载上海证券交易所网，http://static.sse.com.cn/stock/information/c/201906/e9c80b99c8ad48128f9b25f081978a74.pdf，最后访问日期：2021 年 5 月 21 日。

政府补助金额为 4200 万元，较一期项目实际支出金额多 550.70 万元，多出金额转入二期项目使用；二期项目政府补助金额为 2000 万元，较二期项目实际支出金额少 779.57 万元。从合肥城域量子通信试验示范网整体上看，政府补助金额少于项目实际支出金额。

除上述情形之外，通用型量子通信系统关键器件项目、密钥提取系统集成开发项目补助金额大于实际支出金额分别为 0.36 万元、4.75 万元，差异不大，与原预算金额基本相符。发行人存在个别研发项目申报补助金额高于实际支出金额，但该情形系因客观原因导致。

二、解决思路

政府补贴的合规性和可持续性是发审委关注的重点问题。

1. 发行人应当完整披露与政府补助相关的内容，包括但不限于报告期各期政府补助对应的发放机关、发放时间、相关资金渠道、补贴权属、补贴用途及主要项目的补助事由、具体依据、对应的政策文件等。补助金额高于实际支出金额的，应说明情况，如国盾量子。

2. 发行人获取政府补助应当有明确法律依据。发行人享受的政府补助应依据相关法律、法规、规范性文件的明确规定或协议的明确约定，并取得相关主管部门签发的书面文件、协议。

3. 发行人经营业绩对政府补助不存在重大依赖。发行人应当注意企业自身的生产经营状况，确保业绩和利润对政府补助不存在依赖。发行人在进行上市准备和会计处理时，应当正确计算公司经营业绩各部分来源，审慎评估利润风险，保证自身可持续盈利能力的同时控制政府补助在利润中所占比重，避免因对政府补助的依赖过大而阻碍上市进程。

发行人政府补贴占发行人利润总额比例较高的，可以从发行人所处行业为国家大力鼓励和扶持的行业，发行人重视技术研发投入，享受产业政策支持较多；持续盈利能力，财务状况良好等方面进行解释，如瑞松科技。同时，应在招股说明书相关风险要素中进行披露。

4. 政府补助具有可持续性。发行人应说明所享受政府补助是否属于国家持续性政策（如“增值税即征即退政策”等），是否依赖于发行人生产经营活动的开展情况，是否具备可持续性。针对不具有持续性的政府补助，可列入非经常性损益，并披露该部分金额占净利润的比重以及是否会对发行人生产经营产生重大不利影响等。

【具体核查要点】

1. 发行人报告期各期政府补助主要项目对应的发放机关、发放时间、补助事由等；

2. 发行人享受的政府补助是否存在明确的法律或政策依据，是否均已取得政府部门的批复文件，是否明确相关资金渠道、补贴权属、补贴用途等；

3. 发行人享受的政府补助是否合法有效，发行人报告期内经营业绩是否对政府补贴存在重大依赖；

4. 发行人享受的政府补助是否符合相关产业政策的要求，是否存在收回或被追缴的风险，上市前后公司政府补助发放是否存在重大变化；

5. 发行人享受的政府补贴是否具有可持续性，以及对发行人持续经营能力的影响；

6. 发行人申报政府补助金额是否高于实际支出。

【核查方式】

1. 查阅发行人报告期内收到的政府补助的相关批文等依据文件，复核计入各期经常性损益的政府补助的内容、性质、金额，对比发行人收到政府补助的转账凭证、银行回单金额和时间进行逐笔核查，核实相关政府补助的分类、金额、到账期间、补助期间、摊销期间、是否准确，其资金渠道、补贴权属、补贴用途是否明确，取得是否合法合规；

2. 查阅发行人的审计报告；

3. 查阅享受财政补贴的相关法律依据、政府主管部门的批准文件，了解发行人享受财政补贴的来源、归属、用途等情况，核查该等财政补贴政策是否符合现行法律法规及财政管理部门和税收管理部门的有关规定，必要时向有关政府部门进行函证或走访，并制作访谈笔录；

4. 查验发行人出具的说明和确认文件；

5. 访谈发行人财务总监和相关工作人员，了解发行人所享有政府补贴的基本情况和背景；

6. 复核发行人政府补助金额对利润总额的占比，分析发行人是否对政府补助存在重大依赖。

三、参考规范

《企业会计准则第16号——政府补助》

第三条 政府补助具有下列特征：

（一）来源于政府的经济资源。对于企业收到的来源于其他方的补助，有确凿证据表明政府是补助的实际拨付者，其他方只起到代收代付作用的，该项补助也属于来源于政府的经济资源。

（二）无偿性。即企业取得来源于政府的经济资源，不需要向政府交付商品或服务等对价。

第四条　政府补助分为与资产相关的政府补助和与收益相关的政府补助。

与资产相关的政府补助，是指企业取得的、用于购建或以其他方式形成长期资产的政府补助。

与收益相关的政府补助，是指除与资产相关的政府补助之外的政府补助。

第六条　政府补助同时满足下列条件的，才能予以确认：

（一）企业能够满足政府补助所附条件；

（二）企业能够收到政府补助。

《上海证券交易所科创板股票发行上市审核问答》

15.发行人存在科研项目相关政府补助的，在非经常性损益列报等信息披露方面及中介机构核查方面有哪些要求？

答：发行人科研项目相关政府补助的非经常性损益列报应当符合以下要求：

（一）会计处理要求

发行人将科研项目政府补助计入当期收益的，应结合补助条件、形式、金额、时间及补助与公司日常活动的相关性等，说明相关会计处理是否符合《企业会计准则第16号——政府补助》的规定。

（二）非经常性损益列报要求

发行人应结合承担科研项目是否符合国家科技创新发展规划、相关政府补助的会计处理方法、补助与公司正常经营业务的相关性、补助是否具有持续性等，说明将政府补助相关收益列入经常性损益、而未列入非经常性损益是否符合《公开发行证券的公司信息披露解释性公告第1号——非经常性损益》的规定。

（三）发行人信息披露要求

发行人应结合国家科技创新发展规划、公司承担科研项目的内容、技术创新水平、申报程序、评审程序、实施周期和补助资金来源等，说明所承担的科研项目是否符合国家科技创新规划。

发行人应在招股说明书中披露所承担科研项目的名称、项目类别、实施周期、总预算及其中的财政预算金额、计入当期收益和经常性损益的政府补助金额等内容。

（四）中介机构核查要求

保荐机构及申报会计师应对发行人上述事项进行核查，并对发行人政府补助相关会计处理和非经常性损益列报的合规性发表核查意见。

《公开发行证券的公司信息披露内容与格式准则第41号——科创板公司招股说明书》

第七十六条　发行人对于经营成果的分析，应充分说明主要影响项目、事项或因素在数值与结构变动方面的原因、影响程度及风险趋势，一般应包括下列内容：

……（五）对报告期经营成果有重大影响的非经常性损益项目；未纳入合并报表范围的被投资主体或理财工具形成的投资收益或价值变动对公司经营成果及盈利能力稳定性的影响；区分与收益相关或与资产相关分析披露政府补助对发行人报告期与未来期间的影响……

第四节　环保合规

随着环保专项督查的落实，企业的环境违法行为面临着极大的法律风险，企业的环保合规成了企业可持续发展的核心竞争力以及发行审核上市的关注重点。环保重大违法违规行为系IPO审核的红线，一旦触发则属于不符合上市实质条件。

截至2020年12月31日，嘉必优、德马科技、容百科技、金科环境、赛特新材、科翔电子、瑞联新材、前沿生物、山大地纬、高测股份等近百家企业被问及与此相关的问题。

一、典型案例

嘉必优（688089）

嘉必优生物技术（武汉）股份有限公司（以下简称发行人）2019年4月29日提交的招股说明书（申报稿）未对环保合规性相关信息进行披露。

针对上述情形，发审委要求发行人对下列事项进行披露，并要求保荐机构、发行人律师核查并发表明确意见：发行人是否属于重污染行业，是否符合国家和地方环保要求、是否取得所必需的排污许可证等环保审批许可文件，仅发行人子公司取得相关资质是否合法有效，是否存在续期障碍；发行人有关污染处理设施的运转是否正常有效，有关环保投入、环保设施及日常治污费用是否与处理公司生产经营所产生的污染相匹配；发行人及其子公司报告期内是否存在环保违法违规行为。

根据发行人律师出具的补充法律意见书披露显示：[1]

1.发行人是否属于重污染行业，是否符合国家和地方环保要求、是否取得所必需的排污许可证等环保审批许可文件，仅发行人子公司取得相关资质是否合法有效，是

〔1〕《北京市中伦律师事务所关于嘉必优生物技术（武汉）股份有限公司首次公开发行股票并在科创板上市的补充法律意见书（一）》，载上海证券交易所网，http：//static.sse.com.cn/stock/information/c/201907/6527e6afd2e34b0c9e06fc81cc2b60c8.pdf，最后访问日期：2021年5月21日。

否存在续期障碍。

（1）发行人不属于重污染行业

根据《企业环境信用评价办法（试行）》（环发〔2013〕150 号）规定，重污染行业包括火电、钢铁、水泥、电解铝、煤炭、冶金、化工、石化、建材、造纸、酿造、制药、发酵、纺织、制革和采矿业 16 类行业。发行人主营业务为通过微生物合成制造方式，为客户提供营养素产品与解决方案，属于《国民经济行业分类》（GB/T4754—2017）中的“C14 食品制造业—C149 其他食品制造—C1491 营养食品制造”及中国证监会颁布的《上市公司行业分类指引》（2012 年修订）规定的“制造业”之“食品制造业”（C14）。不在前述文件界定的重污染行业之列。

（2）发行人符合国家和地方环保要求、已取得必需的排污许可证等环保审批许可文件。

①发行人符合国家和地方环保要求。

发行人葛店分公司于 2018 年被纳入鄂州市水环境重点排污企业单位目录，根据鄂州市生态环境局官网公布数据，葛店分公司在监测日期为 2018 年 10 月 23 日的各项排污指标均达标。鄂州葛店经济技术开发区环境保护局于 2019 年 6 月 6 日出具《关于嘉必优生物技术（武汉）股份有限公司葛店分公司环保事项的说明》，葛店分公司属于鄂州市 2018 年度重点排污单位，截至该说明出具日，该公司未因环境违法行为收到环保部门行政处罚。

武汉市江夏区环境保护局于 2019 年 6 月 6 日出具《关于嘉必优生物技术（武汉）股份有限公司江夏分公司环保事项的证明》，江夏分公司排污均达标，能够遵守环保法律法规，未受到环保行政处罚。

报告期内，发行人及其葛店分公司、江夏分公司各监测时点排污指标均达标，不存在因环保事项被主管部门处罚的情形，符合国家和地方的环保要求。

②发行人已取得所必需的排污许可证等环保审批文件。

第一，排污许可证取得情况。

根据现行《排污许可管理办法（试行）》《排污许可证管理暂行规定》，纳入固定污染源排污许可分类管理名录的企业事业单位和其他生产经营者（以下简称排污单位）应当按照规定的时限申请并取得排污许可证。因发行人生产项目类别被纳入《固定污染源排污许可分类管理名录》（2017 年版），因此需要办理排污许可证。

发行人就其生产经营中的污水及污染物排放已取得必要的证照，具体如表 174 所示：

表 174

序号	资质证书名称	颁发机关	授予公司	证书编号	发证日期	有效期限
1	城镇污水排入排水管网许可证	武汉市江夏区行政审批局	江夏分公司	4201152019 字第 00004 号	2019/3/13	2019/3/13~2024/3/14
2	鄂州市污染物排放许可证	鄂州市环境保护局	葛店分公司	鄂州环许字第 G0020 号	2013/7/27	已于 2016/5/19 通过审验注
3	排污许可证	武汉市江夏区行政审批局	江夏分公司	420115-2019-001568-B	2019/5/22	2019/5/22~2020/5/22

注：2019 年 5 月 20 日，鄂州葛店经济技术开发区环境保护局出具《关于嘉必优生物技术（武汉）股份有限公司葛店分公司排污许可情况说明的函》，认为葛店分公司生产项目类别为食品及饲料添加剂制造。根据《固定污染源排污许可分类管理名录》（2017 年版）相关要求，将在 2019 年年底完成排污许可证申请与核发工作。葛店分公司须严格依照相关法律法规要求进行排污，并在食品及饲料添加剂制造行业《排污许可证申请与核发技术规范》发布后，按照国家相关政策要求及时办理新排污许可证。

鄂州葛店经济技术开发区环境保护局出具说明，因尚未出台相关的政策和技术规范，葛店分公司尚无法申领新的排污许可证。在申领新的排污许可证之前，葛店分公司可依据相关的法律法规排污。

第二，已建成建设项目环保审批文件取得情况如表 175 所示：

表 175

序号	项目名称	环评批准机关	环评批复文号	环保验收机关	环保验收文号
1	花生四烯酸建设项目	鄂州市环境保护局	鄂州环保函〔2006〕48 号	鄂州市环境保护局	鄂州环监验〔2011〕021 号
2	类胡萝卜素产业化项目	武汉市江夏区环境保护局	夏环审〔2015〕81 号	武汉市江夏区环境保护局	—
3	藻油 DHA（二十二碳六烯酸）产业化建设项目	武汉市环境保护局	武环管〔2012〕120 号	武汉市环境保护局	武环验〔2014〕72 号
4	微生物油脂扩建项目	鄂州市环境保护局	鄂州环保函〔2016〕23 号	已编制《建设项目竣工环境保护验收监测报告》并进行公示	

第三，发行人本次发行募集资金投资项目环保手续办理情况如表 176 所示。

表 176

序号	项目名称	环评批准机关	环评批复文号
1	多不饱和脂肪酸油脂微胶囊生产线扩建项目	鄂州葛店经济技术开发区行政审批局	鄂葛审〔2019〕11 号
2	微生物油脂扩建二期工程项目		鄂葛审〔2019〕10 号
3	研发中心建设项目		鄂葛审〔2019〕12 号

综上所述，除葛店分公司因国家政策原因，尚未申领新的排污许可证外，发行人已取得必需的排污许可证等环保审批文件。葛店分公司未申领新的排污许可证事宜不影响其根据现有排污许可证及鄂州葛店经济技术开发区环境保护局的要求进行排污。

（3）仅发行人分公司取得相关资质合法有效，不存在续期障碍。

①仅发行人分公司取得相关资质合法有效。

根据《排污许可证管理暂行规定》第六条规定，对排污单位排放水污染物、大气污染物的各类排污行为实行综合许可管理。排污单位申请并领取一个排污许可证，同一法人单位或其他组织所有，位于不同地点的排污单位，应当分别申请和领取排污许可证；不同法人单位或其他组织所有的排污单位，应当分别申请和领取排污许可证。

发行人总公司的职能主要为经营管理，未开展具体生产业务，不涉及排污事宜，发行人生产业务由葛店分公司、江夏分公司负责，即由各分公司进行排污，发行人子公司也不涉及生产业务，不涉及排污事宜，无须申领排污许可证。

鄂州市葛店经济技术开发区环境保护局、武汉市江夏区环境保护局出具说明，葛店分公司、江夏分公司分别申领排污许可证符合现行法律法规和政策的规定。

②不存在续期障碍。

鄂州葛店经济技术开发区环境保护局于 2019 年 5 月 20 日出具专项说明，葛店分公司因国家政策原因，尚未申领新的排污许可证，待国家相关政策出台后，葛店分公司将按照国家要求及时申领新的排污许可证。

江夏分公司现持有的排污许可证为武汉市江夏区行政审批局于 2019 年 5 月 20 日核发，到期日为 2020 年 5 月 20 日。其将于到期日前及时办理续期手续。

报告期内，发行人环保设施正常有效运转，各项排污均达标，不存在违法违规行为。发行人承诺将继续确保公司符合申领排污许可证的相关要求，在法律法规规定的时间内及时申领排污许可证。

综上所述，葛店分公司申领新的排污许可证、江夏分公司申领续期排污许可证不存在续期障碍。

2. 发行人有关污染处理设施的运转是否正常有效，有关环保投入、环保设施及日常治污费用是否与处理公司生产经营所产生的污染相匹配。

发行人有关污染处理设施的运转正常有效。发行人生产过程中所产生的污染物均通过处理达标后进行排放，发行人环保投入、环保设施及日常治污费用与公司生产经营产生的污染相匹配。发行人及其子公司报告期内不存在环保违法违规行为。

德马科技（688360）

浙江德马科技股份有限公司（以下简称发行人）2019 年 6 月 27 日提交的招股说明书（申报稿）中披露：发行人公司生产过程中产生的主要污染物包括废气、废水、固体废弃物及噪音等。废气主要为油烟废气、金属粉尘、塑粉、非甲烷总烃、焊接烟尘、燃料废气、氧化皮粉尘；固体废弃物主要包括废包装材料、金属边角料、生活垃圾、废焊料、废皂化液等，其中金属边角料外售综合利用；废机油、废机油桶及废抹布手套等委托危废资质单位处理；生活垃圾委托绿化市容相关单位处理。

针对上述情形，发审委要求发行人对下列事项进行说明，并要求保荐机构、发行人律师核查并发表明确意见：报告期内环保投入与产销情况的匹配情况；与委托的危废处理单位所签订协议的主要内容，危废处理单位的具体情况。

根据发行人律师出具的补充法律意见书披露显示：[1]

1. 报告期内，发行人环保投入及与产量的匹配情况如表 177 所示：

表 177

项目	2019 年 1~6 月	2018 年度	2017 年度	2016 年度
1. 环保投入 / 元	138,563.3	341,380.05	99,202.00	83,180.95
2. 其中：污水处理费、危废处置费等经常性环保支出 / 元	78,563.3	136,380.05	99,202.00	83,180.95
3. 实际工时 / 小时	291,640	600,751	586,685	393,583
4. 单位工时经常性环保投入（元 / 小时，4=2/3）	0.27	0.23	0.17	0.21

注：发行人所制造的智能物流输送分拣系统、关键设备及其核心部件为定制化产品，每台设备、每个部件规格有所差异，使用实际工时对发行人产量进行计量更为合理。

〔1〕《国浩律师（杭州）事务所关于浙江德马科技股份有限公司首次公开发行股票并在科创板上市之补充法律意见书（一）》，载上海证券交易所网，http：//static.sse.com.cn/stock/information/c/201910/c34231d498524481ae7424be6d030fc2.pdf，最后访问日期：2021 年 5 月 21 日。

2018年度，发行人环保投入增长较多，主要原因系吴兴区实施金属表面处理（非电镀）行业污染整治提升工作，发行人响应清洁生产的号召，制定了明确的整治提升方案，优化了排污口、雨水池系统等，并通过了整治验收，共支出20.5万元。2019年上半年，德马工业购置焊接烟尘废气处理设备，支出6万元。

除上述偶发性支出之外，发行人环保投入主要包括污水处理费、危废处置费，与发行人日常经营产生的主要污染物相匹配。剔除环境整治支出、固定资产投入等偶发性支出的影响，2019年1~6月单位工时经常性环保投入偏高，其原因为发行人向危废处理单位预先支付了2.6万元的全年危废处置费，在当期全额计入费用。若将危废处置费分摊到全年，2019年1~6月的单位工时经常性环保投入为0.22元/小时，与2016~2018年水平基本保持稳定。报告期内，发行人单位工时经常性环保投入基本保持稳定。

发行人报告期内的环保投入与公司产销情况基本匹配。

2. 报告期内，发行人先后与湖州市星鸿固体废物综合利用处置有限公司、上海天汉环境资源有限公司、杭州大地海洋环保股份有限公司、上海巨浪环保有限公司、杭州立佳环境服务有限公司签订工业废物处置委托协议，主要内容如表178所示：

表178

合同对方	主要处理物	合同金额
湖州市星鸿固体废物综合利用处置有限公司	废油	3200元/吨且不低于5000元/年
湖州市星鸿固体废物综合利用处置有限公司	乳化液	3510元/吨且不低于5000元/年
上海天汉环境资源有限公司	废矿物油、沾染性废物	废矿物油6000元/吨，沾染性废物6500元/吨
杭州大地海洋环保股份有限公司	废乳化液、废矿物油	废乳化液3200元/吨，废矿物油500元/吨
上海巨浪环保有限公司	废机油、废机油桶及废抹布手套	废机油7500元/吨，废机油、废机油桶及废抹布手套7500元/吨
杭州立佳环境服务有限公司	浮油、污泥	一次性处理费用10,000元

上述危废处理单位具体情况如表179所示：

表 179

单位名称	设立时间	注册资本 / 万元	股权结构	经营范围	危废处理资质
湖州市星鸿固体废物综合利用处置有限公司	2014.12.5	3000	杭州圆通沐澄科技有限公司持股 95%；胡炎星持股 5%	危险废物的收集、储存、处置、资源回收利用，提供相关的咨询、技术服务	具备
上海天汉环境资源有限公司	2011.12.1	10,000	上海丛麟环保科技有限公司持股 100%	危险废物经营，危险化学品生产和经营，金属和塑料制品的生产和销售，环境污染治理设施运营，环保工程及相关技术服务，环保、化工设备的销售，环保工艺、设备科技领域内的技术服务、技术咨询、技术开发、技术转让	具备
杭州大地海洋环保股份有限公司	2003.6.20	6000	唐伟忠持股 53.58%；杭州共合投资管理合伙企业（有限合伙）持股 9.44%；张杰来持股 7.65%；其他股东持股 29.33%	收集、储存、利用：废矿物油，废乳化液、废油桶、废滤芯；生产加工：润滑油基础油，厂房及场地租赁，环保技术服务及咨询；货运：危险货物运输（需前置审批的项目除外），普通货运	具备
上海巨浪环保有限公司	1993.12.20	5118	徐林元持股 79.30%；徐持股 20.70%	收集、储存、焚烧处置危险废物，废旧物资回收，焚烧一般工业固废和综合利用废塑料，从事环保设备、五金配件、金属材料专业技术领域内的技术服务、技术咨询、技术开发、技术转让	具备

续表

单位名称	设立时间	注册资本/万元	股权结构	经营范围	危废处理资质
杭州立佳环境服务有限公司	2010.2.8	7200	威立雅环境服务中国有限公司持股51%；浙江环益资源利用有限公司持股49%	固体废弃物及危险废弃物的回收、处理、处置、利用及再生产品的开发和销售，环保技术咨询，废弃物处置设施的投资和建设，环境污染治理及技术咨询，环保工业服务；经营本企业自产产品的出口业务和本企业所需的机械设备、零配件，原辅材料的进出口业务，但国家限定公司经营或禁止进出口的商品及技术除外。货运：路普通货运、经营性危险货物运输	具备

报告期内，发行人已委托有经营资质的企业进行危废处理。

容百科技（688005）

宁波容百新能源科技股份有限公司（以下简称发行人）2019年3月22日提交的招股说明书（申报稿）未对环保合规性相关信息进行披露。

针对上述情形，发审委要求发行人补充披露：生产经营中涉及环境污染的具体环节、主要污染物名称及排放量、主要处理设施及处理能力；报告期内，发行人环保投资和相关费用成本支出情况，环保设施实际运行情况，报告期内环保投入、环保相关成本费用是否与处理公司生产经营所产生的污染相匹配；募投项目所采取的环保措施及相应的资金来源和金额等；公司生产经营与募集资金投资项目是否符合国家和地方环保要求。要求保荐机构和发行人律师对发行人生产经营总体是否符合国家和地方环保法规进行核查并发表明确意见。

根据发行人律师出具的补充法律意见书披露显示：[1]

1. 发行人排放污染物及其处理情况

发行人及其子公司湖北容百报告期内生产过程中排放/产生的主要污染物有：废气主要包括粉尘/颗粒物、硫酸雾、含氨废气；废水主要包括COD/化学需氧量、氨

〔1〕《国浩律师（上海）事务所关于宁波容百新能源科技股份有限公司首次公开发行股票并在科创板上市之补充法律意见书（一）》，载上海证券交易所网，http://static.sse.com.cn/stock/information/c/201905/b3e90c0931ee4c0b8907b86364465a20.pdf，最后访问日期：2021年5月21日。

氮、总镍；危险废物主要包括镍钴锰的金属化合物、污泥以及原材料包装袋内袋 / 废试剂包装物；一般固废包括废旧匣钵；以及噪音。

发行人目前通过收尘器、废水处理系统、水膜除尘系统、蒸氨系统、喷淋塔设备等设施处理生产过程中产生的废气、废水，同时通过减震垫、隔音门窗、吸声材料及其他隔音措施降低厂界环境噪音。另外，针对生产过程中产生的危险废物，发行人与湖北容百均与具有资质的危险废物处置机构签订了危险废物处理服务合同，产生的危险废物该等具有资质的外部机构统一处理。

2. 发行人生产经营总体符合国家和地方环保法规和要求

发行人现持有余姚市环境保护局核发的编号为浙 BB2018A0101 的《浙江省排污许可证》。根据《环境保护法》《排污许可管理办法（试行）》（环境保护部令第 48 号）相关规定，纳入固定污染源排污许可分类管理名录的企业事业单位和其他生产经营者应当按照规定的时限申请并取得排污许可证；未纳入固定污染源排污许可分类管理名录的排污单位，暂不需申请排污许可证。根据《固定污染源排污许可分类管理名录（2017 年版）》（环境保护部令部令第 45 号，已失效），湖北容百、贵州容百从事的锂电池三元正极材料制造业务应属于“电子元件及电子专用材料制造 398”，应当在 2020 年内申请排污许可证。因此，目前湖北容百、贵州容百尚未取得排污许可证。容百贸易从事的为贸易经营业务，不涉及生产制造，北京容百尚未实质开展业务，故该两家公司不涉及申领排污许可证问题。

发行人募投项目 2025 动力型锂电材料综合基地（一期）建设项目已取得余姚市环境保护局于 2018 年 11 月 28 日的审批意见（余环建〔2018〕388 号），原则同意《宁波容百新能源科技股份有限公司 2025 动力型锂电材料综合基地（一期）建设项目环境影响报告表》结论，同意项目实施。

余姚市环境保护局已于 2019 年 1 月 9 日出具证明，确认发行人：“自 2015 年 1 月 1 日至 2019 年 1 月 8 日，生产经营活动遵守相关环境保护法律法规，不存在因违反环境保护方面的法律、法规而被处罚的情形”。鄂州葛店经济技术开发区环境保护局已于 2019 年 1 月 15 日出具说明，证明湖北容百“2015 年 9 月成立至今，未因违反环保相关法律法规而受到我局行政处罚”。

报告期内发行人无因排放超标事项遭受过处罚。随着未来募集资金投资项目及其他项目的建设，发行人将继续加强环保方面的投入，加强环保设施的管理及日常治理，确保环保设施正常运转，确保公司持续符合国家和地方的环境保护要求。

中伟股份（300919，创业板）

中伟新材料股份有限公司（以下简称发行人）提交的招股说明书（申报稿）中未

披露发行人、湖南新能源取得安全生产许可证、危险化学品登记证的相关情况。

针对上述情形，发审委要求发行人披露已建项目、在建项目、拟建项目是否需要履行环评手续，是否执行环境保护"三同时"制度，是否符合环境保护相关法律法规。

根据发行人律师出具的补充法律意见书披露显示：[1]

1. 发行人已建项目、在建项目、拟建项目是否需要履行环评手续

根据《建设项目环境保护管理条例》（2017年修订）第9条规定，依法应当编制环境影响报告书、环境影响报告表的建设项目，建设单位应当在开工建设前将环境影响报告书、环境影响报告表报有审批权的环境保护行政主管部门审批。依法应当填报环境影响登记表的建设项目，建设单位应当按照国务院环境保护行政主管部门的规定将环境影响登记表报建设项目所在地县级环境保护行政主管部门备案。发行人已建项目、在建项目、拟建项目包括需要编制环境影响报告书和填报环境影响登记表的项目。

发行人已建项目、在建项目、拟建项目中编制环境影响报告书的项目需要办理环评批复，填报环境影响登记表的项目需要办理环评备案。

2. 发行人已建项目、在建项目、拟建项目是否执行环境保护"三同时"制度，是否符合环境保护相关法律法规

发行人及其已开展生产活动的子公司湖南新能源、贵州循环的已建项目、在建项目、拟建项目的相关情况如表180所示：

表 180

建设单位	项目名称	环境影响评价	环评批复 / 备案	环评验收
已建项目				
发行人	年产15000吨锂离子电池正极材料生产基地项目（一期）	编制了《环境影响报告书》	黔环审〔2015〕136号	竣工验收备案号520000-2017-049
	……	……	……	……
	年产30000吨安全高倍率动力型锂离子电池正极材料生产车间建设项目（22#配料车间及23#三元前驱体车间）	编制了《环境影响报告书》	黔环审〔2019〕	已自主验收
……	……	……	……	……

〔1〕《湖南启元律师事务所关于中伟新材料股份有限公司首次公开发行股票并在创业板上市的补充法律意见书（一）》，载深圳证券交易所网，http：//reportdocs.static.szse.cn/UpFiles/rasinfodisc/RAS_000173E7DDA9633FCBF4CA1885AEAC3F.pdf，最后访问日期：2021年5月21日。

续表

建设单位	项目名称	环境影响评价	环评批复 / 备案	环评验收
贵州循环	废旧锂离子电池综合回收循环利用产业化项目	编制了《环境影响报告书》	黔环审〔2017〕68 号	已自主验收
在建项目				
湖南新能源	中伟新能源（中国）总部产业基地项目（四期）	编制了《环境影响报告书》	宁环经复〔2019〕43 号	—
湖南新能源	中伟新能源（中国）总部产业基地项目（三期 –21# 生产车间）	编制了《环境影响报告书》	宁环经复〔2019〕42 号	—
……	……	……	……	……
拟建项目				
发行人	高性能动力锂离子电池三元正极材料前驱体西部基地项目	编制了《环境影响报告书》	黔环审〔2020〕24 号	—
湖南新能源	中伟新能源中部产业基地（五期）项目	编制了《环境影响报告书》	长环评（宁经开）〔2020〕32 号	—

注：根据《建设项目环境保护管理条例》（2017 年修订）第 7 条规定，建设项目对环境影响很小，不需要进行环境影响评价的，应当填报环境影响登记表。上述项目中，湖南新能源已建项目“中伟新能源（中国）总部产业基地项目（二期）”主要为办公楼、食堂、倒班楼、保安室、仓库等辅助工程项目，对环境影响很小，属于《建设项目环境影响评价分类管理目录》中应当填报环境影响登记表的建设项目，故未编制环境影响报告书和环境影响报告表，填报了环境影响登记表并进行了备案。

发行人及子公司上述已建项目均编制了环境影响报告书或填报了环境影响登记表，进行了环境影响评价，其中需要编制环境影响报告书的项目已办理了环评批复，填报环境影响登记表的项目已进行备案，相关环保设施与项目同时施工建设，并进行了环评验收；在建项目均编制了环境影响报告书，进行了环境影响评价，并办理了环评批复，相关环保设施与项目同时施工建设；拟建项目均编制了环境影响报告书，进行了环境影响评价并办理了环评批复。

此外，根据湖南朗润环境咨询有限公司、贵州汇景森环保工程有限公司分别出具的《环境保护核查技术报告》，发行人、湖南新能源、贵州循环满足国家环境保护局（原国家环境保护总局）《关于对申请上市的企业和申请再融资的上市企业进行环境保护核查的通知》（环发〔2003〕101 号）文件以及《首次申请上市或再融资的上市公司环境保护核查工作指南》等文件关于上市公司环境保护核查内容规定的要求。

2020 年 5 月，发行人及从事生产经营活动的子公司湖南新能源、贵州循环的环境保护主管部门出具证明，报告期内，发行人及子公司在环境保护方面遵守了国家和地方法规的规定，加强企业的环境管理，环保设施运转正常，排放的“三废”及其污染物已达到国家和地方规定的环保要求和总量控制要求，未发生环境污染事故和环境违法行为，也不存在受环境行政处罚的情况。

发行人已建项目、在建项目、拟建项目已履行环评手续，并执行了环境保护“三同时”制度，报告期内，不存在因违反环境保护方面的法律法规受到行政处罚的情形，符合环境保护相关法律法规。

二、解决思路

企业环保合规涉及法律多、流程长、范围广，且近几年来证监会对于IPO企业的环保重大违法违规行为一直保持“零容忍”的态度。因此，企业申报发行上市时，务必注意环保合规情况，重点关注环保新规下建设项目的环评手续、企业的环保资质、环保投入与产销情况是否匹配、报告期内是否存在环保违法违规行为。

1. 发行人应按照规定履行相关环评程序，包括编报环境影响报告文件、取得环评批复文件、编报竣工验收报告、公示竣工验收报告、申领排污许可证、缴纳排污税等。

环境影响评价制度与排污许可制度是环保部门的两大主要管理制度。环境影响评价制度监管建设项目准入，排污许可制度监管排污单位运营，且两个制度有效衔接。

根据环境影响评价制度，发行人已建设项目、已经开工的在建项目、募投项目均应履行相应的环保审批、备案程序。

根据现行《排污许可管理办法（试行）》，纳入固定污染源排污许可分类管理名录的企业事业单位和其他生产经营者应当按照规定的时限申请并取得排污许可证。

2. 发行人环保设施的运转应当正常有效，环保投入与处理公司生产经营所产生的污染相匹配。

3. 发行人及其子公司报告期内是否存在环保违法违规行为。可由环境保护主管部门出具证明，证明发行人未因环境违法行为受到相关部门行政处罚。

发行人存在环保方面行政处罚的，应及时采取整改措施，说明处罚是否构成重大违法行为，是否构成发行障碍。认定是否构成重大违法行为时可结合相关法律、法规、规范性文件对于“情节严重”的规定以及主管机关对于是否属于重大违法情节的认定综合判断。

4. 针对生产过程中产生的危险废物，发行人可以委托第三方危废处理单位进行处理。发行人委托第三方危废处理单位的，应关注危废处理单位是否具备相应经营资质。申报时应披露与相关危废处理单位所签订协议的主要内容以及危废处理单位的具体情况。

5. 发行人应重视企业环保合规建设，建立健全环保内控制度，配备相关环保管理人员，完善环保管理及内部流程等。对于环保内控较为薄弱的企业，建议引入第三方评级或者评价机构，协助建立符合环境管理体系的内部管理体系。

【具体核查要点】

1. 发行人是否为重污染企业，生产经营和拟投资项目是否符合国家环境保护的有关规定，已建、在建和拟建项目是否已通过环境影响评价及取得环境主管部门的批复，履行环评手续。

2. 发行人生产经营中涉及环境污染的具体环节、主要污染物名称及排放量、主要处理设施及处理能力。

3. 发行人排污达标检测情况和环保部门现场检查情况；排污许可证到期或不再进行年检是否会对发行人生产经营产生重大不利影响。

4. 发行人生产经营与募集资金投资项目是否符合国家和地方环保要求。

5. 发行人有关污染处理设施的运转是否正常有效，有关环保投入、环保设施及日常治污费用是否与处理公司生产经营所产生的污染相匹配。

6. 发行人及其子公司报告期内是否发生环保事故；是否存在环保违法违规行为；存在环保处罚的，处罚是否构成重大违法行为，是否构成发行障碍。

7. 发行人关于环保方面的内部流程、规章制度、相关环保设施及其运行情况。

【核查方式】

1. 查阅发行人的营业执照、公司章程和官方网站了解其资质、基本情况介绍。

2. 查阅发行人已取得的行政许可、备案、注册或者认证等资质证书和主管部门出具的专项合规证明。

3. 查阅相关行政处罚决定书及罚款缴纳凭证和相关政府主管部门出具的说明。

4. 查阅发行人项目的环境影响报告、环境保护核查技术报告、环评批复验收文件。

5. 查阅发行人与委托的危废处理单位签订的协议，危废处理单位的相关资质，发行人危废的处理情况。

6. 实地核查发行人生产经营场所，查看相关环保设施，取得环保设施运行记录，抽查环保设备的购买合同及凭证。

7. 查阅发行人的环保投入和相关费用支出明细。

8. 对发行人相关经办人员进行访谈，了解发行人产品安全和环保认证方面的情况。

9. 查验发行人出具的相关说明和承诺函。

10. 走访生产场所周边的相关企业、居民，了解发行人是否存在环保事故、环保纠纷、日常排放情况、是否对周边居民生活造成影响等；走访企业经营地、排污地的法院、仲裁机构或主管部门访谈。

12. 检索发行人所在地环境保护、安全生产监管部门的官方网站、信用中国、中国市场监管行政处罚文书网等，检索当地相关法律法规，访谈主管部门的相关负责人。

三、参考规范

《环境保护法》

第四十条　……企业应当优先使用清洁能源，采用资源利用率高、污染物排放量少的工艺、设备以及废弃物综合利用技术和污染物无害化处理技术，减少污染物的产生。

第四十一条　建设项目中防治污染的设施，应当与主体工程同时设计、同时施工、同时投产使用。防治污染的设施应当符合经批准的环境影响评价文件的要求，不得擅自拆除或者闲置。

第四十五条　国家依照法律规定实行排污许可管理制度。

实行排污许可管理的企业事业单位和其他生产经营者应当按照排污许可证的要求排放污染物；未取得排污许可证的，不得排放污染物。

第五十六条　对依法应当编制环境影响报告书的建设项目，建设单位应当在编制时向可能受影响的公众说明情况，充分征求意见。

负责审批建设项目环境影响评价文件的部门在收到建设项目环境影响报告书后，除涉及国家秘密和商业秘密的事项外，应当全文公开；发现建设项目未充分征求公众意见的，应当责成建设单位征求公众意见。

《环境影响评价法》

第十六条　国家根据建设项目对环境的影响程度，对建设项目的环境影响评价实行分类管理。

建设单位应当按照下列规定组织编制环境影响报告书、环境影响报告表或者填报环境影响登记表（以下统称环境影响评价文件）：

（一）可能造成重大环境影响的，应当编制环境影响报告书，对产生的环境影响进行全面评价；

（二）可能造成轻度环境影响的，应当编制环境影响报告表，对产生的环境影响进行分析或者专项评价；

（三）对环境影响很小、不需要进行环境影响评价的，应当填报环境影响登记表。

建设项目的环境影响评价分类管理名录，由国务院生态环境主管部门制定并公布。

《建设项目环境保护管理条例》

第九条 依法应当编制环境影响报告书、环境影响报告表的建设项目，建设单位应当在开工建设前将环境影响报告书、环境影响报告表报有审批权的环境保护行政主管部门审批；建设项目的环境影响评价文件未依法经审批部门审查或者审查后未予批准的，建设单位不得开工建设。……

依法应当填报环境影响登记表的建设项目，建设单位应当按照国务院环境保护行政主管部门的规定将环境影响登记表报建设项目所在地县级环境保护行政主管部门备案。……

《环境保护税法》

第五条 依法设立的城乡污水集中处理、生活垃圾集中处理场所超过国家和地方规定的排放标准向环境排放应税污染物的，应当缴纳环境保护税。

企业事业单位和其他生产经营者贮存或者处置固体废物不符合国家和地方环境保护标准的，应当缴纳环境保护税。

《排污许可管理办法（试行）》

第三条 环境保护部依法制定并公布固定污染源排污许可分类管理名录，明确纳入排污许可管理的范围和申领时限。

纳入固定污染源排污许可分类管理名录的企业事业单位和其他生产经营者（以下简称排污单位）应当按照规定的时限申请并取得排污许可证；未纳入固定污染源排污许可分类管理名录的排污单位，暂不需申请排污许可证。

第四条 排污单位应当依法持有排污许可证，并按照排污许可证的规定排放污染物。

应当取得排污许可证而未取得的，不得排放污染物。

《首次公开发行股票并上市管理办法》

第十八条 发行人不得有下列情形：

……

（二）最近36个月内违反工商、税收、土地、环保、海关以及其他法律、行政法规，受到行政处罚，且情节严重；

……

《首发业务若干问题解答》

问题19 请问对于环境保护问题，发行人应在信息披露中关注哪些事项，中介机构核查相关问题中应重点把握哪些核查要求？

答：发行人应当在招股说明书中充分做好相关信息披露，包括：生产经营中涉及环境污染的具体环节、主要污染物名称及排放量、主要处理设施及处理能力；报告期内，发行人环保投资和相关费用成本支出情况，环保设施实际运行情况，报告期内环保投入、环保相关成本费用是否与处理公司生产经营所产生的污染相匹配；募投项目所采取的环保措施及相应的资金来源和金额等；公司生产经营与募集资金投资项目是否符合国家和地方环保要求，发行人若发生环保事故或受到行政处罚的，应披露原因、经过等具体情况，发行人是否构成重大违法行为，整改措施及整改后是否符合环保法律法规的有关规定。

保荐机构和发行人律师应对发行人的环保情况进行核查，包括：是否符合国家和地方环保要求，已建项目和已经开工的在建项目是否履行环评手续，公司排污达标检测情况和环保部门现场检查情况，公司是否发生环保事故或重大群体性的环保事件，有关公司环保的媒体报道。

在对发行人全面系统核查基础上，保荐机构和发行人律师应对发行人生产经营总体是否符合国家和地方环保法规和要求发表明确意见，发行人曾发生环保事故或因环保问题受到处罚的，保荐机构和发行人律师应对是否构成重大违法行为发表明确意见。

第五节　质量控制与安全生产

随着产品质量以及安全生产监管日趋严厉，企业的产品质量控制情况、安全生产管理制度完备情况也日益备受关注。

截至 2020 年 12 月 31 日，杭可科技、八亿时空、东来股份、孚能科技、泽达易盛、嘉必优等 20 余家企业被发审委问及与质量控制、安全生产相关问题。

一、典型案例

杭可科技（688006）

针对浙江杭可科技股份有限公司（以下简称发行人）2019 年 4 月 15 日提交的招股说明书（申报稿）披露内容，发审委要求发行人对下列事项进行说明，并要求保荐机构、发行人律师核查并发表明确意见：主要产品的质量控制情况，包括质量控制标准、质量控制措施、报告期内与主要客户是否存在重大质量纠纷，如存在，请说明对公司经营成果、未来发展的具体影响；发行人的安全生产制度是否完善，安全设施运行是否正常，报告期内是否发生安全事故。

根据发行人律师出具的补充法律意见书披露显示：[1]

1. 主要产品的质量控制情况

（1）发行人设置了质量部，从全局角度专注质量控制，质量部下设进货检验组、过程检验组、成品检验组、客诉组、计量室和质管办。

（2）发行人设置质量部负责质量管理工作，目前发行人已通过ISO9001：2015标准。发行人的产品主要为定制化产品，目前暂无国家或行业的专用标准，实际生产中遵守的主要为生产过程的相关标准。其中国家和行业的主要标准如表181所示：

表181

标准类型	标准系列号	标准说明
国家标准	GB/T2828.1—2012	计数抽样检验程序第1部分：按接收质量限（AQL）检索的逐批检验抽样计划
	GB4793.1—2007	测量、控制和实验室用电气设备的安全要求第1部分：通用要求
	GB/T11158—2008	高温试验箱技术条件
	GB 191—2000	包装储运图示标志
	GB 4943.1—2011	信息技术设备的安全
	GB/T 2421.1—2008	电工电子产品环境试验概述和指南
	GB/T 2422—2012	电工电子产品环境试验
	GB 11463—1989	电子测量仪器可靠性试验
	GB/T 1182—2008	产品几何技术规范（GPS）几何公差形状、方向、位置和跳动公差标注
	GB/T 1031—2009	产品几何技术规范（GPS）表面结构轮廓法表面粗糙度参数及其数值
	GB/T 12212—2012	技术制图焊缝符号的尺寸、比例及简化表示法
	GB/T 4728.1—2018	电气简图用图形符号
	GB/T 16679—2009	工业系统、装置与设备以及工业产品

〔1〕《北京市金杜律师事务所关于浙江杭可科技股份有限公司首次公开发行股票并在科创板上市的补充法律意见书（一）》，载上海证券交易所网，http：//static.sse.com.cn/stock/information/c/201905/05e24e8e54b947a7b6058ba2e61bd210.pdf，最后访问日期：2021年5月21日。

续表

标准类型	标准系列号	标准说明
行业标准	SJ3213—1989	一般电子产品运输包装基本试验方法汽车运输试验
	SJ/T10669—1995	表面组装元器件可焊性试验
	SJ 946—1983	电子测量仪器电气、机械结构基本要求
	SJ/T 10225—1991	电子元器件图形库机电元件图形
	SJ/T 10324—1992	工艺文件的成套性
	SJ/T 10532.1—1994	工艺管理基本要求

（3）发行人在产品质量上推行出厂产品零维修的准则，从设计输入控制质量原则。发行人贯彻落实基于质量数据和客观事实的管理原则，致力于过程质量改进和控制管理；树立预防为主的积极品质管理意识；全员参与无边界质量合作；梳理各项业务流程，优化产品质量设计，加强质量控制和质量改进，设立了完整的品质控制规范和流程。发行人从产品设计输入、立项评审、设计过程、研发输出图纸、生产制造、质量体系完善等方面综合采取了质量控制措施，保证各个环节有效和受控。

①产品方案设计、立项评审的质量控制

发行人项目组与销售人员在客户提出需求后，与客户的生产和使用部门进行多次深入技术交流，充分理解客户需求，对客户需求进行一一分解和测试论证，最终确定产品设计要求、工艺要求、生产要求，形成可以实现客户需求的总体设计方案，由产品项目担当编写项目评审报告，总工办组织项目评审，评审和整改通过后才能进入图纸设计阶段。

②产品研发设计过程的质量控制

发行人产品设计采取继承性设计原则，批量生产的产品，技术上必须要有继承性，保障产品技术设计的成熟度，降低产品不良质量成本。电池化成分容设备由于其应用的特殊性，要求高安全性和高可靠性设计，保持产品长期功能稳定运行。发行人设立的技术创新研究院会对下迭代产品做技术创新性研发，并且提前做技术认证和试验，工程化后再投入产品应用，做到设计质量可控。

③研发设计输出的质量控制

为降低产品在制造、装配、使用等过程中问题发生的概率，减少返工的工作量，使公司质量管理工作进入良性循环，发行人针对研发设计输出，设立了功能与稳定性测试、工艺评审、生产样机测试的三重质量控制，通过设计—优化—验证循环方式改善研发输出质量。根据设计规格在产品生产前就制订测试计划，并对研究所递交的输出件分层进行功能、性能、生产工艺匹配性、批量化生产质量稳定等方面的验证，制定了严格的转序流程。

④生产过程的质量控制

发行人在生产各环节严格执行质量控制制度，生产各环节的质量控制具体包括供应商管理、进货质量控制检验、外协加工质量控制检验和出货质量控制检验等。

⑤设备仪器的质量控制

发行人对各个质量控制过程中用到的检验设备、检验仪器、量具进行统一管理，按照国家标准进行定期的校验，确保所有检验设备、检验仪器、量具处于受控状态，以保证测量系统的稳定性和可靠性。

⑥质量管理体系的持续改进

发行人严格按照ISO9001管理要求，通过定期和不定期的内部和外部审核来保证质量管理体系的适宜性、有效性和充分性，并且不断收集内部各个工序的质量数据和外部用户满意度，针对性地改进和提高，以满足产品质量、服务标准和安全认证的要求。发行人通过质量手册、程序文件、管理规定、质量记录四个层次的文件对各部门的质量工作进行有效的指导和监督，形成PDCA（计划、执行、检查、行动）的持续改进循环。

发行人报告期内与主要客户不存在重大质量纠纷。

2. 发行人的安全生产制度是否完善，安全设施运行是否正常，报告期内是否发生安全事故

（1）发行人的安全生产制度完善，安全设施运行正常

发行人已建立涵盖新员工培训、岗前培训、特种设备操作规范等内容的安全管理制度，并制定了《安全生产及岗位安全管理办法》等安全生产相关的制度。根据发行人说明，其秉承“安全第一，预防为主”的安全生产方针，成立了以总经理为组长、以副总经理和各中心负责人为成员的安全工作委员会，对公司各个生产环节的安全性进行指导与监督。

发行人设施设备完好且正常运行。发行人重视安全生产，通过制定完善的制度、强化各级安全生产责任，来规范和保障员工生产操作的安全性，有效遏制安全生产事故，保护员工的安全和健康，实现可持续发展。

（2）报告期内，发行人未发生安全事故

杭州市萧山区安全生产监督管理局2019年1月8日出具合规证明，报告期内，发行人遵守国家及地方安全生产管理方面的法律、法规、政策，未发现有违反安全生产管理方面的法律、法规、政策的行为和记录，也没有因违反安全生产管理方面的法

律、法规、政策而受到处罚。

发行人依据《企业安全生产标准化评审工作管理办法（试行）》的规定申请进行企业安全生产标准化评定。根据杭州市安全生产监督管理局颁发的安全生产标准化证书（证书编号：杭 AQBJX Ⅲ 201800844），发行人为“安全生产标准化三级企业（机械）”，证载有效期至 2021 年 8 月。

发行人未因存在重大安全生产事故而受到行政处罚的情形。

孚能科技（688567）

孚能科技（赣州）股份有限公司（以下简称发行人）2019 年 9 月 16 日提交的招股说明书（申报稿）中披露，公司下游客户为新能源汽车生产企业，下游客户通常对产品质量有较高要求。

针对上述情形，发审委要求发行人对下列事项进行说明，并要求保荐机构、发行人律师核查并发表明确意见：发行人的质量控制和检测体系的运作模式与人员安排；说明对于质量瑕疵产品的处置方式，是否建立了召回机制并配备了相应负责人员，发行人质量控制和检测体系与召回机制是否有效；说明云南航天神州汽车有限公司收取高额质保金的原因及合理性，与销售金额是否匹配，披露相关质保金约定；报告期内是否曾因产品质量问题发生退、换货，如有，请披露产品类别、数量、金额、客户等具体情况；是否建立健全安全生产管理制度，是否有效并得到良好执行；报告期内是否发生了安全事故和纠纷，公司安全生产制度的建立及运行情况。

根据发行人律师出具的补充法律意见书披露显示：[1]

1. 是否建立健全安全生产管理制度，是否有效并得到良好执行

报告期内，发行人重视安全生产，为防止安全事故的发生、保证员工安全，发行人制定并建立了包括安全生产责任制、安全生产检查制度、安全风险公告制度、安全核查基准、安全生产费用提取和使用管理制度、安全考核奖惩管理办法、设置安全管理机构配备安全管理人员制度、安全事故（含工伤或突发疾病）管理制度、公司保安管理制度、公司手机使用管理制度、软包电池应急措施管理规定、生产设施设备安全管理规定、特种设备和特种作业安全管理制度、车辆安全驾驶规定、动火作业安全管理规定、危险化学品安全管理规定、辐射事故安全应急预案、高处作业安全管理规定、外协施工管理规定、消防中控室管理规定、岗位职业卫生操作规程制度、辐射环

〔1〕《北京市竞天公诚律师事务所关于孚能科技（赣州）股份有限公司首次公开发行人民币普通股股票并在科创板上市的补充法律意见书（一）》，载上海证券交易所网，http：//static.sse.com.cn/stock/information/c/201912/699e6215030a465abefdfcf41abaa607.pdf，最后访问日期：2021 年 5 月 21 日。

境及个人剂量监测方案、危险源辨识与风险评价程序、重点危险源控制管理规定、职业病危害防治责任制度和识别、获取、评审、更新安全生产法律法规及其他要求管理规定等安全生产管理制度及安全生产操作流程，前述各安全生产管理制度及安全生产操作流程明确规范了安全生产的各项制度要求，对公司生产中的各个流程提出了标准操作程序、注意事项及相关负责人。

在具体实施上，发行人有公司级、部门级、班组级的三级人员安全培训教育，从事特种岗位人员需先取得特种作业操作证书才可上岗。强化安全生产意识及责任感，在日常的现场与生产过程管理及设备运行管理方面，重大危险源有专门的危化品存放仓库，在现场使用过程中有明确的标识与注意事项，相关设备运行注意点及电、气、能源类别 / 流向 / 注意事项等现场均标识清晰，并通过班组每日现场检查记录、夜班管理人员安全巡视机制、假期停机后 / 开机前安全检查规定，以及不定期的危险预知识别改善活动等，形成良好闭环，使各部门安全生产均得到有效执行。发行人按照各项制度定期对各类安全生产设施进行维护、保养和安全监测，各项安全设施运行良好。

2018 年 6 月 21 日，赣州经济技术开发区安全生产监督管理局向发行人核发了安全生产标准化三级企业证书（工贸轻工）（编号：赣 AQB QG Ⅲ 201800018），有效期限至 2021 年 6 月。

2019 年 1 月 30 日，新世纪检验认证股份有限公司出具了职业健康安全管理体系认证证书，证明发行人职业健康安全管理体系符合 GB/T28001—2011 IDT OHSAS 18001：2007 标准，该标准适用于汽车用锂离子电池的设计、生产、销售。该证书初次发证日期为 2016 年 3 月 23 日，再认证日期 2019 年 1 月 30 日，证书有效期至 2021 年 3 月 11 日。

综上所述，发行人已建立健全安全生产管理制度，该等管理制度有效并得到良好执行。

2. 报告期内是否发生了安全事故和纠纷，公司安全生产制度的建立及运行情况

报告期内发行人安全生产管理体系运行良好，未发生安全事故，员工在生产过程中未发生纠纷。赣州经济技术开发区安全生产监督管理局于 2019 年 6 月 29 日出具证明，发行人及其子公司孚能致业、孚能动力、孚能新材料自 2016 年 1 月 1 日起能遵守《安全生产法》和其他有关安全生产及建设施工安全方面的法律、行政法规、规章及规范性文件，不存在因违反安全生产监管法律的行为，未发生任何安全事故，亦不存在因违反安全生产监管法律而受到行政处罚的情形。

镇江新区安全生产监督管理和环境保护局于 2019 年 7 月 19 日出具的证明，孚能

镇江自设立以来，未发生任何安全事故，亦不存在因违反安全生产监管法律而受到行政处罚的情形。

发行人在安全生产体系上制订有《环境与安全管理手册》等制度，在人员培训、责任职责、检查机制、危险源识别与标识、过程管理等方面均有相应文件与表单记录，使安全生产得到有效保障，公司安全生产标准化及职业健康安全管理体系等项安全生产资质持续有效。

综上所述，报告期内发行人未发生安全事故和纠纷，发行人已建立安全生产制度且运行情况良好。

洁特生物（688026）

广州洁特生物过滤股份有限公司（以下简称发行人）2019 年 6 月 3 日提交的招股说明书（申报稿）中披露，生物实验室耗材的质量对实验或检测的结果有着重要影响，对产品质量要求很高。

针对上述情形，发审委要求发行人对下列事项补充披露，并要求保荐机构、发行人律师核查并发表明确意见：公司与产品质量把控相关的控制制度与措施，以及报告期内的执行情况；报告期内，发行人的产品是否曾导致事故，是否存在产品质量纠纷。

根据发行人律师出具的补充法律意见书披露显示：[1]

1. 公司与产品质量把控相关的控制制度与措施，以及报告期内的执行情况

发行人质量部负责对原料采购至产品交付全过程的质量把控，质量部部长负责组织管理质量部的日常运作，并向总经理汇报。发行人构建了规范的质量控制体系，质量部按照《质量手册》、检验控制程序等与质量控制相关的内部控制制度开展工作，并已通过了 ISO9001：2015 质量管理体系认证和 ISO13485：2016 医疗器械质量管理体系认证。

发行人建立了供应商管理体系，质量部需要针对供应商的供货情况对供应商进行评价。报告期内，发行人主要供应商包括 INEOS、Channel Prime Alliance 和普立万等知名原材料供应商，发行人与主要供应商合作紧密，原材料品质稳定。原料入库前需要由质量部进行检验，质量部通常根据产品质量报告、测试报告或公司物料质量标准对来料进行检验，检验通过后方能录入系统。

---

〔1〕《广东广信君达律师事务所关于广州洁特生物过滤股份有限公司首次公开发行股票并在科创板上市的补充法律意见书（一）》，载上海证券交易所网，http：//static.sse.com.cn/stock/information/c/201908/a99ae52a4bae42188f0217bd05f9173e.pdf，最后访问日期：2021 年 5 月 21 日。

生产过程中，发行人执行三检程序，即首件检查、自主检验和巡回检验。生产部在进行生产时，生产作业员和当班班组长先自检产品，确认后通知质量部的 IPQC（制程控制）对首件产品依各产品检验指导书及生产计划给予首件确认，确认后方可批量生产。在生产过程中，作业员按各工序的操作标准书作业，并对所生产的产品依各产品检验指导书进行自主检验，若发现产品不符合要求，则立即调整，并通知生产组长和质量部人员处理，调整完毕方可继续生产作业。巡回检验程序由质量部负责执行，在制造生产过程中，依照过程控制标准对产品进行抽检，避免不合格产品流入下一生产环节或入库。

对于成品入库，若无须要进行产品消毒，产品交 FQC（成品品质管制，下同）检验合格后可以直接入成品仓；若需要消毒的产品，产品交 FQC 检验合格后进入待灭菌区，消毒完成并经 OQC（品质稽核及管制）检验合格后入仓。

发行人质量部每日对生产车间进行日常巡检，对生产车间的卫生环境、生产安全情况、设备清洁情况、生产员工衣着及作业情况进行检查。对于可能导致产品质量下降风险的因素及时指出，并报相关部门负责人进行审阅，督促整改。

报告期内，发行人构建了符合自身生产经营特点的质量控制管理体系，并获得 ISO 9001：2015 质量管理体系认证和 ISO 13485：2016 医疗器械质量管理体系，并严格执行质量控制相关的内控制度，不存在因公司的产品质量问题导致重大事故或产品质量纠纷的情况。

2. 报告期内，发行人严格执行质量控制相关的内控制度，发行人的产品未曾导致事故，不存在质量纠纷

复旦张江（688505）

针对上海复旦张江生物医药股份有限公司（以下简称发行人）2019 年 5 月 13 日提交的招股说明书（申报稿）披露内容，发审委要求发行人对下列事项进行说明，并要求保荐机构、发行人律师核查并发表明确意见：安全生产制度是否完善，安全设施运行是否有效，公司是否存在安全隐患或发生重大安全生产事故，是否会影响发行人的生产经营。

根据发行人律师出具的补充法律意见书披露显示：[1]

1. 发行人的安全生产制度是否完善，安全设施运行是否有效。

---

〔1〕《上海市方达律师事务所关于上海复旦张江生物医药股份有限公司首次公开发行人民币普通股（A 股）股票并在科创板上市的补充法律意见书（二）》，载上海证券交易所网，http：//static.sse.com.cn/stock/information/c/201909/f87d185506a7404ea7f0e3bada303cd4.pdf，最后访问日期：2021 年 5 月 21 日。

发行人已结合其运营特性，制定了内部安全生产管理制度，建立了相应的安全事故应急管理体系以及严格的危险化学品管理流程，并持续开展安全教育及预案演习。

（1）在内部管理制度方面，发行人制定了包括安全生产管理制度、安全生产教育培训管理制度、安全生产检查管理制度、设备安全管理规程等在内的多项安全生产管理制度。发行人在生产经营中严格贯彻“管生产必须管安全、谁主管谁负责”的原则，建立了由安全生产管理领导小组、各部门安全负责人、各部门安全员组成的安全生产管理网络。该网络统一由安全生产管理领导小组领导，其中公司总经理担任安全生产领导小组组长。发行人总经理（法定代表人）为发行人安全生产的第一负责人，发行人各级领导及职能部门在各自工作范围内对安全生产负责。

在安全事故应急管理方面，发行人以“及时报告、快速响应、以人为本”为原则制定了《生产安全事故应急预案》《火灾爆炸化学事故应急预案》《动火管理制度》等文件并成立了应急指挥部。发行人通过宣传《生产安全事故应急预案》向员工普及事故应急操作，并通过对危险源进行风险分析，建立了包括综合应急预案、专项应急预案以及现场处置方案在内的应急预案体系。

在危险化学品管理规程方面，发行人编制了《有毒、易燃、易爆等危险品管理规程》，对化学危险品的采购、验收、入库、储存、发放、使用等方面作出了规定，并针对特定类别的危险品制定针对性的标准操作程序，同时保证：①危险品均由经过相关培训且取得上岗证书的专人进行管理；②严格按照分类以最低安全库存量分区储存；以及③存放化学物品的专用场所，根据物品的种类、性质设置相应的通风、防爆、防火、防雷、灭火、防晒等安全措施。

在安全生产教育培训方面，发行人通过安全生产教育培训管理制度落实对员工的安全生产教育，提高从业人员的安全生产意识和应急能力，并要求新员工均需接受安全生产培训方可上岗。发行人目前执行三级培训制度，包括公司（一级）安全教育、车间或部门（二级）安全教育、工段或班组（三级）安全教育。此外，对于特殊作业人员，发行人要求由专业主管部门进行专门技术培训，危险化学品从业人员则需接受特种设备操作培训。

综上所述，发行人已建立了完善的安全生产制度。

（2）发行人根据其生产经营特点配备了灭火器材、报警装置以及各类安全警告牌，该等安全设施状态良好且运行正常。

2. 公司是否存在安全隐患或发生重大安全生产事故，是否会影响发行人的生产经营。

（1）是否存在安全隐患

发行人于 2018 年 5 月 25 日因有限空间场所未设置明显的安全警示标志，被上海市浦东新区安全生产监督管理局责令限期改正，并处以罚款 10,000 元。对于上述情况，发行人已相应整改并缴纳罚款，目前已不存在因未设置警示标志而产生的安全隐患。发行人能够在经营活动中执行安全生产管理制度，不存在安全隐患。

（2）是否发生重大安全生产事故

根据《安全生产法》以及《生产安全事故报告和调查处理条例》，重大安全生产事故是指造成 10 人以上 30 人以下死亡，或者 50 人以上 100 人以下重伤，或者 5000 万元以上 1 亿元以下直接经济损失的事故。

泰州医药高新技术产业园区应急管理办公室出具合规证明，发行人及其子公司泰州复旦张江、溯源生物报告期内未发生重大安全生产事故。

长阳科技（688299）

宁波长阳科技股份有限公司（以下简称发行人）2019 年 4 月 19 日提交的招股说明书（申报稿）披露，2019 年 1 月 2 日，公司发生一起一般安全事故，一名产线生产人员因自身操作失误不幸身亡。

针对上述情形，发审委要求发行人对下列事项进行披露和说明：披露报告期内安全事故和纠纷的具体情况、处理意见及整改情况，公司安全生产制度的建立及运行情况；披露安全生产情况、因安全生产原因受到处罚的情况、近三年相关费用成本支出及未来支出情况，说明是否符合国家关于安全生产的要求。要求保荐机构和发行人律师结合相关法律法规对发行人报告期内所发生的安全事故是否构成重大违法违规发表意见。

根据发行人律师出具的补充法律意见书披露显示：[1]

2019 年 1 月 2 日，发行人发生一起一般安全事故，具体情况如下：

2019 年 1 月 2 日，因双拉生产线的切割装置工作异常，发行人设备机修组主管王某某等人员为了查找原因，在生产线旁观察设备运行情况。在此过程中，王某某身体探出设备护板，意图观察薄膜切割状况，被设备跟踪装置上的托架挤压，经送医院抢救无效后死亡。

事故发生后，发行人立即向监管部门汇报相关情况，成立事故处置小组并积极配合监管部门调查。2019 年 3 月 3 日，宁波市江北区人民政府出具《关于对宁波长阳科技股份有限公司“1.2”一般机械伤害事故调查报告的批复》（北区政发〔2019〕8 号）

〔1〕《国浩律师（上海）事务所关于宁波长阳科技股份有限公司首次公开发行股票并在科创板上市之补充法律意见书（一）》，载上海证券交易所网，http://static.sse.com.cn/stock/information/c/201906/2a309206244247cfa17f72691c1a9a3e.pdf，最后访问日期：2021 年 5 月 21 日。

确认:（1）事故直接原因为王某某违规将身体探出设备护板;（2）事故间接原因为管理人员失职和安全生产主体责任履行不到位;（3）认定该起事故性质为一般生产安全责任事故;（4）相关管理人员未履行安全生产管理职责，安全生产主体责任履行不到位，应予以处罚。

2019 年 3 月 21 日，宁波市江北区应急管理局向长阳科技出具（北）应急罚〔2019〕003 号《行政处罚决定书（单位）》，决定给予罚款 275,000 万元的行政处罚。同日，宁波市江北区应急管理局向公司董事、副总经理刘斌出具（北）应急罚〔2019〕004 号《行政处罚决定书（个人）》，决定给予罚款 146,772 元的行政处罚。发行人及董事、副总经理刘斌已于 2019 年 3 月 27 日及时并足额缴纳了罚款。

根据《生产安全事故报告和调查处理条例》（国务院令第 493 号）第三条第（四）款的规定，“一般事故，是指造成 3 人以下死亡，或者 10 人以下重伤，或者 1000 万元以下直接经济损失的事故。”根据《安全生产法》第一百零九条的规定，发生生产安全事故，对负有责任的生产经营单位除要求其依法承担相应的赔偿等责任外，由安全生产监督管理部门依照下列规定处以罚款:（1）发生一般事故的，处二十万元以上五十万元以下的罚款;（2）发生较大事故的，处五十万元以上一百万元以下的罚款;（3）发生重大事故的，处一百万元以上五百万元以下的罚款;（4）发生特别重大事故的，处五百万元以上一千万元以下的罚款；情节特别严重的，处一千万元以上二千万元以下的罚款。

2019 年 3 月 22 日，宁波市江北区应急管理局出具证明，认定该事故为一般机械伤害事故，长阳科技和刘斌受到的行政处罚不属于重大行政处罚，长阳科技和刘斌的行为不属于重大违法违规行为。

综上所述，根据相关法律法规以及宁波市江北区应急管理局出具的证明，发行人发生的上述事故属于一般安全事故，不属于重大安全事故，不构成重大违法违规。

敏芯股份（688286）

针对苏州敏芯微电子技术股份有限公司（以下简称发行人）2019 年 11 月 1 日提交的招股说明书（申报稿）披露内容，发审委要求发行人对下列事项进行说明，并要求保荐机构、发行人律师核查并发表明确意见：上述产品质量问题形成的具体原因、赔偿对象及赔偿金额的计算依据，涉及质量问题的相关产品在报告期内的销售量及销售金额，相关产品是否存在设计缺陷，发行人与相关客户之间是否存在法律纠纷，是否存在应计提而未计提预计负债的情形。

根据发行人律师出具的补充法律意见书披露显示：[1]

1. 上述产品质量问题形成的具体原因、赔偿对象及赔偿金额的计算依据，涉及质量问题的相关产品在报告期内的销售量及销售金额

赔偿金额通常包括返修费用、不良产品中已用材料的报废费用、返工费用、复测费用、生产线停工费用、罚款等，赔偿金额通过协商确定。

由于赔偿金额中的不良产品的维修、报废等费用的高低取决于安装 MEMS 传感器产品的不良品的发现阶段及更换成本，越是靠近最终产成品的环节，赔偿金额越高，因此，相关赔偿金额与发行人销售的涉及质量问题的 MEMS 传感器数量通常不成正比。赔偿金额的计算依据，以及涉及质量问题的相关产品在报告期内的销售量及销售金额的具体情况已申请豁免披露。

2. 相关产品不存在设计缺陷，发行人与相关客户之间不存在法律纠纷，不存在应计提而未计提预计负债的情形

（1）相关产品不存在设计缺陷

发行人主要从事 MEMS 传感器产品的研发和销售，由于相关产品基于半导体芯片，其晶圆制造、封装等均通过委外加工实施，存在因外部加工环节导致产品存在个别质量问题的风险；发行人产品使用时需要与复杂的外界环境进行接触，即便产品在出厂之前，发行人已经进行全面的品质管控，因应用环境、安装及匹配过程等也可能导致最终产品的质量问题，产品偶尔出现品质问题也是半导体芯片行业的常态。因此，发行人存在因产品质量问题导致赔偿涉及赔偿责任的风险，但相关存在质量问题的产品属于偶发事项，且该等产品同批次、同类别产品不涉及全部存在质量问题的情况，相关产品不涉及产品设计缺陷。

（2）发行人与相关客户之间不存在法律纠纷

报告期内，发行人发生少量由于产品质量问题导致的赔偿事件，由于发行人积极采取补救措施、按照要求赔偿损失，故均未造成产品质量纠纷，相关客户在赔偿事件之后也持续与发行人合作，发行人与相关客户之间不存在法律纠纷。

（3）不存在应计提而未计提预计负债的情形

报告期内公司发生赔偿情况及占营业收入比例如表 182 所示：

---

〔1〕《浙江天册律师事务所关于苏州敏芯微电子技术股份有限公司首次公开发行 A 股股票并在科创板上市的补充法律意见书（一）》，载上海证券交易所网，http：//static.sse.com.cn/stock/information/c/202001/59b067695894421e9aa6770047e6b53a.pdf，最后访问日期：2021 年 5 月 21 日。

表 182

项目	2019 年 1~6 月	2018 年度	2017 年度	2016 年度
赔款支出 / 万元	—	93.01	39.59	—
营业收入 / 万元	13,802.14	25,271.34	11,309.84	7213.69
占比 /%	—	0.37	0.35	—

报告期内，发行人发生质量赔偿金额占比较小，不具有规律性，不能合理估计赔偿可能性。此外，同行业可比公司均未就产品质量问题导致的赔偿事项计提质量保证金，发行人未计提预计负债具有合理性。

二、解决思路

质量控制、安全生产，涉及拟上市公司的生产经营可持续性。对此，需要注意的是：

1. 发行人应制定完备的质量控制制度及措施，并严格执行，保障产品生产的各个环节均有严格的质量把控。

2. 发行人存在产品质量问题的，应详细披露产品质量问题形成的具体原因，涉及质量问题的相关产品在报告期内的销售量及销售金额，相关产品是否存在设计缺陷，质量问题赔偿的对象及赔偿金额的计算依据等，参考敏芯股份。

3. 发行人应建立完善的安全生产制度，具体包括制定内部安全生产管理制度，建立安全事故应急管理体系以及严格的危险化学品管理流程，持续开展安全教育及预案演习等。

4. 发行人应保证安全设施状态良好且运行正常。

5. 发行人在报告期内发生安全生产事故的，应完整披露事故过程以及相关善后处理措施，事故产生伤亡的，应及时支付赔偿金，避免可能引起的诉讼。落实整改措施，并完全消除安全隐患。

【具体核查要点】

1. 发行人与产品质量把控相关的控制制度与措施，以及报告期内的执行情况，质量瑕疵产品的处置方式；

2. 报告期内，发行人的产品是否曾导致事故，是否存在产品质量纠纷及处理情况，是否会影响发行人的生产经营；

3. 发行人安全生产制度是否完善，安全设施运行是否有效，发行人是否存在安全隐患或发生重大安全生产事故，是否会影响发行人的生产经营；

4. 报告期内安全事故和纠纷的具体情况、处理意见及整改情况，是否构成重大违法违规。

【核查方式】

1. 核查发行人已经建立的各项安全制度及安全生产操作流程、查阅发行人的日常安全检查记录、安全生产领导小组会议记录、专业技术人员安全培训记录等相关文件、取得发行人既往安全培训的资料文件；

2. 访谈发行人相关部门负责人，了解发行人质量管理体系及相关业务流程，核查发行人所制定的与质量控制相关的内部控制制度，查验发行人原材料入库、生产过程、成品缴库等过程的质量控制流程记录文件；

3. 核查公司安全生产标准化证书、职业健康安全管理体系认证证书、质量管理体系认证证书等；

4. 核查公司及其子公司所在地各主管机关出具的关于发行人及其控股子公司安全生产及产品质量相关方面的合规证明并走访相关部门；

5. 实地走访查看发行人生产厂房及安全设施，核查发行人是否配备安全生产设施以及状态是否良好、运行是否正常；

6. 查询发行人及其子公司所在地安全生产主管部门网站、国家企业信用信息公示系统、信用中国等网站。

三、参考规范

《产品质量法》

第三条　生产者、销售者应当建立健全内部产品质量管理制度，严格实施岗位质量规范、质量责任以及相应的考核办法。

第四条　生产者、销售者依照本法规定承担产品质量责任。

《安全生产法》

第四条　生产经营单位必须遵守本法和其他有关安全生产的法律、法规，加强安全生产管理，建立、健全安全生产责任制和安全生产规章制度，改善安全生产条件，推进安全生产标准化建设，提高安全生产水平，确保安全生产。

第五条　生产经营单位的主要负责人对本单位的安全生产工作全面负责。

第一百零九条　发生生产安全事故，对负有责任的生产经营单位除要求其依法承担相应的赔偿等责任外，由安全生产监督管理部门依照下列规定处以罚款：

（一）发生一般事故的，处二十万元以上五十万元以下的罚款；

（二）发生较大事故的，处五十万元以上一百万元以下的罚款；

（三）发生重大事故的，处一百万元以上五百万元以下的罚款；

（四）发生特别重大事故的，处五百万元以上一千万元以下的罚款；情节特别严重的，处一千万元以上二千万元以下的罚款。

《生产安全事故报告和调查处理条例》

第三条 根据生产安全事故（以下简称事故）造成的人员伤亡或者直接经济损失，事故一般分为以下等级：

（一）特别重大事故，是指造成30人以上死亡，或者100人以上重伤（包括急性工业中毒，下同），或者1亿元以上直接经济损失的事故；

（二）重大事故，是指造成10人以上30人以下死亡，或者50人以上100人以下重伤，或者5000万元以上1亿元以下直接经济损失的事故；

（三）较大事故，是指造成3人以上10人以下死亡，或者10人以上50人以下重伤，或者1000万元以上5000万元以下直接经济损失的事故；

（四）一般事故，是指造成3人以下死亡，或者10人以下重伤，或者1000万元以下直接经济损失的事故。

国务院安全生产监督管理部门可以会同国务院有关部门，制定事故等级划分的补充性规定。

本条第一款所称的"以上"包括本数，所称的"以下"不包括本数。

《上海证券交易所科创板股票发行上市审核问答》

3.对发行条件中"其他涉及国家安全、公共安全、生态安全、生产安全、公众健康安全等领域的重大违法行为"，应当如何理解？

答：最近3年内，发行人及其控股股东、实际控制人在国家安全、公共安全、生态安全、生产安全、公众健康安全等领域，存在以下违法行为之一的，原则上视为重大违法行为：被处以罚款等处罚且情节严重；导致严重环境污染、重大人员伤亡、社会影响恶劣等。

有以下情形之一且中介机构出具明确核查结论的，可以不认定为重大违法：违法行为显著轻微、罚款数额较小；相关规定或处罚决定未认定该行为属于情节严重；有权机关证明该行为不属于重大违法。但违法行为导致严重环境污染、重大人员伤亡、社会影响恶劣等并被处以罚款等处罚的，不适用上述情形。

《公开发行证券的公司信息披露内容与格式准则第41号——科创板公司招股说明书》

第六十条 发行人应披露报告期内存在的违法违规行为及受到处罚的情况，并说明对发行人的影响。

《深圳证券交易所创业板上市公司证券发行上市审核问答》

2.《注册办法》要求上市公司及其控股股东、实际控制人最近三年不存在严重损害上市公司利益、投资者合法权益、社会公共利益的重大违法行为，发行人和中介机构应当如何把握？

答：(一)“重大违法行为”是指违反国家法律、行政法规或规章，受到刑事处罚或情节严重行政处罚的行为。

被处以罚款以上行政处罚的违法行为，如有以下情形之一且中介机构出具明确核查结论的，可以不认定为重大违法行为：

1.违法行为显著轻微、罚款数额较小；

2.相关规定或处罚决定未认定该行为属于情节严重；

3.有权机关证明该行为不属于重大违法。但违法行为导致严重环境污染、重大人员伤亡或社会影响恶劣的除外。

(二)对于严重损害上市公司利益、投资者合法权益或者社会公共利益的重大违法行为，需根据行为性质、主观恶性程度、社会影响等具体情况综合判断。

(三)最近三年，上市公司及其控股股东、实际控制人存在欺诈发行、虚假陈述、内幕交易、市场操纵的，或者在国家安全、公共安全、生态安全、生产安全、公众健康安全等领域存在重大违法行为的，原则上视为严重损害上市公司利益、投资者合法权益、社会公共利益的重大违法行为。

(四)发行人合并报表范围内的各级子公司，若对发行人主营业务收入或净利润不具有重要影响(占比不超过5%)，其违法行为可不视为发行人本身存在相关情形，但其违法行为导致严重环境污染、重大人员伤亡或社会影响恶劣的除外。

(五)如被处罚主体为发行人收购而来，且相关处罚于发行人收购完成之前执行完毕，原则上不视为发行人存在相关情形。但发行人主营业务收入和净利润主要来源于被处罚主体或违法行为社会影响恶劣的除外。

(六)最近三年内无重大违法行为的起算时点，从刑罚执行完毕或行政处罚执行完毕之日起计算。

(七)保荐人和发行人律师应对发行人及其控股股东、实际控制人是否存在上述事项进行核查，并对是否构成重大违法行为及再融资的法律障碍发表明确意见。

第六节　劳务派遣与外包

劳务派遣是由劳务派遣机构与派遣劳工订立劳动合同，把劳动者派向其他用工单位，再由其用工单位向派遣机构支付一笔服务费用的一种用工形式。劳务外包是指企业将其部分业务或工作发包给其他机构，由该机构自行安排人员按照企业的要求完成相应的业务或工作的模式。劳务派遣、劳务外包均可降低企业用工成本和规避法律风险。

截至2020年12月31日，东方基因、杭可科技、开普云、华兴源创、德林海、复洁环保等近四十家企业被发审委问及与此相关的问题。

一、典型案例

东方基因（688298）

浙江东方基因生物制品股份有限公司（以下简称发行人）2019年5月9日提交的招股说明书（申报稿）中披露：2018年12月31日，发行人劳务派遣员工占发行人在册员工与劳务派遣工总数的17%，超出《劳务派遣暂行规定》第四条规定之10%的比例。

针对上述情形，发审委要求发行人对下列事项进行说明，并要求保荐机构、发行人律师核查并发表明确意见：报告期内之前年份未出现而2018年劳务派遣占比超过10%上限的原因；2018年劳务派遣用工占比超过规则规定事项是否导致发行人受到相关行政处罚，该事项是否构成重大违法行为，并提供相关认定依据，说明认定依据是否充分；劳务派遣用工占比超过规则规定事项对本次发行上市的影响；除回复中提供的年末时点数外，报告期内发行人是否存在其他劳务派遣用工占比超过规定上限的情况；劳务派遣员工的具体工作岗位；劳务派遣整改的时点和整改的措施，以及整改后的运行期限是否符合相关规定。

根据发行人律师出具的补充法律意见书披露显示：[1]

1. 报告期内之前年份未出现而2018年劳务派遣占比超过10%上限的原因

报告期内，发行人业务呈上升发展趋势，原用工规模及模式、员工招聘速度逐渐不能满足发行人的业务发展需要。为满足公司业务发展的需求，发行人于2017年12月同劳务派遣公司签署劳务派遣协议，将劳务派遣作为劳动用工的一种补充方式。

2. 2018年劳务派遣用工占比超过规则规定事项是否导致发行人受到相关行政处罚，该事项是否构成重大违法行为，并提供相关认定依据，说明认定依据是否充分；劳务派遣用工占比超过规则规定事项对本次发行上市的影响

安吉县人力资源和社会保障局出具证明，自2016年1月起，发行人不存在因相关事项受到行政处罚之情形。确认："东方基因2018年1月至2019年2月，劳务派遣人员数量占其用工总量超过10%。2019年3月起至今，东方基因已自行降低劳务

〔1〕《国浩律师（杭州）事务所关于浙江东方基因生物制品股份有限公司首次公开发行股票并在科创板上市之补充法律意见书（一）》，载上海证券交易所网，http：//static.sse.com.cn/stock/information/c/201906/bb8709b1f6544097bf2237391432a118.pdf，最后访问日期：2021年5月21日。

派遣人数占比至10%以内并规范运行。我局认为，东方基因劳务派遣人数占比超过10%的情况，不属于重大违法行为。”

报告期内，发行人的上述劳务派遣用工方式未完全符合相关规定，但已采取相应措施逐步整改规范，截至2019年3月31日已整改完毕，相关部门已出具了发行人不存在行政处罚，及该等情形不属于重大违法违规行为的证明，且发行人实际控制人也已承诺承担损失补偿的责任，该等情形不会构成本次发行上市的实质性障碍。

3. 除回复中提供的年末时点数之外，报告期内发行人是否存在其他劳务派遣用工占比超过规定上限的情况

除回复中提供的2018年末时点数之外，发行人自2018年1月至2019年3月劳务派遣员工占比整改完成期间，劳务派遣员工占比超过规定上限。截至2019年3月31日，发行人劳务派遣用工占比已降至8.26%，符合规定之要求。

4. 劳务派遣员工的具体工作岗位；劳务派遣整改的时点和整改的措施，以及整改后的运行期限是否符合相关规定

发行人采用劳务派遣用工方式的岗位主要为POCT产品内包装工、POCT产品外包装工、毒品尿杯包装工、毒品唾液检测产品包装工、包装喷码工等部分辅助性操作岗位。2018年末，发行人针对上述情况进行了整改，为部分劳务派遣人员办理转制纳为劳动合同工，促进劳动用工相关事项的规范化，逐步降低劳务派遣工占比。截至2019年3月31日，发行人劳务派遣用工占比已降至8.26%，符合《劳务派遣暂行规定》等法律、法规及规范性文件的规定。

金山办公（688111）

北京金山办公软件股份有限公司（以下简称发行人）2019年5月8日提交的招股说明书（申报稿）未对劳务派遣相关信息进行披露。

针对上述情形，发审委要求发行人对下列事项进行说明，并要求保荐机构、发行人律师核查并发表明确意见：报告期内发行人是否存在劳务派遣的用工情况，如存在，补充披露发行人使用劳务派遣用工人数、占发行人员工总数的比例、岗位分布、薪酬情况；劳务派遣单位是否拥有相应的资质、股权结构及与发行人及其关联方是否存在关联关系，发行人使用劳务派遣用工的合法合规性。

根据发行人律师出具的补充法律意见书披露显示：[1]

〔1〕《北京市君合律师事务所关于北京金山办公软件股份有限公司首次公开发行股票并在科创板上市之补充法律意见书（一）》，载上海证券交易所网，http：//static.sse.com.cn/stock/information/c/201906/af1f0cf66f7f416d97bc7941d2ca8a05.pdf，最后访问日期：2021年5月21日。

1. 发行人及其境内控股子公司报告期内存在劳务派遣用工情况。截至报告期期末，发行人及其境内控股子公司劳务派遣员工占比3.65%，岗位分布在客服专员、行政专员等辅助性岗位。

2. 发行人及其境内控股子公司报告期内合作的六家劳务派遣单位为：北京双高志信人力资源有限公司、珠海市南方人力资源服务有限公司、珠海中智人力资源服务有限公司、点米（北京）科技有限公司、北京纵横盛世软件有限公司、武汉软帝联合科技有限公司，根据上述劳务派遣单位提供的营业执照、工商档案及劳务派遣经营许可证等资料及公开渠道核查结果，其均具有劳务派遣的资质，与发行人不存在关联关系。

3. 发行人使用劳务派遣用工的合法合规性：

（1）目前发行人及其控股子公司使用劳务派遣用工，符合《劳务派遣暂行规定》的相关规定

发行人及其境内控股子公司使用的被派遣劳动者所在工作岗位均为辅助性岗位，且辅助性岗位的确定已经发行人及其相应境内控股子公司各自的职工代表大会通过；发行人及其境内控股子公司使用的被派遣劳动者数量未超过其各主体用工总量的10%，符合《劳务派遣暂行规定》（人力资源和社会保障部令第22号）的相关规定。

（2）劳务派遣单位符合《劳务派遣行政许可实施办法》的相关规定

在发行人与双高人力、南方人力、中智人力、点米科技、纵横盛世、软帝联合合作期间，上述劳务派遣单位均持有相关人力资源社会保障行政部门颁发的劳务派遣经营许可证，符合《劳务派遣行政许可实施办法》的相关规定。

综上所述，发行人及其境内控股子公司使用劳务派遣用工，符合《劳务派遣暂行规定》关于辅助性及被派遣劳动者占用工总量比例的规定，劳务派遣单位符合《劳务派遣行政许可实施办法》的规定。

秦川物联（688528）

成都秦川物联网科技股份有限公司（以下简称发行人）2019年6月5日提交的招股说明书（申报稿）披露，发行人存在部分劳动派遣。

针对上述情形，发审委要求发行人对下列事项进行说明，并要求保荐机构、发行人律师核查并发表明确意见：劳务派遣单位是否具备必要的专业资质，是否遵循国家环保、税务、劳动保障等法律法规的相关规定；劳务派遣公司是否专门或主要为发行人服务，如存在主要为发行人服务的情形的，请说明合理性、必要性、关联关系的认

定及披露是否真实、准确、完整；劳务派遣人员的社保缴费情况，劳务派遣是否符合相关法律法规的规定，如存在欠缴或其他违法违规情形，请说明形成原因、欠缴金额及拟采取的措施，分析补缴是否可能对发行人经营业绩产生影响。

根据发行人律师出具的补充法律意见书披露显示：[1]

1. 劳务派遣单位是否具备必要的专业资质，是否遵循国家环保、税务、劳动保障等法律法规的相关规定

报告期内为发行人提供劳务派遣服务的单位共有 2 家，分别为英联中才、重庆嘉腾，其中，发行人与英联中才自 2018 年 11 月 28 日至 2019 年 1 月 23 日存在劳务派遣合作关系，发行人与重庆嘉腾自 2018 年 11 月 25 日至 12 月 28 日存在劳务派遣合作关系。

两家劳务派遣单位均具备必要的专业资质。在为发行人提供劳务派遣服务期间，英联中才、重庆嘉腾不存在与发行人有关的环保、税务、劳动保障相关方面处罚记录。

英联中才、重庆嘉腾未严格依照相关法律法规为向发行人提供的劳务派遣员工缴纳社会保险。根据《劳动合同法》等规定，英联中才、重庆嘉腾未严格依照相关法律法规为向发行人提供的劳务派遣员工缴纳社会保险的违规情形，受罚主体为劳务派遣单位，补缴责任亦应由劳务派遣单位承担。

在派遣劳动者用工期间，发行人依法提供劳动保护和劳动安全卫生条件，不存在造成派遣劳动者损害的情形。

为进一步避免上述事项对发行人可能造成的潜在风险，发行人控股股东、实际控制人邵泽华于 2019 年 7 月作出承诺："1. 如因劳务派遣员工合法权利受到损害导致发行人被诉讼、仲裁、处罚或被追索相关费用的，在劳务派遣单位不能足额、及时予以补偿的情况下，本人将无条件补偿发行人因此所发生的任何支出及所受到的全部损失，保证该等事项不会给发行人带来任何损失或不利影响；2. 因报告期内劳务派遣单位未为发行人劳务派遣员工缴纳、未足额缴纳或未及时缴纳养老保险、医疗保险、工伤保险、失业保险、生育保险而导致发行人承担连带责任的，在劳务派遣单位不能足额、及时予以补偿的情况下，本人将无条件补偿发行人的全部损失及其因此所产生的全部费用，保证该等事项不会给发行人带来任何损失或不利影响。"

该等情形不会对发行人经营业绩及发行人本次发行上市构成实质不利影响。

---

[1]《北京市金杜律师事务所关于成都秦川物联网科技股份有限公司首次公开发行股票并在科创板上市的补充法律意见书（二）》，载上海证券交易所网，http://static.sse.com.cn/stock/information/c/201908/5f80886044c0460c8c350dd1bed3e740.pdf，最后访问日期：2021 年 5 月 21 日。

2. 劳务派遣公司是否专门或主要为发行人服务，如存在主要为发行人服务的情形的，请说明合理性、必要性、关联关系的认定及披露是否真实、准确、完整

发行人 2018 年向英联中才支付劳务派遣费 19.52 万元、2019 年 1 月向英联中才支付劳务派遣费 0.51 万元，合计 20.03 万元，占英联中才营业收入比重不大，英联中才非专门或主要为发行人服务，发行人与英联中才不存在关联关系。

发行人 2018 年向重庆嘉腾支付的劳务派遣服务费金额为 16.91 万元，占重庆嘉腾营业收入比重不大，重庆嘉腾非专门或主要为发行人服务，发行人与重庆嘉腾不存在关联关系。

3. 劳务派遣人员的社保缴费情况，劳务派遣是否符合相关法律法规的规定，如存在欠缴或其他违法违规情形，请说明形成原因、欠缴金额及拟采取的措施，分析补缴是否可能对发行人经营业绩产生影响

报告期内，发行人采用劳务派遣用工方式的岗位主要为生产车间部分辅助性岗位，岗位流动性较大，可替代性较高且对于工作技能的要求较低；截至 2018 年期末，发行人员工人数为 516 人，发行人劳务派遣用工人数为 40 人，2019 年 1 月仍有少量劳务派遣用工情况，发行人报告期内劳务派遣用工比例未超过员工总人数的 10%。

如前所述，英联中才、重庆嘉腾未严格依照相关法律法规为向发行人提供的劳务派遣员工缴纳社会保险，与《劳动合同法》《劳务派遣暂行规定》相关规定不符，公司控股股东、实际控制人邵泽华已对发行人潜在风险作出兜底承诺。

经初步测算，该部分劳务派遣员工应当缴纳的社会保险金额约为 7.64 万元。根据前述《劳动合同法》第五十八条及第九十二条第二款、《劳务派遣暂行规定》第八条的相关规定，补缴责任由劳务派遣单位承担。

该等情形不会对发行人经营业绩及发行人本次发行上市构成实质不利影响。

燕麦科技（688312）

深圳市燕麦科技股份有限公司（以下简称发行人）2019 年 9 月 27 日提交的招股说明书（申报稿）披露：发行人所属行业的季节性因素导致临时用工需求量陡增，采用劳务派遣的用工方式来填补用工缺口。公司通过深圳纳才、深圳翔通、深圳迎新时代等人力资源服务公司使用劳务派遣人员。其中，深圳纳才、深圳翔通已取得劳务派遣经营许可证，深圳迎新时代暂未取得劳务派遣经营许可证。公司已于 2019 年 6 月终止与深圳迎新时代的合作关系。报告期内，发行人的劳务派遣人员占比依次为 0.00%、4.40%、1.46%、11.81%，波动较大且存在占比超过 10% 的情况，存在超过《劳务派遣暂行规定》规定比例使用劳务派遣人员的情形。公司通过与相关适应岗位需求

的劳务派遣人员直接签署劳动合同、加大新员工的招聘与培养等方式减少劳务派遣用工人数。

针对上述情形，发审委要求发行人对下列事项进行披露和说明，并要求保荐机构、发行人律师核查并发表明确意见：报告期内公司与未取得劳务派遣资质单位合作的情况、劳务派遣用工人数占比超过《劳务派遣暂行规定》规定比例的情况是否受到或可能受到相关部门的追责处罚，是否构成或可能构成重大违法违规；报告期内合作的人力资源服务公司的基本信息，经营是否合法合规，包括但不限于是否具备必要的专业资质，是否遵循国家环保、税务、劳动保障等法律法规的相关规定，是否专门或主要为发行人服务，是否与发行人及其关联方存在关联关系或其他利益安排；劳务派遣员工从事的具体工作环节，用工结算价格的确定依据及公允性；与相关适应岗位需求的劳务派遣人员直接签署劳动合同，报告期内该部分人员"五险一金"的缴纳情况；结合发行人所属行业的季节性因素以及劳务派遣用工人数占比波动较大的情况，说明发行人在保障用工需求方面是否存在困难，未来是否仍存在临时性用工紧张、违反相关规定的风险，及其对持续经营的影响。

根据发行人律师出具的补充法律意见书披露显示：[1]

1. 就报告期内公司与未取得劳务派遣资质单位合作的情况、劳务派遣用工人数占比超过《劳务派遣暂行规定》规定比例的情况是否受到或可能受到相关部门的追责处罚，是否构成或可能构成重大违法违规

如发行人报告期内的劳务派遣用工人数占比超标行为处于连续或继续状态，且在被劳动行政部门责令限期改正而逾期不改正的情况发生时，发行人存在被行政处罚的可能性。

发行人已主动规范、整改用工情况，自 2019 年 8 月起使用的劳务派遣用工数量占其用工比例一直维持在 10% 以下，符合相关法律法规的规定。目前，发行人不存在使用劳务派遣用工的情况，未来将持续保持合法合规用工。

深圳市人力资源和社会保障局出具守法情况的复函，发行人不存在因劳务派遣相关事项受到立案调查或行政处罚的情况。

发行人报告期内与未取得劳务派遣资质单位合作，相关法律责任的承担主体为劳务派遣单位。发行人报告期内合作的未取得劳务派遣资质的单位为深圳市天地行劳务派遣有限公司、深圳市红腾劳务派遣有限公司、深圳市迎新时代人力资源有限公司。

---

〔1〕《广东信达律师事务所关于深圳市燕麦科技股份有限公司首次公开发行股票并在科创板上市的补充法律意见书（一）》，载上海证券交易所网，http://static.sse.com.cn/stock/information/c/201912/1b48710921bf4878aec0dab5faeb748a.pdf，最后访问日期：2021 年 5 月 21 日。

发行人与劳务派遣单位或劳务派遣员工之间不存在纠纷，不存在因劳务派遣相关事项受到立案调查或行政处罚的情况。上述单位未取得劳务派遣资质系因其自身原因造成，不涉及发行人的责任。截至 2019 年 8 月底，发行人已终止与未取得劳务派遣资质的单位的合作关系，不存在使用劳务派遣用工的情况。

2. 报告期内合作的人力资源服务公司经营是否合法合规，包括但不限于是否具备必要的专业资质，是否遵循国家环保、税务、劳动保障等法律法规的相关规定，是否专门或主要为发行人服务，是否与发行人及其关联方存在关联关系或其他利益安排

（1）发行人报告期内合作的劳务派遣单位中 5 家已取得劳务派遣经营许可证，具备开展劳务派遣业务的必要资质；3 家尚未取得劳务派遣经营许可证，不具备开展劳务派遣业务的必要资质。截至 2019 年 8 月底，发行人已终止与上述未取得劳务派遣资质的单位的合作关系，目前不存在使用劳务派遣用工的情况。

发行人报告期内合作的劳务派遣单位不存在因违反国家环保、税务、劳动保障等法律法规的相关规定受到相关主管部门处罚的情况。

（2）发行人报告期内合作的劳务派遣单位不存在专门或主要为发行人服务的情况，相关单位与发行人及其关联方不存在关联关系或其他利益安排。

3. 劳务派遣员工从事的具体工作环节，用工结算价格的确定依据及公允性

发行人报告期内使用劳务派遣员工主要从事操作工的工作，涉及的生产环节包括清点物料、装配、装箱等简易工序，相关工作岗位符合临时性、辅助性、替代性的特征，所涉工作环节为非关键工序或非关键技术。劳务派遣员工用工结算价格的计算标准系经合作双方协商后，参照发行人的薪酬制度及实际工作情况确定的，价格公允。

4. 与相关适应岗位需求的劳务派遣人员直接签署劳动合同，报告期内该部分人员“五险一金”的缴纳情况

发行人与相关适应岗位需求的劳务派遣人员直接签署劳动合同，相关人员自签署劳动合同之日起成为发行人正式员工，发行人在正式员工入职当月为其缴纳“五险一金”。

5. 结合发行人所属行业的季节性因素以及劳务派遣用工人数占比波动较大的情况，是否表明发行人在保障用工需求方面存在困难，未来是否仍存在临时性用工紧张、违反相关规定的风险，及其对持续经营的影响，请作必要的风险揭示，并说明有何应对机制

发行人报告期内的生产经营变化情况与劳务派遣人数的变化波动情况相符，造成报告期内劳务派遣用工人数占比存在较大波动的主要原因系发行人报告期内解决临时

性用工紧张的手段单一，主要是以劳务派遣用工的方式弥补短期用工缺口。

针对上述情况，发行人在主动规范、整改劳务派遣用工情况的同时，制定了符合行业特征、自身经营特点的应对机制，具体措施如下：

1. 加大自主招聘的宣传力度及投入力度，建立人才引荐奖励制度，通过自有渠道、员工推荐或与第三方机构合作等方式招聘正式员工；

2. 加强对人事行政部门工作人员的培训与管理，寻找合格的劳务派遣单位，严格审查劳务派遣单位的经营资质及经营情况，制定合格供应商名录；

3. 在每年生产旺季来临时，总经理应协调业务部门、人事行政部门对本年度生产计划、人员需求进行防范性评估，制订相应的用工计划；

4. 人事行政部门应严格控制劳务派遣用工，定期向总经理汇报的总体用工情况；

5. 优化生产工序，视情况对非关键工序或非关键技术的生产采用劳务外包方式释放产能；

6. 继续加大研发投入，提高公司生产经营的自动化水平。

发行人在生产旺季来临时所需用工经简单培训后即可上岗，可替代性强，报告期内未出现过因人员不足影响生产经营的情况，不存在保障用工需求方面的实质性困难。但随着发行人的业务发展以及中国劳动力市场的变化，发行人未来仍面临着临时用工紧张的风险；发行人未来不会再与未取得劳务派遣资质单位合作，通过实施上述措施可将劳务派遣用工人数占比维持在 10% 以下，不存在违反相关规定的风险。发行人已制定符合行业特征、自身经营特点的应对机制，可将用工风险维持在可控、合法的范围内，对发行人的持续经营不会构成重大不利影响。发行人已在《招股说明书》中作了必要的风险揭示。

德林海（688069）

无锡德林海环保科技股份有限公司（以下简称发行人）2019 年 6 月 3 日提交的招股说明书（申报稿）中披露：报告期内公司将蓝藻打捞服务使用劳务外包的模式，由外部劳务公司承担，并签订劳务外包合同。

针对上述情形，发审委要求发行人对下列事项进行说明，并要求保荐机构、发行人律师核查并发表明确意见：该等劳务公司的经营合法合规性，是否具备必要的专业资质，是否遵循国家环保、税务、劳动保障等法律法规的相关规定；是否专门或主要为发行人服务，如存在主要为发行人服务的情形的，是否具备合理性及必要性，关联关系的认定及披露是否真实、准确、完整，劳务公司按规范运行的经营成果对发行人财务数据是否存在重大不利影响，对发行人符合发行上市条件是否存在重大不利影响；劳务公司的构成及变动情况，劳务外包合同的主要内容，劳务数量及费用变动是否与发行人经营业绩相匹配，劳务费用定价是否公允，是否存在跨期核算情形。

根据发行人律师出具的补充法律意见书披露显示：[1]

1. 该等劳务公司的经营合法合规性，是否具备必要的专业资质，是否遵循国家环保、税务、劳动保障等法律法规的相关规定。

发行人报告期内在提供藻水分离站等蓝藻治理技术装备的专业化运行服务时，存在部分劳务对外外包情形。该等劳务公司为发行人提供蓝藻打捞服务，就蓝藻打捞服务，无须具备特殊的资质或其他特定许可。该等劳务公司无违反国家环保、税务、劳动保障被行政处罚的记录，经营合法合规。

2. 劳务公司是否专门或主要为发行人服务，如存在主要为发行人服务的情形的，是否具备合理性及必要性，关联关系的认定及披露是否真实、准确、完整，劳务公司按规范运行的经营成果对发行人财务数据是否存在重大不利影响，对发行人符合发行上市条件是否存在重大不利影响。

其中，有少部分劳务公司系专门或主要为发行人服务，主要原因在于，有的劳务公司成立时间不长，业务量整体较小，其与德林海的业务占比相对突出；有的劳务公司注册地和主要管理人员住址离藻水分离站很近，该公司的主要管理人员和作业人员多为当地居民，该等人员对水面作业劳务相比一般人更擅长熟悉。

根据劳务公司出具的《关于与无锡德林海环保科技股份有限公司无关联关系的声明》，劳务公司确认其与德林海母子公司的主要股东、董事、监事、高级管理人员及其亲属不存在关联关系，确认德林海的股东、董事、监事、高级管理人员及其亲属未在劳务公司任职、未与公司有利益协议安排，未占有任何投资权益。

劳务公司合法合规经营，不存在因不规范运营向德林海低价销售劳务情形，同时劳务外包价格参考市场公允水平定价，即劳务公司按照规范运行的经营成果对发行人财务数据不会存在任何重大不利影响。

3. 劳务公司的构成及变动情况，劳务外包合同的主要内容，劳务数量及费用变动是否与发行人经营业绩相匹配，劳务费用定价是否公允，是否存在跨期核算情形。

（1）劳务公司的构成及变动情况。

2016 年、2017 年，塘西河、派河站点蓝藻打捞劳务外包工作由安徽航业劳务派

[1]《北京市天元律师事务所关于无锡德林海环保科技股份有限公司首次公开发行 A 股股票并在科创板上市的补充法律意见书（一）》，载上海证券交易所网，http：//static.sse.com.cn/stock/information/c/201908/739ad26417cc4333a5a251d56be1f14d.pdf，最后访问日期：2021 年 5 月 21 日。

遣有限公司、无为县安鑫建设有限公司承担，2018 年至今变更为安徽玖禾劳务有限公司承担。

中庙及长临河为 2018 年新增站点，中庙站点蓝藻打捞劳务外包工作由巢湖市日帮劳务服务有限公司、巢湖市众意建筑劳务有限公司承担，2019 年新增安徽玖位数劳务服务有限公司；长临河站点蓝藻打捞劳务外包工作由安徽华志群劳务派遣有限公司承担。

云南主要有洱海双廊、洱源西湖、挖色、龙门、滇池站点。2017 年、2018 年，蓝藻打捞劳务外包工作由大理和生人力资源管理服务有限公司承担，2019 年新增大理和发劳务有限公司。

2016 年、2017 年，发行人劳务外包金额分别为 207.2 万元、192.82 万元，占当年采购总金额的比例分别为 8.71%、2.24%，占比较小；2018 年发行人新增 5 个站点，劳务外包需求增加，劳务外包金额为 517.61 万元，占全年采购总金额比例为 6.88%；2019 年 1~6 月发行人劳务外包金额为 214.11 万元，占全年采购总金额比例为 3.72%；因各地区气候不同，蓝藻藻情爆发周期不同，合肥主要在 5~11 月为蓝藻爆发期，大理主要全年均存在蓝藻，但冬季时蓝藻较少，因此上半年劳务费用支出较低。

（2）报告期内，发行人与劳务外包公司均签署了服务合同，合同相关内容如表 183 所示：

表 183

合同要素	合同内容
服务内容	蓝藻打捞业务
定价依据	按固定金额（元 / 天）+ 奖励费 + 管理费等相关费用结算
公司权利义务	提供使用的打捞平台、提升泵房、挡藻围隔及船只等打捞设备
	及时支付相应的劳务费用
	对劳务外包公司的服务质量定期检查
劳务外包公司权利义务	负责相关人员的管理及安排具体的工作时间、工作内容
	对所组织人员的作业具体管理，对所有作业人员进行安全教育，提供必要的安全设施，承担打捞作业时所发生的人身损害责任
	必须保证及时完成政府和甲方要求的工作量及工作质量

（3）报告期内公司运行收入和劳务数量及费用情况如表 184、表 185 所示：

表 184　合肥地区公司运行收入和劳务数量及费用

项目	2019 年 1~6 月		2018 年度		2017 年度		2016 年度
	发生额 / 万元	变动情况 /%	发生额 / 万元	变动情况 /%	发生额 / 万元	变动情况 /%	发生额 / 万元
收入金额	2286.55	–45.76	4215.85	372.91	891.47	0.53	886.8
累计打捞时间 / 天	19,755.00	–56.77	45,695.00	150.01	18,277.00	–7.12	19,678
劳务外包金额	214.11	–58.63	517.61	168.44	192.82	–6.94	207.2

报告期内，发行人劳务外包业务主要产生于蓝藻打捞，发行人劳务费用及打捞时间趋势变化与蓝藻爆发季节性基本一致。年度变化主要系：① 2016 年因合肥地区洪水自然灾害严重，发行人为满足政府抗洪救灾的紧迫性需求，发行人临时大幅增加了劳务外包人员，导致 2016 年劳务费用支出与 2017 年相比较大。② 2018 年合肥地区运行站点由 2 个增加至 4 个，相应增加劳务外包人员，因此 2018 年打捞累计时间、劳务外包金额比 2017 年均大幅上升；2018 年收入金额比 2017 年增长幅度较大，一是 2018 年新增 2 个站点，二是部分运营业务收入结算价格从固定费用 75 万元 / 年 + 年度可变费用 110 元 × 吨数 × 增加至固定费用 244.37 万元 + 可变费用 269.83 × 吨数。③合肥地区蓝藻暴发主要集中在 5~11 月，故 2019 年 1~6 月上半年劳务费用支出较低。

表 185　云南地区公司收入和劳务数量及费用

项目	2019 年 1~6 月		2018 年度		2017 年度
	发生额 / 万元	变动情况 /%	发生额 / 万元	变动情况 /%	发生额 / 万元
收入金额	1408.63	–41.26	2397.90	1289	172.59
累计打捞时间 / 天	8794.00	–53.31	18,834.00	1330	1317.00
劳务外包金额	93.00	–52.89	197.41	1042	17.29

云南地区收入在报告期内大幅增加，劳务外包金额同时增加，2017年发行人开拓云南地区市场，2017年末开始运行第1个站点；随着发行人业务的开展，2018年新增运行3个站点，发行人运营收入金额大幅增加，累计打捞时间和劳务外包金额也相应增加；云南地区冬季蓝藻较少，但由于2019年1月发行人又新增了1个站点，因此收入金额变动幅度小于累计打捞时间和劳务外包金额变动幅度。

发行人劳务外包金额与经营业绩相匹配。

（4）发行人对多个劳务供应商进行比对，同时按照当地工资水平，对不同供应商进行询价后确定价格；因劳务外包业务主要为辅助性工作，对劳务人员专业水平及学历等无要求，故定价略低于当地工资水平。

（5）发行人按照费用发生所属期间确认当期发生的劳务费用，不存在跨期核算的情形。

九号智能（689009）

根据首轮问询回复，九号有限公司（以下简称发行人）境内子公司纳恩博（常州）、纳恩博（天津）存在大量劳务外包用工的情形。

针对上述情形，发审委要求发行人对下列事项进行说明，并要求保荐机构、发行人律师核查并发表明确意见：报告期内劳务派遣及劳务外包用工岗位、工作内容、人员比例、劳务派遣外包单位资质及劳务派遣人员的社保缴费情况是否合规，是否存在劳务纠纷，既往存在劳务派遣用工总量超过10%的情况是否构成重大违法违规行为，规范整改后是否符合相关规定；报告期内是否存在利用劳务外包规避劳务派遣规定的情况；所聘用的境外人员是否获得就业许可。

根据发行人律师出具的补充法律意见书披露显示：[1]

1. 报告期内劳务派遣及劳务外包用工岗位、工作内容、人员比例、劳务派遣外包单位资质及劳务派遣人员的社保缴费情况是否合规，是否存在劳务纠纷，既往存在劳务派遣用工总量超过10%的情况是否构成重大违法违规行为，规范整改后是否符合相关规定

（1）劳务派遣：

①发行人及子公司中仅纳恩博（常州）、九号发现存在劳务派遣用工的情形。报告期内，纳恩博（常州）的劳务派遣用工情况如表186所示：

〔1〕《北京市中伦律师事务所关于NINEBOT LIMITED公开发行中国存托凭证并在科创板上市的补充法律意见书（三）》，载上海证券交易所网，http：//static.sse.com.cn/stock/information/c/201911/194fbe2fd0084f789ce682b6a2f34baa.pdf，最后访问日期：2021年5月21日。

表 186

<table>
<tr><th>时间</th><th>劳务派遣人数/人</th><th>员工总数/人</th><th>用工总数/人</th><th>劳务派遣用工占比/%</th><th>用工岗位</th><th>工作内容</th></tr>
<tr><td>2017 年 12 月 31 日</td><td>154</td><td>354</td><td>508</td><td>30.31</td><td>生产部、仓储部普通工人</td><td rowspan="2">派遣工主要分布在生产部和仓储部，具体工作内容如下：
1. 生产部派遣员工：主要负责产线物料的搬运，产品的分类等工作。
2. 仓储部派遣员工：主要负责产品与物料的卸装工作</td></tr>
<tr><td>2018 年 12 月 31 日</td><td>10</td><td>818</td><td>828</td><td>1.21</td><td>生产部、仓储部普通工人</td></tr>
<tr><td>2019 年 12 月 31 日</td><td>0</td><td>1001</td><td>1001</td><td>0</td><td>—</td><td></td></tr>
</table>

各期末，九号发现的劳务派遣用工情况如表 187 所示：

表 187

时间	劳务派遣人数/人	员工总数/人	用工总数/人	劳务派遣用工占比/%	用工岗位	工作内容
2019 年 12 月 31 日	1	43	44	2.3	项目助理	从事项目立项、开展、管理过程中的辅助性工作

②纳恩博（常州）在报告期内合作的劳务派遣单位为盛球人力、冠恒人力，九号发现在报告期内合作的劳务派遣单位为易才人力，上述公司的基本情况如下：

第一，常州盛球人力资源有限公司持有编号为 320412201504080006 的劳务派遣经营许可证，经营许可事项为劳务派遣经营，有效期限为 2018 年 4 月 8 日至 2021 年 4 月 7 日。

第二，常州冠恒人力资源有限公司持有编号为 320482201701250001 的劳务派遣经营许可证，经营许可事项为劳务派遣经营，有效期限为 2017 年 1 月 25 日至 2020 年 1 月 24 日。[2017 年期末，纳恩博（常州）与冠恒人力不再存在劳务派遣关系。]

第三，北京易才人力资源顾问有限公司持有编号为（京）24522 的劳务派遣经营许可证，经营许可事项为劳务派遣经营，有效期限为 2019 年 8 月 19 日至 2022 年 8 月 18 日。

发行人合作的劳务派遣单位均具有劳务派遣资质。

③报告期内，纳恩博（常州）已根据签署协议的约定向盛球人力、冠恒人力、易才人力足额支付了劳务派遣人员的当月工资及社会保险，不存在损害劳务派遣人员劳动保障的情形。

（2）劳务外包。

①发行人及子公司中仅纳恩博（常州）、纳恩博（天津）存在劳务外包用工的情形，基本情况如表 188 所示：

表 188

<table>
<tr><th>时间</th><th>公司</th><th>劳务外包人数 / 人</th><th>用工总数 / 人</th><th>劳务外包用工占比 /%</th><th>用工岗位</th><th>工作内容</th></tr>
<tr><td rowspan="2">2017.12.31</td><td>纳恩博（常州）</td><td>105</td><td>613</td><td>17.13</td><td>操作工人</td><td rowspan="6">纳恩博（天津）外包工分布在仓储部、生产部、纳恩博（常州）外包工分布在仓储部、生产部、售后工厂、研发产品线，具体工作内容如下：
1. 仓储部外包工：负责原材料入库和成品、半成品物料出库的搬运；
2. 生产部外包工：负责产线上产品包装、打包，工装夹具和物料的搬运；
3. 售后工厂外包工：负责产品售后返修过程中产品搬运、包装；
4. 研发产品线外包工：负责研发产品线临时性和阶段性测车</td></tr>
<tr><td>纳恩博（天津）</td><td>54</td><td>246</td><td>21.95</td><td>操作工人</td></tr>
<tr><td rowspan="2">2018.12.31</td><td>纳恩博（常州）</td><td>696</td><td>1524</td><td>45.67</td><td rowspan="2">主要为操作工人、仓储部仓管员、售后工厂普工</td></tr>
<tr><td>纳恩博（天津）</td><td>121</td><td>339</td><td>35.69</td></tr>
<tr><td rowspan="2">2019.12.31</td><td>纳恩博（常州）</td><td>85</td><td>1086</td><td>7.83</td><td>主要为操作工人、仓储部仓管员、售后工厂普工</td></tr>
<tr><td>九号科技</td><td>79</td><td>306</td><td>25.82</td><td>主要为操作工人、仓储部仓管员、售后工厂普工</td></tr>
</table>

②发行人报告期内合作的劳务外包方包括盛球人力、英超人力、常州永帮、泉兴劳动、韦亿（天津）、天津科慧、军慧服务、泉华服务、江苏远铭，前述劳务外包方为发行人境内子公司提供劳务外包服务符合其经营范围。

（3）报告期内，发行人未与劳务派遣员工、劳务外包人员发生劳务纠纷。

（4）报告期内，纳恩博（常州）在仓储部、生产部的部分辅助性岗位中采用了劳务派遣的用工形式，劳务派遣用工人数存在占比超过其用工总量 10% 的情况，不符合《劳务派遣暂行规定》第 4 条的规定。但纳恩博（常州）并未损害劳务派遣员工的合法权益，依据协议的约定按时向劳务派遣单位支付劳务派遣员工的薪酬及社会保险，纳恩博（常州）与劳务派遣员工之间不存在纠纷。同时，发行人自查后进行积极整改，通过与劳务派遣员工签署正式劳动合同的方式及将生产线整体外包的方式逐步降低了劳务派遣的用工比例。发行人境内子公司已不存在劳务派遣用工的相关情形。

常州市武进区人力资源和社会保障局于 2019 年 7 月 11 日、2020 年 1 月 9 日出具证明，纳恩博（常州）自 2016 年 1 月 1 日至证明出具日，不存在因违反劳动与社会保障相关法律、法规、规章及规范性文件而受到行政处罚的情形。

常州纳恩博既往存在劳务派遣用工总量超过 10% 的情况不构成重大违法违规行为，规范整改后不存在劳务派遣用工，符合相关规定。

2. 报告期内是否存在利用劳务外包规避劳务派遣规定的情况

发行人报告期内同时存在劳务派遣及劳务外包的情形，为避免劳务外包人员与劳务派遣人员在管理界定上存在模糊和混同，发行人通过与劳务派遣员工签署正式劳动合同的方式及将生产线整体外包的方式对劳务用工模式进行了规范。发行人境内子公司已不存在劳务派遣用工的相关情形，劳务外包用工均采用生产线整体外包的方式。

根据纳恩博（常州）、纳恩博（天津）、九号科技与盛球人力、英超人力、常州永帮、泉兴劳动、韦亿（天津）、天津科慧及江苏远铭分别签署的《Segway-Ninebot 外包服务合同》，纳恩博（常州）、纳恩博（天津）、九号科技将部分生产线外包给劳务外包方。劳务外包方根据实际生产状况配备操作工人和管理人员，对外包人员进行管理，并服从纳恩博（常州）、纳恩博（天津）、九号科技的管理体系和质量体系，外包服务费用以工时结算。劳务外包方负责其工作人员的薪资、福利发放事宜，因此产生的法律责任由劳务外包方承担，劳务外包方对其配置的工作人员的工伤事故负责。在外包期间劳务外包方现场人员与纳恩博（常州）、纳恩博（天津）、九号科技无任何的劳动关系。劳务外包方应确保其工作人员素质及数量，如因员工怠工导致停产或因员工的故意行为发生产品质量问题及产品遗失，劳务外包方应承担纳恩博（常州）、纳恩博（天津）、九号科技因劳务外包方员工行为所遭受的损失。

在合同实际履行过程中，劳务外包方向纳恩博（天津）、纳恩博（常州）、九号科技部分生产线配备操作工人，按纳恩博（天津）、纳恩博（常州）、九号科技的生产计划和外包标准组织生产作业，完成生产计划任务。劳务外包方在纳恩博（天津）、纳恩博（常州）、九号科技已配备管理人员，全权负责在纳恩博（天津）、纳恩博（常州）、九号科技作业员工的现场管理及作业协调。劳务外包方实际负责外包用工的管理工作，包括其相关考勤、薪资发放、保险办理、入离职手续等工作。劳务外包方和纳恩博（天津）、纳恩博（常州）、九号科技之间的外包服务费用以工时结算，并根据每月各项目的达标情况调整结算劳务外包方每月最终的服务费。

发行人的劳务外包与劳务派遣之间存在显著差异，具体如表 189 所示：

表 189

两者区别	劳务外包	劳务派遣
结算方式不同	以出勤工时结算外包服务费，并根据每月各项目的达标情况调整结算劳务外包方每月最终的服务费	按派出人员的数量支付劳务派遣服务费用
对劳动者的管理权限不同	劳务外包方对外包人员进行管理，负责员工的考勤、员工离职的手续办理，并服从发行人的管理体系和质量体系	劳务派遣人员由用工单位直接管理，用工单位的各种规章制度适用于被派遣劳动者
劳动成果风险承担不同	因员工怠工导致停产或因员工的故意行为发生产品质量问题及产品遗失，劳务外包方应承担发行人因劳务外包方员工行为所遭受的损失	劳务派遣单位对派遣劳务人员的工作成果不负责任，被派遣劳务人员工作成败好坏的风险均由用工单位承担
用工风险的承担不同	劳务外包方对其配置的工作人员的工伤事故负责，负责工伤申报与保险理赔等一切后续工作的办理	用工单位系劳务派遣三方法律关系中的一方主体，需承担一定的用工风险，如劳务派遣单位违法给被派遣劳动者造成损害的，用工单位与劳务派遣单位需承担连带赔偿责任
服务人员薪酬福利发放	劳务外包方应及时向其工作人员发放薪资、福利，并按法律法规规定扣缴个人所得税等税费、依法为员工缴纳社会保险费	劳务派遣人员的工资由用工单位发放，在派遣单位领取

综上所述，发行人劳务外包与劳务派遣之间在结算方式、劳动者管理权限、劳动成果风险承担、用工风险承担、服务人员薪酬发放等方面均存在显著差异，发行人不存在以劳务外包的形式规避劳务派遣的情况。

开普云（688228）

开普云信息科技股份有限公司（以下简称发行人）2019 年 6 月 21 日提交的招股说明书（申报稿）中披露：发行人报告期内存在劳务派遣，劳务派遣人员主要在公司从事项目运维服务的平台内容维护和大数据服务的人工复核等工作。2017 年和 2018 年，公司全年合计的劳务派遣人员分别为 24 人和 22 人。报告期内，发行人项目外采金额分别为 1784.86 万元、3177.84 万元和 5127.25 万元，主要包括采购产品化软硬件和 IaaS 云服务、对外委托开发和采购外协服务。

针对上述情形，发审委要求发行人对下列事项进行说明，并要求保荐机构、发行人律师核查并发表明确意见：发行人的劳务派遣是否符合《劳动法》《劳动合同法》《劳务派遣暂行规定》等要求，劳务派遣单位是否具有法定资质，是否与发行人存在关联关系；报告期内发行人采用劳务外包的情况，包括劳务外包金额、人员数量、工作岗位、劳务外包单位的具体情况等；劳务派遣和外包内容是否属于发行人关键环节及核心工序，是否采用劳务外包代替劳务派遣，是否合法合规。

根据发行人律师出具的补充法律意见书披露显示：[1]

1. 发行人的劳务派遣是否符合《劳动法》《劳动合同法》《劳务派遣暂行规定》等要求，劳务派遣单位是否具有法定资质，是否与发行人存在关联关系。

发行人报告期内的劳务派遣单位均已取得劳务派遣经营许可证。发行人使用的被派遣人员主要从事项目运维服务的平台内容维护和大数据服务的人工复核等辅助性的工作，工作内容较为简单、技术门槛较低，非发行人的核心工作岗位。

发行人 2017 年和 2018 年存在劳务派遣用工情形，全年合计的劳务派遣人员分别为 24 人和 22 人，月最高人数不超过 20 人，占各月用工总量（用工单位订立劳动合同人数与使用的被派遣人员人数之和）的比例均低于 10%。2019 年 1~6 月，发行人不存在劳务派遣用工的情形。

被派遣人员与发行人同岗位的正式员工实行同工同酬。被派遣人员的工资费用由发行人支付给派遣单位，最终由派遣单位统一发放。被派遣人员与派遣单位签署劳动合同，被派遣人员的社会保险及住房公积金费用由发行人支付给派遣单位，由派遣单位为被派遣人员统一进行缴纳。

劳务派遣单位与发行人不存在关联关系。

2. 报告期内发行人采用劳务外包的情况，包括劳务外包金额、人员数量、工作岗位、劳务外包单位的具体情况等。

报告期内，发行人聚焦自身的核心技术和主要产品，为实现资源优化整合，提高项目的实施效率，发行人对外采购部分劳务和非核心技术服务。该类外采服务主要包括运维业务、互联网内容服务平台和大数据服务平台的实施服务，具体岗位主要包括运营维护岗、实施交付岗、云交付岗。外采服务的结算方式分为两类：一类为发行人与服务商事先约定特定服务项目的固定总价，并在项目验收完成后进行结算（包干制）；另一类为根据服务商的人员资历、技术能力等级事先协商确定单位人员的服务

---

〔1〕《国浩律师（深圳）事务所关于开普云信息科技股份有限公司申请首次公开发行股票并在科创板上市之补充法律意见书（一）》，载上海证券交易所网，http：//static.sse.com.cn/stock/information/c/201909/490d25f3e8d148509adfe0aefbe3fb2a.pdf，最后访问日期：2021 年 5 月 21 日。

价格，在项目实施过程中定期按照完成该项任务所投入的工作量进行结算（人月制），项目服务总价确定的依据是人月单价和人月数。

报告期内，发行人对各期前五大劳务和技术服务外协供应商的采购金额、相关人员数量、工作岗位的情况如表 190 所示：

表 190

序号	供应商名称	工作岗位	人员数量 / 人月	金额 / 万元			
				2019 年 1~6 月	2018 年	2017 年	2016 年
1	浙江新华移动传媒股份有限公司	实施交付	299.49	—	188.00	338.77	—
			包干制	328.21	—	—	—
2	长沙梦希信息科技有限公司	实施交付	包干制	119.62	—	—	—
3	西藏岗亚科技有限公司	实施交付	27.40	82.50	—	—	—
4	北京志远思齐信息技术有限责任公司	实施交付	96.39	65.46	161.16	3.76	66.50
5	航天四创科技有限责任公司	运营维护	30.00	58.68	—	—	—
6	神州数码系统集成服务有限公司	实施交付	包干制	17.69	123.82	—	—
7	三亚双华网络信息技术有限公司	实施交付	包干制	49.17	122.28	47.61	—
……	……	……	……	……	……	……	……
16	广州牧微信息科技有限公司	实施交付	包干制	—	—	23.07	21.83
		运营维护	包干制	2.52	—	—	12.61

上述劳务和技术服务外协单位的基本情况如表 191 所示：

表 191

序号	供应商名称	注册资本 / 万元	成立时间	经营范围
1	浙江新华移动传媒股份有限公司	2353.00	2012 年 6 月 29 日	服务：第二类增值电信业务中的信息服务业务（具体内容详见增值电信业务经营许可证），经营性互联网文化服务，信息技术开发，经济信息咨询（除商品中介），网站建设，设计、制作、代理、发布国内广告，组织文化交流活动（除演出中介），承办会展，公关策划，通信系统开发，计算机软硬件的技术开发、技术服务、技术咨询、技术转让，网页设计，图文设计，计算机网络工程的设计、安装、维护，楼宇智能化工程的施工，承接影视设备系统工程，影视器材租赁、维修，建筑装饰工程的设计及施工；批发、零售（含网上销售）：计算机软硬件及配件，电子产品
2	长沙梦希信息科技有限公司	100.00	2017 年 3 月 10 日	网络技术的研发；信息系统集成服务；互联网信息服务；计算机软件销售；计算机技术咨询；计算机网络系统工程服务；安全防护门系统的维护；广告设计；信息技术咨询服务；软件开发；计算机技术开发、技术服务；计算机技术转让；计算机科学技术研究服务；广告制作服务、发布服务、国内代理服务
3	西藏岗亚科技有限公司	5800.00	2017 年 7 月 31 日	通信及网络产品、计算机及物联网系统相关软硬件的研发、生产、销售及技术服务；通信器材、仪器仪表、电子产品、电力设备的设计、制造、生产、销售及技术服务；信息系统和互联网系统的咨询、设计、集成、维护、监理；电子与智能化工程、通信工程、弱电工程、电力工程及机电工程的咨询、设计、施工、维护、监理；通信系统设备及传输线路的维护；信息机房的装饰、装修；办公设备及办公用品的销售及服务；广告的代理、设计和发布；商务信息咨询服务（金融、证券、期货、基金投资咨询除外）；市场调研；企业形象策划；企业管理咨询（不含投资管理和投资咨询业务）

续表

序号	供应商名称	注册资本/万元	成立时间	经营范围
4	北京志远思齐信息技术有限责任公司	300.00	2003年2月14日	技术开发、技术推广、技术转让、技术咨询、技术服务；基础软件服务；应用软件服务；计算机维修；计算机系统服务；销售自行开发后的产品、计算机、软件及辅助设备、通信设备、机械设备、文化用品
5	航天四创科技有限责任公司	9000.00	1995年1月12日	专业承包；施工总承包；劳务分包；技术咨询、技术服务；计算机系统服务；数据处理（数据处理中的银行卡中心、PUE值在1.5以上的云计算数据中心除外）；销售计算机、软件及辅助设备、电子产品；软件开发；应用软件服务
……	……	……	……	……
16	广州牧微信息科技有限公司	100.00	2015年12月9日	软件开发；网络技术的研究、开发；计算机技术开发、技术服务；货物进出口（专营专控商品除外）；技术进出口；信息技术咨询服务；信息系统集成服务；计算机网络系统工程服务

3. 劳务派遣和外包内容是否属于发行人关键环节及核心工序，是否采用劳务外包代替劳务派遣，是否合法合规。

被派遣人员从事运维服务、大数据服务平台的实施服务，具体岗位主要是运营维护岗、云交付岗；发行人对外采购的劳务和技术服务，主要为运维服务、互联网内容服务平台和大数据服务平台的实施服务，具体岗位主要是运营维护岗、实施交付岗、云交付岗。根据发行人的说明并经访谈相关供应商，上述劳务派遣及外协服务的工作内容较为基础、技术含量较低、可替代性较强，不属于发行人的关键环节及核心工序。

为发行人提供劳务和技术外协服务的供应商主要为信息技术或软件类同行业企业，主要从事软件开发或技术服务，不属于劳务派遣公司；外协服务商有权对其派出的项目技术服务人员进行考核和管理；项目验收后，双方以工作量或任务完成结果为依据进行最终结算；外协服务商就其为发行人所提供服务的质量对发行人承担合同责任。

结合外协服务合同和劳务派遣合同的上述区别标准，发行人与劳务和技术外协服务商所签署的合同不属于劳务派遣合同。发行人采购外协服务，系基于业务需求、工作效率、经营成本和风险等方面的综合考虑而作出的经营决策，不存在采用劳务外包代替劳务派遣的情形。

发行人在报告期内不存在受到劳动主管部门行政处罚的记录，发行人报告期内采用劳务派遣及采购外协服务的方式合法、合规。

二、解决思路

1. 发行人存在劳务派遣用工的，应该注意以下几方面：

（1）发行人劳务派遣用工数量不得超过其用工总量的10%。报告期内发行人劳务派遣超比例的，应当说明原因以及是否导致发行人受到相关行政处罚、该事项是否构成重大违法行为、对发行上市的影响，并采取相应措施逐步整改规范劳务派遣用工事项，降低劳务派遣工占比等。可由实际控制人针对劳务派遣超比例用工事项出具兜底承诺，若发行人受到任何赔偿、罚款或损失，由其承担发行人由此产生的全部费用和损失。可由相关部门出具发行人是否存在行政处罚，该等情形是否不属于重大违法违规行为的证明。

（2）劳务派遣单位应当具备相应的资质。根据《劳务派遣行政许可实施办法》的相关规定，经营劳务派遣业务，应当向所在地有许可管辖权的人力资源社会保障行政部门依法申请行政许可。未经许可，任何单位和个人不得经营劳务派遣业务。劳务派遣单位应当符合《劳务派遣行政许可实施办法》规定的申请经营劳务派遣业务的条件，并持有相关人力资源社会保障行政部门颁发的劳务派遣经营许可证。发行人与未取得资质的劳务派遣单位合作的，应说明相关法律责任的承担主体是否为劳务派遣单位，目前是否已终止合作关系，是否存在受到相关部门处罚或追责处罚的风险等。

（3）劳务派遣单位与发行人不应存在关联关系。

（4）工作岗位性质应为临时性、辅助性或替代性。根据《劳动合同法》的相关规定，劳务派遣用工只能在临时性、辅助性或者替代性的工作岗位上实施。临时性工作岗位是指存续时间不超过六个月的岗位；辅助性工作岗位是指为主营业务岗位提供服务的非主营业务岗位；替代性工作岗位是指用工单位的劳动者因脱产学习、休假等原因无法工作的一定期间内，可以由其他劳动者替代工作的岗位。

发行人使用劳务派遣员工从事的工作岗位应当符合临时性、辅助性、替代性的特征，所涉工作环节为非关键工序或非关键技术。

（5）被派遣劳动者待遇应同工同酬。发行人应当按照同工同酬原则，对被派遣劳动者与同类岗位的劳动者实行相同的劳动报酬分配办法。发行人无同类岗位劳动者的，参照所在地相同或者相近岗位劳动者的劳动报酬确定。

2. 发行人存在劳务外包的，应注意以下几点：

（1）劳务外包单位经营合法合规，具备必要的专业资质。劳务外包单位应当具备为发行人提供劳务外包服务的资质与条件，遵循国家环保、税务、劳动保障等法律法规的规定，在经营方面不存在重大违法违规行为。

（2）劳务外包单位与发行人不存在关联关系。发行人应真实、准确、完整披露与劳务外包单位是否存在关联关系，劳务外包单位如主要为发行人服务的，应当说明合理性、必要性。

（3）劳务外包数量及费用变动应与发行人经营业绩相匹配，劳务费用定价公允，不存在跨期核算的情形。发行人应披露报告期内支付的劳务外包服务费金额与发行人营业收入及营业成本的变动情况，并说明变动合理性。发行人劳务费用定价应公允，可依据劳务外包单位的工作成本结算劳务外包服务费用，工作成果的结算标准由发行人与劳务外包单位根据交付产品的难易程度、消耗的单位小时数、发行人所在地区基本工资标准等因素综合考量后协商确定。发行人应当按照费用发生所属期间确认当期发生的劳务费用，确认不存在跨期核算的情形。

3. 发行人应避免存在利用劳务外包规避劳务派遣规定的情况。尤其是发行人同时存在劳务派遣与劳务外包情形的，应当避免劳务外包人员与劳务派遣人员在管理界定上存在模糊和混同。

（1）用工单位与劳务派遣单位签署的是劳务派遣合同，与劳务外包单位签署的是劳务外包或承揽合同。

（2）劳务派遣用工由用工单位实际管理，而劳务外包员工由劳务外包方直接管理。

实务中发行人可能会将劳务外包人员纳入发行人的人员调配系统统一管理的，但劳务外包人员受劳务外包合同制约，违约责任由劳务外包单位承担；发行人对劳务外包人员无绩效考核等日常管理；劳务外包人员的劳动报酬、社会保险及福利等由劳务外包单位自行承担。

（3）劳务派遣单位对派遣员工的工作结果不负责任，派遣员工能否达到预期的产值、成品率等的风险须由用工单位承担，而劳务外包单位只有在工作成果符合约定时才能获得相应的外包费用。

（4）劳务派遣人员的工资由用工单位发放，而劳务外包员工的工资由劳务外包单位发放。

发行人应认清劳务外包和劳务派遣的区别，根据自身生产经营的需求，正确选择。

4. 发行人应制定完善的用工机制，控制用工风险，包括但不限于加强对人事行政部门工作人员的培训与管理，寻求合格的劳务派遣和劳务外包单位，严格审查劳务派遣和劳务外包单位的经营资质及经营情况；制订相应的用人计划；严格控制劳务派遣用工；对非关联工序或非关联技术的生产采用劳务外包方式释放产能等。

【具体核查要点】

1. 发行人报告期内是否存在利用劳务外包规避劳务派遣规定的情况；

2. 劳务派遣公司是否具备法定资质；发行人就劳务派遣用工事项采取的具体规范措施；

3. 发行人使用劳务派遣用工人数、占发行人员工总数的比例、岗位分布、薪酬情况；发行人的劳务派遣是否符合相关法律法规的规定；劳务派遣员工从事的具体工作环节，用工结算价格的确定依据及公允性；

4. 劳务外包公司的经营合法合规性，是否具备必要的专业资质，是否遵循国家环保、税务、劳动保障等法律法规的相关规定；

5. 报告期内发行人采用劳务外包的情况，包括劳务外包金额、人员数量、工作岗位、劳务外包单位的具体情况等，工作内容是否属于发行人关键环节及核心工序；

6. 发行人是否存在劳务纠纷，既往是否存在劳务派遣用工总量超过 10% 的情况，是否构成重大违法违规行为，规范整改后是否符合相关规定；

7. 劳务外包公司按规范运行的经营成果对发行人财务数据是否存在重大不利影响，对发行人符合发行上市条件是否存在重大不利影响；

8. 发行人在保障用工需求方面是否存在困难，未来是否存在临时性用工紧张、违反相关规定的风险，以及对持续经营的影响；

9. 劳务外包公司的构成及变动情况，劳务外包合同的主要内容，劳务数量及费用变动是否与发行人经营业绩相匹配，劳务费用定价是否公允，是否存在跨期核算情形；

10. 劳务派遣、外包公司是否专门或主要为发行人服务，如存在主要为发行人服务的情形的，是否具备合理性及必要性，关联关系的认定及披露是否真实、准确、完整。

【核查方式】

1. 查阅报告期内发行人的员工名册、劳动合同、薪酬明细表、劳动外包人员清单；

2. 查阅发行人实际控制人出具的承诺或其他承担劳务派遣员工社会保险补缴责任和发行人风险兜底责任的文件；

3. 查阅劳务派遣单位的营业执照、工商档案及劳务派遣经营许可证；

4. 查阅发行人与劳务派遣公司签订的劳务派遣协议、报告期内劳务派遣人员名单、社会保险和公积金缴纳资料；

5. 查阅劳务外包公司的营业执照、业务资质，签署的劳务外包协议以及出具的书面确认；

6. 访谈劳务外包公司，了解其业务收入、定价依据及其报价情况等；

7. 访谈发行人人力资源及相关财务、业务负责人，了解用工情况；

8. 查阅发行人主要股东、董事、监事及高级管理人员填写的调查表；

9. 查阅发行人所在地人力资源社会保障行政部门出具的合规证明；

10. 通过信用中国、国家企业信用信息公示系统、天眼查等网站查询劳务派遣单位或外包单位在为发行人提供劳务派遣服务或外包服务期间，是否存在相关的处罚记录。

三、参考规范

《劳动合同法》

第五十七条　……经营劳务派遣业务，应当向劳动行政部门依法申请行政许可；经许可的，依法办理相应的公司登记。未经许可，任何单位和个人不得经营劳务派遣业务。

第五十八条　劳务派遣单位是本法所称用人单位，应当履行用人单位对劳动者的义务。劳务派遣单位与被派遣劳动者订立的劳动合同，除应当载明本法第十七条规定的事项外，还应当载明被派遣劳动者的用工单位以及派遣期限、工作岗位等情况。

劳务派遣单位应当与被派遣劳动者订立二年以上的固定期限劳动合同，按月支付劳动报酬；被派遣劳动者在无工作期间，劳务派遣单位应当按照所在地人民政府规定的最低工资标准，向其按月支付报酬。

第六十三条　被派遣劳动者享有与用工单位的劳动者同工同酬的权利。用工单位应当按照同工同酬原则，对被派遣劳动者与本单位同类岗位的劳动者实行相同的劳动报酬分配办法。用工单位无同类岗位劳动者的，参照用工单位所在地相同或者相近岗位劳动者的劳动报酬确定。……

第六十六条　劳动合同用工是我国的企业基本用工形式。劳务派遣用工是补充形式，只能在临时性、辅助性或者替代性的工作岗位上实施。

前款规定的临时性工作岗位是指存续时间不超过六个月的岗位；辅助性工作岗位是指为主营业务岗位提供服务的非主营业务岗位；替代性工作岗位是指用工单位的劳动者因脱产学习、休假等原因无法工作的一定期间内，可以由其他劳动者替代工作的岗位。

用工单位应当严格控制劳务派遣用工数量，不得超过其用工总量的一定比例，具体比例由国务院劳动行政部门规定。

第六十七条　用人单位不得设立劳务派遣单位向本单位或者所属单位派遣劳

动者。

第九十二条 ……劳务派遣单位、用工单位违反本法有关劳务派遣规定的，由劳动行政部门责令限期改正；逾期不改正的，以每人五千元以上一万元以下的标准处以罚款，对劳务派遣单位，吊销其劳务派遣业务经营许可证。用工单位给被派遣劳动者造成损害的，劳务派遣单位与用工单位承担连带赔偿责任。

《劳动争议调解仲裁法》

第二十二条 ……劳务派遣单位或者用工单位与劳动者发生劳动争议的，劳务派遣单位和用工单位为共同当事人。

《劳务派遣暂行规定》

第三条 用工单位只能在临时性、辅助性或者替代性的工作岗位上使用被派遣劳动者。

前款规定的临时性工作岗位是指存续时间不超过6个月的岗位；辅助性工作岗位是指为主营业务岗位提供服务的非主营业务岗位；替代性工作岗位是指用工单位的劳动者因脱产学习、休假等原因无法工作的一定期间内，可以由其他劳动者替代工作的岗位。

用工单位决定使用被派遣劳动者的辅助性岗位，应当经职工代表大会或者全体职工讨论，提出方案和意见，与工会或者职工代表平等协商确定，并在用工单位内公示。

第四条 用工单位应当严格控制劳务派遣用工数量，使用的被派遣劳动者数量不得超过其用工总量的10%。

前款所称用工总量是指用工单位订立劳动合同人数与使用的被派遣劳动者人数之和。

计算劳务派遣用工比例的用工单位是指依照劳动合同法和劳动合同法实施条例可以与劳动者订立劳动合同的用人单位。

第八条 劳务派遣单位应当对被派遣劳动者履行下列义务：

……（四）按照国家规定和劳务派遣协议约定，依法为被派遣劳动者缴纳社会保险费，并办理社会保险相关手续……

第十条 被派遣劳动者在用工单位因工作遭受事故伤害的，劳务派遣单位应当依法申请工伤认定，用工单位应当协助工伤认定的调查核实工作。劳务派遣单位承担工伤保险责任，但可以与用工单位约定补偿办法。

被派遣劳动者在申请进行职业病诊断、鉴定时，用工单位应当负责处理职业病诊断、鉴定事宜，并如实提供职业病诊断、鉴定所需的劳动者职业史和职业危害接触史、工作场所职业病危害因素检测结果等资料，劳务派遣单位应当提供被派遣劳动者职业病诊断、鉴定所需的其他材料。

第二十七条 用人单位以承揽、外包等名义，按劳务派遣用工形式使用劳动者的，按照本规定处理。

《劳务派遣行政许可实施办法》

第六条　经营劳务派遣业务，应当向所在地有许可管辖权的人力资源社会保障行政部门（以下称许可机关）依法申请行政许可。

未经许可，任何单位和个人不得经营劳务派遣业务。

第七条　申请经营劳务派遣业务应当具备下列条件：

（一）注册资本不得少于人民币200万元；

（二）有与开展业务相适应的固定的经营场所和设施；

（三）有符合法律、行政法规规定的劳务派遣管理制度；

（四）法律、行政法规规定的其他条件。

《首发业务若干问题解答》

问题47　首发企业劳务外包情形，中介机构需重点关注哪些方面内容？

答：部分首发企业存在将较多的劳务活动交由专门劳务外包公司实施的情况的。中介机构应当充分关注以下方面：

（1）该等劳务公司的经营合法合规性等情况，比如是否为独立经营的实体，是否具备必要的专业资质，业务实施及人员管理是否符合相关法律法规规定，发行人与其发生业务交易的背景及是否存在重大风险；

（2）劳务公司是否专门或主要为发行人服务，如存在主要为发行人服务的情形的，应关注其合理性及必要性、关联关系的认定及披露是否真实、准确、完整。中介机构对于该类情形应当从实质重于形式角度按关联方的相关要求进行核查，并特别考虑其按规范运行的经营成果对发行人财务数据的影响，以及对发行人是否符合发行条件的影响；

（3）劳务公司的构成及变动情况，劳务外包合同的主要内容，劳务数量及费用变动是否与发行人经营业绩相匹配，劳务费用定价是否公允，是否存在跨期核算情形。

中介机构应当就上述方面进行充分论证，并发表明确意见。

第七节　社会保险金与住房公积金

企业IPO过程中，发行人的社会保险金、住房公积金缴纳问题历来备受审核关注，主要包括缴纳比例、合法合规性、是否需要补缴以及补缴对生产经营可能带来的风险等。

截至2020年12月31日，罗克佳华、新光光电、大地熊、芯原股份、鸿泉物联、火星人厨具、汇创达、普门科技、东方基因、复旦张江等近二十家企业被问及与此相关的问题。

一、典型案例

罗克佳华（688051）

罗克佳华科技集团股份有限公司（以下简称发行人）2019年5月9日提交的招股说明书（申报稿）中披露：截至2019年3月31日，发行人社保覆盖比例为93.72%，公积金覆盖比例为89.07%，实缴人数与公司员工总数差异主要系原单位缴纳、当月入职未缴纳、试用期未转正、退休返聘、外籍人员所致。

针对上述情形，发审委要求发行人对下列事项进行说明，并要求保荐机构、发行人律师核查并发表明确意见：说明是否存在需要补缴的情况；如需补缴，请补充披露需补缴的金额、补救措施及对发行人经营业绩的影响；说明是否存在因此受到行政处罚的法律风险，如有，请充分揭示。

根据发行人律师出具的补充法律意见书披露显示：[1]

1. 说明是否存在需要补缴的情况；如需补缴，请补充披露需补缴的金额、补救措施及对发行人经营业绩的影响

报告期内各期末，发行人为员工缴纳“五险一金”的情况如表192所示：

表192

时间	员工人数/人	缴纳人数/人					
		养老保险	医疗保险	失业保险	工伤保险	生育保险	住房公积金
2016年12月31日	530	415	417	414	417	417	362
2017年12月31日	664	533	502	502	502	502	409
2018年12月31日	753	630	635	634	635	635	572
2019年3月31日	796	746	746	743	746	746	709

截至2019年3月31日，发行人社保覆盖比例为93.72%，公积金覆盖比例为89.07%。报告期内，发行人存在未为部分员工缴纳社保、公积金的情况，存在被社

〔1〕《北京市天元律师事务所关于罗克佳华科技集团股份有限公司首次公开发行股票并在科创板上市的补充法律意见书（一）》，载上海证券交易所网，http：//static.sse.com.cn/stock/information/c/201907/fd354583845442078a8ee5be0c32ca95.pdf，最后访问日期：2021年5月21日。

保、公积金主管部门要求补缴的可能。

各期可能补缴金额及对发行人经营业绩影响的测算情况如表193所示：

表193

项目	2016年度	2017年度	2018年度	2019年1~3月
社保补缴金额测算/万元	87.95	112.22	83.29	2.37
住房公积金补缴金额测算/万元	50.02	66.27	64.59	7.42
补缴金额合计/万元	137.97	178.49	147.88	9.79
公司同期净利润/万元	2991.41	3592.01	6387.42	383.55
合计金额占同期净利润的比例/%	4.61	4.97	2.32	2.55

各期可能补缴的金额占发行人同期净利润的比例不高。

发行人控股股东韦青信息、实际控制人李玮、王倩已就公司“五险一金”的缴纳事项出具承诺：“若发行人及其附属子公司因未为职工缴存或足额缴纳社会保险费、住房公积金被有关政府部门或司法机关、仲裁机构认定需要补缴以及因此受到处罚或遭受民事索赔的，本公司/本人无条件全额承担补缴义务以及因此而遭受的任何罚款或损失，以保证发行人的利益不受影响。”根据该项承诺，如被追缴，发行人控股股东、实际控制人将全额承担补缴义务，对发行人生产经营将不会产生重大不利影响。

2. 说明是否存在因此受到行政处罚的法律风险，如有，请充分揭示

根据《劳动法》《社会保险法》《社会保险费申报缴纳管理规定》《社会保险费征缴暂行条例》《住房公积金管理条例》等相关法律法规规定，为员工缴纳“五险一金”是用人单位的法定义务，存在行政机关就发行人未缴纳员工社会保险以及住房公积金事宜进行行政处罚的法律风险。

虽然发行人存在未为部分员工缴纳社保和公积金的情形，但鉴于相关主管部门已出具相应合规证明，报告期内发行人未因此行为而遭受行政处罚或被采取强制措施，欠缴金额占发行人当期利润总额的比例较小，补缴对发行人经营业绩造成的影响较小，且发行人控股股东和实际控制人已承诺无条件全额承担因此而遭受的任何罚款或损失，以保证发行人的利益不受影响。因此，发行人未为部分员工缴纳社保和公积金的情形不构成本次发行并上市的实质性法律障碍。

新光光电（688011）

哈尔滨新光光电科技股份有限公司（以下简称发行人）2019年3月29日提交的

招股说明书（申报稿）中披露：报告期内发行人存在未为相关员工缴纳社保及公积金的情况。

针对上述情形，发审委要求发行人对下列事项进行说明，并要求保荐机构、发行人律师核查并发表明确意见：未为相关人员缴纳社保和公积金的具体情况及形成原因，“在其他单位缴纳”的具体情况及原因：是否存在需要补缴的情况；如需补缴，请补充披露需补缴的金额、补救措施及对发行人经营业绩的影响；是否存在因受到行政处罚的法律风险，如有，请充分揭示。

根据发行人律师出具的补充法律意见书披露显示：[1]

1. 未为相关人员缴纳社保和公积金的具体情况及形成原因，“在其他单位缴纳”的具体情况及原因

（1）社会保险相关情况

截至 2018 年 12 月 31 日，发行人在册员工 300 人，养老保险、医疗保险、工伤保险、生育保险实缴人数 262 人，未缴纳人数 38 人，失业保险实缴人数 261 人，未缴纳人数 39 人。上述未缴纳人员中,20 人为退休返聘人员，均符合我国《劳动合同法》及《社会保险法》规定的法定退休年龄，已享受国家基本养老金待遇，无须缴纳社会保险；5 人为当月入职员工，依据地方参保政策，当月申请参保下月生效；另外 13 人在其他单位缴纳社会保险，具体情况为 7 人为原单位内退人员，社会保险仍在原单位缴纳，4 人为自主择业转业军官，每月由国家财政统一发放退役金，其自愿申请放弃由用人单位缴纳社会保险，2 人为原单位破产清算或改制，员工自主择业，社会保险仍在原单位缴纳。另有 1 人的失业保险因个人原因在其他单位缴纳。

截至 2017 年 12 月 31 日，发行人在册员工 249 人，养老保险实缴人数 227 人，未缴人数 22 人；医疗保险、工伤保险、生育保险实缴人数 229 人，未缴人数 20 人；失业保险实缴人数 228 人，未缴人数 21 人。上述未缴纳人员中，13 人为退休返聘人员，均符合我国《劳动合同法》及《社会保险法》规定的法定退休年龄，已享受国家基本养老金待遇，无须缴纳社会保险；在其他单位缴纳 7 人，具体情况为 3 人为原单位内退人员，社会保险仍在原单位缴纳，3 人为自主择业转业军官，每月由国家财政统一发放退役金，其自愿申请放弃由用人单位缴纳社会保险，1 人为原单位改制，员工自主择业，社会保险仍在原单位缴纳。另有 2 人因个人原因在其他单位缴纳养老保险，1 人因个人原因在其他单位缴纳失业保险。

〔1〕《北京市康达律师事务所关于哈尔滨新光光电科技股份有限公司首次公开发行股票并在科创板上市的补充法律意见书（一）》，载上海证券交易所网，http：//static.sse.com.cn/stock/information/c/201904/fcca1537c2cc4d0ba488df6bb4bbe77c.pdf，最后访问日期：2021 年 5 月 21 日。

截至 2016 年 12 月 31 日，发行人在册员工 239 人，养老保险实缴人数 219 人，未缴人数 20 人；医疗保险、工伤保险、生育保险实缴人数 220 人，未缴人数 19 人；失业保险实缴人数219人，未缴人数20人。上述未缴纳人员中,12人为退休返聘人员，均符合我国《劳动合同法》及《社会保险法》规定的法定退休年龄，已享受国家基本养老金待遇，无须缴纳社会保险；5 人为当月入职员工，依据地方参保政策，当月申请参保下月生效；另外 2 人在其他单位缴纳社会保险，具体情况为 1 人为原单位内退人员，社会保险仍在原单位缴纳，1 人为原单位改制，员工自主择业，社会保险仍在原单位缴纳。另外，有 1 人因个人原因在其他单位缴纳养老保险，1 人因个人原因在其他单位缴纳失业保险。

（2）住房公积金相关情况

截至 2018 年 12 月 31 日，发行人在册员工 300 人，其中 265 人缴纳了住房公积金，35 人未缴纳。上述未缴纳人员中，19 人为退休返聘人员，根据当时有效的《最高人民法院关于审理劳动争议案件适用法律若干问题的解释（三）》（法释〔2010〕12 号，已失效）第七条规定，按劳务关系处理，不具有职工身份，不属于国务院《住房公积金管理条例》第二条规定缴存对象，无须缴存住房公积金；2 人为当月入职员工，1 人为当月离职员工，当月未缴纳住房公积金；13 人在其他单位缴纳，具体情况为 7 人为原单位内退人员，住房公积金仍在原单位缴纳，4 人为自主择业转业军官，每月由国家财政统一发放退役金，其自愿申请放弃由用人单位缴纳住房公积金，2 人为原单位破产重组或改制，员工自主择业，住房公积金仍在原单位缴纳。

截至 2017 年 12 月 31 日，发行人在册员工 249 人，其中 228 人缴纳了住房公积金，21 人未缴纳。上述未缴纳人员中，13 人为退休返聘人员，根据《最高人民法院关于审理劳动争议案件适用法律若干问题的解释（三）》（法释〔2010〕12 号，已失效）第七条规定，按劳务关系处理，不具有职工身份，不属于国务院《住房公积金管理条例》第二条规定缴存对象，无须缴存住房公积金；1 人为当月离职员工，当月未缴纳住房公积金；7 人在其他单位缴纳，具体情况为 3 人为原单位内退人员，住房公积金仍在原单位缴纳，3 人为自主择业转业军官，每月由国家财政统一发放退役金，其自愿申请放弃由用人单位缴纳住房公积金，1 人为原单位改制，员工自主择业，住房公积金仍在原单位缴纳。

截至 2016 年 12 月 31 日，发行人在册员工 239 人，其中 224 人缴纳了住房公积金，15 人未缴纳。上述未缴纳人员中，12 人为退休返聘人员，根据《最高人民法院关于审理劳动争议案件适用法律若干问题的解释（三）》（法释〔2010〕12 号，已失效）第七条规定，按劳务关系处理，不具有职工身份，不属于国务院《住房公积金管理条例》第二条规定缴存对象，无须缴存住房公积金；1 人为当月离职员工，当月未缴纳住房公积金；2 人在其他单位缴纳，具体情况为 1 人为原单位内退人员，住房公积金仍在原单位缴纳，1 人为原单位改制，员工自主择业，住房公积金仍在原单位缴纳。

2. 是否存在需要补缴的情况；如需补缴，请补充披露需补缴的金额、补救措施及对发行人经营业绩的影响

报告期内，发行人严格按照有关规定执行养老保险、医疗保险、生育保险、工伤保险、失业保险等社会保险制度及住房公积金管理制度。

2019 年 1 月 9 日，哈尔滨市人力资源和社会保障局出具证明，自 2016 年 1 月 1 日至今，发行人未因违反社会保险方面的法律、法规及规范性文件而受到行政处罚。

2019 年 1 月，哈尔滨住房公积金管理中心出具证明，自 2016 年 1 月 1 日至今，发行人在公积金管理系统中无行政处罚记录，未因违反住房公积金缴纳方面的法律、法规及规范性文件而受到哈尔滨住房公积金管理中心行政处罚，无重大违法违规行为。

2019 年 1 月 18 日，哈尔滨市人力资源与社会保障局出具证明，自建户之日起，哈尔滨永鑫无重大违法违规行为，未因违反社会保险方面的法律、法规及规范性文件而受到行政处罚。

2019 年 1 月 18 日，哈尔滨住房公积金管理中心松北区办事处出具住房公积金缴存证明，哈尔滨永鑫自 2017 年 10 月建立住房公积金制度，现缴存年月为 2018 年 12 月，依照住房公积金有关法律法规要求按时交纳住房公积金，不存在应缴未缴住房公积金的情形，不存在因违反国家及地方住房公积金管理相关法律法规的规定而受到行政处罚的情形。

2019 年 3 月 27 日，发行人实际控制人康为民先生出具了《关于社会保险及住房公积金缴纳问题的承诺函》，内容如下："若公司及下属全资或控股子公司被有关劳动社会保障部门 / 住房公积金管理部门认定须为其员工补缴在公司本次发行上市前欠缴的社会保险费 / 住房公积金，要求公司或下属全资或控股子公司补缴社会保险费 / 住房公积金的，或者受到有关主管部门处罚，本人将承担公司及下属全资或控股子公司由此产生的全部经济损失，保证公司及下属全资或控股子公司不会因此遭受任何损失。"

综上所述，发行人不存在需要补缴社会保险和住房公积金的情形，同时发行人实际控制人康为民先生通过承诺由个人承担发行人及其子公司或有社会保险费 / 住房公积金补缴的或有事宜提供了补救措施。

3. 是否存在因此受到行政处罚的法律风险

报告期内，发行人严格按照有关规定执行养老保险、医疗保险、生育保险、工伤

保险、失业保险等社会保险制度及住房公积金管理制度。发行人所在地相关主管部门均出具了发行人报告期内在社会保险、住房公积金方面不存在违法违规行为以及未受到其行政处罚的证明文件。发行人不存在因未缴纳社会保险和住房公积金而受到行政处罚的法律风险。

大地熊（688077）

安徽大地熊新材料股份有限公司（以下简称发行人）2019 年 11 月 29 日提交的招股说明书（申报稿）中披露：2016 年，安徽包钢、创新检测和北鹏光电少量员工意向在合肥市购买住房，受限购的原因，个人在合肥购买住房需要一定期限的社保缴纳记录，因此该等员工委托公司的合肥子公司代为其缴纳社保公积金。2017 年，该代缴情形已终止。

针对上述情形，发审委要求发行人对下列事项进行说明，并要求保荐机构、发行人律师核查并发表明确意见：上述事项的合规性；是否存在发行人为他人代垫费用等情形。

根据发行人律师出具的补充法律意见书披露显示：[1]

1. 本事项的合规性

2016~2017 年，因人员调动社保公积金转移手续未及时办理、购房需要社保缴费记录，发行人及其子公司曾为关联企业少量人员代缴社保公积金，具体情况如表 194 所示：

表 194

关联方	代缴原因	代缴人数 / 人	2017 年度代缴金额 / 万元	2016 年度代缴金额 / 万元
安徽包钢	购房需社保缴费记录	2	2.59	9.07
创新检测	人员调动社保公积金转移手续未及时办理	4	—	0.96
	购房需社保缴费记录	2	—	4.69
北鹏光电	购房需社保缴费记录	1	—	0.94
合计		9	2.59	15.66

〔1〕《安徽承义律师事务所关于安徽大地熊新材料股份有限公司首次公开发行股票并在科创板上市的补充法律意见书（二）》，载上海证券交易所网，http://static.sse.com.cn/stock/information/c/202004/1378eac3f80a47f59ffe870e9415302b.pdf，最后访问日期：2021 年 5 月 21 日。

其中 4 人原属于发行人员工，其离职后在发行人关联企业任职，离职时社保公积金转移手续未及时办理备案登记，为保持上述人员的社保公积金缴纳的连续性，发行人及其子公司继续为其代缴，待上述人员社保公积金转移手续办好后随即终止。

另外 5 人原亦属于发行人员工，其被发行人委派至安徽包钢任职或离职后前往关联方任职，需要社保缴费记录以便在合肥市区购房，因此未办理社保公积金转移手续。据合肥市不动产登记查询结果，2016 年至今，该 5 人均未利用上述社保缴费记录在合肥市区购房。上述人员的代缴情况已于 2017 年 5 月得以完全终止。

发行人及合肥地区子公司所在地的人力资源和社会保障局、住房公积金管理中心均已出具证明，确认发行人及子公司在报告期内均没有违反社保公积金相关法律法规而被处罚。

综上所述，发行人为关联企业员工代缴社保公积金的行为在报告期初得以终止，上述关联企业员工涉及人数和金额较少，且并未发生员工利用代缴的社保记录去合肥市区购房的事实；发行人亦未因此受到主管部门的行政处罚，并取得了主管部门的守法证明。该行为不属于重大违法违规行为。

2. 是否存在发行人为他人代垫费用等情形

2016~2019 年，发行人为他人代垫费用情况如表 195 所示：

表 195

单位：万元

关联方	交易内容	2019 年度	2018 年度	2017 年度	2016 年度
安徽包钢	代缴水电气费	228.94	224.38	211.34	156.89
安徽包钢	代缴社保公积金	—	—	2.59	9.07
创新检测	代缴社保公积金	—	—	—	5.65
北鹏光电	代缴社保公积金	—	—	—	0.94
合计		228.94	224.38	213.93	172.55

除了前述代缴社保公积金的情况之外，发行人 2016~2019 年还为安徽包钢代缴水电气费用。发行人为安徽包钢代缴水电气费的原因为安徽包钢生产厂区毗邻发行人，因市政管网铺设的问题，水、电和气服务公司并未对两家企业所在片区进行账户分立，该片区内水、电和气费用通过发行人账户统一结算和付款。发行人统一向水、电、气服务公司缴纳费用后再与安徽包钢结算收款。报告期内，发行人上述代缴的社保公积金、水电气费均及时全额收回，不存在利益输送情况，发行人不存在为他人代

垫费用等情形。

芯原股份（688521）

芯原微电子（上海）股份有限公司（以下简称发行人），2019年9月20日提交的招股说明书（申报稿）披露：（1）2016年1月至10月，芯原成都员工的社会保险和住房公积金是委托四川省外国企业服务有限责任公司按照国家标准代为缴纳；2016年1月至12月，芯原北京员工的住房公积金是委托北京外企人力资源服务有限公司按照国家标准代为缴纳；（2）依据2019年4月10日台北市政府劳动局函文，芯原台湾劳工退休准备金尚欠缴24个月（欠缴期间为2013年12月至2015年11月）。

针对上述情形，发审委要求发行人对下列事项进行说明，并要求保荐机构、发行人律师核查并发表明确意见：芯原成都、芯原北京委托第三方代为缴纳员工住房公积金、社会保险的基本情况，包括缴费人员、缴费金额、代为缴费的原因及合规性；芯原台湾可能面临的追缴、行政处罚风险及对发行人的影响，是否属于重大违法违规行为。

根据发行人律师出具的补充法律意见书披露显示：[1]

1. 芯原成都、芯原北京委托第三方代为缴纳员工住房公积金、社会保险的基本情况，包括缴费人员、缴费金额、代为缴费的原因及合规性

（1）报告期内，芯原成都因人力资源管理体系尚不完善，于2016年1月至10月委托四川外服公司按照国家标准为其115名员工代为缴纳社会保险和住房公积金，缴费金额共计7,685,496.13元；自2016年11月至今，芯原成都已自行为员工缴纳社会保险和住房公积金。

根据《社会保险法》及《社会保险费申报缴纳管理规定》的规定，用人单位应当自用工之日起30日内为其职工向社会保险经办机构申请办理社会保险登记；职工应缴纳的社会保险费应由用人单位代为申报和扣缴。根据《住房公积金管理办法》的规定，用人单位应当自录用之日起30日内到住房公积金管理中心为职工办理缴存登记，并持住房公积金管理中心的审核文件，到受委托银行办理职工住房公积金账户的设立或者转移手续。2016年1月至10月芯原成都委托四川外服公司为其员工代为缴纳社会保险和住房公积金不符合前述规定。

---

〔1〕《上海市方达律师事务所关于芯原微电子（上海）股份有限公司首次公开发行人民币普通股（A股）股票并在科创板上市的补充法律意见书》，载上海证券交易所网，http：//static.sse.com.cn/stock/information/c/201912/6a5a1a8bf89d46eca0ff0960b6de491a.pdf，最后访问日期：2021年5月21日。

但需考虑以下情况：

① 2016 年 1 月至 10 月芯原成都已委托第三方按照国家标准为员工代为缴纳社会保险和住房公积金，符合《社会保险法》和《住房公积金管理条例》保护员工合法权益的目的，且其不存在通过委托第三方缴纳而故意降低员工社会保险与住房公积金缴纳标准的情形；自 2016 年 11 月起，芯原成都已自行为员工缴纳社会保险和住房公积金。

②成都市社会保险机构于 2019 年 7 月 31 日出具证明，确认 2016 年 11 月至 2019 年 6 月，芯原成都按其申报工资缴纳了社会保险，此期间无欠费。

③四川省省级住房公积金管理中心于 2019 年 7 月 19 日出具住房公积金证明，确认芯原成都自 2016 年 11 月至 2019 年 6 月，遵守住房公积金管理相关中国法律的规定，截至 2019 年 6 月为 243 名员工正常缴存公积金，依法为员工申报缴纳住房公积金，不存在因违反上述我国法律而受到行政处罚的情形。

④芯原成都未因委托第三方代为缴纳社会保险和公积金而受到行政处罚。

（2）报告期内，芯原北京因人力资源管理体系尚不完善，于 2016 年 1 月至 12 月委托北京外服公司按照国家标准为其 34 名员工代为缴纳住房公积金，缴费金额共计 1,521,886 元；自 2017 年 1 月至今，芯原北京已自行为员工缴纳住房公积金。

根据《住房公积金管理办法》的规定，用人单位应当自录用之日起 30 日内到住房公积金管理中心为职工办理缴存登记，并持住房公积金管理中心的审核文件，到受委托银行办理职工住房公积金账户的设立或者转移手续。2016 年 1 月至 12 月芯原北京委托北京外服公司为其员工代为缴纳住房公积金不符合前述规定。

但需考虑以下情况：

① 2016 年 1 月至 12 月芯原北京已委托第三方按照国家标准为员工缴纳住房公积金，符合《住房公积金管理条例》保护员工合法权益的目的，且芯原北京不存在通过委托第三方代为缴纳员工住房公积金而故意降低员工住房公积金缴纳标准的情形；自 2017 年 1 月起，芯原北京已经自行为员工缴纳住房公积金。

②北京住房公积金管理中心东城管理部分别于 2019 年 4 月 15 日和 2019 年 7 月 8 日出具单位住房公积金缴存情况证明，确认在 2016 年 12 月 28 日至 2019 年 6 月 30 日缴存期间，芯原北京没有因住房公积金缴存违法违规行为受到处罚，没有发现芯原北京存在住房公积金违法违规行为。

③芯原北京未因委托第三方代为缴纳住房公积金而受到行政处罚。

综上所述，2016 年 1 月至 10 月芯原成都委托第三方代为缴纳员工社会保险和住房公积金、2016 年 1 月至 12 月芯原北京委托第三方代为缴纳员工住房公积金的情形不会构成本次发行上市的实质性法律障碍。

2. 芯原台湾可能面临的追缴、行政处罚风险及对发行人的影响，是否属于重大违法违规行为

我国台湾地区律师理律律所就芯原台湾出具的法律意见书载明：依据 2019 年 4 月 10 日台北市政府劳动局函文，芯原台湾劳工退休准备金尚欠缴 24 个月（欠缴期间为 2013 年 12 月至 2015 年 11 月）。按“劳基法”第 56 条规定，雇主应依劳工每月薪资总额 2%~15% 范围内，按月提拨劳工退休准备金，专户存储。如有违反之情形，主管机关得依劳基法第 79 条，处新台币二万元以上三十万元以下罚锾。

根据我国台湾地区律师理律律所出具的我国台湾地区专项备忘录：“根据芯原台湾所提供台北市政府劳动局 2019 年 8 月 15 日之函文，芯原台湾向台北市政府申请领回劳工退休准备金专户剩馀款一案，台北市政府已同意准予备查。考量芯原台湾已无员工且进入清算程序，芯原台湾仅于清算范围内视为存续，主管机关处罚芯原台湾并要求补足劳工退休准备金的实益有限，且依前述台北市政府函文，台北市政府亦已同意芯原台湾领回劳工退休准备金专户剩馀款，相较于解散前芯原台湾仍为一继续营业公司之情况，我们合理认为台北市劳动局应不会对芯原台湾进行处罚并追缴欠缴 24 个月退休准备金。”“就欠缴退休准备金对员工之影响或主管机关裁罚或追缴之风险而言，芯原台湾欠缴退休准备金应不构成重大违法情事。”

综上所述，台北市劳动局不会对芯原台湾处以行政处罚或追缴欠缴的退休准备金，芯原台湾欠缴退休准备金不构成重大违法行为，不会对发行人的财务和业务产生重大不利影响。

鸿泉物联（688288）

杭州鸿泉物联网技术股份有限公司（以下简称发行人）2019 年 3 月 28 日提交的招股说明书（申报稿）仅披露：报告期末缴纳社会保险和住房公积金的员工人数。

针对上述情形，发审委要求发行人对下列事项进行说明，并要求保荐机构、发行人律师核查并发表明确意见：公司劳动用工和员工社会保障是否符合相关法律法规的规定；如公司存在欠缴或其他违法违规情形，核查并说明形成原因、欠缴金额及拟采取的措施，分析如补缴对公司经营业绩的影响，是否属于重大违法行为。

根据发行人律师出具的补充法律意见书披露显示：[1]

〔1〕《北京德恒律师事务所关于杭州鸿泉物联网技术股份有限公司首次公开发行股票并在科创板上市的补充法律意见（一）》，载上海证券交易所网，http：//static.sse.com.cn/stock/information/c/201905/7028a6ed4e0e4c11984b7f383ed7a6db.pdf，最后访问日期：2021 年 5 月 21 日。

1. 发行人报告期内社会保险和住房公积金缴纳情况如表196所示：

表196

单位：人

项目	缴纳情况	2018年12月31日	2017年12月31日	2016年12月31日
社会保险	员工人数	353	336	259
	未缴纳社保人数	6	10	7
	其中：新员工正办理	2	6	6
	退休返聘人员	4	4	1
住房公积金	员工人数	353	336	259
	未缴纳公积金人数	14	29	34
	其中：新员工正办理	10	17	24
	外地户籍员工未缴纳公积金人数	—	8	9
	退休返聘人员	4	4	1

截至2018年12月31日，发行人为员工缴纳社会保险的比例达到了98.3%，为员工缴纳住房公积金的比例达到96.03%。报告期内，除少数新员工正办理及退休返聘人员无须缴纳的情形之外，发行人存在少数外地户籍员工未缴纳住房公积金的情况，其中2016年年末为9人，2017年年末为8人。

2. 报告期内，除少数新员工正办理及退休返聘人员无须缴纳的情形之外，发行人存在少数外地户籍员工未缴纳住房公积金的情形，该部分未缴纳公积金的总额约为8.68万元，占发行人2018年净利润的比例为0.15%，对公司经营业绩的影响较小。截至2018年年末，公司已不存在外地户籍员工未缴纳公积金的情形。

3. 杭州市滨江区人力资源和社会保障局于2019年1月2日出具征信意见书，发行人自2016年1月1日至2018年12月31日未有因违反任何劳动用工、社会保险缴纳的劳动法律、法规或条例等受到行政处罚的情形。

杭州住房公积金管理中心于2019年1月3日出具证明，发行人无行政处罚记录。

杭州市西湖区人力资源和社会保障局于2019年1月2日出具证明，浙江鸿泉自2016年12月27日至2018年12月31日，无重大劳动纠纷，社会保险已开户参保，未受到行政处罚。

杭州住房公积金管理中心于 2019 年 1 月 3 日出具证明，浙江鸿泉无行政处罚记录。

安吉县人力资源和社会保障局于 2019 年 1 月 8 日出具证明，鸿泉电子自 2018 年 2 月 27 日至 2018 年 12 月 31 日，无重大劳动纠纷，社会保险已开户参保，未受到行政处罚。

湖州市住房公积金管理中心安吉县分中心于 2019 年 1 月 9 日出具证明，鸿泉电子不存在违反有关住房公积金方面法律、行政法规及其他有关规定的行为，不存在行政处罚情形。

上海市浦东新区人力资源和社会保障局于 2019 年 1 月 14 日出具证明，成生科技自 2016 年 1 月 1 日至 2018 年 12 月 31 日未有因违反任何劳动用工方面的法律、法规和规范性文件规定而受到行政处罚的情形。

上海市公积金管理中心于 2019 年 1 月 15 日出具证明，成生科技无行政处罚记录。

4. 发行人控股股东、实际控制人何军强已承诺如下："如有关部门要求或决定，鸿泉物联及其子公司需要为员工补缴本承诺签署日前应缴而未缴的社会保险金或住房公积金，或因未足额缴纳社会保险金或住房公积金受到有关部门的行政处罚，本人将无条件及时足额补偿鸿泉物联及其子公司因社会保险金或住房公积金或因受行政处罚而造成的任何经济损失，确保鸿泉股份或其子公司不因社会保险金或住房公积金缴纳问题遭受任何经济损失。"

综上所述，发行人已为大多数员工缴纳了社会保险和住房公积金；相关欠缴费用较少且已由发行人实际控制人承诺由其承担，对发行人的经营业绩不会产生重大不利影响；发行人不存在重大违法行为，不存在影响本次发行上市的实质性障碍。

火星人厨具（300894，创业板）

火星人厨具股份有限公司（以下简称发行人）2020 年 7 月 2 日提交的招股说明书（申报稿）披露：报告期内发行人人员数量增幅较大，多为普通员工增长。2019 年与 2018 年相比，工资奖金增幅高于人数增幅（具体如下：销售人员增长约 40%，工资 + 奖金增长 71%；管理人员增长 29%，工资 + 奖金增长 52%；研发人员增长 128%，工资 + 奖金增长 75%。2019 年三类人员工资 + 奖金比 2018 年增长 70%，但三类人员数量增长 41.6%）。

针对上述情形，发审委要求发行人对下列事项进行说明，并要求保荐机构、发行人律师核查并发表明确意见：测算 2018 年、2019 年发行人应缴社保、公积金金额，说明应缴和实缴金额是否存在异常，是否符合社会保险、公积金的相关规定。

根据发行人律师出具的补充法律意见书披露显示：[1]

1. 测算 2018 年、2019 年发行人应缴社保、公积金金额，说明应缴和实缴金额是否存在异常

发行人按照相关法律、行政法规及规范性文件的规定对报告期内各月份按照当月入职当月缴纳“五险一金”的政策对应缴未缴的社保和住房公积金金额进行了测算，2018 年、2019 年具体测算结果如表 197 所示：

表 197

单位：万元

项目	公式	2019 年度	2018 年度
应缴社保及公积金金额	a	1534.38	1333.83
实缴社保及公积金金额	b	1479.05	1260.84
应缴未缴的社保及公积金金额	c=a–b	55.33	72.99
净利润	d	23,973.32	9234.78
补缴金额对净利润影响	e=c×（1–15%）/d	0.23%	0.67%

根据以上的测算，2018 年、2019 年发行人应缴和实缴社保及公积金金额不存在异常，随着发行人公积金缴纳制度逐步完善、自愿放弃公积金人数逐步降低、未缴纳社保人数逐步减少以及公司利润水平逐步提升，应缴未缴的社保及住房公积金金额对净利润的影响极小。

2. 是否符合社会保险、公积金的相关规定

针对上述部分员工未缴纳社会保险和住房公积金的情况，发行人控股股东、实际控制人黄卫斌承诺：“若发行人因本次发行前执行社会保险和住房公积金政策事宜，被有权机关要求补缴社会保险金或住房公积金的，则由此所造成的发行人一切费用开支、经济损失，本人将全额承担且在承担后不向发行人追偿，保证发行人不会因此遭受任何损失。”

〔1〕《北京德恒律师事务所关于火星人厨具股份有限公司首次公开发行股票并在创业板上市的补充法律意见（六）》，载深圳证券交易所网，http：//reportdocs.static.szse.cn/UpFiles/rasinfodisc/RAS_000174D94A30E43FD652AF7491B4C83F.pdf，最后访问日期：2021 年 5 月 21 日。

海宁市人力资源和社会保障局于2020年1月21日出具证明，确认截至该证明出具日，发行人依法参加社会保险，无重大劳资纠纷，未受到劳动行政部门的行政处罚。海宁市人力资源和社会保障局于2020年7月1日出具证明，确认发行人自2020年1月以来无重大劳资纠纷，未受到劳动行政部门的行政处罚。

嘉兴市住房公积金管理中心海宁市分中心于2020年2月19日出具证明，确认截至该证明出具日，发行人未发生因违反国家或地方有关住房公积金管理的法律、法规而受到处罚的情形。嘉兴市住房公积金管理中心海宁市分中心于2020年7月24日出具证明，确认截至该证明出具日，发行人未发生因违反国家或地方有关住房公积金管理的法律、法规而受到处罚的情形。

综上所述，报告期内，发行人存在未为部分员工缴纳社会保险或公积金的情形，发行人需补缴社保及住房公积金金额对净利润的影响极小，不构成本次发行的法律障碍。

二、解决思路

在社保征收体制改革的大背景下，发审委对于社保和公积金情况的审核日益严格，企业应该顺应相关政策，优化企业用工方案和员工权益保障，避免对上市造成阻碍。

1. 发行人应当依据相关法律法规的规定为员工缴纳社会保险和住房公积金，尤其在申报前应尽可能为符合条件的全体员工办理社会保险和住房公积金缴存手续。

2. 发行人存在未缴纳社会保险和住房公积金情形的，应披露具体金额、比例和原因，以及说明上述情形对发行人生产经营的影响。

3. 委托第三方代缴社保与公积金的，发行人应采取相应整改措施，降低代缴比例，代缴比例不高于5%。

4. 可由发行人及其子公司所在地的人社主管部门、住房公积金管理中心出具证明文件，证明发行人及其子公司在社会保险金或住房公积金缴纳中不存在违法违规记录。

5. 由发行人实际控制人、控股股东出具兜底承诺，若发行人及其子公司需为员工补缴应缴而未缴的社会保险金或住房公积金，或因未足额缴纳社会保险金或住房公积金受到有关部门的行政处罚，均由其承担相应责任。

6. 为未缴纳社保的员工提供替代性的福利政策以降低对员工利益的影响（如住宿解决方案，商业保险），避免发生劳动纠纷。

【具体核查要点】

1. 发行人社保公积金缴纳的合法合规性。

2. 发行人及其下属子公司应缴未缴社会保险和住房公积金的具体金额、具体情况、形成原因及对发行人净利润的影响；是否存在需要补缴的情况；需补缴的金额、补救措施及对发行人经营业绩的影响。

3. 发行人是否存在因未足额缴纳社保、公积金受到行政处罚的法律风险。

4. 发行人存在应缴未缴社保和住房公积的情况是否构成重大违法行为及对发行的影响。

5. 发行人委托第三方代为缴纳员工住房公积金、社会保险的基本情况，包括缴费人员、缴费金额、代为缴费的原因及合规性，是否损害员工利益；代缴机构的基本情况，是否有相应的资质，是否与发行人存在关联关系，是否存在为发行人承担成本费用或其他输送利益情形。

【核查方式】

1. 查阅发行人报告期内的员工花名册、相关员工的劳动合同和劳务合同、薪酬管理制度、员工工资明细表、社保公积金缴纳明细表、代缴社保统计表；

2. 查阅发行人报告期内社会保险和住房公积金缴纳凭证、报告期内审计报告及相关财务报表、凭证等；

3. 访谈发行人人力资源负责人，了解发行人报告期内各期末员工人数与社会保险、住房公积金缴纳人数差异的原因；

4. 查阅发行人就社会保险、住房公积金缴纳情况出具的承诺文件和书面说明；

5. 了解发行人所在地社会保险、住房公积金缴纳相关政策，发行人报告期内社会保险、住房公积金缴纳合规情况；

6. 走访发行人所在地人力资源和社保保障局、住房公积金管理中心或查询官方网站，并取得相关主管部门出具的证明文件；

7. 走访劳动争议仲裁委员会及当地法院，核查发行人是否存在劳动纠纷。

三、参考规范

《劳动法》

第七十三条　劳动者在下列情形下，依法享受社会保险待遇：

……劳动者享受的社会保险金必须按时足额支付。

第一百条　用人单位无故不缴纳社会保险费的，由劳动行政部门责令其限期缴纳；逾期不缴的，可以加收滞纳金。

《社会保险法》

第十条　职工应当参加基本养老保险，由用人单位和职工共同缴纳基本养老保险费。……

第十二条　用人单位应当按照国家规定的本单位职工工资总额的比例缴纳基本养老保险费，记入基本养老保险统筹基金。……

第五十三条　职工应当参加生育保险，由用人单位按照国家规定缴纳生育保险费，职工不缴纳生育保险费。

第五十七条　用人单位应当自成立之日起三十日内凭营业执照、登记证书或者单位印章，向当地社会保险经办机构申请办理社会保险登记。……

第五十八条　用人单位应当自用工之日起三十日内为其职工向社会保险经办机构申请办理社会保险登记。未办理社会保险登记的，由社会保险经办机构核定其应当缴纳的社会保险费。……

第六十条　用人单位应当自行申报、按时足额缴纳社会保险费，非因不可抗力等法定事由不得缓缴、减免。职工应当缴纳的社会保险费由用人单位代扣代缴，用人单位应当按月将缴纳社会保险费的明细情况告知本人。……

第八十四条　用人单位不办理社会保险登记的，由社会保险行政部门责令限期改正；逾期不改正的，对用人单位处应缴社会保险费数额一倍以上三倍以下的罚款，对其直接负责的主管人员和其他直接责任人员处五百元以上三千元以下的罚款。

第八十六条　用人单位未按时足额缴纳社会保险费的，由社会保险费征收机构责令限期缴纳或者补足，并自欠缴之日起，按日加收万分之五的滞纳金；逾期仍不缴纳的，由有关行政部门处欠缴数额一倍以上三倍以下的罚款。

第九十条　社会保险费征收机构擅自更改社会保险费缴费基数、费率，导致少收或者多收社会保险费的，由有关行政部门责令其追缴应当缴纳的社会保险费或者退还不应当缴纳的社会保险费；对直接负责的主管人员和其他直接责任人员依法给予处分。

《住房公积金管理条例》

第十五条　单位录用职工的，应当自录用之日起30日内向住房公积金管理中心办理缴存登记，并办理职工住房公积金账户的设立或者转移手续。

单位与职工终止劳动关系的，单位应当自劳动关系终止之日起30日内向住房公积金管理中心办理变更登记，并办理职工住房公积金账户转移或者封存手续。

第十九条　职工个人缴存的住房公积金，由所在单位每月从其工资中代扣代缴。

单位应当于每月发放职工工资之日起5日内将单位缴存的和为职工代缴的住房公积金汇缴到住房公积金专户内，由受委托银行计入职工住房公积金账户。

第二十条　单位应当按时、足额缴存住房公积金，不得逾期缴存或者少缴。

对缴存住房公积金确有困难的单位，经本单位职工代表大会或者工会讨论通过，并经住房公积金管理中心审核，报住房公积金管理委员会批准后，可以降低缴存比例或者缓缴；待单位经济效益好转后，再提高缴存比例或者补缴缓缴。

第三十七条　违反本条例的规定，单位不办理住房公积金缴存登记或者不为本单位职工办理住房公积金账户设立手续的，由住房公积金管理中心责令限期办理；逾期不办理的，处 1 万元以上 5 万元以下的罚款。

《首发业务若干问题解答》

问题 21　对于发行人执行社会保障制度的相关问题，应当如何做好披露工作，中介机构在核查有关问题时应如何把握?

答：发行人报告期内存在应缴未缴社会保险和住房公积金情形的，应当在招股说明书中披露应缴未缴的具体情况及形成原因，如补缴对发行人的持续经营可能造成的影响，揭示相关风险，并披露应对方案。保荐机构、发行人律师应对前述事项进行核查，并对是否属于重大违法行为出具明确意见。

《社会保险领域严重失信人名单管理暂行办法》

第五条　用人单位、社会保险服务机构及其有关人员、参保及待遇领取人员等，有下列情形之一的，县级以上地方人力资源社会保障部门将其列入社会保险严重失信人名单：

（一）用人单位不依法办理社会保险登记，经行政处罚后，仍不改正的；

（二）以欺诈、伪造证明材料或者其他手段违规参加社会保险，违规办理社会保险业务超过 20 人次或从中牟利超过 2 万元的；

（三）以欺诈、伪造证明材料或者其他手段骗取社会保险待遇或社会保险基金支出，数额超过 1 万元，或虽未达到 1 万元但经责令退回仍拒不退回的；

（四）社会保险待遇领取人丧失待遇领取资格后，本人或他人冒领、多领社会保险待遇超过 6 个月或者数额超过 1 万元，经责令退回仍拒不退回，或签订还款协议后未按时履约的；

（五）恶意将社会保险个人权益记录用于与社会保险经办机构约定以外用途，或者造成社会保险个人权益信息泄露的；

（六）社会保险服务机构不按服务协议提供服务，造成基金损失超过 10 万元的；

（七）用人单位及其法定代表人或第三人依法应偿还社会保险基金已先行支付的工伤保险待遇，有能力偿还而拒不偿还、超过 1 万元的；

（八）法律、法规、规章规定的其他情形。

《关于非全日制用工若干问题的意见》

三、关于非全日制用工的社会保险

10. 从事非全日制工作的劳动者应当参加基本养老保险，原则上参照个体工商户的参保办法执行。对于已参加过基本养老保险和建立个人账户的人员，前后缴费年限合并计算，跨统筹地区转移的，应办理基本养老保险关系和个人账户的转移、接续手续。符合退休条件时，按国家规定计发基本养老金。

11.从事非全日制工作的劳动者可以以个人身份参加基本医疗保险，并按照待遇水平与缴费水平相挂钩的原则，享受相应的基本医疗保险待遇。参加基本医疗保险的具体办法由各地劳动保障部门研究制定。

12.用人单位应当按照国家有关规定为建立劳动关系的非全日制劳动者缴纳工伤保险费。

从事非全日制工作的劳动者发生工伤，依法享受工伤保险待遇；被鉴定为伤残5-10级的，经劳动者与用人单位协商一致，可以一次性结算伤残待遇及有关费用……

《外国人在中国永久居留享有相关待遇的办法》

九、可以《外国人永久居留证》作为有效身份证件办理参加社会保险各项手续。在中国境内就业的，按照《中华人民共和国社会保险法》有关规定参加各项社会保险；在中国境内居住但未就业，且符合统筹地区规定的，可参照国内城镇居民参加城镇居民基本医疗保险和城镇居民社会养老保险，享受社会保险待遇。办理社会保险关系转移接续、终止等手续，社会保险经办机构按照有关规定简化流程、提供方便。

十、可按照《住房公积金管理条例》等规定，在工作地缴存和使用住房公积金，离开该地区时，可按规定办理住房公积金的提取或转移手续。

《关于在内地（大陆）就业的港澳台同胞享有住房公积金待遇有关问题的意见》

为贯彻落实中央有关要求，推动在内地（大陆）就业的港澳台同胞同等享有住房公积金待遇，为港澳台同胞在内地（大陆）就业、生活提供便利，促进港澳台同胞更好地融入内地（大陆）的经济社会发展，现就在内地（大陆）就业的港澳台同胞缴存使用住房公积金有关问题提出以下意见：

一、支持港澳台同胞缴存。在内地（大陆）就业的港澳台同胞，均可按照《住房公积金管理条例》和相关政策的规定缴存住房公积金。缴存基数、缴存比例、办理流程等实行与内地（大陆）缴存职工一致的政策规定。

二、同等享有使用权利。已缴存住房公积金的港澳台同胞，与内地（大陆）缴存职工同等享有提取个人住房公积金、申请住房公积金个人住房贷款等权利。在内地（大陆）跨城市就业的，可以办理住房公积金异地转移接续。与用人单位解除或终止劳动（聘用）关系并返回港澳台的，可以按照相关规定提取个人住房公积金账户余额。

三、做好管理服务工作。各地住房公积金管理中心要按照本意见要求，结合当地实际，抓紧出台在内地（大陆）就业的港澳台同胞缴存使用住房公积金的实施办法。要简化办理要件，缩短业务流程，完善服务手段，为港澳台同胞提供高效、便捷的住房公积金服务。要采取有效措施，规范业务管理，强化风险防控，保障资金安全。

四、切实抓好政策落实。推动在内地（大陆）就业的港澳台同胞同等享有住房公积金待遇，是落实中央要求的重要举措。各省、自治区、直辖市住房城乡建设部门、财政部门、人民银行分支机构和港澳、台湾事务主管部门要各司其职，密切配合，加强政策指导和督促检查。各地住房公积金管理中心要切实抓好政策落实工作。各部门、各单位要加大政策宣传力度，主动引导社会舆情，使政策深入人心，支持更多在内地（大陆）就业的港澳台同胞通过缴存使用住房公积金实现安居。

以往规定与本意见不一致的，按本意见执行。

《香港澳门台湾居民在内地（大陆）参加社会保险暂行办法》

第二条　在内地（大陆）依法注册或者登记的企业、事业单位、社会组织、有雇工的个体经济组织等用人单位（以下统称用人单位）依法聘用、招用的港澳台居民，应当依法参加职工基本养老保险、职工基本医疗保险、工伤保险、失业保险和生育保险，由用人单位和本人按照规定缴纳社会保险费。

在内地（大陆）依法从事个体工商经营的港澳台居民，可以按照注册地有关规定参加职工基本养老保险和职工基本医疗保险；在内地（大陆）灵活就业且办理港澳台居民居住证的港澳台居民，可以按照居住地有关规定参加职工基本养老保险和职工基本医疗保险。

在内地（大陆）居住且办理港澳台居民居住证的未就业港澳台居民，可以在居住地按照规定参加城乡居民基本养老保险和城乡居民基本医疗保险。

在内地（大陆）就读的港澳台大学生，与内地（大陆）大学生执行同等医疗保障政策，按规定参加高等教育机构所在地城乡居民基本医疗保险。

《劳务派遣暂行规定》

第十八条　劳务派遣单位跨地区派遣劳动者的，应当在用工单位所在地为被派遣劳动者参加社会保险，按照用工单位所在地的规定缴纳社会保险费，被派遣劳动者按照国家规定享受社会保险待遇。

第十九条　劳务派遣单位在用工单位所在地设立分支机构的，由分支机构为被派遣劳动者办理参保手续，缴纳社会保险费。

劳务派遣单位未在用工单位所在地设立分支机构的，由用工单位代劳务派遣单位为被派遣劳动者办理参保手续，缴纳社会保险费。

第八节　诉讼或仲裁事项

拟上市公司若存在重大不利影响的诉讼、仲裁案件，将会构成上市的实质性障碍。故此，发审委对发行人的未决诉讼、仲裁是否影响发行人的生产经营非常关注。

截至2020年12月31日，久日新材、金山办公、建龙微纳、迈得医疗、键凯科技、道通科技、埃夫特、松原股份等三十多家企业被发审委问询未决诉讼、仲裁相关问题。

一、典型案例

金山办公（688111）

北京金山办公软件股份有限公司（以下简称发行人）2019年5月8日提交的招股说明书（申报稿）披露，发行人存在两起争议金额在100万元以上的重大诉讼。

针对上述情形，发审委要求发行人对下列事项进行说明，并要求保荐机构、发行人律师核查并发表明确意见：上述诉讼的进展情况，发行人是否存在重大偿债风险，是否对发行人的经营业绩造成重大不利影响；发行人是否存在其他应披露未披露的重大诉讼。

根据发行人律师出具的补充法律意见书披露显示：[1]

1. 发行人及其控股子公司存在如下争议金额在100万元以上的未决诉讼

（1）侵权诉讼

2016年5月25日，福昕软件以金山办公有限发布的5种版本的WPS办公软件（含2016个人版、2016专业版、2016专业增强版、Linux Alpha16和2016组合套装，以下统称“侵权诉讼所涉软件”）使用了福昕软件的PDF技术涉嫌侵权为由，向北京知识产权法院提起5个计算机软件著作权侵权之诉，案号分别为：〔2016〕京73民初363/364/365/366/367号；就上述每起侵权之诉，福昕软件的主要诉讼请求为要求金山办公有限：①立即停止使用侵权诉讼所涉软件；②向福昕软件支付侵权诉讼所涉软件的研发成本共计人民币400万元；③向福昕软件支付其取证公证费共计人民币8460

〔1〕《北京市君合律师事务所关于北京金山办公软件股份有限公司首次公开发行股票并在科创板上市之补充法律意见书（一）》，载上海证券交易所网，http：//static.sse.com.cn/stock/information/c/201906/af1f0cf66f7f416d97bc7941d2ca8a05.pdf，最后访问日期：2021年5月21日。

元。2016 年 6 月 7 日，金山办公有限收到北京知识产权法院送达的起诉状、证据材料等诉讼文书。此后，福昕软件请求北京知识产权法院将上述第②项诉讼请求变更为“判令被告赔偿原告经济损失人民币肆佰万元”。2017 年 4 月 25 日，福昕软件将〔2016〕京 73 民初 363/364/365 号的案件撤诉。2017 年 8 月 14 日，珠海金山办公被追加为〔2016〕京 73 民初 366/367 号两个诉讼案件的第三人。根据发行人提供的说明，2017 年 9 月 21 日，福昕软件当庭表示撤回案号为〔2016〕京 73 民初 366/367 号的两起侵权之诉的上述第①项诉讼请求，同时请求将案号为〔2016〕京 73 民初 366 号侵权之诉的第③项诉讼请求变更为“向福昕软件支付其取证公证费共计人民币 42,300 元”。

就上述侵权诉讼，2017 年 4 月 25 日，福昕软件将〔2016〕京 73 民初 363/364/365 号的案件撤诉；2018 年 4 月 23 日，北京知识产权法院就〔2016〕京 73 民初 366 号、〔2016〕京 73 民初 367 号的案件分别作出一审判决，判决结果均为驳回福昕软件的诉讼请求。

2018 年 5 月 7 日，福昕软件不服〔2016〕京 73 民初 366 号、〔2016〕京 73 民初 367 号的案件的一审判决结果，向一审法院递交了上诉状，上诉于北京市高级人民法院，案号分别为〔2018〕京民终字第 441 号、〔2018〕京民终字第 442 号。2018 年 8 月 21 日，北京市高级人民法院组织双方进行了二审谈话，发行人尚未收到北京市高级人民法院作出的二审判决。

（2）违约诉讼

2016 年 7 月，福昕软件就合同纠纷将珠海金山办公诉至北京市海淀区人民法院。根据福昕软件提交的民事起诉状，案件基本情况为：2011 年 11 月 9 日，福昕软件与珠海金山办公签署《软件合作开发技术协议》，约定双方进行技术合作，双方均无付费义务，所涉商务合作事宜由双方另行协商。福昕软件主张珠海金山办公的 WPS 办公软件未经许可使用了上述协议规定的“Office 文档格式转 PDF 文档格式”的福昕软件开发成果，构成合同违约，诉讼请求主要为：①终止《软件合作开发技术协议》；②珠海金山办公立即停止使用和宣传其公开发布的含有福昕软件技术的“2013 个人版、2013 企业版（专业版、专业增强版、组合套装）、2016 个人版、2016 企业版（专业版、专业增强版、组合套装）、WPS for Linux” WPS 办公软件（以下统称违约诉讼所涉软件）桌面端产品；③珠海金山办公出具违约诉讼所涉软件 WPS 办公软件桌面端产品的安装用户数量和用户具体资料；④珠海金山办公根据 WPS 办公软件桌面端产品安装用户数量以每个安装用户 2 元的价格向福昕软件支付软件技术使用费。后该案由北京市海淀区人民法院移送至北京知识产权法院审理。福昕软件请求变更、增加诉讼请求，主要为将上述第②项诉讼请求变更为"珠海金山办公立即停止使用和宣传其公开发布的含有福昕软件技术的'2013个人版、2013抢鲜版、2013企业版（专业版、专业增强版、组合套装）、2016个人版、2016抢鲜版、2016企业版（专业版、专业增强版、组合套装）、WPS for Linux' WPS办公软件96个版本以及其他版本的桌面端产品"，将上述第③项诉讼请求变更为"请求判令珠海金山办公出具含有福昕软件技术的'2013个人版、2013抢鲜版、2013企业版（专业版、专业增强版、组合套装）、2016个人版、2016抢鲜版、2016企业版（专业版、专业增强版、组合套装）、WPS for Linux' WPS办公软件96个版本以及其他版本的累计安装用户数量、所有安装用户的具体信息资料"。

珠海金山办公尚未收到上述诉讼的一审判决。

2. 发行人是否存在重大偿债风险，是否对发行人的经营业绩造成重大不利影响；发行人是否存在其他应披露未披露的重大诉讼

根据《北京金山办公软件股份有限公司审计报告》（大华审字〔2019〕002033号），截至2018年12月31日，发行人经审计的总资产1,627,379,749.43元、合并报表归属母公司所有者净资产1,186,932,796.96元，2018年度净利润310,666,603.13元；且发行人已于2016年度为上述未决诉讼预提500万元的预计负债，前述未决诉讼对发行人的日常业务经营和财务状况不会产生实质性不利影响。

除上述已披露的诉讼之外，发行人不存在其他应披露未披露的重大诉讼。

凯赛生物（688065）

上海凯赛生物技术股份有限公司（以下简称发行人）招股说明书申报期间，莱阳市人民法院已受理山东瀚霖诉上海凯赛不正当竞争纠纷一案。

针对上述情形，发审委要求发行人披露上述案件的基本情况、进展，以及对发行人的正常经营和本次发行的影响。

根据发行人律师出具的补充法律意见书披露显示：[1]

1. "山东瀚霖诉上海凯赛不正当竞争纠纷一案"的基本情况、进展

（1）"不正当竞争案"的网络舆情

"搜狐新闻"转载了名为"山东瀚霖向上海凯赛索赔3000万元不正当竞争纠纷案正式立案"的文章，文章来源于"半岛网"，发布时间2020年4月30日。根据半岛

〔1〕《上海市锦天城律师事务所关于上海凯赛生物技术股份有限公司首次公开发行股票并在科创板上市的补充法律意见书（四）》，载上海证券交易所网，http：//static.sse.com.cn/stock/information/c/202005/57c367a0baef4c2d9201b99b3c767c0c.pdf，最后访问日期：2021年5月21日。

网文章所载，“2020年4月27日，莱阳市人民法院已正式受理山东瀚霖起诉上海凯赛不正当竞争纠纷一案（〔2020〕鲁0682民初2408号）”。该文章所载的诉讼请求和主要观点如表198所示：

表198

诉讼请求	“本案中，山东瀚霖诉请赔偿经济损失3000万元。”
主要观点	①“2019年7月，上海凯赛向青岛市中级人民法院提起了专利侵权纠纷之诉主张山东瀚霖使用的精制工艺侵犯了第201010160266.4号‘生物发酵法生产长碳链二元酸的精制工艺’（‘10专利’）发明专利权，同时起诉了山东瀚霖厂房的两位承租人。”（该案件以下简称“凯赛专利诉讼”） ②山东瀚霖认为，“早在2014年，上海凯赛就曾向成都市中级人民法院提起‘侵害发明专利权及商业秘密’纠纷案件，主张山东瀚霖实施的生产工艺侵犯了第200610029784.6号‘一种以脂肪酸或其衍生物为原料制备得到的长碳链二元酸及其制备方法’发明专利权（以下简称06专利）。在这起案件中，四川省高级人民法院终审判决已经认定，山东瀚霖公司实施的生产工艺落入06专利的保护范围。山东瀚霖认为，从两项专利的保护范围可知，其保护的精制工艺的步骤、参数均存在实质性区别，也不存在基础专利与从属专利的关系，因此，山东瀚霖实施的生产工艺既已被认定落入06专利保护范围，则不会同时落入10专利的保护范围。” ③山东瀚霖认为，“上海凯赛专利侵权之诉的真实意图是想借诉讼之名阻碍山东瀚霖将厂房出租的正常经营活动，山东瀚霖厂房承租人因被牵涉可能承担专利侵权的连带侵权责任而拒绝继续租用该厂房，这使得山东瀚霖经营损失惨重。山东瀚霖认为，上海凯赛违背市场平等、公平、诚信的原则，采用不正当竞争手段扰乱市场竞争秩序，阻碍山东瀚霖正常经营活动，运用非法手段打压山东瀚霖并严重损害了山东瀚霖的合法权益，是违反法律和商业道德的行为。”

（2）“不正当竞争案”的进展

发行人尚未收到法院关于“不正当竞争案”的案件材料。

发行人律师于2020年5月18日电话咨询莱阳市人民法院立案庭，根据工作人员回复，莱阳市人民法院已受理山东瀚霖诉发行人不正当竞争纠纷案件，案件已转由具体承办法官审查，无法告知案件的诉请、起诉理由等具体信息。

2. 网络文章所述“不正当竞争案”的案件分析

根据上海弼兴律师事务所出具的《关于媒体报道山东瀚霖生物技术有限公司起诉上海凯赛生物技术股份有限公司不正当竞争纠纷案的法律意见》，假定网络文章所述“不正当竞争案”的案情即“半岛网”文章所述信息，上海弼兴律师事务所认为：

（1）《反不正当竞争法》规定的7类不正当竞争行为，不包括专利维权诉讼。《反不正当竞争法》第二章“不正当竞争行为”具体规定了①混淆行为；②商业贿赂；③虚假宣传；④侵犯商业秘密；⑤不正当有奖销售；⑥编造、传播虚假信息或者误导性信息，损害竞争对手的商业信誉、商品声誉；⑦互联网不正当竞争行为，共计 7 种不正当竞争行为。而起诉专利侵权的维权诉讼行为，不属于上述任何一种情形。

（2）发行人起诉山东瀚霖及租赁其同一生产线的其他承租方专利侵权，具有正当合理的理由，系合法维权行为，不构成不正当竞争。

①山东瀚霖系侵犯发行人技术秘密的刑事犯罪人，其二元酸生产技术系非法获得，发行人有权针对该等生产技术的使用提起专利侵权诉讼。

在生效刑事判决书和裁定书〔2017〕鲁 0891 刑初 134 号刑事判决书、〔2019〕鲁 08 刑终 5 号刑事裁定书中均认定，山东瀚霖以利诱手段非法获取发行人的技术秘密，并使用发行人的技术秘密进行长碳链二元酸的生产经营，同时以申请专利的形式进行披露，已经构成侵犯商业秘密罪。因此，发行人对山东瀚霖相应生产线的承租方使用的二元酸生产工艺先后提起专利侵权诉讼的行为具有合理背景和依据。

②针对山东瀚霖对外租赁生产线持续换壳运营二元酸生产线的行为，发行人针对不同的承租方分别提起了两次专利侵权诉讼，并已经获得一个胜诉判决，凯赛专利诉讼系针对最新运营生产线的两个承租方以及山东瀚霖的合法维权诉讼。

凯赛专利诉讼中所针对的莱阳恒基和山东归源并非最早的山东瀚霖二元酸生产线承租方，在这两家公司之前，山东瀚峰亦曾作为山东瀚霖的承租方运营山东瀚霖的二元酸生产线。针对山东瀚峰租赁山东瀚霖二元酸生产线所实施的生产和销售二元酸产品的行为，发行人于 2017 年向青岛市中级人民法院提起了〔2017〕鲁 02 民初 1694 号侵犯发明专利权民事诉讼，主张山东瀚峰的行为侵犯了“10 专利”（以下简称瀚峰诉讼）。经青岛市中级人民法院〔2017〕鲁 02 民初 1694 号一审判决书、最高人民法院〔2019〕最高法知民终 157 号二审判决书认定，租赁山东瀚霖二元酸生产线的山东瀚峰所实施的生产和销售行为侵犯了发行人“10 专利”的专利权。

在瀚峰诉讼的审理过程中，山东瀚霖又将其二元酸生产线租赁给莱阳恒基，并且在凯赛专利诉讼起诉前后，该二元酸生产线又从莱阳恒基转移给了山东归源，使该二元酸生产线持续地进行经营。

鉴于瀚峰诉讼的判决已经认定，租赁山东瀚霖二元酸生产线的山东瀚峰所实施的生产和销售行为侵犯了发行人“10 专利”，发行人继续针对同一生产线的其他承租方提起凯赛专利诉讼具有正当合理的理由，系合法维权行为，因此，半岛网文章所述“上海凯赛违背市场平等、公平、诚信的原则，采用不正当竞争手段扰乱市场竞争秩序，阻碍山东瀚霖正常经营活动，运用非法手段打压山东瀚霖并严重损害了山东瀚霖的合法权益”的说法并无依据，凯赛专利诉讼行为不构成不正当竞争。

（3）关于“山东瀚霖实施的生产工艺既已被认定落入‘06 专利’保护范围，则不会同时落入‘10专利’的保护范围”的主张，最高人民法院于在先生效判决中已经进行过评述，并未采纳该主张。根据半岛网文章所述的新增诉讼案件信息，山东瀚霖提起不正当竞争之诉的主要理由是：〔2014〕成知民初第228号民事判决、〔2018〕川民终479号民事判决已经确认其实际生产工艺落入了发行人的“06专利”保护范围，因此不会再落入“10专利”的保护范围。

一套生产工艺并非只能使用一项专利，山东瀚霖上述理由的逻辑不成立。瀚峰诉讼中，最高人民法院在〔2019〕最高法知民终157号二审判决书第33页第2段明确认定：“瀚霖公司单纯以〔2014〕成知民初第228号民事判决书、〔2018〕川民终479号民事判决书中确认的生产工艺作为瀚霖公司的实际生产工艺的主张不能成立，该案中所确认的瀚霖公司的实际工艺只是与该案所涉专利（‘06专利’）相关的内容，并未论及瀚霖公司精制工艺的所有技术细节，单纯以该两份判决书确认的实际生产工艺为基础确定瀚霖公司的精制工艺是不科学的。”

因此，山东瀚霖在不正当竞争案中的主要理由，即其生产工艺系“06专利”的技术方案并因此不侵犯“10专利”的主张并不成立。

（4）退一步说，即便法院认定发行人构成不正当竞争，山东瀚霖所主张的高额损害赔偿也很难得到法院支持。

山东瀚霖高额的索赔金额与发行人所收集到的现有证据不符，如凯赛专利诉讼中的证据显示，山东瀚霖对其出租厂房的租金仅为5000元/年，故即便山东瀚霖厂房对外租赁受到专利诉讼的影响，亦不太可能出现3000万元的损失。

综上所述，根据现有的新闻披露信息和山东瀚霖与发行人过往的已审结案件情况来看，凯赛专利诉讼属于发行人合法的专利维权行动，不存在“违背市场平等、公平、诚信的原则，采用不正当竞争手段扰乱市场竞争秩序，阻碍山东瀚霖正常经营活动，运用非法手段打压山东瀚霖并严重损害了山东瀚霖的合法权益”的情形，不构成不正当竞争；即使最终被认定存在不正当竞争，山东瀚霖高额的索赔金额也很难被法院支持。

3.“不正当竞争案”对发行人正常经营和本次发行的影响

在发行人尚未收到诉状等案件材料的情况下，假定“不正当竞争案”的案情即为半岛网文章所述信息，因发行人向山东瀚霖及租赁其同一生产线的其他承租方提起的专利诉讼属于合法的专利维权行动，诉讼行为有理有据，不属于“违背市场平等、公平、诚信原则，采用不正当竞争手段扰乱市场竞争秩序，阻碍山东瀚霖正常经营活动”的情形，不构成不正当竞争。

即使发行人最终败诉，发行人可能的赔偿金额也不会超过3000万元，该等金额占发行人 2019 年年末合并口径经审计净资产的比例不超过 0.65%，且不影响公司主营业务的正常生产经营，不构成对发行人财务状况或经营成果的重大影响，也不会对发行人的持续经营能力构成重大不利影响，亦不会导致发行人不符合《科创板首发办法》规定的发行条件，对本次发行上市不构成实质影响。

伟思医疗（688580）

南京伟思医疗科技股份有限公司（以下简称发行人）2019 年 12 月 19 日提交的招股说明书（申报稿）披露：发行人存在 1 笔尚未了结的诉讼案件，公司于 2018 年 7 月 17 日收到《北京知识产权法院行政案件受理通知书》，法院受理了公司诉国家知识产权局专利复审委员会，第三人为南京麦澜德医疗科技有限公司的专利无效行政纠纷一案。

针对上述情形，发审委要求发行人对下列事项进行说明：上述诉讼的案由和诉讼请求，最新诉讼进展情况；发行人是否存在其他专利被申请无效或者涉及纠纷或诉讼的情况；披露诉讼的案由、诉讼请求、诉讼最近进展情况，诉讼对发行人专利和发行人生产经营的影响。要求保荐机构、发行人律师就发行人目前已披露的诉讼情况，发行人是否存在其他专利被申请无效、或者涉及纠纷或诉讼的情况，以及上述事项对发行人生产经营和本次发行上市的影响进行核查并发表明确意见。

根据发行人律师出具的补充法律意见书披露显示：[1]

1. 上述诉讼的案由和诉讼请求，最新诉讼进展情况

（1）诉讼案由和诉讼请求

2017 年 9 月 30 日，南京麦澜德医疗科技有限公司（以下简称南京麦澜德）对发行人拥有的“一种一次性阴道电极”专利权（专利号：201320752362.7）提出无效宣告请求。针对上述请求，国家知识产权局专利复审委员会于 2018 年 4 月 19 日出具《无效宣告请求审查决定书》（第 35606 号），宣告该实用新型专利权全部无效。

发行人不服国家知识产权局专利复审委员会作出的上述无效宣告请求审查决定，于 2018 年 7 月 8 日将国家知识产权局专利复审委员会作为被告、南京麦澜德作为第三人向北京知识产权法院提起行政诉讼，诉讼请求为：①判决撤销被告作出的第 35606 号无效宣告请求审查决定书；②判决责令被告重新作出无效宣告请求审查决定。

〔1〕《关于南京伟思医疗科技股份有限公司首次公开发行股票并在科创板上市的补充法律意见书（二）》，载上海证券交易所网，http://static.sse.com.cn/stock/information/c/202005/7ad5254078da40ad9d04b8673198747e.pdf，最后访问日期：2021 年 5 月 21 日。

（2）最新诉讼进展情况

根据北京知识产权法院于 2018 年 7 月 17 日出具的《北京知识产权法院行政案件受理通知书》(〔2018〕京 73 行初 7274 号)，前述行政诉讼案件已获法院立案受理。根据发行人就该案件所聘请的诉讼律师所出具的情况说明，该案件已由北京知识产权法院于 2020 年 4 月 2 日进行网络开庭审理。该案尚未宣判。

2. 发行人是否存在其他专利被申请无效，或者涉及纠纷或诉讼的情况

报告期内，发行人所拥有的下列四项专利曾被申请无效或者涉及纠纷或诉讼，相关情况如表 199 所示：

表 199

序号	专利名称	专利号	专利类型	无效宣告请求权人	无效宣告请求日	目前进展
1	一种一次性阴道电极	ZL201320752362.7	实用新型	南京麦澜德	2017 年 9 月 30 日	发行人诉国家知识产权局专利复审委员会、第三人南京麦澜德的行政诉讼正在审理中
2	一种盆底肌功能筛查的装置	ZL201320637286.5	实用新型	南京麦澜德	2018 年 7 月 10 日	纠纷已终结
3	一种阴道电极	ZL201210435831.2	发明专利	南京麦澜德	2018 年 5 月 23 日	纠纷已终结
4	一种肌电信号干扰的指示方法及干扰去除的方法	ZL201310486036.0	发明专利	—	—	纠纷已终结

表 199 中，发行人专利被申请无效或者涉及纠纷或诉讼的具体情况如下：

（1）针对“一种一次性阴道电极”专利权（ZL201320752362.7）的纠纷

南京麦澜德于 2014 年经申请取得专利号为 201320752362.7 的“一种一次性阴道电极”实用新型专利权，发行人认为该专利权系发行人前员工的职务发明成果，专利权应当归发行人所有，故以南京麦澜德为被告、相关前员工为第三人向南京市中级人民法院提起诉讼。经一审审理，南京市中级人民法院判决认定前述专利系职务发明，专利权归发行人所有。南京麦澜德及一审第三人不服，向江苏省高级人民法院提起上诉，江苏省高级人民法院经审理后作出终审判决：“驳回上诉，维持原判。”

在发行人依据生效裁判文书取得上述专利权后，南京麦澜德向国家知识产权局专利复审委员会提出无效宣告请求，国家知识产权局专利复审委员会组成合议组进行审理后作出审查决定：宣告201320752362.7号实用新型专利权全部无效。

发行人不服国家知识产权局专利复审委员会作出的审查决定，遂于2018年7月向北京知识产权法院提起行政诉讼。

（2）针对“一种盆底肌功能筛查的装置”专利权（ZL201320637286.5）的纠纷

南京麦澜德于2014年经申请取得专利号为201320637286.5的“一种盆底肌功能筛查的装置”实用新型专利权，发行人认为该专利权系发行人前员工的职务发明成果，专利权应当归发行人所有，故以南京麦澜德为被告、相关前员工及南京麦澜德法定代表人王健为第三人向南京市中级人民法院提起诉讼。经一审审理，南京市中级人民法院判决认定前述专利系职务发明，专利权归发行人所有。南京麦澜德及一审第三人不服，向江苏省高级人民法院提起上诉，江苏省高级人民法院经审理后作出终审判决：“驳回上诉，维持原判。”在发行人依据生效裁判文书取得上述专利权后，南京麦澜德向国家知识产权局专利复审委员会提出无效宣告请求，国家知识产权局专利复审委员会组成合议组进行审理后作出审查决定：维持前述专利权有效。

（3）针对“一种阴道电极”专利权（ZL201210435831.2）的纠纷

南京麦澜德于2013年从杨东处继受取得专利号为201210435831.2的“一种阴道电极”发明专利申请权，并于2014年获得国家知识产权局授权并公告。发行人认为该专利权系发行人前员工的职务发明成果，专利权应当归发行人所有，故以南京麦澜德为被告、相关前员工及杨东为第三人向南京市中级人民法院提起诉讼。经一审审理，南京市中级人民法院判决认定前述专利系职务发明，专利权归发行人所有。南京麦澜德及一审第三人不服，向江苏省高级人民法院提起上诉，江苏省高级人民法院经审理后作出终审判决：“驳回上诉，维持原判。”南京麦澜德不服，以发行人为被申请人向最高人民法院申请再审，要求撤销一审、二审判决，改判诉争专利的专利权归南京麦澜德所有，最高人民法院作出的民事裁定，驳回了南京麦澜德的再审申请。

在发行人依据生效裁判文书取得前述专利权后，南京麦澜德向国家知识产权局专利复审委员会提出无效宣告请求，国家知识产权局专利复审委员会组成合议组进行审理后作出审查决定：维持前述专利权有效。

（4）针对“一种肌电信号干扰的指示方法及干扰去除的方法”专利权（ZL201310486036.0）的纠纷

南京麦澜德于2015年经申请取得专利号为201310486036.0的“一种肌电信号干扰的指示方法及干扰去除的方法”发明专利权，发行人认为该专利权系发行人前员工的职务发明成果，专利权应当归发行人所有，故以南京麦澜德为被告、相关前员工及南京麦澜德法定代表人王健为第三人向南京市中级人民法院提起诉讼。经一审审理，南京市中级人民法院判决认定前述专利系职务发明，专利权归发行人所有。南京麦澜德及一审第三人不服，向江苏省高级人民法院提起上诉，江苏省高级人民法院经审理后作出终审判决："驳回上诉，维持原判。"

2017 年 4 月 13 日，发行人依据生效裁判文书取得"一种肌电信号干扰的指示方法及干扰去除的方法"专利权（专利号：201310486036.0）。

报告期内，除前述事项之外，发行人不存在其他专利被申请无效、或者涉及纠纷或诉讼的情况；除针对"一种一次性阴道电极"实用新型专利（专利号：201320752362.7 号）的未决诉讼案件之外，发行人不存在其他未决诉讼或纠纷案件。

3. 上述事项对发行人生产经营和本次发行上市的影响

除"一种一次性阴道电极"实用新型专利（专利号：201320752362.7）存在涉诉情形之外，上述其他专利所涉纠纷均已终结，且发行人已取得相应专利权，相关事项不存在对发行人生产经营和本次发行上市的不利影响；同时，"一种一次性阴道电极"实用新型专利（专利号：201320752362.7）涉诉的事项不会对发行人生产经营和本次发行上市造成重大影响，原因如下：

（1）即便发行人出现败诉的情况，涉诉专利最终被认定为无效，该事项也仅使涉诉专利相关申请记载事项成为公知事实，发行人依然掌握并可以使用相关技术。此外，鉴于未来该案件的判决结果并不涉及赔偿金额，因此不会导致发行人产生相关的赔偿费用，继而对发行人生产经营造成重大影响。

（2）发行人是创新驱动型的高新技术企业，其核心竞争力是拥有多维度知识体系交叉的专业研发团队和平台，并不依赖于单独一项或单一领域的专利技术。并且，发行人在阴道电极领域已有较为成熟的技术，并已为发行人带来较为稳定的业绩支持。近年来，发行人越发重视知识产权的保护，建立了知识产权保护体系，不断完善保密措施，并通过持续的研发投入和人才引进进行技术更新迭代，巩固发行人行业地位的同时不断深化与落实研究成果。发行人及子公司已取得 44 项专利技术，并存在几十项正在申请中的专利技术。

综上所述，发行人专利被申请无效、或者涉及纠纷或诉讼的事项不会对其生产经营及本次发行上市造成重大影响。

松原股份（300893，创业板）

根据浙江松原汽车安全系统股份有限公司（以下简称发行人）2020 年 6 月 22

日提交的招股说明（申报稿）披露：2020年6月，竞争对手奥托里夫将发行人及上海晋熙汽车服务有限公司作为共同被告方提起诉讼，主张发行人产品侵害其第201080034686.6号专利。请求判令发行人停止名为“自锁式安全带卷收器”专利的全部行为，包括但不限于停止制造及销售侵害涉案专利的侵权产品，销毁库存侵权产品及相应的生产专用工具，发行人向原告赔偿人民币100万元，以及原告为涉诉案件支出的合理费用及诉讼费用。此外，报告期内，奥托里夫还对发行人存在专利授权许可，并收取授权许可费。

针对上述情形，发审委要求发行人披露与奥托里夫相关诉讼事项发生的原因、诉由、有关事实情况及截至目前的诉讼进展情况。

根据发行人律师出具的补充法律意见书披露显示：[1]

1. 诉讼的原因

奥托里夫是目前全球最大的安全带供应商，也是发行人主要的同行业竞争对手。发行人是国内汽车安全带总成行业中的先行者之一，通过多年不断的自主研发以及与整车厂长期合作，实现了汽车安全带总成的自主化生产。发行人产品在汽车安全带总成及零部件等被动安全系统产品已经能够完全满足整车厂性能、质量等方面的要求，尤其在主流乘用车安全带市场领域在与奥托里夫的市场竞争中，逐步呈现出稀释其在国内安全带总成市场份额的潜力及趋势。

相较而言，国内其他成规模的自主品牌安全带供应商对奥托里夫原有市场份额的稀释力度有限，其中：重庆光大产业有限公司所生产的高性能安全带尚未完成大规模推广，短期内对奥托里夫的高性能安全带市场冲击较小；沈阳金杯锦恒汽车安全系统有限公司主要客户众泰汽车、东南汽车、华晨汽车等近年来业务收缩，对其生产经营产生一定影响。另外，沈阳金杯锦恒汽车安全系统有限公司隶属于万得集团，万得集团主要产品除了安全带产品，还包括汽车电机、发动机配气系统及汽车悬挂系统。多产品线战略在近年来汽车市场行情下行冲击下，无形中削弱了安全带产品对奥托里夫的市场威胁。

综上所述，相较而言发行人与奥托里夫的客户重叠度较高，在发行人与吉利汽车、上汽通用五菱等整车厂客户中与奥托里夫发生直接竞争，并呈现出一定的竞争潜力后，奥托里夫对发行人进行专利诉讼作为其市场竞争的手段之一。

---

〔1〕《浙江天册律师事务所关于浙江松原汽车安全系统股份有限公司首次公开发行A股股票并在创业板上市的补充法律意见书（一）》，载深圳证券交易所网，http：//reportdocs.static.szse.cn/UpFiles/rasinfodisc/RAS_0001737FFD65973FC875C4E59A78043F.pdf，最后访问日期：2021年5月21日。

2. 诉讼的诉由

2020 年 6 月 5 日，奥托里夫将发行人及上海晋熙汽车服务有限公司作为共同被告向上海知识产权法院提起诉讼（案号:〔2020〕沪 73 知民初 682 号，以下简称第一起诉讼），诉由为发行人产品侵害其第 201080034686.6 号专利。请求判令发行人停止对其第 201080034686.6 号、名为“自锁式安全带卷收器”专利的全部侵权行为，包括但不限于停止制造及销售侵害涉案专利的侵权产品，销毁库存侵权产品及相应的生产专用工具，发行人向原告赔偿人民币 100 万元，以及原告为涉诉案件支出的合理费用及诉讼费用。

2020 年 6 月 30 日，奥托里夫将发行人作为被告向宁波市中级人民法院提起第二起专利诉讼（案号:〔2020〕浙 02 知民初 236 号，以下简称第二起诉讼），诉由为发行人产品侵害其第 200580004469.1 号专利，请求判令发行人停止对其第 200580004469.1 号、名为“一种用于防震带扣的闭锁元件”专利的全部侵权行为，包括但不限于停止制造及销售侵害涉案专利的侵权产品，销毁库存侵权产品及相应的生产专用工具，发行人向原告赔偿人民币 100 万元，以及原告为涉诉案件支出的合理费用。

3. 诉讼有关事实情况及影响分析

（1）发行人产品被认定为侵权的风险较低

根据发行人聘请的专业机构北京思韬知识产权代理有限公司出具的《侵权风险评估报告》，松原涉诉产品实施的技术方案未包含与专利 201080034686.6、200580004469.1 的权利要求所记载的全部技术特征相同或等同的技术特征，不构成专利侵权。

根据《最高人民法院关于审理侵犯专利权纠纷案件应用法律若干问题的解释》第七条规定，人民法院判定被诉侵权技术方案是否落入专利权的保护范围，应当审查权利人主张的权利要求所记载的全部技术特征。被诉侵权技术方案包含与权利要求记载的全部技术特征相同或者等同的技术特征的，人民法院应当认定其落入专利权的保护范围；被诉侵权技术方案的技术特征与权利要求记载的全部技术特征相比，缺少权利要求记载的一个以上的技术特征，或者有一个以上技术特征不相同也不等同的，人民法院应当认定其没有落入专利权的保护范围。

（2）涉诉专利技术不涉及公司产品的核心技术，发行人有成熟稳定的替代方案

发行人安全带产品的核心专利技术主要由原理设计专利及组件设计专利有机结合形成。原理设计构成安全带产品的整体框架设计及功能，组件设计构成安全带产品的性能及稳定性。

安全带产品通常由 1 个原理设计及 40~60 个组件设计组成，每个组件通常有

4~10种不同的设计方案，不同设计方案之间有一定的可替代空间。上述诉讼中涉及的专利均为组件设计专利，不涉及公司的产品的核心技术，且发行人具有充足的技术储备，具有成熟稳定的替代方案。

（3）败诉情况下对发行人财务及生产经营影响较小

虽然发行人预计在上述案件中被判定专利侵权风险较低，但是如果发行人败诉，则可能在生产经营及诉讼赔偿两个方面产生影响，奥托里夫具体诉讼请求如表200所示：

表200

序号	诉讼请求	财务影响预计
1	停止制造及销售侵害涉案专利的侵权产品	公司涉诉产品均已停止生产，且已完成设计变更，如公司被判定为侵权，不会造成公司损失
2	销毁库存侵权产品及相应的生产专用工具	截至2020年6月底，公司存货中涉及诉讼侵权产品的金额为44.43万元，相应的生产专用模具金额为0.40万元，合计金额较小，占发行人2019年利润总额比例为0.49%，比例较低
3	上述两起诉讼合计主张公司赔偿200万元	公司2019年度利润总额为9237.54万元，赔偿金额占发行人2019年利润总额比例为2.16%，比例较低
4	主张公司承担奥托里夫为涉诉案件支出的合理费用及诉讼费用	预计公司可能承担的诉讼费金额较低，公司可能承担的原告的合理费用及诉讼费用金额较小

①发行人涉诉产品已完成现有技术替代，败诉可能造成的间接经济损失有限

第一起诉讼涉及的设计应用于“机械板支架组件”，除了涉诉的设计方案之外，发行人另有6种不同的方案可供选择。由于客户后续反馈涉诉的方案设计存在一定设计缺陷，发行人设计并采用了全新的方案设计并获得客户认可，停止生产销售涉诉产品，该诉讼对发行人生产经营影响较小。

第二起诉讼涉及的设计应用于“平衡块组件”，除了涉诉的设计方案之外，发行人另有3种不同的方案可供选择，其他方案替换该方案后，不会对发行人产品性能产生影响，并且该诉讼所涉及产品产销量较小，后续发行人进行了设计变更，该诉讼所涉及产品的生产已逐步减少，目前已停止生产。因此，该诉讼对发行人生产经营影响较小。

综上所述，涉诉产品公司均已停止生产，即使发行人败诉，停止制造及销售相关产品，对发行人生产经营影响较小，间接损失有限。

②败诉可能给公司造成的直接经济损失有限

如果发行人败诉，可能产生的直接经济损失包括：销毁涉诉产品及相应的生产专用工具、赔偿金额合计 244.83 万元及承担奥托里夫为涉诉案件支出的合理费用及诉讼费用。

由于第一起诉讼涉诉产品发行人已经于 2019 年停止生产销售；第二期诉讼涉诉产品未形成规模，因此，发行人涉诉产品结余存货数量较少，截至 2020 年 6 月底，结余金额为 44.43 万元；第一起诉讼及第二起诉讼涉及产品结构简单，不存在专用生产设备，仅包含个别零星模具，截至 2020 年 6 月底，相关模具账面余额为 3956.96 元；第一起诉讼及第二起诉讼分别请求赔偿金额 100 万元，合计 200 万元；经测算，上述经济损失合计为 244.83 万元，占发行人 2019 年当期利润总额比例为 2.65%。因此，即使败诉，上述诉讼可能造成的直接经济损失有限。

综上所述，发行人预计被判定专利侵权风险较低，如果发行人败诉，对发行人财务及生产经营影响较小。

（4）实际控制人承诺

针对上述涉诉事项可能给发行人及上市后的未来公众股东带来利益损失，发行人实际控制人已出具承诺：若上述专利诉讼最后形成对松原股份任何不利结果，则其将承担生效判决结果所认定的应由发行人承担的赔偿金、诉讼费用等一切损失，并向松原股份补偿因上述专利诉讼导致的生产、经营损失，以保证松原股份和松原股份上市后的未来公众股东不会因此遭受任何损失。

4. 诉讼进展

（1）发行人已聘请专业机构积极应诉，并委托专业机构就涉诉专利 201080034686.6 提出无效申请，同时为 200580004469.1 专利的无效申请做准备。

（2）发行人于 2020 年 6 月 20 日收到第一起诉讼的应诉通知书，并于 2020 年 7 月 4 日就第一起诉讼向上海知识产权法院提出了管辖权异议申请，要求移送至宁波市中级人民法院管辖；发行人于 2020 年 7 月 20 日收到第二起诉讼的起诉状。

二、解决思路

诉讼或仲裁事项重点是该诉讼或仲裁事项是否对发行人的生产经营以及财务状况产生重大不利影响。

1. 发行人应完整披露报告期内的对股权结构、生产经营、财务状况、未来发展等可能产生较大影响的诉讼或仲裁事项，包括案件受理情况和基本案情，案由、诉讼或仲裁请求，判决、裁决结果及执行情况，诉讼或仲裁事项对发行人的影响，诉讼或仲裁事项的最新进展等。申报期新增诉讼案件的，也应及时进行补充披露。

2. 判断未决诉讼或仲裁对发行人日常业务经营和财务状况是否会产生实质性不利影响，对发行人持续经营能力是否构成重大不利影响。主要可以从以下几个角度展开：

（1）预估涉案案件的判决或裁决结果。可由律师事务所出具关于案件情况的法律意见，对案件涉及的争议焦点进行分析，得出结论，如凯赛生物。

（2）预计败诉的损失金额与发行人净资产和净利润的占比。即便案件败诉，对发行人也不会有较大影响。如金山办公，发行人虽然存在两起争议金额在100万元以上的重大诉讼，但发行人2018年经审计总资产达16亿元，净利润达3.1亿元，且已于2016年为未决诉讼预提500万元的预计负债，未决诉讼不会对发行人构成实质性不利影响。

（3）涉及主要产品、核心商标、专利、技术等方面的诉讼或仲裁，评估是否会对发行人生产经营的影响，尤其是发行人的核心竞争力是否依赖该等知识产权。如松原股份，强调发行人核心竞争力并不依赖单独一项或单一领域的专利技术，发行人已建立完备的知识产权保护体系，不断完善保密措施，并通过持续的研发投入和人才引进进行技术更新迭代，发行人专利被申请无效或者涉及纠纷不会对发行人生产经营造成重大不利影响。

（4）由实际控制人出具兜底承诺，若因未决诉讼或仲裁事项对发行人产生不利结果，实际控制人将承担生效判决或裁决结果所认定的由发行人承担的赔偿金、诉讼仲裁费用等一切损失。以保障发行人上市后的未来公众股东不会因此遭受任何损失。

3. 报告期内，发行人控股股东、实际控制人、控股子公司、董事、监事、高级管理人员和核心技术人员涉及的重大诉讼、仲裁事项比照发行人。

4. 应充分披露发行人涉及诉讼或仲裁的风险。如前所述，涉及主要产品、核心商标、专利、技术等方面的诉讼或仲裁可能对发行人生产经营造成重大影响，或者诉讼、仲裁有可能导致发行人实际控制人变更，或者其他可能导致发行人不符合发行条件的情形，审慎判断是否构成发行的法律障碍。

【具体核查要点】

1. 报告期内发行人及控股股东、实际控制人、控股子公司、董事、监事、高级管理人员和核心技术人员涉及的诉讼、仲裁的基本情况、案由、诉讼请求、诉讼仲裁最新进展等，申报期新增诉讼案件等情况；

2. 发行人是否存在重大偿债风险，是否对发行人的经营业绩造成重大不利影响；

3. 诉讼或仲裁是否涉及发行人的核心技术，是否对发行人的生产经营造成不利影响；

4. 发行人董事、监事、高级管理人员和核心技术人员是否存在涉及刑事诉讼的情况。

【核查方式】

1. 查阅发行人及其合并报表范围内子公司、持有发行人 5% 以上股份的股东、发行人的实际控制人、发行人的董事、高级管理人员关于是否存在尚未了结的或可预见的重大诉讼、仲裁及行政处罚案件的说明，如有，应提供全部相关文件，包括但不限于起诉状、应诉通知书、证据材料等；

2. 查询各主体住所地 / 户籍所在地 / 经常居住地、主要经营地、主要客户所在地司法机关公告信息；通过包括但不限于网站在内的公开信息查询相关诉讼、仲裁及行政处罚案件情况；

3. 就可能涉及的重大诉讼、仲裁及行政处罚案件，对发行人及其子公司办公室主管人员、法务主管人员、邮件收发人员、常年法律顾问进行访谈，并制作访谈笔录；

4. 向相关人员住所地 / 户籍所在地 / 经常居住地、主要经营地、主要客户所在地法院、仲裁委员会、行政主管机关、消费者协会、公安机关发出函证并取得其回执，或直接走访并制作访谈笔录或查验记录；

5. 查询网络公开信息，了解媒体的相关报道。

三、参考规范

《首次公开发行股票并上市管理办法》

第二十八条　发行人不存在重大偿债风险，不存在影响持续经营的担保、诉讼以及仲裁等重大或有事项。

《上海证券交易所科创板股票发行上市审核问答（二）》

13. 影响发行人持续经营能力的重要情形有哪些？中介机构应当如何进行核查？

答：发行人存在以下情形的，保荐机构和申报会计师应重点关注是否影响发行人持续经营能力，具体包括：……（九）对发行人业务经营或收入实现有重大影响的商标、专利、专有技术以及特许经营权等重要资产或技术存在重大纠纷或诉讼，已经或者未来将对发行人财务状况或经营成果产生重大影响……

保荐机构和申报会计师应详细分析和评估上述情形的具体表现、影响程度和预期结果，综合判断是否对发行人持续经营能力构成重大不利影响，审慎发表明确核查意见，并督促发行人充分披露可能存在的持续经营风险。

《深圳证券交易所创业板股票首次公开发行上市审核问答》

4. 发行条件规定发行人“具有直接面向市场独立持续经营的能力”。影响发行人持续经营能力的重要情形有哪些？中介机构应当如何进行核查？

答：如发行人存在以下情形，中介机构应重点关注该情形是否影响发行人持续经营能力：……（九）对发行人业务经营或收入实现有重大影响的商标、专利、专有技术以及特许经营权等重要资产或技术存在重大纠纷或诉讼，已经或者未来将对发行人财务状况或经营成果产生重大影响。……中介机构应详细分析和评估上述情形的具体表现、影响程度和预期结果，综合判断上述情形是否对发行人持续经营能力构成重大不利影响，审慎发表明确意见，并督促发行人充分披露可能存在的持续经营风险。

《首发业务若干问题解答》

问题 13　对于发行人的诉讼或仲裁事项，应如何进行核查和信息披露？

答：(1）发行人应当在招股说明书中披露对股权结构、生产经营、财务状况、未来发展等可能产生较大影响的诉讼或仲裁事项，包括案件受理情况和基本案情，诉讼或仲裁请求，判决、裁决结果及执行情况，诉讼或仲裁事项对发行人的影响等。如诉讼或仲裁事项可能对发行人产生重大影响，应当充分披露发行人涉及诉讼或仲裁的有关风险。

(2）保荐机构、发行人律师应当全面核查报告期内发生或虽在报告期外发生但仍对发行人产生较大影响的诉讼或仲裁的相关情况，包括案件受理情况和基本案情，诉讼或仲裁请求，判决、裁决结果及执行情况，诉讼或仲裁事项对发行人的影响等。

发行人提交首发申请至上市期间，保荐机构、发行人律师应当持续关注发行人诉讼或仲裁的进展情况、发行人是否新发生诉讼或仲裁事项。发行人诉讼或仲裁的重大进展情况以及新发生的对股权结构、生产经营、财务状况、未来发展等可能产生较大影响的诉讼或仲裁事项，应当及时补充披露。

(3）发行人控股股东、实际控制人、控股子公司、董事、监事、高级管理人员和核心技术人员涉及的重大诉讼或仲裁事项比照上述标准执行。

(4）涉及主要产品、核心商标、专利、技术等方面的诉讼或仲裁可能对发行人生产经营造成重大影响，或者诉讼、仲裁有可能导致发行人实际控制人变更，或者其他可能导致发行人不符合发行条件的情形，保荐机构和发行人律师应在提出明确依据的基础上，充分论证该等诉讼、仲裁事项是否构成本次发行的法律障碍并审慎发表意见。

《科创板首次公开发行股票注册管理办法》

第十二条　发行人业务完整，具有直接面向市场独立持续经营的能力：

……（三）发行人不存在主要资产、核心技术、商标等的重大权属纠纷，重大偿债风险，重大担保、诉讼、仲裁等或有事项，经营环境已经或者将要发生重大变化等对持续经营有重大不利影响的事项。

《公开发行证券的公司信息披露内容与格式准则第 41 号——科创板公司招股说明书》

第六十二条　发行人应分析披露其具有直接面向市场独立持续经营的能力：

……（七）发行人不存在主要资产、核心技术、商标的重大权属纠纷，重大偿债风险，重大担保、诉讼、仲裁等或有事项，经营环境已经或将要发生的重大变化等对持续经营有重大影响的事项。

第九节　行政处罚

行政处罚是指行政机关或法律、法规授权的组织依照法定职权和程序，对违反行政法规范但尚未构成犯罪的相对人，给予行政制裁的具体行政行为。拟上市公司实务中往往存在因运作不规范而违反相关法律法规从而遭到行政处罚的情况。

截至 2020 年 12 月 31 日，孚能科技、交控科技、君实生物、天臣医疗、容百科技、仲景食品、华特股份、通源环境、九号智能、复旦张江等近五十家企业存在行政处罚情形。

一、典型案例

孚能科技（688567）

孚能科技（赣州）股份有限公司（以下简称发行人）2019 年 9 月 16 日提交的招股说明书（申报稿）中披露：发行人于 2016 年 11 月 22 日因超期变更注册信息被赣州海关处以警告处罚。

针对上述情形，发审委要求发行人对下列事项进行说明，并要求保荐机构、发行人律师核查并发表明确意见：是否整改到位，相关内部控制制度是否健全且得到有效执行，上述处罚是否属于重大违法行为；报告期内，发行人及其控股股东、实际控制人、董事、监事和高级管理人员是否存在重大违法违规行为。

根据发行人律师出具的补充法律意见书披露显示：[1]

1. 是否整改到位，相关内部控制制度是否健全且得到有效执行，上述处罚是否属于重大违法行为

（1）中华人民共和国赣州海关于 2016 年 11 月 22 日向发行人出具了《赣州海关

〔1〕《北京市竞天公诚律师事务所关于孚能科技（赣州）股份有限公司首次公开发行人民币普通股股票并在科创板上市的补充法律意见书（一）》，载上海证券交易所网，http：//static.sse.com.cn/stock/information/c/201912/699e6215030a465abefdfcf41abaa607.pdf，最后访问日期：2021 年 5 月 21 日。

当场处罚决定书》，由于发行人于2016年9月6日向赣州市工商局办理营业执照变更，公司类型由“有限责任公司（中外合资）”变更为“有限责任公司（自然人投资或控股）”，并于2016年11月22日向赣州海关申请注册信息变更并报告超期变更的事实，赣州海关认定上述行为涉嫌违反《海关报关单位注册登记管理规定》（以下简称《报关登记管理规定》）第三十一条“进出口货物收发货人企业名称、企业性质、企业住所、法定代表人（负责人）等海关注册登记内容发生变更的，应当自变更生效之日起30日内，持变更后的营业执照副本或者其他批准文件以及复印件，到注册地海关办理变更手续”的规定，并根据《报关登记管理规定》第四十条第一项的规定，对发行人处以警告的行政处罚。2016年11月22日，发行人已向赣州海关申请办理变更手续，该等变更手续已完成。

根据《报关登记管理规定》第四十条规定：“报关单位有下列情形之一的，海关予以警告，责令其改正，可以处1万元以下罚款：（一）报关单位企业名称、企业性质、企业住所、法定代表人（负责人）等海关注册登记内容发生变更，未按照规定向海关办理变更手续的……”赣州海关就发行人前述违法行为处以警告的行政处罚。

赣州海关办公室于2019年7月17日出具证明，发行人的前述超期变更注册信息行为不属于重大违法行为。

根据《科创板审核问答》第3条的有关指导意见，发行人本次行政处罚未被处以罚款及以上行政处罚，不属于该条所列举的重大违法违规行为的情形。

除上述行政处罚之外，发行人未被海关主管部门处以其他行政处罚。

（2）为避免类似事项再次发生，发行人组织相关人员学习《报关登记管理规定》，强化其及时更新海关注册登记内容的意识，并将相关工作入考核中，健全常态化管理；相关内部控制制度健全且得到有效执行。

综上所述，发行人已就上述超期变更注册信息行为整改到位，健全相关内部控制制度并得到有效执行；且上述超期变更行为违法情节较为轻微，主管机关已书面确认不属于重大违法行为，该行为亦不属于《科创板审核问答》第3条列举的重大违法违规行为，上述违法行为不构成重大违法行为，不会对发行人本次发行上市构成实质法律障碍。

2. 报告期内，发行人及其控股股东、实际控制人、董事、监事和高级管理人员是否存在重大违法违规行为

报告期内，公司及其控股股东、实际控制人不存在贪污、贿赂、侵占财产、挪用财产或者破坏社会主义市场经济秩序的刑事犯罪，不存在欺诈发行、重大信息披露违法或者其他涉及国家安全、公共安全、生态安全、生产安全、公众健康安全等领域的

重大违法行为。上述人员不存在因涉嫌犯罪被司法机关立案侦查或者涉嫌违法违规被立案调查，尚未有明确结论意见等情形。

君实生物（688180）

上海君实生物医药科技股份有限公司（以下简称发行人）2019 年 9 月 26 日提交的招股说明书（申报稿）中披露：苏州君盟未按约定开工建设或完成竣工。

针对上述情形，发审委要求发行人对下列事项进行说明，并要求保荐机构、发行人律师核查并发表明确意见：报告期内发行人存在的违法违规是否受到行政处罚或存在处罚风险，相关违法事项是否已经整改完毕，是否涉及国家安全、公共安全、生态安全、生产安全、公众健康安全等领域的重大违法行为。

根据发行人律师出具的补充法律意见书披露显示：[1]

1. 苏州君盟未按约定开工建设或完成竣工。

根据苏州君盟与苏州市吴江区国土资源局于 2015 年 7 月 15 日签署的《国有建设用地使用权出让合同》，苏州市吴江区国土资源局将上述苏〔2018〕苏州市吴江区不动产权第 9107161 号、苏〔2018〕苏州市吴江区不动产权第 9107162 号、苏〔2018〕苏州市吴江区不动产权第 9107163 号国有建设用地使用权出让给苏州君盟，并约定宗地建设项目在 2016 年 9 月 6 日之前开工，在 2017 年 9 月 5 日之前竣工；苏州君盟未按约定开工建设或完成竣工的，每延期一日，应按土地出让金的 0.1% 向苏州市吴江区国土资源局支付违约金。苏州君盟于 2018 年 9 月 12 日取得上述国有建设用地使用权的权属证书，但未能于《国有建设用地使用权出让合同》约定的期限内开工建设。

苏州君盟已就上述土地上的建设工程取得建设用地规划许可证、建设工程规划许可证、建筑工程施工许可证；苏州市吴江区自然资源和规划局已同意本宗地建设项目延期至 2020 年 2 月 27 日竣工。

苏州市吴江经济技术开发区国土分局负责人员认为主管部门暂时不会就延期开工将苏州君盟的上述 3 块土地列为闲置土地或进行处罚；届时在 2020 年 2 月 27 日无法按时竣工的，苏州君盟申请再次延期竣工不存在障碍。

鉴于：（1）苏州君盟未因上述事项遭受主管部门的行政处罚或被要求支付违约金，且主管部门已确认暂时不会就延期开工将苏州君盟上述 3 块土地列为闲置土地或进行处罚；（2）主管部门已同意苏州君盟的上述 3 块土地上的建设项目延期竣工，且

〔1〕《北京市嘉源律师事务所关于上海君实生物医药科技股份有限公司首次公开发行股票并在科创板上市之补充法律意见书（二）》，载上海证券交易所网，http：//static.sse.com.cn/stock/information/c/201912/b34f02fb24904a239aab266f621b1102.pdf，最后访问日期：2021 年 5 月 21 日。

确认再次申请延期竣工不存在障碍；（3）发行人子公司苏州君盟已就上述建设用地上的建设项目制定较为明确的施工计划。

苏州君盟未按照《国有建设用地使用权出让合同》的约定在上述国有建设用地上开工建设及竣工，存在被行政处罚的风险，但不属于涉及国家安全、公共安全、生态安全、生产安全、公众健康安全等领域的重大违法行为。

2. 发行人或其境内子公司在报告期内受到的行政处罚及整改情况如表 201 所示：

表 201

序号	主体	处罚机关	处罚时间	处罚原因	罚款金额 / 元	整改情况
1	军科镜德	北京市昌平区国家税务局	2016 年 11 月	未按照规定期限办理纳税申报和报送纳税材料	100	已缴纳相应罚款，整改完毕
2	泰州君实	江苏省泰州市地方税务局第五税务分所	2017 年 11 月	未按照规定期限办理纳税申报和报送纳税材料	300	已缴纳相应罚款，整改完毕
3	苏州众合	苏州市吴江地方税务局第一税务分局	2018 年 5 月	未按照规定期限办理纳税申报和报送纳税材料	100	已缴纳相应罚款，整改完毕
4	泰州君实	国家税务总局泰州市税务局第三税务分局	2019 年 4 月	2018 年 10 月至 2019 年 2 月未按照规定期限办理纳税申报和报送纳税材料	450	已缴纳相应罚款，整改完毕
5	泰州君实	国家税务总局泰州市税务局第三税务分局	2019 年 7 月	2019 年 4 月 1 日至 2019 年 4 月 30 日印花税（技术合同）未按期进行申报；2019 年 5 月 1 日至 2019 年 5 月 31 日印花税（技术合同）未按期进行申报；2019 年 5 月 1 日至 2019 年 5 月 31 日个人所得税（个人薪金所得）未按期进行申报	350	已缴纳相应罚款，整改完毕

就发行人境内子公司的上述第 1~5 项行政处罚事项，根据《税收征收管理法》第六十二条规定，“纳税人未按照规定的期限办理纳税申报和报送纳税资料的，或者扣缴义务人未按照规定的期限向税务机关报送代扣代缴、代收代缴税款报告表和有关资料的，由税务机关责令限期改正，可以处二千元以下的罚款；情节严重的，可以处二千元以上一万元以下的罚款”，上述行政处罚的金额较低，不属于“情节严重”的范围。并且，上述第 2 项、第 4 项、第 5 项处罚事项已取得相关税务主管部门出具的

证明，确认该等税收违规行为不属于“情节严重”的违规行为，亦不构成重大违法违规行为。该等行政处罚对应的税收违规行为不属于涉及国家安全、公共安全、生态安全、生产安全、公众健康安全等领域的重大违法行为。

综上所述，苏州君盟未按约定开工建设及竣工，存在被行政处罚的风险，但不属于涉及国家安全、公共安全、生态安全、生产安全、公众健康安全等领域的重大违法行为；发行人或其子公司于报告期内受到的行政处罚对应的违规行为均已整改完毕，不属于涉及国家安全、公共安全、生态安全、生产安全、公众健康安全等领域的重大违法行为。

容百科技（688005）

宁波容百新能源科技股份有限公司（以下简称发行人）2019年3月22日提交的招股说明书（申报稿）披露：2017年，海关稽查发现公司进口货物价格申报不实。宁波海关对公司处以罚款人民币22,000元。2016年5月17日，EMT株式会社因经营场所废弃物（脱水废弃物）的保存方式不当受到采取处理废弃物措施的命令，及处以200万韩元的过失性处罚的行政处分。

针对上述情形，发审委要求发行人对下列事项进行说明，并要求保荐机构、发行人律师核查并发表明确意见：上述处罚事项对发行人生产经营的影响；该等事项是否构成重大违法违规；境外律师认为EMT株式会社被处以200万韩元的过失性处罚属于程度较低的行政处罚的依据和合理性。

根据发行人律师出具的补充法律意见书披露显示：[1]

因发行人及EMT株式会社的工作人员的工作疏忽，导致发行人进口货物价格申报差错，EMT株式会社废弃物保存不当。收到主管部门的处罚/处分后，发行人及EMT株式会社已进行了整改，并及时缴纳了罚款。目前发行人及EMT株式会社的生产经营正常开展。

截至2018年12月31日，发行人净资产（合并报表口径归属于母公司的所有者权益）为313,006.03万元，上述罚款合计约3万元人民币（200万韩元约合1.17万人民币），占公司净资产的比例较低。

宁波市镇海海关缉私分局于2018年8月3日出具证明函，确认发行人存在的上述违法违规行为情节轻微，未造成重大不利影响，不属于重大违法违规行为，甬关余

〔1〕《国浩律师（上海）事务所关于宁波容百新能源科技股份有限公司首次公开发行股票并在科创板上市之补充法律意见书（一）》，载上海证券交易所网，http://static.sse.com.cn/stock/information/c/201905/b3e90c0931ee4c0b8907b86364465a20.pdf，最后访问日期：2021年5月21日。

缉违字〔2017〕0003 号文件对发行人做出的行政处罚不属于重大行政处罚；并证明自 2015 年 1 月 1 日至今，发行人不存在因违反有关海关管理的法律、法规而受到重大行政处罚的情形。

根据境外律师出具的尽职调查报告，根据韩国相关法律法规，公司未按照废弃物管理法第 13 条规定处理废弃物的，处以责令改正及 2 年以下的有期徒刑或 2000 万韩元以下的罚金及 / 或 1000 万韩元以下的过失性罚款。在上述规定的行政处罚标准中，200 万韩元的过失性处罚属于较低的处罚。基于此，境外律师认为 EMT 株式会社被处以 200 万韩元的过失性处罚属于程度较低的行政处罚。

综上所述，上述事项不会对发行人生产经营产生重大不利影响，不构成重大违法违规，不构成发行人发行上市实质性障碍。

科翔电子（300903，创业板）

广东科翔电子科技股份有限公司（以下简称发行人）2020 年 6 月 22 日提交的招股说明书（申报稿）中披露，2018 年发行人子公司大亚湾科翔被惠州市生态环境局处以罚款 20 万元。

针对上述情形，发审委要求发行人对下列事项进行披露，并要求保荐机构、发行人律师核查并发表明确意见：上述处罚是否构成重大违法行为，是否构成本次发行障碍。

根据发行人律师出具的补充法律意见书披露显示：[1]

1. 行政处罚及整改情况

（1）2018 年 6 月 14 日，惠州大亚湾经济技术开发区环境保护局向发行人子公司大亚湾科翔出具行政处罚决定书（惠湾环罚字〔2018〕58 号），主要内容如下：

2016 年 12 月 14 日现场检查中，位于大亚湾霞涌东兴路 1 号的大亚湾科翔烘烤车间产生的废气未经过废气处理设施直接排放到外环境中，以不正常运行大气污染防治设施的方式排放大气污染物。上述行为违反了《环境保护法》第四十二条第四款及《大气污染防治法》第二十条第二款的有关规定。

惠州大亚湾经济技术开发区环境保护局依据《环境保护法》第六十三条第三项及《大气污染防治法》第九十九条第三项的有关规定，并参照《惠州市环境保护局环境行政处罚自由裁量权裁量标准》序号 25 的相关规定进行裁量，责令大亚湾科翔立即

---

〔1〕《关于广东科翔电子科技股份有限公司首次公开发行股票并在创业板上市的补充法律意见书（一）》，载深圳证券交易所网，http：//reportdocs.static.szse.cn/UpFiles/rasinfodisc/RAS_00017389808ACB3FB06895AFE9B0503F.pdf，最后访问日期：2021 年 5 月 21 日。

改正违法行为，并处以 20 万元的罚款。

（2）大亚湾科翔已改正违法行为并缴纳了 20 万元罚款，并进一步采取了以下整改措施：①就废气排放问题，采取了保养原废气塔、更新氨雾塔的喷淋泵、修建两座有机废气处理塔等措施减少废气外泄；②制定环境保护管理制度，加强巡查抽查和日常监测工作，确保环保设施正常运行；③将沉铜、电镀、喷锡等产生废气较多的生产工序采用外协加工生产，减少污染物的产生。

根据 2017 年一季度惠州大亚湾经济开发区环境监测站出具的监测报告（惠湾环监（综）字〔2017〕第 122 号），大亚湾科翔污染源监测的排气筒监测项目达标。

报告期内大亚湾科翔大气排放达标，合规运行情况良好。

2. 是否构成重大违法行为，是否构成本次发行障碍

（1）不属于《大气污染防治法》规定的“情节严重”的违法行为

根据行政处罚决定书（惠湾环罚字〔2018〕58 号），大亚湾科翔上述行为违反了《环境保护法》（2014 年修订）第四十二条第四款：“严禁通过暗管、渗井、渗坑、灌注或者篡改、伪造监测数据，或者不正常运行防治污染设施等逃避监管的方式违法排放污染物”，及当时有效的《大气污染防治法》（2015 年修订）第二十条第二款：“禁止通过偷排、篡改或者伪造监测数据、以逃避现场检查为目的的临时停产、非紧急情况下开启应急排放通道、不正常运行大气污染防治设施等逃避监管的方式排放大气污染物。”

根据当时有效的《大气污染防治法》（2015 年修订）第九十九条：“违反本法规定，有下列行为之一的，由县级以上人民政府环境保护主管部门责令改正或者限制生产、停产整治，并处十万元以上一百万元以下的罚款；情节严重的，报经有批准权的人民政府批准，责令停业、关闭：……（三）通过逃避监管的方式排放大气污染物的。”

大亚湾科翔上述违法行为不属于当时有效的《大气污染防治法》（2015 年修订）规定的“情节严重”的违法行为。

（2）不属于惠州市生态环境局规定的重大违法情节

参照《惠州市环境保护局主要环境违法行为行政处罚自由裁量权裁量标准》（2016 年版）序号 25，大亚湾科翔上述违法行为属于该裁量标准规定的违法程度“一般”之“对大气环境影响一般项目③不正常运行大气污染防治设施”，不属于违法程度“较重”、“严重”或“特别严重”的违法情节范围。

（3）政府主管部门认定不属于重大违法情节

惠州市生态环境局于 2019 年 8 月 15 日出具《关于商请提供惠州市大亚湾科翔科技电路板有限公司证明材料的复函》（惠市环函〔2019〕824 号），主要内容如下：大

亚湾科翔 2018 年 6 月 14 日因违反大气污染防治有关法律法规，被行政处罚（惠湾环罚字〔2018〕58 号），参照《惠州市环境保护局主要环境违法行为行政处罚自由裁量权裁量标准（2016 年版）》中第 25 项“违法程度一般，对大气环境影响一般项目，不正常运行大气污染防止设施”进行裁量，处以 20 万元罚款。大亚湾科翔已按时缴纳了上述全部罚款并完成了整改。大亚湾科翔自 2016 年 1 月 1 日以来未发生重大环境污染事故。

综上所述，发行人子公司大亚湾科翔上述环保行政处罚所涉违规行为未导致严重环境污染，不属于相关法律、法规和规范性文件规定的“情节严重”的违法行为，政府主管部门亦认定该行为不属于重大违法情节，发行人子公司上述环保行政处罚不构成重大违法行为，不会构成本次发行上市的实质性法律障碍。

二、解决思路

报告期内存在行政处罚，只要不属于重大违法违规行为，通常不会成为企业 IPO 的实质性障碍。关键在于以下几方面：

1. 发行人应完整披露报告期内存在的行政处罚，包括受到行政处罚的背景、原因和经过。并说明以下情况：

（1）是否属于重大违法行为

①是否属于相关法律、法规、规范性文件规定的“情节严重”的违法行为。

②由行政机关书面确认该行政处罚是否属于重大违法违规行为；可参考该行政机关的行政处罚自由裁量权裁量标准（如有）。

③结合处罚金额、处罚依据及审核问答指导意见的相关规定，该行政处罚是否导致严重环境污染、重大人员伤亡或社会影响恶劣。

以科创板为例：根据《科创板审核问答》的相关规定，“最近 3 年内，发行人及其控股股东、实际控制人在国家安全、公共安全、生态安全、生产安全、公众健康安全等领域，存在以下违法行为之一的，原则上视为重大违法行为：被处以罚款等处罚且情节严重；导致严重环境污染、重大人员伤亡、社会影响恶劣等。

有以下情形之一且中介机构出具明确核查结论的，可以不认定为重大违法：违法行为显著轻微、罚款数额较小；相关规定或处罚决定未认定该行为属于情节严重；有权机关证明该行为不属于重大违法。但违法行为导致严重环境污染、重大人员伤亡、社会影响恶劣等并被处以罚款等处罚的，不适用上述情形。”

④对于严重损害公司利益、投资者合法权益或社会公共利益的重大违法行为，还需根据行为性质、主观恶性程度、社会影响等具体情况综合判断。

（2）对发行人生产经营的影响

结合处罚事项是否影响发行人正常生产经营，罚款占发行人主营业务收入或净资产的比例（占比不超过 5%）等综合因素，说明行政处罚是否对发行人生产经营造成重大影响。

2. 处罚事项应整改到位，相关内部控制制度健全且得到有效执行。组织相关人员学习规定，强化守法意识，将相关工作纳入考核中，健全常态化管理等。发行人出现短时间内多次被处罚的情况，还应当对内控是否存在重大缺陷进行分析。

3. 处罚涉及境外子公司的，应由境外律师事务所出具法律意见，对该项处罚是否构成重大违法违规发表明确意见。

4. 发行人还需注意保留行政处罚的相关材料，包括行政处罚决定书、罚款缴纳凭证以及相关行政复议和诉讼材料以便后续的解释说明。未在招股说明书中完整披露行政处罚的，应当说明原因。

【具体核查要点】

1. 报告期内，发行人及其子公司、控股股东、实际控制人、董事、监事和高级管理人员是否存在重大违法违规行为；是否在招股说明书中披露行政处罚相关信息。

2. 行政处罚事项对发行人生产经营的影响；该等事项是否构成重大违法违规，是否涉及国家安全、公共安全、生态安全、生产安全、公众健康安全等领域的重大违法行为。

3. 是否整改到位，相关内部控制制度是否健全且得到有效执行。

4. 对于已撤销的行政处罚，相关主管部门是否可能依据违规事实重新作出相关行政处罚等。

【核查方式】

1. 查阅发行人及其子公司在报告期内的行政处罚决定书、罚款缴纳凭证、整改报告以及相关主体就行政处罚事项出具的书面说明；

2. 查阅相关项目资料，了解对于处罚的整改以及主管部门验收、确认情况，发行人对于行政处罚整改落实情况的说明；

3. 查阅《招股说明书》以及发行人的相关内控制度，了解发行人内控制度的执行情况；

4. 访谈发行人相关人员，了解违法行为产生的原因以及背景；

5. 对相关监管机关和主管部门进行访谈并取得其出具的证明，查阅相关主管部门网站关于违法违规、行政处罚相关的公示公告；

6. 查阅相关法律法规以及各地方关于行政处罚的相关裁量基准等规范性文件；

7. 查阅国家企业信用信息公示系统、中国裁判文书网、最高人民法院全国法院被执行人信息查询网站、中国执行信息公开网、中国证监会证券期货市场失信记录查询平台网站、信用中国网站等网站公示信息，以及发行人所在地的市场监督管理局、税务局、应急管理局、生态环境局、人力资源和社会保障局、公积金管理中心等主管政府部门网站的公开信息。

三、参考规范

《行政处罚法》

第二条　行政处罚是指行政机关依法对违反行政管理秩序的公民、法人或者其他组织，以减损权益或者增加义务的方式予以惩戒的行为。

第三条　行政处罚的设定和实施，适用本法。

第四条　公民、法人或者其他组织违反行政管理秩序的行为，应当给予行政处罚的，依照本法由法律、法规、规章规定，并由行政机关依照本法规定的程序实施。

第九条　行政处罚的种类：

（一）警告、通报批评；

（二）罚款、没收违法所得、没收非法财物；

（三）暂扣许可证件、降低资质等级、吊销许可证件；

（四）限制开展生产经营活动、责令停产停业、责令关闭、限制从业；

（五）行政拘留；

（六）法律、行政法规规定的其他行政处罚。

第三十二条　当事人有下列情形之一，应当从轻或者减轻行政处罚：

（一）主动消除或者减轻违法行为危害后果的；

（二）受他人胁迫或者诱骗实施违法行为的；

（三）主动供述行政机关尚未掌握的违法行为的；

（四）配合行政机关查处违法行为有立功表现的；

（五）法律、法规、规章规定其他应当从轻或者减轻行政处罚的。

第三十三条　违法行为轻微并及时改正，没有造成危害后果的，不予行政处罚。初次违法且危害后果轻微并及时改正的，可以不予行政处罚。

当事人有证据足以证明没有主观过错的，不予行政处罚。法律、行政法规另有规定的，从其规定。

对当事人的违法行为依法不予行政处罚的，行政机关应当对当事人进行教育。

《首次公开发行股票并上市管理办法》

第十八条　发行人不得有下列情形：

……（二）最近 36 个月内违反工商、税收、土地、环保、海关以及其他法律、行政法规，受到行政处罚，且情节严重……

《科创板首次公开发行股票注册管理办法（试行）》

第十三条 发行人生产经营符合法律、行政法规的规定，符合国家产业政策。

最近3年内，发行人及其控股股东、实际控制人不存在贪污、贿赂、侵占财产、挪用财产或者破坏社会主义市场经济秩序的刑事犯罪，不存在欺诈发行、重大信息披露违法或者其他涉及国家安全、公共安全、生态安全、生产安全、公众健康安全等领域的重大违法行为。

董事、监事和高级管理人员不存在最近3年内受到中国证监会行政处罚，或者因涉嫌犯罪被司法机关立案侦查或者涉嫌违法违规被中国证监会立案调查，尚未有明确结论意见等情形。

《公开发行证券的公司信息披露内容与格式准则第43号——科创板上市公司向不特定对象发行证券募集说明书》

第三十七条 发行人应披露报告期内与生产经营相关的重大违法违规行为及受到处罚的情况，并说明对发行人的影响。

发行人应披露报告期内发行人及其董事、监事、高级管理人员、控股股东、实际控制人被证监会行政处罚或采取监管措施及整改情况，被证券交易所公开谴责的情况，以及因涉嫌犯罪正在被司法机关立案侦查或者涉嫌违法违规正在被证监会立案调查的情况。

《公开发行证券的公司信息披露内容与格式准则第41号——科创板公司招股说明书》

第六十条 发行人应披露报告期内存在的违法违规行为及受到处罚的情况，并说明对发行人的影响。

第九十七条 发行人应披露控股股东、实际控制人报告期内是否存在重大违法行为。

《公开发行证券的公司信息披露内容与格式准则第28号——创业板公司招股说明书》

第六十条 发行人应披露报告期内存在的违法违规行为及受到处罚的情况，并说明对发行人的影响。

第九十五条 发行人应披露控股股东、实际控制人报告期内不存在贪污、贿赂、侵占财产、挪用财产或者破坏社会主义市场经济秩序的刑事犯罪，不存在欺诈发行、重大信息披露违法或者其他涉及国家安全、公共安全、生态安全、生产安全、公众健康安全等领域的重大违法行为。

《发行监管问答——首次公开发行股票申请审核过程中有关中止审查等事项的要求》

三、发行人的申请受理后至通过发审会期间，发生何种情形时将中止审查？

答：1.发行人、或者发行人的控股股东、实际控制人因涉嫌违法违规被中国证监会立案调查，或者被司法机关侦查，尚未结案。……

五、发行人中止审查后如何申请恢复审查，恢复审查后是否影响排队顺序？

答：发行人中止审查事项消失后，发行人及中介机构应当在5个工作日内提交恢复审查申请，履行以下程序：

1.发行人、或者发行人的控股股东、实际控制人因涉嫌违法违规被中国证监会立案调查，或者被司法机关侦查，已结案且不影响发行条件的，由发行人、保荐机构及发行人律师提交恢复审查申请。……

《上海证券交易所科创板股票发行上市审核问答》

问题3　对发行条件中"其他涉及国家安全、公共安全、生态安全、生产安全、公众健康安全等领域的重大违法行为"，应当如何理解？

答：最近3年内，发行人及其控股股东、实际控制人在国家安全、公共安全、生态安全、生产安全、公众健康安全等领域，存在以下违法行为之一的，原则上视为重大违法行为：被处以罚款等处罚且情节严重；导致严重环境污染、重大人员伤亡、社会影响恶劣等。

有以下情形之一且中介机构出具明确核查结论的，可以不认定为重大违法：违法行为显著轻微、罚款数额较小；相关规定或处罚决定未认定该行为属于情节严重；有权机关证明该行为不属于重大违法。但违法行为导致严重环境污染、重大人员伤亡、社会影响恶劣等并被处以罚款等处罚的，不适用上述情形。

《深圳证券交易所创业板股票首次公开发行上市审核问答》

15.对发行条件中"其他涉及国家安全、公共安全、生态安全、生产安全、公众健康安全等领域的重大违法行为"，应当如何理解？

答：最近3年内，发行人及其控股股东、实际控制人在国家安全、公共安全、生态安全、生产安全、公众健康安全等领域，存在以下违法行为之一的，原则上视为重大违法行为：被处以罚款等处罚且情节严重；导致严重环境污染、重大人员伤亡、社会影响恶劣等。

有以下情形之一且中介机构出具明确核查结论的，可以不认定为重大违法：违法行为显著轻微、罚款数额较小；相关规定或处罚决定未认定该行为属于情节严重；有权机关证明该行为不属于重大违法。但违法行为导致严重环境污染、重大人员伤亡、社会影响恶劣等并被处以罚款等处罚的，不适用上述情形。

发行人合并报表范围内的各级子公司，若对发行人主营业务收入或净利润不具有重要影响（占比不超过5%），其违法行为可不视为发行人本身存在相关情形，但其违法行为导致严重环境污染、重大人员伤亡或社会影响恶劣的除外。

如被处罚主体为发行人收购而来，且相关处罚于发行人收购完成之前执行完毕，原则上不视为发行人存在相关情形。但发行人主营业务收入和净利润主要来源于被处罚主体或违法行为社会影响恶劣的除外。

最近3年内无重大违法行为的起算时点，从刑罚执行完毕或行政处罚执行完毕之日起计算。

保荐人和发行人律师应对发行人及其控股股东、实际控制人是否存在上述事项进行核查，并对是否构成重大违法行为及发行上市的法律障碍发表明确意见。

《深圳证券交易所创业板上市公司证券发行上市审核问答》

问题2 《注册办法》要求上市公司及其控股股东、实际控制人最近三年不存在严重损害上市公司利益、投资者合法权益、社会公共利益的重大违法行为，发行人和中介机构应当如何把握?

答:(一)“重大违法行为”是指违反国家法律、行政法规或规章，受到刑事处罚或情节严重行政处罚的行为。被处以罚款以上行政处罚的违法行为，如有以下情形之一且中介机构出具明确核查结论的，可以不认定为重大违法行为:

1.违法行为显著轻微、罚款数额较小;

2.相关规定或处罚决定未认定该行为属于情节严重;

3.有权机关证明该行为不属于重大违法。但违法行为导致严重环境污染、重大人员伤亡或社会影响恶劣的除外。

(二)对于严重损害上市公司利益、投资者合法权益或者社会公共利益的重大违法行为，需根据行为性质、主观恶性程度、社会影响等具体情况综合判断。

(三)最近三年，上市公司及其控股股东、实际控制人存在欺诈发行、虚假陈述、内幕交易、市场操纵的，或者在国家安全、公共安全、生态安全、生产安全、公众健康安全等领域存在重大违法行为的，原则上视为严重损害上市公司利益、投资者合法权益、社会公共利益的重大违法行为。

(四)发行人合并报表范围内的各级子公司，若对发行人主营业务收入或净利润不具有重要影响(占比不超过5%)，其违法行为可不视为发行人本身存在相关情形，但其违法行为导致严重环境污染、重大人员伤亡或社会影响恶劣的除外。

(五)如被处罚主体为发行人收购而来，且相关处罚于发行人收购完成之前执行完毕，原则上不视为发行人存在相关情形。但发行人主营业务收入和净利润主要来源于被处罚主体或违法行为社会影响恶劣的除外。

(六)最近三年内无重大违法行为的起算时点，从刑罚执行完毕或行政处罚执行完毕之日起计算。

(七)保荐人和发行人律师应对发行人及其控股股东、实际控制人是否存在上述事项进行核查，并对是否构成重大违法行为及再融资的法律障碍发表明确意见。

第十章

其他问题

第一节　政策动态与国际形势

结合国内外的时事热点话题，近期对拟上市公司影响较为重大的政策动态与国际形势主要集中在新型冠状病毒肺炎疫情、中美贸易摩擦等方面。发审委关注重点在于政策动态与国际形势变化是否会对发行人经营业绩、持续盈利能力产生不利影响。

截至 2020 年 12 月 31 日，金宏气体、中信博、苑东生物、芯海科技、科思科技等 40 余家企业被发审委问询政策动态与国际形势相关问题。

一、典型案例

金宏气体（688106）

苏州金宏气体股份有限公司（以下简称发行人）提交的招股说明书披露，受 2020 年春节假期较早及 1 月暴发的新型冠状病毒肺炎疫情影响，公司全面复工推迟，下游客户需求大幅减少，预计 2020 年第一季度公司经营业绩将同比下降。

针对上述情形，发审委要求发行人对下列事项进行说明，并要求保荐机构、发行人律师核查并发表明确意见：疫情对发行人近期生产经营和财务状况的影响程度，包括具体影响面、停工及开工复工程度、日常订单或重大合同的履行是否存在障碍、预计一季度及上半年产能产量销量等业务指标情况及是否发生重大变化；如疫情对发行人有较大或重大影响，该影响是否为暂时性或阶段性，是否已采取必要的解决措施，未来期间是否能够逆转并恢复正常状态，是否会对全年经营业绩情况产生重大负面影响，对发行人持续经营能力及发行条件是否有重大不利影响。

根据发行人律师出具的补充法律意见书披露显示：[1]

1. 疫情对发行人近期生产经营和财务状况的影响程度，包括具体影响面、停工及开工复工程度、日常订单或重大合同的履行是否存在障碍、预计一季度及上半年产能产量销量等业务指标情况及是否发生重大变化。

（1）疫情对发行人经营的影响面

受2020年1月暴发的新型冠状病毒肺炎疫情影响，发行人部分车间及子公司复工时间推迟，部分员工因管控要求无法按时到岗，且发行人所在地区道路交通受疫情影响存在一定管制情况，部分下游企业由于复工时间推迟，开工率与往年同期相比较低，上述情况对发行人采购、生产及销售活动均产生了一定影响。

①采购方面气体行业的上游主要为大型钢厂、化工企业等，这些企业春节期间及疫情期间均维持正常生产，发行人主要供应商未因疫情原因停产，因此发行人原材料供应充足。但发行人采购主要通过公路运输，受疫情影响，政府2020年2月对部分地区的公路交通采取管制措施，发行人原材料运输受到一定影响。随着疫情逐渐好转，我国公路交通逐渐恢复正常，目前发行人原材料采购可满足正常生产经营需要。

②生产方面。因疫情原因，2020年春节假期过后发行人全面复工的时间较往年有所延迟。除母公司部分车间春节期间没有停工之外，母公司大多数车间及各子公司均停工放假，春节后经政府备案或批准于2月10日起陆续开始复工。因此，疫情对发行人一季度的生产活动有一定影响。截至本补充法律意见书出具之日，母公司及各个子公司均已全面复工。

③销售方面。发行人下游客户主要分布在电子半导体、生物医药、节能环保、新材料、新能源、高端装备制造等行业，受疫情影响，2020年2月部分下游企业复工时间有所延迟，下游客户开工率与往年同期相比较低，导致一季度下游需求整体有所下降。此外，疫情引发的交通管制导致发行人物流配送受到一定限制，对发行人产品销售产生了一定影响。随着疫情影响逐渐减弱，下游企业开工率逐渐恢复，由于发行人下游客户主要为国内客户，大部分客户的产品以内销为主，因此，发行人受国际疫情影响较小，销售活动目前已基本恢复正常。

（2）发行人的停工及开工复工情况

除母公司空分车间、超纯氨车间、氢气车间、医用氧车间等部分车间春节期间一直维持运转之外，母公司大部分车间以及各子公司均从2020年1月24日左右开始停工放假，2020年2月10日开始陆续复工复产。母公司和各个子公司均已全面复工，

[1]《江苏益友天元律师事务所关于苏州金宏气体股份有限公司首次公开发行股票并在科创板上市的补充法律意见书（二）》，载上海证券交易所网，http：//static.sse.com.cn/stock/information/c/202003/cf636413502b4fdd878bbb65416873b2.pdf，最后访问日期：2021年5月21日。

生产经营活动基本恢复正常。

（3）发行人日常订单或重大合同的履行不存在障碍

受疫情影响，下游企业对气体需求降低，发行人 2020 年 2 月订单数量较上年同期有所减少。由于发行人部分车间并未停工，且其他车间复工时间较早，因此对于在手订单均能保证正常供应，日常订单或重大合同的履行不存在障碍。

（4）预计一季度及上半年产能、产量、销量等业务指标情况及同比变动情况

受疫情影响，发行人预计一季度主要产品的产能、产量、销量等业务指标与上年同期相比有所下降，上半年则同比有所上升如表 202、表 203 所示：

2020 年一季度预计如表 202 所示：

表 202

产品品种	产能	同比变动 /%	产量	同比变动 /%	销量	同比变动 /%
超纯氨 / 吨	2125	0	1667	–4	1756	–4
氢气 / 千立方	11,150	0	4699	–19	5015	–21
氮气 / 吨	12,925	0	7227	–6	27,202	–4
氧气 / 吨	8732	0	3543	–27	9893	–14
氩气 / 吨	2136	0	778	–10	4981	–19
二氧化碳 / 吨	72,800	0	26,421	–33	30,665	–35
天然气 / 千立方	6000	0	3527	–7	6583	–18

2020 年上半年预计如表 203 所示：

表 203

产品品种	产能	同比变动 /%	产量	同比变动 /%	销量	同比变动 /%
超纯氨 / 吨	4250	0	3790	1	3824	1
氢气 / 千立方	22,300	0	12,525	6	14,498	6
氮气 / 吨	25,851	0	19,894	10	71,995	12
氧气 / 吨	17,463	0	11,847	5	30,828	12
氩气 / 吨	4273	0	2296	13	14,925	8
二氧化碳 / 吨	145,600	0	89,071	2	102,674	0
天然气 / 千立方	13,000	8	9086	8	18,945	8

发行人所有车间已全面复工，下游客户订单已接近正常水平。根据新冠肺炎疫情目前的形势，在疫情不发生反复的情况下，预计 2020 年二季度新冠肺炎疫情对发行人生产经营活动的影响将逐渐消失，发行人主要产品超纯氨、氢气、氧气、氮气、氩气、二氧化碳及天然气的产销量将同比增长，主要理由如下：

①为对冲新冠肺炎疫情对经济发展的影响，政府对部分新兴产业出台了一系列鼓励政策，特别是对 5G、数据中心、人工智能、工业互联网、物联网等新型基础设施建设的大力推动，将带动气体行业下游集成电路、液晶面板、光纤通信等行业的快速增长，为发行人带来新的发展机遇，将扩大下游新兴行业对气体需求的增长。

②子公司重庆金苏的尾气回收生产氢气项目及大宗气体充装项目分别于 2018 年和 2019 年投产，随着发行人在当地市场开拓力度的不断加大，重庆金苏产能逐渐释放；同时，2019 年 12 月设立的子公司宿迁金宏于 2020 年 3 月开始气体经营业务，拓展苏北市场。上述新设子公司业务的扩张将带动发行人氢气以及氧气、氮气、氩气、二氧化碳等大宗气体的整体产量、销量同比增长。

③ 2020 年一季度天然气价格较低，预计二季度天然气价格仍将维持低位，刺激下游客户对天然气的需求增加，且子公司金华润泽的天然气充装项目将于 2020 年 4 月投产，将带动发行人天然气的产量、销量实现增长。

④ 2020 年一季度新冠肺炎疫情期间，发行人利用作为保供企业，未完全停产的优势，积极开拓市场，抓住其他气体公司停工停产的机遇，从竞争对手处获取了部分新客户。

综上所述，受疫情影响，2020 年一季度发行人主要产品的产量和销量预计较上年同期有所下降，但 2020 年上半年主要产品的产量和销量预计将同比回升，疫情对发行人生产和销售的影响总体是有限的。

2. 如疫情对发行人有较大或重大影响，该影响是否为暂时性或阶段性，是否已采取必要的解决措施，未来期间是否能够逆转并恢复正常状态，是否会对全年经营业绩情况产生重大负面影响，对发行人持续经营能力及发行条件是否有重大不利影响。

（1）疫情对发行人的影响是暂时性和阶段性的

2020 年 1 月暴发的新型冠状病毒肺炎疫情给发行人的生产经营造成了不利影响，特别是 2 月下游企业受疫情影响开工率较低，导致发行人产品销售放缓，但在政府强有力的防控措施下，疫情得到了较快控制。目前，疫情流行高峰已经过去，工业企业生产逐渐恢复正常，发行人预计 2020 年 3 月营业收入将环比增长 105% 以上，实现快速回升，生产经营已基本恢复正常。

预计未来若疫情平稳度过，不发生反复，则发行人的生产经营活动将在短时间内恢复至正常水平。

同时，随着国家对战略性新兴产业，特别是对5G、数据中心、人工智能、工业互联网、物联网等新型基础设施建设的大力推动，将带动气体行业下游集成电路、液晶面板、光纤通信等行业的快速增长，为发行人带来新的发展机遇，有利于发行人销售收入的持续增长。

综上所述，疫情对发行人的生产经营不构成重大影响，相关影响是暂时性和阶段性的。

（2）发行人已采取必要措施应对疫情的影响

自2020年1月国内新型冠状病毒疫情暴发以来，发行人按照中央及地方各级政府出台的政策要求，积极做好疫情防控各项工作，努力减少疫情带来的负面影响。

鉴于新型肺炎疫情防控的严峻形势，发行人为防控疫情，特成立疫情防范小组，统筹人员管控、环境消毒、疫情宣传、物资筹备等方面工作，确保发行人所有的疫情防护措施做到位，确保有序复工。

在防范疫情方面，发行人对于进入厂区人员进行严格把控，所有人员每天必须配合保安人员做好测量体温、领取口罩、消毒等工作后方可进入公司，发行人对厂区实行严格消毒，食堂就餐执行一桌一人、分时分批用餐，建立企业临时隔离区对外地返回的员工进行隔离，采购部负责口罩、消毒用具、测温工具的采购，确保防疫物资充足。

为了降低疫情对发行人生产经营的影响，发行人积极与供应商和客户沟通，努力保证原材料供应稳定并尽可能满足客户采购需求。发行人利用作为保供企业，未完全停产的优势，积极开拓市场，抓住其他气体公司停工停产的机遇，获取了部分新客户。

通过以上全面的防疫措施和积极的经营管理举措，发行人有效确保了员工的身体健康，为全面复工提供了良好保障，最大限度地降低了疫情对发行人经营的影响。发行人无员工被确诊为新型冠状病毒肺炎。发行人按照政府要求及时复工，未陷入经营困难，目前各项经营业务已逐渐恢复，疫情对于发行人生产经营的影响总体可控。

（3）未来期间发行人生产经营可恢复正常状态

如前所述，随着疫情流行高峰的过去，其对国民经济的影响逐渐减弱，发行人下游企业生产逐渐恢复正常，发行人目前也已经全面复工，预计未来期间生产经营可恢复正常状态。

（4）疫情不会对发行人全年经营业绩情况产生重大负面影响，也不会对发行人持续经营能力及发行条件产生重大不利影响

根据发行人一季度业绩预测情况，发行人 2020 年第一季度营业收入预计为 25,700 万 ~27,000 万元，同比变动 2.37%~7.55%；净利润预计为 1300 万元至 2000 万元，同比变动 –60.63%~–39.43%；扣除非经营性损益后归属于母公司所有者的净利润预计为 1150 万 ~1850 万元，同比变动 –60.53%~–41.29%。

受春节假期影响，发行人一季度营业收入和净利润占比一贯较低，报告期内发行人一季度营业收入占全年营业收入的比例平均为 20.29%，一季度净利润占全年净利润的比例平均为 12.09%，一季度业绩波动对全年的影响较小。

因此，根据发行人目前的复工情况、在手订单以及生产经营情况，虽然疫情短期影响发行人 2020 年第一季度经营业绩，但相关影响不构成重大影响，仅为暂时性、阶段性的影响，发行人已经采取必要的解决措施，未来能够恢复正常状态，新型冠状病毒肺炎疫情预计不会对发行人的全年业绩及持续经营能力产生重大影响，也不会对发行条件产生重大不利影响。

南新制药（688189）

针对湖南南新制药股份有限公司 2019 年 6 月 26 日提交的招股说明书（申报稿）披露内容，发审委要求发行人对下列事项进行披露和说明，并要求保荐机构、发行人律师核查并发表明确意见：现有产品纳入基本药物品种目录和医保目录的情况；结合近年来国家对医药行业出台的相关政策，分析并补充披露发行人的相关产品是否存在被调出基本药物品种目录或医保目录的风险，发行人的主要产品未来几年是否存在价格大幅下降的风险。

根据发行人律师出具的补充法律意见书披露显示：[1]

1. 现有产品纳入基本药物品种目录和医保目录的情况。发行人共拥有 53 个制剂产品注册批件，主要在销产品中乳酸环丙沙星氯化钠注射液、头孢呋辛酯分散片已纳入《国家基本药物目录》（2018 年版）；帕拉米韦氯化钠注射液、辛伐他汀分散片、乳酸环丙沙星氯化钠注射液、头孢呋辛酯分散片、头孢克洛胶囊、贝那普利氢氯噻嗪片和头孢克洛干混悬剂等已纳入《国家基本医疗保险、工伤保险和生育保险药品目录》（2019 年版）。

---

〔1〕《湖南启元律师事务所关于湖南南新制药股份有限公司首次公开发行股票并在科创板上市的补充法律意见书（二）》，载上海证券交易所网，http：//static.sse.com.cn/stock/information/c/201910/2b0f89f788004347981aab15f936efed.pdf，最后访问日期：2021 年 5 月 21 日。

2. 结合近年来国家对医药行业出台的相关政策，分析并补充披露发行人的相关产品是否存在被调出基本药物品种目录或医保目录的风险，发行人的主要产品未来几年是否存在价格大幅下降的风险。

（1）基本药物品种目录和医保目录有关政策导向

①国家基本药物目录国家基本药物是适应基本医疗卫生需求、剂型适宜、价格合理、能够保障供应，公众可公平获得的药品。为了更好地适应基本医疗卫生需求，以满足疾病防治基本用药需求为导向，国家基本药物目录的制定根据我国疾病谱和用药特点，充分考虑了现阶段基本国情和保障能力，坚持科学、公开、公平、公正的原则，以诊疗规范、临床诊疗指南和专家共识为依据，中西药并重，遴选适当数量的基本药物品种，满足常见病、慢性病、应急抢救等主要临床需求，兼顾儿童等特殊人群和公共卫生防治用药需求。强化循证决策，突出药品临床价值；规范剂型规格，能口服不肌注，能肌注不输液。

②国家医保药品目录。国家医保药品是临床必需、安全有效、价格合理、使用方便、市场能够保证供应的药品，并且具备以下条件之一的：《中华人民共和国药典》现行版收载的药品；符合国家药品监督管理部门颁发标准的药品；国家药品监督管理部门批准正式进口的药品。2019 年 8 月 20 日，国家医疗保障局、人力资源社会保障部印发《关于印发〈国家基本医疗保险、工伤保险和生育保险药品目录〉的通知》（已失效），正式公布了国家基本医疗保险、工伤保险和生育保险常规准入部分的药品名单，新版目录自 2020 年 1 月 1 日起正式实施。对比 2017 年版目录，调整前后药品数量变化不大，但通过动态调整、有进有出，药品结构发生较大变化。新版目录优先考虑国家基本药物、癌症及罕见病等重大疾病治疗用药、慢性病用药、儿童用药、急救抢救用药等。通过调整，国家医保药品目录实现了药品“有进有出”，目录内药品结构进一步优化，管理更加严格规范，用药保障质量和水平进一步提高。

（2）调入或调出基本药物品种目录或医保目录的标准

国家优化了基本药物目录遴选调整程序，综合药品临床应用实践、药品标准变化、药品新上市情况等因素，对基本药物目录定期评估、动态调整，调整周期原则上不超过 3 年。对新审批上市、疗效较已上市药品有显著改善且价格合理的药品，可适时启动调入程序。坚持调入和调出并重，优先调入有效性和安全性证据明确、成本效益比显著的药品品种；重点调出已退市的，发生严重不良反应较多、经评估不宜再作为基本药物的，以及有风险效益比或成本效益比更优的品种替代的药品。原则上各地不增补药品，少数民族地区可增补少量民族药。

对比 2012 年版国家基本药物目录，2018 年版国家基本药物目录的调整在覆盖临床主要病种的基础上，重点聚焦癌症、儿科、慢性病等病种，调入有效性和安全性明确、成本效益比显著的 187 种中西药，其中肿瘤用药 12 种、临床急需儿童药品 22 种，均比原目录显著增加。调整后基本药物目录总品种扩充至 685 种。

根据《2019 年国家医保药品目录调整工作方案》，国家医保目录调入的西药和中成药应当是 2018 年 12 月 31 日（含）以前经国家药监局注册上市的药品。优先考虑国家基本药物、癌症及罕见病等重大疾病治疗用药、慢性病用药、儿童用药、急救抢救用药等。根据药品治疗领域、药理作用、功能主治等进行分类，组织专家按类别评审。对同类药品按照药物经济学原则进行比较，优先选择有充分证据证明其临床必需、安全有效、价格合理的品种。调入分为常规准入和谈判准入两种方式，在满足有效性、安全性等前提下，价格（费用）与药品目录内现有品种相当或较低的，可以通过常规方式纳入目录；价格较高或对医保基金影响较大的专利独家药品应当通过谈判方式准入（独家药品的认定时间以遴选投票日的前一天为准）。药品目录内原有的药品，如已被国家药品监管部门禁止生产、销售和使用的，应予调出；经专家评审认为存在其他不符合医保用药要求和条件的，按程序调出。

与 2017 年版国家医保药品目录相比，2019 年版国家医保药品目录调整常规准入部分共新增了 148 个品种。新增药品覆盖了要优先考虑的国家基本药物、癌症及罕见病等重大疾病治疗用药、慢性病用药、儿童用药等，其中通过常规准入新增重大疾病治疗用药 5 个，糖尿病等慢性病用药 36 个，儿童用药 38 个，绝大部分国家基本药物通过常规准入或被纳入拟谈判药品名单，并将 74 个基本药物由乙类调整为甲类。从调出的品种看，共调出 150 个品种，其中约一半是被国家药监部门撤销文号的药品，其余主要是临床价值不高、滥用明显、有更好替代的药品。

（3）公司主要产品纳入国家基药目录及医保目录情况

发行人共拥有 53 个制剂产品注册批件，主要在销产品中乳酸环丙沙星氯化钠注射液、头孢呋辛酯分散片已纳入《国家基本药物目录》（2018 年版）；帕拉米韦氯化钠注射液、辛伐他汀分散片、乳酸环丙沙星氯化钠注射液、头孢呋辛酯分散片、头孢克洛胶囊、贝那普利氢氯噻嗪片和头孢克洛干混悬剂等已纳入《国家基本医疗保险、工伤保险和生育保险药品目录》（2019 年版）。其中头孢呋辛酯分散片是 2018 年纳入国家基本药物目录品种，帕拉米韦氯化钠注射液、贝那普利氢氯噻嗪片是 2017 年纳入国家医保目录品种，近年来，发行人现有主要品种不存在被调出国家基本药物目录或国家医保目录的情况。

（4）未来发行人主要产品调出国家基药目录及医保目录的风险

发行人乳酸环丙沙星氯化钠注射液（100ml：0.2g）自2013年起被纳入国家基药目录，近几年严重不良反应报道的情况较少；头孢呋辛酯分散片是2018年新调入的国家基本药物，属儿科非专利药品，上述两个品种原则上未来几年不会被调出国家基本药物目录。但根据国家药品监督管理局2018年12月发布的《关于仿制药质量和疗效一致性评价有关事项的公告》（2018年第102号）："《国家基本药物目录》（2018年版）已于2018年11月1日起施行并建立了动态调整机制，与一致性评价实现联动。通过一致性评价的品种优先纳入目录，未通过一致性评价的品种将逐步被调出目录。对纳入国家基本药物目录的品种，不再统一设置评价时限要求。"发行人乳酸环丙沙星氯化钠注射液（100ml：0.2g）、头孢呋辛酯分散片如未在要求期限内通过一致性评价，可能存在被调出基本药物目录的风险。

除贝那普利氢氯噻嗪片、帕拉米韦氯化钠注射液为新纳入国家医保目录品种之外，发行人头孢呋辛酯分散片、头孢克洛胶囊、乳酸环丙沙星氯化钠注射液、辛伐他汀分散片等品种自2004年起已被纳入国家医保药品目录，相关产品的有效性、安全性、价格等方面已取得国家认可。发行人头孢呋辛酯分散片、乳酸环丙沙星氯化钠注射液（100ml：0.2g）属国家基本药物；贝那普利氢氯噻嗪片、辛伐他汀分散片属慢性病用药；帕拉米韦氯化钠注射液属流感用药及《中国应急产品实用指南》药品；小规格帕拉米韦氯化钠注射液及头孢呋辛酯分散片为儿科专用药品；头孢克洛胶囊、头孢呋辛酯分散片及乳酸环丙沙星氯化钠注射液属非限制使用级别抗生素药品，且上述药品上市以来无国家药品监管部门禁止生产、销售或使用的记录。结合医保目录调整方案及调整结果，发行人上述产品未来被调出国家医保目录的概率较低。

（5）国家基药目录及医保目录调整对发行人药品销售价格的影响

近年来历次基本药物目录和医保目录的调整，对发行人纳入相应目录产品的销售价格影响较小，药品中标价格主要由药品生产企业根据成本和利润综合报价、各省集采竞价谈判入围规则及市场竞争等因素决定。药品品种进入基本药物目录、医保目录与否主要影响该品种是否被纳入各省集中采购目录及其在该省市场的销售量。

发行人始终重视各产品价格体系的维护监控，除帕拉米韦产品因上市时间较短，发行人根据市场销售情况及药品供需政策要求主动调低价格之外，近年来，发行人其他在销主要品种中标及挂网价格相对较为稳定。

发行人主要产品在部分省市的中标及挂网价格变动情况如表204所示：

表 204

主要产品	剂型	规格	价格 /元/瓶、/元/盒	省份	公布时间
帕拉米韦氯化钠注射液	注射液	100ml：0.15g：0.9g	147.82	重庆市	2017 年 10 月 24 日
			138.00		2018 年 1 月 23 日
			135.22		2018 年 12 月 17 日
		100ml：0.3g：0.9g	228.00	山东省	2016 年 10 月 21 日
			197.00		2018 年 9 月 6 日
辛伐他汀分散片	分散片	20mg，10s	34.198	广东省	2016 年 9 月 2 日
			32.857		2018 年 9 月 11 日
			32.663		2019 年 1 月 25 日
头孢克洛胶囊	胶囊剂	0.25g，10s	32.74	湖南省	2015 年 4 月 14 日
			32.42		2017 年 9 月 26 日
			32.13		2018 年 10 月 31 日
乳酸环丙沙星氯化钠注射液	注射液	100ml：0.2g	21.56	上海市	2014 年 12 月 1 日
			20.45		2017 年 2 月 9 日
			20.37		2018 年 1 月 23 日
头孢呋辛酯分散片	分散片	0.125g，18s	18.27	浙江省	2016 年 3 月 19 日
			17.19		2017 年 3 月 1 日

注：表中标及挂网价格数据基于各省市发布的药品集中招标采购公告内容统计。

综上所述，根据国家基本药物、医保目录制定标准以及调整方案，结合相关目录的历史调整经验，发行人已纳入目录的相关品种被调出国家基本药物目录和医保目录的可能性较小，发行人主要产品不存在由于基本药物品种目录或医保目录的调整而导致价格大幅下降的风险。

道通科技（688208）

根据深圳市道通科技股份有限公司（以下简称发行人）提交的招股说明书（申报稿）披露，报告期内公司来自北美地区的主营业务收入占比分别为54.60%、44.26%和41.41%，存在一定程度上依赖北美市场的风险；2018年受中美贸易摩擦的影响，为应对可能出现的出口美国关税的提高，公司针对美国市场提前进行了较大规模的备货，使得存货规模大幅上升；2018年加征关税的产品包括胎压传感器和ADAS标定产品的部分配件，相关产品收入占主营业务收入的比例为8.58%，且公司已将上述产品的生产大部分转移至公司在越南工厂生产，但未来公司销往美国的其他产品是否会被提高征收关税以及公司能否尽快将相关产品的生产转移至越南存在一定不确定性。

针对上述情形，发审委要求发行人对下列事项进行披露和说明，并要求保荐机构、发行人律师核查并发表明确意见：说明公司原材料采购来自美国的具体内容及占比情况，是否存在可替代的采购渠道；结合国际经济环境的变化对发行人生产经营的影响作敏感性分析，更新并充分揭示国际经济环境变化的风险，并分析说明国际经济环境的变化是否可能对经营业绩构成重大不利影响；披露公司对国际经济环境的变化是否有具体的应对措施和计划。

根据发行人律师出具的补充法律意见书披露显示：[1]

1. 公司原材料采购来自美国的具体内容及占比情况，是否存在可替代的采购渠道

（1）公司原材料采购来自美国的具体内容及占比情况

报告期内，发行人从境外采购的原材料主要是通过代理商AVNETTECHNOLOGY HONGKONG LTD.（以下简称AVNET）完成，AVNET是全球最大的电子元件、计算机产品和嵌入技术分销商之一。

从原产地角度看，报告期内发行人采购的原产地位于美国的原材料很少，主要为Sandisk存储卡及库柏保险丝夹，均属于电子部件，采购金额占比很低，不属于核心原材料，可替代性强。报告期原产地为美国的原材料采购金额及占比情况如表205所示：

[1]《北京市中伦律师事务所关于深圳市道通科技股份有限公司首次公开发行股票并在科创板上市的补充法律意见书（二）》，载上海证券交易所网，http：//static.sse.com.cn/stock/information/c/201908/6256133a4a7e48179e508042fcebf6f4.pdf，最后访问日期：2021年5月21日。

表 205

时间	采购金额 / 万元	占电子元器件采购比例 /%	占采购总额比例 /%
2019 年 1~6 月	133.95	2.72	0.62
2018 年	133.89	1.61	0.34
2017 年	280.01	4.98	1.02
2016 年	66.14	1.33	0.34

从品牌角度看，报告期发行人采购的美国品牌的原材料主要包括 IC 芯片和电子元器件（包括二极管、三极管、存储卡等）。

①美国品牌的芯片采购

发行人采购的美国品牌的芯片主要为飞思卡尔系列芯片，用于胎压传感器。前述芯片采购较多系由前期的选型和方案设计所决定。发行人不存在对某一品牌芯片的特定依赖，如飞思卡尔芯片可以在英飞凌、捷发科技等厂商中找到替代型号，但重新选型和调整方案设计需要耗费一定的时间和成本。

②美国品牌的电子元器件采购

发行人采购的美国品牌的电子元器件主要包括二极管、三极管、存储卡等，上述电子元器件均为面向消费电子领域的常规型原材料，市场提供者众多，品牌和型号丰富，均存在较多的替代品牌和型号。

（2）是否存在可替代的采购渠道

从原产地角度看，发行人采购的原产地位于美国的原材料很少，2019 年 1~6 月采购金额占比仅 0.62%，主要为存储卡和保险丝夹，均为常规性的电子元器件，且市场上存在众多可替代的型号，如存储卡的替代型号包括三星、东芝、金士顿等，功能相似度较大，发行人可随时进行品牌和型号的切换。

若从美国品牌角度看，发行人采购的美国品牌电子元器件主要为二极管、三极管、存储卡等，可替代性较强；对于采购的美国品牌的飞思卡尔系列芯片，在国内外亦存在较多可替代的品牌和型号。

发行人目前应用的原产地及品牌归属于美国的主要芯片和电子元器件，均存在相应的替代型号，且替代型号的性能不存在显著差距，能够满足发行人原材料采购的替代需求，不影响发行人采购渠道的持续性和稳定性。

2. 结合国际经济环境的变化对发行人生产经营的影响作敏感性分析，更新并充分揭示国际经济环境变化的风险，并分析说明国际经济环境的变化是否可能对经营业绩构成重大不利影响

（1）本次中美贸易摩擦过程中，美国加征关税所涉及的发行人产品及型号主要为

TPMS Sensor 以及 ADAS 产品组件如表 206 所示：

表 206

产品类别	加征前	2018 年 9 月初 500 亿清单	2019 年 5 月 10 日加征
是否加征		首次加征 10%	再征至 25%
TPMS Sensor	2.50%	12.50%	27.50%
ADAS-frames（框架）	0.00%	10.00%	25.00%
ADAS 维修器械	2.50%	12.50%	27.50%

从 2018 年下半年开始，发行人已开始在越南设立工厂，主要承接公司 TPMS 产品的生产产能，可有效对冲关税风险。发行人越南工厂依据越南政府的相关规定，已经办理出口相关业务并取得原产地证明书（C/O）文件，原产地证明书（C/O）是外贸重要证明，具有越南原产地证明的产品出口至美国无须加征关税。发行人 ADAS 产品的产能目前仍位于国内，但是已计划将其转移至越南工厂生产。

中美贸易摩擦会从收入和成本两个方面影响发行人的经营。一方面，由于美国对原产地位于中国的部分产品加征关税，在发行人不调整销售价格的情况下，相关产品在美国的销售价格会相应提高，从而影响其销量；另一方面，发行人部分零部件从美国进口，若中国对原产地位或品牌归属于美国的商品加征关税，则发行人的生产成本会相应提高。具体的敏感性分析如下：

①主要背景及假设前提

由于发行人的 TPMS 产能已全部转移至越南工厂，不会受到美国加征关税的影响，而 ADAS 组件目前仍然在国内生产，会受到加征关税的影响，因此，在敏感性分析中仅考虑 ADAS 组件被加征关税对发行人收入的影响。

在极端情况下，假设发行人采购的原产地位于美国或属于美国品牌的芯片及电子元器件均被加征关税，并假设发行人不寻求其他替代原材料，从而被动接受生产成本提高。

假设发行人向美国销售的产品被加征关税后，不向下游转嫁关税的影响，即发行人主动降价以维持销售价格不变。

假设在 2018 年的现有财务数据基础上进行敏感性分析，关税在现有基础上的增加幅度为 0~20%。

假设发行人利润表的其他项目（包括销售费用、管理费用、研发费用、财务费用、所得税等）均维持不变。

②敏感性分析结果

在上述假设前提下，分析加征关税对发行人 2018 年净利润的影响程度，结果如表 207 所示：

表 207

单位：%

净利润下降幅度		美国加征关税的比例（在现有基础上）				
		0	5	10	15	20
中国加征关税的比例（在现有基础上）	0	0.00	-0.32	-0.63	-0.95	-1.27
	5	-5.64	-5.96	-6.27	-6.59	-6.91
	10	-11.28	-11.59	-11.91	-12.23	-12.55
	15	-16.92	-17.23	-17.55	-17.87	-18.18
	20	-22.55	-22.87	-23.19	-23.51	-23.82

由表 206 可知，由于美国加征关税仅涉及 ADAS 组件，美国加征关税对发行人净利润的影响程度很小；而中国加征关税的影响相对较大，主要是因为假设中国对原产地或品牌属于美国的全部原材料均加征关税，并且发行人未采取替代性措施。

在实际情况下，上述情况发生的可能性相对较小，主要原因如下：在当前国际形势下，中国对原产地或品牌位于美国的所有原材料加征关税的可能较小；实际加征关税的对象一般为原产地范畴，由于发行人采购的原产地位于美国的原材料金额及占比很低，实际影响很小；由于发行人所使用的芯片及电子元器件的替代性较强，即使在加征关税的情况下，发行人仍然可使用替代原材料，从而降低加征关税的影响；在实际经营中，如美国对相关产品加征关税，发行人可根据实际情况小幅调整价格，以抵消加征关税的部分影响，使发行人受到的影响降低。

基于上述，在当前国际经济形势下，中美贸易摩擦所带来的加征关税，对发行人整体经营不存在重大影响，且发行人可采取相关的替代措施。

（2）更新并充分揭示国际经济环境变化的风险

发行人产品以出口为主，报告期内发行人来源于中国境外的主营业务收入分别为 50,491.66 万元、60,709.38 万元、72,965.44 万元和 44,500.38 万元，占发行人主营业务收入比例分别为 86.70%、84.73%、81.99% 和 84.73%。发行人境外业务收入相对集中，其中来自北美地区的主营业务收入占比分别为 54.60%、44.26%、41.41% 和 46.41%，存在一定程度上依赖北美市场的风险。

发行人境外销售已遍及全球超过50个国家和地区，同时发行人也在北美、欧洲等主要地区设立了海外分支机构。如未来我国与上述国家或地区的双边关系发生变化，或者上述国家或地区的市场环境、行业和对外贸易政策等发生重大不利变化，发行人在相关国家和地区的日常经营和盈利状况将受到较大不利影响。尤其是目前中美贸易磋商尚在进行过程中，虽然发行人销往美国的产品被纳入美国针对中国产品的加征关税清单中的较少，仅包括胎压传感器和ADAS标定产品的部分配件，2018年上述地区加征关税的相关产品收入占主营业务收入的比例为8.58%，且发行人已将上述产品的生产大部分转移至公司在越南工厂生产，但未来发行人销往美国的其他产品是否会被提高征收关税以及发行人能否尽快将相关产品的生产转移至越南存在一定不确定性。如未来中美贸易摩擦加剧，美国对发行人产品进一步加征关税或设置其他贸易壁垒，且发行人未能采取有效措施消除影响，将导致发行人产品在美国市场的竞争力下降，从而对发行人经营业绩产生不利影响。与此同时，由于发行人有少部分原材料的原产地位于美国或属于美国品牌，2018年前述原材料采购占比分别为0.34%和12.31%，若在本次贸易摩擦中出现我国对上述原材料的进口关税税率提高，且发行人未能及时寻求替代原材料，则公司的营业成本将会有所提高，从而压缩公司的利润空间，对经营业绩产生不利影响。

（3）分析说明国际经济环境的变化是否可能对经营业绩构成重大不利影响

①发行人对北美市场的销售占比逐年下降。报告期内，发行人来自北美市场的销售收入分别为31,797.76万元、31,713.02万元、36,853.74万元和24,374.79万元，占发行人营业收入的比例分别为54.60%、44.26%、41.41%和46.41%，收入占比总体上呈下降趋势。发行人在欧洲、中国境内以及其他地区的业务拓展力度不断加强，地域分布的多元化提高了发行人的抗风险能力。

②目前涉及加征关税的产品品类较少，占发行人收入比例较低。发行人销往美国的产品被纳入美国针对中国产品的加征关税清单中的较少，仅包括胎压传感器和ADAS标定产品的部分配件，2018年及2019年1~6月上述地区加征关税的相关产品收入占主营业务收入的比例分别为8.58%和12.40%，占比较低，对发行人整体销售收入的影响较小。

③发行人已在越南设立工厂，转移TPMS产能，有效规避了加征关税的不利影响

从2018年下半年开始，发行人已开始在越南设立工厂，主要承接公司胎压传感器产品的生产产能，可有效对冲关税风险。目前胎压传感器产品的产能已基本全部转移至越南工厂。

④对于原产地或品牌属于美国的原材料采购，发行人有合适的替代对象，不影响

供应链的稳定性

从整体来看，发行人采购的原产地或品牌属于美国的芯片及电子元器件主要为消费型芯片和电子元器件，通用性较高，供应商及品牌较多，国内外均存在较多可替代的品牌和型号，且替代型号的性能不存在显著差距，在极端情况下能够满足公司原材料采购的替代需求，不影响发行人采购渠道的持续性和稳定性。除此之外，发行人目前也与芯原微电子（上海）股份有限公司等合作方进行 TPMS 芯片的合作研发，未来可作为公司芯片供应的重要补充。

基于上述，结合前述的模拟敏感性分析结果，国际经济环境的变化对经营业绩的影响有限，且发行人已采取了相应的应对措施，不会影响经营的持续性和稳定性。

3. 公司对国际经济环境的变化是否有具体的应对措施和计划

发行人长期以来均主要向海外客户销售产品，2016 年、2017 年、2018 年和 2019 年 1~6 月，发行人来源于中国境外的主营业务收入分别为 50,491.66 万元、60,709.38 万元、72,965.44 万元和 44,500.38 万元，占发行人主营业务收入比例分别为 86.70%、84.73%、81.99% 和 84.73%。

发行人有多个境外子公司，境外子公司主要承担销售拓展或管理中转，在当地有一定规模的相应人员。

发行人主要出口国为美国和欧洲各国。发行人产品主要客户国不存在进口限制政策。但美国于 2018 年宣布对部分中国的产品加收关税，发行人产品中胎压传感器和 ADAS 标定产品的部分配件被加征关税，发行人已将相关的胎压传感器产品的生产转移至越南工厂。发行人越南工厂依据越南政府的相关规定，已经办理出口相关业务并取得原产地证明书（C/O）文件，可有效规避出口美国关税影响。原产地证明书（C/O）是外贸重要证明，具有越南原产地证明的产品出口至美国无须加征关税。

发行人产品目前使用的 IC 和电子元器件部分通过进口，如中美贸易摩擦出现极端情况导致部分材料无法顺利进口，则发行人将及时采取调整产品设计、寻找替代性方案或者将采购生产转移至境外等措施予以应对。从整体来看，发行人采购的原产地位于美国的原材料均属于电子部件，采购金额占比低，不属于核心原材料，可替代性强；发行人采购的品牌为美国的原材料主要为飞思卡尔系列芯片，该芯片存在较多可替代的品牌和型号，且替代型号的性能不存在显著差距，能够满足公司原材料采购的替代需求，不影响公司采购渠道的持续性和稳定性。除此之外，发行人目前也与芯原微电子（上海）股份有限公司等合作方进行 TPMS 芯片的合作研发，未来可作为公司芯片供应的重要补充。

火星人厨具（300894，创业板）

火星人厨具股份有限公司（以下简称发行人）于 2020 年 7 月 2 日提交的招股说明书（申报稿）披露，集成灶作为新型厨房电器，受房地产和家装行业政策的影响较大。

针对上述情形，发审委要求发行人结合上述问题及下游房地产行业调控政策和市场现状，披露经营环境是否发生重大不利变化。

根据发行人律师出具的补充法律意见书披露显示：[1]

1. 下游房地产行业调控政策及市场现状

2017~2019 年，受房地产调控政策收紧影响，我国房地产开发投资增速放缓，但整体投资规模仍逐年增加。政府坚持“房住不炒”概念，并通过收紧房地产政策持续对房地产进行调控。

我国居民收入水平的提高以及城镇化进程的推进对房地产市场未来的持续发展起到了有效的支撑作用。根据国家统计局的数据，2013~2019 年，全国居民人均可支配收入从 18,310.80 元增加至 30,733.00 元，复合增长率为 9.01%；同期，我国城镇化率从 53.73% 增长至 60.60%，相比于发达国家 80% 左右的城镇化率，我国的城镇化率还存在较大的提升空间。人均可支配收入的不断提高和我国城镇化进程的持续推进将有效刺激居民住房需求，房地产市场的未来前景依然广阔。

在厨电行业发展初期，厨电产品销量主要来自新增地产装修，居民厨电保有量稳步提升；随着厨电产品不断普及，厨电产品保有率不断上升，市场积累的厨电产品将陆续更新换代，此时受益于旧厨房改造的更新需求，厨电产品销量将持续增长。

2. 集成灶行业现状

根据中怡康统计，2015~2018 年我国厨电市场零售规模年复合增长率达 10.22%。集成灶作为新型厨房电器，近年来保持快速增长。2015~2019 年，我国集成灶市场零售额规模从 48.8 亿元增加至 161.5 亿元，年复合增速为 34.98%；集成灶零售量从 69.0 万台增加至 209.8 万台，年复合增速为 32.08%，零售额增速和零售量增速均较快。

2020 年上半年，发行人实现集成灶销量 77,983 台，实现销售收入 51,315.90 万元，同比增长 8.43%。根据中怡康预测，2020 年集成灶市场零售规模预计达到 181 亿元，零售量达到 242 万台，预计分别同比增长 11% 和 15%。

---

〔1〕《北京德恒律师事务所关于火星人厨具股份有限公司首次公开发行股票并在创业板上市的补充法律意见（三）》，载深圳证券交易所网，http：//reportdocs.static.szse.cn/UpFiles/rasinfodisc/RAS_000173EAB22D5D3FE5330219752E563F.pdf，最后访问日期：2021 年 5 月 21 日。

3. 发行人经营环境未发生重大不利变化

（1）受房地产调控政策影响，近年来商品房住宅销售面积增速逐年降低，但是随着我国人均可支配收入的不断提高和城镇化进程的持续推进，居民仍有较大的住房需求，房地产市场的未来前景依然广阔。同时，旧厨房改造更新将给厨电市场释放大量的产品置换更新需求。

（2）随着疫情影响逐渐消除，集成灶市场开始回暖，消费者的购买需求逐渐释放。根据中怡康统计，2020 年集成灶市场零售规模预计达到 181 亿元，零售量达到 242 万台，预计分别同比增长 11% 和 15%。

（3）2020 年以来，发行人持续开展各类线上、线下营销活动。通过“线上线下相结合，经销、直营和电商相结合”的销售模式，2020 年上半年，公司实现销售收入 51,315.90 万元，同比增长 8.43%。

综上所述，发行人经营环境未发生重大不利变化，发行人的生产经营稳定。

发行人已在招股说明书中对房地产和家装市场波动风险及新冠疫情扩散导致的经营风险进行了充分提示，具体内容如下：“（二）房地产和家装市场波动风险厨房电器制造行业的需求主要由厨房装修及改造拉动，与房地产和家装市场的发展密切相关，我国居民收入水平的提高以及城镇化进程的推进对房地产和家装市场未来的持续发展起到了有效的支撑作用。近年来，为了防止房价过快增长，改善房地产市场的整体运营环境，政府加强了对房地产市场的调控力度，相关调控政策频出，从而导致房地产市场波动性较大；同时宏观经济波动、房地产调控等因素也将对居民进行装修的时机和预期产生影响，从而导致家装市场需求产生波动性。房地产和家装市场的波动风险将会对公司的产品销售和经营业绩产生一定程度的影响。”

二、解决思路

政策动态与国际形势对于企业在生产经营的影响不容小视，故发审委对此较为关注，发行人需要：

1. 充分了解政策动态和国际形势，分析成因及对生产经营的影响，并及时制定应对措施和解决方案。

2. 详细披露政策动态与国际形势对发行人近期生产经营和财务状况的影响程度，可结合发行人报告期业务指标（包括营业收入、净利润等数据）论述政策动态与国际形势对发行人的影响。如遇重大影响的，说明该影响是否为暂时性或阶段性的，未来期间是否能够逆转并恢复正常状态，是否会对发行人持续经营能力及发行条件造成重大不利影响。

3. 应在招股说明书充分揭示相关风险，披露政策动态与国际形势对公司生产经营影响、应对措施等相关事项。

【具体核查要点】

1. 政策动态、国际形势是否可能对发行人经营业绩构成重大不利影响；对发行人生产经营和财务状况的影响程度，包括具体影响、日常订单或重大合同的履行是否存在障碍、预计一季度及上半年产能、产量、销量等业务指标情况及是否发生重大变化。

2. 如政策动态、国际形势对发行人有较大或重大影响，该影响是否为暂时性或阶段性，未来期间是否能够逆转并恢复正常状态，是否会对全年经营业绩情况产生重大负面影响。

3. 发行人针对政策动态、国际形势的变化是否有具体的应对措施和计划。

【核查方式】

1. 对发行人管理层进行访谈，查阅发行人管理制度及风险控制相关措施。

2. 通过市场公开信息、市场以及行业研究报告等资料了解发行人所处行业有关国内和国外政策变化情况，评估因政策与国际形势变化而对发行人所处行业状况、上下游供求关系、发行人在行业中所处的地位等方面所造成的影响。

3. 通过市场公开信息、研究报告等资料了解并分析相关基础要素如国际油价、汇率等波动情况，了解其对行业的传导机制。

4. 核查发行人出具的说明以及书面确认函。

5. 查阅发行人的财务报表以及申报审计报告等，核查企业财务状况，了解发行人主营业务的变化情况，分析发行人报告期内财务状况、经营成果的变化对发行人未来的影响。

6. 登录相关国内外政府网站，包括综合管理类单位与行业主管类单位，查询相关政策、公告和其他有关信息；访谈境内外中介机构人员，查阅境内外中介机构等出具有关政策与形式变化的说明函。

7. 通过访谈、网络检索等方式核查发行人重要资产或技术是否存在重大纠纷或诉讼。

第二节　募投项目相关问题

募投项目是指企业通过 IPO 或再融资募集来的资金投产的具体项目。合理的募投项目是拟上市公司通过证监会审核的关键因素之一。

截至2020年12月31日，三生国健、中国通号、威胜信息、迪威尔、瑞联新材、中国电器、金山办公、华峰测控、乐鑫科技、容百科技等近50家企业被问及与募投项目相关问题。

一、典型案例

三生国健（688336）

三生国健药业（上海）股份有限公司（以下简称发行人）2019年10月31日提交的招股说明书（申报稿）中披露：发行人预计使用募集资金净额318,275.95万元用于抗体药物生产新建项目、抗肿瘤抗体药物的新药研发项目、自身免疫及眼科疾病抗体药物的新药研发项目、研发中心建设项目、创新抗体药物产业化及数字化工厂建设项目、补充营运资金项目等。

针对上述情形，发审委要求发行人对下列事项进行说明，并要求保荐机构、发行人律师核查并发表明确意见：上述募投项目是否与发行人实际控制人控制的其他企业产品属于同类或相似业务，募投项目投产后是否将新增同业竞争或关联交易，发行人拟采取何种措施保持独立性。

根据发行人律师出具的补充法律意见书披露显示：[1]

1. 上述募投项目是否与发行人实际控制人控制的其他企业产品属于同类或相似业务

发行人实际控制人控制的其他企业主要从事重组蛋白类生物制品业务并从事部分化学药业务，发行人主要从事抗体类生物制品的研发、生产及销售业务，两者属于生物制品中的不同细分领域，产品在药物结构、作用机理、专业技术要求等方面存在差异。发行人实际控制人控制的其他企业与发行人的已上市产品的适应征不存在重合，在研产品中有4款在研产品与发行人在研产品或上市产品存在适应征交叉的情况，包括1款用于治疗类风湿性关节炎的抗体在研产品（SSS07，处于临床试验一期）以及3款抗肿瘤或自身免疫性疾病化学仿制药（SSS24、AP506、SSS32，均处于药学阶段），该等情形不会对发行人未来生产经营影响产生重大不利影响，发行人控股股东及实际控制人、相关研发主体已有明确的解决措施并作出公开承诺。

发行人拟将本次发行募集的资金投资于以下项目如表208所示：

---

〔1〕《北京市中伦律师事务所关于三生国健药业（上海）股份有限公司首次公开发行股票并在科创板上市的补充法律意见书（三）》，载上海证券交易所网，http：//static.sse.com.cn/stock/information/c/202004/30f86864299944f59106c1dddd70cb05.pdf，最后访问日期：2021年5月21日。

表 208

单位：万元

序号	项目名称	投资金额	使用募集资金	实施主体
1	抗体药物生产新建项目	133,863.49	130,677.77	苏州国健
2	抗肿瘤抗体药物的新药研发项目	47,590.00	46,768.30	发行人
3	自身免疫及眼科疾病抗体药物的新药研发项目	44,980.00	43,917.20	发行人
4	研发中心建设项目	50,000.00	42,961.59	上海晟国
5	创新抗体药物产业化及数字化工厂建设项目	28,000.00	22,951.10	发行人
6	补充运营资金项目	31,000.00	31,000.00	发行人
合计		335,433.49	318,275.95	—

发行人主要从事抗体药物的研发、生产和销售，除补充运营资金项目之外，发行人其他募投项目紧密围绕主营业务以及核心技术展开，各募投项目的具体内容如下：

（1）抗体药物生产新建项目主要内容为建设新的产品生产线与购置配套设备，为304R（重组人鼠嵌合抗 CD20 单克隆抗体注射液）、602（重组抗 EGFR 人鼠嵌合单克隆抗体注射液）、601A（重组抗 VEGF 人源化单克隆抗体注射液）、609A（抗 PD-1 人源化单克隆抗体注射液）、608（抗 IL-17A 人源化单克隆抗体注射液）5 个在研产品新建商业化生产基地与配套设施。

（2）抗肿瘤抗体药物的新药研发项目主要聚焦于公司目前具有较大市场潜力的重组抗 EGFR 人鼠嵌合单克隆抗体注射液（“602”）与抗 PD-1 人源化单克隆抗体注射液（“609A”）2 个抗肿瘤疾病领域在研抗体药物的临床试验及注册相关研究工作。

（3）自身免疫及眼科疾病抗体药物的新药研发项目主要聚焦于公司目前具有较大市场潜力的抗 IL-17A 人源化单克隆抗体注射液（“608”）与抗 VEGF 人源化单克隆抗体注射液（“601A”）2 个在研抗体药物的临床试验及注册相关研究工作。

（4）研发中心建设项目为新建公司创新研发基地，主要进行生物医药研究及计算机设计辅助药物的化学研究（进行计算机辅助的新药开发及数据处理），从研发基础设施、仪器设备、配套软件、工作环境等方面优化研发条件。

（5）创新抗体药物产业化及数字化工厂建设项目与公司生产能力相配套，主要为公司产品包装车间、原辅材料及成品的仓储中心以及配套设备与软件建设，用于配合公司产品的产业化生产需求。

综上所述，除补充营运资金之外，发行人募投项目与主营业务紧密相关，致力于提升公司现有抗体药物业务密切相关的生产及研发能力，发行人募投项目与发行人实际控制人控制的其他企业产品不属于同类或相似业务。

2. 募投项目投产后是否将新增同业竞争或关联交易

发行人募投项目与发行人实际控制人控制的其他企业产品不属于同类或相似业务，募投项目投产后不会新增同业竞争。

发行人募集资金投资项目均由发行人及其下属公司独立实施，不存在与他人合作的情况，募投项目投产后不会新增关联交易。

3. 发行人拟采取何种措施保持独立性

发行人在业务、人员、财务、机构等方面与控股股东、实际控制人及其控制的其他企业保持独立，具有完整的业务体系和直接面向市场独立经营的能力。

发行人控股股东、实际控制人已出具《关于避免同业竞争的承诺函》，发行人控股股东、实际控制人及持股5%以上的股东已出具《关于规范及减少关联交易的承诺函》，发行人全体股东、董事、监事、高级管理人员已出具《关于不占用公司资产的承诺》，上述承诺均真实、有效，已对相关承诺人构成合法、有效的义务，如该等承诺得到有效履行，有利于发行人保持独立性。

中国通号（688009）

中国铁路通信信号股份有限公司（以下简称发行人）2019年4月16日提交的招股说明书（申报稿）中披露：本次募投资金合计为105亿元，募投项目为先进及智能技术研发项目、长沙产业园（一期）、项目信息化建设项目及补充流动资金，使用募集资金金额分别为46亿元、25亿元、3亿元及31亿元。

针对上述情形，发审委要求发行人对下列事项进行披露，并要求保荐机构、发行人律师核查并发表明确意见：详细披露本次募集资金投资项目的合规性；补充披露“先进及智能制造基地项目”用地的拿地计划、取得土地的具体安排、进度等，是否符合土地政策、城市规划，是否存在募投用地落实风险。

根据发行人律师出具的补充法律意见书披露显示：[1]

1. 募集资金投资项目的合规性

（1）先进及智能技术研发项目的合规性

先进及智能技术研发项目主要为研发活动投资，开展技术研发工作，根据《企业

〔1〕《北京市中伦律师事务所关于中国铁路通信信号股份有限公司首次公开发行股票并在科创板上市的补充法律意见书（一）》，载上海证券交易所网，http：//static.sse.com.cn/stock/information/c/201905/2fbc198abf474fc7bb5db72be6e75f16.pdf，最后访问日期：2021年5月21日。

投资项目核准和备案管理条例》《企业投资项目核准和备案管理办法》等规定，该项目内容不属于备案范围，无须办理投资备案手续。

先进及智能技术研发项目主要为研发活动投资，不涉及生产加工或建设项目，根据《环境影响评价法》等与建设项目环境保护管理有关法律、法规的规定，该项目内容不属于环评审批范围，无须办理环评报批手续。项目相关研发活动均在发行人已购置的土地上实施，不涉及新增用地的情况。

（2）先进及智能制造基地项目——长沙产业园（一期）项目的合规性

项目已取得长沙高新技术产业开发区管理委员会出具的长高新管发计〔2018〕141 号《关于中国通号长沙产业园（一期）备案证明变更》，确认项目已在湖南省投资项目在线审批监管平台备案，项目代码：2018-430151-37-03-006160。

项目已取得长沙高新技术产业开发区管理委员会城管环保局出具的长高新环评函〔2016〕51 号《关于通号（长沙）轨道交通控制技术有限公司中国通号长沙产业园（一期）建设项目环境影响报告书的批复》和长高新环评函〔2019〕3 号《关于同意通号（长沙）轨道交通控制技术有限公司中国通号长沙产业园（一期）建设项目变更的函》。

项目已取得编号为"长国用〔2016〕第 034915 号"国有土地使用权证，使用权面积为 399,239.37 平方米。

（3）信息化建设项目的合规性

信息化建设项目主要为虚拟平台及系统的建设，根据《企业投资项目核准和备案管理条例》《企业投资项目核准和备案管理办法》等规定，该项目内容不属于备案范围，无须办理投资备案手续。

信息化建设项目主要为虚拟平台及系统的建设，不涉及生产加工或建设项目，根据《环境影响评价法》等与建设项目环境保护管理有关法律、法规的规定，该项目内容不属于环评审批范围，无须办理环评报批手续。

项目相关虚拟平台及系统的建设均在发行人已购置的土地上实施，不涉及新增用地的情况。

（4）补充流动资金的合规性

发行人补充流动资金无须履行备案及环评程序，并且不涉及用地需求。

综上所述，发行人本次募集资金投资项目符合相关法律法规的规定。

2."先进及智能制造基地项目"用地的拿地计划、取得土地的具体安排、进度等，是否符合土地政策、城市规划，是否存在募投用地落实风险

先进及智能制造基地项目已取得编号为"长国用〔2016〕第 034915 号"国有土

地使用权证，使用权面积为 399,239.37 平方米，该用地位于长沙市高新区岳麓大道与雷高路交叉口西南角，由发行人于 2016 年通过出让方式取得，用地手续齐全，符合相关土地政策、城市规划要求。项目用地手续齐全，不存在募投用地落实风险。

威胜信息（688100）

威胜信息技术股份有限公司（以下简称发行人）2019 年 4 月 4 日提交的招股说明书（申报稿）中披露：本次拟募集 60,505.65 万元，用于物联网感知层监测设备扩产及技改项目等 4 个募投项目，其中补充营运资金 13,000.00 万元。

针对上述情形，发审委要求发行人对下列事项进行说明，并要求保荐机构、发行人律师核查并发表明确意见：相关项目是否涉及新增土地，是否已取得相关土地使用证明；拟用 1.3 亿元募集资金补充营运资金的必要及其管理运营安排，及其对公司财务状况及经营成果的影响和对提升公司核心竞争力的作用；募集资金投向是否投向创新领域。

根据发行人律师出具的补充法律意见书披露显示：[1]

1. 相关项目是否涉及新增土地，是否已取得相关土地使用证明

发行人本次拟募集资金投资项目不涉及新增土地，均为在发行人原自有土地、厂房上进行新建或扩建。目前上述项目拟用地均已取得相关不动产权证书，具体情况如表 209 所示：

表 209

序号	项目名称	不动产权证号	土地使用权期限
1	物联网感知层监测设备扩产及技改项目	湘〔2017〕长沙市不动产权第 0190419 号	2056 年 12 月 20 日
2	物联网感知层流体传感设备扩产及技改项目	湘〔2017〕长沙市不动产权第 0190419 号	2056 年 12 月 20 日
3	物联网网络层产品扩产及技改项目	湘〔2017〕长沙市不动产权第 0354906 号	2059 年 6 月 25 日
4	物联网综合研发中心项目	湘〔2017〕长沙市不动产权第 0354906 号	2059 年 6 月 25 日

〔1〕《北京市金杜律师事务所关于威胜信息技术股份有限公司首次公开发行股票并在科创板上市之补充法律意见书（一）》，载上海证券交易所网，http：//static.sse.com.cn/stock/information/c/201905/88d43fadfeee4a3282c1cdb66673b17f.pdf，最后访问日期：2021 年 5 月 21 日。

2. 拟用 1.3 亿元募集资金补充营运资金的必要及其管理运营安排，及其对公司财务状况及经营成果的影响和对提升公司核心竞争力的作用

（1）拟用 1.3 亿元募集资金补充营运资金的必要性

发行人拟用本次发行上市所募集资金中 1.3 亿元补充营运资金，主要由发行人所在行业和业务特性、公司业务快速发展的现实需要等因素决定。

①发行人所在行业和业务特性决定了公司需要大量的营运资金支持

发行人主要从事智慧公用事业领域应用产品的研发、生产与销售。一方面，由于公司下游客户主要为国家电网、南方电网、水务公司等大型电力公司或公用事业单位，其通常会根据销售合同与公司约定一定的销售回款账期，而公司在采购原材料、电力、人工等方面又存在大量的资金支出；另一方面，公司为专注于智慧公用事业领域的科技创新型企业，需紧跟下游应用领域发展趋势进行产品设计、技术预研等研发创新工作，需要在材料采购、人员使用等方面投入较大的资金。因此，发行人所处行业和业务特性决定了公司业务过程中需要大量的营运资金支持。

此外，报告期内公司业绩大幅增长，客户对产品需求量快速增加，而行业整体应收账款周转率较低，公司业务的发展对营运资金具有较强的需求。

②公司业务快速发展，存在迫切的营运资金需求

近年来，受益于物联网行业快速发展红利，公司业绩呈现持续增长态势。公司的营业收入亦从 2016 年度的 68,031.43 万元增长到 2018 年度的 103,864.10 万元，归母净利润（扣除非经常性损益后）从 2016 年度的 5454.27 万元增长到 2018 年度的 16,217.89 万元，复合年增长率分别达 23.56% 和 72.44%。未来，随着物联网行业的高速发展，以及募投项目投产后产品技术水平的提高以及各项主导产品的销售规模快速扩大，公司业绩有望继续保持稳步增长态势。随着公司经营规模的逐步扩大，发行人对于营运资金的需求也逐步增长，材料采购、应收账款等资金占用持续提升，存在迫切的营运资金需求。

综上所述，在行业整体应收账款周转率较低、发行人业务快速发展的背景下，公司未来对营运资金具有较强的需求，发行人拟用募集资金补充营运资金具备必要性。

（2）拟用 1.3 亿元募集资金补充营运资金的管理运营安排

发行人已建立了募集资金管理制度，对募集资金的存储、募集资金的使用及管理、募集资金投向变更、募集资金使用管理监督等内容进行了规定。发行人将严格按照《募集资金管理办法》的要求管理和使用补充营运资金。首先，募集资金将存放于董事会批准设立的专项账户集中管理；其次，公司使用募集资金应当遵循募集资金管理制度的相关要求，应对募集资金使用的申请、分级审批权限、决策程序、风险控制

措施及信息披露程序做出明确规定；最后，公司将真实、准确、完整地披露募集资金的实际使用情况。

本次补充营运资金项目将用于满足物联网科技创新领域的资金需求，补充公司营运资本，增强公司研发创新的资金实力，有利于保持公司的竞争实力并促进公司的持续、快速、健康发展。

（3）拟募集资金补充营运资金对进一步提升公司经营成果及财务状况、增强公司的核心竞争力的作用

一方面，本次募集资金补充营运资金后，发行人的资产负债率将进一步降低，资产的流动性将进一步提高，将一定程度上降低公司资金流动性风险。本次募集资金补充营运资金后，短期内可能不直接产生经济效益，但有助于公司整体经营规模的扩大和运营效率的提升，并进一步提升公司的盈利能力。本次募集资金补充与主营业务相关的营运资金后，将为公司实现业务发展目标提供必要的资金来源，有利于保证公司生产经营和业务拓展的顺利开展，有利于公司扩大业务规模，优化公司财务结构，从而提高发行人的市场竞争力。

另一方面，发行人的资金储备实力一定程度代表了其抗风险能力、经营实力，拥有较为充裕的流动资金亦增强了公司把握行业、业务发展机会的灵活性，有利于公司有效开展业务经营，系公司的行业竞争力体现。资金实力一定程度上已成为物联网综合应用解决方案提供商巩固其市场领先地位的核心要素之一。

此外，在智慧公用事业行业经营中，往往因技术进步、研发投入和市场拓展等因素要求较多的资金支持，对物联网综合应用解决方案提供商的资金实力提出较高的要求。在行业竞争日益激烈的情况下，拥有较强资金实力已成为物联网综合应用解决方案提供商并保持行业地位的现实要求。

3. 发行人募集资金投向是否投向创新领域

发行人为智慧公用事业领域的物联网综合应用解决方案提供商，主营业务产品包括电监测终端、水气热传感终端、通信网关、通信模块，以及电、水、气、热等智慧能源管理、智慧消防、智慧路灯等应用管理系统。

根据国家统计局 2018 年修订的《战略性新兴产业分类》，公司主营业务产品属于“1 新一代信息技术产业”之“1.1　下一代信息网络产业”目录里“物联网网关”“物联网通信终端模组”“基于物联网的公共事业服务”等重点产品和服务内容，因此，属于“1.1　下一代信息网络产业”。根据《上海证券交易所科创板企业上市推荐指引》，发行人所处的物联网行业属于新一代信息技术领域。根据中国证监会行业分类，发行人属于“C39　计算机、通信和其他电子设备制造业”。

除补充营运资金之外，发行人本次拟募集资金投资项目包括物联网感知层监测设备扩产及技改项目、物联网感知层流体传感设备扩产及技改项目、物联网网络层产品扩产及技改项目、物联网综合研发中心项目。上述拟投资项目均系围绕物联网科技创新领域的研发生产展开，用于物联网行业即新一代信息技术领域的投资建设。

迪威尔（688377）

南京迪威尔高端制造股份有限公司（以下简称发行人），2019 年 10 月 9 日提交的招股说明书（申报稿）披露：公司本次发行上市募集资金投资项目之“油气装备关键零部件精密制造项目”是“油气装备绿色高端精密成型生产项目”的组成部分，后者于 2012 年通过南京市六合区发展和改革局备案。报告期内，项目实施主体精工科技尚未正式开展业务。

针对上述情形，发审委要求发行人对下列事项进行说明，并要求保荐机构、发行人律师核查并发表明确意见：详细说明该项目的实施进展和资金投入情况，项目实施的条件或环境是否发生重大变更、是否需要重新履行项目核准 / 备案程序；说明募集资金投资项目之“研发中心建设项目”是否需要履行环境影响评价手续。

根据发行人律师出具的补充法律意见书披露显示：[1]

1. 关于发行人的募投项目

发行人本次发行上市募集资金拟投资油气装备关键零部件精密制造项目、研发中心建设项目及补充流动资金。发行人本次发行上市的募集资金拟投资项目已获得发行人 2019 年第二次临时股东大会的批准。

2. 关于“油气装备关键零部件精密制造项目”

（1）发行人本次发行上市的募集资金拟投资“油气装备关键零部件精密制造项目”的是油气装备绿色高端精密成型生产项目的组成部分，该项目已于 2012 年 12 月 27 日经南京市六合区发展和改革委员会备案，备案号为六发改备〔2012〕106 号。

根据《企业投资项目核准和备案管理办法》（2017 年发展和改革委员会令第 2 号）第四十三条规定，项目备案后，项目法人发生变化，项目建设地点、规模、内容发生重大变更，或者放弃项目建设的，项目单位应当通过在线平台及时告知项目备案机关，并修改相关信息。

上述项目备案后精工科技已于 2013 年及时开工建设，目前，项目法人、项目

---

〔1〕《国浩律师（南京）事务所关于南京迪威尔高端制造股份有限公司首次公开发行股票并在科创板上市之补充法律意见书（二）》，载上海证券交易所网，http：//static.sse.com.cn/stock/information/c/202001/095fa876d71f4f098ba7ce487be3ef47.pdf，最后访问日期：2021 年 5 月 21 日。

建设地点、规模、内容均未发生重大变更，项目实施主体仍为精工科技，项目用地仍为座落于六合经济开发区的宁六国用〔2013〕第 02733 号国有土地使用权证项下的土地，项目建设内容仍主要为 220MN/130MN 多向模锻及热处理联合厂房、220MN/130MN 多向双动复合挤压生产线、数控高速冷锯机、连续式热处理设备和模具加工设备等。

综上所述，发行人上述项目备案后已及时开工建设，项目法人及项目建设地点、规模、内容均未发生重大变更，因此，无须根据《企业投资项目核准和备案管理办法》（2017 年发展和改革委员会令第 2 号）第四十三条的规定履行相关告知程序，亦无须重新履行备案程序。

（2）“油气装备关键零部件精密制造项目”作为“油气装备绿色高端精密成型生产项目”的组成部分，其环境影响报告表已于 2013 年 3 月 6 日经南京市六合区生态环境局以六环表复〔2013〕026 号文批复。

（3）“油气装备关键零部件精密制造项目”由精工科技实施，项目位于六合经济开发区，使用精工科技已有的土地使用权，土地使用权证号为宁六国用〔2013〕第 02733 号。

3. 关于“研发中心建设项目”

（1）“研发中心建设项目”已于 2019 年 6 月 11 日经南京市江北新区管理委员会行政审批局备案，备案证号为宁新区管审备〔2019〕328 号。

（2）“研发中心建设项目”已履行环境影响评价手续，于 2019 年 9 月 26 日取得南京市江北新区管理委员会《关于南京迪威尔高端制造股份有限公司研发中心建设项目环境影响报告表的批复》（宁新区管审环表复〔2019〕114 号）。

（3）“研发中心建设项目”由发行人实施，拟建在发行人现有厂区综合研发楼内。

综上所述，发行人募投项目已获得股东大会批准，且未违反土地、环保、项目备案等相关法律法规的规定，合法合规。

瑞联新材（688550）

西安瑞联新材料股份有限公司（以下简称发行人）2020 年 3 月 10 日提交的招股说明书（申报稿）披露：发行人募集资金拟用于 OLED 及其他功能材料生产项目、高端液晶显示材料生产项目、科研检测中心项目、资源无害化处理项目和补充流动资金。关于资源无害化处理项目，公司已于 2018 年 10 月 26 日取得蒲城县发展和改革局出具的《项目备案确认书》。

针对上述情形，发审委要求发行人对下列事项进行说明，并要求保荐机构、发行

人律师核查并发表明确意见：说明资源无害化处理项目的开工建设进度，是否超过项目备案有效期，是否需要重新履行项目备案手续；就“科研检测中心项目”在设置抵押的土地上实施，说明是否存在抵押权行使导致项目无法正常实施的风险或其他重大不利影响，如有，请在招股说明书中充分揭示风险。

根据发行人律师出具的补充法律意见书披露显示：[1]

1. 关于资源无害化处理项目的开工建设进度，是否超过项目备案有效期，是否需要重新履行项目备案手续。

蒲城海泰资源无害化处理项目已于2018年10月26日完成备案，并于2019年开工建设，截至2019年12月31日，该项目在建工程的账面价值为827.01万元。

根据《企业投资项目事中事后监管办法》（2018年国家发改委令第14号）第15条，项目自备案后2年内未开工建设或者未办理任何其他手续的，项目单位如果决定继续实施该项目，应当通过在线平台作出说明；如果不再继续实施，应当撤回已备案信息。前款项目既未作出说明，也未撤回备案信息的，备案机关应当予以提醒。经提醒后仍未作出相应处理的，备案机关应当移除已向社会公示的备案信息，项目单位获取的备案证明文件自动失效。

资源无害化处理项目已于备案后2年内开工建设，符合《企业投资项目事中事后监管办法》之规定，无须重新履行项目备案手续。

2. 就“科研检测中心项目”在设置抵押的土地上实施，说明是否存在抵押权行使导致项目无法正常实施的风险或其他重大不利影响。

“科研检测中心项目”将在发行人的“陕〔2016〕西安市不动产权第0000064号”不动产权证载明的土地上实施。

发行人已将上述不动产权证载明的土地使用权作为最高抵押合同项下的抵押资产之一，为相关借款合同向贷款方建设银行西安高新区支行提供抵押担保。抵押担保的有效期为2019年12月至2020年12月或相关借款合同履行期届满之日起3年。截至2019年年末，抵押资产对应的银行借款余额为4800万元。

发行人报告期内经营现金流良好，经营活动产生的现金流量净额分别为9991.51万元、17,579.07万元和14,443.12万元，利息保障倍数分别为9.05倍、7.34倍和10.88倍。截至2019年年末，账面留存15,515.95万元货币资金，有足够的现金流来源支持短期借款的周转。报告期内，发行人均按时、足额地偿还了各银行的贷款本金和利息，资

〔1〕《上海市瑛明律师事务所关于西安瑞联新材料股份有限公司首次公开发行人民币普通股股票并在科创板上市的补充法律意见书（一）》，载上海证券交易所网，http://static.sse.com.cn/stock/information/c/202004/ea606a16e8f648e19eb480fc382352bc.pdf，最后访问日期：2021年5月21日。

信状况良好；银行对公司授信稳定，信用额度充足。发行人不存在重大诉讼、仲裁、行政处罚。上述贷款银行行使抵押权的可能性较小，不存在土地使用权抵押权行使导致“科研检测中心项目”无法正常实施的风险或其他重大不利影响。

二、解决思路

募投项目反映拟上市公司当前整体的研发实力以及未来发展战略的具体规划。发行人应结合公司现有主营业务、生产经营规模、财务状况、技术条件、管理能力、发展目标合理确定募集资金投资项目，确保相关项目实施后不新增同业竞争，对发行人的独立性不产生不利影响。设计募投项目时，应注意以下几方面：

1. 募投项目应符合国家产业政策，符合国家和地方环保要求。

2. 募投项目的确定性。募投项目实施及市场前景等应有确定性，发行人应充分披露项目的准备和进展情况、实施本次募投项目的能力储备情况、预计实施时间、整体进度计划以及募投项目的实施障碍或风险等。

3. 募投项目的合规性。

（1）发行人应当关注募投项目的程序合规性，包括相关审批程序、备案程序。募投项目需要履行环境影响评价手续的，应及时履行。此外，发行人应注意募集资金拟投资项目相关审批、核准或备案文件的有效期，尤其是募投项目长期未开工建设的，应当说明进度以及实施的条件或环境是否发生重大变更，注意不得超过项目备案有效期，若超过项目备案有效期的，需要重新履行项目备案手续。

（2）募投项目所涉及产品、技术的研发、生产与销售等环节需要具备相应资质、许可、牌照的，如专利资质、排污许可证等，发行人应当确保已取得相应资质。

（3）募投用地的合法合规。募投项目涉及新增土地的，发行人应说明是否取得相关土地使用证明。未取得土地使用证明的，应披露募投项目用地的拿地计划、取得土地的具体安排、进度等，不存在募投用地落实风险；发行人已取得相关土地使用证明的，需要对相关土地和房产性质、购买方式等进行披露，确保土地用地手续齐全，符合土地政策、城市规划要求；涉及土地租赁，应注意出租方是否取得合法的土地使用权。

募投项目在设置抵押的土地上实施的，应说明是否存在抵押权行使导致项目无法正常实施的风险或其他重大不利影响。可结合发行人现金流情况、资金状况、银行对发行人信用额度情况等综合判断是否存在抵押权行使导致的募投用地风险。

4. 募投项目的必要性和可行性。发行人可结合产品的市场需求及容量、行业前景、同行业竞争、公司产能的利用率及产销率、公司市场占有份额分析募投项目的必要性、预计的投资收益率及投资回收期，判断发行人是否具备募投项目产能的消化能力，是否存在过度扩产的情况。

5. 与主营业务的相关性，募集资金应用于主营业务。除金融类企业之外，募集资金投向不得用于持有交易性金融资产和可供出售金融资产、借与他人、委托理财等财务性投资和类金融业务。发行人应披露核心技术在募投项目中的运用以及具体安排。使用大额募集资金补充营运资金的，应当说明原因及规模的合理性、管理运营安排以及对进一步提升发行人经营成果及财务状况、增强发行人核心竞争力的作用。

6. 募投项目的实施不影响发行人独立性。发行人应避免募投项目与发行人实际控制人控制的其他企业产品属于同类或相似业务、募投项目投产后新增同业竞争或关联交易。发行人应采取措施保障其独立性。

7. 发行人应建立募集资金管理制度，对募集资金的存储、募集资金的适用及管理、募集资金投向变更、募集资金使用管理监督等内容进行规定。

【具体核查要点】

1. 募投项目是否顺应国家现行的产业政策，是否符合相关产业管理、环境保护、土地管理等法律法规。

2. 募投项目和募投资金是否与发行人现有公司规模、资产水平、技术储备、资源掌控等情况相匹配；募投项目是否有明确的使用方向。

3. 募投项目的实施进展和资金投入情况、开工建设进度，项目实施的条件或环境是否发生重大变更，是否超过项目备案有效期，是否需要重新履行项目备案手续。

4. 募投项目在设置抵押的土地上实施，是否存在抵押权行使导致项目无法正常实施的风险或其他重大不利影响。

5. 募投项目的必要性和可行性，对公司主营业务及未来发展的影响，预计的投资收益率及投资回收期、募投项目收益分析具体计算过程、募投项目产能的消化能力、是否存在过度扩产的情况，募投项目的摊销、折旧等对公司未来利润的影响情况。募集资金补充营运资金的必要性及其管理运营安排，及其对公司财务状况及经营成果的影响和对提升公司核心竞争力的作用。

6. 发行人核心技术在募投项目中的运用，募集资金是否重点投向科技创新领域。

7. 募投项目的落实是否会影响发行人的独立性，募投项目是否涉及关联交易及同业竞争等。

【核查方式】

1. 取得并查阅募投项目可行性研究报告、投资项目的批复、核准或者备案文件（如有）、环境影响评价报告及批复、土地使用权证或者发行人关于土地使用权取得方式的计划。

2. 实地查验发行人募投项目工程或机构所在地，并制作现场查验记录。

3. 查验发行人董事会、股东大会的会议资料，核查募集资金投资项目的可行性研究报告、项目实施方案或相关文件是否经发行人内部有权决策机构批准和授权，涉及关联交易的是否履行了关联交易相关批准程序。

4. 访谈发行人高级管理人员、技术负责人、财务负责人、生产负责人，核查募集资金数额和投资项目是否与发行人现有生产经营规模、财务状况、技术水平和管理能力等相适应。

5. 募集资金拟用于向其他企业增资或收购其他企业股份的，查阅拟增资或收购企业的设立批准文件、历次换发的营业执照、历次修改的公司章程、合资合同或股东间协议、历次验资报告、年度财务报告、资产评估报告、主要财产权属证明文件、相关管理部门批准文件、资质证明或许可、重大合同和本外币贷款证（卡）、工商登记文件，核查拟增资或收购企业的以下情况：主体资格、注册资本与非货币资产出资、主要财产权属和重大债权债务关系是否存在重大争议，是否受工商、税务、环保、土地等部门处罚且情节严重；核查是否已经签署了增资或收购协议，相关协议是否合法有效，增资或收购程序是否符合法律法规的要求，是否需要取得其他权益持有人的同意及处理情况等；若前述投资涉及国有资产转让的，需查阅有关国有资产管理部门对有关国有资产转让的评估文件、批准文件、相关产权交易登记、确认的相关，必要时向有关国资部门发出函证或走访相关部门，并制作访谈笔录。

6. 募集资金拟用于合资经营或合作经营的，查阅相关合资或合作协议，调查了解合资或合作方的基本情况，包括名称、法定代表人、住所、注册资本、主要股东、主要业务，与发行人是否存在关联关系，投资规模及各方投资比例，合资或合作方的出资方式；核查相关合资或合作协议是否合法有效，以及根据相关协议是否拟组建企业法人，拟组建企业法人的基本情况，或不组建企业法人的合作方式。

7. 募集资金拟用于收购资产的，查阅出让方营业执照、公司章程或自然人身份证明文件、拟收购资产的财务报告、审计报告、相关资产权属证明文件、债权债务合同及其他凭证、资产评估报告及相关资料，调查出让方资格，拟收购资产是否合法有效；核查是否已经签署资产收购协议，协议内容是否合法有效；若收购的资产为在建工程的，查阅相关在建工程各阶段应取得的相关批准文件、工程合同文件，核查在建工程在其各阶段是否履行了必要的审批手续，核查工程合同是否合法有效，必要时实地查验拟收购资产，并制作现场查验记录。

8. 查阅发行人控股股东、实际控制人及其控制的企业的营业执照与年度财务报告、募集资金投资项目实施方案，核查募集资金投资项目是否与控股股东、实际控制人及其控制的企业产生同业竞争，或与控股股东、实际控制人及其控制的各企业生产经营环节构成上下游关系。

9. 查阅发行人董事会、股东大会通过关于建立募集资金专项存储制度的相关会议资料、募集资金专项存储管理办法、专项账户开户协议与开户证明文件，核查发行人是否已经建立了合法有效募集资金专项存储制度，是否已在银行开立了募集资金专项账户。

10. 核查发行人法定申报期间的财务审计报告及评估报告，走访发行人相关行业协会、行业专业人士，访谈发行人股东、董事、总经理及相关业务、财务负责人，取得发行人就募集资金项目主要投向出具的书面说明，核查募集资金项目是否与发行人现有生产经营规模、财务状况、技术水平和管理能力等相适应。

11. 核查发行人已经取得有关行业产业政策、投资管理、环境保护、土地管理等行政许可或批准文件、证书、证明原件，核查募集资金投资项目是否符合国家产业政策、投资管理、环境保护、土地管理以及其他法律、法规和规章的规定。

三、参考规范

《上市公司证券发行管理办法》

第十条　上市公司募集资金的数额和使用应当符合下列规定：

（一）募集资金数额不超过项目需要量；

（二）募集资金用途符合国家产业政策和有关环境保护、土地管理等法律和行政法规的规定；

（三）除金融类企业外，本次募集资金使用项目不得为持有交易性金融资产和可供出售的金融资产、借与他人、委托理财等财务性投资，不得直接或间接投资于以买卖有价证券为主要业务的公司；

（四）投资项目实施后，不会与控股股东或实际控制人产生同业竞争或影响公司生产经营的独立性；

（五）建立募集资金专项存储制度，募集资金必须存放于公司董事会决定的专项账户。

《科创板首次公开发行股票注册管理办法（试行）》

第四十条　发行人应当披露其募集资金使用管理制度，以及募集资金重点投向科技创新领域的具体安排。

《创业板首次公开发行股票注册管理办法（试行）》

第四十一条　发行人应当披露募集资金的投向和使用管理制度，披露募集资金对发行人主营业务发展的贡献、未来经营战略的影响以及发行人业务创新、创造、创意性的支持作用。

《科创板上市公司证券发行注册管理办法（试行）》

第十二条　上市公司发行股票，募集资金使用应当符合下列规定：

（一）应当投资于科技创新领域的业务；

（二）符合国家产业政策和有关环境保护、土地管理等法律、行政法规规定；

（三）募集资金项目实施后，不会与控股股东、实际控制人及其控制的其他企业新增构成重大不利影响的同业竞争、显失公平的关联交易，或者严重影响公司生产经营的独立性。

《创业板上市公司证券发行注册管理办法（试行）》

第十二条　上市公司发行股票，募集资金使用应当符合下列规定：

（一）符合国家产业政策和有关环境保护、土地管理等法律、行政法规规定；

（二）除金融类企业外，本次募集资金使用不得为持有财务性投资，不得直接或者间接投资于以买卖有价证券为主要业务的公司；

（三）募集资金项目实施后，不会与控股股东、实际控制人及其控制的其他企业新增构成重大不利影响的同业竞争、显失公平的关联交易，或者严重影响公司生产经营的独立性。

《公开发行证券的公司信息披露内容与格式准则第 41 号——科创板公司招股说明书》

第八十三条　发行人应结合公司现有主营业务、生产经营规模、财务状况、技术条件、管理能力、发展目标合理确定募集资金投资项目，相关项目实施后不新增同业竞争，对发行人的独立性不产生不利影响。

发行人应披露其募集资金使用管理制度，以及募集资金重点投向科技创新领域的具体安排。

第八十四条　发行人应列表简要披露募集资金的投资方向、使用安排等情况。

第八十五条　发行人应根据重要性原则披露募集资金运用情况：

（一）募集资金的具体用途，简要分析募集资金具体用途的可行性及其与发行人现有主要业务、核心技术之间的关系；

（二）投资概算情况。发行人所筹资金如不能满足预计资金使用需求的，应说明缺口部分的资金来源及落实情况；如所筹资金超过预计资金使用需求的，应说明相关资金在运用和管理上的安排；

（三）募集资金具体用途所需的时间周期和时间进度；

（四）募集资金运用涉及履行审批、核准或备案程序的，应披露相关的履行情况；

（五）募集资金运用涉及环保问题的，应披露可能存在的环保问题、采取的措施及资金投入情况；

（六）募集资金运用涉及新取得土地或房产的，应披露取得方式、进展情况及未能如期取得对募集资金具体用途的影响；

（七）募集资金运用涉及与他人合作的，应披露合作方基本情况、合作方式、各方权利义务关系；

（八）募集资金向实际控制人、控股股东及其关联方收购资产，如果对被收购资产有效益承诺的，应披露效益无法完成时的补偿责任。

第八十六条　募集资金用于研发投入、科技创新、新产品开发生产的，应披露其具体安排及其与发行人现有主要业务、核心技术之间的关系。

第八十七条　发行人应披露其制定的战略规划，报告期内为实现战略目标已采取的措施及实施效果，未来规划采取的措施等。

《公开发行证券的公司信息披露内容与格式准则第28号——创业板公司招股说明书》

第八十三条　发行人应结合公司现有主营业务、生产经营规模、财务状况、技术条件、管理能力、发展目标合理确定募集资金投资项目，相关项目实施后不新增构成重大不利影响的同业竞争，对发行人的独立性不产生不利影响。

发行人应当披露募集资金的投向和使用管理制度，披露募集资金对发行人主营业务发展的贡献、对发行人未来经营战略的影响、对发行人业务创新创造创意性的支持作用。

第八十四条　发行人应列表简要披露募集资金的投资方向、使用安排等情况。

第八十五条　发行人应根据重要性原则披露募集资金运用情况：

（一）募集资金的具体用途，简要分析募集资金具体用途的可行性及其与发行人现有主要业务、核心技术之间的关系；

（二）投资概算情况。发行人所筹资金如不能满足预计资金使用需求的，应说明缺口部分的资金来源及落实情况；如所筹资金超过预计资金使用需求的，应说明相关资金在运用和管理上的安排；

（三）募集资金具体用途所需的时间周期和时间进度；

（四）募集资金运用涉及履行审批、核准或备案程序的，应披露相关的履行情况；

（五）募集资金运用涉及环保问题的，应披露可能存在的环保问题、采取的措施及资金投入情况；

（六）募集资金运用涉及新取得土地或房产的，应披露取得方式、进展情况及未能如期取得对募集资金具体用途的影响；

（七）募集资金运用涉及与他人合作的，应披露合作方基本情况、合作方式、各方权利义务关系；

（八）募集资金向实际控制人、控股股东及其关联方收购资产，如果对被收购资产有效益承诺的，应披露效益无法完成时的补偿责任。

第八十六条　发行人应披露其制定的战略规划，报告期内为实现战略目标已采取的措施及实施效果，未来规划采取的措施等。

《首发业务若干问题解答》

问题 18　土地使用权是企业赖以生产发展的物质基础，对于生产型企业尤其重要。中介机构核查及发行人披露涉土地资产时，应重点把握哪些方面?

答:……发行人募投用地尚未取得的，需披露募投用地的计划、取得土地的具体安排、进度等。保荐机构、发行人律师需对募投用地是否符合土地政策、城市规划、募投用地落实的风险等进行核查并发表明确意见。

问题 19　请问对于环境保护问题，发行人应在信息披露中关注哪些事项，中介机构核查相关问题中应重点把握哪些核查要求?

答: 发行人应当在招股说明书中充分做好相关信息披露，包括:……募投项目所采取的环保措施及相应的资金来源和金额等；公司生产经营与募集资金投资项目是否符合国家和地方环保要求……

《深圳证券交易所创业板上市公司证券发行上市审核问答》

1.募集资金项目实施后，不会与控股股东、实际控制人及其控制的其他企业新增构成重大不利影响的同业竞争、显失公平的关联交易，关于“重大不利影响的同业竞争”“显失公平的关联交易”，发行人和中介机构应当从哪些方面进行信息披露或核查?

答:(一)关于重大不利影响的同业竞争保荐人及发行人律师应当核查募投项目实施后是否新增同业竞争，认定同业竞争是否构成重大不利影响时，应结合竞争方与发行人的经营地域、产品或服务的定位，同业竞争是否会导致发行人与竞争方之间的非公平竞争，是否会导致发行人与竞争方之间存在利益输送、是否会导致发行人与竞争方之间相互或者单方让渡商业机会情形，对未来发展的潜在影响等方面，核查并出具明确意见。重大不利影响的认定标准参照本所首发审核问答相关内容。

发行人应当结合目前经营情况、未来发展战略等，在募集说明书中充分披露未来对上述构成同业竞争的资产、业务的安排，以及避免出现重大不利影响同业竞争的措施。

(二)关于显失公平的关联交易

如本次募投项目实施后将新增关联交易，发行人应当结合新增关联交易的原因及合理性、关联交易的定价依据及其公允性，关联交易对应的收入、成本费用或利润总额占发行人相应指标的比例等内容，充分说明和披露新增的关联交易的必要性，是否属于显失公平的关联交易，本次募投项目的实施是否严重影响公司生产经营的独立性。保荐人及发行人律师应当就上述事项进行核查并发表明确意见。

若保荐人和发行人律师认为募投项目将新增关联交易但不构成显失公允时，保荐人和发行人律师应当详细披露其认定的主要事实和依据，并就是否违反发行人、控股股东和实际控制人已作出的关于规范和减少关联交易的承诺发表核查意见。

3. 上市公司募集资金使用过程中，关于土地问题有哪些注意事项？发行人和中介机构在信息披露或核查过程中应当重点把握哪些方面？

答：（一）募集资金用于收购资产的，发行人应当披露标的资产土地使用权的取得方式。如标的资产土地使用权为通过划拨方式取得，发行人应当披露使用划拨土地使用权是否符合《划拨用地目录》的有关规定，是否存在被要求办理出让手续并缴纳出让金的情形，是否可能损害发行人或投资者合法权益、是否有相关保障措施。保荐人及发行人律师应当对上述事项及保障措施的有效性发表意见；如涉及划拨用地但不符合《划拨用地目录》相关法规要求的，保荐人及发行人律师应当审慎发表意见。

（二）募投项目涉及租赁土地的情形。保荐人及发行人律师应当核查出租方的土地使用权证和土地租赁合同，重点关注土地的用途、使用年限、租用年限、租金及到期后对土地的处置计划；重点关注出租方是否取得了合法的土地使用权证，向发行人出租土地是否存在违反法律、法规，或其已签署的协议或作出的承诺的情形，发行人租赁土地实际用途是否符合土地使用权证登记类型、规划用途，是否存在将通过划拨方式取得的土地租赁给发行人的情形。

（三）募投项目涉及使用集体建设用地的情形。发行人应当披露使用集体建设用地是否符合地方人民政府关于集体建设用地流转地方性法规的规定，并有切实的措施保障募投项目实施不会受到影响。保荐人及发行人律师应当对集体建设用地流转所履行的集体经济组织内部决策程序、流转所履行的土地主管部门批准程序、流转的集体建设用地是否取得土地使用权证、募投项目是否符合集体建设用地的用途等进行核查并发表意见。如存在募投项目用地不符合国家关于集体建设用地相关政策的情形的，保荐人及发行人律师应当审慎发表意见。

（四）如发行人募投项目用地存在占用基本农田、违规使用农地等其他不符合国家土地法律法规政策情形的，保荐人及发行人律师应当审慎发表意见。

（五）发行人募投项目用地尚未取得的，发行人应当披露募投项目用地的计划、取得土地的具体安排、进度，是否符合土地政策、城市规划，募投项目用地落实的风险；如无法取得募投项目用地拟采取的替代措施以及对募投项目实施的影响等。保荐人及发行人律师应当进行核查并发表意见。如募投项目用地涉及不符合国家土地法律法规政策情形的，保荐人及发行人律师应当审慎发表意见。

第三节　引用数据真实性

为避免招股说明书中的行业数据存在偏差，而误导投资者，发审委对拟上市公司进行审查时，对招股说明书中所列数据的客观性、真实性和权威性较为关注。

截至 2020 年 12 月 31 日，联赢激光、洁特生物、奥福环保、安博通、建龙微纳、京源环保、乐鑫科技、光云科技、慧辰资讯、福光股份等近 20 家企业被发审委问及与此相关的问题。

一、典型案例

联赢激光（688518）

深圳市联赢激光股份有限公司（以下简称发行人）2019 年 6 月 27 日提交的招股说明书（申报稿）中披露：公司已经成长为国内激光焊接行业的领军企业，公司自主研发的多波长激光同轴复合焊接技术于 2018 年 5 月荣获“2018 年度中国工业激光器创新贡献奖”。发行人的行业数据多次引用自 Laser Manufacture News、Laser Focus World、Strategies Unlimited、《2019 年中国激光产业报告》等的行业数据。同时，对部分技术领先性的描述为国际领先、国内领先、国际先进。

针对上述情形，发审委要求发行人对下列事项进行说明，并要求保荐机构、发行人律师核查并发表明确意见：核查数据的真实性，说明数据引用的来源和来源方的基本情况，数据是否公开、是否专门为本次发行上市准备、发行人是否为此付费或提供帮助、是否为定制或付费的报告、一般性网络文章或非公开资料，并就相关数据及预测分析的权威性、客观性及独立性发表核查意见。

根据发行人律师出具的补充法律意见书披露显示：[1]

1. 核查数据的真实性，说明数据引用的来源和来源方的基本情况

发行人招股说明书中引用行业数据引用自 Strategies Unlimited、中国激光产业发展报告、“Laser Manufacture News”、“Laser Focus World”、Laser Markets Research、“Industrial Laser Solutions”、OPTECH Consulting、《2019 年中国激光产业报告》、中国汽车工业协会、动力电池应用分会研究院、乘用车市场信息联席会、高工产业研究院（GGII）、国际数据公司（IDC）、国家统计局、中国产业信息网、《汽车产业中长期发展规划》《节能与新能源汽车技术路线图》等。

上述数据来源方基本情况如下：

Strategies Unlimited 公司于 1979 年成立，总部位于硅谷中心，在光元件领域市场

---

〔1〕《北京市天元律师事务所关于深圳市联赢激光股份有限公司首次公开发行股票并在科创板上市的补充法律意见书（二）》，载上海证券交易所网，http://static.sse.com.cn/stock/information/c/201909/9a549037931c4e4683afa85cfcbfc14c.pdf，最后访问日期：2021 年 5 月 21 日。

调查方面的调查公司。

《中国激光产业发展报告》由中国科学院武汉文献情报中心、中国激光杂志社、中国光学学会共同发布，其统计数据来源于国家发展和改革委员会、国家统计局、国家海关总署、国家税务总局、科技部、商务部、国家知识产权局、中科战略产业技术分析中心、中国产业智库大数据平台等。

"Laser Focus World"：中文名为《激光世界》，是由 Penn Well Corporation 出版的激光杂志，该杂志创办于 1965 年，是激光行业月刊读物，内容涵盖激光、光子、光电子领域的技术、产品应用及市场资讯。

"Laser Manufacture News"：中文名为《激光制造商情》，创立于 2007 年，由广东星之球激光科技有限公司出版发行的激光行业参考读物。

Laser Markets Research：一家覆盖全球激光行业，并为市场提供激光行业咨询、市场预测、数据分析的全球知名的激光行业市场研究机构。

"Industrial Laser Solutions"：中文名为《工业激光解决方案》，该杂志于 1986 年创办，系国际上一家专注于工业激光行业应用的月刊，内容涵盖激光行业最新动态、行业数据等内容。

OPTECH Consulting：一家成立于 1992 年的咨询公司，主要业务为提供与激光、光电子行业相关的咨询、市场调研和报告等。

《2019 年中国激光产业报告》：该报告系中国科学院武汉文献情报中心联合专家团队打造的一本激光产业年度研究报告，并由中国科学院武汉文献情报中心、中国激光杂志社、中国光学学会共同发布。

中国汽车工业协会：成立于 1987 年，是国内从事汽车、摩托车、零部件及汽车相关行业的协会。

动力电池应用分会研究院：隶属于中国化学与物理电源行业协会的二级分会，主办部门为中华人民共和国工业和信息化部。

乘用车市场信息联席会：中国汽车流通协会汽车市场研究分会成立于 1994 年，是中国流通协会下属的汽车市场研究分会。

高工产业研究院（GGII）：创立于 2006 年 6 月，专注于锂电、电动车、机器人、LED、新材料等国家战略性新兴产业领域的产业研究与咨询业务。

国际数据公司（IDC）：IDC 成立于 1964 年，是信息技术、电信行业和消费科技咨询、顾问和活动服务专业提供商。

国家统计局：国务院直属机构。

中国产业信息网：成立于 1997 年，由中宣部主管、人民日报社代管的中国报业协会主办，几十家国家级行业报共同发起组建而成，是中国产经及行业信息发布平台。

《汽车产业中长期发展规划》：2017 年 5 月由工业和信息化部、国家发展改革委、科技部联合发布。

《节能与新能源汽车技术路线图》：2016 年 10 月由工业和信息化部委托，中国汽车工程学会牵头发布。

发行人招股说明书所引用数据系选取上述国内外知名的咨询机构，或国家信息发布组织所公开的数据，保障了所引用数据的真实性。同时，其他国内激光企业披露的招股说明书中已有多家引用上述机构的信息数据，例如大族激光、锐科激光等。

2. 数据是否公开、是否专门为本次发行上市准备、发行人是否为此付费或提供帮助、是否为定制或付费的报告、一般性网络文章或非公开资料，并就相关数据及预测分析的权威性、客观性及独立性发表核查意见

发行人招股说明书中所引用的数据均为公开数据，上述资料均系通过公开渠道免费获取，发行人并未为上述资料付费或提供帮助，上述数据、资料不存在为发行人定制的情形，亦不存在为本次发行上市准备的情形。

发行人所选取的数据来自国内外较为知名的咨询机构，或为国家信息发布组织，同时，其他国内激光企业披露的招股说明书中已有多家引用上述机构的信息数据。保障了相关数据的权威性和独立性。

洁特生物（688026）

广州洁特生物过滤股份有限公司（以下简称发行人）2019 年 6 月 3 日提交的招股说明书（申报稿）中关于发行人的市场地位与技术先进性的披露和论证主要依赖于引用广东省科学技术情报研究所《科技查新报告》。

针对上述情形，发审委要求发行人对下列事项进行说明，并要求保荐机构、发行人律师核查并发表明确意见：广东省科学技术情报研究所的基本情况和机构属性；《科技查新报告》的性质，及其是否为发行人定制的报告；《科技查新报告》是否公开发布、发布频率；广东省科学技术情报研究所是否从发行人处获得经济利益；《科技查新报告》的内容和数据是否具有权威性。

根据发行人律师出具的补充法律意见书披露显示：[1]

〔1〕《广东广信君达律师事务所关于广州洁特生物过滤股份有限公司首次公开发行股票并在科创板上市的补充法律意见书（一）》，载上海证券交易所网，http：//static.sse.com.cn/stock/information/c/201908/a99ae52a4bae42188f0217bd05f9173e.pdf，最后访问日期：2021 年 5 月 21 日。

1. 广东省科学技术情报研究所的基本情况和机构属性

广东省科学技术情报研究所建于1958年，是隶属广东省科学技术厅的全省科技信息服务机构，是广东省科技服务业研究院（广东省科学技术发展战略研究院）下属机构，属于公益二类事业单位，正处级；是科技部认定的广东省内唯一国家一级科技查新单位。

广东省科学技术情报研究所拥有一支水平高、专业门类较齐全、研究咨询力量雄厚的专职科技情报及战略研究队伍，在职技术人员90多人，其中国务院特殊津贴专家3人，高级职称研究人员33人，硕士以上学历人员46人。广东省科学技术情报研究所具有现代化的信息系统和获取信息的设施与手段，以先进的技术、丰富的资源、科学的态度为社会各界提供及时、准确、公正、客观的服务，为广东省各级政府、企业、科研院所、高等院校等社会各界提供多功能、社会化、综合性的信息及技术服务，是广东省重要的战略研究、科技咨询及科技评估、信息提供的服务机构。

根据《科技查新机构管理办法》第2条规定，科技查新机构是指具有科技查新业务资质，根据委托人提供需要查证其新颖性的科学技术内容，按照科技查新规范操作，有偿提供科技查新服务的信息咨询机构。广东省科学技术情报研究所系根据查新委托人委托，有偿提供科技查新服务的信息咨询机构。

2.《科技查新报告》的性质，及其是否为发行人定制的报告

科技查新是指具有查新业务资质的查新机构根据查新委托人提供的需要查证其新颖性的科学技术内容，按照《科技查新规范》（国科发计字〔2000〕544号）进行操作，并作出结论，即《科技查新报告》。

广东省科学技术情报研究所是科技部认定的广东省内唯一国家一级科技查新单位，其出具的《科技查新报告》是根据国家规范进行科技查新的结论性文件，不是为发行人定制的报告。

3.《科技查新报告》是否公开发布、发布频率；广东省科学技术情报研究所是否从发行人处获得经济利益

科技查新的作用为：（1）为科研立项提供客观依据；（2）为科技成果的鉴定、评估、验收、转化、奖励等提供客观依据；（3）为科技人员进行研究开发提供可靠而丰富的信息。根据《科技查新规范》（国科发计字〔2000〕544号）的相关规定："科技查新是查新机构根据查新委托人提供的需要查证其新颖性的科学技术内容，并按照本规范操作，并作出结论。查新报告指查新机构用书面的形式就其处理的查新事务和得出的查新结论向查新委托人所做的正式陈述。"《科技查新报告》是根据查新委托人的需要而向委托人出具的正式陈述，《科技查新报告》不公开发布，不存在固定的发布

频率。

广东省科学技术情报研究所作为国家一级科技查新单位根据发行人提供的需要查证其新颖性的科学技术内容，按照《科技查新规范》进行操作，出具《科技查新报告》，并向发行人收取相关服务费。根据《科技查新机构管理办法》第二条规定，科技查新机构是有偿提供科技查新服务的信息咨询机构，因此，广东省科学技术情报研究所向发行人收取服务费的行为系按照规定收取的服务费用，属于鉴证机构提供服务的正常收费项目。

4.《科技查新报告》的内容和数据是否具有权威性

（1）《科技查新报告》的出具单位广东省科学技术情报研究所是科技部认定的广东省内唯一国家一级科技查新单位；同时该研究所还是国家科技部科技型中小企业技术创新基金管理中心认定的中小企业技术创新基金服务机构、广东省高级法院授权知识产权司法鉴定中介咨询机构。

（2）广东省科学技术情报研究所拥有一支水平高、专业门类较齐全、研究咨询力量雄厚的专职科技情报及战略研究队伍，在职技术人员 90 多人，其中国务院特殊津贴专家 3 人，高级职称研究人员 33 人，硕士以上学历人员 46 人，同时还具备现代化的信息系统和获取信息的设施与手段，以科学的态度为社会各界提供及时、准确、公正、客观的服务。

（3）科技查新的方法和流程严格按照国家操作规范。

科技查新是文献检索和情报调研相结合的情报研究，它以文献为基础，以文献检索和情报调研为手段，以检出结果为依据，通过综合分析，对查新项目进行情报学审查，写出有依据、有分析、有对比的查新报告。科技查新有严格的年限、范围和程序规定，有查全、查准的严格要求，查新结论具备客观性和鉴证性。

（4）科技查新工具国际化标准。

广东省科学技术情报研究所在华南地区建立国际联机检索终端，与 Dialog 和 STN 等联机检索系统相连，为用户提供客观公正、快捷准确的科技查新、联机检索、司法鉴定及专利咨询等权威性的咨询服务。

综上所述，《科技查新报告》的内容和数据具有权威性。

奥福环保（688021）

山东奥福环保科技股份有限公司（以下简称发行人）2019 年 4 月 29 日提交的首轮问询问题回复中披露：发行人选取热膨胀系数、壁厚、排气背压三项指标与国外公司产品及国内其他公司产品进行对比，其中热膨胀系数国外公司产品最优参数系摘取于《陶瓷学报》2013 年相关文章中第三方数据，排气背压国外公司产品最优参数为发行人客户委托第三方检测机构在满足客户捕集效率要求情况下背压测试数据，发行人基于上述指标的比较情况说明发行人蜂窝陶瓷载体技术处于国内领先、国际先进水平。就“卡脖子”大尺寸蜂窝陶瓷载体，发行人仅笼统披露其产品与国外厂商在主要性能指标上处于同一水平。

针对上述情形，发审委要求发行人对下列事项进行说明，并要求保荐机构、发行人律师核查并发表明确意见：以 2013 年相关文章中第三方引用数据作为境外竞争对手产品技术指标数据的客观性及可参考性；发行人客户委托第三方检测机构的基本情况、检测时间、检测报告的主要内容，相关检测报告的客观性及权威性。

根据发行人律师出具的补充法律意见书披露显示：〔1〕

1. 以 2013 年相关文章中第三方引用数据作为境外竞争对手产品技术指标数据的客观性及可参考性

发行人援引了罗凌虹等 2013 年发表于《陶瓷学报》的《超低膨胀系数堇青石蜂窝陶瓷材料的制备》中关于境外竞争对手热膨胀系数数据。

《陶瓷学报》是由景德镇陶瓷大学主办的陶瓷类专业学术期刊，1980 年创刊，国内外公开发行，主要刊发陶瓷材料科技类论文，兼及陶瓷机械、陶瓷窑炉及陶瓷艺术类学术论文。稿件包括陶瓷材料及工艺、陶瓷机械、陶瓷标准与检测、陶瓷艺术及理论等，涵盖先进陶瓷、日用陶瓷、建筑卫生陶瓷、古陶瓷、艺术陶瓷等领域。《陶瓷学报》现为中文核心期刊、中国科技核心期刊，同时被美国乌尼希期刊指南（网络版）、美国化学文摘（CA）、美国科学引文索引等收录，被评为 2004 年江西省优秀期刊和重点期刊。《陶瓷学报》编委会由 54 位中外陶瓷领域专家组成，负责评审稿件，具有较高的权威性和客观性。

发行人引用《陶瓷学报》（2013 年 6 月）论文中提到的公司境外竞争对手热膨胀系数为 0.20 × 10–6℃ –1。康宁公司于 2015 年在 SAE International 发表了题为“High Porosity Substrates for Fast–Light–Off Applications”论文，公开报道了其直通式载体热膨胀系数亦为 0.20 × 10–6℃ –1。康宁公司的载体适用于全球现行的主要排放标准。康宁公司的上述指标未见进一步更新的公开报道。

SAE International，即国际自动机工程师学会（原译：美国汽车工程师学会），是全球性的技术学会，包括 143,000 名工程师和相关技术专家，遍布航天、汽车和商用

〔1〕《关于山东奥福环保科技股份有限公司首次公开发行股票并在科创板上市的补充法律意见书（二）》，载上海证券交易所网，http://static.sse.com.cn/stock/information/c/201908/b957decd89904f4fb9ca4cb1645212fc.pdf，最后访问日期：2021 年 5 月 21 日。

车辆领域。该组织 1905 年在纽约建立之初，只有 30 名工程师会员，之后取得了长足的发展，目前已经扩展到 100 多个国家。国际自动机工程师学会最为知名的成就是它的技术标准和严格的自发性标准制定流程。来自众多国家的 8000 多名技术专家参与到 600 个标准制定委员会中，制定了众多标准和建议准则来支持产品设计和开发。

综上所述，发行人以 2013 年相关文章中第三方引用数据作为境外竞争对手产品技术指标数据具有客观性及可参考性。

2. 发行人客户委托第三方检测机构的基本情况、检测时间、检测报告的主要内容，相关检测报告的客观性及权威性。

（1）第三方检测机构的基本情况

发行人客户委托检测发行人产品的第三方检测机构为 ESW American。根据 ESW American 官方网站，ESW American 是一家独立的具有发动机相关的全面检测能力的第三方权威机构，总部位于美国宾夕法尼亚州蒙哥马利市。检测中心占地 40,000 平方米并有专业的测试工程师、技术和制造队伍。该机构拥有超过 30 年的检测行业经验，可对多种发动机和底盘进行 EPA（美国环保署）、CARB（美国加州空气资源委员会）和欧盟认可的 OBD（车载排放诊断）排放认证测试、耐久性测试、性能测试和燃油经济性测试。

ESW American 检测设备均为 ISO9001/2008 认证，40,000 平方米的检测中心内配备 9 个检测单元、6 个发动机测功器测试单元（5~1000 马力）、3 个底盘测功机测试单元（40~1000 马力）。检测中心可检测氮氧化物、碳氢化合物、一氧化碳、二氧化碳、氨气、炭烟颗粒、尿素、含硫化合物等。检测中心具备专业测试人员负责综合项目管理、测试计划和数据管理服务。

（2）检测时间、检测报告的主要内容，相关检测报告的客观性及权威性

发行人客户委托第三方检测机构检测发行人产品的时间为 2017 年 10 月，主要检测发行人壁流式载体（DPF）。检测报告的主要项目包括背压、灰分质量限值、催化剂涂覆性能、载体封装性能、振动等对比测试。检测结果表明：奥福环保产品与国外同类产品具有相似的催化剂涂覆适应性、封装性能及抗振动冲击能力等；奥福环保的高孔隙率 DPF 产品背压低于国外产品，低孔隙率 DPF 产品比国外产品高 4% 左右，在客户 10% 的控制范围内。检测报告是客户决定是否采购发行人产品的重要因素之一，因此，检测报告具有客观性。

综上所述，发行人客户委托第三方检测机构检测发行人产品的相关检测报告具有一定的客观性及权威性。

安博通（688168）

北京安博通科技股份有限公司（以下简称发行人），2019 年 4 月 4 日提交的招股说明书（申报稿）披露：招股说明书多处引用的行业数据来源于赛迪顾问。

针对上述情形，发审委要求发行人对下列事项进行说明，并要求保荐机构、发行人律师核查并发表明确意见：赛迪顾问或其他第三方的基本情况，招股说明书引用数据是否具有公信力，是否专门为本次发行上市准备，发行人是否为此支付费用或提供帮助。

根据发行人律师出具的补充法律意见书披露显示：[1]

招股说明书中所引用的行业数据来自中国互联网络信息中心（CNNIC）、中国信息通信研究院、IDC、腾讯安全云鼎实验室、赛迪顾问股份有限公司、安全牛等，上述机构的基本情况及招股说明书的数据来源具体如下：

中国互联网络信息中心（CNNIC），于 1997 年 6 月 3 日组建，现为中央网络安全和信息化委员会办公室（国家互联网信息办公室）直属事业单位，行使国家互联网络信息中心职责。

中国信息通信研究院，始建于 1957 年，是工业和信息化部直属科研事业单位。围绕国家"网络强国"和"制造强国"新战略，中国信息通信研究院着力加强研究创新，在 4G/5G、工业互联网、智能制造、移动互联网、物联网、车联网、未来网络、云计算、大数据、人工智能、虚拟现实 / 增强现实（VR/AR）、智能硬件、网络与信息安全等方面进行了深入研究与前瞻布局。

IDC，International Data Corporation，国际数据公司，是全球著名的信息技术、电信行业和消费科技咨询、顾问和活动服务专业提供商，成立于 1964 年。IDC 于 1982 年正式在中国设立分支机构，是最早进入中国市场的全球著名的科技市场研究机构。在中国，IDC 分析师专注于本地 ICT 市场研究，与本地市场高度结合，研究领域覆盖硬件、软件、服务、互联网、各类新兴技术以及企业数字化转型等方面。

腾讯安全云鼎实验室，为腾讯旗下七大安全联合实验室之一，关注腾讯云安全体系建设，专注于云上网络环境的攻防研究和安全运营，以及基于机器学习等前沿技术理念打造云安全产品。

赛迪顾问股份有限公司，直属于工业和信息化部中国电子信息产业发展研究院，

---

〔1〕《国浩律师（北京）事务所关于北京安博通科技股份有限公司首次公开发行股票并在科创板上市之补充法律意见书（一）》，载上海证券交易所网，http：//static.sse.com.cn/stock/information/c/201905/afdf9a8057ad4acca130fdf8b7886199.pdf，最后访问日期：2021 年 5 月 21 日。

是中国首家上市的咨询企业。总部设在北京，并在上海、广州、深圳、西安、武汉、南京、成都等地设有分支机构，面向城市园区、创新企业、投融资机构等，提供从产业规划、企业战略、商业创新、融资上市等现代咨询服务。

安全牛，安全牛网是国内首家定位于企业级信息安全市场的专业新媒体，团队由顶尖信息安全专家、IT 风险管理顾问和资深 IT 媒体人士组成。安全牛网致力于打造面向信息安全专业人士和企业信息安全管理者的最有价值的情报站和智库。

发行人招股说明书中引用上述机构的研究报告，均系经其官方网站、2019 中国 IT 市场年会公开发布的材料、腾讯网关于腾讯安全云鼎实验室公开发布的材料等公开渠道获取，相关研究报告并非专门为本次发行上市而准备，发行人并未为相关研究报告的撰写及发表支付费用或提供帮助，所引用的数据及资料客观、准确。

建龙微纳（688357）

洛阳建龙微纳新材料股份有限公司（以下简称发行人）2019 年 4 月 30 日提交的首轮问询回复中多处引用中商产业研究院、TechNavio 的研究报告。根据中商产业研究院的数据，发行人的成型分子筛（包括活化粉）2018 年销量约 1.57 万吨，全球市场份额 4.7%；问题 13 的回复显示，根据 Tech Navio 的数据，2018 年全球市场吸附剂市场容量为 33.49 亿美元。

针对上述情形，发审委要求发行人对下列事项进行说明，并要求保荐机构、发行人律师核查并发表明确意见：根据《招股说明书准则》第十一条第二项的规定对第三方数据准确引用，审慎披露相关数据，确保有权威、客观、独立的依据并符合时效性要求，并说明数据引用的来源和来源方的基本情况，数据是否公开、是否专门为本次发行上市准备、发行人是否为此付费或提供帮助、是否为定制或付费的报告、一般性网络文章或非公开资料；结合发行人的全球市场份额占比、销量、平均销售价格、全球市场容量等，说明前述数据之间是否存在一定的对应关系，是否存在逻辑矛盾。

根据发行人律师出具的补充法律意见书披露显示：[1]

1. 根据《招股说明书准则》第十一条第二项的规定对第三方数据准确引用，审慎披露相关数据，确保有权威、客观、独立的依据并符合时效性要求，并说明数据引用的来源和来源方的基本情况，数据是否公开、是否专门为本次发行上市准备、发行人是否为此付费或提供帮助、是否为定制或付费的报告、一般性网络文章或非

〔1〕《关于洛阳建龙微纳新材料股份有限公司首次公开发行股票并在科创板上市之补充法律意见书（三）》，载上海证券交易所网，http：//static.sse.com.cn/stock/information/c/201908/a61d7c509bf24108b82b026d7f1ee93e.pdf，最后访问日期：2021 年 5 月 21 日。

公开资料。

发行人在招股说明书中引用的数据主要来源情况如表 210 所示。

表 210

序号	报告名称	报告方
1	《中国统计年鉴》	国家统计局
2	《2019 年工业气体产业全景图谱》	前瞻产业研究院
3	《2019 年中国氢能市场氢气产量规模预测：产量将近 2000 万吨》	中商情报网
4	《邯郸市 2018 年国民经济和社会发展统计公报》	邯郸市统计局
5	《电力发展“十三五”规划》	国家发展和改革委员会、国家能源局
6	《2019 全球与中国市场分子筛吸附剂深度研究报告》	中商产业研究院
7	《全球吸附剂市场 2019~2023》	Tech Navio

表 210 中第 1~5 项报告为政府部门或第三方研究机构公开发布的报告，并非专门为本次发行上市而准备，发行人未为此付费或提供帮助。该等报告为非定制或付费的报告，且不属于一般性网络文章或非公开资料。

表 210 中第 6~7 项报告为第三方行业咨询机构面向市场公开发布的非定制付费报告。分子筛产品属于化工行业的细分领域，市场公开数据较少。发行人在查询相关行业数据时，在互联网搜索到上述两篇报告的摘要及提纲，后通过向报告方付费的方式取得报告全文。上述报告并非专门为本次发行上市而准备，不属于定制报告，在公司向报告方购买前已经发布于互联网。其中，《2019 全球与中国市场分子筛吸附剂深度研究报告》为中文版报告，《全球吸附剂市场 2019~2023》为英文版报告。上述报告方基本情况如下：

中商产业研究院：中商产业研究院是新三板挂牌公司深圳中商情大数据股份有限公司（证券代码：838497）旗下的研究机构。中商产业研究院是中国领先的产业咨询服务机构，自成立以来，研究院专注于围绕构建“产业研究、产业规划、产业战略、产业投资、产业招商”等“五位一体”的产业咨询体系。中商产业研究院以自建数据库“中商产业大数据库”为依托，行业覆盖传统重点行业和新兴热点领域。研究范围不仅涵盖文化体育、物流旅游、健康养老、生物医药、能源化工、装备制造、汽车电子等产业领域，还深入研究新制造、新能源、新材料、新消费、新金融、人工智能、“互联网 +”等新兴领域。近 20 余年来，中商产业研究院积累了一批长期合作的优质客户，主要包括国内外 500 强企业、各级地方政府、科研院所、金融投行等，逐步建立起稳固的市场地位。

Tech Navio：Tech Navio 于 2003 年在伦敦成立，在全球约有 400 多名分析师，覆盖了 80 个国家的 500 多项技术，每年开发超过 2000 项研究成果，是一家全球领先的技术研究和咨询公司。Tech Navio 在全球拥有庞大且不断增长的客户基础，客户包括技术供应商、最终用户、咨询公司、投资公司和研究机构。《福布斯》亚洲版、《纽约时报》等传统媒体以及其他网络媒体门户网站都会引用 Tech Navio 的研究。

2. 结合发行人的全球市场份额占比、销量、平均销售价格、全球市场容量等，说明前述数据之间是否存在一定的对应关系，是否存在逻辑矛盾。

根据《全球吸附剂市场 2019~2023》（国际咨询公司 Tech Navio），2018 年全球吸附剂市场容量为 33.49 亿美元，其中分子筛占比为 44.68%，市场容量为 14.97 亿美元。根据 2018 年全年人民币平均汇率为 1 美元兑 6.6174 元人民币计算，2018 年，全球分子筛市场容量为 99.06 亿元。2018 年，发行人的成型分子筛（包括活化粉）的销售收入为 27,315.83 万元，占全球市场份额的 2.76%。

根据《2019 全球与中国市场分子筛吸附剂深度研究报告》（中商产业研究院），2018 年，全球分子筛吸附剂消费量为 335,191.00 吨，发行人的成型分子筛（包括活化粉）的销量为 15,740.42 吨，销售市场份额为 4.70%。根据国内外销售现状，目前，国内分子筛平均销售价格约为国外价格的 50%~70% 之间。按照国内分子筛平均销售价格为国外价格的 60% 计算，2018 年，尽管发行人的成型分子筛（包括活化粉）的销量占全球市场份额为 4.70%，但销售金额占全球市场份额约为 2.82%。

综上所述，上述两篇报告数据存在一定的差异，但相差不大，不存在明显的逻辑矛盾。

二、解决思路

发行人应在招股说明书中披露数据引用的来源和来源方的基本情况，并确保引用数据有权威、客观、独立的依据并符合时效性要求。

1. 发行人应当保证引用数据的权威性。发行人在对引用数据的来源进行选择时，应尽量选取官方渠道，如官方机构、行业协会、学术文献或专业性的第三方机构等。

2. 发行人应保证数据来源的独立性。与发行人之间不存在利益输送关系，发行人未为数据资料付费或提供帮助，数据资料不存在为发行人定制的情形，亦不存在为发行上市准备的情形。发行人应尽量保证所引用数据为公开数据，涉及非公开的数据可以在招股说明书中进行补充说明。

3. 发行人应当保证引用数据的真实性、准确性。发行人需要保证所引用的数据真实有效，杜绝凭空捏造；在引用产业报告和同行业公司披露数据时，需要注意进行客观选择和比对，尽量选择水平相符或相类似的企业进行数据引用，在与自身比对说明时应保持客观中立的角度，引用的上市公司数据应来自该等上市公司的公告或招股说明书等公开发布的文件。同时，发行人还应提高对数据严谨性的重视，必要时可以结合社会发展现状和官方公开数据做出判断，并对所引用的报告数据重新测算进一步保证数据的准确真实。

4. 发行人在引用数据时，应注意数据的时效性。发行人在引用数据对自身产品进行说明时，应注意所引用的数据是否符合时下行业现状。

【具体核查要点】

1. 引用数据的具体来源，资料的发布时间、发布方式，发行人获取的方式；

2. 引用数据、资料是否有权威、客观、独立的依据并符合时效性要求；

3. 引用数据的真实性，引用的来源和第三方基本情况；数据是否公开；

4. 引用的数据、资料是否专门为发行上市准备、发行人是否为此支付费用或提供帮助、是否为定制的或付费的报告、一般性网络文章或非公开资料。

【核查方式】

1. 查阅引用数据的来源、数据编制机构和作者、数据编制时间，引用数据机构的官方网站，对照招股说明书复核发行人的数据来源情况，并查阅相关数据来源的权威性；

2. 查阅相关研究第三方机构出具的行业研究报告和引用相同数据的其他（拟）上市公司披露的招股说明书、年报等公开文件；

3. 查阅相关政府部门及相关第三方研究机构的官方网站，了解相关第三方研究机构的公开信息；

4. 查阅法律法规对项目内容的相关规定，核查引用数据和行业研究报告的权威性；

5. 查阅发行人与第三方机构的合同及费用支付依据、报告期内发行人支出的费用明细表，分析费用支出性质；

6. 访谈公司相关负责人员，了解项目情况和引用相关研究报告的背景；

7. 查验发行人出具的相关说明和确认文件。

三、参考规范

《证券法》

第七十八条　发行人及法律、行政法规和国务院证券监督管理机构规定的其他信息披露义务人，应当及时依法履行信息披露义务。

信息披露义务人披露的信息，应当真实、准确、完整，简明清晰，通俗易懂，不得有虚假记载、误导性陈述或者重大遗漏。

证券同时在境内境外公开发行、交易的，其信息披露义务人在境外披露的信息，应当在境内同时披露。

《公开发行证券的公司信息披露内容与格式准则第 1 号——招股说明书》

第十条　招股说明书还应符合以下一般要求：

（一）引用的数据应有充分、客观的依据，并注明资料来源……

《公开发行证券的公司信息披露内容与格式准则第 41 号——科创板公司招股说明书》

第十一条　招股说明书引用相关意见、数据或有外文译本的，应符合下列要求：

（一）应准确引用与本次发行有关的中介机构的专业意见或报告；

（二）引用第三方数据或结论，应注明资料来源，确保有权威、客观、独立的依据并符合时效性要求；

（三）引用的数字应采用阿拉伯数字，货币金额除特别说明外，应指人民币金额，并以元、千元、万元或百万元为单位；

（四）可根据有关规定或其他需求，编制招股说明书外文译本，但应保证中、外文文本的一致性，并在外文文本上注明："本招股说明书分别以中、英（或日、法等）文编制，在对中外文本的理解上发生歧义时，以中文文本为准。"

《首发业务若干问题解答》

问题 45　公开披露的文件中涉及第三方数据有何要求？

答：第三方数据主要指涉及发行人及其交易对手之外的第三方相关交易信息，例如发行人的交易对手与其客户或供应商之间的交易单价及数量、可比公司或可比业务财务数据等。

考虑到第三方数据一般较难获取并具有一定隐私性，发行人及中介机构在公开披露的文件中引用的第三方数据可以限于公开信息，并注明资料来源，一般不要求披露未公开的第三方数据。

中介机构应当核查第三方数据来源的真实性及权威性、引用数据的必要性及完整性、与其他披露信息是否存在不一致，确保直接或间接引用的第三方数据有充分、客观、独立的依据。

《上海证券交易所科创板股票发行上市审核规则》

第三十五条　本所在信息披露审核中，重点关注发行上市申请文件及信息披露内容是否一致、合理和具有内在逻辑性，包括但不限于财务数据是否勾稽合理，是否符合发行人实际情况，非财务信息与财务信息是否相互印证，保荐人、证券服务机构核查依据是否充分，能否对财务数据的变动或者与同行业公司存在的差异作出合理解释。

《公开发行证券的公司信息披露内容与格式准则第43号——科创板上市公司向不特定对象发行证券募集说明书》[1]

第五条　募集说明书的编制应遵循以下要求：

（一）应客观、全面，使用事实描述性语言，突出事件实质，不得选择性披露，不得使用市场推广的宣传用语；

（二）应使用直接、简洁、确定的语句，尽量避免使用艰深晦涩、生僻难懂的专业术语或公文用语；

（三）披露的内容应清晰、明确，并结合发行人情况进行具体准确的解释说明；

（四）对不同章节或段落出现的同一语词、表述、事项的披露应具有一致性，在不影响信息披露的完整性和不致引起阅读不便的前提下，可以相互引征；

（五）应准确引用与本次发行有关的中介机构的专业意见或报告；

（六）引用第三方数据或结论，应注明资料来源，确保有权威、客观、独立的依据并符合时效性要求；

（七）引用的数字应采用阿拉伯数字，货币金额除特别说明外，应指人民币金额，并以元、千元、万元或百万元为单位；

（八）对于曾在定期报告、临时报告或其他信息披露文件中披露过的信息，如事实未发生变化，发行人可采用索引的方法进行披露，并提供查询网址；

（九）发行人可编制募集说明书外文译本，但应保证中外文文本的一致性，在对中外文本的理解上发生歧义时，以中文本为准。

《深圳证券交易所创业板上市公司证券发行上市审核问答》

22. 实践中，上市公司作同行业对比时，相关公司选取有何依据？

答：同行业可比公司，指的是截至最近一个期末，证监会上市公司行业分类结果中，同一行业大类代码下的所有公司，但ST类公司可以除外。在进行实际对比时，上市公司不得随意增删可比公司，行业分类结果中的同类上市公司缺乏可比性的，应在对比结果后另行分析说明。

第四节　科创板定位

拟上市公司申请股票首次在科创板发行上市的，应当符合科创板定位。截至

[1]《公开发行证券的公司信息披露内容与格式准则第35号——创业板上市公司向不特定对象发行证券募集说明书》第五条同。

2020 年 12 月 31 日，金科环境、凌志软件、九号智能、埃夫特、吉贝尔、广大特材等企业被发审委问询是否符合科创板定位。

一、典型案例

金科环境（688466）

针对金科环境股份有限公司（以下简称发行人）2019 年 5 月 27 日提交的招股说明书（申报稿）披露内容，发审委要求发行人说明是否符合科创板定位。

根据发行人律师出具的补充法律意见书披露显示：[1]

1. 发行人所处行业及其技术发展趋势符合国家战略。

国家《战略性新兴产业分类（2018）》以现行《国民经济行业分类》（GB/T 4754—2017）为基础，对其中符合“战略性新兴产业”特征的有关活动进行再分类，根据《战略性新兴产业分类（2018）》，公司业务领域的行业归属为战略性新兴产业中的“7.2　先进环保产业”中的“7.2.5　环境保护及污染治理服务”行业，公司业务符合国家战略性新兴产业发展规划。

发行人专注于膜装备及膜系统应用方面的研发创新、解决水污染和水短缺问题，服务于我国可持续绿色发展、节能环保等国家战略。

2. 自主研发的核心技术处于国内先进水平。

发行人自主研发的膜通用平台技术，填补了国内空白，属国内首创，具有国际影响力；发行人自主研发的膜系统应用技术和膜系统运营技术处于国内先进水平。

3. 发行人具有较好的核心竞争力及其科技创新水平。

发行人是国家高新技术企业，公司的综合实力获得国际行业权威机构 GWI 的认可，公司核心技术人员拥有工学、高分子物理化学、水电工程、环境科学与工程等专业知识，以及丰富的研发工作经验和创新能力，是一支多学科的专业科研队伍，具有较强的科研能力。

发行人重视科研投入，在历年的发展过程中，持续不断地利用自有资金投入研发项目。2016 年至 2019 年上半年，公司研发费用分别为 609.82 万元、996.51 万元、2087.22 万元和 574.48 万元，占当期营业收入的比重分别为 3.69%、3.79%、5.19% 和 3.69%。未来公司仍计划加强对研发项目的投入，确保公司的研发能力一直处于行业

[1]《北京市君合律师事务所关于金科环境股份有限公司首次公开发行股票并在科创板上市之补充法律意见书（三）》，载上海证券交易所网，http://static.sse.com.cn/stock/information/c/201910/bef1294cd0d249c4b1dd5c99883f5bb0.pdf，最后访问日期：2021 年 5 月 21 日。

前列。

发行人通过自主研发取得了三大核心技术，目前拥有已注册的53项专利（其中4项国内发明专利、2项境外发明专利、46项实用新型专利、1项外观设计专利）、8项软件著作权；正在申请中的16项国内发明专利（公布及实审阶段或受理阶段）和12项实用新型专利（受理阶段）。发行人将根据市场需求和行业技术发展趋势，持续对技术进行研发升级。

4. 发行人具有保持技术不断创新的机制、具有技术储备及技术创新的具体安排。

发行人设有独立的研发中心，以确保研发体系的有序运行。发行人采用循序渐进的研发模式。发行人建立相关研发制度，不断完善创新机制，持续关注国内外行业的新技术、新工艺和新产品的发展动态。

目前，发行人形成了拥有自主研发的膜通用平台装备、膜系统应用、膜系统运营三大核心技术储备，将根据市场需求和行业技术发展趋势，持续对技术进行研发升级。目前有16项国内发明专利和12项实用新型专利已进入公布及实审阶段或受理阶段，另有12项研发项目正在开展。

发行人未来从宏观和微观两方面作出了具体的技术创新安排，以保证研发体系的持续高效性。

5. 发行人主要依靠三大核心技术开展生产经营。

综上所述，发行人符合科创板定位。

埃夫特（688165）

埃夫特智能装备股份有限公司（以下简称发行人）2019年6月26日提交的招股说明书（申报稿）披露：发行人是中国工业机器人第一梯队企业（转引自《中国机器人产业发展报告（2018）》），发行人形成机器人正向设计技术、机器人运动控制技术、机器人智能化及系统集成技术三大类核心技术。经中国机器人产业联盟2019年6月1日组织，由中国工程院院士、科技部机器人领域、机器人国家级实验室及机器人行业协会相关专家组成的专家委员会鉴定，该等技术达到国内或国际先进水平，“基于多AGV调度超柔性焊装技术具有突破意义”，发行人主力机型3公斤负载、7公斤负载和20公斤负载“根据产品测试结果，核心性能与国外同类品牌水平接近”。发行人是国内厂商中少数布局下一代智能工业机器人及系统（已获得工信部立项）等世界前沿性工业机器人与智能制造升级技术的厂商。

针对上述情形，发审委要求发行人说明是否符合科创板定位。

根据发行人律师出具的补充法律意见书披露显示：[1]

发行人所处行业符合《战略性新兴产业分类（2018）》（国家统计局第23号令）所规定"2.1 智能智造装备产业"，符合战略性新兴产业国家战略；发行人拥有关键核心技术，科技创新能力突出；发行人主要依靠核心技术开展生产经营，具有稳定的商业模式，市场认可度高，社会形象好；发行人具有较强的成长性。

综上所述，发行人符合《科创板首次公开发行股票注册管理办法（试行）》（中国证券监督管理委员会令第153号）、《上海证券交易所科创板股票发行上市审核规则》（上证发〔2019〕18号）、《上海证券交易所科创板股票发行上市审核问答》（上证发〔2019〕29号）和《上海证券交易所科创板企业上市推荐指引》（上证发〔2019〕30号，已失效）要求的科创板定位。

吉贝尔（688566）

针对江苏吉贝尔药业股份有限公司（以下简称发行人）2019年6月25日提交的招股说明书（申报稿）披露内容，发审委要求发行人说明：发行人研发费用率低于行业平均水平的原因及合理性；结合发行人研发投入情况，并根据《科创板审核问答》问题9的规定，综合所处行业及其技术发展趋势与国家战略的匹配程度、核心技术先进性、核心竞争力及科技创新水平的具体表征、保持技术不断创新的机制安排等因素说明发行人是否符合科创板定位。

根据发行人律师出具的补充法律意见书披露显示：[2]

1. 发行人研发费用率低于行业平均水平的原因及合理性。

发行人2016年度、2017年度、2018年度、2019年1~6月的研发投入分别为1675.09万元、1713.97万元、1959.66万元、1083.80万元。

发行人充分考虑到医药行业新产品研发特点以及民营医药企业自身基础研发资源的局限性，重视自身创新的同时，积极开展与高校和科研院所的技术合作。项目研发前期发行人和合作方一起进行工艺设计和研究，并仅需向合作方支付基础研究经费，研发的主要投入在临床研究阶段，以及产品上市后与合作方进行收益分成，故报告期内发行人研发投入总额相对较低。目前，发行人的抗抑郁新药正开展Ⅰ期临床试验并

〔1〕《北京市竞天公诚律师事务所关于埃夫特智能装备股份有限公司首次公开发行人民币普通股股票并在科创板上市的补充法律意见书（一）》，载上海证券交易所网，http://static.sse.com.cn/stock/information/c/201909/ed8f7892528f40c0a34ecbde2ca9268c.pdf，最后访问日期：2021年5月21日。

〔2〕《北京市金杜律师事务所关于江苏吉贝尔药业股份有限公司首次公开发行股票并在上海证券交易所科创板上市的补充法律意见书（一）》，载上海证券交易所网，http://static.sse.com.cn/stock/information/c/201909/970d8d764ed94ae299a75610d2f4cce6.pdf，最后访问日期：2021年5月21日。

将于2020年进入Ⅱ期临床试验，其他项目也将陆续申请临床试验，随着临床研究的逐渐开展，项目的继续增加，研发队伍的不断壮大，发行人研发投入将大幅度增长。发行人2019年上半年的研发投入占营业收入比重已提升至4.23%，较2018年有所增长，预计全年研发投入占比将继续提升。发行人经营现金流较为充裕，能够保证研发项目资金的持续投入。目前发行人对氘代药物、脂质体药物正进行持续的深入研究，主要在研产品已累计投入超过5000万元。

2. 结合发行人研发投入情况，并根据《科创板审核问答》问题9的规定，综合所处行业及其技术发展趋势与国家战略的匹配程度、核心技术先进性、核心竞争力及科技创新水平的具体表征、保持技术不断创新的机制安排等因素说明发行人是否符合科创板定位。

（1）所处行业及其技术发展趋势与国家战略的匹配程度

发行人是专业从事化学药品制剂、中成药制剂、原料药的研发、生产、销售的高新技术医药企业，产品覆盖提升白细胞、增强免疫力、治疗关节疾病、抗高血压、抗眼部感染、治疗支气管炎、保护肝功能等治疗领域，并正在积极致力于研发治疗抑郁症、肿瘤、胃病等其他疾病的药物。按照中国证监会发布的《上市公司分类与代码》（2012年修订）的行业目录及分类原则，发行人所属行业为“医药制造业（C27）”；根据国家统计局发布的《国民经济行业分类》（GB/T 4754—2017），公司隶属于“C　制造业”中的“医药制造业（C27）”。

化学药品制剂、中成药制剂、原料药的研发和生产，属于国家战略性新兴产业范畴，是国家产业结构调整鼓励类的行业。根据国家发展改革委《战略性新兴产业重点产品和服务指导目录（2016版）》，发行人所处行业属于国家战略性新兴产业“4.1　生物医药产业”项下“4.1.3　化学药品与原料药制造”及“4.1.4　现代中药与民族药”范畴，发行人主要在产、在研产品属于该等范畴下的重点品种。此外，为准确反映“十三五”国家战略新兴产业发展规划情况，国家统计局还制定了《战略性新兴产业分类2018》，发行人主要在产、在研产品属于“4.1.2　化学药品与原料药制造”及“4.1.3　现代中药与民族药制造”的范畴。

国家发改委发布的《增强制造业核心竞争力三年行动计划（2018~2020年）》（发改产业〔2017〕2000号）文件明确：“推动高端药品产业化及应用。针对肿瘤、心脑血管、糖尿病、免疫系统、病毒及耐药菌感染等重大疾病治疗领域，推动靶向性、高选择性、新作用机理的创新药物开发及产业化。”此外，根据《上海证券交易所科创板企业上市推荐指引》，发行人所属行业属于“指引”所重点推荐领域中的生物医药领域。

根据专业医药调研咨询机构 IMS 出具的“The global use of medicine in 2019 and outlook to 2023”，全球医药消费市场规模将由 2016 年的 1.13 万亿美元增长至 2021 年的 1.5 万亿美元，五年的复合增长率将达到 4%~7%。随着中国经济的快速发展及居民收入长足稳定的提高，中国已经成为仅次于美国的世界第二大药品消费市场。人口老龄化、“二胎政策”开放等问题促进人民对医疗服务的需求不断增长，我国医疗行业有望继续保持稳定发展。国家发改委披露的数据显示，2017 年我国医药企业主营业务收入达到 29,826 亿元，同比增长 12.20%，国家药品监督管理局南方医药经济研究所预计 2019 年我国医药制造业销售收入达到 36,500 亿元，同比增长 14.2%。

综上所述，发行人为高端医药制造企业，所处行业具有巨大的潜力，发展趋势良好，与国家发展战略高度匹配。

（2）核心技术先进性

发行人的核心技术包括现有产品的生产工艺及检测技术、复方制剂研发技术、氘代药物研发技术、脂质体药物研发技术，具备核心技术先进性。

（3）核心竞争力及科技创新水平的具体表征

发行人共拥有 10 项国家授权发明专利、1 项美国授权专利，另有 21 项发明专利待审；并取得了 6 个新药证书，6 个高新技术产品，2 个国家重点新产品。同时，发行人独立或牵头承担了多项国家级、省级重大科研项目，发行人的研发水平得到了认可，取得多项国家科学技术奖项及行业权威奖项。报告期内，发行人的营业收入逐年提升，主要产品发展势头良好，研发成果获得了广泛的市场认可。

发行人研发的一类复方抗高血压新药尼群洛尔片获得了多项专利授权及奖项，报告期内，尼群洛尔片的销售保持高速增长，2017 年被纳入医保目录后，尼群洛尔片作为发行人重要的盈利增长点将向更广泛的市场及患者推广，增强发行人的持续盈利能力。发行人研发的抗抑郁一类新药 JJH201501 已取得临床试验批件，正按计划开展临床试验，其他在研项目亦有序推进中，研发态势良好。

同时，经过多年不断革新与发展，发行人打造了一支高效、稳定的研发创新团队，核心技术人员均为医药、化学等相关专业背景，具有丰富的研发经验，取得了突出的研发成果或发表了多篇代表性论文，稳定的研发团队能够保障发行人的持续创新能力。

（4）保持技术不断创新的机制安排

发行人主要通过加强技术管理来提升新产品、新技术开发水平，具体表现为采用先进的方法对产品及技术开发进行管理，从而促进技术创新，增强发行人产品在行业内的竞争力。

①建立完善的研发管理制度

为了提高创新能力，加强新产品、新技术、新工艺的研究开发和管理，加快技术积累和产品升级，发行人制定了研发机构管理规定和研发人员绩效考核管理办法等管理制度。制度对研发所建设与运行、研发工作考核与绩效管理、研发项目申报管理和开发等内容做出了明确的规范，有利于发行人研究开发项目的规范化、流程化、高效化，促进研究开发成果的快速实现。

②培养高端的医药技术人才

发行人不断鼓励创新精神，实施科学的人力资源制度与人才发展规划，加快对各方面优秀人才的引进和培养，构建稳健的专业技术研发团队。一方面，发行人建立了与现代化企业制度相适应的薪酬分配机制，充分平衡薪酬规划在成本控制及提高企业经营效益中的杠杆作用，并在薪酬激励上向技术人员倾斜；另一方面，发行人根据技术人员的实际情况，制定科学合理的职业发展路径，促进技术人员和发行人的共同发展，加强技术人员对企业的依存度，从而发掘人才、留住人才，保持发行人技术人员的可持续性和稳定性。

③联合强大的外部专业机构

发行人在强化内部研发实力的同时，也积极与外部专业的医药机构形成联合，保障发行人新产品、新技术的开发。目前，发行人已与中国高血压联盟、江苏省药物研究所有限公司、上海医药工业研究院、天津药物研究院、复旦大学、上海交通大学、南京大学、南京中医药大学、华东理工大学、南京师范大学、中国药科大学、中国人民解放军第二军医大学、江苏大学等高校、科研院所及其他研发机构展开密切的合作，有效地整合了内外部资源，提升了发行人在产品创新方面的技术实力。

目前，发行人正以抑郁症、恶性肿瘤、胃病、干眼症、糖尿病、肥胖疾病等常见病症为目标应用领域研发新产品，技术储备项目包括化药一类新药抗抑郁药——JJH201501、化药一类新药抗肿瘤药——JJH201601、化药一类新药抗胃酸药——JJH201701、化药一类新药治疗胆囊炎胆结石药物——JJH201801、化药一类新药治疗干眼症药物——Lifitegrast 衍生物、中药五类新药降糖药——桑酮碱和化药一类新药减肥药——盐酸氯卡色林衍生物，形成了完整的研发梯队。

④依靠核心技术开展生产经营的实际情况

经过多年的发展与沉淀，发行人已形成完善的生产经营条件。发行人目前拥有涵盖原料药（利可君、醋氯芬酸、细辛脑等）、片剂、硬胶囊剂、乳膏剂（激素类）、凝胶剂、滴眼剂、中药前处理及提取的生产能力，相关生产线均已取得国家药品生产质量管理规范认证（GMP 认证），产品质量管理和控制体系健全完善。同时，发行人经过多年的药品推广经验积累及营销网络布局，已在全国范围内建立了庞大的营销网络体系，与国内各大型医药流通企业建立了良好的合作关系。

发行人依靠掌握的利可君工艺技术、利可君质量检测技术、醋氯芬酸工艺技术、尼群洛尔片生产工艺技术等应用到生产经营中，形成了一套有利于企业持续经营的商业模式。报告期内，发行人依靠核心技术形成的产品收入情况如表 211 所示：

表 211

项目	2019 年 1~6 月	2018 年度		2017 年度		2016 年度
	金额 / 万元	金额 / 万元	增长率 /%	金额 / 万元	增长率 /%	金额 / 万元
利可君片	18,568.16	34,943.56	11.25	31,410.89	4.40	30,087.47
尼群洛尔片	1201.74	1847.95	23.71	1493.73	27.83	1168.56
醋氯芬酸肠溶片	1800.72	3646.15	1.38	3596.66	8.38	3318.42

根据表 211 可知，发行人主要品种利可君片在报告期内持续保持增长，尼群洛尔片上市后，经发行人在市场上的精耕细作，正逐步放量，报告期内尼群洛尔片的销量保持高速增长。醋氯芬酸肠溶片销量也在报告期内保持了稳定的增长。

综上所述，发行人研发费用率低于行业平均水平具有合理性；发行人所处行业及其技术发展趋势与国家战略高度匹配，核心技术具有先进性，核心竞争力及科技创新水平得到国家及市场的高度认可，发行人建立了保持技术不断创新的机制，依靠核心技术实现了不断增长的产品收入，发行人符合科创板定位。

广大特材（688186）

针对张家港广大特材股份有限公司（以下简称发行人）2019 年 4 月 10 日提交的招股说明书披露内容，发审委要求保荐机构与发行人律师结合报告期内公司主要产品，对照《科创板审核问答》之 9 就发行人是否符合科创板定位发表明确意见。

根据发行人律师出具的补充法律意见书披露显示：[1]

1. 所处行业及其技术发展趋势与国家战略的匹配程度

（1）高性能齿轮用钢、高性能工具模具钢列入《战略性新兴产业分类（2018）》目录，属于新材料产业细分领域中的先进钢铁材料，其中风电齿轮钢、铁路机车齿轮

〔1〕《张家港广大特材股份有限公司首次公开发行股票并在科创板上市之补充法律意见书（一）》，载上海证券交易所网，http：//static.sse.com.cn/stock/information/c/201905/6cc834a4c0a14d4689bdde95a30cd216.pdf，最后访问日期：2021 年 5 月 21 日。

钢、高品质塑料模具钢等明确为先进钢铁材料中的重点产品。

①齿轮钢是机械装备传动系统的关键材料，机械装备制造升级需要大力发展高品质齿轮钢产品。

齿轮是机械装备的核心部件，对材料的性能、使用寿命、运行平稳性、安全性等方面都有非常高的要求。齿轮钢是对可用于加工制造齿轮用合金材料的统称，是新能源风电、轨道交通、机械装备、汽车制造、船舶制造等领域用特种合金材料中要求较高的关键材料之一，以新能源风电为例，80% 以上的故障发生于齿轮箱和发电机，而齿轮箱是传动系统的关键部件，是完成风能转换的核心部件，其故障的发生容易引起设备的停机，且风电齿轮箱设计寿命通常高达 20 年，使用环境较为恶劣，因此对于齿轮钢材料的高纯净、高可靠性要求极为严苛。发行人高品质齿轮钢材料主要用于新能源风电、轨道交通及机械装备的核心部件制造。为准确反映“十三五”国家战略性新兴产业发展规划，以重大技术突破和重大发展需求为基础，国家统计局于 2018 年 11 月发布《战略性新兴产业分类（2018）》，将高性能齿轮用钢列入新材料产业细分领域中的先进钢铁材料，其中风电齿轮钢、铁路机车齿轮钢等明确为重点产品。

②模具钢是工业发展的基石，高品质模具钢材料的发展是下游汽车、家电、机械装备等工业产品升级换代的基础支撑。

模具是机械工业不可或缺的基础工艺装备，是推动先进近净成形技术发展的重要支撑技术，其发展程度是衡量一个国家制造业发展水平的重要标志之一。模具应用几乎覆盖了整个制造业，支撑着制造业的产品优化与产业升级。模具钢是模具制造的主要材料，模具钢材料性能是决定模具质量水平的关键因素之一。作为下游工业制造业升级的基础支撑，高性能工具模具钢同样纳入《战略性新兴产业分类（2018）》中先进钢铁材料范畴，并且高精度高质量冷作模具钢、高品质塑料模具钢等已明确为细分领域的重点发展产品。

（2）钢铁工业作为国民经济基础产业，整体面临粗钢产能过剩、高端钢材品种技术突破缓慢的结构难题，大力推动高品质齿轮钢、模具钢技术突破与发展是我国实现钢铁工业转型升级的重要举措。

钢铁工业是国民经济的重要基础产业，是我国工业化、现代化的重要推动力量。我国钢铁工业发展至今，面临着较为严重的结构不均衡问题，一方面，粗钢产能过剩、高能耗高污染等问题突出，另一方面，重大技术装备领域所需高品质特种钢材料技术突破与国产化进程缓慢，进口依赖度高。

为解决我国钢铁材料行业结构矛盾问题，国家工业和信息化部制定的《钢铁工业调整升级规划（2016~2020 年）》明确提出支持企业重点推进高技术船舶、海洋工程装备、先进轨道交通、电力、航空航天、机械等领域重大技术装备所需高端钢材品种的研发和产业化，力争每年突破 3~4 个关键品种，持续增加有效供给，并将发展先进制造业用齿轮钢、高性能模具钢列为高端钢材关键品种重大工程。因此，大力推动高品质齿轮钢、模具钢技术突破与发展是我国实现钢铁工业转型升级的重要举措。

（3）终端应用领域技术升级发展推动齿轮钢、模具钢等材料端技术向高端化方向发展，解决下游装备制造客户材料端技术痛点，符合国家推动先进基础材料技术突破、实现制造业转型升级的战略。

我国工业化进程已进入转型升级快速发展阶段，风电、高铁、机械装备等行业技术水平持续提升，齿轮箱作为传动系统关键部件也不断升级换代，从而对齿轮钢材不断提出新的要求，齿轮钢技术不断突破抗拉强度、耐磨度、淬透性等性能上限以及探伤、晶粒度、材料纯净度等参数上限，从而保证齿轮钢材料产品高端化发展。

在模具钢应用领域，汽车、家电等产品日益功能多样化、结构异形化、外观美观化，模具制造水平要求越来越高，从而对模具钢的可塑性、元素分布均匀程度、内外硬度差等要求不断提出新的挑战。此外，随着大型工业模具国产化发展，大型模具钢材料熔炼与锻造工艺也成为细分领域技术突破方向之一。

总之，齿轮钢、模具钢为下游工业制造业升级发展提供材料端支持，技术发展方向为不断突破材料指标与性能现有上限，最终实现进口替代。

（4）高品质齿轮钢、模具钢作为特种合金材料，工艺技术突破传统钢铁的高能耗、高污染属性，技术水平向高效节能、绿色环保方向发展，符合国家关于节能减排、转型升级的战略方针。

齿轮钢、模具钢作为特种合金材料，具有小批量、多规格、高性能的特点，与普通钢材大规模化生产方式不同，其工艺技术具有精细化特点，也不断向高效节能、绿色环保方向发展。

发行人齿轮钢、模具钢的生产原料以废钢为主，一方面，避免了生铁冶炼过程中脱硫等环节产生的高污染；另一方面，提高了废旧资源循环利用。因此，发行人及所处的特殊钢细分行业技术发展方向符合绿色制造、发展循环经济的国家战略。

2. 企业拥有的核心技术在境内与境外发展水平中所处的位置

（1）发行人齿轮钢产品关键技术指标全面超过国际知名风电装备制造商要求。

①技术参数对比情况

发行人齿轮钢产品在晶粒度、探伤、纯净度等技术指标方面已能够全面超过国际知名风电装备制造商的要求，技术水平达到国际先进。

②产品性能要求情况

在新能源风电领域，齿轮箱作为风电传动系统关键部件，其工作环境恶劣、工作强度大，且设计寿命通常高达20年，因此对齿轮钢材料安全性、稳定性、可靠性要求非常高。发行人生产的风电齿轮钢产品，其晶粒度达到8~9级，探伤水平不高于0.8毫米，夹杂物含量低，为风电行业提供安全、稳定、可靠的基础制造材料。

在轨道交通领域，我国高铁齿轮箱设计运行寿命已达到2400万千米，远高于汽车变速箱齿轮80万~120万千米的设计寿命。因此，具有高抗疲劳、高耐磨损的齿轮钢材料是高铁齿轮箱安全、持久工作的关键保障。

（2）发行人大型预硬化模具钢性能指标与德国布德鲁斯处于同等水平，且能够满足客户对模具使用寿命不低于40万次的要求，远高于行业5万~6万次的使用寿命水平，工艺技术比肩国际知名特殊钢企业。

①技术参数对比情况

德国布德鲁斯公司是国际知名模具钢材料生产企业，代表着细分领域的最高水平之一，发行人生产的大型预硬化塑胶模具钢材料技术指标与布德鲁斯处于同一水平。

②产品性能要求情况

发行人模具钢产品能够满足客户对模具使用寿命不低于40万次的要求，远高于同行业5万~6万次的平均使用寿命水平，技术水平已达到国际知名特殊钢企业的同等水平。

3.核心竞争力及其科技创新水平的具体表征，如获得的专业资质和重要奖项、核心技术人员的科研能力、科研资金的投入情况、取得的研发进展及其成果等

（1）发行人获批江苏省企业技术中心、江苏省特种铸锻件绿色循环制造工程技术研究中心，具备良好的科技创新平台。

发行人在齿轮钢、模具钢领域具有丰富的行业经验，通过持续的研发投入与科技创新，形成了成熟的产品体系。发行人系江苏省新材料产业协会副理事单位、江苏省航空发动机和燃气轮机关键部件产业技术创新战略联盟成员，获批江苏省企业技术中心、江苏省特种铸锻件绿色循环制造工程技术研究中心，设立钢铁研究总院华东分院高端装备材料研发中心及特种合金材料生产基地，并建立江苏省企业研究生工作站和“千人计划”专家工作站，实现对新材料领域技术资源的高效整合。

发行人电渣液态浇铸大型合金铸锻件技术及产业化项目获评国家火炬计划产业化示范项目，锻钢制动盘产品荣获国家重点新产品，铁路机车用齿轮齿圈获批江苏省高新技术标准化试点项目，电力机车从动齿轮齿芯、高性能风力发电机主轴、超大截面贝氏体预硬化塑胶模具钢、船舶用高耐蚀高温合金锻件、航空航天发动机用高温合金

等产品获得高新技术产品认定。

（2）发行人齿轮钢、模具钢领域核心技术人员拥有超过 10 年的从业经验，从业经验丰富、科研能力突出。

齿轮钢、模具钢是发行人现有主要产品，也是发行人工艺技术沉淀的基石。发行人齿轮钢、模具钢领域的核心技术人员均有多年的行业科研生产经验，是发行人核心技术的重要来源。

发行人核心技术人员均具有丰富的行业经验与扎实的专业知识，掌握了齿轮钢、模具钢材料各生产工艺环节的关键核心技术，是公司技术水平持续提升、产品逐渐高端化发展的重要支撑力量。

（3）发行人在齿轮钢、模具钢等主要产品领域报告期内研发投入近 3000 万元，成功开发出大型预硬化模具钢生产技术；发行人拟加大研发投入，突破现有齿轮钢纯净度、探伤水平以及模具钢冲击韧性、夹杂物等级的技术参数上限。

齿轮钢、模具钢是发行人现有主要产品，与未来重点发展的高温合金等特殊合金产品相比，齿轮钢、模具钢技术相对成熟，但是发行人在重点投入高温合金等研发的同时，继续深耕现有主要产品。

报告期内，发行人在模具钢产品领域成功开发出大型预硬化模具钢生产技术，实现了大型预硬化模具钢内外硬度差小于 2HRC，大型非调质预硬模块内外硬度差小于 1HRC，技术水平比肩国际知名特殊钢企业德国布德鲁斯等。此外，发行人预算投入 3000 万元用于超纯净风电齿轮钢生产工艺的研究开发，计划开发出纯净度 EVA $\leqslant$ 150、探伤水平 $\leqslant$ ϕ0.6 的超纯净风电齿轮钢。同时，发行人拟突破模具钢冲击韧性 $\geqslant$ 400J、非金属夹杂物达到 Ds 类 0 级的高技术目标，从而实现高品质模具钢进口替代范围的逐步扩展。

4. 保持技术不断创新的机制、技术储备及技术创新的具体安排

（1）发行人研发体系科学合理，组织架构分工明确；研发中心下设齿轮钢项目部、模具钢项目部，并由核心技术人员牵头专攻高品质齿轮钢、高品质模具钢产品的技术开发。

发行人根据技术研发需要设有专门的技术研发机构，在现有主要产品领域设有齿轮钢项目部、模具钢项目部，在未来重点发展产品领域设有特种不锈钢项目部、特殊合金项目部等，同时建立了实验检测中心。

发行人齿轮钢项目部负责人于广文为齿轮钢产品领域的主要核心技术人员之一，模具钢项目部负责人周青春为模具钢产品领域的主要核心技术人员之一，细分领域的技术带头人均拥有 10 年以上的行业及研发经验。

（2）发行人制定了规范清晰的技术研发流程，涵盖需求提出、项目调研、制订计划、组织实施、检测平时的全部环节，研发全流程通过制度落地，保障公司研发项目高效执行。

持续的技术研发与工艺创新是发行人取得不断发展的基础，为对研发活动实施统一管理，提高项目研发执行效率，发行人制定了规范清晰的技术开发流程，从而保证研发项目的质量与效率。

同时，发行人在技术研发方面制定了诸如《技术管理制度》《项目管理规定》《新产品试产及量产导入管理制度》《武器装备研制管理制度》《科研现场管理制度》《科技成果管理制度》《技术文件管理制度》《军工产品检验规定》等一系列制度文件，保障研发过程、研发成果的制度化、科学化、高效化管理，为持续技术创新奠定基础。

（3）发行人在重点发展高温合金等特殊合金同时，继续攻克齿轮钢、模具钢现有技术难题，在研项目拟开发更高纯净度、更低探伤水平的齿轮钢产品以及更高冲击韧性、更低硬度差的模具钢产品，为公司在齿轮钢、模具钢领域保持技术先进性提供储备支持。

在齿轮钢、模具钢等现有主要产品领域，目前发行人在研项目 3 项，旨在突破现有技术指标上限。

5. 依靠核心技术开展生产经营的实际情况

（1）发行人坚持科技创新，现有主要产品齿轮钢、模具钢领域核心技术来源于发行人多年在特种合金材料领域的持续研发投入与长期工艺技术积累。

持续的研发投入与技术创新，是特殊钢材料企业生存发展的必备条件。发行人立足于齿轮钢、模具钢等现有主要产品，通过持续研发投入以及长期工艺技术积累，掌握了“高纯净高性能风电齿轮钢生产工艺技术”“轨道交通用高性能齿轮钢生产工艺技术”和“大型预硬化模具钢生产工艺技术”，使公司齿轮钢、模具钢产品能够满足客户对于材料性能、技术指标的要求，是报告期内发行人主要产品收入保持持续增长的重要因素之一。

发行人在齿轮钢、模具钢领域的核心技术突破，为发行人取得快速发展奠定了基础，同时也为发行人能够大力发展高温合金、特种不锈钢等重点产品提供了资金与经验技术支持。

（2）发行人生产经营以核心技术为基础，核心技术应用于合金材料熔炼的关键工艺环节，且核心技术是发行人拓展客户的基础与重要支撑，技术成果能有效转换为经营成果。

2018 年发行人风电齿轮钢全球市场占有率达 14.50%、轨道交通齿轮钢及模具钢材料全国市场占有率分别达到 23.69% 和 10.60%，现有核心产品在各细分领域占据重要市场地位。

（3）发行人核心技术旨在推动特种合金材料向高端化方向发展，工艺技术应用绿色化、高效节能化，属于国家重点鼓励发展的技术；发行人齿轮钢、模具钢产品性能满足国内外客户高指标要求，技术水平已能够比肩国际知名特殊钢企业。

发行人在齿轮钢、模具钢领域的技术突破主要是为持续服务于下游高端装备企业的转型升级。发行人主要产品冶炼技术绿色、高效、节能，有别于传统钢铁企业高污染、高能耗的生产冶炼模式。因此，发行人技术发展方向迎合国家产业发展战略需要。

发行人齿轮钢产业各项关键技术指标超过国内行业平均水平，模具钢产品性能指标技术水平已可与国际领先特殊钢材料商比肩；发行人主要产品领域的核心技术具备先进性。

综上所述，发行人主要产品齿轮钢、模具钢属于新材料产业细分领域中的先进钢铁材料，符合国家产业战略；发行人主要产品及技术向高端化发展，生产工艺绿色化、高效化，迎合国家绿色制造及循环经济的发展需求；发行人核心技术水平能与国际一流特殊钢材料企业比肩，在现有主要产品领域保持持续研发投入，攻克现有产品技术参数上限；核心技术应用于合金材料熔炼的关键生产环节，是发行人拓展客户的基础与重要支撑，技术成果能有效转换为经营成果。因此，发行人符合科创板定位。

二、解决思路

结合《科创属性评价指引（试行）》（2021 年修订）（以下简称《指引》）、《上海证券交易所科创板企业发行上市申报及推荐暂行规定》（2021 年 4 月修订）（以下简称《申报及推荐暂行规定》）、《科创板审核问答》的相关要求，发行人准确理解、把握科创板定位，应重点考虑以下因素：

1. 发行人应符合科创板支持方向。科创板优先支持符合国家科技创新战略、拥有关键核心技术等先进技术、科技创新能力突出、科技成果转化能力突出、行业地位突出或者市场认可度高等的科技创新企业发行上市。

（1）发行人所处行业及其技术发展趋势应符合国家战略。判断是否属于国家战略性新兴产业范畴时可参考国家发展改革委发布的《战略性新兴产业重点产品和服务指导目录》以及国家统计局发布的《战略性新兴产业分类》等。

（2）发行人核心技术应具有先进性。具体可对比发行人技术指标与国内外知名企业之间的水平差距，如广大特材，发行人各项专业技术指标超过国内行业平均水平，与国际领先材料商比肩，主要产品领域的核心技术具备先进性。

（3）发行人应具有较好的核心竞争力及其科技创新水平。具体可从发行人获得的专业资质和重要奖项、核心技术人员的科研能力、科研资金的投入情况、取得的研发进展及过程等方向进行阐释；发行人核心技术人员应具备丰富的从业经验和科研能力。

（4）发行人具有保持技术不断创新的机制，发行人具有技术储备及技术创新的具体安排。采用先进的方法对产品及技术开发进行管理，促进技术创新，增强产品的行业竞争力，具体可通过建立完善的研发管理制度（研发体系科学合理，组织架构分工明确、制定规范清晰的技术研发流程，保障研发项目高效执行）、培养高端的技术人才、联合强大的外部专业机构等途径。

（5）发行人应主要依靠核心技术开展生产经营。核心技术应用于发行人生产经营的关键环节，是发行人拓展客户的基础与重要支撑，技术成果能有效转换为经营成果；发行人可披露依靠核心技术形成的产品收入情况，证明已依靠核心技术实现不断增长的产品收入。

2. 发行人应属于科创板定位规定的相关行业领域。根据《指引》《申报及推荐暂行规定》的相关要求，发行人应当属于下列行业领域的高新技术产业和战略性新兴产业：

（1）新一代信息技术领域，主要包括半导体和集成电路、电子信息、下一代信息网络、人工智能、大数据、云计算、软件、互联网、物联网和智能硬件等；

（2）高端装备领域，主要包括智能制造、航空航天、先进轨道交通、海洋工程装备及相关服务等；

（3）新材料领域，主要包括先进钢铁材料、先进有色金属材料、先进石化化工新材料、先进无机非金属材料、高性能复合材料、前沿新材料及相关服务等；

（4）新能源领域，主要包括先进核电、大型风电、高效光电光热、高效储能及相关服务等；

（5）节能环保领域，主要包括高效节能产品及设备、先进环保技术装备、先进环保产品、资源循环利用、新能源汽车整车、新能源汽车关键零部件、动力电池及相关服务等；

（6）生物医药领域，主要包括生物制品、高端化学药、高端医疗设备与器械及相关服务等；

（7）符合科创板定位的其他领域。

此外，《指引》《申报及推荐暂行规定》明确限制金融科技、模式创新企业在科创板发行上市。禁止房地产和主要从事金融、投资类业务的企业在科创板发行上市。

3. 发行人的科创属性应符合相关指标要求。根据《指引》《申报及推荐暂行规定》的相关要求，发行人应同时符合下述指标（采用《审核规则》第二十二条第二款第（五）项上市标准申报科创板发行上市的发行人除外）：

（1）最近 3 年累计研发投入占最近 3 年累计营业收入比例 5% 以上，或者最近 3 年研发投入金额累计在 6000 万元以上；其中，软件企业最近 3 年累计研发投入占最近 3 年累计营业收入比例 10% 以上；

（2）研发人员占当年员工总数的比例不低于 10%；

（3）形成主营业务收入的发明专利（含国防专利）5 项以上，软件企业除外；

（4）最近 3 年营业收入复合增长率达到 20%，或者最近一年营业收入金额达到 3 亿元。

4. 如发行人的科创属性未达到前述指标要求，应符合《指引》《申报及推荐暂行规定》规定的科技创新能力突出情形。即符合下列情形之一的：

（1）拥有的核心技术经国家主管部门认定具有国际领先、引领作用或者对于国家战略具有重大意义；

（2）作为主要参与单位或者核心技术人员作为主要参与人员，获得国家自然科学奖、国家科技进步奖、国家技术发明奖，并将相关技术运用于主营业务；

（3）独立或者牵头承担与主营业务和核心技术相关的国家重大科技专项项目；

（4）依靠核心技术形成的主要产品（服务），属于国家鼓励、支持和推动的关键设备、关键产品、关键零部件、关键材料等，并实现了进口替代；

（5）形成核心技术和主营业务收入相关的发明专利（含国防专利）合计 50 项以上。

上交所要求发行人应当结合自身业务实质，准确认定所属行业，认真评估是否符合科创板定位，不得“拼凑指标”、夸大科创技术水平；并明确将按照“实质重于形式”的原则，落实好科创定位的把关要求，对发行人科创属性的自我评估是否客观、中介机构的核查是否充分进行综合判断，突出硬科技特色。取消“暂未达标”企业的申请安排。

【具体核查要点】

1. 发行人是否符合科创板支持方向。

2. 发行人所处行业及其技术发展趋势与国家战略的匹配程度；发行人拥有的核心技术在境内与境外发展水平中所处的位置。

3. 发行人核心竞争力及其科技创新水平的具体表征，如获得的专业资质和重要奖项、核心技术人员的科研能力、科研资金的投入情况、取得的研发进展及其成果等。

4. 发行人保持技术不断创新的机制、技术储备及技术创新的具体安排；发行人依靠核心技术开展生产经营的实际情况等。

5. 发行人是否属于科创板定位规定的相关行业领域。

6. 发行人的科创属性是否符合相关指标要求；如发行人的科创属性未达到相关指标要求，是否符合科技创新能力突出情形。

7. 发行人是否在招股说明书中就科创板支持方向、行业领域、科创属性指标或者相关情形进行相应的信息披露。

【核查方式】

1. 查阅国家及有关部门出具的相关产业分类目录、发展规划以及可持续发展战略等相关文件；

2. 查阅行业研究报告、了解发行人所在领域的市场情况、发展空间、技术水平等；

3. 访谈发行人首席科学家、技术总监、财务总监、其他核心技术人员以及重要客户等；

4. 查阅相关专业技术协会对发行人核心技术的评审意见等；

5. 查阅发行人的专利及软件著作权等权属证书、重要业务合同、重点发展产品销售明细表、研发支出辅助明细账等；

6. 查阅发行人的研发部门相关制度、研发人员资料、查阅研发项目清单及研发立项报告、中期报告等；

7. 查阅发行人的审计报告、关联交易明细等；

8. 查阅关于发行人产品及技术的手册、介绍视频等；

9. 查验发行人出具的相关说明和确认文件。

三、参考规范

《上海证券交易所科创板股票发行上市审核规则》

第三条　发行人申请股票首次发行上市，应当符合科创板定位，面向世界科技前沿、面向经济主战场、面向国家重大需求。优先支持符合国家战略，拥有关键核心技术，科技创新能力突出，主要依靠核心技术开展生产经营，具有稳定的商业模式，市场认可度高，社会形象良好，具有较强成长性的企业。

第五条　本所发行上市审核基于科创板定位，重点关注并判断下列事项：

（一）发行人是否符合中国证监会规定的科创板股票发行条件；

（二）发行人是否符合本所规定的科创板股票上市条件；

（三）发行人的信息披露是否符合中国证监会和本所要求。

第十九条　发行人应当根据中国证监会和本所相关规定，结合科创板定位，就是否符合相关行业范围和科创属性要求等事项进行审慎评估，并提交符合科创板定位的专项说明；保荐人应当就发行人是否符合相关行业范围和科创属性要求等事项进行专业判断，并出具发行人符合科创板定位的专项意见。

本所在发行上市审核中，将关注发行人的评估是否客观，保荐人的判断是否合理，并可以根据需要就发行人科创属性相关事项向本所设立的科技创新咨询委员会提出咨询。

《科创板首次公开发行股票注册管理办法（试行）》

第三条　发行人申请首次公开发行股票并在科创板上市，应当符合科创板定位，面向世界科技前沿、面向经济主战场、面向国家重大需求。优先支持符合国家战略，拥有关键核心技术，科技创新能力突出，主要依靠核心技术开展生产经营，具有稳定的商业模式，市场认可度高，社会形象良好，具有较强成长性的企业。

第十九条　……交易所主要通过向发行人提出审核问询、发行人回答问题方式开展审核工作，基于科创板定位，判断发行人是否符合发行条件、上市条件和信息披露要求。

《上海证券交易所科创板企业发行上市申报及推荐暂行规定》

第三条　科创板优先支持符合国家科技创新战略、拥有关键核心技术等先进技术、科技创新能力突出、科技成果转化能力突出、行业地位突出或者市场认可度高等的科技创新企业发行上市。

第四条　申报科创板发行上市的发行人，应当属于下列行业领域的高新技术产业和战略性新兴产业：

（一）新一代信息技术领域，主要包括半导体和集成电路、电子信息、下一代信息网络、人工智能、大数据、云计算、软件、互联网、物联网和智能硬件等；

（二）高端装备领域，主要包括智能制造、航空航天、先进轨道交通、海洋工程装备及相关服务等；

（三）新材料领域，主要包括先进钢铁材料、先进有色金属材料、先进石化化工新材料、先进无机非金属材料、高性能复合材料、前沿新材料及相关服务等；

（四）新能源领域，主要包括先进核电、大型风电、高效光电光热、高效储能及相关服务等；

（五）节能环保领域，主要包括高效节能产品及设备、先进环保技术装备、先进环保产品、资源循环利用、新能源汽车整车、新能源汽车关键零部件、动力电池及相关服务等；

（六）生物医药领域，主要包括生物制品、高端化学药、高端医疗设备与器械及相关服务等；

（七）符合科创板定位的其他领域。

限制金融科技、模式创新企业在科创板发行上市。禁止房地产和主要从事金融、投资类业务的企业在科创板发行上市。

第五条 支持和鼓励科创板定位规定的相关行业领域中，同时符合下列4项指标的企业申报科创板发行上市：

（一）最近3年累计研发投入占最近3年累计营业收入比例5%以上，或者最近3年研发投入金额累计在6000万元以上；其中，软件企业最近3年累计研发投入占最近3年累计营业收入比例10%以上；

（二）研发人员占当年员工总数的比例不低于10%；

（三）形成主营业务收入的发明专利（含国防专利）5项以上，软件企业除外；

（四）最近3年营业收入复合增长率达到20%，或者最近一年营业收入金额达到3亿元。采用《审核规则》第二十二条第二款第（五）项上市标准申报科创板发行上市的发行人除外。

第六条 支持和鼓励科创板定位规定的相关行业领域中，虽未达到本规定第五条指标，但符合下列情形之一的企业申报科创板发行上市：

（一）拥有的核心技术经国家主管部门认定具有国际领先、引领作用或者对于国家战略具有重大意义；

（二）作为主要参与单位或者核心技术人员作为主要参与人员，获得国家自然科学奖、国家科技进步奖、国家技术发明奖，并将相关技术运用于主营业务；

（三）独立或者牵头承担与主营业务和核心技术相关的国家重大科技专项项目；

（四）依靠核心技术形成的主要产品（服务），属于国家鼓励、支持和推动的关键设备、关键产品、关键零部件、关键材料等，并实现了进口替代；

（五）形成核心技术和主营业务收入相关的发明专利（含国防专利）合计50项以上。

第七条 发行人申报时，应当按照本规定所附示范格式的要求，提交关于符合科创板定位的专项说明。专项说明应当突出重点，直接明了，有针对性评估是否符合科创属性要求。

第九条 本所发行上市审核中，按照实质重于形式的原则，着重从以下方面关注发行人的自我评估是否客观，保荐机构的核查把关是否充分并作出综合判断：

（一）发行人是否符合科创板支持方向；

（二）发行人的行业领域是否属于《指引》和本规定所列行业领域；

（三）发行人的科创属性是否符合《指引》和本规定所列相关指标要求；

（四）如发行人的科创属性未达到相关指标要求，是否符合本规定要求的科技创新能力突出情形；

（五）本所规定的其他要求。

《上海证券交易所科创板股票发行上市审核问答》

9.《上市审核规则》规定发行人应当符合科创板定位。对此应如何把握?

答:《上市审核规则》规定，本所对发行上市进行审核。审核事项包括三个方面:一是发行人是否符合发行条件;二是发行人是否符合上市条件;三是发行人的信息披露是否符合要求。在对上述事项进行审核判断时，将关注发行人是否符合科创板定位。发行人应当对其是否符合科创板定位进行审慎评估，保荐机构应当就发行人是否符合科创板定位进行专业判断。

(一)发行人自我评估的考虑因素

发行人进行自我评估时，应当尊重科技创新规律、资本市场规律和企业发展规律，并结合自身和行业科技创新实际情况，准确理解、把握科创板定位，重点考虑以下因素:

1.所处行业及其技术发展趋势与国家战略的匹配程度;

2.企业拥有的核心技术在境内与境外发展水平中所处的位置;

3.核心竞争力及其科技创新水平的具体表征，如获得的专业资质和重要奖项、核心技术人员的科研能力、科研资金的投入情况、取得的研发进展及其成果等;

4.保持技术不断创新的机制、技术储备及技术创新的具体安排;

5.依靠核心技术开展生产经营的实际情况等。

(二)对保荐机构的相关要求

保荐机构应当根据《上海证券交易所科创板企业上市推荐指引》的相关要求，围绕科创板定位，对发行人自我评估涉及的相关事项进行核查，并结合尽职调查取得的充分证据、资料等，对其是否符合科创板定位作出专业判断，出具专项意见，说明理由和依据、具体的核查内容、核查过程等，并在上市保荐书中简要说明核查结论及依据。

(三)本所审核中予以关注

审核问询中，本所发行上市审核机构将关注发行人的评估是否客观，保荐人的判断是否合理;根据需要，可以向科技创新咨询委员会提出咨询，将其作出的咨询意见作为审核参考。

《公开发行证券的公司信息披露内容与格式准则第 42 号——首次公开发行股票并在科创板上市申请文件》

第四条　保荐人应对发行人符合科创板定位要求出具专项意见。

《科创属性评价指引(试行)》

一、支持和鼓励科创板定位规定的相关行业领域中，同时符合下列 4 项指标的企业申报科创板上市:

(1)最近三年研发投入占营业收入比例 5% 以上，或最近三年研发投入金额累计在6000万元以上；

（2）研发人员占当年员工总数的比例不低于10%；

（3）形成主营业务收入的发明专利5项以上；

（4）最近三年营业收入复合增长率达到20%，或最近一年营业收入金额达到3亿元。

采用《上海证券交易所科创板股票发行上市审核规则》第二十二条第（五）款规定的上市标准申报科创板的企业可不适用上述第（4）项指标中关于"营业收入"的规定；软件行业不适用上述第（3）项指标的要求，研发投入占比应在10%以上。

二、支持和鼓励科创板定位规定的相关行业领域中，虽未达到前述指标，但符合下列情形之一的企业申报科创板上市：

（1）发行人拥有的核心技术经国家主管部门认定具有国际领先、引领作用或者对于国家战略具有重大意义；

（2）发行人作为主要参与单位或者发行人的核心技术人员作为主要参与人员，获得国家科技进步奖、国家自然科学奖、国家技术发明奖，并将相关技术运用于公司主营业务；

（3）发行人独立或者牵头承担与主营业务和核心技术相关的国家重大科技专项项目；

（4）发行人依靠核心技术形成的主要产品（服务），属于国家鼓励、支持和推动的关键设备、关键产品、关键零部件、关键材料等，并实现了进口替代；

（5）形成核心技术和主营业务收入的发明专利（含国防专利）合计50项以上。

三、限制金融科技、模式创新企业在科创板上市。禁止房地产和主要从事金融、投资类业务的企业在科创板上市。

四、上海证券交易所就落实本指引制定具体业务规则。